기독교 교리 사상사

저자소개
林 永 沃

- 팔영산 중턱에서 1932년 8월 24일(음)에 태어나다

- 조선대학교, 고려신학교, 국제신학교, 장로회신학교

- LA Bible College & Seminary (M. R. Ed.)

- LA Presbyterian Theological. Seminary (M. Div.)

- Cal. Christian University (D. R. Ed.)

- Delta Christian College (D. D.)

- 대한예수교장로회(합동) 미주 서부노회장 역임

- LA Bible College & Seminary 교리학 교수

- C M A Theological Seminary 역사신학 교수

- Union Theological Seminary 역사신학 교수

- LA Presbyterian Theological Seminary 역사신학 교수

- LA Presbyterian Synod Theological Seminary 역사신학 교수

- 순복음 총회신학 목회대학원 조직신학 교수

- 대한예수교 장로회 총회신학, 조직신학 교수 (現)

- 대한예수교장로회 개혁총회신학교 교수

- 대한예수교장로회 영신총회신학교 교수

- Logia Academy World Mission Inc. 대표 (現)

- Logia Academy House 운영 (現)

- 경기신학교 신대원과 학술원에서 특강 중 (現)

- 基督教 教義學 概論, 基督教 教理史, 기독교 교회사 (고대사,중세사,근세사, 현대사 4권), 기독교 입문, 내 주여 뜻대로, 기도생활 365일, 이렇게 기도하라, 한국의 엘리야 박 관준 장로, 歷史의 熱風이 불어오는데, 이 생명 다하도록, 어머니의 영재 교육, 幸福의 發見 中國을 이야기 하렵니다, 어머니라는 女人, 조직신학(1,2,3), 기독교 윤리학, 기독교 변증학, 비교 종교학, 청교도사상, 기독교 교의 사상사, 나는 누구입니까? (시집), 너 하나님의 사람아, 가버린 인생 가고 있는 인생 그리고 가야할 인생, 바른 신앙 바른 신학, 신학정론, 기독교운동의 역사적 발전사, 원시 기독교, 현대신학, 목회신학, 태초에부터 있어 온 물의 이야기, 종교 개혁사, 제직원이 알아야 할 신학, 하나님이 보시기에 심히 좋았더라, 통일에 산다, 나도 한국사람이다, 주님지신 십자가 내가 지고 가오리다, 목회자들을 위한 구약성경 주제별 정리((2542회 동영상), 목회자들을 위한 신약성경 주제별 정리(858회), 한국 교회사, 기독교 교리 사상사 (부록 색인), hs tv. co. kr Good-Morning Holy Bible

- 기타 신문 잡지 등 論說, 社說, 論壇, 칼럼 등, 각종 연구논문 및 출판 예정 원고 다수

기독교
교리 사상사

초판발행일 | 2018년 11월 5일

지 은 이 | 임영옥
펴 낸 이 | 배수현
기   획 | 로기아아카데미하우스
디 자 인 | 박수정
홍   보 | 배보배
제   작 | 송재호

펴 낸 곳 | 가나북스 www.gnbooks.co.kr
출 판 등 록 | 제393-2009-12호
전   화 | 031) 408-8811(代)
팩   스 | 031) 501-8811

ISBN 979-11-86562-91-8

※ 가격은 뒤 표지에 있습니다.

※ 잘못된 책은 구입하신 곳에서 교환해 드립니다.

※ 원고 투고 : sh119man@naver.com

기독교 교리 사상사

基督敎 敎理 思想史

THE CHRISTIAN HISTORY
OF THE DOGMATIC THOUGHT

교육학. 신학 박사

林永沃

지   음

서문

21세기의 세계는 급진적(急進的)인 변화의 물결을 따라서 새로운 질서 속에 발전을 거듭해 나가고 있다.

소위 세계주의(世界主義, Internationalism) 라는 새로운 이념과 현실 구조에 따르는 질서로 개편되어 가고 있어서 개인이나 사회나 국가들 모두가 이에 맞는 자기의 위치(位置) 확보와 가치관(價値觀)의 정립을 위해서 줄기차게 경쟁을 기울이고 있다.

종교들 역시 우리 기독교를 비롯하여 모든 종교들이 예외 없이 세계 질서의 조류(潮流)에 맞추어서 새로운 선교 전략과 함께 자기 위치의 정립을 위해서 온갖 정력을 쏟아 붓고 있는 것이 사실이다.

그러나 우리는 여기에서 분명히 기독교의 정체(正體)를 바로 제시하여 우리 기독교 진리의 절대성을 확보해야 하며 나아가서는 시대적인 사명을 바로 수행함으로써 성경적 목적에 도달해야 할 것이다.

우리가 믿는 삼위일체 하나님의 유일성(唯一性)과 기독교 진리의 절대성(絕對性)은 어떠한 시대적인 상황과 변화에 상관없이 불변의 절대성을 지켜 나감으로써 하나님의 뜻을 이루어 드릴 수 있다는데 원칙을 세우고 있다.

하나님의 본질적 속성이 영원하고 완전하며 절대 불변이라면 당연히 기독교 진리의 불변성과 절대성을 확고히 지켜나가야 할 것이다.

특히 현대 일부 자유주의 신학자들에 의해서 시도되고 있는 기독교 사회주의 운동(基督敎社會主義 運動)은 아무리 그것이 이상적인 추구요 현실적인 논리라고 할지라도 그것이 성경의 교의에서 빗나갔을 때에는 정통성(正統性)을 가진 기독교 진리라고 받아드릴 수 없는 것으로서 우리는 마땅히 기독교의 진리를 사이비이(似而非而) 한 사상이나 운동에서 더욱더 굳게 지켜나가야 할 책임이 있는 것이다.

기독교가 오늘에 이르기까지 겪어 온 역사적인 시련(試鍊)은 단순한 상식적인 논리에서 이해 될 수 있는 것이 아니라 살아 계신 하나님의 섭리와 신적 능력이 아니었으면 이를 지켜나가기에 전혀 불가능했던 일들이 수 없이 중첩되어 있었다는 것을 부인하지 못 할 것이다.

유대교를 비롯하여 수많은 종교들의 박해와 로마 제국을 비롯한 수많은 나라들의 정치적인 박해와 헬라 철학을 비롯한 여러 갈래의 학문적인 박해와 선교 활동을 통해서 오는 여러 사회의 시대 환경 적인 박해에다 또 현대 과학 문명을 통해서 오는 과학 문명의 박해 그 외에도 국가 간의 전쟁이나 세계 질서의 변화가 있을 때마다 의례적으로 따라오는 온갖 박해나 시련은 상식을 뛰어넘는 존폐(存廢)의 위기에까지 이르는 극단적인 것들이었다.

그러나 역시 우리 기독교는 생명(生命)의 종교요 계시(啓示)의 종교로서의 생명력과 함께 신비적인 요소를 가지고 우주적인 종교로서의 자리를 지켜나가고 있다는 것을 알아야 한다.

이는 비록 과거적인 경험에서 끝나는 것이 아니라 현재에도 그렇고 미래에도 당연히 그러할 것이기 때문에 우리는 기독교 교리 사상의 발전사를 통해서 시대적인 상황(狀況)과 이에 따른 역경(逆境)들을 어떻게 극복해 가면서 오늘까지의 생명력을 유지해 왔으며 앞으로 다가올 온갖 변화의 환경에도 당당하게 진리를 사수하면서 하나님의 사역에 임해야 한다는 것을 다짐하려는 것이다.

기독교가 계시 종교라는 말은 삼위일체(三位一體) 하나님의 유일성(唯一性)과 함께 기독교 진리의 절대성(絶對性)을 전제로 하고 있기 때문에 이는 인간의 이성적인 판단에 의한 주장이나 해석이 아니라 하나님의 신비적 진리에 의한 주장이요 신앙의 고백이라는 의미에서 이해되어야 한다는 말이다.

이 말은 곧 창조주 하나님의 뜻을 이루어 드려야 한다는 목적이 뚜렷하기 때문에 양보할 수 없는 기독교 진리의 교의를 열변(熱辯)하는 것이라고 자부할 수 있다.

오늘날처럼 다변화(多變化)의 시대를 살아가는 모든 사람들은 물론 기독교 지도자나 평신도들에게 기독교 사상의 정통성(正統性)을 바로 제시하여 끝까지 성경적인 신본주의(神本主義) 신앙을 지켜 나가도록 바른 길을 제시 해 준다는 것은 당연히 해야 할 우리의 사명(使命)이요 책임(責任)이라고 생각한다.

기독교 역사를 협의적(俠義的)인 의미에서 생각하면 세계사(世界史) 속의 한 부분사(部分史)로서 약 2천 년 간의 역사 속에서 순수히 기독교적인 입장에서만 이해하게 될 것이나 가장 원칙적(原則的)이고 광의적(廣義的)인 의미에서의 사관(史觀)으로 볼 때에는 기독교사가 우주사(宇宙史)나 인류사(人類史)에 앞서서 해석하고 이해되어야 할 것이므로 기독교의 역사야말로 우주의 역사요 인류의 역사라는 의미에서 이해하고 해석되어야 할 것이다. 왜냐하면 성경은 하나님의 세계로부터 시작하여 천지 창조와 인류의 창조 및 시작(始作)에서부터 자세하게 언급해 주고 있어서 사실상 세계관 곧 역사에 대한 인식 자체를 교회사(敎會史)에서부터 해석하고 이해하도록 유도하고 있음을 본다.

그러므로 우리는 기독교 교리 사상사를 통해서 기독교 성경이 말씀하고 있는 교리(敎理. Dogma)를 중심으로 기독교 정통사상의 형성과 발전 과정을 살펴봄으로 현실의 위기에 대처해야 하고 나아가서는 다가오는 미래를 향한 설계(設計) 및 성경의 교리를 통한 새로운 전략

(戰略)이 모색(摸索)되어야 한다는데 목적을 둔다.

기독교는 계시 종교로서 모든 원인과 목적이 하나님으로 귀의하기 때문에 결국 하나님의 뜻을 이루어 드림이라는 결론에 도달하게 된다. 한 평생토록 자기의 믿음을 지키면서 목회 사역과 신학 교수로서의 사명을 다 하기 위하여 나름대로 최선을 다 한다고 했으나 생각하면 할수록 부끄러움뿐이라는 것을 양심으로 고백한다.

그러면서도 이 책을 내기까지 진심으로 기도해 주시고 온갖 물심양면으로 지원을 해 주신 이영숙 권사님께 마음의 감사를 드린다. 그리고 금싸라기 같은 시간을 내서 교정 일을 위하여 수고해 주신 나의 4째 동생 임영천 목사님께 감사를 드리고 음으로 양으로 숨어서 기도해 주신 벗들과 나의 제자들에게 진실한 마음의 감사를 드린다.

그리고 출판하여 주신 가나북스 대표 배수현 장로님과 안미경 권사님께도 감사를 드린다.

또한 Logia Academy House의 발전을 위해서 국내외에서 기도해 주시고 물심양면으로 협력해 주신 존경하는 동지들과 벗들에게 마음 깊이 감사의 뜻을 여기에 담아서 인사를 드린다.

이 책을 쓴 필자(筆者)인 나는 이 책을 쓰면서도 '하나님이 보시기에 심히 좋았더라'(창1:31)라고 하신 창조주 하나님의 말씀과 '진리를 알지니 진리가 너희를 자유케 하리라'라고(요8:32) 하신 예수님의 말씀과 '내가 진실로 너희에게 이르노니 인자가 올 때에 세상에서 믿음을 보겠느냐?'라고(눅18:8) 하신 예수님의 말씀을 생각하면서 두렵고 떨리는 마음으로 이 글을 썼다는 것을 고백한다.

이 책을 통해서 설교자를 비롯한 모든 목회자들과 하나님의 일에 충성을 다 바치시는 모든 믿는 자들에게 하나님의 영광이 충만하여 기쁨과 행복이 넘치기를 간절히 기원한다.

2004년 8월의 어느 여름날에
서울의 관악산 기슭 아래서 초고 탈고,
2018년 여름철의 어느 날에 색인 정리,
경기도 연천군 미산면 유촌리 197번지의 산골에서
휴전선 철조망을 넘나드는 노루새끼들과
산새들의 노래 소리를 들으면서…

임 영 옥

목차

목차

CONTENTS

목차

목차

CONTENTS

목차

CONTENTS

목차

CONTENTS

목차

목차

제6장 한국 교회의 갈등과 분열 ·················· 878

목차

하나님이　그 지으신 모든 것을 보시니　보시기에 심히 좋았더라
저녁이 되며 아침이 되니　이는 여섯째 날이니라 (창1:31)

제 1 편

총 론
總 論
INTRODUCTION

총론
總論
INTRODUCTION

기독교 교리 사상의 총론(總論)에서는 기독교 진리에 대한 기본적(基本的)인 것들만을 정리하여 자기 진리에 대한 정체(正體)를 먼저 제시하고 초기적인 발전 단계(段階)와 과정(過程)들을 간단히 살펴보려고 한다.

역사적(歷史的)으로 볼 때에 기독교가 어떠한 진리의 내용으로 어떠한 과정(過程)을 통해서 출발하였으며 기독교가 지니고 있는 근본 교리(教理, Dogma)가 무엇이고 어떠한 것인가?

나아가서는 이에 대해서 어떠한 시시비비(是是非非)의 곡절(曲折)이 있었으며 그럴 때마다 이에 대하여 어떻게 바른 정론(正論, Just Argument)을 제시하여 시비(是非)를 가리고 이에 대처해 나오게 되었는가를 정리 해 나가고자 한다.

기독교의 발생이라는 역사적인 사건도 중요하지만 보다 더 중요한 것은 기독교의 경전(經典, The Scripture of the Christianity)으로서의 성경(聖經, The Holy Bible)에 대한 교리(教理) 상의 문제와 함께 기독교 진리와 성경이 지니고 있는 바른 사상(思想)을 논한 다음 그 교리적(教理的)인 사상(思想)의 발전 과정을 알아보는 것이 순서 상 옳은 일이라고 생각한다.

뿌리가 깊은 나무는 어떠한 비바람에도 넘어 지지 않는다.

역시 바다 위에 떠 있는 작은 섬도 그 뿌리가 대륙(大陸) 깊숙히 박혀있기 때문에 어떠한 파도(波濤)나 해일(海溢)에도 흔들리지 않고 자기의 모습을 그대로 지켜 나갈 수 있다.

마찬가지로 기독교 신앙도 그 뿌리가 성경에 깊이 박혀있으면 결코 흔들리지 않는다. 그러므로 여기에서는 바른 신앙을 지켜나가기 위해서 성경에서 말씀하고 있는 바른 진리가 역사적인 과정을 통해서 어떻게 그의 정체성(正體性)을 지켜 나오게 되었는가 하는 것을 알아보려는 것이다.

　기독교에서 말하는 교리(敎理, Dogma)는 그렇게 단순한 것이 아니다.

　예수께서 아직도 살아 계실 때부터 많은 시비와 논쟁이 있어 왔었다.

　특히 그가 하늘로 승천(昇天)하시고 사도(使徒)들에 의해서 기독교 운동이 본격화 되면서 성경의 진리에 대한 많은 논쟁(論爭)이 거듭되어 왔고 지금도 하나로 통일을 이루지 못하고 있는 것이 사실이다.

　그러나 우리는 엄연히 우리에게 성경이 쥐어져 있기 때문에 어떻게 하는 것이 가장 바른 성경 적인 진리(眞理)인가를 가려 낼 수 있다. 이에 대하여 역사적(歷史的)으로 일어났던 일들을 통하여 성경적인 바른 입장을 바로 세울 수도 있다.

　그리고 기독교는 단순히 하나의 종교(宗敎, Religion)라는 일반적인 의미 이상으로 신앙 문제와 함께 교회(敎會, The Church)에 대한 교리(敎理)가 중요하기 때문에 총론을 통해서 기독교의 교리적(敎理的)인 입체화(立體化)에 대한 기본적인 것들을 설명해 보려고 한다.

제1장
기독교의 발생
The Origination of the Christianity

기독교의 발생(發生)을 역사적 시기를 들어서 설명한다는 것은 그렇게 쉬운 일도 아니거니와 사실상 어려운 문제이다.

왜냐하면 기독교는 계시종교(啓示宗敎, Revelation Religion)로서 하나님의 존재(存在)와 함께 있어 왔던 것이 천지만물(天地萬物)의 창조(創造)에서부터 시작(始作)되었다는 성경 교리의 사상에 근거를 두고 있기 때문이다.

그러나 사람은 역사적인 존재로서 매사를 역사와 함께 설명을 하고 있기 때문에 기독교의 시작에 대한 것 역시 역사 속에 등장한 시기(時期)를 기준으로 그 발생을 설명해야 한다는 필요성을 느낀다.

그렇다고 해서 기독교의 발생을 어떤 이들의 주장처럼 순수히 역사적인 사실로만 해석하기에는 너무도 부족하고 더 많은 아쉬움을 남기게 되므로 기독교 발생에 대한 바른 사상의 정립은 더없이 중요하다는 것을 알아야 한다.

이런 의미에서 생각할 때에 기독교라는 종교는 사람들에 의해서 만들어 진 종교(宗敎, Religion)가 아니라 하나님께서 우리 인간에게 찾아오셔서 발생시켜준 '하나님의 종교(The Religion of God)'라는 뜻으로 이해되어야 한다는 것을 알게 한다.

그리하여 기독교라는 종교를 가리켜서 '천래(天來)의 종교'라고 하기도 하고 또는 '계시종교(啓示宗敎)'라고 하기도 한다.

이러한 이름들이 왜 따라붙게 되었는가 하는 점에 대해서도 한 번 더 검토하고 연구에 임하는 것도 바른 이해를 위해서 좋을 것이다.

기독교를 역사적(歷史的)으로 이해하기 위해서는 제2위 하나님으로서 사람의 몸을 입으시고 이 세상에 오신 예수 그리스도의 탄생(誕生) 곧 성육신 (成肉身, Incarnation)에서부터 이해하고 해석되어야 한다. 그러나 그것 역시 그렇게 쉬운 문제는 아니다.

왜냐하면 예수 그리스도의 탄생(誕生)은 단순히 그가 인간의 역사(歷史) 속에 오셨다는 사실만으로는 설명(說明)하고 해서(解釋)하기 어려운 예언(豫言, Prophecy)과 역사 속에 부상(浮上, Rise) 이라는 양면성(兩面性)을 함께 가지고 해석하고 이해에 임해야 하기 때문이다.

로마의 역사학자 타키투스(Tacitus:55-120) 같은 이는 그의 저서 "연대기"(年代記, Annals)에서 지적하기를 기독교의 발생을 네로(Nero:54-68 재위) 황제(皇帝) 때에 일어난 주후 64년 로마시의 대화재(火災)와 관련시켜서 설명하고 있다.

그는 기독교를 예수 그리스도의 출생(出生)에서부터 시작하려고 하지 않고 보다 예수 그리스도의 죽으심을 전후해서 설명하려고 했다.

즉 로마 황제 티베리어스(Tiberius Claudius Nero: 42 BC-37 AD)의 통치 시절 본디오 빌라도 (Pontius Pilate: 26-36 재위)가 유대인의 총독(總督)으로 있을 때에 팔레스타인에서 일어난 하나의 새로운 종교로 간주(看做)하게 된 것으로 기록하고 있다.

거기에다 또 로마의 황실(皇室)에서는 기독교인을 사나운 짐승과 같은 존재로 취급하여 아주 야만적(野蠻的)인 취급을 해서 아주 잔인(殘忍)하고 혹독(酷毒)하게 박해(迫害)를 가했던 것이다.

그러나 이것은 기독교의 발생에 대한 올바른 설명을 하지 못하고 있다는 것을 쉽게 알 수가 있다. 기독교의 역사성(歷史性)을 바로 이해할 수 있는 역사가(歷史家)라면 결코 기독교의 발생 연대(年代)를 로마 시대나 또는 예수 그리스도의 탄생(誕生)으로부터 해석하지 않고 자연히 만물의 존재 시작과 더불어 인류의 발생과 함께 해석하는데 조금도 인색하지 않을 것이다.

하나님께서 인간(人間)을 향하신 그의 뜻을 베푸심에 있어서 첫째는 하나님 닮음의 인간의 창조(創造, Creation)로부터 시작하여 만물의 영장(靈長)으로서 인간에게 창조주(創造主, Creator)하나님께서 지으신 피조물(被造物, Creatures)들의 세계에 대한 통치권(統治權)을 부여해주심과 또한 인간과의 사이에 맺어 진 생명의 언약(言約)까지를 첫째로 이해하고 들어가야 할 것이다.

다음에는 인간의 타락(墮落)과 구속(救贖)의 약속 그리고 아브라함을 믿음의 조상(祖上)으로 세우시고 이스라엘 백성을 하나님의 선민(選民)으로 택(擇)하시고 역대 선지자(先知者, Prophet)들을 통해서 제2위 하나님이신 예수 그리스도를 메시아(Messiah)로 보내실 것을 약속 하셨다는데 대하여 분명한 역사성(歷史性)과 교리성(敎理性)을 함께 이해하고 들어가야 할 것이다.

이런 의미에서 기독교는 단순히 역사적(歷史的)인 사건(事件, Event)만으로는 해석 될 수 없는 하나님의 계시(啓示, Revelation)에 의한 신비성(神秘性)을 배제하고는 기독교에 대한 바른 이해는 물론 설명을 할 수가 없다는 것이다.

적어도 기독교의 신학(神學, Theology)이나 진리에 대한 바른 사상(思想, Thought)을 올바로 이해하기 위해서는 성경에서 말씀하고 있는 교리(敎理, Dogma, Doctrine)에 대한 바른 이해가 전제(前提)가 된다는 것을 알아야 한다.

이 말은 곧 기독교는 역사 속에 나타나기 이전부터 이미 존재했던 종교였으므로 단순히 일반적인 역사성(歷史性)만으로는 해석할 수 없는 계시 종교로서의 신비성을 전제로 하고 이해되어져야 할 것이다.

그러면서도 순수한 의미에서의 기독교의 교회운동은 예수 그리스도께서 하늘로 승천(昇天)하신 다음 50일 째 되던 날 즉 오순절(五旬節, Pentecost)에 마가 요한의 다락방에 모인 120문도(門徒)들에게 약속하신 하나님의 성령(聖靈, The Holy Spirit)이 강림(降臨)하심으로부터 시작하였다고 하는 것이 오히려 순수할 것이다.

이때부터 기독교 복음 운동이 본격적으로 일어나게 되었고 하나님의 교회(敎會)를 설립하여 순수한 기독교 운동이 시작되었기 때문이다.

모든 종교는 그 종교의 경전(經典, Scripture)을 통해서 제시된 교의(敎義 혹은 敎理, Dogma, Doctrine)를 중심으로 이해하고 해석되어야 할 것이다.

특히 기독교(基督敎, The Christianity)는 "성경의 종교"(The Religion of the Bible)라고 할 만큼 성경을 절대시(絶對視)한다.

그 이유는 기독교는 성경을 통해서 교리(敎理, Dogma)가 나오고 그 교리를 통해서 신조(信條, Creedo)를 얻어내고 그 신조에 의해서 신학(神學, Theology)이 나오고 그 신학이 곧 교리(敎理)를 형성하여 기독교 종교의 정통성(正統性)을 견지해 나가게 된다.

17세기에서 18세기까지에 성행했던 경건주의 (敬虔主義, Pietism)운동은 로마 카톨릭 교회의 지나친 교리(敎理)와 신조주의(信條主義)에 반대하여 성경(聖經)과 양심(良心)에 뿌리를 박고 신자들의 영적체험(靈的體驗)이라는 생명 신앙 운동을 표방하고 나섰던 일이 있었다.

이와 함께 독일(獨逸)이 낳은 루터 파 신학자로서 교회의 실천적(實踐的)인 경건(敬虔)의 삶을 주장했던 하르낙(Harnack, Theodosius: 1817-1889)과 같은 사람은 "교리란 본래 기독교 복음과는 전혀 상관이 없다"고 주장하여 교리를 철저히 배제(排除)하고 경건한 생활신앙(生活信仰)을 강조하고 나섰다.

그 결과 경건주의 사상은 현대 신정통주의자(新正統主義者)들과 함께 "기독교는 교리가 아니고 생활이다"라는 말로까지 발전하게 되었다. 경건주의(敬虔主義)의 운동이 교회사 적인 의미에서 크게 기여했던 것도 사실이지만 교리를 배제(排除)하고 무시(無視)함으로써 사실상 기독교에 자유주의(自由主義, Liberalism) 사상의 동기를 일으켜 줌으로써 오히려 유익(有益)이 아닌 해악(害惡)의 결과를 초래하게 되었다.

하르낙은 기독교에서 모든 교리(敎理)가 없어지고 그 대신 복음의 순수성(純粹性)을 가진 기독교만이 살아남게 될 것이라고 주장했다.

그러나 신앙은 개인적이지만 교리는 "함께 고백한다"(Symbola)라고 하는 라틴어와 같이 진리와 신앙의 기준(基準)이요 통일 된 법칙(法則)이라고 할 것이다.

교리가 없는 신앙은 결코 종교의 정통성(正統性)과 함께 역사성(歷史性)을 이어갈 수 없다는 것을 알아야 한다. 그리하여 기독교는 교리(敎理)로 그 진리(眞理)를 해석하고 신조(信條)로 그 신앙(信仰)을 설명한다.

하나의 교리(敎理, Dogma)가 정해지고 신조(信條, Creed)가 정해지기 위해서는 세 가지의 원칙(原則)이 필수적으로 지켜져야 한다.

첫째는 교리나 신조가 가장 성경 적이어야 한다. 그 다음에는 세계 교회가 한 자리에 모여서 이를 함께 승인(承認)해야 한다. 마지막으로는 세계 교회가 이를 채용(採用)해야 한다.

그러므로 가장 성경적인 신앙인(信仰人)이나 신학인(神學人)이라면 교리나 신조를 가장 잘 지키는 사람이라는 것을 잊지 말아야 한다.

로마 카톨릭 교회에서는 교리를 하나님이 초자연적(超自然的)으로 계시하신 종교의 진리를 교회의 권위(權威)로 제정하여 공포하고 신자에게 이를 믿도록 강요한다.

그리하여 로마 카톨릭 교회에서는 교리나 신조를 정함에 있어서 개신 교회와 같은 과정을 밟은 것이 아니라 교황의 칙령(勅令, Decree)을 비롯하여 성경과는 상관없이 그들 사제(司祭)들의 모임에서 가결만 하면 교리요 신조가 되게 되어 있어서 다분히 정치적(政治的)인 의도가 다분하다고 해야 할 것이다.

그 결과 이들은 교황(敎皇)의 무유설(無謬說)이나 성모(聖母) 마리아의 승천(昇天, The Assumption) 같은 것도 교리로 정하여 교인들에게 이를 믿으라고 강요하고 있다.

그러나 개신교에서는 교리를 하나님의 말씀에서 계시 된 진리 내용을 교회가 인식한 것인데 옛 교회와 같이 새 교리를 제정하지 않고 교회의 교리를 성경적이라고 볼 때에만 계승(繼承)한다. 교회는 결코 교리 위에 세워져야 하고 또한 그 교리 안에서 교회가 설명되어야 한다.

그것은 교회의 결의(決議)가 아닌 성경의 진리를 중심으로 교리가 성립(成立)되는 것이지 로마 카톨릭 교회에서처럼 성경의 근거도 없이 교회의 결의로서 결정하는 것은 결코 교리가 아니다.

그리고 하르낙의 주장대로라면 기독교를 하나님의 계시성(啓示性)을 배제하고 하나의 도덕성(道德性)으로 종교를 전락시켜 버릴 위험을 부인할 수 가 없다.

기독교는 천하를 주고도 바꿀 수 없는 생명을 구원(救援)하는 종교이지 자연 종교에서처럼 윤리적(倫理的)인 선(善)을 추구하는 종교가 아니라는 것을 분명히 알아야 한다.

칼 발트(Karl Barth: 1880-1968) 같은 철학자(哲學者)나 에밀 브룬너 (Emil Brunner: 1889-1966)와 같은 소위 신정통주의(新正統主義 ,New Orthodoxy)에 속한 사람들은 "하나님께로 돌아가자"(Back to the God) 또는 "성경으로 돌아가자"(Back to the Bible)라는 구호(口號) 아래 기독교 운동의 새로운 바람을 모색(摸索)했으나 사실은 그들의 주장인즉 자연주의(自然主義, Naturalism)에로의 집착(執着)으로서 성경의 계시성(啓示性)이나 기독교의 신비성(神秘性)이 없는 윤리적(倫理的)인 면에다 가치 기준을 두고 현대인들의 지성(知性)과 과학(科學)을 함께 수용하여 오히려 기독교를 현대주의에 굴복(屈服)시키려는 큰 오류(誤謬)를 범하고 있는 것이다.

이러한 자유주의파(自由主義派)에 속한 사람들에 대해서 미국 프린스톤 신학교 (Prinstone Theological Seminary)의 최후 변증신학자(辨證 神學者)요 웨스트민스터 신학교(神學校, Westminster Theological Seminary)의 설립자(設立者)였던 메이첸 (Jon Gresham Machen: 1881-1937) 교수는 말하기를 "신앙이란 무엇인가?"(What is Faith?, 1925) 라는 그의 저서를 통해서 "그리스도를 만나려면 허공 상태(虛空狀態)에서가 아니라 교리(敎理, Dogma)를 통해서 그리스도를 배우고 그리스도가 누구시며 무슨 일을 하셨는지를 알 때에 비로소 그리스도와 만나게 된다"라고 주장했다.

문제는 로마 카톨릭 교회의 교황청(敎皇廳)이나 신 정통주의 파들 같은 자유주의 신학자들은 하나님을 향한 믿음이 없이 교리를 연구하고 제도(制度)를 세웠기 때문에 성경 교리 자체에 대한 큰 오해(誤解)를 일으키게 되었던 것이다

기독교라는 종교의 교의(敎義, Doctrine)를 가장 효율적(效率的)으로 크게 집대성(集大成) 한 웨스트민스터 신조(Westminster Creed: 1643-1646)를 확립했던 120여명의 신학자들은 최소한 기독교의 정통성(正統性)을 세우기 위한 신조(信條)를 제정함에 있어서 최고한 신앙력(信仰力)과 학문적(學問的)인 지식(知識)을 총 동원하여 신앙(信仰)과 지성(知性)의 결정체(結晶體)로 웨스트민스터 신앙고백 (信仰告白,Westminster Confession)과 또한 웨스트민스터 신앙문답 (信仰問答,Westminster Catechism) 서 등을 만들어냈던 것이다.

1646년 12월 영국(England)의 의회(議會)에 이어서 1647년에는 스코틀렌드 (Scotland) 의회(議會)에서 웨스트민스터 신조(信條)를 채용하기로 결의하면서"웨스트민스터 신조야말로 하나님의 말씀에 가장 일치(一致)하며 승전(承傳)의 교리, 예배, 신조 및 교회의 정치에 하등의 모

순(矛盾)이 없는 것으로 인정한다"라고 주(註)를 붙였다.

이토록 기독교는 교의(敎義, Doctrine)를 떠나서는 존재 될 수도 없고 이해 될 수도 없는 복음 운동과 교회 운동의 필수적인 방법(方法)이요 기준(基準)으로서의 공통성(共通性)을 유지하게 한다.

기독교야말로 성경에서 말씀하고 있는 교리를 중심으로 진리를 탐구하고 이해하며 하나의 믿음, 하나의 교회로서 진리의 통일을 이룬다. 만약에 기독교에서 교리를 빼어버리면 끝없는 분열(分裂)과 혼선(混線)으로 그의 성도들에게 요구하고 있는 하나님의 뜻을 이루어 드리는 최고 한 기준(基準)에 도달 할 수 없을 것이다.

기독교의 교리(敎理)야말로 하나님의 말씀인 성경에서 요구하고 있는 바른 믿음과 건전하고 올바를 기독교 운동을 일으켜 나가도록 바른 길을 제시해 주고 또한 무엇이 참된 교회 운동인가 하는 통일 된 기준을 제시하여 기독교인의 통일(統一)을 이끌어 준다.

그리고 기독교 성경의 중심 사상이 사랑이기는 하지만 그 사랑이 첫째는 하나님 사랑이요 둘째는 자기 사랑이요 셋째는 이웃 사랑으로 말씀하고 있는데 이것은 단순한 윤리적(倫理的)인 의미에서 보다 먼저 신비적(神秘的)인 의미에서 해석되어야 할 것을 요구받는다.

즉 사랑이라고 하여 윤리적(倫理的)인 사랑의 마음이 아니라 천하보다도 귀한 생명(生命) 곧 영혼(靈魂)의 구원이 전제가 되어야 할 것을 뜻하고 있는 말씀으로 해석되어야 한다. 일반종교와 기독교가 윤리적(倫理的)인 의미에서 같아 보이기는 하지만 근본적(根本的)으로 다르다는 것을 알아야 한다.

그 다르다고 하는 것을 교리(敎理)에서 자세하게 설명해 주고 있다. 그러므로 교리에 대한 바른 이해가 없으면 결코 성경에서 말씀하고 있는 기독교 진리의 참 뜻을 이해한다고 할 수 없다. 그래서 윤리학(倫理學)을 공부함에 있어서도 일반윤리학(一般倫理學, General Ethics)과 기독교윤리학(基督敎倫理學, Christian Ethics)을 따로 공부하지 않으면 안 된다는 것을 알게 될 것이다.

사람을 비롯한 모든 존재는 역사(歷史, History)와 함께 존재하고 행동해 왔기 때문에 역사를 떠나서는 존재(存在, Existence)와 형식(形式, Formality) 자체를 설명할 수 없다.

그러면서도 대부분의 사람들은 역사에 대한 인식(認識)이나 관심(觀心)이 그다지 많지 않다는 것이 아쉬움이라고 할 것이다.

더구나 우리는 우선 역사란 무엇인가 하는 역사의 정의(定義)에 대해서조차 정확한 답에 대해서는 관심조차도 갖지 않은 경향이 있다.

그러나 역사 속에 살면서 역사를 일구면서 살아가는 사람들이야말로 역사에 대한 바른 인식과 이해가 필요하다는 것을 알아야 한다.

더구나 기독교인이라면 전혀 역사에 대한 바른 이해와 정당한 사관(史觀, Historical View)을 갖지 못하면 성경의 교리나 기독교에 대한 바른 이해에 이를 수 없으며 바른 성경적인 신앙운동(信仰運動)이나 신학운동(神學運動)은 물론 성경에서 말씀하고 있는 대로 하나님의 교회운동(敎會運動)을 전개(展開)해 나가기가 어렵다.

일반적으로 역사라는 것은 "인간 사회가 거쳐 온 변천(變遷)의 모습이나 또는 그 기록이다"라고 쉽게 정의(定義)해 버리나 이는 더 많은 문제와 뜻을 배제(排除)한 지극히 아쉬운 속단(速斷)이라고 지적하지 않을 수 없다.

물론 역사에 대해서도 단순히 역사를 읽고 넘어갈 수도 있고 역사를 철학적(哲學的)인 방법으로 이해할 수도 있다.

"역사(歷史)란 시간(時間)속에 공간(空間) 위에서 되어 진 인간들의 사건(事件)"이라고 정의(定義) 할 수도 있을 것이고 그것을 기록 해 둔 것이 소위 역사서 (歷史書)라고 말 할 것이다.

그러나 우리는 그 정도의 사관(史觀)이나 역사에 대한 인식 정도로는 결코 만족해 할 수가 없다.

왜냐하면 성경은 "태초에 하나님이 천지를 창조하시니라"(In the beginning God created the heaven and the earth)라고 기록하고 있다 (창1:1).

뿐만 아니라 다시 성경은 "주 하나님이 가라사대 나는 알파와 오메가라. 이제도 있고 전에도 있었고 장차 올 자요 전능(全能)한 자라 하시더라"(I am the Alpha and the Omega, the Beginning and the End, says the Lord, "Who is and Who was and Who is the come, theAlmighty)라고 기록하고 있어서 (계1:8) 기독교 적 사관(史觀)의 정립을 위해서 매우 중요한 교의를 제공 해 준 것으로 이해된다.

적어도 기독교인이라면 역사를 이해함에 있어서 역사의 주인이 되시는 하나님과의 관계를 배제하고는 해석할 수 없다는 것을 알아야한다.

역사란 결국 존재(存在, Beings)와 형식(形式, Formality) 이라는 상호관계(相互關係) 안에서 이해되고 해석되어야 한다.

이는 모두가 창조주 하나님에 의해서 되어졌다는 교리(敎理)를 믿고 받아 드리는 하나의 같은 역사로서 하나님과 인간과 우주와의 관계 안에서 설명되어야 한다는 말이다.

성경은 무시무종(無始無終) 하신 하나님 안에서의 태초(太初, in the beginning)로부터 시작하여 시작과 끝이 있는 유한존재(有限存在)의 피조물과 인간의 시작 곧 기초(起初, in the beginning)를 함께 설명해 주고 있다 (요1:1, 창1:1 비교 참고).

그리고 하나님의 계시 언약 (啓示言約, Revelation Covenant)의 책이요 하나님의 말씀인 성경은 인간 개인(個人, Individual)이나 국가(國家, Nation)는 물론 자연계(自然界, Natural)에 대한 모습(模襲)들을 구약이나 신약 성경에 수 없이 기록하심으로써 존재(存在)와 형식(形式) 또는 모든 역사(歷史)의 주인(主人)이 하나님이시라는 진리의 사실을 보다 더 확실하게 말해주고 있다.

분명히 역사란 현대적(現代的)인 의미에서보다는 과거적(過去的)인데 중점을 두고 설명을 하게 되는데 성경은 우주의 시작으로부터 시작하여 하나님과 사람과의 관계 나라와 나라들 간의 관계들은 물론 모든 우주 안에서 되어지는 사건(事件)들을 성경 속에 구체적으로 말씀해 주고 있어서 기독교의 역사관(歷史觀)에 있어서 보다 더 적극적(積極的)인 자료(資料)를 제공해주고 있다.

이런 의미에서 우리 기독교의 교리(敎理)는 역사(歷史)를 이해함에 있어서 하나님의 창조(創造) 사역, 인간의 구속(救贖) 사역, 세상 나라들에 대한 간섭(干涉) 곧 통치(統治) 사역, 그리고 교회를 통한 하나님의 메시아 왕국(王國) 사역 등으로 나누어서 생각하도록 유도하고 있음을 알 수가 있다.

우리는 교회사 (敎會史, Church History)를 연구함에 있어서 역사 속에 등장한 기독교의 출현(出現)과 발전(發展)의 과정 즉 예수 그리스도의 탄생으로부터 시작하여 오늘에 이르기까지 교회를 중심으로 되어진 사건(事件)들을 취급하고 있다.

그러나 사실은 우리가 모든 역사를 논함에 있어서 기독교사 (基督敎史, The History of the Christianity)라는 이름으로 확대 해석하는 것이 옳다고 본다.

왜냐하면 교회사 자체가 역사신학(歷史神學, Historical Theology)의 한 분야(分野)이기는 하나 성경 교리에서 말씀하고 있는 교회에 대한 의미는 훨씬 더 포괄적(包括的)이고 넓어서 우리가 생각하고 있는 교회사의 뜻과는 전혀 다르게 해석하고 있다는 것을 알아야 한다.

기독교사를 크게 둘로 양분(兩分)하여 구약 사(舊約史)와 신약 사(新約史)로 분류하여 그 안에서 되어진 일들로 분류하여 생각할 수 있다.

그러나 성경에서 말씀하고 있는 교회의 개념(槪念)은 보이지 않는 천상(天上)의 무형교회(無形敎會, Invisible Church)로부터 시작하여 지상(地上)에 있는 유형교회(有形敎會, Visible Church)의 순으로 해석하고 있다.

이런 의미에서 생각할 때에"기독교사"라고 하면 당연히 보이는 세계와 보이지 않는 모든 세계를 하나의 교회라는 개념(槪念) 아래서 이해하고 설명하는 것이 타당(妥當)하다고 할 것이다.

이는 곧 역사(歷史) 자체가 하나님과의 관계를 떠나서는 이루어 질 수 없다는 성경 교의(敎義, Doctrine)와 함께 인간(人間)과 자연(自然)까지를 포함해서 사관(史觀, Historical View)을 정립해야 한다는데 다른 이론(異論)이 있을 수 없다.

하나님께서 천지 만물을 창조(創造, Creation)하셨다는 하나님의 창조 사역 자체를 우리는 하나의 역사적(歷史的)인 사건(事件)으로 받아 드리고 있다.

이와 마찬가지로 제2위 하나님이신 예수 그리스도의 성육신 (成肉身, Incarnation)까지도 분명히 하나의 역사적인 사건으로 받아드리는 것으로 이해하고 있으며 교회 안에서 되어 진 일이나 교회 밖에 우주 안에서 되어 진 모든 일들을 당연히 역사적 사건으로 수용하고 있다.

그러므로 기독교적인 바른 사관(史觀)은 하나님과 인간과 우주와의 삼각(三角)적인 관계 안에서 해석되어야 하므로 교회사 자체도 세계사(世界史) 속의 한 분엽사(分葉史)와 같은 관점에서 해석 할 것이 아니라 기독교사 (基督敎史, The History of Church)를 중심으로 모든 역사를 해석하고 설명하는 것이 성경 교리의 사상과 합치 될 수 있다는 결론을 낳게 한다.

교회사가 갖는 현실적인 역사성은 주로 유형교회(有形敎會, Visible Church)를 중심으로 이해하고 있으나 종말론(終末論, Eschatology)에서는 하나님과 인간과 전 우주의 존재 자체가 어떠한 형식적 결론으로 귀결(歸結)하게 될 것인가 하는 점에 대해서까지 분명하게 말씀해 주고 있다.

이런 의미에서 생각할 때에 기독교의 초월성(超越性)과 절대성(絶對性)을 바로 이해하게 되며 기독교 신앙의 유기성(有機性, Organic)에 대한 폭의 넓이와 깊이를 더욱더 깊이 이해하도록 해 준다. 교회의 책임과 사명이 전 인류적(人類的)이며 전 우주적(宇宙的)이라는 뜻도 이런 맥락에서 설명되어야 할 것이다.

04 ≡ 기독교와 로마 제국

우리 기독교(基督敎)와 로마 제국(帝國)과는 처음부터 불가분리적(不可分離的)인 관계를 가지고 내려왔다.

로마 나라가 생긴 것은 기원전 753년 라틴계의 로물루스(Romulus)와 레무스(Remus)의 쌍둥이 형제(兄弟)에 의해서 건국(建國)되었다고 전해지고 있다.

그리하여 국호(國號)도 로물루스(Romulus)의 이름을 따서 "로마"(Roma) 라고 지었으나 그것은 하나의 작은 도시(都市)에 불과했고 헬라의 대세에 눌려서 활개를 펴지 못하고 있다가 알렉산더 대왕(Alexander, The Great: BC 336-323 재위)의 요절(夭折) 후 기원 전 372년경에야 현재의 이탈리아 반도(半島)를 통일하고 본격적인 지중해 연안(沿岸)의 지배권(支配權)을 확보하기에 이르렀다.

예수께서는 로마의 황제(皇帝) 가이사 아구스도 (Caesar Augustus: BC 31-AD14 재위)가 세금(稅金)을 징수(徵收)하기 위한 목적으로 내린 호적령(戶籍令)이 내려진 시기에 태어나셨다.

조금 더 거슬러서 올라가면 대 로마 제국에서 세운 분봉왕(分封王) 헤롯(Herod: BC 37-AD 4 재위)이 유대인의 환심(歡心)을 사기 위해서 헬라의 안티오커스 에피파너스 (Antiochus Epipanes: BC 175-164 재위) 치세(治世) 시절에 일어난 마카비(Maccabees: BC 168-142)의 독립 전쟁 때에 파괴(破壞)

된 예루살렘 성전(聖殿)을 재건(再建)하게 된 일이 있었다.

로마 대 제국에서 파견 된 정치인(政治人)이 예루살렘에 있는 하나님의 성전(聖殿)을 재건(再建)해 주기로 한 것은 전적으로 유대인들의 정치적(政治的)인 환심 이외에 유대교에 대한 종교적(宗敎的)인 승인(承認)과 이해(理解)라는 뜻으로도 통한다.

그러나 로마 제국이 예수 그리스도에 대해서는 처음부터 적극적으로 적대적(敵對的)인 관계로 출발했다는 것을 알 수가 있다.

마태복음서의 기자는 그 사실에 대해서 좀 더 구체적(具體的)으로 기술(記述)하고 있다.

아기 예수의 탄생(誕生)을 알고 멀리 동방에서 찾아 온 박사(博士)들을 통해서 아기 예수에 대한 말을 들은 다음 헤롯은 아기 예수를 잡아서 죽이고자 했으나 천사를 통해서 이 사실을 알게 된 그의 부모는 아이와 함께 애굽으로 피난(避難)을 해 버렸다.

그 대신 헤롯왕은 2살 아래의 모든 아이들을 잡아서 죽이는 학살(虐殺)을 해 버린 것으로 기록하고 있다 (마2:1-18).

그리고 예수님은 결국 로마 정부에서 유대인의 총독으로 세운 본디오 빌라도 (Pontius Pliate: 26-36 통치)에 의해서 십자가(十字架) 위에서 못 박혀 죽게 되었으니 바로 이것은 기독교와 로마와의 역사적(歷史的)인 악연(惡緣)이라고 해야 할 것이다.

뿐만 아니라 주후 70년 9월에는 예루살렘 성전이 로마 제국의 점령군(占領軍) 사령관 타이터스 (Titus: 79-81 재위) 대장(大將)에 의해서 완전히 불태워 졌다.

이 성전(聖殿, The Temple)은 기원 전 960년 통일 유대 왕국의 제3대 왕 솔로몬(King, Solomon)에 의해서 처음으로 세워졌던 하나님을 향한 인간의 구조물(構造物)로서의 성전(聖殿)이 처음 지어진 지 1030년 만에 완전히 파괴(破壞)되고 지금은 "통곡의 벽"(The Wall of Lamentation)이라는 돌무더기의 흔적(痕迹)만을 남겨두고 역사의 뒤안길로 밀려나 버렸다.

뿐만 아니라 로마 대제국은 그들의 종교 행위인 "황제 예배"(皇帝禮拜, The Worship to Emperor)라는 것을 내세우고 기독교에 대한 박해(迫害)를 본격적으로 강화(强化)해 나갔다.

폭군(暴君)으로 악명(惡名) 높은 네로(Nero: 54-64 재위) 황제 때인 64년 7월 18-19일 사이에 로마 성에서 대 화재(火災) 사건이 일어났는데 이것을 기독교인들에 의한 방화(放火)라고 억지로 죄명(罪名)을 뒤집어 씌워서 기독교인들을 무차별적(無差別的)으로 잡아서 죽이는 대 학살

극(大虐殺劇)을 벌려나갔다.

이는 사실상 로마 제국(帝國)이 기독교에 대한 박멸정책(撲滅政策, Extermination Policy)의 신호(信號)였다고 해도 될 것이다.

그로부터 시작 된 기독교(基督敎)에 대한 대 로마제국의 대박해(大迫害)가 콘스탄틴(Constantinus, The Great, 306-337 재위) 대제(大帝)에 의한 신교자유령(信敎自由令)이 내려졌든 313년까지 계속되었다.

그것은 단순한 박해(迫害) 정도가 아니라 일종의 기독교 말살정책(抹殺政策)이라고 하는 것이 더 맞는 말일 것이다.

그 결과 사도 바울과 베드로 등 모든 사도들을 잡아 죽였고 수많은 기독교인들을 잡아서 학살(虐殺)해 버렸다. 대 로마 정부에서는 기독교에서 말하는 하나님 대신 로마 황제(皇帝)에 대한 예배(禮拜)를 강요했으므로 이에 반대한 기독교에 대한 학살(虐殺)이 계속되었다.

기독교가 무덤 속으로 숨어 들어가야 했던 카타콤 (Catacomb)의 역사(歷史)가 기독교 초기부터 시작하여 무려 4세기 초에 이르기까지 계속 되었다면 기독교에 대한 박해의 위기상황(危機狀況)이 얼마나 무섭고 가혹(苛酷)했던가 하는 것을 이해하게 한다.

초대 교회 시절에 기독교가 로마 정부를 통해서 겪은 박해(迫害)는 오직 죽음 곧 순교(殉敎, Martyrdom)라는 말로 밖에는 표현할 수 없다는 것이 아쉬울 뿐이다.

우리는 네로 황제의 박해 때에 죽어간 사도 베드로의 순교(殉敎) 이야기를 비롯하여 수많은 기독교의 지도자(指導者)들과 성도(聖徒)들이 무차별적으로 죽임을 당했다는 역사적인 사건을 잘 알고 있다.

그렇게 해서 소위 속사도(續使道) 교부시대(敎父時代)의 지도자로 안디옥 교회의 감독 익나티어스 (Ignatius: 35-107)의 순교사화(殉敎史話)도 유명하지만 사도 요한의 직제자(直弟子)로서 서머나 교회의 감독(監督)이었던 순교자 폴리캅(Polycarp: 65-155)의 죽음에 대해서는 너무도 유명한 일화(逸話)들을 남겼다.

폴리캅 감독(監督)을 체포한 로마의 관원(官員)이 폴리캅에게 "씨자가 주님이시다"(Caesar is lord) 라고 말하라고 강요했다.

그러나 폴리캅은 이를 단호하게 거부하고 "내가 믿는 주님은 오직 예수 그리스도이실 뿐이다"라고 답변했다.

폴리캅은 하는 수 없이 처형장(處刑場)으로 끌려가게 되었다. 그러나

그의 인품(人品)을 아끼던 총독(總督)은 그에게 세 번씩이나 간(諫)하기를 "황제 앞에서 맹세하여 그리스도를 저주(詛呪)하면 내가 너를 석방시켜 주겠다"고 설득(說得)했다.

그러나 폴리캅은 당당하게 "86년 동안 내가 그분을 섬기는 동안 그 분은 한 번도 나에게 잘 못 하신 일이 없는데 내가 어떻게 나를 구원하신 그 분을 저주(詛呪)하고 부인(否認)할 수 있겠는가?" 라고 반문(反問)을 한 다음 형장(刑場)으로 끌려갔다.

그는 로마의 법에 의해서 "무신론자'(無神論者, An Atheist)라는 직명(罪名)을 뒤집어쓰고 형장(刑場)에서 죽어 갔지만 폴리캅 이야말로 가장 숭고(崇高)하고 거룩한 "순교자 상"을 남기고 간 성도로 기록되고 있다.

그러나 3세기 초에 접어들면서 로마 정부(政府)는 모든 종교에 대한 관용정책(寬容政策)을 통해서 기독교도 그들의 권위 안으로 끄집어 들여 보고자 여러 가지 수단을 동원하여 시도해 보았다.

셉테미어스 세베러스 (Septemius Severus: 193-211 재위) 황제는 유대교나 기독교를 자기의 권위(權威) 안으로 끌어들이기 위해서 혼합정책(混合政策)을 펴나가기로 했다.

그러나 유대교나 기독교는 똑 같이 유일신(唯一神) 사상으로 뭉쳐져 있었기 때문에 로마황제의 종교 혼합 정책(宗敎混合政策)을 받아들일 수가 없었다.

이에 황제는 하는 수 없이 202년 황제의 칙령(勅令)을 공포(公布)하고 백성들에게 유대교나 기독교에로의 귀의(歸依)를 차단(遮斷)시켜 버렸다. 권력(權力)의 힘으로 기독교로 가는 길을 막아버린 셈이다.

세베러스 로마 황제의 칙령(勅令)이야말로 전 세계 기독교를 향한 반 기독교 정책이요 학대(虐待)와 학살정책(虐殺政策)을 펴나가기 위한 신호탄(信號彈)이었다.

그 결과 칼타고 알렉산드리아, 로마, 고린도, 안디옥 등지를 중심으로 기독교인에 대한 무차별적(無差別的)인 형벌(刑罰)을 가하기 시작했다.

불에 태워서 죽이는 화형(火刑), 곤장으로 살이 찢어져 나갈 정도로 떼리는 태형(笞刑), 무참(無慘)히 때려서 죽이거나 목을 잘라서 죽이는 참수형(斬首刑) 등 온갖 잔인(殘忍)한 수단을 동원하여 기독교 말살정책(抹殺政策)으로 나타나게 되었다.

이 때에 기독교인들은 맹수(猛獸)의 굴(窟)에 던져졌고 창(槍)과 칼에 목이 베어 죽거나, 칼

에 배를 찔려 창자가 터져서 죽어 갔고 심지어는 예수를 믿는다는 이유만으로 어른들은 불태워 죽였고 그들의 아이들을 죽여서 짐승의 밥으로 던지기까지 하였다.

다음에 또 자세한 설명이 있겠으나 우선 여기에서 생각나는 것은 이러한 역사적(歷史的)인 사실을 알고 있으면서 어떻게 해서 카톨릭 교회에서는 교회와 하나님 위에 "로마"라는 글자를 붙여서 기독교의 이름을 더럽히는지 꼬집지 않을 수 없다.

이에 대해서는 다음에 또 말할 기회가 있을 것이나 우선 알아야 할 것은 로마 대제국이 망한 다음에도 로마 나라의 국교(國敎)로서 기독교는 더욱 부흥발전(復興發展)을 해 나가게 되자 로마라고 하는 국호(國號) 대신 기독교라는 종교 위에 '로마'라고 하는 로마나라의 국호(國號)를 붙여서 '로마 카톨릭 교회'라고 하는 이름을 붙였다고 할 수밖에 없다.

다음 세베러스 황제에 이어서 권좌(權座)에 오른 카라칼라 (Caracalla: 211-217 재위) 황제의 치세(治世) 때에는 기독교에 대한 박해가 수그러들면서 일부의 북 아프리카 지역에서 약간씩의 박해만이 있어 오다가 알렉산더 세베러스 (Alexander Severus: 222-235 재위) 황제 때에 이르러 또 종교 혼합 정책을 폈으므로 그의 13년 간 통치 기간에는 어떤 교회사가의 말대로 "콘스탄틴 대제 이전의 황금 시대"라고 이를 만큼 교회 역사의 새로운 전환점(轉換點)의 시기를 맡게 되었다.

이렇게 하여 고르디안 (Gordian: 238-244) 황제 때와 필립 (Philip : 244-249 재위) 황제의 치세(治世) 때에는 사실상 기독교에 대한 박해가 거의 없는 것으로 알려지고 있다. 보다 더 필립 황제는 자기 스스로가 기독교의 신앙(信仰)을 고백하고 교회(敎會)의 예배(禮拜)에까지 참여 할 정도였다.

그러나 그의 치세 말기인 248년 로마의 건국 1000주년을 기념(記念)하는 대 축제행사(祝祭行事)를 전후하여 로마의 옛 신(神)들에 대한 신앙의 강조와 함께 이교도(異敎徒)들을 비롯한 기독교에 대한 박해(迫害)가 일시적이나마 격심하게 재연(再演) 되기도 했다.

그러나 필립 황제의 다음으로 즉위(卽位)한 데시어스 (Decius: 249-251 재위) 황제는 기독교에 대한 조직적(組織的)이고 체계적(體系的)인 박해(迫害)를 가하기 시작했다.

데시어스는 교회의 지도자(指導者)들을 닥치는 대로 체포(逮捕)하고 심지어는 로마 교황 파비안(Fabian)을 심문(審問)한 다음 그를 250년 1월에 처형(處刑)시켜 버렸다. 그 때에 안디옥의 감독(監督) 바빌라스 (Babylas)와 예루살렘 감독(監督) 알렉산더 (Alexander) 까지 처형(處刑)시켜 버렸다.

이 때에 오리겐 (Origen: 185-254)은 가이사랴에서 심한 고문(拷問)을 당했는데 그 후 3년 만에 죽고 말았다.

그 후에 황제에 오른 발레리안 (Valerian: 253-260 재위)은 즉위 초기(初期)에는 기독교에 대해서 약간 우호적(友好的)인 것 같았으나 257년에는 칙령(勅令)을 내리고 기독교의 감독(監督)들과 장로(長老)들과 집사(執事)들에게 로마의 신(神)들에게 제사(祭祀)를 드리도록 명하고 기독교인들이 모이는 집회(集會) 자체를 금지시켜버렸다. 그러나 이 같은 황제의 칙령(勅令)을 거부하고 반대했던 칼타고의 감독 키프리안 (Cyprian: 200-258)과 알렉산드리아의 감독 디오니시어스 (Dyonysius: 는 각각 유배(流配)를 당해 버렸다.

발레리안 황제는 마음이 더욱더 강포(强暴) 해져서 258년에는 두 번째의 칙령(勅令)을 내리고 교직자(教職者)들이나 사회적으로 유력한 인사들까지 로마의 신(神)들에게 제사를 드리라고 명하고 이에 불복 한자는 재산(財産)을 몰수(沒收)하고 멀리 유배(流配)를 시키거나, 그들의 노예(奴隸)로 부려먹거나, 노동(勞動)일을 시켰고 또는 사형(死刑)에 처하도록 명했다.

그 후에도 갈리에누스 (Gallienus: 260-268) 황제와 디오클레시안 (Diocletian: 284-305) 황제로 이어가면서 기독교에 대한 박해는 멈추지 않았다.

그러나 갈리에누스 황제의 치세(治世) 때에 이태리를 통치(統治)하고 있던 막센티우스 (Maxentius)를 항복(降伏)시키기 위해서 알프스를 넘고 있던 새 황제 콘스탄틴 (Constantin, The Great: 306-337 재위)은 문득 하늘에 나타난 십자가 상(十字架 像)을 보게 되었다.

그 십자가 위에는 "이것으로 정복(征服)하라" 라는 글이 쓰여져 있는 것을 보았다. 그리고 그 날 밤 콘스탄틴 대제의 꿈에 그리스도께서 그에게 나타나서 "십자가의 표지(標識)를 만들어 원수(怨讐)들과 싸울 때 보호물(保護物)로 사용하라"고 지시하는 음성(音聲)을 들었다.

콘스탄틴 대제(大帝)는 즉시 그의 군기(軍旗)와 방패(防牌)에 하늘에서 보여준 표지 "X"를 나타내는 두 희랍 글자인 'X와 P'를 합친 "P X" 모양의 십자가(十字架)의 표지(標識)를 만들어 붙이게 하고 312년 10월 27일 로마 성(城)의 교외(郊外) 티베르 강(江)에서 막센티우스 (Maxentius)를 맞아 크게 승리(勝利)를 거두었다.

그렇게 해서 콘스탄틴 황제(皇帝)는 서방의 유일 통치자가 되었으므로 313년 2월 동방의 통치자 리키니우스와 밀란(Millan)에서 회합을 하고 모든 종교에 대해서 유화정책(宥和政策)을 쓰기로 합의했다. 그리하여 313년 4월 이른바 "신교 자유 령"이 되는 콘스탄틴과 리키니우스는 밀란의 칙령(勅令, Decrees of Millan)을 발표(發表)하기에 이르렀다.

밀란의 칙령으로 기독교가 처음으로 로마 제국의 압제(壓制)와 박해(迫害)에서 벗어나서 사실상의 자유(自由)를 얻게 되었다.

그 후 콘스탄틴 황제는 8년 동안에 걸친 리키니우스 와의 전쟁으로 승리(勝利)를 거둔 다음 명실상부(名實相符)하게 동서 통일 제국의 황제로 위세(威勢)를 높이게 되었다.

325년에는 니케아의 회의 (Council of Necaea)를 소집하도록 하여 기독교 정통파(正統派) 교리의 확립에 기여하기도 했다.

사실상 기독교(基督敎)와 로마 정부(政府)와의 악연(惡緣)은 참으로 비참(悲慘)하고 기구(崎驅)하다고 할 만큼 로마 정부의 박해(迫害)로 기독교가 뿌리 채 뽑혀 버리는가 할 만큼 수다한 시련(試鍊)과 위기(危機)를 맞게 되었다.

그러나 결국 대 로마 제국은 476년 동 서 로마로 분열(分裂)되었다가 552년에는 비잔틴(Vizantin) 대제국(大帝國)에 흡수(吸收) 당하여 사실상 역사의 뒤안길로 물러나게 되었다.

그러나 590년 그레고리 1세 (Gregory I: 590-640 재위) 교황(敎皇)의 때로부터 시작 된 교황청 제도(敎皇廳 制度)와 로마 천주교에 대한 문제는 두고두고 우리들에게 새롭게 생각 해 보아야 할 숙제(宿題)를 남겨주고 있다.

여기에서 다시 한 번 다짐하고 들어가야 할 것은 로마 카톨릭교회 자체를 성경적인 기독교 종파(宗派)의 하나로 보지 않고 사이비(似而非)한 유사기독교집단(類似基督敎集團)의 하나로 인정해 주는 그 이상의 것은 있을 수 없다는 것을 알아야 한다.

아무리 시대적인 호응도(呼應度)가 높고 인지도(認知度)가 개신교(改新敎)에 앞서 간다고 할지라도 성경적인 기독교 종파(宗派)의 하나로는 받아들일 수 없다는 것을 알아야 한다.

성경을 떠난 기독교는 있을 수 없다. 자기 종교의 경전(經典) 자체를 외면하는 종교는 종교로서의 가치(價値)도 없고 더구나 기독교라는 이름을 함께 붙여줄 수 없다는 것을 명심해야 한다.

역사 종말기의 적그리스도(Anti-christ) 집단의 하나 이상으로 인정해서는 안 된다.

이스라엘 민족(民族)의 선민사상(選民思想)은 유대교 주의자들의 전용물로 오해하기 쉽다.

물론 협의적(狹義的)인 의미에서 생각할 때에는 그 주장도 전혀 틀린 것은 아니다. 그러나 보다 더 근본적이고 광의적(廣義的)인 의미에서는 기독교 종교의 신학상(神學上)에 대한 문제요 전 인류를 향하신 하나님의 의지(意志)라고 보아야 할 것이다.

이스라엘 민족의 선민사상은 유대교 주의자들에 의해서 발상 된 것이 아니라 하나님에 의해서 되어 진 것이고 유대인들만을 위해서기 아니라 하나님 안에서 선택(選擇)함을 입은 하나님의 자녀(子女)들에 대한 포괄적(包括的)이고 총체적(總體的)인 것이기 때문이다.

창조주(創造主) 하나님께서는 사람을 만드시되 자기의 형상(形象, Image)과 모양(模樣, Likeness)을 따라서 사람을 만드셨고 그 사람에게 하나님의 생기(生氣, The Breath of God)를 그 코에 불어넣어서 생령 (生靈, The Breath of Life)이 되게 하셨다 (창1:26-27, 2:7).

그리고 그 인간에게 하나님께서 지으신 모든 피조물(被造物)의 세계를 지배(支配)하고 다스리도록 만물의 영장(靈長)으로서의 통치권세(統治權勢)를 오직 사람에게만 특권(特權)으로 주셨다.

그리고 하나님께서 지으신 피조물(被造物)의 세계를 다스려 나갈 사람과의 생명언약(生命言約, The Covenant of Life)을 세우셨으나 사람은 마귀의 유혹(誘惑)에 빠져서 하나님과의 생명 언약을 일방적으로 파기(破棄)하고 범죄(犯罪)하여 결국 죄 값으로 사망(死亡)과 영원한 형벌(刑罰)에 이르게 되었다 (창2:17, 롬6:23).

그러나 하나님께서는 하나님 닮음의 사람이 영원히 사망(死亡)에 떨어지는 것을 원치 않으셔서 앞으로 하나님의 선택(選擇)에 의한 자기 백성의 구원(救援, Salvation)을 약속(約束)하셨다.

그리고 하나님께서는 그 약속 안에서 사람을 유혹(誘惑)하여 타락(墮落)시킨 마귀를 영원한 형벌(刑罰)에 떨어지게 하시기로 약속 해 주셨다 (창3:15).

사실상 이스라엘의 선민사상은 여기에서부터 시작되어야 할 것이고 그 다음이 그들에 의해서 주장하는 믿음의 조상(祖上) 아브라함의 선택(選擇)이요 그 아브라함의 손자(孫子)였던 야곱을 "이스라엘" (Israel)이라는 이름으로 개명(改名)시켜 준 데서 하나님의 선택에 대한 것이 이해되어야 할 것이다.

그 다음으로는 야곱의 열두 아들들 가운데 넷 째 아들이었던 유다의 선택(選擇)이고 바로 그의 후손으로 나실 메시아로 해석하는 것이 가장 옳은 선민사상의 이해라고 해야 할 것이다.

그러나 유대교 주의적 선민사상의 오해(誤解) 때문에 이스라엘 인들의 선민사상에 대한 수정(修訂)이 가해져서 오늘날 유대인들의 이상(理想)인 메시아사상이 미증유(未曾有)의 의문(疑問)과 망각(忘却) 속에 빠져들게 된 것이다.

본래 유대인들의 선민사상은 여호와 하나님에 대한 신앙심(信仰心)과 함께 자기들만이 하나님께로부터 선택을 받은 백성이라고 주장한다.

그리하여 그들은 우선 종족적(種族的)인 우월주의(優越主義)의 사상과 구약성경에 약속 된 메시아가 나타나서 이상적(理想的)인 신본주의국가(神本主義國家)를 실현시켜 줄 것이라고 믿은 나머지 예수 그리스도에 대한 메시아 성을 적극적으로 반대했다.

유대인들은 예수를 구약성경에 약속한 메시아(Messiah) 곧 그리스도(Christ)로 믿지 않을 뿐만 아니라 예수는 모세의 율법(律法)을 어겨서 안식일(安息日, Sabbath)을 범하고 하나님의 성전(聖殿)을 모독(冒瀆)하고 자기 자신을 하나님의 아들이라고 하여 하나님과 동등(同等) 됨을 주장한 것이 모두 죄(罪)가 된다고 했다.

그러나 우리가 성경을 볼 때에 예수께서 친히 그의 제자들에게 예수 그리스도 자신은 하나님과 동등(同等)이시라는 것을 여러 가지로 말씀해 주셨다. 그러므로 우리는 성경에 기록되어 있는 말씀대로 믿기만 하면 될 것이다.

"그러므로 안식일에 이러한 일을 행하신다 하여 유대인들이 예수를 핍박(逼迫)하게 된 지라, 예수께서 저희에게 이르시되, 내 아버지께서 이제까지 일 하시니 나도 일한다 하시매, 유대인들이 이를 인하여 더욱 예수를 죽이고자 하니, 이는 안식일만 범(犯)할뿐 아니라, 하나님을 자기의 친 아버지라 하여 자기를 하나님과 동등(同等)으로 삼으심이러라"(요5:16-18).

"너희는 마음에 근심하지 말라. 하나님을 믿으니 또 나를 믿으라. 내 아버지 집에 거할 곳이 많도다. 그렇지 않으면 너희에게 일렀으리라. 내가 너희를 위하여 처소(處所)를 예비(豫備)하러 가노니, 가서 너희를 위하여 처소(處所)를 예비(豫備)하면 내가 다시 와서너희를 내게로 영접(迎接)하여 나 있는 곳에 너희도 있게 하리라.내가 가는 곳에 그 길을 너희가 알리라. 도마

가 가로되, 주여, 어디로 가시는지 우리가 알지 못 하거늘 그 길을 어찌 알겠삽나이까?예수
께서 가라사대, 내가 곧 길이요, 진리(眞理)요, 생명(生命)이니, 나로 말미암지 않고는 아버지
께로 올 자가 없느니라. 너희가 나를 알았더면 내 아버지도 알았으리로다. 이제부터는 너희
가 나를알았고 또 보았느니라. 빌립이 가로되, 주여, 아버지를 우리에게 보여 주옵소서. 그
리하면 족(足)하겠나이다. 예수께서 가라사대, 빌립아, 내가 이렇게 오래 너희와 함께 있으되
네가 나를 알지 못하느냐? 나를 본 자는 아버지를 보았거늘 어찌하여 아버지를 보이라 하
느냐? 나는 아버지 안에 있고, 아버지는 내 안에 계신 것을 너희가 믿지 아니 하느냐? 내가
너희에게 이르는 말이 스스로 하는것이 아니라. 아버지께서 내 안에 계셔 그의 일을 하시는
것이라.내가 아버지 안에 있고, 아버지께서 내 안에 계심을 믿으라. 그렇지 못 하겠거든 행
하는 그 일을 인하여 나를 믿으라. 내가 진실로진실로 너희에게 이르노니, 나를 믿는 자는
나의 하는 일을 저도 할 것이요, 또한 이 보다 큰 것도 하리니, 이는 내가 아버지께로 감이
니라"(요14:1-12).

특히 예수가 저주(詛呪)의 십자가에 달려서 못 박혀 죽은 것은 도저히 그의 메시아 성(性)을
인정(認定) 할 수 없는 원인(原因)이라고 주장했다 (신1:23, 갈3:13-14).

유대인들은 예수 그리스도에 대하여 유대인들의 관례(慣例)에 따른 금식(禁食)도 안 하고(막
2:18-22) 오히려 귀신(鬼神) 들린 자로서 (막3:19-20) 안식일(安息日)도 지키지 않고 (막2:23-3:6) 죄인
(罪人)의 친구(親舊)일 뿐이라고 비하(卑下)시켰다 (막2:15-17).

그러나 유대교 주의자들의 선민사상에서 오는 메시아 관은 사실상 많이 변화 된 개념으
로 이해하고 있는 것이 사실이다.

왜냐하면 구약 성경에서 선지자(先知者)들을 통해서 예언 된 메시아는 예수가 아니라고 하
여 반대(反對)하고 배척(排斥)했으나 기독교에서는 이 예수를 메시아로 믿게 되었고 그 후로
아직까지 유대인이 기다리는 메시아가 나타나지 않으므로 실질적인 메시아의 임재(臨齋) 보
다는 하나의 이상(理想)으로 추구하고 있을 뿐이다.

성경은 구약이나 신약을 막론하고 이스라엘의 민족적 회개(悔改)를 여러 곳에서 말씀해주
고 있다 (슥12:10, 13:1, 고후3:15-16).

종말론적(終末論的)인 의미에서 대부분의 성경학자들도 이스라엘의 국민적(國民的)인 회개

와 기독교에로의 귀의(歸依)를 주장하고 있다.

현대의 역사적인 흐름과 종교전쟁(宗敎戰爭)이라는 종말론적인 국제적(國際的)인 현실이 결국 유대인의 기독교에로의 귀의(歸依)를 낙관적(樂觀的)으로 보고는 있으나 그렇다고 해서 그것이 유대인의 민족적인 완전 구원을 뜻하는 것이라고 보기에는 어렵다.

예수께서 하신 말씀에 비추어 볼 때에 "모든 이스라엘" 이라는 말씀의 뜻이 아니라 옛 계약(契約)의 백성들로부터 선택받은 사람 전체의 수를 지칭(指稱)하는 것으로 이해하는 것이 옳다고 본다 (마8:11-12, 21:28-46, 22:1-14, 눅13:6-9).

다만 종교 전쟁 시대의 이스라엘은 자연히 스스로의 국력(國力)으로는 선민사상을 계속 지켜 나가는데 한계(限界)를 느끼게 될 것이다. 이스라엘은 자연히 자유우방(自由友邦) 즉 기독교 국가들의 지원(支援)을 받으면서 그들의 국력(國力)을 지탱해 나가게 될 것이므로 완전히 전 국가적으로 기독교로 귀의(歸依)한다기보다는 원칙적(原則的)인 의미에시의 회귀(回歸)라는 뜻으로 이해하는 것이 더 타당(妥當)한 이론이라고 생각된다.

이러한 모든 정황(情況)을 통해서 볼 때에 지금까지 유대교 주의자들이 주장해 온 하나님에 의한 선민사상은 처음부터 하나님의 구속언약(救贖言約, Covenant of Redemption)이 이스라엘이라는 전체적인 종족적(種族的)인 의미에서가 아니라고 본다.

더 쉽게 말하면 그들의 죄를 회개(悔改)하고 하나님께로 돌아 올 하나님의 자녀(子女) 곧 구원(救援)함을 받게 될 하나님의 자녀를 두고 하시는 말씀으로 해석되어야 할 것이기 때문에 유대주의자들이 말하는 선민사상(選民思想)은 처음부터 그들의 오해에서 나온 것으로 이해되어야 할 것이다.

특히 그들이 말하는 믿는 모세가 스스로 말하기를 "네 하나님 여호와께서 너희 중 네 형제 중에서 나와 같은 선지자(先知者) 하나를 너를 위하여 일으키시리니 너희는 그를 들을지니라"(The Lord your God will raise up for you a prophet like Me from your midst, fro your brethren, Him you shall hear) 라고 친히 알려 주었다 (신18:15, 행3:22, 7:37).

그런데도 불구하고 유대교 주의자들은 메시아로 오신 예수 그리스도에 대해서 오해(誤解)하고 오히려 그를 박해(迫害)하여 십자가(十字架) 위에서 못 박혀 죽게 하였던 것이다.

기독교인으로서 하나님의 선민사상이 투철(透徹)하지 못하면 계시종교(啓示宗敎)로서의 기독교에 대한 성경 교리를 바로 이해하지 못한다는 오류(誤謬)를 범할 수 있다는데 유의(留意)

해야 할 것이다. 하나님께서는 분명히 이스라엘 민족을 자기의 백성으로 택하신 것만은 사실이다.

그러나 그것은 하나님의 구속 사역에 대한 역사적인 사건의 증거일 뿐 원리(原理)는 세상 만민 속에서 하나님의 선택에 의한 구속 사역이 이루어지게 될 것을 예표적(豫表的)으로 보여주셨을 뿐이었다는 것을 알 수 있다.

하나님께서는 아담 한 사람의 범죄와 타락으로 인해서 전 인류가 멸망(滅亡)을 받게 될 것이므로 그 가운데서 일부를 신택하여 구속하심으로 자기 백성을 심게 될 것을 나타내게 의해서 이스라엘이라는 한 종족을 선택하셔서 하나님의 의지(意志)를 알게 하셨을 뿐이다.

그것이 예수 그리스도께서 교훈(敎訓)하신 말씀과 그의 활동사역(活動使役)을 통해서 더 정확하게 드러나고 있음을 본다.

06 ≡ 기독교에 대한 성경적인 이해

기독교의 본질(本質, Essence)에 대한 바른 이해는 성경의 교의(敎義)를 중심으로 한 정통 신앙의 고백(告白)에 의해서만 가능하다.

아무리 기독교 교회 운동을 한다고 할지라도 성경에서 말씀하고 있는 성경진리(聖經眞理, Biblical Truth)의 정통성(正統性)을 지키는 교회라면 우선 성경 교리에 의한 신앙 고백(信仰告白)과 함께 기독교의 정통교리(正統敎理)를 지켜 나감으로써 교회로서의 신성(神聖)과 기독교의 정통성(正統性)을 이어나가게 될 수 있는 것이다.

어떠한 경우에도 성경 적인 신앙의 고백이 없이는 기독교에 대한 바른 이해가 불가능하기 때문에 역대 기독교의 신학자(神學者)들은 성경을 중심으로 채택한 신조(信條, Creed)와 함께 성경에서 말씀하고 있는 바른 교의 (敎義, Doctrine, Dogma)를 밝혀주기 위해서 노력했다는 것을 알 수가 있다.

역사 속에 자기의 실체(實體, Substance)를 확실하게 드러내고 있는 기독교는 구약 성경 속에서 역대 선지자(先知者)나 성현(聖賢)들을 통해서 약속 해 주신대로 사람의 육신(肉身)을 입으시고 나타나신 제2위 하나님이신 예수 그리스도로 말미암아 이루어지게 되었다는 사실을 감히 부인(否認) 할 사람은 없을 것이다.

그러므로 구약 성경은 장차 오실 예수 그리스도를 증거(證據)하고 이를 예언(豫言)으로 소개하고 있다.

신약 성경은 구약의 예언대로 오신 예수 그리스도의 성육신(成肉身, Incarnation) 사건으로부터 시작하여 그의 생애(生涯, Career)와 교훈(敎訓, Teaching)과 그의 행적(行蹟, Contributions)과 십자가(十字架, Cross) 위에서 못 박혀 죽으심과 죽은 지 3일 만에 다시 살아나셨다는 부활(復活, Resurrection)의 사건과 하늘로 승천(昇天, Ascension)하신 일이며 장차 만민을 상선벌악 (賞善罰惡) 간에 심판(審判)하시기 위해서 재림(再臨, Second Coming)하실 것과 영원한 메시아 왕국의 통치자(統治者, Ruler)로 군림(君臨)하실 것에 대해서 자세하게 말씀해 주시고 있다.

이런 의미에서 하나님께서는 예언(豫言, Prophecy)대로 언약(言約, Covenant)을 세우셨고 예언대로 성경(聖經, The Bible)을 주셨고 예언대로 예수 그리스도께서 오셨고 또한 예언을 따라서 예수 그리스도께서 육체대로 재림(再臨, Second Advent, Come Again)하실 것을 약속 해 주셨다.

예수께서는 친히 말씀하시기를 "너희가 성경에서 영생(永生)을 얻는 줄 생각하고 성경을 상고(詳考)하거니와 이 성경이 곧 내게 대하여 증거 하는 것이로다"(You search the Scriptures, for in them you think you have eternal life; and these are they which testify of Me) 라고 하셨다 (요5:39).

이 말씀은 곧 기독교와 성경과의 관계를 이해하는데 결정적인 교의(敎義)의 내용을 제시해 주신 말씀이라고 생각한다.

그리하여 예수 그리스도께서 직접 세우신 그의 12제자들을 중심으로 예수님의 생애(生涯)와 행적(行績)과 그의 교훈(敎訓)들이 기록되었고 다시 이방인(異邦人)의 선교사(宣敎師)로 부르심을 받은 사도 바울을 비롯하여 여러 성경을 기록한 기자(記者, Writer)들에 의해서 기독교의 교리(敎理, Dogma)가 제시되므로 기독교신학(基督敎神學, Christian Theology)의 출발을 보게 된 것이다.

그러므로 기독교는 예수님의 부활(復活)과 승천(昇天), 하나님의 보좌(寶座) 우편에 앉으심과 그리고 오순절 날 성령의 강림으로부터 시작하여 사도시대 (使徒時代, Apostolic Age)로 구분하고 사도들의 제자들에 의해서 지배되던 소위 속사도 교부시대 (續使徒 敎父時代, Apostolic Fathers Age)

순으로 역사의 맥(脈)을 이어오면서 기독교 교리 사상의 역사를 쓰고 있다.

우리는 속사도 교부시대로부터 시작하여 기독교의 교리(敎理)가 현저하게 사도들에 의해서 기록 된 성경의 진리를 석명(釋明)하기 위해서 노력했다는 것을 알 수가 있다.

사도 바울과 함께 기독교 선교 운동의 장을 열었던 바나바 (Barnaba, 57년경까지 활동)를 비롯하여 "허메의 목자"(The Shepherd of Hermas)의 저자(著者)요 또한 로마의 감독(監督)이었던 비오 (Pio: 140-154 재위) 형제로 알려 진 허메스 (Hermas) 나 로마의 클레멘트 (Clement of Rome: 99 사망), 사도 요한이 제자요 서머나 교회의 감독(監督)으로 순교(殉敎)를 당한 폴리캅 (Polycarp; 69-155), 파피아스 (Papias: 75-163)나 저 유명한 안디옥 교회의 감독(監督)이었던 익나티어스 (Ignatius:110-117 직임) 같은 속사도교부들에서부터 시작하여, 어거스틴 (Augustin Aurelius: 354-430), 종교 개혁자(改革者) 말틴 루터 (Martin Luther: 1483-1546), 대 신학자(神學者)요 종교 개혁자인 죤 칼빈 (John Calvin: 1509-1564), 그리고 죤 웨슬레 (John Wesley: 1703-1791), 찰스 하지 (Charles Hodge: 1797-1878), 루이스 뻘코프 (Luis Berkhof: 1873-1957) 등 현대 보수 정통주의 신학자들에 이르기까지 모든 저명(著名)한 신학자들은 성경 교의를 중심으로 기독교 진리의 정통성을 지키기 위해서 순교적(殉敎的)인 각오로 그들의 전생(全生)을 바쳤다는 것을 알 수가 있다.

그러나 결국 기독교의 보수 정통주의 신학이나 신앙이 역대 성현들에 의해서 지켜 졌다기 보다는 성경이 지닌 진리의 교리대로 스스로 독자적(獨自的)으로 지켜졌고 역사의 맥(脈)을 도도하게 이어 온 것은 전적으로 하나님의 섭리(攝理)요 은혜(恩惠)라고 믿는다.

어느 시대를 막론하고 수많은 논쟁(論爭)이나 분파적(分派的)인 작용이 없지는 않았으나 그럼에도 불구하고 가장 성경 적인 기독교 운동이 정통성의 맥을 이어오면서 오늘날의 교회 운동으로 발전하게 되었다는데 대해서는 별다른 이의(異義)가 있을 수 없다.

성경 적인 교리의 진리(眞理)를 따라서 발전해 온 정통적인 기독교 운동은 그동안 사도신경(使徒信經, The Apostles' Creed)을 비롯하여 니케아 신조(信條, Necaea Creed), 아타나시어스 신조 (Athanasius Creed), 칼세돈 신조 (Chalcedon Creed) 등 여러 공동신조(公同信條)와, 그 후 개혁파(改革派)의 사람들이 믿는 대표적인 신조(信條) 웨스트민스터 신앙고백(信仰告白, Westminster Confession)이나, 하이델버그 교리문답(敎理問答, Heidelberg Catechism) 같은데서 성경 교리의 진리에 따른 기독교의 정통 진리를 확인(確認)할 수 있다.

적어도 기독교의 진리와 신앙의 정통성(正統性)을 지켜 나간다는 것은 하나님의 말씀(Word)이요 하나님의 계시(啓示, Revelation)요 하나님의 진리(眞理, Truth)요 반듯이 성취(成就)하실 하나님의 언약(言約, Covenant)이신 성경의 신적권위 (神的權威)와 함께 하나님의 절대주권(絶對主權)과 하나님의 절대영광(絶對榮光)과 하나님의 절대의지(絶對意志) 중심의 믿음으로 하나님의 뜻을 이루어 드려야 한다는데 투철하고 분명한 목표를 둔다.

성경에 대한 유기적 영감설 (有機的 靈感說, Organical Inspiration) 이나 축자 영감설 (逐字靈感說, Verbal Inspiration)을 믿지 않는다면 결코 성경에서 말씀하고 있는 기독교 진리의 생명 구원이라는 목적 본연의 임무에 이를 수 없을 뿐만 아니라 기독교에 대한 바른 이해도 이를 수 없다.

하나님의 말씀으로서의 성경의 권위는 성경 스스로가 분명하고 정확하게 말씀해주고 있다.

즉 성경은 스스로 독지적(獨自的)인 인격성(人格性)을 가지고 있어서 사람들과의 관계에는 상관없이 그대로 지켜나가게 될 것을 보여주고 있다. 그 이유는 성경 자체가 어떤 사람의 교훈이나 가르침의 말이 아니라 살아계신 하나님의 말씀이기 때문이다.

"하나님의 말씀은 살았고, 운동력(運動力)이 있어 좌우(左右)에 날 선 어떤 검(劍)보다도 예리(銳利)하여, 혼(魂)과 영(靈)과 및 관 절(關節)과 골수(骨髓)를 찔러 쪼개기까지 하며, 또 마음의 생각 과 뜻을 감찰하나니," (히4:12. For the Word of God in living and powerful, and sharper than any two-edged sword, piercing even to the division of soul and spirit, and of joints andmarrow, and is a discerner of the thoughts and intents of the heart).

🖋 다시 생각해 볼 복습 문제

01. 기독교를 역사적으로 이해하기 위한 출발의 기준을 말해 보라.

02. 기독교의 발생에 대해서 말하라.

03. 역사 속의 기독교에 대해서 간단히 말하라.

04. 기독교 교리사상의 중요성에 대해서 말하라.

05. 기독교 사관을 어떻게 세워야 할 것인지를 말하라.

06. 웨스트민스터 신조에 대해서 말해 보라.

07. 기독교와 로마 제국과의 관계를 간단히 설명하라.

08. 이스라엘 민족의 선민사상에 대하여 설명하라.

09. 기독교에 대한 성경적인 바른 이해를 말하라.

제2장
기독교 신학파(神學派)의 형성
A Formation of the Theological School of the Christianity

우리가 기독교의 교리사상(敎理思想)을 연구함에 있어서 반드시 알아두어야 할 것이 초대 교회 시절로부터 시작하여 오늘에 이르기까지 기독교 신학 사상의 맥(脈, Pulsation)이 어떻게 이어 오게 되었는가 함이다.

또한 현대 기독교 사상을 이해함에 있어서도 교파(敎派)의 다양성(多樣性)과 분파(分派)의 내용과 양상(樣相)을 단순히 분파주의적(分派主義的)인 입장에서 부정적(否定的)으로만 볼 것이 아니며 그렇다고 해서 오늘날과 같이 혼합주의적(混合主義的)인 분열상태(分裂狀態)를 그대로 받아드려서도 안 된다.

성경 자체가 그 기록의 성격(性格)이 하나님의 직접적인 기록으로부터 시작하여 성령에 의한 영감(靈感, Inspiration)에 의해서 기록 된 계시문서(啓示文書)이면서도 그 영감의 성격이 유기적 영감 (有機的 靈感, Organical Inspiration)이기 때문에 교리적(敎理的)인 사상의 일치성(一致性)과 통일성(統一性)을 유지하면서도 그 표현의 방식이 각각 자기만의 특성(特性)을 가지고 있으며 진리를 묘사(描寫)하는 중심 사상이 각이(各異) 하게 나타나고 있음을 본다.

그리고 똑 같이 예수님께로부터 직접 가르치심을 받았고 예수님의 행적(行蹟, One's Achievements)들을 함께 체험(體驗)했으면서도 그 표현의 방식과 착안한 주안점 (主眼点, The Prime)이 다르고 그들의 활동과 주장이 약간씩 달랐다는 것을 알 수 있다.

그러므로 예수님의 직제자(直弟子)들이였던 사도(使徒, Apostle)들의 활동과 그들에 의해서 전수(傳授) 된 교리상의 내용이 약간씩 갈리면서 교리(敎理)의 사상(思想)으로 볼 때에 약간씩 분파(分派)를 이루게 되었다는 것은 너무도 자연스러운 일이다.

현대 교회가 수많은 분파주의적(分派主義的)인 현상으로 나타나고 있으나 우리는 과거의 사상적인 맥(脈)을 살펴봄으로 성경 진리가 제시하고 있는 교리와 비 진리에 대한 시비(是非)를 바로 가려서 기독교 교리 사상의 정통성(正統性)을 지켜나가야 할 사명감을 느낀다. 그리하여 우리는 주로 교부시대를 중심으로 기독교 교리 사상의 신학 파(神學派)가 우선 세 갈래로 갈리면서 발전의 방향(方向)을 잡게 되었는데 그것들이 바로 알렉산드리아 (Alexandria)계의 학파(學派)와 라틴 (Latin)계의 학파(學派)와 안디옥 (Antioch)계의 학파로 나뉘게 되었는데 우선 그것들을 중심으로 실펴보는 것이 당연한 방법이라고 생각한다.

그러나 이들 보다 앞서 사도 요한에게서 그의 직제자(直弟子)로 서머나 교회의 감독(監督)이었던 폴리캅 (Polycarp: 69-155)으로 또 폴리캅의 제자(弟子)로 알려진 불란서 리욘의 감독(監督) 이레네어스 (Ireneus: 130-202)를 배제(排除)하고는 기독교 교리 사상의 내용을 설명 할 수가 없으므로 먼저 이레네어스의 신학사상(神學思想)에 대해서 짚고 넘어가는 것이 순서라고 생각한다.

01 ≡ 이레네어스 (130-202) 까지

우리가 기독교 교리 사상사를 연구함에 있어서 이레네어스를 배제(排除) 할 수 없다는 것은 그는 2세기 하반기에 활동한 교부(教父)이기는 하나 그는 특별히 속사도(屬使徒)들로 이어지는 교부의 신앙을 이어받은 초대 교회사의 산 증인(證人)이요 교리 사상 발전에 기여한바 공(貢)이 큰 기독교의 지도자(指導者)였기 때문이다.

이레네어스는 사도 요한의 제자로서 서머나 교회의 감독으로서 순교(殉敎)를 당한 폴리캅의 제자로서 폴리캅이 순교(殉敎)하는 장면(場面)을 생생하게 전해 준 인물이기도 하다.

또한 그는 순교자(殉敎者) 포티너스 (Pothinus)의 뒤를 이어서 리욘(Lyons)의 감독(監督)으로서 "이단 논박론"(異端 論駁論, Against Heresies)이라는 책을 펴서 기독교의 정통사상(正統思想)을 확립(確立)하는데 크게 기여했다.

우리는 2세기 전반을 속사도 교부시대라 하고 2세기 후반기를 변증가(辨證家)들의 시대로 분류한다.

그런데 이레네어스는 그 많은 변증가(辨證家)들과는 달리 교회의 정통 신앙을 계승(繼承)하고 이를 체계적(體系的)으로 교회에서 가르치기에 힘쓴 신앙의 의식적(意識的)인 계승자(繼承者)로 존경(尊敬)을 받은 인물이었다.

이런 의미에서 우리는 그를 초대 교회 시절에 배출(排出)한 최초의 위대한 신학자(神學者, Theologian)로 존경을 보낸다.

기독교는 항상 어느 시대를 막론하고 신학 상의 양적 활동으로 교회의 발전에 기여해 왔는데 변증가들을 대외적(對外的)인 신학(神學)의 활동가(活動家)들이었다고 한다면 이레네어스는 대내적(對內的) 신학의 활동가로서 기독교 신앙 자체의 정통성(正統性)을 확립(確立)하는데 크게 수고한 지도자로 이해하면 될 것이다.

이레네어스는 그 시대의 대표적인 이단주의파(異端主義派)로 알려 진 영지주의(靈知主義, Gnosis)의 추종자(追從者)로 알려 진 발렌티누스 (Valentinus: 140-150 경)나 말시온 (Marcion) 이단자(異端者)들에 맞서서 교회의 바른 신앙을 확립하기 위해서 힘썼다.

그는 이단자들의 유혹(誘惑)에 현혹(眩惑) 당한 성도(聖徒)들의 신앙(信仰)을 바로 지켜나가도록 해주기 위해서 예수 그리스도의 성육신(成肉身) 성찬(聖餐) 부활(復活) 등의 상호 관계성을 해명하며 구약성경과 신약성경의 조화(調和)를 강조하며 교회의 전통(傳統)을 주장했다.

이레네어스는 기독교가 유대교로부터 이어받은 한 분 하나님에 대한 신앙과 그의 독생자(獨生子) 예수 그리스도를 통한 인류 구원에 대한 신앙이었다.

특히 이레네어스의 저작물(著作物)로서 지금까지 남아있는 것은 "사도적 설교의 증명"(Proof of the Apostolic Preaching)과 "이단 논박론"(Adverstus Heresies) 등 두 가지가 있다.

그 외에는 단편(短篇)들이 약간 전해지고 있을 뿐이다.

그의 "사도적 설교의 증명"은 논쟁적(論爭的)인 글이 아니고 신앙의 대중적(大衆的)이고 평범(平凡)한 해설서(解說書)이다. 또한 "이단 논박"은 증명(證明)보다도 더 완전(完全)하고 그 문제 내용의 범위(範圍)가 더 넓다는 것이 특별하다.

특별히 발렌티누스 주의 (Valentinianism)를 논박(論駁) 하는데 있어서 전 5권으로 된 그의 저서(著書)는 그 내용이 매우 구체적이다.

제1권에서는 여러 가지의 이단설(異端說)들을 해설 논박했고 제2권에서는 이단들에 대한 철학적(哲學的)이고 논리적(論理的)인 논박(論駁)을 전개해 나갔고 제3권에서는 성경과 전통에 있어서의 기독교 교리(敎理)의 기초(基礎)를 제시했고 또 그 본질적(本質的)인 부분 즉 하나님의 통일성(統一性)과 그리스도로 말미암는 구속(救贖)을 해명했다.

그리고 제4권에서는 두 언약(言約)의 통일성(統一性)을 주장하고 말시온 주의를 논박(論駁)했고 제5권에서는 구원론(救援論)과 종말론(終末論)과 함께 내세(來世)의 소망(所望)에 대하여 논하고 있다.

이레네어스의 사상을 보면 성경이 권위(權威) 신앙 내용의 사두적 요약(要約)으로서 오늘날의 교회의 신조(信條) 교회론 즉 모든 교회가 하나로 통일(統一) 된 동일한 신앙을 가진다는 것을 강조하고 나아가서는 교회가 성령의 인도하심을 받아서 이 신앙이 성도들 속에 항상 살아있고 새롭게 된다는 것 등이다.

이레네어스가 소개한 사도들의 신앙관을 보면 다음과 같이 요약 할 수 있다.

교회는 전 문명세계(文明世界)에 퍼져 땅 끝까지 흩어져 있으나 사도(使徒)들과 또 그들의 제자(弟子)들로부터 교회의 신앙을 전수(傳授) 받았으니 그것은 하늘과 땅과 바다와 그 가운데 있는 모든 것을 만드신 전능(全能)하신 아버지 하나님에 대한 신앙과 또한 우리의 구원을 위하여 육신(肉身)을 입으신 한 예수 그리스도하나님의 아들에 대한 신앙과 또한 예언자(豫言者)들을 통하여 하나님의 경륜(經綸)을 선포하신 성령에 대한 신앙이다.

이 경륜으로 말하면 사랑하는 예수 그리스도 우리 주의 내림(來 臨)과 동정녀(童貞女)로부터의 탄생(誕生)과 고난(苦難)과 죽은 자로부터의 부활(復活)과몸으로서 하늘에 올라가신 일과 또한 아버지의 영광(榮光)으로 하늘로부터 다시 재림(再臨) 하시사 모든 것을 회복(回復)하시고 모든 육체(肉體) 즉 전 인류를일으키시어 하늘에 있는 것이나 땅에 있는 것이나 땅 아래 있는것이나 보이지 않는 아버지의 기뻐하심을 따라 모든 무릎을 예수그리스도 우리 주요 하나님 이시요 구주이신 왕 앞에 꿇게 하시고 또한 모든 입술이 그를 고백하고 또한 그가 모든 것에 대하여 의(義)로운 심판(審判)을 하시기 위함이다.

악령(惡靈)의 권세들이나 평범(平凡)하게 배도(背道)하는 가운데떨어진 천사(天使)들과 경건(敬虔)치 않은 자들과 무법(無法)한자들과 저주(詛呪)하는 자들은 영원한 불에 던져 넣으실 것이요 의(義)로운 자와 거룩한 자들과 그의 계명(誡命)을 지키고 그의 사랑 가운데 거하는 자들에게는 그의 은총(恩寵)으로 썩지 않는 생명(生命)을 주실 것이요 영광으로 옷 입혀 주실 것이다.

02 ≡ 알렉산드리아 신학파(神學派)

교부(敎父)들이 활동하던 시대의 알렉산드리아 (Alexandria)는 북 아프리카 (Northern Africa)의 지중해(地中海)의 연안(沿岸)에 있는 항구도시(港口都市)로서 당시 약 50만의 인구를 자랑하는 로마 제국 제2의 대 도시로서 상업(商業)과 교육(敎育)의 풍요로운 중심지로 알려 진 곳이었다.

특히 알렉산드리아는 수많은 유대인들이 모여서 살고 있었는데 이는 주후 70년 9월 예루살렘 성전(聖殿)의 몰락(沒落)과 함께 아프리카 지역으로 이동(移動)한 유대인의 수가 무려 1백만 명이나 되었다고 한다.

'교회사의 아버지'라고 부르는 가이사랴의 유세비어스 (Eusebius of Caesarea: 260-339)에 의하면 마가(Mark)가 알렉산드리아의 초대 감독(監督)이었다고 전하고 있다.

특히 구약 성경에 능통(能通)했던 아볼로(Appolos)가 알렉산드리아 출신 유대인이었다고 전해지고 있어서(행18:24) 그 당시 알렉산드리아에는 이미 수많은 기독교인(基督敎人)들이 깊이 뿌리를 박고 있었던 것으로 이해된다.

무엇보다도 알렉산드리아 교회는 2세기 초에 비록 영지주의(靈知主義, Gnosticism)의 이단파(異端派)에 속하기는 했으나 바실리데스 (Basilides)나 쌀렌티노스 (Xalentinus) 같은 저명(著名)한 교사(敎師)를 배출했고 2세기 말 경인 180년경에는 기독교 역사상 최초로 세워진 소위 오늘날의 신학교(神學校, Theological Seminary)라고 할 수 있는 문답학교(問答學校, Catechistical School)가 판타에너스 (Pantaenus)에 의해서 세워졌고 여기에서 저 유명(有名)한 알렉산드리아 클레멘트 (Clement of Alexandria: 150-251)와 오리겐 (Origen: 185-254) 같은 기독교의 역사상 최대의 학자(學者)들을 배출하기까지 했다.

이런 의미에서 생각 할 때에 그 당시 알렉산드리아는 교부 시대 이후의 기독교 교리 사상의 최대 중심지(中心地)라고 할 만큼 중요한 곳이었으므로 자연히 알렉산드리아 학파의 영향은 컸던 것이다.

교회사(敎會史)의 대가(大家) 유세비어스는 기록하기를 "알렉산드리아에는 신성(神聖)한 학문(學問)의 연구를 위해서 학교(學校)가 있었다는 것은 일찍부터 전해 온 일이 었다"라고 함으로서 판타에누스가 문답학교(問答學校)를 세우기 이전부터 그와 유사(類似)한 신학교(神學校)와 같은 교육기관(敎育機關)이 있었다는 것을 암시(暗示)해 주고 있다.

그것은 또한 이미 소개한비 있는 영지주의 철학파의 바실리데스나 발렌티누스 같은 유명한 학자(學者)들이 매출되었다는 것은 유세비어스의 주장(主張)을 뒷받침 해주고 있다.

그러나 그들은 노스틱 이단자(異端者)로 규탄(糾彈)되었기 때문에 기독교 신학의 역사성(歷史性)을 이어가지 못했고 알렉산드리아의 신학교(神學校)가 역사 속에 등장하게 된 것은 바로 판타에누스에 의해서 최초로 세워진 문답학교 (問答學校, Catachetical School)가 전해지고 있을 뿐이다.

유세비어스가 4세기 초에 교회사를 쓰면서 기록하기를 "이 학교는 그 날까지 존속하고 있다"라고 기록한 것을 보면 알렉산드리아 문답학교가 판타에누스 (180년 경)로부터 시작하여 클레멘트 (200년 년 경)와 오리겐 (264년 경) 그리고 데오그노스터스 (Theognostus, 280년 경)까지로 하고 피에루스 (Pierus) 이후에는 니케아 회의 (Council of Necaea) 시대로서 저 유명(有名)한 아타나시어스 (Athanasius: 283-373) 역시 이 학교의 출신자(出身者)로서 기독교 교리 사상의 맥(脈)을 이어 온 것으로 이해하게 된다.

그런데 알렉산드리아 신학교(神學校)의 설립자(設立者)로 전해진 판타에누스에 대해서는 그의 저서(著書)나 더 이상의 다른 기록(記錄)이 없으므로 알려진 바가 없으나 그의 후계자(後繼者)로 전해 진 알렉산드리아 클레멘트(Clement of Alexandria)는 그의 회고록(回顧錄)을 쓰면서 "내가 청강(聽講)하는 특권(特權)을 가졌던 저 복되고 참으로 존경할만한 분들의 명확(明確)하고도 생명력(生命力) 있는 가르침을 묘사(描寫)하고 스케치하여 두려는 것이다"라고 기록 한 것으로 보아서 판타에누스의 사상(思想)이나 학문(學問) 그리고 인품(人品)이나 영향력(影響力)은 당대에 존경을 받을만한 특출(特出)한 사상가(思想家)요 지도자(指導者)였다는 것을 알게 한다.

클레멘트의 회고록(回顧錄) 가운데 또 한 곳을 소개하면 그 중에 한 분은 이오니아 (Ionia) 사람으로서 헬라에서 가르쳤다. 다른 분들은 마그나 그라이키아 (Magna Graikia, 남 이태리)에서 가르쳤는데 그 중 한 분은 수리아 출신이요 다른 한 분은 이집트(Egypt) 출신이다. 또 다른 분들은 동방에서 살았는데 그 중의 한 분은 아시리아에서 살았고 또 그 중의 한 분은 아시리아 사람이었고또 한 분은 팔레스타인의 히브리 사람이었다. 이 마지막 분을 만난 후에 나는 더 찾기를 그쳤으니 그는 이집트에 숨어 계셨다.

그는 판타에누스에 대하여 소개(紹介)하기를 "진실로 시실리에 사는 꿀벌(Honey Bee)로서 그는 사도(使徒)들과 선지자(先知者)들의 목장(牧場)에서 꽃들로부터 꿀을 모아 그의 제자(弟子)들의 영혼(靈魂)에 순수한 지식(知識)을 심어 주셨다"고 기록하고 있다.

이러한 클레멘트의 글을 통해서 볼 때에 판타에누스가 얼마나 성경의 진리(眞理)를 깊이 파헤쳐서 신학도(神學徒)들에게 심어주려고 노력했으며 바른 학문을 찾아서 세계를 누비고 떠돌아다녔던 클레멘트를 그 자리에 주저앉혀서 그가 해오던 일을 계승(繼承)하도록 했던가 하는 것을 알게 한다.

판타에누스는 정말로 이름 없이 빛도 없이 그러나 가장 고귀(高貴)한 사상(思想)을 그의 제자들이나 후세 사람들에게 심어주고 간 선각자(先覺者)였다는 것을 알게 한다. 신학(神學, Theology)이야말로 모든 학문(學問)의 어머니라고 하는 이론(理論)이 나오기까지는 전 세계적으로 최고(最高)한 학문이 여기 알렉산드리아에서 판테아누스가 세운 문답학교가 시작됨에 따라서 나온 말이라고 할 것이다.

2) 알렉산드리아 클레멘트(Clement of Alexandria)에 대하여

알렉산드리아 클레멘트(Clement of Alexandria)의 본명(本名)은 티터스 플레비어스 클레멘트 (Titus Flavius Clement: 150-251)이다. 클레멘트는 헬라의 아테네(Athene)에서 태어나서 그의 부모(父母)로부터 많은 학문(學問)을 익혔고 기독교로 입문(入門)한 다음부터는 유독 기독교 사상(基督敎思想)을 터득하기 위하여 여러 곳을 찾아 헤매다가 마침내 알렉산드리아에서 판타에누스를 만남으로 마음의 위로(慰勞)와 안정(安定)을 얻어 그에게서 배웠고 판타에누스의 뒤를 이어서 알렉산드리아 문답학교(問答學校) 일을 맡아서 제자양성(弟子養成)에 진력한 인물이었다.

그 후 셉터머스 세베루스 (Septimu Severus: 202-203)황제(皇帝) 때의 박해(迫害)로 클레멘트는 신학교(神學校)의 일을 오리겐(Origen)에게 맡기고 알렉산드리아를 떠나서 그의 전 제자(弟子)였던 카파토키아 (Capatocia)의 감독(監督) 알렉산더 (Alexander)에게로 찾아갔다가 그에게서 소개(紹介)하는 편지(便紙) 한 장을 받아 가지고 안디옥으로 간 것으로 알려지고 있다.

클레멘트는 많은 저서(著書)를 남겼는데 그 가운데서도 특히 헬라인에의 권고와 그리고 그리스에 대한 권고(The Exhortation to the Greek)와 교사(敎師, The Instructor)와 논설집(論說集, The Miscellanies)등은 삼대작(三大作)으로 이해되고 있다.

클레멘트와 동시대(同時代)의 교부(敎父)로서 라틴 신학자(神學者)였던 터틀리안(Tertullian: 160경-220)은 "철학(哲學)이 모든 이단(異端)의 어머니이다"라고 생각하고 있었다. 그리하여 터틀리안은 "우리가 믿게 된 후에 또 한 가지 믿는 것이 있으니 그것은 그 이상 더 믿을 것이 없다는 것이다"라고 말했다.

그는 이 입장(立場)을 더 강변하여 "모순(矛盾)되기 때문에 나는 믿는다"라고 말했다.

그리하여 그는 이단(異端)에 대한 정의(定義)를 "신앙의 신적 진리에 반대되는 인간적(人間的)이며 악마적(惡魔的)인 교리(敎理)들이다"라고 말했다.

이에 비하여 클레멘트는 헬라 철학(哲學)에 대하여 조금 더 적극적(積極的)인 평가(評價)를 하고 나섰다.

클레멘트는 "땅이 주님의 것이요 거기에 충만(充滿)한 것이 또한 그러하다.그러므로 누구든지 학습 교인을 도우려 할 때에 그들이 헬라인일 경우에는 학구적(學究的)인 탐구(探究)를 멀리하여서는 안 될 것이다"라고 하여 철학적인 주장이나 이론을 무조건 이단시(異端視) 해버리는 것보다는 더 적극적인 연구(研究)와 변증(辨證)의 방법으로 해결해 나가고자 했다.

이어서 클레멘트는 말하기를 "대개 하나님께서는 모든 선(善)한 것의 원인(原因)으로서 유대인에게는 우선적으로 구약과 신약을 주셨고 또한 주께서 헬라인들을 부르시기 전에 철학(哲學)을 우선적으로 주신 것 같다.

왜냐하면 하나님의 율법(律法)이 히브리 사람들을 교육(敎育)하여 그리스도에게로 이끈 것 같이 철학(哲學)은 헬라인들을 교육(敎育)하였기 때문이다.그러므로 철학(哲學)은 하나의 준비(準備)로서 그리스도로 말미암아 완전하게 될 자에게 길을 준비(準備)하는 것이다"라고 했다.

이런 점에서 클레멘트에게는 철학(哲學, Philosophy) 역시 신적(神的)인 기원(起源)을 가지는 것으로 이해했다.

그리하여 클레멘트는 말하기를 "헬라 철학(哲學)은 인간의 영혼(靈魂)으로 하여금 예비적(豫備的)인 정화작용(淨化作用)을 받게 한다. 그리하여 신앙(信仰)을 받아 드리기에 필요한 훈련(訓練)을 받게 하고 이 신앙의 토대(土臺) 위에 진리(眞理)가 지식의 건축물(建築物)을 세워 올릴 수 있도록 한다"라고 주장했다.

그렇다고 해서 클레멘트의 신학(神學)을 헬라 철학적(哲學的)으로 보려는 것은 큰 잘 못이다.

일찍이 프린스톤 신학교(神學校)의 총장(總長)과 뉴저지(New Jersey) 주(州)의 지사(知事, Governor)를 지낸바 있는 칼빈주의(Calvinism)의 신학자(神學者) 윌슨 우드로우 (Willson Woodrow: 1856-1924) 박사(博士)가 지적한 대로 클레멘트를 비롯한 알렉산드리아 교부(敎父)들의 주요 관심 사상은 살아 계신 하나님의 말씀 인간의 구주이신 인격적(人格的) 그리스도에 집중되어 있었다.

아타나시어스가 그토록 열심히 호모우시오스 (Homousios, 同一本質)의 교리를 위해서 싸운 것도 씨릴이 그토록 성육(成肉) 하신 로고스(Logos)의 통일성(統一性)을 위하여 싸운 것도 모두 그들의 눈앞에 이 역사 위에 사신 로고스의 모습을 보고 있었기 때문이다. 그리고 이 육신(肉身)이 되신 로고스가 그들에게 있어서 의(義)를 나타내신 것을 위해서 본바와 같이 "땅에 난 인간을 거룩한 하늘의 존재로 변화(變化)시키는 일"(The transformation of earth-born man into a holy and heavenly being)이 그에게 있어서 가능(可能)하였기 때문이다.

즉 로고스의 성육신(成肉身, Incarnation)은 곧 인성(人性)의 신성화 (神性化, Divication of man)를 의미하는 것이기 때문이다 라고 해야 할 것이다.

이와 같이 하여 알렉산드리아 신학의 특성은 구원론 적인 기초(基礎)와 함께 그들의 기독론 적인 고백(告白)이 서로 맞먹어 갔다는 것을 알 수가 있다.

이런 점에 있어서 알렉산드리아에서는 그 신학의 발전기에 클레멘트 같은 대 신학자를 가졌다는 것은 대단히 감사 할 일이었다.

즉 클레멘트는 알렉산드리아 신학의 이대 요소(要素) 즉 인간의 신성화(神聖化)란 구원론적 기본 이론과 더불어 살아 계신 로고스 그리스도에 있어서 확고한 전통을 세워 놓았던 것이다.

이 같은 신학적 전통은 판타에누스 시절부터 세워졌던 것으로 이해하면 될 것이다.

이런 의미에서 한 시대를 살아가는 사람들 가운데서 하나님을 향한 진실한 신앙인(信仰人)

과 신학자(神學者)가 있다는 것은 지극히 다행하고 감사(感謝) 할 일이라는 것을 알게 한다.

이렇게 해서 알렉산드리아의 그리스도 중심 신학은 고대(古代) 기독교의 교리적(敎理的)인 중심의 과제(課題)였고 동시에 공적(功績)이었다고 할 수 있는 하나님에 대한 삼위일체론(三位 一體論)과 그리스도론(論) 을 전개(展開)하는 계기가 되기도 했다.

3) 오리겐(Origen)에 대하여

여기에서 말하려는 대 신학자(神學者) 오리겐(Origem: 185-254)은 판타에누스(Pantaenus)와 클레멘트(Clement)의 뒤를 이어서 알렉산드리아 신학파(神學派)의 중추(中樞)를 이루면서 무려 6천 편에 달하는 그의 저서(著書)들을 통하여 기독교 발전에 기여(寄與) 한 희대(稀代)의 신학자(神學者)였다.

그의 활동은 약관(弱冠) 18세 때부터 시작하여 알렉산드리아 신학교(神學校)의 교수(敎授)와 교장(校長)으로서 가르치는 일과 저서활동(著書活動)으로 70 평생을 모두 바쳤다.

오리겐을 통해서 사사 받은 유명한 신학자(神學者)로는 데오그노스투스 (Theognostus)를 비롯하여 데메트리어스 (Demetrius) 알렉산드리아의 감독(監督)이 된 헤라클레스 (Heracles) 등이 그의 제자(弟子)들이었고 그 외에도 대 교회사가(大敎會史家)요 가이사랴의 감독으로서 신학자(神學者, Theologian)였던 유세비어스 (Eusebius Caesarea: 260-339)나 또는 카파토키아 (Capadocia) 신학파의 원조(元祖)로 통하는 그레고리 타우마투르거스 (Gregory Thaumaturgus) 또한 니케아 회의 정통 신학의 영웅(英雄) 아타나시어스(Athanasius: 283-373)와 같은 대 신학자는 물론 멀리 서방교회(西方敎會) 밀란(Millan)의 감독(Bishop) 암부로스 (Ambrosius: 340-397) 같은 인물들까지도 오리겐의 신학적(神學的)인 영향(影響)을 받은 인물로 전해지고 있다.

오리겐이 이토록 자기의 생존시(生存時)에는 물론 사후(死後)에까지도 기독교 교리 사상 발전에 크게 기여하게 된 것은 그가 쓴 많은 저서(著書)들의 힘이었다.

오리겐은 우선 기독교의 조직신학 (組織神學, Systematic Theology)이라고 할 수 있는 오리겐의 저서(著書) 제1 원리(De Principles) 혹은 신학의 원리와 육국어 대역 성경(六國語 對譯聖經, Hexapla), 기도론(祈禱論) , 순교론(殉敎論), 이단자(異端者) 켈수스를 논박(論駁)한 켈수스 논박(論駁, Contra

Celsus)과 성경 주석(註釋)들이 유명하여 당대는 물론 후세인(後世人)들에게까지 크게 기여했다.

오리겐의 조직신학서(組織神學書)라고 할 수 있는 제1 원리(原理)는 제4권으로 나뉘어져 있는데 제1권에서는 삼위(三位)를 비롯하여 영계(靈界)의 영적존재(Spiritual Existence)들에 관하여 제2권에서는 모든 물질세계(物質世界)와 인간(人間)에 관하여 논했다.

즉 창조론(創造論)과 인간의 영혼(靈魂)에 관하여 언급하고 있다.

그리고 제3권에서는 자유의지(自由意志)에 대하여 악마(惡魔)와의 싸움 하나님의 궁극적(窮極的)인 승리(勝利)에 대한 구원론에 대하여 제4권에서는 성경(聖經)에 대하여 취급하고 있다.

이토록 오리겐은 그의 저서(著書)들을 통해서 알렉산드리아 학파의 교리 사상을 가장 체계적(體系的)으로 제시해주고 있다.

오리겐의 교의사상(敎義思想)을 요약(要約)해서 정리해보면 다음과 같이 설명할 수 있다.

첫째, 하나님은 한 분이시며 만물을 창조하시고 그것들에게 질서 를 주시고 아무 것도 존재하지 않을 때에 우주를 존재하게 하셨다는 것이다.그는 창세(創世)의 시초(始初)부터 하나님이시며 모든 의(義)로운 사람들 즉 아담 아벨 셋 에녹 아브라함 과 모세와 선지자(先知者)들의 하나님이시다.

이 하나님께서 마지막 날에 그의 선지자(先知者)들을 통하여 이미 말씀하신 바와 같이 주 예수 그리스도를 보내셨다.

둘째, 예수 그리스도는 지상(地上)에 오셨던 분으로서 모든 피조물 들 보다 앞 서 아버지로부터 출생(出生)하셨다.그리고 만물(萬 物)을 지으실 때에 아버지를 도와서 봉사(奉仕)하신 후에 마지막 때에 자기를 비어 사람이 되셨고 하나님으로 계셨으나 육신(肉身)이 되셨다.

그리고 사람이 되시었으나 그가 계시(啓示)대로 오신 사람으로서 그의 본체(本體)는 하나님이시다. 그는 우리의 몸과 같은 몸을 취 하셨으니 다만 그 몸이 동정녀(童貞女)의 몸을 통해서 와 성령(聖 靈)으로 말미암아 나시었다는 것이 다를 뿐이다.

그리고 예수 그리스도께서 나시었고 외견상(外見上)으로 뿐만아니라 참으로 고난(苦難)을 당하셨고 참으로 죽으셨다.

더욱이 그는 죽은 자로부터 참으로 살아나셨고 부활(復活)하신후에 그의 제자(弟子)들과 함께 하셨고 모든 사람들이 지켜보는 가운데 하늘로 승천(昇天) 하셨다.

셋째, 예수 그리스도의 제자(弟子)들이 이 교리(敎理)를 전하였으니 즉 성령께서는 그 존영(尊榮)과 권세(權勢)에 있어서 아버지와 아 들과 연합(聯合)되어 있으시다는 것이다.

이 모든 것 후에 사도(使徒)들은 또한 다음의 일을 가르치셨으니 즉 영혼(靈魂)은 그 자체의 실체(實體)와 생명(生命)을 가지는 것 이므로 이 세상을 떠난 후에 그 나타난 일을 따라서 보응(報應)을 받을 것이다.

더욱이 죽은 자의 부활(復活)의 때가 있을 것인데 죽을 것으로뿌리어 진 것이 영광(榮光) 중에 일어날 것이다.

그리고 이성적(理性的)인 영혼(靈魂)이 자유의지(自由意志)를 가 지고 있으며 악마(惡魔)와 그의 천사(天使)들과 적대(敵對)하는 권세(權勢)들과 싸우고 있다는 것이다.

당대에 오리겐의 명성(名聲)은 거의 세계적(世界的)이어서 그를 로마의 황실(皇室)에서까지 초청(招請)하여 그의 이야기를 들을 정도였다.

그는 깊은 명상(瞑想)과 사색(思索)을 통해서 수많은 저서(著書)를 남긴 대락자(大學者)로서 기독교 교리 사상 발전에 기여한 바가 큰 것은 사실이나 그의 교의 사상에 있어서는 또한 커다란 오류(誤謬)를 남기기도 했다.

우선 그는 하나님을 인간이 파악(把握) 할 수 없는 분이라고 하여 다만 하나님은 우리 인간들이 측량(測量)할 수도 없고 어떤 고통(苦痛)같은 것을 느끼지도 아니하시며 전혀 부족(不足)함이 없는 완전한 존재라고 묘사했다.

하나님은 근본적(根本的)으로 한 분이신 데 그는 성부(聖父, Holy Father)이시고 또 이 하나님께서는 성부 하나님과 영원히 함께 존재하시는 로고스(Logos)를 통하여 자신을 나타내신다고 주장했다.

그리고 성자(聖子, Holy Son)는 완전한 신성(神性, Divinity)을 가지시나 성부(聖父)에 비하여는 종속적(從屬的)이라고 하여 삼위일체(三位一體) 하나님에 대한 일체성(一體性)이나 동일성(同一性)을 배제(排除)하고 있다.

그리하여 성자(聖子)를 "제2의 신(神)"이라고 하기도 했다.

그리고 그리스도는 부활(復活)과 승천(昇天)을 통해서 그의 인성(人性)을 신격화(神格化, Deification) 했다고 주장했다.

또한 성령(聖靈)에 대해서는 성부(聖父)가 성자(聖子)를 통하여 제일 먼저 창조(創造) 한 것이라고 하여 성령은 성도(聖徒)들 가운데서만 일 하신다고 하였다.

오리겐의 인간론(人間論)에 대해서는 영혼(靈魂)의 선재설(先在說)을 주장하여 애매함을 들어냈다. 그는 인간의 영혼(靈魂)들이 선재적(先在的)으로 타락(墮落)한 상태에서 육신(肉身)과 결합(結合)하기 때문에 인간은 원죄(原罪)를 가지고 태어나게 된 것이라고 하여 많은 오류를 범하기도 했다.

다시 말하면 타락(墮落)한 영혼(靈魂)들이 인간이라는 육체(肉體)의 옷을 입게 되었다는 것이다.

물질세계(物質世界)가 창조(創造) 된 목적(目的)도 타락(墮落)한 영혼(靈魂)들에게 거처(居處)를 제공하며 이들을 연단(煉段)하고 정화(淨化)시키기 위함이라는 매우 애매(曖昧)한 주장을 폈다.

뿐만 아니라 그리스도의 영혼(靈魂)도 다른 영혼들처럼 선재(先在) 하였는데 벌써 충만한 영혼이 육체를 취한 것인데 이 육체는 로고스의 침투(浸透)로 신격화(神格化)되었다고 했다.

이렇게 하여 오리겐은 그리스도와 로고스를 별개(別個)의 존재(存在)로 분리(分離) 시켰고 그는 그리스도를 죄인(罪人)을 위한 의사(醫師) 또는 정화(淨化)된 자들의 교사(敎師) 그리고 하나님의 백성(百姓)들을 위한 입법자(立法者)와 그를 따르는 자들을 위한 모범(模範, Example) 정도로 보았을 뿐이다.

오리겐의 신학 사상에는 너무도 많은 오류(誤謬)가 있었는데 그 가운데서도 특히 그의 그리스도의 사탄에 대한 배상설(賠償說)에 대해서는 너무도 지나친 잘 못이라고 지적(指摘)하지 않을 수 없다.

여기에서 말하는. "사탄 배상 설"이란 죄로 말미암아 사탄에게 죄의 종이 된 인류를 구원하기 위해서 그리스도께서는 사탄과 협상(協商)을 하고 사탄에게 자신의 목숨을 배삼물(賠償物)로 내어 주셨고 죽음과 부활(復活)로 사탄을 속였다는 것이다.

이는 너무도 잘 못 된 억설(臆說)이요 받아드릴 수 없는 주장이다.

그리스도는 사탄과 협상(協商)을 하실 필요도 없으신 분이시며 사탄에게 배상물(賠償物)로 자신의 목숨을 내어 주어야 할 필요도 없으신 하나님의 아들이시오 제2위 하나님이시다.

오리겐은 로고스의 구속은 현세(現世)와 내세(來世)까지도 그 영향력(影響力)이 미친다고 하였고 사탄과 그의 악한 천사들까지 포함(包含)하여 모든 타락(墮落)한 영혼(靈魂)들이 그의 구속(救贖)의 영향력(影響力) 아래 있는 것이므로 때가 되면 만물이 회복(回復) 될 것이라고 가르쳤다.

이것도 역시 비 성경 적인 사설(邪說)로서 결코 수용 될 수 없는 억설(臆說)이라는 것을 알아야 한다.

오리겐에 의하면 인간이 구원을 받는 길도 두 가지가 있는데 하나는 믿음(信仰)이고 다른 하나는 지식(知識)이라고 하였다.

여기에서 그는 율법주의(律法主義)에 대한 설명을 하는 것 같으나 사실상 믿음으로 의롭게 된다는 이신득의 (以信得意義)의 교리(敎理)에 대해서는 전혀 접근(接近)조차도 하지 못하고 있는 것 같다.

그는 믿음만이 구원의 유일(唯一)한 조건(條件)만은 아니라고 주장했다. 그에게 있어서 세례는 중생(重生, Regeneration)의 시초(始初)며 그것이 죄의 사(赦)함을 준다고 믿었다.

성찬(聖餐, Sacrament)은 영생(永生)을 얻게 하며 성찬을 통해서 그리스도와 교제(交際)를 할 수 있다고 믿었다.

대부분의 교부(敎父)들처럼 오리겐은 성례(聖禮)에 대해서 신비적(神秘的)인 견해를 가지고 있었다.

마지막으로 그는 사람들이 사후(死後)에 선(善)한 사람은 낙원(樂園, Paradise)에서 더 교육(敎育)을 받게 되며 악인(惡人)은 정화(淨化) 과정인 불 심판(審判)에 들어가게 된다고 했다.

그는 천년설(千年說)에 대해서는 그 자체를 반대했고 사람의 부활(復活)에 대해서는 실제적(實際的)인 것이라기보다 영적(靈的)인 것으로 생각했다. 부활교리에 대해서는 바른 이해를 못한 것 같다.

이토록 오리겐은 기독교 신학의 발전(發展)에 많은 기여(寄與)를 했음에도 불구하고 또한 많은 오류(誤謬)를 범하여 매우 아쉬움을 남겨 준 대 신학자였다는 것을 알게 한다.

물론 오리겐이 활동하던 시대에는 아직도 바른 신학적인 체계가 세워져 있지 않은 때였으므로 많은 시행착오가 있을 수는 있을 것이나 그래도 중요한 교리(敎理)들이 성경의 진리와는 거리가 멀었다는 것은 오리겐이 학문(學問)에만 집중한 나머지 영적인 신앙의 실상을 확보(確保)하는데는 부족함이 있지 않았나 하는 것을 생각하게 한다.

더 바르고 깊은 신학을 하기 위해서는 더 많은 성경 연구와 함께 성경적인 깊은 신앙의 세계에 들어가야 한다는 것을 알게 한다.

믿음의 실상(實狀, Substance)이 없으면 증거(證據, Evidence)의 능력(能力)이 약할 수밖에 없다는 것을 알고 있다.

03 ≡ 라틴계의 신학파(神學派)

여기에서 말하려는 라틴계의 신학파(Latin School)라고 함은 소위 라틴어와 함께 로마의 영향(影響) 아래서 일어난 신학사상(神學思想)을 이르는 말이다.

헬라 나라 알렉산더 대제(Alexander, The great: BC 356-323)의 세계 정벌(征閥)과 함께 헬라의 문화(文化)와 더불어 헬라어가 지중해를 중심으로 한 연안 국가들의 통용어(通用語)로 사용하게 되었다.

그러므로 기독교의 신학 사상 역시 헬라의 영향권(影響圈) 아래에서 움직이게 되었으므로 자연히 철저한 훈련의 바탕 위에 신학 사상을 정립해 나갔다.

이런 점에서 알렉산드리아 신학파는 헬라 철학(哲學)과 기독교 신학(神學)과의 접목(接木)을 위해서 노력했다는데 비하여 라틴 신학 파는 라틴어를 통용하게 되었으므로 라틴의 문화적(文化的)인 영향 아래서 법률(法律) 정치(政治) 그리고 사회과학적(社會科學的)인 기초 위에서 신학(神學)을 이해하려고 한 것이 그 대조를 이룬다.

이런 점에서 이른바 라틴계의 신학파(神學派)를 대표하는 터틀리안(Tertullian)이나 키프리안(Cyprianus)도 다 전문적(專門的)인 법률가(法律家)들이었고 미라노의 감독(監督)인 암브로스 (Ambrosius: 340-397) 같은 사람은 로마의 귀족 가문(貴族 家門)에서 태어난 대 정치가(政治家)의 한 사람이었다.

알렉산드리아 학파나 라틴계의 신학파가 다 같이 기독교에 대한 이해와 발전을 위해서 크게 기여하면서도 그 형식(形式)이나 방법(方法)상의 차이는 현저(顯著)했다는 것을 알 수가 있다.

즉 알렉산드리아 신학이 기독교의 형이상학적(形而上學的) 진리를 해명하는데 기여했다면 이에 비하여 라틴 신학은 기독교의 역사적(歷史的)인 사건에 근거(根據)하는 계시(啓示)에 기인(起因)하여 역사적이고 구체적인 교회를 매개(媒介)로 하여 전승(傳承)되어 내려오고 있다는 사실을 분명히 했다.

그러나 우리가 라틴 신학을 연구함에 있어서 로마 카톨릭 교회에 대한 문제를 심도(深度) 있게 분석해서 로마 카톨릭교회의 위치(位置)와 성격(性格)을 분명히 규명(糾明)하고 넘어가야 할 필요를 느낀다.

교회에 대한 신학(神學)도 역시 헬라의 언어(言語, Language)와 철학(哲學, Philosophy)의 영향을 받게 되었으나 다시 로마 나라의 지배 시대가 되면서 자연히 라틴어(語)와 함께 라틴 신학(神學)이 등장(登場)하게 된 것이다.

그런데 꼭 같은 기독교 신학 사상에 근거하면서도 헬라 신학이 알렉산드리아 학파를 중심으로 헬라 철학(哲學)에 기초한 기독교의 형이상학적(形而上學的)인 진리(眞理)를 해명해 준 데 비하여 라틴 신학에서는 기독교의 역사성(歷史性)과 함께 법학적(法學的)이고 정치학적(政治學的)이며 실천적(實踐的)인 면을 더 분명히 해 주고 있다는데서 갈린다.

기독교 신학의 발전 과정을 보면 언어(言語)와 함께 정치적(政治的)인 통치세력(統治勢力)이 그 시대의 특성과 함께 신학이나 기독교 발전에도 영향을 주었다는 것을 알 수가 있다.

언제나 그 시대의 문화(文化)나 사회적인 특성(特性)은 기독교 신학에 미치는 영향(影響)이 적지 않았다는 것을 알게 한다.

그런데 라틴 신학 의 대표로는 터틀리안을 비롯하여 키프리안 그리고 암브로스(Ambrosius) 및 레오 1세(Leo I)등을 중심으로 연구를 진행하는 것이 옳을 것으로 본다.

1) 터틀리안(Tertullianus)에 대하여

라틴 신학(神學)의 아버지로 통하는 터틀리안(Turtullianus: 160 경-220 경)의 신학사상(神學思想)은 본래 이레네어스 (Ireneus: 130-202)의 파라도시스(Paradosis) 곧 전승사상(傳承思想)을 이어 받아서 이를 라틴어로 옮겨놓은 것이라고 하면 쉽게 이해가 갈 것이다.

본래 터틀리안은 로마 군인(軍人)의 지휘관(指揮官) 백부장(百部長, Centurion)의 아들로 태어나서 문학(文學)과 법률학(法律學)의 교육을 받은 것으로 전해지고 있다.

그가 기독교로 귀의(歸依)한 것은 그의 나이 45세 전후인 195년경에 되어 진 일로 전해지며 200년경에는 칼타고 교회의 장로(長老, Elder)로 안수(按手)를 받았다.

그는 무엇보다도 헬라 철학(哲學)에 반대하여 "불합리(不合理)한 고로 나는 믿는다"는 유명한 말을 남긴 대 변증가(辨證家)로서 수많은 변증서 (辨證書, Apologetics)를 남겼다.

그가 쓴 저서(著書)들 가운데 대표적인 것으로는 이단(異端)들의 취득 시효에 관하여(De Praescriptione Haereticorum), 또는 말시온 에 대한 논박(論駁)(Adversus Marcion), 그리고 헤르게네스 논박(論駁) (Adversus Hergenem), 그리스도의 육신(肉身)에 대하여(De Carne Christi), 육신(肉身)의 부활(復活)에 관하여(De Resurrection Carnis) 등은 당시의 대 이단파(異端派) 노스틱 주의 (Gnositicism)에 대한 변증적(辨證的)인 논리(論理)로서 주로 206년에서 211년 사이에 썼다.

그는 또한 푸락쎄아스 논박(論駁)(Adversus Praxeam) 이라는 저서(著書)를 통하여 하나님의 단일신론(單一神論, Monanchicanism)을 논박(論駁)하므로 터틀리안의 삼위일체론(三位一體論)을 분명히 했다.

그리고 터틀리안의 도덕적(道德的)인 권증서(勸懲書)들로는, 기도(祈禱)에 관하여(De Oratione), 세례(洗禮)에 관하여(De Baptesmo), 인내(忍耐)에 관하여(De Patientia), 그리고 회개(悔改)에 관하여(De Poenitentia), 여자(女子)의 의복(衣服)에 관하여(De Cultu Feminarum)라는 책(冊)등을 썼고, 또 아내에게(Ad Uxorum), 우상숭배(偶像崇拜)에 관하여(De Idololatria), 정절(貞節)에의 권고(勸告) (De Exhortatione Castitatis), 등이 있고, 이 외에도 많이 있다.

그런데 터틀리안의 저서(著書)의 대부분이 모두 몬타니즘에 대한 경계(警戒)를 목적으로 한 것들이다.

이런 의미에서 터틀리안 이야말로 교부(敎父)들의 활동시대에 태어난 기독교의 최대 변증가(辨證家)라고 할 수 있는데 그는 특히 모든 기독교의 이단(異端)이 근본적으로는 헬라의 철학(哲學, Philosophy)에서 왔다고 하여 "아데네와 예루살렘이 무슨 상관(相關)이 있느냐?"(What has Athens to do with Jerusalem?) 라고 하여 공격(攻擊)했다.

터틀리안의 관심사(關心事)는 사도적(使徒的)인 신앙(信仰)과 계시(啓示) 그리고 진리의 보존(保存)이었는데 이레네어스에 이은 그의 전승(傳承, Paradosis) 사상은 로마 카톨릭 교회의 전통주의(傳統主義)에 기여한바 컸다고 하겠다.

무엇보다도 터틀리안은 기독교의 신학에서 처음으로 신학적(神學的)인 용어(用語)를 쓴 최초의 신학자(神學者, Theologian)로서 삼위일체(三位一體, Trinity) 하나님의 본체(本體, Substance)를 비롯하여 하나님의 위격(位格, Persona), 그리스도의 양성(兩性) (Christi duo Naturae), 만족(滿足, Satisfaction) 등 많은 신학적인 용어(用語)들이 그로부터 처음으로 사용되기 시작했다

터틀리안은 하나님의 존재(存在)를 증명(證明)함에 있어서 우주론적(宇宙論的)인 논증(論證)과 목적론적(目的論的)인 논증(論證)을 강조했으며 삼위일체론(三位一體論)에 있어서는 유독 종속설(從屬說, Subordination)을 취하는 입장에 섰다.

그러면서도 그는 삼위일체(三位一體)하나님에 대한 개념(概念)이 계시(啓示)의 목적을 위해서만 있는 것이고 모든 것이 성취(成就) 된 후에는 세 인격(人格)의 구별(區別)이 없어지게 된다고 매우 애매(曖昧)한 해석을 했다.

그리고 성령(聖靈)에 대해서도 일종의 물질적(物質的)인 것으로 보는 이상한 주장을 하기도 했다.

또한 인간론(人間論)에 있어서도 영혼(靈魂)에 대한 유전설(遺傳說, Hereditism)을 주장하며 악(惡)이 인간의 생래적(生來的)인 요소(要素)라고 하였고 대대로 전해진 원죄론(原罪論)을 주장했다.

그러면서도 그는 인간의 자유의지(自由意志)를 강조하여 인간이 타락(墮落)한 후에도 선(善)과 악(惡)의 어느 한쪽을 선택(選擇)할 수 있는 자유의지(自由意志)가 있다고 주장했다.

그는 독신생활(獨身生活)을 하면서 하나님의 계명(誡命)을 준수(遵守)하고 실천(實踐)해야 한다고 강조했다.

특히 터틀리안은 로고스(Logos)가 본래 하나님의 비인격적(非人格的)인 이성(理性)이었으나 창조(創造)에 인격(人格, Personality)이 되었다고 하였고 한 인격이 다른 인격에 종속(從屬)되었다는 것은 제일 인격과 제이 인격이 신적본질(神的本質) 안에서 서로 관계가 있다고 하여 종속적(從屬的) 견해의 입장에 섰다.

그는 그리스도의 신인양격(神人兩格)에 대해서는 혼합(混合, Mixing)이 아닌 결합(結合, Conjunction)

이라고 말했다.

　그리스도의 죽으심에 대한 중요성을 강조하면서 형벌적(刑罰的)인 만족의 필요성을 말했지만 죄인(罪人)의 회개(悔改)만을 더 강조하여 그리스도의 은혜(恩惠)에 대해서는 오히려 약한 입장이었다.

　그는 회개(悔改, Repentance)를 강조하되 로마 카톨릭 교회의 고해성사(告解聖事)의 기반 구축에 공헌했고 세례(洗禮)를 받은 다음에 지은 죄에 대해서는 회개(悔改) 고백(告白) 금식(禁食) 등 고행(苦行)의 수단으로 면죄(免罪)된다는 식으로 가르쳤다.

　그리고 그는 교회론(敎會論)에 있어서는 로마 카톨릭 교회처럼 교회의 유형적(有形的)인 조직체(組織體)를 하나님의 은총(恩寵)의 수단(手段)으로 보고 유형교회(有形敎會, Visible Church)의 회원(會員)이 되는 것이 가장 중요한 것이라고 가르쳤다.

　그러므로 이는 사실상 무형교회(無形敎會, Invisible Church)에 대해서는 별로 관심(關心)이 없는 것처럼 비쳐 보였다.

　터틀리안의 이 같은 사상(思想)을 중심으로 생각해 볼 때에 터틀리안을 중심으로 한 서방신학은 로마 카톨릭교회의 사상(思想)을 구축하는데 기여(寄與)한바 컸다고 보아야 할 것이다.

　이와는 달리 알렉산드리아를 중심으로 한 동방신학(東方神學)은 다분히 개신교(改新敎)의 사상에 기여 한 뿌리로 이해하는 것도 큰 잘 못은 아니라고 생각할 수 있다.

2) 키프리안(Cyprianus)에 대하여

　터틀리안을 통해서 신학에 입문(入門)한 키프리안(Cyprianus: 200-258)은 그의 은사(恩師) 터틀리안이 노스틱 이단주의(異端主義)나 헬라 철학(哲學)에 대항하여성경적인 교회신앙의 전통(傳統)을 전승(傳承)하는 데에 주력했다고 할 것이다.

　그러나 이에 비하여 키프라안은 지금까지 로마 제국(帝國)의 온갖 박해(迫害)에서 살아난 교회의 혼란기(混亂期)에 있어서 우선 교회의 질서(秩序)를 바로 세우는 문제로 부상했고 교회에 대한 것은 신앙(信仰)의 문제가 아니라는 판단이었다.

　그리하여 키프리안은 처음부터 교회의 문제를 정치적(政治的)으로 해결하려고 했고 이레네어스에서 터틀리안으로 이어지는 전승사상(傳承思想)으로 로마 카톨릭주의로 이어지는 가교적(架橋的)인 역할을 한 것으로 이해된다.

키프리안은 부유(富裕)한 집안에서 태어나서 법률가(法律家)로서 그의 공생애(公生涯)를 시작했던 그는 칼타고의 도나투스(Donatus)의 뒤를 이어서 249년에 교회의 감독(監督)에 올랐으며 교회 질서(秩序)의 확립과 감독직(監督職)의 권위(權威)를 세우기 위해서 필생의 노력을 다했다.

그의 신학적사상(神學的思想)의 특색(特色)은 그의 교회론(敎會論)을 통해서 나타나는데 우선 그는 그의 사상(思想)을, 교회의 일체성(一體性)에 관하여(De Unitate Ecclesiae), 타락자(墮落者)에 관하여(De Lapsis), 도나투스에게(Ad Donatus), 질투(嫉妬)와 악의(惡意)에 관하여(De Zeloet Livore) 등 그의 저서(著書)들을 통해서 잘 나타내 보여주고 있다.

키프리안은 250년 1월 데키우스 (Decius) 로마 황제(皇帝)가 기독교에 대한 박해(迫害)를 시작하고 그 달 20일에 로마 교황(敎皇) 파비안(Fabian)이 순교(殉敎)의 죽음을 하자 노바티안(Novatianus)이 로마의 감독(監督)이 되어 배교자(背敎者)에 대한 출교론(黜敎論)을 들고 나올 때에 키프리안은 노바티안의 주장에 반대의 입장을 취했고 원래의 감독 코넬리어스 (Cornelius)를 지지하고 나섰으므로 자연히 교회의 분열(分裂)로 이어지게 되었다.

이 때에 노바티안은 그의 세(勢)를 확산(擴散)하여 아프리카에까지 확대하고 관용주의파(寬容主義派)의 사람들과 야합(野合)하고 포르투나투스(Fortunatus)를 칼타고의 감독(監督)으로 세우고 오히려 배교적(背敎的)인 행위를 자행하게 되자 키프리안은 이 때를 계기로 로마 카톨릭주의의 교회론(敎會論)을 더 확고히 세워 나갔다.

키프리안에 있어서 교회는 유형적(有形的)으로 보이는 한 단체(團體)로서 사도 시대부터 내려오는 제도(制度) 밑에 있었고 각 교회마다 감독직(監督職)을 통하여 사도(使徒)들과 연결(連結)된다고 주장하므로 로마 카톨릭의 입장을 더 두둔해 주는 결과를 낳았다.

즉 키프리안에 있어서 교회는 사도적인 전통(傳統)이 교회의 질서(秩序)를 이루는 뼈대와 같다는 입장이었다. 다시 말하면 감독이라는 직(職)의 사도적(使徒的)인 전승(傳承)이라는 것이다.

그리하여 그는 교회의 일체성(一體性)이나 통일성(統一性)은 영적(靈的)인 면만이 아니라 가시적(可視的)이고 구체적(具體的)인 것으로 해석했다. 키프리안의 이러한 주장은 다음 성경을 응용했다.

"주도 하나이요, 믿음도 하나이요 세례(洗禮)도 하나이요 하나님도 하나이시니 곧 만유(萬有)의 아버지시라. 만유(萬有) 위에 계시고 만유(萬有)를 통일(統一) 하시고 만유(萬有) 가운데 계시도다"(One Lord, one faith, one baptism; one God and Father ofall, who is above all, and through all, and in you all. 엡4:5-6).

이렇게 해서 키프리안은 사실상 베드로를 우위(優位)로 한 감독직(監督職)을 중심으로 한 교회론(敎會論)을 강력히 주장했다.

그리고 그는 이러한 자기의 주장에 반대(反對)하여 그를 떠난 사람들을 분열주의자(分裂主義者)들이라고 단죄(斷罪)하고 그들이 베푼 세례(洗禮) 자체를 인정하지 않았으므로 이미 로마 팔레스타인 알렉산드리아 등지에서 인정하는 세례도 부인(否認)해 버렸다.

그는 삼위(三位) 하나님의 이름으로 베푸는 세례(洗禮)를 인정하면서도 교회(敎會)만이 생명수(生命水)를 소유하고 있으며 세례(洗禮)를 베풀 권세(權勢)가 있다고 주장했다.

그리하여 교회(敎會)를 떠나서는 어떠한 경우의 세례(洗禮)나 의식(意識)이나 구원(救援)도 있을 수 없다고 하여 로마 카톨릭 교회의 사상(思想)을 확립(確立)시켰다.

한 마디로 키프리안에 있어서 교회만이 은총(恩寵)의 유일(唯一)한 수단(手段)이라는 주장이었다.

교회(敎會)는 감독(監督)위에 세워지고 감독(監督)은 교인(敎人)들을 교회에 속하게 할 수도 있고 출교(黜敎) 시킬 수도 있고 또 다시 회복(回復)시키는 권한(權限)을 가지고 있다고 주장했다.

그는 성직자(聖職者)의 실제적인 제사직(祭司職)을 제사 행위와 함께 결부(結付)시켜서 가르친 최초의 인물이었다.

그에게 있어서 감독(監督)을 거역(拒逆)하는 것은 곧 하나님을 거역(拒逆)하는 것과 같았고 감독(監督)에게 순종(順從)하지 않으면 구원(救援)도 없다고 주장했다.

그 까닭은 감독에 의해서 교회를 구성하는 회원(會員)의 자격(資格)이 박탈(剝奪)되면 자동적(自動的)으로 구원의 자격까지도 박탈되기 때문이라고 했다.

이러한 주장은 무형교회(無形敎會, Invisible Church) 안에서는 있을 수 없는 사상이지만 유형교회(有形敎會, Visible Church)를 주장하는 로마 카톨릭 교회에서는 얼마든지 가능(可能)한 이론이라고 할 수 있을 것이다.

키프리안의 이 같은 주장은 결국 로마 카톨릭의 전횡(專橫)과 부패타락(腐敗墮落)을 유발(誘發)시키는 교리 사상적인 독소(毒素)를 심어준 결과를 낳게 하였다.

사실 성경에서 말씀하고 있는 하나님의 교회는 유형교회(有形敎會, Visible Church) 보다 무형교회(無形敎會, Invisible Church)에다 중심을 두고 있으므로 키프리안의 이 같은 주장은 성경의 교리(敎理)에 완전히 배치(背馳)된 오류(誤謬)를 남겨놓는 결과를 가져왔을 뿐이다.

특히 이레네어스나 터틀리안은 성경의 경전(經典, Scripture)에 의한 사도들의 전통적(傳統的)인 신앙을 순수하게 유지(維持)하는 것이있으나 키프리안은 교회의 일체성(體性)에 관심을 두었다는데서 차이를 이루었다.

물론 그는 신자(信者)가 된지 얼마 못 되어서 감독(監督)의 자리에 올랐고 그의 감독직(監督職)의 초기에 이미 교회의 분열(分裂)이라는 시련(試鍊)을 겪었고 계속해서 로마로부터의 노바티안 분열의 파급(波及) 앞에서 일생동안 이 문제로 시달리게 되었으므로 이 같은 처지에서 그는 카톨릭주의에로의 결정적(決定的)인 발걸음을 걷지 않을 수 없었을 것이다.

3) 암브로스(Ambrosius) 감독에 대하여

암브로스(Ambrosius: 340-397)는 그의 아버지가 갈리아 (Galia)의 집정관(執政官, Administrator)이었던 아우렐리어스 암브로시어스 (Aurelius Ambrosius)의 아들로 태어나서 로마에 가서 법률(法律)을 공부한 다음 365년 자신도 집정관이 되었다. 그 후 그는 370년경에는 북 이태리 지방의 총독(總督)이 되었다.

그가 밀란의 감독(監督)이 갑자기 죽게 되자 후임(後任)을 선택(選擇)하는 문제에 개입(介入)한 것이 바로 이 무렵이었고 그가 생각하지도 못했든 밀라노의 감독(監督)이 된 것도 이 무렵이었다.

당시 교회가 아리우스 주의(主義)의 사상적(思想的)인 문제로 혼란(混亂) 중에 있을 때 교회의 혼란(混亂)을 미리 방지(防止)하고자 교회에 친히 참석하여 군중(群衆)들에게 연설(演說)을 하고 있는데 어떤 어린이가 "암브로스를 감독(監督)으로 뽑으라"라고 소리쳤다.

여기에 모인 사람들은 암브로스의 능력(能力)과 인품(人品)에 대해서 잘 알고 있었으므로 만

장일치(滿場一致)로 그를 신임감독(新任監督)으로 추대(推戴)하게 되었다.

그러나 그는 아직까지도 세례(洗禮)를 받지 않은 상태여서 감독직(監督職)을 극구사양(極口辭讓)했으나 회중(會衆)들의 강권(强勸)에 못 이겨서 결국 373년 11월 24일 세례(洗禮)를 받고 12월 1일 밀란(Miillan)의 감독(監督)으로 취임(就任)하게 되었다.

그는 감독(監督)에 취임하면서 그의 전 재산(財産)을 교회에 헌납(獻納)해 버렸고 그가 죽기까지 24년간을 밀라노의 감독으로 재직(在職)하는 동안 그라티안 (Gratian: 375-383 재위) 발렌티니안 (Balentinian: 383-392 재위) 이세 황제(皇帝)등의 섭정(攝政) 유스티나 (Justina) 그리고 데오도시어스 (Theodosius: 379-395 재위) 황제(皇帝)에 이르기까지 3대에 걸친 로마 황제(皇帝)의 통치기간(統治期間)을 오히려 황제(皇帝)들 보다 더 많은 정치적(政治的)인 영향(影響)을 발휘한 감독(監督)으로 유명하다.

암브로스는 무엇보다도 제국(帝國)의 황제(皇帝)와 교회의 감독(監督)에 대한 권위(權威)를 분명하게 양분(兩分)해서 황제가 교회 일에 간섭(干涉)하는 일을 엄단(嚴斷)한 기독교의 대 지도자 였다.

즉 그의 주장인즉 궁정(宮廷)은 황제(皇帝)에게 속했으나 교회(敎會)는 감독(監督)에게 속한다는 원칙(原則)을 고수했다.

심지어 그는 황제는 신자(信者)요 평신도(平信徒)로서 감독(監督) 아래 있고 감독의 교훈(敎訓)을 받아야 한다고 주장하여 교회 감독의 권위(權威)를 확보했다.

암브로스 감독(監督)은 390년 데살로니가 (Thessalonica)에서 시민반란(市民叛亂)이 일어나서 군영(軍營)을 습격(襲擊)하고 지휘관(指揮官)을 학살(虐殺)해 버리는 불상사(不祥事)가 발생했다는 소식을 접하게 되었다.

진압(鎭壓)에 나선 로마의 데오도시어스(Theodosius, The Great: 346-395) 황제(皇帝)는 시민(市民)들을 원형극장(圓形劇場)으로 불러 드리고 7천명이나 되는 시민(市民)들을 무차별적(無差別的)으로 학살(虐殺) 해 버렸다.

이 소식을 전해들은 암브로스 감독(監督)은 후일에 데오도시어스 황제(皇帝)가 교회에 들어오려는 것을 가로막고 "사람의 피를 흘린 손으로 어찌 하나님 앞에 나아가 성찬(聖餐)을 받고자 하십니까?"라 고 황제(皇帝)를 되돌려 보내버렸다.

데오도시어스 황제(皇帝)는 암브로스 감독(監督)의 이러한 처사에 반감(反感)이 아닌 감동(感動)을 받고 8개월 동안이나 근신(謹愼)하고 참회(懺悔)한 다음 다시 교회예배(敎會禮拜)에 참석할 수 있었다는 것은 유명한 일화(逸話)로 남아있다.

이 때에 암브로스 감독(監督)이 데오도시어스 황제(皇帝)에게 보낸 글은 너무도 유명한 것으로서 오늘날까지 전해지고 있다.

여기에 암브로스 감독의 감동적(感動的)인 글의 일부를 참고로그대로 소개 하려고 한다.

"폐하(陛下)께서 신앙(信仰)에 대하여 열심(熱心)이시라는 것은 본 인(本人)도 부인(否認)하지 않습니다. 폐하(陛下)께서 하나님을두려워하고 계신다는 사실도 본인은 확신(確信)하고 있습니다.

그러나 폐하(陛下)께서는 천성(天性)이 극히 성급(性急)하신 분이 십니다. 이 자연적(自然的)인 기질(氣質)을 폐하(陛下)께서는 폐 하의 종교적(宗敎的)인 열심(熱心)이 제거(除去)되었어야 했습니 다. 나는 폐하(陛下)의 이 기질(氣質)의 문제를 폐하 자신의 사려 (思慮)에 맡기려 했든 것입니다. 역사(歷史)에서 그 유례(類例)를 찾기 어려운 일이 데살로니가에서 일어났습니다.나는 이 일이없기 위하여 공연히 노력(勞力)하여 왔습니다. 그 일이 일어나기 전에 몇 차례 진정(陳情)을 드린바와 같이 그 일은 지극히 잔악(殘惡)한 일이라고 하였습니다.그러나 마침내 그 일이 일어나고 야 말았습니다.그 소식이 갈리아 감독(監督)들의 회의(會議) 도 중에 보도(報道)되었을 때 모두가 크게 슬퍼하였습니다. 한 사람 도 그 일을 경(輕)하게 보는 사람이 없었습니다. 폐하(陛下)께서 는 이 일을 다윗과 같이 부끄럽게 여기시나이까? 그는 왕(王)이요 예언자(豫言者)요 육신(肉身)을 따라서는 그리스도의 조상(祖上)이였습니다. (이하 생략)."

이 같은 암브로스 감독의 편지(便紙)를 통해서 볼 때에 교회 감독의 권위(權威)로서 국가적인 행사와 왕권(王權)에 친히 간섭(干涉)했다는 점이다.

데오도시어스 황제가 한 일은 잘했던지 잘 못 했던지 하나의 통치 수단이요 국가의 사법적(司法的)인 행위에 속하는 일이었으나 한 사람의 교회 감독이 기회를 틈타서 황제의 통치 권위를 교권(敎權)의 손아귀 속에 장악(掌握)하게 되었다는 점이다.

이는 곧 "황제는 교회에 속한다"(Imperator intra Ecclesiam)는 하나의 원칙(原則)을 세웠다는 점이다.

이 같이 하여 암브로스는 교황 아닌 일개 감독의 지위를 가지고 서방 교회의 교권을 왕권에서 독립시킴과 동시에 교권(敎權)을 왕권(王權) 위에 올려놓음으로써 로마 카톨릭주의의 기초(基礎)를 다지는데 크게 기여했다고 보아진다.

물론 그것이 반드시 지금의 로마 카톨릭교회와 같은 뜻으로 생각한다는 것은 아니지만 개신교(改新敎)와는 달리 천주교회(天主敎會)에서는 성직(聖職)의 권위(權威)를 사도적계승(使徒的 繼承)의 지위(地位)로 해석하여 왕권(王權) 위에다 올려놓는 자가당착(自家撞着)의 모순(矛盾)에 빠지도록 하는 원인(原因)을 제공했다는 데는 변명의 여지가 없다.

암브로스 감독(監督)만큼 하나님께서 주신 성직(聖職)의 권위(權威)가 세상나라의 통치권(統治權)을 능가(凌駕)할 수 있다는 것을 실감(實感)있게 행사한 사람은 없었다고 해도 과언이 아닐 것이다.

그러나 나라의 통치권(統治權)과 교회의 성직(聖職)이 구약시대에는 거의 같은 맥락(脈絡)에서 이해되었지만 현대에 이르러서는 정치(政治)와 종교(宗敎)는 그 성격이 다른 별개(別個)라는 의미에서 종정분리(宗政分離)의 원칙(原則)이 지켜져야 할 것으로 안다.

항상 성역(聖域)의 영역(領域)과 실정법(實定法) 상의 영역(領域)은 다르다는 것을 알아야 한다.

4) 레오 1세(Leo I, The Great)에 대하여

우리가 라틴파의 신학(神學)을 논함에 있어서 터틀리안이나 키프리안 그리고 암브로스와 함께 레오 1세(Leo I: 440-461)까지를 포함(包含)시켜야 한다는 데는 그럴만한 이유가 분명하기 때문이다.

알렉산드리아(Alexandria)와 콘스탄티노플(Constantinople)을 중심으로 한 교좌(敎座)의 세력(勢力) 다툼은 교리상(敎理上)의 사상(思想)은 물론 엄청난 기독교 신학상(神學上)의 향방(向方)을 줄그어 놓았기 때문이라고 해야 할 것이다.

즉 오늘날에 기독교를 구교(舊敎)와 개신교(改新敎)로 나누어서 이해하고 있는데 여기에는 근본적(根本的)인 사상(思想)의 차이점(差異 點)을 가지고 있으며 그것이 어떠한 과정(過程, Process)을 통해서 둘로 갈라서게 되었는가 하는 역사적(歷史的)인 사실이 규명(糾明)되어야 하기 때문이다.

여기에서 말하려는 레오 1세는 로마 카톨릭 교회의 교황권(敎皇權)을 확립(確立)시켜 준 대표적(代表的)인 인물이다. 레오 1세는 로마에서 출생한 로마 교회의 유력한 지도자(指導者)의 한 사람으로서 식스타스(Sikstus)의 뒤를 이어서 로마교회의 교황(敎皇, Pope)으로 군림(君臨)했다.

그는 교황(敎皇)의 권위(權威)를 확립한 자로서 그는 주장하기를 "교황(敎皇)은 사도(使徒) 중의 두 머리였던 사도 베드로의 후계자(後繼者)이다"라고 하여 이에 반대(反對)한 자는 지옥(地獄)에 떨어진다고 하여 적극적으로 성경 교리와는 상관없이 스스로 성경의 진리(眞理)에서 이탈(離脫)하여 사실상 기독교를 "베드로의 종교"로 만들어버린 장본인(張本人)이 되었다.

우리는 여기에서 교황(敎皇, Pope)에 대해서 분명히 짚고 넘어가야 할 필요를 느낀다.

교황(敎皇, Pope)이라는 말의 헬라어 파파스(Papas)라는 말은"아버지"라는 뜻이고 라틴어의 파파(Papa)라 말은 교부(敎父)라는 뜻을 가진 말이다.

이 말이 초대 교회 시절에는 교회의 교사(敎師, Teacher)들에 대한 보편적(普遍的)인 의미에서의 칭호(稱號)에 불과했으나 후에는 로마의 감독(監督)과 알렉산드리아 안디옥 예루살렘 콘스탄티노플의 모든 교장(敎長)에게 일반적으로 통용(通用)되었던 호칭(呼稱)이다.

교황(敎皇)의 정식 명칭(名稱)은 로마의 감독(監督) 예수 그리스도의 대리자(代理者) 사도(使徒)들의 머리되는 베드로의 후계자(後繼者) 카톨릭 교회의 가장 높은 교직(敎職) 서방 교회의 총감독(總監督) 이탈리아의 지배자(支配者) 로마 지방의 대감독(大監督)으로 사교(司敎) 성 로마 교회의 지상 영토의 주권자(主權者)라는 등 여러 가지의 뜻을 가진 칭호(稱號)이다.

어떤 의미에서는 이를 대도사(大道師, Pontifex Maximus)라고도 부르는데 일단 교황(敎皇)은 신앙에 관한 일체의 문제에 대하여 지상(至上)의 권위(權威)를 갖는 자로 통한다.

그리하여 교황은 종교상(宗敎上)의 문제뿐만 아니라 그의 속권(俗權)의 지위(地位) 밑에 있는 영토(領土)도 관리하는 광대(廣大)한 것이었으나 이탈리아(Italia)가 통일(統一)이 된 다음에는 다만 바티칸(Vatican)에 있는 궁전(宮殿)과 라테란(Lateran) 저택(邸宅) 그리고 로마에 있는 카스텔칸델포 (Castelcandelpo) 별장(別莊) 등으로 제한(制限)이 되어있다.

이러한 교황제도(敎皇制度)가 로마 감독(監督)에게 적용(適用) 된 것은 바로 레오 1세가 처음이었다.

레오 1세의 이 같은 처사(處事)에 대하여 당시 에배소 회의(Council of Ephesus, 431)와 칼세돈 회의(Council of Chalcedon, 451)에서는 물론 동방(東方)이나 서방(西方)의 모든 교회들이 일제히 반대(反對)했으나 그의 권세(權勢) 앞에 굴복(屈服)하여 모두가 그의 명령(命令)에 따라야 하는 결과로 기울어져 버렸다.

처음에는 로마의 감독(監督)이 서열상(序列上)으로 최상(最上)이고 다음이 콘스탄티노플 감독(監督)이라고 주장을 했으나 알렉산드리아의 감독(監督)은 이를 인정할 수 없다고 하여 반대하고 나섰다.

특히 알렉산드리아 파와 콘스탄티노플 파간의 분쟁(紛爭)이 심하면 심할수록 로마 감독의 위치(位置)는 강해졌는데 특히 450년 데오도시어스 2세 황제가 죽고 그의 여동생 풀케리아(Pulcheria)가 그의 남편(男便)이 마르시냥 (Marcian)의 왕위(王位)를 계승(繼承)하자 본래 풀케리아와 가까이 지냈던 레오 1세는 모든 권세(權勢)를 자기의 손아귀에 쥐어 잡는 천하통일(天下統一)의 기회를 갖게 되었다.

그는 국권(國權)을 그의 편으로 끌어넣고 한편으로는 예수의 신성(神性)을 부인(否認)한 네스토리어스 주의(Nestorianism)의 약점(弱點)을 찌르면서 홀로 정통(正統)의 중심이 되어 온 천하를 호령(號令)하기에 이르렀다.

이렇게 해서 세계 교회의 모든 지배권(支配權)을 장악한 레오 1세는 편지를 통하여 세계의 모든 교회들에게 영향력(影響力)을 행사했는데 그의 편지(便紙)마다 끝에 가서는 베드로의 이름을 이용했다.

"베드로의 권좌(權座)에 있는 레오는 베드로의 제자였던 마가의 교좌(敎座)에 있는 감독에게 편지하노니….''라고 시작하여 로마 케톨릭 교회의 교황주의(敎皇主義)를 확립(確立)하는데 기여하게 되었다.

이렇게 역사적(歷史的)인 과정(過程)으로 된 로마 카톨릭 교회는 이상에서 본바와 같이 차라리 기독교에서 파생(派生)한 하나의 분파(分派)로서 "베드로의 종교"라고 하던지 아니면 "교화(敎化)의 종교"라고는 할지라도 기독교 경전(經典)인 성경 말씀대로 성경적인 정통성(正統性)을 갖는 기독교의 한 종파(宗派)라고 하기에는 어렵지 않은가 하는 의문(疑問)을 가지게 한다.

그것은 가장 성경 적인 종교라야 기독교 종교의 정통성(正統性)을 인정할 수 있기 때문이라고 할 것이다. 물론 로마 카톨릭 교회에 대한 적극적인 분석(分析)은 다음에 또 다시 새로운 연구가 있을 것으로 보고 다만 여기에서는 역사적(歷史的)인 과정(過程)을 알아본 것만으로 만족하려고 한다.

거듭 말하거니와 로마 카톨릭 교회에 대한 말은 결코 비판을 위한 비판의 말이 아니라 기독교 종교의 경전(經典)으로서 성경과 역사적(歷史的)인 사실(史實)을 중심으로 논한다는 것을 분명히 밝혀 둔다.

그리고 이에 대한 어떠한 질문(質問)이니 토론(討論)을 제의해 온다면 이에 대한 답변(答辯)을 해 드리겠다는 것을 약속(約束)한다.

4 ≡ 안디옥계의 신학파(神學派)

우리가 고대(古代) 기독교의 신학적(神學的)인 분파(分派)를 논함에 있어서 그들이 사용하는 언어(言語)를 중심으로 지중해 연안을 끼고 그 문화(文化)와 함께 신학적(神學的)인 특성(特性)을 나타냈던 것으로 분류(分類)하여 해석하는 것은 이미 말한 바 있다.

다시 말하면 알렉산드리아를 중심으로 한 헬라어 사용 권(圈)과 이탈리아나 칼타고를 주축(主軸)으로 하여 라틴어의 사용 권(圈)과 수리아나 메소포타미아를 중심으로 한 아람어 사용 권(圈)을 두고 하는 말이다.

여기에서 말하려는 안디옥 신학(神學)의 분포(分布)는 안디옥이라는 지역성(地域性)을 두고 이른 것이 아니라 수리아 어(語)를 사용하는 문화권(文化圈)에서 발달된 신학사상(神學思想)을 두고 하는 말이다.

그런데 안디옥 신학 파에서는 알렉산드리아 신학 파나 라틴 신학 파에서와 같이 출중(出衆)한 신학자(神學者)들이 없었다는 약점(弱點)을 가지고 있었다.

하르낙 (Harnack) 같은 이는 안디옥 신학 파의 창시자(創始者)로 사모사타의 바울(Paul of Samosata: 260년경 안디옥의 감독)을 말하고 있으나 루프스(Loofs, Friedrich: 858-1928)같은 이는 안키라의 마르셀루스 (Marcellus of Ancyra)로부터 시작했다고 주장한다.

그러나 문제는 누구에 의해서 안디옥 신학사상(神學思想)이 발달되었는가 하는 것이 중요한 것이 아니라 안디옥 신학파(神學派)의 주된 교리사상(教理思想)이 어떤 것인가 하는 문제이다.

루프스에 의하면 "로고스 기독론 (Logos-Christology)이 알렉산드리아 신학 파의 중심 사상이었다면 이에 비하여 "성령 기독론" (Geist-Christology)은 히브리 적인 전통으로서 안디옥 신학 파의 중심 사상이라고 소개할 수 있을 것이다.

여기에서 말하는 "성령 기독론 이란 하나님께서는 영원부터 그의영(靈, Spirit)을 가지고 계셔서 이 영(靈)으로 선지자(先知者)들을 감동(感動)하셨고 이 성령(聖靈)으로 예수에 있어서는 사람이 되셨고 같은 성령을 지금도 신자(信者)들에게 보내신다고 한다.

그들은 삼위일체(三位一體, Trinity)란 그리스도의 부활(復活)과 승천(昇天)과 하나님의 보좌(寶座) 우편(右便)에 앉으심으로 완성(完成)되는 것이라고 주장했다.

이렇게 하여 이들은 사실상 우리가 믿는 삼위일체(三位一體) 하나님에 관한 교리(教理)를 완전히 부인(否認)하는 것으로서 성령의 역사로 그리스도가 삼위(三位) 안에 들어가게 되는 것으로 해석하여 제2위 하나님 그리스도를 제3위로 잘 못 오해(誤解)하고 있다.

그릴마이어 (Grillmeier)는 성육신(成肉身, Incarnation)의 결과로서의 성령의 작용(作用)과 성육신의 형이상학적(形而上學的)인 사실의 혼동(混動)을 피할 것을 주장한다.

또 크레취마르 (Krestchmar)는 삼위일체(三位一體) 하나님에 관한 교리의 자리는 송영(頌榮)이나 세례(洗禮)의 의식(儀式)에서 나온 것이며 하늘의 성 삼위에 관련되고 높아지신 지위(地位)에 계신 그리스도와 관련된다고 하여 성육신의 신앙이나 교리에 대하여 많은 잘못 오해(誤解)의 소지를 제공했다.

그릴마이어는 로고스-육신-기독론 (Logos-Flesh-Christology)의 형식(形式)을 가진 알렉산드리아 신학 파의 경우와는 달리 안디옥 신학 파는 로고스-인간-기독론 (Logos-Man-Christology)의 형식(形式)을 가진 것으로 해석했다.

즉 안디옥 신학파는 그리스도의 인성(人性, Human Nature)을 강조(強調)하였고 양분(兩分)된 기독론(基督論) (Separation Christology)을 주장하였다.

그리하여 현대 신학에서는 안디옥 학파의 정당성(正當性)에 관한 논쟁(論爭)이 그치지 않고 있으며 네스토리안 기독론(基督論)이 오히려 정통성(正統性)을 갖는 것이 아니냐는 역설적(逆說的)인 시비(是非)까지가 계속되었다.

안디옥 학파에서는 인간(人間) 예수에게서 출발하여 하나님이신 그리스도에게로 나아가는 소위 "아래로부터의 기독론(基督論)"을 시도한 최초의 학파였다고 할 것이다.

로고스가 완전한 인간과 결합(結合)했다는 성육신론(成肉身論)으로서 로고스-인간 (Logos-Man)의 기독론(基督論)을 수립한 것이다.

그런데 또 이것은 "두 아들 구조(構造)의 기독론(基督論)"이 될 위험성(危險性)도 있었다. 아니면 네스토리안의 두 인격론(人格論)이라는 이단설(異端說)로 낙인(烙印) 찍힐 가능성(可能性)도 가지고 있다.

안디옥 학파(學派)는 문자(文字) 적인 해석(解釋)과 그리스도의 인성(人性)에 대한 강조로서 교리사가(教理史家)들에게서 정통노선(正統路線)인가에 관한 검증(檢證)이 끊임없이 시도되어 왔다.

그러면 안디옥 신학의 특징(特徵)이나 중요 인물들을 중심으로 안디옥 신학의 사상(思想)을 알아보려고 한다.

1) 사모사타의 바울(Paul of Samosata)에 대하여

하르낙(Harnack)이 안디옥 신학파의 창시자(創始者)라고 말하는 사모사타의 바울은 264년경 안디옥의 감독(監督)이 되었다.

사모사타의 바울은 안디옥의 오리겐 주의자들과의 갈등(葛藤)과 대립(對立)으로 268년 안디옥 회의(會議)에서 이단자(異端者)로 정죄(定罪)되어버렸다.

그 결과 안디옥 교회의 분열(分裂)을 초래하게 되었는데 사모사타 바울의 단편(短篇)은 루프스(Loofs, Priedrich:1858-1928)가 편찬(編纂)한 안디옥 회의 서신(The Synodal Letter)들에서 단편(短篇)들과 논쟁기록 (論爭記錄, Disputation)을 소개하고 있으므로 그 내용 중 일부(一部)를 여기에 소개하면 이해에 도움이 될 것이다.

5편 ⋯ 마리아는 로고스(Logos)를 낳지 않았다.

왜냐하면 마리아는 영원 전부터 있는 존재가 아니었기 때문이다.

마리아는 로고스를 받았다. 그리고 그는 로고스 보다 더 나이가 많지 못하다. 그리고 우리와 같은 사람을 낳았다.

그러나 모든 점에 있어서 우월(優越)하신 분이다. 왜냐하면 하나님의 은총(恩寵)이 그에게 있는 것은 성령과 약속으로 말미암았고 성경에 기록된 대로이기 때문이다.

6편 … 인간(人間) 예수는 기름 부으심을 받았다.

그러나 로고스는 기름 부음을 받지 않았다. 그 나사렛 사람은기름 부음을 받아서 우리 주(主)가 되시었다.

대개 로고스(Logos)는 그리스도(Christ) 보다 더 크시다. 왜냐하면 그리스도는 소피아(Sophia)를 통해서 더 크게 되시었다.

우리는 소피아의 위엄을 떨어뜨려서는 아니 된다. 왜냐하면로고스는 진실(眞實)로 위로부터(from above) 이시고 예수 그리스도는 여기로부터(from here)의 인간이다.

여기에서 우리는 지혜(智慧)를 나타내는 소피아(Sophia)와 로고스 (Logos)를 같은 뜻으로 쓰고 있다는 것을 알 수 있다.

그리하여 사모사타의 바울에 있어서 나사렛 예수 그리스도는 인간으로 그리고 로고스는 하나님의 성령(聖靈) 혹은 지혜 (智慧, Sophia)로서 완전히 구별하고 있다.

이것은 결국 알렉산드리아 계통에서 양성(兩性)을 혼동하는 사상에 대한 반발(反撥)인 것이다.그 결과는 자연히 두 아들의 교리(敎理)를 가르치는 것으로 공박(攻駁)을 받는다.

예수 그리스도가 하나님의 아들이고 또한 소피아도 아들이면 두 아들이 존재하게 된다는 모순(矛盾)에 이른다.

이에 대하여 사모사타의 바울은 자기의 교리가 "두 아들"의 교리가 아니라고 강변(强辯)한다. 사모사타는 다음과 같이 주장했다.

"예수 그리스도를 소피아와 영합(迎合, Conjoined) 되어있는 마리 아로부터 난 그가 아들이었고 그리스도였다. 그러나 고난(苦難)을받으시고 매를 맞으시고 장사(葬事) 지낸바 되었고 지하(地下)곧음부(陰府)에 내려 가셨다가 다시살아나신 그가 곧 하나님의아들이요 예수 그리스도이신 것이다.

그러므로 이 마지막 날에 나신 분을 분리(分離)시켜서는 안 된다.

나는 두 아들에 대해서 말하는 것을 저주(詛呪)하며 두 그리스도를 말하는 것을 저주(詛呪)

한다".

이와 같이 하여 사모사타 바울은 예수 그리스도 만을 아들로 보고 있으며 동시에 그의 완

전한 인간성을 견지(堅持)함과 동시에 로고스 혹은 소피아를 인성(人性)으로부터 예리(銳利)하

게 구별(區別)짓고 있음을 일 수 있다.

이것은 사실 안디옥 파 기독론(基督論)의 장점(長點)인 동시에 또한 단점(短點)에 속한다.즉

이 같은 입장은 필연적으로 단일론 (單一論)과 직결되며 양성(兩性)의 분리(分離)와도 직결(直結)

되게 되기 때문이다.

2) 네스토리어스 파(The Nestorian Party)에 대하여

초대교회의 교부(敎父)들 가운데는 그리스도 안에 참 하나님과 참 사람이시라는 양성(兩性)

이 있다는 것을 부인(否認)하고 단일성(單一性)을 가정(假定)하여 "성육신(成肉身, Incarnation)이 되

어 존경(尊敬)을 받을만한 말씀" 이라는 표현을 썼다.

이런 점에서 마리아를 때때로 '하나님의 어머니(神母, Theotokos)'라고 불리어졌다. 이런 경

향을 보인 것은 특히 알렉산드리아 학파(學派)였다. 이에 비하여 안디옥 학파는 또 다른 극

단적(極端的)인 일면을 보여준다.

안디옥 학파의 신학사상(神學思想)은 몹쉐스티아(Mopsuestia) 출신 데오도레(Theodore)의 사상(思

想) 속에서 더욱 현저하게 나타난다.

데오도레는 그리스도의 완전한 인성(人性)과 그의 인간적(人間的)인 경험(經驗)의 완전(完全)

한 실제성(實際性)에다 그 출발점(出發點)을 두었다는 것이 특이(特異)하다.

그에 의하면 그리스도는 실제적으로 인간적인 정욕(情慾)과 싸우셨고 유혹(誘惑)의 갈등(葛

藤)을 겪으셨으며 그리고 마지막에 승리(勝利) 하셨다는 것이다.

그리스도는 그의 무죄(無罪)한 탄생(誕生)을 위하여 그의 인성(人性)과 신적(神的)인 로고스(Logos)의 연합(聯合)을 위하여 자기 자신을 죄(罪)에서 보호(保護)할 능력을 가지셨다.

이는 곧 예수 그리스도의 완전한 무죄성(無罪性)이 아닌 죄를 극복(克服)하고 이겨내는 능력(能力)을 가지신 분이라는 말로 나타나게 되어 사실상 예수 그리스도의 유죄성(有罪性)을 인정(認定)하는 오류(誤謬)를 일으키고 있다는 것을 알게 한다.

데오도레는 그리스도 안에 로고스의 본질적내주(本質的內住, The Essential indwelling)를 부정(否定)하고 단순한 도덕적내주(道德的內住, Ethical indwelling)만을 인정(認定)하였다.

그는 그리스도 안에서의 하나님의 내주(內住)와 신자(信者)들 안에서의 하나님의 내주(內住) 사이에는 어떤 본질적(本質的)인 차이(差異)가 있는 것이 아니라 정도(程度)의 차이(差異)가 있을 뿐이라고 하였다.

이러한 견해(見解)는 어떤 의미에서 참으로 예수 그리스도의 성육신(成肉身, Incarnation)을 인간 예수 안에서 로고스의 도덕적내주(道德的內住)로 대신하는 결과를 가져왔다.

그런데도 데오도레는 그리스도 안에 이중인격(二重人格)이 있어서 두 인격(人格) 사이에 도덕적인 연합(聯合)이 존재한다고 하는 그의 견해를 불가피하게 결론짓기를 망설였다.

이 연합(聯合)은 매우 밀접(密接)해서 마치 두 부부(夫婦)가 일신(一身)으로 불리울 수 있는 것과 마찬가지로, 이 양자(兩者)는 한 인격(人格)으로 부를 수 있다.

사실상 안디옥 파의 견해의 논리적(論理的)인 발전은 네스토리어스 주의(The Nestorianism)에서 찾는다.

데오도레의 뒤를 이어서 네스토리어스 (Nestorius: 451년 칼세돈 회의에서 이단자로 정죄)는 로고스가 함께 하는 인간(人間)을 출생(出生)했다는 단순한 이유만으로 마리아가 하나님의 어머니 곧 신모(神母, Theodokos)라고 불리울 수 없다고 했다.

이에 대하여 씨릴(Cyril) 같은 사람은 그 결론(結論)에 대한 책임이 있다고 하여 만약에 마리아가 신모(神母)가 아니라면 하나님의 성육신 대신에 단순한 인간으로서의 존재(存在)가 로고스와 친교(親交)를 가졌다는 가정(假定)에 빠지며 또한 마리아가 하나님의 어머니가 아니라면 그리스도의 인간성(人間性)에 대한 관계는 변할 것이며 또 그는 인류의 효과적(效果的)인 구속주(救贖主)는 이미 아니다는 결론에 이른다고 주장했다.

우리는 이러한 네스토리안 파의 주장에 따르는 이성교리(二性敎理)에서가 아니라 한 인격(人格, The One Person)의 교리 면에서 불완전(不完全)하다는 것을 지적하지 않을 수 없다.

그들은 참되고 정당한 예수 그리스도의 신성(神性)과 인성(人性)을 인정하면서 진정한 통일(統一)을 형성하여 단일인격(單一人格)을 구성하는 그러한 방법(方法)으로는 생각지 않았다. 그 양성(兩性)은 역시 두 인격(人格)이기도 하다.

공통적(共通的)으로 소유한 본질(本質)로서의 성(性)과 또 그 성의 상관적(相關的)으로 독립(獨立) 된 실체(實體)로서의 인격과의 사이에 중요한 구별(區別)이 전적으로 무시되었다는 것을 알 수 있다.

네스토리어스 주의는 예수 그리스도의 양성(兩性)을 단일 자의식화 (單一自意識化)하는 대신에 그 둘을 도덕적(道德的)이고 동정적(同情的)인 연합(聯合)에 불과하도록 하였다.

인간(人間) 그리스도는 하나님이 아니라 신격(神格)의 소유자(所有者)요 하나님 지참자(持參者, God-Bearer)였다는 것이다. 그리스도가 경배(敬拜)를 받은 것은 그가 하나님이시기 때문에서가 아니라 하나님께서 그 안에 계셨기 때문이다고 하는 것이다.

네스토리어스 주의의 중요한 점은 그리스도의 인성(人性)을 완전히 정당화(正當化)하려는데 있었다.

동시에 그것은 중보자(仲保者)의 인격(人格) 곧 (位)의 통일(統一)에 대한 모든 성경적인 증거에 모순(矛盾)되고 있다.

이 사상(思想)은 예수께서 가지신 인간(人間)으로서의 인격(人格)에 대한 진정한 경건(敬虔)과 도덕적(道德的)으로 훌륭한 모범(模範)을 교회에 남기기는 했으나 모든 영적(靈的)인 능력(能力)과 은혜(恩惠)와 구원(救援)의 근원(根源)으로서 갖는 신적(神的)인 것과 인간 (Divine-Human)으로서의 구속주(救贖主)를 제거(除去)해 버리는 잘 못을 저지른 것이다.

네스토리어스 주의에 대하여 가장 크게 반대(反對)하고 나선 것은 알렉산드리아의 씨릴 (Cyrill of Alexandria)이었다.

씨릴에 의하면 로고스는 모든 인성(人性, Human Nature)들을 구원하시기 위하여 스스로 완전(完全)한 인성(人性)을 취하시기는 하셨으나. 동시에 그는 또한 신인(神人, God-Man)의 양성(兩性) 안에서 유일(唯一)한 인격적(人格的)인 주체(主體)가 되셨다고 주장했다.

그러면서도 그의 용어는 항상 정확하지 못하고 애매(曖昧)했다.

또 그는 로고스가 인성(人性)을 취하였기 때문에 그리스도 안에는 양성(兩性)이 있으며 이 양성은 그들 자신의 어떤 변화(變化)도 없이 로고스의 한 인격 (位)을 가르치는 듯 하였다.

그러나 그리스도 안에 있는 양성(兩性)이 그 속성(屬性)들의 상호간의 교통을 통해서 하나로 단일화(單一化)되었다고 강조하고 또 그리스도의 위(位)를 마치 합성적통일체 (合成的 統一體)인 듯이 말하는 표현들을 하고 있다.

그의 중심 사상은 그리스도의 인격(人格) 곧 위(位)의 통일성(統一性)을 강조한 사실에 있다고 할 수 있다.

그가 가장 강조한 세 가지는 그 당시 공동교회(共同敎會)의 교리(敎理)와완전히 일치했다.즉 첫째 양성(兩性)의 불가분리(不可分離)의 결합(結合)과 둘째로는 로고스가 그의 기구(機構)로 쓰는 인간성(人間性)의 비인격성(非人格性)과 의존성(依存性) 그리고 셋째로는 그리스도의 인격(人格)의 통일성(統一性)과 연속성(連續性)등이었다.

그는 성(性)이라는 말은 로고스(Phusis, Logos)에만 적용(適用)하고, 그리스도의 인성(人性)에는 적용(適用)하지 않았으며, 또 이 말은 실체(實體, Hypostasis)에 대한 동의어(同義語)로 사용했다.

이것은 성육신(成肉身, Incarnation) 후에 그리스도에게는 오직 하나의 신인성(神人性, Divine Human) 안에 있다고 하는 교리(敎理)를 그에게 더하게 할 근거를 주었다.

또 그리스도에 대한 일성론자(一性論者, Monophysites)들이 중보자(仲保者, Mediator)에게는 위(位)도 하나이시오, 성(性)도 하나뿐이라는 것을 증명(證明)하려고 할 때 그들은 그가 성(性)들의 어떤 혼합(混合)도 열렬히 부정(否定)하였음에도 불구하고 계속 그에게 호소(呼訴)하였다.

에배소 회의(The Council of Ephesus)는 한 편으로 신모(神母, Theotokos)라는 말이 마리아에게 적용(適用)될 수도 있다고 주장하고 다른 한 편으로는 그리스도의 판이(判異)한 양성(兩性)을 단언(斷言)함으로써 일종의 절충안(折衷案)을 만들었으나 그것은 더 큰 혼란(混亂)을 불러일으키는 결과를 가져 올 뿐이었다.

4) 안디옥(Anthioch)의 유스타티우스(Eustathius of Antioch)에 대히여

사모사타 바울을 안디옥의 감독교좌(監督敎座)로부터의 폐위(廢位)는 안디옥 교회의 분열(分裂)을 야기 한 것이 사실이다. 그러나 유스타티우스 때까지는 양 교회가 통합(統合)을 이루었다.

그리하여 안디옥의 유스타티우스(Eustathius)는 니케아 회의(Council of Necaea)때에 감히 콘스탄틴 황제(皇帝)의 어전(御殿)에서 개회벽두(開會劈頭)에 첫 발언자(發言者)로 나설 수 있었다고 데오도레트(Theodoret)는 말하고 있다.

그러므로 유스타티우스는 안디옥 신학 파의 니케아 회의를 중심으로 한 전기(前期)와 후기(後期)의 연결(連結) 점으로 서게 된다.

아리안주의(Arianism)의 논쟁(論爭)에 있어서 유스타티우스나 아타나시어스(Athanasius: 296-373)가 알렉산드리아 신학(神學)의 대표자(代表者)와도 같은 아폴리나리스(Apolinaris)나 또한 아타나시어스(Athanasius)와 같은 신학(神學)을 가졌던 것은 아니다.

특히 유스타티우스나 아타나시어스는 똑 같이 아리우스 (Arius: 256-336)의 그리스도 이질론(異質論)에 대해서는 반대(反對)의 입장에 서기는 했으나 그 내용에 있어서는 서로가 비슷했다.

아리우스 주의는 보통 삼위일체(三位一體)의 교리(敎理)에 관련되는 것으로 생각되고 있다.
왜냐하면 아리우스 논쟁(論爭)은 "동일 본질 (同一本質, Homousia)의 문제를 중심으로 전개되었기 때문이다. 그러나 근년에 이 방향에 대한 연구가(研究家)들이 일제히 아리우스 주의는 기독론적(基督論的)인 출발점(出發點)을 가진다는 것을 지적하고 있으며 유스타티우스나 아타나시어스는 이에 대한 교회의 반발(反撥)을 일으켰던 것으로 보고 있다.

아리우스 주의의 주요 관심(關心)은 그리스도의 통일성(統一性)의 구체적인 모습을 견지(堅持)하려는데 있었다.

저들은 그 통일성(統一性)을 로고스와 육신의 직접적(直接的)이고 물질적(物質的)인 통일(統一)에 있어서라고 보았다. 그리하여 저들은 그리스도의 통일적인 모습을 견지하기 위하여 두 가지 잘 못 된 교리(教理)를 마련하였다.

첫째는 로고스가 육신(肉身)과 물질적(物質的)인 연합(聯合)을 이루기 위하여 인간(人間)에 있어서의 영혼(靈魂)의 자리를 차지하였다는 점이었고 둘째로는 이것을 가능(可能)하게 하기 위해서 로고스의 본질(本質)을 피조물(被造物, Creatures)의 급(級)에다 예속(隷屬)시켰다는 점이다.

로고스는 그가 입고 살게 된 육체(肉體)를 가진 분으로 어떻게 아버지의 뜻에 참여(參與)한나고 감히 말하겠는가라는 것이었다.

아리안 파의 지도자(指導者)들 가운데 대표적(代表的)인 한 사람인 유독시우스(Eudoxius of Constatinople)도 이에 대해서 다음과 같이 논평(論評)했다.

"니케아 주의자들은 대답하여 우리에게 말하라.예수 그리스도의 고난(苦難)과 죽음을 당하신 그가 어떻게 이 모든 것을 초월(超越)하여 계신 하나님 즉 고난(苦難)과 죽음을 초월(超越)하여 계신 하나님과 동일본질(同一本質,Consubstantial) 일수가 있겠는가?"

즉 이 로고스는 그리스도로서 우리를 위하여 고난(苦難)을 당하시고 죽기까지 하시었다.그런데 아리안 주의자들은 이 문제를 그리스도에 있어서 인성(人性)과 구별(區別)되는 신성(神性)에서 찾으려는 것이 아니고 통일적(統一的)인 한 그리스도의 존재(存在)에서 그 고난(苦難)이나 죽음을 찾으려는 것이었다.

그러므로 로고스는 성질 자체가 그와 같이 고난(苦難)도 당 할 수 있고 죽음도 당 할 수 있는 하나의 성질(性質)을 지닌 존재(存在)일 수밖에 없다고 주장했다.

이와 같이하여 그는 하나님과는 완전히 구별(區別)되는 하나의 피조물(被造物)에 들되 중보적인 역할(役割)을 위하여서 피조물(被造物)들 가운데서 처음 나는 열매로 고백(告白)되었던 것이다.

그러나 우리는 분명히 예수 그리스도와 로고스를 구분하지 않으며 삼위일체(三位一體, Trinity) 하나님에 대한 교리(敎理)가 참으로 신비(神秘)하고 영적(靈的)인 것처럼 또한 메시아의 성육신(成肉身, Incarnation)이나 또한 구속사에(救贖事役)에 대한 전체가 하나님의 신비(神秘)에 속한 교리(敎理)로서 구태여 안디옥 파의 신학사상(神學思想)에 현혹(眩惑)될 필요는 없다고 본다. 다만 과거적(過去的)인 하나의 잘 못 된 사상(思想)으로 확인(確認)하고 지나칠 뿐이다.

일부의 잘 못 된 신학자(神學者)들에 의해서 로고스와 그리스도를 애써 분리(分離)시켜서 해석하려는 경향이 있으나 이것은 성경에서 말씀하고 있는 진리의 오해(誤解)에서 나온 주장이라고 단언(斷言)할 수밖에 없다.

이처럼 우리 기독교의 교리가 오랜 역사(歷史)를 통하여 수다한 시비논쟁(是非論爭)을 거듭하면서 발전(發展)에 발전을 거듭한 것은 새로움의 등장이 아닌 성경 진리에 대한 더 바른 연구의 결과라고 할 것이다.

살아계신 하나님께서는 항상 바른 성경적인 진리의 편에 서셨다는 것을 알 수 있다. 할렐루야…!

✎ 다시 생각해 볼 복습 문제

01. 기독교 신학의 분파가 형성되게 되었는가를 말하라

02. 이레네어스의 사상을 간단히 설명하라

03. 알렉산드리아 학파의 대표적인 인물과 그들의 사상을 간단히 설명하라

04. 라틴 신학 파의 대표적인 인물과 그들의 사상을 간단히 설명 하라

05. 알렉산드리아 클레멘트에 대해서 간단히 말하라

06. 오리겐에 대해서 간단히 말하라

07. 라틴계의 신학에 대해서 간단히 말하라

08. 터틀리안에 대해서 간단히 말하라

09. 암브로스 감독에 대해서 간단히 말하라

10. 레오 1세 감독에 대해서 간단히 말하라

11. 안디옥 신학 파의 대표적인 사상을 간단히 말하라.

제3장

기독교와 성경
The Christianity and the Bible

　기독교의 경전(經典, The Scriptures)인 성경(Bible)이라는 영어의 말은 헬라어의 "비블리아(biblia)" 즉 '책(冊)들' 이라는 뜻의 말에서 유래(由來)되었다.

　다만 성경의 탁월성(卓越性)을 강조하기 위하여 거기에다 관사(冠詞)를 붙여서 "성경(The Bible)"이라고 사용하게 되었다.

　헬라어의 복수형(複數形)인 "글들(biblia)"은 후대에 여성 단수 형용사인 라틴어 "비불리아(biblia)"로 사용하게 되었다. 이로부터 현대(現代) 유럽 어(語)의 여러 갈래로 파생(派生)하게 되었다 (The Bible, La Bible, Die Bible).

　성경은 보통 구약성경(舊約聖經, Old Testament)과 신약성경(新約聖經, New Testament)으로 구분(區分)하는데 여기에서 "테스타멘트(Testament)"라는 말은 라틴어의 유언(遺言, Testamentum)이라는 뜻의 말인데 이는 계약(契約) 곧 하나님의 언약(言約, Covenant of God)이라는 의미로 사용되게 되었다.

　하나님의 율법(律法)은 하나님의 계약(契約)의 기초(基礎) 위에 세워졌으며 출애굽기에서 언약서(言約書, The Book of the Covenant)라고 표기(表記)한 것은 이에 대한 구체적(具體的)인 표현(表現)이라고 할 것이다.

　"언약서(言約書)를 가져 백성(百姓)에게 낭독(朗讀)하여 들리매, 그들이 가로되, 여호와의 모든 말씀을 우리가 준행(遵行) 하리이다"(출24:7).

구약성경의 율법서(律法書)에에 비하여 신약성경의 복음서(福音書)는 하나님의 새로운 언약(New Covenant)이라고 부르게 되었다.

그리하여 성경은 구약(舊約, Old Testament)의 39권과 신약(新約, New Testament)의 27권을 합해서 66권으로 되어 있는데 각 책이 그 기록의 동기(動機)와 양식(樣式)이 다르고 서로가 특이(特異)한 방법으로 형성되어 있다.

그러나 신구약성경의 전체(全體)가 한 목적(目的)을 향해서 일관(一貫)되게 통일(統一)을 이루고 있으며 하나의 주제(主題) 곧 예수 그리스도를 증거(證據)하는 일에 일치(一致)를 보여주고 있다.

"너희가 성경(聖經)에서 영생(永生)을 얻는줄 생각하고 성경을 상고(詳考) 하거니와 이 성경이

곧 내게 대하여 증거(證據)하는 것이로다" (요5:39).

신구약 성경의 각 책(冊)은 그 문학적(文學的)인 형식(形式)이 다르고 주제(主題)의 제목(題目)까지도 다르지만 이것들이 한데로 결합(結合) 될 때에 하나님의 계시(The Revelation of God)가 되어 하나님의 말씀(The Word of God)으로 나타나게 된다.

이미 앞에서도 말한바 있거니와 기독교의 정통성(正統性)을 지켜나가기 위해서는 성경의 신적권위(神的權威)인 하나님의 계시(啓示, Revelation of God)요 하나님의 말씀(Word of God)이요 하나님의 진리(眞理, Truth of God)요 하나님의 언약(言約, Covenant of God)으로서 하나님의 성령의 감동(感動, Inspiration)에 의해서 기록 된 정확무오(正確無誤)하고 유일(唯一)한 하나님의 법칙(法則)이요 절대진리(絶對眞理)라는 교리(敎理)를 근거로 기독교를 이해하고 성경 적 신앙을 지켜나가야 한다.

성경에서 벗어난 신앙운동이나 교회운동이나 기독교운동은 있을 수 없다. 성경적인 것만이 참 기독교운동이기 때문이다.

우리가 가지고 있는 기독교의 경전으로서 성경의 가치(價値)와 중요성(重要性)은 거의 절대적(絶對的)이다.

그러므로 우리는 이 성경에 대한 보다 더 구체적(具體的)인 사실(事實)들을 알아두어야 할 필요를 느낀다.

그리하여 우선 성경이 기록 된 역사적(歷史的)인 사실(史實)부터 분명하게 규명(糾明)하고 넘어가야 한다. 여기에는 학자(學者)들에 따라서 여러 가지 다른 이견(異見)들이 있고 성경 각 책에 대한 것은 물론 심지어는 문장(文章)의 부분이나 단어(單語)의 한 마디에 이르기까지 많은 시비(是非)가 있는 것은 사실이다.

그러나 기독교 2천년의 역사(歷史)를 통해서 대부분이 검증(檢證)을 받았고 시비(是非)가 가려졌던 일로써 현재 우리가 가지고 있는 성경 즉 구약 39권과 신약 27권 등 66권을 합해서 성경으로 하고 연구를 진행한다는 것은 너무도 정당(正當)하고 옳은 일이라고 본다.

성경 연구의 과정을 통해서 나타나는 수많은 의문(疑問)이나 모순점(矛盾點)들에 대해서는 지금 우리가 생각하는 점도 많은 논의(論議)를 거듭하여 결정 된 것이므로 학문적(學問的)인 논리(論理)로만 다가가는 것보다는 성경 자체가 하나님의 성령(聖靈)에 의한 계시문서(啓示文書, Revelation Documents)이기 때문에 학문적(學問的)인 추구(推究)라는 방법보다는 더 간절한 마음으로 매달려서 기도(祈禱)하고 명상(瞑想)하고 연구(研究)를 거듭하여 믿음의 마음으로 다가갈 때에 성령의 능력(能力)을 통한 신비적(神秘的)인 이해에 도달 할 것이다.

그래서 하나님의 말씀인 성경을 떠난 기독교운동은 어느 것이나 바른 것이라는 할 수가 없다.

1) 구약 성경 기록의 역사

구약성경 (The Old Testament) 의 대부분이 히브리어로 기록되어 있으나 그 중 일부만이 아람어로 기록 되어있는 유대교의 경전(經典)이며 동시에 기독교의 경전(經典)인 구약성경의 일부이다.

로마 카톨릭 교회도 이를 자기들의 경전(經典)으로 사용하고 있지만 거기에는 외전(外典, Apocrypha) 즉 경외서(經外書)까지를 포함하고 있으나 팔레스타인의 유대인들이 가지고 있는 경전(經典)은 오늘날 우리가 사용하고 있는 39권일 뿐이다.

구약성경은 일반적으로 율법서 (律法書… 창세기, 출애굽기, 레위기, 민수기, 신명기) 등 5권과 역사서(歷史書… 여호수아, 사사기, 룻기, 사무엘 상, 사무엘 하, 열왕기 상, 열왕기 하, 역대 상, 역대 하, 에스라, 느헤미아, 에스더) 등 12권과 시가서(詩歌書… 욥기, 시편, 잠언, 전도, 아가서, 에레미야 애가서) 등 6권 그리고 예언서(豫言書 … 이사야, 예레미야, 에스겔, 다니엘, 호세아, 요엘, 아모스, 오바댜, 요나, 미가, 나훔, 하박국, 스바냐, 학개, 스가랴, 말라기) 등 16권 등 총 39권, 4부분(部分)으로 크게 나누어서 연구(研究)에 임한다.

본래 율법(律法, Law)이라는 히브리어 토라(Torah)라는 말은 고대(古代) 이스라엘에 있어서 모든 율법(律法)과 행위(行爲)에 관하여 종교적(宗敎的)인 교권(敎權)을 주는 교훈(敎訓) 또는 판결(判決)을 말하는 것인데 나중에는 이 말이 위에서 말한 교훈(敎訓)이 들어있는 성경에 적용되고 드디어 구약의 최초의 5권의 명목이 되었다.

종교상 예배(禮拜, Worship)에 관한 규칙(規則)을 정하는 것은 본래 제사장(祭司長, Priest)의 직책(職責)이었는데 초대 이스라엘에 있어서는 재판(裁判)을 집행(執行)하는 것도 제사장(祭司長)의 직무였다.

그리하여 제사장은 하나님의 교훈(敎訓)과 율법(律法)의 보호자(保護者)인 동시에 백성들을 가르치는 교사(敎師)였고 또한 최고 법정(法廷)의 심판자(審判者)가 되었다.

그들은 모든 율법(律法)은 여호와에게서 받아 가지고 모세가 전한 것이라고 믿고 모세의 명의(名義)로 이를 발표하였다.

아마도 처음에는 구전(口傳)에 지나지 않았겠지만 문화(文化)의 발달에 따라서 이것을 문서화(文書化) 시킨 것으로 이해하면 될 것이다.

언제부터 직접 문서로 기록하기를 시작하였는지에 대해서는 모르지만 아마도 모세 시대에 이미 불완전하나마 기록(記錄) 된 율법(律法)이 있었을 것으로 믿는 것은 지극히 상식적인 문제이다.

오늘날까지 보존(保存) 된 율법 중에 가장 오래 된 것은 출애굽기 20장으로부터 23장까지와 34장 14절부터 28절에 기록 된 것이다.

또 발표에 관하여 확실성(確實性)을 증명(證明)할 수 있는 교훈(敎訓) 가운데 가장 일찍이 기록 된 신명기(申命記, Deuteronomy) 혹은 그 중요한 부분(部分)인데 이것은 요시야 왕 그 후로부터 이스라엘 백성은 책에 기록 된 율법(律法)을 가지게 되었다.

그 후에 이스라엘의 종교개혁(宗敎改革) 때문에 신명기 이외의 것이 필요하게 되자 율법을 다시 편찬(編纂)하는 운동이 시작되었다.

이 운동에 대해서는 에스겔 선지자(先知者)가 잘 설명해주고 있다.

에스겔은 성전(聖殿)과 제사장(祭司長)의 신성(神聖)을 강조하여 종교적(宗敎的)인 의식(儀式)을 만들고 또 국가(國家)를 교회화(敎會化)하여 율법(律法)과 교훈(敎訓)에 의한 국민들에 대한 통치(統治)를 주장했다.

즉 모세가 가르친 바에 따라서 모든 법(法)을 만들었는데 이것이 곧 제사고전(祭祀古典)으로서 에스라가 이스라엘 백성들에게 하나님의 율법으로 가르쳤다 (BC 44년경).

이렇게 하여 신명기(申命記書)와 제사고전(祭祀古典)을 함께 하나님의 율법(律法)으로서의 권위(權威)를 가지게 되었다.

그리고 구약의 예언자(豫言者)들은 국가(國家)의 양심(良心)이요 역사(歷史)의 해석자(解釋者)로서 하나님의 명령(命令)을 받아서 백성들에게 전달하는 임무(任務)를 수행하고 또한 그것들을 문서(文書)로 기록한 것들이 바로 선지자(先知者)들의 예언서(豫言書)들이다.

이미 이것은 아모스 호세아 미가서 등에서 볼 수 있는 것으로서 기원 전 8세기 때부터서 되어진 일이었고 이사야 선지자(先知者)는 후세의 증거를 위하여 기록한 다음 이것들을 길이 보존(保存)하라는 것을 말씀 해주고 있다.

"이제 가서 백성 앞에서 서판(書板)에 기록하며 책에 써서 후세에영영히 있게 하라" (Now go, write it before them on a tablet,and note it on a scroll, that it may be for time to come,forever and ever. 사8:16, 30:8).

그 후 백년만에 예레미아 선지자(先知者)는 여호와 하나님의 명령(命令)에 의하여 자신이 그의 예언(豫言)들을 친히 기록했다. 에스겔 선지자(先知者) 시대에는 "두루마리"(Roll) 하면 "예언자의 말" 이라는 뜻으로 통했다 (겔2:9-3:3).

우리가 알고 있는 대로 이스라엘에 있어서 최후(最後)의 선지자(先知者, Prophet)는 말라기였다(BC 450년경)로 전해지고 있다.

물론 구약 성경의 기록 연대(年代)나 문서설(文書說)에 대해서는 여러 가지의 억측(臆測)이나 이설(異說)들이 없는 것은 아니나 우리가 새삼스럽게 과거의 시비(是非) 속에 말려 들 필요는 없다고 본다.

거기에 대한 시비는 앞으로도 계속해서 설명을 보충(補充)할 기회가 있을 것으로 본다.

특히 우리가 하나님의 말씀으로서의 성경에 대한 취급(取扱)과 그의 태도(態度)에 따라서 기독교를 이해(理解)하는데 엄청난 차질(差跌)을 일으키게 되며 뿐만 아니라 신앙인(信仰人)과 비신앙인(非信仰人)으로 갈리게 될 수밖에 다른 길이 없다.

모든 종교들이 그렇지만 특히 우리 기독교(基督教)는 하나님을 향한 믿음을 전제로 하고 학문(學問)에 이르기를 바라는 것이지 결코 학문(學問)으로 기독교(基督教)를 이해(理解)하라는 것이 아니라는 것을 분명히 하고 들어가야 한다.

문제는 우리가 성경을 하나님의 말씀으로 믿는다는 것은 믿음의 행위(行爲)에서 난 것이지만 그것을 하나의 문서설(文書說)로만 받아들이고 이해하게 될 경우는 전혀 다른 결과로 나타나게 된다는 것을 알아야 한다.

왜냐하면 성경을 학문적인 이론(理論)이나 인식(認識)으로 다가 갈 때에는 아무런 성경의 목적(目的)이나 요구(要求)에 이를 수 없지만 오직 믿음으로 다가 갈 때에만 성경에서 말씀하고 있는 하나님의 진리(眞理)를 바로 이해하고 성경적인 믿음에 이를 수 있다는 것을 명심해야 한다.

즉 기독교는 신앙(信仰)의 종교이지 학문적(學問的)인 연구(研究)를 위한 철학(哲學)이 아니라는 것을 분명히 알고 접근해야 한다.

현대주의 신학자들의 특징 중의 하나가 바로 성경을 믿음으로 접(接)하는 것이 아니라 연구(研究)의 대상으로 접한다는 그들의 태도의 모순에 대해서 지적하지 않을 수 없다는 것을 말해 둔다.

한 마디로 말해서 신약 성경은 예수 그리스도의 탄생(誕生) 후 하나님의 계시로 기록된 성경의 문서를 두고 하는 말이다.

신약 성경에서 정경(正經, Canon)을 구성하는 각 책은 구약 성경의 경우와 마찬가지로 일정 과정을 통해서 차츰 되어진 것이다. 신약 성경 역시 처음에는 구술(口述)이 있었던 것만은 사실이다.

그러나 그 구술이 단순히 민가에 내오는 구전(口傳)이 소리가 아니라 예수 그리스도의 직접적인 말씀을 중심으로 하고 시작되었기 때문에 일반 문서설(文書說, Documents)과는 전혀 다른 성격을 가지고 있다.

다만 그것이 대부분 사도들의 활동 말기에 접어들면서 문서화(文書化) 되었다는 점에서 구전(口傳) 또는 구술(口述)이라는 말이 나오게 된 것이다.

이렇게 해서 신약 성경이 기록의 시대로 발전하게 되었고 마지막에 가서 신성한 한 권의 책으로 엮어지게 된 것이다.

그리하여 일반적으로 신약 성경을 중심으로 다음과 같이 3세대로 나누어서 생각하게 한다.

첫째, 초기 선교(宣敎)시대 (33-50)

예수 그리스도의 부활(復活) 후에 그의 승천(昇天)과 오순절 날 성령 강림이 있은 후 사도들은 일제히 선교활동(宣敎活動)을 위해서 총력전(總力戰)을 펼쳐 나갔다.

그러므로 이 때는 문서운동(文書運動) 보다는 각지로 돌아다니면서 하나님의 복음(福音)을 입으로 전하고 구술(口述)에 의한 전도 방식을 통하여 선교 운동을 펴나갔을 뿐 문서를 통한 선교운동을 전개하기까지는 이르지 못했다.

둘째, 성경의 성문화(成文化)시대 (50-100)

사도들의 복음 전도 운동이 성숙(成熟)되어 가면서 이 기간에 4복음서(福音書)와 사도행전(使徒行傳) 그리고 모든 서신(書信)과 요한 계시록(啓示錄)이 저술되었다.

교회가 차츰 늘어나면서 예수 그리스도와 직접 생활하고 훈련을 받은 사도들이나 생활 경험자들이 노쇠(老衰)하거나 죽어져 갔기 때문에 자기들이 예수께로부터 받은바 교훈(敎訓)이나 체험(體驗)들을 모아서 기록으로 남겨 두어야 할 필요를 느껴서 차츰 집필(執筆)운동을 전개 해 나가게 되었다.

그 내용들로 보아서 서신(書信)들이나 요한 계시록(啓示錄)은 특정 교회들을 대상으로 하였기 때문에 그 교회의 현실(現實)과 바른 진리(眞理)를 전달해 주기 위함이었으나 이것이 모든 교회나 신자 개인들에게 이르기까지 적용되는 보편적인 통일성(統一性) 을 지니고 있다는데서 공감대(共感帶)를 형성하게 되었다.

셋째, 문서의 결집(結集)시대 (100-175)

이 시대에는 수많은 성경의 사본(寫本)들이 존재하고 있었다.

물론 그 중에는 처음으로 쓰어졌던 원본(原本)들도 있었다.

모든 교회는 이러한 문서들이 하나님의 영감(靈感, Inspiration)에 의해서 기록 된 문서로 믿었기 때문에 이들을 하나 둘 씩 수집(蒐集)하기 시작했다.

우리가 말하는 정경(正經)이 결정되기까지는 대부분의 문서들이 수집(蒐集) 된 다음에 되어진 175년 이후에 되어진 일이라고 보아야 할 것이다.

모든 교회들이 같은 문서 수집에 열을 모으고 있다는 것을 알게되자 397년 아프리카의 칼타고 (Carthago)에서 모인 종교 회의에서 지금까지 결집된 문서들을 합하여 하나님의 계시를 받아서 진리를 쓴 문서라는 의미에서 "정경" (正經, Canon)이라고 선언했다.

여기에서 말하는 정경이란 헬라어 "케논" (kanon) 즉 "곧은 지팽이"라는 뜻에서 나온 말로서 성경의 진리성(眞理性)을 표현하는 말로 쓰여 지게 된 것이다.

그 때에 정경(正經)으로 선언 된 모든 문서가 대부분 오늘날 우리가 가지고 있는 성경 그대로인데 이 성경이 처음으로 수난(受難)을 당하게 된 것은 303년 로마 황제 데오클레티안 (Theocletianus: 284-3056 재위)이 발표한 "성경 금독령" (聖經 禁讀令)이었다.

로마 황실의 기독교에 대한 박해는 처음부터 계속되어 온 것이었으나 성경을 읽지 못하도록 하는 성경 금독령 이야말로 기독교에 대한 말살정책(抹殺政策)의 뜻으로서 성경을 못 읽게 하는 것은 기독교 역사의 맥(脈)을 끊어버리자는 발악적(發惡的)이고 잔인(殘忍)한 박해(迫害)

였다.

로마 정부는 모든 성경을 모아서 불태워버리라고 명령했다.

그 결과 많은 성경이 불태워졌기 때문에 사실상 성경을 찾아보기가 어렵게 되는 일도 있었다.

그러나 콘스탄틴 (Constantin, The Great: 306-337 재위) 대제 때에 이르러서야 모든 성경들을 수집하여 교정판(校正版)을 만들어 내도록 명령을 내렸다.

그 때에 콘스탄틴 황제는 최고 학자들을 모아서 양피지 (羊皮紙)에 50권의 성경책을 만들어 내도록 명했다.

이것이 완성되어 흠정본 (欽定本, Authorized Version)으로 되었고 그 때에 참고 재(參考材)로 썼던 사본(寫本)들은 거의 자취를 감추게 되었다. 유명한 시내 사본 (The Codex Sinaiticus)은 이 50권 중의 한 권으로 생각된다.

이렇게 해서 신약 성경은 예수님의 행적 기 (行蹟 記)로서 4복음서 (福音書...마태복음, 마가복음, 누가복음, 요한복음) 등4권, 교회의 역사서 (歷史書...사도행전) 1권, 바울 서신(書信...로마서, 고린도 전서, 고린도 후서, 갈라디아서, 에배소서, 빌립보서, 골로세서, 데살로니가 전서, 데살로니가 후서, 디모데 전서, 디모데 후서, 디도서, 빌레몬서) 등 13권, 저자 미상의 히브리서 1권, 공동서신 (共同書信...야고보서, 베드로 전서, 베드로 후서, 요한1서, 요한2서, 요한3서, 유다서) 등 7권, 그리고 신약의 예언서(豫言書)인 요한 계시록(啓示錄) 1권 등 27권을 모아서 한 권의 신약성경(新約聖經, The New Testament) 성경으로 묶었다.

신약 성경은 그 책들이 쓰여질 때에 그 당시에 국제 통용어(國際 通用語)로 사용되었던 헬라어(Greek)로 통일되게 썼던 것이다.

2 ≡ 성경의 사본 (寫本)

우리가 성경의 사본(寫本, Copy, Transcript)을 논함에 있어서 너무도 복잡하기 때문에 크게 구약 성경의 사본과, 신약 성경의 사본으로 양분하여 논하지 않으면 안 된다는 것을 알아야 한다.

특히 우리가 지금 가지고 있는 성경이 처음에 기록 된 것은 지금과 같이 고급(高級)스러운 용지(用紙)가 있었던 것도 아니고, 또 오랜 역사가 흘러오는 동안 원본(原本)을 보존하기란 거의 불가능했으므로 불가불 사본(寫本)에 의해서 오늘날까지 전해지게 되었다는 데는 별다른 이의(異義)가 있을 수 없다.

우리가 아는 대로 성경이 제일 처음으로 기록 된 것은 하나님께서 시내 산에서 모세에게 돌판 (石板)에 친히 직접 지으신 것을 써서 전해주신 십계명(十誡命, The Ten Commandments)이었다 (출24:12, 31:18, 34:27).

그 다음에는 하나님께로부터 직접 기록할 것을 명령받은 모세가 오경(五經)을 기록하게 되었고, 뒤를 이어서 친히 하나님의 명령을 받거나 영감을 통해서 성경을 기록하게 되었는데, 모든 성경을 쓴 기자(記者)들은 그것을 양피지(羊皮紙), 우피지(牛皮紙), 더러는 갈대 엽지 (葉紙), 또는 목판(木板) 등 여러 가지 형태의 방법으로 성경을 기록했으므로, 그것들이 다 세월의 흐름에 따라서 변질(變質)되어 그 수명(壽命)을 오래도록 지탱 애 나갈 수 없었으므로 불가불 사본(寫本)으로 전해 질 수밖에 없었다.

1) 구약 성경의 사본

구약 성경의 사본에는 두루마리 (卷物, Roll of Paper)와 책(冊, Book, 書物) 등의 두 종류가 있다.

아주 오랜 옛날에는 두루마리로 된 성경을 회당(會堂, Synagogue)에서 낭독(朗讀)했는데 오늘날도 유대인의 회당에서는 그것들이 낭독되기도 한다.

이 두루마리는 주로 양피지 (羊皮紙, Sheepskin, Parchment)에다 쓰는데 유피 (柔皮, Prossed Skin)에다 쓰는 것도 있었다.

그 두루마리의 양끝에는 나무로 만든 축(軸)이 있어서 그것을 다 읽은 다음에는 이 축에 감아두는 것이 보통이었다.

책으로 된 사본에는 구약 성경의 내용을 다 포함 한 것이 있고 4부 (모세 5경, 전 예언서, 후 예언서, 성 문학)의 1부 또는 2부만을 포함한 것도 있다. 그 재료는 양피지 또는 종이로서 크기는 4절판이다.

구약 성경의 사본에 대해서는 계속해서 연구의 과제로 남겨놓고 있으나 가장 중요한 사본으로는 다음과 같은 것들이 있다.

첫째, 모세 벤 아쉘 (Moses Ben Asher)이 쓴 사본으로서 이는 895년, 모세 벤 아쉘이 쓴 것으로서 지금 이집트의 카이로시에 있는 가리잇 유대인의 회당에 보관(保管)되어 있다.

둘째, 샤프레(Shapre)의 아들 알마 (Arma)가 쓴 성경으로서 지 금은 아렙포(Artepo)라는 유대인의 집에서 수장(所藏)하고있다

셋째, 1009년경, 샤무엘 야곱 (Samuel B. Jacob) 이 카이로에서쓴 성 피터스버그 (St. Peters Burg) 가 쓴 성경을 사본(寫本)한 것이 있다.

넷째. 페트로폴리타너스 (Petropolitanus)가 쓴 성경이 있다.

물론 이것들 외에도 여러 개의 사본(寫本)들이 있는 것은 사실이 나 고대(古代)에 속하는 사본은 매우 적은 것으로 알려지고 있다. 비교적 신약성경의 사본들은 많은데 비해서 구약성경의 사본(寫本)이 적은데는 이에 상당한 이유가 있다고 본다.

첫째, 중세기 특히 십자군 전쟁 시대에 유대인들을 박해 한 풍습이 있었고, 광신적(狂信的)인 그리스도 교 신자들이유대인들을 반대한 나머지 구약 성경의 사본 특히 모세 오경들을 모아서 훼파(毁破) 해 버렸고,

둘째, 유대인들이 사본을 감추어서 많이 잃어버렸기 때문이다.

탈무드 (Talmud)를 보면 토라(Torah) 두루마리가 죽어서 묻힌 성 도의 시체(屍體) 밑에 매장(埋葬)되어 있기도 했다.

이러한 풍습(風習)이 후에까지 이르러서 성경 또는 성경 이외의 사본도 회당의 한 모퉁이에 감추어 두게 되기도 했다. 이렇게 하여 공기가 건조(乾燥)한 이집트의 카이로에서는 감추어 둔 문서가 많이 발견되었다.

그런데 구약 성경의 히브리어 옛 사본은 구하기가 곤란하므로 이를 사본 이전의 구약 경

문(經文)의 성질을 연구하기 위해서는 불가불 고대의 번역문(飜譯文)이 가장 중요한 재료가 된다.

고대 구약 성경의 헬라어 번역인 "70인 역"(Septuagint)과, 구약 성경의 아람 어 역본인 탈굼(Targum) 및 라틴 어 역본인 쩨롬(Jerom: 340-420)이 번역(飜譯)한 것들을 중심으로 연구를 진행하는 수밖에 없다.

2) 신약 성경의 사본(寫本)

신약 성경의 사본이란 가장 초기에 필기(筆記)되어 오늘날까지 보존(保存)되어 온 신약전서(新約全書)의 경문(經文)을 말한다.

그 수(數)만도 오늘날까지 전해져 내려 온 것으로 무려 2천 개나 달하고 있다. 이 사본(寫本)들 가운데서도 가장 오래 된 것으로는 4세기 중엽(中葉)에 된 것인데 이것은 신약 성경 중에서 제일 나중에 기록 된 문서(文書)가 완성 된 후 250년을 경과하여 된 것이다.

신약 성경의 기자(記者)들이 실제로 기록한 원 저작물(著作物)의 행방(行方)은 오늘날까지 알 길이 없다. 아마도 지질(紙質)이 약하고 빈번히 사용했던 탓으로 일찍이 없어졌던 것으로 이해된다.

그러므로 오늘날까지 남아있는 사본(寫本)은 원본(原本)을 다시 베낀 복사본(複製寫本)이 있을 뿐이다. 이들은 물론 원 저자(著者)의 문장(文章)을 그대로 성실하게 옮기기는 했으나 다소간의 차이(差異)가 생겨서 피차간에 약간의 차이를 일으키는 경우도 없지 않았을 것이라는 것을 예상할 수 있다.

여러 사람들이 오랜 세월(歲月) 동안에 베낀 것이므로 종이도 같지 않고 문자(文字)도 다르고 그 장구(章句)의 구절(句節)들도 다른 것들이 있다. 심지어는 문장까지도 약간씩 다른 것들이 있었다.

고대(古代)에 있어서 가장 중요한 종이의 재료는 이집트에서 생산 된 파피러스(Papyrus)였다. 이것은 식물(植物)에서 만든 것으로서 주로 사도들이 활동하던 시대에 일반적으로 사용되었는데 사도들은 신약 성경의 각 편을 여기에 기록 한 듯 하다 (요이 12절 참고).

이 파피러스는 그 후 9세기 경까지도 사용되었다.

그러나 지질(紙質)이 약하여 영구(永久)히 보존할 수가 없었으므로 제일 처음에 기록된 문서는 하나도 남아있지 않다.

그 대용(代用)으로 널리 사용 된 것이 양피지 (羊皮紙, Sheepskin) 또는 송아지 가죽으로 만든 종이였다.

이것은 2-3세기쯤부터 파피러스 지의 사용이 감소(減少)됨에 따라서 널리 사용되었다.

이 때부터 문서(文書)를 두루마리로 하는 것두 폐지(廢止)되고 오늘날과 같이 책(冊)으로 제본(製本)되게 되었다.

목면지(木棉紙)가 처음으로 서구(西歐) 각 국에서 사용되게 된 것은 8세기 경이었으며 이것으로 신약 성경을 사본 한 것은 9세기경에 되어진 일이었다.

그 뒤에 생겨난 것이 마포지(麻布紙)로서 11-14세기경에 널리 사용되었다. 그러나 양피지(羊皮紙)는 인쇄술(印刷術)이 발달 된 후에까지도 오랫동안 사용되었다.

오늘날 남아있는 사본에는 그 문자(文字)에 있어서 두 가지의 유형(有形)이 있었음을 알 수 있다.

하나는 대문자 사본 (大文字寫本, Uncialmanscript) 인데 이것은 큰 문자로만 기록되어 있다.

가장 오래되고 귀중한 사본은 이 종류에 속한다. 그 수는 수 백권이나 된다. 그런데 그들 문장이 서로 연결되어 낱말과 낱말의 구별이 없이 구두점(句讀點)도 많이 빠졌다.

그리고 7세기 이전에 기록 된 사본은 특별한 경우를 제외하고는 음절(音節)을 붙이지 않았다.

또 한 가지는 소문자사본(小文字 寫本, Minuscule) 또는 초서체(草書體, Cursire)로 쓴 사본(寫本)이라 하는 것들이다.

이는 오늘날의 헬라어 성경에서 보는 것과 같은 소문자(小文字)로 기록되어 있는데 낱말과 문장(文章)을 띄어 썼고 문장(文章)의 처음 글자 (頭文字)는 큰 문자로 쓰고 음절의 부호(符號)도 붙여져 있다. 이 종류에 속하는 사본(寫本)은 10세기 이후에 된 것인데 그 수가 무려 2천여 개나 된다.

이상에서 말한 것은 신약 사본(寫本)의 외형(外形) 상의 차이(差異)점 이며 이제부터는 내용(內容) 상의 차이점에 대해서도 한번 살펴 볼 필요를 느낀다.

물론 이러한 차이나 성경의 근본 교의(敎義)를 분열(分裂) 시키는 것은 아니지만 그 수가 대단히 많다는데 문제가 있다고 할 것이다.

물론 이것은 필경 필자(筆者)들의 실수(失手)로 인한 것이라고 생각할 수 있는데 그러한 실수가 왜 발생하게 되었는가에 대하여 그것들을 대체로 세 가지로 나누어서 생각 해 보는 것이 가능하다.

첫째, 갑(甲)이 말한 것을 을(乙)이 다른 말로 옮겨 놓았다는 것.

이것은 그 음(音)이 비슷한 말 또는 뜻이 비슷한 말을 바꾸어 놓은 것이다. 그밖에는 말의 순서(順序)를 바꾸어 놓은 것이다.

그 때문에 뜻이 다르게 나타나는 것들이 있는데 이는 단순한 말을 빼버렸기 때문에 뜻이 다르게 나타나는 것들이 있고 단순한 말 내신에 복잡한 말을 사용한 것들도 있고 갑(甲)의 문서의 말과 을(乙)의 문서 중의 말이 비슷한 것이 있으면 이것을 같은 말로 바꾸어 놓은 것 들도 있다.

둘째, 삽입(揷入)하는데서 생겨난 과오(過誤)

필자(筆者)가 다른 문서에서 비슷한 어구(語句)를 따서 기록(記錄)했다던가 또는 독자가 적어 넣은 방주(傍註)를 본문 중에 넣고 같은 문장을 반복(反復)한 점이다.

셋째, 빼 놓았기 때문에 생긴 과오(過誤)

두 줄 (二行)에 있어서 그 첫머리가 작은 문자로 시작하는 경우에 필기 자(筆記者)는 한 줄을 빼놓고 쓴 경우이다.

고대(古代)의 사본(寫本)은 문장(文章)과 낱말이 모두 연결되어 있으므로 필기자의 수고도 대단한 것이었겠지만 과오(過誤)가 많았을 것은 짐작 될 수 있는 일이라고 할 것이다.

그 당시에는 지금처럼 인쇄술(印刷術)이 발달되어 있어서 원본(原本)에 의한 복사(複寫)가 가능하지 않았다는 것을 감안하면 과오(過誤)나 실수(失手) 같은 것은 얼마든지 있을 수 있었다는 것으로 이해(理解)가 된다.

그런데 헬라어 사본(寫本) 중에 가장 오래되고 귀중한 것으로는 다음의 다섯 가지가 있다.

❶ 바티칸 사본(寫本) (The Codex Baticanus, B 부호(符號)로 표시)

이는 로마의 바티칸 도서관(圖書館)에 보관되어 있는 사본이다. 아름다운 송아지 가죽 종이를 사용하였는데 맵시 있는 필치(筆致)로 기록되었고 문장(文章)이 모두 연속되어있다.

이 사본은 원래 신구약 성경 전체와 클레멘트가 고린도에 보낸 편지(便紙)도 포함되어 있는데 오늘날에는 구약의 창세기의 대부분과 시편의 일부분 그리고 신약의 빌레몬 서 디모데 전 후서 디도서 히브리서의 끝 부분과 요한 계시록이 분실(紛失)되었다.

이 사본(寫本)은 제 4세기의 산물(産物)이라고 일반적으로 믿어오고 있다. 그런데 이것을 보관하고 있는 사람이 보여주지 않으므로 근대의 성경학자(聖經學者)들이 연구할 수가 없다는 아쉬움을 안고 있다.

❷ 시내 사본 (The Codex Sainaiticus)

이 사본(寫本)은 히브리 문자 알레프로 (Alepro)로 표시한다. 이것은 티첸돌프(Tichendilf, Lobegott Constantin: 1815-1875, 독일의 신약학자)가 발견(發見)한 것인데 성경 문학 사상에 있어서 19세기에 일어난 가장 흥미(興味) 있는 사건이라고 할 것이다.

즉 1858년에 티첸돌프는 시내 산(山)의 성(城) 카타리나 수도원(修道院)에서 아직 세상에 알려지지 않은 70인 역(譯)의 성경에 속한 42장의 아름다운 양피지(羊皮紙)를 발견했다.

그 후 1859년에 다시 그곳으로 여행(旅行)을 했는데 그 때에는 헬라어 성경 전부와 구약의 일부 바나바서와 그 외 몇 가지의 문서(文書) 등 합계 346장의 양피지(羊皮紙)를 발견했다.

그는 이것을 희랍교회의 수도자(修道者)인 러시아 황제(皇帝) 알렉산더(Alexander)에게 증정(贈呈)했다. 지금은 영국의 대영 제국의 도서관(圖書館)에 소장되어 있다.

이 사본(寫本)은 4세기에 기록 된 것이라고 하며 바티칸 사본과 함께 가장 오래되고 확실한 것이라고 한다. 아름다운 양피지(羊皮紙)에 고운 문자로 크게 기록한 것인데 그 중에는 후세 사람이 정정(訂定)한 부분도 더러 있다.

서체(書體)가 아주 똑똑하고 기록 된 문서(文書)는 복음서 바울 서신 히브리서 사도행전 공동서신 요한계시록 등으로 되어있다.

❸ 알렉산더 사본(寫本) (The Codex of Alexandria, A로 표기한다)

이것은 1628년 콘스탄티노플의 교장(敎長) 크릴러스 루카리스 (Cryllus Lucaris)가 찰스 1세 (Charles I)에게 증정(贈呈)한 것인데 이 크릴러스는 전에 이집트의 한 부인(婦人)이 필기(筆記)한 것이라고 전해지고 있다.

사실 여부는 알 수 없으나 고대(古代)에 된 것이라는 점에 대해서는 의심할 여지가 없다. 이것은 양피지(羊皮紙)에 큰 문자로 썼고 낱말 사이의 구별 음절(音節)의 부호(符號)가 없고 가끔 구두점(句讀點)을 찍었을 뿐이다.

❹ 에브라임 사본 (The Codex of Epraemi, C로 표기한다)

이것은 한번 썼던 것을 긁어서 지워 없애고 그대로 다시 재사본(再寫本)한 것이다.

이것은 불란서(佛蘭西)의 파리 국립 도서관(國立 圖書館)에 소장(所藏)되어 있다.

원래 신구약 성경 전부를 포함한 것이었고 엷은 송아지 가죽 종이에 쓴 것이다. 역시 연속적(連續的)인 기술법 (記述法)이고 각 절(節)의 처음 문자가 크게 씌어져 있다.

이것은 5세기 전반기에 된 것인데 그 후에 두 세 사람의 성경학자들의 손으로 정정(訂正) 된 것으로 전해지고 있다.

이는 비평적(批評的)인 가치(價値)가 높은 것으로서 어떤 학자(學者)는 이 사본(寫本)을 두고 그 확실성(確實性)이 바티칸 사본(寫本) 다음에 갈만하다고 하였다.

209장 중 165장은 신약인데 신약 전체의 3분지 2정도이다.

❺ 베쟈 사본 (The Codex of Bezae, D로 표기한다)

이는 헬라어와 라틴어의 두 가지 말로 기록 된 것인데 이는 영국(英國)의 켐브리지(Cambridge) 대학의 공중도서관(公衆圖書館)에 소장(所藏)되어 있다.

이 사본(寫本)은 4 복음서(四福音書)와 사도행전(使徒行傳) 뿐이다. 데오돌 베쟈(Theodor Beza)가 1562년에 있은 불란서(佛蘭西)의 내란(內亂) 때에 리욘(Lyon)의 성(城) 이레네이어스(Ireneus)수도원 (修道院)에서 발견하여 켐브리지 대학(大學)에 기증(寄贈) 한 것이다.

이 사본(寫本)의 특징(特徵)은 그 본문(本文)에 많은 첨가(添加)와 변경(變更)이 있다는 점이다.

누가 무슨 말을 하든지 성경은 전 세계 인류(人類)에게 가장 많이 읽혀지고 사랑을 받는 책으로서 정확하게는 알 수가 없어도 대략 약 3천 방언(方言) 이상으로 번역(飜譯) 된 책이다.

이 지구(地球上)에는 수많은 언어(言語)들이 있다. 그 언어(言語)들 가운데는 문자(文字)를 갖지 않은 언어들도 있어서 그들에게는 문자(文字)를 만들어주고 그 문자에 따라서 성경을 번역(飜譯)하여 읽도록 해 주는 경우들까지 있어서 사실상 성경이 얼마나 많은 언어(言語)에 의해서 번역(飜譯)되었는지 정확한 숫자를 파악하기가 어려울 만큼 많은 언어들로 번역되어 있다.

여기에서 말하려는 성경의 번역(Version of the Bible)만큼 원전 (原典, Original)이 중요시되는 고전 문서(古典文書)는 없고 또한 이처럼 여러 모양으로 번역 된 책도 없다. 원전(原典)은 전문적(專門的)으로 성경을 연구하려는 성경학자(聖經學者)들이나 신학자(神學者)들에게 좋은 연구의 자료(資料)가 된다.

특히 성경에 대한 번역서(飜譯書)가 많다는 것은 그마 만큼 일반 독자(讀者)의 범위가 가장 넓다는 것을 의미하기도 한다.

번역서(飜譯書)는 직접 번역 된 것도 있고 중역(重譯) 된 것도 있는데 그 중에서도 저명(著名)한 것은 역시 직역(直譯)이라 할 것이다. 일반적으로 구약 성경에 관한 번역서(飜譯書)가 크게 네 가지가 있는데 이것들은 모두 오늘날까지 전해져 내려왔다.

즉 70인 역(Septuagint) 탈굼(Targums) 역 수리아 역의 페쉬트 (Peshitt of Syria) 및 라틴어 역의 불게트 (Bulgate) 등이다.

성경의 번역(飜譯)에 대한 것들을 일일이 알아보기 위해서는 수많은 자료(資料)들과 함께 좀더 전문적인 자료를 수집(蒐集)해야 할 것이나 그 많은 번역서(飜譯書)들을 다 모으기란 그렇게 쉬운 일이 아니므로 우리는 여기에서 그들 가운데 대표적(代表的)인 것들만이라도 한 번 살펴보려는 것이다.

1) 70인 역(Septuagint Version)

"칠십인 역"이라고 함은 히브리어 성경의 원전(原典)을 헬라어로 전역(傳譯)한 것인데 구약의 역서(譯書)들 가운데 가장 유명한 고대역(古代譯)이다. 보통 이것을 LXX로 표시(表示)한다.

이것의 번역 사업은 토레미 필라텔프스(Toremi Philatelphs: BC 284-347) 2세 치세 때에 알렉산드리아에서 완성(完成)되었다.

전설(傳說)에 의하면 필라델프스 왕(王)의 도서(圖書)를 맡은 한 계원(係員)이었던 디메트리어스 팔레레이어스(Dimetrius Palereus)가 왕실(王室)의 도서관(圖書館)에 소장(所藏) 된 20만 권의 장서(藏書) 중에 히브리어의 율법서(律法書)를 헬라어로 번역(飜譯)하여 두고싶다는 청원을 왕이 허락한데서부터 시작 된 것이라고 전해지고 있다.

이렇게 해서 예루살렘의 대제사장(大祭司長) 엘르아살(Eleazar)에게 번역(飜譯)을 부탁하였다.

그 결과 유대인의 12 지파 (支派)에서 각각 6명 씩 유능(有能)한 학자(學者)들을 선발(選拔)하여 총 72명이 알렉산드리아에 도착하여 72일 동안에 율법서(律法書)를 완역(完譯)하였다고 전해지고 있다. 그 외의 부분도 계속 번역(飜譯)하여 주전 150년경에는 구약성경 전부가 완역(完譯) 된 듯하다.

예수님과 그의 제자(弟子)들은 가끔 이 70인 역 성경을 자유로 인용(引用)하였고 중요하지 않은 곳은 약간 사역(私譯)도 한 듯하다. 예수께서 이 세상에 계시면서 그의 사랑하는 제자들과 함께 생활을 하실 때에 자주 구역성경을 응용(應用)하셨는데 바로 그 성경이 70인 역(譯)이었다고 생각한다.

여하튼 이 70인 역은 구약성경을 헬라어로 번역하여 사용하게 하므로 예수님 당시에 통용(通用)되든 용어(用語)가 헬라어였다는 점에서 이해하면 될 것이다.

2) 헬라어 역(Greek Version)

70년에 예루살렘 성전(聖殿)이 파괴(破壞) 된 다음 70인 역은 사실상 유대인들의 사회에서 인기를 잃게 되었다.

왜냐하면 그리스도인들이 이를 번번이 자주 인용(引用)하였고 또한 문체(文體)에 있어서 장중(莊重)한 맛이 결여되어 있었기 때문이라는 이유에서였으나 사실은 유대교에 속한 사람들이 그리스도인들을 싫어하는데 이유가 더 컸었다.

그리하여 제2세기에는 유대인들에 의해서 새롭게 세 가지의 구약 성경의 번역(飜譯)이 완성 되었다.

그 하나는 아클라 역인데 이의 역자(譯者)는 폰트 (Pont)의 주민으로서 유대교로 개종(改宗)한 사람이었다.

그는 그리스도 교도(敎徒)들이 구약을 인용하는 것이 아전인수격(我田引水格)이라고 하여 이에 반대(反對)히기 위해서 히브리 어 원전(原典)에서 세밀(細密)히게 번역(飜譯)했는데 지나치게 원전(原典)에 사로잡혀서 오히려 그 뜻을 이해하는데 더 어렵게 만들어 버렸다.

또 하나는 데오도시온(Theodosion)의 70인 역 개역 성경 (改譯 聖經)을 들 수가 있는데 이 번역서의 역자(譯者)는 에배소 인으로서 유대교로 개종(改宗)한 사람이었다.

그러나 그는 에비온 파에 속하는 이단자(異端者)였으며 그리스도의 신성(神性)을 부인(否認)한 사람이었으니 가히 그의 작품(作品)에 대해서는 짐작이 가게 한다.

셋째는 신마카스 역을 들 수가 있으나 이에 대한 자세한 기록은 확인(確認)할 길이 없으므로 별로 중요하게 여길 필요가 없다.

다만 그러한 번역서(飜譯書)가 존재하고 있었다는 역사적(歷史的)인 사실만을 알아두면 된다.

3) 탈굼 역(Targum Version)

유대인들이 바벨론 포로(捕虜, Exile)에서 돌아왔을 때는 그들의 모국어 (母國語)였던 히브리어는 쇠퇴(衰退)해가고, 그 대신 아람어를 통용어(通用語)로 사용하고 있었다.

그러므로 예배 때에 히브리어 원전(原典)을 낭독(朗讀)하면 일일이 통역(通譯)을 해야 하는 불편을 느끼게 되었다. 이렇게 해서 현실적인 효과를 노려 아람어로 번역(飜譯) 된 것이 여기에서 말하는 탈굼 역 (Targum Version)이다.

4) 시리아 역(Syria Version)

시리아 역은 주로 시리아에 있는 기독교인들에 의해서 번역(飜譯)된 성경을 두고 이르는 말인데 여기에는 두 가지가 있다.

첫째는, 시리아 구역 (Syria Version) 이다.

이것은 신약 성경의 시리아 어 역인데 복음서(福音書)의 부분은 1892년 시내 산의 성 카타리나 수도원(修道院)에서 루이스(Luis)라는 부인(婦人)이 발견한 것이고, 나머지 부분은 1841-1843년 사이에 니트리야 (Nitria)의 광야(曠野)에 있었던 시리아의 수도원(修道院)에서 굴레톤(Guleton) 이라는 사람이 발견(發見) 한 것이다.

둘째는, 페쉬토 역 (Pechto Version) 이다.

여기에서 말하는 "페쉬토"라는 말은 단순(單純)이라는 뜻을 가진 말이다.

구약 부분은 제1세기에 완성(完成)되었고, 신약부분은 헬라어 원전(原典)의 격조문체(格調文體)를 보존하기 위하여 시리아 역(譯)에서 중역(重譯)한 것이다.

문체는 지극히 장중(莊重)하여 번역 성경 가운데서 최고(最高)의 권위(權威)로 되었다.

5) 라틴어 역(Latin Version)

라틴어 역에는 다음 세 가지가 있다.

첫째는 북 아프리카 역으로서 이는 2세기 말에 라틴어로 번역(飜譯) 된 것인데 북 아프리카에서 널리 사용되었다.

220년에 죽은 터틀리안(Tertullian: 160-220)은 가끔 이 라틴어 역을 인용(引用) 한바 있다.

키프리안(Caecilius Cyprian : 200-258)과 칼타고의 감독(監督) 어거스틴(Augustin: 354-430)도 역시 이를 많이 인용(引用)한 것으로 전해지고 있다.

구약은 히브리어 원전에서 직역(直譯)한 것인데 헬라어 역(譯)도 약간씩 참고한 것으로 알려지고 있다.

둘째는 이탈리 어 역 (Italia Version) 이다.

이는 이탈리아 어로 번역 된 성경을 이르는 말이다.

성 어거스틴(Augustinus Auelius: 354-430)은 말하기를 "헬라어에 대한 지식(知識)이 다소라도 있는 자람이면 누구나 신약을 번역할 수 있다"라고 말 한 적이 있었다.

신구약 성경이 북 아프리카어로 번역(飜譯)되었으나 그 라틴어는 사투리였으므로 로마의 준수(俊秀)한 라틴어를 사용하는 사람들에게는 불쾌(不快)한 것이었다. 그러므로 제4세기에 새롭게 따로 번역한 것이 이 이탈리아 어 역이다.

셋째는 불게트 역 (Bulget Version) 이다.

이는 이탈리이 억이 나온 다음 얼마 인 되어서 새로 나온 라틴어 역이나. 낭시 학녁(學德)으로 한 시대를 풍미(風味)했던 제롬(Jerom: 341-420)이 로마의 감독(監督) 다마서스(Damasus)의 요청(要請)에 의하여 신약 성경을 라틴어로 번역(飜譯)한 것이다.

복음서는 후랍 원전(原典)을 엄정하게 조사하여 틀린 것을 고치고 나중에 신약 전부를 개정(改正)했다. 그 후 그는 구약도 완역(完譯)했다. 이렇게 해서 그가 성경 전체를 완역한 위업(偉業)을 마친 것은 405년경의 일이었다.

불게트 역은 중세기 시대의 교회 내에서 가장 널리 사용되었다.

각 국어로 번역 된 성경이 여러 번 개역(改譯) 되기는 했으나 이 번역서만은 오늘날까지도 로마 교회의 흠정역 (欽定譯, Authorized Version)으로 되어 있다.

그러나 802년 찰레만 (Charlemagne: 768-814 재위) 대제의 명령으로 알큐인(Arkuin)이 약간의 정정(訂定)을 가했을 뿐이다.

6) 신약 성경의 코프트 역(譯)

이는 이집트어의 번역으로서 멘피스(Menpis)와 테베(Tebe)의 두 지방어(地方語)로 번역된 것을 이르는 말이다.

이것은 알렉산드리아 학자들의 양심적(良心的)인 노력을 표시하는 것으로서 2세기 말에 완성되었다.

이는 4,5세기경에 번역 된 것으로서 에티오피아 어 최고의 번역이며, 그 나라 모든 문학(文學)의 기초가 되었다.

사실상 문화적인 미개(未開)와 생활의 빈곤(貧困)에서 벗어나지 못하고 있는 에티오피아 사람들이 일찍이 자기들의 통용어(通用語)로 성경을 가지고 있으면서 이토록 후진(後進)에서 벗어날 수 없었던 것은 매우 아쉬운 일이라고 할 것이다.

이렇게 해서 신구약 성경이 전 세계의 언어로 번역(飜譯)되었는데, 솔직하게 말해서 몇 천 개의 언어(言語)로 번역(飜譯)되었는지를 다 파악(把握)할 수 없다.

이런 정도로 끝을 맺는 것이 좋을 것으로 안다.

8) 한국어(韓國語)로의 번역(飜譯)

우리나라에 처음으로 개신교(改新敎)의 선교사(宣敎師)에 의해서 성경이 전래(傳來) 된 것은 1832년 7월, 독일계 화란인 선교사(宣敎師) 굿츨라프 (Gutzlaff Karl Fredrich August: 1802-1851)가 중국에서 한자(漢字)로 된 성경을 처음으로 가지고 들어와서 약 40일 동안 우리나라의 충청도(忠淸道)와 전라도(全羅道)의 해안(海岸) 일대로 돌면서 성경을 전해 준 것이 처음이라고 할 수 있다.

그러나 그 다음에 어떻게 되었는가에 대해서는 전혀 알 수가 없다.

그 후 1866년 8월, 미국인 선교사(宣敎師)로 상선(商船)을 타고 우리나라에 온 토마스(Thomas, Robert Jermain: 1839-1866) 목사가 중국에서 한문(漢文)으로 된 성경을 샬만(Charman)호라는 상선(商船)에 싣고 들어와서 전해 주었다.

그가 1867년 9월 3일, 우리나라 관군에 의해서 처형(處刑)을 당할 때에 박 춘권 (朴春權)이라는 형리(刑吏)에게 성경 한 권을 주었는데 그 사람이 그것을 가지고 집에 가서 읽어 본 다음 양심(良心)에 가책(苛責)을 받고 예수를 믿게 되었고 그 후에 그는 사무엘 모팔 (Samuel A. Mofett: 1890-1934까지 한국 선교사로 활동) 선교사(宣敎師)를 찾아보고 회개(悔改) 한 다음 1899년에 세례(洗禮)를 받았으며 그는 후에 일주교회의 영수(領袖)가 되었다.

또 토마스 선교사(宣敎師)는 자기를 지켜보고 있던 12살 난 최 치량 (崔致良)이라는 아이에게 성경 책 3권을 주었으나 그것을 어떤 병정(兵丁)에게 주었는데 그 병정이 이 성경을 받아 가지고 가서 자기 집 벽(壁) 바르는 도배지로 이용했다는 것은 웃지못할 일화(逸話)로 전해지고 있다.

1875년에는 만주(滿洲)에서 활동 중이던 스코틀렌드 연합 장로교회의 선교사(宣敎師) 죤 롯스(John Lots) 목사와 죤 멕킨타이어(John Meckintier) 목사가 한국인 상인(商人)과 접촉하고 이 응현(李應賢) 이라는 사람에게 시켜서 한자(漢字)로 된 성경을 우리 한글로 번역(飜譯)하게 했다.

그리하여 1882년에는 중국의 봉천(奉天)에서 누가복음서가 우리말로 완역(完譯)되어 스코틀렌드 성서공회(聖書公會, Scotland Bible Society)의 경비(經費)로 3천 권을 인쇄(印刷)하였고 다음 해에는 또 요한복음도 완역(完譯)하여 역시 3천 권을 인쇄(印刷) 해 냈다.

그러나 그 책들을 어떻게 한국으로 옮겨드리느냐 하는 문제가 있었는데 그 때에 한국인 상인(商人)들 편에 인쇄(印刷) 된 책(冊)을 제본(製本)을 하지 않고 관용지(官用紙) 속에 끼어서 우리나라 한국(韓國)으로 들여보냈다.

그 후 1883년 대영 성서공회(大英 聖書公會, The Great British Bible Society)는 한국어 성경사업(聖經事業)을 전개(展開)하기로 하고 누가복음, 요한복음, 마태복음, 마가복음, 사도행전 등을 서상륜(徐相崙) 등 두 사람을 권서(勸書)로 명하고 그들을 한국에 들여보내서 성경 보급(補給)에 힘썼다.

그 당시 우리나라는 소위 대원군(大院君)의 천주교에 대한 박해정책(迫害政策)으로 성경을 반입(搬入)한다는 것이 참으로 어려운 시기였으나 그런데도 1886년에는 15,690권의 성경 책을 들여올 수 있었다.

또 1884년부터 일본의 요꼬하마에서 미국 성서 공회 총무(總務)로서 일본에 주재(駐在)하면서 한국어(韓國語)의 성경 번역을 서둘러 온 뉴미스(Numis) 목사는 한국 유학생(留學生)으로 일본(日本)에서 공부를 하고 있던 이수정(李樹廷)에게 부탁하여 마가복음서를 번역(飜譯)케 한 다음 이를 출판(出版)하게 하였다.

바로 이것이 1885년 4월 5일, 우리나라에 공식 선교사로 첫발을 들여놓았던 장로교의 언더우드(Underwood: 1859~1916) 선교사(宣敎師)와 감리교의 아펜셀러(Appenzeller: 1858~1902)선교사 부부(夫婦) 일행이 우리말 성경을 직접 가지고 들어 올 수 있는 계기(契機)가 되게 했다.

그러나 지금까지 우리말로 번역되어 국내로 반입되어 온 모든 성경이 한결 같이 히브리어나 헬라어 등 원본(原本)으로 된 성경을 번역 한 것들이 아니라 중국어(中國語)와 일본어(日本語)로 된 성경에서 중역(重譯) 한 것으로서 내용상의 충실(充實)을 기하기가 어려웠다.

그리하여 1887년, 한국 말 성경 번역 위원회와 성경 위원회를 구성했는데, 그 때에 언더우드 박사와 아펜셀러 박사가 함께 참여하여 작업을 진행하던 중 대영 성서 공회 만주(滿洲)에 있는 지부(支部)의 총무(總務)로 재직(在職) 중이던 툴리(Tully)의 지원(支援) 아래 우리말 신약 성경을 완역(完譯)하여 6,600권을 찍어내게 되었다.

이렇게 시작 된 우리말 성경 번역 사업은 활기(活氣)를 띠게 되었고 외국과의 조약(條約)을 체결(締結)하고 무역(貿易)의 길이 트이게 되면서 1892년에는 무려 578,000권의 우리말 성경이 크게 보급되었다.

또 1893년에는 영국, 미국, 스코틀렌드의 성서 공회 들이 한국 성서 공회 설립을 목표로 구체적인 논의를 시작했고, 1895년에 대영 성서공회 한국 지부를 설립하기에 이르렀다.

그 결과 1900년에는 우리말 신약 성경이 완역되었고, 그로부터 10년 후에는 무려 2,379,751권이나 되는 한국말 성경이 반포되었다. 그 후 성경 보급을 계속 한 결과 1936년까지는 18,079,466권이나 되는 우리말 성경을 출판하여 이를 보급(補給)시켰다.

그러나 일본의 군국주의(軍國主義)에 의한 세력(勢力)이 우리 한국에서의 외세(外勢)를 배제(排除)하고, 이들을 몰아내기 위해서 1940년 11월, 일본인(日本人)과 우리 한국인(韓國人)만으로 성서 위원회(委員會)를 개편(改編)해서 새로 조직(組織)을하고, 대영 성서 공회를 없애버렸다.

1945년 해방과 함께 우리 한국의 성서 공회 복원작업(復元作業)을 추진해오던 나머지 1946년 11월에 재단법인 대한 성서공회(財團法人 大韓聖書公會)의 유지재단(維持財團)을 설립하고 1947년 4월에 개최(開催)된 성서 위원회에서는 오 긍선, 원 한룡, 정 태웅 등 세 사람을 실행위원(實行委員)으로 선출하여 우리말 성경 번역 출판 사업에 전념(專念)하기로 했다.

1949년 1월에 대한 성서 공회 총무(總務)를 정태웅에서 임영빈(林永彬) 목사로 교체(交替)하고, 성경 번역(飜譯)과 보급(補給)에 힘썼으나 1950년의 한국전쟁(韓國戰爭)은 성서 사업에도 치명타(致命打)를 입혀주기도 했다.

그런데도 한국 성서공회는 모든 시련(試鍊)을 딛고 재기 분발(再起奮發)하여 오늘에 이르기까지 수 천만 권의 성경을 번역(飜譯)했고, 그 보급(補給)에 정념(精念)하고 있어서 전 세계 어느 나라의 성서공회에 비교해도 손색(遜色)됨이 없는 성경사업을 보게 되었다.

또한 그 효과(效果)를 높였다고 자부(自負) 할 만 하다고 할 것이다. 이렇게 한국에서 성경사업이 잘 진행되어 지게 된 데는 일차적으로는 하나님의 은혜(恩惠)이지만 동시에 우리 한국 교회가 그만큼 성경 연구와 성경 사랑에 열심히 특별했다는 것을 알게 한다.

현대과학문명(現代科學文明)의 발달과 함께 찾아온 부귀영화(富貴榮華)에다 마음껏 누리는 자유(自由)는 어쩌면 현대인들에게 있이서 더 없는 불행(不幸)을 가져다 주게 되었는지도 모른다.

사람들에게서 참 가치관(價値觀)이 떠나 버리고 물질만능(物質萬能)이 가져다주는 범죄(犯罪)와 타락(墮落)은 온 세상을 불안(不安)의 공포(恐怖)속으로 몰아가고 있는 것 같다.

사회는 그렇다고 할지라도 하나님의 일을 한다는 성직자(聖職者)들과 교회의 세속화(世俗化)는 거의 회복하기 어려울 만큼 위기(危機)로 몰아가고 있는데도 좀처럼 희망이 보이지 않는 것 같아서 성서공회(聖書公會)를 중심으로 우리 한국교회가 영적인 부흥운동을 하던 시절이 그립다.

수없이 되풀이해서 말한바와 같이 하나님의 말씀인 성경을 떠난 기독교운동은 결코 하나님의 일이 아니라 처음부터 끝까지 사람을 위한 운동일 뿐이다.

그래서 우리 한국교회가 다시 일어나기 위해서는 성경으로 돌아가야 하고 성경적인 신앙의 바탕 위에 성경적으로 신학적인 사상운동이 일어나야 한다는 말이다.

4 ≡ 성경의 해석 (解釋)

우리가 성경을 해석(解釋)한다는 것은 너무도 중요한 문제이다.

왜냐하면 성경의 해석 방법에 따라서 성경이 지닌 참 진리(眞理)가 전혀 다른 방향으로 달리 나타나기 때문에 성경의 해석 여하에 따라서는 성경에서 말씀하고 있는 교리(敎理, Dogma) 자체가 엄청난 혼선(混線)을 일으키게 된다.

성경을 해석하는 데는 주석(註釋, Commentary)적인 방법이 있는가하면 또한 강해(講解,

Interpretation)적인 방법이 있다. 여기에서 말하는 주석(註釋)이란 처음부터 끝까지 원문(原文)의 한 단어(單語)가 지니고 있는 그대로를 다른 말로 옮겨놓은 것이다.

그러나 그 원문(原文)이 지닌 어의(語義)의 다양성(多樣性) 때문에 해석상의 뜻이 약간씩 다를 수가 있으므로 통일된 번역서(飜譯書)가 필요하여 이른바 흠정역(欽定譯, Authorized Version)이라는 것이 나오게 된 것이다.

성경의 흠정(欽定譯)은 1611년 제임스 1세 (James I: 1566-1625)의 재가(裁可)를 얻어서 영어(英語, English)로 번역한 성경 전서(全書)인데 이를 제임스 왕의 성경(The King James Version)이라고 한다. 흠정역이란 완전하다는 말이 아니라 다른 모든 번역서들에 비하여 가장 원문(原文)에 가깝다는 말이다.

그러나 이 책도 문자의 역어(譯語)가 고전(古典)에 속했기 때문에 1881년에는 신약성경을 또 1885년에는 구약성경을 개역판(改譯版)으로 펴내게 되었다.

그러므로 우리가 성경을 주석(註釋)함에 있어서 얼마든지 자기의 사견(私見)을 내 세울 수는 있으나 전체적인 통일성(統一性)과 보편성(普遍性)을 유지하기 위하여 표준서(標準書)를 따르는 것이 옳을 것이다.

주석적 방법에 의한 사견(私見)이 근본적인 성경 교리(敎理)에서 크게 빗나가지 않는 한 얼마든지 자기의 주장을 내 세울 수는 있다.

그러면서도 하나님의 교회의 통일(統一)과 성경 교리의 정통성(正統性)을 지켜나가므로 성경의 진리를 바로 전해나가기 위해서는 항상 사견(私見)은 조심스럽게 제시되어야 한다는데 유념해야 한다.

본래 성경주석의 광범(廣範)함을 제한(制限)시킬 수는 없었으나 문자(文字) 그대로의 원문을 해석하는데 힘을 써야 했다.

또한 성경의 문장(文章)을 문자(文字)와 문법(文法)의 한계(限界) 안에서만 주석(註釋)하려는 훈화주의(訓話主義) 방법이 있었고 문장의 내면에 있는 신앙적인 의미(意味)로 다가가려는 우의주의(寓意主義) 해석 방법이 있었다.

그것은 구약 성경이 비교적으로 훈화적(訓化的)이었던데 비하여 신약 성경은 우의적(寓意的)으로 구성되어 있다고 보아야 할 것이다.

그러나 성경을 해석함에 있어서 두 학파(學派)간에는 오랜 대립적 관계 속에 논란을 거듭해 왔다.

훈화주의자들은 일점일획(一點一劃)에 이르기까지 하나님께서 계시(啓示)하신 것이니 문자(文字) 그대로 해석해야 한다는 것이다.

이와 반대로 성경의 구석구석에서 예전적(禮典的)인 의의만을 찾아 본 중세기의 성경 연구는 가장 극단적인 우의주의 적이었다.

성경주석에 대한 역사를 보면 초대 교회에는 많은 유대인과 그리스도 교 학자들의 피땀 어린 자욱을 볼 수 있는데 중세기에 와서는 아주 희미(稀微)해졌다.

겨우 책의 제목(題目)이나 설교집(說敎集)으로 된 해석(解釋) 정도였는데 그 대부분이 극히 우의주의적(寓意主義的)이었다.

그들은 초대 교회 교부(敎父)들이 주석(註釋) 해 놓은 것을 그대로 수용했을 뿐 아무런 비판(批判)을 붙이지 않았다. 그것은 모든 교회가 로마 카톨릭 교회의 득세(得勢)와 교황정치(敎皇政治)의 철저한 지배(支配) 아래 있었기 때문에 개인적(個人的)인 성경 연구의 길이 원칙적으로 봉쇄(封鎖) 당한 상태에서 성경 연구가 활기를 띄울 수 없었던 것이다.

그러나 종교개혁기(宗敎改革期)에 이르러서야 비로소 성경 연구 운동이 자유롭고 활발하게 전개되어 나가기 시작했다.

대부분의 성경 주석가들은 문자(文字)대로의 해석 방법인 훈화주의(訓化主義)를 택했다. 그 이유는 초대 교회의 교회를 탐구하고 그것으로 개혁교회(改革敎會)의 입장을 명확하게 표명하려는 필요성에 의한 것이었기 때문에서였다.

그러던 것이 현대에 와서 성경 주석은 대체로 언어학적(言語學的)으로 또는 역사적(歷史的)으로 세밀(細密)한 연구를 기초로 하여 성경 자체의 뜻을 이해하려는데 노력을 집중하고 있다.

성경의 주석(註釋)과는 달리 강해(講解, Interpretation)는 훨씬 더 폭 넓게 교육적(敎育的)이고 도덕적(道德的)인 것 외에 생활경험(生活經驗)의 모든 것들을 포함하여 성경적인 답(答)으로 유도(誘導)하고 있어서 보다 더 다양(多樣)하고 그 폭(幅)도 넓기는 라지만 양적인 범위가 크고 넓은 만큼 많은 문제도 발생되는 어려움도 있다.

그것이 결국 간증(干證)으로까지 발전하게 되었다. 간증이라는 말은 본래 지난날 범죄에 관련된 증인(證人)을 뜻하는 말인데 기독교에서는 자기의 죄를 자백(自白)하고 믿음을 고백하는 말로 사용 된다.

그런데도 그것이 본래의 뜻과는 달리 순수한 의미에서 신앙 체험담(信仰 體驗談)으로 통하고 있어서 성경 해석과는 거리가 너무도 멀다고 본다.

교부(教父)들의 시대로부터 오늘에 이르기까지 "성경 해석" 이라는 의미에서 시행되는 설교(說敎, Sermon)가 항상 힘이 있고 청중(聽衆)들에게 감화(感化)를 주는 것은 단순히 성경의 해석이라는 뜻 이상의 영성(靈性, Spirituality) 때문이라고 할 것이다.

기독교 성경의 신적 권위는 항상 하나님의 계시문서(啓示文書)로서의 신비성(神秘性)을 지니고 있기 때문에 성경의 생명력(生命力)을 발휘하게 된다는 사실을 명심해야 할 것이다 (히4:12).

성경을 해석함에 있어서 학문적(學問的)인 방법으로만 다가가서는 오히려 성경의 참된 진리(眞理)와 교리(敎理)를 바로 이해하는데 이르지 못하게 되므로 더 많이 기도(祈禱)하고 명상(瞑想)하고 연구(硏究)를 거듭하여 믿음의 방법으로 다가가야 한다는 것도 이런 뜻에서 하는 말이다.

5 ≡ 성경의 영감 (靈感)

기독교의 경전(經典, The Scripture of the Christianity)으로서 의 성경이 어떻게 기록되었느냐 하는 문제는 기독교를 계시종교(啓示宗敎, Revelation Religion)로 이해하는데 절대적인 뜻을 갖는다.

일부의 자유주의(自由主義, Liberalism) 신학자들은 성경에 대하여 일반 문서설(文書說, Documents)을 주장하고 있으나 이는 처음부터 잘 못된 사상이요 기독교에 대한 바른 이해는 고사하고 하나님께 대한 바른 이해(理解)나 성경적인 믿음이 전혀 없는 자들의 생각이라고 지적하지 않을 수 없다.

그렇다면 성경은 일반 문서의 책 가운데 하나라고 하는 사람들의 주장이 어떤 것이냐 하는 문제가 제기되는데 그것은 사람의 영혼(靈魂)을 구원(救援)하는 일이나 내세(來世)의 천국(天國)에 대한 문제가 아니라 가장 현실적(現實的)이고 차세적(此世的)인 것이어서 윤리적(倫理的)인 사회도덕(社會道德)의 선(善)에다 목적을 둔다.

기독교의 사랑을 내세워서 이상적(理想的)인 기독교 사회주의(基督敎 社會主義, The Christian Socialism) 건설의 실현을 위해서 기독교의 이름을 둘러업고 있으나 엄밀한 의미에서 사실상 이들은 정통적(正統的)인 기독교와는 전혀 상관이 없는 일종의 사회주의 운동에 지나지 않는 것이다.

계시 종교라는 말은 종교의 기원(起源)이나 경전(經典) 자체의 기원(起源)을 하나님께로 귀의(歸依)시킨다는 교리(敎理)로서 기독교의 절대성(絶對性)을 여기에서 찾게 한다.

우리는 성경이 하나님의 성령에 의해서 영감(靈感)된 하나님의 계시(啓示)라는 뜻으로 설명하고 있다.

그러나 이를 좀 더 적극적인 의미에서 설명을 한다면 성경은 하나님의 성령에 의한 영감(靈感, Spiritual Inspiration) 이전에 하나님의 친작(親作)이라는 데서부터 시작되어야 할 것을 알아야 한다.

왜냐하면 최초의 성경은 하나님께서 직접 지으시고 써서 모세의 손에 들려주신 십계명(十誡命, The Ten Commandments)으로부터 시작되었기 때문이다.

하나님께서 친히 지으셔서 써주신 십계명을 근거로 모세 오경이 씌어졌고 그 모세 오경을 중심으로 구약성경 전체가 씌어졌다.

또한 신약 성경 역시 예수 그리스도의 살아가신 생애(生涯)와 가르치심의 교훈(敎訓)과 행하셨던 행적(行績)과 신비적(神秘的)인 이적(異蹟)등을 중심으로부터 시작하여 그 다음에는 성령의 영감(靈感)에 의하여 기록되었기 때문에 성경의 계시성(啓示性)을 훨씬 더 강하게 뒷받침해 주고 있다는 것을 알아야 한다.

그리고 여기에서 말하려는 것은 엄밀(嚴密)한 의미에서 계시(啓示, Revelation)와 영감(靈感, Inspiration)은 서로 같은 공통점(共通點)을 가지고 있으면서도 서로 다른 의미에서 취급되고 있다는 것을 알아야 한다.

미국 프린스톤(Prinstone) 신학교(神學校)의 토대(土臺)를 세운 개혁주의(改革主義)의 신학자(神學者)로 유명한 하지 박사 (Dr. Charles Hodge: 1797-1878)는 계시(啓示)와 영감(靈感)이 그 목적(目的)과 효과(效果)의 면에 있어서 서로가 다르다는 사실에 대하여 다음과 같이 말했다.

이는 그렇다고 단정적으로 말하려는 것이 아니라 하지 박사는 그렇게 말을 했다는 것으로 이해하면 될 것이다.

"계시(啓示)의 목적 곧 의도는 지식(知識)의 전달이다. 그러나 영감(靈感)의 목적 곧 의도는 가
르침에 있어서 무오성(無誤性)을 확보(確保)하는 일이다. 계시의 효과(效果)는 계시를 받는 자
를지 혜(智慧)롭게 만드는 것이다. 그러나 영감의 효과(效果)는 가르침에 있어서 그를 오류(誤
謬)로부터 보호하는 것이다."

물론 이것이 반드시 옳은 답이라는 말은 하지 않겠다. 학자(學者)들에 따라서 약간씩 다른
견해(見解)나 주장(主張)을 가질 수 있으나 일단 계시(啓示)와 영감(靈感)이 꼭 같은 의미에서만 해
석하는 것이 아니라 각각 다른 의미를 가지고 있으면서도 서로 같은 공통성(共通性)을 갖는 것
으로 이해해야 한다.

그리하여 성경에 대한 계시사상(啓示思想)이나 영감설(靈感說)은 서로의 조화(調和)를 통해서
하나의 경전(經典, Scripture)으로 발전시켰는데 사도 베드로는 성경 기록에 대해서 말하고 있다.

"예언(豫言)은 언제든지 사람의 뜻으로 낸 것이 아니요, 오직 성령의 감동(感動)하심을 입은
사람들이 하나님께 받아 말한 것임이니라" (For prophecy never come by the will of men, but holy menof

God spoke as they were moved by the Holy Spirit. 벧후1:21).

1) 영감에 대한 성경의 증거(證據)

우리는 성경 기록의 성격(性格)을 논함에 있어서, 하나님께서 영감(靈感)을 통해서 계시(啓
示)를 주시는 것에서 끝내시고, 기록 자체에 대해서는 기자(記者)에게 자유롭게 임의(任意)대
로 기록하도록 맡겨 버리셨는가, 아니면 기록하는 일에까지 친히 직접 간섭(干涉)하셨는가
하는 문제에 부딪치게 된다.

이에 대해서 우리는 먼저 성경은 어떻게 스스로를 증거(證據)하고 있는가 하는 것부터 알
아보아야 할 필요를 느낀다.

사도 바울은 디모데에게 보낸 편지에서 성경 기록의 성격에 대해서 보다 더 자세하게 말씀 해주고 있다.

"모든 성경은 하나님의 감동(感動)으로 된 것으로 교훈(敎訓)과 책망(責望)과 바르게 함과 의(義)로 교육(敎育)하기에 유익(有益)하니 이는 하나님의 사람으로 온전(穩全)케 하며 모든 선(善)한 일을 행하기에 온전(穩全)케 하려 함이라"(All Scripture is givenby inspiration of God, and is profitable for doctrine, forreproof, for correction, for instruction in rightcousness,that the man Of God may be complete, throughly equipped for every good work.딤후3:16-17).

이는 곧 계시적(啓示的)인 영감(靈感)과, 기록상(記錄上)의 영감(靈感)까지가 포함된 하나님의 성령의 직접간섭(直接干涉)의 뜻이 담긴 말씀으로 이해하게 한다.

이는 곧 성경 자체가 신학(神學)의 유일(唯一)한 외적(外的) 인식(認識)의 원리(原理)라는 사실을 고려 할 때에 당연한 것으로 이해되어야 한다.

그러나 영감(靈感)과 계시(啓示)가 항상 같은 의미에서만 해석(解釋)되는 것은 아니다. 그것은 하나님께로부터 영적(靈的)인 감동(感動)을 받았다고 할지라도 계시(啓示)의 사실을 이해하고 안다는 것은 별개의 문제이다.

하나님께서는 모세를 바로에게 보내실 때에 하셨든 말씀을 기억하면 될 것이다.

"볼지어다. 내가 너로 바로에게 신(神)이 되게 하였은즉 네 형 아론은 네 대언자(代言者)가 되리니,"(See. I have made you as Godto Pharao, and Aaron your brother shall be your prophet.출7:1).

이는 자기가 말 할 바를 알지 못하나, 하나님의 영감(靈感)과 함께 말 할 바를 알게 될 것을 알게 한다. 이것을 선지자적영감(先知者的 靈感)이라고 한다.

여기에서 성령의 활동과, 하나님의 선지자(先知者) 자신들의 정신적(精神的)인 활동 사이에는 차이가 현저하다는 것을 알게 한다. 그렇지만 소위 사도적영감(使徒的靈感)은 선지자적(先知者的)인 영감과 약간의 차이(差異)를 나타낸다.

오순절에 임하신 성령께서는 사도들의 마음에다 자신의 거처(居處)를 정하시고, 안으로부터 그들에게 역사(役事) 하시기 시작 하셨다.

성령께서는 그들의 마음을 자신이 영원히 함께 하실 거처 (居處, Dwelling place)로 정하셨기 때문에, 그들을 향한 성령의 활동(活動) 자체는 더 이상 간헐적(Intermittence)이 아니라 지속적(持續的, Continuance)이었지만, 그런 경우라고 할지라도 영감(靈感)이라는 초자연적(超自然的)인 사역은 그들이 계시의 기관 역할을 한 경우만으로 제한(制限)되어 있었다는 것을 알 수 있다.

그러나 성령의 보다 내적(內的)인 성격(性格)으로 인하여 성령의 일상적(日常的)인 사역과, 특별(特別)한 사역 사이의 차이는 그다지 눈에 띄지 않았다.

사도들의 경우에는 초자연적(超自然的)인 요소(要素)가 선지자(先知者)들의 경우처럼 명확(明確)하게 드러나지 않고 있다.

그렇지만 이러한 사실에도 불구하고 신약 성경은 예수 그리스도께서 세우신 사도(使徒)들이 말로 적극적인 가르침에 있어서도 영감(靈感) 되었다는 사실을 명시(明示)하는 중요한 내용들을 담고 있다는 것을 알 수 있다.

"너희를 넘겨줄 때에 어떻게 또는 무엇을 말할까 염려(念慮)하지 말라. 그 때에 무슨 말 할 것을 주시리니 말하는 이는 너희가 아니라 너희 속에서 말하는 자 곧 너희 아버지의 성령(聖靈)이시니라"(마10:19-20).

"사람들이 너희를 끌어다가 넘겨줄 때에 무슨 말을 할까 미리 염려(念慮)치 말고 무엇이든지 그 시에 너희에게 주시는 그 말을 하라. 말하는 이는 너희가 아니요 성령(聖靈)이 시니라"(막13:11).

"사람이 너희를 회당(會堂)과 정사(政事) 잡은 이와 권세(權勢)있는이 앞에 끌고 가거든 어떻게 무엇으로 말 할 것을 염려(念慮)치 말라. 마땅히 할 말을 성령(聖靈)이 곧 그 때에 너희에게 가르치시리라"(눅12:11)

"그러므로 너희는 변명(辨明)할 것을 미리 연구(研究)치 않기로 결심(決心)하라. 내가 너희의 모든 대적(對敵)이 능히 대항(對抗)하거나 변박(辨駁)할 수 없는 구재(口才)와 지혜(智慧)를 너희에게주리라"(눅21:14-15).

"보혜사(保惠師) 곧 아버지께서 내 이름으로 보내실 성령(聖靈) 그가 너희에게 모든 것을 가르치시고, 내가 너희에게 말한 모든 것을 생각나게 하시리라" (요14:26).

"내가 아버지께로서 너희에게 보내실 보혜사(保惠師) 곧 아버지께로서 나오시는 진리(眞理)의 성령(聖靈)이 오실 때에 그가 나를 증거(證據)하실 것이요" (요15:26).

"그러하나 진리(眞理)의 성령(聖靈)이 오시면, 그가 너희를 모든 진리(眞理) 가운데로 인도 하시리니 그가 사의(自意)로 말하시 않 고, 오직 듣는 것을 말하시며 상래(將來)일을 너희에게 알리시리라" (요 16:13).

우리는 사도행전에서 사도(使徒)들의 활동 기에 성령의 활동(活動)에 대한 것을 여러 가지의 형식(形式)으로 말씀하고 있는 것을 볼 수 있다.

1) 우리는 성경에서, "성령이 충만하여" (full of the HolySpirit)라고 하신 말씀을 자주 볼 수 있다 (행2:4, 4:31,7:55, 13:52)

2) 그리고 사도들의 활동 사역에 대해서도, "성령의 나타남과 능력으로 하며" (in demonstration of the Spirit and ofPower)라고 하였고 (고전2:4),

3) 또 이어서 말씀하시기를 "너희 믿음이 사람의 지혜에 있지 아니하고 다만 하나님의 능력에 있게 하려 하였노라" (that your faith should not be in the wisdom of men but in the power of God) 라고 하였으며 (고전2:5)

4) 또 "누가 주의 마음을 알아서 주를 가르치겠느냐? 그러나 우리가 그리스도의 마음을 가졌느니라" (who has know themind of the Lord that he may instruct Him? But we havethe mind of Christ)고 하여서 성령의 영감과 계시의 사상에 대해서 이해하게 해 주신다 (고전2:16).

즉 이러한 모든 말씀은 "하나님이 가라사대…" (God said) "하나님의 말씀…" (Word of God)을 쓰게 하셨다는 성경의 교리(敎理, Dogma)로 나타남을 알 수가 있다.

그리하여 이사야 선지자(先知者)는 자기가 기록한 책에 대해서 "여호와의 책" (The book of the

Lord)이라고 기록하고 있다 (사34:16).

그리고 사도(使徒) 베드로와 바울은 서로가 자신들이 쓴 편지(便紙)를 하나님의 영감(靈感, Spiritual Inspiration)에 의해서 기록 된 책이라는 것을 강력하게 표현해주고 있다.

"예언(豫言)은 언제든지 사람의 뜻으로 낸 것이 아니요 오직 성령(聖靈)의 감동(感動)하심을 입은 사람들이 하나님께 받아 말한 것임이니라"(벧후1:21).

"또 우리 주(主)의 오래 참으심이 구원(救援)이 될줄로 여기라. 우리 사랑하는 형제(兄弟) 바울도 그 받은 지혜(智慧)대로 너희에게이 같이 썼고 또 그 모든 편지(便紙)에도 이런 일에 관하여 말하였으되, 그 중에 알기 어려운 것이 더러 있으니 무식(無識)한 자들과 굳세지 못한 자들이 다른 성경과 같이 그것도 억지로 풀다가스스로 멸망(滅亡)에 이르느니라"(벧후3:15-16).

"만일 누구든지 자기를 선지자(先知者)나 혹은 신령(神靈)한 자로 생각하거든 내가 너희에게 편지(便紙) 한 것이 주의 명령(命令)인줄 알라"(If anyone thinks himself to be a prophet orspiritual, let him acknowledge that the things which I write to you are the Commandments of the Lord.고전14:37).

사도(使徒) 바울은 여기에서 성경의 영감(靈感)과 계시성(啓示性)에 대하여 훨씬 더 적극적(積極的)인 해석을 가해주고 있다.

그러나 우리가 특히 주의(注意)해야 할 것은 현대인(現代人)들이 하나님의 계시(啓示)와 하나님의 영감(靈感)을 분간(分揀)하지 못하고 오해(誤解)하여 개인계시(個人啓示, Individual Revelation)에 대한 문제를 들고 있다.

그러나 그 같은 잘 못된 주장을 한 나머지 지금도 성경을 쓸 수 있다고 한다면 기독교(基督敎)는 종교 자체가 끝없는 혼란(混亂)에 빠지게 되고 성경의 신적 권위는 그대로 추락(墜落)되는 모순(矛盾)에 빠지게 될 것이다.

그러므로 계시(啓示)라는 말보다는 "성령의 감동"(inspiration of the Holy Spirit)이라는 말로 표현하는 것이 옳을 것이라고 믿는다.

성령 시대에 하나님의 성령의 감동(感動)과 능력(能力)의 역사는 항상 믿는 자들에게 함께 하실 것으로 믿는다.

예수께서도 친히 말씀하시기를 "믿는 자들에게는 이런 표적이 따르리니…"(And these signs will follow...)라고 하심으로 성령의 역사는 항상 성도들을 통하여 나타날 것을 분명히 약속 해 주셨다(막16:17-18 참고).

2) 성경 영감의 성격과 범위

성경의 영감(靈感)이나 계시(啓示)에 대해서 인정을 한다고 할지라도 그것이 어떻게 된 영감이며 그 영감의 성격(性格)과 범위(範圍)가 어디에서 어디까지냐 하는 문제는 또 다른 교리상의 갈등(葛藤)과 분열(分裂)의 요인으로 작용하게 된다는 것을 알아야 한다.

최소한 성경에 대해서 일반적인 문서설(文書說, Documentary)을 완전히 배격(排擊)하고 하나님의 계시(啓示)와 함께 성령의 영감(靈感)에 의한 영감설(靈感說, Spiritual Inspiration)을 수용해야 한다.

그러나 그 영감이 어떻게 된 것이냐 하는 문제에 대해서는 여러 가지로 다른 견해(見解)를 가지게 되기 때문에 우리는 이것들을 바로 이해하고 자기의 입장을 분명하게 세워야 한다.

❶ 첫째, 영감의 성격(性格)

성경의 영감이 어떻게 된 것이냐 하는 문제에 대해서 여러 가지의 설(說)들이 있으나 우리는 대표적(代表的)인 것 셋 만을 골라서 우리의 입장을 정리(整理)하는 것이 옳다고 본다.

영감설의 성격을 논함에 있어서 우선 기계적 영감설(機械的 靈感 說, Mechanical Inspiration)과 동력적 영감설(動力的 靈感說, Dynamical Inspiration)과 그리고 유기적 영감설(有機的 靈感說, Organical Inspiration) 등 세 가지가 대표적인 것들인데 우리는이들 가운데 유기적영감설(有機的靈感說)을 취한다.

그 이유는 기계적영감설(機械的靈感說)은 어찌 보면 축자영감설(逐字靈感說, Verbal Inspiration)같이 생각되지만 사실은 인간의 이성(理性)이나 인격(人格)을 가진 사람에 대한 것을 완전히 배제(排除)해 버리고 성경의 기자(記者)를 하나의 도구(道具)나 기계(器械)로 취급해 버리는 결과로 오해하게 하므로 기자의 인격적(人格的)인 공헌(貢獻)이 배제 된 기계적영감설을 전혀 성경에 말씀하는진리의 교리(敎理)와는 맞지 않기 때문에 이를 수용 할 수가 없다.

그리고 동력적영감설(動力的靈感說)은 소위 현대신학(現代神學)의아버지라고 하는 슐라이어 막허(Schleiermacher: 1768-1834)에 의한신학설(神學說)인데 이 학설은 영감의 책(冊)들을 만들어 내는데성경의 직접적인 개념(槪念) 자체를 부인(否認)하고 그 개념(槪念)을 저자들의 일반적 영감으로 대체(代替)시켜 버렸다.

이는 그리스도인의 일반(一般)에게 주신 영적(靈的)인 조명(照明)의 차이에 지나지 않는 것으로 매도해 버린다.

이 이론(理論)은 성경의 초자연적(超自然的)인 요소(要素)를 제거(除去)해 버리고 영감의 개념을 변형(變形)시키며 그것을 지성적(知性的)인 영역(領域)으로부터 도덕적(道德的)인 영역(領域)으로 옮겨 버린다.

그 결과 성경을 순전히 인간적(人間的)인 하나의 작품(作品)으로 만들어 버리며 하나님의 말씀에서 오류(誤謬)가 있다는 가능성(可能性)을 인정하게 한다.

즉 성경이 최고(最高)의 진리(眞理)를 담고는 있으나 또 한편으로는 여전히 성경의 불완전성(不完全性)을 인정하는 결과로 그들이 주장하는 영적인 통찰(洞察)이나 영적인 직관(直觀)은 사실상 이 이론(理論)은 성경에서 초자연적(超自然的)인 성격(性格)은 완전히 배제(排除)하고 또 성경의 무오성(無誤性)을 부인(否認)하는 것이기 때문에 이를 수용(收用)할 수 없다.

그러나 유기적영감설(有機的靈感說, Organical Inspiration)이란 기계적(機械的, Mechanical)인 것도 아니고 동력적(動力的, Dynamic)인 것도 아니고 하나님께서 그들 자신의 내적존재(內的存在)의 법칙(法則)에 조화(調和)가 되도록 유기적(有機的, Organical)인 방법으로 그들에게 작용(作用)하셨다는 사실을 강조한다.

하나님께서는 그들을 있는 그대로 그들의 성격(性格)과 기질(氣質) 은사(恩賜)와 재능(才能) 그들의 교육(敎育)과 문화(文化) 어휘(語彙)의 문제 스타일 등과 함께 사용하였다. 성경을 쓴 기자(記者, Writer)들은 자기들의 문화적작품(文化的作品)에다 자기들의 개인적(個人的)인 흔적(痕迹)과 자기 시대의 흔적(痕迹)을 남기고 있다.

성경이 기계적(機械的)으로 영감(靈感) 된 것이 아니라는 사실을 이렇게 성경 그 자체가 증거(證據) 해주고 있다.

성령께서는 기자(記者)들을 당신께서 그 사명(使命)을 위해서 그들을 육성(育成)하신 그대로 어떤 방식(方式)으로든 그들의 인격성(人格性)을 억누름이 없이 스스로의 사상(思想)이나 활동(活動)의 내용들을 사용하셨다.

하나님의 성령께서는 그들에게 하나님의 말씀인 성경(聖經)을 쓸 수 있도록 기자의 자격(資格)을 주시고 친히 인도(引導)하시고 그렇게 하여 성경의 책들을 유기적(有機的)으로 영감(靈感) 해 주셨다.

❷ 둘째, 영감의 범위(範圍)

성경에 대한 성령의 영감을 논(論)함에 있어서 그 성격(性格)이 중요한 것처럼 영감의 범위(範圍)도 참으로 중요하기 때문에 이에 대한 입장을 분명히 정리해야 할 필요도 있다.

영감의 범위(範圍)에 대해서는 일반적으로 부분영감설(部分靈感說, Partial Inspiration)과 또는 사상영감설(思想靈感說, Thought Inspiration)과 축자영감설(逐字靈感說, Verbal Inspiration) 등 세 가지를 대표로 들 수 있다.

부분영감설(部分靈感說)은 18세기경 이신론(理神論, Deism) 곧 합리주의(合理主義, Rationalism)의 영향을 받은 사람들이 주로 주장했다.

이들에 의하면 성경을 교리적(敎理的)인 부분들과 역사적(歷史的)인 부분들로 나누어서 성경을 쓴 기자(記者)들이 하나님의 계시(啓示)를 통해서 접한 본질적(本質的)인 진리(眞理)를 담고 있는 교리적(敎理的)인 부분들은 전반적(全般的)으로 영감 된 것으로 믿고 기자(記者)들이 계시(啓示)와는 무관(無關)하게 알고 있던 비본질적(非本質的)인 진리(眞理)들을 담고 있는 역사적(歷史的)인 부분들은 부분적(部分的)으로 영감(靈感) 되었고 부정확성(不正確性)과 잘 못들로 손상(損傷)되어 있다고 보았다.

그 가운데는 합리주의(合理主義)의 영향(影響)을 더 철저하게 받은 신학자(神學者)들도 있었는데 그들은 성경의 초자연성(超自然性)이 배제(排除)된 부분영감(部分靈感)의 개념(概念)을 받아 드렸다.

그들에 의하면 성경을 쓴 기자(記者)들은 단순히 특별히 영적계몽(靈的啓蒙) 및 인도(引導)하심만을 받았을 뿐이라고 주장한다. 그리고 그것은 온갖 역사적(歷史的), 시대적(時代的), 고고학적(考古學的), 과학적(科學的)인 오류(誤謬)를 막는 아무런 보장(保障)이 되지 못하고 기자(記者)들로 하여금 도덕적(道德的)으로 또는 영적(靈的)인 문제들에 대해서만 믿을만한 증인(證人)이 되게 하였다는 것이다.

그러나 부분영감설(部分靈感說)을 주장하는 사람들 사이에서도 교리상(敎理上)의 문제에만 영감(靈感) 하였다는 주장과 신약성경에만 영감(靈感) 주셨다는 주장과 예수님의 말씀에만 영감 하였다는주장과 산상보훈(山上寶訓)에만 영감(靈感) 하였다는 주장 등으로통일(統一)을 기하지 못하고 있다.

그러나 성경은 하나님의 말씀으로서 모든 부분(部分)에 다 영감 (靈感) 하였다는 것이 일관된 주장인데 부분영감설(部分靈感說)은 크게 잘 못 오해(誤解)하고 있다는 것을 알아야 한다.

사상영감설(思想靈感說)은 영감의 교리(敎理)를 완전히 부정(否定)하는데 반대하여 영감의 교리를 옹호(擁護)하고자 한 가운데 몇몇은 영감의 교리를 주장하려면 먼저 그 교리(敎理)의 일부를 삭제(削除)하여 언어(言語)의 영감(靈感)이 아닌 사상(思想)만의 영감론(靈感論)을 주장한다.

그들에 의하면 사상(思想)은 분명히 영감(靈感)되었으나 언어(言語)는 인간인 기자(記者)들이 하나님의 인도(引導)하심이 없이 자유롭게 선택(選擇)한 것이라고 주장한다.

그렇게 함으로 성경의 영감(靈感)에 대한 요구를 만족시키면서 동시에 성경에 나오는 불완전(不完全)함과 오류(誤謬)를 설명할 수 있다고 하여 사실상 성경의 유오설(有誤說)을 주장하게 된다.

이들은 사상(思想)이 언어(言語)로 표현된다는 원리에 대해서도 오해(誤解)를 하고 있기 때문에 이렇게 모순(矛盾)된 주장을 하게 된것이라고 할 수밖에 없다.

항상 필연적(必然的)인 사상(思想)은 언어(言語)의 모양을 띠고 그것이 언어(言語)로 나타나기 때문에 진실한 사상영감(思想靈感)은언어(言語)의 영감(靈感)까지도 인정해야 할 것이다.

어떠한 경우든지 만약에 하나님의 영감(靈感)을 인정(認定)한다고하면 그것은 당연히 사상(思想)뿐만 아니라 언어(言語)까지 관통하고 표현(表現)을 형성해야 하며 채택(採擇) 된 언어(言語)로 하여금 전달(傳達)되는 사상(思想)을 위한 살아있는 매체(媒體)가되게 하여야 한다.

성경은 성경의 언어(言語)에 대한 영감(靈感)을 분명하게 가르쳐주고 있다.

축자영감설(逐字靈感說, Verbal Inspiration)이란 성경의 모든 부분이 완전(完全)히 성령에 의해서 영감(靈感) 되어 있다는 설이다.

이에 대하여 어떤 이들은 하나님께서 구술(口述)하신 것을 제2차 적으로 성경을 쓴 기자(記者)들이 기록(記錄)했다는 기계적(機械 的, Mechanical)인 개념(概念)을 암시(暗示) 할 수 있다는 이유로축자(逐字, Verbal)라는 말 대신 완전(完全, Plenary)이라는 말로 쓰는 것이 좋으리라고 생각한다.

축자영감설을 좀더 구체적으로 말하면 성경 전체의 글자 한자 한자까지 하나님께서 직접 영감(靈感) 하셨다고 함인데 하나님께서성경을 쓴 기자(記者)들에게 성경을 쓰도록 기계적(機械的)으로 작용(作用)하신 것이 아니라 하나님께서 기자(記者)들로 하여금 그들의 용어(用語)와 표현(表現)의 방법(方法)을 선택(選擇)함에 있어서 어떤 오류(誤謬)에 빠지지 않도록 보호(保護)하시고 그들의단어(單語)와 문체(文體)와 표현상(表現上)의 개성(個性)을 보호 (保護)해 주셨다는 뜻이다.

최소한 축자영감설(逐字 靈感說, Verbal Inspiration)은 성경의 여러 곳에서 확증(確證)을 받고 있다는데 깊은 뜻이 있다.

첫째, 모세와 여호수아에게 기록(記錄)해야 할 것들을 말씀해 주셨다고 수없이 말씀해주고 있다(출3:4, 6:2, 7:1, 12:1, 레4:1, 6:1, 24, 17:22, 28, 수1:1, 4:1, 6:2).

둘째, 모든 구약시대의 예언자(豫言者)들은, 여호와 하나님께서 자기들의 입에 그의 말씀을 위탁(委託)하시고, 백성들에게 말하도록 하셨다고 기록(記錄)하고 있다 (렘1:9, 겔3:4, 10-11).

셋째, 예수님의 사도(使徒)들은 구약성경의 말씀과 자기의 말을, "하나님의 말씀"(The Word of God)이라고 했고, 그 중에서도 특히 사도 바울은 자기의 말을, "오직 성령의 가르치신 것으로… "(Which the Holy Spirit teaches), 또는, "그리스도 께서 내 안에서 말씀하신다"(Christ speaking in me)라고 기 록(記錄)하고 있다 (고전2:13, 고후13:3)고 한데 대하여 큰 의의가 있다고 본다.

넷째, 히브리서는 구약성경의 여러 구절(句節)들을 인용(引用)하고 있는데, "하나님의 말씀"(The Word of God), "성령의 말 씀"(The Word of Holy Spirit) 등으로 기록하고 있다(히1:5, 2:11-13, 3:7, 4:4-5, 7:8, 10:15).

특히 사도 바울은 구약성경의 한 단어(單語)만을 가지고서 전체를 논의(論議)하는 근거(根據)로 삼은 경우들이 수없이 많이 있다(요10:35, 마22:43-45, 갈3:16).

이상에서 성경에 대한 영감설(靈感說)의 성격(性格)과 그 영감(靈感)의 범위(範圍)에 대한 것들을 신학적(神學的)인 이론(理論)으로 알아보았으나, 이론(理論)보다 더 중요한 것은 그들의 사상(思想)이요, 사상보다 더 중요한 것은 믿음이요, 그 믿음보다 더 중요 한 것은 하나님의 말씀인 성경에 대한 지식적(知識的)인 인정(認定)이라고 할 것이다.

이 말은 바른 지식(知識)이 있어야 바른 믿음에 이를 수 있고, 성경적인 바른 믿음을 가져야 하나님의 사람으로서, 하나님의 뜻을 이루어 드리기 위한 하나님의 일을 할 수 있다는 말이다.

✎ 다시 생각해 볼 복습 문제

01. 기독교에 있어서 성경의 중요성을 간단히 말하라

02. 구약 성경 기록의 역사를 간단히 설명해 보라.

03. 신약 성경 기록의 역사를 간단히 설명해 보라.

04. 구약 성경의 사본에 대해서 간단히 설명해 보라.

05. 신약 성경의 사본에 대해서 간단히 설명해 보라.

06. 70인 역에 대해서 간단히 설명해 보라.

07. 한국어 성경 번역에 대해서 간단히 설명해 보라.

08. 한국 성서공회의 필요성에 대해서 간단히 말하라

09. 성경의 영감에 대해서 간단히 설명해 보라.

10. 우리가 취하는 성경 영감의 성격과 영감의 범위에 대해서 간단히 말하라

11. 성경의 해석이 왜 필요한가를 간단히 말하라

12. 자신의 성경관에 대해서 간단히 말하라

제4장

기독교 교리사상(敎理思想)의 형성

The formation of the dogmatic thought of the Christianity

기독교의 교리사상(敎理思想, Dogmatic Thought)이 어떻게 이루어졌는가 하는 문제는 결코 쉽게 넘겨버려서는 안 될 일이다.

종교(宗敎, Religion)와 미신(迷信, Superstition) 사이에는 분명히 교리(敎理, Dogma)와 풍속(風俗, Custom)이라는 것으로 자기의 실체(實體)를 드러내게 되어있다.

아무리 많은 자기의 세력(勢力)을 구성(構成)하는 인구(人口)를 확보하고 있고 오랜 역사(歷史)를 가지고 있다고 할지라도 그 종교(宗敎, Religion)가 미신(迷信, Superstition)이 아닌 종교로 나타나기 위해서는 풍속(風俗, Custom)에서 벗어나서 그 교리(敎理)를 밝혀주는 경전(經典, Scripture)이 있어야 하고 그 경전(經典)을 중심으로 교리(敎理, Doctrine)와 신앙(信仰)하는 방법(方法)을 제시 해주는 신조(信條, Creed)가 있어야 한다.

이런 의미에서 생각 해 볼 때에 우리들 주변에 있는 종교들 가운데도 종교구성(宗敎構成)의 요건(要件)을 갖추지 못한 것들이 있어서 우리가 바른 종교에 대한 이해(理解)를 하는데 어려움을 느끼게 하는 경우들이 있다.

종교가 종교로서의 구성요소(構成要素)를 갖추기 위해서는 그 종교의 창시자(創始者)가 있어야 하고 그 종교를 말하는 경전(經典)이 있어야 하고 그 종교가 신봉(信奉)하는 신(神)에 대한 신관(神觀)이 분명해야 하고 마지막으로는 종말론(終末論)이 있어서 내세(來世)에 대한 교리가 뚜렷해야 한다.

이렇게 두고 보았을 때에 우리들의 주변에는 종교로서의 구성 요건을 갖추지 못했으면서도 풍속(風俗)을 둘러업고 종교 운동을 벌리고 있는 것들이 있음을 본다.

그러나 여기에서는 기독교가 어떠한 종교이며 어떻게 시작 된 종교인가 하는 문제와 함께 기독교의 신학적(神學的)인 사상(思想)은 어떤 것인가 하는 점에 대해서 한번 살펴보고 넘어가는 것이 좋으리라고 생각한다.

사실상 종교철학(宗敎哲學, Religious philosophy)에서 일반적으로 말하는 기독교(基督敎, The Christianity)는 역시 종교 중의 하나에 불과하다.

그러나 성경에 대한 진리(眞理)를 바로 알고 기독교라는 종교에 대한 바른 이해(理解)를 하는 사람이라면 기독교도 역시 우리가 일반적으로 말하는 하나의 종교라고 단순히 말해 넘기기에는 옳지 않다는 것을 알게 될 것이다.

왜냐하면 기독교(基督敎)는 '하나님의 종교다'(The Religion of God)라고 하는 답에 이르기 때문이다. 하나님의 종교라고 하는 말은 우리 인간이 어떻게 했든지 거기에 상관없이 하나님께서 뜻하신 하나님 스스로의 뜻을 성취(成就)하실 것이기 때문이다.

그러므로 기독교 종교의 신앙생활(信仰生活)을 하며 하나님의 일을 하겠다고 신학(神學, Theology)을 공부하는 사람이라면 하나님의 말씀인 성경을 어떻게 공부를 해야 하겠다는 것을 알게 될 것이다.

성경에 대해서 누누이 강조(强調)를 되풀이 하는 것은 성경에 대한 바른 이해(理解)가 없이는 바른 믿음에 이를 수 없고 성경적인 바른 믿음이 없이는 어떠한 경우에라도 하나님의 요구(要求)에 이를 수 없다는 것을 알기 때문이다.

그리고 우리가 믿는 살아계신 삼위일체(三位一體) 하나님께서는 처음부터 끝까지 하나님을 믿고 따르는 성도(聖徒) 곧 그의 자녀(子女)들과 하나님의 일을 하기로 부르심을 받은 하나님의 일꾼들에 대해서는 끝까지 책임(責任)을 져 주실 것이기 때문이다.

1 ≡ 기독교의 창시자 예수 그리스도

우리가 기독교를 바로 이해(理解)함에 있어서 몇 가지 그 근본요소(根本要素)가 되는 것들에 대해서 알고 넘어가야 할 것들이 있다.

즉 기독교를 일으킨 창시자(創始者, Founder) 곧 교조(敎祖)에 대한 역사성(歷史性)과 동시에 그 시대의 역사적인 배경(背景)에 대한 것들로부터 시작되어야 한다는 것을 배제할 수 없다.

우리가 말하는 기독교의 창시자(創始者)이신 예수 그리스도께서 이 세상에 나실 때에 로마 제국(帝國)이 팔레스타인 전 지역을 지배(支配)하고 있을 때였다.

이러한 때에 기독교의 창시자(創始者)가 되시는 예수 그리스도는 유대 땅 베들레헴에서 탄생(誕生)하셨다.

그리하여 그의 생애(生涯) 야 33년 간을 통해서 살으셨고 복음사역(福音事役)을 위해서 활동(活動)을 하실 때에는 사실상 유대주의 자들과의 분쟁(分爭)이 더러 있기는 했으나 로마 정부(政府)와는 직접적(直接的)인 대립(對立)이나 마찰(摩擦)이 없이 지낼 수 있었다.

그러나 예수 그리스도의 죽으심 자체는 비록 유대교 주의자들에 의해서 당한 고난(苦難)이기는 했으나 그러나 결국 로마의 법정(法廷)에서 재판(裁判)을 받고 로마의 법(法)에 따라서 십자가(十字架) 위에서 못 박혀 죽으셨다.

그러나 예수께서는 십자가 위에 못 박혀서 죽으셨다가 다시 3일 만에 부활(復活)하셔서 살아나시고 하늘로 승천(昇天)하심으로 예수 그리스도의 생애(生涯)와 행적(行蹟)은 끝이 나 버렸다.

그러나 예수께서 하늘로 승천(昇天)하신 다음 오순절(五旬節) 날에 임하신 성령의 강림(降臨)은 기독교 운동을 본격화(本格化) 시키게 된 출발(出發)의 신호(信號)가 되었다.

그러나 그 때까지도 사실상 로마 제국의 기독교에 대한 적극적인 방해(妨害)가 없이 부분적(部分的)으로 간섭(干涉)이나 약간의 박해(迫害)가 있어 오다가 64년 7월 18-19일에 일어난 로마 시(市)의 대화재(大火災) 사건과 그로 인한 네로(Nero: 54-68 재위) 황제(皇帝)의 기독교인 대학살(大虐殺) 사건은 본격적(本格的)인 기독교에 대한 대박해(大迫害)를 넘어서서 박멸정책(撲滅政策)으로 번져 나가게 되었다.

그 후 70년 9월 26일 로마나라의 점령군사령관(占領軍司令官)타이타스(Titus: 79-81 재위) 대장(大將)에 의한 예루살렘 성전(聖殿)의 함락(陷落)은 기독교와 유대교가 함께 로마의 대 박해 속에 빠져들게 되는 계기(契機)가 되었다.

그러면 왜 이렇게 로마 제국(帝國)이 기독교(基督敎)에 대하여 대 박해를 가하게 되었는가 하는 문제이다. 그것은 두 말할 것 없이 기독교의 창시자(創始者)이신 예수 그리스도에게서 그 원인(原因)을 찾아야 한다.

예수 그리스도에 대한 바른 인식(認識)과 이해(理解)에 대한 문제는 우선 그에 대한 선지자(先知者)들의 예언(豫言)에서부터 시작하여 그의 탄생(誕生)과 활동(活動)상의 생애(生涯) 곧 그의 행적(行蹟)과 교훈(敎訓)은 물론 그의 죽으심과 다시 살아나시고 하늘로 올리어 가심과 그의 말씀에 의해서 되어진 오순절 날의 성령강림(聖靈降臨)과 교회운동(敎會運動)과 그리고 그의 약속(約束)대로 되어질 미래(未來)의 사건(事件)들까지가 예수 그리스도를 중심으로 다루어져야 하기 때문에 이는 단순히 형이상학적(形而上學的)인 의미에서 만의 논란(論難) 대상에서 끝날 것이 아니라 적극적으로 신학에서 다루어져야 하고 그 신학이 말하고 있는 교리(敎理)에 따른 신앙 곧 믿음의 방법으로 다가가기 전에는 기독교의 창시자(創始者)이신 예수 그리스도에 내한 바른 이해에 접근 할 수 없다.

특히 신구약 성경 자체가 끝없이 방대(尨大)한 내용을 담고는 있지만 그 책 전체의 주제(主題, The Subject)가 오직 "예수 그리스도"라는 사실에 대하여 주목해야 한다.

예수께서 성경에 대하여 스스로 말씀하시기를 "너희가 성경에서 영생을 얻는 줄 생각하고 성경을 상고하거니와 이 성경이 곧 내게 대하여 증거하는 것이로다"(You search the Scriptures, for in them you think you have eternal life; and these are they which testify of Me)라고 말씀하셨다(요5:39).

이는 기독교 종교(宗敎)의 경전(經典)으로서 예수 그리스도 자신에 대한 모든 것을 성경에서 확인(確認)하고 이해(理解)하도록 친히 언급해 주셨다.

이런 의미에서 기독교의 창시자 예수 그리스도를 바로 알고 이해하기 위해서는 성경 전체에 대한 교리(敎理)를 바로 이해(理解)해야 바른 믿음에 이를 수 있다는 말씀이다.

분명히 예수 그리스도는 이 세상의 역사(歷史) 속에 오신 참 하나님이시오 동시에 참 사람이시다. 그래서 예수 그리스도를 신인 양성(神人兩性)을 가지신 기독교의 창시자 (創始者, The Founder)라고 말한다.

그러므로 예수 그리스도는 단순히 다른 종교(宗敎)에서와 같은 한 사람의 교조(敎條) 또는 창시자(創始者)라는 뜻만으로는 바른 이해(理解)를 할 수 없는 신학적(神學的)인 문제를 가지고 있기 때문에 성경의 참 진리(眞理)를 파고들면서 바른 신학(神學)에 입문해야 하고 보다 더 신학적(神學的)인 신비(神秘)는 처음부터 하나님에 의해서 출발했기 때문에 예수 그리스도를 주(主, The Lord)로 믿는 믿음으로 다가가지 않고서는 예수 그리스도에 대한 바른 이해(理解)를 할 수 없는 절대절명(絶對絶命)인 신앙(信仰, Faith)을 가져야 한다는 것이다.

다시 말하면 예수 그리스도만이 아니라 기독교의 신학 자체가 철학적(哲學的)인 방법이나 형이상학적(形而上學的)인 방법만으로 접근하여 바른 이해(理解)에 이를 수 있는 것이 아니라 하나님의 성령(聖靈)에 의한 신비적(神秘的)인 방법이 아니고는 전혀 바른 이해에 이를 수 없다는 깃이다.

이런 의미에서 하나님의 선물(膳物)로 주신 믿음이 없이는 전혀 예수 그리스도와의 관계(關係, Relationship)는 고사하고 하나님께서 그의 자녀들과 교회를 향해서 요구하신 뜻에 이를 수 없다는 것을 명심해야 한다.

2 ≡ 기독교와 교리(敎理)

이미 우리는 기독교라는 종교의 교리사상(敎理思想)이 얼마나 중요하다는 것에 대해서 살펴본바 있음으로 여기에서 재론(再論)을 한다는 것은 좀 어색하다고 할 것이다.

그러나 여기에서는 순수이 기독교(基督敎, The Christianity)라는 종교(宗敎, Religion)에서는 왜 그토록 교리(敎理, Dogma)에 대해서 특별하게 취급(取扱)하고 있는가 하는 문제를 좀 더 적극적인 의미에서 짚고 넘어가야 할 필요를 느낀다.

적어도 기독교에 대한 정통적(正統的)인 보수주의(保守主義)를 논하기 위해서는 교리(敎理)를 떠나서는 전혀 불가능(不可能) 하다는 것을 이해(理解)하고 넘어가야 한다.

특히 경건주의(敬虔主義)에 속한 사람들은 기독교의 교리(敎理)를 떠나서 신자들의 영적인 체험(體驗)과 경건(敬虔)한 삶에서 기독교를 이해하려고 했다.

그리고 현대 자유주의(自由主義)에 속한 신학자(神學者)들 역시 교리(敎理)를 배제(排除)하고 오직 생활신앙(生活信仰) 즉 체험적(體驗的)으로만 그리스도에게 다가가려고 한다. 그리하여 주로 생활신앙(生活信仰)의 방식을 택하고 있으나 이것은 매우 위험스러운 사상(思想)이라는 것을 알아야 한다.

본래 교리(敎理)를 헬라 철학(哲學)에서는 한 학파의 기본 주장(基本主張, Dogma)을 이르는 말로 이해되어 왔다.

모든 종교들이 자기의 종교에 대한 신앙을 교설(敎說)함에 있어서 나름대로의 형식(形式)을 취했는데 이것이 단계적(段階的)인 발전(發展)의 과정(過程)을 통해서 교리(敎理)를 형성하는 역사적인 과업(課業)으로 나타났다.

그러나 어떠한 다른 종교들보다도 더 철저한 교리(敎理)나 신조(信條)를 강조하는 기독교의 경우 교리를 떠나서는 기독교 신앙이나 목적에 도달(到達) 할 수 없다는 사실을 분명히 하고 있다.

신약 성경에서는 황제의 칙령(勅令) 혹은 조서 (詔書, Decree)를 교의(敎義, Dogma)로 불렀고 (눅 2:1, 행17:7, 히11:23) 제2세기의 변증학자 (辨證學者, Apologetics)들은 "하나님의 계시에 의한 교회의 가르침"을 교의로 이해했다.

특히 로마 카톨릭 교회에서는 교황(敎皇)의 칙령(勅令)이나 사제(司祭)들이 모여서 정한 교리(敎理)를 하나님께서 초자연적(超自然的)으로 계시(啓示)하신 성경의 진리를 교회의 권위(權威)로 공포하고 신자(信者)들에게 이를 믿도록 한다.

그리하여 그들은 교회를 가르치는 교회(teaching Church)와 배우는 교회(Learning Church)로 이분화(二分化)하여 교리(敎理)의 형성(形成)은 가르치는 교회의 특권(特權)이라고 주장한다.

이 말은 곧 가르치는 교회가 필요하다고 생각 할 때는 언제든지 교리(敎理)를 제정(制定, Dogma formal) 할 수도 있다고 하여 사실상 엄청난 비성경적(非聖經的)인 오류(誤謬)를 범(犯)하고 있다.

그러나 개혁파주의(改革派主義)에 속한 교회(敎會, Protestantism Church)에서는 처음부터 교리(敎理)(Dogma)와 로마 카톨릭 교회에서 말하는 제교리(諸敎理, Dogmas)를 구별한다.

그리하여 교리(敎理)는 하나님의 말씀에 계시(啓示)된 진리(眞理)의 내용을 교회가 인식(認識, Cognition) 한 것인데 옛 교회와 같이 새 교리(敎理)를 제정(制定)하지 않고 고대교회(古代敎會)의 교리(敎理)를 성경적이라고 볼 때에 그대로 계승(繼承)한다.

교회는 결코 교리(敎理) 위에 서는 것이 아니라 성경의 진리(眞理) 위에 선다. 그러므로 여러 교리(敎理)에서 철학적(哲學的)이고 상황적(狀況的)인 혼합물(混合物)이 섞여있는 것을 발견(發見)하는 한 결코 그것을 교리(敎理)로 인정 할 수 없다고 규명하고 있다.

다시 말하면 교리란 시대적(時代的)인 상황(狀況)이나 변화(變化)하는데 라서 교회의 결정에 의하여 제정(制定)하는 것이 아니라 성경에서 말씀하고 있는 그대로를 인정(認定)하고 받아들임으로 성경의 권위(權威)에 대하여 교회의 역사성(歷史性)을 이어가야 한다는 말이다.

이런 의미에서 기독교는 교리(敎理)를 떠나서는 결코 존재(存在)할 수도 없거니와 바른 신앙에 대한 해석(解釋)도 할 수 없고 기독교 진리(眞理)의 바른 실체(實體)를 이해할 수도 없다.

신앙이란 일시적(一時的)인 것이 아니라 계속적(繼續的)인 성장(成長)과 발전(發展)을 필요로 하는데 성도들의 믿음을 성장시켜 나가기 위해서는 무엇보다도 교리적(敎理的)인 방법이 필수적(必須的)이라는 것을 알게 한다.

하나님의 교회를 맡아서 목양(牧羊)을 하는 목회자(牧會者)가 더 많은 교육적(敎育的)인 훈련(訓練)을 받아야 한다는 것은 자기가 맡은 교회의 성도들에게 영적(靈的)인 지도(指導)와 훈련 때문이다. 교리 상으로 확고히 서지 못한 목회자(牧會者)나 혹은 교회(敎會)나 교단(敎團)은 결코 지속적(持續的)인 성장(成長)을 할 수 없다는 것도 역사적인 사실이요 경험상의 문제라고 할 것이다.

그러므로 교리(敎理)야말로 기독교 진리의 핵심(核心)을 밝혀주는 등불과도 같고 성경적인 정통보수신학(正統保守神學)과 성경적인 보수신앙(保守信仰)을 지켜나가는 방편(方便)이라는 말이다.

기독교 진리 운동은 시대적(時代的)인 사건(事件)이나 바람처럼 불다가 사라지는 하나의 붐(boom)이 아니고 처음부터 끝까지 책임 (責任, Responsibility)이요 사명 (使命, Miission) 으로서 반드시 예수 그리스도의 재림(再臨)과 메시아 왕국(王國)이 이루어 질 때까지 성도(聖徒)들과 온 교회(敎會)가 지켜나가야 할 과업(課業)이라고 믿고 그럴수록 성경적인 바른 교리(敎理)에 굳게 서야 할 것이다.

우리가 성경의 진리를 논함에 있어서 교리(敎理, Dogma) 혹은 교의(敎義, Doctrine)라는 말로 하여 같은 의미에서 사용하고 있는데 왜 하필이면 교리(敎理)라는 말 대신 교의(敎義)라는 말로 쓰고 있는가에 대해서 먼저 알아 볼 필요를 느낀다.

같은 의미에서 쓰여 지면서도 교리(敎理)라고 할 때에는 교육적(敎育的, Teaching)인 뜻이 더 강하게 나타나지만 교의(敎義)라고 할 때에는 칙령(勅令, Decree) 명령(命令, Commandment) 그리고 요구(要求, Requirement)라는 뜻이 있어서 좀 더 강한 뜻으로 이해된다. 더 쉽게 말하면 교의(敎義)란 말은 보편적(普遍的)이고 포괄적(包括的)인 의에서의 기독교 진리에 대한 것을 말하지만 이에 비하여 교리(敎理)란 좀 더 구체적(具體的)이고 세부적(細部的)인 뜻으로 이해(理解)하면 될 것이다.

교의(敎義)라는 헬라어 (dokeo)는 보다 더 주관적(主觀的)인 의미에서 생각한다 믿는다 고려(考慮)하다라고 하는 뜻을 갖는 말인데 이는 좀더 발전적(發展的)인 의미에서 내가 보기에는 맞는 것 같다(it seems to me)라고 하는 뜻으로 나는 확실히 믿기로 결정했다라고 하는 좀 더 적극적(積極的)인 수용(收容)과 고백(告白)의 뜻을 함께 함축(含蓄)한다.

이 가운데서 마지막의 의미가 교회에 대해서 점차적(漸次的)으로 보편화(普遍化) 되어 가면서 교리(敎理)란 하나의 공인(公認)된 결의(決議)나 법령(法令) 등을 나타내는 말로 굳혀지게 되었다.

성경에서 말씀하고 있는 교리(敎理)의 뜻은 정부(政府)의 법령(法令)을 의미하는 말로 쓰였거나 의식(儀式) 또는 예루살렘 회의(會議)의 결정(決定) 등을 가리키는 말로도 쓰여 졌다.

중요한 것은 교회가 공적(公的)으로 의결(議決)한 결정을 나타낼 때에 교의(敎義)라는 말을 쓰게 된 것은 사실이나 그것은 어디까지나 성경의 진리(眞理)를 중심으로 한 것이지 결코 로마 카톨릭 교회에서처럼 무조건 교회가 결정한 것은 아니라는데 유의해야 한다. 신학 사상에 있어서 교리(敎理)나 교의(敎義)를 일반적인 의미에서 같은 뜻으로 사용하고 있으나 엄밀한 의미에서는 구별되어 있다.

즉 교리(敎理)는 종교적 진리들에 대한 직접적(直接的)이고 개인적(個人的)인 표현(表現)이라고 할 것이나 이에 비하여 교의(敎義)는 종교적 교단이나 회의에서 권위(權威) 있게 처리 된 결론

(結論) 즉 공적(公的)인 개념(槪念)에서 이해되어야 한다.

그러므로 교의(敎義)는 교리(敎理)보다 더 객관성(客觀性)을 가지고 있으며 공동체적(共同體的)인 고백(告白)의 과정을 통과하였기 때문에 신조(信條, Creed)와 거의 같은 의미로 볼 수 있다.

2). 교리(敎理)와 신조(信條)

기독교인으로서 순수 신앙만을 주장하는 열성 신도들은 물론 신학자(神學者)들 사이에서도 교리(敎理)나 신조(信條) 같은 것을 별로 필요(必要)없는 것으로 소홀(疎忽)하게 취급(取扱)하려는 경우가 더러 있다.

특히 현대의 자유주의(自由主義, Liberalism) 파레 속한 신학자(神學者)들이나 기독교 사회주의(社會主義, Socialism) 운동 파들에서는 더욱 더 교리(敎理)나 신조(信條)같은 것은 배제해 버리려고 한다.

그러나 교리(敎理)나 신조(信條)는 어떤 학자(學者)들의 주장(主張)에서 나온 신학설(神學說)이나 사상(思想)이 아니라 성경의 진리(眞理)에서 나온 것이기 때문에 신앙의 지적(知的)인 국면(局面)이요 동시에 기독교 진리(眞理)의 골격(骨格)이라는 의미에서 어디까지나 성경의 계시사상(啓示思想)을 뒷받침하고 있다는데 유의해야 한다.

단순한 의미에서 사상(思想, Thought)이란 신학자(神學者)들의 주관적(主觀的)인 학설(學說)이나 시대적(時代的)인 경향(傾向)이나 또는 단체적(團體的)인 주장(主張)이라고 할 것이다.

다시 말하면 사상(思想)이란 인간들이 가지고 있는 자기주장(自己主張)의 정리(正理)요 논리적(論理的)으로 통일(統一) 된 기준(基準)이라는 의미를 가지기 때문에 그런 것들을 기독교에서 말하는 교리(敎理)나 신조(信條)라고 말할 수는 없다.

그러므로 우선 기독교의 교리(敎理)는 성경적인 신앙의 개인적(個人的)인 고백(告白, Confession)이라는 뜻보다는 공적(公的)인 고백(告白)이라는 개념(槪念)에서 이해되어야 할 것이다.

여기에서 우리는 교리(敎理, Dogma)와 사상(思想, Thought)을 바로 구별(區別)할 줄을 알아야 한다.

초대 교회 시절부터 성경적인 정통신앙을 가르친 교부(敎父)들의 주장이나 종교 개혁자(改

革者)들이 말한 사상(思想)은 교리(敎理)로도 수용하지만 슐라이어막허(Schliermacher: 1768-1834) 같은 이의 주장(主張)이나 스콜라 신학자(神學者)들의 경우는 그들의 사상(思想)은 될지라도 교리(敎理)는 될 수 없다.

그것은 그들의 주장(主張)이 성경 진리에서 떠났기 때문이다.

또 신조(信條)는 교리(敎理)에 기초한 행동의 제시(提示)요 규제규정(規制規定)이라는 의미에서 교리(敎理)보다는 협의적(狹義的)인 의미를 갖는다.

교리(敎理)들 가운데 교회가 그 신앙의 조항(條項)을 공적(公的)으로 인가(認可)하고 결정 한 것을 신조(信條)라고 하는 것이다.

신조(信條) 가운데는 대개 다음과 같은 것들을 대표로 들 수 있다.

❶ 니케아 신조 (The Nicaea Creed)

니케아 신조는 325년 니케아 회의(會議)에서 결정(決定)한 것을 381년 콘스탄티노플 회의(Council of Constantinople)에서 보완수정(補完修訂)한 신조(信條)를 두고 하는 말이다.

니케아 회의(會議) 때에 결정한 신조(信條)의 중요 개요(槪要)를 보면 다음과 같이 세 가지로 분석해서 생각할 수 있다.

1) 우리들은 만물(萬物)의 창조주(創造主)로서 전능(全能)하신 아버지시며 홀로 계신 하나님을 믿는다.

2) 우리들은 주님(主任) 되시는 그리스도를 믿는다.

그리스도는 하나님 아버지께서 낳으신 독생자(獨生子) 곧 아버지의 본질(本質)로부터 나온 아들이시며 빛으로부터 나온 빛이시며 참 하나님으로부터 나온 참 하나님이시며 피조물(被造物)이 아니시고 만물(萬物)을 낳으신 분으로서 하나님 아버지와 동질(同質)이시고 하늘에서나 땅에서나 만물(萬物)을 만드셨고 우리를 구원(救援)하시기 위하여 세상에 내려 오셔서 육체(肉體)를 가진 사람이 되시고 죽으신지 사흘 만에 다시 살아나셔서 하늘로 승천(昇天)하시고 장차 만민을 심판(審判)하시기 위하여 다시 오실 분이시다.

3) 우리는 성령을 믿는다.

❷ 아타나시어스 신조 (The Athanasius Creed)

여기에서 말하려는 아타나시어스 신조(信條)는 사도신경(使徒信經)과 니케아 신조(信條)와 함께 기독교의 삼대신조(三代 信條) 중의 하나로 여겨지고 있다.

이 신조(信條)는 제1부와 (1-26) 제2부 (27-39)로 나누어져 있는 제39개조로 되어있는 신조(信條)이다.

제1부에서는 삼위일체(三位一體)의 교의(教義)로서 성부와 성자와 성령에 대한 교리(教理)를 구체적으로 제시해주고 있다.

그리고 제2부에서는 그리스도의 성육신(成肉身)과 그의 속죄 구원의 사역(事役)에 대해서 설명해주고 있다.

❸ 칼세돈 신조 (The Chalcedon Creed)

칼세돈 신조는 451년 소아시아의 비테니아 (Bitenia) 주 칼세돈에서 열린 제4회 총회(總會)에서 결정한 신조(信條)이다.

이 신조(信條)는 로마의 감독(監督) 레오 1세 (Leo I: 440-461재위) 가 이 회의(會議)에 보낸 편지(便紙)를 기초(基礎)로 하여 니케아와 콘스탄티노풀 회의(會議)에서 정한 신조(信條)와 에배소 회의(會議)에서 확인(確認)한 신조(信條)이다.

그 내용을 보면 "우리 주 예수 그리스도는 신성(神性)에 있어서 완전하시고 인성(人性)에 있어서도 완전(完全)하신 참 하나님과 참 사람이시다. 이성적(二性的)인 마음과 몸을 가지셨고 신성(神性)은 하나님과 동질(同質)이며 인성(人性)은 우리와 동질(同質)이다.

이 양성(兩性)은 섞이지 않고 변(變)하지 않고 갈리지 않고 각 성질(性質)이 보존(保存)되어 한 인격(人格)을 이루었다"라고 하여 타협적(妥協的)인 견해(見解)를 보여주고 있다.

정통신학(正統神學)을 하는 사람은 신조(信條, Creed)에 의거하면서 신조(信條)를 더욱 성경적으로 잘 표현(表現)하고 정리(整理)하려는 목적(目的)으로 학문(學問)을 전개(展開)해 나간다.

시대적(時代的)인 환경(環境)의 영향(影響)을 받지 않고 절대적(絶對的)으로 신적권위(神的權威)

를 갖는 진리(眞理)가 하나님의 복음(福音)이라고 하는데는 재론(再論)의 여지가 있을 수 없다.

우리가 교리(教理)나 신조(信條)를 논함에 있어서 로마 카톨릭 적인 교회의 권위(權威)로서 결정한 신조(信條)나 교리(教理)를 받아드릴 수 없는 것처럼 현대 자유주의신학자(自由主義神學者)들의 주관주의적(主觀主義的)인 판단(判斷)에 기초한 것도 전혀 수용 할 수 없다.

성경적인 신본주의(神本主義)의 신앙(信仰)과 신학(神學)의 바탕 위에 하나님의 절대주권(絶對主權)과 절대영광(絶對榮光)이라는 불변(不變)의 진리(眞理)와 사상(思想)을 견지(堅持)해 나가는데서 하나님의 성령께서는 끝없는 신적(神的)인 권위(權威)를 나타내 주실 것이라는 확신(確信)을 갖는다.

생활신앙은 인간의 윤리적(倫理的)이고 도덕적(道德的)인데다 그 의의(意義)를 두지만 교리(教理)와 신조(信條)는 하나님과의 관계(關係, Relationship)에서 신비적(神秘的)이고 영적(靈的)인 의미에다 더 큰 비중을 둔다.

그러므로 가장 철저하고 경건한 신앙인일수록 자기 종교의 교리(教理)와 신조(信條)에 더 엄하고 철저하다는 것을 알아야 한다.

3) 신조(信條)로서의 사도신경(使徒信經)

기독교의 정통신앙고백서(正統信仰告白書)로서의 사도신경(使徒信經, The Apostolic Creeds)에 대한 바른 이해(理解)는 참으로 중요(重要)하다는 것을 알아야 한다.

사도신경은 기독교의 기본적(基本的)인 교리(教理)를 가장 간단하게축소(縮小)하고 요약(要約)해서 설명해주고 있다.

사도신경의 가장 오래 된 형식(形式)은 초대교회에 있어서 세례(洗禮)를 받을 때에 사용 된 초보적(初步的)인 신앙고백(信仰告白)이다.

2세기에 이레네어스(Ireneus: 130-202)와 터틀리안(Tertullianus: 160경-220)은 당시 교회의 신조(信條) 몇 가지를 인용(引用)했다.

또 어거스틴(Augustin:)이나 레오 1세 (Leo I) 같은 로마의 감독(監督)들까지도 사도신경의 존재를 입증(立證)하고 있다.

7세기에 이르러서도 현재와 같은 형태의 사도신경이 일반적(一般的)으로 사용되고 있었다는 것을 알 수 있다. 로마 교회의 기도서(祈禱書)나 성공회(聖公會)의 기도서(祈禱書)에도 이 사도신경이 수록(收錄)되어있다.

6세기경에 일어난 전설(傳說)에 의하면 이 사도신경의 신조(信條)는 12사도(使徒)가 모여서 만들었고 그 후에 교부(敎父)들이 이를 가르쳤다고 하는데 확실한 근거는 확인(確認)되지 못하고 있다.

여기에서 말하는 사도신경(使徒信經, The Apostolic Creeds)이라는 명칭(名稱)은 사도(使徒)들이 활동하던 시대로부터 널리 신봉(信奉)되었던 조문(條文)들을 모은 것이라는 뜻으로 이해된다.

"전능(全能)하사 천지(天地)를 만드신 하나님 아버지를 내가 믿사오며 그 외 아들 우리 주 예수 그리스도를 믿사오니 이는 성령으로 잉태(孕胎)하사 동정녀(童貞女) 마리아에게서 나시고 본디 오 빌라도에게 고난(苦難)을 받으사 십자가(十字架)에 못 박혀 죽으시고 장사(葬事)한지 사를 만에 죽은 자 가운데서 다시 살아나시며 하늘에 오르사 전능(全能)하신 하나님 우편(右便)에 앉아 계시다가 저리로서 산 자와 죽은 자를 심판(審判)하러 오시리라. 성령(聖靈)을 믿사오며 거룩한 공회(公會)와 성도(聖徒)가 서로 교통(交通)하는 것과 죄(罪)를 사(赦)하여 주시는 것과 몸이 다시 사는 것과 영원(永遠)히 사는 것을 믿사옵나이다. 아멘."

현대 교회들이 예배(禮拜)를 드리기에 앞서 이 사도신경(使徒信經)을 외우므로 신앙고백(信仰告白, Confession)을 하는 뜻은 대략 다음과 같은 원리(原理)가 있기 때문이다.

1) 사도들의 신앙과 같다는 원리

2) 성경 적인 신앙과 같다는 원리

3) 천상에 있는 무형교회의 예배와 같다는 원리

4) 지상에 있는 유형교회의 예배와 같다는 원리

5) 우리 교회 곧 나의 믿음이 이와 같다는 원리

그런데 지금에 와서 우리 한국교회의 일부에서는 변경(變更)된 용어(用語)를 사용하고 있다.

그렇다고 해서 그렇게 하는 것이 크게 잘 못되었다는 말은 아니다. 그러나 반드시 알아야 할 것은 뜻이 같기 때문에 마음대로 고쳐서 쓴다는 이론(理論)은 하나의 궤변(詭辯)에 불과하다.

왜냐하면 하나로 통일(統一)을 하기 위해서는 전체적인 합의(合議)가 있어야 할 것인데도, 일부의 단체(團體)들을 중심으로 자기들끼리만 고쳐서 쓴다는 것은 분열주의자(分裂主義者)들의 자기변명일 뿐 사실상 하나의 교회에 대한 분열을 뜻하는 것이기 때문에 옳지 않다는 것을 분명히 하고 들어가야 한다.

4) 교리사(敎理史)의 임무(任務)

기독교의 교리(敎理)는, 우리 기독교만이 지니고 있는 성경(聖經, The Bible)의 진리(眞理)에 대한 내용을 정착(定着)시키고, 기독교(基督敎)라는 종교의 역사적(歷史的)인 교리(敎理)의 맥(脈)을 이어가기 위해서 매우 중요한 책임(責任)과 임무(任務)를 갖는다.

즉 교리사(敎理史, Dogmatic History)의 임무(任務)는, 성경(聖經)에서 말씀하고 있는 기독교(基督敎)의 진리(眞理)를 파수(把守, Watch)하고, 나아가서는 그 진리(眞理)를 올바로 전달(傳達, Transmission)하여, 기독교 진리의 절대성(絶對性, Absoluteness)을 확보(確保)하는데 뜻이 있다.

과거(過去)가 없는 현재(現在)도 있을 수 없고 현재(現在)가 없는 미래(未來)도 있을 수 없다. 특히 기독교의 성경진리는 항상 하나님 안에서 현재(現在, Presence)라는 중요한 뜻을 갖는다.

하나님의 유일성(唯一性)과 절대성(絶對性)에 대한 진리(眞理)는 항상 현재적(現在的)이며 어떠한 시대적(時代的)인 상황(狀況)에 따라서 변(變)하는 것이 아니다.

우리는 교리사(敎理史)를 통해서 이러한 기독교 진리가 어떠한 시련(試鍊)의 과정을 통해서 그 정통성(正統性)을 지켜 왔으며 어떠한 상황(狀況)에서 그것들을 어떻게 극복(克服)해 가면서 성경의 진리를 사수해 왔는가 하는 것을 말해 주는 것이 바로 교리사의 임무다.

교리사(敎理史)란 기독교 교리의 역사적인 기원(起源)으로부터 시작하여 그 발전과정(發展過程)을 살펴본다는 단순한 논리(論理) 외에도 그렇게 바른 성경적인 진리(眞理)로 인도(引導) 해 주시는 하나님의 뜻을 알게 한다는 데서 더 큰 뜻을 찾는다.

역사적(歷史的)인 의미에서 생각해 볼 때에는 단순히 하나의 역사적 사건(歷史的事件, Historical Event)이라고 할 것이나 그 배후(背後)에서 섭리(攝理)하고 계시는 하나님의 의지(意志)와 사랑의 손길을 알게 한다는데 깊은 뜻이 있다.

그동안 기독교는 존재(存在)의 자체를 말살(抹殺)시켜 버리려는 온갖 외세(外勢)의 박해(迫害)와 탄압(彈壓)의 시련(試鍊)을 통해서 수난(受難)을 겪어야 했고 사이비(似而非)한 이단사설(異端邪說)들로 수많은 혼선(混線)을 거듭 해 오면서도 기독교 진리의 정통성(正統性)과 절대성(絶對性)을 유지해 나올 수 있었다

이렇게 된 것의 첫째는 하나님의 은혜(恩惠)요 섭리(攝理)하심의 축복(祝福)이라고 믿으나 동시에 확고(確固)한 성경적인 교리(敎理)가 있었기 때문이라는 사실에 대해서도 인정해야 한다.

물론 그렇다고 해서 교리(敎理)의 절대성(絶對性)을 주장하려는 것이 아니라 성경(聖經)의 절대성(絶對性)을 설명(說明)하고 변호(辯護)하고 증거(證據)하려는 일에서 그 진수(眞髓, Essence)를 제시하기 위해서 노력하는 것이 교리사(敎理史)의 임무(任務)이다.

로마 카톨릭 교회에서는 교회의 권위(權威)로서 성경의 절대적(絶對的)인 교리(敎理)나 신조(信條)를 만들어 낼 수 있다고 하지만 개신교(改新敎) 측에서는 성경의 절대진리(絶對眞理)를 중심으로 그 진리(眞理)가 지닌 교리(敎理)를 설명해야 한다.

그것을 모든 교회가 공인(公認)하여 보편성(普遍性)과 통일성(統一性)을 기해 나가되 그 채택(採擇)된 교리(敎理)나 신조(信條)가 좀 더 성경에 가깝게 다가가기 위해서는 약간(若干)의 수정(修訂)이나 보완(補完)은 가능(可能) 하지만 그것이 단순히 현재적(現在的)인 의미에서만이 아니라 교부시대부터 오늘에 이르기까지 논의(論議)되었던 모든 과정(過程)과 내용(內用)을 중심으로 신앙고백(信仰告白)이 이루어진다.

교리사(敎理史)는 항상 참 진리(眞理)와 비진리(非眞理)를 분별(分別)하여 모든 성도들의 마음을 열어주는데 크게 기여(寄與)했을 뿐만 아니라 기독교의 진리(眞理)를 보다 더 효율적(效率的)으로 설명(說明)하여 신학적(神學的)인 발전에 공헌(貢獻)한바가 크며 또한 교회 운동에도 크게 이바지 해 왔다.

성경의 교리(敎理)가 바로 지켜지지 않으면 어떠한 경우에도 바른 기독교운동을 해 낼 수 없었다는 것은 기독교 2천년의 역사(歷史)가 입증(立證)해주고 있다.

지금도 성경적인 바른 기독교운동을 하기 위해서는 바른 교리가 지켜져야 한다는데 다른 이론(異論)이 있을 수 없다.

5) 교리(敎理) 이해의 방법(方法)

기독교의 교리(敎理)를 바로 이해하기 위해서는 철학적(哲學的)인 배경(背景)과 함께 그 시대의 외적(外的)인 상황(狀況)에 따라서 기독교의 성경 진리가 제시(提示)하고 있는 기독교의 입장(立場)을 설명하는 것이 한 가지 연구의 방법이라고 해야 할 것이다.

그러나 또 다른 한 가지는 기독교의 교리(敎理)가 지닌 한 가지 한 가지씩 바른 사상(思想)의 정립(定立)과 발전과정(發展過程)을 신학적(神學的)으로 연구하고 이해 해 나가야 한다.

이런 의미에서 기독교에서 말하는 교리사(敎理史)에 대한 바른 이해의 방법은 교회사적(敎會史的)인 방법과 신학적(神學的)인 방법의 두 가지가 있다는 것을 알 수가 있다.

기독교를 바로 이해하기 위해서는 보편적(普遍的)인 의미에서 성경(聖經)과 교회사(敎會史)와 교리사(敎理史)를 통해야 한다고 하는 수평적(水平的)인 방법을 말하게 될 것이다.

그러나 기독교의 보다 더 깊은 진리(眞理)를 이해(理解)하고 바른 신앙(信仰)에 이르게 하기 위해서는 성경에서 말씀하고 있는 바른 진리(眞理)에 대한 교리(敎理)의 하나 하나에 대한 깊은 연구와 이해가 있어야 할 것이다.

이는 곧 자기에 대한 연구(硏究)와 사색(思索) 외에 반드시 믿음을 통한 성령(聖靈)의 영감(靈感)에 의해야 한다는 의미에서 수직적(垂直的)인 방법이라고 해야 할 것이다.

기독교의 교리(敎理)를 바로 이해하기 위해서는 끝없는 신학적(神學的)인 연구(硏究)의 노력(勞力)이 필요한 것은 사실이나 이것이 단순한 신학적(神學的)인 논리(論理)나 사상(思想)에서 끝난다면 이것 역시 아무런 가치나 효과가 없다.

그러나 성경에서 말씀하고 있는 진리는 교리(敎理)나 학문(學問) 이전에 하나님을 향한 진실한 믿음이 있어야 하고 그 믿음이 하나님의 기뻐하신 뜻에 부합(附合)되어야 할 것이다.

여기에서 우리는 성경에서 말씀하고 있는 믿음의 소중성(所重性)에 대해서 몇 가지 살펴보아야 할 필요를 느낀다.

> "너희 믿음이 사람의 지혜(智慧)에 있지 아니하고 다만 하나님의 능력(能力)에 있게 하려 하였노라"(That your faith should not be in the wisdom of men but in the power of God. 고전2:5).

> "믿음이 없이는 기쁘시게 못 하나니"(But without faith it is impossible to please Him. 히11:6).

> "너희가 믿음에 있는가 너희 자신(自身)을 시험(試驗)하고 너희 자신(自身)을 확증(確證)하라"(Examine yourselves as to whether you are in the faith. 고후13:5).

이상의 성경말씀들을 중심으로 믿음이 없는 신학자(神學者)가 아니라, 신학(神學)을 모르는 믿음이 하나님 앞에서 더 옳다는 말이고, 하나님의 사람이라는 뜻으로 이해된다.

그러나 신학(神學)과 신앙(信仰)의 기준(基準)과 통일(統一)을 제시해 주는 것은 교리(敎理, Dogma)나 신조(信條, Decree)에서 찾게 한다는 것을 알아야 한다.

자기의 개인신앙(個人信仰)을 위해서는 믿음 하나만으로도 가능(可能)하다고 할 것이나, 그러나 하나님께서는, "… 나의 교회(敎會)를 세우리니…"(I will build my Church)라고 하셨는데(마16:18), 이 교회(敎會)가 곧 하나님의 교회로서 통일(統一)을 이루기 위해서는 믿음의 내용(內用)이나 방법(方法)의 통일(統一)을 이루어야 하는데 이것을 세우는 것이 교리(敎理)이다.

결국 교리에 대한 이해(理解)의 방법(方法)은 끝없는 학문적(學問的)인 연구(硏究) 이상으로 하나님께서 기뻐 받으시는 믿음이 있어야 한다는 의미에서 하나님의 교회를 맡아서 목양(牧羊)에 임하고 있는 목사(牧師)들과 지도자(指導者)들에 대한 영성(靈性, Spirituality)이 소중(所重)하다는 것을 이해하게 한다.

솔직하게 말해서 성경적인 바른 교리(敎理) 위에 서 있지 못하면 결코 기독교의 바른 지도자(指導者)는 될 수 없다.

아무리 철학적(哲學的)인 지식(知識)이 많다고 할지라도, 성경적인 바른 믿음이 없으면, 그것은 스스로 기독교의 지도자(指導者)로서 자격(資格)이 없다는 것을 말함이다.

우리가 스스로 기독교인(基督敎人, Christian)이라고 자처하면서도 막상 기독교가 어떤 종교(宗敎)냐고 묻는다면 그 정의(定義)를 바로 내리기가 쉽지 않을 것이다.

이에 대하여 우리는 기독교에 대한 정의(定義)를 성경에서 찾는 것이 정도(正道)라고 하는데 동의(同議)해야 할 것이다.

분명히 기독교는 성경을 통해서 설명(說明)되어야 하고 성경을 가지고 이해(理解)되어야 할 종교(宗敎)로서 일명(一名) 성경의 종교 (Biblical Religion)라는 것을 알아야 한다.

기독교의 정통적(正統的)인 신앙고백(信仰告白)이나 교회운동(敎會運動)은 가장 성경적(聖經的, Biblical)일 것을 강요(强要)받는다.

그것은 기독교의 경전(經典)으로서 성경이 완성(完成) 된 후 속사도(屬使徒)들의 활동 시대로부터 시작하여 오늘에 이르기까지 그 신앙(信仰)이나 신학(神學)을 전적으로 성경의 교리(敎理)에서 찾았다.

사도신경(使徒信經)을 비롯하여 니케아 신조(The Necaea Creed) 아타나시어스 신조(The Athanacius Creed) 칼세돈 신조(The Chalcedon Creed) 같은 공동신조(信條, Creeds)들이나 종교개혁(宗敎改革) 이후 개혁파(改革派)의 교회들에서 채택(採擇)하고 있는 웨스트민스터 신조(The Westminster Creed)나 그리고 하이델벨그 요리문답(要理問答, The Heidelberg Catechism)같은 것은 오늘날까지 기독교의 정통 보수주의(正統保守主義)의 신앙(信仰)과 신학사상(神學思想)의 맥(脈)을 이어주고 있는데 이것들이 한결같이 성경에서 말씀하고 있는 성경의 진리(眞理)에 가장 가깝다는 이유에서 되어진 일이라는 것을 알아야 한다.

즉 기독교의 본질(本質)이나 정통성(正統性)은 가장 성경적인데서 이해(理解)되어야 한다는 말이다.

다시 이를 인물(人物)들을 중심으로 성경적인 정통주의(正統主義)를 주장하는 보수신학(保守神學)의 맥(脈)을 이어 온 역사적(歷史的)인 계보(系譜)를 추려보면 사도(使徒) 바울의 이후로 어거스틴 (Augustinus, Aurelius: 354-430)이나 종교개혁기(宗敎改革期)의 말틴 루터(Martin Luther: 1483-1546)나 종교개혁(宗敎改革)의 완성자라고 할 수 있는 죤 칼빈 (John Calvin: 1509-1564)이나 죤 웨슬레

(John Wesley: 1703-1791)나 그리고 현대신학에 들어서면서 찰스 하지(Charles Hodge: 1797-1878)같은 신학자(神學者)나 루이스 뻘코프(Luis Berkohf: 1873-1957)나 그리고 우리 한국 교회에서는 박 형룡(朴亨龍: 1897-1978) 박사(博士) 등으로 맥(脈)을 이어오고 있다고 할 것이다.

이들은 한결같이 자기의 주의주장(主義主張)이나 학설(學說)을 내세워서 위대하고 훌륭한 사상가(思想家)나 신학자(神學者)가 된 것이 아니라 성경 진리의 본질적(本質的)인 바른 교리(敎理)를 찾아서 기독교 종교의 정통성(正統性)을 이어오는데 공헌(貢獻)을 했다는데서 그 의의를 찾는다.

그렇다면 이들이 말하는 정통적(正統的)인 기독교(基督敎)는 과연 무엇인가 하는 문제이다.

이에 대한 답은 결코 단순하지 않으나 한 가지 분명한 것은 "하나님 중심의 종교"라는 것과 "인간 구원의 종교"라고 하는 두 가지의 교리(敎理)를 중심으로 되어 진 종교라는데 다른 이의(異義)가 있을 수 없다는 사실이다.

이를 좀더 좁혀서 한 마디로 말한다면 "기독교(基督敎)는 하나님의 종교(宗敎)다"(The Religion of God)라는 뜻으로 귀결(歸結)됨을 알 수가 있다.

즉 이는 하나님 중심이라는 말인데 하나님 중심이라는 말은 곧 하나님의 절대주권(絶對主權)과 하나님의 절대영광(絶對榮光)과 하나님의 절대의지(絶對意志) 중심이라는 말로 압축(壓縮)된다.

성경은 이러한 사상(思想)을 철저(徹底)하게 기독교 진리의 본질적(本質的)인 내용(內用)으로 설명하고 있어서 우리는 이를 두고 성경 적 신본주의(神本主義)의 신앙(信仰) 혹은 사상(思想)이라고 말한다.

이 말은 곧 기독교가 계시종교(啓示宗敎, Revelation Religion)라는 뜻에서도 찾을 수 있다.

하나님의 창조사역(創造事役) 하나님의 섭리사역(攝理事役) 하나님의 구원사역(救援事役) 등 그 모든 것이 하나님 스스로의 주권적(主權的)인 권위(權威)로 되어진 일이기 때문에 기독교는 곧 "하나님의 뜻을 이루어 드리는 종교"라는 말로 이어 진다 (마6:10).

그리고 인간의 구원 문제 역시 하나님의 영광(榮光)을 위한 하나님의 주권적(主權的)인 행위로서 구원 자체가 하나님의 뜻으로 이루어진 사건이며 사람들은 하나님께서 인간을 사랑하셔서 값없이 주시는 은혜(恩惠)와 사랑의 선물(膳物)로 구원을 받아서 누리게 된다.

그러므로 기독교 신앙의 종국적(終局的)인 목표(目標)가 구원받은 하나님의 성도(聖徒)들이 하나님의 영광(榮光)을 위해서 충성(忠誠)을 바쳐 드린다는 뜻으로 이해(理解)되어야 한다.

이러한 성경의 구원 교리는 "다른 이로서는 구원(救援)을 얻을 수 없나니 천하(天下) 인간(人間)에 구원을 얻을만한 다른 이름을 주신 일이 없느니라"(Nor is there salvation in any other, for there is no other name under heaven given among men by which we must be saved. 행4:12)라고 하신 말씀과 연관시켜서 설명되어야 한다.

기독교가 "하나님의 종교"라는 말과 "구원의 종교"라는 말은 기독교 진리의 본질(本質)이 하나님의 계시(啓示)에다 근거(根據)를 두고 있기 때문에 모든 것이 하나님으로 귀결(歸結)된다는 사실을 알게 한다.

하나님의 절대 주권과 하나님의 절대 영광이라는 교리를 근거로 인간의 구원 역시 종국적으로 하나님에 의해서 이루어진 것으로서 나의 의지(意志)나 선택적(選擇的)인 요구(要求)에 의해서 또는 자기의 힘에 의한 자력(自力)으로 되어지지 않은 하나님의 의지(意志) 하나님의 선택(選擇)으로 이어지면서 예수 그리스도의 십자가(十字架)의 대인속죄(代人贖罪) 곧 타율적(他律的)인 구원(救援)이라는 교리(敎理)를 실감(實感)하게 한다.

그러므로 우리가 예수 그리스도를 믿는다는 것은 하나님의 구원(救援)을 내가 수용(收容)하여 하나님의 절대주권(絕對主權)에 순종(順從)한다는 것이고 나의 신앙을 통해서 하나님의 영광(榮光)을 드러내고 그를 찬양(讚揚)함으로 하나님의 뜻을 이루어 드리기 위한 충성(忠誠)이라는 말로 이해되게 한다.

이런 의미에서 우리가 하나님을 향한 믿음의 최고절정(最高絕頂)은 나의 믿음과 기도의 성취(成就)가 아니라 하나님의 뜻의 성취(成就)이기 때문에 우리의 길흉생사화복(吉凶生死禍福)은 전적으로 하나님의 주권적(主權的)인 결정(決定)이라는 결론을 낳게 한다.

다시 말하면 내가 하나님께 기도하여 이루었다는 것이 아니라 내가 하나님의 요구(要求)를 위해서 순종(順從)과 충성(忠誠)을 다 할 때에 하나님께서는 하나님 자신의 주권적인 행사(行事)와 영광(榮光)을 위해서 나를 들어 주시고 내게 복(福)을 베풀어주신다는 말이다.

하나님께서 나를 들어서 쓰셔야 할 필요가 있는 한 나는 하나님의 사랑과 하나님의 전지 전능(全知全能)으로 나의 건강(健康)이나 나의 생명(生命)을 하나님께서 책임(責任)을 져 주시고 모세처럼 나를 통해서 하나님의 일을 하게 하시다가 나도 모세처럼 불러 가시게 된다는 말이다.

예수께서 우리에게 기도문(祈禱文)을 가르쳐 주시기 전에 말씀하시기를 "… 구하기 전에 너희에게 있어야 할 것을 하나님 너희 아버지께서 아시느니라"(For your Father knows the things you have need of before you ask him)라고 말씀하고 있다 (마6:8).

이 말씀의 깊은 뜻은 하나님께서는 우리가 그에게 간절(懇切)히 기도(祈禱)함으로 들어주신다는 것보다는 오히려 우리가 하나님의 뜻을 이루어 드리기 위하여 순종(順從)하고 충성(忠誠)을 다 바칠 때에 하나님께서는 우리의 모든 것들을 그의 기쁘신 뜻대로 다 이루어 주신다는 말씀으로 이해할 수 있다.

우리는 기도할 때에 습관적(習慣的)으로 '… 주시요'라는 말로 간구(懇求)한다. 그리고 더 큰 소리로 더 많이 밤을 세어가면서 기도를 한다. 이는 참으로 잘 한 일이고 또 그렇게 해야 할 것으로 안다. 그러나 예수께서 말씀하신 말씀의 뜻을 다시 한 번 깊이 새겨두어야 할 필요가 있다.

> "또 기도할 때에 이방인(異邦人)과 같이 중언부언(重言復言)하지 말라. 저희는 말을 많이 하여야 들으실 줄 생각하느니라. 그러므로 저희를 본(本)받지 말라. 구(求)하기 전에 너희에게 있어야 할 것을 하나님 너희 아버지께서 아시느니라"(마6:7-8).

4 ≡ 성경(聖經)과 교리사(教理史)

우리가 기독교의 교리(教理)를 역사적(歷史的)으로 연구(研究)한다는 것은 매우 중요한 일이다.

기독교를 바로 이해하고 진리의 정통성(正統性)을 바로 찾아내기 위해서는 기독교 진리의 골격(骨格)이 되는 교리(教理)에 대한 바른 이해가 필수적(必須的)이라고 해야 할 것이다.

그러나 분명한 것은 기독교는 교리(敎理)나 신조(信條) 같은 것에 의해서 이루어진 종교(宗敎)가 아니라 하나님의 말씀인 성경(聖經)을 중심으로 이루어진 성경의 종교이고 성경에서 말씀하고 있는 진리(眞理)의 핵심(核心) 곧 성경의 진리(眞理)를 모아서 공적진리(公的眞理)의 기준(基準)을 이루는 것이 교리(敎理)라는 것을 알아야한다.

이런 오해(誤解) 때문에 기독교의 신조(信條)나 교리(敎理) 같은 것을 전혀 무시(無視)하고 배제(排除)해 버리려는 일부의 신학자(神學者)들도 없지는 않으나 기독교 운동이 개인적(個人的)으로는 신앙중심(信仰中心)의 사상(思想)에서 드러나지만 예수께서 말씀하신바 "내 교회를 세우라"고 하신 말씀은 성도(聖徒)들의 모임체인 공동성(公同性)의 기준(基準)에서 보편적(普遍的)이고 공인(公認) 된 신앙의 기준(基準)을 통해서 하나로 통일(統一)을 이루어야 한다는 의미에서 신조(信條)가 생겨나고 교리(敎理)가 발생하게 된 것이다.

그러므로 기독교에 있어서 참 된 신앙(信仰)은 올바른 교리(敎理)를 중심으로 해석되어야 하고 천국(天國)의 건설(建設)과 확장운동(擴張運動)이라는 뜻에서 끝없이 세워져야 할 교회운동(敎會運動)으로 발전(發展)되어야 한다는 것이다.

어떤 이들은 기독교의 교리를 신약 성경에서만 구하는 자들도 있지만 그것은 결코 그렇지 않다.

기독교의 교리는 구약성경이나 신약성경을 꼭 같은 한 권의 책(冊)이라는 의미(意味)에서보다는 꼭 같이 계시(啓示)하신 하나님의 말씀이요 진리(眞理)로 하고 그 안에 제시(提示) 된 진리(眞理)를 중심으로 교리(敎理)를 이룬다는데 유의(留意)해야 한다.

성경은 교리의 표준(標準)이요 근본(根本)이지만 이것이 하나의 교리(敎理)로 나타나기 위해서는 시대적(時代的)인 환경(環境)에 따라서 해석(解釋)되어졌고 그 때마다 신적권위(神的權威)를 가진 성경의 진리(眞理)가 바른 교리(敎理)를 통해서 더 밝게 전달(傳達)되었기 때문에 교리(敎理)의 시대적(時代的)인 발전사(發展史)에 대해서 연구를 해야 할 필요를 느낀다.

구약이나 신약이나 성경 자체가 원리(原理)는 하나님 안에서 영원(永遠)하지만 성경적인 바른 교리(敎理)로 나타나기 위해서는 역사성(歷史性)을 가져야 한다.

성경이 역사적(歷史的)인 산물(産物)이라는 말은 기독교의 교리사(敎理史, Dogmatic History) 역시 역사성(歷史性)을 가지고 발전(發展)했다는 것을 인정해야 한다는 말이다.

그러면서도 기독교의 신조(信條)나 교리(敎理)는 로마 카톨릭 교회에서 말 한대로 교회의 결의(決議)에 의해서 결정 된 것이 아니라 성경의 진리(眞理)에다 표준(標準)을 두고 목표(目標)를 두는 한 교회의 결정(決定)으로서 되어질 수 없다는 것을 알게 한다.

구약 시대에는 물론 사도들의 시대나 교부들의 시대나 중세 시대나 현대에 이르기까지 성경이 그대로였으면 당연히 그 진리(眞理)가 제시(提示)하고 있는 교리(敎理)가 같아야 하고 어떠한 경우에도 로마 카톨릭 교회와 같은 식의 교회의 결정(決定)에 의한 교리(敎理)나 신조(信條)는 결코 수용(收用)할 수 없다는 것을 알게 한다.

성경적인 참 신앙(信仰, Faith)은 시대에 상관없이 항상 성경에서 얻어 진다.

그리고 성경이 제시하고 있는 신앙의 실체(實體)와 대상(對相)은 바로 예수 그리스도라는 사실을 알아야 한다.

성경 자체가 예수 그리스도를 증거(證據)하는 책이기 때문에 신조(信條)나 교리(敎理)도 예수 그리스도를 떠나서는 존재할 수도 없다. 기독교 신앙의 전통(傳統)은 성경의 형식으로 교회가 이를 가지게 되었고 또한 교회의 산 전통(傳統)으로 계승(繼承)되어 전해지되 교회의 이 산 신앙 전통의 계승(繼承)은 성경을 규범(規範)으로 가지며 또한 성령께서 직접 인도하시기 때문에 오류(誤謬)를 범하지 않고 오늘에까지 이르게 된 것이다.

역사적(歷史的)인 교리(敎理)는 성경을 규범(規範)으로 하고 성령(聖靈)께서 인도하시는 한 오류(誤謬)를 범하지 않았던 것이다.

이와 같은 산 신앙의 전통(傳統)은 그것을 받는 사람들의 기질(氣質)에 따라서 그 강조점(强調點)들을 달리하여 부분을 전체화(全體化)함으로써 사상화(思想化) 되며 혹은 그것이 접(接)하는 다른 사람들과의 융합작용(融合作用)을 거쳐서 여러 가지의 사상(思想, Thought)들이 생겨나게 되었다.

하나님의 교회는 이와 같은 사상(思想)의 활동(活動)을 거치면서 기독교 진리의 이해를 깊이 해가며 여러 가지의 교리(敎理)와 신조(信條)를 산출(産出)하여 왔던 것이다. 이 모든 것을 합하여 성경 진리의 이해를 도와주며 오늘날 교회가 받은바 신앙의 유산(遺産)을 풍부(豊富)하게 만들어 온 것이다.

그러므로 우리가 기독교의 진리(眞理)를 좀 더 바로 알고 기독교운동의 역사적(歷史的)인 과정(過程)을 바로 이해하기 위해서는 성경 중심의 믿음 위에 역사적(歷史的)인 방법과 교리적(敎理的)인 방법 곧 신학적(神學的)인 방법을 통해서 가능하다.

이에는 어느 특정인물(特定人物)이 아닌 누구든지(Whoever)라는 가능성(可能性)의 길이 열려져 있다는데 중요한 뜻이 있는 줄 안다.

5 ≡ 기독교 교리사상의 초기 논쟁(論爭)

기독교가 오늘날 전세계(全世界)에 전인류적(全人類的)인 종교(宗敎)요 우주적(宇宙的)인 종교로 발전(發展)하게 되기까지는 처음부터 수많은 논쟁(論爭)과 시비(是非)와 반대(反對)는 물론 심지어는 견뎌내기 어려운 박해(迫害)를 감수(甘受)하면서 살아남게 되었고 마침내 우주적(宇宙的)인 종교로 발전하기에 이르게 된 것이다.

세상에 있는 수많은 종교(宗敎)들이 역사(歷史)를 거듭해 오는 동안 스스로 무너지거나 아니면 시대적(時代的)인 환경(環境)을 극복(克服)하지 못하여 그 힘을 발휘(發揮)하지 못했고 쓰러져 가게 되었던 것이다.

거기에다 철학적(哲學的)인 판단(判斷)과 문화적(文化的)인 적응(適應)의 면에서 밀려나서 그 기능(機能)을 발휘(發揮)하지 못 하고 쇠퇴(衰退)해져 가는 것이 일반적인 현실이라고 할 것이다.

그러나 기독교만은 인류의 문명(文明)이 발달되면 될수록 세계의 질서(秩序)가 바뀌면 바뀌일수록 세계적(世界的)인 재난(災難)이나 전쟁(戰爭)이 밀어닥치면 닥칠수록 그 생명력(生命力)을 발랄(潑剌)하게 발휘하여 지금은 거의 전 세계를 정복(征服)해가고 있다는 사실에 대하여 부인(否認) 할 사람이 거의 없을 것이다.

그렇다면 유독 모든 종교들 가운데서 기독교(基督敎)만이 이처럼 날이 갈수록 더 힘차게 부흥발전(復興發展)을 거듭해 나가는 이유가 무엇일까? 그 대답(對答)은 너무도 간단하다.

즉 기독교는 계시종교(啓示宗敎, Revelation Religion)로서 "하나님의 종교"(The Religion of God)이기 때문이다.

하나님에 의해서 시작(始作)되었고 하나님에 의해서 진행(進行)되고 하나님을 위해서 가고 있기 때문에 그 시작(始作)과 진행(進行)과 목표(目標)가 한결같이 하나님을 향하고 있기 때문에 종국적(終局的)인 모든 책임(責任)이 하나님께 있다는 말이다.

그러나 하나님께서는 하나님의 일을 하시고 계시면서도 그 일들을 사람들을 통(通)해서 또는 사람들을 대상(對相)으로 하고 있기 때문에 사람들 사이에는 끝없는 시비논쟁(是非論爭)이 있을 수 있다.

그러므로 여기에서는 기독교의 교의사상(敎義思想)이 비로 정립(定立)되어 지기까지에 되어진 중요한 초기적(初期的)인 교리사상(敎理思想)의 논쟁(論爭)이 어떤 것들이었으며 그것들이 어떻게 마무리 되었는가를 알아봄으로 우리의 신앙관(信仰觀)을 확고(確固)히 하자는 것이다.

1) 예수에 대한 메시아론의 논쟁(論爭)

예수님에 대한 메시아(Messiah) 논쟁(論爭)은 초대 교회 시절에서부터 시작(始作) 되었다기 보다는 예수께서 생존(生存)해 계실 때부터서 시작된 일이었다.

메시아(Messiah)라는 말은 히브리어(語) '마아시아하'(Maasiaha) 아람어로는 '메시하'(Mesiha)인데 다시 헬라어로는 '그리스도'(Christo)로서 어느 경우에서나 똑 같이 '기름 부음을 받은 자'라고 하는 뜻으로 통일(統一)된다.

그런데 구약 성경에서는 대제사장(大祭司長, High Priest)을 거룩한 기름 부으심을 받은 자로 표기(表記)하고 있다(레4:3, 5, 16, 6:15). 그리고 족장(族長)이나 왕(王, King)에 대해서도 기름을 부었고(시105:8-12, 삼상24:6) 예언자(豫言者) 곧 선지자(先知者, Prophet)에게 기름을 부었다 (시105:8-15).

여기에서 예수님을 메시아(Messiah)로 보는 데는 구약 성경의 예언(豫言)을 근거(根據)로 하고 있다.

"기름 부음을 받은 자 곧 왕이 일어나기까지…" (Until Messiah the Prince. 단9:25).

"그의 기름 부음 받은 자" (His anointed. 시2:2).

하나님의 선민사상(選民思想)으로 젖어있는 유대인들은 최소한 메시아는 하나님의 백성(百姓)의 왕(王) 또는 속죄자(贖罪者)가 되시기 위해서 하나님으로부터 기름 부으심을 받은 자로서 기다리는 구주(救主, Saviour)를 암시(暗示)하는 말씀으로 이해하게 되었다.

"달린 행악자(行惡者) 중 하나는 비방(誹謗)하여 가로되, 네가 그리스도가 아니냐? 너와 우리를 구원(救援)하라 하되, 하나는 그 사람을 꾸짖어 가로되, 네가 동일(同一)한 정죄(定罪)를 받고서도 하나 님을 두려워 아니 하느냐? 우리는 우리의 행한 일에 상당한 보응(報應)을 받는 것이니, 이에 당연(當然)하거니와, 이 사람의 행한 것은 옳지 않은 것이 없느니라 하고, 가로되, 예수여, 당신의 나라에 임하실 때에 나를 생각하소서 하니, 예수께서 이르시되, 내가 진실로 네게 이르노니, 오늘 네가 나와 함께 낙원(樂園)에 있으리라 하시니라"(눅23:39-43 참고 비교).

다시 말하면 메시야(Messiah)에 대한 사상(思想)은 시대(時代)에 따라서 여러 갈래의 곡절(曲折) 속에 발전(發展) 된 것이지만 세상의 구주 되신 메시아의 나타나심은 하나님의 경륜(經綸)의 중심이었다.

유대인들이 예수님을 쉽게 메시아로 받아드려지지 않은데서 논란(論難)이 일게 되었다.

그들은 모세의 율법(律法)에만 치중(置重)하여 모세가 친히 증거(證據) 한바 "네 하나님 여호와께서 너희 중 네 형제(兄弟) 중에서 나와 같은 선지자(先知者) 하나를 너를 위하여 일으키시리니 너희는 그를 들을 찌니라"(The Lord your God will raise up for you are Prophet like me from your midst, from your brethren. Him you shall hear) 라고 한 말을 바로 이해하지 못한데서 그 이유를 찾는다 (신18:5).

분명히 모세는 스스로 증거(證據) 하여 "그를 들을 찌니라" 라고 명령(命令)을 했는데도 유대인들은 예수님을 하나님의 아들이나 메시아로 받아드리지 않고 오히려 이를 주장하는 예수님을 십자가(十字架)에 못 박아 죽이도록 내어 주었다.

유대인들이 믿는 메시야에 대한 사상(思想)은 메시야가 나타나서 유대인들을 민족적(民族的)으로 구원(救援)하고 하나님께서 계획(計劃)의 완성을 이루어 그 당연한 결과로서 평화(平和)와 자유(自由)와 정의(正義)를 가져오게 될 하나님께서 임명하신 이상적(理想的)인 사람일 것으로 믿었다.

그러나 유대인들의 메시아 관은 약간씩 그 뜻을 달리하여 18세기 경에는 이스라엘 민족 조상(民族祖上)이 경건한 행사들을 기어하시고 당신의 이름을 위해서 그들의 자손들에게 사람으로 구원자를 보내 주실 분으로 믿었다.

그러다가 1972년에 이르러서는 예루살렘에서 출간(出刊) 된 유대교의 백과사전(百科事典)에 "유대인의 메시야 주의는 과거(過去)에도 고려(考慮)했고 현재(現在)에도 계속 세계 문화 속에서 정치적(政治的)인 행동주의적(行動主義的)인 요소(要素)로 남아있다.

유대인들에게 그것은 카리스마의 생명력(生命力)을 지니고 있고 하나님의 뜻을 통해서 그리고 그의 백성(百姓)들의 열성(熱性)과 헌신(獻身)을 통해서 이상적(理想的)인 유대나라의 국가(國家)가 본래 일으키는 매혹적(魅惑的)인 매력(魅力)을 지니고 있다"고 기록하여 사실상 막연(漠然)한 유대교 주의자들의 이상(理想, Ideal)으로 끝맺고 말았다.

이 말은 곧 유대인들에게 있어서 메시야에 대한 사상(思想)은 막연한 하나의 이상(理想, Ideal)으로 남아있을 뿐이라는 말이다.

바로 이러한 사상(思想)이 유대인으로 하여금 역사적(歷史的)인 수난(受難)의 민족(民族)으로 전락(轉落)하여 세계 인류의 구경거리가 되게 했던 한 이유가 되었던 것이다.

그러나 우리는 구약성경은 예수님을 메시아로 허락(許諾)하신 하나님의 약속(約束)의 책(冊)이요 신약성경은 구약에서 약속(約束)하신 메시야가 바로 예수님이라는 약속성취(約束成就)의 책(冊)으로 받아드린다.

그것은 구약 성경의 모든 교리(敎理)가 그렇게 증거(證據)하고 있고 예수님의 오심과 그의 생애(生涯)와 사역(事役)등 모든 것들이 성경에서 약속(約束)하신 대로 이루어졌기 때문이다.

예수님의 수제자(首弟子) 중 한 사람이었던 사도(使徒) 요한은 로고스(Logos)에 대하여 "말씀"(Word)으로 표현하고 있다 (요1:1).

여기에서 말하고 있는 "말씀"은 하나님의 아들 예수 그리스도께서 성육신(成肉身, Incarnation)하시기 전의 "하나님의 아들"(The Son of God)이라는 뜻으로 쓰고 있다는 것을 쉽게 알 수가 있다. 사도 요한의 이러한 표현은 말씀 외에 또 "도"(道)라고도 표현하고 있는데 이는 다 같이 로고스를 뜻하는 말씀으로 이해(理解)된다(요1:1, 14, 요일1:1, 계19:13).

그러므로 여기에서 말씀하고 있는 '말씀'의 참 뜻은 제2위 하나님께서 사람의 몸을 입으시고 성육신(成肉身, Incarnation)하여 이 세상에 오시기 전에 그에 대한 호칭(呼稱)의 형식이 말씀 곧 로고스였고 그가 사람의 몸을 입으시고 우리 가운데 오시니 바로 그가 구약성경에 약속하신 메시야(Messiah)시오 신약성경에 오신 그리스도(Christ)시라는 말씀이다.

여기에서 또 예수님을 로고스로 표현(表現)한 것은 예수 그리스도는 영원(永遠)부터 존재(存在)하신 신격(神格)의 화신(化身)으로서 하나님은 그로 말미암아 유일(唯一)한 우주(宇宙)에 대한 활동(活動)을 나타내시고 그는 하나님의 성질(性質)과 뜻을 완전히 현현(顯現)하셨다는 뜻으로 설명된다.

사도(使徒) 요한은 로고스의 하나님에 대하여 말하기를 "태초(太初)에 말씀이 계시니라. 이 말씀은 곧 하나님이시니라. 그가 태초(太初)에 하나님과 함께 계셨고"(In the beginning was the word, and the word was with God, and the word was god. He was in the beginning with God)라고 기록(記錄)하고 있다 (요1:1-2).

여기에서 "태초에 말씀이 계시니라"고 하는 것은 로고스의 존재(存在)는 영원(永遠)하고 무한(無限)한 범위(範圍)에 속한다는 것을 표시하고 "말씀이 하나님과 함께 계셨으니"라고 한 것은 로고스와 하나님과의 관계(關係)는 영원(永遠)하고 로고스는 하나님은 아니지만 하나님과 가장 밀접(密接)한 교통(交通)의 관계(關係)에 있으셨다는 것을 표시하며 또 "이 말씀은 곧 하나님이 시니라" 라고 한 것은 로고스는 그 성질(性質)이 하나님과 같다는 것으로 표시(表示)하는 말씀이다.

그리고 사도 요한은 이어서 로고스(Logos)와 우주(宇宙, Cosmos)와의 관계(關係)를 표시하고 있는데 그에 의하면 "만물(萬物)은 로고스에 의하여 지음을 받았고 그 로고스가 육체(肉體)를 입고 세상에 와서 우리 인류(人類)와 함께 하시게 되었다는 것으로서 예수 그리스도의 성육신(成肉身, Incarnation)에 대해서 말씀해주고 있다.

그런데 이 로고스 신학(神學)에 대한 논쟁(論爭)이 여러 가지가 있기는 했으나 그 대표적(代表的)인 논쟁(論爭)은 주로 유대인의 철학자(哲學者)로서 알렉산드리아의 필로(Philo of Alexandria: BC 20 AD 50)를 들 수 있다.

필로는 로고스에 대하여 하나님의 사상(思想)이 나타나서 우리의 눈에 보이는 우주(宇宙)가 된 것은 마치 사람의 사상(思想)이 말이 되어서 나타났다는 것과 같다.

사람의 마음속에 있는 지식(知識)이 언어(言語)가 되어 밖으로 나타나는 것처럼 하나님의 마음에만 존재(存在)한 세계가 나타나서 우리의 눈에 보이는 우주(宇宙)가 된 것이라고 주장한다.

그러므로 우주(宇宙)는 하나님의 이상(理想)의 나타냄(顯現)이다. 그리고 이상세계(理想世界)에 있어서 그 질서(秩序)와 조화(調和)가 되는 것은 로고스로서 우리의 눈에 보이는 이 우주(宇宙)에서 발견(發見)되는 질서(秩序)와 조화(調和)는 또한 이 로고스에서 나오는 것이라고 주장했다.

그러므로 로고스는 그 내면(內面)에 있어서는 하나님의 사상(思想)이요 그 외면(外面)에 있어서는 하나님의 말씀이다. 도(道)라는 것은 우리의 눈에 보이는 우주(宇宙)에 나타난 합리적(合理的)인 질서(秩序)를 말하는 것으로서 오늘날의 말로 하면 법칙(法則)이라고 해야 할 것이다.

그러므로 이 법칙(法則)을 이해하는 것이 곧 하나님의 이상(理想)의 나타나심을 이해하는 것이다. 필로는 또한 절대적일치(絕對的 一致)라는 것을 주장함으로써 하나님을 천지(天地)의 종국적원인(終局的 原因)이라고 하였지만 천지(天地)를 창조(創造)한 것은 로고스라고 하였다.

이와 같이 그는 로고스를 하나님께서 천지(天地)를 창조(創造)하시는데 쓰신 기계(機械, Machine)로 삼았으므로 그에 의하면 로고스는 하나님과 사람의 중간(中間)에 있는 것으로서 하나님과 같이 나지 않은 것도 아니고 또한 사람처럼 난 것도 아니며 영원히 난 것 다시 말하면 시간적(時間的)인 존재(存在)로 된 것이 아니라 영원(永遠)히 존재(存在)한 것이다.

그렇다고 스스로 창조(創造) 된 것도 아니고 하나님의 창조력(創造力)에 의하여 존재(存在) 한 것 즉 지으심을 받는 것이 아니라 영원(永遠)히 난 것이라고 주장했다.

또 로고스는 하나님의 도(道)로서는 "하나님의 장자(長子)" 또는 "하나님의 처음 난 아들"이라고 하고 눈에 보이는 우주(宇宙)의 질서(秩序)와 조화(調和)를 보존(保存)하며 개인(個人)과 국가(國家)의 운명(運命)을 지배(支配)하는 법칙(法則)이라고 생각해야 할 것이다.

이를 다시 말하면 로고스는 하나님과 인간과의 중간상태(中間狀態)에 있고 사람은 합리적(合理的)인 존재(存在)로서 로고스의 현상(現像)이라는 관념(觀念)에서 로고스는 또한 하나님과 사람 사이의 중보자(仲保者, Mediator) 또는 제사장(祭司長, Priest)이라고 불렀다.

그런데 사도(使徒) 요한의 로고스의 근원(根源)은 구약성경에서도 찾아 볼 수 있다.

즉 창세기에서 천지창조(天地創造)는 하나님의 말씀으로 이루셨다고 하였는데 이에 의하면 천지창조(天地創造)와 하나님의 섭리(攝理)의 시적서술(詩的敍述)에 있어서의 하나님의 말씀을 의인화(擬人化) 하는 일이 생기게 되었다(시33:6, 107:30, 147:15, 148:8).

특히 고조(高調)한 것은 계시(啓示)를 하나님의 말씀이라고 한 것으로서 이에 의하여 이사야 선지자(先知者)는 "받는바 말씀"이라고 하였고(사2:1) 미가 선지자(先知者)는 "미가에게 임한 말씀"이라고 한 것으로서 이에 의하면 "하나님의 말씀"과 "쓰여 진 말씀"의 구별(區別)이 생기게 되었다.

이와 함께 "여호와의 사자(使者)" 또는 "언약(言約)"이 어떤 때는 하나님과 동일시(同一視)하게 되고 또 어떤 때는 구별(區別)되었으며(창16:7-13, 21:17, 18:13, 출3:2-6, 14:16, 23:20, 32:24) 또는 "하나님의 이름"(출23:21, 왕상28:29, 사30:27, 시54:1, 렘10:6) "하나님의 임재"(출34:14, 신1:37, 사63:9) "하나님의 영광"(출23:18, 40:33, 왕상8:11)이 의인화(擬人化) 된 것이라고도 할 수 있다.

이렇게 로고스를 다양(多樣)한 의미에서 사용하고 있는 것은 우리 인간으로서는 감히 완전히 이해할 수 없는 기독교(基督敎)만의 신비(神秘) 자체라는 것을 알게 하는 말씀이다.

3) 삼위일체론(三位一體論)에 대한 논쟁

삼위일체(三位一體, The Trinity)란 오직 우리 기독교(基督敎)에서만 믿는 하나님의 위격(位格, Persona)에 관한 교리(敎理)로서 매우 중요하고 신비적(神秘的)인 교리(敎理)이다.

우리가 흔히 하나님의 삼위일체(三位一體, Trinity)에 대한 논의(論議)를 함에 있어서 우선 한 몸

혹은 일체(一體) 속의 삼위(三位)와 삼위(三位)인 일체(一體)에 관하여 논(論)하려는 것이다.

본래 삼위일체란 말은 화란어(Drie-eenbeid)가 가장 잘 된 표현(表現)으로 이해되고 있는데 이는 세 위격(位格, Persona)의 일체(一體)에 대하여 어떤 함축성(含蓄性)도 없으며 단지 셋이 하나로 존재(存在)한다는 상태(狀態)만을 나타내고 있을 뿐이다. 그러나 일반적으로 이 말은 신학적(神學的)인 전문용어(專門用語)로서 그러한 관념(觀念)을 포함(包含)하고 있는 것으로 이해되고 있다.

우선 여기에서 대 신학자 죤 칼빈의 삼위일체론(三位一體論)에 대해서 먼저 살펴보고 논쟁점(論爭點)에 대해서 분석 해 보려고 한다.

칼빈은 그의 기독교강요(基督敎綱要)에서 우리가 유일(唯一)하신 하나님을 믿는다고 고백(告白)할 때 이 하나님의 명칭(名稱)은 유일(唯一)하시며 단일(單一)하신 본질(本質)로 이해된다는 것이며 이 본질(本質) 안에는 세 인격(人格, Personality) 또는 세 실재(實在, Actual Existence)가 존재(存在)한다는 사실이다.

그러므로 하나님의 이름이 특수화(特殊化) 함이 없이 언급(言及) 될 때 이 명칭(名稱)은 성부(聖父)를 지칭(指稱)하는 것과 마찬가지로 또한 성자(聖子)와 성령(聖靈)을 지칭(指稱)한다.

그러나 성자가 성부와 연합(聯合) 될 때 양자(兩者)는 상호관계(相互 關係)를 가지게 되기 때문에 우리는 여기에서 위(位)들의 사이를 구별(區別)해 내는 것이다. 그러나 위(位)들의 독자적(獨自的)인 특성(特性)에는 일정(一定)한 순서(順序)가 있다. 예를 들면 성부(聖父)에게 시작(始作)과 근원(根源)이 있는 것과 같은 것이다.

그러므로 성부와 성자 혹은 성부와 성령이 동시(同時)에 언급(言及) 될 때 '하나님' 이라는 명칭(名稱)은 언제나 성부(聖父)에게 특별히 적용(適用)되는 것으로 이해하면 된다. 이와 같이 하여 본질(本質)의 단일성(單一性)이 보존(保存)되고 그 정당(正當)한 순서(順序)가 유지(維持)된다.

그렇다고 이것이 성자(聖子)와 성령(聖靈)의 신격(神格)을 조금도 손상(損傷)시키는 것은 아니다. 모세와 선지자(先知者)들이 '여호와'라고 증거(證據) 한 하나님의 아들이 바로 그리스도라고 하는 사도(使徒)들의 일관(一貫)된 주장(主張)이었다고 하는 사실을 우리는 위에서 이미 확실히 보았기 때문에 항상 본질(本質)의 단일성(單一性)으로 돌아가야 할 필요가 있다.

그러므로 성자를 가리켜 성부와 다른 하나님이라고 부르는 것은 가증(可憎) 스러운 하나님에 대한 신성(神聖)의 모독죄(冒瀆罪)가 된다. 왜냐하면 하나님의 단일명칭(單一名稱)은 어떠한 상관관계도 허락하지 않으며 따라서 하나님에 대하여 이런 하나님이다 또는 저런 하나님이다 하는 식으로 불릴 수 없기 때문이다.

사단은 우리의 신앙(信仰)을 그 근본(根本)으로부터 뒤집어엎기 위해 부분적(部分的)으로는 성자와 성령의 신적(神的)인 본질(本質)에 관하여 또 부분적(部分的)으로는 위(位)의 구별(區別)에 대하여 언제나 커다란 분쟁(分爭)을 선동(煽動)하여 왔다.

사탄은 거의 모든 시대(時代)를 통해서 불경(不敬)한 정신(精神)의 소유자(所有者)들을 선동(煽動)하여 이 문제로 인하여 정통주의적(正統主義的)인 교사(敎師)들을 괴롭혀 왔으며 오늘날까지 그 나타나고 있는 현상은 위험(危險)한 불씨로 또 새로운 불을 붙이려하고 있다.

이러한 이유(理由) 때문에 우리가 여기서 어떤 사람들의 그 왜곡(歪曲)된 헛소리들을 반박(反駁)하는 것은 매우 중요한 일이다.

그런데 삼위일체(三位一體)의 교리(敎理)에 대한 "삼일"(三一)이라는 말은 초대 교회 시절의 교부(敎父)로서 라틴 신학(神學)의 대부(代父)로 통하며 합리주의(合理主義, Rationalism)를 배격(排擊)하여 "배리(背理) 이기 때문에 믿어야 하고 불가능(不可能)하기 때문에 더 확실(確實)하다"라는 유명(有名)한 말을 남긴 터틀리안 (Tertullianus: 160경-220)에 의해서 처음으로 사용 된 용어(用語)로 알고 있다.

이 삼위일체(三位一體, Trinity)의 교리(敎理)에 대한 논쟁(論爭)은 예수 그리스도와 하나님과의 동일본질(同一 本質)에 대한 문제였다. 성부(聖父, The Holy Father)와 성자(聖子, The Holy Son)와 성령(聖靈, The Holy Spirit)이 동일본질(同一本質)의 일체(一體)라고 할 때에 자연히 예수 그리스도께서 하나님이시라는 것이 확정(確定)되는데 그렇다면 하나님이신 예수 그리스도가 어떻게 사람이 되시는가 하는 문제로 발전하게 된다.

그러므로 자연히 삼위일체(三位一體)의 교리(敎理)에 대한 논쟁(論爭)은 예수 그리스도께서 아버지 하나님과의 일체성(一體性)을 말씀하신데 대한 논쟁(論爭)으로서 이러한 기독론(基督論)에 대한 논쟁(論爭)은 그리스도의 신인양성(神人兩性)에 관한 시비논쟁(是非論爭)으로 발전하게 되었다는 것을 알게 한다.

한마디로 말하면 결국 "그리스도는 누구냐?"라고 하는 논쟁(論爭)으로 발전하게 된다는 말이다.

전통적(傳統的)인 바른 교리(敎理)에서는 웨스트민스터 신앙고백(信仰告白)에서 밝힌 대로 성부와 성자와 성령 삼위일체(三位一體) 하나님께서는 그 지혜(智慧)와 권능(權能)과 성품(性品)과 옳으심이 같은 것으로 표현하여 동일본질(同一本質)의 일체성(一體性)을 강하게 주장하고 있다.

그러나 초대 교회 시절부터 시작되었던 삼위일체 교리에 대한 논쟁은 성자를 성부에게 부당하게 종속(從屬)시키는 데서부터 시작되었다.

그것이 알렉산드리아 파에 속하는 당대의 신학자(神學者)였든 오리겐 (Origen: 185-254)에 의해서 좀더 구체적으로 나타났는데 오리겐은 "성자는 성부에게 종속(從屬)되었으며 성령은 또한 성자에게 종속(從屬)되어 있다" 라고 하므로 먼저 삼위일체(三位一體) 하나님의 위격(位格)에서 본체적(本體的)인 신성(神聖)을 감소(減少)시킴으로 성자의 피조설(被造說)을 주장한 아리우스 (Arius: 256-336) 이단자(異端者)들에게 덜미를 주게 되었다.

아리우스는 주장하기를 성자(聖子)를 성부(聖父)의 제1 피조물(被造物)로 설명하고 성령(聖靈)을 성자(聖子)의 제1 피조물(被造物)로 묘사(描寫)함으로써 성자와 성령의 신성(神性)을 함께 부인(否認)했다.

이렇게 해서 성부(聖父)와 함께 성자(聖子)와 성령(聖靈)의 동일성(同一性, Consubstantiality) 은 하나님의 유일성(唯一性)을 보존(保存)하기 위하여 희생(犧牲)당하게 되었으며 신성의 세 위격(位格, Persona)들은 그 지위(地位)에 있어서 달라지는 결과로 나타나게 된다. 그러므로 이는 받아들일 수 없는 이단설(異端說)이 된 것이다. 아리우스(Arius: 256-336) 주의자들은 여전히 신성(神性)의 세 위격론(位格論)의 외형(外形)은 유지(維持)하는 듯 하였지만 이것은 단일신론(單一神論, Monarchianism)에 의하여 완전히 희생(犧牲)을 당하고 말았다.

삼위일체론(三位一體論)에 관한 많은 주장들이 있으나 우리는 투명(透明)한 삼위일체 교리에 대한 확신(確信)을 가져야 할 필요가 있다는 것을 느낀다.

성경은 한 하나님이 그 위격(位格, Persona)에 있어서 삼위(三位)로 되어 있다는 것을 분명히 말씀하고 있다. 이것은 분명히 하나님의 특별계시(特別啓示, Special Revelation)에 속한 교리(敎理, Dogma)로서 자연(自然)에는 계시(啓示)되지 않은 깊은 신비적(神秘的)인 교리(敎理)이며 인간의 이성(理性)으로는 발견(發見) 할 수도 없고 이해(理解) 할 수도 없는 신비(神秘)하고 오묘(奧妙)한 기독교만의 교리(敎理)이다.

삼위일체 교리란 "하나님은 그의 본질적(本質的)인 존재(存在)에 있어서는 한 분이시지만 이 한 분 안에는 성부(聖父)와 성자(聖子)와 성령(聖靈)이라고 하는 세 위격(位格, Persona)이 한 분의 하나님으로 되어있다는 신비적(神秘的)인 교리(敎理)이다"라고 하는 신비적(神秘的)인 교리(敎理)이다.

이에 대한 것을 분명(分明)히 하지 않으면 결코 하나님에 대한 바른 이해에 이를 수 없다는 것을 알아야 한다.

이 삼위(三位) 하나님은 신적본질(神的本質)이 존재하는 세 형태(形態)라고도 할 것이다. 신적인 존재에 있어서 이들의 자기 구별은 그들이 서로 같은 인격적(人格的)인 관계를 가질 수 있다는 그런 성질(性質)의 것이다.

성부는 성자에게 말씀하실 수 있으며 또한 성령을 파송(派送) 하실 수 있다. 이 삼위(三位)가 그 본질적(本質的)인 존재(存在)에 있어서 하나라고 하는 여기에 삼위일체(三位一體)의 참 된 신비(神秘)가 있는 것이다.

그리고 이것은 신적(神的)인 본질(本質)이 각각 삼위(三位)로 다르게 분할(分割)됨을 뜻하는 것이 아니다.

삼위(三位)는 각자가 완전성(完全性)을 지니고 있으면서 또한 전체(全體)의 하나를 이루고 있다. 그것을 위격(位格, Persona) 밖에서나 위격(位格)을 떠나서는 존재(存在)하지 않다는 것이다.

더욱이 그 위(位)들은 그 본질적존재(本質的存在)에 있어서 한 위(位)가 다른 위(位)에게 종속(從屬)되지 않는다. 그러나 존재의 질서(秩序)로 보아서 성부가 제1위(第一位)가 되시고 성자가 제2위(第二位)가 되시며 성령이 제3위(第三位)가 되신다는 말이다.

이 순서(順序)는 하나님의 창조사역(創造事役)과 구속사역(救贖事役)에서도 잘 보여주고 있다.

이 삼위(三位)는 어떤 인격적(人格的)인 특성(特性)에 의해서 구별(區別)된다. 곧 성부는 성자를 발생(發生, Generate)시키시고 성자는 성부에 의해서 발생되며 성령은 성부와 성자에게서 발출(發出, Proceed)된다.

이 교리(敎理)는 신성(神性)의 위대한 신비(神秘) 중의 하나로 인간의 이해를 훨씬 초월(超越)하는 신비적(神秘的, Mystery)인 성경의 교리(敎理)이다.

삼위일체 교리는 그리스도인의 신앙적경험(信仰的經驗)이 이러한 신론(神論)의 구성(構成)을 요구하는 것처럼 보이는 것도 사실이다.

그러면서도 이 삼위일체(三位一體)에 대한 교리(敎理)는 우리가 경험(經驗)만을 근거로 하였다면 전혀 이해 할 수 없었을 것이다. 또한 아무런 확신(確信)도 가질 수 없었던 교리(敎理)로서 하나님의 특별계시(特別啓示, Special Revelation)에 의해서만 우리에게 전달 된 것이다.

여기에서 말하는 특별 계시란 하나님의 말씀인 성경(聖經)을 이르는 말이며 또한 성령의 특별한 영감(靈感, Spiritual Inspiration)에 의해서만 우리는 그 뜻을 이해하고 이를 성경 말씀에서 찾는나.

❶ 구약성경에서의 복수형(複數形)

1) 구약 성경에서는 하나님 자신을 복수형(複數形)으로 묘사하여 또 다른 위(位)의 존재(存在)를 말씀하고 있다 (창1:26, 11:7).

2) 여호와의 사자(使者)에 대해서 신적(神的)인 인격(人格)으로 묘사(描寫)하고 있다 (창16:7-11, 18:1-21, 19:1-22).

3) 영(靈)을 인격(人格)으로 부르고 있다 (사48:16, 63:10).

4) 그 외에도 위(位)의 복수형(複數形)을 반드시 말씀해주고 있다 (사48:16, 61:1, 63:9-10).

❷ 신약성경에서의 복수형(複數形)

1) 신약 성경에서는 좀 더 구체적(具體的)으로 예수께서 세례(洗禮)를 받으실 때에 삼위(三位)의 하나님이 각각 다른 형식(形式)으로 드러나고 있음을 알 수 있다 (눅3:21-22).

2) 예수님의 고별강화(告別講話)에서도 삼위(三位)에 대한 말씀이 있다 (요14:-16:).

3) 예수님의 최후 분부(吩咐)에서도 삼위(三位) 하나님에 대해서 말씀하고 있다 (마28:19).

4) 사도(使徒)들의 축복(祝福)에서 삼위(三位) 하나님의 이름을 들고 있다 (고후13:13).

5) 그 외에도 여러 곳에서 삼위(三位) 하나님께 대하여 언급(言及)해주고 있음을 본다(눅1:35, 고전2:4-6, 벧전1:2).

이러한 모든 성경의 증거(證據)로 미루어 볼 때에 우리 기독교(基督敎)에서 가장 신비적(神秘

的)인 교리(敎理)로 수용하는 삼위일체(三位一體)에 대한 교리(敎理)는 어떠한 경우에도 인위적(人爲的)이고 이성적(理性的)인 판단을 가지고 논쟁(論爭)의 대상으로 삼을 교리(敎理)가 아니라 하나님의 계시(啓示)에 속한 하나님에 대한 신비적(神秘的)인 지식(知識)으로 이해되어야 할 중요한 교리(敎理)라는 것을 알아야 할 것이다.

4) 기독론(基督論)의 논쟁(論爭)

기독론(基督論)에 대한 논쟁(論爭)은 대개 다섯 가지의 의미에서 설명할 수 있다.

그것은 기독론(基督論)에 대한 중대한 오류(誤謬)에서 시작되었는데 기독교 초기의 에비온 파 (Ebioist)와 알로기 파 (Alogis)로 대표되는 그리스도의 신성(神性)의 실제성(實際性)에 대한 부정(否定)과 제2세기 경 노스틱 주의자(Gnosicism)들을 중심으로 한 그리스도의 인성(人性)의 실제성(實際性)에 대한 부정(否定)을 비롯하여 아리우스 파들이 주장하는 그리스도의 양성(兩性)의 실제성(實際性)에 대한 부정(否定)과 네스토리어스 파 (Nestorians)를 중심으로 한 그리스도의 인격(人格)의 통일성(統一性)에 대한 부정(否定)과 유니커스 (Unichians)를 중심으로 한 그리스도의 신인양성(神人兩性)에 대한 부정(否定)과 왜곡(歪曲) 등으로 나누어서 생각해 볼 수 있다.

그러나 성경은 하나님과 인간 사이에 단 한 분의 중보자(仲保者, Mediator)가 계심을 말씀하고 있는데 이 중보자(仲保者)는 신성(神性)과 인성(人性)의 두 가지로 구별(區別) 된 성질(性質)을 지니고 있다고 말씀 해주고 있다. 그것은 하나님께서 육신(肉身)으로 나타나셨다고 하는 경건(敬虔)의 위대한 신비적(神秘的)인 것이다.

"크도다. 경건(敬虔)의 비밀(秘密)이여, 그렇지 않다 하는 이 없도다. 그는 육신(肉身)으로 나타난바 되시고, 영(靈)으로 의(義)롭다 하심을 입으시고, 천사(天使)들에게 보이시고, 만국(萬國)에서 전파(傳播)되시고, 세상(世上)에서 믿은바 되시고, 영광(榮光)가운데서 올리우셨음이니라"(딤전3:16).

이것은 구약성경에서는 충분히 계시(啓示)되지 않은 사실로서 성경적인 의미에서뿐만 아니라 인간의 이해를 초월(超越)하고 있다는 점에서도 역시 하나의 신비(神秘)인 것이다.

그것이 표현(表現)하고 있는 문제는 많은 논쟁(論爭)을 일으켰다. 어떤 이는 하나님의 양성(兩性)을 구분하는데 실패(失敗)했고 또 어떤 이는 그리스도의 인격(人格)의 통일성(統一性)을 주장하는데 실패(失敗)하므로 성경의 바른 교리(敎理)를 확보(確保)하지 못한 경우들이 있었다.

그러나 성경은 분명히 그리스도의 신성(神性, Th Divine nature of Christ)과 그리스도의 인성(人性, The Human nature of Christ)에 대해서 확실(確實)하게 말씀해주고 있다.

구약 성경에서는 예수 그리스도를 징차 오실 메시이로 증기(證據) 해주고 있다(시시9:0, 렘23:0, 단7:13, 믹5:2, 슥13:7, 말3:1).

이에 비하여 신약성경(특히 요한복음)은 좀 더 적극적(積極的)인 의미에서 예수 그리스도의 메시아 되심을 강변(强辯)해주고 있다.

"태초(太初)에 말씀이 계시니라. 이 말씀이 하나님과 함께 계셨으니, 곧 하나님이 시니라. 그가 태초(太初)에 하나님과 함께 계셨고, 만물(萬物)이 그로 말미암아 지은바 되었으니, 지은 것이 하나 도 그가 없이는 된 것이 없느니라"(요1:1-3).

"말씀이 육신(肉身)이 되어 우리 가운데 계시매 우리가 그 영광(榮光)을 보니, 아버지의 독생자(獨生子)의 영광(榮光)이요, 은혜(恩惠)와 진리(眞理)가 충만(充滿)하더라"(요1:14).

"본래 하나님을 본 사람이 없으되, 아버지 품속에 있는 독생(獨生)하신 하나님이 나타내셨느니라"(요1:18).

"또 물어 가로되, 네가 만일 그리스도도 아니요, 엘리야도 아니요, 그 선지자(先知者)도도 아닐진데 어찌하여 세례(洗禮)를 주느냐? 요한이 대답하되, 나는 물로 세례(洗禮)를 주거니와, 너희 가운데 너희가 알지 못하는 한 사람이 있으니, 곧 내 뒤에 오시는 그 이라. 나는 그의 신들메 풀기도 감당(勘當)치 못 하겠노라 하더라"(요1:25-27).

"돌을 옮겨 놓으니, 예수께서 눈을 들어 우러러 보시고 가라사대, 아버지여, 내 말을 들으신 것을 감사(感謝)하나이다. 항상 내 말을 들으시는 줄을 내가 알았나이다. 그러나 이 말씀 하옵는 것은 둘러선 무리를 위함이니, 곧 아버지께서 나를 보내신 것을 저희로 믿게하려 함이

니이다. 이 말씀을 하시고 큰 소리로, '나사로야, 나오라' 부르시니, 죽은 자가 수족(手足)을 베로 동인채로 나오는데, 그 얼굴은 수건(手巾)에 쌓였더라. 예수께서 가라사대, 풀어놓아 다니게 하라 하시니라"(요11:41-44).

"도마가 대답하여 가로되, 나의 주(主)시며, 나의 하나님이 시니이다"(요20:28).

비단 요한복음에서만이 아니라 거의 모든 성경이 한결같이 예수 그리스도의 신성(神性)과 메시아 되심은 물론 삼위일체(三位一體) 하나님 되심을 증거(證據) 해주고 있다 (마5:17, 9:6, 11:1-6, 27, 14:33, 16:16, 25:31, 막8:38. 롬1:7, 9:5, 고전1:1-3, 2:8, 고후5:10, 갈2:20, 4:4, 빌2:6, 골2:9, 딤전3:16, 히1:1-3, 5:8, 4:14, 5:8).

또한 초대 교회 시절부터 예수 그리스도의 참 인성(人性)에 대하여 약간(若干)의 문제를 일으키기는 했으나 현대신학(現代神學)에 와서는 오히려 극소수(極少數)의 자유주의(自由主義)에 속한 신학파(神學派)를 제외(除外)하고는 큰 문제로 발전되지 않는 경향(傾向)이라고 할 것이다.

오랫동안 그리스도에 대한 신격(神格)만을 일방적(一方的)으로 강조하여 그의 인성(人性)에 대하여는 올바른 판단을 상실(喪失)하고 있었으나 오늘에 와서는 오히려 그 반대(反對)가 되어있다.

점진적(漸進的)으로 자라난 인도주의(人道主義)는 그리스도의 참 된 인성(人性)을 전적으로 강조하게 되었다. 더욱이 많은 사람들이 그리스도에게 돌리고 있는 그 신성(神性)을 단순히 그의 완전(完全)한 인성(人性)에 불과 한 것이다.

그러나 그리스도의 참 된 인성(人性)을 보여주는 충분(充分)한 성경 적인 증거(證據)가 수없이 많다는 것을 알아야 한다. 예수께서는 자신이 "사람의 아들"(人子, Son of Man)이라고 부르셨으며 다른 사람들도 그렇게 불렀다 (요8:40, 행2:22, 롬5:15, 고전15:21).

우리는 그리스도가 육체(肉體)를 입으시고 사람으로 오셨다는 것 곧 인성(人性)을 취(取)하셨다는 것을 반복적(反復的)으로 교훈(敎訓) 받고 있다 (요1:14, 딤전3:16, 요일4:2).

그는 인성(人性)의 본질적(本質的)인 요소(要素) 곧 물질적(物質的)인 육체(肉體)와 이성적(理性的)

인 영혼(靈魂)을 소유(所有)하셨다 (마26:26-28, 38, 눅23:46, 24:39, 요11:33, 히2:14).

더욱이 그는 인간으로서 일반적(一般的)인 법칙(法則)에 따라서 발육(發育)하고 성장(成長)하셨으며 인간의 결핍(缺乏)과 고난(苦難)에 종속(從屬)되어서 살으셔야했다 (마4:2, 8:24, 9:36, 막3:5, 눅 2:40, 50, 22:44, 요4:6, 11:35, 12:27, 19:28-30, 히2:10, 18, 5:7-8).

그러나 그리스도가 참 된 인간(人間)이었음에도 불구하고 그에게는 죄(罪)가 없으셨다는 것을 명심해야 한다.

그에게는 인성(人性)과 신성(神性)의 본질적(本質的)인 연합(聯合)이 있었기 때문에 그는 죄(罪)를 범하지 않았을 뿐만 아니라 또한 죄(罪)를 범(犯)할 수도 없었던 것이다 (눅1:35, 요8:46, 14:30, 고후5:2, 히4:15, 9:14, 벧전2:22, 요일3:5).

특히 현대 자유주의 신학자들 사이에는 그리스도를 다만 한 인간(人間)으로만 생각하고 그리스도의 양성(兩性)의 필요성에 대한 것 자체를 부인(否認)하려고 하는 자들이 있다.

그러나 만일 그리스도가 인간도 하나님도 아니라면 그는 우리의 중보자(仲保者, Mediator)도 될 수 없다는 결론에 이르게 한다는 것을 알아야 한다.

그는 구속 사역에 있어서 죄인을 대표하기 위해서는 반드시 인류(人類)속의 한 사람이 되어야 했다. 그는 육체(肉體)와 영혼(靈魂)의 모든 본질적(本質的)인 특성(特性)들뿐만 아니라 인간이 타락(墮落)한 후에 떨어지기 쉬운 모든 허약점(虛弱点)을 가지고 인성(人性)을 취(取)할 필요가 있었다.

인류의 고뇌(苦惱)에 대한 경험적(經驗的)인 지식(知識)을 갖고 모든 시험(試驗)을 이기신 이러한 참 인간적(人間的)인 중보자(仲保者)만이 인간의 모든 경험(經驗)과 시련(試鍊)과 유혹(誘惑)에 대하여 동정(同情) 할 수가 있었다 (히2:17-18, 4:15, 5:2).

또한 그의 추종자(追從者)들에 대한 하나의 완전한 인간적(人間的)인 모범(模範)이 될 수 있었다 (마11:29, 막10:39, 요13:13-15, 빌2:5-8, 히12:2-4, 벧전2:21).

동시에 그는 우리 인간의 생명(生命)을 구원(救援)하실 구주(救主, Savior)가 되시기 위해서는 무죄(無罪)하셔야 했다 (히7:26).

기독론(基督論)에 대한 초대 교회 시절부터의 논쟁(論爭)은 결국 325년 니케아 회의(The

Council of Necaea)에서 "성자가 성부와 동일본질(同一本質)"되심을 선언(宣言)했고 318년에 열린 콘스탄티노풀 회의(會議, The Council of Constatinople) 에서는 이를 승인(承認)하므로 정통교리(正統敎理)로 확정(確定)되었다.

삼위(三位) 하나님의 상호관계(相互關係)에 대해서는 성자는 성부에 의해서 발생(發生)하여 성령은 성부와 성자로부터 발출(拔出)하셨다고 공식적(公式的)으로 선언(宣言)하므로 기독론(基督論)과 삼위일체론(三位一體論)의 정통교리(正統敎理)를 확립(確立)하게 되었다.

최소한 제2위 하나님이신 성자(聖子) 예수 그리스도의 무죄성(無罪性, Guiltlessness)에 대한 확신(確信)이 없이는 예수 그리스도와의 관계를 유지할 수 없다는 것을 알아야 한다.

왜냐하면 현대 일부의 자유주의(自由主義)에 속한 신학자(神學者)들은 예수 그리스도를 단순히 인간의 역사(歷史) 속에 오신 한 인간(人間) 예수로서 사랑의 실현자(實現者)요 완성자(完成者)로서의 모범(模範)을 보이신 분이라고만 생각하여 사실상 예수 그리스도의 무죄성(無罪性)에 대해서는 일부러 외면(外面)해 버리는 경향이 있다.

우리가 분명히 알아야 할 것은 예수 그리스도께서는 참 하나님으로서의 신성(神性, Divine)을 가지신 분이시오 또한 참 사람으로서의 인성(人性, Human Nature)을 취(取)하신 분이시나 그에게는 전혀 죄(罪)가 없으신 분이라는 무죄성(無罪性, Guiltlessness)에 대한 바른 이해 없이는 결코 바른 성경 적인 믿음은 고사하고 예수 그리스도를 통한 구속(救贖)의 길도 없다는 중요한 교리이다.

우리 인간의 범죄(犯罪)는 육체적(肉體的)인 사망(死亡)에 이르게 되었고 죽어서 매장(埋葬)된 다음에는 그 육체(肉體)가 썩어서 흙으로 돌아가게 되어 있다(창3:19 참고).

그러나 참 사람으로 이 세상에 사람의 몸을 입고 오신 예수 그리스도는 십자가(十字架)위에 못 박혀서 죽임을 당하셨고 무덤에 장사(葬事)되기까지는 했으나 3일 만에 죽은 자 가운데서 다시 살아나시사 부활(復活, Resurrection)하심으로 말미암아 일반 사람들처럼 흙으로 되돌아갈 수 없었다.

그러므로 예수 그리스도의 부활(復活)은 우리 인간들의 부활(復活)에 대한 첫 열매가 되신 것이다.

성경은 이에 대하여 다음과 같이 자세하게 말씀해주고 있다.

"그러나 이제 그리스도께서 죽은 자 가운데서 다시 살아 잠자는 자들의 첫 열매가 되셨도다"(고전15:20).

"그러나 각기 자기 차례대로 되리니 먼저는 첫 열매인 그리스도요 다음에는 그리스도 강림하실 때에 그에게 붙은 자요 그 후에는 나중이니 저가 모든 정사(政事)와 모든 권세(權勢)와 능력(能力)을 멸(滅)하시고 나라를 아버지 하나님께 바칠 때라. 저가 모든 원수(怨讐)를 그 발 아래 둘 때까지 불가불 왕(王)노릇 하시리니 맨 나중에 멸망(滅亡)받을 원수(怨讐)는 사망(死亡)이니하"(고전 15:23-26).

✎ 다시 생각해 볼 복습 문제

01. 기독교의 교리사상이 어떻게 형성되었는가를 간단히 말하라.

02. 기독교 창시자로서의 예수 그리스도에 대해서 간단히 말하라.

03. 기독교의 교의와 신조에 대해서 간단히 말해 보라.

04. 기독교에 대한 교리적인 정의를 말해 보라.

05. 신조로서의 사도신경에 대해서 말하라.

06. 성경과 교리와의 관계를 간단히 말하라.

07. 기독교 교리사상의 초기논쟁이 무엇이었는지 말하라.

08. 기독론의 논쟁이 어떤 것들이었는가를 설명해 보라.

제5장
기독교 교리 사상의 발전(發展)
The Expansion of the Dogmatic Thought of the Christianity

기독교의 교리(敎理)사상(思想)이 언제부터 어떠한 과정을 통해서 발전(發展, Expansion)하여 왔는가 하는 것을 안다는 것은 매우 중요한 일이다.

왜냐하면 교리(敎理)나 신조(信條)의 자체(自體)를 배격(排擊)하고 부인(否認)하려는 사람들이 있는가 하면 현대주의자(現代主義者)들 가운데는 기독교 교리를 단순히 현대적(現代的)인 의미에서 축소(縮小)해서 해석(解釋)하여 단순히 한 시대(時代)의 산물(産物)로 오해(誤解)하는 자들도 없지 않다.

그러므로 기독교 교리사상(敎理思想, Dogmatic Thought)이 어떻게 발전(發展)하여 오늘에 이르게 되었고 그것들이 어떠한 과정(過程, Process)을 통해서 오늘에 이르게 되었는가를 알아보기로 한다.

우선 우리가 쉽게 이해 할 수 있는 것은 성경의 형성사(形成史)를 1세기 말인 기원 100년까지로 하고 성경 기록의 완성(完成)이라는 결론에는 별다른 이의(異議)를 붙이지 않는다.

그러나 기록 된 성경을 중심으로 찬반(贊反)의 논쟁(論爭)은 그칠 새 없이 계속(繼續)되었다는 것을 알고 있다. 이에 대하여 외부(外部)를 향해서는 변증(辨證)과 설득(說得)으로 대처(對處)해야 했지만 좀 더 적극적(積極的)인 의미에서는 스스로의 교리사상(敎理思想)을 확립(確立)하여 내부(內部)의 결속(結束)과 통일(統一)을 기해야 할 필요를 느꼈다.

바로 이러한 일을 맡아서 수행해야 할 사명자(使命者)들이 속사도 교부(屬使徒 敎父)들이었다.

사도들에 의해서 배우고 듣고 사명을 받은 속사도 교부(敎父)들은 우선 기록(記錄) 된 성경의 교리(敎理)를 바로 전달(傳達)하여 기독교 진리의 정통성(正統性)을 확립(確立)하여 교회의 통일(統一)을 기해야 할 책임을 느꼈다.

그리하여 속사도 교부들은 기독교 진리를 철학적(哲學的)으로 또는 논리적(論理的)으로 입증(立證)하는 변증학적(辨證學的)인 방법과 기독교 진리를 역사적(歷史的)으로 또는 경험적(經驗的)으로 입증(立證)하기 위한 험증학적(驗證學的, Evidence)인 방법으로 자기 보호(保護)와 상대의 설득(說得) 및 정복(征服)에 임해야 했다.

바로 여기에서 기독교 교리사상은 자리를 잡게 되었고 싹을 트게 되었고 그것들을 중심으로 오늘에 이르기까지 단계적(段階的)인 발전(發展)을 거듭해 오게 되었다.

기독교 교리사상이 오늘에 이르기까지 괴롭혀왔던 원인(原因)이나 문제들은 단순한 것들이 아니라 인간이 생각해 내는 모든 주장(主張)이나 사상(思想)은 물론 생활의 방식들이 한결같이 긍정적(肯定的)이라기보다는 부정적(否定的)인 입장에 서서 기독교 진리를 공격(攻擊)하고 도전적(挑戰的)인 행위를 멈추지 않았다.

여기에는 우선 철학적(哲學的)인 학설(學說)을 비롯하여 세간에 떠도는 풍속(風俗) 상의 문제 정치적(政治的)인 문제 종교(宗敎) 상의 문제들이 계속해서 성경의 진리(眞理)와 맞서서 대립적(對立的)인 관계로 양립(兩立)되어 왔으나 그럴수록 기독교 진리는 더 힘을 얻고 보다 더 분명(分明)한 진리(眞理)를 밝혀서 오늘에 이르도록 정통성(正統性)을 유지해왔다.

여기에는 우선 정확무오(正確無誤)한 성경의 진리 자체가 신적인 권위를 가지고 있었기 때문이라는 것과 살아 계신 하나님의 성령께서는 믿음으로 순종(順從)하는 그의 성도들과 종들에게 영권(靈權)을 더해 주셔서 담대(膽大)하게 바른 진리를 외치고 지켜나가도록 섭리(攝理)해 주셨기 때문에 가능했던 것이다.

살아계신 하나님께서는 언제나 하나님의 사람 편(便)에 서서 하나님의 진리(眞理)로 인도(引導)해 주신다.

1 ≡ 고대(古代) 기독교의 교리사상

기독교 교리사상(敎理思想, Dogmatic Thought)의 고대사(古代史)를 알기 위해서는 무엇보다도 사도(使徒)들이 활동하던 시대에 사도들과 생활을 함께 하면서 그들에게서 직접적(直接的)으로 보고 듣고 배우고 함께 경험(經驗)했던 속사도(屬使徒)들과 교부(敎父)들의 저서(著書)들을 통해서 이해하는 것이 보다 더 중요(重要)한 방법이라고 믿는다.

17세기 불란서(佛蘭西)가 낳은 학자(學者)로 유명한 쟌 코텔리엘(Jean Cotelier)이 1672년에 "사도들과 동시대에 산 교부(敎父)들의 작품집(作品集)" 이라는 책을 두 권이나 써서 냈는데 거기에는 교부시대의 교리사상(敎理思想)을 이해할 수 있는 자료(資料)들이 많이 담겨져 있다.

그가 많은 자료(資料)들을 통해서 증거(證據) 하는바에 의하면, 바나바의 편지(The Letter of Barnabas)를 비롯하여, "헤르마스의 목자(牧者)"(The Shepherd of Hermas), "클레멘트의 두 편지(便紙)"(The Two Letters of Clement), "익나티어스의 일곱 편지(便紙)"(The Seven Letters of Ignatius), "폴리캅의 편지(便紙)"(One Letter of Polycarp), "폴리캅의 순교(殉敎) 이야기"(The Account of Polycarp's Martyrdom) 등이 있다.

물론 그 후에도 고대인(古代人)들의 몇 가지 작품(作品)들이 더 발견(發見)되기는 했으나 문제는 그들의 작품(作品)을 논하려는 것이 아니라 그 작품(作品)들 속에 지니고 있는 기독교에 관한 교리사상(敎理思想)의 내용(內容)들이 어떤 것들이냐 하는 것이 중요한 문제이다.

속사도 교부들이 주장한 교리사상을 보면 오늘날처럼 어떤 교리적인 체계(體系)나 주장(主張)을 내세우기 위함이라는 것보다는 그때 그때의 사건(事件)과 상황(狀況)에 따라서 변증(辨證)하기 위하여 기록한 성경적인 신앙사상(信仰思想)의 안내서(案內書)로 썼다는 사실을 쉽게 이해할 수 있다.

이들이 주장한 중심 사상의 골자(骨子)는 사도 바울의 교리적(敎理的)인 깊이 보다는 신비적(神秘的)인 경향(傾向)에서부터 시작하여 윤리적(倫理的)인 것과 정열적(情熱的)인 신앙(信仰)으로 인도하기 위한 것들로 집약(集約)할 수 있다.

물론 믿음으로 말미암아 의(義)롭게 된다는 칭의(稱義)의 교리(敎理) 같은 것도 언급되어 있는 것은 사실이지만 고린도 교회의 분쟁(分爭)을 평정(評定)하기 위해서 사도 바울이 고린도 교회에 보낸 편지(便紙)를 써서 보냈던 것처럼 속사도 교부들 역시 성경에 기록된 진리(眞理)를 옹호(擁護)하고 변명(辨明)하기 위한 선에서 머물렀을 뿐 별다른 새로운 문제를 제기(提起)하여 분쟁적(分爭的)으로 발전(發展)시킨 것은 아닌 것으로 이해하면 될 것이다.

교부(敎父)들 가운데서도 익나티어스 같은 이는 칭의(稱義)의 교리(敎理) 문제로 약간의 시비

(是非)를 일으킨바가 있기는 하나 논쟁적(論爭的)인 입장(立場)에서라기보다는 표현(表現) 상의 오해(誤解)로 보고 그가 순교(殉敎)의 길을 가기 위해서 다짐했던 그의 글을 살펴보는 것이 더 유익할 것이다.

"이제는 내가 예수 그리스도의 제자가 되기 시작한다.

보이는 것이든 보이지 않는 것이든 그 어떤 것이라도 내가 예수 그리스도를 향해서 가는 길을 방해(妨害)하지 말라.

불이여 오라. 십자가(十字架)여 오라. 야수(野獸)들과 싸우다가 뼈가 뭉그러지고 팔 다리가 떨어지고, 나의 온 몸이 부서질지라도 좋다.

마귀(魔鬼)의 잔인(殘忍)한 고문(拷問)이여 오라. 다만 나로 하여금 예수 그리스도에게 이르게 하여라."

그리고 고린도 교회의 분쟁(分爭)을 수습(收拾)하기 위해서 알렉산드리아의 클레멘트가 고린도 교회에 보낸 편지(便紙)의 한 절을 소개하는 것도 그들의 교리(敎理)사상(思想)을 연구하는데 도움이 될 것으로 안다.

"친애하는 친구들이여,

이것이 우리가 우리의 구원(救援)을 발견하는 길입니다.

즉 예수 그리스도 우리의 제사(祭祀)의 대제사장(大祭司長) 이시요, 우리의 보호자(保護者)시요, 우리의 연약(軟弱)함을 도우시는 자이십니다. 그를 통하여 우리는 우리의 눈을 하늘 높이 바라봅시다.

그에게 있어서 우리는 하나님의 청결(淸潔)하시고 초월(超越)하여 계신 낯이 비치어 지는 것을 봅니다. 그를 통하여 우리의 마음의 눈은 열려 있습니다. 그를 통하여 우리의 어리석고 어두워 진 깨달음이 빛을 받게 되었습니다.

그 주인(主人)께서는 그를 통하여 우리가 불멸(不滅)의 지식(知識)을 맛보는 것을 기뻐하십니다. 그는 하나님의 영광(榮光)이(光彩)시요, 그는 모든 천사(天使)들보다 탁월(卓越)하실 뿐만 아니라, 그의 이름도 모든 천사(天使)들의 이름보다 더욱 우월(優越)하시기 때문입니다. 모든 것을 감찰(監察)하시는 하나님, 영(靈)들의 주재(主宰)시요, 모든 육신(肉身)들의 주께서는 주예수 그리스도를 택(擇)하셨사온데, 그의 영광(榮光)스럽고 거룩하신 이름을 불러서 세례(洗禮)를 준 모든 영혼(靈魂)들에게 믿음과, 두려움과, 화평(和平)과, 인내(忍耐)와, 오래 참음과, 절제(節制)와, 청결(淸潔)함과, 겸손(謙遜)함을 허락(許諾)하옵소서."

2 ≡ 중세 기독교의 교리사상

속사도 교부시대에 이어서 나타난 중세신학(中世神學)에 대하여 우리는 스콜라 신학(神學) 또는 번쇄신학 (煩鎖神學)이라고 말한다. 본래 "스콜라"(Schola)라는 말은 오늘날의 학교(School)에 해당하는 단어에서 나온 말이다.

그 뜻은 "여유(餘裕), 여가(餘暇)"의 의미를 지닌 헬라어 "스콜레"(skole)에서 온 말로서 고대(古代) 그리스(Greece)에서는 자유인(自由人)과 남자(男子) 그리고 여유(餘裕) 있는 귀족(貴族)들이 학교(學校)를 다녔기 때문에 나온 말이다. 시간(時間)과 물질(物質)과 마음의 여유(餘裕)가 학문(學問)을 가능(可能)케 한다는 뜻을 내포한 말로 이해된다.

그러나 중세시대(中世時代)에 와서는 스콜라 신학(神學) 혹은 철학(哲學)이 번거롭고 차분한 번쇄적(煩鎖的)인 학문(學問)이라는 별칭(別稱)을 얻을 정도로 사변적(思辨的)이고 추상적(抽象的)인 방향으로 흘러가게 되었다.

중세신학이 번쇄(煩鎖)하다는 것은 공허(空虛)한 사색(思索)과 불필요(不必要)한 논쟁(論爭)에 많은 시간을 허비했다는데서 달갑지 않은데서 나온 변명(辨明)인데 중세의 신학(神學) 자체를 전혀 무가치(無價値)한 것으로 볼 수는 없고 대체로 신학의 특성(特性)이 실용성(實用性)보다는 사변(思辨)에 빠졌다는 점에서 그렇게 부르게 된 것이다.

중세 스콜라 신학은 약 천년간에 걸쳐서 형성(形成)되었는데 초기(初期)에는 이성(理性)의 역할(役割)을 매우 높였고 중기(中期)에 가서는 계시(啓示)와 이성(理性)이 병행(竝行)한 다는 입장이었으며 말기(末期)에는 이성(理性)의 역할(役割)보다 계시(啓示)를 더 우위(優位)에 두는 경향이 특징적(特徵的)이었다고 할 것이다.

특히 중세 시대에는 주로 교회론(敎會論)이 강조(强調)되었고 교황권(敎皇權)의 확립(確立)과 카톨릭 교회의 교리(敎理)를 확립(確立)시키는 것으로 이어졌다.

그러므로 신학자(神學者)들의 개별적(個別的)인 주장이 통하지 않았고 오직 교회(敎會)의 권위(權威) 안에서 공적(公的)인 교리(敎理)만을 주장하는 교황권(敎皇權)이 지배(支配)하는 시대(時代)의 신학(神學)이라고 해야 할 것이다.

중세시대의 교회는 주로 교황청(敎皇廳)과 군왕(君王)들과의 분쟁(分爭)과 갈등(葛藤)으로 오히려 신학(神學)의 외적(外的)인 정치적(政治的)인 대치(對峙)의 상태가 교회의 교리적인 발전이나 신학사상(神學思想)의 정립을 혼잡(混雜)케 한 사실상의 기독교에 대한 정통신학(正統神學)의 위기시대(危機時代)였고 실종시대(失踪時代)라고 할 만큼 극단적(極端的)으로 어려웠던 시대 였다.

이러한 이유들로 인해서 자연히 종교개혁(宗敎改革, Reformation)을 일으켜야 할 극한 상황(狀況)으로 몰고 가던 시대였다고 보아서 세부적(細部的)인 교리사상(敎理思想)의 문제는 다른데서 고찰(考察)해 보는 것이 좋을 것이다.

중세 시대의 교리사상(敎理思想)은 거의 교황청(敎皇廳)을 중심으로 한 것이었고 개인적(個人的)인 연구(硏究)나 성경에 대한 접근(接近) 자체가 엄하게 금지(禁止) 당하는 시대였으므로 자연히 정통적(正統的)인 기독교에 대한 교리사상(敎理思想)의 발전을 기할 수가 없었던 시대로 이해하면 될 것이다.

3 ≡ 종교개혁기의 기독교 교리사상

종교개혁기(宗敎改革期)의 기독교 교리사상을 논하기 전에 우리는 먼저 왜 종교개혁(宗敎改革, Reformation)을 일으켜야 했으며 그 종교개혁(宗敎改革)을 일으키게 된 취지(趣旨)와 내용(內容)이 무엇이었던가에 대해서 먼저 이해하고 들어가야 할 필요가 있다고 본다.

로마 카톨릭 교회 측에서는 종교개혁(宗敎改革)에 대해서 여러 가지의 억설(臆說)을 퍼뜨리고 있으나 그것은 엄연한 역사적(歷史的)인 사건(事件)이었기 때문에 바로 알아두어야 할 필요가 있다.

한 마디로 말해서 종교개혁(宗敎改革)은 로마 카톨릭 교회의 교황권(敎皇權)으로부터 성경적(聖經的)인 기독교에 대한 진리(眞理)의 본질적(本質的)인 정통성(正統性)을 되찾자는 것이었다.

너무도 변질(變質, Change in quality, Degeneration)된 기독교 진리의 본질(本質, Essence)을 성경의 진리(眞理)대로 바로 찾아 세우자는 혁명(革命, Revolution)이었던 것이지 결코 로마 카톨릭 교회에서 말하고 있는 대로 어떤 새것(New Things)을 만들어 내자는 것이 아니었다.

로마 카톨릭 교회의 교황(敎皇)이나 사제(司祭)들의 지배(支配)에서가 아닌 성경에서 말씀하고 있는 참 진리(眞理)를 바로 제시(提示)하여 기독교 진리(眞理)의 정통성(正統性)과 교회운동(敎會運動)의 정도(正道)를 바로 이끌어 주었다는데서 그 의의(意義)를 찾아야 할 것이다.

종교개혁(宗敎改革, Reformation)이라고 하는 하나의 역사적(歷史的)인 사건(事件)은 성경의 진리(眞理)와 하나님의 교회를 로마 교황정치(敎皇政治)의 횡포(橫暴)와 로마 카톨릭 교회의 비리(非理) 속에서 되찾아 기독교를 성경의 진리(眞理)대로 되찾아 놓았다는데서 교회사적(敎會史的)인 의의를 찾아야 할 것이다. 이로부터 시작하여 사실상 기독교 진리의 전성시기(全盛時期)요 황금기(黃金期)의 문(門)을 활짝 열어놓는 계기(契機)가 마련되었다고 할 것이다.

신학자(神學者)들은 학문적(學問的)으로 성경의 원문(原文)에 의한 자유로운 번역(飜譯)과 연구활동(研究活動)을 펴나갈 수가 있게 되었고 교황(敎皇)을 중심으로 한 제도(制度)와 관행(慣行)에서 벗어나서 훨씬 더 성경적(聖經的)인 기독교 영성(靈性)의 개발(開發)을 위해서 매달릴 수 있게 되었다.

특히 말틴 루터(Martin Luther), 쯔잉글리(Urich Zwingli), 멜랑톤(Melangchton), 죤 칼빈(John Calvin) 같은 기독교 신학의 천재(天才)들이 나타나서 성경의 바른 진리(眞理)에 의한 기독교 교리신학(敎理神學, Dogmatic Theology)의 정통성(正統性)을 확립(確立)하여 이를 발전(發展) 시켜나가게 되었다.

물론 그 후에 이들의 신학사상(神學思想)이 다 옳은 것은 아니었고 약간(若干)씩 뜻을 달리하는 경향(傾向)으로 흐르기는 했지만 일단 교황권(敎皇權)의 횡포(橫暴)에서 벗어나서 기독교의 바른 신앙(信仰)과 신학(神學)의 자유를 되찾아 주고 성경적인 진리(眞理)를 향해서 갈 수 있도록 바른 길을 열어주게 된 것은 참으로 하나님께 감사(感謝)하고 개혁자(改革者)의 노고(勞苦)에 치하(致賀)와 경의(敬意)를 표해서 옳을 것이다.

일찍이 사도(使徒)들의 뒤를 이어서 교부(敎父)들이 수립(樹立)한 성경 진리의 토대(土臺) 위에 종교개혁자(宗敎改革者)들은 기독교의 교리(敎理)들을 낱낱이 명쾌(明快)하게 정립(定立)하여 성경적인 복음중심(福音中心)의 진리(眞理)를 굳게 세워 나갔다.

그들 가운데서도 대표적(代表的)인 것을 든다면 의시(儀式)가 제도(制度)와 교황(敎皇)의 명령(命令)에 생포(生捕) 당해있던 믿음의 바른 길을 열어주기 위해서 말틴 루터(Martin Luther: 1483-1546)를 비롯한 개혁자(改革者)들이 주장했던 "믿음으로 의롭게 된다"(以信得義)의 교리(敎理)를 명백(明白)하게 세워주었다는 사실이다.

물론 종교개혁(宗敎改革)의 자체는 개혁자(改革者)들에 의하여 되어 진 역사적(歷史的, Historical)인 사건(事件, Event)이기는 하지만 그 개혁(改革)의 중심사상(中心思想)이나 동기(動機)를 일으켜 준 인물로서 영국의 선각자(先覺者)로 통하는 죤 위클립(John Wycliffe: 1324-1384)이나 보헤미아의 개혁자(改革者) 요한 후스(Johann Hus: 1369-1415) 같은 대 인물들의 노고(勞苦)를 결코 배제할 수 없다.

종교개혁(宗敎改革)의 실질적(實質的)인 인물(人物)은 말틴 루터였으나 아직도 그에게는 성경관(聖經觀)과 기독론(基督論)에 대해서 약간의 미흡(未洽)한 점들이 있었는데 이를 바로 잡아서 완성(完成)시켜 놓은 사람이 죤 칼빈 (John Calvin: 1509-1564)이었다.

이런 의미에서 생각할 때에 종교개혁(宗敎改革)을 주도(主導)했던 인물(人物)은 말틴 루터라고 할 수 있으나 이 종교개혁(宗敎改革)을 사실상 성공(成功)시킨 개혁자(改革者)는 죤 칼빈 이었다고 말 할 수도 있다.

죤 칼빈(John Calvin)은 그가 심혈(心血)을 기울여서 쓴 책(冊) 기독교 강요(基督敎綱要, Institutes of the Christian Religion)를 통해서 성경 진리의 중심사상(中心思想)을 잘 표현해주고 있다.

칼빈주의의 핵심사상(核心思想)은 성경적인 신본주의(神本主義)인데 이는 곧 하나님의 절대주권(絶對主權)과 하나님의 절대영광(絶對榮光)과 하나님의 절대의지(絶對意志)에 대한 예정중심(豫定中心)의 사상(思想)에다 믿음으로 구원(救援)을 받는다는 구속론(救贖論)에 대해서 강조해주고 있다.

그러면서도 죤 칼빈이 특히 강조(强調)하는 그의 신학적(神學的)인 특징(特徵)은 삼위일체(三位一體) 하나님에 대한 신론(神論, The Doctrine of God)이라고 할 것이다.

그리고 그는 기독교 복음을 총괄(總括)하여 설명(說明)함에 있어서 중생적 칭의(重生的 稱義)라고 하여 곧 회개(悔改, Repentance)와 사죄(赦罪, Forgiveness)를 들어서 설명하고 있다.

여기에서 우리는 기독교 진리의 중심은 윤리(倫理)나 도덕적(道德的)인 가치(價値)에서 설명할 것이 아니라 영적(靈的)이고 신비적(神秘的)인 신앙(信仰)의 경험(經驗)과 하나님의 절대적(絶對的)인 영광(榮光)을 중심으로 한 사랑의 봉사(奉仕)에서 찾아야 한다는 것을 알게 한다.

종교개혁(宗敎改革)은 자연히 로마 카톨릭 교회의 교황주의(敎皇主義)나 교회주의(敎會主義)의 제도(制度, System)나 의식(儀式, Celebration)에서 탈피(脫皮)하여 성경의 진리(眞理)에서 말씀하고 있는 교리(敎理)에 따라서 신조(信條)가 생겨나게 되고 교리(敎理)가 정립(定立)되어가기 시작했다는 것을 알 수 있다.

그리하여 과거(過去)에 되어졌던 신조(信條)들에 비하여 좀 더 새롭게 난 것으로서 웨스트민스터 신조(信條, The Westminster Creeds)와 하이델벨그의 요리문답(要理問答, The Hiderberg Catechism)과 그리고 스코틀렌드 신조(信條, Thwe Scotland Creeds)와 스위스 신조(信條, The Swis Creeds)들이 생겨나게 되었는데 이 모든 것들이 대부분 16-17세기 사이에 되어 진 것 들이다.

그러나 교리(敎理)나 신조(信條)를 지나치게 강조(强調)하다 보면 기독교의 신학(神學)을 지나치게 논리적(論理的)이고 사변적(思辨的)으로 인도하여 영적(靈的)인 고갈(枯渴)의 상태를 일으켜서 스콜라주의의 신판(新版)이라고 할 만큼 영성(靈性, Spirituality)의 상실(喪失)이라는 우(愚)에 빠질 수 있다는데 유의해야 할 것이다.

성경은 우리에게 "믿음은 바라는 것들의 실상(實狀)이오 보지 못하는 것들의 증거(證據)니" (Now faith is the substance of things hoped for, the evidence of things not seen) 라고 말씀하셨다(히11:1).

성경적인 신앙이란 반드시 자기가 믿는 바의 신앙(信仰)에 대한 실상(實狀, Substance)을 증거(證據, Evidence)로 제시(提示)해야 할 책임(責任)이 있다.

특히 우리가 "믿음 장"이라고 하는 히브리서 11장은 모두가 기독교 신앙의 실상(實狀)과 증거(證據)를 제시하여 확증(確證)한 다음 "이런 사람은 세상이 감당(勘當)치 못 하도다"(of whom the world was not worthy)라고 하신 말씀에 유념(留念)해야 할 것이다 (히11:38). 이는 곧 참 믿음은 세상을 초월(超越)한다는 것을 뜻하신 말씀으로 알아야 할 것이다.

근대 기독교의 교리사상(敎理思想)을 보면 경건주의(敬虔主義, Pietism)의 등장(登場)이라고 해도 될 것이다.

종교개혁기(宗敎改革期) 이후에 모든 것을 교리(敎理)와 신조(信條)로 정립(定立)하려는 운동이 자연히 신조주의(信條主義)로 기울어지게 되자 이에 대항(對抗)하여 일어나게 된 것이 바로 경건주의(敬虔主義)의 운동으로 바뀌어 지면서 기독교 운동의 새로운 전환점(轉換點)을 이루어놓게 되었다.

즉 지나친 신조주의(信條主義)는 "기독교는 교리(敎理)가 아니라 생활(生活)이다"라고 하는 구호(口號)와 함께 교리(敎理)가 완전히 배제(排除)되거나 무시(無視)당하고 자연히 생활신앙운동(生活信仰運動)과 영성운동(靈性運動)과 경건주의(敬虔主義)의 운동으로 바꾸어지게 되었다.

앞서 간 세대(世代)를 주지주의(主知主義)라고 한다면 다음의 세대(世代)는 자연히 주의주의(主意主義)의 경향(傾向)으로 유도하여 결국은 신조주의(信條主義)에 대한 반발(反撥)로 경건주의(敬虔主義)라고 하는 것이 나오게 되고 그 결과 교리가 무시(無視) 된 자유주의(自由主義, Liberalism) 운동으로 흘러가게 되었다.

근대신학(近代神學)은 소위 옛날의 자유주의(自由主義)로서 계몽사상(啓蒙思想)과 경건주의(敬虔主義)에 힘입고 신학적(神學的)인 방향을 성경적이라든가 계시적(啓示的)이라는 데서가 아닌 개인(個人)의 이성(理性)과 주관성(主觀性)을 높이는 쪽으로 잘 못 몰고 가게 되었다.

이른바 스콜라 철학(哲學)의 초기처럼 계시(啓示)보다 인간 개인(個人)의 이성(理性)을 존중(尊重)하게 된 것이다.

그러한 결과는 슐라이어막허(Schliermacher: 1768-1834)처럼 인간의 감정(感情)을 더 중요시(重要視)하는 이성신학(理性神學, Reasonal Theology)으로 빠지게 되어 하나님의 말씀보다는 자기의 주관(主觀)을 중심으로 신학(神學)을 시도하는 경향에 빠지기도 했다.

특히 근대신학의 특징(特徵)을 한 마디로 말한다면 성경의 진리에서 영성(靈性)이나 신비적(神秘的)인 요소를 배제(排除)해 버리고 그 대신 이 세상을 따라서 윤리적(倫理的)인 개념(槪念) 내지 이상적(理想的)인 기독교 사회주의운동(基督敎社會主義運動, Christian Socialism Movement)으로 방향(方向)을 전향(轉向)시켜 버리려는 어리석음 범하고 있다.

이를 간단히 말하면 초자연적(超自然的)이고 형이상학적(形而上學的)인 진리(眞理)들을 세속적(世俗的)으로 또는 도덕적(道德的)인 개념(槪念)으로 변화(變化)시켜 놓는 작업이었다고 할 것이다.

이렇게 된 이유는 신앙이 없는 신학자(神學者)들이 성경의 계시성(啓示性)이나 영성(靈性)을 전혀 배제(排除)해 버리고 자기들의 학문적(學問的)인 이론(理論)의 사상(思想)과 독자적(獨自的)인 판단(判斷)에 근거하여 기독교 운동을 사회주의적(社會主義的)이고 윤리적(倫理的)인 운동으로 전환(轉換)시켜 버리려는 경향(傾向)으로 흘러가게 한 것이다.

근대신학(近代神學)의 중점(重點)이 경건주의(敬虔主義)의 운동이었고 생활신앙(生活信仰)의 운동이었다면 사실상 성경에서 말씀하고 있는 신본주의(神本主義)의 사상(思想)이라던가 성경에서 말씀하고 있는 구속운동(救贖運動) 같은 것은 별로 흥미(興味)가 없는 것으로 소외(疎外) 되거나 멸시(蔑視)를 당해 버리고 그 대신 이상적(理想的)인 기독교 사회주의운동(基督敎社會主義運動)으로 세속화(世俗化)의 길로 전락(轉落)하게 될 수밖에 없었다.

여기에서 현대(現代)의 자유주의신학자(自由主義神學者)들이 이러한 세속화(世俗化)의 급물살을 타고 나타나서 성경의 교리(敎理)와는 전혀 상관(相關)이 없는 반(反) 성경적인 사회운동(社會運動, Social Movement)으로 발전해 나가게 되었다.

마땅히 기독교 운동은 언제 어디서 누구에게나 경건(敬虔, Piety)이 요구(要求) 된 것은 사실이다.

그러나 그것이 도덕적(道德的)인 요구(要求)의 충족(充足)을 위해서라면 그것은 잘 못 된 것이라는 것을 알아야 한다.

왜냐하면 성경은 "의인(義人)은 없나니 하나도 없으며 "There is none who righteous no not one)라고 하신 말씀을 근거로 (롬3:10) 아무리 인간이 도덕적(道德的)인 선(善)이나 경건(敬虔)의 운동을 전개한다고 할지라도 그것이 하나님의 요구에 충족(充足) 될만한 선(善)이나 의(義)가 될 수 없다는 것을 알아야 한다.

하나님께서 요구하시는 의(義)나 선(善)은 천하(天下)를 주고도 바꿀 수 없는 자기 생명(生命)의 구원(救援, Salvation)이 전제가 되어야 한다. 이는 윤리적(倫理的)이거나 인간의 이성적(理性的)인 문제가 아니라 신비적(神秘的)인 문제요 하나님의 계시(啓示)에 의한 것으로서 성경에서 말씀하고 있는 기독교 진리의 요구(要求)인 것이다.

어느 시대를 막론하고 성경에서 말씀하고 있는 중생(重生)의 경험(經驗)과 회개운동(悔改運動)을 통한 속죄구원(贖罪救援)이라는 신비적(神秘的)인 체험(體驗)이 없이 이성적(理性的)인 판단(判斷)이나 지식적(知識的)인 방법으로 기독교 진리를 해석(解釋)하고 기독교에 접근(接近)해 온다는 것은 전혀 잘 못 된 일이다.

특히 현대(現代)에 이르러서는 성경의 진리(眞理)에 대한 개념(槪念)을 도덕화(道德化)하고 이상적(理想的)인 사회주의(社會主義) 운동의 이념(理念)으로 전환(轉換)시키려는 시도(試圖)로 인한 혼선(混線)을 되풀이하고 있을 뿐이라고 지적하지 않을 수 없다. 물론 이것은 일찍이 예수께서 예고(豫告)해 주신대로 "인자(人子)가 올 때에 세상에서 믿음을 보겠느냐?" (Nevertheless, when the Son of Man come, will He really find faith on the earth?") 라고 하신 말씀을 실감(實感)하게 하고 있다 (눅 18:8).

다시 말하면 기독교 진리와 신앙에서 신비적(神秘的)인 요소(要素)를 삭제(削除)해 버리고 일반 사회의 도덕적(道德的)인 의미에서 이상적(理想的)인 사회의 실현을 위해서 나타난 현대판(現代版) 자유주의(自由主義神學者)들이 아무리 교묘(巧妙)한 수단 방법을 동원해 온다고 할지라도 성경은 스스로의 생명력(生命力)을 발휘하여 진리(眞理)를 지켜나갈 것이다.

개혁 보수 신학 운동이나 성경적인 신앙운동을 펴나가기 위해서 순교적(殉敎的)인 각오로 사역에 임하고 있는 하나님의 참 된 종들의 편에 서서 계신 하나님을 믿는다.

"하나님께서는 지금도 살아 계시고 그 하나님께서 나와 함께 계시며 그 하나님께서는 나를 통하여 하나님의 일을 하게 하시므로 내가 하는 일은 곧 하나님의 일이다"라고 하는 순교적(殉敎的)인 신앙(信仰)과 사명감(使命感)에 불타 있는 신실(信實)한 하나님의 사역자들이 건재(健在)해 있다는 것을 감사한다.

하나님의 성령께서 이들의 편에 서서 지켜주시는 한 결코 현대주의(現代主義)나 자유주의(自由主義)에 삐진 신학자(神學者)들의 음모(陰謀)나 계책(計策)에 넘어지지 않고 더욱더 진리(眞理)

의 빛을 발하게 될 것이다.

　하나님 앞에서 신실(信實)하고 충성(忠誠)된 하나님의 종들은 먼저 성경의 진리(眞理)에 그의 믿음의 뿌리를 굳게 박고 진리(眞理)대로 사역에 임해야 하며 어떠한 경우에도 성경을 떠나서는 다른 방법이 없다는 확고한 신념(信念)을 가져야 할 것이다.

　특히 세계화(世界化)의 시대를 살아가는 성도들은 세속화(世俗化)의 급물살을 타고 성경 진리에서 멀어져서 자기본위(自己本位)의 잘 못 된 관행(慣行)으로 빠져들기 쉽다. 이럴 때에 신실한 하나님의 종들이라면 무엇보다도 성경 진리의 가르침에 분명히 서서 스스로가 믿음의 실상(實狀, Substance)과 증거(證據, Evidence)를 제시(提示)하여 잘 못된 길로 빠져 들어가는 하나님의 자녀(子女)들을 성경 진리의 바른 길로 인도하고 성경적인 바른 신앙(信仰)을 심어줘야 할 책임(責任)이 있다는 것을 절감(切感)해야 할 것이다.

🖋 다시 생각해 볼 복습 문제

01. 기독교 교리사상의 발전과정을 간단히 설명해 보라

02. 고대 기독교의 교리사상을 간단히 말하라

03. 중세 기독교의 교리사상을 간단히 말하라

04. 종교개혁기의 교리사상을 간단히 말하라

05. 현대주의 신학자들의 교리사상을 간단히 말하라

06. 근대 신학의 중점이었던 경건주의에 대해서 간단히 말하라

제 2 편

기 독 교
교리사상의
발 달 사

THE HISTORY
OF DOGMATIC
THOUGHT

기독교 교리사상의 발달사
THE HISTORY OF DOGMATIC THOUGHT

사실상 교부시대(敎父時代)의 교리논쟁(敎理論爭)은 그렇게 큰 문제(問題)가 아니었다.

속사도(屬使徒)들과 교부(敎父)들이 활동하던 시대에는 예수님의 직제자(直弟子)들을 통해서 친히 예수님에 관 것을 진리(眞理)를 구전(口傳)으로 들을 수가 있었다.

그리고 1세기 말(末)까지에서 모든 성경(聖經)의 기록(記錄)이 완성(完成)되었으므로 그것들을 설명(說明)하고 또는 성경의 본문(本文) 그대로를 소개(紹介)하는데 주력(主力)했기 때문에 특별히 심한 논쟁(論爭)은 없었다고 볼 수 있다.

이미 앞에서 논(論)한바 있는 예수님에 대한 메시아(Messiah) 논쟁(論爭)이나 삼위일체(三位一體) 하나님에 대한 교리(敎理)의 논쟁(論爭)이나 기독론(基督論)에 대한 논쟁(論爭)들이 약간 있기는 했으나 그것들은 예수님에 대한 메시아론 같은 것을 제외(除外)하면 대체적으로 속사도 교부시대 후기적(後期的)인 현상으로 나타난 것들이라고 보는 것이 옳을 것이다.

그러나 일단 속사도 교부들에 의해서 전수(傳授)된 교리(敎理)의 사상(思想)이 허다한 시비(是非)와 논쟁(論爭)의 과정(過程)을 통해서 자기의 정체(正體, One's Natural Shape)를 확립(確立)할 수 있었다는 점에서 이를 교리의 발전(發展, Expansion)이라고 말하게 된다.

제1장

교부 시대의 교리사상(教理思想)

The Dogmatic Thought of the Fathers

교부 시대의 교리사상(教理思想)은 어떤 교리(教理)에 대한 논쟁(論爭)을 통해서 찾는 것보다는 교부들의 순교적(殉敎的)인 신앙(信仰, Faith)에서 찾는 것이 옳을 것이다.

사도들이 활동하던 시대 이후로 속사도 교부들이 활동하든 시대에 이르면서 그들은 주로 논쟁(論爭)에 중점을 두는 것이 아니라 성경의 진리에 대한 변증(辨證)을 하면서 어떻게 더 하나님께 대한 믿음의 순종(順從)과 충성(忠誠)을 바치고 순교(殉敎)의 죽음을 하느냐 하는 것으로 일관했다.

가끔씩 일어나는 교리적(教理的)인 논쟁(論爭)에 대해서도 논리적(論理的)인 방법보다는 오히려 순수한 신앙(信仰)으로 대처(對處)해 나가면서 그들을 설득(說得)시키기 위해서 힘썼던 것으로 이해된다.

그리고 그들은 주로 구약성경을 가지고 예수 그리스도에 대한 예언(豫言, Prophecy)의 성취(成就)라는데 중심을 두고 구약성경에서 말씀하고 있는 메시야가 바로 예수 그리스도라는데 역점을 모았다.

그리고 로마 제국의 황제(皇帝)들에 대해서는 예수 그리스도에 대한 믿음의 진리(眞理)가 무엇이라는 것을 제시(提示)하는 정도에 불과 했고 어떤 논쟁(論爭)을 벌리기를 즐기지 않고 순수하게 끌려가서 순교(殉敎)의 죽음을 받아드리기로 각오(覺悟)를 새롭게 다져갔을 뿐이라고 하는 말이 맞을 것이다.

이런 의미에서 생각할 때에 교부시대의 교리사상(教理思想)은 순수히 성경의 진리(眞理)를 그대로 믿고 받아드리는 것으로 대표되며 오늘날과 같은 신학적(神學的)인 논쟁(論爭)은 큰 관심사(關心事)가 될 수 없었다는 것으로 이해된다.

1 ≡ 교부 시대 교회의 모습(貌習)

사도(使徒)들의 뒤를 이어서 교부(敎父)들이 활동하든 시대를 이룬 교부(敎父)들의 사이에서 약간(若干)씩 분파작용(分派作用)들이 없었다고 할 수는 없었다.

그 때에 유대주의 사상이나 자칭(自稱) 그리스도라고 하는 도세틱(Docetic) 이단(異端)자들이 있기는 했으나 그렇다고 해서 그런 것들이 크게 영향(影響)을 준 것은 아니었고 오히려 로마 제국(帝國)의 기독교에 대한 박해(迫害)로 인해서 사도들은 물론 속사도 교부들까지가 순교의 제물(祭物)로 바쳐지던 시대였다.

그러므로 여기에서는 속사도 교부시대의 교리사상(敎理思想)을 포괄적(包括的)으로 논하기 보다는 오히려 그들이 남긴 저술(著述)들을 통해서 살펴보는 것이 더 바람직 한 일이라고 생각한다.

1) 익나티어스의 편지(便紙)

우리가 아는 대로 익나티어스(Ignatius:110-117 감독재직)는 안디옥 교회의 감독(監督, Bishop)으로서 대 로마의 법률(法律)로서 기독교를 금지(禁止)시킨 트라야너스(Trajianus, Marcus Ulypius: 98-117 재위) 황제(皇帝) 때의 박해(迫害)로 사형(死刑)에 처해지기 위해서 안디옥에서 로마로 잡혀갔다.

바로 그 길이 곧 순교자(殉敎者)로 가는 길이었다.

그는 그의 순교(殉敎)에 앞서 일곱 교회에 보내는 10여 편의 편지문(便紙文)을 남겼는데 그를 바로 이해(理解)하기 위해서는 세 가지의 관심사(關心事)에 주의할 필요가 있다.

❶ 임박(臨迫)한 그의 순교(殉敎)

익나티어스(Ignatius)는 처음부터 순교적(殉敎的)인 신앙(信仰)으로 하나님께 영광(榮光)을 돌리기로 결심(決心)하고 있었다.

익나티어스는 "나로 하여금 나의 하나님의 수난(受難)을 본받게 하라"(Let me imitate the passion of my God)라고 고백(告白)했다. 이 말 가운데 익나티어스는 자기의 순교(殉敎)를 통해서 예수 그리스도의 참 제자(Real Disciple)로서 하나님께 이르기를(get to God) 애타게 갈망(渴望)하고 있었다는 것을 알게 한다.

이것은 바로 예수 그리스도의 십자가(十字架) 죽으심의 공로(功勞)에 대한 속죄 구원의 피 값(the blood of Christ)에 지배 된 신학사상(神學思想)으로 넘쳐 있었다는 것을 알게 한다.

❷ 하나님의 교회의 통일(統一)

익나티어스(Ignatius)는 하나님의 교회가 분파(分派, Schism) 작용의 지배 아래 빠져드는 것을 극구반대(極口反對)하고 싫어했다.

그는 하나의 교회로서의 통일(Unity of the Church)에 대한 깊은 관심(關心)으로 가득 차 있었다.

하나님께서 피로 값 주고 세우신 교회마다 그의 감독자(監督者)를 세우셨으니 교회마다 그 감독(監督)을 중심으로 하나의 교회로 통일(統一)되기를 바랬고 또한 모든 교회들이 하나의 교회로 통일(統一)을 이루어 나가기를 간절히 염원(念願)했던 것으로 이해된다.

여기에서 말하는 교회의 통일(統一)은 천상(天上)에 있는 무형교회(無形敎會, Invisible Church)를 기준(基準)으로 하는 말이라는 것을 알아야 한다.

❸ 이단의 오류에 대한 차단(遮斷)

익나티어스(Ignatius)는 하나님의 교회에 이단(異端, Heresy) 주의 사상이 잠식(蠶食)해 오는데 대해서 크게 염려했다.

익나티어스는 그 당시 교회 안에 숨어 든 유대주의 이단(異端)과 도세틱(Docetic) 이단(異端)에 대항(對抗)하여 예수 그리스도의 신성(神性)과 인성(人性)의 실제성(實際性)을 강조하였다.

그런데 익나티어스의 사상(思想)은 바울 사상(思想)의 특징(特徵)인 칭의교리(稱義敎理,

Justification)로부터 시작하여 육신(肉身)으로부터의 해방(解放, Deliverance from the flesh)과 또한 성령(聖靈)의 내주(內住, the indwelling Spirit)와 같은 교리(敎理的)인 의미보다는 오히려 신비주의적(神秘主義的)인 확신(確信)으로 순교(殉敎)에 이른다는 열정적(熱情的)인 신앙인이었다고 보는 것이 옳겠다.

이처럼 속사도 교부들은 신학적(神學的)인 이론(理論)보다는 실천적(實踐的)인 신앙(信仰)에 더 중점적(重點的)이었다는 것을 알게한다.

❶ 에배소 인들에게 보낸 편지

익나티어스(Ignatius)가 에배소 교인(敎人)들에게 보낸 편지(to the Ephesians)는 그가 안디옥 교회의 감독(監督)으로 있던 115년 경 트라얀 황제(皇帝)의 박해(迫害)로 안디옥에서 체포(逮捕)되어 로마로 압송(押送)되어 가던 중 길리기아 소아시아 지방과 라오디게아 빌라델비아를 거쳐 서머나(Smyrna)에 이르렀을 때에 서머나 교회의 감독(監督) 폴리캅 (Polycarp: 69-155)과 그의 지방 교회의 영접(迎接)을 받게 되었는데 그 때에 쓴 편지(便紙) 중의 하나로 전해지고 있다.

그는 이 편지(便紙)에서 그들의 감독(監督) 오네시모(Onesimus)를 보내서 위로(慰勞)하고 격려(激勵)해 준데 대하여 감사의 표시와 함께 교회의 통일(統一)과 감독(監督)을 예수님처럼 대해 달라는 당부의 말들이었다.

"하나님에 의해서 영감(靈感) 되고, 또 하나님을 소유(所有)한 나 익나티어스로부터 아시아 에배소에 있는 교회에게 순수한 기쁨의 문안(問安)을 가슴속으로부터 보냅니다.

당신들은 하나님을 닮은 사람들입니다. 하나님의 피가 당신들을 그렇게 격동(激動)시켰습니다. 우리의 공통적(共通的)인 이름과 소망(所望) 때문에 내가 시리아로부터 붙잡혀서 끌려간다는 소식을 들었을 때 당신들은 그렇게도 열렬(熱烈)하게 나를 방문했습니다.

내가 진실로 소원(所願)하기는 당신들의 기도(祈禱)로 말미암아 내가 로마에서 야수(野獸)들과 싸워서 승리(勝利)하게 되는 것입니다

그렇게 하므로 내가 예수 그리스도의 참 제자(Real Disciple)가 될 수 있을 것입니다.

그러므로 이 세상에서 당신들의 감독(監督)인 오네시모를 대했을 때 나는 여러 성도(聖徒)들 전부(全部)를 하나님의 이름으로 받아드렸습니다.

여러분들이 그를 예수 그리스도의 정신(精神)으로 사랑하고 모두 그와 같이 되기를 기도하는 바입니다. 그와 같은 감독(監督)을 허락(許諾)하신 하나님께 찬양(讚揚)을 드립니다 (중략).

지금은 마지막 날입니다.

주님만을 바라보십시오.

나는 그분을 위해서 지금 내 품에 쇠사슬, 아니, 나의 영적(靈的)인 진주(眞珠)들을 짊어지고 있습니다. 그것들을 통해서 내가 죽은 자들 가운데서 일어나기를 바랍니다.

하나님의 성찬(聖餐)을 거행(擧行)하고, 그를 찬양(讚揚)하기 위해 더욱 자주 모이도록 힘씁시다. 여러분이 자주 모일 때에 사탄의 힘이 무너집니다. 여러분들이 예수 그리스도에 대한 철저한 신앙을 가지고 그를 사랑한다면 이와 같은 일들을 두려워하지 않을 것으로 믿습니다. 그것은 삶의 시작(始作)이요, 또한 마지막입니다.

즉 신앙(信仰)은 시작(始作)이요, 사랑은 끝입니다.

시리아 교회를 위해서 기도(祈禱)해 주십시오. 나는 그 곳으로부터 붙잡혀 로마로 끌려가는 죄수(罪囚)가 되었습니다. 나는 그곳성도(聖徒)들 중 가장 작은데도 하나님을 섬길 수 있는 특권(特權)을 누리게 되었습니다.

우리의 소망(所望)이 되시는 하나님 아버지와 예수 그리스도 안에서 안녕(安寧)하심을 기도합니다.

❷ 마그네시아 인들에게 보낸 편지(便紙)

순교자(殉敎者) 익나티어스(Ignatius)가 마그네시아 인들에게 보낸 편지(to the Magnesians) 역시 일부(一部)만을 소개하는 것으로 만족해야 한다.

"여러분의 감독(監督) 다마스(Damas)와 여러분들의 훌륭한 장로(長老)님들인 바수스(Basus)와 아폴로니우스 (Apolonius) 그리고 나의 동료(同僚) 종인 집사(執事) 조티온 (Jotion)을 통해서 여러분들을 대할 수 있는 은총(恩寵)을 입었습니다.

여러분들의 감독(監督)이 젊다고 해서 경홀(輕忽)히 여기는 것은 옳지 않습니다.

마치 하나님 아버지의 권위(權威)를 존경(尊敬)하듯이 그를 존경(尊敬)해야 합니다.

감독(監督)은 하나님의 자리를, 장로(長老)들은 사도(使徒)들의 회합(會合, Apostolic Council)의 자리를, 그리고 집사(執事)들은 예수 그리스도의 사역(事役)을 감당(勘當)하도록 하십시오.

아무것도 여러분들을 나누이게 하지 마십시오. 감독(監督)과 여러 분들의 지도자(指導者)들과 하나가 되십시오. 잘못된 가르침이나 오래된 이야기로 인해 미혹(迷惑)을 당하지 않도록 하십시오.

우리가 아직도 유대주의 (Judaism)의 관심(關心)을 계속 지킨다면 우리가 은혜(恩惠)를 받지 못했음을 드러내는 것이 될 것입니다.

옛 관습(慣習)에 따라 살던 사람들이 이제는 새로운 소망(所望)에 이르게 되었습니다. 그들은 이제는 안식일(安息日)을 지키지 않고 주님의 날(主日)에 의해 살게 되었습니다. 나쁜 누룩은 피하 십시오.

예수 그리스도를 말하면서 유대인처럼 사는 것은 괴상망칙(怪狀亡則)한 일입니다.

기독교가 유대주의를 믿는 것이 아니라, 유대주의가 기독교(基督敎)를 믿습니다. (중략).

서머나에서 이 글을 씁니다.

여러분들과 그들과 그리고 서머나의 감독(監督) 폴리캅이 나에게 힘을 북돋아 주었습니다.

안녕히 계십시오. 하나님과 하나가 되십시오.

여러분들은 예수 그리스도가 가지셨던 끊을 수 없는 영(靈)을 소유(所有)하고 있습니다.

❸ 트랄레스 인들에게 보낸 편지(便紙)

익나티어스(Ignatius)는 트랄레스 인들에게 보낸 편지(to the Trallians)에서 도세틱(Docetic) 이단(異端)의 위험성(危險性)을 지적하고 감독(監督)과 장로(長老)와 집사(執事)를 중심으로 하나가 되라고 권면(勸勉) 하면서 그의 뜨거운 신앙(信仰)의 모습을 드러내고 있다.

순교자(殉敎者) 익나티어스 감독(監督)의 글을 읽노라면 가슴이 뜨거워 옴을 느낀다.

"감독(監督)에게 복종(服從)하기를 마치 예수 그리스도에게 하듯 하고 장로(長老)들에게 순복(順服)하기를 사도(使徒)들에게 하듯 하시오. 모든 사람들은 집사(執事)들을 존경(尊敬)할 것이요. 그들은 예수 그리스도를 대표(代表)합니다.

나는 순교자(殉敎者)가 되기를 그렇게도 갈망(渴望)하고 있습니다.

내가 순교자(殉敎者)가 될 자격(資格)이 있는지는 나도 모르겠습니다. 내가 얼마나 성급(性急)

하게 소원(所願)하고 있는지를 많은 사람들은 이해하지 못 할 것입니다.

오직 그리스도인의 음식(only Christian's food)만을 사용(使用)하십시오. 다른 음식물(飮食物)들은 삼가 하십시오. 이단(異端) 말입니다.

그들은 예수 그리스도의 가르침을 혼합(混合)하므로 당신들의 신뢰(信賴)를 얻어 보려고 합니다.

예수 그리스도가 다윗의 후예(後裔)로 마리아에게서 나신 것을 무시(無視)하는 이야기에 대해서 귀머거리가 되십시오. 예수 그리스도는 참으로 출생(出生)하셨고 먹고 마셨습니다. 본디오 빌라도를 통해서 참으로 십자가(十字架)에 못 박혔고 죽으셨고 그리고 죽은 자 가운데서 살아나셨습니다.

만약 어떤 무신론자(無神論者)들이 말하듯이 그의 수난(受難)이 가짜(a sham)였다면 그렇다면 내 죽음은 헛될 것입니다.

독(毒)한 열매를 맺는 악(惡)한 나무 가지를 피하십시오. 맛을 보는 즉시 죽게 됩니다. 그 나무들도 아버지가 심은 나무들입니다.

❹ 로마인들에게 보낸 편지(便紙)

익나티어스(Ignatius)가 로마인들에게 보낸 편지(To the Romans)는 그가 서머나에서 쓴 마지막 편지(便紙)인데 이 편지(便紙)는 이단(異端)이나 교회의 통일(統一)에 대한 문제 같은 것에 대해서는 언급(言及)이 없고 그의 뜨거운 순교열(殉敎熱)을 드러내고 있을 뿐이라는 것을 알게 한다.그의 순교열(殉敎熱)은 도를 넘어서 병적(病的)인 감정(感情)을 드러낼 정도였다.

"나를 위해 준비(準備) 된 야수(野獸)들을 대할 때 나는 얼마나 큰 기쁨을 맞을 것인가 !"(What a thrill I shall have from the wild beast that are ready for me!)

그들이 나를 신속(迅速)히 해치우기를 바라는 것뿐이요 나는 야수(野獸)들을 달래서 나를 당장 먹어버리도록 할 것이요 그들이 주저 한다면 그렇게 하도록 강요(强要) 할 것이요 용서하십시오 나에게 좋은 것이 무엇인지를 나는 알고 있습니다.

지금이야말로 내가 참 제자(弟子)가 되는 순간(瞬間)입니다. 보이는 것이던 보이지 않는 것이던 아무것도 예수 그리스도에게로 가는 나의 길을 막지 말라. 불이여 오라 십자가(十字架)여

오라 야 수(野獸)들과 싸워서 뼈들이 비틀어지고 팔 다리가 잘라지고 나의 온 몸이 부셔지고 잔인(殘忍)한 마귀(魔鬼)의 고문(拷問)이여 오라.

다만 나로 하여금 예수 그리스도에게 이르게 하라(Only let me get to Jesus Christ) 나는 썩어질 음식(飲食)이나 이 세상의 진미(珍味)들을 즐기지 않는다. 내가 원하는 것은 하나님의 양식(糧食) 곧 다윗의 줄기에서 나신 그리스도의 살이요 내가 원하는 음료(飲料)는 영원한 사랑의 향연(饗宴)인 그의 피이다."

❺ 빌라델비아 인들에게 보낸 편지(便紙)

익나티어스(Ignatius)가 다시 빌라델비아 인들에게 보낸 편지 (To the Philadelphians)는 그가 드로아 (Droah)에서 쓴 첫 번째의 편지(便紙)로서 유대주의적인 이단(異端)의 오류(誤謬)를 지적하며 감독(監督)을 중심으로 하나가 되라고 권면(勸勉) 하고 있다.

"당신들은 진리(眞理)와 빛의 자녀(子女)들이므로 분파(分派)와 거짓 교리(敎理)를 피해야 합니다.

누구나 분파(分派)에 가담(加擔)하면 하나님 나라를 유업(遺業)으로 받지 못 합니다. 누구나 이단(異端)의 길로 걸어가면 그는 수난(受難)의 길 밖에 다른 것이 없습니다. 그러므로 성찬(聖餐)을 거행(擧行)하도록 하십시오.

우리 주 예수 그리스도의 몸도 하나이요, 제단(祭壇)도 하나이기 때문입니다. 이는 마치 장로(長老)들과 집사(執事)들과 함께 있는 감독(監督)이 하나인 것과 같습니다. 그리고 누가 당신들에게 유대주의를 가르치면 그에게 귀를 기울이지 마십시오."

❻ 서머나 인들에게 보낸 편지(便紙)

익나티어스(Ignatius)가 서머나인들에게 보낸 편지(To the Smyrnans)는 도세틱(Docetic) 이단(異端)과 직접 접촉(接觸)한 일이 있었다는 것을 알게 한다.

그는 이 편지(便紙)에서 도세틱 이단(異端)의 오류(誤謬)를 지적(指摘)하여 예수 그리스도의 수난(受難)과 부활(復活)의 실제(實際)를 강력히 주장하고 있다.

"우리 주님에 관해서 여러분들이 확신(確信)하는데도 인간적(人間的)인 측면(側面)에서는 참으로 다윗의 혈통(血統)에서 나셨고 하나님의 뜻과 능력(能力)에 따라서는 하나님의 아들로 태어났습니다. 참으로 처녀(處女)의 몸에서 태어나셨고 요한에게 세례(洗禮)를 받으셨고 그리고 본디오 빌라도와 헤롯의 통치(統治) 하에서 우리를 위해서 참으로 육체(肉體)로 십자가(十字架) 위에 못 박혀 죽으셨습니다.

그가 이와 같은 수난(受難)을 당하신 것은 우리들 때문이었고 우리를 구원(救援)하시기 위하신이었습니다. 그는 참으로 수난(受難)을 당했고 참으로 자신(自身)을 일으키셨습니다

어떤 불신자(不信者)들이 말하는 것처럼 그의 수난(受難)이 가짜 (a sham)가 아니었습니다. 참으로 가짜인 것은 그들입니다.

내가 확신(確信)하는 것은 주님이 부활(復活)하신 후에도 육체(肉體) 가운데 계신다는 것입니다.

분파(分派)를 피하십시오. 예수 그리스도가 아버지를 따르듯 감독(監督)을 따르십시오. 사도(使徒)들을 따르듯이 장로(長老)들을 따르십시오. 하나님의 법(法)을 높이듯이 집사(執事)들을 존경(尊敬) 하십시오."

❼ 폴리캅에게 보낸 편지(便紙)

익나티어스(Ignatius)가 서머나 교회의 감독(監督)이었던 폴리캅에게 보낸 편지(便紙)(To the Polycarp)는 그 내용이 보다더 절절(切切)하다는 것을 알 수 있다.

특히 그는 로마로 압송(押送)되어 가는 도중 서머나에 들려서 폴리캅을 친히 만나보게 되었으므로 그의 편지(便紙)는 훨씬더 간곡하다.

"하나님에 의해서 영감(靈感) 된 익나티어스로부터 서머나 교회의 감독(監督)인 폴리캅, 아니 하나님 아버지와 주 예수 그리스도를 자기의 감독(監督)으로 모시는 폴리캅에게 뜨거운 문안(問安)을 보냅니다.

나는 당신의 경건(敬虔)한 마음에 깊은 감명(感銘)을 받았으며 당신의 거룩한 얼굴을 대면(對面)할 수 있었던 것을 더없이 감사(感謝) 드립니다

영원히 잊어버리지 않게 되기를 바랍니다. 당신이 옷 입은 은혜(恩惠)로 권면(勸勉) 하는데 경주(競走)를 계속 하십시오.

그리고 모든 사람들을 권(勸)하여 구원(救援)을 얻도록 하십시오. 연합(聯合)을 이루는데 관심(關心)을 기울이시오. 그것보다 더 좋은 것은 없습니다. 끊임없는 기도(祈禱)에 전력(全力)하십시오. 범사(凡事)에 뱀 같이 지혜(智慧)롭고 항상 비둘기 같이 순결(純潔)하십시오. (중략).

시리아에 있는 안디옥 교회가 이제 평화(平和)를 회복(回復)하게 되었다는 소식을 듣게 되었습니다.

그래서 나는 새 용기를 얻게 되었고 마음에 안식(安息)을 얻게 되었습니다. 이제 고난(苦難)을 통해 하나님께 이를 수 있게 될 것이고 그리고 부활(復活)의 날에 당신의 제자(弟子)로 인정(認定)함을 받게 될 것입니다.”

이러한 익나티어스(Ignatius)의 모든 편지(便紙)를 통해서 볼 때에 익나티어스는 교리적(敎理的, Dogmatic)이라기보다는 신앙적(信仰的)이었다고 하는 것이 더 맞는 말일 것이며 그 신앙도 보편적(普遍的)인 것이 아니라 오직 성경적인 순교일념(殉敎 일념一念)으로 일관했다는 것을 알 수가 있다.

그리고 그는 오직 자기를 하나님 앞에 순교(殉敎, Martyrdom)의 제물(祭物, Offering)로 드리기로 결심을 하고 죽음을 앞 둔 유언(遺言)과도 같은 심정(心情)으로 편지들을 쓰게 되었다는 것을 알게 한다.

사람이란 누구 할 것 없이 다 이 세상에 태어나서 살다가 자기의 수명(壽命)이 끝나는 날 영원(永遠, Eternal)한 세계로 옮겨가게 되어 있다. 특히 예수를 구주로 믿는 성도들에게는 하나님의 나라 곧 영생(永生)하는 천국(天國)으로 가게 되어있다.

그런데도 순교자(殉敎者)로 죽는다는 것은 첫째는 하나님의 은혜(恩惠)요 다음은 자기 믿음의 결단(決斷)이라고 할 것이다. 여기에서 더 중요한 것은 부활(復活)에 대한 확신(確信)의 소망(所望)을 가진 믿음이라는 것을 증거(證據)하고 있다.

우리의 믿음이 교부(敎父) 익나티어스(Ignatius)처럼 진실(眞實)하고 경건(敬虔)하고 가장 성경적인 확신(確信)의 믿음으로 무장(武裝)되어 있다면 나 또한 순교자(殉敎者)의 죽음으로 이 세상을 마치고 하나님의 나라에 임할 수 있을 것이다.

이에 대한 사도 바울이 고린도 교회에 보낸 편지(便紙)의 말씀을 다시 한 번 생각해 보면 익나티어스 만이 아니라 나도 그러한 믿음의 사람이 될 수 있다는 자신감(自信感)을 가지고 자기의 믿음을 지키며 또한 하나님의 일을 할 수 있을 것이다.

"만일 죽은 자의 부활(復活)이 없으면 그리스도도 다시 살지 못하셨으리라. 그리스도께서 만일 다시 살지 못하셨으면 우리의 전파(傳播)하는 것도 헛것이요 또 너희의 믿음도 헛것이며 또 우리가 하 나님의 거짓 증인(證人)으로 발견(發見)되리니 우리가 하나님이 그리스도를 다시 살리셨다고 증언(證言)하였음이라. 만일 죽은 자가 다시 사는 것이 없으면 그리스도도 다시 시신 것이 없었을 디이요 그리스도께서 다시 사신 것이 없으면 너희의 믿음도 헛되고 너희가 여전히 죄(罪)가운데 있을 것이요 또한 그리스도 안에서 잠자는 자도 망(亡)하였으리니 만일 그리스도 안에서 우리의 바라는 것이 다만 이 생(生)뿐이면 모든 사람 가운데 우리가 더욱 불쌍한 자리라. 그러나 이제 그리스도께서 죽은 자 가운데서 다시 살아 잠자는 자들의 첫 열매가 되셨도다(고전15:13-20)."

"형제들아, 내가 그리스도 예수 우리 주 안에서 가진바 너희에게 대한 나의 자랑을 두고 단언(斷言)하노니 나는 날마다 죽노라(고전15:31)."

2) 폴리캅의 순교사화(殉敎史話)

요한 계시록(啓示錄, Revelation)에 나오는 소아시아 지방(地方)에 있는 7교회 가운데 하나였던 서머나 교회(Smyrna Church)가 브루기아(Brugia)의 빌로멜리움 교회 Bilomelium Church)에 보낸 폴리캅의 순교사화(殉敎史話)는 가장 오래 된 기독교의 순교사화(殉敎史話)로서 지금까지 그리스도인들에게 많은 감동(感動)과 용기(勇氣)를 불러 일으켜 줄뿐만 아니라 박해(迫害)를 당하고 있는 성도(聖徒)들에게나 설교자(說敎者)들에게까지 주옥(珠玉)같은 영력(靈力)의 감화(感化)를 일으켜 준 순교사화(殉敎史話)로 전해지고 있다.

아마도 폴리캅은 요한 계시록(啓示錄) 2장 8절에 나오는 서머나 교회의 사자(使者)였을 수도 있는 속사도 교부시대의 대표적(代表的)인 인물(人物) 가운데 한 사람으로 이해되고 있다.

폴리캅은 사도 요한의 직제자(直弟子)로서 사도적(使徒的)인 신앙을 계승(繼承)한 교부(敎父)였고 그의 제자 이레네어스(Ireneus) 또한 다시 폴리캅에게서 사도적인 신앙을 전승(傳承) 받은 교부(敎父)였다는 것을 알게 한다.

폴리캅은 사도 요한이 죽은 다음에 그를 이어서 서머나 교회의 감독(監督)으로 봉직(奉職)하다가 주님께로부터 '죽도록 충성(忠誠)하라'(be faithful until death)라고 하신 권면(勸勉)을 받았다.

그는 로마 황제(皇帝)에 대한 예배(禮拜, Worship)와 예수 그리스도를 저주(詛呪, Curse)하라는 로마 총독(總督)의 명령(命令)과 협박(脅迫)에 굴(屈)하지 않고 예수 그리스도에 대한 사랑의 충성(忠誠)을 다하다가 155년 경 서머나에 있는 투기장(鬪技場)에서 순교(殉敎)의 제물(祭物)로 하나님께 바쳐드린 거룩한 성자(聖者)였다.

그가 죽기 전에 형장유언(刑場遺言)으로 남긴 말은 두고두고 모든 역대(歷代)의 교직자(敎職者)나 성도(聖徒)들에게 그리스도를 향한 일편단심(一片丹心) 사랑과 충성(忠誠)의 고백(告白)으로 마음을 감동(感動) 시켜주고 있다.

"나는 86년 동안 나를 구원(救援)하신 나의 왕(王)을 섬겨왔다. 그리고 그 분은 나에게 단 한 번도 잘못 하신 일이 없다.

그런데 어떻게 내가 그 분을 모독(冒瀆)할 수 있겠는가?

당신은 오늘 이 시간(時間) 나로 하여금 순교자(殉敎者)들의 수(數)에 참여(參與)하는 영광(榮光)을 주셨습니다. 그리스도의 잔(盞)에 참여하는 영광(榮光)을 주셨습니다. 이것을 인하여 그리고 모든 것을 인하여 나는 당신을 찬양하며 당신을 송축(頌祝)하며 당신께 영광(榮光)을 돌립니다."

본래 폴리캅은 단순(單純)하고 겸손(謙遜)하고 직선적(直線的)인 성격(性格)의 사람이었다.

철학적(哲學的)인 사색(思索)에는 별로 관심(關心)이 없었고 비독창적(非獨創的)인 신앙가(信仰家)"였다고 할 수 있다.

그는 여러 속사도 교부들 가운데서도 가장 성경적(聖經的)이고 사도적(使徒的)이고 순수(純粹)한 신앙을 계승(繼承)한 사람이었다.

그가 순교(殉敎)하기 한 두 해 전 로마를 방문(訪問)한 일이 있었는데 그 때에 노스틱 파 이단(異端)의 지도자(指導者)인 말시온 (Marcion)을 만나 그를 가리켜서 '사탄의 아들'이라고 불렀다. 그는 세속적(世俗的)인 국가주의(國家主義)나 자유주의(自由主義)의 신학운동(神學運動) 같은 것에는 조금도 틈을 주지 않고 오직 예수 그리스도를 향한 순교적(殉敎的)인 신앙(信仰)과 성경(聖經)대로의 믿음을 지켜 나가는 일에만 전념(專念)한 경건(敬虔)하고 신실(信實)한 자랑스러운 교부(敎父)였다.

폴리캅의 순교사화(殉敎史話)는 일찍부터 교회사(敎會史)에 공인(公認) 된 것으로서 초기 기독교 교부(Early Christian Fathers)에 기록(記錄)으로 남긴 서머나의 감독(監督) 폴리캅의 순교(殉敎, The martyrdom of saint Polycarp, Bishop of Smyrna as told in the letter of the Church of Smyrna to the Church of philomelium)에서 중요한 것들의 일부(一部)만을 발췌(拔萃)해 보려고 한다.

"서머나에 거(居)하는 하나님의 교회가, 빌로멜리엄(Bilomelium)에 거하는 하나님의 교회와 그리고 각처에 거하는 보편적(普遍的)인 교회에 속한 모든 사람들에게 하나님 아버지와 우리 주 예수 그리스도로부터 긍휼(矜恤)과 평화(平和)와 사랑이 풍성(豊盛)하기를 기원(祈願)합니다.

형제들이여, 우리는 지금 순교자(殉敎者)들의 이야기, 특히 축복(祝福)받은 폴리캅의 이야기를 써서 보냅니다.

그는 자기의 순교(殉敎)로서 박해(迫害)의 종지부(終止符)를 찍었습니다. 순교(殉敎)가 복음(福音)에 상응(相應)한다는 것을 주님께서 다시 한 번 보여주시기 위해서 거의 모든 일이 발생(發生)하게 된 것을 보게 됩니다.

하나님의 뜻에 따라서 이루어 진 모든 순교(殉敎)는 참으로 복(福)되고 고귀(高貴)합니다. 우리는 이 모든 일에 역사(役事)하신 하나님의 능력(能力)을 찬양(讚揚)해야만 할 것입니다. 주님을 향한 그들의 숭고(崇高)함과 인내(忍耐)와 사랑을 높이 우러러보지 않을 사람이 어디 있겠습니까?

그들 중 더러는 채찍에 맞아 살이 찢어지고 핏줄과 동맥(動脈)이 드러나는데도 끝까지 참았으므로 구경꾼들조차 동정(同情)하며 울지 않을 수 없었습니다.

다른 사람들은 한 마디 부르짖음이나 신음소리도 발하지 않는 장한 순교(殉敎)를 당하므로 그들이 고문(拷問)을 당하는 그 순간 그들은 이미 육체(肉體)에 있지 않고 주님께서 그들 곁에 서서 그들과 자신(自身)을 그리스도의 은혜(恩惠)에 떠맡김으로 그들은 이 세상의 고문(拷問)을 멸시(蔑視) 했고 한 시간이라는 기간 안에 영원(永遠)한 생명(生命)을 샀습니다.

그들에게는 무자비(無慈悲)한 고문(拷問)의 불길이 오히려 차게 느껴졌습니다.

영원(永遠)히 타고 꺼지지 않는 불에서 피하여 끝까지 참는 자들에게 약속(約束) 된 좋은 것들을 바라보고 있었기 때문입니다.

야수(野獸)들에게 던지움을 받은 사람들도 무서운 형벌(刑罰)을 참아 냈습니다. 조개껍질 위에 눕혀지고 다른 형태(形態)의 여러 가지 고문(拷問)을 당했습니다.

이 모든 것들은 다 마귀(魔鬼)가 만들어 낸 음모(陰謀)들이었습니다.(중략)

금요일(金曜日) 저녁 로마 군사(軍士)들은 젊은 하인(下人)들을 데리고 도둑을 잡는 것처럼 폴리캅을 찾아 나섰습니다.

그날 밤 늦게 그들은 조그마한 오두막집 다락방에서 잠자고 있는 폴리캅을 발견(發見)했습니다. 그가 다른 농장(農場)으로 피 할수도 있었지만 이미 그는 그의 친구(親舊)들에게 "나는 불 태워질 것이다"라고 예고(豫告)하고 각오(覺悟)를 한 다음 피신(避身)하기를 원치 않고 "하나님의 뜻이 이루어질 지어다"라는 말만을 남기고 붙잡혔습니다.

폴리캅은 마주친 병정(兵丁)들과 함께 음식(飮食)도 나누었고 담화(談話)도 했습니다. 그 때에 폴리캅은 "내가 한 시간(時間) 동안만 방해(妨害)를 받지 않고 하나님께 기도(祈禱)하게 해 달라"고 요청(要請)하여 그의 언동(言動)과 인격(人格)에 감동(感動) 된 병정(兵丁)들은 그에게 기도시간(祈禱時間)을 허락(許諾)했습니다.

간절(懇切)한 폴리캅의 기도(祈禱)가 두 시간이나 계속(繼續)되는 동안 더 이상 기다릴 수 없었던 병정(兵丁)들은 그를 나귀에 태우고 성(城)안으로 데리고 들어갔습니다. 때는 안식일(安息日)이었습니다.

경찰국장(警察局長) 헤롯과 그의 아버지 니케타스가 그를 맞아 마차(馬車)에 태우고 가면서 폴리캅을 설득(說得)해 보려고 애를 썼습니다.

"황제(皇帝)가 주님이라고 말하는 것이 무엇이 그리 어렵습니까? 그리고 당신의 생명(生命)을 구하기 위하여 향(香)을 피우는 것이 무엇이 그렇게 잘 못 됐습니까?"

그러나 폴리캅은 처음에는 아무런 대답(對答)도 하지 않았습니다.

그러나 그들이 계속(繼續)해서 설득(說得)하려고 하자 그는 이렇게 대답(對答) 했습니다.

"나는 당신이 충고(忠告)하는 말을 따르지 않겠소"

이에 헤롯과 그의 아버지는 금시(今時)에 성격(性格)이 난폭(亂暴)해지면서 폴리캅을 마차(馬車)에서 끌어내렸습니다.

그러나 폴리캅은 아무런 반항(反抗)이나 대꾸도 하지 않고 그대로 투기장(鬪技場)으로 끌려갔습니다.

군중(群衆)들이 부르짖는 소리가 너무도 커서 아무 말도 들을 수 없었습니다. 그러나 폴리캅이 투기장(鬪技場)에 들어갔을 때 하늘로부터 소리가 들려왔습니다.

"폴리캅아 강(强)하고 담대(膽大) 하라"

폴리캅이 군중(群衆)들 앞으로 끌려왔을 때 그가 체포(逮捕)되었다는 소식(消息)을 들은 군중(群衆)들은 더욱더 떠들기 시작했습니다.

폴리캅이 총독(總督) 앞으로 끌려왔을 때 그를 향해서 그의 신앙(信仰)을 포기(抛棄)하도록 하려고 애를 썼습니다.

"당신의 나이를 생각하고, 황제(皇帝)의 운명(運命)을 걸고 맹세하시오. 그리고 마음을 고쳐먹고 무신론자(無神論者)들을 없애버리라고 말하시오"

그러나 폴리캅은 경건(敬虔)한 얼굴로 군중(群衆)들을 바라보며 그들에게 손짓을 했습니다.

그러나 총독(總督)은 계속해서 "맹세하며 그리스도를 저주(詛呪)하라"고 다그쳤습니다.

그 때에 폴리캅은 단호(斷乎)한 표정(表情)으로 대답(對答)하기를 "나는 86년 동안 나를 구원(救援)하신 나의 왕(王)을 섬겨왔소. 그리고 그 분은 나에게 한 번도 잘 못한 일이 없소. 그런데 어떻게 내가 그 분을 모독(冒瀆)할 수 있겠소" 라고 답(答)했다.

총독(總督)은 계속해서 황제(皇帝)의 이름으로 맹세하라고 강요(强要)하자 폴리캅은 "당신이 내가 황제(皇帝)의 이름으로 맹서 할 것이라고 쓸데없이 생각한다면 그리고 내가 누구인지 모르는 채 한다면 똑똑히 들으시오. 나는 그리스도인이오. 그리고 만약 당신이 기독교(基督敎)의 가르침을 배우기를 원한다면 하루를 정해서 내 말을 들으시오"라고 오히려 총독(總督)을 설득(說得)하려고 했 다. 이에 총독(總督)은 "네가 사람들을 설득(說得)하려고 하느냐?"라고 질책(叱責)하고 나섰습니다.

다시 폴리캅은 대답(對答)하기를 "내가 당신을 설득(說得)하려고 하오니 우리는 하나님에 의해 세워진 지도자(指導者)들이 그들이 우리에게 해를 끼치지 않는 한 그들을 존경(尊敬)하라는 가르침을 받아 왔소"라고 했다.

총독(總督)이 다시 말 하기를 "나는 야수(野獸)들을 가지고 있다. 네가 마음을 고치지 않는 한 나는 너를 그들 가운데 던지겠다"고 했습니다.

폴리캅은 "야수(野獸)들을 부르시오. 우리에게 변절(變節)이란 있을 수 없소."라고 단호(斷乎)하게 대답(對答)했다.

총독(總督)이 다시 폴리캅에게 "네가 야수(野獸)들을 멸시(蔑視)하고 네 마음을 바꾸지 않는다면 너를 불태워 없애 버리겠다"라고 협박(脅迫)을 했습니다.

이에 대해서 폴리캅은 "당신이 위협(威脅)하는 불은 한 시간 동안 타고 곧 꺼질 것이오. 그러나 당신은 악(惡)한 자들을 위해서 예비(豫備)해 둔 심판(審判)과 영원(永遠)한 형벌(刑罰)의 불을 알지 못하고 있소. 왜 그렇게 지체(遲滯)하시오? 당신이 하고자 하는 일을 빨리 하시오"라고 재촉했다.

그 때에 군중(群衆)들은 폴리캅을 풀어놓으라고 아우성이있습니다.

이에 폴리캅을 불태워 죽일 나무더미를 준비(準備)하는데 유대인들이 더욱 열심(熱心)이었습니다.

나무 단이 준비(準備)되고 폴리캅을 나무 단 위에 올려놓고 못을 박으려고 했습니다. 이 때에 폴리캅은 이렇게 말했습니다.

"나를 그대로 있게 해주시오. 불 가운데서 견딜 수 있게 하여 주실 그 분이 내가 나무 단 위에서 움직이지 않도록 힘을 주실 것입니다."

그들은 폴리캅에게 못을 박지 않고 묶기만 했습니다.

묶기를 다 했을 때 폴리캅은 제사(祭祀)를 위해서 준비(準備) 된 고귀(高貴)한 숫 양(羊)과 같이 그리고 하나님께 바쳐지기 위해서 준비(準備) 된 향기(香氣)로운 번제물(燔祭物)처럼 조용히 눈을 들 고 하늘을 향하여 우러러 하나님께 기도(祈禱)를 드렸습니다.

"전능(全能)하신 주 하나님 당신의 사랑하는 종 예수 그리스도의 아버지여 그를 통해서 우리가 당신에 대한 충만(充滿)한 지식(知識)을 받았습니다. 천사(天使)들과 권세(權勢)들과 모든 피조물 (被造物)과 그리고 모든 인류(人類)의 하나님이시여 내가 당신께 찬양(讚揚)을 드립니다. 당신은 오늘 이 시간(時間) 나로 하여금 순교자(殉敎者)들의 수(數)에 참여(參與)하는 영광(榮光)을 주셨습니다. 이것을 인하여 그리고 모든 것을 인하여 나는 당신을 찬양(讚揚)하며 당신을 송축(頌祝)하며 당신께 영광(榮光)을 올립니다. 당신의 사랑하는 종이시며 영원(永遠)한 하늘의 대제사장(大祭司長)이신 예수 그리스도를 통하여 아들과 성령(聖靈)과 함께 당신에게 지금으로부터 세세(世世)토록 영광(榮光)을 돌립니다. 아멘."

이렇게 폴리캅의 기도(祈禱)가 끝이 나자 사람들은 그를 매단 나무에 곧 불을 붙였습니다. 이렇게 폴리캅이 서머나에서 순교(殉敎)를 당한 날자는 싼티쿠스달 2일인 안식일(安息日)의 오후 2시 었습니다.

3) 열 두 사도의 편지(便紙)

여기에서 말하려는 12사도(使徒)의 편지(便紙)(Didache)는 사도시대(使徒時代)가 끝이 나고 속사도 교부시대의 교회상(敎會像)에 대해서 구체적(具體的)인 자료(資料)를 제공(提供)해주고 있다.

이는 곧 "12 사도의 교훈"(The Teaching of the Twelve Apostles or Didache)으로서 이는 저자미상(著者未詳)의 문서(文書)인데도 1-2세기에 걸쳐서 팔레스타인이나 수리아 지방의 초대 교회의 모습들을 생생하게 보여주고 있는 매우 유익한 문서(文書)로 이해된다.

이 문서(文書)는 그 당시의 교리문답(敎理問答, Catechism)과 교회의 규범(Church Order)의 두 부분으로 되어있는데 첫째 부분은 초대 교회 신자들의 생활원리(生活原理)를 가르치는 윤리지침(指針)인 "두 길"(Two Ways)로 되어있다.

이 세상에는 생명(生命)의 길과 사망(死亡)의 길 두 길이 있는데 학습교인(學習敎人)은 이 두 가지 길에 대한 가르침을 받아 생명(生命)의 길로 가도록 결단(決斷)을 해야 한다고 가르치고 있다.

두 길로 구성(構成)되어 있는 교리문답서(敎理問答書)는 초대 교회에서 널리 사용되고 있었던 듯한데 이는 속사도 교부들의 작품(作品)들 가운데 하나인 "바나바의 편지"(The Letter of Barnabas)와 4세기의 저술(著述)인 "사도적 교회 규범"(The Apostlic Church Order)에도 포함(包含)되어 있다. 또 "12 사도의 교훈" 둘째 부분은 교회의 규범(規範)으로 되어 있는데 "두 길"에 대한 교리문답(敎理問答)의 가르침을 받은 학습교인(學習敎人)들이 어떻게 세례(洗禮)를 받아야 하며

어떻게 금식(禁食)을 하고 기도(祈禱)해야 하며 어떻게 성찬(聖餐)에 참여해야하며 어떻게 주일
예배(主日禮拜)를 드려야하며 그리고 교회의 조직(組織)을 어떻게 하여야 할 것인가에 대해서
구체적(具體的)으로 가르쳐주고 있다.

여기에서 묘사(描寫)되고 있는 초대 교회의 모습은 매우 "가정(家庭) 교회(敎會)"적이어서 아
직은 체계화(體系化)되어 있지는 않고 하나님께 예배(禮拜)를 드리는 의전(儀典)이나 세례의식(
洗禮儀式) 조차도 물속에 잠기는 침례(浸禮)와 물방울을 떨리는 적수례(滴水禮)가 함께 혼용(混
用)되고 있었음을 알 수가 있다.

교회라고 해도 오늘날과 같은 담임교역자(擔任敎役者)가 있는 것도 아니고 순회전도사(巡廻
傳道師)들의 지도(指導)에 따라서 자치적(自治的)인 모임이 주류(主流)를 이루고 있었음을 알게
한다. 교회의 조직(組織)도 일정한 기준(基準)이 있는 것이 아니었고 방언(方言)이나 신유(神癒)
의 은사(恩賜)가 계속 나타났으나 역시 순수한 그대로여서 어떤 통일(統一) 된 규례(規例)나 기
준(基準)이 없었다는 것을 알 수 있다.

이토록 교회의 조직(組織)이나 규범(規範)상의 통일(統一)이 없었기 때문에 어떤 때는 성경(聖
經)의 복음(福音)에 어긋나는 일도 없지 않았으나 "주의 날"(The Lord's Day) 만은 특수(特殊)한 날
로 거룩하게 성별(聖別) 하여 지켰다.

모이기를 힘쓰고 떡을 떼고 주일을 성수(聖守)하면서 임박(臨迫)한 종말론적(終末論的)인 신앙
(信仰)으로 예수님이 곧 다가 올 것으로 믿고 있었기 때문에 교회의 조직(組織) 같은 것에 대
해서는 별로 크게 관심(關心)조차 같지 않았다.

기독교 고전집(基督敎 古典集, The library of Christian classics)의 제1권인 초기 기독교 교부"의 글에
실린 일부를 소개하면 다음과 같다.

"12사도에 의해서 이방(異邦)에게 주신 주님의 교훈(敎訓)으로서 이 세상에는 두 가지의 길이
있습니다.
하나는 생명(生命)의 길이요 다른 하나는 사망(死亡)의 길입니다. 두 길 사이에는 커다란 차이
(差異)가 있습니다.
이제 생명(生命)의 길은 첫째요 당신을 지으신 하나님을 사랑해야 하는 길이며 둘째도 당신
의 이웃을 당신처럼 사랑하는 길입니다.

그리고 다른 사람이 당신에게 하지 않기를 원하는 그것을 당신도 다른 사람에게 하지 말아야 하는 길입니다.

이 금언(金言)들은 다음과 같은 것들을 가르칩니다.

너희를 저주(詛呪)하는 자들을 축복(祝福)하고 너희 원수(怨讐)를 위해서 기도(祈禱)하라. 그리고 너희를 핍박(逼迫)하는 자들을 위해서 기도(祈禱)하라. 만약 너희가 너희를 사랑하는 자들을 사랑한다면 무슨 상(賞)이 있으리요. 이방인(異邦人)들도 이 같이 아니하느냐? 그러나 너희는 너희를 미워하는 자들을 사랑할 지니라. 육체(肉體)의 정욕(情慾)을 제어(制御)하라. 누구든지 네 오른 뺨을 치면 왼편도 돌려 대라. 그러면 너희가 온전하게 될 것이니라. 누구든지 너로 억지로 오리(五里)를 가게 하거든 그 사람과 십리(十里)를 동행(同行)하고 누구든지 네 겉옷을 빼앗는 자에게 너희 속옷도 줄 것이니라.

가르침의 두 번째 말씀은 다음과 같습니다.

살인(殺人)하지 말라. 간음(姦淫)하지 말라. 소년(少年)들을 못 쓰게 만들지 말라. 소녀(少女)들과 사통(私通)하지 말라. 요술(妖術)이나 마술(魔術)을 하지 말라. 낙태(落胎)로 아이를 살인(殺人)하 지 말며 새로 태어난 아기를 죽이지 말라. 이웃의 재물(財物)을 탐(貪)내지 말라. 위증(僞證)하지 말라. 거짓 증거(證據)하지 말라. 비방(誹謗)하지 말라. 인색(吝嗇)하지 말라. 두 마음을 품지 말라. 두 혀를 가지지 말라. 두 혀는 죽음의 함정(陷穽)과 같으니라. 너희의 말이 거짓되거나 경솔(輕率)하게 하지 말라. 반드시 행동(行動)이 따르게 할 것이니라.

내 아들아 하나님의 말씀을 너희에게 설교(說敎)하는 자를 항상 기억(記憶)할 것이며 그들을 주님처럼 존경(尊敬)할 것이니라.

주님의 말씀이 강론(講論)되는 곳에 주님이 계시기 때문이다. 날마다 성도(聖徒)와 사귐을 가지며 그들과의 신선(神仙)한 담화(談話)를 즐길 것이니라. 분파(分派)를 짓지 말고 싸우는 자들과 화 목(和睦) 할 것이니라. 가난한 자에게 등을 돌리지 말고 너희 형제들과 모든 것을 함께 나눌 것이니라. 그리고 아무것도 너희 것이라고 부르지 말고 교회에서 모일 때마다 죄(罪)를 고백(告白)할 것이며 양심(良心)을 가지고 기도하고 거짓되게 기도(祈禱)하지 말 것이니라. 이것이 생명(生命)의 길이니라. (중략)

세례(洗禮)에 대해서 언급(言及)하면 먼저 모든 교훈(敎訓)들을 가르칠 것입니다. 그 다음에 흐르는 물 가운데서 성부와 성자와 성령의 이름으로 침례(浸禮)를 베풀 것입니다.

찬물로 하기 힘들면 따뜻한 물로 할 것입니다. 흐르는 물이 없으면 다른 물로 베풀 것입니다. 아무런 물이 없을 때에는 머리 위에 세 번 물을 뿌리면서 성부와 성자와 성령의 이름으로 세례(洗禮)를 베풀 것입니다.

또 세례(洗禮)를 받기 전에 세례(洗禮)를 베푸는 자와 세례(洗禮)를 받는 자는 금식(禁食)해야 하며 그 외에 다른 사람들도 할 수 있으면 금식(禁食) 할 것 입니다. 그리고 세례(洗禮)를 받은 자는 하루 또는 이틀 동안 미리 금식(禁食)을 하도록 해야 할 것입니다.

여러분들의 금식(禁食)이 위선자(僞善者)들의 금식(禁食)과 같아지지 않아야 합니다.

그들은 월요일(月曜日)과 목요일(木曜日)에 금식(禁食)합니다. 그러나 여러분들은 수요일(水曜日)과 금요일(金曜日)에 금식(禁食)해야 합니다. 여러분들은 위선자(僞善者)들과 같이 기도(祈禱)하지 말고 주님이 가르치신 대로 다음과 같이 할 것입니다.

'하늘에 계신 우리 아버지여 이름이 거룩히 여기심을 받으시오며 나라이 임 하옵시며 뜻이 하늘에서 이룬 것 같이 땅에서도 이루어 지이다. 오늘날 일용(日用)할 양식(糧食)을 주옵시고 우리가 우리에게 죄(罪) 지은 자를 사(赦)하여 준 것 같이 우리 죄(罪)를 사(赦)하여 주옵시고 우리를 시험(試驗)에 들게 하지 마옵시고 다만 악(惡)에서 구(救)하옵소서. 대개 나라와 권세(權勢)와 영광(榮光)이 아버지께 영원히 있사옵나이다. 아멘'.

여러분은 하루에 세 번씩 이렇게 기도(祈禱)해야 할 것입니다.

성찬(聖餐)에 대해서는 먼저 잔(盞)과 관련하여 다음과 같이 기도 할 것입니다.

"우리의 아버지여 당신의 아들 예수를 통해서 우리에게 계시(啓示)하신 다윗의 거룩한 줄기인 당신의 아들을 인하여 감사(感謝)하오며 영광(榮光)을 당신께 영원(永遠)토록 돌리나이다. 이 빵 조각이 언덕 위에 흩어졌다가 다시 하나로 모이는 것처럼 당신의 교회(敎會)도 세계의 사방(四方)으로부터 함께 모여 당신의 나라로 인도(引導)되기를 원하나이다. 예수 그리스도를 통해 서 영광(榮光)과 권세(權勢)를 당신에게 영원(永遠)히 돌리나이다. 그리고 주님의 이름으로 세례(洗禮)를 받은 자 외에는 성찬(聖餐)을 먹거나 마시게 하지 마십시오. 이것과 관련하여 주님이 말씀하 시기를 거룩한 것을 개에게 주지 말라 고 하셨습니다 (중략).

주일(主日)날은 특별한 날이므로 주일(主日)날에 날마다 함께 모여 떡을 떼며 감사(感謝)를 돌릴 것입니다. 먼저 죄(罪)를 고백(告白)하므로 제사(祭祀)를 깨끗 하게 드려야 합니다. 이웃과 불의(不義)한 사람은 화목(和睦)할 때까지 여기에 참석(參席)하지 말 것입니다. 여러분의 제사(祭祀)가 더럽혀지면 안 되기 때문입니다.(이하 생략)

4) 바나바의 편지(便紙)

초대 교회 시절에 유대교 주의자(主義者)들은 구약성경을 거의 문자적(文字的)으로 수용(收用)하고 받아드리면서 자기들만의 선민사상(選民思想)을 강화(强化) 해 나갔기 때문에 이방인(異邦人)으로서 기독교(基督敎)로 개종(改宗) 해오는 사람들에게는 구약(舊約)에 대한 새로운 비판(批判)과 심지어는 구약성경의 배제론자(排除論者)들까지 나타나기에 이르렀다.

주후 70년에서 130년 사이에 쓴 것으로 전해지고 있는 "바나바의 편지"(The Epistle of Barnabas)는 구약성경을 문자적(文字的)으로 해석(解釋) 할 때 기독교의 교리(敎理)에 위배(違背) 된다는 이유는 구약을 배격(排擊)한 '반(反) 유대주의적 이단(異端)'을 반박(反駁)하는 동시에 '반 유대주의 적인 입장'을 강하게 내 세웠다.

바나바의 편지(便紙)는 구약성경을 비유적(比喩的)으로 그리고 예표적(豫表的)으로 해석(解釋)한 것이 너무 지나쳐서 기독교인(基督敎人)들만이 구약의 율법(律法)과 규칙(規則)을 지킬 의무(義務)가 없는 것이 아니라 구약시대의 성도들도 본래 구약을 문자적(文字的)으로 지킬 의무가 없다고 주장하였다.

예컨대 유대인들이 예루살렘에 실제로 성전(聖殿, Temple)을 지은 것은 잘 못이었다고 했다.

이와 같이 바나바의 편지(便紙)는 역사적(歷史的)인 이해(理解)를 결여(缺如)했고 해석(解釋)에 있어서 통일성(統一性)을 결여(缺如)하였고 극단적(極端的)으로 비유적(比喩的)인 해석(解釋)에 빠졌으며 지적(知的)인 수준(水準)이 낮은 것은 사실이지만 초대 교회 시절에는 그런 대로 많은 호평(好評)을 받았다.

바나바의 편지(便紙)는 9장에서 아브라함이 318명에게 할례(割禮)를 준 것으로 이해되고 있는데 창세기 14장 14절과 17장 23절의 사건(事件)을 비유적(比喩的)으로 그리고 예표적(豫

表的)으로 해석(解釋)하여 그것은 십자가(十字架) 위의 예수님을 가리킨 사건(事件)이라고 묘사(描寫)하고 있다.

"그가 할례(割禮)를 베푼 것은 육체(肉體)가 아니라 우리의 마음이었다. 그러므로 '너희 마음에 할례(割禮)를 받으라'고 하였다.
사실 그들이 할례(割禮)를 받은 것은 하나의 예언적(豫言的)인 증표(證票)를 위함이었다. 처음으로 할례(割禮)를 베푼 아브라함은 영적(靈的)으로 예수를 바라보는 것이었다. 아브라함은 그의 집에서 부리는 사람 318명에게 할례(割禮)를 베풀었는데 그것은 그리스도를 예표(豫表)한 사건이었다. 이 보다 더 참 된 진리(眞理)를 다른데서 배운 사람은 아무도 없을 것이다. 나만이 그것을 가르치고 그들만이 배울 자격이 있다."

그리고 바나바의 편지(便紙)는 10장에서 레위기의 음식법(飮食法)도 비유적(比喩的)으로 해석(解釋)하고 있다.

"레위기 11장은 돼지와 그의 짐승들의 고기를 먹지 말라고 명(命)했다. 그것은 이빨로 고기를 씹지 말라는 하나님의 명령(命令)은 아니었다. 모세는 그것을 영적인 의미로 말했다. 문자적(文字的)으로 고기를 먹지 말라는 것이 아니었고 돼지나 짐승처럼 되지 말라는 기독교적(基督敎的)인 진리(眞理)를 가르치는 비유적(比喩的)인 명령(命令)이었다."

또한 바나바의 편지(便紙) 15장에서 구약의 안식일(安息日)에 대한 제도(制度)도 예표적(豫表的)으로 해석(解釋)했다. 안식일(安息日)에 대한 제도(制度)는 천년왕국(千年王國)의 인식(認識)을 예표(豫表)하는 예언(豫言)으로 해석(解釋)하면 안 된다고 했다.

"그 때에 가서만(천년왕국 때) 우리는 참으로 쉴 수 있고 그 날을 거룩하게 지킬 수 있다. 의(義)롭다 함을 받은 후에 그리고 약속(約束)을 받은 후에만 참으로 안식(安息)할 수 있다. 여덟째 날은 새로운 세계의 시작(始作)인 바 천년왕국(千年王國)의 안식(安息) 후에 시작(始作)되는 마지막 영광(榮光)을 바라본다."

그리고 또 바나바의 편지(便紙)는 16장에서 구약성경의 성전(聖殿)을 영적(靈的)으로 해석(解釋)하고 있음을 본다.

즉 하나님께서 성전(聖殿)을 지으라고 명(命)하신 것은 문자적(文字的)으로 성전(聖殿)을 지으라는 것이 아니라 영적교훈(靈的敎訓)을 전하시기 위하심이었다고 하였다. 하나님의 명령(命令)을 문자적(文字的)으로 받아들여 예루살렘에성전(聖殿)을 지은 것은 심각(深刻)한 오류(誤謬)를 범한 것이라고 하였다.

바나바의 편지(便紙)는 마지막 부분인 18장에서부터 21장까지에서 디다케(Didache)의 첫 부분에 나타난 내용(內容)과 거의 같은 내 용인 "두 길" 이라는 율법주의적(律法主義的)인 윤리규범(倫理規範)을 이야기하고 있다.

"빛의 길과 어둠의 길"이 있음을 지적(指摘)함에 있어서 "하라"(do it)는 명령이 23번이나 있고 "하지 말라"(do not it)는 명령(命令)이 29번이나 있다.

그러므로 바나바의 편지(便紙)는 12장에서 17장까지에는 구약을 비유적(譬諭的)으로 해석(解釋)하는 반(反) 유대주의적인 입장(立場)을 취하는 반면 18장에서 21장까지는 율법주의적(律法主義的)인 입장(立場)을 취하고 있는 점이 특이(特異)한 점이라고 하는 것을 지적(指摘)할 수 있다.

그리고 마지막 21장에서는 이와 같은 교훈(敎訓)들을 지키는 자들이 하나님의 나라에서 영화(榮華)롭게 될 수 있다고 지적(指摘)하면서 주님의 재림(再臨)과 심판(審判)의 날이 가까웠다고 지적(指摘)하는 것으로 끝을 맺고 있다.

이런 점으로 미루어 볼 때에 그 당시에도 예수 그리스도의 재림(再臨)이나 심판(審判)에 대한 종말론적(終末論的)인 인식(認識)이나 사상(思想)은 항상 현재적(現在的)이고 적극적(積極的)이었다는 것을 알게 한다.

그것이 가장 성경적이기 때문이라고 할 것이다.

그러면서도 한 가지 여기에서 생각해 볼 수 있는 것은 바나바의 편지(便紙)를 통해서 볼 때에 분명히 그는 어떤 신학자(神學者)나 교리학자(敎理學者)는 아니었다는 것을 알게 한다. 다만 철저한 신앙가(信仰家)로서 교부시대를 이끌었든 지도자(指導者)의 한 사람이었다고 하는 것으로 만족해야 할 것 같다.

하나님께서 주신 은사(恩賜)는 각양각이(各樣各異)하기 때문에 다 같을 수는 없다. 그러나 분명하고 정확한 것은 성경의 진리(眞理)를 중심으로 한 교리(敎理)나 신조(信條) 같은 것은 시대적인 변화(變化)에 상관없이 항상 그 사상(思想)을 유지(維持)해 나갈 때에 참 진리(眞理)로서의 가치(價値)를 발휘(發揮)할 수 있는 것이다.

5) 헤르마스의 목자(牧者)

1세기 말에서 2세기 중엽(中葉) 사이에 쓴 것으로 알려지고 있는 헤르마스의 목자(牧者, The Shepherd of Hermas)는 초대 교회가 당면(當面)했던 또 하나의 실제적(實際的)인 문제인 도덕적(道德的)인 타락(墮落)과 참회(懺悔)의 문제를 취급하고 있다.

1세기 말 로마에서 활약(活躍)했던 기독교의 저술가(著述家)로 알려진 헤르마스는 로마 교회의 일부 신자들과 자신의 생활(生活)을 통해서 발견(發見)한 도덕적(道德的)으로 타락(墮落)과 세속화(世俗化)의 문제를 취급하면서 세례(洗禮)를 받은 후 범한 죄에 대해서는 오직 한 번의 회개(悔改, Repentance)가 있을 뿐이라고 지적하고 참회(懺悔)의 중요성을 강조하고 있다.

헤르마스의 목자(牧者)는 5개의 환상(幻像, Vision)과 12개의 계명 (誠命, mandate)과 10개의 비유(譬諭, Parable)로 구성되어 있는데 그 내용을 간추려서 다음과 같이 소개할 수 있다.

첫째는 환상(幻像)에서 헤르마스는 노예(奴隸)로 태어났는데 로다(Roda)라고 하는 어떤 여신도(女信徒)에 의해 자유의 몸이 되었다고 했다.

헤르마스는 처자(妻子)가 있는 몸이었으므로 로다를 자매(姉妹)로서 사랑하기 시작했다고 고백(告白)하고 있다.

그는 어거스틴과 같은 성적방탕(性的放蕩)에 빠지지는 않았지만 로다에 대한 관계는 "플라톤적 사랑" 이상(以上)의 것이 었다고 했다. 그래서 교회를 상징(象徵)하는 한 여자(女子)가 헤르마스에게 나타나서 참회(懺悔)와 성결(聖潔)한 생활의 필요성(必要性)을 지적했다.

교회를 상징(象徵)하는 그 여인(女人)이 헤르마스에게 악(惡)한 욕망(慾望)이 그대 가슴에 들어갔다고 충고(忠告)했다.

또 계속해서 그 여자(女子)는 헤르마스가 처(妻)와 자녀(子女)들의 생활을 훈련(訓練)시켜야 한다고 충고(忠告)했다.

둘째는 환상(幻像)에서도 교회를 상징(象徵)하는 한 여인(女人)이 헤르마스에게 나타나서 물 위에 지어져 가는 탑(塔)을 보어주었는데 그 탑(塔)은 하나님의 교회(敎會)를 상징(象徵)한다.

교회를 상징하는 그 여인(女人)은 말하기를 "그대의 삶을 물에 의해 구원(救援)을 얻었고 또한 얻게 될 것이다"라고 하며 교회는 지금 참회(懺悔)와 성화(聖化)의 과정(過程)을 거쳐 가는데 탑(塔)이 다 세워지고 택한 자의 수가 다 채워지면 마지막이 온다고 주장하고 있다.

셋째는 환상(幻像)은 종말(終末)에 대한 묵시(黙示)인데 이 환상(幻像)가운데서는 박해(迫害)를 예고(豫告)하는 무서운 용(龍, Dragon)이 나타난다.

그러나 교회를 상징(象徵)하는 젊고 아름다운 여인(女人)이 나타나서 "주님을 믿는 신앙으로 옷을 입으라"고 권면(勸勉)하며 오직 주님의 이름으로만 구원(救援)을 얻는다고 강조(强調)하고 있다.

넷째는 환상(幻像)은 계시(啓示, Revelation)라고 불려지는 환상(幻像)인데 여기에서는 '회개(悔改)의 천사(天使)'라고 불러지는 목자(牧者, Shepherd)가 나타나서 헤르마스에게 참회(懺悔)와 금욕(禁慾)의 메시지를 전달했다.

"그대가 순수한 마음으로 그것을 행한다면 주님의 약속(約束)하신 모든 축복(祝福)을 얻을 것이다."

회개(悔改)의 천사(天使)는 계속해서 12가지 계명(誡命)을 전달(傳達)했는데 그것은 참회(懺悔)하는 그리스도인들이 실천(實踐)해야 할 실제적(實際的)인 윤리규범(倫理規範)들이었다.

첫째 계명(誡命)에서는 신명기 6장과 마태복음 22장에 기록된 크고 첫째 되는 계명(誡命)을 전달했고 둘째 계명(誡命)에서는 잡담(雜談)과 악평(惡評)을 금(禁)하고 깨끗한 마음과 진실(眞實)한 회개(悔改)를 할 것을 권면(勸勉)했으며 셋째와 넷째 계명(誡命)에서는 아내를 평생(平生)토록 기억(記憶)하며 성적(性的)인 순결(純潔)을 지킬 것을 명했다.

다섯째 계명에서부터 11번째 계명까지 에서는 급(急)히 분(忿)을 내는 것, 세속주의(世俗主義)와 탐욕(貪慾), 의심(疑心)과 허영(虛榮) 등을 금(禁)하며 하나님을 두려워하고 신뢰(信賴)하라고 권면(勸勉) 하고 있다.

마지막 열 두 번째 계명(誡命)에서는 헤르마스의 주요 관심(關心)이 잘 나타나 있는데 악(惡)한 욕망(慾望)을 금(禁)하고 회개(悔改)하고 하나님만을 신뢰(信賴)할 것을 권면(勸勉)했다. 여기에서는 하나님의 은혜(恩惠)보다는 인간 편에서의 윤리적(倫理的)인 책임(責任)이 많이 강조(強調)되었다고 하겠다.

이러한 글들을 통해서 볼 때에 그리스도인들이 처한 상황(狀況)은 언제든지 하나님과의 연관성상(聯關線上)에서 믿음을 일깨워주고 있다는 것을 알게 한다.

2 ≡ 변증가(辨證家)들의 교리사상

기독교(基督敎)는 초대 교회 시절부터 수많은 반대(反對)와 박해(迫害)를 받으면서 성장(成長)과 발전(發展)을 거듭해 왔다.

특히 사도들의 시대에서 속사도 교부시대에 이르는 동안 기독교는 요원(遼遠)의 불길처럼 부흥(復興)의 불길이 솟아올랐다.

그럴수록 반대급부(反對給付) 또한 정비례적(正比例的)으로 나타나서 대항(對抗)을 해오게 되었으므로 이들에 대한 자기 변호(辯護)를 위하여 그들 반론(反論)에 대한 변증(辨證)과 설득(說得)으로 기독교에로의 회심(回心)과 귀의(歸依)를 서둘지 않을 수 없었다.

그 당시의 교회들이 안으로는 성경 공부(工夫) 참회 기도(祈禱) 사랑의 교제(交際) 순교적(殉敎的)인 신앙(信仰) 등으로 연단(鍊鍛)을 거듭하면서 단순히 분파주의(分派主義)나 이단주의자(異

端主義者)들에 대한 경계(警戒)를 소홀(疏忽)히하게 할 수 없었다.

그러나 외부(外部)에서 쳐들어오는 이교적(異敎的)인 종교 문제를 비롯하여 철학적(哲學的)으로 혹은 정치적(政治的)으로는 물론 사회(社會)의 사상적(思想的)으로 침투(浸透)해 오는 모든 반(反) 기독교적인 사상(思想)이나 주의주장(主義主張) 또는 운동에 대하여 변증적(辨證的)인 논쟁(論爭)을 전개(展開)해 나가야 할 필요가 있었다.

이들이 말하는 반 기독교적 표현(表現)은 기독교를 향하여 무신론(無神論)이니 근친상간(近親相姦)이니 반정부행위(反政府行爲)등등이 기회(機會)를 노려서 모함(謀陷)해 왔다.

그러나 변증가(辨證家)들은 이들에 대항(對抗)하여 기독교 진리의 삼위일체(三位一體) 하나님에 대한 교리(敎理)와 도덕적(道德的)인 순결(純潔)과 규모(規模) 있는 질서(秩序)와 예절(禮節) 위에 충실한 신앙인(信仰人)으로서의 사회적(社會的)인 책임(責任)에 대해서 변박(辨駁)하여 기독교의 정당성(正當性)만이 아니라 탁월성(卓越性)과 절대성(絶對性)에 대해서도 강변(强辯)했다.

그 당시의 변증가(辨證家)들은 보편적(普遍的)인 의미에서의 전도(傳道)를 목적(目的)으로 했다기보다는 반대(反對)나 박해(迫害)에 대한 대처수단(對處手段)의 일환으로 기독교 진리의 내용보다는 신앙(信仰)의 정당성(正當性)을 제시하려는데 주력한 것으로 보인다.

그 때문에 자기변명(自己辨明)과 주장(主張)을 상대방(相對方)에 대한 이해(理解)를 구하려는 것이 특별하며 적극적(積極的)인 의미에서의 절대성(絶對性)을 주장(主張)하는 데는 약간(若干)의 아쉬움이 없지 않다고 보아진다.

대개 2세기 중엽(中葉)까지의 사이에 나타난 변증가(辨證家)들의 변증서(辨證書)가 많이 있으나 그 중에 대표적(代表的)인 것들만을 골라서 몇 가지 소개(紹介)하려고 한다.

1) 콰드라투스의 변증서(辨證書)

헬라의 변증가(辨證家)로 통하는 "콰드라투스의 변증서(辨證書)"(Apology of Quadratus)는 그가 125년 아덴을 방문(訪問)한 로마의 황제(皇帝) 하드리안 (Hadrianus: 117-138 재위)에게 증정(贈呈)한 변증서(辨證書)로서 그리스도인들이 사람의 살과 피를 먹고 인류(人類)를 증오(憎惡)하는 무리들이라는 공격(攻擊)이 사실이 아니라는 것과 기독교(基督敎)의 가르침과 생활(生活)이 참되다는 것을 지적(指摘)하고 있다.

교회사가(教會史家) 유세비어스(Eusebius: 260-339)가 전하는 콰드라투스의 변증서(辨證書) 내용의 일부를 다음과 같이 소개한다.

> "우리 주님의 사역(事役)은 항상 현존(現存)한다. 그것은 참된 것이기 때문이다. 치료(治療)함을 받은 사람들이 주님께서 세상에 계실 때뿐만 아니라 주님께서 떠나신 후에도 얼마 동안 살아 있고 그들 사운데 일부(一部)는 지금까지 살아있다."

콰드라투스(Quatratus)는 이방신(異邦神)들이 신화화(神話化) 된 죽은 인간에 불과 한데 비하여 그리스도만이 참 신(神)이심을 증거(證據) 했는데 그것은 사역(事役)이 잠시 나타난 거짓 현상(現狀)이 아니라 영원(永遠)히 계속되기 때문이라고 했다.

이는 곧 기독교 운동이 단순히 일과성(一過性)으로 끝나는 것이 아니라 두고두고 역사적(歷史的)으로 이어갈 것임을 나타내는 기독교의 역사성(歷史性)을 드러내는 말이라는 것을 강변(强辯)해 주는 변증(辨證)이라고 할 수 있다.

2) 아리스티데스의 변증서(辨證書)

우리가 여기에서 말하려는 "아리스티데스의 변증서(辨證書)"(Apology of Aristides)를 쓴 그는 2세기 중엽(中葉) 그리스의 아덴에서 활동(活動)을 한 기독교의 변증철학자(辨證哲學者)로서 140년 경 로마 황제(皇帝) 안토니우스 피우스 (Anthonius Pius: 138-161)에게 증정(贈呈)한 변증서(辨證書)로서 그리스도인이야말로 이방인(異邦人)이나 헬라인이나 유대인들보다 완전(完全)하고 영원(永遠)한 하나님을 사랑하고 섬기고 있다고 지적하고 있다.

아리스티데스는 기독교적인 신(神)의 개념(槪念)을 기술(記述)한 다음 갈대아, 헬라, 애굽 및 유대인의 신(神)에 대한 숭배(崇拜)의 방법(方法)을 기술(記述)했다.

갈대아 인들은 하늘, 땅, 물, 불 공기, 해나 달과 같은 물질적(物質的)인 자연요소(自然要素)들을 숭배(崇拜)하고 헬라인들은 악(惡)함과 범죄(犯罪)로 가득 찬 인간 같은 신(神)들을 숭배(崇

拜)하고 애굽 사람들은 악어(鰐魚), 고양이, 개나 뱀 같은 동물(動物)들을 숭배(崇拜)하고 성인(
聖人)들을 너무나 좋아한다고 했다.

그는 끝으로 그리스도 교인(教人)들이 참 하나님을 바로 예배(禮拜)하며 선(善)한 삶을 산다
고 지적(指摘)하고 있다.

3) 디오그네투스에게 보낸 편지(便紙)

디오그네투스에게 보낸 편지(便紙)(The Epistle to Diognetus)는 2세기 중엽(中葉)에 성명미상(姓名
未詳)의 어떤 그리스도인의 저술가(著述家)가 마르쿠스 아우렐리스 (Marcus Aurelius) 황제(皇帝)의
교사(教師)인 디오그네투스 (Diognetus)에게 보낸 편지(便紙)로서 필자(筆者)는 이 편지(便紙)를 통
해서 이교적(異教的)인 우상숭배(偶像崇拜)의 어리석음과 유대교의 미신적(迷信的)인 잘 못을 지
적(指摘)하면서 세상 안에서 그리스도인들의 투철(透徹)한 양면적생활상(兩面的生活相)을 묘사(
描寫)하므로 기독교의 정당성(正當性)을 변호(辯護)했다.

이 책(冊)의 저자(著者)는 이 편지(便紙)의 첫머리에서 편지(便紙)를 보내게 된 동기(動機)를 다
음과 같이 말하고 있다.

"디오그네투스 각하(閣下)에게

각하(閣下)께서 기독교인(基督教人)의 종교(宗敎)에 관하여 참으로 알아보기를 원(願)하오며 이

문제에 대하여 정확(正確)하고 주의깊은 조사(調査)를 하여 보기를 원(願)하시는 줄로 압니다.

예(例)컨대 저들이 어떤 신(神)을 믿고 있으며 어떻게 그를 예배(禮拜)하며 한 편으로는 저들

이 세상을 무시(無視)하여 죽음을 멸시(蔑視)하고 있으면서도 저들이 어떻게 해서 헬라의 여

러 신(神)들을 전혀 신(神)으로 여기지 않을 뿐만 아니라 유대인들의 미신(迷信)을 따르지 않

는지에 대하여 등입니다.

저들이 서로 간에 나누는 그 사랑과 사모(思慕)의 근원(根源)을 아시기를 원(願)하실 것입니다.

그리고 이 새로운 인종(人種)이나 새로운 형체(形體)의 삶이 지상(地上)에 왜 속히 나타나지 않

고 지 금 나타나게 되었는지도 의아심(疑訝心)을 가지실 것입니다.

이와 같은 것들에 대한 각하(閣下)의 깊은 관심(觀心)을 참으로 환영(歡迎)하는 바입니다.

우리에게 말하는 능력(能力)과 듣는 능력(能力)을 주신 하나님께서 각하(閣下)께서 나의 말을 들음으로써 최대(最大)의 유익(有益)을 얻도록 나로 하여금 말 할 수 있게 하시고 또한 내가 말 한 것을 후회(後悔)하지 않도록 각하(閣下)로 하여금 잘 들을 수 있게 하시기를 간구(懇求)할 뿐입니다."

이 편지(便紙)는 연이어서 유대인의 미신적(迷信的)인 요소(要素)와 우상숭배(偶像崇拜)의 잘못을 지적하고 그리스도인들의 양면적(兩面的)인 생활상(生活相)의 탁월(卓越)함을 설명해주고 있다.

"그리스도인들은 나라나 언어(言語)나 습관(習慣)에 의하여 다른 사람들과 구별(區別)되지 않습니다.
그들은 반드시 저들 고유(固有)의 나라에서 사는 것도 아니고 어떤 특별한 양식(樣式)으로 사는 것도 아닙니다. 저들이 가지는 이 가르침도 호기심(好奇心) 많은 사람들의 발견(發見)거리와 깊은 사상(思想)도 아니며 그것을 단순(單純)한 인간의 가르침으로 나타낸 것도 아닙니다. 비록 저들이 헬라 사람들의 도시(都市)나 야만인(野蠻人)의 도시(都市)에 각자의 운명(運命)을 따라 살면서. 각기 그 나라의 관습(慣習)대로 옷 입고 먹고 일상생활(日常生活)을 영위(營爲)하고 있 으므로 저들은 저들 자신들의 공동체(共同體)의 놀라운 통일성(統一性)과 조직(組織)을 나타내고 있습니다. (중략)
저들은 모든 사람들을 사랑하고도 모든 사람에게서 박해(迫害)를 받습니다.
저들은 알려져 있지 않습니다. 그리고 정죄(定罪)를 받습니다. 저들은 속임을 당하나 생명(生命)에 이릅니다. 저들은 가난하나 많은 사람을 부(富)하게 만들며 저들은 아무것도 가진 것이 없으 나 완전(完全)한 풍족(豊足)을 즐깁니다. 저들은 부끄러움을 당하나 그 수욕(羞辱) 가운데서도 영광(榮光)을 받습니다. 저들은 욕(辱)을 먹으면서도 축복(祝福)을 합니다.
저들은 모욕(侮辱)을 당하면서도 존경(尊敬)을 나타냅니다. 저들은 선(善)을 행하고 행악자(行惡者)로 벌(罰)을 받으면서 사망(死亡)에 이르는 것까지도 기뻐 합니다."
이 편지(便紙)는 여기에서 그리스도인의 역사적(歷史的)인 생존(生存)의 모습을 정확(正確)하게 묘사(描寫)하며 기독교에 대해서 가지는 정치지도자(政治指導者)들의 오해(誤解)와 편견(偏見)

을 시정(是正)하려고 했다는 것을 알 수가 있다.

그리스도인들은 이 세상나라의 시민(市民)으로 이 세상 법(法)에 순복(順服)하는 동시에 이 세상에서는 나그네이며 실제(實際)로는 천국(天國)의 시민(市民)으로 알며 이 세상의 법(法)이 요구하는 것 이상을 행(行)한다고 지적(指摘)하면서 그리스도인의 양면적(兩面的)인 모습(貌習)을 묘사(描寫)하고 있다.

이 편지(便紙)의 기자(記者)는 계속해서 그리스도인들과 세상과의 관계를 영혼(靈魂)과 육체(肉體)아의 관계(關係)로 비유(譬喩) 삼아 다음과 같이 말하고 있다.

"간단히 말해서 영혼(靈魂)이 육체(肉體) 안에 있는 것과 마찬가지로 그리스도인들이 세상 안에 있습니다. 영혼(靈魂)이 몸의 모든 부분(部分)에 산재(散在)하고 있는 것처럼 그리스도인들은 세상의 모든 도시(都市)에 흩어져 있습니다. 영혼(靈魂)이 육체(肉體) 안에 살면서 육체(肉體)에 속하지 않는 것처럼 그리스도인들도 세상 안에 살면서도 세상에 속(屬)하지는 않습니다. 보이지 않는 영혼(靈魂)이 보이는 육체(肉體) 안에 존재(存在)하는 것처럼 그리스도인들도 세상 안에서 나타나 보이지만 그들의 종교(宗敎)는 보이지 않습니다. 영혼(靈魂)은 자기를 미워하는 육체(肉體)를 사랑하고 지체(肢體)들을 사랑합니다. 마찬가지로 그리스도인들은 자기를 미워 하는 세상을 사랑합니다.

영혼(靈魂)은 육체(肉體)에 갇혀 있지만 육체(肉體)를 붙잡아 지탱하고 있습니다.

불멸(不滅)의 영혼(靈魂)이 죽음의 집 안에서 살고 있는 것처럼 그리스도인들도 썩어 질 세상 안에 살면서 하늘에서 얻게 될 불멸(不滅)을 기다리고 있습니다.

위의 내용(內容)에서 우리는 어거스틴의 신국론(神國論)의 효시(嚆矢)를 본다.

이레네어스가 구속사(救贖史)를 기록(記錄)함에 있어서 어거스틴의 선구자(先驅者)라고 할 수 있는 것처럼 그리스도인의 양면적(兩面的)인 삶의 묘사(描寫)에 있어서 디오그네투스에게 보낸 편지(便紙)는 신국론(神國論)의 선구자(先驅者)라고 할 수 있을 것이다.

이 저자(著者)는 계속해서 하나님께서 인간을 구원하시기 위해서 그 아들을 보내신 사실과 인간의 죄악(罪惡)과 하나님의 은총(恩寵)과 이에 대한 감사(感謝)에 대해서도 자세(仔細)하게 묘사(描寫)하고 있다.

그러나 역시 현대적(現代的)인 의미에서 보는 교리(敎理)상의 논쟁(論爭)이나 사상적(思想的)인 내용이라기보다는 순수한 신앙적(信仰的)인 의미에서만 나열(羅列)하고 있는 것을 알게 한다.

물론 이 편지(便紙)에서만이 아니라 이 시대에 쓴 대부분(大部分)의 편지(便紙)나 문서(文書)들이 신학적(神學的)인 문제에 대한 것들이 아니라 주로 순수신앙적(純粹信仰的)인 문제였다는데 중점(重點)을 두고 있어서 초대 교회 시절의 성도들에게는 주로 신앙적(信仰的)인 문제로서 오늘날과 같이 신학적(神學的)인 논쟁(論爭)은 별로 심각(深刻)한 것이 아니었다는 것을 알게 한다.

그러나 언제나 시대적(時代的)인 환경(環境)과 수준(水準)은 고려(考慮) 되어야 할 것으로 본다. 우리가 알고 있는 역사(歷史)의 변천(變遷)과 과학문명(科學文明, Science civilization)의 발전(發展)은 우리 인류(人類)에게 항상 시대적인 인식(認識)의 필요성(必要性)을 무언중(無言中)에 강요(强要)하고 있다는 것을 알아야한다.

4) 순교자(殉敎者) 저스틴(Justin)

우리 기독교(基督敎)의 역사상(歷史上) 변증가(辨證家)의 비조(鼻祖)라고 할 수 있는 초대 교회 시절의 대 변증가요 순교자(殉敎者)인 저스틴(Justin Martyr:199-165)은 일반적(一般的)으로 "순교자(殉敎者) 저스틴"으로 부른다.

그는 팔레스타인 지방의 플라비아 (Flavia)에서 출생(出生)한 이방인(異邦人)의 철학자(哲學者)로 한 평생(平生)토록 기독교 진리의 변증(辨證)을 위해서 전생애(全生涯)를 바치다가 결국에 가서는 순교(殉敎)의 제물(祭物)로 죽어 간 성자(聖者)였다.

그는 많은 여행(旅行)을 통하여 유대교를 비롯하여 스토아 학파(學派), 소요학파, 피타고라스 학파, 플라톤 주의자 등 허다(許多)한 철학적(哲學的)인 사상가(思想家)들과의 많은 접촉(接觸)을 가졌으나 그에게 영적(靈的)인 만족(滿足)을 줄만한 사람은 아무도 없었다.

135년 경 그가 에배소에서 어떤 그리스도인을 만나서 그를 통하여 구약성경에 약속(約束)된 메시아가 바로 예수님이라는 사실을 전해 듣고 크게 감명(感銘)을 받게 되므로 철학(哲學)의 무용성(無用性)을 깨닫게 되었고 기독교(基督敎)로 귀의(歸依)한 인물이다. 그 후부터는 철학자(哲學者)의 옷차림을 하고 돌아다니면서 기독교(基督敎)에 대한 진리(眞理)를 변증(辨證)하기 위해서 그의 한 평생(平生)을 바쳤다.

저스틴은 150년 경 로마에서 활동(活動)하는 동안 로마제국의 황제(皇帝)인 안토니우스 피우스(Antonius Pius: 138-161)와 그의 양자(養子)와 동료(同僚)인 마르쿠스 아우렐리어스 루키우스 베루스 (Marcus Aurelius Lucius Verus)에게 보낸 변증서(辨證書)를 통해서 기독교의 정당성(正當性)과 우월성(優越性)을 변증(辨證)했다. 그는 로마에서 활동(活動)하는 동안 165년경에 순교(殉敎)한 것으로 전해지고 있다.

저스틴에 대해서 연구(研究)한 신학자(神學者)들은 주로 그의 철학적(哲學的)인 관심(關心)과 로고스의 개념(概念)에 치중(置重)하여 연구(研究)를 하는 자들이 있는가 하면 또 어떤 이들은 저스틴을 성경의 해석자(解釋者)나 목회자(牧會者)의 관점(觀點)에서 연구(研究)를 하는 자들도 있다.

그런데 저스틴의 "제1 변증서" (The first Apology)의 중요 부분을 소개(紹介)하면 다음과 같다.

"황제 안토니우스 피우스와 그의 아들 철학자(哲學者) 베리시무스(Verissimus)와 철학자(哲學者) 루시우스(Lucius)와 그리고 원로원(元老院)과 모든 로마인들에게 불공평(不公平)하게 미움을 받고. 욕(辱)을 먹는 모든 사람들을 대신(代身)해서 프리스쿠스(Pryscus)의 아들과 그리고 바키우스 (Bacchius)의 손자(孫子)로 시리아의 팔레스탄에 있는 플라비아 네오폴리스 (Flabia Neopolis)에서 출생(出生) 한 나 저스틴은 이 호소(呼訴)와 청원(請願)을 써서 보내는 바입니다.

우리는 무신론자(無神論者)로 불립니다.

물론 보통 일반적(一般的)이고 통상적(通常的)으로 생각되는 그런 신(神)들과 관련(關聯)해서 말 할 때는 무신론자(無神論者)들이 아닙니다. 즉 의(義)의 아버지이시며 또 그로부터 오신 아들이시 며 그리고 우리가 경배(敬拜)하는 예언(豫言)의 영(靈)이신 참 하나님과 관련해서 말할 때에 우리는 무신론자(無神論者)들이 아닙니다."

그리고 저스틴은 이어서 그리스도인들의 신앙(信仰)과 생활(生活)이 어느 누구보다도 진실(眞實)하다는데 대해서도 강하게 변증(辨證)하고 있다.

"우리가 왕국(王國)을 기다린다고 들었을 때 폐하(陛下)께서는 우리가 단순히 인간적(人間的)인 왕국(王國)을 기다린다고 성급(性急)하게 생각합니다. 그러나 우리는 하나님과 더불어 존재(存在)하는 왕국(王國)을 기다립니다.

우리는 현세(現世)의 질서(秩序)에 소망(所望)을 두지 않기 때문에 죽음을 당해도 걱정하지 않습니다. 우리는 실제(實際)로 여러분의 가장 좋은 협조자(協助者)들이고 질서(秩序)를 세우는 데 있어서 여러분의 친구(親舊)들입니다. (중략)

이 전에 서로 미워하고 죽이며. 다른 종류(種類)의 종족(種族)들과 교제(交際)하기를 원치 않던 우리가 그리스도가 나타나신 이 후부터는 함께 살고 우리의 원수(怨讐)를 위해서 기도(祈禱)하고 우리를 미워하는 사람들에게 전도(傳道)해서 그들도 우리와 함께 참 된 소망(所望)을 가지게 되기를 바랍니다.

우리들은 다른 사람들 못지않게 폐하(陛下)가 임명(任命)한 사람들에게 세금(稅金)을 바칩니다. 왜냐하면 주님께서 말씀하시기를 "가이사의 것은 가이사에게 하나님의 것은 하나님께 바치라"고 가르쳤기 때문입니다.

우리는 하나님만을 예배(禮拜)합니다. 그리고 다른 일들에 관해서는 당신들을 즐거운 마음으로 섬깁니다. 그리고 당신들을 황제(皇帝)와 통치자(統治者)로 인정(認定)합니다. 그리고 당신들이 바른 마음을 가지도록 기도(祈禱)합니다."

그리고 저스틴은 그가 주장하는 기독교의 정당성(正當性)과 우월성(優越性)의 근거(根據)로서 구약에서 예언(豫言)하신 말씀의 성취(成就)에서 찾는다고 변증(辨證)하고 있다.

"우리는 단순히 뜬 소문(所聞)을 믿지 않습니다.
우리는 어떤 사건(事件)이 발생(發生)하기 전에 미리 예언(豫言)한 사람들을 믿습니다.
왜냐하면 우리는 예언(豫言)대로 발생(發生)한 일들과 그리고 지금 발생(發生)하고 있는 일들을 실제(實際)로 보기 때문입니다.
이것은 가장 위대(偉大)하고 가장 확실(確實)한 증거(證據)입니다. 우리는 예언서(豫言書)에서 다음과 같은 일들이 예언(豫言)으로 발견(發見) 된 것을 인식(認識)합니다.
즉 예수 그리스도께서 오시고 처녀(處女)에게서 나시고 성장(成長)하시고 모든 병(病)과 약(弱)

한 것을 고치시고 십자가(十字架)에 달리시고 그리고 죽으시고 다시 살아나시고 하늘에 승천(昇天)하셔서서 참으로 하나님의 아들이라고 불러질 것을 발견(發見)합니다.

우리는 또 다음과 같은 것들이 예언(豫言) 된 것을 발견(發見)합니다. 즉 그로부터 보내심을 받은 사람들이 모든 족속(族屬)에게 이와 같은 것들을 선포(宣布)하고 그래서 이방(異邦) 사람들이 그를 믿게 될 것을 발견(發見)합니다. 이와 같은 것들은 그가 나타나시기 5천년 전(前)에 예언(豫言) 되었습니다. 그리고 3천년 전에 그리고 2천년 전에 그리고 다시 1천년 전에 그리고 또 다시 8백년 전(前)에 예언(豫言)되었습니다.

왜냐하면 세대(世代)가 지나가면서 새로운 선지자(先知者)들이 거듭거듭 나타났기 때문입니다. (중략)

또 저스틴은 로고스 사상(思想)을 도입(導入)하는데 그 이유는 그리스도께서 초림(初臨) 이후부터만 존재(存在) 한 것이 아니고 초림(初臨) 이 전에도 우주(宇宙)와 인간들 속에 존재(存在)하고 계셨다는 것을 지적(指摘)하기 위해서 로고스 사상(思想)을 도입(導入)하고 있음을 본다.

"그리스도가 태어나기 전에 태어난 사람들은 아무 책임(責任)이 없다고 어떤 사람들이 생각하며 비난(非難)할 자와 나는 어려운 문제들을 미리 해결(解決)할려고 합니다. 우리가 배운 대로 그리스도 는 하나님의 처음 나신 분이고 우리가 이미 증거(證據) 한 대로 그는 모든 인류(人類)가 그 부분(部分)을 공유(共有)하고 있는바로고스 즉 이성(理性, Reason)이십니다. 이 로고스에 따라 산 사람들은 비록 저들이 하나님 없는 자들이라고 불리었을 지라도 그들은 그리스도인들이었습니다.

헬라인들 중에 소크라테스 헤라클리스트와 그 사람들이 그러했고 야만인(野蠻人)들 중에는 아브라함 아나니아 아지리아 미사엘 엘리사와 그리고 한 사람이 길게 염려(念慮)할 수 없을 정도의 많은 사람들이 그리하였습니다.

그러므로 또한 로고스 없이 산 사람들은 은혜(恩惠)가 없는 사람들이었고 그리스도의 원수(怨讐)들이었으며 로고스를 따라서 산 사람들을 죽인 살인자(殺人者)들이었습니다. 그러나 로고스에 따라 산 사람들과 그리고 지금 그렇게 사는 사람들은 그리스도인들인데 그들은 두려움이나 불안(不安)함이 없이 살고 있는 자들입니다."

특별히 저스틴은 그의 변증서(辨證書)의 마지막 부분에서 초대 교회의 세례(洗禮)와 성찬(聖餐)등 예전(禮典)에 대한 것과 예배(禮拜)의 모습들에 대해서 자세하게 설명을 해 줌으로 우리가 초대교회 시절의 교회 모습을 이해하는데 많은 도움을 주고 있다.

"우리가 그리스도를 통하여 새로 지음을 받게 되었을 때 하나님께 우리 자신(自身)을 어떻게 헌신(獻身)했는지를 내가 설명(說明)하겠습니다.

왜냐하면 이 글에서 이것을 기록(記錄)하지 않는다면 그것은 매우 합당(合當)하지 않게 보일 것이기 때문입니다.

우리가 가르치고 말하는 것을 참되다고 믿게 된 사람들 그리고 그 가르침에 따라 살겠다고 약속(約束)한 사람들은 과거(過去)의 죄(罪) 사(赦)함을 받기 위해서 금식(禁食)을 하며 하나님께 기도 (祈禱)하도록 가르침을 받았습니다. 그리고 우리는 그들과 함께 금식(禁食)하며 기도(祈禱)합니다.

다음에 그들은 우리들에 의해서 물이 있는 곳에 인도(引導)되고 우리가 새로 났던 것과 같은 방법(方法)으로 그곳에서 새로 태어나게 됩니다. 왜냐하면 그 때에 우리들은 아버지 만유(萬有)의 주(主)되신 하나님과 우리의 구주(救主) 되시는 예수 그리스도와 성령(聖靈)의 이름으로 물로 씻음을 받기 때문입니다. 또한 그리스도께서 말씀하시기를 "네가 거듭나지 아니하면 너는 하나님 나라 에 들어갈 수 없다"라고 하셨기 때문입니다. 우리가 그렇게 씻은 다음에 그를 데리고 형제(兄弟)라고 불리어지는 사람들이 함께 모인 곳에 데리고 갑니다. 그러면 그들은 그들 자신(自身)과 그리고 세례(洗禮) 받아 조명(照明)을 받은 그 사람들과 그리고 다른 모든 사람들을 위해서 진실(眞實)한 기도(祈禱)를 함께 드립니다.

즉 우리 모두가 진리(眞理)를 배운 대로 선(善)한 사람으로 합당(合當)한 생활(生活)을 하고 그리고 명령(命令)을 받은 대로 준행(遵行) 해서 영원(永遠)한 구원(救援)을 얻게 해 달라고 함께 기도(祈禱)합니다. 기도(祈禱)를 마친 후에 우리는 키스(Kiss)하므로 서로 인사(人事)를 나눕니다.

그 다음은 빵과 물을 탄 술의 잔(盞)을 회중(會衆)의 사회자(司會者)에게 가져가면 사회자(司會者)는 그것을 들어서 우주의 주재자(主宰者)시요 아버지에게 아들과 성령(聖靈)의 이름으로 그것을 높 이 들고 우주(宇宙)의 아버지에게 찬양(讚揚)과 영광을 돌립니다. 그리고 우리가 그것들을 받기에 합당(合當)하게 해 달라고 길게 감사(感謝)의 기도(祈禱)를 합니다.

사회자(司會者)가 감사(感謝)의 기도(祈禱)를 마치면 거기에 참석한 모든 회중(會衆)은'아멘'이라고 동의(同議)합니다.

'아멘'을 히브리어로 '그렇게 될지어다'라고 하는 뜻입니다.

사회자(司會者)가 감사(感謝)를 돌리고 집사(執事)라고 불리어지는 사람들은 거기에 참석(參席)한 모든 사람들에게 거룩하게 한 빵의 한 부분(部分)과 그리고 물 탄 술을 가져다주고 이 음식(飮食)을 선찬(聖餐, Euoharrict)이라고 부릅니다.

그런데 이 성찬(聖餐)에는 아무나 참예(參詣)할 수 없고 성찬(聖餐) 때에 물 탄 술을 마시되 술에 취(醉)할 수 없고 오직 우리가 가르치는 것이 참되다고 믿는 사람들 그리고 죄(罪)의 사(赦)함과 중생(重生)을 위한 씻음을 받은 사람들 그리고 그리스도가 우리에게 전해 준대로 사는 사람들만이 성찬(聖餐)을 받을 수 있습니다.

왜냐하면 우리는 이것들을 보통 빵이나 음료(飮料)로 받지 않습니다.

마치 하나님의 말씀으로 성육(成肉)하신 우리 주님 예수 그리스도께서 우리의 구원(救援)을 위해서 살과 피를 취하신 것처럼그것과 마찬가지로 우리가 배운 대로 기도(祈禱)에 의해서 거룩하게 된 그 음식물(飮食物)은 바로 성육(成肉)하신 예수님의 살이요 피 이기 때문입니다.

(이하 생략)

저스틴은 마지막으로 황제(皇帝)에게 엄숙(嚴肅)하고 단호(斷乎)하게 경고(警告)의 권면(勸勉)으로 끝을 맺고 있다.

조금도 그의 주장(主張)이 흔들림이나 동요(動搖)됨이 없이 당당(堂堂)하고 소신(所信)에 찬 정당(正當)한 주장(主張)이요 권또한 권면(勸勉)인 것을 알게 한다.

저스틴의 이 같은 편지의 내용은 참으로 하나님의 종이요 사신(使臣)으로 하나님의 진리(眞理)를 로마 황제(皇帝)에게 바로 전하고 변증(辨證)을 한 위대한 성자(聖者)였다는 것을 알게 한다.

"우리가 말 한 것이 이치(理致)에 맞고 참되다고 보인다면 그것에 존경(尊敬)을 가지고 취급(取扱)하십시오. 만약 당신이 불공평(不公平)한 처사(處事)를 계속(繼續)한다면 당신은 하나님의 심판(審判)을 피(避)할 수 없을 것입니다. 당신의 아버지인 위대(偉大)한 하드리안(Hadrian) 황제(皇帝)의 편지(便紙)에 근거(根據)해서 우리도 폐하(陛下)께서 우리가 요청(要請)한데 따라 옳게 판단(判斷) 하시기를 요구(要求)하는 바입니다."

5) 아테나고라스의 진정서(陳情書)

유명(有名)한 헬라 철학(哲學)의 변증가(辨證家)로 알려 진 아테나고라스의 생애(生涯)에 대해서는 별로 알려진 것이 없다.

그는 아덴에서 기독교 철학자(哲學者)로서 활동(活動)했고 그는 176년에서 177년 사이에 마르쿠스 아우렐리어스 (Marcus Aurelius) 황제(皇帝)와 그의 아들 코모두스 (Lucius A. Commodus)에게 그의 진정서(陳情書, A plea Regarding Christians)를 보내서 변증(辨證)한 것으로 이해되고 있다.

그는 이 진정서(陳情書)를 통해서 그리스도인들이 비난(非難)받고 있는 무신론(無神論)에 대한 문제와 근친상간(近親相姦) 그리고 인육식(人肉食)의 죄목(罪目)들이 사실무근(事實無根)이라는 것을 강변(强辯)하고 기독교의 예배(禮拜)와 가르침이 그리스도인들을 비난(非難)하는 그들의 것들보다 합리적(合理的)이고 도덕적(道德的)이고 월등(越等)하다는 것을 증거(證據) 했다.

아테나고라스가 보낸 진정서(陳情書)의 내용을 간추려 보면 대략 다음과 같은 것으로 요약(要約)된다.

"우리들에 대한 세 가지의 비난(非難)이 행해지고 있습니다.

그것은 무신론(無神論)과 티에스티안 잔치(Thyestian Feast)입니다. 만약 이와 같은 것들이 사실이라면 우리들 중 누구든지 짐승과 같이 산다면 우리들의 처자(妻子)들과 함께 몽땅 진멸(殄滅)하십시오. 사실 짐승들도 자기들과 같은 종류(種類)를 공격(攻擊)하지는 않습니다.

짐승들도 되는 대로 교접(交接)하지는 않습니다. 자연(自然)의 법칙(法則)에 따라 그리고 출산(出産)의 때가 될 때에만 합니다.

폐하(陛下)께서는 우리가 이 같은 죄(罪)를 범하지 않고 있다는 사실을 목격(目擊)하였을 것입니다. 우리에게 죄(罪)가 있다면 폐하(陛下)께서 금(禁)하신 그 이름을 고백(告白)하는 일 뿐임니다.

그러므로 이제 폐하(陛下)께서 우리의 생활(生活)과 가르침 그리고 폐하(陛下)와 폐하(陛下)의 집과 제국(帝國)에 대한 우리의 순종(順從)과 충성(忠誠)을 살피시기를 바랍니다."

그 외에도 아테나고라스는 그리스도인들이 무신론자(無神論者)가 아니라는 점을 강조(强調)하고 유일신(唯一神) 하나님에 대하여서는 구약성경을 근거(根據)로 합리적(合理的)인 논리(論理)로 변증(辨證)했고 삼위일체론(三位一體論, Trinity Theory)에 대해서 특별히 변증(辨證)하고 있음을 본다.

"우리가 무신론자(無神論者)가 아니라는 것을 나는 충분(充分)히 설명하였습니다.

우리는 한 분 하나님을 인정(認定)하고 있습니다. 그는 피조(被造)된 자가 아니며 영원(永遠)하며 보이지 않으며 고통(苦痛)을 당하지 않으며 불가해(不可解)하며 무한(無限)한 분이십니다. 그는 다만 마음과 지성(知性)에 알리어지며 빛과 아름다움과 영(靈)과 형언(形言)할 수 없는 능력(能力)으로 둘러쌓여 있습니다. 그로 말미암아 우주(宇宙)는 그의 말씀(Logos)을 통하여 창조(創造)되었고 질서(秩序)를 가지게 되었으며 함께 존재(存在)한 아들을 가지신다고 우리가 생각하기 때문입니다.

하나님께서 한 아들을 가지신다고 우리가 생각하기 때문입니다.

하나님께서 한 아들을 가지신다고 우리가 말하므로 우리를 어리석다고 생각해서는 안 됩니다. 우리는 성부(聖父) 하나님과 아들에 관하여 신(神)들이 사람들과 별로 다름이 없이 신(神)들에 관하여 말하는 것 같이 생각하는 것은 아닙니다.

즉 하나님의 아들은 관념(觀念)에 있어서(in Idea)나 실제(實際)에 있어서(in Actuality) 그의 말씀이십니다.

대개 그로 말미암아 그를 통하여 만물(萬物)이 만들어진 것이고 아버지와 아들은 한 분이십니다.

그리고 성령(聖靈)의 일체성(一體性)과 능력(能力)으로 말미암아 아들은 아버지 안에 있으며 아버지는 아들 안에 있으므로 하나님의 아들은 아버지의 마음이며 말씀입니다. 진실로 예언(豫言)을 말한 저 예언자(豫言者)들을 감동(感動)시킨 그 성령(聖靈) 자신이 하나님으로부터의 광채(光彩)이십니다.

이것은 마치 햇빛이 해로부터 나오며 다시 해로 돌아가듯이 그로부터 흘러나오시며 다시 그에게로 돌아가십니다.

그렇다면 성부(聖父) 하나님과 성자(聖子) 하나님과 성령(聖靈) 하나님을 인정(認定)하며 또한 능력(能力)에 있어서의 저들의 통일성(統一性)을 가르치며 직무(職務)에 있어서의 저들의 구별(區別)을 가르치는 사람들을 무신론자(無神論者)라고 부른다는 것은 놀라운 일이 아니겠습니까? 또한 우리의 신학(神學)은 이런 점들에서 그치는 것이 아니고 우리는 또한 한 무리의 천사(天使)들과 사자(使者)들로 인정합니다. 하나님께서는 조성(造成)하시며 창조자(創造者, Creator)로서 그의 말씀을 통해서 저들에게 각각 임무(任務)를 맡기신 것입니다.

그는 저들에게 명(命)하사 우주(宇宙)의 좋은 질서(秩序)와 원소(元素)들과 하늘들과 세상에 있는 모든 것을 돌보게 하신 것입니다."

아데나고라스의 진정서(陳情書)를 통해서 볼 때에 그가 유명한 신학자(神學者)였다기보다는 철저한 철학자(哲學者)요 신앙가(信仰家)로서 정의감(正義感)이 강한 의인(義人)이 였다는 것을 알 수 있다.

이러한 철학자가 감히 로마 제국(帝國)의 황제(皇帝)를 상대로 기독교(基督敎)의 진리(眞理)에 대해서 변증(辨證)을 하고 황제(皇帝)에게 권고(勸告)의 충간(忠諫)을 드릴 수 있다는 것은 그의 뛰어난 인품(人品)에 대한 것을 알게 한다.

3 ≡ 초대교회 시절의 이단사상

기독교(基督敎)에서 말하는 이단(異端, Heresy)에 대한 개념(概念)은 정치적(政治的)인 것과 단순히 교리적(敎理的)인 양면(兩面)을 가지고 있으나 사실은 더 엄밀(嚴密)한 의미에서 해석(解釋)되어야 할 것이다.

왜냐하면 교파(敎派)들 간의 다른 집단(集團)에 대한 정치적(政治的)인 의미에서의 이단(異端)

이라든가 또는 어의적(語意的)인 의미에서 말하는 "선택(選擇)의 행위(行爲)나 사상(思想) 철학적(哲學的)인 주의주장(主義主張)이나 교리(敎理)에 대한 오해(誤解)" 등을 두고 하는 말이 아니다.

성경은 이단(異端)에 대해서 훨씬 더 구체적(具體的)으로 언급(言及)해주고 있다.

> "그러나 민간(民間)에 또한 거짓 선지자(先知者)들이 일어 났었나니 이와 같이 너희 중에도 거짓 선생(先生)들이 있으리라. 저희는 멸망(滅亡)케 할 이단(異端)을 가만히 끌어들여 자기들을 사신 주(主)를 부인하고, 임박(臨迫)한 멸망(滅亡)을 스스로 취하는 자들이라(벧후2:1)."

여기에서 보는바와 같이 "멸망(滅亡)케 하는 이단(異端)"(Destructive Heresy)이라고 이단(異端)의 성격(性格)을 밝힌 다음 이단(異端)의 내용(內容)에 대해서는 "자기들을 사신 주를 부인(否認)하는 자들"(even denying the Lord who bought them)이라고 하였고 또 "임박(臨迫)한 멸망(滅亡)을 스스로 취(取)하는 자들"(bring on themselves swift destruction)이라고 하여 보편적(普遍的)인 의미에서의 이단과 적극적(積極的)인 의미에서의 이단(異端)을 구별(區別)하고 있음을 본다.

이에 대하여 우리는 개인(個人)이나 집단(集團) 간의 설(說, on opinion)이나 주장(主張, insistence)까지를 이단(異端)이라고 함부로 경솔(輕率)하게 단정(斷定)하는 것을 삼가고 최소한 교리사(敎理史)적인 의미에서 이미 이단(異端)으로 공회(公會)에서 단죄(斷罪) 된 것을 제외(除外)하고는 조심스럽게 다가가야 할 것이다.

우리 기독교(基督敎)는 처음부터 신앙(信仰)의 실존성(實存性)과 역사성(歷史性)을 동시(同時)에 주장해 왔다.

즉 우리는 예수 그리스도를 중보(仲保)로 하나님과의 만남과 교제(交際)를 근본으로 하는 동시에 이 실존적인 체험을 항상 과거 역사에 나타난 하나님의 계시의 연속 내지 완성으로 보고 있다.

개인(個人)의 수직적(垂直的)인 신앙은 항상 수평적(水平的)이고 역사적(歷史的)인 신앙 곧 신구약 성경과 교회의 전통적(傳統的)인 가르침에 비추어 이해(理解)되고 규명(糾明)되어지는 것이다.

신약 교회의 시작은 사실상 오순절 날 성령(聖靈)의 강림(降臨)으로부터라고 해석(解釋)할 것이다. 오순절의 체험(體驗)은 최소한 예언(豫言) 된 하나님의 계시(啓示)의 완성(完成)이었던 것이다.

이 사상(思想)은 초대교회 시절부터 "구약의 예언선집(豫言選集)"(Testimonia)이나 순교자(殉敎者) 저스틴 (Justin Martyr: 100-165) 같은 이들도 기독교는 갑자기 일어난 종교가 아니라 구약 예언(豫言)의 완성(完成)이라는 점을 강조했다.

그리하여 저스틴은 그의 변증서(辨證書)를 통하여 우리가 물려받은 신앙(信仰)이라고 하여 기독교 신앙의 역사성(歷史性)과 정통성(正統性)을 강조(强調)하였다.

특히 교부시대의 대표격(代表格)이라고 할 수 있는 이레네어스 (Ireneus: 130-202) 같은 이는 "유일(唯一)한 신앙(信仰)"이라고 변호(辯護)하면서 "이 신앙(信仰)은 교회(敎會)가 사도(使徒)들로부터 물려받은 것이며 우리가 사도(使徒)들로부터 배운 것이요 하나님의 뜻으로 말미암아 우리에게 전(傳)해 순 것이다"라고 하였다.

또한 교부시대를 전후하여 라틴 신학(神學)의 대부(代父)로 통하는 터틀리안(Tertullian: 160경-220) 같은 교부(敎父)도 이레네어스의 전통(傳統)을 이어받아 "신앙(信仰)과 교리(敎理)의 전승(傳承)"을 강조(强調)했을 뿐이다.

그는 주장하기를 "우리 그리스도인은 우리 자신(自身)의 권위(權威)에 따라 새로운 교훈(敎訓)을 가르칠 수도 없으며 어떤 다른 사람이 자기의 권위(權威)에 따라 만들어 낸 교훈(敎訓)을 받아들일 수도 없다"라고 했다.

이는 곧 기독교 진리의 정통성(正統性)과 전통(傳統)을 강조하므로 새로운 교훈(敎訓) 즉 이단의 출현에 대해서 경고 해주고 있음을 본다.

가장 성경적인 바른 기독교 운동은 새로운 것을 만들어 내는 것이 아니라 성경에 이미 말씀하고 있는 진리(眞理) 그대로를 믿고 지키면서 이에 반대되는 주장(主張)이나 사상(思想)들을 바른 진리(眞理)로 인도(引導)하는 것이 운동(運動)의 목적(目的)이 되어야 할 것을 알게 한다.

이제 우리는 이단(異端)에 대한 바른 규명(糾明)을 하기 위해서 우선 하나님의 완전(完全)한 계시(啓示)로 기록(記錄)된 성경을 부인(否認)한다거나 삼위일체(三位一體) 하나님에 대한 교리(敎理)를 반대(反對)하고 예수 그리스도에 대한 신인양성(神人兩性)이나 무죄성(無罪性)을 부인(否認)하거나 하나님과 예수 그리스도와의 동일본질성 (同一本質性)을 부인(否認)하는 등 적극적(積極的)인 이단설(異端說)이나 이러한 설(說)을 주장(主張)하는 자들에 대해서는 분명히 규명(糾

明)하고 경계(警戒)해야 할 필요를 느낀다.

그러므로 여기에서는 초대 교회 시절부터 성행(盛行)했던 많은 이단사설(異端邪說) 등이 일어나기는 했으나 그 가운데서도 대표적인 것들 몇을 들어서 이단의 정체(正體)를 분석해 보려고 한다.

무조건(無條件) 이단설(異端說)은 반대하고 배격(排擊)해야 할 우리의 적(敵)이다.

1) 말시온 파(Marcionites) 이단(異端)

이 말시온 이단파(異端派)는 2세기경에 활동한 이단자(異端者) 말시온(Marcion)에 의해서 세워진 이단사상(異端思想)이다.

본래 말시온은 소아시아 폰투스 (Pontus)에 있는 시노페(Sinope)에서 감독(監督)의 아들로 태어났으나 아버지로부터 그의 부도덕(不道德)한 행위로 인하여 파문(破門)을 당하여 140년 경 로마로 물러가서 자기의 사상체계(思想體系)를 세워 나갔다. 그러나 144년 로마에서도 그는 이단자(異端者)로 파문(破門)을 당했으나 그는 이에 굴(屈)하지 않고 자기의 교회를 중심으로 자기의 주장(主張)과 사상(思想)을 펼쳐 나갔다.

순교자(殉敎者) 폴리캅이 말시온에 대하여 말하기를 "사탄의 맏아들"이라고 지적(指摘) 한 대로 그는 반 기독교운동자(反 基督敎運動者)로서 활동(活動)을 해오다가 3세기 말에는 거의 대부분(大部分)이 페르샤의 이원론자 (二元論者)들과 마니교(Manichaeism)에 흡수(吸收)되어 버렸다.

말시온 이단(異端)은 주로 율법(律法)과 복음(福音)을 분리(分離)하고 구약과 신약의 계시(啓示)를 분리(分離)하며 교회의 전통(傳統)이나 통일(統一)에서 완전히 이탈(離脫)하여 나갔다.

말시온은 하나님의 창조(創造)의 세계와 질서(秩序)에 대하여 혼동(混同)을 일으켰고 나아가서는 구약이나 교회의 사도적인 전통(傳統)에 대하여 부정적(否定的)인 태도(態度)를 취하게 되었다.

그는 영혼(靈魂)의 구원(救援)에 대한 문제에 대해서는 적극적(積極的)이면서도 교회의 다른 문제에 대해서는 관심도 없었다. 이 세상에 대해서는 부정적(否定的)인 입장에 서면서 예수 그리스도는 자기 땅에 오신 것이 아니라 자기와는 전혀 관계가 없는 이방인(異邦人)의 땅에 오셨다고 주장했다.

그는 자연계(自然界)에서 뱀이나 곤충(昆蟲)들을 경멸(輕蔑)했고 성(性)과 해산(解産)의 부정(不淨)함을 강조(強調)하여 독신주의(獨身主義)를 주장하는 입장에 섰다.

결국 말시온이 주장한 구원이란 사람의 영혼(靈魂)이 창조(創造)의 질서(秩序)와 육체(肉體)의 고통(苦痛)에서 벗어나는 것이라고 주장했다.

말시온은 도세트 파와 노스틱 파의 영향(影響)을 받은 것으로서 한 분 하나님에 대한 유일신사상(唯一神思想)을 가졌다. 그러나 그가 말하는 하나님은 이름을 지을 수도 없고 볼 수도 없는 신비(神秘)한 신(神)으로 묘사(描寫)되고 있다.

세계는 조물주(造物主, Creator)에 의해서 만들어진 피조물(被造物)로 되었는데 이 조물주(造物主)는 하나님(God)이 아니며 참 하나님과 조물주(造物主) 사이에는 악마(惡魔)가 중간(中間)에 끼어 있다고 했다. 그리고 그리스도는 정말로 육체(肉體)를 갖지 않았다. 왜냐하면 물질(物質)이란 근본적(根本的)으로 악(惡)이기 때문에 그리스도는 육체(肉體)를 갖지 않았다고 주장했다.

구약성경은 위에서 말 한 대로 만물(萬物)은 조물주(造物主)로부터 나온 것이며 그들이 주장하는 참 하나님이 아닌 조물주(造物主)와 하나님은 같은 하나님이라고 주장했다. 그는 구약에 대해서는 유대교의 해독(害毒)을 입지 않은 부분(部分)만을 수용(收用)하여 사실상 구약 전체를 받아드리지 않았다.

그는 죄 사함을 받기 위해서는 세 번 세례(洗禮)를 받아야 한다고 주장했다. 그는 영혼(靈魂)의 전생(轉生)을 가르쳤으며 육체(肉體)의 부활(復活)을 부인(否認)하고 극단적(極端的)인 고행(苦行)을 강조(強調)했다.

터틀리안 같은 교부(敎父)는 이 이단(異端)을 차단(遮斷)시키기 위해서 다섯 권(卷)이나 되는 변증서(辨證書)를 썼을 만큼 당 시대에 있어서 말시온 이단주의(異端主義)는 교회에 미치는 악영향이 컸던 것이다.

예수 그리스도에 대한 육체(肉體)를 부인(否認)한 것은 헬라 철학(哲學)의 플라톤(Platon: BC 427-347)의 영향을 받아서 물질세계(物質世界)를 천(賤)하게 여겼으므로 그러한 뜻에서 그리스도의 육체(肉體)에 대해서도 환상설(幻像說)을 내세우게 되었다.

특히 말시온의 경전(經典, Canon of Marcion)은 말시온이 주장(主張) 한 학술(學術)을 근거(根據)로 하여 누가복음을 개작(改作) 해 놓았다.

그는 구약성경의 하나님과 신약성경의 하나님은 아주 반대(反對)되는 것이라고 하여 참 하나님은 그리스도로 말미암아서만 알 수 있는 것이라고 하고 구약을 배척(排斥)하는 반면 신약도 복음서와 사도서의 둘로 구분해 버렸다.

그는 마음대로 성경의 내용을 바꾸어 버렸는데 예컨대 그의 경전(經典)에는 예수님의 어린 시절의 이야기 예수님의 세례(洗禮)와 시험(試驗)받으신 이야기 탕자(蕩子)의 비유 악한 농부(農夫)의 비유 같은 것은 모두 삭제(削除) 해 버렸다.

2) 노스틱 파(Gnostics) 이단

노스틱 파를 다른 말로는 영지주의파 (靈知主義派)라고 부른다.

이는 유대인의 사상(思想)과 동양(東洋)의 이교사상(異敎思想) 및 헬라의 철학사상(哲學思想)이 섞여서 이루어진 하나의 기괴(奇怪)한 학파(學派)로서 예수 이전부터 이 사상(思想)이 있었다는 것은 플라톤의 저서(著書)를 통해서나 외전(外典, Apocrypha)을 보아서도 알 수 있다.

근대(近代)에 와서도 노스틱 파에 대한 많은 자료(資料)들이 발견(發見)되기는 했으나 좀 더 구체적(具體的)으로 이것이 노스틱 주의의 기본사상(基本思想)이라고 단정(斷定)할 만한 문서(文書)는 발견(發見)되지 않았다.

결국 이것은 철학(哲學, Philosophy)이나 사변(思辨, Speculation)으로 해석(解釋)해 왔으나 최근에 와서는 차츰 그것이 하나의 신비주의(神秘主義) 내지 원시적(原始的)인 종교(宗敎)의 경향(傾向)으로 보이기에 이르렀다.

그 기원(起源)에 있어서도 어떤 이는 이를 바벨론의 종교(宗敎)로 돌리며 또 어떤 이는 기독교 이전의 유대적인 색채(色彩)가 있다고 하기도 하고 혹은 인도(印度)의 힌두교의 사상(思想)에서 그 기원(起源)을 찾는 이도 있다.

초대 교회 시절의 교부(敎父)들은 이 노스틱 주의를 "헬라의 지혜(智慧)"(The wisdom of Greece)라고 하였고 독일이 낳은 신학자(神學者) 하르낙(Harnack, Theodosius: 1817-1889)은 그리스도 교적 노스틱 주의를 "예민(銳敏)한 그리스도교의 헬라화"라고 불렀다.

오늘에 있어서 이 노스틱 주의는 그리스도교 이전의 동양적(東洋的)인 신비주의(神秘主義)로 이해(理解)하고 있다. 어찌 되었던지 노스틱 주의에 대한 전체적(全體的)인 경향(傾向)은 여러 가지의 사상(思想)이 혼합(混合)된 조직적(組織的)인 사상(思想)으로 한 쪽에는 헬라와 로마적인 문화(文化)를 가지고 이를 동양화 (東洋化)시키려는 조류(潮流)라고 할 수 있으며 또 다른 한편으로는 동양사상(東洋思想)을 추잡화(醜雜化)하게 만들려는 조류(潮流)가 합쳐서 이루어 진 것이라고 본다.

노스틱 주의는 언제나 한 가지 구원(救援)의 계획(計劃)으로서 역사적(歷史的)인 드라마(Drama)를 수반(隨伴)하는 우주적(宇宙的) 또는 초우주적(超宇宙的)인 드라마로서 이 세계의 역사(歷史)를 그 창조(創造)로부터 구속(救贖)과 멸망(滅亡)에 이르기까지 그 경개(梗槪, Outline)를 보고 있다.

인간의 기원(起源)에 대해서도 그 시초(始初)로부터 최초(最初)의 인간(人間)까지 일어난 사실의 이야기를 묘사(描寫)하며 하늘로부터 오신 구속주(救贖主)가 그 자신(自身)의 생활(生活)에서 이 우주(宇宙)의 드라마의 요점(要點)을 반복(反復, Repetition)함으로써 인생을 구해내는 이야기와 각각 인간도 그 고통(苦痛)과 죽음과 부활(復活)의 순환(循環)을 완성(完成)하는 이야기로 묘사한다.

이 노스틱주의는 원래는 이원론(二元論, Dualism)으로 해석(解釋)되어 왔으나 지금은 이원론(二元論)과 동시(同時)에 일원론(一元論, Monism)으로도 해석하고 있다.

높은 하나님과 우주(宇宙)의 창조자(創造者) 우주적(宇宙的)인 타락(墮落)과 역사적(歷史的)인 타락(墮落) 충만(充滿, Pleroma)과 공허(空虛, Lysterema) 정신(精神, Spirit)과 물질(物質, Matter) 선(善)한 욕망(慾望, Good Desier)과 악(惡)한 욕망 (Bad Desier) 낙원(樂園)의 인간 (Human of Paradise)과 역사(歷史)의 인간 (Human of History)을 대조(對照)하여 논한다.

그러나 한편으로는 종합(綜合, Synthesis)도 있다. 즉 선(善)한 하나님이 조작자(造作者, Maker)로서의 하나님과 그의 지은 악(惡)한 세상에 대하여 책임(責任)을 지고 본래의 상태로 회복(回復)케 하여 거기서 다시 다음 계단으로 움직여 나아간다.

빛은 어둠과 관계되어 있으나 다시 빛으로 돌아오고 정신(精神)과 영혼(靈魂)이 마침내 악(惡)한 육체(肉體)로부터 갈라지게 된다. 공허(空虛)와 상반(相反)되는 충만(充滿)의 요소도 마침내 무형(無形)하고 절대적(絶對的)인 완전의 세계로 돌아온다는 것이다.

노스틱 주의의 윤리(倫理)는 이 세계의 역사적(歷史的)인 과정(過程)과 관련되어 있으므로 이 파에 속한 사람들은 금욕주의(禁慾主義)를 주장하면서도 또 한편으로는 방탕적(放蕩的)이라는 것이 특이하다고 해야 할 것이다.

그들은 비밀리(秘密裏)에 계시된 지식(知識)과 마술적(魔術的)인 실천(實踐)과 예전(禮典) 등이 없이는 구원의 길을 알 수가 없다고 주장한다. 이를 한 마디로 말해서 예수 그리스도에 의한 십자가(十字架)의 속죄구원(贖罪救援)을 전면으로 부인(否認)하는 잘못된 구원관(救援觀)이라고 단정(斷定)해야 할 것이다.

인간에게 있는 마음은 신앙으로 구속되지만 가장 높은 영(靈)은 그노시스(靈智, Gnosis)로서만 구속(救贖)된다고 주장하여 구원의 이중성(二重性)을 들고 있는데 이것 역시 허무맹랑(虛無孟浪)한 잘 못된 주장(主張)인 것이다.

그리스도교적 그노시스주의에 의하면 구약성경을 부인(否認)하고 예수를 한 외관(外觀, Appearance)으로만 보고 특히 그의 죽으심만을 밝히고 있다.

그들은 예수께서 세례(洗禮)를 받으실 때에 그노시스(Gnosis)가 예수의 육체(肉體) 속에 들어갔다가 예수가 죽으시기 전에 그를 떠나갔다고 주장한다.

또한 그들은 창조(創造)의 신(神)과 예수의 아버지이신 하나님을 둘로 구별(區別)하여 하나님에 대한 교리(敎理)까지도 바꾸어놓았다.

노스틱주의 자들이 하나님의 신비주의적(神秘主義的)인 요소(要素)를 부속(附屬)시킨 철학적(哲學的)인 추상(抽象)의 산물(産物)로서 창조(創造)와 심판(審判)의 신(神)이 될 수 없으며 구속자(救贖者)로서의 신(神)이 될 수 없다고 주장한다.

그들은 구속(救贖)을 일종의 신(神)의 희극(戲劇, Farcial Act)으로 본다.

만일 이 노스틱 주의가 승리(勝利)하였더라면 그리스도교는 하나의 헬라와 로마적인 신비종교(神秘宗敎)가 되고 말았을 것이다.

3) 몬타니스트 파(Montanism) 이단

몬타니스트파(Montanism)는 주로 2세기 중엽(中葉)무렵에 프리지아(Phrygia)의 한 초신자(初信者)였던 몬타너스(Montanus)라는 사람에 의해서 일어났던 종말론적(終末論的)이고 신비주의적(神秘主義的)인 교회에 대한 개혁운동(改革運動)으로서 그 특징(特徵)들을 요약(要約)하면 대략 다음과 같이 말할 수 있다.

첫째, 임박(臨迫)한 예수 그리스도의 재림(再臨)에 대한 열망(熱望)

둘째, 예언(豫言), 방언(方言) 등의 영적(靈的)인 은사(恩賜) 강조

셋째, 엄격(嚴格)한 금욕적(禁慾的)에, 청교도적(淸敎徒的)인 윤리(倫理)를 강조

넷째, 세상(世上)과 교회(敎會)에 대한 부정적(否定的)인 태도(態度)와, 순교(殉敎)에 대한 지나친 열광(熱狂) 등이라고 할것이다.

2세기에 접어들면서 예수 그리스도의 재림(再臨)에 대한 열망(熱望)이 식어져가는 대신 점차적(漸次的)으로 교회들이 감독(監督)을 중심으로 한 제도적(制度的)인 교회로 발전(發展)하게 되었고 사도(使徒)들이 활동하던 시대부터 강력(强力)하게 역사(役事) 했던 성령(聖靈)의 은사(恩賜)가 감소(減少)되어 가게 되자 몬타너스는 성령(聖靈)의 은사(恩賜)의 필요성(必要性)과 엄격(嚴格)한 금욕적(禁慾的)인 생활의 필요성을 주장하게 되었다.

예수께서 약속하신 보혜사(保惠師) 성령이 자기 자신에게 임했다고 몬타너스는 주장하며 보혜사(保惠師)가 임한 것은 종말(終末)이 임박(臨迫)했다는 것을 가리킨다고 주장했다.

초대 교회의 대 역사가 유세비어스 (Eusebius)는 몬타너스에 대해서 말하기를 "그가 영(靈)에 사로잡혀 황홀경(恍惚境)에 빠져 이상한 소리로 중얼거리며 지금까지 교회에서 통상적(通常的)으로 해온 것과 다른 모양으로 예언(豫言)했다"라고 기록하고 있다.

그는 또 말하기를 "두 여제자(女弟子)를 세워 그들에게도 거짓 영(靈)을 부어 줌으로써 자기와 같이 열광적(熱狂的)으로 때 없이 지껄이게 했다"라고 기록하고 있다.

이와 같은 계시(啓示)의 은사(恩賜)는 몬타니스 파들 가운데서 계속해서 나타났으니 터틀리안은 "오늘날 우리 가운데 어떤 자매(姉妹)가 계시(啓示)의 은사(恩賜)를 받아 천사(天使)들과 그리고 때로는 주님과 더불어 이야기했다"라고 주장한다고 기록하고 있다.

저들은 프리지아에 있는 작은 마을들인 페푸제(Pepuze)와 티미엄 (Tymium)에 새 예루살렘이 세워질 것이라고 가르치며 사람들을 유혹(誘惑)하여 사방으로부터 그곳으로 모여들게 했는데 그들의 종말론적(終末論的)인 열망(熱望)은 그들이 금식(禁食)을 하고 기도(祈禱)를 하며 자기들은 이미 그 땅위에 내려올 준비(準備)가 되어있는 새 예루살렘의 하늘 지평선(地平線) 위에

비치어 있는 환상(幻像)을 보았다고까지 주장한 것으로 전해지고 있다.

세베루스(Severus)의 군인(軍人)들이 팔레스타인에 진군(進軍)하고 있을 때 수평선(水平線) 위에 예루살렘 성(城)의 성벽(城壁)이 40일 동안 이른 새벽 빛에 비치고 있는 것을 그들이 보았다고 주장한다는 것을 터틀리안은 덧붙여서 기록하고 있다.

몬타니스 파는 교회에서는 성령의 은사가 떠났다고 주장했으니 이는 무엇보다도 교회가 세속화(世俗化)되고 도덕적(道德的)인 생활(生活)이 이완(弛緩)되었기 때문이라고 했다. 이는 하나님의 교회가 세속화(世俗化)로 변질(變質)되고 타락(墮落)해 버렸기 때문이라는 현실에 대한 불만(不滿)을 나타내는 것이라고도 할 수 있다.

그러므로 몬타니스 파는 엄격(嚴格)한 금욕적(禁慾的)인 윤리(倫理)를 강조했는데. 그들은 재혼(再婚)을 금하고 금식(禁食)과 엄격한 참회(懺悔)를 강조했으며 박해(迫害) 때에 숨는 것을 금했고 가정이나 남편을 버리고 페프제와 티미엄이란 곳으로 모여들라고 주장하여 수많은 사회적(社會的)인 물의(物議)를 일으켰다.

세속화(世俗化)된 교회를 향하여 회개(悔改)할 것을 촉구(促求)했으니 이와 같이 청교도적(淸敎徒的)인 윤리강조(倫理強調)가 터틀리안 같은 교부(敎父)에게도 한 때는 많은 마음의 감동(感動)을 주었으리라고 추측(推測)할 수 있다.

자기들의 파에만 계시(啓示)의 참 은사(恩賜)가 주어졌다는 독선적(獨善的)인 신념(信念)은 자연히 그들을 일반 교회와 구별하여 자기들만을 우월(優越)하게 보는 분파적(分派的)인 독선주의(獨善主義)를 낳게 했다.

교주(敎主) 몬타누스는 자기 자신이 '보혜사(保惠師) 하나님'이라고 확신한 나머지 "나는 전능(全能)하신 주 하나님이다. 나는 천사(天使)도 아니고 대사(大使)도 아니며 나는 바로 성부(聖父) 하나님이니라"라고 하는 극단적(極端的)으로 망령(妄靈) 된 말을 함부로 내어 뱉었다.

누미디아(Numidia) 지방에서 발견 된 비문(碑文)에 의하면 "아버지와 아들과 그리고 주님 몬타누스의 이름으로" (In the name of the Father and the Son and of the Lord Montanus)라고 쓰여져 있는데 이는 몬타니스 파가 교주 몬타누스를 삼위 중의 한 분인 성령(聖靈)으로 믿고 있었다는 것을 말해주고 있다.

몬타누스 파의 대표적(代表的)인 사람들의 주장을 들어보면 프리스킬라(Priscilla)는 일반 교회에서 이미 떠나 버린 그리스도로부터서 직접 하나님의 계시(啓示)를 받았다고 주장했다.

그들의 주장에 의하면 "그리스도가 나에게 화려(華麗)한 옷을 입은 여인(女人)의 모습으로 나타나서 나에게 지혜(智慧)를 전달하시며 이곳 (Pepuze)이 거룩한 곳이며 여기에 새 예루살렘이 하늘로부터 내려올 것을 계시했다"라고 주장했다.

막시밀라(Maximilla)라는 사람은 자기가 마지막 예언자(豫言者)이며 자기 뒤에는 더 이상의 예언(豫言)이 없고 바로 종말(終末)이 올 것이라고 주장하여 많은 사람들을 유혹(誘惑)했다.

즉 저들은 쓰여진 계시(啓示)로서 성경(聖經)보다는 직접적(直接的)인 계시(啓示)를 더 높이 평가(評價)했다는 것을 알게 한다.

우리가 성경의 진리를 좀 더 바로 알고 바른 믿음 위에 서지 못하면 자신도 왜곡(歪曲)과 오류(誤謬)에 빠져들 뿐만아니라 다른 사람들까지도 성경적인 참 진리(眞理)에서 이탈(離脫)하게 하는 오류(誤謬)에 빠져들게 한다는 말이다.

히폴리터스(Hippolytus)라고 하는 사람은 저들의 교만(驕慢)을 지적하여 말하기를 "저들은 이 두 가련(可憐)한 여인(女人)을 사도(使徒)들보다도 더 높이 과장(誇張)해서 말하며 그들 중 어떤 사람들은 이 두 여인(女人)에게 그리스도보다 더 우월(優越)한 점이 있다고 믿는다"고 기록했다.

유명한 교회사가(敎會史家) 유세비어스는 "이 교만(驕慢)한 영(靈)이 저들로 하여금 온 교회를 모독(冒瀆)하게 만들었다"라고 기록하고 있다.

하나님의 성령의 은사(恩賜)를 잘못 오해(誤解)하여 일시적(一時的)인 사건(事件)으로 해석하려고 할 때에 이토록 무서운 결과를 초래(招來)하게 된다는 것은 두고두고 우리에게 좋은 교훈으로 남는다.

그래서 믿음이 더 깊게 들어가면 갈수록 하나님의 말씀인 성경 진리에 대한 교리적(敎理的)인 지식(知識)이 높아져야 한다는 말이다.

삼위일체(三位一體) 하나님의 성령에 대한 바른 이해를 하지 못하면 항상 이러한 결과를 가져오게 된다는 것을 명심(銘心)해야 한다.

특히 일부의 열성파(熱性派)에 속한 성도들이 성령론(聖靈論)에 대한 바른 지식(知識)이 없어서 성령을 삼위일체적(三位一體的)인 의미에서 생각하지 않고 하나의 힘이나 감동(感動, Inspiration) 정도로 오해(誤解)할 경우 얼마든지 많은 잘못이 일어날 수 있다는 것을 알아야 한다.

그러므로 우리는 항상 삼위일체(三位一體) 하나님 안에서 성령을 한 하나님으로 이해하는 습관을 가져야 할 것이다.

그것이 바로 성경에서 말씀하고 있는 진리(眞理)요 바른 이해(理解)라고 해야 할 것이다. 특히 은혜시대(恩惠時代)요 교회시대(敎會時代)를 살고 있는 현대인(現代人)들에게는 제3위 하나님이신 성령 안에서 성부와 성자 하나님이 함께 동사(同事)하신다는 성경 진리를 바로 이해하여 이 교리(敎理)에 대한 오해가 없어야 할 것이다.

특히 현대를 살아가면서 하나님의 교회를 맡아서 목양(牧羊)을 하고 있는 목사(牧師)들의 경우 먼저는 성경 진리에 대한 바른 교리적인 이해가 없이는 현대인들의 지성(知性) 앞에 무릎을 꿇어야 하는 경우를 극복(克服)할 수 없다는 것을 알아야 한다.

4) 이단주의자들의 공통점(共通點)

초대교회 시절에 준동(蠢動) 했던 세개의 이단주의(異端主義)에 속한 사상(思想)에 대해서 간단히 살펴보았는데 이들 이단주의자(異端主義者)들이 주장하는 사상(思想)의 공통점(共通點)은 자기들만이 참 구원(救援)에 대한 성경적인 지식(知識, Knowledge)과 계시(啓示, Revelation)를 소유(所有)하고 있다는 것이 특징적(特徵的)인 주장이라고 할 것이다.

그들이 주장하는 구원에 대한 참 지식(知識)은 성경이나 사도적(使徒的)인 전통(傳統)이나 하나님의 교회(敎會)를 통해서 찾을 수 있는 것이 아니라 자기들에게만 전해준 감추어진 영지(靈智, Gnosis)를 소유(所有)함으로 얻어 진다고 주장했다. 성령(聖靈에 의한 참 계시(啓示) 또한 세속화(世俗化) 된 교회에서는 찾을 수 없고 오직 자기들에게만 주어졌다고 주장한 점들이다.

그들은 자신들만이 그리스도로부터 전(傳)해진 '참 전통(傳統)'을 보존(保存)하고 있다고 주장했으나 실제로는 구약이나 신약의 성경 적인 교회에서 자신들을 스스로 끊어버리는 고립(孤立)과 아집(我執)의 독선(獨善)으로 전락(轉落)시켜 버리는 결과를 낳게 했을 뿐이다.

초대교회시절의 교부(敎父)들은 이단주의자(異端主義者)들을 반박(反駁)하면서 구원의 참 지식(知識) 곧 "참되고 유일(唯一)한 생명을 주는 신앙(信仰)"은 주님께서 친히 그의 사도(使徒)들에게 주신 복음(福音)의 능력(能力)을 하나님의 교회(敎會)가 사도(使徒)들로부터 물려받은 것 이외의 것은 전혀 없다고 단정(斷定)짓고 있다.

이와 같은 사도적전통(使徒的傳統)에 서 있지 않으면 참된 구원의 진리(眞理)를 발견할 수 없다고 주장했다.

특히 성령의 역사(役事)가 교회를 통하여 나타나는 사실을 강조(强調)하여 그리스도와의 교제(交際)의 수단(手段)인 성령은 교회 전체에 분배(分配)되었다고 주장했다.

그리하여 그들은 하나님께서 교회에 사도(使徒)들과 선지자(先知者)들과 교사(教師)들과 기타의 모든 직분(職分)들을 세우셨는데 이들을 통하여 성령이 역사하시며 성령의 은사(恩賜)나 능력(能力)을 특정개인(特定個人)이나 집단(集團)의 독점물(獨占物)로 말씀하신 곳은 전혀 없다는 성경(聖經)의 바른 진리(眞理)에 대해서는 크게 관심을 갖지 않았다.

성경은 교회가 있는 곳에 하나님의 영(靈)이 계시고 하나님의 영(靈)이 계시는 것에 교회(教會)가 있고 또한 모든 종류(種類)의 각이(各異)한 은혜(恩惠)가 함께 하신다고 말씀하고 있다.

이단의 위협(威脅)에 당면한 교부(教父)들은 무엇보다도 하나님의 복음(福音)의 본질(本質)은 신비(神秘)한 지식(知識)보다도 그리고 예언(豫言)의 은사(恩賜)보다도 더욱 귀중(貴重)한 사랑의 은사(恩賜)라는 것을 강조(强調)했으니 참된 구원의 지식(知識)은 사도(使徒)들이 전해 준 교리(教理)인바 그것의 본질(本質)은 영지(靈知)보다도 귀하고 어떤 예언(豫言)보다도 영화(榮華)롭고 가장 뛰어난 사랑의 은사(恩賜)임에 틀림이 없다고 강조하고 있다.

특히 우리는 이러한 초대교회시절에 이단자(異端者)들의 주장과 행위는 분명히 성경의 신적 권위를 배제(排除)하고 성경이 가르쳐 준 참 교리(教理)에서 이탈(離脫)하여 자신들의 사설(私說)을 내 세워서 교리화(教理化)시킨 것이라던가 성령의 은사(恩賜)나 하나님의 계시(啓示)에 대한 보편성(普遍性)에 대해서 외면(外面)하고 독점적(獨占的)인 억설(臆說)로 유도(誘導)하고 있다는 것은 지극히 잘 못된 것이라는 점을 지적하지 않을 수 없다.

이단주의자들의 교리적(教理的)인 사상(思想)이나 주장(主張)이나 활동방식(活動方式)은 초대교회 시절부터 오늘에 이르기까지 거의 공통(共通)하다고 보는 것이 맞을 것이다.

그러나 분명한 것은 그 시대의 문화적(文化的)인 외적상황(外的狀況)과 사회적(社會的)인 배경(背景)의 차이(差異)가 있을 뿐이다.

그럴수록 성경의 진리(眞理)에 따라서 정통적(正統的)인 신앙(信仰)과 신학(神學)을 바로 지켜 나가기 위해서는 무엇보다도 먼저 성경 의 진리(眞理) 위에 바로 서야 하고 성경에서 말씀하고 있는 교리(教理)와 신조(信條)에 대한 확신(確信)이 전제가 되어야 한다.

특히 성령(聖靈)의 은사(恩賜)에 대해서는 예수께서 친히 말씀하신 성경의 교훈(敎訓)을 예의 주시(注視)해 볼 필요가 있다.

"믿는 자들에게는 이런 표적(表蹟)이 따르리니 곧 저희가 내 이름으로 귀신(鬼神)을 쫓아내며 새 방언(方言)을 말하며 뱀을 집으며 무슨 독(毒)을 마실지라도 해(害)를 받지 아니하며 병(病) 든 사람에게 손을 얹은즉 나으리라" (And these signs will follow those who believers: In My name they will cast out demons; they will speak with new tongues; they will take up serpents; and if they drink anything deadly it will by no means hurt them; they will lay hands on the sick and they will recover. 막16:17-18).

✎ 다시 생각해 볼 복습 문제

01. 교리사상의 발달과정을 간단히 요약해서 말하라

02. 교부시대의 교의 사상을 간단히 설명해 보라.

03. 익나티어스에 대해서 간단히 말하라

04. 교부시대의 저서들에 대해서 말해 보라.

05. 폴리캅의 순교 사화에 대해서 간단히 설명하라.

06. 열두 사도의 편지란 어떤 것들을 이르는 말인가 ?

07. 변증가들의 교리사상에 대해서 간단히 말하라

08. 순교자 저스틴에 대해서 간단히 말하라

09. 초대교회 시절의 이단 사상에 대해서 간단히 말하라

10. 이단주의 자들의 공통점이 무엇인가를 간단히 말하라

제2장
교리사상 형성을 위한 회의(會議)
The Councils for the Doctrines

기독교(基督敎)의 역사(歷史)는 교리(敎理, Doctrine)나 신조(信條, Creed)에 대해서 매우 중요하고 민감하게 취급하고 있다.

그 이유는 기독교에 대한 진리(眞理)의 정통성(正統性)과 교회의 역사성(歷史性)을 바로 이어 가면서 올바른 신앙을 유지해 나가기 위해서는 보편적(普遍的)이고 통일(統一)된 사상(思想)의 기준(基準)이 되는 교리(敎理)나 신앙하는 신조(信條)를 중심으로 한 방법이 있어야 하기 때문에 교리(敎理, Dogma)나 신조(信條, Creed)가 반드시 있어야 한다.

그러나 그 성경적인 교리(敎理)나 신조(信條)가 정해지는 과정(過程, Process)과 방법(方法, Way, Method)과 성격(性格, Character)에 따라서 내용과 본질(本質)의 방향(方向)이 달라지게 된다.

즉 로마 카톨릭 교회의 경우와 개신교회(改新敎會)의 경우는 각각 자기들의 교리(敎理)나 신조(信條)를 가지면서 그 결정과정(決定過程)이 전혀 다르다는 것을 알아야 한다.

구교는 바티칸 교황청(敎皇廳)을 중심으로 한 유형교회(有形敎會, Visible Church)의 권위와 사도적계승(使徒的繼承)이라는 기본 원칙을 세워놓고 있기 때문에 교황(敎皇)의 칙령(勅令, Decree)이나 그들 사제(司祭)들의 회의(會議)에서 결정만 하면 무엇이든지 교리(敎理)나 신조(信條)로 제정(制定)할 수 있다.

그러나 이에 비하여 개신교회(改新敎會)는 교직(敎職)의 권위(權威)나 개교회(個敎會)의 권위(權威)로서는 어떠한 경우에도 교리(敎理)나 신조(信條)를 제정(制定)할 수 없고 오직 세계교회(世界敎會)의 대표(代表)들이 모여서 성경(聖經)에서 말씀하고 있는 진리(眞理)에 좀 더 가깝고 성경 진리의 사실에 영합(迎合)시키기 위해서 기도(祈禱)하고 연구(硏究)를 한 다음 세계교회들이 합의

(合議)를 이루어서 승인(承認)을 해야 하고 그러고도 그 결정 된 교리(敎理)나 신조(信條)를 세계의 교회들이 채용(採用)함으로서 비로소 교리(敎理, Dogma)나 신조(信條, Decree)로 확정(確定)된다.

그리고 교회(敎會, Church)관에 대해서도 지상(地上)에 있는 유형교회(有形敎會, Visible Church)가 아닌 천상(天上)에 있는 무형교회(無形敎會, Invisible Church)를 중심으로 이해(理解)하고 해석(解釋)하는 것이 구교(舊敎)와는 근본적(根本的)으로 다르다.

바로 이것이 교회가 채용(採用)하고 있는 교리(敎理)요 신조(信條)이기 때문에 우리는 여기에서 결정되었던 교리나 신조를 확인해 보려는 것이다.

신앙은 자유(自由)이나 그 신앙이 성경의 진리가 말씀하고 있는 교리(敎理)에 부합(附合)되어야 하고 동시에 교회라고 하는 공동체(共同體)는 보편성(普遍性)과 통일성(統一性)을 가지고 역사(歷史)로 발전(發展)되어 나가야 하기 때문에 적어도 정통적(正統的)인 기독교 신앙을 유지해 나가면서 성경에서 말씀하고 있는 그대로의 교회운동을 전개해 나가기 위해서는 교리(敎理)나 신조(信條)가 절대적(絶對的)으로 필요하다는 것을 알아야 한다.

그리고 교리나 신조는 법률적(法律的)인 강제성(强制性)의 명령(命令)이 아니라 개인의 신앙양심(良心)에 대한 호소(呼訴)이기 때문에 자유적(自由的)이고 자발적(自發的)인 행동으로 나타나야 하며 여기에는 하나님과의 관계(關係)라는 의미에서 철저한 회개(悔改)와 하나님의 은혜(恩惠)를 중심으로 해석되어야 할 것이다.

이에 대하여 교회는 하나의 교회라는 원리(原理) 때문에 교회의 치리권(治理權)을 가지고 이 교리(敎理)와 신조(信條)에 대한 바른 지도(指導)와 치리(治理)의 기준(基準)을 삼는다.

어떤 사람들은 교회에서 말하는 교리나 신조는 전혀 필요(必要)가 없는 것이라고 하지만 보다 더 철저한 성경적인 신앙일수록 더 교리(敎理)와 신조(信條)가 분명하다는 것을 알아야 한다.

현대교회를 맡아서 목양(牧羊)에 임하고 있는 목회자(牧會者)들에게 주어진 사명(使命)은 불타오르는 열정(熱情) 이상으로 돌파(突破)해야 할 학구적(學究的)인 요구가 있다는 것을 알아야 한다.

즉 하나님의 일을 성경적으로 바로 하기 위해서 더 열심히 공부를 해야 하고 책(冊)을 읽어야 하고 더 많은 지식(知識)을 넓혀야 한다. 목회자(牧會者)로 가는 길은 참으로 좁고 험난(

險難)한 길이다.

찾는 이가 작고 살아계신 하나님께서 함께 해 주시지 않으면 갈 수 없는 길이다.

1 ≡ 예루살렘 공의회(公議會, The Council at Jerusalem)

기독교의 역사(歷史)를 통해서 가장 처음으로 이루어 진 기독교 최초의 세계적인 회의(會議)는 사도행전 15장에 나오는 예루살렘에서 모인 공의회(公議會, Council)라고 해야 할 것이다.

이 예루살렘 총회(總會)에서 논(論)해야 할 의제(議題)는 단순히 "할례"(割禮, Circumcision)에 대한 것이었으나 이는 이방인(異邦人)에게 기독교에로의 회심(回心)과 귀의(歸依)의 길을 전체의 회의(會議)에서 결정된 결의(決議)로서 문호(門戶)를 개방(開放) 해 주자는 것으로서 역사적(歷史的)인 의미와 함께 교리사적(敎理史的)인 의미(意味)가 매우 큰 것이었다.

유대주의 사상에 젖어있던 사도(使徒)들이 활동하던 시대의 속성(屬性)에 비하여 할례(割禮, Circumcision)를 받지 않은 이방인(異邦人)들이 회심(回心)하고 기독교(基督敎)로 귀의(歸依)하여 돌아오게 하기 위해서 그들에게 문호(門戶)를 개방(開放) 해 준다는 것은 매우 중요한 일이었다.

지금 당장 유대주의 파에 속한 교인(敎人)들의 사이에서는 이방인(異邦人)으로서 기독교로 귀의(歸依)한 사람들을 두고 할례(割禮, Circumcision) 문제로 인하여 심한 갈등(葛藤)이 생기게 되었다.

그러므로 사도(使徒)들은 세계 교회가 한 자리에 모여서 이에 대한 문제를 해결(解決)해 주어야 하게 되었으므로 그 당시에 세계 교회를 대표(代表)하는 지도자(指導者)들이 한 자리에 모여서 이러한 문제를 해결해야 한다는 회의(會議)를 소집(召集)해야 할 필요(必要)를 느끼게 되었다.

그리하여 예루살렘 교회의 대표(代表)로는 예수님의 아우로서 예루살렘 교회의 감독(監督, Bishop)을 맡고 있었던 야고보와 세계 각처에서 복음을 전하고 있던 사도(使徒)들과 안디옥 교회를 대표(代表) 한 바나바와 사울 등이 참석(參席)하게 되었다.

그 당시의 형편(形便)과 사정(事情)을 감안할 때에 이들의 모임 자체가 지상(地上)에 있는 기독교(基督敎)의 세계적(世界的)인 모임이라고 할 수 있으며 또한 지상(地上)에 있는 모든 유형교회(有形敎會, Visible Church)를 대표하는 세계교회의 모임이라는 뜻을 가지게 된 것이다.

이들은 한자리에 모여서 기도(祈禱)하고 진지한 토의(討議)를 거듭한 끝에 합의(合議)를 도출(導出)해 내게 되었다. 우리는 이 예루살렘 공의회(公議會)의 모임을 두고 기독교(基督敎)의 세계적(世界的)인 첫 모임이라고 한다.

그리고 이 예루살렘 공의회의 모임을 기준(基準)으로 지상(地上)에 있는 유형교회(有形敎會, Visible Church)의 성격(性格, Character)을 알 수 있으며 교리(敎理)와 신조(信條)의 뜻을 바로 이해할 수 있다고 본다.

그리하여 이 예루살렘 회의(會議)에서 결정된 사항은 네 가지였는데 이를 성경에 기록된 대로 소개하면 다음과 같다.

"우상(偶像)의 제물(祭物)과 피와 목매어 죽은 것과 음행(淫行)을 멀리할 지니라. 이에 스스로 삼가면 잘 되리라. 평안(平安)함을 원(願)하노라(that you abstain from things offered to idols, from blood, from things strangled, and from sexual immorality, If you keep yourselves from these, you will do well, Farewell)라고 하는 것들이었다 (행15:29)."

그런데 이러한 결정(決定)을 하기 전에 그들이 기록(記錄)한 말을 보면 매우 중요한 것을 알 수가 있다.

"성령과 우리는 이 요긴(要緊)한 것들 외에 아무 짐도 너희에게 지우지 아니하는 것이 가 한 줄 아노니(For it seemed good to the Holy Spirit, and to us, to lay upon you no greater burden than these necessary things. 행15:28)."

이는 곧 모든 것을 각자(各自)의 신앙양심(信仰良心)에 맡기되 하나의 교회 운동을 위해서는 이러한 것들에 대한 규제(規制)의 기준(基準)이 있어야 한다는 것을 보여주는 것이었다.

이는 곧 가장 성경적인 믿음은 교리(敎理)와 신조(信條)에 가장 철저(徹底)하다는 것을 알게 한다.

기독교라는 종교는 일차적(一次的)으로는 각개인(各個人)의 자유(自由)와 권리(權利)를 인정하고 존중한다. 그러나 그것들이 무한(無限)한 것이 아니라 유법적(有法的)이고 보편적(普遍的)이면서 '하나님의 뜻'에 합치(合致)되어야 할 것을 기준(基準)으로 하고 있다는 것을 알아야 한다.

그 이유는 처음 인간이 창조주(創造主) 하나님과 생명언약(生命言約, The Covenant of Life)을 세울 때부터 우리 인간(人間)을 만드신 창조주(創造主)하나님께서는 피조물(被造物)로서의 인간(人間)에게 선택(選擇)의 자유(自由)와 권리(權利)를 보장(保障)해 주셨다.

2 ≡ 니케아 회의(會議, The Council of Nicaea)

여기에서 언급(言及)하려는 니케아 회의(會議)는 훨씬 더 민감(敏感)하고 복잡(複雜)한 신학적(神學的)인 논쟁(論爭)으로서 예수 그리스도의 신분(身分)과 속성(屬性)에 대한 문제가 주제(主題)로 취급되었다는데서 참으로 중요한 의의를 갖는다.

사실상 니케아 회의는 기독교의 역사(歷史)가 시작 된 이래 예루살렘 공의회 이후 판도상(版圖上)으로는 최초(最初)로 세계(世界)의 각처(各處)에서 모여 온 기독교 지도자(指導者)들의 회의(會議)였다는데 큰 의의가 있다고 할 것이다.

이 회의는 세계 각처에서 모여 온 기독교 지도자들이 한 자리에 모여서 신앙(信仰)에 대한 문제를 비롯하여 교회의 제도(制度)나 행정(行政)에 관한 문제 같은 것을 논(論)하는 것 외에 특히 보다 더 중요한 교리(敎理) 상의 문제를 논하게 되었다는 것이었다.

니케아 회의는 그 모임의 성격(性格)이 교회(敎會)들이 모인 회의(會議)였는데도 사실상 이 회의(會議)를 소집(召集)한 사람은 교회의 지도자(指導者)들이 아니라 대 로마 제국(帝國)의 황제(皇帝)인 콘스탄틴(Constantine, The Great: 306-337)이었다.

그것은 기독교가 이미 323년에 로마의 국교(國敎)로 채용(採用)이 된 다음이었기 때문에 제국(帝國)의 황제(皇帝)가 이 회의(會議)를 소집(召集)하게 되었다는데 큰 이의(異議)를 제기할 필요는 없다고 본다. 물론 이 회의(會議)를 소집(召集)해 주도록 의견(意見)을 제시(提示)하고 황제(皇帝)에게 권면(勸勉)을 한 사람은 스페인(Spain)의 감독(監督)이었든 호시어스(Hosius)였다.

그 때의 상황(狀況)으로 보아서 대 로마의 황제(皇帝)가 회의를 소집했다는 것은 기독교(基督敎)가 로마제국(帝國)의 국교(國敎)로 되어 있었기 때문이라는 점에서 정치적(政治的)인 상황(狀況)과 역사적(歷史的)인 상황(狀況)과 신학적(神學的)인 의미가 함께 맞물려져 있었다는 것으로 이해하면 될 것이다.

그러니 더 중요한 것은 항상 역사(歷史)의 주인(主人)이신 하나님의 섭리(攝理)라는 것을 잇어서는 안 된다.

콘스탄틴 대제(大帝)가 313년 기독교(基督敎)에 대한 자유령(自由令)을 발표하고 신교자유(信敎自由)를 주었을 뿐만 아니라 323년에는 기독교를 로마 제국(帝國)의 국교(國敎, National Religion)로 채용(採用)하게 되었고 또한 황제(皇帝) 자신이 독실(篤實)한 기독교의 신앙인(信仰人)이 되었기 때문에 이러한 일이 가능(可能)했다.

그러나 정치적(政治的)인 박해(迫害)에서 갓 벗어난 기독교(基督敎)는 교리(敎理)에 대한 문제를 두고 내부적(內部的)인 갈등(葛藤)과 분쟁(分爭)이 그치지 않았으므로 불가불 어떤 결의(決議)에 의해서 교리적(敎理的)인 통일(統一)로 교회를 평화(平和)롭게 하는 것이 좋겠다는 판단(判斷) 아래 이루어진 회의(會議)였기 때문에 그 의의는 더욱더 중요한 회의(會議)였다고 보아야 할 것이다.

회의(會議)는 325년 6월 14일에 비두니아(Bidunia) 주(州)에 있는 니케아(Nicaea, 지금의 토이기(土耳其, Turkey)의 이스닉 시(市)라는 곳에서 318명의 감독(監督)들과 많은 기독교 지도자(指導者)들과 장로(長老)들과 집사(執事)들과 조사(助事)들이 회원(會員)으로 참석(參席)한 회의(會議)였다.

여기에 모인 회원(會員)의 수(數)에 대해서 교회의 역사학자(歷史學者)인 유세비어스(Eusebious)는 250명이였다고 하고 역사가(歷史家) 소크라테스(Socrates)는 300명이라고 기록하고 있으나 이는 기준설정(基準設定)에서 오는 차이(差異)일 뿐 318명으로 통일(統一)된다.

회의에 참석(參席)한 대표회원(代表會員)들은 시리아, 아라비아, 뵈니게, 피시아, 리비아, 메소포타미아, 소아시아, 이집트, 북 아프리카, 헬라, 스페인 등지(等地)에서 모여왔고 그들의 여행(旅行)에 대한 편의(便宜)와 비용(費用) 일체는 콘스탄틴 황제(皇帝)가 부담했다.

회의에서 결의권(決議權)은 감독(監督)들만으로 제한(制限)하기는 했으나 참석(參席)한 모든 회원(會員)들에게 발언권(發言權)을 줌으로써 보다 더 폭 넓은 의견(意見)들을 수렴(收斂) 할 수 있는 자유로운 회의(會議)였다.

회의(會議)의 주제(主題)는 "예수 그리스도와 하나님과의 관계(關係, Relationship)에 대한 문제"로서 이는 아프리카의 알렉산드리아(Alexandria) 교회의 감독(監督) 알렉산더(Alexander: 313–326 재직)와 그 교회의 장로(長老) 아리우스(Arius: 256-336) 사이에서 일어난 논쟁(論爭)을 수습(收拾)하려는 것이었다.

그 이유는 논쟁(論爭)의 발단(發端)은 비록 한 교회에서 발생된 것이었지만 그것이 지니고 있는 교리상(敎理上)의 의미는 기독교 전체(全體)에 대한 것이었고 성경 진리의 중심 사상에 내한 것이었으므로 낭연히 세계적(世界的)인 종교 회의를 통해서 해결(解決)해야 할 중대한 문제였다.

회의(會議)가 소집(召集)되고 개회(開會)가 선언(宣言)된 다음 콘스탄틴 황제(皇帝)가 간단히 개회연설(開會演說)을 한 다음, 사회자(司會者)에 의해서 회의(會議)가 진행(進行)되어 나갔다.

그런데 이 때에 모여든 회원(會員)들의 대부분(大部分)은 동방교회(東方敎會)에서 온 사람들이 주류(主流)를 이루었고 서방교회(西方敎會)에서 온 사람들은 극소수(極少數)에 불과했다.

이 때까지는 로마 교회의 감독(監督)이라고 해서 특별한 발언권(發言權)이 더 주어진 것은 아니어서 회의(會議)의 분위기(雰圍氣)는 처음부터 자유(自由)로운 의견(意見)의 개진(開陳)과 토론(討論)이진행(進行)되었다.

그런데 주제(主題)에 대한 의견(意見)이 자연히 세개의 파(派)로 나뉘어져서 서로의 주장(主張)을 내 세우게 되었다.

첫째 니코메디아의 감독(監督)인 유세비어스(Eusebius of Nicomedia)에게 영도(領導)된 아리우스 파로서 이들은 가장 많은 회원(會員)의 수(數)를 확보(確保)하고 있었다. 그들은 주장하기를 "예수 그리스도는 신성(神性)을 소유(所有)하기는 했으나 그 자격(資格)으로 보아 아버지보다 못하고 또 아들은 아버지에게서 나시었다"라고 주장(主張)했다.

둘째 이에 반대(反對)하고 나선 신학자(神學者)들로서 주로 알렉산드리아와 아타나시어스
(Athanasius : 283-373)를 지지(支持)하는 사람들인데 비록 이들에 속한 사람들은 그 수(數)
에 서 밀리기는 했으나 이들의 주장(主張)만은 철저했고 주로 서방교회(西方敎會)에 속
한 사람들이었다. 이들은 주장(主張)하기를 "예수 그리스도는 하나님과 동질동격(同質
同格)인 분"이라고 주장했다.

셋째 이 파에 속한 사람들은 교회역사가(敎會歷史家)인 가이사랴 사람 유세비어스(Eusebius :
260-339)를 중심으로 한 중간파(中間派)에 속한 사람들인데 이들은 극단적(極端的)인 대
립(對立)으로 맞서고 있는 두 파간의 중간(中間)에 끼어서 양파간(兩派間)의 논쟁(論爭)인
교리(敎理)에 대한 문제보다는 서로의 화해(和解)를 도모(圖謀)해 보려고 하는 것이었다.
이들은 절충안(折衷案)으로서 "예수 그리스도는 유사동질(類似同質)을 가지고 나셨다"라
는 설(說)을 내 세웠으나 아리우스 파나 알렉산드리아 파 어느 파에서도 이를 받아드
리지 않고 더욱 격논(擊論)만 심화(深化)되었다.
예수 그리스도와 하나님의 동질동격론(同質同格論)을 주장했던 아타나시어스의 주장(
主張)을 따르는 사람들의 숫자는 아리우스 설(說)을 따르는 사람들과 비교(比較)도 안될
만큼 절 대적인 열세(劣勢)에 밀렸으나 계속되는 논리(論理)의 전개와 설득(說得)으로 모
든 회원(會員)들의 마음이 순식간(瞬息間)에 아타나시어스의 주장(主張)으로 기울면서
마침내 "예수 그리스도와 하나님은 동일본질(同一本質)이다"라고 하는교리(敎理, Dogma)
를 받아드리고 기독교(基督敎)의 정통진리(正統眞理)를 확립(確立)하는데 성공(成功)했다.

그리하여 니케아 신조(信條)는 381년 콘스탄티노플 회의(會議)에서 약간(若干)을 수정보완(
修訂)補完)하여 바로 이것이 지금 우리가 사용하고 있는 사도신경(使徒信經)의 신앙고백(信仰告
白)으로 완성(完成)되어 확정(確定)을 보게 되었다.
제1차 니케아 회의(會議)에서는 이것 외(外)에도 유월절(逾越節, Passover)에 대한 문제 교직자
(敎職者)의 자기 신체(身體)에 대한 보호(保護)의 문제와 교직(敎職)과 여자(女子)와의 관계문제
파문(破門)에 대한 문제 등 20여개조의 교회법(敎會法)을 제정(制定)하고 7월 25일에 폐회(閉
會)했다.

　그런데 여기에서 채택(採擇)된 예수 그리스도와 하나님과의 동일본질론(同一本質論)을 주장했던 아타니시어스의 주장(主張)을 요약(要約)해 보면 이 교리(敎理)의 이해에 크게 도움이 될 것이다.

　"그리스도는 하나님으로부터(God of God)의 하나님이시고 지혜(智慧, Wisdom, Sophia)요 아들이시요 하나님의 능력(能力)이시므로 성경에는 한 하나님이 선포(宣布) 된 것이다. 왜냐하면 로고스는 한 하나님의 아들로서 결국 그가 나온 그에게 귀착(歸着) 된다. 그리하여 아버지와 아들은 두 분이시나 그 신성(神性)의단일성(單一性, the monad of divinity)은 분열(分裂)되거나 분리(分離)되거나 하지 않는다. 그리하여 신성(神性)의 원천(源泉)은 하나라고 할 수 있고 두 원천(源泉)을 말 할 수 없다. 그리하여 정확히 말하여 단일신(單一神)이 계신다고 할 수 있고 그 본질(本質)과 위격(位格)이 모두 하나이다."

　그리하여 아타나시어스는 아리우스의 주장(主張)에 반대(反對)하여 그리스도께서는 하나님과 완전(完全)히 동질(同質)이라는 것을 역설(力說)했다.
　즉 "하나님으로부터의 하나님"(God of God)이신 고로 그의 아들은 완전(完全)한 하나님으로서 결국(結局)은 동일본질(同一本質)이시라고 주장(主張)했다. 그리고 로고스에 대해서는 로고스 곧 육신(肉身)이신 그리스도에 있어서 하나님은 사람의 것을 자기의 것으로 삼으시고 또한 하나님의 것이 사람의 것으로 됨으로써이다 라고 했다.
　이와 같이 하여 예수 그리스도 즉 로고스 곧 육신(肉身)에 있어서의 로고스는 그 신성(神性)을 잃지 않게 된다. 즉 아리우스주의에서와 같이 그 로고스를 피조물(被造物)로 볼 필요가 없고 또한 그렇게 보아서도 안 된다.
　이와 같이 하여 아리우스주의가 그리스도의 잘 못 된 통일성(統一性)에 입각하여 그를 피조물(被造物)로서 떨어뜨릴 때 알렉산드리아의 신앙은 이에 반발(反撥)하지 않을 수 없었으며 그에게 신적(神的)인 로고스는 그대로 신성(神性)으로 확립(確立)하면서도 그리스도에 있어서의 모든 고난(苦難)의 주체(主體)는 역시 로고스로 세웠다.
　언제나 성경의 바른 진리(眞理)는 살아계신 하나님께서 지켜주신다는 것을 알게 한다.

본래 325년에 모인 니케아 회의(會議) 때에 모인 회원(會員)의 숫자는 동방교회(東方敎會)에 속한 대표(代表)들이 절대다수(絶對多數)였으나 아타나시어스의 동질동격론(同質同格論)이 채택(採擇)됨으로 동방교회(東方敎會)의 주장(主張)이 소수(少數)의 서방교회(西方敎會)의 안(案)에 눌리고 말았다.

그러나 그것은 정치적(政治的)인 의미(意味)를 넘어선 성경(聖經)의 진리(眞理)에 따르는 것이었으므로 정치적(政治的)인 의미(意味)를 부여(賦與)힐 필요는 없다.

그로부터 56년 후인 381년에 데오도시어스(Theodosius, The Great: 346-395) 로마 황제(皇帝)에 의해서 소집(召集) 된 콘스탄티노플 회의(會議)에서는 니케아 회의(會議)에서 결정(決定)한 예수 그리스도에 대한 하나님과의 동질동격(同質同格)에 대한 교리(敎理)를 확정(確定)시켜 줌으로써 수많은 교리(敎理)의 논쟁(論爭)을 완전히 승리(勝利)로 종식(終熄)시켰다.

더구나 동 로마의 데오도시어스 황제(皇帝)가 콘스탄티노플에서 아리우스 감독(監督)을 추방(追放)시켜 버리고 법령(法令)을 발하여 니케아 신앙(信仰)의 권위(權威)를 완전히 확립시켰다.

콘스탄티노플에서 채택(採擇)된 신조(信條)의 전문을 보면 이것이 니케아 신조(信條)의 재확인(再確認)이라고 할 수 있을 만큼 예수 그리스도와 성부(聖父) 하나님과의 동일본질론(同一本質論)을 확고(確固)하게 해주고 있음을 알게 한다.

"우리는 한 분 하나님 전능(全能)하신 아버지 하늘과 땅과 보이는 것이나 보이지 않는 만물(萬物)을 만드신 자를 믿나이다. 또한 주 예수 그리스도를 믿사오니 이는 하나님의 독생자(獨生子)시요 모든 세대(世代) 이 전(前)에 아버지로부터 나신 자요 빛으로부터의 빛이시요 참 하나님으로부터의 참 하나님이시요 나시되 만들어진 것은 아니며 아버지와 동일본질(同一本質)이시니라. 이를 통하여 만물(萬物)이 생겨났으며 그는 우리 인간들을 위하여 우리의 구원(救援)을 위하여 하늘로부터 내려 오시사 성령(聖靈)과 동정녀(童貞女) 마리아에게서 성육(成肉) 하셨고 사람이 되시었고 우리를 위하여 본디오 빌라도에 의해서 십자가(十字架)위에 못 박히셨고 고난(苦難)을 받으시고 장사(葬事) 지낸 바 되시었다가 성경대로 3일만에 다시 살아

나시어 하늘에 오르사 아버지의 우편(右便)에 앉아 계시니라. 산 자와 죽은 자를 심판(審判)하시기 위하여 영광(榮光)으로 다시 오실 것이며 그의 나라는 영원무궁(永遠無窮)하리라.

또한 성령(聖靈)을 믿사오니 이는 주(主)되시며 생명(生命)을 주시는 자이시니 아버지로부터 발출(發出, Proceeds)하시며 곧 아버지와 아들과 더불어 함께 경배(敬拜)를 받으시며 함께 영광(榮光)을 받으실 분이시니 선지자(先知者)들을 통하여 말씀하여 오신 분이시다.

하나의 거룩한 보편적(普遍的)인 사도적교회(使徒的敎會)를 믿나이다. 우리는 죄(罪)의 사유(赦宥)를 위한 한 세례(洗禮)를 고백(告白)하나이다. 우리는 죽은 자의 부활(復活)과 오는 세상의 생(生)을 바라고 있나이다. 아멘."

여기에서 채용(採用) 된 니케아 신조(信條)와 콘스탄티노플의 신조(信條)는 원칙적(原則的)으로는 같다고 하겠으나 약간 자구상 (字句上)의 차이점(差異点)이 있다고 해서 서로가 다른 독립(獨立)된 신조(信條)라고 하는 학자(學者)들도 있다.

그러나 어디까지나 콘스탄티노플 신조(信條)는 니케아 신조(信條)에 대한 보충(補充) 내지 인용(引用)이 있었을 뿐 원칙적(原則的)으로는 같은 것으로 이해하고 있다. 특히 하르낙(Harnack) 같은 이는 주장하기를 "콘스탄티노플 신조(信條)에 있어서 동일본질(同一本質, homousios)이란 말을 받아드리기는 했으나 그러나 사실상(事實上) 그 내용(內容)인즉 유사본질 (類似本質, homoiousios)에 불과한 것이다"라고 주장했다.

그러나 그것은 잘못된 것으로서 382년 콘스탄티노플 회의(會議)의 공한(公翰)이 말하는 "381년 회의(會議)의 신앙적(信仰的)인 입장(立場)"에 대한 교리적(敎理的)인 입장(立場)의 부분에 대하여 알아보는 것으로서 바른 이해에 도움이 될 것이다.

"우리는 비록 핍박(逼迫)과 고난(苦難)과 황제(皇帝)의 협박(脅迫) 통치자(統治者)의 잔인성(殘忍性) 기타 모든 심판(審判)을 이단자(異端者)들로부터 받았을지라도 우리는 그 모든 것을 비두니아의 니케아에서 318년 교부(敎父)들이 확증(確證)한 바 복음적(福音的)인 신앙(信仰)을 위하여 참고 견디었습니다. 이 신앙(信仰)은 그대들이나 우리가 신앙(信仰)을 왜곡(歪曲)하지 않는 모든 사람을 만족(滿足)케 하는 것입니다. 대개 이 신앙(信仰)은 가장 옛것이요 이는 세례(洗禮)의 신조(信條)와 일치(一致)합니다. 그것은 우리에게 아버지의 이름과 아들의 이름과 성령의 이름을 믿을 것을 가르치고 있으니 곧 아버지와 아들과 성령의 한 신성(神性)과 능력(能力)과 본질(本質)을 믿되 각위(各位)는 그 위엄(威嚴)이 동일(同一)하시며 공히 영원(永遠)하신 영광(榮光)으로 계시어 새 완전한 개체(個體) 즉 새 완전한 품격(品格)으로 계십니다.

이와 같이 하여 품격(品格, Dignity)들을 혼돈(混沌)케 하며 그 각위(各位)의 개체성(個體性, Individualities)을 제거(除去)하여 버리는 사벨리어스 오류(誤謬)의 자리가 없어지며 또는 신성(神性)의 본체(本體) 또는 본성(本性)을 잘라내어 어떤 위(位)에 생긴 본성(本性)과 다른 본체(本體)를 피조(被造)된 것이 아닌 동일 본질적(同一本質的)이고 동일(同一)한 영원성(永遠性)을 지니신 삼위일체(三位一體) 하나님께 도입(導入)시키는 유노미안파(Eunomians)들이나 아리안 파(Arians)들이나 성령(聖靈)의 훼방자(毁謗者, Interruption)들의 독신(篤信)의 여지도 없어집니다.

우리는 또한 주의 성육신(成肉身)의 교리(敎理)를 왜곡(歪曲) 없이 보전(保全)하였습니다.

즉 주께서 육신(肉身)의 경륜(經綸)을 받으실 때에 영혼(靈魂)을 결여(缺如)하시거나 이성(理性)을 결여(缺如)하시거나 혹은 불완전(不完全)하신 것이 아니요 그는 완전(完全)한 하나님이요 말씀으로 만세전(萬世前)에 계시었으며 이 마지막 날에 우리의 구원(救援)을 위하여 완전한 인간(人間)이 되시었다는 것을 인정(認定)하는 것입니다. 이상은 우리가 담대히 선언(宣言)한 신앙의 뿌리입니다.

이 문제들에 대하여 그대들이 더 자세히 알기를 원한다면 안디옥 회의(379년)에서 발표(發表)한 공한(公翰) 이나 작년에 콘스탄티노플에 모였던 에큐메니칼 회의(會議)에서 발표한 공한(公翰)을 참고(參考)하시기 바랍니다. 거기에서 우리는 장문(長文)으로 신앙(信仰)을 고백(告白)하였으며 최근(最近)에 일어난 각종 이단(異端)들에 대하여 정죄(定罪)를 선언(宣言)하였던 것입니다."

4 ≡ 에배소 회의(Council of Ephesus)

431년에 데오도시어스 2세 (Theodosius II)황제(皇帝)에 의해서 소집(召集)된 에배소 회의(會議)를 다른 말로는 '제3 에큐메니칼 회의(會議)'라고도 한다.

이 회의(會議)에서 논의(論議) 된 주제(主題)는 기독론(基督論)에 관한 것이었다.

사실상 기독론(基督論)에 대한 논쟁(論爭)의 본격적(本格的)인 전개는 네스토리어스 (Nestorius: 450년 경 사망)를 대표로 하는 안디옥 신학파(神學派)에 속하는 씨릴(Cyril of Alexandria: 376-444)을 대표로 하는 알렉산드리아 신학(神學)과의 충돌(衝突)을 해결(解決)하기 위한 것이었다.

네스토리어스는 본래 안디옥 근방에 있는 한 수도원(修道院)의 수도사(修道士)였다. 그러나 그의 학식(學識)과 능한 설교(說敎)는 많은 사람들에게 영향(影響)을 끼쳤다.

그 결과(結果) 그는 콘스탄티노풀의 감독(監督)의 자리에까지 오르게 되었다.

그 때에 동로마의 황제(皇帝)였든 데오도시어스 황제(皇帝)는 네스토리어스를 감독(監督)으로 청빙(請聘)하게 되었는데 그것이 428년에 되어진 일이었다.

그런데 그 때에 콘스탄티노플에서는 예수님의 마리아에 대해서 "하나님의 어머니"(Theo-tokos)라고 불러야 한다는 측과 "사람의 어머니"(Anthropo-tokos)라고 불러야 한다는 측과의 논쟁(論爭)이 싹트고 있었다.

그리하여 네스토리어스는 양파(兩派)의 대표(代表)를 불러다가 알아 본 결과 "하나님의 어머니"(Theo-tokos)라고 주장하는 파에서는 그리스도의 인성(人性)을 부인(否認)하지 않았고 "사람의 어머니"(Anthropo -tokos)라고 주장하는 파에서는 그리스도의 신성(神性)을 부인(否認)하지 않았다는 것을 알았다.

그리하여 그는 양파를 화해(和解)시키고 마리아에 대해서는 차라리 "그리스도의 어머니"(Christo-tokos)라고 하는 것이 좋겠다는 조정안(調停案)으로 일단 서로를 화해(和解)시켜서 돌려보냈다.

그런데 그 때에 콘스탄티노플에서 어떤 사람들이 알렉산드리아의 총주교(總主敎)로 있는 씨릴을 걸어서 황제(皇帝)에게 고소(告訴)하는 일이 발생했다.

데오도시어스 황제(皇帝)는 네스토리어스 감독(監督)에게 고소사건(告訴事件)에 대한 판정(判定)을 의뢰(依賴)했다.

이에 네스토리어스는 콘스탄티노플에 있는 씨릴의 사람들에게 사실의 확인(確認)을 하려고 하였으나 씨릴 측에서는 오히려 로마의 총주교(總主敎), 황제(皇帝), 황녀(皇女)들과, 황후(皇后), 황태후(皇太后) 등에게 편지(便紙)를 보내고 네스토리어스를 이단자(異端者)라고 몰아 세웠다.

바로 이것이 기독론(基督論)에 대한 논쟁(論爭)과 에배소 회의(會議)를 소집(召集)하게 된 동기

(動機)가 되었다.

에배소 회의는 431년에서 433년까지의 사이에 네스토리어스와 씨릴의 싸움으로 계속 되었는데 결국 통합신조(統合信條)가 채용(採用)되게 되었으므로 우선 여기에 그 원문(原文)을 소개(紹介)함으로 이에 대한 이해(理解)를 돕고자 한다.

"그러므로 우리는 우리 주 예수 그리스도 하나님의 독생자(獨生子)를 고백(告白)하니 이는 완전(完全)한 하나님이시며 완전(完全) 한 사람이시며 이성(理性)이 있는 영혼(靈魂)과 몸으로 되신 분 으로서 그의 신성(神性)으로 말하면 만세(萬世) 전에 아버지에게서 나시었고 마지막 날에 그 동일(同一)하신 분이 우리를 위하사 우리의 구원(救援)을 위하여 그의 인성(人性)을 따라 동정녀(童貞女)마리아에게서 났으며 그와 동일(同一)하신 분이 신성(神性)에 있어서는 아버지와 동일본질(同一本質)이시며 그의 인성(人性)에 있어서는 우리와 동일본질(同一本質)이시다. 대개 양성(兩性)은 연합(聯合, Union)을 이룩하시었으니 그러므로 우리는 한 그리스도 한 아들 한 주(主)를 고백(告白)한다."

이와 같이 혼합(混合, Mixing)이 아닌 연합(聯合)의 사상(思想)을 따라서 우리는 거룩한 동정녀(童貞女)를 "하나님의 어머니"(Theo-tokos)라고 고백(告白)하는 까닭은 신적(神的)인 로고스가 성육신(成肉身) 하시어 사람이 되시었고 잉태(孕胎)되는 순간부터 동정녀(童貞女)에게서 취(取)하신 바 성전(聖殿)을 자기에게 연합(聯合)하시었기 때문이다.

또한 우리가 아는 대로는 신학자(神學者)들은 복음(福音)과 사도(使徒)들의 글에 주님에 관하여 말씀하고 있는 것들 중에서 어떤 것들은 한 품격(品格, One Person)에 관련 된 것으로서 공동(共同)의 것으로 취하며 어떤 것들은 두 가지로 나누어서 양성(兩性, Two-Nature)의 각각에 관련 된 것으로 취한다.

즉 하나님에 합당한 것들은 그리스도의 신성(神性)에 관련시켜 설명(說明)하며 비천(卑賤)한 일들은 일부러 그의 인성(人性)에 관련시켜서 설명한다.

씨릴도 이 편지(便紙에서 자기의 입장을 해명(解明)하여 같은 교리(敎理)를 형성하고 있음을 본다.

"하나님이신 말씀은 위로부터 그리고 하늘로부터 내려오셔서 자기를 비어 종의 형상(形像)

을 입으시고 사람의 아들로 되었다.

그러나 그는 그가 계시던 대로 즉 하나님으로 남아 계셨으니 그는 본성(本性)상 변할 수도 없으며 달라질 수가 없으심이라. 이제는 그는 그의 육신(肉身)과 하나로 생각되는 고로 그는 하늘로부터의 사람이라고 불리어질 수도 있다. 그리하여 그는 신성(神性)에 있어서 완전하시고 또한 동일(同一)하신 분이 인성(人性)에 있어서도 완전하시니 이것이 모두 한 인격(人格) 안에서 그와 같은 것으로 생각된다.

왜냐하면 한 주 예수 그리스도가 계실 뿐이기 때문이다. 그러나 본성(本性)들의 차이가 무시되지 아니하며 이들로부터 불가형언(不可形言)의 연합(聯合)이 이루어졌던 것이다."

어느 누구보다도 예수 그리스도의 성육신(成肉身)과 함께 참 하나님으로서의 예수 그리스도와 참 사람으로서의 예수 그리스도에 대해서 정확하게 설명해주고 있음을 본다. 예수 그리스도의 양성론(兩性論)을 바로 이해하지 못하면 기독교(基督敎)의 바른 진리(眞理)를 바로 이해할 수 없는 엄청난 오류(誤謬)와 모순(矛盾)에 빠지게 되므로 이러한 중요 교리(敎理)에 대해서는 좀 더 구체적(具體的)이고 자세하게 알아두어야 할 필요를 느낀다.

우리는 씨릴의 교리사상(敎理思想)을 다음과 같이 요약(要約)해서 설명할 수 있다.

첫   째 예수 그리스도는 우선적(優先的)으로 하나님이신 말씀으로 고백(告白)되고 있으며 따라서 하나님이신 말씀으로 출발(出發)하고 있다고 하여. 성경 말씀 중심의 사상(思想)을 알게 한다.

둘   째 이 하나님이신 말씀은 성육신(成肉身) 하시어 사람이 되셨으나 또한 그대로 말씀으로 계신다.

셋   째 그리하여 그는 신성(神性)에 있어서도 완전(完全)하시고 인간(人間)으로서도 또한 완전(完全)하시다.

넷   째 그러나 이와 같이 완전한 신성(神性)으로 계시는 일이나 완전한 인간(人間)으로 계시는 일이 따로따로 분리(分離)되어 있는 것이 아니라 한 인격(人格)에 있어서이니 즉 한 주 예수 그리 스도가 계실 뿐임을 분명히 고백(告白)하고 있다.

다섯째 뿐만 아니라 그는 본성(本性)들의 차이(the difference of nature) 즉 양성(兩性,, Two-Nature)을

인정(認定)하고 있으며 이 양성(兩性)이 말로는 표현(表現)할 수 없는 불가형언(不可形言)의 연합(the ineffable union)을 이룬다는 것을 고백(告白)하고 있다.

이와 같이 하여 씨릴은 양성(兩性) 즉 하나님의 말씀의 성육신(成肉身, Incarnation)하신 한 성품(性品)의 알렉산드리아의 교리(敎理)를 포기(抛棄)하고 한 인격(人格)의 안디옥 교리(敎理)를 취(取)하고 있다.

이상과 같이 429년에 네스토리어스와 씨릴 사이에 벌어졌던 "하나님의 어머니"(Theotokos) 논쟁은 433년의 통합 신조(統合信條)를 받아드리는 씨릴의 이 편지(便紙)로서 완전히 해결을 본 것이다. 한 사람의 바른 신학자(神學者)의 주장(主張)은 수많은 사람들에게 더 바른 신앙(信仰)의 길을 열어주게 되며 하나님께로 향하는 마음을 적극적(積極的)으로 이끌어 주는데 크게 도움을 주는 것이다.

우리가 최선(最善)의 노력(勞力)과 정성(精誠)을 다해서 하나님의 일을 할 때에 하나님께서는 반드시 그에게 보상(報償)해 주실 것을 확신한다.

5 ≡ 칼세돈 회의(Council of Chalcedon)

칼세돈(Chalcedon)은 지금 토이기의 콘스탄티노플의 맞은 편에 있는 보스포라스(Bosporas) 강변(江邊)에 있는 작은 도시(都市)이다.

칼케돈 회의(會議)란 여기에서 451년 말시아누스(Marcianus)황제(皇帝)에 의해서 소집(召集)되었는데 여기에 참석(參席)한 회원(會員)은 대부분이 동방교회(東方敎會)에서 온 사람으로서 530명이나 되었는데 여기에는 교황(敎皇) 레오 1세의 대리(代理)와 황제(皇帝)가 보낸 위원(委員)들이 임석(臨席)한 가운데 개회(開會)되었다.

이 회의(會議)는 451년 10월 8일부터 시작하여 31일에 끝이 났는데 여기에서 취급(取扱)된 주제(主題)는 유티게스(Eutiges)설(說)의 금제(禁制)와 정통교회(正統敎會)의 신조(信條)의 결정이었다.

우리는 기독론(基督論)에 관한 논쟁(論爭)의 역사를 두 단계로 구별하여 연구할 수 있는데 첫 단계는 네스토리어스 주의와의 논쟁(論爭)의 단계로서 이것은 에배소 회의(會議)에서 절정(絶頂)에 달하였고 433년에 완전히 해결(解決)을 보았다.

둘째 단계는 여기에서 말하는 유티게스 주의에 대한 논쟁(論爭)이다. 이것은 콘스탄티노플 지방의 회의(會議)에서 총 주교 플라비안 (Flavian)의 지도 밑에 해결(解決)을 보았으나 알렉산드리아의 감독(監督) 디오스코루스가 반대(反對)를 한 투쟁(鬪爭)의 결과 소위 강도회의(强盜會議)에서 사태(事態)가 반전(反轉)되었다.

그러나 레오의 투쟁(鬪爭)과 정국(政局)의 변화(變化)로 마침내 칼케돈 회의(會議)와 그 신조(信條)를 결과하게 하였다.

우리는 이제 유티게스 주의의 출현(出現)으로 시작되는 둘째 단계의 논쟁(論爭)에 대한 발전(發展)과 그 결말(結末)을 보고자 한다.

이 회의에서의 논쟁(論爭)은 그동안에 있어왔던 기독론(基督論)의 논쟁(論爭)에 대한 것들이 주류(主流)를 이루었으나 그 결과(結果) 다음과 같은 율령(律令, Decree)을 발표(發表)하기에 이르렀다.

"본 회의(會議)는 이 경륜 (經綸, oikonomia, Dispensation, 즉 성육신(成肉身)의 신비(神秘)를 한 쌍(雙)의 아들들로 분리(分離)시키는 자를 반대(反對)하며… 그리스도의 두 성품(性品)의 혼합(混合)이나 혼잡(混雜)을 생각하는 자들을 항거(抗拒)한다. 또한 연합(聯合) 이전에는 주의 두 성품(性品)을 생각하고 연합(聯合) 이후에는 한 성품(性品)을 꾸며내는 한 분이시오 동일(同一)하신 우리 주 예수 그리스도를 고백(告白)하며 모두가 일치(一致)하여 가르치는 바는 그 동일(同一)하신 분은 신성(神性)에 있어서 완전 하시며 동일(同一)하신 분이 인성(人性)에 있어서 완전하시며 참으로 하나님이시며 참으로 사람이시며 동일(同一)하신 분이 이성(理性) 있는 영혼(靈魂)과 육신(肉身)으로 되시느니라. 신성(神性)에 있어서 아버지와 동일본질(同一本質)이시며 동일(同一)하신 분이 인성(人性)에 있어서 우리와 동일본질(同一本質)이시니 죄(罪) 이외에는 모든 점에 있어서 우리와 같으시니라.

신성(神性)에 있어서 아버지에게서 나시었으며 그 동일(同一)하신 분이 이 마지막 날에 우리를 위하사 우리의 구원을 위하사 인성(人性)에 있어서 "하나님의 어머니(Theo-tokos)이신 동정녀(童貞女) 마리아에게서 나시었느니라.

한 분이시요 동일(同一)하신 그리스도 아들 주(主) 독생자(獨生子)는 두 성품(性品)에 있어서 인식(認識)되되 혼합(混合)됨이 없으시며 변화(變化)됨이 없으시며 분리(分離)됨이 없으시며 분할(分割)됨이 없으시며 이 연합(聯合)으로 인하여 양성(兩性)의 차이(差異)가 결코 제거(除去)되지 아니하며 오히려 각 성(性)의 특성(特性)이 그대로 보존(保存)되어 있어 한 품격(品格) 한 개체(個體)에 있어서 결합(結合)되어 있다. 그리하여 두 품격(品格)으로 분할(分割)되거나 분리(分離)되거나 하지 않으며 한 분이시요 동일(同一)하신 아들 독생(獨生) 하신 하나님 말씀 주(主) 예수 그리스도 이시니라.

이는 옛적에 선지자(先知者)들이 가르친 바요 주 예수 그리스도께서는 친히 자신에 대하여 가르치신 바이며 교부(教父)들이 신조(信條)로서 우리에게 전(傳)하여 내려오는 바와 같으니라."

우리는 다시 이 칼세돈 신조(信條)를 통해서 이 회의(會議)가 지닌 깊은 의의(意義)를 요약(要約)해서 살펴보려고 한다.

첫   째 이 신조(信條)의 의미를 그리스도의 품격(品格)에 대한 사고(思考)를 소극적(消極的)으로 규정(規定)하는 것으로서 해석하는 것은 잘 못이라는 점이다.
즉 '혼합(混合) 없이 변화(變化) 없이 분별(分別) 없이'에 중심(中心)을 두어 그리스도의 양성(兩性)에 대하여 생각할 때 넘어서는 아니될 선(線)을 긋는 것으로 보는 것이다. 이와 같은 선들을 넘을 때 혹은 유티케스주의에도 떨어지고 혹은 네스토리어스주의에도 떨어진다는 것이다.

그러나 이와 같은 칼세돈 신조(信條)의 해석(解釋)은 이 신조(信條)의 참 뜻을 깨닫지 못하는데서 온다고 할 수 있다. 이 신조(信條)는 결코 그리스도에 대한 소극적 규정(Negative Prescriptions)이 아니라 이 신조(信條)는 그리스도를 적극적(積極的)으로 보여주는 것이 목적이다.

둘   째 이 신조(信條)의 골자(骨子)를 우리는 "두 본성(本性)에 있어서 인식(認識)된 하나이시오 동일(同一)하신 우리 주 예수 그리스도를 고백(告白)한다"에서 보는 셀라스의 견해(見解)는 옳다고 생각한다.

이 신조(信條)는 두 부분(部分)으로 되었는데 그 첫 부분은 433년에 안디옥의 요한과 알렉산드리아의 씨릴 사이에 합의(合意)를 본 바 통합신조(統合信條, The Fomuler of Union)의 첫째 부분과 완전히 일치(一致)한다.

즉 예수 그리스도의 단일성(單一性)과 그의 두 가지 상태(狀態)를 고백(告白)하는 것으로서 여기에서 중요한 점은 그와 같은 두 가지 상태에도 불구하고 그 품격(品格)의 완전한 동일성(同一性)을 고백(告白)하는 것이다.

그런데 둘째 부분에서는 이 두 가지 상태인 양성(兩性)이 한 그리스도 품격(品格)에서 어떤 모양으로 있는가를 더 설명하고 있는 것이다. 그러므로 이 신조(信條)의 첫 부분은 그 첫머리에 나오는 "우리는 하나이시오 동일(同一)하신 우리 주 예수 그리스도를 고백(告白)한다"라고 하는 것이 주된 개념(概念)이고 둘째 부분은 "그 하나님이시요 동일(同一)하신 그리스도 아들 주(主) 독생자(獨生子)는 양성(兩性)에 있어서 인식(認識)되나니"에서 그 지도개념(指導槪念)을 찾을 수 있다.

셋　째 그러므로 이 신조(信條)를 요약(要約)해 보면 다음과 같다.

첫 번째 부분은 한 분이시오 동일(同一)하신 주 예수 그리스도에 대하여 그의 완전(完全)한 신성(神性)과 또한 그의 완전(完全)한 인성(人性)을 적극적(積極的)으로 선포(宣布)하고 있음을 알 수 있다.

두 번째 부분은 그 동일(同一)한 사상(思想)과 이에 대한 선포(宣布)를 "한 분이시오 동일(同一)하신 그리스도 주님은 양성(兩性)에 있어서 인식(認識)된다"고 격식화(格式化)하고 있다.

이 양성(兩性)과 그 특성(特性)들은 연합(聯合)에 있어서 보존(保存)되고 있다. 또 양성(兩性)이 한 품격(品格) 안에서 상합(相合)하고 있다.

넷　째 예수 그리스도께서는 그 양성(兩性)을 떠나서 제 삼자로 따로 계신 것이 아니다

그 분은 본래 하나님과 동일본질(同一本質)로서 하나님이시었다. 그러나 사람이 되시어서 이 세상에 오시었다. 이와 같이 하여 그의 두 본성(本性)은 먼저 그의 존재(存在)의 두 상태(狀態) 하나 님이었을 상태(狀態)와 사람이신 상태(狀態)를 나타내었다.

이와 같이 볼 때 그의 동일(同一)하신 인격(人格)이 혹은 하나님이시었고 혹은 사람이시다. 즉 하나님이시었던 그 분이 현재 사람이신 것이다. 그러면 지금 사람이 되심으로써 하나님이신 것을 그치셨나?

그럴 수가 없다. 그가 지금 사람이 되었는데 그대로 그는 하나님으로 계시는 것이다. 이와 같이 그는 현재 두 성품(性品) 한 인격(人格)으로서 고백(告白)되는 것이다. 그런데 이 두 본성(本性)은 그리스도에 있어서 서로 혼합(混合)을 이룬다든가 분할(分割)되지 않는다.

오히려 각 성(性)의 특징(特徵)들이 그대로 그에게 있어서 보존(保存)되고 있고 또한 나타난다. 저런 소극적(消極的) 언사(言辭)도 결국은 적극적(積極的)인 내용을 나타내고 있는 것이다. 즉 양 성(兩性)이 그리스도에 연합(聯合)되는 모양을 나타내고 있다.

다섯째 요컨대 이 신조(信條)는 먼저 예수 그리스도의 동일성(同一性)을 확실(確實)히 하고 있다.

한 분이시오 동일(同一)하신 분 혹은 동일(同一)하신 분이 이 짧은 문장(文章) 속에 여덟 번이나 되풀이하고 있다. 또한 한 분이시오 동일(同一)하신 주 예수 그리스도 혹은 한 분이시오 동 일(同一)하신 그리스도 아들 주(主) 등이 세 번 되풀이되면서 필요(必要)한 때마다 그리스도의 동일성(同一性)을 잃지 않고 있다. 그러면서도 이 신조(信條)는 그리스도의 양성(兩性)을 분명히 하고 있다.

첫째 부분에서는 그리스도의 두 가지 존재(存在)의 상태(狀態)로서 번갈아 가면서 고백(告白)되고 있다. 혹은 하나님으로 계시고 혹은 사람으로 계신다. 둘째 부분에서 이 양성(兩性)은 동일(同一)하신 그리스도 안에 혼합(混合)이나 분리(分離)됨이 없이 그 각 특색(特色)들을 그대로 남기면서 그러나 두 인격(人格)으로 갈라지던가 하지는 않고 완전히 한 분 그리스도로 계신 것이다.

여섯째 이 신조(信條)의 골자(骨子)는 셀류키아의 바실(Basil Seleuicia)이 콘스탄티노플 지역회의(地域會議)(Home Synod)에서 고백(告白)한 바 "나는 두 본성(本性)에 있어서 인식(認識)되는 한 분 우리 주 예수 그리스도를 경배(敬拜)한다"이다.

일곱째 기독론(基督論)의 논쟁(論爭)은 네스토리어스와 씨릴 사이에 데오토코스(Theo-tokos) 문제(問題)를 중심으로 벌어지기 시작하였다.

문제가 확립(確立)됨에 따라서 이 논쟁(論爭)은 알렉산드리아 교좌(敎座)와 안디옥 교좌(敎座)와의 대립(對立)으로 나타났고 하나는 그리스도의 단일인격성(單一人格性)에 주요 관심을 두었고 다른 하나는 그리스도의 양성(兩性)의 특히 인성(人性)의 명확한 인식(認識)을 촉구(促求)하였다.

안디옥의 눈에는 알렉산드리아의 사상(思想)은 아폴리나리스 주의와 다름이 없었고 또한 구약 이전의 이교도(異敎徒)들의 사고법(思考法)으로 밖에는 보이지 않았고 알렉산드리아의 눈에는 안디옥의 사상(思想)은 그리스도 이전에 유대인의 사상(思想)과 같이 보였다.

실상은 양편(兩便)에 다 같이 진리가 있었다.

알렉산드리아는 예수 그리스도의 말씀으로서의 통일(統一)된 품격(品格)을 붙들고 있었다. 그러나 안디옥에서는 예수 그리스도의 실존상태(實存狀態)를 더 정확(正確)하게 파악(把握)하고 있었다.

이 두 견해(見解)에는 그리스도에 관하여 종합(綜合)되어야 했다. 에배소에서 알렉산드리아 파는 니케아 신조(信條)에 머물러서 아무 발전(發展)을 보이지 못했다. 그러나 안디옥 파에서 단일(單一)한 그리스도의 양성(兩性)을 분명히 말할 수가 있었다.

이것은 요한과 씨릴과의 433년의 화해(和解)를 통하여 두 교좌(敎座)의 차이를 극복(克服)하는 신조(Formula of Union)로 나타났다. 그러나 이와 같은 해결(解決)은 유티케스와 디오스코루스의 단성론(單性論)에 대한 확립(確立)의 투쟁(鬪爭)을 통하여 일시 좌절되었다.

그러나 레오의 간섭(干涉)과 때의 섭리는 마침내 칼케돈에서 두 진리(眞理)를 다시금 종합(綜合)할 수가 있었던 것이다. 진실로 그리스도에 대한 칼케돈의 신앙고백(信仰告白)의 배후에는 알렉산드리아의 한 주 예수 그리스도 하나님의 말씀에 대한 고백(告白)이 들어있고 안디옥의 양성(兩性)에 있어서의 그리스도 인식(認識)이 들어 있으며 레오의 단순한 신앙의 진실성(眞實性)과 신비(神秘)와 경건(敬虔)이 균형(均衡)을 잡고 있는 것이다.

이와 같이 하여 온 세계 교회는 다 함께 칼세돈에 모여서 그리스도에 대하여 하나의 고백

(告白)을 할 수가 있었고 믿는 것과 아는 일에 하나가 될 수 있었다.

　　지금까지 우리는 중세 교부들의 시대에 일어났던 여러 가지의 교리(敎理)와 신조(信條)들이 어떠한 투쟁(鬪爭)의 과정(過程)들을 통해서 확립(確立)을 보게 되었는가를 대강이라도 알아보았다.

　　그런데 현대를 이끌고 있는 목회자(牧會者)들이나 신학자(神學者)들은 그렇게 번거로운 일에 대해서는 관심조차도 하지 않을려고 한다.

　　우선 책(冊) 읽기를 싫어한다. 무엇인가 과거의 사상가(思想家)들의 사상(思想)을 파고들어서 연구를 하려는 마음을 갖지 않는다.

　　그 대신 모든 것을 스마트 폰(Smart Phone)이나 컴퓨터(Computer)나 인터넷(Internet) 같은데 의존(依存)해 버리고 명상(瞑想)이나 깊은 연구(研究)에 대해서는 마음을 두지 않는다.

　　바로 그것이 더 큰 위기(危機)를 몰고 온다는 것을 모르고 있다.

　　진심(眞心)으로 재고(再考) 있기를 바란다.

✐ 다시 생각해 볼 복습 문제

01. 역사적으로 볼 때에 교리나 신조가 어떻게 정하여진가를 말하라

02. 예루살렘 공의회에 대하여 간단히 말하라

03. 니케아 회의에 대해서 간단히 설명하라

04. 콘스탄티노플 회의에 대해서 간단히 설명하라

05. 에배소 회의에 대해서 간단히 설명하라

06. 칼세돈 회의에 대해서 간단히 설명하라

07. 종교 회의의 중요성에 대해서 간단히 설명하라

08. 현대교회운동의 개혁에 대한 방안이 있으면 간단히 말하라

제3장
어거스틴 시대의 교리사상
The Dogmatic Thought of the period of Augustin

예수님의 사도들로부터 시작된 기독교의 교리사상(敎理史上)의 역사(歷史)는 오늘에 이르기까지 수많은 신학자(神學者)와 사상가(思想家)들을 통해서 끝없는 논쟁(論爭)과 극한 대립(對立)의 갈등(葛藤)을 통하여 바른 성경의 진리(眞理)를 정립(定立)하면서 발전(發展)을 거듭해 왔다.

이렇게 내려오는 동안 수많은 정통보수신학자(正統保守神學者)들의 신학사상(神學思想)과 신앙관(信仰觀)이 바른 역사(歷史)의 맥(脈)을 이어 오면서 오늘에 이르도록 우리에게 성경적인 바른 진리(眞理)를 제시(提示)해 주었는데 사실상 우리들에게 가장 성경적인 바른 신앙(信仰)과 신학사상(神學思想)을 넘겨준 신학자(神學者)는 그렇게 많지도 않다.

물론 수많은 신학자(神學者)와 사상가(思想家)들의 노력(勞力)과 힘이 합해서 이루어낸 결과(結果)라고 할 수 있을 것이나 그래도 시대적(時代的)인 혼란(混亂)이나 박해(迫害)와 시련(試鍊)을 극복(克服)하면서 참 기독교의 바른 진리(眞理)를 전해준 신학자(神學者)나 사상가(思想家)는 역사(歷史)에 비해서 그다지 많지 않았다고 하는 것이 옳을 것이다.

그런데 오늘 여기에서 소개(紹介)하려는 성(聖) 어거스틴(St. Augustinus, Aurelius: 354-430)만은 속사도 교부(屬使徒敎父)들이 활동하던 시대 이후 고대교회(古代敎會)가 배출(輩出)한 가장 위대(偉大)하고 훌륭한 그리스도인이요 대신학자(大神學者)요 사상가(思想家)였다고 할 것이다.

어거스틴은 아프리카의 북쪽 히포(Hipo)의 감독(監督)이라는 직책(職責)을 맡았던 사람이었으나 우리는 그에게서 그리스도인의 참 모습(模習)을 읽게 하고 하나님께서 우리에게 주신 은혜(恩惠)의 깊이와 넓이와 진리의 오묘(奧妙)함을 배우게 한다.

덴마크(Denmark)가 낳은 세계적(世界的)인 사상가(思想家) 키엘케골 (Kierkegaard, Soren: 1813-1885)이

"주님께서는 우리를 당신을 위하여 만드셨나이다. 오 주여…. 그리하여 우리들의 마음을 당신 안에서 쉼을 얻기까지 쉬지 못 하는 것 이니이다"라고 하는 유명한 말을 남겼는데 사실은 이 말 역시 일찍이 키엘케골이 이 세상에 태어나기 1400년 전에 어거스틴이 한 말을 그가 인용(引用)했을 뿐이다.

어거스틴은 저 유명한 그의 참회록(懺悔錄, Confession)을 써서 그의 정신적(精神的)인 아들로 알려진 다리우스(Darius)에게 했든 말을 생각해 본다.

"처음에 우리를 만드셨든 하나님께서는 우리를 또 다시 만드신다. 그렇다면 나의 이 글에서 나를 발견(發見)하는 대로 내가 넘어지지 않고 완전(完全)한 자리에까지 이르도록 나를 위하여 기도(祈禱)해다오. 나를 위하여 기도(祈禱)를 해다오. 나의 아들아, 나를 위하여 기도(祈禱)하여 다오".

이렇게도 간절한 기도(祈禱)의 간청(懇請)은 그가 얼마나 하나님의 은총(恩寵)에 서기를 진정(眞情)으로 갈망(渴望)하였는지 이를 위하여 기도(祈禱)하여 주기를 희구(希求)하는 음성(音聲)이 오히려 오늘날도 우리의 귀에 생생하게 들려오는 것만 같다.

이는 곧 어거스틴이야말로 그 시대 교회의 한 감독(監督)이요 교사(敎師)요 신학자(神學者)요 문필가(文筆家)로서 그리스도인의 참 모습을 생각나게 한다.

특히 우리가 어거스틴의 교리사상(敎理思想)을 연구함에 있어서 중요한 위치(位置)에 올려놓게 되는 것은 사도(使徒) 바울 이후에 어거스틴 만큼 성경적인 신학자(神學者)가 없었고 그토록 확신(確信)에 찬 믿음으로 가장 실감(實感)있고 확실(確實)하고 정화(淨化)한 이론(理論)으로 기독교의 진리(眞理)를 주장한 사람도 없었거니와 기독교의 신학(神學) 가운데서도 은혜(恩惠)의 교리(敎理)에 대해서 어거스틴 만큼 깊은 영적신앙(靈的信仰)의 경험(經驗)을 가진 사상가(思想家)나 신학자(神學者)도 없었다.

그리고 어거스틴의 사상(思想)이 오늘에 이르기까지 기독교의 교리사상(敎理思想)에 대한 전통(傳統)과 정통성(正統性)의 맥(脈)을 이어주었다는 점에서 더 높이 평가(評價)되는 것이다.

어거스틴은 354년 11월 13일 북 아프리카 누미디아(Numidia)에 있는 히포(Hipo)에서 멀지 않는 타가스테 (Tagaste)라는 작은 마을에서 이교도(異敎徒)의 아버지와 독실(篤實)한 기독교인(基督敎人)의 어머니를 한 중류가문(中流家門)에서 태어났다.

공교롭게도 그의 아버지 파트리시어스(Patrisius)는 이교(異敎)를 신봉(信奉)하는 사람으로서 모든 사람들에게 존경(尊敬)을 받는 중류신사급(中流紳士級)에 속한 사람이었다.

그러나 그의 어머니 모니카(Monica)는 독실(篤實)한 기독교 신앙인으로서 그의 지성(知性)과 열정(熱情)과 경건(敬虔)한 사랑의 모습은 후일에 그의 아들 어거스틴을 성자(聖者, Saint)의 자리로 올려놓는데 결정적(決定的)인 영향(影響)을 주었다.

특히 그의 아버지가 일찍이 죽게 되자 전적(全的)으로 홀어머니의 양육(養育) 아래 교육(敎育)에 입문(入門)하게 되었는데 그는 어렸을 때부터 지식욕(知識慾)이 강했고 남들에게 지지 않으려는 경쟁심(競爭心)도 뛰어났다.

그러나 그는 청소년기(靑少年期)에는 어머니의 간절한 기도(祈禱)와 신앙(信仰)의 권유(勸誘)에도 상관하지 않고 자기 마음대로 살면서 마니교(Manichaism)에 심취(心醉)했다.

그가 열 아홉 살이 되었을 때에 어거스틴은 씨세로(Cicero)의 "호르텐시우스"(Hortensius)를 읽고 크게 감동(感動)되어 진리(眞理)를 탐구(探究)하는 일에 몰두(沒頭)하게 되었다.

그 후 그는 타가스테(Tagaste)에서 수사학(修辭學, Rhetoric)을 가르치는 선생(先生)으로 교사(敎師)의 길을 걷게 되었다.

383년 그가 29세 때에는 로마로 진출(進出)하게 되었는데 이미 그는 마니교에 대해서도 환멸(幻滅)을 느끼게 되었고 신 아카데미 학파(學派) (New Academy School)의 회의주의(懷疑主義, Skepticism)에 흥미를 갖게 되었다.

그는 로마에서도 오래 머물지 않고 다시 당시 로마의 수도(首都)였던 밀란(Miillan)으로 진출(進出)하여 여기에서도 수사학(修辭學)을 가르치는 교사(敎師)로 일을 했다.

그러면서도 그는 세상적(世上的)으로 기울어져서 점점 방탕(放蕩)의 길로 빠져들고 있었다. 그러한 그의 뒤에는 항상 아들을 위해서 눈물의 기도를 드리는 그의 어머니 모니카가 아들의 뒤를 따르고 있었다.

그가 당시 밀란의 감독(監督) 암브로스(Ambrosius: 340-397)의 설교(說敎)를 듣고 크게 감동(感動)을 받게 된 것도 이때의 일이었다. 그러나 그에게는 아직도 기독교의 진리(眞理)가 그의 마음 속 깊이 들어가기까지에는 미치지 못했다.

왜냐하면 아직도 그의 마음에는 9년 간이나 마니교를 통해서 얻은 것은 물질(物質, Matter) 뿐이라는 생각에 의문(疑問)을 가지면서도 무엇인가 마음의 한 구석에 박혀있는 그 의식(意識)에서 깨어나지 못하고 있었고 또한 신 아카데미의 회의주의(懷疑主義)에서 탈피(脫皮)하지 못하고 있었기 때문이었다.

어거스틴이 이렇게 정신적(精神的)인 방황(彷徨)을 거듭하고 있을 때에 풀라톤 주의자들의 책(冊)을 손에 넣을 수 있었고 그 결과 그는 신 풀라톤주의(New Platonism) 사상(思想)에 젖어들기 시작했다.

그는 풀라톤 주의에 관한 책들을 읽고 나서 신풀라톤주의의 황홀(恍惚)함을 체험(體驗)하게 되었다고 할 만큼 여기에 깊이 빠져들고 있었다.

바로 이것이 어거스틴으로 하여금 회의주의(懷疑主義)에서 벗어나게 한 직접적(直接的)인 동기(動機)를 일으키는 계기(契機)로 작용(作用)하게 되었다.

그리고 마니교(摩尼敎)의 물질주의(物質主義, Materialism)에서 벗어나서 영적(靈的)인 실재(實在, Actual Existence)에 대한 확신(確信)으로 발전(發展)하게 되었다.

그러면서도 그가 완전히 기독교로 귀의(歸依)하기 위해서는 지식적(知識的)인 교만(驕慢)에서 벗어나야 하는데도 그것이 그렇게 쉬운 일이 아니었으나 그의 주변(周邊)에 있는 많은 훌륭한 사람들이 학습(學習)과 세례(洗禮)를 받기 위해서 겸손(謙遜)히 나아와서 꿇어 엎드리는 것을 보았고 또 많은 사람들이 수도원(修道院)을 찾아서 수도사(修道士)의 길을 걷는 것을 보면서 점점 마음의 갈등(葛藤)을 느끼면서 정신적(精神的)인 방황(彷徨)을 하기 시작했다.

그러나 그는 이미 방탕(放蕩)했던 생활에서 벗어나서 절제(節制)의 덕(德)을 쌓고 수도사(修道士)들의 경건(敬虔)한 삶과 화평(和平)의 정신(精神)을 마음속으로 갈망(渴望)하게 되었다. 그러던 중 어느 날 우연히 어린이들의 "톨레레게"(Tolle Lege)라는 노래 소리가 그의 귓전을 두들기면서 참회(懺悔)의 불길이 그의 가슴을 불태워 버렸다.

"오직 주 예수 그리스도로 옷 입고, 정욕(情慾)을 위하여 육신(肉身)의 일을 도모하지 말라"

(But put on the Lord Jesus Christ, and make no provision for the flesh, to fulfill its lusts. 롬 13:14).

위의 말씀이 어거스틴의 가슴을 두들기면서 그로하여금 통렬(痛烈)히 회개(悔改)한 다음 예수 그리스도에 대한 신앙(信仰)을 고백(告白)하고 새 생명(生命)의 길을 걷게 되었다.

이에 어거스틴은 모든 것을 정리(整理)하고 밀란의 근교(近郊)에 있는 카시키아쿰 (Cassiciacum) 의 친구(親舊) 집으로 물러가서 은둔생활(隱遁生活)을 계속하다가 이듬해인 387년 부활절(復活節)에 세례(洗禮)를 받기까지 명상(瞑想)과 기도생활(祈禱生活)만을 계속 하면서 잃었던 건강(健康)도 되찾게 되었고 이제 후로는 진심(眞心)으로 하나님과 자기의 영혼(靈魂)을 아는 일 외에는 아무것도 바라지 않기로 다짐하고 새 출발(出發)의 길을 걷기로 결정했다.

그가 391년에 장로(長老)로 안수(按手)를 받았는데 바로 이 때를 기준(基準)하여 그의 초기 생활을 줄긋고 사상(思想)의 전환점(轉換點)으로 하여 거룩한 성자(聖者)로서의 새 삶의 길을 걷기 시작하게 되었다.

그는 이 때에도 철학적(哲學的)인 연구(研究)와 함께 경건생활(敬虔生活)을 계속 하면서 성경을 연구(研究)하는 데만 몰두(沒頭)하게 되었는데 그는 그 때의 심정(心情)을 이렇게 기록으로 남기고 있다.

"우리는 권위(權威)와 이성(理性)의 이중적(二重的)인 힘에 의하여 배우게 된다는 것을 의심(疑心)치 않는다. 차후로 나는 그리스도의 권위(權威)에서 결코 떠나지 않으려고 결심(決心)하였다. 대개 나는 이보다 더 타당(妥當)한 것을 발견(發見)하지 못하였기 때문이다. 그러나 오묘(奧妙)한 이성(理性)으로 추구(推究)해야 할 것에 관해서는 믿음으로만 진리(眞理)를 깨달을 것이 아니라, 지성(知性)으로도 깨닫기를 갈구(渴求)한다. 그리하여 나는 풀라톤(Platon)주의자(主義者)들에 있어서도 우리의 거룩한 것들과 모순 (矛盾)되지 않는다는 것을 발견(發見) 할 것이라고 확신(確信)한다".

그런데 어거스틴의 이 같은 다짐은 일생토록 변하지 않고 그 길을 일관되게 걸었다.

즉 어거스틴은 사도들이 활동하든 시대 이 후로 계속 되어 온 전통적(傳統的)인 신앙(信仰)을 그대로 받아서 그대로 신종(信從)했다.

그러나 또 한 편으로 풀라톤의 사상(思想)도 이를 소화(消和)해서 그의 신직관(神直觀)의 도움을 삼고 있다.

어거스틴이 카시키아쿰에서 쓴 것으로 전해지고 있는 그의 "독백"(獨白, Solikouia, Monologue)을 볼 때에 기독교(基督敎)의 고유(固有)한 신학적(神學的)인 지식(知識)이 극히 빈약(貧弱)했다는 것은 사실이라는 것을 알게 한다.

그렇다고 하여 어거스틴이 신(新) 풀라톤주의(主義)로 개종(改宗)하였다고는 볼 수 없다. 그는 전통적(傳統的)인 신앙(信仰)을 그대로 다 받아들이고 있으며 그의 것으로 삼고 있는 것이 사실이다.

다만 그의 신앙의 지적(知的)인 활동(活動)을 풀라톤 주의(主義)의 지적(知的)인 도구(道具)를 가지고 연구(研究)를 전개(展開)해 나간 것으로 이해하면 될 것이다.

그가 회심(回心)한 다음 세례(洗禮)를 받고 그의 어머니와 함께 아프리카의 고향(故鄕)으로 돌아가던 도중 사랑하는 그의 어머니 모니카(Monica)를 여의고 고향(故鄕) 타가스테(Tagaste)의 수양관(修養館)으로 들어가서 자리를 잡게 되었다.

그 후 몇 년이 지나 히포의 장로(長老)로 안수(按手)를 받았으나 365년에는 감독(監督) 발레리어스(Valerius)가 어거스틴을 부감독(副監督)으로 임명(任命)했으나 얼마 안 되어 발레리어스 감독(監督)이 죽고 어거스틴이 그의 뒤를 이어서 정식 감독(監督)으로 취임(就任)을 하게 되었다.

감독(監督)으로 취임한 어거스틴은 그의 감독청(監督廳)을 수도원(修道院)으로 하고 그에게 따른 교직자(敎職者)들을 청빈(淸貧)과 엄(嚴)한 규칙(規則)으로 훈련(訓練)시켜 나갔다.

그리하여 그는 후에 많은 감독(監督)들과 수도사(修道士)들을 배출(輩出)하였고 수도원(修道院)도 설립(設立)하게 되었다. 감독(監督)으로서 어거스틴의 외부활동(外部活動)도 활발(活潑)하게 하여 많은 일들을 추진(推進)시켜 나갔다.

첫　째 교구(敎區)의 행정(行政)을 정비(整備)하고, 여러 곳에 구호원(救護院)을 세워서 새로운 구호사업(救護事業)을 전개해 나갔다.

둘　째 특히 설교(說敎)에 열중(熱中)하고, 학습교인(學習敎人)의 교육훈련(敎育訓練)에 진력(盡力)했다.

셋　째 무엇보다도 문서운동(文書運動)에 적극적(積極的)이었다.

넷　째 아프리카에서 모인 모든 종교회의(宗敎會議)에 참석했다 (397년, 401년, 404년, 411년, 418년, 419년의 칼타고 회의 등).

다섯째 마니교, 도나티스 주의, 펠라기어스 이단(異端)들을 차단(遮斷)하기 위하여, 많은 논쟁(論爭)을 벌였을 뿐만 아니라, 많은 글을 써서 이것들을 논박(論駁)해 나감으로서, 그의 사상(思想)을 발전(發展)시켜 나갔다.

어거스틴이 쓴 많은 저서(著書)들 가운데서도 그의 참회록(懺悔錄, Confession)은 하나님의 은총(恩寵)을 자기의 생명(生命)과도 같은 하나님께 대한 자기의 신앙고백(信仰告白)이요, 하나님을 찬양(讚揚)하고 영광(榮光)을 돌리며, 하나님과 자신(自身)과의 관계를 더 강하고 뜨겁게 묶어나가고있음을 본다.

어거스틴은 410년 고트(Goth)족의 알라릭(Alaric)이 이끈 침략군(侵略軍)이 로마를 정복(征服)하고 약탈(掠奪)을 자행(自行)했다는 충격적(衝擊的)인 소식(消息)을 들었을 때에 어거스틴은 "하나님의 도성(都城)"(City of God)이라는 책(冊)을 펴냄으로써 세상 나라와 하나님의 나라를 비교(比較)하는 깊은 신학적(神學的)인 진리(眞理)를 변증(辨證)해 나갔다.

어거스틴의 신국론(神國論)은 410년 알라릭의 로마 침공(侵攻) 때부터 시작하여 426년까지 사이에 무려 24권이나 되는 대저서(大著書)로 남기게 되었다.

특히 알라릭의 로마 침략(侵略)과 함께 펠라기어스 (Pelagius:360-420) 이단주의(異端主義)가 팽배(彭排)해 오자 이를 대항(對抗)하여 "유아세례에 대하여"(De Baptismo Paevulorum)와 "영(靈)과 문자(文字)"(De Spiritu et Littera)라는 저서(著書)를 통해서 변박(辨駁)했다.

어거스틴은 쉴새 없는 활동(活動)과 이단자(異端者)들을 막기 위해서 집필운동(執筆運動)을 계속 했으나 426년 그가 72세가 되면서부터는 건강상(健康上)의 한계(限界)를 느껴서인지 자기가 관할하는 교구(教區)에 대한 일을 헤라클리우스(Heraclius)에게 맡겨서 그의 후계자(後繼者)로 삼고 그에게 모든 일들을 넘겨준 다음 영원(永遠) 한 내세(來世)의 삶을 준비(準備)하기 시작했다.

그러다가 430년 8월에 히포가 반달족에 의해서 포위(包圍)를 당하면서 어거스틴은 괴로운 나날을 보내면서 명상(瞑想)과 기도(祈禱)로 일관 하다가 제국(帝國)의 멸망(滅亡)과 현존(現存)하는 사회질서(社會秩序)의 붕괴(崩壞)를 지켜보는 가운데 정확(正確)하게 430년 8월 28일 그의 나이 76세를 일기로 이 세상에서의 삶을 마치고 하나님의 영원(永遠)한 나라로 옮겨갔다.

2 ≡ 어거스틴의 권위와 이성문제(理性問題)

어거스틴에게 있어서 처음에는 권위(權威, Authority)에 관한 문제와 이성(理性, Reason)에 관한 문제로 이들의 마찰(摩擦)을 어떻게 조화(調和)시켜 나가야 하는가 하는 것이 과제(課題)였다.

즉 그는 오래도록 몰두(沒頭)해 온 플라톤주의(主義)에 대한 철학(哲學)의 진리였고 또 하나는 전통적(傳統的)으로 전해 준 기독교(基督敎信仰)에 대한 문제였다.

더구나 플라톤 주의의 철학적(哲學的)인 진리(眞理)와 기독교신앙(基督敎信仰)과의 조화(調和)를 일으키는 것이 보다녀 이상적(理想的)인 사상(思想)의 체계(體系)가 될 것이라는 뜻을 가지고 권위(權威)와 이성(理性)의 이중적(二重的)인 힘에 의하여 배워가는 것이 더 옳은 일이라고 믿고 있었다.

이 두 양자(兩者)의 진리(眞理)가 결코 모순(矛盾) 된 것이 아니라 서로가 조화(調和) 될 수 있는 것으로 보고 있었다. 그리하여 그의 신학(神學)의 초기적(初期的)인 출발(出發)은 이러한 동기에서 시작되어 그의 전생애(全生涯) 속에 이 사상(思想)을 전혀 떨치지 못했는데 그의 저서(著書) 삼위일체론(三位一體論, De Trinitate)을 비롯하여 독백(獨白, Soliloquis) 자유의지론(自由意志論, De Libero Arbitrio) 참 종교(宗敎)에 관하여 (De Vera Religione) 등에서 현저(顯著)하게 드러나고 있다.

특히 그가 386년에 쓴 독백(Soliloquis)을 중심으로 그의 권위(權威)와 이성(理性)에 대한 사상(思想)을 살펴보면 이해가 가능하다.

어거스틴이 하나님과 영혼(God and Soul)을 알기 위하여 탐구(探究)한 책(冊)으로서 독백(獨白)은 어거스틴이 진리(眞理)의 가장 중요 한 점으로 믿고 있는 바를 고백(告白) 한 것이다.

어거스틴은 여기에서 진리(眞理)를 철학적(哲學的)으로 탐구(探究)하려는 것이 아니라 참회(懺悔)의 기도(祈禱)와 간절(懇切)한 믿음을 일깨우는 내용으로 엮어져 있다.

"나의 기도(祈禱)를 들으소서. 나의 하나님, 나의 주, 나의 아버지, 나의 원인(原因)이시며, 나의 소망(所望)이시며, 나의 부귀(富貴), 나의 영예(榮譽), 나의 집, 나의 조국(祖國), 나의 건강(健康), 나의 빛, 나의 생명(生命)이시여, 나의 기도(祈禱)를 들으소서. 나의 기도(祈禱)를 들으소서….

나는 당신만을 사랑하나이다. 나는 당신만을 따르나이다. 나는 당신만을 찾나이다. 나는 당신만을 섬기려 하나이다. 왜냐하면 당신만이 참으로 주(主)가 되시며, 나는 당신의 다스림 밑에 있기 를 원(願)하기 때문입니다. 명(命)하소서, 나는 간구(懇求) 하나이다.

나는 당신이 원(願)하시는 대로 행하기를 원하나이다. 나의 귀를 고치사 열어주소서. 그리하여야 나는 당신의 음성(音聲)을 듣겠나이다. 나의 눈을 고치사 열어 주소서. 그리하여야 나는 당신의 부 르심을 보겠나이다. 나에게서 어리석음을 몰아내소서. 그리하여야 나는 당신을 분별(分別) 할 수 있겠나이다.

내가 어디로 가야 할 것을 알리소서. 그리하여 당신을 보게 하소서. 당신께 어떻게 이를지를 가르쳐 주소서. 당신께 이르는 일밖에 다른 아무것도 원(願)치 아니하나이다. 내가 아는 것은 지나 가 버리는 소멸(消滅)하는 사물(事物)들은 버리고, 확실(確實)하고 영원(永遠)한 것들만을 추구(追求)하여야 한다는 것뿐이 니이다. 나는 이것을 아는 것뿐이니이다.

오, 아버지여 !

그러나 어떻게 당신에게 이르러야 할지 나는 알지 못 하나이다.

나에게 말하소서. 나에게 보이소서. 나의 여행(旅行)에 필요(必要)한 것을 주소서. 당신께 피(避)하려는 자가 신앙(信仰)으로 당신을 발견(發見)한다면 나에게 신앙(信仰)을 주소서. 만일 덕(德)으로 하면 덕(德)을 주소서. 만일 지식(知識)으로라면 지식(知識)을 주소서. 나에게 있어서 믿음과 소망(所望)과 사랑을 더 하소서. 오, 당신, 놀랍고도 무비(無比) 한 선(善)이시여…!"

이것은 어거스틴의 독백(獨白)의 시작(始作)에 나오는 기도문(祈禱文)의 일부(一部)일 뿐이다.

벌써 여기에서부터 진심(眞心)으로 그의 마음속에 하나님에 대하여 알고 있었다는 것을 알게 한다. 그는 "내가 이미 알고 있지 않는다면 나는 알기를 원(願)하지도 못 할 것입니다. 그렇다면 나는 어떻게 저런 것들을 말할 수가 있었을까?"라고 고백(告白)하고 있다.

어거스틴이 스스로에 대해서 "나는 내가 이성(理性)으로 안 것을 말한 것이 아니라 다만 내가 여러 부분(部分)으로부터 모든 것을 나의 기억(記憶)에 맡기고 또한 그 가운데서 내가 가질 수 있는 믿음을 가지게 된 그런 그것들을 말하였을 뿐이다"라고 진술(陳述)하고 있다.

어거스틴은 그동안 기독교(基督敎)에 대한 신앙(信仰)의 전통(傳統, Tradition)에 대해서 충분히 이해하고 그것을 찾고 그것을 이어가기 위해서 노력(勞力)했다는 것을 알게 한다.

특히 어거스틴은 그 자신이 알아보고 노력(勞力)하고 발견(發見)하여 안다는 지식적(知識的)

인 추구(追究)의 사실 그 자체를 플라톤 철학(哲學)의 도움이라고 믿고 있었다.

어거스틴에 있어서 신앙(信仰)을 이성(理性)으로 알아간다는 것은 다름 아닌 신앙(信仰)을 상대로 하여 플라톤 철학(哲學)의 도움을 받아 신앙(信仰)을 생각하는 일을 말한다.

즉 신앙(信仰)에 대하여 지적도구(知的道具)를 플라톤 철학(哲學)이 공급(供給)하고 있다고 믿었다. 어거스틴이 플라톤 철학(哲學)을 이용(利用)했다는 데는 두 가지 뜻에서 설명할 수 있다.

첫째, 플라톤 철학의 방법론을 이용하고 있다.

여기에서 말하는 플라톤 철학(哲學)의 방법론(方法論)이란 개념정의(槪念定義)의 방법을 말한다. 예를 들면 "하나님을 안다"고 하지만 어떻게 아는 것을 원(願)하는가? 그 하나님을 안다는 일을 정의(正義) 혹은 규정(規定)하려 한다. 플라톤에 있어서 덕(德), 미(美), 선(善), 정의(正義) 등의 개념(槪念)을 규정(規定)할 때 여러 가지 실례(實例)를 들어서 비교(比較)하면서 그 차이(差異)를 통하여 그 내용을 규정(規定)하여가듯 한다.

가령 "하나님을 사랑한다"라고 할 때에 하나님을 사랑하는 것과 친구(親舊)를 사랑하는 것과는 어떻게 다른가? 왜 사랑하는가? 동물(動物)도 사랑하는가? 강도(強盜)를 사랑하는 경우는 어떤가? 하나님을 아는 것과 알리피우스를 아는 것과는 어떻게 다른가? 기타의 여러 지식(知識)과 어떻게 다른가? 가령 기하학(幾何學)의 지식(知識)과는 어떻게 다른가? 구면(球面)의 점은 모두 중심(中心)에서 동일(同一) 거리에 있다. 이와 같은 것들을 아는 것과 마찬가지로 확실(確實)히 하나님을 알기를 원한다.

그러나 이와 같은 지식(知識)은 하나님을 아는 지식(知識)과는 다르다. 기하학적(幾何學的)인 지식(知識)에서는 하나님을 알 때와 같은 기쁨이 없다.

둘째, 플라톤 철학의 지식론을 이용하고 있다.

플라톤주의에 있어서 인식론(認識論)을 따라 눈에 있어서 보는 힘과 영혼(靈魂)에 있어서 이성(理性)과를 비교(比較)하고 있다.

육체(肉體)가 눈을 가짐과 같이 영혼(靈魂)도 눈을 가진다. 육체(肉體)의 눈으로 보는 것 같이 영혼(靈魂)도 본다. 육체(肉體)의 눈으로 인식(認識, Seeing)함과 같이 영혼(靈魂)의 이성(理性)으로도 인식(認識, Seeing) 한다. 그런데 마음의 눈이 병(病)들어 있고 악화(惡化)되어 있다. 그러므로 시력(視力, Vision)을 얻기 위해서는 우선 믿어야 (Believe) 한다.

이 믿음(Faith)을 통하여 눈은 감관(感官, Senses)을 배제(排除)하고서 시력(視力)을 얻게 된다. 그 다음에는 눈으로 봄(Looking)과 같이 믿음의 눈으로도 보아(Looking)야 한다.

이것은 바람(Hope)과 같다. 그리하여 눈이 인식(Seeing) 하듯이 믿음의 눈은 사랑(Love) 해야 한다. 이것이 영혼(靈魂)의 전진(前進) 내지 상승(上昇)이다. 믿음으로 감관(感官)을 항거(抗拒)하 고 소망(所望)으로 하나님을 바라고 사랑으로 하나님을 아는 일을 이미 얻은 상태(狀態)에 있게 된다.

이것은 고침(Healing)과 봄(Looking)과 인식(Seeing)에 각각 해당(該當)한다. 이 세상에서는 이 셋이 항상 필요(必要)할 것이며 그러나 내세(來世)에서는 사랑만이 항상 남게 된다.

즉 어거스틴은 이상(理想)과 같이 플라톤주의(主義)의 인식론(認識論)을 이용하여서 신앙(信仰)의 지식(知識)을 전개(展開)하고 있다는 것을 알 수 있다.

플라톤 주의에 있어서 선(善)의 이데아(Idea)는 예지계(睿智界, Wisdom)의 최고의 위치(位置)에 처하여 동시에 만물(萬物)을 비친다. 마치 태양(太陽)이 스스로 빛을 발하여 다른 사물들을 볼 수 있게 함과 같다.

그런데 감관계(感官界)의 태양(太陽)은 존재(存在, Exists)하며 빛나며(Shines) 비치는(Illumines) 것과 같이 하나님도 존재(存在)하시고 알리어지시고(is Known) 다른 사람들을 인식(認識)되도록 만드신다 (causes other things to be known).

이와 같이 어거스틴은 플라톤 주의의 선(善)의 이데아 론(論)을 이용하여서 '신앙의 지식(知識)'을 전개(展開)하고 있어서 기독교의 신앙(信仰)과 플라톤 철학(哲學)과의 조화(調和)를 위해서 노력(勞力)했다는 것을 알게 한다.

본래 어거스틴은 보기에 드문 학구파(學究派)에 속한 대학자(大學者)로서 마땅히 기독교(基督敎)의 신비적(神秘的)인 신학(神學)과 풀라톤(Platon)의 이성적(理性的)인 철학(哲學)과의 조화(調和)에 대한 것을 생각해 보았다는 것은 어쩌면 가장 자연(自然)스러운 일이었다고 할 것이나 그것은 전혀 있을 수 없는 허사(虛事)였다는 것을 알게 되었다.

플라톤의 철학(哲學)은 인간(人間)의 이성(理性)을 기준으로 하고 있으나 기독교(基督敎)의 신학(神學)은 하나님의 신비(神秘)에 속한 영적(靈的, Spiritual)인 문제이기 때문이다.

인간의 이성(理性)에 의한 철학(哲學)의 문제는 인간의 노력(勞力)으로 가능(可能)하다고 할 것이나 신학(神學)에 대한 것은 하나님의 영감(靈感)이나 계시(啓示)에 의한 것으로서 전적인 차이(差異)를 갖는다.

3 = 어거스틴의 은총교리(恩寵敎理)

어거스틴의 교리사상(敎理思想)을 한마디로 요약(要約)해서 말한다면 은총론(恩寵論, Theory of Grace)이라고 해도 과언(誇言)이 아닐 것이다.

그가 하나님의 은총(恩寵)에 깊이 심취(深醉)하게 된 동기(動機)는 두 말할 것 없이 그의 애절(哀切)한 참회(懺悔)의 믿음과 하나님의 은혜구원(恩惠救援)에 대한 감격(感激)이라고 해야 할 것이다.

사실 어거스틴이 말하는 하나님의 은총(恩寵)에 대한 개념(概念)을 간단하게 말 할 수는 없으나 그의 은총론(恩寵論)에 대한 교리사상(敎理思想)을 은총(恩寵)의 고백(告白) 은총(恩寵)의 우월성(優越性) 은총(恩寵)의 선행(先行) 은총(恩寵)의 불가항력성(不可抗力性)과 성도(聖徒)의 견인(堅忍) 그리고 예정적(豫定的)인 은총(恩寵)의 순(順)으로 나누어서 연구(硏究)를 진행하는 것이 바른 이해(理解)에 도움이 될 것으로 안다.

특히 어거스틴과 같은 시대에 영국(英國)을 중심으로 기독교의 신학계(神學界)에 적지 않은 영향(影響)을 끼친 펠라기어스(Pelagius:360-420)의 자유주의 신학(自由主義神學)에 대한 이론(理論)이나 원죄(原罪)의 부정론(否定論) 같은 것이 성행(盛行)할 때에 어거스틴 같은 바른 신학자(神學者)요 깊은 신앙인(信仰人)이 있었다는 것은 하나님의 특별한 은총(恩寵)이요 섭리(攝理)였다고 해도 잘 못 된 말이 아닐 것이다.

하나님을 떠나서 살다가 뒤늦게 하나님께로 돌아 온 어거스틴은 아무리 생각을 되풀이해도 자기가 자기 된 것은 전적(全的)으로 하나님의 은혜(恩惠) 였다는 것을 생각할 때에 '하나님의 은혜(恩惠)'라는 말 이 외에 다른 표현이 있을 수 없었다는 것을 알게 한다.

1) 어거스틴의 은총(恩寵)의 고백(告白)

우리는 어거스틴의 글과 펠라기어스의 글을 읽어보면 두 사람의 사상(思想)과 신앙관(信仰觀)이 얼마나 현저(顯著)하게 다른가 하는 것을 쉽게 알 수가 있다.

이것은 네스토리어스와 씨릴과의 사이가 어떠했던가 하는 것을 보는 것보다 더 실감(實感)있게 이해가 될 것이다.

한 사람의 경우는 너무도 냉냉(冷冷)하고 이론적(理論的)이라고 한다면 다른 한 사람은 마음의 뜨거운 열정(熱情)이 있고 신앙적(信仰的)이라는 것을 알 수 있다.

그리하여 두 사람의 입장(立場)을 비교(比較)하면 간단히 바로 이것이 우리의 입장(立場)이라고 하는 것을 쉽게 구별(區別)해 낼 수 있도록 인도한다.

"나는 당신의 크신 자비(慈悲) 이외에 아무 소망(所望)도 없나이다.

당신이 명하시는 것을 허락(許諾)하옵소서. 그리고 당신의 원하시는 것을 명하시옵소서. 당신은 우리에게 절제(節制, Continence)를 명하시나이다. 그리고 하나님께서 이것을 주시지 않는다면 아무도 절제(節制)할 수 없다는 것을 알 때에 절제(節制)가 누구의 은사(恩賜)인지 아는 것도 하나의 지혜(智慧)임을 깨달았나이다.

절제(節制)로서 우리는 붙들려 매임을 받고 이로써 전에 여럿으로 흩어져 나갔던 우리가 함께 얽혀서 한 분에게로 돌아가나이다.

왜냐하면 당신과 함께 다른 것을 사랑하는 자는 당신을 너무나 적게 사랑하나이다. 오 사랑이시여 당신은 사랑으로 영원(永遠)히 불타며 결코 꺼짐이 없나이다.

오 사랑이시여 오 나의 하나님 나에게 불을 일으키소서. 당신은 절제(節制)를 명하시나이다.

당신이 명하시는 것을 주옵소서. 그리고 당신이 원하시는 것을 명하시옵소서."

어거스틴의 이러한 고백(告白)은 그의 은총(恩寵)의 교리(敎理)의 근원(根源)을 이루고 있다는 것을 알게 한다.

이것은 하나님 앞에서의 그의 실존(實存)의 표현(表現)이기도 하다.

이것은 또한 하나님 앞에 선 인간의 자기의 근원적(根源的)인 죄악(罪惡)의 상태(狀態)의 고백

(告白)이요 자기 무력(無力)의 토로(吐露)요 하나님의 은총(恩寵)이 없이는 살아갈 수 없다는 애절(哀絶)하고 간곡(懇曲)한 갈급(渴急)의 간구(懇求)이기도 하다.

여기에서 그는 자기의 가능성(可能性)이나 의지(意志)의 선택이나 실현(實現)의 구별(區別)의 여지가 없이 하나님 앞에서 전적(全的)으로 무능(無能, Inability, Incompetence)하다는 것을 고백(告白)하고 있다.

자기의 지난날을 회개하고 하나님께로 돌아온 어거스틴은 첫째는 자기를 이렇게 하나님께로 돌아오게 된 것이 전적(全的)으로 하나님의 은혜(恩惠)였고 앞으로도 자기가 인간의 소욕(所欲)을 이기고 참 절제(節制)의 인간으로 살아가기 위해서는 전적(全的)을 하나님의 은총(恩寵)에 맡기고 믿음으로 살겠다는 간절한 자기의 믿음을 고백하고 있다.

바로 이러한 어거스틴의 신앙고백(信仰告白)이 사도 바울과 같은 믿음의 고백(告白)이라는 것을 알게 한다.

2) 은총(恩寵)의 우월(優越性)

심플리키아누스(Simplicianus)의 질문(質問)에서 본 대로 율법(律法)이나 인간의 자유의지(自由意志)가 하나님의 은총(恩寵)이 임하기 이전의 자연인(自然人)에게는 다 죽음을 결과(結果)하는 사자(死者)들에 불과하다.

하나님의 은총(恩寵) 이전의 인간의 자유의지(自由意志)는 다만 죄(罪)를 범(犯)할 뿐이며 율법(律法)은 그러한 자연인(自然人)을 정죄(定罪)하고 사망(死亡)으로 던져 넣을 뿐이다.

그러나 하나님의 은총(恩寵)을 받음으로써만 인간은 성령(聖靈)의 열매를 맺게 된다.

사람이 의(義)를 행하기 위해서는 다음과 같은 하나님의 도움을 받게 되는 것이라고 주장한다. 즉 인간이 의지(意志)의 자유로운 선택(選擇)의 능력(能力)을 가지고 창조(創造)되었을 뿐만 아니라 또한 그가 어떻게 살아야 하는 가에 대하여 가르침을 받을 뿐만 아니라 그는 또한 성령(聖靈)을 받는다.

이 성령(聖靈)으로 말미암아 그의 마음속에는 최고불변(最高不變)의 선(善)인 하나님을 기뻐하는 기쁨과 그에 대한 사랑이 일어나게 된다는 것이다.

이 기쁨과 사랑은 그가 아직도 보지는 못하나 믿음으로 살고 있는 지금에도 일어난다. 이러한 자유의 은사(恩賜)의 보증(保證)으로 인하여 그는 뜨거운 애정(愛情)으로 그를 지으신 자에게 집착(執着)할 것이며 참 빛에 참여하고자 전진하는 추진력(推進力)을 얻을 것이다. 그리하여 그는 그의 존재(存在)를 얻은 그로부터 또한 그의 축복(祝福)도 얻게 될 것이다.

인간과 자유선택(自由選擇)은 진리(眞理)의 길이 그에게 가리어있는 동안에는 다만 그를 죄(罪)에로 인도(引導)할 뿐이다. 또한 그가 무엇을 행하여야 할지 무엇을 지향(指向)하여야 할지를 잘 알고 있다 할지라도 그가 그것에 대하여 기쁨을 느끼며 그것을 사랑하지 않는 한 그는 자기에게 주어 진 그의 의무(義務)를 행하지도 않을 것이며 그것을 하려고도 하지 않을 것이며 따라서 그는 더 이상 선(善)한 생활(生活)을 하지 못할 것이다.

그러나 그와 같은 애착심(愛着心)을 느끼기 위해서는 하나님의 사랑이 우리의 마음속에 부은바 되어야 한다. 이것은 우리의 자신들 속에서 일어나는 자유선택(自由選擇)을 통하여서가 아니라 우리에게 주신 하나님의 성령(聖靈)을 통해서 이루어진다.

하나님께서는 항상 그의 사랑하는 성도(聖徒)들에게 그의 성령(聖靈)을 통하여 들어 주시고 이루어 주시고 항상 함께 하셔서 모든 것을 이기게 해 주신다는 사실을 어거스틴의 경험(經驗)과 믿음의 고백(告白)을 통하여 더욱 확신(確信)하게 한다.

이러한 어거시틴의 믿음은 그가 하나님께로 돌아온 다음 얼마나 자기의 과거(過去)를 철저(徹底)하게 뉘우치고 회개(悔改) 했는가를 알게 하며 동시에 성경적(聖經的)인 참 믿음이 어떤 것이라는 것을 알게 해 주고 있다.

3) 은총(恩寵)의 선행(先行)

어거스틴에 있어서 하나님의 은총(恩寵)은 선행(善行)을 할 수 있는 자유의지(自由意志)보다 앞서 선행(先行)한다는 것이다.

어거스틴에게 있어서 구원(救援)의 질서(秩序)는 신앙(信仰)이 가장 먼저 오며 다음에 병(病)든 영혼(靈魂)을 고치는 은총(恩寵)이 오며 다음에는 자유의지(自由意志)가 오며 그 다음에 율법(律法)을 성취(成就)하는바 의(義)에 대한 사랑이 온다.

여기서 하나님의 은총(恩寵)이 나타나기 전에는 인간의 자유의지(自由意志)가 전혀 없다는 것이 아니다. 다만 그리스도인의 자유(自由)가 은총(恩寵)에 뒤따른다는 것이다.

하나님의 은총(恩寵)으로 인하여 선택(選擇)의 자유(自由) 즉 자유의지(自由意志)를 폐(廢)하여 버리는가?

결코 그렇지 않다.

우리는 오히려 선택(選擇)의 자유(自由)를 세운다. 율법(律法)이 신앙(信仰)으로 폐지(廢止)되지 않음 같이 선택(選擇)의 자유(自由)는 은총(恩寵)으로 말미암아 폐(廢)하여지지 않을뿐더러 오히려 세워진다는 것이다.

그러나 믿음으로 은총(恩寵)을 얻게 되며 은총(恩寵)으로 말미암아 영혼(靈魂)의 죄의 병(病)으로부터의 고침이 오며 영혼(靈魂)의 고침으로부터 선택(選擇)의 자유(自由)가 오며 선택(選擇)의 자유(自由)로부터 의에 대한 사랑이 오며 의에 대한 사랑으로부터 율법(律法)을 행해야 하겠다는 마음이 온다.

이와 같이하여 율법(律法)이 믿음으로 말미암아 무(無)로 되지 않고 오히려 서게 됨 같이 선택(選擇)의 자유(自由)는 하나님의 은총(恩寵)으로 말미암아 무(無)로 되지 않고 오히려 서게 된다.

왜냐하면 하나님의 은총(恩寵)은 인간의 의지(意志)를 고치고 이로써 의(義)를 자유롭게 사랑하게 된다. 내가 여기에 그린 이 모든 연쇄(連鎖)는 성경(聖經)에서 찾을 수 있는 것이다.

어거스틴에게 있어서 선행은총(先行恩寵, Preceding Grace)의 교리(敎理)는 위의 글을 쓰기 16년 전인 421년에 쓰인 "심플리키아누스의 질문(質問)"에서 충분히 나타나고 있다.

우리는 성령의 은사(恩賜)를 받고 사랑으로 선행(善行)을 할 수 있는 능력(能力)을 받기 위하여 먼저 믿도록 명령(命令)을 받는다.

그러나 부르심과 진리(眞理)에 대한 어떤 증거(證據)에 접(接)함이 없이 누가 믿을 수 있을까 함이다. 그러므로 어거스틴이 말한 은총(恩寵)의 선행(先行)이란 여기에서 이해된다.

그와 같은 인상을 받고 그의 의지(意志)를 신앙(信仰)에까지 움직여 갈 수 있는 힘을 누가 자기 속에 가지는가 하는 문제이다.

여기에서 어거스틴은 우리 인간(人間)의 의지(意志)보다 하나님의 은총(恩寵)의 부르심이 앞선다는 것을 강조(强調)하고 있다.

부르심이 없을 때 아무도 믿지 않는다.

"듣지 못한 이를 어찌 믿으리요. 전파(傳播)하는 자가 없이 어찌 들으리요 (And how shall they believe Him of whom they have not heard? And how shall they hear without a preaches? 롬 10:14)."

그러므로 하나님의 부르시는 자비(慈悲)가 앞서지 않고서는 아무도 믿지 못한다. 여기에서 자연히 하나님의 은혜구원(恩惠救援)이라는 교리(敎理)가 성립(成立)된다. 이 또한 그와 같이 하여서만 의(義)롭다 함을 받기 시작하며 또한 선행(善行)을 할 힘도 얻게 된다. 하나님께서 하게 해 주시기 때문에 나는 한다.

여기에서 어거스틴은 다시 하나님의 은총(恩寵)의 부르심이 앞서고 믿음은 이 부르심의 결과(結果)로 일어나고 이로써 의(義)롭다함을 받은 후에 선행(善行)을 할 힘을 얻게 된다는 것을 말하고 있다. 선(善)을 행할 나의 의지(意志)는 하나님의 은총(恩寵)의 역사(役事)의 결과(結果)인 것이다.

어거스틴에 있어서 하나님의 은총(恩寵)은 사실상 모든 것에 선행(先行)을 한다고 할 수 있다.

"너희가 그 은혜(恩惠)를 인하여 믿음으로 말미암아 구원(救援)을 얻었나니, 이것이 너희에게서 난 것이 아니요, 하나님의 선물(膳物)이라 (For by grace you have been saved through faith, and that ndt of yourselves; it is the gift of God. 엡4:8)."

4) 불가항력적 은총과 성도의 견인(堅忍)

어거스틴이 주장했던 교리(敎理) 중에 불가항력적은총(不可抗力的恩寵, Irresistible Grace)의 교리(敎理)나 또는 성도(聖徒)의 견인(堅忍, Perseverance of the Saints)에 대한 교리(敎理) 그리고 더 철저(徹底)한 예정론(豫定論) 등은 418년 이후 유사 펠라기어스 주의 (Semi-Pelaginism)의 논쟁(論爭)을 통하여 쓰인 책들에 나타나있다.

하나님의 은총(恩寵)은 인간의 의지(意志)에 결정적(決定的)으로 역사(役事)하여 불가항력적(不可抗力的)으로 반드시 선(善)에 머물게 한다.

어거스틴은 하나님의 도우심을 두 가지의 종류(種類)로 나누어서 설명(說明)을 하고 있다.

첫째 그 도우심이 없이는 어떤 상태(狀態)가 성립(成立)되지 않는다"(sine quo non fit).

둘째 그 도우심은 그 상태(狀態)를 성립(成立)시킨다"(quo fit).

가령 첫 인류(人類)의 시조(始祖) 아담은 의(義)롭고 선(善)한 상태(狀態)로 창조(創造)되었고 무죄(無罪)의 가능성(可能性) 죽지 않는 불사(不死)의 가능성(可能性)으로 창조(創造)되었다.

그러므로 이 첫 시조(始祖)의 경우에는 그 도우심이 없이는 원창조(原創造)의 상태(狀態)에 머물러 있을 수 없는 그런 도우심을 말한다. 그러나 성도(聖徒)들의 경우는 그렇지 않다.

"하나님의 은총(恩寵)으로 말미암아 하나님의 나라에도 예정(豫定) 된 성도(聖徒)들에게는 그들에게 주신 바 견인(堅忍)의 도움은 첫 사람에게 주신 것과는 다르고 실제로 견인(堅忍)의 은사(恩賜) 를 주신다. 이 은사(恩賜)로 말미암아 성도(聖徒)들은 견인(堅忍) 할 수밖에 없다".

즉 어거스틴은 "그 도우심이 없이는 이루어지지 않는"(sine quo non fit) 그런 도움과 "그 도움으로 실지로 이루어지는"(quo fit) 그런 도움을 구별하여 전자(前者)는 아직도 가능성(可能性)만 주시는 것이 아니라 실제로 일어나게 하는 것으로서 결정적(決定的)인 도움이 되는 것이다.

하나님의 성도(聖徒)들에 대한 하나님의 은총(恩寵)의 역사(役事)는 그와 같이 불가항력적(不可抗力的, Irresistible)이요 이로 인한 성도(聖徒)들의 선(善)의 상태(狀態)에 머물러 있는 지구성(持久性, Perseverance) 도 결정적(決定的)이다.

만일에 성도(聖徒)들의 견인(堅忍)이 저들의 의지(意志)에만 의존(依存)한다면 사실상 저들의 의지(意志)의 연약(軟弱)함으로 인하여 반듯이 실패(失敗)하고 견인(堅忍)에서 떨어질 것이다.

그러나 성령(聖靈)께서 저들의 의지(意志)에 역사(役事)하셔서서 저들이 견인(堅忍)하기를 원하게 하시고 또한 저들이 원하는 고로 실제로 견인(堅忍)할 수 있도록 그와 같이 역사(役事) 하신다.

그러므로 도움은 인간의 의지(意志)의 연약(軟弱)함에 대하여 주신다. 인간(人間)의 의지(意志)는 하나님의 은총(恩寵)으로 말미암아 불변(不變)하게 되고 그리고 불가항력적(不可抗力的)으로 영향(影響)을 받는다. 그리하여 우리 인간의 의지(意志)는 비록 연약(軟弱)하나 결코 실패(失敗)하지도 않고 또한 어떠한 역경(逆境)에도 굴(屈)하지 않게 된다.

그러므로 인간의 의지(意志)는 연약(軟弱)하고 무력(無力)할 때에 그리고 아직도 비천(卑賤)한 자리에 있을 때에 하나님의 힘으로 말미암아 선(善)한 상태(狀態)에 견인(堅忍)하게 된다.

한편 첫 시조(始祖)의 의지(意志)는 강(强)하고 건실(健實)하였고 자유선택(自由選擇)의 능력(能力)까지 가졌으나 그 훌륭한 처지에서도 견인(堅忍)하지 못하였다. 그 이유는 다음과 같다.

아담에게 있어서 하나님의 도우심이 없었던 것은 아니다. 그러나 그 도우심은 그것 없이는 의지(意志)가 비록 원할지라도 견인(堅忍)할 수 없는(sine quo non fit) 그런 종류(種類)의 것이었고 분명히 가장 강(强)한 자(아담)에게는 그는 자기가 원하는 것을 할 수 있도록 하시었다.

그러나 약(弱)한 자들(성도들)에게는 그는 은사(恩賜)를 주시어 이로써 저들이 선(善)한 것은 불가항력적(不可抗力的)으로 원하게 하시었고 또한 선(善)을 버리는 일도 불가항력적(不可抗力的)으로 거절(拒絶)하게 하시었다.

즉 어거스틴은 사실상 보편주의(普遍主義, Universalism)와 특수주의(特殊主義, Particularism)를 논하고 있다고 할 수 있다.

하나님께서 은총(恩寵)을 주신 것이 누구에게나 분별(分別)이 없이 주시어서 누구든지 자신(自身)의 자유의지(自由意志)에 따라서 받을 수도 있고 거절(拒絶)할 수도 있게 하시었다는 보편주의(普遍主義)와 하나님께서는 구체적(具體的)으로 은총(恩寵)을 주시어서 불가항력적(不可抗力的)으로 이에 참여(參與)치 않을 수 없다는 특수주의(特殊主義)의 차이(差異)를 논한다고 할 수 있다.

보편주의(普遍主義)는 의지(意志)의 자유(自由)를 세우며 합리적(合理的)이나 확실성(確實性)이 없다.

그러나 특수주의(特殊主義)는 기독교 신앙을 더 잘 말하고 있으며 이로써 성도들의 견인(堅忍)은 더 확실성(確實性)을 가지게 된다.

어거스틴이 하나님의 도우심이 없이는 그런 상태(狀態)를 이룰 수 없다는 것과 그런 도우심과 그 도우심으로 그런 상태(狀態)를 이루는 그런 도우심을 구별(區別)하는 것은 전자(前者)는 아직도 가능성(可能性)뿐이며 보편적(普遍的)이라는데 비하여 후자(後者)는 현실적(現實的)으로 구체적(具體的)임을 볼 수 있다.

즉 하나님의 은총은 준비(準備)된 자에게 더 강하게 임하신다는 것과도 같다. 바로 그 준비(準備)라고 하는 것이 하나님의 은총(恩寵)으로 이루어지게 된다고 함이다.

우리 인간은 어떠한 경우에라도 자기의 능동성(能動性)을 자랑할 수 없다. 오히려 그러한 가능성을 나에게 베풀어 주시는 하나님의 은총(恩寵)을 감사(感謝)할 줄 아는 그 사람이 곧 성공(成功)한 사람이요 하나님의 사람이다.

5) 하나님의 예정적(豫定的)인 은총(恩寵)

어거스틴에 있어서 하나님의 은총(恩寵)은 선행적은총(先行的恩寵)이요 불가항력적은총(不可抗力的恩寵)일 뿐만 아니라 또한 하나님의 예정적은총(豫定的恩寵)이라는 말이다.

어거스틴은 그의 예정론(豫定論)을 이미 심폴리키아누스의 질문(質問)(396-7년)에서 야곱의 선택(選擇)과 에서의 유기(遺棄)와 관련(關聯)하여 이미 양택설(兩擇說, Double Predestination)을 전개(展開)하고 있다.

이것은 아직도 펠라기어스의 존재(存在)조차 알려지기 전의 일이었다. 그러나 이 교리(教理)는 펠라기어스주의의 논쟁(論爭)을 통하여 더욱 강(强)하게 견지(堅持)되며 더 확실(確實)한 성경적인 교리(教理)로서 결정(決定)되었다는 것을 볼 수 있다.

본래 하나님의 은총(恩寵)이 우리의 의지(意志)나 결정(決定)에 선행(先行)하여 하나님께서 먼저 보이시고 불가항력적(不可抗力的)으로 역사(役事) 하신다면 이것은 곧 하나님의 예정적(豫定的)인 은총(恩寵)과 다름이 없음을 볼 수 있다.

"너희가 나를 택(擇)한 것이 아니라 내가 너희를 택(擇)하였노라 (You did not choose Me, but I chose you. 요15:16)."

이 말씀은 일찍이 구약에 하나님께서 아브라함을 불러내시는 일부터 시작하여 신약에 이르기까지 전체(全體)를 통하는 진리(眞理)다. 하나님의 은총(恩寵)이 은총(恩寵)이 되기 위하여서는 예정적(豫定)적(的)인 은총(恩寵)이 되지 않을 수 없다.

은총(恩寵, Grace)라는 말 자체가 하나님의 예정(豫定)안에 있다.

그러므로 누구든지 하나님의 가장 합당(合當)하신 섭리(攝理)의 질서(秩序) 속에서 미리 아신 바 되고 예정(豫定)되고 부르심을 받고 의(義)롭다 하심을 받고 영화(榮華)롭게 하심을 받은 사람은 누구나 아직도 중생(重生, Regeneration)하지 못하였다고까지는 할 수 없으나 아직도 출생(出生, Born)하지 않았을지라도 이미 하나님의 자녀(子女)들이요 따라서 결코 멸망(滅亡)하지 아니한다.

그러나 동시에 예정(豫定)되지 않은 자들은 어떤 경우에도 멸망(滅亡) 가운데 떨어지게 될 것이다.

누구에게 믿음을 허락(許諾)할 것인지 하나님께서 미리 알지 못하시었다고 누구가 감히 말하겠는가? 그가 누구에게 믿음을 허락(許諾)하실 지 예지(豫知) 하시었다면 우리를 구원(救援)하실 그의 자비(慈悲)도 또한 분명히 예지(豫知) 하시었을 것이다.

이것이 바로 성도(聖徒)들의 예정(豫定)인 것이다. 즉 하나님의 자비(慈悲)에 대한 예지(豫知)와 작정(作定)이다.

이로써 하나님의 성도들은 확실히 구원을 받게 되는 것이다.

하나님의 예정(豫定) 밖에 있는 나머지의 사람들은 하나님의 의(義)로우신 심판(審判)에 따라 옛날에 두로와 시돈 사람들이 유기(遺棄)되었던 것과 같이 버림받은 것으로 밖에 달리 어떻게 생각할 수 있는가? 하나님의 은혜(恩惠)로운 선택(選擇)과 하나님의 공의(公義)로우신 유기(遺棄)의 교리(敎理)가 여기에서 나온다.

저들은 그리스도의 놀라운 이적(異蹟)들을 보기만 하였으면 다 믿었을 것이다. 그러나 저들에게는 믿는 일이 허락(許諾)되지 않았으므로 신앙(信仰)의 수단(手段)도 허락(許諾)되지 않았다.

한편 유대인들도 동일(同一)한 무리들 속에 유기(遺棄) 되었다. 왜냐하면 저들의 경우는 그 능(能)하신 일들을 눈으로 보면서도 믿을 수가 없었기 때문이다.

"저희 눈을 멀게 하시고, 저희 마음을 완고(頑固)하게 하셨으니 이는 저희로 눈으로 보고 마

음으로 깨닫고 돌이켜 내게 고침을 받지 못하게 하려 함이니라(마13:15)."

두로와 시돈 사람들의 눈은 그리 가리우지 않았고 저들의 마음은 그리 굳어지지 않았었다. 왜냐하면 저들이 만일 유대인들이 보는 것과 같은 능(能)한 역사(役事)를 보았더라면 저들은 믿었을 것이기 때문이다. 그러나 저들의 믿을 수 있는 능력(能力)이 아무 소용(所用)이 없었다.

왜냐하면 저들은 그와 같이 예정(豫定)되지를 않았기 때문이다. 참으로 그의 판단(判斷)은 헤아릴 수 없으며 그의 길은 찾을 수가 없다.

어거스틴은 하나님의 유기(遺棄)에 대하여 말할 때마다 더 높은 하나님의 판단(判斷)을 따라서 하시는 일로 보며 우리는 다 헤아릴 수 없으나 하나님의 의(義)로운 심판(審判)을 따라서 그와 같이 하시는 것으로 말한다.

그리하여 저들이 하나님의 선택(選擇) 가운데 들지 아니하였다고 할지라도 하나님께 대하여 허물 할 것이 아니고 "넘어지는 자는 자기 스스로의 원대로 넘어지는 것이요 서는 자는 하나님의 뜻대로 서는 것이다".

유기(遺棄)와 예정(豫定)에 있어서 즉 영원(永遠)한 죽음에로의 예정(豫定)에 있어서 하나님께서는 그의 의(義)로우심을 나타내시고 선택(選擇)의 예정(豫定)에 있어서 하나님께서는 그의 자비(慈悲)로우심을 나타내신다.

왜 어떤 이에게는 이렇게 또 어떤 이에게는 저렇게 하시는가의 물음에 대하여 그것이 '하나님의 뜻'(The Will of God)이라는 대답(對答) 이외에 다른 대답(對答)이 없다.

창조주(創造主, The Creator)하나님께 지으심을 받은 피조물(被造物, The Creatures)로서의 인간(人間)은 다만 창조주(創造主) 하나님 앞에서 겸손(謙遜)히 엎드려 경배(敬拜)할 뿐이다.

어거스틴의 은총(恩寵)과 예정(豫定)의 교리(敎理)는 철학적(哲學的) 이라기보다는 종교적(宗敎的)이며 철저한 신앙적(信仰的)이라는 특징(特徵)을 갖는다.

그것은 그의 개인적(個人的)인 회심(回心)의 경험(經驗)과 하나님을 향한 뜨거운 그의 믿음에서 오는 것이요 그 자신의 무력(無力)함에 대한 느낌과 하나님을 의지(依支)하는 마음에서 온 것이다.

그러므로 펠라기어스의 도덕적(道德的)인 항의(抗議)가 소용이 없다. 교회는 펠라기어스의 자연이성(自然理性, Natural Reason)의 소리보다 어거스틴의 은총(恩寵)의 소리에 귀를 기울이지 않을 수 없는 것이다.

"그러나 나의 나 된 것은 하나님의 은혜(恩惠)로 된 것이니 (But by the Grace od God I am what I am. 고전15:10)."

4 ≡ 도나티스트 파와의 논쟁(論爭)

도나티스트(Donatist)파와의 논쟁(論爭)은 이미 콘스탄틴 황제(皇帝)의 밀라노칙령(勅令, 313년) 이전으로 소급(遡及)되어 설명(說明)되어야 한다.

즉 도나티스트는 312년 당시에 카르타고의 감독(監督)으로 선출(選出)된 캐킬리아누스(Cecilianus)에 대한 합법성(合法性)의 문제가 제기(提起) 되었다.

즉 그를 대주교(大主敎, Metropolitan)로 안수(按手)하여 세운 감독(監督)이 디오클레티안(Diocletian)의 박해(迫害) 하에 배교(背敎)를 한 자였다는 것이다.

그리하여 이들의 주장(主張)은 배교자(背敎者)가 안수(按手)한 안수(按手)는 무효(無效)라는 것이요 70인의 누미디아(Numidia) 지방의 감독(監督)들이 모여서 마요리누스(Marjorinus)라는 사람을 대신 감독(監督)으로 세웠다.

그런데 이 모든 일은 카세니그레의 도나투스(Donatus of Casae Nigrae)의 지도(指導)아래서 진행(進行)되었으며 315년에는 그가 마요리누스의 뒤를 잇게 되었다.

이 파(派)에 속한 교회는 이 토나티우스의 이름으로 불리어왔다.

이 분열(分裂)된 교회에 대하여 콘스탄틴 황제(皇帝)도 조정(調整)에 나섰으나 실패(失敗)했고 342년에 콘스탄틴 황제(皇帝)는 평화(平和)를 가져오기 위하여 노력(勞力)했으나 그도 역시 실패(失敗)로 끝나고 말았다.

그 때마다 그들에 대한 박해(迫害)로 결론(結論)을 맺었으나 성공(成功)하지는 못했다. 그리하여 도나티스는 교회에 대한 황제(皇帝)의 간섭(干涉)을 반대(反對)하였고 세상 나라의 황제(皇帝)가 하나님의 교회(敎會)와 무슨 상관(相關)이냐고 주장(主張)했다.

316년에 줄리안 (Julian) 황제(皇帝) 때에 이들은 자유(自由)를 얻었고 크게 발전(發展)하였으나 계속하여 반(反) 로마 정책(政策)으로 나간 결과 결국은 계속적(繼續的)으로 국가(國家)의 탄압(彈壓)을 받을 수밖에 없었다.

어거스틴 때에 이르러서 어거스틴이 이들을 어떻게 취급(取扱)하였는가에 관해서는 이미 어거스틴의 생애(生涯)에서 논한바 있으므로 여기서는 다만 도나티스 논쟁(論爭)의 논점(論点)에 대해서만 고찰(考察)하며 이것이 어떻게 어거스틴을 몰아서 카톨릭주의를 주장하게 되었는가를 알아보고자 한다.

도나티스트에 속한 사람들이 주장(主張)하는 주요점은 모두 세 가지로 볼 수 있다.

첫째 도나티스트 교회에 대한 분립(分立)의 구실(口實)에 관련되는 것으로서 배교자(背敎者)가 안수(按手)한 안수(按手)가 유효(有效)한가의 문제이다.

이것은 예전(禮典)에 대한 일반의 유효성(有效性)에 관련되는 문제로서 사람을 받을 수 없는 교직자(敎職者)가 거행(擧行)한 예전(禮典)은 무효(無效)하다는 결론(結論)이 나오게 된다.

둘째 이들은 그러한 무자격(無資格)한 감독(監督)을 반대(反對)하고 새 감독(監督)을 세웠으므로 교회(敎會)의 순수성(純粹性)을 주장(主張)하게 되었다.

즉 저들은 지상(地上)에서의 교회는 흠(欠)도 없고 주름 잡힘이 없는 거룩한 교회가 되기가 어렵다는 카톨릭의 주장(主張)을 반대(反對)하였다.

대개의 분립주의(分立主義)에 속한 교회들이 독선주의(獨善主義)에 빠지는 것처럼 저들도 그러하였다.

셋째 앞서도 지적(指摘)한 대로 저들은 교회에 대한 국가(國家)의 간섭(干涉)을 반대하였다.

그러나 사실 이 둘째 셋째의 문제점은 다 첫째 문제 즉 예전(禮典)의 유효성(有效性)에 대한 문제에서 파생(派生)되어 나온 것에 불과 하였다.

저들은 교회의 순수성(純粹性)을 주장하되 권징(勸懲)을 더 엄격(嚴格)하게 한 것도 아니었으며 저들은 키프리안에 속한 파들과 싸운 노바티안의 주장(主張)과도 달랐다.

저들의 관심(關心)은 퓨리탄적인 교회의 순수성(純粹性)에 있었던 것이 아니며 교직자(教職者)의 자격(資格)에 대한 문제였다.

즉 평신도(平信徒)의 자격문제(資格問題)가 아니었다.

그리고 교직자의 경우도 모든 죄(罪)를 다 그 자격 문제에 결부(結付)하지는 아니하였고 다만 배교(背教)와 같은 현저(顯著)한 죄(罪)만을 문제 삼았다.

또한 저들이 교회(教會)와 국가(國家)를 분리(分離)시키는 입장(立場)을 취하였다고 할지라도 저들도 빈번(頻繁)히 국가(國家)에 호소(呼訴)하기도 하였다.

도나티스트파에 속한 사람들의 논쟁(論爭)가운데 가장 핵심적(核心的)인 것은 교직자(教職者)의 신분(身分)에 대한 자격문제(資格問題)요 또한 그들의 예전(禮典)의 유효성(有效性)에 대한 문제였다. 그리고 이 문제는 자연히 키프리안 때에 문제가 되었던 세례(洗禮)에 대한 유효성(有效性)의 문제와도 직결(直結)된다.

도나티스트는 배교자(背教者)들이 베푸는 세례(洗禮)는 무효(無效)임을 주장하였다.

이것은 이 전에 키프리안이 분열주의자(分裂主義者)들이 베푼 세례(洗禮)는 무효(無效)하다고 주장하고 그들이 카톨릭 교회로 돌아 올 때에는 다시 세례(洗禮)를 받아야 한다고 주장(主張)하여 로마의 감독(監督) 스데반 (Stephen)과 대립(對立) 하였다.

이 때의 아프리카 교회는 일치단결(一致團結)하여 키프리안의 입장(立場)을 지지(支持)하였고 이 문제에 한해서는 로마와 의견(意見)이나 관습(慣習)에 있어서 서로가 달리하는 입장이었다.

314년에 콘스탄틴 황제(皇帝)가 도나티스트 문제를 해결하기 위하여 모은 아르레스 회의(會議)(the Council of Arles)에서 케킬리아누스 (.Caecilianus)의 합법성(合法性)을 인정(認定)함과 동시에 비로소 아프리카 교회는 로마의 입장을 따르기로 하였다.

실상 이것은 도나티스트의 입장을 더 강화(强化)시켜줌이 되었다. 왜냐하면 아프리카 교회의 전통(傳統)을 이은 것은 도나티스트였고 카톨릭 측은 아프리카 교회의 입장에서 볼 때에는 하나의 변질(變質)이요 외세(外勢)에 영합(迎合)하는 것이었다.

이와 같은 처지에서 어거스틴은 도나티스트 파들과의 논쟁(論爭)에 있어서 난처(難處)한 입장에 설 수밖에 없었다.

첫째로 그는 로마의 입장을 취함으로써 키프리안이 오류(誤謬)를 범(犯)하였다고 말하지 않을 수 없는 처지에 있었다.

교회 밖에서 거행(擧行) 된 세례(洗禮)도 유효성(有效性)을 가지는 것으로서 그들이 교회로 돌아 올 때에 되풀이하여 세례(洗禮)를 줄 필요(必要)가 없다는 입장에 서게 되었다.

그러나 둘째 난점(難點)은 어거스틴은 분열주의자(分裂主義者)들이 상대방(相對方)의 도나티스트 파들의 세례(洗禮)를 그내로 가톨릭 교회의 것과 같은 유효성(有效性)을 가진다고는 할 수 없었다.

사실 어거스틴도 키프리안이나 도나티스트들과 같이 "교회(敎會) 밖에는 구원(救援)이 없다"는 신념하(信念下)에 있었다. 그러므로 키프리안처럼 교회 밖에서 거행(擧行)된 예전(禮典)의 무효성(無效性)을 주장하였을 것이다.

어거스틴의 논점(論点)은 교회 밖에서 거행(擧行)된 세례의식(洗禮儀式)의 타당성(妥當性)을 주장하는 동시에 그것이 도나티스트의 경우에는 유효성(有效性)을 가질 수 없음을 말하여야 하였다.

이리하여 어거스틴은 예전(禮典)의 타당성(妥當性, Validity)과 유효성 (有效性, Efficacy)을 분리(分離)시키지 않을 수 없었다.

1) 성례전(聖禮典)의 객관성(客觀性)

도나티스트는 성례(聖禮)를 베풀수 있는 자격(資格)이 없는 교직자가 베푸는 예전(禮典)은 아무 타당성(妥當性)도 유효성(有效性)도 없다고 주장하였다.

그리하여 배교자(背敎者)가 안수(按手)하여 세운 키킬리아누스의 감독직(監督職)이 무효(無效)함을 계속해서 주장하였던 것이다. 그리하여 어거스틴은 성예전(聖禮典)이 베푸는 사람이나 받는 사람과는 무관(無關)하게 타당성(妥當性)을 갖는다는 것을 내세우게 되었던 것이다.

어거스틴은 마귀(魔鬼)의 편에 선 사람들 사이에서도 예전(禮典)은 거룩하므로 재세례(再洗禮)를 베푸는 것은 옳지 않다고 주장하였다. 이것은 아르레스 회의(313) 의 헌장(憲章) 제8조를 변호(辯護)하기 위한 것이었다.

어거스틴은 주장하기를 예전(禮典)은 베푸는 자나 받는 자나 상관(相關)없이 그 자체(自體)로서 거룩하고 의미(意味)가 있음을 주장하고 있다. 이와 같이 카톨릭 교회의 예전관(禮典觀) 즉 예전(禮典)은 그 자체에 작용(作用)하는 작용(作用)을 가진다는 견해(見解)를 마련하고 있다.

이것은 예전(禮典)은 영적(靈的)인 사건(事件)의 외적(外的)인 표현(表現)이라는 프로테스탄트의 견해(見解)와는 상당한 거리(距離)를 나타내고 있다.

2) 예전의 타당성과 유효성의 구별

어거스틴의 말 가운데 세례(洗禮)를 받는 자가 어떤 오류(誤謬)에 빠져있을 때에 그가 그 상태에서 돌이키지 않는 한 그에게 있어서 세례(洗禮)의 그 자체(自體)가 거룩한 것이고 구원(救援)을 일으킬만한 것이나 그 사람에게는 아무 소용(所用)이 없다고 말하고 있다. 사실은 어거스틴도 옛날에 키프리안과 같이 또 도나티스트 들과 같이 교회 밖에는 구원(救援)이 없다는 신념(信念)을 가지고 있었다.

키프리안이나 어거스틴은 모두 하나의 카톨릭 교회는 전 세계에 퍼져있으며 감독(監督)들의 계승(繼承)을 통하여 사도(使徒)들의 교회(敎會)와 연결(連結)되어 있다.

그리스도의 몸인 이 하나의 카톨릭 교회 밖에는 구원(救援)이 없다고 하는 로마 카톨릭 교회의 입장에는 여러 가지의 찬반(贊反)을 일으키고 있다.

교회 안에서만의 구원(救援)을 주장하는 사람들이 말하는 것은 이 교회로부터 분열(分裂)되는 일은 가증(可憎)된 일이며 교만(驕慢)과 사랑의 결핍(缺乏)만이 이와 같이 교회의 일체성(一體性)을 깨트린다고 주장한다.

물론 어거스틴은 도나티스트 논쟁(論爭)에 있어서는 이와 같이 키프리안과 공통(共通) 된 카톨릭교회의 주의적(主義的)인 입장을 취하나 어거스틴의 신국론(神國論)에서는 그는 가견교회(可見敎會)와 불가견(不可見)인 교회를 구별(區別)하고 지금 보이는 교회 안에도 위선자(僞善者)들이 섞여있고 현재 조직(組織)된 교회 밖에도 하나님의 눈에는 그의 교회(敎會)가 있을 수 있다는 말을 하고 있다.

그러나 도나티스트에 대해서는 어거스틴은 철두철미(徹頭徹尾) 카톨릭 적인 교회관(敎會觀)과 예전관(禮典觀)을 발전(發展)시키고 있다는 것을 알 수 있다.

"교회(敎會) 밖에는 구원(救援)이 없다"는 견해(見解)는 도나티스트들도 가지고 있었다. 저들은 저들만이 유일(唯一)의 참 된 실재적(實在的)인 카톨릭 교회라고 주장하였다.

그 이유는 순교자(殉敎者)들이 거룩한 핍박(逼迫)받고 있는 하나님의 교회(敎會)이기 때문이라는 것이다.

소위 카톨릭 교회는 교회가 아니다. 저들은 피 홀리기를 좋아하는 압박자(壓迫者)들에 불과(不過)하다. 그리하여 도나티스트 교회만이 참으로 흠(欠)이나 주름 잡힌 것이 없는 그리스도의 거룩한 신부(新婦)라고 주장하였다.

어거스틴은 하나님의 성령(聖靈)은 사랑의 영(靈)이요 하나님의 온전(穩全)함으로 메는 줄이라고 주장하였다.

"이 모든 것 위에 사랑을 더 하라. 이는 온전(穩全)하게 매는 띠니라(골3:14)."

그러므로 성령(聖靈)의 하나 됨을 지키는 길은 다만 평화(平和)의 매는 줄로서만 이루어 질 수 있는 것이다.

그러므로 모든 분열(分裂, Division, Disruption) 즉 교회로부터의 분열(分裂) 등은 사랑을 깨뜨리며 성령(聖靈)의 생명(生命)을 질식(窒息)케 한다.

교회와 예전에 있어서 가장 중요(重要, Importance)한 것은 사도(使徒) 바울이 갈라디아 교회에 보낸 편지(便紙)에서 말씀하고 있다.

"예수 그리스도 안에서 할례(割禮)나 무할례(無割禮)가 효력(效力)이 없으되 사랑으로써 역사(役事) 하는 믿음뿐이니라 (For in Christ Jesus neither circumcision nor un-circumcision avails anything, but faith working through love. 갈5:6)."

기독교라는 종교의 신앙(信仰)은 그것이 사랑의 역사(役事)로 나타나지 않는다면 아무 소용도 없다. 그런데 이와 같은 사랑의 역사(役事)는 카톨릭 교회 안에 실지로 나타나나 분열자(

分裂者)들에 있어서는 나타날 수가 없다.

그러므로 어거스틴은 저들과 같이 오도(誤導) 된 가운데 거행(擧行)되는 예전(禮典)도 그 자체에 있어서는 타당(妥當, Valid)한 것이지만 저들에게 있어서는 아무 소용(所用)이 닿지 않으며 효능성(效能性, Efficacy)이 없다고 주장하였다.

어거스틴이 행한 유명한 요한 1서의 설교(說敎)는 414년 말에 시작한 것으로서 415년에는 그의 복음서(福音書)에 대한 설교(說敎)까지 중단하고 요한 1서의 설교(說敎)만을 계속했다.

어거스틴이 행했든 이 설교(說敎)는 주로 도나티스트의 문제(問題)를 항상 그의 염두(念頭)에 두고 있다. 어찌 생각하면 어거스틴이 주장했든 교회론(敎會論)이 로마 카톨릭 교회의 교회론과도 일치(一致)하다고 할 것이나 어거스틴의 신학사상(神學思想)을 종합해 보면 그렇게 단정적(斷定的)으로 말할 수 없다는 것을 알게 될 것이다.

3) 사랑의 강제(强制)

어거스틴은 사랑의 연합(聯合)을 표방(標榜)하고 나왔고 사랑을 참된 신앙의 표(票)로 삼았다. 따라서 참된 교회의 표(票)로 삼았기 때문에 당연히 도나티스트의 사람들도 사랑으로 포섭(包攝)하기 위해서 힘썼다.

그러나 저들의 완고(頑固)함과 특히 난폭(亂暴)한 행동(行動)은 이것을 힘으로 표시(表示)하지 않을 수 없었다.

그의 요한 1서 설교(說敎)는 도나티스트 문제를 다루고 있으며 특히 이 사랑의 강제(强制)가 무엇을 나타내고 있는지에 대한 어거스틴의 견해(見解)가 잘 나타나 있다.

어거스틴의 요한 1서 설교(說敎) 가운데 한 대목을 소개하면 어거스틴이 생각했든 그의 참마음을 조금이라도 읽게 한다.

"나의 사랑하는 형제(兄弟)들이여 그대들 중에 누구든지 사랑을 품고 이를 행하는 자로서 사랑은 보잘 것 없는 것이나 행동(行動)이 없는 것으로나 또는 사랑을 지킴으로 인하여 일종(一種)의 유순(柔順)한 것에 불과한 것으로 또는 거의 무관심(無關心)과 같은 것이라고까지 생각하여서는 안 된다. 사랑을 그와 같이 행할 것은 아니다. 종에게 매질을 하지않는 것만으로 사랑한다고 생각하여서 는 안 된다. 자녀(子女)들의 훈계(訓戒)를 등한(等閒)히 하는 것으로서 사랑한다고 생각하여서는 안 된다. 그런 것은 사랑이 아니다. 오히려 연약(軟弱)함이다. 그리스도의 참 사랑은 바로 세우는 데 열심(熱心)을 내야하며 과오(過誤)를 징계(懲戒)하는데 열심(熱心)이 있어야 한다. 선행(善行)을 기뻐하되 좋지 못한 것을 고치고 개선(改善)하는데 열심(熱心)을 내야한다.

그 사람을 사랑하라. 그러나 그이 오류(誤謬)는 사랑할 것이 아니다. 잘 못된 오류(誤謬)는 바르게 고쳐주는 것이 참 사람이다.

하나님은 그 사람을 만드셨다. 자기가 행한 모든 오류(誤謬)는 그 자신이 행하는 일일뿐이다. 그러므로 하나님께서 만드신 것들 사랑하라. 그 사람이 행한 것을 사랑할 것이 아니다. 첫째 것을 사랑함으로써 둘째 것을 제거(除去)하라. 전자(前者)를 사랑함으로써 후자(後者)를 고쳐라. 그리하여 그대들이 때로는 거칠고 노(怒)여움을 나타낼지라도 그것은 잘 못을 고치는 사랑 때문인 것이다."

어거스틴은 이상과 같은 사랑의 징계(懲戒)의 원리(原理)에 따라 도나티스트를 강제(强制)로 탄압(彈壓)하여 교회의 일치(一致)를 도모(圖謀)하였다.

그의 요한 1서에 대한 설교(說敎)가 끝나고 복음서(福音書)의 설교(說敎)를 다시 시작하였을 때까지는 도나티스트 문제(問題)는 어느 정도까지 수습(收拾)이 되었던 것으로 보인다.

그러나 완전한 수습까지는 불가능(不可能)하였고 이들은 그 후에도 존속(存續)하였고 이슬람교도들의 밑에서 카톨릭 교회가 자취(自取)를 감춘 후에도 이들은 존속(存續)하였다.

어거스틴의 이 같은 주장은 교회에서 행하는 권징(勸懲)에 대한 교리(敎理)를 바로 이해할 수 있게 하고 있다.

어거스틴은 속사도 교부시대를 마감하면서 가장 많은 진리(眞理)를 우리들에게 가르쳐준 선각자(先覺者)였다.

그는 수많은 저서(著書)를 남겼는데 그 모든 기록(記錄)들은 한결 같이 우리들에게 가장 소중(所重)한 진리(眞理)를 밝혀주는데 일익(一翼)을 담당했다.

그러나 어거스틴의 저서(著書)들 가운데서 또는 그의 사상(思想)을 대표(代表)하는 것으로는 역시 그의 은총론(恩寵論, The Theory of Grace)이라고 해야 할 것이다.

인간의 본성(本性)과 죄(罪)와 은총(恩寵)에 대한 어거스틴의 가르침은 동방교회(東方敎會)의 삼위일체(三位一體)하나님에 관한 신관(神觀)과 성육신(成肉身)으로 말미암는 인성(人性)의 신화(神化)의 가르침과 아울러 서방교회(西方敎會)들의 가르침의 핵심(核心)에 속(屬)한다고 할 수 있다.

어거스틴을 은총(恩寵)의 교사(敎師, Teacher of the Grace)라고 부르는 것은 잘된 말이라고 생각한다.

어거스틴 때에 펠라기어스(Pelagius: 360-420) 같은 이단주의신학자(異端主義神學者)가 일어났다고 하는 것은 참으로 기이(奇異)한 일이라고 할 수 있다. 성경적(聖經的)인 바른 신학(神學)의 정립(定立)을 위해서는 오히려 교리사적(敎理史的)으로 볼 때에 잘된 일이었다고도 할 수 있다.

펠라기어스주의(主義)는 어거스틴의 은총(恩寵)의 신앙(信仰)에 대하여 정면(正面)으로 도전(挑戰)하여 오는 한 사상(思想)이었기 때문이다.

어거스틴이 그와 같이 강경(强硬)하게 펠라기어스주의에 대하여 반대(反對)하였고 반발(反撥)로 나온 것은 이유(理由)가 없는 일이 아니었다. 이 두 가지 신앙사상(信仰思想)의 도전(挑戰) 앞에서 교회는 진실로 초자연적(超自然的) 하나님의 은총(恩寵)의 종교(宗敎)냐? 자연주의적(自然主義的)인 은총(恩寵)의 종교(宗敎)냐? 하는 자기의 종교를 선택(選擇)하여야만 했다.

어떠한 의미에서는 어거스틴에게 있어서 펠라기어스라는 이단자(異端者)가 있었기 때문에 하나님의 은총(恩寵)에 대한 더 확신(確信)에 찬 진리(眞理)를 적극적(積極的)으로 해석(解釋)하고 바르게 설명(說明)할 수 있는 계기(契機)가 되었는지도 모른다.

● 펠라기어스 주의란?

우리는 펠라기어스에 대하여 우선 영국(英國)이 낳은 수도사(修道士)의 한 사람으로 알고 있다.

그러나 사실상 펠라기어스는 영국이 낳은 한 수도사(修道士)였다기 보다는 자기의 출세(出世)를 위하여 로마로 와서 20년 혹은 30년 간을 보낸 야심(野心)의 사람으로 이해(理解)할 수도 있다.

· 즉 410년에 있은 알라릭의 침략(侵略)때까지 세상의 어시러움을 피해서 그가 로마에서 보낸 것으로 알려지고 있다.

그리고 그가 결국에 가서 자기의 사명(使命)으로 알고 활동(活動)을 한 것이 당시의 기독교화(基督敎化) 된 로마교회의 상류계급(上流階級)들의 사이에서 일종(一種)의 교사(敎師)로서 활동하는 일이었다.

그리하여 그는 로마 사람들에게는 그들의 옛날의 덕(德)을 상기(想起)시키고 그리스도인들에게는 그리스도의 엄격(嚴格)한 명령(命令)에 복종(服從)케 함으로써 로마 교회의 부패(腐敗)파여 들어가는 것을 멈추게 하는 일을 사명으로 삼았던 것 같다.

그는 그리스도인들이 하나님의 계명(誡命)을 행하려고 하지 않고 모든 죄(罪)를 인간의 사람의 본성(本性)에 돌리고 있는데 대해서 의분(義憤)을 느끼고 있었다.

우선 우리는 펠라기어스 주의는 두 가지의 원칙(原則)을 가지고 있는 것으로 이해된다.

첫째 하나님은 의(義)로우신 신(神)이시다.

둘째 인간(人間)에게는 책임(責任)이 있다.

펠라기어스 주의에 있어서 하나님은 입법자(立法者)이시오 또한 심판자(審判者)이시다. 하나님의 공의(公義)는 인간(人間)을 저들의 행위(行爲)에 따라서 상(賞)과 벌(罰)을 주신다.

하나님의 의(義)는 우리 인간(人間)을 외모(外貌)로 보시지 않으며 따라서 어떤 사람에게 특별(特別)히 다른 이에게보다 더 은혜(恩惠)로 임하시는 일이 없으시다.

즉 하나님께서는 누구에게나 불공평(不公平)하게 대하지 않으신다. 또한 그는 누구에게나 할 수 없는 것을 명(命)하시지 도 않으신다.

하나님의 명령(命令)의 사실이 벌써 인간이 그것을 순종(順從) 할 수 없이 무능(無能)하다는 것을 의미한다.

누구든지 뜻만 가진다면 하나님께서 명(命)하시는 것을 행(行)할 수가 있다(All men can keep the commandments of God, if they will).

하나님께서는 그의 심판(審判)에 있어서 각 사람의 공로(功勞)만을 보신다. 그러므로 인간은 스스로 행한대로 갚으심을 받는다. 각각 행한 대로 받게 되는 것이다. 그러므로 누구나 빈곤(貧困)과 정절(貞節)과 덕행(德行)의 복음적(福音的)인 이상(理想)을 준행(遵行)하여 그와 같은 생활이 받게 될 상급을 받아야 할 것이다.

펠라기어스는 인간은 아담 이래의 타락(墮落)으로 인하여 하나님의 계명(誡命)을 지킬 수 없게 되었다는 교회의 일반적(一般的)인 생각에 대해서 도전(挑戰)하고 있다. 펠라기어스는 원죄(原罪)의 사실에 대해서는 전혀 염두(念頭)에도 두지 않은 것으로 이해된다. 다만 하나님의 창조물(創造物)로서 하나님의 명령(命令)을 지킬 수 있는가 없는가만 논(論)하고 있다.

하나님께서 명령(命令)하신다면 사람이 지킬 수 있기 때문에 주셨을 것이다. 그러므로 결코 할 수 없는 일을 하라고 명(命)하는 일은 잔인(殘忍)한 일이요 할 수 없는 일을 못하였다고 벌(罰)하는 것은 불의(不義)한 일이다.

요컨대 펠라기어스는 인간이 할 수 있는 것을 하나님께서 일방적(一方的)으로 명령(命令)을 하셨다는 것이다.

그러므로 어거스틴의 유명(有名)한 말 "당신이 명(命)하시는 것을 주옵소서. 당신이 원(願)하시는 것을 명(命)하시옵소서"라는 모순(矛盾)에 찬 말이다. 하나님께서 명(命)하시는 일은 행(行)하려고 하지 않고 앉아서 주시기만 바라고 있는 게으른 소리에 불과하다.

그렇다면 하나님께서 명하시는 것을 인간이 행함으로써 공적(功績)은 인간에게 있게 되니 하나님은 아무 찬양(讚揚)도 받을 필요가 없게 되지 않는가의 문제에 대하여 펠라기어스는 인간이 계명(誡命)을 행할 수 있는 가능성(可能性, Posse)은 하나님께서 주신 것으로 인간은 다만 의지(意志, Volition)를 가지고 이것을 실현(實現, Esse)하였을 뿐이다.

만일에 하나님께서 그 가능성(可能性)을 주시지 않으셨다면 스스로의 의지(意志)를 세우고 행할 수도 없었을 것이다.

그러므로 인간의 선행(善行)에 대한 찬양(讚揚)은 마땅히 그 가능성(可能性)을 주신 하나님께 돌려야 한다.

우리는 여기에서 펠라기어스주의에 대하여 좀더 구체적(具體的)으로 알아볼 필요를 느낀다.

"우리는 세 가지를 구별(區別)하여 그 순서(順序)를 나눌 수 있다.

먼저 가능성(可能性, Posse, Ability, Possibility)을 첫째로 놓아야 한다.

둘째로 의지(意志, Velle, Volition)를 놓아야 한다.

셋째로는 현실(現實, Esse, Existence ,Actuality)을 놓아야 할 것이다."

가능성(可能性)을 우리는 자연(自然)에 돌리고 의지(意志)는 뜻을 가지는 일에, 현실(現實)은 실제적(實際的)인 실현(實現)에 돌린다. 이와 같이 볼 때 제일 먼저의 가능성(可能性)은 그것을 그의 피조물(被造物)에게 부여(賦與)하신 하나님께 돌리고 한편 다른 두 가지 즉 의지(意志)와 현실(現實)은 인간의 행위(行爲)에 돌려야 할 것이다.

왜냐하면 그것들은 저들의 근원(根源)을 그의 의지(意志)에 가지고 있기 때문이다. 그러므로 인간(人間)의 칭찬(稱讚)은 선행(善行)을 할 의지(意志)를 가지고 또한 행(行)하는데 있다.

오히려 인간(人間)과 하나님이 다 칭찬(稱讚)을 받아야 한다.

하나님은 의지(意志, Willing)와 또한 행위(行爲, Working)의 가능성(可能性, Possibility)을 주실 뿐만 아니라 그의 은총(恩寵)의 도 움으로 부단(不斷)히 이 가능성(可能性)을 도와주신다.

인간이 선행(善行)의 뜻을 품고 또 결과(結果)를 낼 가능성(可能性)을 가진 것은 오로지 하나님의 덕분(德分)이다. 그러므로 우리가 죄(罪)가 없을 수가 있다고 할 때에도 우리는 동시(同時)에 우리가 받은바 가능성(可能性)의 선물(膳物, the gift of possibility)을 인식(認識)함으로써 하나님을 찬양(讚揚)하는 것이다.

우리에게 이 가능성(可能性)을 부여(賦與)하신 것은 바로 그이시다. 그러므로 우리가 하나님을 대할 때에 인간의 행위자(行爲者, Human Agent)를 칭찬(稱讚)할 필요(必要)가 없다. 왜냐하면 문제는 의지(意志)나 현실(現實)은 오직 가능성(可能性)에 있기 때문이다.

이상의 것은 펠라기어스주의자들이 주장하는 인간론(人間論)이다. 이러한 인간관(人間觀)은 극히 현대적(現代的)이며 자연주의적(自然主義的)이다. 한마디로 말하여 인간은 자유의지(自由意志)를 가지며 그 자유의지(自由意志)로 선행(善行)을 할 수 있으며 따라서 죄(罪)가 없을(without sin) 수도 있다.

그가 기독교(基督敎)와의 접촉점(接觸點)을 가진다면 그것은 모든 것을 하나님께 돌리는 일이다. 우리가 죄(罪)가 없을 수 있는 것도 하나님께서 그와 같이 될 가능성(可能性)을 주셨기 때문이 아닌가 하는 것이다.

펠라기어스의 입장은 자연히 원죄론(原罪論, Original Sin)과 충돌(衝突)하게 된다. 따라서 죄(罪) 없는 유아(幼兒)들에 대한 세례(洗禮)가 무의미(無意味)하게 된다.

펠라기어스는 이와 같은 논리적(論理的)인 귀결(歸結)을 노골적(露骨的)으로 주장하고 나오지는 아니하였다. 그러나 그의 입장은 자연히 그와 같은 결론(結論)으로 이끌어 갈 수밖에 없었다.

인간은 그의 출생시(出生時)에 하나님이 주신 그대로 나는 것이요 죄(罪)도 없고 덕(德)도 없고 다만 선행(善行)과 악행(惡行)의 능력(能力, Capacity)을 가지고 날 뿐이다.

인간이 죄(罪)를 짓는다든가 혹은 선(善)을 행하든가 하는 것은 모두 그 개인(個人)의 후천적(後天的)인 의지활동(意志活動)의 결과(結果)로 생긴다.

이것은 자연주의적(自然主義的)이고 낙관적(樂觀的)인 인간관(人間觀)으로서 인간의 죄악성(罪惡性)의 깊이 그 원죄(原罪, Original Sin)의 의의(意義)를 완전히 망각(忘却)하고 있다.

펠라기어스의 제자 켈레스티우스(Celestius)는 펠라기어스주의의 논리적(論理的)인 귀결(歸結)을 더 대담(大膽)하게 가르쳤던 것 같다.

그는 답변(答辯)하기를 사면(四面)에서 정죄(定罪)를 받았고 더욱이 카르타고 회의(會議)(412년)에서는 다음의 오류(誤謬)를 범한 것으로 정죄(定罪)를 받았다.

첫 째 아담은 가사적(可死的)으로 창조(創造)되었으며 죄(罪)를 짓지 않아도 죽었을 것이다.

둘 째 아담의 범죄(犯罪)는 자기만 해쳤고 전 인류가 아니다.

셋 째 갓 난 아기는 아담이 타락(墮落) 이전에 있었던 것과 같은 상태에 있다. 따라서 유아(幼兒)는 세례(洗禮)를 받지 않아도 영생(永生)을 얻을 수 있다.

넷　째 전인류(全人類)가 죽는 것이 아니라 아담의 죽음과 타락(墮落)으로 인한 사람이 아니

며 전 인류가 다시 사는 것이 그리스도의 부활(復活)로 말미암는 것이 아니다.

다섯째 율법(律法)도 복음(福音)과 마찬가지로 사람을 천국(天國)으로 인도한다.

여섯째 그리스도가 오시기 이 전에도 무죄(無罪)한 사람들이 얼마든지 있었다.

6 ≡ 칼타고 회의(會議)

칼타고 회의(Council of Carthage)란 412년에 칼타고에서 열려서 켈레스티우스(Celestius) 이단(異端)을 정죄(定罪)한 세계적(世界的)인 기독교(基督敎)의 회의(會議)를 두고 하는 말이다.

물론 켈레스티우스의 스승인 펠라기어스는 그로부터 몇 년 후인 415년의 예루살렘회의(會議, Council of Jerusalem)와 또는 디오스폴리스 (Diospolis)회의(會議)에서 이단(異端)으로 정죄(定罪)되었다.

아프리카에서는 416년에 두 회의(會議)를 소집(召集)하고 펠라기어스주의를 비판(批判)했고 교황(敎皇) 인노센트 1세(Innocent I: 41-47 재위)도 이에 동조(同調)하고 호응(呼應)했다.

그러나 그 해에 인노센트 황제(皇帝)가 죽자 그를 이은 교황(敎皇) 조지 무스(George Mus)는 펠라기어스와 켈레스티우스를 오히려 지지(支持)하고 나섰다.

이에 아프리카에서는 417년에 다시 카르타고에서 세계적(世界的)인 회의(會議)를 소집(召集)하고 교황(敎皇) 인노센트의 펠라기어스 주의 정죄(定罪)의 교서(敎書)가 유효(有效)하다는 것을 선언(宣言)하고 나섰다.

418년에는 200명의 감독(監督)들이 참석(參席)한 대회의(大會議)를 카르타고에서 개최(開催)하고 "죄(罪)와 은총(恩寵)에 대한 헌장(憲章)"을 채택(採擇)하므로 펠라기어스주의를 최후(最後)로 단죄(斷罪)해 버렸다.

● **칼타고 회의 헌장(憲章)**

1) 누구든지 첫 사람인 아담을 가사적(可死的)으로 창조(創造)되었다고 하며, 그가 죄(罪)를 범

(犯)하였든지 아니하였든지 자연적(自然的)인 원인(原因)으로 죽었을 것이고, 죄(罪) 값으로 죽은 것이 아니라는 것을 주장(主張)하는 사람은 정죄(定罪)한다.

2) 누구든지 갓난아이는 세례(洗禮)를 받을 필요(必要)가 없으며, 따라서 저들이 죄(罪)의 사(赦)함을 위한 세례(洗禮)를 받는 경우에는 아담으로부터 내려오는 원죄(原罪)를 씻을 필요는 없고, 죄(罪)의 사(赦)함을 위함이라는 구절(句節)은 가상적(假想的, Fictitious)인 뜻이며, 참된 뜻으로서가 아니라는 것을 정죄(定罪)한다.

3) 천국(天國)이나 또는 어떤 다른 곳에 중간지대(中間地帶)가 있어 거기에 현세(現世)에서 세례(洗禮) 받지 아니한 어린이들이 축복(祝福) 가운데 살고 있다는 설(說)의 주장(主張)을 정죄(定罪)한다.

4) 예수 그리스도 우리 주를 통하여 의(義)롭다 하시는 하나님의 은총(恩寵)은 이미 범(犯)한 죄(罪)를 사(赦)하기에만 효력(效力)이 있는 것으로서, 앞으로 죄(罪)를 범(犯)하는 것을 막는 데는 아무 도움도 되지 않는다고 하는 자를 정죄(定罪)한다.

5) 이 은총(恩寵)이 우리가 피(避)하는데 도움을 주는 길은 하나님의 계시(啓示)로 말미암아 하나님의 계명(誡命)에 대한 깨달음을 이 은총(恩寵)으로 얻게 되는 것이요, 그리하여 우리가 추구(推究)하여야 할 것과 피(避)하여야 할 것을 알게 되는 일이며, 그것이 우리가 선(善)을 알게 되는 것을 행할 기쁨을 준다든가 또는 행할 힘을 준다든가 하는 것이 아니라고 하는 자는 정죄(定罪)한다.

6) 의(義)롭다 하시는 은총(恩寵)이 우리에게 주신 바 된 것은 우리가 우리의 자유선택(自由選擇)의 방법(方法)으로 행하도록 명령(命令)을 받은 것을 이 은총(恩寵)의 도움으로 더 쉽게 행할 수 있도록 하는 것으로서 마치 은총(恩寵)의 은사(恩賜) 없이도 저 명령(命令)들을 우리가 이룰 수 있는 것처럼 말하는 자를 정죄(定罪)한다.

7) 만일 우리가 죄(罪) 없다고 하면 스스로 속이고 진리(眞理)가 우리의 속에 있지 아니할 것이오(요일1:8)라고 한 사도(使徒)요한의 말은 겸손(謙遜)하게 되기 위하여 그와 같이 죄(罪) 있다고 말한 것으로 해석(解釋)할 것이요, 사실 죄(罪)가 있어서 그와 같이 말하는 것으로 해석(解釋)할 것이 아니라는 자는 정죄(定罪)한다.

8) 주기도문(主祈禱文)에 있어서, 성도(聖徒)들이 우리의 죄(罪)를 사(赦)하여 주옵시고 라고 하는 것은 성도(聖徒)들 자신을 위하여 기도(祈禱)하는 것이 아니고, 저들의 민족(民族)들 사이의 죄인(罪人)들인 다른 사람들을 위한 것이라고 말하는 자는 정죄(定罪)한다.

9) 또는 성도(聖徒)들이 그와 같이 말하는 것이 겸손(謙遜)해서 이고, 저들이 사실 죄인(罪人)이기 때문에서가 아니라는 자들을 정죄(定罪)한다.

이렇게 하여 칼타고회의(Council of Calthage)는 성경의 해석(解釋)에 대한 것을 중심으로 매우 중요한 교리(敎理)들을 확정(確定)하는데 기여(寄與)했다.

바로 이렇게 하는 것이 우리 개신교회(改新敎會)들에 있어서는 하나의 교회로 통일(統一)을 원칙(原則)을 삼는다.

7 ≡ 어거스틴의 신국론(神國論)

우리는 어거스틴의 신국론(神國論)을 중심으로 신학적(神學的)인 난제(難題)들을 여러 가지로 분석(分析)해서 생각할 수 있다.

우선 어거스틴의 신학적(神學的)인 사상(思想)의 체계(體系)로서의 신국론(神國論)을 비롯하여 그가 말하고 있는 신국론(神國論)의 개관(槪觀)과 전 인류 사회의 운명(運命) 신국(神國)의 순례(巡禮)와 승리(勝利) 그리고 마지막으로 서양문화(西洋文化)와 어거스틴의 순(順)으로 연구(研究)를 진행(進行)하는 것이 옳을 것으로 본다.

현대주의(現代主義)의 소용돌이 속에 살면서 하나님의 교회를 맡아서 목회사역(牧會事役)을 하는 목사(牧師)들에게 있어서 그동안 성경적인 정통보수신학(正統保守神學)이 어떠한 과정(過程)을 통해서 오늘에 이르렀는가에 대한 것을 바로 알지 못하고서는 결코 바른 목회사역(牧會事役)을 해 낼 수 없다.

그러므로 특히 어거스틴의 사상과 함께 세계적인 기독교의 회의(會議)에서 채택(採擇)한 교리(敎理)나 신조(信條)에 대한 것들은 특히 유념(留念)해서 기억해 두는 것이 옳을 것이다.

우리가 과거(過去)의 세계사(世界史)를 통해서 볼 때에 언제나 세계사적(世界史的)인 역사(歷史)의 변천(變遷)은 항상 하나님의 교회(教會)에도 큰 파장(波張)을 일으켜왔다는 것을 알 수가 있다.

이와 같이 410년 알라릭(Alaric)이 이끈 고드족의 로마 침공(侵攻)은 기독교(基督敎) 안에서도 여러 가지로 신학적(神學的)인 문제를 동시다발적(同時多發的)으로 일으켰던 것으로 기록되고 있다.

그 가운데서도 가장 핵심적(核心的)인 것은 이러한 사건들과 관련된 하나님의 섭리(攝理, Providence)에 대한 문제였다.

선인(善人)과 악인(惡人)에 대한 개인적(個人的)인 수준(水準)에 있어서의 하나님의 섭리(攝理)도 문제였지만 로마 제국(帝國)과 관련하여서도 기독교는 하나님의 세상역사(世上歷史)에 대한 섭리(攝理)로 알고 이에 대한 것도 반드시 설명(說明)해야만 했다.

어거스틴은 적어도 이러한 시대적(時代的)인 사명(使命)을 감당(勘當)하여 하나님의 섭리(攝理)를 당당(堂堂)하고 분명(分明)하게 설명(說明)해주었다. 즉 기독교의 입장에서 어거스틴은 로마 제국의 역사(歷史)를 바로 설명(說明)하고자 했다.

그러나 어거스틴은 이와 같은 문제를 인류사회(人類社會) 일반의 구조(構造)와 운명(運命)에 대한 깊은 통찰(洞察)에서 취급(取扱)하여 결국 전 인류 역사의 운명(運命)을 그려내고 아울러 이 역사에 있어서 오로지 의미 있는 부분인 신국(神國)의 기원(起源)으로부터 종말(終末)에 이르는 모든 역사(歷史)를 서술(敍述)해 나갔다.

이러한 입장에서 생각해 볼 때에 어거스틴의 신국론(神國論)은 하나님의 거대(巨大)한 역사책(歷史册)이요 인류(人類)의 과거(過去)와 현재(現在)와 미래(未來)를 설명하여 주는 방대(厖大)한 역사철학(歷史哲學)이라고 할 수도 있다.

이것을 우리는 역사(歷史)의 신학(神學, Theology of History)이라고 이름지어 불러도 될 것이다.

기독교(基督敎)에 있어서 역사(歷史)를 신앙적(信仰的)인 입장(立場)에서 보는 관습(慣習)은 어거스틴에서 처음으로 시도(試圖)된 것만은 아니다.

오히려 본래 기독교(基督敎)는 처음부터 역사적(歷史的)인 종교(宗敎)로서 출발(出發)하였던 것이다.

히브리인의 종교(宗敎)는 처음부터 역사(歷史)를 하나님의 구원(救援)의 역사(役事)로 보아 왔으며 히브리인의 종교(宗敎)와 그 주변에 있는 여러 종족(種族)들의 종교(宗敎)와를 구별(區別)하고 들어 간 것은 기독교(基督敎)와 자연종교(自然宗敎)와의 구별(區別)된 선(線)을 분명히 하고 들어갔다는 것을 알 수 있다.

히브리 종교를 제외한 근동(近東)의 모든 종교는 자연(自然)이 내재적(內在的)인 힘에 관련되어 있었으며 히브리인의 종교(宗敎)만이 인류의 역사를 초월(超越)하여 계시면서 전 세계 인류의 역사(歷史)를 섭리(攝理)하시는 하나님의 구원(救援)의 역사(役事)로서의 종교를 세웠던 것이다.

아브라함을 타락(墮落)한 인류사(人類史) 속에서 불러내시고 그를 통하여 모든 인류(人類)를 축복(祝福)하시려는 하나님의 계획(計劃)은 인류 역사의 유일(唯一)한 의미로 나타났던 것이다.

또한 예언자(豫言者)들이 이스라엘 백성의 역사적(歷史的)인 운명(運命)을 예언 한 일들이나 말기 유대교에 있어서의 메시아 대망이 모두 역사를 신학적으로 보는 입장들이라고 할 것이다.

특히 기독교의 경전(經典)으로서의 성경(聖經)은 하나님의 창조설(創造說)을 전제(前提)로 하여 기록하고 있어서 모든 존재(存在, .Being, Existence)와 형식 (形式, Formality)이 하나님에 의해서 시작(始作)되었으며 그 모든 것들은 자연히 하나님의 섭리(攝理) 안에서 운행(運行)되고 있다는 것을 분명히 하고 있다.

성경 안에는 단순히 인류의 구원사(救援史)나 교회사(敎會史)만이 아니라 국가(國家)로부터 시작하여 전 인류(人類)의 흥망성쇠(興亡盛衰)를 모두 포함(包含)하고 있다는 것을 이해할 때에 한 시대의 역사(歷史)가 결코 하나님의 의지(意志)와는 전혀 상관이 없이 가는 것이 아니라 언제나 하나님의 섭리(攝理) 안에서 움직이고 있다는 것을 알아야 한다.

이런 의미에서 기독교는 마땅히 시대의 역사(歷史)를 하나님의 섭리(攝理)의 입장에서 성경대로 해석(解釋)하고 인류를 이끌어야 한다는 사명(使命)을 갖게 한다.

이러한 입장(立場)에 대해서 사도 바울은 좀 더 구체적(具體的)으로 우리에게 말씀해주고 있음을 본다.

> "우리의 싸우는 병기(兵器)는 육체(肉體)에 속한 것이 아니요 오직 하나님 앞에서 견고(堅固)한 진(陳)을 파괴(破壞)하는 강력(强力)이라. 모든 이론(理論)을 파(破)하며 하나님 아는 것을 대적(對 敵)하여 높아 진 것을 다 파(破)하고 모든 생각을 사로잡아 그리스도에게 복종(服從)케 하니 너희의 복종(服從)이 온전히 될 때에 모든 복종(服從)치 않는 것을 벌(罰)하려고 예비(豫備)하는 중에 있노라(고후10:4-6)."

이와 같이 종말관(終末觀) 또는 역사신학(歷史神學)은 기독교(基督敎)에 있어서 중요한 한 부분을 차지하여 왔다.

이제 우리는 어거스틴에 있어서 그의 역사신학(歷史神學,Historical) 이라고 할 수 있는 이 신국론(神國論)이 그의 전 체계(體系)에서 차지하는 위치(位置)를 생각해 보아야 할 것이다.

우리가 이제까지 취급(取扱)하여 온 바 어거스틴의 사상(思想)은 이것을 크게 두 부분(部分)으로 나누어서 생각 할 수 있을 것이다. 그의 권위(權威)와 이성(理性)의 신학적(神學的)인 방법(方法)으로 발전(發展)시킨바 영지(靈知)를 중심으로 하는 수직적(垂直的)이고 형이상학적(形而上學的)인 진리(眞理)의 부분과 그의 은총론(恩寵論)을 중심(中心)으로 하는 인간학적(人間學的)이고 도덕적(道德的)인 범주(範疇)에 속하는 구원론적(救援論的)인 진리(眞理)의 부분(部分)이다.

그리하여 전자(前者)를 우리는 동방교회적(東方敎會的)인 진리(眞理)라고 한다면 후자(後者)는 서방교회적(西方敎會的)인 진리(眞理)라고 할 수 있을 것이다.

그런데 이와 같은 진리(眞理)의 부분들은 사실상 역사(歷史)의 한계(限界) 안에 들어오지 않는 다고해야 할 것이다.

역사신학(歷史神學)과 상관(相關)이 없는 것은 아니나 역시 각기 다른 부분의 진리(眞理)에 속한다고 보아야 할 것이다.

그러므로 어거스틴은 이 신국론(神國論)을 통하여 그의 체계(體系) 속에 하나의 새로운 큰 부분을 첨부하고 있다고 할 수 있을 것이다.

그러나 사실은 이 첨부(添附)로 말미암아 그는 기독교 진리의 전 체계(體系)를 다 자기의 한 영혼(靈魂) 속에 소화(消和)하였다고 할 수 있다.

즉 동방(東方)의 수직적(垂直的)인 진리(眞理)에 대한 국면(局面)과 히브리의 역사적(歷史的)이고 직선적(直線的)인 진리(眞理)의 국면(局面)과 서방(西方)의 사회적(社會的)이고 윤리적(倫理的)인 진리(眞理)의 국면(局面)이 다 소화(消和) 된 것이라고 할 수 있다.

이와 같이 볼 때에 우리는 어거스틴의 위대성(偉大性)을 더욱 새삼스럽게 느끼게 되며 기독교에 있어서 이와 같은 요소들 이외에 더 첨부하여야만 할 또 어떤 부문이 있는지 알지 못하고 있다.

기독교의 진리를 혹은 외관적(外觀的, Extrospective)인 것과 내성적(內省的, Introspective)인 진리(眞理)의 부분(部分)으로 나누려고 할지도 모른다.

이것은 기독교의 신비주의(神秘主義)와 관련되는 것으로서 금욕주의(禁慾主義)와 함께 우리가 취급(取扱)하는 바 기독교의 교리적(敎理的)이고 객관적(客觀的)인 진리(眞理)와는 전혀 다른 인간생활(人間生活)의 부분에 속한다.

즉 우리의 생(生)을 지정의(知情意)의 각 부분으로 나누어서 교리(敎理)는 지적(知的)인 면에 신비(神秘)는 정적(情的)인 면에 금욕(禁慾) 같은 의지적(意志的)인 면에 각각 관련시킨다면 지적(知的)인 즉 신학적(神學的)인 면에 있어서는 어거스틴의 세 부문 즉 영지적(靈知的)인 면과 은총론적(恩寵論的)인 면과 신국론(神國論)으로서 기독교 진리의 전 체계(體系)를 총망라(總網羅)하였다고 할 수 있다.

그러므로 어거스틴 사상(思想)에 대한 신학적(神學的)인 깊이에 들어가기 위해서는 지적(知的)인 요소(要素)와 영적(靈的)인 요소(要素)가 고루 갖추어져 있을 것을 깨닫게 한다.

2) 신국론의 개관(槪觀)

어거스틴의 신학사상(神學思想, Theological Thought)을 대변(代辨)하고 있는 신국론(神國論, De Civitate Dei, City of God)은 그 제목(題目)이 말하고 있는 대로 세상의 나라와 하나님의 나라를 비교(比較)해 가면서 어거스틴의 신학사상(神學思想)을 전개(展開)해 나가고 있다.

우리가 어거스틴의 사상(思想)을 논(論)하기에 앞서 우선 그 책(冊) 속에 기록 된 중요한 부분들을 소개하는 것으로 좀 더 구체적(具體的)으로 그 책 속으로 다가가고자 한다.

"영광스러운 하나님의 도성(都城)(the glorious city of God)"이것 이 이 책(冊)에 있어서 나의 주제(主題)이다.

나의 사랑하는 아들 마르셀리누스(Marcellinus)여 그대의 제안(提案)에 따라 약속(約束)하였던 주제(主題)가 바로 이것이다. 이 도성(都城)의 창설자(創設者) 보다 저들 자신의 잡신(雜神)들을 더 섬기는 자들에 대항(對抗)하여 이 도성(都城)을 방어(防禦)하려는 것이 나의 목적(目的)이다.

이 지극(地極)히 영광(榮光)스러운 도성(都城) 지금 시간의 흐름 속에 믿음으로 살면서 경건(敬虔)치 않는 자들의 사이에서 외인(外人)으로 살아가고 있으나 장차(將次)는 이 도성(都城)의 영원한 좌소(座所)에서 안정(安靜)되게 살아가게 될 것이다.

지금은 인내(忍耐)로서 기다리며 심판(審判)을 위하여 의(義)가 다시 오기를 고대(苦待)하고 있으나 그 때는 이 도성(都城)의 탁월성(卓越性)으로 인하여 최후(最後)의 승리(勝利)와 완전(完全)한 평화(平和)를 얻게 될 것이다.

이 영광(榮光)스러운 도성(都城)의 방어(防禦)가 지금은 거창(巨創)하고 어려운 일이나 하나님께서는 나를 도우시는 자이시다".

이와 같이 어거스틴은 영광(榮光)스러운 하나님의 도성(都城)을 주제(主題)로 다루기 위하여 이 책을 쓰고 있다는 것을 알게 한다. 그러나 이 도성(都城)에 관한 적극적(積極的)인 취급(取扱)은 이 책의 하반부(下半部)에 이르기까지 착수(着手)하지 못하고 있다는 것을 느낀다.

이 책(冊)의 전반부(前半部)에 해당하는 제1권-제10권에는 그가 초두(初頭)에서 말하고 있는 것과 같이 로마의 사회(社會)와 인간의 문명(文明)과 종교(宗敎)에 대항(對抗)하여 이 도성(都城)을 방어(防禦)하는데 전력(全力)하고 있다는 것을 알게 한다.

그는 이교(異敎)들 측의 교회를 향한 공격(攻擊)을 막기 위하여 오히려 이교(異敎)에 대한 자체를 공격(攻擊)하고 있음을 본다. 그는 제1부 제1권에서 로마의 함락(陷落)으로 인하여 일어나는 여러 가지의 문제(問題)들을 다루고 있다.

야만인(野蠻人)들의 침입(侵入)을 통해서 겪은 일로 온갖 난폭(亂暴)과 약탈(掠奪)을 자행하는 그들이 누구든지 하나님께 예배(禮拜)를 드리는 예배당(禮拜堂) 안으로 피(避)하여 들어가기만 하면 손을 대지 아니하였다. 로마의 도성(都城)이 망할 때에도 예배당(禮拜堂)은 그 수라장(修

羅場) 속에서도 유일(唯一)의 피난처(避難處)가 되었다.

이런 일이 트로이 전쟁(戰爭) 때에 있었는가? 씨자(Caesar)의 전쟁사(戰爭史)에 그런 실례(實例)를 찾을 수 있는가? 일찍이 로마의 역사(歷史)에서 본 일이 있는가?

이것은 오로지 그리스도의 시대의 덕택(德澤)이 아니고 무엇인가?

하나님의 성도(聖徒)들이 이 야만인(野蠻人)들의 침략(侵略)으로 많은 재물(財物)을 약탈(掠奪)당하였다. 그러나 성도(聖徒)들은 잃은 것이 아무 것도 없다. 여성도(女性徒)들이 그 동정(童貞)을 유린(蹂躪)당하였다. 문제(問題)는 그들의 영혼(靈魂) 속에 있으며 육체(肉體)에 있는 것이 아니다.

이와 같이 어거스틴은 로마의 침략사변(侵略事變)으로 인하여 일어나는 교회 내의 문제들을 다루며 한편 기독교의 덕(德)과 가치(價值)가 이교(異敎)의 이상(理想)을 훨씬 능가(凌駕)하고 있다는 것을 보이고 있다.

이 책(冊)은 그의 제자(弟子)인 마르셀리누스에게 써서 보냈다.

제2권에서 제5권까지에서는 로마가 그리스도의 때 이전에 당한 바 여러 가지의 환난(患難)들을 제시(提示)하여 그것들이 결국 잡신(雜神)이 로마 시민(市民)의 도덕적(道德的)인 수준(水準)을 높이 유지(維持)하기보다 오히려 부패(腐敗)케 하고 악(惡)을 조장(助長)하는데서 기인(起因)했다는 것을 보여주며 한편 로마 제국(帝國)이 그 위대(偉大)함을 이룬 것은 잡신(雜神)들 때문이 아니며 참 하나님에 게서 기원(起源)했음을 보여주고 있다.

제6권에서 10권까지에서 어거스틴은 로마와 헬라의 잡신(雜神)들에 대한 더 세밀(細密)한 연구(研究)와 그들의 무력(無力)함을 폭로(暴露)하고 있다.

어거스틴은 그들 중에 그래도 플라톤 철학(哲學)이 진리에 가장 가까이 이르렀음을 말한다. 그러나 그것도 그들이 지극히 겸손(謙遜)하여지는 순간(瞬間)에 진리(眞理)의 빛을 볼 수 있었기 때문이다. 그리고 제2부의 제11권에서 제22권까지 에서는 두 도성(都城)에 관하여 그 기원(起源)과 그 발전(發展)과 그 종말(終末)에 관하여 설명(說明)을 하고 있다.

어거스틴은 이 두 도성(都城)의 기원(起源)을 천사(天使)들의 창조(創造)와 저들 가운데 일부가 타락(墮落)함으로부터 시작(始作)하였다는 것을 말하고 있다.

어거스틴은 첫째 날 빛의 창조(創造)를 천사(天使)들의 창조(創造)로 보고 빛과 어두움을 구별(區別)하신 것을 이 두 세력(勢力)의 구별(區別)로 보고 있다.

어거스틴은 악(惡)의 기원(起源)은 하나님 자신에 있는 것이 아니라 결국은 사람의 의지(意志)에 있다고 결론을 내리고 있다.

그러나 지상(地上)에서의 이 두 나라의 기원(起源)은 인간의 창조(創造)와 그의 타락(墮落)과 또한 타락(墮落)한 아담에게서 나온 모든 인류(人類)가 다 썩은 가운데서 하나님께서 일부를 구원(救援)하심으로써 두 나라가 이루어진다.

즉 아담으로부터 자연적(自然的)으로 출생(出生)하여 자연적(自然的)으로 발전(發展)하는 나라는 이 세상의 자연적(自然的)인 도성(都城)이요 그 가운데서 초자연적(超自然的)인 하나님의 은총(恩寵)에 의하여 출생(出生)하고 초자연적(超自然的)인 힘으로 발전(發展)하는 나라는 하나님의 초자연적(超自然的)인 도성(都城)이다.

이와 같이 두 나라의 기원(起源)에 대하여 논하여 온 끝에 제14권의 마지막에 가서 결국 두 나라는 두 가지 사랑에 의하여 형성(形成)되어 왔다는 유명(有名)한 구절(句節)을 남기고 있다.

그리고 어거스틴은 두 도성(都城)의 발전(發展)에 대하여 구약사(舊約史)를 토대(土臺)로 하고 전개(展開)시키고 있다.

구약사에서 보면 노아 때까지이든지 혹은 아브라함 이후 하나님의 선민(選民)의 역사(歷史)에서든지 하나님의 도성(都城)에 속하는 백성들은 언제나 하나님의 은총(恩寵)에 의존(依存)하여 사는 백성들이요 세상 나라에 속하는 사람들은 자기 힘으로 또는 자연적(自然的)인 경로(經路)에 따라서 나간다. 가인과 아벨은 두 도성(都城)의 각각 시조(始祖)들이다.

가인은 세상 나라의 시조(始祖)로서 그는 성(城)을 쌓았다. 아벨이 죽자 하나님은 셋을 그 후계자(後繼者)로 다시 세우셨다. 홍수(洪水)때에 노아와 그의 가족(家族)들만이 남았다. 세 아들 중 셈의 후예 가운데서 하나님의 도성(都城)은 계승(繼承)되었다.

아브라함에 이르러서 하나님의 선민(選民)이 형성되기 시작했다.

어거스틴은 이와 같은 구약사를 중심으로 한 하나님의 도성(都城)의 역사(歷史)를 설명하여 가는 한편 여러 가지의 사료(史料)에서 세상 나라의 역사(歷史)를 또한 대조(對照)시켜 가고 있다.

가령 아브라함 당시의 세계를 어거스틴은 삼분(三分)하여 아시아 유럽 아프리카로 나누고 있다. 그러나 아시아 하나의 크기가 유럽과 아프리카를 합(合)한 것만 하다고 보고 있다.

그리고 아시아의 왕(王) 니누스 (Ninus)가 이 아시아의 백성(百姓)들을 태반(太半) 다 정복(征服)

하였는데 인도(印度)만은 정복(征服)하지 못하였다.

이 아시아의 수도(首都)가 바로 바벨론 (Babylon)이었다.

거기서 니누스는 그의 부친(父親) 벨루스 (Belus)가 죽은 후에 통치(統治)하였다. 벨루스는 먼저 65년간을 다스렸다. 그의 아들 니누스는 그의 아버지가 죽자 그 나라를 계승(繼承)하여 52년간이나 통치(統治)하였고 아브라함이 나기까지는 43년간 왕(王) 노릇을 하였다.

때는 로마나라의 창건(創建) 전 1200년 경의 일이었다. 니누스가 죽은 후에 그 아내 세미라미스(Semiramis)는 인도(印度)까지 정복(征服)하고 온 천하(天下)를 호령(號令)하였다.

그러나 그의 아들 니니아스(Ninias)는 그의 어머니 세미라미스를 자기에게 음행(淫行)을 한 연고(緣故)로 죽이고 왕위(王位)를 이었다.

아브라함이 그의 후손(後孫)으로 만민(萬民)이 축복(祝福)을 받으리라는 하나님의 약속(約束)을 받고 영원(永遠)한 소망(所望) 가운데 그의 고향(故鄕)인 갈대아를 떠난 것은 바로 이 때였다.

아시리아의 제5대로 아라리우스(Aralius) 때에 사라는 해산(解産)할 소망(所望)이 없는 가운데서 하나님의 은혜(恩惠)로서 이삭을 낳았으며 이삭이 60살이 되던 해에 리브가에게서 쌍둥이 에서와 야곱을 낳은 것은 제7대 아시리아 왕 싹서스(Xerxers)가 다스릴 때였다.

이와 같이 어거스틴은 그의 역사(歷史)에 대한 지식(知識)을 동원하여 구속사를 담은 세계사(世界史)를 두 나라의 사건(事件)들을 대조(對照)하면서 설명(說明)하여주고 있다.

어거스틴은 위에서 본 대로 아시리아의 역사(歷史)를 위시(爲始)하여 이집트의 역사(歷史), 헬라의 역사(歷史), 바벨론 역사(歷史), 로마의 역사(歷史) 등과 함께 성경에 증거(證據) 된 이스라엘 백성의 역사(歷史)들과를 대조(對照)시켜 가면서 예수님의 시대를 지나 로마의 박해(迫害)가 종식(終熄)되고 기독교를 신봉(信奉)하는 황제(皇帝)들이 일어나서 우상(偶像)의 제단(祭壇)을 제거(除去)해 나가게 되기까지의 사건(事件)들을 들고 있다.

그가 이와 같이 두 계열(系列)의 역사(歷史)를 대조(對照)시켜 가면서 설명(說明)하는 것은 이 두 도성(都城)의 성격(性格)과 그 특질(特質)을 더욱 분명하게 나타내기 위한 것일 뿐이다.

사실 일반 역사의 피비린내 나는 정복(征服)과 모반, 반란(叛亂)이나 살육(殺戮), 암투(暗鬪)의 역사와 대조적(對照的)인 하나님의 구속(救贖)의 역사(歷史)는 더욱 그 영원(永遠)한 가치(價値)를 맛보게 하고 있다.

어거스틴은 두 나라의 발전(發展)의 역사(歷史)를 길게 제15권부터 설명(說明)하여 내려온 후에 제18권 마지막을 다음과 같이 끝맺고 있다.

"이제는 마침내 이 책(冊)을 그치려고 한다.

우리는 하늘의 도성(都城)과 땅의 도성(都城)의 처음부터 종말(終末)까지 서로가 얽혀서 발전(發展)하는 지상(地上)에서의 경로(經路)가 어떠한 것인가를 충분히 보인 줄로 안다. 이 두 도성(都城) 가운데 지상(地上)의 도성(都城)은 그가 원하는 대로 무엇이든지 심지어는 사람들까지라도 자기가 제물(祭物)을 드려 섬길 거짓 신(神)들로 만들었다.

그러나 하늘의 도성(都城)은 이 땅에서 순례(巡禮)하면서 거짓 신(神)들을 만들어 내지는 아니하며 오히려 참 하나님에 의하여 자기가 만들어지며 스스로 참 하나님의 참 된 제물(祭物)이 된다.

그러나 지금은 양자(兩者)가 다 일시적(一時的)인 신(神)들을 즐기며 또는 일시적(一時的)인 악(惡)으로 고난(苦難)을 받는다. 그러나 양자(兩者)간에는 신앙(信仰)이 각각 다르며 소망(所望)이 각각 다르며 사랑이 각각 다르다.

마침내는 저들은 최후(最後)의 심판(審判)을 통하여 분리(分離) 될(must be separated)것이며 각각 자기의 영원(永遠)한 종국(終局)을 마지하게 될 것이다. 양자(兩者)의 각 종국(終局)에 대하여 우리는 다음에 취하고자 한다."

또한 제19권부터 22권까지의 마지막 네 권에서 어거스틴은 두 도성(都城)의 종국(終局)을 설명(說明)해주고 있다.

제19권에서는 여러 철학자(哲學者)들이 말하고 있는 최고선(最高善, summun bonum)에 대한 가르침이 결국(結局)은 다 헛소리이며 저들은 결국 일시적(一時的)인 것을 영원(永遠)한 것처럼 보고 있으나 저들의 권력(權力)에 대한 사랑, 권위(權威)에 대한 사랑은 이 세상에 있어서 불법(不法)만 가져오는 것뿐이다.

한편 믿음으로 영원(永遠)한 축복(祝福)을 바라보며 순례(巡禮)하는 하나님의 백성(百姓)들의 축복(祝福)을 대조(對照)시키고 있다.

"우리의 고유(固有)한 평화(平和)를 우리는 지금 믿음으로(by faith) 하나님과 더불어 즐거워한다. 그러나 장차(將次)는 그것을 봄으로써 (by sight)하나님과 더불어 영원히 즐거워할 것이다."

제20권은 이 세상(世上)의 끝과 하나님의 최후심판(最後審判)에 대하여 말하고 있으며 그 때에는 두 도성(都城)은 분리(分離)될 것을 말하고 있다.

여기에서 어거스틴은 요한계시록(啓示錄)이나 성경 도처(到處)에 흩어져 있는 종말(終末)에 관련된 구절(句節)들을 수집(蒐集)하여 설명(說明)하고 있다.

제21권은 익마(惡魔)의 나라가 딩힐 영원한 형빌(刑罰)에 대하여 실명하고 있다. 우리는 여기에서 죄악(罪惡)의 단계적인 우주적(宇宙的)인 깊이를 볼 수 있으며 하나님의 영원한 형벌(刑罰)의 실제성(實際性)을 보여주고 있다.

제22권에는 하나님의 도성(都城)의 마지막 승리(勝利)와 그 축복(祝福)에 대하여 언급(言及)해주고 있다.

이것은 하나의 유토피아를 머리 속에 그리는 것이 아니다. 이것은 하나님에 대한 신앙(信仰)의 고백(告白)이요 하나님께 대한 애정(愛情, Charity)을 토로(吐露)하는 것이요 현재(現在)의 믿음으로 바라보는 하나님의 축복(祝福)을 이미 이루어진 것처럼 기뻐하는 것이다.

"거기서 우리는 쉬면서 보며 보면서 사랑하며 사랑하면서 찬송(讚頌) 할 것이다"

3) 인류사회(人類社會)의 운명(運命)

어거스틴은 대 로마라는 나라가 야만인(野蠻人)들의 침략(侵略)으로 꺼져가는 것을 보면서 하나님의 섭리(攝理)가 로마 나라만이 아니라 전 인류에게 어떻게 섭리(攝理)되어 가는가 하는 것을 성경을 들어가면서 자세하게 진리(眞理)를 설명해주고 있다.

"국가는 강력(强力)하기만 하면 좋다.

넘치는 부(富)와 빛나는 승리(勝利)로 번영(繁榮)하기만 하면 좋다.

우리들에게 제일 중요(重要)한 것은 사람들이 매일 사치(奢侈)하게 지내도록 재산(財産)이 증가(增加)하는 일이요 또한 그와 같은 부(富)로서 가난한 사람들을 압박(壓迫)할 수 있게 되는 일이다.

가난한 사람은 부자(富者)들에게 복종(服從)하고 이로써 언제나 만족(滿足)해야 하고 그들의 보호(保護) 밑에서 안일에 빠져 있으면 그것으로 족(足)한 것이다. 그리고 부자(富者)는 가난한 사람들을 자기에게 봉사(奉仕)하는 사람으로서 혹사(酷使)시키고 저들의 교만(驕慢)에 시종(侍從)들게 하여야 한다. 특히 공창(公娼)은 많아야 한다. 화려(華麗)한 저택(邸宅)은 세워지고 성대(盛大)한 연회 (宴會)는 항상 베풀어지고 마음대로 낮과 밤을 가리지 않고 즐겨야 하고 취(醉)하고 토(吐)하고 오욕(汚辱)에 빠져 있어야 한다."

어거스틴의 이와 같은 로마 사회(社會)에 대한 진단(診斷)이 있은 후 로마 사회(社會)는 점점(漸漸) 더 기울어져 가더니 마침내 그로부터 30년이 지난 후에는 실지로 빈사상태(瀕死狀態)에 들어갔고 50년 후에는 완전히 멸망(滅亡)을 고하게 되었다.

알라릭(Aralic)의 침략사건(侵略事件)을 계기로 어거스틴의 투철(透徹)한 통찰력(洞察力)은 로마 민족(民族)과 사회(社會)의 밑바닥까지 꿰뚫어 볼 수 있었으며 그 운명(運命)을 능히 진단할 수 있었다.

어거스틴은 한 사회가 성립(成立)될 수 있는 기본요소(基本要素)는 하나님 앞에서의 "의"(義)라는 것을 보았다. 이 의(義)가 깨어지는 순간부터 벌써 그 사회는 존재(存在)해야 할 의미(意味)와 통일(統一)을 잃게 되며 결국은 무너지게 되기 마련이라는 것을 알았다.

어거스틴에 의하면 인류 사회 또한 자멸(自滅)의 운명(運命)을 자기 속에 내포(內包)하고 있다는 것으로 이해되었다. 그것은 세상 나라들은 처음부터 자애(自愛)와 탐욕(貪慾)의 원리(原理)에 서 있기 때문이다. 이 나라가 결국은 서지 못하게 되는 것은 두 가지의 이유에서 때문이다.

❶ 첫째 이유는 형이상학적(形而上學的)이다

탐욕(貪慾)은 처음부터 가치(價値) 있는 것을 그 참된 질서(秩序)를 따라 추구하지를 못한다. 하나님을 궁극(窮極)의 목표로 삼고 모든 것을 거기에 표준(標準)을 두고 질서를 잡아야 할 것이다.

그리하여 모든 피조물(被造物)은 다 하나님을 소유(所有)하기 위한 방편으로 보아야 할 것이다. 모든 것이 수단(手段)이요 또한 방편(方便)이요 궁극적(窮極的)인 목적(目的)은 하나님이다. 그러나 탐욕(貪慾)은 그와 같은 가치체계(價値體系)를 가지지 못하며 거짓 된 체계(體系)를 가지고 출발한다.

그것은 피조물(被造物)을 그 자체로서 목적(目的)으로 세운다. 그러나 사실상 피조물(被造物)들이 그 자체로서 목적이 될 수는 없다. 피조물(被造物) 그 자체에 목적을 두고 추구(推究)하는 영혼(靈魂)은 결국 참 목적에로 향하는 도상(途上)에 머물게 된다. 그리하여 그것이 인간 영혼에 참된 만족(滿足)과 화평(和平)을 주지는 못한다.

하나님의 도성(都城)과 대립(對立)되는 세상 나라가 결국은 서지 못한다.

❷ 둘째 이유는 사회학적(社會學的)이다

하나님을 사랑하는 사람들은 지고(至高)의 무한선(無限善)을 사랑하는 것이요 이와 같은 사랑은 아무리 이것을 나누어 가지더라도 감소(減少)되는 것이 아니요 오히려 사랑은 나누어 가질수록 더 증대(增大)하여 간다.

그런데 그 소명(召命)을 피조물(被造物)의 제한(制限)된 사물(事物)들을 소유하는데 두는 사람들은 처음부터 서로간에 알력(軋轢)을 일으키지 않을 수 없다.

이 세상의 사물(事物)들은 사랑과는 달라서 소유(所有)하면 할수록 감소(減少)하는 것으로서 결국 한 사람이 소유(所有)하면 다른 사람은 소유(所有)하지 못하게 된다. 그리하여 같은 사물들을 앞에 놓고 서로 얻기 위하여 부단(不斷)히 알력(軋轢)을 일으키게 되며 또한 현재 소유하고 있는 것도 잃게 될 항구적(恒久的)인 공포(恐怖)와 불안(不安)속에 지내야 한다.

이와 같이 하여 사랑으로 연합(聯合)된 도성(都城), 즉 그 사회만이 참 화평을 가질 수가 있고, 한편 일시적(一時的)인 이해관계(利害關係)로 얽혀서 이루어지는 사회는 다만 적대관계(敵對關係)의 일시적(一時的)인 해소(解消)일 뿐이며 그와 같은 질서(秩序)는 일시적(一時的)으로 겉만 꾸며 놓은 것에 불과하다.

어거스틴은 이 두 도성(都城)의 각각의 성립원리(成立原理)인 탐욕(貪慾)과 사랑을 다음과 같이 설명하고 있다.

"이 욕망(慾望)들은 그러므로 탐욕(貪慾)과 사랑이라고 부를 수 있다. 하나는 거룩하나 또 하나는 어리석다. 하나는 사회적(社會的)이나 또 하나는 이기적(利己的)이다. 하나는 보다 고차원적(高次元 的)인 연합(聯合)을 위하여 공동(共同)의 유익(有益)을 구하나 다른 것은 그 이기적(利己的)인 동기(動機)에서 공동의 소유물(所有物)까지도 제 것으로 만들고자 한다. 하나는 하나님께 순종(順從)하나 다른 것은 하나님을 거역(拒逆)하고 대적(對敵)한다.

하나는 평화(平和)로우나 하나는 격동적(激動的)이다. 하나는 화목(和睦)을 도모(圖謀)하나 하나는 파당(派黨)을 만든다. 하나는 어리석은 자의 칭찬(稱讚)보다 진리(眞理)를 택하나 다른 하나는 무조건(無條件) 자기의 명예(名譽)를 탐한다. 하나는 우애적(友愛的)이나 하나는 질투(嫉妬)한다. 하나는 자기가 원하는 것을 이웃을 위해서도 원하나 하나는 이웃을 자기에게 복종(服從)시키기를 원한다. 하나는 이웃을 다스리게 되되 이웃의 유익(有益)을 위하여 다스리나 하나는 자기의 이익(利益)을 위하여 다스린다".

어거스틴의 이상과 같은 인류 사회에 자연적(自然的)인 운명(運命)에 대한 진단(診斷)은 인류 사회가 어떤 다른 결속(結束)의 원리를 가져야 한다는 것을 말하기 위함이다. 인류 사회가 자애(慈愛)의 원리(原理)에 서있는 한 그것은 참 사회(社會)가 될 수 없다는 것을 말하려는 것이다.

어거스틴에 있어서 참된 공동체(共同體)가 성립(成立)되는 기본 요건(要件)은 의(義)라고 할 것이다.

어거스틴이 말하려는 것은 유일(唯一)의 의(義)의 근원(根源)이신 그리스도가 창시자(創始者)요 또한 그가 인도자(引導者)이신 그의 공동체(共同體) 즉 신국(神國)만이 참된 평화(平和)와 완전한 평화(平和)를 인류(人類)에게 줄 수 있다는 것을 가르치고 또 현재(現在) 그와 같이 하고 있다는 것을 보이고자 한 것이다.

4) 신국(神國)의 순례(巡禮)와 승리(勝利)

"영광(榮光)스러운 하나님의 도성(都城) 이것은 이 책에 있어서의 나의 주제(主題)다"라고 말한 것과 같이 어거스틴이 이 책(冊)에서 쓰고자 한 것은 "영광(榮光)스러운 하나님의 도성(都

城”즉 신국(神國)에 대하여서이다.

그가 로마 제국(帝國)의 운명(運命)을 논하는 것도 또는 거기서 출발하여 더 일반적으로 인류 사회 전반에 대하여 논하는 것도 사실은 신국(神國)에 대하여 변증(辨證)을 하기 위한 것이었다.

그에게 있어서 도성(都城)은 곧 사회(社會)를 의미하였다. 그러므로 인류 사회는 다 하나님의 도성(都城)과 구별되는 이질적(異質的)인 것은 아니다.

하나님의 도성(都城) 즉 하나님의 나라도 결국(結局)은 우리 인류(人類)의 사회(社會)이다.

하나님을 중심으로 하는 그가 구속(救贖)하신 백성(百姓)들로 이루어지는 인류사회(人類社會)가 곧 신국(神國)이요 하나님의 초자연적(超自然的)인 구원(救援) 밖에서 자연적(自然的)인 힘으로 그리고 자애(慈愛)와 탐욕(貪慾)의 원리(原理)로 진행(進行)하는 나라가 곧 땅 위의 나라 인 것이다.

그러므로 같은 인류(人類)를 상대로 하고서 그것이 어떤 원리(原理)에 따라서 사는가에 따라서 세상 나라와 하나님의 나라가 구별(區別)이 된다.

“두 사회(社會)는 두 가지 사랑에 의하여 이루어졌다” 고 말하고 있다.

즉 두 사회(社會)가 이루어지게 된 원인(原因)은 두 가지의 사랑 자애(自愛)와 하나님에 대한 사랑이다. 즉 자애(自愛)의 원리(原理)에 따라 사는 사람들은 한 종류(種類)의 사회(社會)에 속한다.

하나님을 사랑함으로 생(生)의 전적인 의의를 느끼는 사람들은 또 하나의 사회(社會)를 이룩한다. 그러므로 어거스틴에 있어서 인류(人類)는 두 부류(部類)로 나누인다.

하나님의 사랑의 무리들과 하나님 없는 자기 사랑의 무리들이다.

어거스틴은 인류 사이에 이와 같이 두 그룹이 생겨나는 과정(過程)을 그의 “기독교의 가르침에 관하여”(De Doctrina Christiana)의 첫머리에서 다음과 같이 설명하고 있다.

로마의 거대(巨大)한 극장(劇場)에 무수(無數)한 구경꾼들이 각처에서 모여들어 앉아서 연극(演劇)을 구경한다. 얼마 지나지 않아서 배우(俳優)들 중 하나가 사람들의 경탄(敬歎)을 받기 시작한다. 많은 군중(群衆)이 그를 좋아하게 되고 그에게 박수갈채(拍手喝采)를 보낸다. 그러는 동안에 이들은 서로 간에 열정(熱情)을 같이하고 있는 것을 알게 될 때에 저들이 사랑하는 그 연기자(演技者) 때문에 서로 사랑하게 된다. 그리하여 서로 전혀 낯설던 군중(群衆) 사이에 한 유대(紐帶)가 이루어지며 저들이 좋아하는 이에게 갈채(喝采)를 보낼 때마다 서로 격려(激勵)하게 된다. 이리하여 사랑의 공동 대상을 중심으로 한 사회가 구성(構成)된다. 동시에 이와 같은 사랑과 정열(情熱)을 느끼지 않는 사람들은 자연히 그 사회에서는 이탈(離脫)되어 또 하나의 다른 사회(社會)를 구성(構成)하게 된다.

하늘의 도성(都城)과 땅의 도성(都城)의 경우도 마찬가지이다. 두 가지 사랑이 두 사회(社會)를 이루어 서로 타협(妥協)할 수 없을 만치 대립(對立)된다. 이 두 사회(社會)가 순례(巡禮)하고 있는 방향이 전혀 반대방향(反對方向)이다. 따라서 저들은 결코 같은 지점(地點)에 도달(到達)하게 되어있지 않다.

어거스틴은 이 두 도성(都城)을 교회(敎會)와 국가(國家)로 보았는가? 즉 교회는 지상에 있는 하나님의 도성(都城) 곧 신국(神國)이요 국가(國家)는 지상의 도성(都城)인가?

어거스틴의 경우 그런 태도를 발견함을 부인(否認)할 수 없다.

어거스틴은 교회는 현재 땅 위에서 순례도상(巡禮途上)에 있는 영광스러운 하나님의 도성(都城)이라고 보았다. 그는 교회(敎會)를 향하여 들어오는 공격(攻擊)과 비방(誹謗)을 하나님의 나라를 향한 공격(攻擊)으로 간주(看做)하였고 이에 대항(對抗)하여 로마 제국(帝國)을 비판(批判)하였고 인류 사회의 자연적(自然的)인 과정(過程)을 비판(批判)하였다.

그러므로 그가 교회(敎會)를 신국(神國)과 동일시(同一視) 한 것은 사실이다. 그러나 이 두 나라는 어거스틴에 있어서는 그 원리(原理)를 달리하는 두 가지의 생(生)의 형태(形態)를 의미하고 있다.

개인(個人)의 생활이든 가정생활(家庭生活)이든 민족(民族)이나 국가(國家)의 생활(生活)이든 제국(帝國)이든 그것이 하나님을 향하는 하나님에 대한 사랑을 중심으로 한 생활이면 그런 사람들로서 이루어지는 곳이 하나님의 도성(都城)이라는 뜻이다. 그러므로 어거스틴에 있어서 이 두 사회(社會)는 이 역사(歷史) 속에 서로가 얽혀서 살아간다는 것이다.

그러므로 어거스틴은 말하기를 "교회(敎會) 안에도 신국(神國)에 속하지 않는 부분(部分)이 섞여 있을 수 있고 교회(敎會) 밖에도 신국(神國)에 속한 부분(部分)이 섞여 있을 수 있다"라고 했다.

실상 어거스틴은 이 사상(思想) 때문에 중세 때에 정죄(定罪)를 받은 일조차 있었다.

그것은 중세 사회는 자연(自然)과 은총(恩寵)의 완전한 이중적(二重的)인 구조(構造)로 이루어져 있어서 교회(敎會)와 국가(國家), 교황(敎皇)과 황제(皇帝), 성(聖)과 속(俗), 영(靈)과 육(肉), 계시(啓示)와 이성(理性)은 이원적(二元的)으로 구분(區分)되어 있었기 때문이었다.

그러나 어거스틴에 있어서는 신국(神國)과 세상(世上)의 나라는 더깊은 원리(原理)에 있어서 구분(區分)되어 있었다.

어거스틴의 신국(神國)에 대한 비전(Vision)은 말할 것도 없이 성경의 천국 복음에 그 뿌리를 두고 있다.

예수께서 갈릴리로부터 외치신 것이 "천국(天國)이 가까이 왔느니라"고 전파(傳播) 하셨으니 이것은 이스라엘 백성이 기다려 오던바 였다. 그러나 어거스틴은 이것을 하나님의 백성의 역사(歷史)를 중심으로 역사(歷史)의 실제성(實際性)에서 보았다.

이것은 다만 신앙으로 보이지 않는 것을 보는 것뿐이 아니고 또한 소망(所望) 가운데서 앞으로 나타날 그 나라 새 예루살렘을 바라보며 즐거워 한 것뿐이 아니고 또 현재(現在)도 하나님의 성령(聖靈)으로 말미암는 사랑 가운데서 지금 하나님과의 교통(交通)을 즐거워하며 그 나라를 이룩하는 것이 아니고 이 신국(神國)을 역사적(歷史的)인 이성(理性)으로 파악하여 그 역사적(歷史的)인 형체(形體)에 있어서 밝혀 낸 것이 어거스틴의 공헌(貢獻)이라고 할 수 있다.

어거스틴은 세계사(世界史) 속에서 이 나라가 어떻게 진행(進行)되어 왔는가를 보고 또한 앞으로 어떻게 진행(進行)되어 가서 최후(最後)의 영광(榮光)을 얻는가를 보고 있다.

그리하여 어거스틴은 신국(神國)을 중심으로 한 구속사관(救贖史觀)을 확립(確立)했다.

어거스틴의 신국론(神國論)은 곧 구속사(救贖史)를 담은 세계사(世界史)를 논(論)한 것이라고 할 수 있다. 이것은 마르크스가 유물사관(唯物史觀)을 쓴 것 같이 구속사(救贖史) 중심의 세계사관(世界史觀)을 확립(確立)한 것이라 할 수 있다.

보다더 어거스틴의 이 세계사관(世界史觀)이 헤겔(Hegel)에 있어서 "세계(世界)의 정신(精神)"이라는 자기실현(自己實現)의 과정(過程)으로서의 세계사관(世界史觀)을 일으켰고 이것이 마르크스에게서 유물사관(唯物史觀)으로 되어 나타났다고 할 수 있다.

어거스틴은 로마 제국(帝國)의 운명(運命)을 진단(診斷)하는 가운데 기독교(基督敎)의 이 역사관(歷史觀)을 수립(樹立)하게 되었다고 할 수 있다.

하나님의 백성의 역사(歷史) 이것은 곧 구속사(救贖史)였고 다니엘서나 요한계시록(啓示錄)에 나타난 세상 나라들에 대한 심판사(審判史)는 곧 세계사(世界史)의 행진(行進)을 보게 하였다.

그리하여 신국(神國)이 지상(地上)을 순례(巡禮)하는 동안 세상의 평화(平和)를 위하여 봉사(奉仕)하여야 할 것이며 그들의 경건(敬虔)과 종교(宗敎)가 손해(損害)를 받지 않는 한 이 세상의 평화(平和)를 하늘의 평화(平和)에 종속(從屬)시킨다. 그는 하늘의 평화(平和)를 바라보며 그 평화(平和)를 모든 이웃과 나누기를 힘쓴다.

5) 서양문화(西洋文化)와 어거스틴

알렉산더(Alexander, The Great: BC 336-BC 323 재위) 대왕(大王)이 없었더라면 헬라 문명(文明)은 미케네 문명(文明)과 마찬가지로 지하(地下)의 유물(遺物)로 되어 버렸을 것이 사실이다.

마찬가지로 헬라와 로마의 고전문화(古典文化)는 기독교(基督敎)가 아니었다면 오늘에 개화(開化)는 보지 못 했을 것이다.

고전문화(古典文化)는 기독교(基督敎)의 손에서 순화(純化)될 수 있었고 항구적(恒久的)인 가치(價値)를 나타낼 수가 있었다.

어거스틴은 주장하기를 고전문화(古典文化)는 기독교화(基督敎化)의 주도(主導) 아래 이루어졌다고 해도 과언(誇言)이 아닐 것이라고 했다.

헬라의 형이상학(形而上學, Metaphysics)은 어거스틴의 하나님에 대한 관조(觀照, Contemplation)에 있어서 새로운 의미(意味)와 생명(生命)을 얻었고 어거스틴의 신국론(神國論)을 통하여 로마 국가(國家)와 사회(社會)를 통한 신학적(神學的)인 이상국가(理想國家)로서의 신국(神國)에 대한 바른 비교(比較)의 해석을 유발해 냈으며 중세사(中世史)라는 새로운 하나의 새 형태(形態)로 나타나게 되었다.

이와 같이 은총(恩寵)의 교사(敎師) 어거스틴에 있어서 우리는 한편으로는 지적(知的)인 면인 헬라의 형이상학(形而上學)의 사상(思想)이 기독교(基督敎)의 사상(思想)으로 재형성(再形成)되었고 의지적(意志的)인 면에서는 로마 사회(社會)의 이념(理念)이 신국론(神國論)의 형체(形體)로 재형성(再形成)을 보았다.

어거스틴에 있어서 진리(眞理)에 이르는 신앙(信仰)과 이성(理性)의 두 가지 방법은 결국 고전(古典)의 지성(知性)을 기독교의 것으로 변형(變形)시키는 과정(過程)에 불과하였다. 그에게 있어서 이성(理性)은 지식(知識)을 보는 눈과도 같았다.

신앙(信仰)은 지식(知識)을 찾고 이성(理性)은 이것을 발견한다. 여기서 지식(知識)은 플라톤 (Platon: BC 429-BC 347)의 이데아(Idea) 계(界) 헬라의 지성(知性)이 추구하는 영원불변(永遠不變)의 세계(世界)에 대한 직관(直觀)을 말한다.

이와 같이 하여 고대(古代) 헬라의 지식(知識)은 사실 기독교(基督敎)의 신앙(信仰)에 있어서 하나의 새로운 형태(形態)를 취하였다고 할 수 있다.

어거스틴은 인간(人間)의 역사(歷史)의 형성(形成)과 발전(發展)의 비결(秘訣)을 우리 인간(人間)의 의지(意志)에서 찾았다.

어거스틴의 역사(歷史)에 대한 해석(解釋)의 열쇠를 원자론(原子論) 같은 어떤 철학적(哲學的)인 추상(推想)에서 찾지 아니하였고 인간들의 행복(幸福)을 얻고자 하는 충동(衝動)에서 찾았다. 즉 역사(歷史)를 만드는 것은 인간의 충동(衝動)이라는 뜻이다.

그런데 사람들은 행복(幸福)을 추구(追求)하되 자기를 행복(幸福)하게 할 질서(秩序)를 창조(創造)함으로 서이다.

인간은 각각 자기의 일생(一生)을 걸고 이와 같은 질서(秩序)를 만들고 있다고 할 수 있다. 이와 같은 질서(秩序)를 창안(創案)하는데 실패(失敗)할 때 인간은 당황(唐惶)하고 비참(悲慘)하게 되는 것을 경험(經驗)하게 된다.

이런 질서(秩序)를 만들기 위하여 두 가지가 필요하다.

즉 참 행복(幸福)을 어디서 얻을 수 있는가의 정확(正確)한 판단(判斷)과 다른 모든 가치(價値)들을 이 궁극적(窮極的)인 가치(價値)에 예속(隷屬)시키는 일이다.

그는 로마 사회(社會)에서 근본적(根本的)인 무질서(無秩序)를 간파(看破)하였으며 또 거기에 전통적(傳統的)으로 형성(形成)되어 오는 질서(秩序)의 허구성(虛構性)을 절감(切感)하였다.

더욱이 그는 그 당시(當時)의 교육(敎育)의 최고목표(最高目標)라고도 할 수 있는 수사학 (修辭學, Rhetoric)에 있어서 교만(驕慢)과 허영(虛榮)과 속셈을 절감(切感)하였다.

"나는 나의 19세로부터 28세까지의 9년간이란 오랜 기간(期間) 동안 나는 각종(各種) 세상(世

上)의 욕망(慾望)으로 유혹(誘惑)을 받았고 속이고 또 속이면서 살아왔다. 노골적(露骨的)으로 말하여 각종의 학문(學問)들은 겉으로는 자유(自由)로운 것처럼 보이나 내막(內幕)에 있어서는 허위(虛僞)의 종교(宗敎)에 물들어 있으며 혹은 자만적(自慢的)이요 혹은 미신적(迷信的)이요 도 대체(都大體)가 무용(無用)한 것들이었다".

어거스틴에 있어서 로마의 허구성(虛構性)과 신국(神國)의 질서(秩序)와의 이원적(二元的)인 대립(對立)은 세속사회(世俗社會)와 신국(神國)의 이원적(二元的)인 대립(對立)의 형체(形體)를 입고 중세의 자연(自然)과 은총(恩寵)의 이중구조(二重構造)로서 나타났다.

우리는 여기에서 무너져 가는 고전세계(古典世界)가 기독교적(基督敎的)인 체제(體制)로서 재생(再生)되었다는 것을 알 수 있다. 이와 같이하여 서양문화(西洋文化)는 오히려 발전(發展)하여 왔다고 할 수 있다.

그러나 오늘의 세속사회(世俗社會)는 저와 같은 서양(西洋)의 중세적(中世的)인 생(生)의 체계(體系)를 깨뜨리고 나와서 하나의 새로운 질서(秩序)를 모색(摸索)하면서 줄달음 치고 있다.

여기서 우리는 어거스틴에 있어서와 같은 로마니타스(Romanitas)와 교회(敎會)란 이원적(二元的)인 견해(見解)를 가지고 나갈 수는 없다. 오늘의 상황(狀況)에서 볼 때 질서(秩序)는 오히려 전도(顚倒) 된 감(感)이 없지 않다.

기성조직체(旣成組織體)로서의 교회(敎會)는 오히려 가장 무의미(無意味)하고 누추(陋醜)한 현상(現像)을 노출(露出)하고 세속사회(世俗社會)는 새 역사(歷史)를 이룩하기 위하여 줄달음질 치고 있음을 본다. 옛날의 로마니타스는 이제는 기독교(基督敎)의 손에서 자라서 새 힘을 나타내 보이기 시작했다.

서양(西洋)의 이 제3세 문명(文明)을 길러 낸 교회(敎會)는 이제는 그 노쇠증(老衰症)을 철저히 드러내고 있는 것 같다. 만일에 교회(敎會)가 가진다고 자처(自處)하고 있는 복음(福音)이 아니라면 벌써 모든 일의 결판(決判)은 났을 것이다.

그렇다면 오늘 날 어거스틴의 "로마니타스와 교회(敎會)"의 이원론적(二元論的)인 견해(見解)는 다시 연구(硏究)되어야 할 때가 온 것으로 안다.

어거스틴은 분명히 그의 신국(神國)과 지상(地上)의 나라는 종말(終末)의 때까지는 "물질적(物質的)으로는 혼합(混合)되어 있으나 도덕적(道德的)으로는 분리(分離)되어 있다"고 말하고 있다.

그리고 앞 서에서 언급(言及)한 대로 교회(敎會) 안에도 지상(地上) 나라가 섞여 있을 수가 있고 소위 교회(敎會) 밖에도 신국(神國)이 있을 수 있다.

이와 같이 하여 교회사(敎會史)에 있어서 역사(歷史)의 의미를 찾던 태도는 이제는 지양(止揚)되어야 하고 역사(歷史)의 참 된 의미(意味)의 총체적(總體的)인 재검토(再檢討)가 필요하다.

어거스틴은 두 가지의 욕망(慾望) 두 가지의 사랑으로서 역사(歷史)가 형성(形成)의 방향(方向)을 판가름했다.

오늘날 세속사(世俗史) 속에 하나님의 복음(福音)의 선교방법(宣敎方法)을 재검토(再檢討)하는 때에 어거스틴의 신국론(神國論)을 통하여 보는 서양사회(西洋社會) 및 문화(文化)의 역사(歷史)는 새로운 의의(意義)를 가지게 됨을 볼 수 있다.

우리가 지금까지 어거스틴에 대해서 여러 가지의 측면(側面)에서 검토(檢討)를 해 보았다. 그 가운데서도 특히 그의 유명한 저서(著書)인 신국론(神國論)에 대한 것을 심도있게 검토(檢討)해 보았다.

그런데 문제는 그가 중세시대에 그의 교회론(敎會論)에 대한 문제로 정죄(定罪)를 받은 일도 있었다는 것을 알고 있듯이 교회론적(敎會論的)인 입장(立場)에서 볼 때에는 선 듯 이해(理解)가 잘 안가는 것 같은 느낌을 가지게 한다.

그러나 우리가 알 것은 그 시대적인 상황으로 볼 때에 어거스틴이 활동하던 시대에 로마라고 하는 나라가 패망(敗亡)하게 되었고 이 틈을 타서 펠라기어스하고 하는 극단적(極端的)인 이단주의(異端主義)에 속하는 사람이 유명한 신학자(神學者)라고 나타나서 성경적인 바른 진리를 더럽히고 있을 때에 어거스틴과 같은 걸작(傑作)한 신학자(神學者)가 나타나서 이를 제어(制御)할 수 있었다는 것은 역시 역사(歷史)의 대주재(大主宰)가 되시는 하나님께서 미리 준비(準備)해 두신 하나님의 사람이었다는 것을 알게 한다.

그리고 더 깊이 그의 신국론(神國論)을 파헤쳐 들어가면 갈수록 깊고 오묘한 하나님의 진리를 알게 된다는 것을 첨가해 둔다.

제4장

로마 카톨릭 교회의 등장
The Roman Catholic Church

솔직하게 말해서 천주교(天主敎) 즉 로마 카톨릭 교회를 우리가 성경적인 진리(眞理)의 측면에서 볼 때에 이도 정통성(正統性)을 갖는 기독교(基督敎)로 볼 것이냐 아니냐 하는 문제에 대해서 심각한 고민(苦悶)을 하지 않을 수 없다.

왜냐하면 로마 카톨릭 교회 측에서는 자기들만이 하나의 교회로서 기독교(基督敎)의 전통(傳統)과 정통성(正統性)을 갖는 기독교(基督敎)라고 자처하여 주장하기를 교회의 속성(屬性, The Attribute of Church)을 교회의 통일성(統一性)과 교회의 거룩성(聖性)과 교회의 보편성(普遍性) 외에 교회의 사도적(使徒的)인 계승성(繼承性)을 하나 더 해서 자기들이야말로 기독교의 전통적(傳統的)인 역사성(歷史性)을 가지고 진리(眞理)를 지켜 내려온 하나의 교회(敎會)라고 주장한다.

그러나 우리들 개신교(改新敎)의 측에서는 전혀 여기에 동의(動議)할 수 없다는 사실을 분명히 한다.

로마 카톨릭 교회에서 주장하는 교회의 속성(屬性)에 대해서도 성경이 말씀하고 있는 교회의 기준(基準)을 어떻게 해석(解釋)해야 하느냐 하는데서 전혀 달라지게 된다는 사실을 바로 안다면 쉽게 이해(理解)가 될 것이다.

즉 개신교(改新敎) 측에서는 보이지 않는 천상(天上)의 무형교회(無形敎會, Invisible Church)를 기준(基準)으로 해서 교회의 단일성(單一性)과 교회의 통일성(統一性)과 교회의 거룩성과 교회의 보편성(普遍性)을 해석(解釋)하는데 반(反)해서 로마 카톨릭 교회에서는 바티칸(Vatican) 교황청(敎皇廳)에 자리하고 앉아있는 교황(敎皇, Pope)을 중심으로 이 지상(地上)에 있는 유형교회 (有形敎會, Visible Church)를 기준(基準)하여 해석(解釋)을 하고 있어서 개신교(改新敎)와는 전혀 다른 방향(方向)을 지향(指向)하고 있다.

그리하여 교리(敎理)나 신조(信條) 같은 것도 개신교(改新敎)에서는 기독교(基督敎)라는 종교(宗敎)의 경전(經典, Scripture)이 되는 성경(聖經, The Bible)의 신적(神的)인 권위(權威)를 전제(前提)로 보다 더 성경에서 말씀하고 있는 진리(眞理)에 더 가깝게 다가가서 교리(敎理)나 신조(信條)를 결정(決定)한다.

그러나 이에 비(比)하여 로마 카톨릭 교회에서는 교황(敎皇)의 칙령(勅令, Decree)들을 비롯하여 사제(司祭)들의 회의(會議)에서 결정(決定)된 모든 것들을 교리(敎理)나 신조(信條)로 하고 있기 때문에 어떤 것은 성경(聖經)의 진리(眞理)와는 전혀 다른 결론(結論)에 이르게 하는 경우도 허다(許多)하다.

이런 의미(意味)에서 우리는 그레고리 1세(Gregory I, The Great)가 교황(敎皇)으로 취임(就任)한 590년부터 시작(始作)하여 개혁자(改革者)로 유명한 말틴 루터(Martin Luther: 1483-1546)에 의해서 종교개혁(宗敎改革, Reformation)이 이루어질 때까지의 927년간 즉 약 1000년간을 그들의 입장(立場)에서는 "기독교(基督敎)의 황금시대(黃金時代)"라고 하지만 사실상 이 때야말로 기독교(基督敎) 진리(眞理)의 암흑기(暗黑期)요 인간의 이성(理性)과 자유(自由)가 카톨릭 교회의 교황정치(敎皇政治)에 짓밟힌 탄압(彈壓)과 불행(不幸)의 시대(時代)요 극단적(極端的)인 기독교(基督敎)의 세속화(世俗化)의 시대라고 규정(規定)짓지 않을 수 없다.

특히 교황정치(敎皇政治)의 전횡(專橫)으로 하나님의 말씀인 복음(福音)의 영적(靈的)인 의미(意味)는 사라지고 그 대신 스콜라주의 번쇄철학(煩鎖哲學) Scholasticism)의 성행(盛行)과 사색(思索)으로 사실상 기독교 신학(神學)이 극단적(極端的)으로 퇴보일로(退步一路)에 빠져 있었으나 카톨릭 교회에서는 자기들의 세(勢)를 확장(擴張)하는 일과 사도적(使徒的)인 전통(傳統)의 계승(繼承)이라는 뜻에서 황금기(黃金期)라고 말하는 모순(矛盾)과 오류(誤謬)로 얼룩지게 된 기독교(基督敎)라는 종교(宗敎)의 암흑기(暗黑期)에 속한 역사(歷史)의 시대로 기록되고 있다.

이 때에 로마 카톨릭 측에서는 성직(聖職)의 매매(賣買)를 비롯하여 저 악명(惡名) 높은 속죄부(贖罪符, Indulgences) 발매 등 온갖 비리(非理)와 부정(不正)을 자행해 왔다.

특히 중세신학(中世神學)의 기반(基盤)을 이룬 어거스틴 (St. Augustin)의 은총론(恩寵論)과 경건생활(敬虔生活) 그리고 철저(徹底)한 회개(悔改)와 사죄(赦罪)의 교리(敎理)가 이성(理性)과 권위(權威)

에 기울어진 스콜라주의 철학(哲學)의 위세(威勢)에 눌려서 거의 희석(稀釋)되어져 버렸고 오직 로마 카톨릭 교회와 교황청(敎皇廳)의 의식적(儀式的)이고 제도적(制度的)인 권위(權威)에 짓눌려서 빛을 발하지 못하고 있었다.

이런 의미에서 우리는 천주교회(天主敎會) 즉 로마 카톨릭 교회의 교리적(敎理的)인 정체성(正體性)과 그들이 주장하는 주요 교리상(敎理上)의 내용(內用)에 대해서 보다 더 철저(徹底)하게 일아보고 검토(檢討)헤 보아야 할 필요(必要)를 느낀다.

아무리 세상의 풍조(風潮)가 요지경이라고 할지라도 하나님의 말씀인 성경의 진리는 변(變)할 수 없다. 그런데도 지금 로마 천주교(天主敎)에서는 경전(經典)으로서의 성경 자체에 대한 연구(硏究)는 고사하고 심지어는 지참권(持參權)까지도 인정(認定)하지 않고 사제(司祭)들이 시키는 대로만 하면 천국(天國)에 살 수 있다고 하는 영적사기술(靈的詐欺術)을 서슴치 않고 있다.

이렇게 말하는 것은 로마 카톨릭 교회를 비난(非難)하기 위한 목적인 아니라 기독교에 대한 자기의 정체성(正體性)을 확보(確保)하기 위한 의미에서 말한다.

1 ≡ 그레고리 1세 교황의 사상(思想)

그레고리 1세 (Gregory I. The Great: 540-604)는 본래 어거스틴의 사상(思想)을 이어 받은 신학사상가(神學思想家)였으나 마침내 그는 어거스틴주의의 신학(神學)을 변형(變形)시켜서 자기의 새로운 신학사상(神學思想)을 체계화(體系化)시켜 나감으로 사실상 카톨릭 교회 교황주의(敎皇主義)의 기초(基礎)를 닦은 설립자(設立者)라고 할 만큼 중요한 인물로 부상되었다.

그레고리 1세는 본래(本來) 로마에서 귀족가문(貴族家門)의 부호(富豪) 골디아누스(Goldianus)의 아들로 좋은 환경을 타고난 인물이다.

그는 어렸을 때부터 학문(學問)을 좋아하여 어학(語學) 수사학(修辭學) 법률학(法律學)등을 공부하였으며 성장(成長)한 후에는 로마 황제(皇帝)의 특별(特別)한 신임(信任)을 받아 대법관(大法官)이 되기도 했다.

그러나 그의 부친(父親)이 갑자기 사망(死亡)한 다음 얼마동안은 충격(衝擊)속에 헤매대가 깊은 신앙(信仰)에 심취(心醉)되어 자기의 모든 재산(財産)과 주택(住宅)까지를 수도원(修道院)에 헌납(獻納)해 버리고 자기는 스스로 속세(俗世)를 등지고 베네딕티 파 (Benedictine Order) 수도원(修道院)으로 들어가서 명상(瞑想)과 수도생활(修道生活)만으로 일관했다.

그러던 중 그는 한 때는 콘스틴 교황(敎皇)의 특사(特使)요 비서(秘書)로 재직(在職) 한 바도 있으나 그는 수도사(修道士) 출신으로는 최초(最初)의 로마 주교(主敎, Bishop)가 되었고 마지막 교부(敎父)로서 위대(偉大)한 첫 교황(敎皇)이 된 자이다.

그가 교황(敎皇)으로 취임(就任)한 다음 그는 교황권(敎皇權)을 강화(强化)하여 성직(聖職)을 매매(賣買)하는 행위를 엄히 금(禁)했고 카톨릭 교회의 중세시대의 신학(神學)을 정립(定立)하는데 크게 기여했다.

그의 신학(神學)은 신비주의적(神秘主義的)인 사색(思索)에 심취(心醉)하여 성통주의(正統主義)에 비하여 미신적(迷信的)인 요소(要素)까지 가미(加味)시켜 놓았다.

그는 삼위일체(三位一體) 하나님에 대한 교리(敎理)나 예수 그리스도의 양성(兩性)에 대한 교리(敎理)에 대해서는 그리스도의 신성(神性)과 인성(人性)은 혼합(混合)되지 않고 분리(分離)되지 않게 연합(聯合)하여 한 인격(人格)을 형성(形成)한다고 믿었다.

공동신조(共同信條)를 승인(承認)하는 것이 정통신앙(正統信仰)이라고 믿었고 한 때는 성경(聖經)에 대한 영감(靈感)이나 신적(神的)인 권위(權威)를 확신(確信)하여 모든 교인(敎人)들에게 성경을 열심히 읽도록 권장(勸奬)하기도 했다.

그러나 교회의 권위(權威)와 성경의 권위(權威)가 같다고 하여 사실상 교회권위(敎會權威)를 로마 카톨릭 신학(神學)의 기초(基礎)로 세워주는데 공헌(貢獻)했다.

그리고 그리스도의 사역(事役)에 대해서는 속죄(贖罪)의 사상(思想)을 철저히 인정(認定)은 하면서도, 오히려 복음(福音)의 은혜주의(恩惠主義)보다는 도덕주의(道德主義)로 기울어지는 경향(傾向)을 취했다.

그는 죄(罪)가 없으신 예수 그리스도는 성육신(成肉身)과 속죄(贖罪) 죽으심을 통해서 우리의 중보자(仲保者, Mediator)가 되셨으므로 하나님의 진노(震怒)를 면(免)하게 해 준다고 주장했다.

그러면서도 그는 예수 그리스도의 구속(救贖)은 사탄에게 지불(支拂)된 대가(代價)라고 하여 사탄 배상설(賠償說)을 인정했다.

사탄은 거래(去來)의 속임수에 넘어가서 그리스도 안에 있는 죄(罪) 없는 하나님의 자녀(子女)들을 더 이상 지배(支配)할 수 없게 되었다는 것이다.

그리스도께서는 죽지 않고도 우리를 구원(救援)하실 수가 있으셨으나 부디 죽으신 것은 그의 사랑 때문이라고 주장했다.

그레고리는 인간의 의지(意志)의 자유(自由)를 인정하였다.

인간은 하나님의 계명(誡命)을 다 지킬 수 있으며 그 이상도 할 수 있다고 주장했다. 말하자면 그는 반 (半) 펠라기어스 파에 속했다. 7가 원죄론(原罪論)을 가지고는 있었으나 철저(徹底)하지는 못했다.

그에게서 죄(罪)란 인간의 약(弱)함과 질병(疾病)이 난 것 정도로 해석(解釋)되었던 것이다. 더욱이 그는 영혼(靈魂)의 창조설(創造說)과 유전설(遺傳說)의 사이에서 머뭇거리고 있었다. 이 점에 있어서는 어거스틴의 경우와 같았다고 할 수 있다.

그는 회개론(悔改論)에 있어서 고해성사(告解聖事)의 기초(基礎)를 마련하여 주었다.

즉 참 된 회개(悔改)에는 마음의 변화(變化)와 입의 고백(告白)과 죄(罪)의 징벌(懲罰)이 필요(必要)하다고 하였다. 화체설(化體說)이 이미 나타나고 있고 미사에 있어서의 희생제사설(犧牲祭祀說)이 보이고 있다. 그는 미사의 희생제사(犧牲祭祀)는 연옥(煉獄)으로부터 영혼(靈魂)들을 풀어 주는데 유효(有效)하다고 보았다.

교회와 하나님의 나라는 동일시(同一視)되었다. 지상(地上)에 있는 교회(敎會)는 혼합체(混合體)라고 하는 개념(槪念)이 있었고 지상(地上)의 국가(國家)가 교황(敎皇)을 머리로 한다면 그것이 바로 교회(敎會)라고 하였다. 교직자(敎職者)의 권한(權限)을 높였는데 매고 푸는 것은 성직자(聖職者)들의 특권(特權)이라고 하였다.

이 같은 그레고리의 신학(神學)은 어거스틴 적이었으나 실제(實際)로는 아무 것도 어거스틴과는 같지 않았다는 비판(批判)을 받는다.

그의 신학(神學)은 교리사적(敎理史的)으로 보아서 아무런 공헌(貢獻)이 없다고 비난(非難)을 받기까지 하고 있다. 확실(確實)히 그가 로마 카톨릭 교회(敎會)의 교리(敎理)를 형성(形成)하는데에 든든한 기초공사(基礎工事)를 한 것만은 사실이다.

그가 좀더 어거스틴 사상(思想)에 충실(充實)하였더라면 그는 신학적(神學的)으로 더 위대(偉大)한 인물이 되었을 것이다. 특히 인간론(人間論)에 있어서 큰 아쉬움을 남겼다. 왜냐하면 어거스틴은 교회론(敎會論)보다는 인간론(人間論)에 대하여 성경적인 중요성(重要性)을 많이 두었기 때문이며 이에 비하여 그레고리 1세는 그렇지 못했다는 아쉬움을 남겼다.

그레고리 1세의 신앙적(信仰的)인 변절(變節)은 교황(敎皇, Pope)라는 유혹(誘惑)때문이었다고 한다면 지나친 혹평(酷評)인지 모르겠다. 그러나 하나님의 진리 앞에서는 그럴 수밖에 없다.

2 ≡ 양자론(養子論)의 논쟁(論爭)

예수 그리스도에 대한 양자론(養子論, Adoptionism)이란 예수 그리스도는 로고스의 신성(神性)으로 볼 때에는 본래적(本來的)으로 하나님의 독생자(獨生子) 였으나 인성(人性)으로는 양자(養子)의 형식(形式)으로 하나님의 아들이 되었다는 이단설(異端說)이다.

이는 스페인 (Spain)에서 미게티우스(Migetius)라는 사람이 나타나서 "하나님은 자신을 계시(啓示)하시는 방식(方式)에 있어서 다윗 안에서 성부(聖父)로 그리스도 안에서는 성자(聖子)로 바울 안에서는 성령(聖靈) 등으로 나타나셨다"고 주장했다.

이러한 이단설(異端說)에 대한 반박(反駁)으로 톨레도의 엘리판두스(Elipandus of Toledo) 주교(主敎)와 우르겔의 펠릭스(Felix of Urgel)에 의해서 주장(主張) 된 것이 소위 양자론(養子論)이다.

펠릭스에 의하면 인자(人子)는 잉태(孕胎)될 때부터 신자(神子, Son of God)로서의 인격(人格)과 연합(聯合)하였다는 사실을 강조(强調)함으로써 인격(人格)의 통일성(統一性)을 보존(保存)하고자 하였다.

인격(人格)의 연합(聯合)은 인자(人子)가 그의 잉태(孕胎)가 되는 순간(瞬間)부터 성자(聖子)의 인격(人格)과 연합(聯合)하도록 입양(入養)되었기 때문에 보존(保存)된 것이다.

그리스도는 양자 된(入養, 採擇) 육체(肉體, Adopted Flesh)로서만 고난(苦難)을 받았고 매장(埋葬)되었던 것이다. 그리하여 모든 인간(人間)이 아담으로부터 육체(肉體)를 따라 태어난 것 같이 동정녀(童貞女, Virgin)를 통해서 나신 그리스도를 믿는 자는 누구나 양자(養子, Adopted Son)의 은혜(恩惠)를 받게 된다고 했다.

이 교리(敎理)는 오스트리아의 신학자(神學者) 베아투스(Beatus)와 헤테리우스 (Heterius)에 의해서 비난(非難)을 받게 되었다.

그들은 하나님이신 그리스도가 우리를 위하여 인간(人間)이 되셨다는 신앙(信仰)에 굳게 서 있었다. 그러나 양자론(養子論)에 대한 가장 강력(强力)한 반대자(反對者)는 요크의 알쿠인(Alcuin of York)이었다.

그는 양자론(養子論)은 그리스도의 이중인격(二重人格)을 주장할 수 있다고 지적하였다. 네스토리안의 두 인격론(人格論)처럼 양자론(養子論)은 참 아들과 입양(入養)된(探擇) 아들로 두 아들의 기독론(基督論)이 되고 만다는 것이었다.

결국 양자론적(養子論的)인 기독론(基督論)은 792년 레겐스부르그 (Regensburg) 회의(會議) 794년 프랑크푸르트(Frankfort)의 대회(大會) 등에서 정죄(定罪)를 당했다.

샬레만(Charlemgane, Charles the Great)과 하드리안 1세 (Hadrian I)도 이 결정(決定)에 동의(同議)하였고 다메섹 요한 (John of Damascus)의 교리(敎理)가 정통(正統)이라고 선언(宣言)되었다.

예수 그리스도는 구속적(救贖的)인 의미에서는 하나님의 아들이나 삼위일체(三位一體) 하나님에 관한 교리(敎理) 안에서는 제2위 하나님이시오 하나님의 실체(實體)이시다.

무엇보다도 예수그리스도에 대한 바른 교리를 확보(確保)하지 못하면 결단코 바른 기독교 운동을 할 수가 없다.

3 ≡ 성상 숭배(聖像崇拜)

성상숭배(聖像崇拜)의 사상(思想)과 관행(慣行)은 로마 카톨릭 교회에 있어서 오랜 전통(傳統)으로 전해져 오고 있다.

그리고 초대교회 시절부터 교회가 비록 분파작용(分派作用)의 영향(影響)을 받기도 했으나 헬라파와 라틴파 즉 동방교회(東方敎會)와 서방교회(西方敎會)로 크게 양분(兩分) 된 결정적(決定的)인 이유 중의 하나로 작용하기도 했다.

속사도 교부시대 이후로 성상숭배(聖像崇拜)와 같은 것은 별로 관심사(關心事)가 아니었으나 세월이 흐름에 따라서 성상(聖像)을 숭배(崇拜)하는 사상(思想)이 등장(登場)하게 되었고 이에 대한 논쟁(論爭)이 현실화(現實化) 됨에 따라서 교황(敎皇)들은 주로 이에 동조(同調)하고 나섰다.

787년에 모인 니케아 회의(會議)는 콘스탄티노플의 여황(女皇) 이레네(Irene)가 소집(召集)한 회의(會議)였는데 여기에서 성상숭배(聖像崇拜)에 대한 것이 결정(決定)되었다.

여기에는 하드리안(Hadrian) 교황(敎皇)의 사절(使節)도 임석했다. 그러나 샬레망(Chalemagne: 768-814 재위)과는 협의하지 않았다. 샬레망은 성상(聖像)에 대한 숭배(崇拜, Adoration)와 또한 존경(尊敬, Respect)을 바치라는 결정(決定)을 내린 데 대해서 카롤린 문서(文書)(Document of Corolini)로 선포(宣布)하면서 이에 대하여 날카롭게 비판(批判)하고 나섰다.

성상숭배(聖像崇拜)에 대한 완전한 타파(打破)는 아니었으나 성상(聖像)에 대한 숭배(崇拜)나 존경(尊敬)을 바치는 것을 완전히 배격(排擊)하고 있었다.

이 문서(文書)는 하나님만 숭배(崇拜)하고 경배(敬拜)되어야 하며 성도(聖徒)들은 존경(尊敬)되어야 한다는 것을 선포(宣布)하고 있었다. 성자(聖者)들의 상(像)은 장식(裝飾)이요 기념품(紀念品)일 뿐이라고 주장했다.

794년 프랑크푸르트(Frankfort) 대회(大會)에서는 모든 성상숭배(聖像崇拜)와 예배(禮拜) 우상숭배(偶像崇拜) 같은 것도 모두 금지(禁止)하고 니케아 회의(會議)의 결정 자체를 정죄(定罪)해 버렸다.

그러나 카롤링 왕조(王朝)의 몰락(沒落)과 함께 이러한 복음적인 견해(見解)는 무시되어 갔고 점차적(漸次的)으로 성상(聖像)을 숭배(崇拜)하는 사상(思想)은 대중(大衆)들 속에 깊이 파고들기 시작했다. 하지만 중세 초 서방교회는 성상숭배를 신앙생활(信仰生活)의 절정(絶頂)으로 간주(看做)하지는 않았다.

비록 동방교회(東方敎會)에서는 화상(畵像)을 숭배(崇拜)하는 것이 활기(活氣)를 띠기는 했으나 서방 교회에서는 성상 숭배를 주도적(主導的)인 교리(敎理)로 인정(認定)하지는 않았다.

이 같은 동서(東西)간의 차이(差異) 외에도 성령의 발출(拔出)에 관한 소위 필리오케논쟁(論爭)이 일어나기도 했다. 이는 동서방 교회의 분쟁(分爭)을 더욱 가속화(加速化)시키는 논쟁이 되었다.

여기에서 말하는 필리오케 논쟁(論爭)이란 성령의 발출(拔出)에 대한 교리(敎理)의 논쟁(論爭)이었다. 즉 서방교회는 아타나시어스 신조(Athanasius Creed)에 표현(表現)된 대로 어거스틴과 같은 입장에서 성령이 아버지에게서 발현(發現, 發出)된 것과 똑 같은 방법으로 아들에게로부터

도(from the Son) 발출(拔出) 되었다고 고백(告白)하였다.

그렇게 되자 점차적(漸次的)으로 니케아 신조(Necaea Creed) 속에 "필라오케"(Pilaoke) 라는 말이 들어가게 되었다.

샬레만의 적극적(積極的)인 영도(領導)아래 이 교리(敎理)는 서방교회의 공식적(公式的)인 입장(立場)이 되었다. 이미 레오 1세, 톨레도 공의회(公議會)의 신조(信條), 그레고리 교황(敎皇)이 인정(認定)하였고, 또 감독(監督) 데오덜프(Theodulf of Orleans)도 필레오케를 옹호(擁護)하는 글을 썼다.

809년에 소집(召集)된 아켄 공의회(公議會)(the Council of Aachen)와 로마교회가 인정(認定)하였다. 그러나 동방교회(東方敎會)에서는 성령은 오직 아버지에게로부터 오신다는 주장을 굽히지 않고 결국 서방교회와 분리하고 말았다.

종교개혁자(宗敎改革者)들과 웨스트민스터 신조(信條, Westminster Creed)는 서방교회의 입장(立場)을 취하여 왔고 우리 한국의 장로교회도 이 입장을 취하고 있다.

수많은 세계적인 기독교 회의를 말할 때에 그 횟수를 다 헤아리기 어려울 만큼 많을 것이나 사도들의 시대에 처음으로 있었든 예루살렘 공의회(公議會)를 비롯하여 325년에 모였든 니케아 회의(會議, Council of Necaea)와 451년에 모였든 칼세돈 회의(Council of Chalcedon)와 1643년에 모였든 웨스트민스터 회의(會議, Council of Westminster)등에 대하여는 참고로 기억해 두는 것이 좋을 것이다.

그것은 우리 기독교의 교리사상(敎理思想)에 대하여 결정적인 시비(是非)를 가려준 국제적(國際的)인 모임이었고 그 회합(會合)을 통하여 아주 중요한 교리(敎理)가 채택(採擇)되었기 때문이다.

성경적인 바른 교리(敎理)나 신조(信條)가 채택(採擇)되기 위해서는 반드시 그 시대에 준동(蠢動)했든 이단설(異端說)에 대하여는 시비(是非)를 가려서 정죄(定罪)를 하고 성경적인 바른 교리(敎理)나 신조(信條)를 채택(採擇)하여 전 세계의 교회가 신학적으로 통일(統一)을 이루어 나갔기 때문이다.

로마교회를 중심으로 예수님의 어머니 마리아 숭배(崇拜)를 향한 교리적(敎理的)인 징조(徵兆)가 나타나기 시작했는데 그것은 콜비에의 라트람누스(Ratramnus of Colbie)와 또한 라베르투스(Paschasius Radbertus of Colbie)의 사이에서 발달된 마리아의 종신 처녀성(處女性) 문제를 중심으로 한 논쟁(論爭)이었다.

수도사(修道士)였든 라트람누스는 예수님의 탄생(誕生) 이후에도 마리아의 처녀성(處女性)을 인정(認定)하였으나 출생과정(出生過程)에서 그리스도의 인성(人性)을 가현설(假現說)로 보는 견해를 물리치고 탄생(誕生)의 과정(過程)에 대하여 자연적실재성(自然的實在性)을 말하였다.

그러나 그의 동료(同僚) 라드베르투스에게는 당시의 풍조(風潮)를 따라서 신비주의적(神秘主義的)인 경향(傾向)이 있었는데 그는 마리아의 태내(胎內)에 죄(罪)가 없었으므로 마리아는 전 인류가 숭배(崇拜)의 대상(對相)으로 삼아야 한다고 주장하였다.

비록 라트람누스가 예수님의 성령에 의한 초자연적(超自然的)인 잉태(孕胎)와 초자연적(超自然的)인 탄생(誕生)을 주장하였어도 결과는 라스베르투스의 승리(勝利)로 돌아갔는데 그 이유는 그 당시의 경향이 신비주의적(神秘主義的)이었고 마리아의 거룩성과 무죄성(無罪性)이 강하게 주장되고 있었기 때문이었다.

이 논쟁(論爭)은 앞으로 중세교회가 어떠한 방향으로 마리아에 대한 교리(敎理)를 몰고 갈 것인가를 보여주는 것이었다. 우리가 분명히 알아야 할 것은 어느 누구를 미화(美化)하여 없는 사실을 있는 것처럼 만들고 그를 추겨 세워서 억지로 거짓을 조작(造作) 해서는 안 된다.

로마 카톨릭 교회에서 마리아의 무죄회태설(無罪懷胎說)을 주장하여 이를 교리화(敎理化) 하고 있으나 이들의 주장과는 달리 성경은 마리아가 예수님 이 외에 또 다른 자녀(子女)들을 출생(出生)했다는 것을 확실(確實)하게 말씀해주고 있다.

"이는 그 목수(木手)의 아들이 아니냐? 그 모친(母親)은 마리아, 그 형제(兄弟)들은 야고보, 요셉, 시몬, 유다라 하지 않느냐? 그 누이들은 다 우리와 함께 있지 아니하냐? 그런즉 이 사람의 이 모든 것이 어디서 났느뇨?"(마13:55-56,막6:3,눅6:19).

유명(有名)한 밀란(Millan)의 감독(監督) 암브로스(Ambrosius: 340-397)와 그레고리 1세(Gregory I)는 성만찬에 대해 실재론적(實在論的)이었고 어거스틴은 그리스도의 형체적(形體的)인 임재(臨在)를 거부(拒否)하였다.

그런데도 일반적(一般的)으로는 화체설(化體說)이 유력시(有力視) 되고 있었다.

중세 초기의 신자들은 기적(奇蹟)과 신비(神秘)를 좋아했고 성성(聖經)의 복음(福音)에 대해서는 무지(無知)했다. 또 그들은 죄에 대한 의식(意識)과 죄책감(罪責感)이 상하었기 때문에 그리스도의 희생제사(犧牲祭祀)를 반복(反復)하는 교리(敎理)를 좋아할 수밖에 없었다.

성만찬(聖晚餐)에 대해 전문적(專門的)인 교리(敎理)를 주장한 사람은 라드베르투스였다.

그는 "주의 몸과 피에 관하여"라는 그의 글에서 최초로 화체설(化體說)을 가르쳤다. 그는 성만찬(聖晚餐)에서 기적(奇蹟)이 일어난다고 보았다.

성례(聖禮)의 축성(祝聖)을 통해서 떡과 포도주(葡萄酒)의 실체(實體) 속에 그리스도의 살과 피의 변화(變化)가 일어나게 된다는 것이다. 이 기적(奇蹟)을 통해서 날마다의 희생제사(犧牲祭祀)가 가능(可能)해 진다고 주장했다.

라비누스도 그리스도의 몸이 떡으로부터의 신(神)의 권능(權能)으로 날마다 창조(創造)된다고 하였다. 그러나 성례적(聖禮的) 그리스도와 역사적(歷史的) 그리스도의 동일성(同一性)은 부인하였다. 떡과 포도주(葡萄酒)는 그리스도의 몸과 피 자체는 아니다. 그것은 상징(象徵)인 것이다.

하지만 성찬(聖餐) 후에는 물질(物質)의 변화(變化)가 어떻게든 있다고 하여 화체설(化體說)을 위한 여지(餘地)를 남기고 있다.

또 라트람누스는 떡과 포도주(葡萄酒)의 베일(Veil) 밑에 그리스도의 영적(靈的)인 몸과 피가 존재(存在)한다고 하였고 외적(外的)으로 보면 떡과 포도주(葡萄酒)이지만 영적(靈的)인 눈으로 보면 그것은 살과 피라고 하였다.

주님께서는 성찬(聖餐)의 상징(象徵)을 통하여 영적(靈的)으로 현존(現存)하신다는 것이다.

그는 외적(外的)으로 보이는 것은 사물(事物)의 자체가 아니라 사물(事物)의 한 현상(現像, Image)이라고 하였다. 그러나 정신(精神)에 의해 느껴지고 인식(認識)된 것은 사물(事物)의 실체

(實體, Substance)라고 하였다.

이상의 논쟁(論爭)에서 볼 때 라트람누스가 가장 성경적인 접근(接近)을 하고 있음을 알 수 있다.

하지만 승리(勝利)는 라드베르투스에게로 돌아갔으며 현재의 로마 카톨릭 교회에서 주장하는 화체설(化體說)이 확립(確立)되는 과정(過程)에서 큰 역할(役割)을 한 하이모(Haimo)는 그런 의미에서 최초로 화체설(化體說)을 정립(定立)한 사람이었다.

그는 떡과 포도주(葡萄酒)의 실체(本質)는 본질(本質)상으로 다른 실체(實體)로 변화(變化)된다고 가르쳤다.

6 ≡ 교황과 성직의 계급화

기독교 성경에서 어느 곳을 찾아보아도 교직자(敎職者)를 향해서 왕(王)이나 황제(皇帝) 같은 말의 뜻으로 호칭(呼稱)하는 곳은 찾아 볼 수 없다.

로마 카톨릭 교회에서 말하는 대로 비록 사도직(使徒職)의 계승(繼承) 이라는 논리(論理)를 적용(適用)한다고 할지라도 교직자(敎職者)에게 교황(敎皇, Pope)이라는 말을 쓸 만큼 권위상(權威上)의 호칭법(呼稱法)이 아닌 경건(敬虔)과 엄숙(嚴肅)과 제사적신비(祭祀的神秘)를 내포(內包)한 거룩한 직(職) 이라는 의미에서 자기의 희생(犧牲)을 전제(前提)로 한다고 본다.

그런데 로마 카톨릭에서는 베드로를 중심으로 한 사도(使徒)라는 성직(聖職)의 계승(繼承)이라는 명분(名分) 아래 그 직위(職位)의 호칭(呼稱)을 교황(敎皇, Pope)이라고 하여 철저히 세상적인 위상(位相)을 세우고 내실(內實)보다는 외형상(外形上)의 품격(品格)을 높이는데 주력해 왔다.

그리하여 중세 시대에 들어서면서부터 니콜라스 1세(Nicolas I: 858-867 재위)에 이르러서는 교황권(敎皇權)이 더욱 강화(强化)되어 갔다.

그는 교황(敎皇)이 주교(主敎)들과 수도(首都)의 대주교(大主敎)들에 대한 통치권(統治權)을 가진다는 것과 세석군주(細席君主)들과 황제(皇帝)들을 능가(凌駕)하는 권위(權威)가 있다고 하고 또 그것을 실제로 요구하고 나섰다.

교회(敎會)는 통상적(通常的)으로 교황권(敎皇權)을 신봉(信奉)하였으며 교황(敎皇) 자신들도 그것을 의심(疑心)하지 않았다.

교황권(敎皇權)을 강화(强化)하려는 시도(試圖)가 발각된 것은 거짓 이시도레의 법령서(法令書) (Docretals of Isidore)에서였고 이미 콘스탄틴의 기증서(寄贈書) (Donatio Constantini)에서 교회의 황제(皇帝)가 속세(俗世)의 황제(皇帝)를 능가(凌駕)한다는 사상(思想)이 나타났다.

속세(俗世)의 황제(皇帝)는 교황(敎皇)을 봉사(奉仕)해야 한다고도 하였다. 교황(敎皇)은 황제(皇帝)의 영광(榮光)과 권력(權力)도 함께 가진다는 것이었다. 교황(敎皇)은 지상권(地上權)과 영권(靈權)을 같이 가졌다고 주장했다. 그러나 이를 알고 보니 이 기증서(寄贈書)는 로렌조 발라 (Lorenzo Valla)에 의해서 위조(僞造)되었다는 것이 판명(判明)되었다.

위의 가짜 이시도레의 법령집(法令集)은 1세기의 클레멘트로부터 시작하여 8세기 그레고리 2세에 이르기까지의 법령집(法令集)인데 이것도 가짜임이 종교개혁기(宗敎改革期)에 이르러서야 판명(判明)되었다.

여기에서 성직자(聖職者)의 계급(階級)은 한껏 높여지고 있음을 본다. 이들의 주장(主張)대로라면 주교(主敎)들은 천국문(天國門)을 열고 닫으며 성직자(聖職者)들은 교회에서 그리스도를 대신하는 자들이라고 말하고 있다.

주교(主敎)들은 잘 못을 할 수 없으나 혹시 잘못을 저질렀다고 할지라도 받아드려야 한다는 것이다. 이런 식으로 교황(敎皇)과 주교(主敎)들의 권위(權威)를 승격(昇格)시킨 것이 교권(敎權)과 속권(俗權)의 다툼에서 이기기 위한 거짓 이시도레의 교령집(敎令集)의 인위적(人爲的)인 시도(試圖)였던 것이다.

교황권(敎皇權)의 실질적인 절정(絶頂)은 그레고리 7세(Gregory VII: 1073-1085 재위) 때에 나타났다.

국가(國家)는 죄악(罪惡) 된 세속(世俗)에 근원(根源)을 두었지만 교회(敎會)는 하나님께 근원(根源)을 두고 있다는 어거스틴의 말을 따라서 교황(敎皇)은 하늘에서는 물론(勿論) 이 지상(地上)에서도 열쇠의 권한(權限)을 가지고 있다는 것이다.

모든 세속(世俗)의 군왕(群王)들은 교황(敎皇)에게 예속(隷屬)된 신하(臣下)들이라고 하였다. 그리하여 교황청(敎皇廳)에서는 다음과 같이 주장했다.

"아무리 일국(一國)의 국왕(國王)이라고 할지라도 로마 카톨릭 교회에 몸을 담고 있는 한 이 세상 나라의 군주(君主)도 교황(敎皇)의 신하(臣下)가 될 뿐이다. 그러므로 이 지상(地上)에서 최고권력(最高權力)의 통치권자(統治權者)는 교황(敎皇) 한 사람이 있을 뿐이다'.

힐데부란드(Hildebrand) 곧 그레고리 7세 (Gregory VII)는 저 유명한 카노사 (Canossa)의 굴욕(屈辱)을 통해서 헨리 4세와의 싸움에서 이겼지만 그 후로는 교황권(敎皇權)이 약화(弱化)되기에 이르고 만다.

결국 교황권(敎皇權)의 우위사상(優位思想)과 함께 종교개혁(宗敎改革期)를 전후하여 소위 성직(聖職)의 매매행위(賣買行爲)가 공공연하게 이루어지게 되었고 심지어는 속죄부(贖罪符)까지 발행(發行)하게 된 극단적(極端的)인 비리(非理)와 변질(變質)의 원인(原因)을 제공(提供)하게 된 셈이 되었디.

오늘날에도 여전히 교황권(敎皇權)의 지위(地位)는 세속(世俗)에 속한 권위(權威) 이상으로 모든 사람들에게 추앙(推仰)을 받고 있어서 로마 카톨릭 교회의 관행(慣行)을 인정(認定)받고 있다.

그러나 이것은 성경의 진리(眞理)에 비하여 어디까지 우리가 인정(認定)을 해야 하고 어떠한 해석(解釋)을 해야 할 것인지에 대해서는 분명히 비판(批判)의 여지를 남긴 잘못된 관행이라고 지적하지 않을 수 없다.

성직자(聖職者)들에게 주어진 권위(權威)는 영적(靈的)이고 신비적(神秘的)인 것으로서 로마 카톨릭 교회에서 주장하는 것처럼 교황(敎皇)이라는 지위(地位)가 세상적으로 최고(最高)라는 뜻은 아니다는 것을 알아야 한다.

그리고 더 중요한 것은 성경에서 말씀하고 있는 대로 우리 기독교 운동이 이 세상 나라에 대한 것이 아니고 하늘나라에 대한 것이라면 로마 카톨릭 교회측에서 말하는 주장은 전혀 잘못된 것이다.

로마 카톨릭 교회가 행하는 포교(布敎)운동(運動)은 그들이 행하는 내용으로 볼 때에 내세(來世)의 천국운동(天國運動)이 아닌 지상국가(地上國家)의 운동이면서 방편상(方便上) 하나의 종교운동(宗敎運動)처럼 위장(僞裝)을 하고 나타난 적(敵) 그리스도운동(Anti -christ movement)이라고 할 수밖에 없다.

분명히 로마 카톨릭교회 측에서는 세상적인 구제운동(救濟運動)이나 봉사운동(奉仕運動) 같은 것은 감히 개신교(改新敎)가 따를 수 없을 정도로 앞서 간다.

그러나 자기의 성도들에게 성경(聖經)까지 감추어 가면서 포교(布敎)를 한다는 것은 기독교(基督敎)라는 이름을 걸고 행하는 종교행위가 아니라는 것만은 분명히 말해 둔다.

"예수께서 대답하시되, 내 나라는 이 세상(世上)에 속한 것이 아니라, 만일 내 나라가 이 세상에 속한 것이었다면 내 종들이 싸워 나로 유대인들에게 넘기우지 않게 하였으리라. 이제 내 나라는 여기에 속한 것이 아니니라(요18:36)."

7 ≡ 참회(懺悔)의 규례(規例)

본래 성경은 참회(懺悔)에 대하여 어떠한 규례(規例)를 정해두고 그 규례(規例)에 따라서 참회(懺悔)를 강요(强要)하지 않았다.

예수께서 처음으로 공생애(公生涯)를 최초로 시작하면서 외쳤던 말씀이나 오순절(五旬節) 날에 성령(聖靈)이 강림(降臨)하실 때에도 회개(悔改)는 기독교 신앙(信仰)의 입문(入門)이었다는 것을 알게 한다.

"이 때부터 예수께서 비로소 전파하여 가라사대, 회개(悔改)하라 천국(天國)이 가까웠느니라 하시더라 (From that time Jejus began to preach and to say, Repent, for the kingdom of heaven is at hand.마 4::17)."

"저희가 이 말을 듣고 마음에 찔려 베드로와 다른 제자들에게 물어 가로되, 형제들아, 우리가 어찌할꼬? 하거늘, 베드로가 가로되, 너희가 회개(悔改)하여 각각 예수 그리스도의 이름으로 세례(洗禮)를 받고, 죄(罪) 사(赦)함을 얻으라. 그리하면 성령(聖靈)을 선물(膳物)로 받으리라. (Now when they heard this, they were cut to the heart, and said to Peter and the rest of the Apostles, Men and

이것이 처음에는 어떤 제도(制度)나 규례(規例)에 따라서 행하는 것이 아니라 자기 스스로의 마음에서 우러나오는 하나의 신앙고백(信仰告白)에 의한 행동의 표시(表示)였다.

그러나 그것이 세월이 흐름에 따라서 점차적(漸次的)으로 규례화(規例化) 되었고 어거스틴 때도 이러한 규례(規例)가 있었던 것으로 전해지고 있기는 하나 샬레만 때에 이르러 비로소 하나의 엄격(嚴格)한 규례(規例)로 정해지게 되었다.

그러나 독일(獨逸)이나 영국(英國)에서는 이 규례(規例)가 엄격(嚴格)하게 지켜지지 않았다는 것은 처음부터 이에 대한 시비(是非)가 있었다는 것을 알게 한다.

다만 죄라고 인정되는 것만 공적참회(公的懺悔)의 대상으로 분류(分類)되었다.

아일렌드와 잉글렌드 지역에서는 봉쇄수도원(封鎖修道院)이 나타나 사 참회(懺悔)의 규례(規例)를 널리 보급시키게 되었다.

그러다 보니 죄인(罪人)은 외적(外的)인 큰 범죄(犯罪) 말고도 내적(內的)인 악한 생각과 소욕(所欲)까지도 찾아내고 통회(痛悔)하도록 권면(勸勉)을 받게 된 것이다.

가벼운 죄는 성만찬(聖晚餐)에 의해서 용서(容恕)되었고 무거운 죄는 참회(懺悔)의 열매를 통하여 용서(容恕)되었다.

참회(懺悔)를 한다는 것은 형벌(刑罰)을 받는다는 것이었다. 이 형벌(刑罰)은 마음의 비탄(悲嘆) Grief)과 사제(司祭) 앞에서의 고백(告白, Confession)과 후에 보속(補贖)으로 알려진 지정(指定)된 행위들의 실행(實行, Practice)과 그리고 사면(赦免, Pardon)으로 이루어졌다.

화해(和解)는 참회(懺悔)의 행위들이 실행(實行)되고 나서야 발생한다고 하였다. 참회(懺悔)의 규례(規例)는 이것을 실천(實踐)하는 기관(機關)과 고생(苦生)의 정도(程度)를 줄이려는 인간의 동기(動機)에 의해서 벌금형(罰金刑)으로 대체(對替)되는 제도(制度)가 나타나게 되었다.

따라서 정죄(定罪, Condemn)를 내림에 있어서 중죄(重罪, Mortal Sin)를 경죄(輕罪, Venial Sin)로 돌리는 방법과 힘든 참회(懺悔)의 규정(規定)을 쉽게 바꾸는 여러 가지 의견(意見)이 나왔다.

성지순례(聖地巡禮)와 십자군(十字軍)에 참전(參戰)하는 것은 돈으로 대체(對替)될 수 있었고 마리아와 성자(聖者)들의 중재기도(仲裁祈禱)를 통해서 죄가 경감(輕減)되었다.

십자군(十字軍)에게 필요한 장비(裝備)를 제공(提供)한 사람도 속죄(贖罪)의 고행(苦行)을 실천(實踐)한 사람으로 간주(看做)되었다. 그리고 하나님뿐만 아니라 사제(司祭)에게 고백(告白)하는 일이 교리화(敎理化) 되기 시작하였다.

사제(司祭)들은 하나님에게 기도(祈禱)를 드리고 참회(懺悔)한 죄(罪)의 사면(赦免)을 공포(公布)할 때에 하나님께 대하여 "진정(鎭靜)하여 주시옵소서" 라고 탄원적(歎願的)으로 말한다.

행위들의 보속(補贖)에 있어서 금식(禁食), 맨발로 다니는 것, 순례(巡禮), 봉쇄수도원(封鎖修道院)에 들어감, 채찍질을 받음, 기도(祈禱), 자선(慈善), 손으로 땅을 침, 시편을 읊음, 사도신경(使徒信經)이나 십계명(十誡命)을 암송(暗誦)함, 혹은 구제(救濟) 등이 있었다.

고대(古代)의 규례(規例)에 비하여 중세 초기의 규례(規例)에서는 새로운 요소(要素)들이 추가(追加)되었음을 볼 수 있다.

사적(私的)인 참회(懺悔)가 일반화(一般化) 되었고 참회(懺悔)의 영역(領域)을 내적(內的)인데까지 확대(擴大)하였으며 보상금(補償金)을 내는 제도(制度)가 도입(導入)되었고 화해(和解)는 은혜(恩惠)보다 죄인(罪人)의 슬픔과 고백(告白)에 더 의존(依存)하게 되었다.

보속(補贖)의 행위들은 연옥(煉獄)에서의 구원(救援)이 가능(可能)하게 만들었다. 참회(懺悔)의 규례(規例)는 마침내 성례(聖禮)가 되었으며 마음의 통회(痛悔)와 입술의 고백(告白)과 행위(行爲)의 보속(補贖)과 사제(司祭)의 사면(赦免)이라는 공식적(公式的)인 과정이 그대로 적용(適用)되었다.

이렇게 하는 것은 모두가 예수께서 가장 싫어하셨든 외식(外飾)하는 행위에 불과했다.

01. 로마 카톨릭 교회에서 주장하는 기준은 어디에다 두고 있는지를 말하라

02. 그레고리 1세 교황의 사상에 대해서 간단히 말해 보라

03. 양자론에 대해서 간단히 말하라

04. 로마 카톨릭 교회의 성상숭배에 대해서 간단히 설명하라

05. 성모 마리아의 무죄 회태 설에 대해서 간단히 설명하라

06. 로마 카톨릭 교회의 성만찬에 대해서 간단히 설명하라

07. 교황과 성직의 계급화에 대해서 간단히 말하라

08. 로마 카톨릭 교회의 참회의 규례에 대해서 간단히 설명하라

09. 로마 카톨릭 교회에 대한 귀하의 견해를 간단히 말하라

제5장

스콜라주의 철학(哲學)

The Scholasticism

스콜라주의(Scholasticism)를 다른 말로는 흔히 번쇄철학(煩瑣哲學)이라고도 한다.

이는 중세기에 있어서 그리스도교의 신학(神學)을 중심으로 하여 철학(哲學)을 연구(研究)한 사상(思想)의 총칭(總稱)이라고 해야 할 것이다.

그리스도 교회의 교리(敎理, Dogma)는 이미 교부(敎父)들의 시대에 거의 다 형성(形成)되어 왔는데 그것을 형성(形成)함에 있어서 주로 헬라 철학(哲學)을 이용했다는 것을 알 수 있다.

그러나 철학(哲學, Philosophy)과 종교(宗敎, Religion) 이성(理性, Reason)과 신앙(信仰, Faith)과의 관계는 아직 명확(明確)하게 결정(決定)되지 않고 있었다.

이에 철학적(哲學的)인 규명(糾明)과 종교적(宗敎的)인 신앙(信仰)과의 일치(一致)를 증명(證明)하려는 시도(試圖) 곧 교부(敎父)들의 시대에 조직(組織)된 교리(敎理)를 계승(繼承)하고 이에 철학적(哲學的)인 근거(根據)를 부여(賦與)하려고 한 것이 곧 스콜라주의 철학(哲學)이며 이러한 목적(目的)으로 일을 한 학자(學者)들을 일컬어서 스콜라 학자(Scholasti, Schoolman)라고 칭한다.

중세기의 암흑시대(暗黑時代)에 있어서는 일반 민중(民衆)에는 학문(學問)을 전공(專攻)하는 자가 거의 없었고 유럽의 문명(文明)은 한 때 깜깜한 암흑(暗黑)속에 있었는데 샬레만 대제(大帝)의 시절부터 궁정(宮廷)이나 모든 수도원(修道院)에 부속(附屬)된 학교(學校)를 세우고 학자(學者)들을 모으고 학문(學問)에 종사(從事)하게 하였다.

그 당시의 학자(學者)들은 거의가 다 교직자(敎職者)들이었고 학문(學問)이라는 것도 교회(敎會)를 중심으로 한 교리(敎理)를 연구(研究)하는 것이었다.

그리고 이와 같은 학교(學校)는 처음에 전도자(傳道者)를 양성(養成)할 목적으로 세워진 것으로서 그들이 학교(學校, Schola)에 모여서 학문(學問)을 논(論)한데서부터 스콜라 학자(學者)라는 명칭(名稱)이 생겨나게 되었다.

스콜라 학자(學者)들의 목적(目的)은 교회의 신앙이 이성(理性)과 모순(矛盾)되지 않는다는 것을 증거(證據) 하는데 있었다.

그 근거(根據)로 한 가정(假定)을 들어보면 다음과 같다.

> **첫째** 종교적(宗敎的)인 신앙(信仰)에 있어서 우리는 이미 확고부동(確固不動)한 진리(眞理)를 가지고 있다.
>
> **둘째** 우리의 지식(知識)은 (혹은 이성 또는 이해력) 우리가 이미 가진바 신앙(信仰)의 도리(道理)에 합치(合致)된다는 것을 표시(表示)하는데 지나지 않는다는 것이다.

그들에 의하면 철학(哲學)의 과제(課題)는 나만 이미 확정(確定)된 진리(교의)를 증명(證明)하고 또는 이를 이해(理解)시키는데 있었다.

그러므로 이성(理性)은 신앙(信仰)에 대하여 독립(獨立)된 지위(地位)를 가지지 못하고 다만 신앙(信仰)을 위한 근거(根據)를 보여주는데 지나지 않았다. 즉 철학(哲學)은 종교(宗敎)에 종속(從屬) 된 지위(地位)에 섰던 것이다.

종교(宗敎)에 반드시 있어야 할 것은 교회의 교의(敎義)로서 이것에는 객관적(客觀的)으로 정해져 있는 것과 내심(內心)에서 직접체험(直接體驗)하는 주관적(主觀的)인 것들이 있다.

전자의 입장에서 그 이치(理致)를 설명한 것이 스콜라 철학(哲學)이고 후자의 입장에서 종교적(宗敎的)인 체험(體驗)을 따라서 설명하려는 것이 신비설(神秘說)이다.

중세기(中世紀)의 철학(哲學)이라고 하면 대체로 스콜라 철학(哲學)을 말하는 것이지만 더 엄밀(嚴密)하게 본다면 신앙(信仰)은 신비설(神秘說)이 병행(竝行)하고 있는 것을 알 수 있다.

그 밖에 극히 희미(稀微)하기는 하나 다소 자연과학(自然科學)의 연구(研究)에 기울어진 학자(學者)들도 있었다.

스콜라 철학(哲學)이 쇠퇴(衰退)함을 따라서 점차(漸次)로 왕성(旺盛)해져서 나중에는 학문계(學問界)의 면목(面目)을 새롭게 전개(展開)시켜 나가게 되었다.

특히 중세신학(中世神學)을 가리켜서 "스콜라 신학(神學)" (Scholastics Theology)이라고 한 것은 주로 안셀름(Anselm: 1033-1109)과 또한 아벨라르드(Abelard: 1079-1142)로부터 시작하여 종교개혁(宗敎改革)이 일어나기 직전(直前)까지의 일반적(一般的)인 학풍(學風)을 가리키는 말이다.

스콜라 신학의 발전과정(發展過程)은 수도원학교(修道院學校)와 대학(大學)들의 연구방법(研究方法)과 관련이 있다. 철학(哲學, Philosophy)과 변증학(辨證學, Apologetics)과 논리학(論理學, Logic)들이 스콜라 신학(神學)을 형성(形成)하게 된 중요한 요소(要素)들이었다.

안셀름은 벡(Bec)수도원장(修道院長)의 자리를 걸쳐서 후에는 켄터버리(Centerbury)의 대감독(大監督)이 되었다. 그는 로셀리누스(Roscellinus of Compeigne)의 유명론(唯名論, Nominalism)을 강하게 비판(批判)했는데 스콜라 신학(神學)의 최대 이슈는 실재론(實在論, Realism)과 유명론(唯名論)의 논리적(論理的)인 대결(對決)이었다고 할 것이다.

이 문제는 보편(普遍, Universalia)과 개체(個體, Res) 중에 어느 것이 앞서느냐는 것으로 요약(要約)된다.

플라톤(Platon)에 의하면 영혼(靈魂)은 세상에 나기 전에 이데아 (Idea)를 보았으며 그것을 기억(記憶)속에 간직하고 있다고 한다.

인간의 이성(理性)은 영혼(靈魂)의 본질(本質)인데 이 영혼(靈魂)의 이성적(理性的)인 지각(知覺)인 관념(觀念, Sense) 혹은 보편(普遍, Universality)은 실재성(實在性)이 있다는 것이다.

그 관념(보편)은 형체(形體)를 가진 대상보다 앞서는 것으로서 이것으로 우리는 회상(상기)하여 진리(眞理)에 이르는 것이다. 이것을 상기설(想起說)이라고 한다.

즉 보편(普遍)은 개체(個體)보다 앞선다는 말이다.

그러나 아리스토텔레스는 보편(普遍)을 단지 개체(個體) 안에서 활동(活動)하는 힘이라고 생각하였다.

그에 의하면 보편(普遍)은 개체(실재) 안에 있는 것이다. 이러한 사고는 스토아 사상(思想)으로부터 와서 다시 수정(修正) 되었는데 스토아 학파(學派)에서는 보편(普遍)을 사물(事物)의 공통적(共通的)인 속성(屬性)에서 유도(誘導)된 사고(思考)의 이름일 뿐이라고 하였다. 즉 보편(普遍)은 개체(個體)보다 뒤진다는 것이다.

안셀름은 유명론(唯名論)을 반대(反對)하였다.

유명론자(唯名論者)들은 보편(普遍)이라는 실재(實在)들이 아니라 단지 소리와 이름뿐이라고 하였다. 로셀리누스는 유명론자(唯名論者)로서 보편(普遍)들이 단지 삼위일체(三位一體) 하나님에 대한 주관적(主觀的)인 개념(槪念)들이라고 하였다.

그는 신격(神格) 안에 있는 삼위(三位)를 본질적(本質的)으로 다른 세개의 개체(個體)로 보고 이 것은 명목상으로만 하나라고 하였다. 삼위(三位)의 통일성(統一性)은 의지(意志)와 능력(能力)의 통일(統一)뿐이라고 하였다.

안셀름은 이런 견해(見解)가 보편(普遍)에 실재성(實在性)을 부인(否認)하는 결과(結果)로 오는 것을 알았고 교회(敎會)에서 주장하는 삼위일체(三位一體) 하나님에 대한 교리(敎理)도 무너진 다는 것을 깨달았다.

그리하여 그는 실재론(實在論)을 가르쳤다. 안셀름은 보편(普遍)이 실재성(實在性)을 가지며 삼위일체(三位一體)란 이름뿐이 아니라 실재(實在)하는 것으로 이해(理解)하였다.

그러나 안셀름에 있어서 더 유명(有名)한 것은 하나님의 존재(存在)에 대한 증명(證明)이다.

하나님의 존재(存在)를 규명(糾明)하려고 할 때에 그는 하나님이라고 하는 관념(觀念) 곧 그 사상(思想)에서 하나님의 실재(實在)가 출현(出現)된다고 하였다.

그 이상의 위대한 실재(實在)를 상상(想像)할 수 없는 실재(實在)인 하나님은 최고(最高)의 존 재(存在)임으로 오직 실재(實在)하는 존재(存在)라야 생각도 가능(可能)하다고 했다.

그러므로 하나님은 비실재자(非實在者)로 상상(想像)될 수 없다고 한다. 이것이 바로 존재론 적(本體論的)인 하나님의 존재(存在)에 대한 증명(證明)이라고 했다.

안셀름은 신앙(信仰)을 통하여 지식(知識)을 향상(向上)시켜야 하므로 지식(知識)을 통하여 신 앙(信仰)에 도달(到達)하는 것이 아니라고 하였다. 그러므로 그는 '나는 알기 위하여 믿는다' 라고 말했다.

그가 합리적(合理的)인 사고(思考)를 통해서 교리(敎理)를 논증(論證)하려고 한 것은 단순한 신 앙(信仰)에서 종교적(宗敎的)인 지식(知識)에로 이르려는 진리(眞理)에 대한 이해(理解)의 방법(方 法) 때문이었다.

신앙(信仰)과 지식(知識) 경건(敬虔)과 사색(思索)을 결합(結合)시키려 한 안셀름은 스콜라 신학 (神學)의 선구자(先驅者)가 되었다.

로셀리누스의 제자(弟子)였던 피타 아벨라르드(Peter Aberlard)는 프랑스 나라 한 기사(騎士)의 아들로 태어났다. 그는 영향력(影響力)에 있어서는 안셀름을 능가(凌駕)하였으나 연애사건(戀

愛事件)과 강경(强硬)한 반대자(反對者)들을 만나서 고난(苦難)을 당했다. 그는 버나드의 고발(告發)로 1141년에 상스(Sençe)회의(會議)에서 정죄(定罪)를 받고 말았다.

아벨라르드는 스콜라적 변증법(辨證法)을 도입(導入)하였고 신앙(信仰)과 이성(理性)은 상호(相互)간에 모순(矛盾)됨이 없는 것이라고 하였다.

그의 신학(神學)은 일종(一種)의 조정신학(調整神學)이었다.

실재론(實在論)과 유명론(唯名論)을 교정(校正)하려는 경향(傾向)이 있었기 때문이었다.

그는 회의(懷疑)를 통해서 탐구(探究)에 이르고 탐구(探究)를 통해서 진리(眞理)에 도달(到達)하는 것이라고 가르쳤다.

"나는 믿기 위하여 안다"라고 하는 것이 그의 신조(信條)였다.

아벨라르드는 안셀름과 달리 이성(理性)에 의한 시험(試驗)을 통해서 교리(敎理)에 대한 완전한 이해에 도달한다고 생각하였다.

안셀름은 알기 위하여 믿는다고 하였으나 아벨라르드는 "믿기 위하여 안다"라고 하였다.

신앙(信仰)의 대상에 대한 합리적(合理的)인 이해(理解)를 가능(可能)하고 필요한 것으로 여긴 것이다. 그는 기독교를 철학(哲學)의 최고 수준으로 생각 한 변증가(辨證家)들의 정신을 가지고 있었다.

아벨라르드의 제자(弟子)인 피터 롬바르드는 버나드와 아벨라르드 및 휴고 등과와 개인적(個人的)으로 교제(交際)가 있었고 나중에는 파리의 감독(監督)이 되었다.

그는 아벨라르드의 변증법(辨證法)과 휴고의 정통주의(正統主義)를 결합(結合)시켰는데 그의 방법은 여러 가지 진술(陳述)들을 서로 비교평가(比較評價)하고 나중에 성경(聖經)을 최고(最高)의 권위(權威)로 삼는 것이었다.

여기서 이성(理性)은 단지 상식적(常識的)인 의미만을 가지고 있고 계시(啓示)의 권위(權威)를 존중(尊重)하는 방식이 나타나고 있으나 그에게 있어서 복음(福音)의 참된 이해는 보이지 않고 있다.

초대 교회 시절에는 신론(神論)에 대한 것이 주로 삼위일체(三位一體) 하나님에 대한 교리(敎理)에 집중(集中)될 만큼 크게 관심(關心)을 일으켰다.

그러나 중세 교회 시절로 접어들면서부터는 신론(神論)이 주로 하나님의 본질(本質, Essential Nature of God)과 또한 하나님의 속성(屬性, Attributes of God)에 관한 논의(論議)로 발전하게 되었다.

스콜라주의 신학자(神學者) 가운데 한 사람이었던 안세름(Anselm: 1033- 1109) 같은 사람은 하나님의 본질(本質)에 대하여 말하기를 '생각하는 영(靈)'이라고 정의(定義)했고 로마 카톨릭 교회의 최고신학자(最高神學者) 토마스 아퀴나스(Thomas Aquinas: 1227-1274)와 같은 신학자(神學者)는 하나님을 가리켜서 초월적(超越的)인 존재(存在) 혹은 원동자(原動者, Primum Movens)라고 정의(定義)하였다. 즉 그는 우주론적(宇宙論的)인 논증(論證)의 입장을 취했다는 것을 알게 한다.

이어서 토마스 아퀴나스는 주장(主張)하기를 하나님의 속성(屬性)에 대하여 그것은 생각하시며 뜻하시는 것이라고 하였다. 그리고 하나님의 뜻은 항상 선(善)하심으로 선(善)에 의해서만 움직이시고 그 목표(目標)는 바로 하나님 자신(自身)이라고 했다.

그는 또 주장하기를 하나님께서 세상을 사랑하신다는 것은 세상에 필요(必要)한 모든 것을 베풀어주시며 그 진행(進行) 속에서 세상을 보호(保護)해 주신다는 것이다.

하나님께서 세상(世上)을 지탱하시고 유지(維持)하시는 모든 일에 의(義)와 자비(慈悲)를 보여 주시므로 '사랑의 하나님'이시라는 것이다.

그는 삼위일체론(三位一體論)에 대해서도 논(論)하기는 했으나 보편 논쟁(普遍論爭)으로 인하여 정통교리(正統敎理)에서는 많이 빗나가는 주장들이 많았다.

이렇게 생각해 볼 때에 사실상 안세름이나 토마스 아퀴나스와 같이 유명했든 스콜라주의 신학자(神學者)들은 삼위일체(三位一體) 하나님에 관한 바른 성경적(聖經的)인 신학(神學)이나 신앙(信仰)에 이르지 못했고 하나님의 존재(存在)에 대한 것 자체를 하나의 관념론적(觀念論的)인 의미에서 생각하고 있었던 것 같다.

우리가 믿는 삼위일체(三位一體) 하나님은 인격적(人格的)으로 존재하여 우리 인간들만이 아니라 우주 삼라만상(宇宙森羅萬象)의 모든 것들을 다 살피고 계시며 직접 섭리(攝理)로서 운영 관리하고 계시는 살아계신 하나님이시다.

그리고 롬바르드(Lombards Petrus: 1199-1160)와 같은 사람은 하나님의 실체(實體, 즉 本質, Essence)나 본성(本性, Nature) 이 세 인격(三人格)들에 있어서 공통(共通)하며 각 인격(人格) 속에 전체(全體)가 들어있다고 주장했다.

하나님은 실체(實體)에 힘입어 존재(存在)한다는 것이 불가능(不可能)하다고도 하였다.

삼위일체(三位一體)가 서로간의 삶은 위격(位格)들 간에 존재(存在)하는 관계(關係)라고 하여 본질적(本質的)으로 하나라고 하는 교리(敎理)의 참 뜻에는 미치지 못한 것 같다.

또 한사람 아벨라르드(Abelard Pierre: 1079-1142)와 같은 사람은 양태론(樣態論)과 비슷한 주장을 하였는데 하나님의 존재(存在) 안에 있는 삼위(三位)를 능력(能力) 지혜(智慧) 선(善)의 세 가지의 속성(屬性)으로 보았다.

이러한 주장 역시 삼위일체(三位一體) 하나님에 관한 바른 이해(理解)에 이르지 못하고 있다는 것을 알게 한다.

또 길버트(Gilbert of Poitiers)와 같은 사람은 주장하기를 이와는 반대(反對)로 실재론(實在論)에 입각하여 신적본체(神的本體)와 하나님을 구별(區別)하였다. 신적(神的)인 본체(本體)는 하나님이 아니라 하나님을 하나님 되게 하는 것이라고 하였다.

이 본체(本體) 혹은 형태(形態)는 삼위(三位)에 공통(共通)이며 이런 점에서 삼위(三位)는 하나라고 하였다. 삼위일체(三位一體)라는 신학적(神學的)인 바른 이해(理解)에 이르지 못하고 있다는 것을 나타내는 것 같은 아쉬움을 남긴다.

1215년의 제4차 라테란 회의(Lateran Council)에서는 하나님을 '확실(確實)한 최고(最高)의 실재(實在)'라고 하면서 그 하나님은 성부(聖父, Holy Father)와 성자(聖子, Holy Son)와 성령(聖靈, Holy Spirit)이시며 동시에 이 삼위(三位)는 동격(同格)으로서 세 인격자(人格者)이시고 각각 독립적(獨立的)으로 존재(存在)한다고 고백(告白)하고 있다.

하나님은 사위(四位)가 아니라 삼위(三位)이시다.

왜냐하면 세 인격(人格) 가운데 그 어느 위격(位格) 이시든 그 실재(實在)만이 만물의 근원(根源)이시며 그것을 벗어나서는 아무것도 존재(存在)할 수 없는 실체(實體)요 본질(本質)이시요 또는 신(神)의 본성(本性)이기 때문이다.

여기에서 우리는 이 어려운 삼위일체(三位一體) 하나님에 관한 교리(敎理)를 다시 간단하게 정리해 둘 필요를 느낀다.

왜냐하면 우리 기독교(基督敎)의 교리(敎理)들 가운데서도 삼위일체(三位一體) 하나님에 관한 바른 정론(正論)을 확보하지 못하면 기독교(基督敎)에서 말하는 성경적인 정통보수신학(正統保守神學)은 무너지고 말기 때문이다.

"삼위일체(三位一體)란 본질적(本質的)으로는 한 분이신 하나님 안에, 성부(聖父)와 성자(聖子)와 성령(聖靈)이라는 세 위격(位格, Persona)이 한 분의 하나님을 이루신다라고 하는 신비적(神秘的)인 교리(敎理)이다".

2 ≡ 스콜라주의의 기독론(基督論)

스콜라 신학(神學)의 초기(初期)나 중기(中期)에 있어서 기독론(基督論)에 대한 별다른 변화(變化)가 없었다.

다만 전통적(傳統的)인 기독론(基督論)을 유지(維持)하여 이를 바로 전승(傳承)하는데 그쳤기 때문이다.

그러나 시간이 흐를수록 "그리스도를 본 받자"(Imitate Christ)는 처음 사상(思想)은 많이 희석(稀釋)되어 갔다. 이것은 중기 스콜라 신학(神學)의 주된 관심사(關心事)가 되지 못했다.

일반적(一般的)인 기독론(基督論)에 대한 경향(傾向)은 하나님의 본성(本性)인 그리스도의 신성(神性)은 비인격적(非人格的)인 인성(人性)과 연합(聯合)되었다는 것이었다.

특히 인격(人格)에서 연합(聯合)이 완성된다고 보았다.

예수 그리스도의 성육신(成肉身)에 대한 중요한 이해는 인성(人性)이 영원(永遠)부터 선재(先在) 하셨던 신성(神性)의 위격(位格) 속에서 존재(存在)하기 시작하는 것이라고 한다.

토마스 아퀴나스(Thomas Aquinas: 1227-1274)는 그리스도의 인성(人性) 속에는 위격적(位格的)인 실재(實在)가 전혀 존재(存在)하지 않았기 때문에 그리스도 안에는 오직 한 실재(實在)만이 존재(存在)한다고 보았다.

그 이유는 인성(人性)은 독립적(獨立的)인 인격(人格)이 아니었다는 것이다. 그리스도의 인성(人性)은 로고스가 연합(聯合)하여 이중적(二重的)인 은혜(恩惠)를 받았다고 한다.

하나는 연합적 은혜(聯合的 恩惠, Union Grace)인데 그것은 인성(人性)과 신성(神性)의 연합(聯合)에서 온 결과(結果)를 말한다. 인성(人性)은 이 연합(聯合)으로 예배(禮拜)의 대상이 된다.

다른 하나는 지속적 은혜(持續的恩惠, Continuous Grace)인데 이것은 인간(人間)인 그리스도에게 주어진 성화(聖化)의 은혜(恩惠)이다. 이 성화(聖化)의 은혜(恩惠)로 인성(人性)이 하나님과의 관계(關係, Relationship)에서 자신(自身)을 유지(維持)한다. 인성(人性)은 전능(全能)이 아니고 인격적(人格的)인 성정(性情)을 가질 뿐이고 인적(人的)인 의지(意志)는 항상 신적(神的)인 의지(意志)에 종속(從屬)되는 것이다.

알렉산더는 안셀름을 따라서 그리스도가 그의 공로(功勞)를 통하여 성취(成就)하신 속죄(贖罪)의 필요성(必要性)을 가르쳤다.

그는 안셀름과 아벨라르드를 종합(綜合)하는 교리(敎理)를 시도(試圖)하였다. 그러나 버나벤트라에게서는 이 점이 더 확연(確然)히 드러남을 볼 수 있다.

구속사역(救贖事役)은 그리스도의 무제한적(無制限的)인 고난(苦難)을 통하여 하나님을 알고 사랑하고 닮는 것을 배우며 인간의 죄(罪)들이 가치(價値) 있는 속죄(贖罪)를 통하여 용서(容恕)된다고 그는 해석(解釋)하였다.

그는 성육신(成肉身)의 필요성(必要性)을 강하게 주장하였다.

그리고 속죄(贖罪)는 그리스도의 행위(行爲) 뿐만이 아니라 그리스도의 고난(苦難)에 의해서도 획득(獲得)되는 것이라고 하였다.

그리스도의 행위(行爲)와 고난(苦難) 속에는 두 본성(本性)들의 협력(協力)이 있었으므로 신인(神人)의 공로(功勞)이다.

속죄(贖罪)를 하는 것은 하나님에게 당연히 바쳐져야 하는 것으로서 하나님을 진정(鎭靜)시켜 드리는바 그의 영광(榮光)을 갚아 드리는 것이다.

이 가운데서 하나님의 자비(慈悲)와 의(義)가 나타난다고 한다.

여기서 안셀름 적인 견해(見解)가 아벨라르드적인 사상(思想)과 결합(結合)됨을 본다.

즉 고난(苦難)이 가장 적절(適切)한 수단으로 선택(選擇)됨으로써 하나님을 향한 응답적(應答的)인 사랑을 가지도록 인간들을 고취(鼓吹)시키는데 적합(適合)하였기 때문이다.

또 버나드처럼 버너벤트라는 그리스도가 교회(敎會)의 머리라는 사상(思想)을 말하여 이 전의 안셀름이 결코 생각하지 못했던 바를 논하기도 하였다. 토마스는 그리스도의 구속사역(救贖事役)이란 인간(人間)을 하나님에게 연합(聯合)시키는 것으로 해석하였다.

그리스도의 인성(人性)에는 모든 은혜(恩惠)가 충만(充滿)히 거하는데 인류(人類)의 머리이자 교회의 머리이신 그리스도로부터 지위(地位)와 완전(完全)함과 덕(德)이 지체(肢體)들에게 넘쳐 흐른다는 것이다.

머리의 공로(功勞)는 지체(肢體)들이 머리에 속(屬)하게 되는 경우에 한하여 주어진다. 마땅히 지체(肢體)들은 머리와 같은 모양(貌樣)이 되어야 한다.

여기에서 토마스 아퀴나스는 그리스도는 지체(肢體)들의 머리로서 새로운 인성(人性)의 누룩과 원리(原理)가 되는 새로운 인간(人間)이라는 전제(前提)를 하고 있다.

토마스 아퀴나스는 그리스도의 구속사역(救贖事役)을 그의 가르친 행위(行爲)들과 그의 고난(苦難)들을 통하여 인류(人類)의 스승과 모범(模範)이 되었다는 관점(觀點)에서 생각하는 것을 볼 수 있다.

그리스도는 우리에게 순종(順從)과 겸손(謙遜)과 성시(聖時)와 의(義) 및 바른 덕(德)들의 모본(模本)을 제시(提示)하신 것이다. 우리가 이런 것을 통하여 도달(到達)한 사랑은 죄(罪)의 사(赦)함을 얻는데 도움을 준다.

예수 그리스도의 부활(復活)과 하늘로의 승천(昇天)과 및 하나님의 우편(右便)에 앉으신 것도 이 교훈(敎訓)에 관련되며 특히 하나님의 보좌우편(寶座右便)은 승귀(昇貴)하신 그리스도가 거기에서 인간들에게 은사(恩賜)들을 보내시기 때문에 중요하다.

참으로 하나님이나 예수 그리스도에 관한 교리(敎理)가 어렵다는 것은 주로 우리가 말하는 신학자(神學者)들에 의해서 갈갈이 찢겨져 버리고 가장 성경적이어야 할 바른 신앙(信仰)과 신학(神學)을 이해하는데 어렵게 하는 것 같은 감(感)을 느끼게 한다.

가장 성경적(聖經的)이고 순수(純粹)한 신앙(信仰)을 지키기란 어렵다는 것을 알 수 있다. 그러므로 우리는 더욱 더 정신(精神)을 차리고 하나님께 기도(祈禱)하는 것과 성경(聖經)을 자세히 상고(詳考)하고 묵상(黙想)하는 일과 말씀대로 믿고 순종(順從)하는 신앙의 훈련(訓練)을 더 받아야 할 것으로 안다.

3 ≡ 스콜라주의의 교회론(敎會論)

우리가 기독교(基督敎)의 교회사(敎會史)를 통해서 보는 중세기 초의 신자(信者)들은 교회(敎會)에서 말하는 교리(敎理)를 그대로 받아들였고 그 외에도 교회의 지도(指導)에 만족(滿足)하는 순수성(純粹性)이 있었다.

그러나 기독교에 대한 이해는 하나의 외부적(外部的)인 제도(制度)로 인식(認識)되었지 내적(內的)인 영적생명(靈的生命)의 관계(關係)에서는 아니었다.

그러다가 10세기 말 경에 이르러 기독교(基督敎)를 개인적(個人的)인 경건(敬虔)의 차원(次元)에서 이해(理解)하려는 운동이 일어났다. 보다 더 강(强)한 종교적(宗敎的)인 주관주의(主觀主義)가 나타난 것이었는데 이러한 운동(運動)은 클루니(Cluny)를 중심으로 일어난 것이다.

이 운동은 확실성(確實性)과 체험(體驗)과 회심(悔心)과 경건(敬虔)이 중요한 특징(特徵)이라고 할 수 있다. 그리고 교직자(敎職者)들보다는 평신도(平信徒)들에게 더 호응(呼應)을 얻었다. 이 새로운 각성(覺醒)과 영적운동(靈的運動)은 십자군(十字軍)의 지원(支援)과 수도원(修道院)의 설립(設立)으로 열성적(熱誠的)인 신앙(信仰)의 형태(形態)를 보이고 있었다.

이 운동의 목표는 수도원(修道院)의 엄격(嚴格)한 훈련(訓練)과 성직자(聖職者)들의 금욕제도(禁慾制度)와 교회의 속권(贖權)에 대한 우위성(優位性)과 현세(現世)의 생활에 대한 부정(否定)과 내세(來世)를 명상(瞑想)하는 것과 신비주의적(神秘主義的)인 합일(合一) 등이었다.

이 세상에서의 자유(自由)와 승리(勝利)는 교회의 지배(支配)를 통해서 이루어진다는 관념(觀念)은 계속 되었지만 신비주의(神秘主義)와 금욕주의(禁慾主義)가 강화(强化)되었다.

즉 교회(敎會)는 세상(世上)을 아래로 보는 태도(態度)를 고친 것은 아니고 다만 세상을 이기는 방법이 보다 영적(靈的)으로 변(變)한 것이었다.

이단(異端)에 대한 판단(判斷)에 있어서도 이레네어스는 교회와 성경의 교리(敎理)를 부인(否認)하는 자라고 하였고 키릴은 교회의 제도(制度)에 반대(反對)하는 자들이라 하였으나 그레고리 7세는 교회를 반대(反對, Opposition)하는 자라고 하였다.

그러나 새로운 각성(覺醒)의 시대에서는 이단(異端)에 대한 관심(關心)보다는 자신(自身)들부터 그리스도를 따라 희생(犧牲)하고 거룩한 삶을 살려는 노력(勞力)에서 신비주의(神秘主義)의 경향(傾向)에 빠져 들어갔다.

또한 세상(世上)에서의 분리(分離)와 승리(勝利)라는 두 가지의 목표(目標)를 이루기 위하여 겸손(謙遜)과 야심(野心)과 자기부인(自己否認)과 정력(精力)과 감수성(感受性)과 야수성(野獸性)이 대립적(對立的)으로 병행(竝行)하고 있었다. 이것은 동방교회(東方敎會)에서 더욱 뚜렷하게 나타나고 있다.

특히 하나님과의 합일(合一)이라는 신비사상(神秘思想)은 죤 스코투스(John Scotus)와 라테리우스 (Raterius) 휴고 (Hugo of Victor) 등에 의해서 대중화(大衆化)되었다.

엄격(嚴格)한 규율(規律)을 가진 수도단(修道團)들이 많이 일어나게 된 것도 교회(敎會)와 이 세상(世上) 간의 관계를 새롭게 정립(定立)하려는 경건운동(敬虔運動) 혹은 신비운동(神秘運動)의 열매였다.

그리하여 십자군(十字軍)의 운동(運動)과 새로운 경건주의(敬虔主義)에 대한 운동(運動)은 상호작용(相互作用)을 하게 되었고 성지순례(聖地巡禮)와 더불어 그리스도를 따르는 신앙의 한 양태(樣態)를 이루게 되었다.

4 ≡ 스콜라주의의 속죄론(贖罪論)

스콜라의 시대는 초기(初期)나 중기(中期)에 있어서 기독론(基督論)의 큰 변화(變化)는 별로 없었다고 해야 할 것이다.

전통적(傳統的)인 기독론(基督論)을 재생(再生)하는데 그쳤기 때문이다. 그러나 초기(初期)에 비(比)해서 그리스도를 닮자는(Imitatio Christ) 사상(思想)은 오히려 감소(減少)되고 있었다.

이것은 중기(中期) 스콜라 신학(神學)의 주된 관심사(關心事)가 되지 못하였다. 일반적(一般的)인 기독론(基督論)의 경향(傾向)은 하나님의 본성(本性)인 예수 그리스도의 신성(神性)은 비인격적(非人格的)인 인성(人性)과 연합(聯合)되었다는 것이다.

특히 그리스도의 인격(人格)에서 연합(聯合)이 완성(完成)된다고 보았다. (보벤트라. 토마스).

성육신(成肉身)에 대한 중요한 이해(理解)는 다음과 같은 것이다.

즉 인성(人性)이 영혼(靈魂)부터 선재(先在) 하셨던 신성(神性)을 인격(人格) 속에서 존재(存在)하기 시작하는 것이라고 한다.

토마스 아퀴나스는 그리스도의 인성(人性) 속에는 위격적(位格的)인 실재(實在)가 전혀 존재(存在)하지 않기 때문에 예수 그리스도 안에는 오직 한 실재(實在)만이 존재(存在)한다고 보았다. 인성(人性)은 독립적(獨立的)인 인격(人格)이 아니었다는 것이다.

그리스도의 인성(人性)은 로고스와 연합(聯合)하여 이중적(二重的)인 은혜(恩惠)를 받았다고 한다.

하나는 연합적은혜(Union Grace)인데 그것은 인성(人性)과 신성(神性)의 연합(聯合)에서 오는 결과(結果)를 말한다.

인성(人性)은 이 연합(聯合)으로 예배(禮拜)의 대상이 된다. 다른 하나는 지속적(持續的)인 은혜(Continuos Grace)인데 이것은 인간(人間)인 그리스도에게 주어진 성화(聖化)의 은혜(恩惠)이다.

이 은혜(恩惠)로 인성(人性)이 하나님과의 관계(關係)에서 자신(自身)을 유지(維持)한다. 인성(人性)은 전능(全能)은 아니고 인간적(人間的)인 성정(性情)을 가질 뿐이고 인간적(人間的)인 의지(意志)는 항상 신적(神的)인 의지(意志)에 종속(從屬)되는 것이다.

토마스는 속죄(贖罪)의 절대적(絶對的)인 필요성(必要性)을 부인(否認)하였다.

하나님은 속죄(贖罪)가 없어도 죄(罪)를 용서(容恕)하실 수 있었다. 속죄(贖罪)의 방법(方法)은 하나님이 택(擇)하신 것이지 절대적(絶對的)인 필연성(必然性)은 아니었다.

토마스는 안셀름의 법률적(法律的)인 개념(槪念)과는 다른 각도에서 속죄론(贖罪論)을 말하는 것이다.

안셀름은 그리스도의 사랑과 생명의 가치(價値)의 위대성(偉大性)으로 인하여 그리스도의 고난(苦難)이 충분(充分)하였다는 주장을 하였으나 토마스는 그리스도의 고난(苦難)을 인격적(人格的)이고 윤리적(倫理的)인 차원(次元)에서 순종(順從)과 사랑의 관점(觀點)에서 보았던 것이다.

그리고 토마스에게는 공로(功勞)에 대한 사상(思想)이 있는데 그리스도의 고난(苦難)을 통하여 그리스도는 구원(救援)의 공로(功勞)를 쌓으셨고 이 공로(功勞)를 자신뿐 아니라 지체(肢體)들에게도 효험(效驗)이 있게 하셨다고 하였다.

그리스도의 대속적(代贖的)인 고통(苦痛)은 우리의 구원의 기반이다. 그러나 그리스도의 구속(救贖)의 은혜(恩惠)가 어떻게 전달(傳達)되는가의 문제는 토마스에게 있어서는 명쾌(明快)하지 못하다.

그리스도의 중보사상(仲保思想)은 확실(確實)하나 인간의 공로사상(功勞思想)과 결합(結合)되어 있다고 하여 매우 애매성(曖昧性)을 나타내고 있다.

토마스 아퀴나스에 따르면 그리스도의 구속(救贖)에 대한 사역(事役)의 열매들은 죄(罪)의 사(赦)함과 마귀(魔鬼)로부터의 해방(解放)과 죄(罪)의 형벌(刑罰)에서의 면제(免除)와 하나님의 진노(震怒)를 가라앉히심과 하늘 문(門)이 열리는 것 등이다.

토마스 역시 아벨라르드와 안셀름의 사상(思想)을 종합했고 약간(若干)의 공로(功勞)에 대한 사상(思想)까지 곁들여서 그의 구속론(救贖論)을 말한 것이다.

그가 그리스도를 교회의 머리로 말한 것은 아주 중요한 착상(着想)이었다고 할 수 있으나 그러나 이 사상(思想)은 그리스도의 사랑에 압도(壓倒)되어서 선(善)을 행하도록 격려(激勵)를 받으며 그것으로 죄(罪)의 사(赦)함을 얻을 수 있다는 공로사상(功勞思想)은 중세신학(中世神學)을 대변(代辯)하는 것으로 보인다.

이들 중세시대의 신학자(神學者)들은 모든 교리(敎理)를 서술(敍述)함에 있어서 인간의 공로(功勞)에 대한 사상(思想)을 기본적(基本的)으로 전제(前提)한채 이를 논(論)하는 특성(特性)을 나타내고 있다.

그리하여 이러한 사상으로는 인간에 의한 자율적(自律的)인 구원(救援)의 가능성(可能性)을 전제로 하는 사상(思想)이어서 예수 그리스도의 십자가(十字架)의 공로라는 타율적(他律的)인 구원교리(救援敎理)에는 이르지 못하고 있다는 것을 알게 한다.

중세 스콜라주의 중기에 있어서의 인간론(人間論)은 하나님의 형상(形像, Image)에 대한 논의(論議)와 원죄(原罪) 및 은총론(恩寵論)에 대한 토론(討論)이 우리의 중요한 연구의 대상들이었다.

일반적(一般的)으로 종교개혁자(宗敎改革者)들은 하나님의 형상(形象, Image)과 모양(貌樣, Form)을 같은 것으로 본데 반하여 스콜라 철학자(哲學者)들은 달리 해석하였다. 로마 교회의 핵심교리(核心敎理)로 되어있는 하나님의 형상(形像) 대한 이름은 다음과 같이 정리(整理)된다.

"형상(形像)은 자연은사(自然恩賜)이고 모양(模樣)은 초자연(超自然)의 은사(恩賜)인데 자연은사(自然恩賜)란 영성(靈性), 지성(知性), 불멸성(不滅性)등을 가리키며 초자연(超自然)인 은사(恩賜)란 원의(原義, Original Justice)를 말한다."

그런데 아담이 타락(墮落)한 후에 자연은사(自然恩賜)는 그대로 있었으나 초자연은사(超自然恩賜)는 박탈(剝奪)당하였다.

따라서 로마 교회에서는 자연은사(自然恩賜)는 아직도 남아있으므로 자연신학(自然神學)이나 또는 종교다원주의(宗敎多元主義)로 가는 길을 열어놓았다고 할 수 있다.

보나벤투라는 사람은 인간의 타고난 자연적(自然的)인 윤리적상태(倫理的狀態)에 대하여 그것이 원의(原義)이며 자연적(自然的)인 능력(能力)들의 조화화(調和化) 자연적(自然的)인 능력(能力)들의 실행을 방해(妨害)하는 육욕(肉慾)의 결여(缺如)라고 하였다.

여기에 초자연적(超自然的)인 은사(恩賜)로서 부가적(附加的)인 능력(能力)이 더하여 지는 것이다. 이 부가적(附加的)인 능력(能力)이나 혹은 은사(恩賜, Gifts)는 우리 인간(人間)의 원시의(原始義)의 제일(第一)의 원인(原因)이다.

이것은 지식(知識)으로서 하나님과 세상(世上)에 대한 것을 알기 위한 지성(知性)을 비추어주는 지식(知識)이다.

그러나 더 중요한 것은 이것을 받아드릴 수 있게 만드는 하나님의 은총(恩寵)의 능력(能力)이다. 이것은 하나님이 주시는 초자연적(超自然的)인 보충(補充)이다.

이것은 본질적(本質的)으로 하나님께 있던 것을 그의 신자(信者)들에게 주입(注入)하여 주는

은총(恩寵)이요 하나님의 사랑을 느끼게 만드는 주입(注入)된 사랑이다고 보나벤투라는 주장
했다.

인간을 성화(聖化)시키는 이 은총(恩寵)은 하나님이 신자(信者)에게 내재(內在)하시며 영생(永
生)을 얻게 하시는 능력(能力)을 주입(注入)하시는 은총(恩寵)이다.

이 은총(恩寵)의 자리는 영혼(靈魂)의 본질(本質) 속에 있다 (토마스).

이 은총(恩寵)은 성화(聖化)의 과정(過程)을 지나면서 주어지는데 그 때부터 인간은 일치(一致)
하는 공로(功勞) 즉 순응(順應)의 공로(功勞)에 의해 스스로 얻게 되는 것이다.

그러나 인간이 창조(創造)될 때에 원의(原義)와 함께 이 은총(恩寵)도 주어진다는 주장도 있다.

스콜라 신학자들은 대체로 공로사상(功勞思想)을 버리지는 못하였다. 인간의 도덕적(道德的)
인 생활(生活)은 공로(功勞)의 지배적(支配的)인 사상(思想)에 의해서 이루어져야 한다고 생각하
였다.

그리고 공로(功勞)는 하나님 앞에서 유효(有效)하게 되어야 하므로 반드시 자신에 의해서 행
하여져야 한다고 보았다.

인간은 타락(墮落)하기 전이나 타락(墮落)한 후에도 하나님의 은총(恩寵)의 강제적(强制的)인
능력(能力)을 받을 필요가 있다고 한다.

인간론(人間論)의 중심 내용을 이루는 원죄론(原罪論)에 있어서 안셀름은 그것을 원의(原義)
의 결핍(缺乏)으로 보았다.

롬바르드는 어거스틴을 따라서 원죄론(原罪論)을 육욕(肉慾)에서 찾았는데 원죄(原罪)에서 죄
(罪)의 본성(本性)의 약(弱)함과 죄(罪)의 본질적(本質的)인 뿌리가 육욕(肉慾)에 있다는 것을 강조
하였다.

알렉산더는 원죄론(原罪論)을 논(論)함에 있어서 죄(罪)와 형벌(刑罰)이라는 두 가지의 차원에
서 논의하였다.

죄(罪)의 양상(樣相)은 원의(原義)의 결핍(缺乏)이고 형벌(刑罰)의 양상(樣相)은 육욕(肉慾)이라는
것이다.

원의(原義)의 결핍(缺乏)이란 은총(恩寵)의 상실, 자연적(自然的)인 원의(原義)를 박탈(剝奪) 당한
것이다.

토마스도 비슷하게 말하기를 "원죄(原罪)는 실상의 육욕(肉慾)이며 원의(原義)의 결핍(缺乏)이다"라고 하였다.

원죄(原罪)는 인간의 영혼(靈魂)에 부속(附屬)하는 상태(狀態)나 상황(狀況)을 말함이며 그것은 육체(肉體)의 질병(疾病)과도 같은 것이라고 했다.

보나벤투라는 인간(人間)이 타락(墮落)하게 된 원인(原因)을 교만(驕慢)에서 찾았고 인간이 타락(墮落)하게 되 타락(墮落)의 가능성(可能性)을 무(無)에서 불안전(不安全)한 상태(狀態)로 만들어진 피조물(被造物)이 하나님을 따라서 그 뜻대로 행동(行動)을 할 수 없다는 데에 있다고 하였다.

죄(罪)의 전가(轉嫁)와 관련한 문제를 보면 이미 알렉산더가 대표의 원리(原理)를 알고 있었다. 그는 인류(人類)의 머리인 아담의 특별한 지위(地位)를 말하고 있다. 그러나 죄(罪)에 대한 문제를 육욕(肉慾)적인 타락(墮落)과 성적(性的)인 욕망(慾望)과 관련하여 말하는 경향(傾向)이 강했는데 이것은 어거스틴의 영향력(影響力) 때문이었다고 할 수 있다.

대부분의 스콜라 학자(學者)들은 인간의 영혼(靈魂)의 기원론(基源論)에서는 창조설(創造說)을 취하였고 이 때문에 유전적(遺傳的)인 본성(本性)과 창조(創造) 된 영혼(靈魂) 사이에 죄(罪) 문제를 두고 석연(釋然)치 않은 모호성이 제기되었다.

예를 들면 토마스는 유전(遺傳)된 육체(肉體)의 본성(本性)은 불순하다고 했고 그 본성(本性)이 생식(生殖)에 의해서 유전(遺傳)되므로 또 영혼(靈魂)의 존재(存在)는 그 행위로 인하여 시작되므로 영혼(靈魂)은 언제나 죄(罪)에 가득 차게 된다고 하였다.

인간적(人間的)으로 스콜라 신학(神學)은 하나님과의 인격적(人格的)인 교통(交通)보다는 인간이 하나님의 은총(恩寵)을 받아서 공로(功勞)를 쌓는데 초점(焦點)을 두고 있다. 따라서 신앙생활(信仰生活)의 중심을 이루는 것은 사랑과 선행(善行)이다.

토마스 아퀴나스는 인간이 최초의 은총(恩寵)을 받을 수 있는 공로를 행할 수 없었고 하나님의 은총(恩寵)을 받아야만 공로(功勞)를 행할 수 있었다고 하였다.

그럼에도 불구하고 하나님의 은총(恩寵)으로 인하여 발생(發生)하는 모든 인간의 행위들은 하나님의 보시기에 공로(功勞)들이 된다. 결국 인간의 행위(行爲)들을 통하여 인간은 스스로 영생(永生)과 은총(恩寵)이 증거(證據)를 얻을 수 있는 공로(功勞)를 쌓는 것이다.

여기에서 가치(價値) 있는 공로(功勞)와 합당하고 일치하는 공로의 구별(區別)이 나오게 된다. 가치 있는 공로는 순전히 은총의 선물(膳物)이라는 의미에서 사용하는 말이고 합당한 공로는 인간의 자유의지(自由)에서 실행(實行)되어질 때 사용되는 말이다.

이와 같이 스콜라 신학에서는 하나님의 은총(恩寵)이 두 가지의 개념(概念)으로 해석되었다. 하나는 주입(注入)된 은총(恩寵)이고 다른 하나는 공로(功勞)가 결합(結合)된 은총(恩寵)이다.

하나님의 은총(恩寵)과 인간의 공로(功勞)는 서로 보완적(補完的)인 면이 었으나 점점(漸漸) 더 공로(功勞)를 더 높이 평가(評價)하게 되었다.

이렇게 두고 볼 때에 스콜라 신학(神學)에서 말하는 은총론(恩寵論)은 어거스틴이 말하는 하나님의 은총론(恩寵論)과 불가항력적(不可抗力的)인 은사(恩賜)의 교리(敎理)에 크게 미치지 못한다는 것을 알 수 있다.

스콜라 초기부터 성례론(聖禮論)은 신학적(神學的)인 주 관심사(關心事)가 되었고 성례(聖禮)의 본질(本質)과 성례(聖禮)를 몇 가지로 정하여 베풀것인가 하는 그 숫자에 관한 연구(研究)가 활발하게 계속(繼續)되었다.

성례(聖禮)에 관한 교리(敎理)는 특히 교황(敎皇) 유게니우스 4세 (Eugenius IV: 1383-1447)에 의해 1439년의 플로렌스 공의회(公議會)에서 교리(敎理)로 확정(確定)되었다. 성례(聖禮)들은 그 모든 효능(效能)에 있어서 그리스도의 고난(苦難)에서 취(取)해야 한다고 주장되었다. 그리고 성례(聖禮)의 수(數)에 대하여는 이제 일곱 가지의 성례(聖禮)로 하도록 확정(確定)된 것으로 인정(認定)되었다.

이 일곱 수(數)는 여러 가지로 논증(論證)되어졌는데, 특히 신자(信者)들의 삶은 그 성격상(性格上)으로 볼 때 몸의 발달(發達)과 서로 관련(關聯)이 있다고 했다.

즉 탄생(誕生)의 성례(聖禮)로서 세례(洗禮), 성장(成長)의 성례(聖禮)로서 견진례(堅振禮), 양육(養育)의 성례(聖禮)로서 성만찬(聖晚餐), 매일(每日)의 죄(罪)들을 치료(治療)한다는 뜻에서 참회(懺悔), 죄(罪)의 잔재(殘在)들을 제거(除去)한다는 뜻에서 도유례(塗油禮), 결혼(結婚)의 성례(聖禮)로서 혼배성사(婚配聖事), 성직(聖職)에 능력(能力)을 부여(賦與)한다는 뜻에서 신품성사(神品聖事) 등이다.

이와 같이 스콜라 신학은 사람의 일생(一生)을 성례(聖禮)라는 의전(儀典)으로 묶어 놓았다.

로마 교회는 이렇게 하여 인간을 속박(束縛)하고 결코 교회(敎會)에서 떠나가지 못하도록 제도화(制度化)하여 교권(敎權)을 강화(强化)시킨 것이다.

그리고 가장 중요한 성례(聖禮)는 세례(洗禮)와 성만찬(聖晩餐) 이었다. 이것들은 그리스도에 의해서 직접적(直接的)으로 제성(制定) 된 것이기 때문이다. 성례(聖禮)는 신성(神聖)한 것의 표지(標識)이며 인간(人間)을 거룩하게 성화(聖化)시키는 수단이 된다.

성례(聖禮)는 우리들 가운데 신비(神秘)하게 활동(活動)하시는 하나님이 권능(權能)이며 하나님의 감추어진 비밀(秘密)의 치료약(治療藥)이며 신성(神聖)하게 제정(制定)되었고 감각(感覺)되어지는 표징(表徵)들이다.

성례(聖禮)는 하나님의 은총(恩寵)을 포함(包含)하고 있으며 이것들을 합당(合當)하게 받아드리는 사람들에게는 하나님의 은총(恩寵)이 부여(賦與)되는 것이다.

성례(聖禮)들은 하나님께서 우리 인간(人間)에게 칭의(稱義)의 은총(恩寵, Justice Grace)을 가져다 준다.

토마스 아퀴나스는 능력(能力)들 자체 곧 은사(恩賜)들의 은총(恩寵)과 성례(聖禮)의 은총(恩寵)을 구별(區別)하였으나 나중에는 모든 은총(恩寵)이 같다고 주장하는 경향이 우세하게 되었다.

결국은 감사하게 만드는 은총(恩寵) 혹은 열납(悅納) 받게 만드는 은총(恩寵)의 본질적(本質的)인 동일성(同一性)을 인정하였다.

성례(聖禮)들에 참여(參與)를 통하여 주입(注入) 된 것이든 공로(功勞)를 통해서 획득(獲得)된 것이든 무상(無償)으로 주입(注入)된 것이든 간에 다 하나님의 은총(恩寵)을 받은 모든 사람 안에는 종류(種類)에 있어서 한 가지이며 동일(同一)한 은총(恩寵)이 실재(實在)한다고 하였다.

우리가 스콜라 성례론(聖禮論)에서 빠뜨릴 수 없는 중요한 한 가지 요소(要素)를 지나칠 수 없는데 그것은 바로 로마교회 성례(聖禮)의 시효성(時效性)이다.

이것에 대해 알렉산더, 알베르트스, 보나벤트라도 가르쳤다. 이것은 성례(聖禮)의 객관적(

客觀的)인 시행(施行)을 통하여 그리고 성례(聖禮) 자체의 힘으로 효과적(效果的)이 된다는 교리(敎理)이다.

성례(聖禮)는 작용(作用)하는 힘이 있다는 것이다.

신약(新約)의 성례(聖禮)들은 시효성(時效性)을 통하여 그것들 자체들을 정당화(正當化)시키며 그들 자신들에게 은총(恩寵)을 수여(授與)한다.

또한 성례(聖禮)에 참여자(參與者)의 인격(人格)이나 행위(行爲)에 근거(根據)하거나 성례(聖禮)를 집례(執禮)하는 집행자(執行者)에 의해서 은총(恩寵)이 수여(授與)되고 혹은 더 유효적(有效的)이 된다는 생각들도 있었다.

🖋 다시 생각해 볼 복습 문제

01. 스콜라주의 철학이란 무엇을 말하는가를 간단히 말하라

02. 스콜라주의의 신론을 간단히 설명하라

03. 스콜라주의의 기독론을 간단히 말하라

04. 스콜라주의의 교회론을 간단히 설명하라

05. 스콜라주의의 속죄론을 간단히 말하라

06. 스콜라주의의 인간론을 간단히 말하라

07. 스콜라주의의 성례론을 간단히 말하다.

08. 일곱 가지의 성례를 세우게 된데 대해서 간단히 말하라

09. 신학과 신앙에 대해서 자기의 입장을 간단히 말하라

제 3 편

종교
개혁기의
교리사상

THE DOGMATIC THOUGHT IN THE REFORMATION

종교 개혁기의 교리사상
THE DOGMATIC THOUGHT IN THE REFORMATION

종교개혁기(宗敎改革期)를 전후한 기독교(基督敎)의 교리사상(敎理思想)은 극단적(極端的)으로 방황(彷徨)하는 상태 속에 헤매고 있었다고 보아야 할 것이다.

왜냐하면 590년 그레고리 1세에 의한 교황권(敎皇權)의 확립(確立)으로부터 시작하여 1517년 말틴 루터(Martin Luther: 1483-1546)를 비롯하여 여러 신학자(神學者)들에 의해서 종교개혁운동(宗敎改革運動)이 일어나기까지 사실상 기독교의 교리사상(敎理思想)은 전혀 성경(聖經)을 중심으로 한 것이 아니라 자기들 마음대로 교리(敎理)나 신조(信條)를 세우고 교황청(敎皇廳)을 중심으로 하여 해석(解釋)되고 이해(理解)되고 있었기 때문이었다.

이 기간 동안에는 교황청(敎皇廳)의 철저한 간섭(干涉)과 통제(統制)와 지배(支配) 아래서 사실상 자유(自由)로운 성경적인 활동이나 신학운동(神學運動) 같은 것이 이루어 질 수가 없었다.

심지어는 개인의 신앙(信仰)까지도 각인의 양심(良心)에 따라서 성경에서 말씀하고 있는 진리(眞理)대로의 선택(選擇)을 할 수가 없었고오직 교황청(敎皇廳)의 지시(指示)와 명령(命令)에 따라야 했고 교황청(敎皇廳)에서 세운 사제(司祭)들의 지시에 따라서 타의(他意)로 이루어졌던 것이었다.

만약에 로마 카톨릭 교회에서 이 때의 신학(神學)이나 교리사상(敎理思想)을 제시(提示)하고 이끌었든 대표적(代表的)인 인물(人物)을 대라고 한다면 한결같이 토마스 아퀴나스(Thomas Aquinas: 1252-1274)라고 할 것이다.

그러므로 여기에서는 로마 카톨릭 교회의 대표적(代表的)인 신학자(神學者)요 사상가(思想家)로 통하는 토마스 아퀴나스에 대해서 간단히 살펴보는 것이 옳을 것으로 본다.

토마스 아퀴나스라고 하는 사람은 어렸을 때부터 몬트 카시노의 베네딕트(Benedict)파 수도원(修道院)에서 수양(修養)과 초등학문(初等學問)에 진력(盡力)하다가 그의 나이 13살이 되었을 때에 나폴리 (Napoly)대학(大學)에 들어갔었다.

그로부터 3년 후에는 가족(家族)들의 반대(反對)에도 무릅쓰고 도미닉(Dominic)파의 수도사(修道士)가 되어 콜론에 가서 알벨타스 마그나스(Albertas Magnas)의 강의(講義)를 듣고 다시 파리 대학(大學)에서 3년 간을 학문연구(學問硏究)에만 힘썼다.

학업(學業)을 마친 다음에는 다시 콜론으로 돌아와서 교회(敎會)의 목사(牧師)로 안수(按手)를 받았고 4년 동안은 주로 설교(說敎)와 강의(講義)에만 전념(專念)했다.

1257년에는 박사학위(博士學位)를 받았고 그 후 죽을 때까지 도미닉 파의 수도사(修道士)로서 교육(敎育)과 저서활동(著書活動)에만 평생(平生)을 바쳤다.

그러한 토마스 아퀴나스가 1263년에 수도사단(修道士團)의 대회(大會)로 인하여 영국 런던을 다녀온 일 외에 1269-1271년까지는 파리에서 주로 활동(活動)을 했고 그 외에는 이태리의 로마와 보로니아 나폴리 등지에서 주로 활동을 했던 것으로 전해지고 있다.

그러한 그가 신학(神學)과 철학(哲學)에 끼친 영향은 대단히 컸다. 그의 학문(學問)은 광범위(廣範圍)했던 것이며 일체(一切)의 모든 지식(知識)을 오직 신학적(神學的)인 체계(體系) 속으로 흡수(吸收)시키는데 기여했다.

그는 성경 가운데서 일부(一部)의 주해(註解書)와 존재(存在)의 본질(本質)에 관한 철학적(哲學的)인 논문(論文)을 썼고 철학(哲學)에 대한 총론(總論)과 아리스토텔레스 주해(註解)를 썼다.

그 외에 종교(宗敎)에 관한 논문(論文) 등이 있으나 뭐니 뭐니 해도 그의 대작(大作)이라고 할 수 있는 신학개요(神學槪要, Summa Theologia)는 그의 신학사상(神學思想)에 대한 전체(全體)를 정리

종교 개혁기의 교리사상
THE DOGMATIC THOUGHT IN THE REFORMATION

(整理)한 것으로서 우리 인간(人間)의 지식(知識)이 종교(宗敎)와 관계(關係)를 맺는 결산(決算)이라고 할 것이다.

거기에서 아퀴나스는 주장하기를 사람의 영혼(靈魂)에는 두 개의 지식(知識)의 원천(源泉)이 있다고 했다.

그 하나는 하나님의 초자연적(超自然的)인 계시(啓示)이고 또 다른 하나는 인간에 의한 자연지식(自然知識)이라고 주장했다.

자연지식(自然知識)에 속하는 철학적(哲學的)인 지식(知識)은 하나님의 계시(啓示)의 은총(恩寵)으로 신학(神學)에까지 높여져야 비로소 만족(滿足)한 경지(境地)에 도달(到達)할 수 있다고 주장했다.

선(善)을 식별(識別)하는 지식(知識)은 인간의 의지(意志)로 결정(決定)한다. 그러나 이는 전자(前者)에 의존(依存)하는 것이므로 의지(意志)의 자유(自由)라는 것도 필경(畢竟)은 지식(知識)에 따르는 자유(自由)라고 했다.

옳은 지식(知識)이 없이는 의지(意志)가 바른 길을 선택(選擇)할 자유(自由)가 없다. 인간의 이성(理性)은 하나님의 존재(存在)를 증명(證明)할 수는 있으나 계시(啓示)는 그의 본질(本質)을 밝혀 준다.

하나님의 의지(意志)는 하나님의 지혜(智慧)와 결합(結合)되어 있다. 이 전제(前提) 밑에서 비로소 참 교리(敎理)는 모든 옳은 행위(行爲)의 원인(原因)이 되며 기초(基礎)가 된다.

그러나 하나님의 계시(啓示)로부터 나오는 지식(知識)이 가장 중요(重要)하다는 것을 알게 한다.

　우리가 종교개혁기(宗敎改革期)의 교리사상(敎理思想)을 바로 이해하기 위해서는 먼저 그 시대의 교리(敎理)에 대한 사상(思想)을 지배(支配)하고 있던 카톨릭주의(主義)에 대해서 알아보고 들어가야 한다는 전제(前提) 하에 토마스 아퀴나스의 사상(思想)을 살펴보려는 것으로 이해를 한다면 될 것이다.

　그 다음에 로마 카톨릭 교회의 교황청(敎皇廳)에서 휘두르는 정치(政治)가 어떻게 시행(施行)되었으며 그것이 교회사(敎會史)의 어떤 위치(位置)와 어떠한 역할(役割)로 나타나게 되었는가를 알아보는 순으로 연구를 진행하는 것이 옳다고 본다.

　물론 여기에는 많은 시비(是非)가 논의(論議)될 것이나 그것은 로마 카톨릭 교회를 모함(謀陷)하거나 비판(批判)하기 위한 목적(目的)에서라기보다는 우리는 마땅히 하나님의 교회(敎會)의 전통(傳統)과 기독교(基督敎)의 바른 신학(神學)에 대한 정통성(正統性)을 지켜나가야 할 사명(使命)과 책임(責任)이 있기 때문에 이에 대한 연구(硏究)나 비판(批判)은 오히려 자연(自然)스러운 일이라고 생각한다.

　그리고 이에 대한 것들은 어디까지나 어느 특정개인(特定個人)의 주관이나 사상적(思想的)인 주장이 아니라 시종일관(始終一貫)하게 하나님의 말씀인 성경(聖經)을 기준(基準)해서 살펴보려고 한다는데 유의(留意)해야 할 것이다.

　성경을 떠난 철학(哲學)은 인간의 이성(理性)을 중심으로 한 철학(哲學)일뿐 성경을 중심으로 한 신학(神學)이 아니라는데 유념(留念)해야 할 것이다.

　특히 기독교(基督敎)의 신학(神學)은 성경(聖經)을 중심으로 한 신앙(信仰)에서 나와야 한다는 것을 잊어서는 안 된다.

종교 개혁기의 교리사상
THE DOGMATIC THOUGHT IN THE REFORMATION

이런 의미에서 당당하게 말할 수 있는 것은 신학자(神學者)가 되기 전에 먼저 성경적(聖經的)인 신앙인(信仰人)이 되어야 한다는 것과 믿음은 생활(生活)의 실상(實狀, Substance)으로 나타나서 믿음의 증거(證據, Evidence)를 보여줘야 한다.

이 말은 신학적(神學的)으로 아무리 높은 지식(知識)을 가지고 있다고 할지라도 믿음의 실상(實狀)이 없이는 바른 기독교 신앙운동을 할 수 없다는 말과도 같다.

인간의 지혜(智慧)와 지식(知識)이 상상을 뛰어넘는 현대인들에게 성경적인 바른 신앙을 넣어주기 위해서는 더 경륜(經綸)이 깊은 바른 신앙의 실상(實狀)을 가진 신학자(神學者)나 목회자(牧會者)나 기독교의 지도자(指導者)가 나와야 할 것으로 본다.

제1장

교황정치(敎皇政治)의 부패와 타락

The Decomposition and Corruption of the Popedom

중세 시대의 세계사(世界史)에 있어서 문예부흥(文藝復興)이라고 말하는 르네상스(Renaissance) 운동(運動)이나 기독교(基督敎)의 종교개혁(Reformation) 운동(運動)이라는 대 사건을 배제(排除)하고는 결코 바른 현대사(現代史)를 설명할 수가 없을 만큼 그 사건(事件)들이 갖는 비중(比重)은 크다고 할 것이다.

그러므로 우리는 그 사건(事件)에 대한 이해(理解)에는 정신(精神)을 기울이면서 그 시대적(時代的)인 상황(狀況) 곧 왜 이러한 큰 세계사적(世界史的)인 큰 사건(事件)이 일어나게 되었던가 하는 문제에 대해서는 좀 관심(關心)이 희석(稀釋)되어있지 않는가 하는 의심(疑心)이 간다.

여기에는 분명히 그 당시의 서구사회(西歐社會)를 중심으로 세계사 (世界史)를 지배하고 있던 로마 카톨릭 교회에 대해서 간과(看過)해 버릴 수가 없다는 것과 동시에 그 시대적(時代的)인 사상(思想)의 전반적(全般的)인 본산지(本産地)요 본부(本部)로서의 역할(役割)을 맡았던 교황청(敎皇廳)의 부패상(腐敗相)과 타락상(墮落相)에 대해서 결코 묵과(默過) 해 버릴 수가 없다는 것을 분명히 해 둔다.

분명히 우리 기독교(基督敎)는 성경(聖經)의 진리(眞理)에 따르는 신앙운동(信仰運動)과 교회운동(敎會運動)을 중심으로 이 세상(世上)에 대한 책임(責任, Responsibility)과 사명(使命, Mission)이라는 양면성(兩面性)을 가지고 역사적(歷史的)인 운동(運動)에 임해야 할 것을 요구(要求)받고 있다는 것을 잊을 수가 없다.

기독교 신앙의 하나라는 단일성 (單一性) 안에는 각인(各人)에게 주어진 하나님의 은사(恩賜)가 각각 다르기 때문에 개인(個人)의 신앙(信仰)만으로는 하나님의 교회(敎會)의 역사성(歷史性)

을 이어갈 수가 없기 때문에 교리(敎理, Doctrine)와 신조(信條, Creed)를 정하여 교회라는 공동체(共同體)에 대한 사상적(思想的)인 골격(骨格)과 기준(基準)으로 삼아야 한다.

그 교리(敎理)나 신조(信條)는 철저히 성경(聖經)에서 말씀하고 있는 진리(眞理)에 얼마나 더 가까운 근사치(近似値)로 나타나느냐하는 문제로서 이에 대한 시비(是非)는 있을 수가 있으나 반드시 필요(必要)하다고 하는데는 재론(再論)의 여지(餘地)가 없는 불가피(不可避)한 것이라는 것을 알아야 한다.

더구나 로마 카톨릭 교회의 교황정치(敎皇政治)를 통한 반 성경적인 교리(敎理)나 신조(信條)는 물론 사회적(社會的)으로도 반사회적(反社會的)이고 반윤리적(反倫理的)인 범죄행위(犯罪行爲)를 자행하게 되었던가 하는 것에 대해서 우리는 더 분명히 짚고 넘어가지 않고서는 현대사상(現代思想)에 대한 정론(正論)을 제시(提示)하기가 어렵다는 것을 알게 한다.

1 ≡ 교황정치(敎皇政治)의 제도(制度)

여기에서 말하려는 교황정치제도(敎皇政治制度, Papacy and Papal System)란 로마 카톨릭 교회의 교리(敎理)에 따르면 예수 그리스도께서 유형적교회(有形的敎會, Visible Church)의 설립(設立)을 목표(目標)로 하고 사도(使徒) 베드로에게 다른 사도들보다 더 많은 특권(特權)을 주어 자기의 대리자(代理者, Deputy)로 삼고 교회의 중심으로 하여 승려 계급직(僧侶階級職)과 행정적(行政的)인 권위(權威)까지를 주셨으므로(마16:18-19, 눅22:32, 요1:15-17) 교회(敎會)는 베드로가 죽은 후에도 베드로의 이름으로 존속(存續) 할 것이기 때문에 베드로의 후계자(後繼者)도 또한 계속(繼續) 되어야 한다는 것이다.

뿐만 아니라 로마 카톨릭 교회야말로 예수 그리스도께서 허락(許諾)하신 베드로(盤石) 위에 세워진 것이므로 모든 교회(敎會)의 최고(最高)의 지상권(地上權)을 카톨릭 교회에 상속(相續) 한 것이며 지금도 교황(敎皇)에 의하여 베드로는 살아있다는 것이다.

1439년에 소집(召集)된 피렌츠 회의(會議)의 결의문(決議文)이나 로마 교회의 문답(Constitutio

Dogmatika) 및 1870년의 바티칸 회의(會議)의 결의문(決議文)에도 이 같은 것이 표시되어있다.

그러나 역사적(歷史的)으로 보면 로마 카톨릭 교회의 최고권(最高權)은 오랜 세기(世紀)를 통하여 점진적(漸進的)으로 발전(發展)한 결과이며 교회에 관한 교리(敎理)도 점차적(漸次的)으로 발전(發展)하게 된 것이라는 것을 쉽게 알 수가 있다.

로마 카톨릭 교회가 설립(設立)되던 시절에 로마의 감독(監督)이 처음부터 그 같은 권위(權威)를 가진 것이 아니었다는 것은 이 교회(敎會)의 교직자(敎職者)들도 부인(否認)하지 못할 역사적(歷史的)인 사실인 것이다

로마의 감독(監督)들이 2-3세기부터 서방교회 전체의 존경(尊敬)을 받았던 것은 사실이다. 그리하여 3세기에 로마 감독(監督)의 최고권(最高權)의 요구(要求)가 있기는 했으나 325년에 개최 된 니케아 회의는 이를 승인(承認)하지 않았다.

또한 이에 대한 의논(議論)이 구구하였던 교회법(敎會法) 제6조에서도 로마 감독(監督)의 큰 세력(勢力)과, 이탈리아의 모든 감독직(監督職)의 취임권(就任權)을 인정(認定)하기는 했으나 그 같은 최고권(最高權)은 주지 않았다.

로마 감독(監督)이 최고권(最高權)을 얻게 된 원인(原因)을 다음 세 가지로 볼 수 있다.

첫째 로마 감독이 재정적(財政的)으로 부요(富饒) 하였다는 것

둘째 그가 세계적(世界的)인 중심지에 자리하고 있었다는 것

셋째 4세기부터 시작 된 교리상(敎理上)의 논쟁(論爭)에 있어서 항상 외교적(外交的)인 지위(地位)를 취하면서 신중하게 정통파(正統派)에 기울어졌다는 것 등이다.

그리하여 343년의 살디카 회의(會議)는 감독(監督)이 만일 폐직(廢職)을 당하였을 때는 로마 감독(監督)에게 호소(呼訴)하여 로마 감독(監督)이 필요하다고 생각하였을 때에는 몇 명의 감독(監督)들과 대리인(代理人)으로 구성(構成)된 위원(委員)들로 사건을 재심(再審)할 수 있게 되므로 이로부터 로마는 최고법정(最高法廷)과 같은 품위(品位)를 갖게 되었다.

445년 발렌티아누스의 법령(法令)도 서방교회(西方敎會)에서만 유효(有效)할 뿐이었다.

이로 인하여 교황(敎皇)의 권한(權限)이 증대(增大)하기는 하였으나 아직 황제(皇帝)의 권한(權限)을 벗어날 수는 없었다.

5세기 후반부터 로마는 중대(重大)한 문제에 있어서는 동방(東方)에서도 그 세력(勢力)을 가지게 되어 차츰 집권(執權)이 시작되었고 메로바요스 조(朝)의 프랑스는 교황(敎皇)으로 하여금 기독교국(基督敎國)의 최대(最大)의 감독(監督)으로 승인(承認)하였다.

이와 때를 같이 하여 신앙적(信仰的)인 교통(交通)을 고려(考慮)하였으나 이것은 이름일 뿐이었고 실권(實權)은 여전히 국가(國家)의 황제(皇帝)에게 있었다.

8세기에 들어와서 프랑크 교회는 보니페스와 직접적(直接的)으로 교통(交通)하고 보니페스 교회의 개혁령(改革令)을 채용하게 되었다.

그런데 보니페스는 교회의 대리자(代理者)로서 교황(敎皇)의 지시(指示)에 따라 움직이는 것이었으므로 프랑코 교회는 형식적(形式的)으로 교황(敎皇)의 최고권(最高權)이 인정(認定)되어있지 않았을 뿐 실권(實權)은 교황(敎皇)에게 있었다.

이런 사태는 샤르만에게 있어서도 계승(繼承)되었다. 황제(皇帝)는 국가(國家)에 있어서와 마찬가지로 교회(敎會)에 있어서도 최고권(最高權)을 행사하였다.

샤르만 황제(皇帝)가 죽은 후에 루이스(Louis IX: 1241~1270) 경건왕(敬虔王)과 그 아들들과의 불화(不和) 및 프랑코 감독(監督)들과 갈등(葛藤) 및 큰 도시(都市)의 감독(監督)들과의 싸움은 왕권(王權)으로서는 교회가 통제(統制)되지 않음이 증명되었다.

이로써 교회의 도덕적(道德的)인 감화(感化)가 정치적(政治的)인 면에까지 미치게 되었다.

특히 니콜라스 1세(Nicolas I: 858~867 재위)는 재치 있게 이 경향(傾向)을 감화(感化)시켰다. 그러나 니콜라스 1세의 정책(政策)도 그 수행(遂行)에 있어서는 큰 장애(障碍)에 부딪치게 되었다.

프랑코 제국(帝國)의 해체(解體)는 이탈리아에도 혼잡(混雜)을 일으키게 되어 로마는 소수(少數)인 귀족당(貴族黨)의 손아귀로 들어갔으나 이것도 다시 전복(顚覆)되었고 교황정치(敎皇政治)는 독일(獨逸)의 청년황제(靑年皇帝)의 도움으로 겨우 표면(表面)에 머리를 들게 되었다.

실로 10세기 중엽 로마 황제(皇帝) 오토 1세 때인 962년으로부터 11세기의 중엽까지는 독일(獨逸)의 황제(皇帝)가 교황(敎皇)의 사실상의 치리자(治理者)가 되었다.

그러나 그는 프랑크 황제(皇帝)와는 달리 교회 정치에 관한 최고재판권(最高裁判權)과 행정권(行政權)은 취하지 않고 스스로 세계적(世界的)인 제국(帝國)의 머리로 자처하면서도 교회정치(敎會政治)의 대강(大綱)과 감독(監督)의 임면(任免) 그리고 교회에 관한 법률(法律)의 집행(執行)과 개정(改正)과 같은 일을 모두 교황(敎皇)에게 위임(委任)하였다.

그런데 11세기 중엽에 이르러 힐데부란드(Hildebrand=Gregory IІV: 1073-1085 재위) 일당(一黨)의 출현에 의하여 교황정치(敎皇政治)는 세속정치(世俗政治)로부터 완전히 자유롭게 되어 교황(敎皇)으로 하여금 교회에 있어서 정치적(政治的)으로나 최상권자(最上權者)로 하려하였다.

그레고리 7세는 자기는 여하(如何)한 지상적(地上的)인 재판자(裁判者)에게도 굴복(屈服)할 것이 아니며 황제(皇帝)를 폐(廢)한 권리(權利)도 있고 세계회의(世界會議)를 소집(召集)하며 감독(監督)으로 임명(任命) 또는 사면(辭免)시킬 수 있는 유일(唯一)한 권위자(權威者)라고 하였다.

이 같이 하여 교직(敎職)에 대한 임직권(任職權)의 문제는 오랫동안 시비(是非) 되어온 교황(敎皇)과 독일(獨逸)의 황제(皇帝)간의 화근(禍根)이 되기도 했으나 드디어 교황(敎皇)이 황제(皇帝)로부터 독립(獨立)을 함으로써 자유(自由)롭게 되었다.

이로부터 교황(敎皇)은 교회에 대한 정치(政治)의 최고절대자(最高絶對者)로 군림(君臨)하게 되었다. 그리고 그 후의 교황(敎皇)과 황제(皇帝)와의 충돌(衝突)은 모두가 정치적(政治的)인 것으로서 교황(敎皇)은 자기가 세계통치(世界統治)의 머리됨을 원(願)하였던 것이다. 이것도 인노센트 3세(Innocent III: 1198-1216 재위)에 이르러서 그 목적(目的)을 달성(達成)하게 되었다.

교황(敎皇)이 요구(要求)하는 바는 자기는 그리스도의 대리자(代理者)이며 지상(地上)에 있어서의 하나님의 대표자(代表者)라고 하는 것이다.

따라서 영계(靈界)의 일과 속세(俗世)의 일 일체(一切)에 대한 권한(權限)이 자기에게 있고 오히려 세속적(世俗的)인 권리(權利)는 그가 왕후(王侯)에게 위임(委任)하여 자기의 통치(統治) 밑에다 두고 영계(靈界)의 일은 직접(直接) 자기가 수행(遂行)하며 지상의 재판(裁判)에는 세계회의(世界會議)에 이르기까지 그 어느 지상적(地上的)인 권리(權利)에도 복종(服從)할 의무(義務)가 없게 되었다.

그의 입법권(立法權)은 재래(在來)의 교회법(敎會法)에 있어서나 세계 회의에 있어서나 제한(制限)을 받을 것이 아니고 다만 진리(眞理) 곧 교리(敎理)에 의하여 제한(制限) 될 뿐이며 그의 사유(赦宥) 또는 특수한 의무(義務)로서 면제(免除)해 줄 권리(權利)는 절대적(絶對的)이었다.

교황(敎皇)은 자기의 권위(權威)로 감독(監督)을 임명(任命)하고 면직(免職)하며 전임(轉任)할 수 있으며 교직(敎職)이나 교리(敎理)에 대하여 과세(課稅)할 수 있으며 어떤 수입(收入)이나 또는 일체의 재산(財産) 같은 것을 소유(所有)할 수 있고 또 여사(如似) 한 소송(訴訟)도 처리 할 수 있고 또 어디든지 대리자(代理者)를 파송(派送)할 수 있다는 것이다.

이러한 교황정치(敎皇政治)를 가리켜서 교황제도(敎皇制度)라고도 하는데 이러한 것들이 보니파스 8세에 의한 1302년의 포고령(布告令)에 잘 들어있다.

12-13세기에 이르러서 교황정치(敎皇政治)의 형태(形態)로 나타난 엄중한 교직계급(敎職階級)은 반동(反動)의 근원(根源)이 되었고 14세기에 이르러서는 반대(反對)하는 경향(傾向)이 생겨 귀족정치(貴族政治)의 형태(形態)로 소위 감독제도(監督制度)의 발단(發端)이 되기도 했다.

이 제도(制度)의 기초(基礎)가 된 교리(敎理)는 사람이 메고 풀 수 있는 권한(權限)은 모든 사도(使徒)들에게 동등(同等)으로 주어진 것이며 사도(使徒) 베드로는 다만 유형(有形)한 기호(記號)를 정하기 위하여 그 머리로 한 것뿐이라는 것이다.

이 견해(見解)에는 교황(敎皇)의 절대권(絶對權)에 반대(反對)하는 것도 아니고 또 최고권(最高權)을 구성(構成)하는 교황(敎皇)의 모든 특권(特權)을 부정(否定)하려는 것도 아니다.

다만 감독(監督)의 지위(地位) 그 자체(自體)도 하나님의 뜻에 의한 것이며 로마 감독(監督)은 그리스도의 신하(臣下) 가운데 제1인자에 불과(不過) 하다는 것이다.

고대 교회는 일반적으로 이 견해를 취한 것이며 구프리아누스의 문서(文書)에도 이것이 나타나있다. 이 옛 견해가 14-15세기 경에 강하게 재생(再生)하여 일반대중(一般大衆)은 이 견해에 쏠렸다. 1848년 이후 유럽 온 지역에서는 다시 감독(監督)은 교황권(敎皇權) 밑에 있다는 기운(氣運)이 일어났다.

1870년 교황(敎皇) 피오 9세는 감독(監督)의 제도(制度)를 승인(承認)하지 않았고 교황제도(敎皇制度)가 바티칸의 세계회의(世界會議)에서 공공연한 것으로서 승인(承認)되었다.

그러나 이탈리의 정부(政府)가 로마를 배앗고 교황(敎皇)의 정권(政權)을 배앗음으로써 교황(敎皇)의 실권(實權)은 떨어지고 겨우 종교적(宗敎的)인 것만이 남게 되었다.

이상과 같은 교황정치(敎皇政治)에 비하여 장로교를 비롯한 대부분의 개혁파(改革派)에 속한 교회의 정치제도(政治制度)에 대한 기본 원리 중의 하나는 교회의 권위(權威)나 권세(權勢)가 일차적(一次的)으로 교회의 총회(總會)에 있다거나, 총회(總會)로부터 내려오는 것이 아니라, 어디까지나 교회의 치리권(治理權)의 근거(根據)는 지교회(支敎會)인 당회(堂會, Consistory Session)에 있다는 것이다.

여기에서부터 상향(上向)으로 노회(老會, Presbytery, 혹은 地方會, Local Assembly) 그리고 대회(大會, Synod) 총회(總會, General Assembly)로 조직(組織)의 기구(機構)를 확대(擴大)해 나가게 된다.

그러므로 모든 개혁교회(改革敎會)들의 정치제도(政治制度)는 한 교단(敎團) 안에서 다른 교회와의 연합(聯合)의 결과로서 지교회의 자치권(自治權)에 제한(制限)이 있을 수 있다는 것으로 생각하지만 원칙적(原則的)으로는 독자적(獨自的)인 그 자치권(自治權)은 존중(尊重)된다.

그리고 지교회가 교회 내의 문제를 교회의 직원(職員)들을 통하여 치리(治理)할 수 있는 충분한 권리(權利)를 보장한다.

동시에 개혁파 교회들의 정치(政治)는 지교회가 공통(共通)한 신앙고백(信仰告白)을 하는 다른 유사(類似)한 교회들과 연합(聯合)을 하고 또 교리적(敎理的), 법적(法的), 행정적(行政的)인 목적(目的)을 위하여 상호(相互)간의 의무(義務)와 권리(權利)를 적절(適切)하게 규정(規定)한 보다 큰 조직체(組織體)를 형성(形成)할 권리(權利)와 의무(義務)가 있음을 강조(強調)한다.

그와 같이 하여 보다 큰 조직체(組織體)는 틀림없이 지교회의 자치권(自治權)에 제한(制限)을 가하기는 하지만 그러나 그것은 또한 교회의 성장(成長)과 평화(平和)를 도모하며 교회 전 회원들의 권리(權利)를 보장하고 교회의 공통성(共通性)과 통일성(統一性)을 보다 더 충실(充實)하게 나타내 주게 한다.

2 ≡ 교황 정치의 전횡(專橫)

우리가 교회에 관한 과거(過去)에 대한 역사(歷史)나 혹은 교리사상(思想)에 대한 것을 논(論)함에 있어서 그 잘못을 밝히고 드러내려는 것은 사실(史實)에 대한 확인(確認)과 함께 어떠한 경우에라도 성경의 진리(眞理)에 어긋난 것은 기독교(基督敎)의 진리(眞理)나 교회의 조직(組織)에 반(反)하고 있기 때문에 부디 이를 부인(否認)하거나 감춰야 할 필요(必要)는 없다고 본다.

더구나 우리는 중세시대의 종교개혁(宗敎改革)에 대한 문제는 단순히 교회의 내적(內的)인 사건(事件)에 끝나는 것이 아니라 최소한 세계사(世界史)에 대한 새로운 전환점(轉換點)을 줄그어놓게 되었고 보다더 현대사(現代史)와 미래사(未來史)를 연구하는데 보다 더 적극적(積極的)인 뜻을 담고 있기 때문에 불가불 지적하지 않을 수 없다.

동시에 종교개혁(宗敎改革)과 함께 기독교의 양맥(兩脈)이 확연히 줄그어지면서 진리 운동에 대한 양면(兩面)이 전혀 다른 각도로 발전하고 있기 때문에 이에 대한 시비(是非)를 바로 가려 보아야 할 필요를 느낀다.

그러나 더 중요한 것은 지난날의 역사(歷史)를 통해서 서로가 다른 입장에 서서 자기의 입장을 아전인수격(我田引水格)으로 끄집어 드리려는 것이 아니라 성경에서 말씀하고 있는 진리(眞理)에 비추어서 시비(是非)가 바르게 가려져야 하기 때문에 기독교 신앙의 올바른 전통성(傳統性)과 정통성(正統性)을 바로 이어가기 위해서는 어떠한 경우에도 양보(讓步)나 치우침이 없이 분명하게 가려져야 한다는데 별다른 이의(異議)가 있을 수 없다.

1) 종교재판(宗敎裁判)에 대하여

우리가 말하는 종교재판(宗敎裁判, Inquisition)하면 으레히 인노센트 3세 (Innocent III: 1198-1216 재위)를 연상하게 되는데 그는 "그리스도의 대리(代理)가 된 자는 하나님보다 낮고 사람보다는 높게 지으심을 받았다.

하나님께서는 성(聖) 베드로를 교회의 통치자(統治者)로 삼으셨다. 교회(敎會)는 태양(太陽)이다. 로마 제국(帝國)은 그 빛을 받아서 빛나는 달 같은 존재(存在)에 지나지 않는다"라고 주장하여 소위 그레고리 7세를 능가(凌駕) 한 인물(人物)로서 카톨릭 교회의 전성기(全盛期)를 일구어 낸 인물(人物)로 통한다.

그러한 그가 남부 불란서의 이단(異端)을 척결(剔抉)하여 교리(敎理)를 정화(淨化)한다는 명목(名目)으로 이른바 "종교재판(宗敎裁判)" 이라는 악명(惡名) 높은 폐습(弊習)을 만들어 놓았다.

그러나 일부의 학자(學者)들 사이에서는 종교재판(宗敎裁判)의 창설자(創設者)로 그레고리 9세(Gregory IX)에 의해서 1229년에 처음으로 시행(施行)되었고 이단자(異端者)를 처벌(處罰)하는 사법적(司法的)인 힘의 세력(勢力)으로 등장(登場)했다고 주장하나 교회사(敎會史)를 통해서 살펴보면 역시 인노센트 3세에 의해서 세워 진 제도(制度)였다고 하는 것이 옳을 것으로 본다.

이 종교재판(宗敎裁判)을 카톨릭 교회(敎會) 측에서는 거룩한 직무(職務)(Holly Office)라고도 하는데 이것이 12세기 이전까지는 이단자(異端者)들을 처단(處斷)하는데 교회의 규정(規定)된 법령(法令)에 의하여 권징(勸懲)하는 행사가 가능(可能)했는데도 소위 로마 카톨릭파에 대한 반대자(反對者)를 규제(規制)하고 처단(處斷)하기 위하여 교황(敎皇) 루시어스 3세(Lucius Ⅲ)가 1184년가 교령(敎令)을 발하고 감독(監督)들에게 명하여 지방을 순시(巡視)하여 이단(異端)이 발견되면 모두 정부(政府)의 재판(裁判)에 회부(回附)하라고 명(命)을 내렸다.

이것이 종교재판(宗敎裁判)의 기원(起源)이 되기는 했으나 독자적(獨自的)인 종교재판(宗敎裁判)의 제도(制度)를 정착(定着)시킨 사람은 인노센트 3세였고 이것이 그레고리 9세 때에 이르러서는 보다 더 광범위(廣範圍)하게 시행(施行)되었으므로 교황청(敎皇廳)의 입장에서 보는 이단(異端)의 개념(概念)은 그들에게 반(反)하는 모든 개혁파(改革派)에 속한 신학자(神學者)나 개혁주의(改革主義)의 신앙(信仰)을 지향(指向)하는 사람들이 모두 포함(包含)된다는 뜻에서 불명예(不名譽)스러운 제도(制度)였다고 분석하는 것이 옳다고 본다.

교회의 권징(勸懲)은 종교재판(宗敎裁判)이라는 악명(惡名)이 없어도 능히 범죄(犯罪)한 사람들에 대한 성경의 진리(眞理)대로 제재(制裁)하는 치리권(治理權)을 발동(發動)할 수 있다는데 유의해야 한다.

종교재판(宗敎裁判)이라는 제도(制度) 때문에 중세 말엽에 이르러서 복음적(福音的)인 신앙가(信仰家)들이 수많은 고통(苦痛)을 겪어야 했다.

즉 중세 말엽에 복음적인 지도자(指導者)들이 세(勢)를 규합(糾合)하여 기성부패지도자(旣成腐敗指導者)들에 대한 반기(反旗)를 들고 일어나게 되자 이들을 규제(規制)하기 위한 조치(措置)의 일환으로 종교재판(宗敎裁判)이라는 변칙적(變則的)인 수단(手段)이 등장(登場)하게 된 것이다.

1233년 종교재판소(宗敎裁判所)는 교황청(敎皇廳)의 특별궁(特別宮)에다 설치(設置)했고 여기에서 이단자(異端者)에 대하여 잔인(殘忍)하고 가혹(苛酷)하게 처형(處刑)시키는 일을 서슴지 않았다.

특히 프랑스, 이태리, 스페인, 등지(等地)에서는 무수(無數)한 살육(殺戮)을 공공연히 자행하여 로마 교회의 부패(腐敗)와 타락상(墮落相)을 그대로 노출(露出)시켰고 종교적(宗敎的)인 이념(理念)에서 근본적(根本的)으로 멀어졌던 변질(變質)과 타락상(墮落相)으로 나타났다.

더구나 1453년에 동 로마가 토이기(土耳其)에 의해서 완전히 멸망(滅亡)하게 되자 동방교회(東方敎會)의 정신적(精神的)이고 지식적(知識的)인 침체기(沈滯期)에 빠져들게 되었다.

종교재판소(宗敎裁判所)에서는 고소자(告訴者)의 이름을 말하지 않고 심문(審問)을 시작했으며 상고(上告)의 길도 없이 심한 고문(拷問)을 당하기도 했다.

종교재판정(宗敎裁判廷)에서 내리는 판결(判決)의 결과(結果)로 언도(言渡)된 형량(刑量)은 중한 벌금(罰金)이나 순례(巡禮)나 종신금고 (終身禁錮)를 당하든지 아니면 혹은 화형(火刑)에 처해지는 경우도 있었다.

2) 속죄권(贖罪券)의 발매(發賣)

우리가 종교개혁기(宗敎改革期)를 전후하여 가장 불명예(不名譽)스럽고 부끄러운 교황청(敎皇廳)의 부패(腐敗)와 타락상(墮落相)을 들라고 하면 두말 할 것 없이 이 속죄권(贖罪券, Indulgences)의 발매(發賣)에 대한 문제라고 할 것이다. 바로 이 속죄권(贖罪券)이란 죄(罪)의 고백(告白)에 대한 로마 카톨릭 교회의 독특(獨特)한 제도(制度)였다.

원래 로마 교회에서는 죄(罪)의 사(赦)함을 유효(有效)하게 하는 조건(條件)으로 통회(痛悔)에 대한 요식(要式)이 세 가지가 있었다.

즉 진심으로 마음에서 우러나오는 참회(懺悔, Repentance)와 말로 하는 죄의 고백(告白, Confession)과 죄장소멸(罪障消滅)의 선행(善行, Good Conduct)이라는 것들이 그것이다. 이 세 가지의 선행(善行)으로서 죄 값을 지불(支拂)한다는 것이다.

옛날 교회에서는 그 선행의 기간이 길고 짧은데 대해서 문제가 있었는데 나중에는 더 복잡(複雜)하게 되어 성적순례 (聖蹟巡禮) 빈자구호(貧者救護) 그 외에도 여러 가지 형식(形式)이 생겼고 심지어는 죄인의 재산정도(財産程度)와 죄의 다소에 따라서 교회에 기부금(寄附金)을 내는 일까지 있었다. 이러한 관습(慣習)을 변호(辯護)하기 위하여 속죄권(贖罪券)에 관한 스콜라 신학이 발전하게 되었다.

죄에 대해 자연적(自然的)으로 나타난 결과인 질병(疾病)과 허약(虛弱)에 대해서 로마 교회는 아무런 권세(權勢)를 주장하지 않는다. 그러나 하나님이 현세(現世)나 혹 내세(來世)에 있어서 죄인(罪人)에게 내리시는 징벌(懲罰)에 관해서 교회는 그리스도로부터 받은 "열쇠의 권세"(the Power of Key)를 절대적(絶對的)인 권위(權威)라 주장하고 트렌트 회의 (Council of Trant: 1545-1563)는 이를 거역(拒逆)하는 자는 파문(破門)시키기로 결의(決議)하였다.

그리고 만일 당연히 처벌(處罰)해야 할 자를 교회가 불쌍히 여겨서 용서(容恕)해 준다면 그것은 하나님께서 요구(要求)하시는 죄장소멸(罪障消滅)의 선행(善行)을 무시(無視)하는 행위라고 하였고 일체의 죄는 그것과 맞비길 수 있는 선행(善行)이 따라야 한다고 했다.

여기서부터 교회가 속죄권(贖罪券)을 매매(賣買)하게 되었는데 그 근거(根據)로는 첫째 선행(善行)은 하나의 가치(價值)로서 다른 사람에게까지 효과(效果)를 줄 수 있다는 교리(敎理)와 둘째로 교회는 그리스도와 그 제자(弟子)들과 많은 성자(聖者)와 순교자(殉敎者)들이 남기고 간 그들 자신에게는 아무 필요가 없는 많은 선행(善行)을 관리(管理)하고 있다는 주장이다.

그리고 과잉공덕(過剩功德)의 관리자(管理者)는 교황(敎皇)인데 그는 죄의 일정량(一定量)에 대해서 그와 비길 수 있을만한 선행(善行)을 나눠주고 매매(賣買)할 수 있다고 주장했다.

이 속죄권(贖罪券)에도 부분적(部分的)인 것과 전반적(全般的)인 완전한 것이 있었다. 부분적(部分的)인 것은 범죄(犯罪)에 대한 고행(苦行)의 일부를 감(減)하여 주는 것이고 완전(完全)한 면죄(免罪)는 문자 그대로 전적인 완전한 속죄(贖罪)이다.

이 완전속죄권(完全贖罪券, Plenary Indulgences)이 처음으로 발부(發付) 된 것은 사실상 제1차 십자군운동(十字軍 運動, Crusade Movement)을 일으킬 때 교황(敎皇) 우르반 2세 (Urban II: 1095년)가 이 운동에 참가 할 모병(募兵)의 수단으로 발행한 것이다.

그는 말하기를 "누구든지 명예(名譽)와 돈을 얻기 위함이 아니고 하나님의 교회를 해방(解放)시키기 위하여 예루살렘으로 가는 사람은 그것으로써 모든 고행(苦行)은 대신(代身)하는 것으로 간주(看做)한다"라고 하여 십자군운동(十字軍運動)의 모병수단(募兵手段)으로 활용(活用)했다.

이와 비슷한 속죄권(贖罪券)이 후기 십자군운동(十字軍運動)을 위해서도 발부(發付)되었고 이러한 습관(習慣)은 나중에 속죄권(贖罪券) 남발(濫發)이라는 폐습(弊習)으로 기록되기도 했다. 그리하여 교황청(敎皇廳)에서도 그 단속(團束)을 위해서 고심(苦心)한 때도 있었다. 그러나 이 속죄권(贖罪券)은 교황청(敎皇廳)이 재정적(財政的)인 위기(危機)를 타개(打開)하기 위한 응급수단(應急手段)으로 언제든지 발부(發付)할 수 있었다는데서 더 큰 문제가 따른 것이다.

그러다가 마침내 말틴 루터(Martin Luther) 당시에 교황청(敎皇廳)은 로마에 세우기로 한 성 베드로의 대성당(大聖堂)을 수리(修理) 할 돈을 모으기 위해서 독일(獨逸)의 삭소니(Saxony) 주(州)의 제후(諸侯) 죠지(George)와 결탁(結託)하고 삭소니에서 교황(敎皇)이 발부(發付) 한 속죄권(贖罪券)을 팔아서 그 수입(收入)의 일부는 삭소니의 교량(橋梁) 시설비(施設費)로 충당(充當)하기 위해서 테첼(Techel)이라는 사람을 보내서 속죄권(贖罪券)을 팔게 하였다.

루터는 이것을 반대(反對)하고 신자(信者)들에게 속죄권(贖罪券) 발부(發付)에 대한 반대설교(反對說敎)를 하였다. 이 테첼의 속죄권 판매에 대한 반대에 대한 성명서(聲名書)와도 같은 루터의 95개조 항의문(抗議文)이 1517년 10월 30일 위텐베르크 회당(會堂) 입구에 붙여졌고 이 95개 조문(條文)이 종교개혁 (宗敎改革, Reformation)의 동기가 되었다.

역사(歷史)의 참 주인이신 하나님께 감사한다.

3) 성직(聖職)의 매매행위(賣買行爲)

중세 로마 교회를 중심으로 성행(盛行)했던 성직매매(聖職賣買, Simony)에 대한 행위 같은 것은 로마 카톨릭 교회에서만 볼 수 있었던 폐단(弊端)의 하나였다. 이 성직(聖職)을 매매(賣買)하는 행위(行爲)들은 돈을 가지고 감독(監督)의 좋은 자리를 얻을 수 있도록 하는 것이었는데 성직(聖職)의 임명권(任命權)을 가진 고급성직자(高級聖職者)에게 사통(私通)하는 행위였다. 이렇게 나쁜 폐단(弊端)이 점진적(漸進的)으로 발전(發展)하여 감독(監督)에 대한 직(職)만이 아니라 상하 할 것 없이 거의 모든 성직(聖職)이 돈으로 거래(去來)되는 행위로 흥정의 대상이 되었다.

교황(敎皇)이라는 자가 자신이 감독(監督)의 임직(任職)을 비롯하여 인사(人事)의 이동권(移動權)을 독점(獨占)하였으므로 이를 기회(機會)로 하여 교황청(敎皇廳)에 사통(私通)하는 교직자(敎職者)들이 날로 많아졌다. 이것이 잘못된 일이라고 하여 이에 반대(反對)하는 정직(正直)한 교직자(敎職者)들은 평생(平生)토록 작은 교회를 맡아서 외로운 고생(苦生)을 감수해야만 했다. 이

것이 중세 말기에 가까워서는 심지어 교황의 자리도 매매된 실례가 있어서 교황이 세 사람
으로 난립한 경우도 있었다.

즉 보니파스 8세(Bonipas IIIV: 1294-1303 재위) 교황(敎皇)은 지나칠 정도로 교황권(敎皇權)의 확장
정책(擴張政策)을 펴나갔기 때문에 이를 비판(批判)하고 반대(反對)해 온 프랑스의 왕(王) 필립 4
세(Philiph IV)와의 충돌(衝突)로 보니파스 8세 교황(敎皇)이 참패(慘敗)하여 광사(狂死)해 버리자 교
황권(敎皇權)은 극히 약화(弱化)되어 버렸던 경우도 있었다.

보니파스 후에 베네딕트 2세(Venedict VIII)에 이어서 불란서인(佛蘭西人)으로는 처음으로 교황
(敎皇)에 오른 클레멘트 5세(Clement V: 1304-1314 재위)는 전임 교황(敎皇)이 프랑스인들에게 행한
모든 가혹행위(苛酷行爲)를 모두 취소(取消)하고 1309년에는 교황청(敎皇廳)을 프랑스의 남쪽
아비뇽으로 옮겨버렸다.

그 후의 교황(敎皇) 요한 22세(John XX: 1316년에 즉위), 베네딕트 12세 (Venedict XII: 1334 즉위), 클레멘
트 6세 (Clement VI: 1352 즉위), 우르반 5세 (Urban V: 1362 즉위), 그레고리 11세 등이 프랑스에 거주
(居住)한 교황(敎皇)들이었다.

그 후 그레고리 교황(敎皇)이 1387년에 죽게 되자 로마의 시민(市民)들은 이태리 인으로 교
황(敎皇)을 선출(選出)하고 교황청(敎皇廳)의 로마 이전(移轉)을 강력하게 요구하고 나섰으므로
적지않은 소요(騷擾)가 그칠 날이 없었다.

이태리에서는 바리(Bari) 감독(監督)을 교황(敎皇)으로 추대(推戴)하여 이를 우르반 6세(Urban VI:
1378-1389 재위)라고 칭(稱)하였다.

그러나 프랑스 출신의 홍의주교(紅衣主敎)가 대종(大宗)을 이룬 상황(狀況) 아래서 교황(敎皇)
이 홍의주교(紅衣主敎)들의 호색사치(好色奢侈)등을 공격(攻擊)하자 그들이 프랑스로 돌아가서
제네바의 백작(伯爵)을 교황(敎皇)으로 세우고 클레멘트 7세 (Clement VII)라고 칭하고 아비뇽에
거하게 하였다.

이에 이태리 독일 영국은 로마 교황(敎皇)을 추종(追從)한데 반(反)해서 프랑스와 스위스 등
지에서는 프랑스의 교황(敎皇)에게 속하여 약 40년 간 (1378 -1418)이나 계속(繼續) 되었다.

그러나 이를 수습(修習)해보려는 마음으로 파리 대학장(大學長) 죤 게르솜(John Gersom: 1363-
1429)이 일어나서 교황권(敎皇權)의 분규(紛糾)를 수습(修習)하기 위해여 1409년 이태리의 비사

(Bisa)에서 회의(會議)를 소집(召集)하고 그레고리 12세(Gregory XII)와 베네딕트(Benedict XIII) 교황(敎皇)을 모두 퇴임(退任)시키고 그 대신(代身) 밀란의 대감독(大監督)을 새 교황(敎皇)으로 추대(推戴)하여 이를 알렉산드리아 5세(Alexandria V)라고 칭(稱)하기로 했다.

그러나 물러나게 된 두 교황(敎皇)들이 모두 반대(反對)하고 나섰기 때문에 자연히 교황(敎皇)의 3인 시대(時代)가 열리게 되었다. 이러한 결과는 성직매매(聖職賣買)라는 또 다른 불명예(不名譽)스러운 변수(變數)로 작용하게 되었다.

현대교회에도 이러한 행위가 계속되고 있다는 것은 역시 역사적(歷史的)으로 볼 때에 기독교(基督敎)의 변질(變質)이요 부패(腐敗)요 타락(墮落)이라고 할 수밖에 다른 말이 없다.

3 ≡ 카톨릭 교회의 교리와 신조

기독교(基督敎)의 바른 전통(傳統)과 정통성(正統性)은 오직 성경(聖經)에서 말씀하고 있는 진리(眞理)에 따라야 하고 성경(聖經)에서 말씀하고 있는 진리(眞理)를 중심으로 모든 교리(敎理)와 신조(信條)를 제정(制定)하여 신앙(信仰)하는 방법(方法)과 교회운동의 요체(要諦, the Secret)로 하고 있다.

이것은 개인(個人)의 신앙(信仰)에 대한 문제를 위해서라기보다는 세계적(世界的)인 통일(統一)과 통용(通用)신조(信條)로서 사도신경(使徒信經)을 비롯하여 니케아 신조(信條) 아타나시어스 신조(信條) 그리고 325년부터 1870년까지의 사이에 20여 차례에 걸친 모든 회의(會議)에서 채택(採擇)된 교리(敎理)나 교황(敎皇)의 교서(敎書, Masssage)나 특히 트렌트 신앙표준(信仰標準)과 바티칸 회의(會議)에서 결정된 신앙표준(信仰標準)에 규정(規定)되어 있는데 그 특색(特色)을 들면 다음과 같이 요약(要約)할 수 있다.

1) 동정녀(童貞女) 마리아에 대해서

우리가 말하는 원죄(原罪, Original Sin)는 자기가 지은 자범죄(自犯罪, Actual Sin)가 아니라 우리 인류(人類)의 시조(始祖) 아담으로부터 상속(相續)되어 내려온 죄(Succeed Sin)다.

인류(人類)의 조상(祖上)은 하나님의 계명(誡命)을 범(犯)하므로 우리 인간(人間)의 높은 지위(地位)를 잃어버리게 되었으나 다만 하나님의 복(福)을 받은 동정녀(童貞女) 마리아는 원죄(原罪)에서 면죄(免罪)되어 예수 그리스도를 잉태(孕胎)한 즉시(卽時)부터 하나님의 의(義)와 거룩함을 얻어서 충만(充滿)한 은혜(恩惠)를 입었으므로 죄(罪)가 전혀 없다고 한다.

이것이 마리아의 무죄회태설(無罪懷胎說)이라는 교리(敎理)를 낳게 한 근거(根據)로 작용하게 되었다.

2) 그리스도의 성육신(成肉身)에 대하여

예수 그리스도는 영원전부터 스스로 존재(存在)하여 계신 하나님이신 동시에 인간으로 출생(出生)하신 때부터 사람이시다. 하나님이 인간(人間)이 되셨다고 함은 그가 인간(人間)으로 변(變)하셨다는 것이 아니라, 하나님으로서 인간(人間)으로 변(變)하셨다는 것이다.

그러므로 예수 그리스도는 인간(人間)의 성품(性品)을 가지셨다. 그리하여 예수 그리스도는 신성(神性)과 인성(人性)을 다 가지셨다.

3) 교회(敎會)에 대하여

교회(敎會)는 예수 그리스도에 대한 신앙고백(信仰告白)을 한 자들의 모임으로서 같은 성례전(聖禮典)에 참여하며 유형교회(有形敎會, Visible Church)의 최고 권위(權威)인 교황(敎皇) 밑에 있는 성직자(聖職者)들에 의하여 통치(統治)된다.

4) 교황(敎皇)에 대하여

예수 그리스도는 보이지 않는 교회(敎會)의 머리이시며 교황(敎皇)은 보이는 교회(敎會)의 머리이다. 교황(敎皇)은 그리스도의 보증(保證)을 받아 신앙(信仰)과 도덕(道德)에 관한 문제를 정(

定)함에 있어서 조금도 과오(過誤)를 범(犯)하지 않는다. 이것이 곧 교황무오설 (教皇無誤說)이다.

5) 성례의전(聖禮儀典)에 대하여

카톨릭 교회에는 일곱개의 성례(聖禮)가 있다.

즉 영세(嬰洗, Baptism)를 비롯하여, 견진(堅振, Confirmation), 성체(聖體, Substantiation), 회개(悔改, Repentance), 종유(終油, Extreme Unction), 임직(任職, Assumption) 및 혼례(婚禮, Marriage) 등이다.

성례(聖禮)는 그리스도께서 은혜(恩惠)를 주시려고 시작하신 외형적(外形的)인 표시(表示)로서 상징(象徵)에 지나는 것이 아니라 실제적(實際的)으로 은혜(恩惠)를 내리는 것이라고 한다.

6) 네 가지의 주장(主張)

여기에서 우리는 개혁파(改革派)에 속한 교회들에서는 볼 수 없는 로마 카톨릭 교회에서만 주장(主張)하고 있는 네 가지의 주장(主張)에 대해서 반드시 짚고 넘어가야 할 필요가 있다.

1) 교회의 유일성(唯一性)

이 세상에는 교회가 하나밖에 없다. 다만 로마 교회가 있을 뿐이다. 그 외에 교회라고 하는 것은 이름만 교회이지 인류(人類)를 구원(救援)할 능력(能力)이 없다.

2) 교황의 신성성(神聖性)

교황(教皇)은 신성(神聖)한 직(職)으로서, 그에게 최고(最高), 절대(絶對)의 치리권(治理權)이 있다.

3) 사도직(使徒職)의 계승(繼承)

베드로는 예수 그리스도께서 돌아가신 후에 그 대리자(代理者)로서 교회(教會)를 다스린 것인데, 로마 교회의 교황(教皇)은 베드로에게서 대대로 대리권(代理權)을 계승(繼承)하여 내려오는 것이다.

4) 로마 교회의 공동성(共同性)

민족(民族)이나 국가(國家)를 초월(超越)하여 세계 인류 전체의 보편적(普遍的)인 교회(敎會)가 바로 로마 교회(敎會)이다.

7) 교황령(敎皇令)에 대하여

개혁파(改革派)에 속하는 교회(敎會)에서는 어떤 교리(敎理)를 정(定)함에 있어서 성경(聖經)의 진리(眞理)를 중심으로 좀 더 성경에서 말씀하고 있는 진리(眞理)에 가깝게 모든 교회와 성도들이 공유(共有)할 수 있는 신앙(信仰)과 신학(神學)의 골격(骨格)을 교리(敎理)로 정하는데 비하여 로마 카톨릭 교회에서는 교황(敎皇)의 칙령(勅令)이나 사제(司祭)들에 의해서 결정(決定)만 하면 그것이 곧 그들의 교리(敎理)가 되는 것이다.

예컨대 20세기 초에 결정한 마리아의 승천설(昇天說) 같은 것을 교리(敎理)로 정했다고 하는 것은 사실상 성경의 진리(眞理)와는 전혀 상관(相關)이 없는 사람들에 의해서 정해진 거짓 교리(敎理)라고 할 것이다.

지금까지 로마 카톨릭 교회에서 내 세운 교리(敎理)와 신조(信條)들에 대한 것을 일곱 가지로 나누어서 생각해 보았다.

그들이 내 세운 교리(敎理)나 신조(信條)들을 볼 때에 어느 모로 보든지 성경적(聖經的)인 근거(根據)를 갖는 것이 아니라 자기들 마음대로 인위적(人爲的)으로 조작(造作)한 거짓 것이 다분(多分)히 포함되어 있다는 것을 알 수 있다.

본래에 그 종교에서 내세운 교리(敎理)나 신조(信條)는 그 종교(宗敎)의 경전(經典, The Scriptures)을 중심으로 해야 하는 것인데 로마 카톨릭 교회에서는 기독교(基督敎)라는 종교(宗敎)의 경전(經典)인 성경(聖經)과는 전혀 상관이 없는 것을 교황(敎皇)의 칙령(勅令)이나 사제(司祭)들의 결의(決議)에 의하여 교리(敎理)나 신조(信條)로 정해두고 아무것도 모르는 신자(信者)들에게 이를 강요(强要)하고 있다는 것이다.

지금 전 세계적으로 6억이 넘는 대가족(大家族)을 거느린 거대종교(巨大宗敎)로 인정을 받고 있는 로마 카톨릭 교회는 그 숫자상으로 볼 때에는 하나의 큰 종교단체(宗敎團體)인 것만은 사실이다.

그러나 기독교(基督敎)라는 종교의 정통성(正統性)을 갖는 기독교(基督敎)의 한 종파(宗派)가 될 수 없다는 것을 성경적(聖經的)으로나 역사적(歷史的)으로 알기 쉽게 소개해 줬다.

더 이상의 문제는 각자(各自)의 판단(判斷)에 맡긴다.

✎ 다시 생각해 볼 복습 문제

01. 종교개혁기의 교리사상에 대해서 간단히 말하라

02. 교황정치의 부패와 타락에 대해서 간단히 말하라

03. 교황정치 제도에 대해서 간단히 설명하라

04. 교황정치의 전횡이란 어떤 것들인가를 말하라

05. 종교재판에 대해서 간단히 말하라

06. 속죄권의 판매에 대해서 간단히 말하라

07. 성직의 매매행위에 대해서 간단히 말하라

08. 로마 카톨릭 교회의 교리와 신조의 제정에 대해서 말하라

09. 로마 카톨릭 교회에서 말하는 동정녀 마리에 대해서 말하라

10. 로마 카톨릭 측에서 말하는 교회에 대해서 간단히 말하라

12. 로마 카톨릭 교회의 네 가지 주장에 대해서 말하라

13. 로마 카톨릭 교회에 대하여 자신의 견해를 말하라

14. 왜 교황정치가 부패하고 타락하게 되었는지 그 이유를 간단히 설명하라

제2장

종교 개혁기의 사상적인 갈등(葛藤)

The Ideological Trouble in the Reformation

1517년에 일어난 종교개혁(宗敎改革)은 기독교사적(基督敎史的)인 의미에서만이 아니라 세계사적(世界史的)인 의미에서도 큰 의의(意義)를 갖는다는 것을 이미 말한바 있다.

더구나 종교개혁(宗敎改革)이 현대사(現代史)에 미치는 영향(影響)은 너무도 중대한 새로운 역사(歷史)에로의 전환점(轉換點)이 되었다고 하는 것이 옳을 것이다.

왜냐하면 종교개혁(宗敎改革)이 일어나게 된 동기(動機)나 원인(原因)은 보는 이의 시각(視覺)이나 판단(判斷)에 따라서 약간(若干)씩 다르게 해석(解釋)을 할 수도 있을 것이나 한 마디로 말해서 모든 사람들의 사상적갈등(思想的葛藤, The Ideological Trouble)에서 찾아야 할 것으로 본다.

종교개혁(宗敎改革)이 일어나기 전에 서구사회(西歐社會)는 문예부흥(文藝復興, Renaissance)이라는 정신문화적(精神文化的)인 변화(變化)와 새로운 이상사회(理想社會)의 실현(實現)을 갈망(渴望)해 보았으나 그것 역시 한계(限界)의 벽(壁)을 뛰어넘지 못하고 한 때의 역사적(歷史的)인 사건(事件)으로 끝나고 말았다.

그러나 문제는 왜 이러한 몸부림을 쳐야만 하게 되었던가 하는 사상적(思想的)인 갈등(葛藤)의 원인(原因)을 바로 알고 넘어가야 할 것이다. 그 이유는 너무도 단순하고 간단하다. 그것은 로마 카톨릭 교회의 부패(腐敗)와 타락(墮落)이라는 현실적(現實的)인 상황(狀況)보다는 근본적(根本的)으로 기독교 진리(眞理)의 변질(變質, Degeneration) 과 그리고 교황정치(敎皇政治)의 횡포(橫暴, Oppression)라는 데서 그 원인(原因)을 찾아야 할 것으로 본다.

문제는 종교개혁(宗敎改革)을 일으키지 않으면 안 되게 되었던 교리사상적(敎理思想的)인 의의가 어디에 있던가 하는 문제를 결코 소홀(疎忽)하게 넘길 수 없다는 것을 알아야 한다.

약 1000년 동안이나 교황청(敎皇廳)의 독단적(獨斷的)인 지배(支配) 아래 있던 기독교의 실체(實體)가 어떤 모습으로 탈바꿈이 되었으며 그로 인하여 세계 사회의 현실적(現實的)인 질서(秩序)와 사람들의 가치관(價値觀)이 어떻게 침몰(沈沒)되어 갔으며 인류문화(人類文化)의 발달(發達)이 로마 카톨릭 교회라는 하나의 종교(宗敎)라는 쇠사슬에 발목이 묶여서 앞으로 나아갈 수가 없게 되었던가 하는 참담(慘憺)한 비운(悲運)의 역사시절을 냉엄(冷嚴)하게 분석(分析)하고 검토(檢討)해 보아야 할 것이다.

1 ≡ 로마 카톨릭 교회의 변질(變質)

기독교 신학(神學)의 모든 교리(敎理)와 신조(信條)는 성경(聖經)을 근거(根據)로 해서 정해지고 발전(發展)한다는 기본원칙(基本原則)이 뚜렷하다는 것을 수없이 언급해 왔다.

삼위일체(三位一體) 하나님에 관한 교리(敎理)가 그렇고 예수 그리스도의 신인양성론(神人兩性論)에 대한 교리(敎理)가 그렇고 그리고 사도신경(使徒信經) 같은 신앙고백(信仰告白) 같은 것은 모두 어떤 개교회(個敎會)의 권위(權威)나 교직(敎職)의 결의(決議) 이전에 철저히 성경(聖經)의 진리(眞理)를 중심으로 근거(根據)하여 채택(採擇)된 교리(敎理)이다.

교회의 전통(傳統)과 신앙의 통일(統一)을 위해서 공동신조(共同信條, Communal Creeds)라는 것이 있다.

그러나 로마 카톨릭 교회에서는 교황권(敎皇權)의 확립(確立)을 위해서 어느새 성경이 아닌 예수님의 수제자(首弟子)였던 베드로를 중심으로 사도적계승(使徒的繼承, Apostle's Succession)이라는 이유를 대의명분(大義名分, Just and Great cause)으로 내 세우고 지상(地上)에 있는 유형교회(有形敎會, Visible Church) 곧 교황청(敎皇廳, the Vatican)을 중심으로 한 새로운 기독교를 발생시켰다.

로마 카톨릭 교회가 지배(支配)하던 1000년간의 신학적(神學的)인 체계(體系)는 전혀 성경적인 것이 아닌 스콜라주의(Scholasticism) 의 철학(哲學)으로 둔갑하면서 로마 카톨릭 신학(Roma Catholic Theology)을 일구어 냈다.

물론 로마 카톨릭 교회에서도 개신교회(改新敎會)에서와 같은 사도신경(使徒信經)을 고백(告

白)한다. 그리고 공동신조(共同信條)를 인정(認定)하고 수용(收用)한다고 해서 그것이 곧 기독교 (基督敎)의 정통성(正統性)을 지켜나가고 기독교(基督敎)의 진리(眞理)를 고백(告白)하는 신앙(信仰) 이라고는 말할 수 없다고 본다.

외견상(外見上)으로는 기독교의 전통(傳統)을 수용(收用)하는 것 같으면서도 그 이면(裏面)에서 는 역대 교황(敎皇)들의 칙서(勅書)나 교령집(敎令集)들을 통해서 성경의 진리(眞理)와는 전혀 다 른 비 복음적이고 반성경적인 자기들만의 주장을 교리화(敎理化) 시키고 또 신조(信條)로 만들 어서 사·실·상 로마 카톨릭 교회도 하나님을 위한 기독교회인가 하는데 의문(疑問)을 갖게 한다

그들의 반성경적(反聖經的)인 교리(敎理)를 몇 가지만 예로 들더라도 로마 카톨릭 교회도 과연 성경적인 진리(眞理)에 의한 정통성(正統性)을 갖는 기독교인가 아닌가 하는 것을 잘 알게 한다.

즉 그들이 주장하는 교황무오설(敎皇無誤說, Infallibility of the Pope)을 비롯하여 마리아의 무죄회 태설(無罪懷胎說, Immaculate Conception of the Virgin Mary)이나 성경을 거슬러 가면서 영원한 동정녀설 (童貞女說, Eternal Virgin)을 비롯하여 마리아의 승천설(昇天說, The Assumption)이나 연옥설(煉獄說, Purgatory)이나 림보설(The Limbus)이나 성경구독금지령(聖經 購讀 禁止令)같은 것이나 화체설(化體 說, Transubstantiation) 같은 것들을 비롯하여 로마 카톨릭 교회가 제시하고 있는 수많은 교리(敎 理)와 신조(信條)들은 잘못된 것들이다.

그리고 교황령(敎皇令)같은 것들은 그들이 진정(眞正)한 의미에서의 기독교라기보다는 솔직 (率直)하게 말해서 베드로의 종교(宗敎, The Religion of Peter)라고 몃명(命名)하는 것이 이해(理解)에 더 옳을 것이라고 생각한다.

어떤 이들은 로마 카톨릭 교회가 지배(支配)하던 약 1000년간을 지칭(指稱)하여 복음적인 의미에서는 암흑시대(暗黑時代)였다고 말한다.

그러나 그것은 순수 기독교의 복음적인 입장에서만은 맞는 말이라고 할 것이나 일반적(一般的)인 의미에서 생각할 때에는 교황청(敎皇廳)에 짓눌린 인간의 권위(權威) 문제부터 시작 하여 일반문학(一般文學)이나, 예술(藝術), 문화(文化), 학문(學問), 정치(政治)등의 모든 사회 문제 들까지 전적으로 로마 카톨릭 교황주의(敎皇主義)에 짓눌려 살던 노예(奴隷, The Slave)로 전락(轉 落)하여 숨통까지 막혀버린 역사(歷史)의 질식시대(窒息時代)였다고 표현(表現)하는 것이 옳을 것이다.

그들의 모든 움직임이 교황청(敎皇廳)을 중심으로 하다가 보니 믿음으로 의(義)롭게 된다는 이신득의(以信得義)의 교리(敎理) 같은 것은 완전히 배제(排除)되고 공로사상(功勞思想)을 내세워서 이행득구(以行得救)라는 행위구원(行爲救援)이라는 교리(敎理)를 주장하여 사실상 기독교를 은혜(恩惠)의 종교(The Religion of Grace)가 아닌 공로의 종교(The Religion of Service)로 탈바꿈을 시켜버렸다고 하는 말이 맞을 것이다.

종교개혁자(宗敎改革者)들이 주장한 성경(聖經)의 권위(權威)와 믿음으로 의(義)롭게 된다는 이신득의(以信得義)의 교리(敎理)와 성도는 누구나 다 하나님께로 직접 나아갈 수 있다는 성도의 계제사(階祭司)에 대한 교리(敎理)같은 것들은 개혁자(改革者)들이 교황청(敎皇廳)을 향해서 보내는 삼대요구(三大要求)이기도 했다.

그리하여 개혁자(改革者)들이 내 세운 신학(神學)의 근거(根據)를 오직 하나님의 영광(榮光)(Only Glory of God), 오직 성경(Only Bible), 오직 은혜(恩惠) (Only Grace), 오직 믿음(Only Faith)이라는 성경 진리의 원리(原理)였든 것이다.

성경적인 구원론(救援論)을 확립(確立)한 것이 종교개혁(宗敎改革)의 공로(功勞)였다고 할 것이나 이는 단순한 역사적(歷史的)인 하나의 산물(産物)이라고 할 것이 아니라 기독교 진리의 핵심(核心)이요 또한 진수(眞髓)를 나타내신 하나님의 섭리(攝理)라고 하는 것이 옳을 것이다.

로마 카톨릭의 교회 운동이 현실적(現實的)으로는 많은 사람들에게 긍정적(肯定的)으로 받아드려지는 것도 은혜구원(恩惠救援)이 아닌 공로구원(功勞救援)을 내세우고 있기 때문에 사회(社會)의 윤리적(倫理的)인 차원(次元)에서의 공감(共感)을 일으키는 데는 실효성(實效性)이 있다고 하겠으나 예수 그리스도의 속죄(贖罪)와 은혜구원(恩惠救援)이라는 성경의 진리(眞理)와는 너무도 거리가 멀다는 것을 알아야 한다.

그리고 여기에서 빼어놓을 수 없는 카톨릭주의의 반성경적인 주장의 하나가 혼합종교주의(混合宗敎主義, Mixture Religionism)로 변신(變身)을 하게 된 것도 너는 나 외에 다른 신(神)을 네게 있게 하지 말지니라 (You shall have no other gods before Me)라고 하신 (출20:3) 제1계명(誡命)에 대한 위반(違反)이 된다.

또 우상숭배(偶像崇拜)나 하나님의 선택(選擇)이나 예수 그리스도의 중보사역(仲保事役)이나 은혜구원(恩惠救援)등의 모두가 비성경적(非聖經的)이기 때문에 로마 카톨릭 교회를 성경에서 말씀하고 있는 정통적(正統的)인 기독교(基督敎)로 이해하기는 어렵다는 결론(結論)을 갖게 한다.

이에 우리는 성경에서 분명히 밝히고 있는 다음의 말씀을 다시 한 번 조명(照明)해 보는 것이 옳다고 본다.

"너희가 그 은혜(恩惠)를 인하여 믿음으로 말미암아 구원(救援)을 얻었나니, 이것이 너희에게서 난 것이 아니요, 하나님의 선물(膳物)이라 (For by grace you have been saved through faith, and that not of yourselves; it is the gift of God 엡2:8)."

2 ≡ 스콜라주의와 신학과의 관계

중세의 말기(末期)에 들어서면서 스콜라주의의 사상(思想)에 대해서 말하기를 오캄(William Docam: 1280-1349)의 유명론(唯名論, Terminism, Nomilaism)이 성행(盛行)하면서 보편(普遍)보다도 개체(個體)를 더 중시(重視)하는 경향(傾向)이 강했다고 할 수 있다.

이 사상(思想)은 마틴 루터(Martin Luther)에게 결정적(決定的)인 영향(影響)을 주었다. 루터는 유명론(唯名論)을 배웠고 여기에서 인간의 이성(理性)보다는 하나님의 계시(啓示)를 의존하는 신학(神學)을 집중적(集中的)으로 연구(硏究)를 하게 되었던 것이다.

스콜라 초기에서는 인간의 이성(理性)의 역할(役割)이 높이 평가(評價)되었고 하나님의 계시(啓示)보다는 이성(理性)을 통해서 진리(眞理)를 탐구(探究)하였다. 또 스콜라주의 철학(哲學)의 중기에는 이성(理性)과 계시(啓示)를 병행적(竝行的)이었고 올바른 이성(理性)의 사용(使用)은 계시(啓示)와 다를 것이 없다고 하였다.

그러나 말기(末期)에 가면 인간의 이성(理性)은 배제(排除)되고 하나님의 계시(啓示)를 통해서만 하나님을 알 수 있다고 하는 쪽으로 기울어졌다.

종교(宗敎, Religion)는 신앙(信仰, Faith)에 관한 것이지 이성(理性, Reason)이나 철학(哲學, Philosophy)에 관한 것이 아니라고 하였다. 결국 중세의 말(末)에서 종교개혁(宗敎改革)의 시기에 이르러서 토마스 아퀴나스와 같은 합리주의(合理主義)의 스콜라 신학(神學)이 무너지고 반지성주의(反知

性主義)가 되살아나면서 어거스틴의 신학(神學)이 부흥(復興)하게 되었다.

　오캄에 있어서 형이상학(形而上學)의 대신에 경험주의(經驗主義)가 들어섰고 신학(神學)을 위해서는 이성(理性)의 증명(證明) 대신에 실증주의적(實證主義的)인 방법이 사용되었다.

　또한 하나님이나 인간의 본성(本性)을 지성(知性) 대신 의지(意志)로 화합(和合)하였는데 여기에서 하나님은 절대적(絶對的)인 의지(意志)요 우리 인간(人間)은 자유의지(自由意志)가 있음을 주장하게 되었다.

　이렇게 하여 토마스 아퀴나스적인 합리주의(合理主義)와 주지주의(主知主義)가 배척(排斥)받고 하나님의 계시(啓示)와 이성적(理性的)인 신학(神學)과 철학(哲學)의 타협(妥協)이나 조화(調和) 혹 통합(統合)은 완전히 밀려나게 되었다.

　따라서 오캄은 추상적(抽象的)인 실제(實際)들을 반대(反對)하였고 개개(箇箇)의 인간(人間)과 구체적(具體的)인 국가(國家)와 특수적(特殊的)인 지역(地域)의 교회(敎會)가 중하다고 하였다. 특수자(特殊者)와 개별자(個別者)가 보편자(普遍者)보다 앞서는 것이었다. 자연계시(自然啓示)에 입각한 신지식(神知識)은 그것이 보편적(普遍的)인 것인 한 모두 허구(虛構)라고 하였다.

　기독교 교리들의 보편적(普遍的)인 개념(概念)들은 의미가 없는 것이었다. 따라서 유명론(唯名論)은 인간에 대한 이성(理性)의 권위(權威)를 비판(批判)하였고 특수계시(特殊啓示)인 성경(聖經)을 높였다. 그리하여 인간의 이성(理性)보다 신앙을 높이 평가하였다. 실제론(實際論)과 주지주의(主知主義)에 반대(反對)하여 인간의 양심(良心)과 의지(意志)를 강조(強調)하였다.

　이 운동(運動)이 1350-1500년 사이에 르네상스(Renaissnce) 인문주의(人文主義)와 때를 같이하여 일어났기 때문에 마틴 루터가 공부하던 에르플트 대학(大學)에서 루터는 그의 선생(先生)이었던 죤 나틴(John Nathin)에게서 강한 유명론(唯名論)의 영향(影響)을 받게 된 것이다.

르네상스(Renaissance) 인문주의(人文主義)에 대한 운동(運動)은 1300-1500년 어간에 주로 이 태리에서 일어난 문예(文藝)와 교육(敎育)과 도덕적(道德的)인 정신(精神)의 헬라와 로마적인 복고주의(復古主義)의 부흥운동(復興運動)이었다.

이것은 인간의 존엄성(尊嚴性)과 탁월성(卓越性)을 강조(强調)하는 지적(知的)인 운동(運動)이었다고 할 수 있다. 이 운동(運動)은 주로 영국(英國)을 비롯하여 불란서(佛蘭西)와 독일(獨逸)과 화란(和蘭) 등지로 널리 번저나갔다.

종교개혁자(宗敎改革者)들 중에서 죤 칼빈(John Calvin)과 쯔잉글리(Zwinglee)는 이미 르네상스(Renaissance) 인문주의(人文主義)의 교육(敎育)을 받은 자들이었고 마틴 루터(Martin Luther)는 정식으로는 받은 바 없으나 로이힐린을 통해서 히브리어를 배웠고 멜랑톤(Melanchthon)을 통해서 헬라어의 강의(講義)를 들었으며 에라스무스의 헬라어로 된 신약성경의 영향(影響)을 받고 근원(根源)으로 돌아가자는 모토를 받아드리게 되었다.

마틴 루터(Martin Luther)는 중세의 주지주의(主知主義)에 반대하여 양심(良心)과 의지(意志)를 강조(强調)하였다. 그러나 에라스무스는 이교적(異敎的)인 고전학문(古典學問)과 기독교(基督敎)의 신학(神學) 사이에서 생겨나는 차이(差異)를 인정하면서도 어느 정도는 조화적(調和的)인 입장(立場)을 가졌으나 사실 루터는 이를 강(强)하게 반대(反對)하였다.

사실상 인문주의자(人文主義者)들은 점점 세속적(世俗的)인 학문(學問)에 더 취미(趣味)를 가지고 기독교(基督敎)에 관한 신학(神學)을 멀리하는 경향(傾向)이 있었다. 이런 경향은 헬라, 로마의 세속적(世俗的)인 인문주의(人文主義)를 조성(造成)하게 되어 고전적(古典的)인 관능(慣能)이나 본의(本意)의 예술(藝術)과 문화(文化)의 사상적(思想的)인 조류(潮流)를 형성(形成)하게 되었다.

그러므로 완전히 세속적(世俗的)인 인문주의(人文主義)와 기독교적(基督敎的)인 인문주의(人文主義)는 구별(區別)하여야 할 것이다.

쯔잉글리(Zwinglee)와 죤 칼빈(John Calvin)은 신학자(神學者)로서 인문주의(人文主義)에 관심(關心)을 가진 사람들이었다. 그들은 세속적(世俗的)적인 인문주의자(人文主義者)는 아닐지라도 그 방법론(方法論)을 비판적(批判的)으로 검토(檢討)하고 사용(使用)했다.

개혁자(改革者)들은 성경을 연구하되 맹신적(盲信的)으로 하였던 로마 교회의 방식을 버렸다. 그리고 성경에 대한 원문(原文)을 연구하고 성경에서 말씀하고 있는 교훈(敎訓)의 현실적(現實的)인 타당성(妥當性) 등을 모색(摸索)하고 이를 실천적(實踐的)으로 적용(適用)하는데 관심(關心)을 두었다.

실례(實例)로서 죤 칼빈은 그의 교회론(敎會論)에서 불가견(不可見) 의 교회 보다는 가견(可見)의 교회를 논함으로써 실제로 중요한 것이 무엇인가를 보여주고 있다.

인문주의자(人文主義者)들은 인본주의(人本主義)요 낙관주의(樂觀主義)요 합리주의(合理主義)에 기울어졌으나 기독교(基督敎)의 인문주의(人文主義)는 성경(聖經)과 교부(敎父)들의 저서(著書)에 의존(依存)하였고 철저히 신본주의(神本主義)요 계시의존주의자(啓示 依存主義者)들이었다.

세속적(世俗的)인 르네상스(Renaissance) 인문주의(人文主義)는 지상(地上)의 행복(幸福)과 운명(運命)과 미덕(美德)을 숭앙(崇仰)했으나 칼빈과 같은 경우는 내세(來世)의 복락(福樂)과 하나님의 자녀(子女)된 경건(敬虔)과 하나님의 섭리(攝理)를 강조하였다.

결국 르네상스(Renaissance) 인문주의(人文主義)는 인간(人間)을 높이려는 운동(運動)이었으나 개혁자(改革者)들은 이 운동(運動)의 좋은 점을 본(本)받아서 기독교(基督敎)의 고전(古典)에 대한 연구(研究)와 성경(聖經)의 원문(原文)을 연구(研究)하는데 주력했으며 사도적(使徒的)인 교회에로의 복귀(復歸) 등을 통하여 중세기(中世紀)를 통틀어서 부패(腐敗)되고 왜곡(歪曲)된 기독교(基督敎)의 진리(眞理)를 바로 잡는데 성공(成功)할 수 있었다.

르네상스(Renaissance) 인문주의(人文主義)가 기독교(基督敎)에 끼친 가장 큰 공헌(貢獻)이라면 당연히 근원(根源)으로 돌아가자는 것이었다.

이러한 정신(精神)이야말로 우리 시대의 신학도(神學徒)들이 다시 한번 깊이 되새겨 볼 필요가 있는 것이다. 현대신학(現代神學)은 지나치게 상황(狀況)에 맞추는 듯 한 인상(印象)을 준다.

위대(偉大)한 하나님의 말씀인 성경(聖經)을 제쳐놓고 현실 문제에 집착(執着)하는 것은 결국 인간의 관심(關心)에 대한 상황(狀況)의 필요(必要)에 부응하여 보려는 인본주의(人本主義)인 것이다.

개혁자(改革者)들은 성경의 원문(原文)으로 돌아갔고 고대(古代)의 교부(敎父)들이 지켰든 신학(神學)에서 진리(眞理)의 샘을 발견하였으며 예수께서 세우신 사도(使徒)들의 교회로 돌아갔기 때문에 개혁(改革)의 과업(課業)을 이룰 수가 있었다.

🖋 다시 생각해 볼 복습 문제

01. 종교개혁기에 사상적인 갈등이 왜 일어나게 되었든가를 간단히 설명하라

02. 로마 카톨릭 교회의 변질에 대해서 간단히 말하라

03. 스콜라주의와 신학과의 관계를 간단히 설명해 보라

04. 르네상스 인문주의 운동에 대해서 간단히 설명하라

05. 르네상스 운동과 종교개혁자들이 지향했든 것이 무엇이었든가를 간단히 말하라

06. 종교개혁자들이 요구했던 것 세 가지를 말하라

제3장
종교개혁자들의 교리 사상
The Dogmatic Thought of the Reformer

우리들이 종교개혁자(宗敎改革者)들을 들라고 하면 수(數)많은 사람들을 들 수 있을 것이다. 그러나 그 가운데서도 특히 대표적(代表的)이라고 할만한 인물(人物)로서는 우선 말틴 루터(Martin Luther: 1483-1546)를 비롯하여 쯔잉글리(Zwingli, Urich: 1484-1531)와 또 멜랑톤(Melachton, P.: 1497-1560)과 그리고 사실상 종교개혁(宗敎改革)을 신학적(神學的)으로 완성(完成)시킨 죤 칼빈 (John Calvin: 1509-1564) 등을 들 수 있는데 그들의 신학사상(神學思想)을 비교하여 정리(整理)해 봄으로써 우리가 살고 있는 현대교회와 신학사상(神學思想)을 이해하는데 크게 도움이 될 것이다.

물론 현대신학(現代神學)을 바로 이해(理解)하기 위해서는 여러 가지의 방법(方法)이 있기는 하나 우선 로마 카톨릭 교회의 비성경적(非聖經的)인 변질(變質)을 바로 잡고 성경에서 말씀하고 있는 바른 진리(眞理)를 중심으로 진정(眞正)한 기독교(基督敎)의 진리(眞理)를 바로 세우기 위해서는 종교개혁(宗敎改革)이 너무도 필연적(必然的)인 것이었다는 것을 알게 된다.

그러나 종교개혁(宗敎改革)의 필연성(必然性)과 역사적(歷史的)인 사명(使命)에는 모두가 일치(一致) 할 수 있었으나 그들이 주장하는 신학적(神學的)인 이론(理論)이나 교리사상(敎理思想)은 약간씩 그 뜻을 달리하고 있어서 우리가 그들의 사상(思想)을 바로 이해(理解)하고 나아가서는 기독교 진리의 정통성(正統性)을 바로 지키고 세우기 위해서는 반듯이 짚고 넘어가야 할 필요를 느낀다.

성경의 진리(眞理)를 떠난 종교는 아무리 기독교(基督敎)라는 이름을 붙여도 사실은 기독교가 아니라는데 유념(留念)해야 할 것이다.

우리가 종교개혁(宗敎改革, Reformation)을 논(論)함에 있어서 1517년 10월 31일, 신학박사(神學博士)로 유명(有名)했든 말틴 루터(Martin Luther)가 위텐벍(Wittenberg)교회의 벽보판(壁報板)에 95개 조항(條項)의 항의문(抗議文)을 발표(發表)함으로써 시작되었다고 하는 단순(單純)한 논리(論理)로 해석해 버리기 쉽다.

그러나 분명한 것은 마틴 루터가 발표(發表)한 95개조항이나 또는 종교개혁(宗敎改革)을 일으켜야 하겠다고 한 루터나 그 외의 모든 개혁자(改革者)들이 자기들이 창안(創案)해 낸 주의주장(主義主張)이나 사상(思想)등을 내세워서 개혁(改革)을 일으킨 것이 아니라 그보다 앞서 그들에게 종교개혁(宗敎改革)을 일으키게 했던 사상적(思想的)인 배경(背景)과 그들을 정신적(精神的)으로 이끌어 준 지도자(指導者)들이 있었다는 것을 전제(前提)로 해야 한다.

물론 종교개혁(宗敎改革) 이전의 개혁자(改革者)들이나 실질적(實質的)으로 종교개혁(宗敎改革)을 이끌었든 사람들의 기본사상(基本思想)은 어디까지나 성경(聖經)의 진리(眞理)였고 그들을 직접적(直接的)으로 이끈 분은 하나님의 성령(聖靈)이셨다는 것을 분명히 하고 연구(硏究)에 임해야 한다.

그러나 종교개혁자(宗敎改革者)들의 신앙(信仰)과 신학(神學)이나 또한 교리사상(敎理思想)을 이끌어주고 그들에게 정신적(精神的)인 감화(感化)를 일으켜 주신 분들은 어떠한 누구였으며 또 그 분들이 가졌던 교리사상(敎理思想)이나 신앙생활(信仰生活)의 모습이 어떠했던가 하는 것들을 먼저 알아보고 개혁자(改革者)들의 교리사상(敎理思想)을 탐구하는 것이 순서(順序) 상 옳다고 본다.

소위 종교개혁(宗敎改革)이 일어나기 이전의 개혁자(改革者)들로는 개혁자(改革者)들에게 근본적(根本的)인 영향(影響)을 끼쳐준 영국의 죤 위클립(John Wycliff: 1324-1384)을 비롯하여 죤 후스(John Hus: 1369-1415) 같은 선각자(先覺者)들을 들 수 있고 생활신앙(生活信仰)을 통해서 개혁(改革)의 정신(精神)을 심어준 사보나롤라(Savonarola Giremo: 1452-1498)같은 인물(人物)들을 들 수 있을 것이다.

그 외에도 벌써 어거스틴(Augustinus)이나 또 다른 많은 선각자(先覺者)들이 성경적(聖經的)인 신앙(信仰)과 진리(眞理)의 정통성(正統性)을 이어가기 위해서 많은 진리(眞理)에 대한 영적감동(靈的感動, Spiritual Inspiration)을 준 이들이 많이 있었으나 그들 가운데서 몇 분만이라도 예를 들어서 소개(紹介)해 보려고 한다.

그들의 사상(思想)은 이미 종교개혁(宗敎改革)이 일어나기 훨씬 이전에 교황청(敎皇廳)을 향하여 실질적(實質的)으로 성경의 절대권위(聖經絕對權威)와 이신득의(以信得義)의 교리(敎理)와 성도는 누구나 하나님 앞에 직접(直接) 나아갈 수 있다는 성도계제사(聖徒皆祭司)등 세 가지의 교리(敎理)를 인정(認定)하라고 요구(要求)해 놓고 있었다.

그러므로 여기에서는 그러한 선각자(先覺者)들의 사상(思想)을 보다 더 체계적(體系的)으로 분석(分析)해 보는 것보다 차라리 그들의 생애(生涯)와 신앙관(信仰觀)을 들어서 살펴보는 것으로 만족해야 할 것으로 안다.

단 한 가지 분명한 것은 그 모든 선각자(先覺者)들은 한결같이 하나님의 말씀인 성경(聖經)에 충실(充實)했고 기독교의 바른 신앙(信仰)이나 사상(思想)의 모든 것을 사람에 의해서 만들어진 것이 아니라 하나님의 진리(眞理)대로 따르고 순종(順從)하고자 노력(勞力)했다는 것을 알 수가 있다.

1) 사후(死後)에 또 죽은 순교자 죤 위클립

죤 위클립 (Jhon Wycliffe: 1324-1384)은 영국이 낳은 대철학자(大哲學者)요 성경교리(聖經敎理)의 사상(思想)을 끝까지 견지(堅持)한 성서신학자(聖書神學者)요 설교자(說敎者)요 성경학자(聖經學者)로서 누구보다도 말틴 루터나 죤 칼빈에게 가장 많은 정신적(精神的)인 감화(感化)와 사상적(思想的)인 영향(影響)을 심어준 종교개혁(宗敎改革) 이전의 개혁자(改革者)로 인정(認定)하고 있는 선각자(先覺者)였다.

그는 부유(富裕)한 가정(家庭)에서 태어나서 유복(裕福)하게 자라다가 15살의 어린 나이로 옥스퍼드(Oxford) 대학(大學)에 입학(入學)하여 학문(學問)을 익혀나갔다.

1356년에는 문학사(文學士)의 학위(學位)를 받았고 1369년에는 목회학사(牧會學士)의 학위(

學位(學位)를 받았고 그리고 1372년에는 목회학박사(牧會學博士)의 학위(學位)를 받았다.

그는 1359년부터 1360년까지 2년 동안 옥스퍼드에서 연구생활(研究生活)을 계속하면서도 벨리올(Belliol) 대학(大學)에 나가서 강의(講義)도 했다.

그런데 인노센트 3세(Innocent III: 1198-1216 재위) 교황(敎皇)으로부터 영국(英國)으로 하여금 교황청(敎皇廳)에 조공(朝貢)을 바치라고 하는 명령(命令)이 내려서 영국으로서는 국가적(國家的)인 큰 문제(問題)가 발생(發生)하게 되었다.

그 때에 위클립은 주장하기를 로마 카톨릭 교회의 교황(敎皇)은 감히 영국(英國)에 대하여 정치적(政治的)인 간섭(干涉)이나 조공(朝貢)을 내라고 하는 등 어떠한 명령(命令)을 내릴 권리(權利)가 없다고 하여 이를 단호(斷乎)하게 거부(拒否)해야 한다고 영국의 황실(皇室)에 건의(建議)하여 국왕(國王)도 그의 말에 따랐다.

그 후에도 그는 교황(敎皇)의 국가적(國家的)인 간섭(干涉)이나 교회(敎會)에 대한 악습(惡習)과 감독(監督)들의 사치폐습(奢侈弊習)이나 걸식수사(乞食修士)의 해독(害毒)등을 들어서 공개적(公開的)으로 비판(批判)하고 나섰다.

그는 교황(敎皇)이나 감독(監督)보다도 성경 중심의 신앙(信仰)을 가질 것과 속죄권(贖罪券)은 무효(無效)라고 하는 것과 화체설(化體說) 같은 것은 잘못된 교리(敎理)라는 것들을 중점적(重點的)으로 지적(指摘)하여 교황청(敎皇廳)을 공격(攻擊)했다.

그리하여 후대의 사람들은 죤 위클립(John Wycliff)이야말로 종교개혁(宗敎改革)의 선구자(先驅者)요 개혁(改革)의 개척자(開拓者)로서 종교개혁(宗敎改革)의 밝은 별(明星)이라는 찬사를 받았다.

1378년 위클립은 친히 성경을 영어(英語, English)로 번역(飜譯)하여 영어(英語)를 사용하는 모든 사람들의 손에 들려주므로 교황청(敎皇廳)의 오류(誤謬)를 일반 백성들이 친히 알 수 있도록 이끌었고 후일에 영어성경(英語聖經)을 번역(飜譯)하는데 기반(基盤)을 구축(構築)해 주기도 했다.

뿐만 아니라 그는 교황청(敎皇廳)의 명령(命令)이나 간섭(干涉) 같은 것은 전혀 의식(意識)조차도 하지 않았고 자유(自由)스럽게 설교(說敎)를 하고 또 친히 많은 사람을 세워서 하나님의 복음(福音)을 전파하는 전도자(傳道者, Evangelist)로 내 보내기도 했다.

그들은 붉은 옷을 입고 맨발로 걸어 다니면서 오직 전도(傳道)에만 열심을 다했다.

위클립은 그 외에도 많은 소책자(小冊子)를 펴내서 일반에게 공급해주고 교황청(敎皇廳)의 지배(支配) 아래 있는 교회의 잘못을 바로잡아주려고 힘썼다.

존 위클립의 이러한 행동이 확대(擴大)되어 수많은 사람들이 교황청(敎皇廳)의 잘못을 비판(批判)하고 그 세력(勢力)이 날로 확대(擴大)되어갔기 때문에 교황청(敎皇廳)에서는 노발(怒發)하여 그를 엄벌(嚴罰)에 처하라고 명령(命令)을 내렸다.

이에 런던의 감독(監督)은 교황(敎皇)의 명령(命令)을 받고 그를 소환(召喚)하여 심문(審問)을 하고자했다. 그러나 그의 불타는 애국심(愛國心)과 철저한 성경적(聖經的)인 신앙사상(信仰思想)에 감동(感動)을 받은 귀족(貴族)들이나 일반시민(一般市民)들이 그를 옹호(擁護)하고 나섰으므로 만약에 함부로 위클립에게 제재(制裁)를 가한다거나 그를 처형(處刑)하게 될 경우 민란(民亂)이라도 날것 같아서 감히 그를 법정(法廷)에 세우지 못했다.

이에 교황청(敎皇廳)에서는 그를 교수직(敎授職)의 자리에서 파면(罷免)하여 한가한 시골교회의 목사(牧師)로 몰아내 버렸다. 그는 시골 교회(敎會)의 목사(牧師)로서 목회(牧會)에만 전념(專念)하다가 1384년 12월 31일 하나님의 부르심을 받고 조용히 이 세상을 떠났다.

그의 사후(死後)에 그를 따르던 사람들이 모여서 롤라드(Lollards)라는 단체(團體)를 결성(結成)하여 그의 유지(遺志)를 계승(繼承)하려고 했으나 교황청(敎皇廳)의 방해(妨害)로 크게 발전(發展)할 수는 없었다.

그가 죽은 지 꼭 31년째 되던 해인 1415년에 모인 콘스탄틴 대회(大會)에서는 그의 학설(學說)을 부인(否認)하고 그의 유골(遺骨)을 파헤쳐서 불태운 다음 그 재(灰)를 강물에 뿌려버림으로 사후(死後)에 또 죽임을 당한 순교자(殉敎者)로 기록하게 되었다.

그의 투철(透徹)하고 의(義)로운 생활(生活)과 열성적(熱誠的)인 신앙(信仰)은 물론 그의 높고 깊은 성경적인 교리사상(敎理思想)은 두고두고 후대(後代)의 사람들에게 감동(感動)을 주었고 특히 종교개혁자(宗敎改革者)들의 마음을 자극(刺戟)하여 친히 개혁(改革)을 성사(成事)시키도록 선구자(先驅者)로서의 사명(使命)을 다하고 가신 거룩하고 경건(敬虔)한 종교개혁(宗敎改革) 이전의 개혁자(改革者) 였다고 우러러 존경(尊敬)을 받는다.

2) 거룩한 순교자(殉敎者) 죤 후스

보헤미아의 개혁자(改革者)로서 죤 위클립의 사상적(思想的)인 영향(影響)을 받은 죤 후스(John Hus: 1369-1415)는 일찍이 프라그(Frag)의 대학(大學)에서 학업(學業)을 마치고 바로 그 대학(大學)의 교수(敎授)와 총장(總長)까지를 역임(歷任)한 학자(學者)였다.

그가 대학(大學)에서 재직(在職)하는 동안 때때로 죤 위클립의 사상(思想)과 행적(行績)을 학생(學生)들에게 강론(講論)했고 죤 위클립의 신앙(信仰)과 신학사상(神學思想)을 흠모(欽慕)하여 열심히 죤 위클립에 대한 연구(硏究)를 거듭하면서 그의 발자취를 따른 추종자(追從者)였다.

1391년에는 베들레헴 교회의 목사직(牧師職)까지를 겸임(兼任)하게 되었으므로 그 때부터 성경을 연구(硏究)하는데만 몰두(沒頭)하여 죤 위클립의 교리사상(敎理思想)을 적극적(積極的)으로 지지(支持)하고 따르면서 경건(敬虔)한 신앙(信仰)과 개혁정신(改革精神)을 개발(開發)해 나갔다.

그의 설교(說敎)는 열변(熱辯)은 아니었으나 그의 겸손(謙遜)한 생활(生活)과 태도(態度)는 여러 사람들의 마음에 크게 감동(感動)을 주었고 모든 사람들에게 존경(尊敬)을 받았다.

그는 조용한 설교자(說敎者)였으나 교황정치(敎皇政治)의 비 성경적인 오류(誤謬)와 면죄부(免罪符)의 발매(發賣)를 극력반대(極力反對)했고 로마교회의 의전(儀典)이나 제도(制度)를 비난(非難)하고 나섰으므로 자연히 교인(敎人)들은 교황청(敎皇廳)에 대하여 비판(批判)을 하고 나서게 되었다.

그의 신앙적(信仰的)인 감화(感化)와 정신적(精神的)인 영향(影響)이 너무도 큰 것을 염려한 왕(王)은 그를 프라그에서 물러나게 하였으므로 그는 프라그 근교(近郊)에 숨어살면서 사람들에게 성경을 가르치고 설교(說敎)를 계속했다.

그 때에 독일(獨逸)의 황제(皇帝) 지기스먼드는 보헤미아 왕(王)의 형제(兄弟)였으므로 보헤미아가 이단자(異端者)를 용납(容納)했다는 누명(陋名)에서 벗어나기 위해서는 후스를 콘스탄티노플 회의(會議)에 출석(出席)시켜야 한다고 권했다.

이에 보헤미아 왕(王)은 친히 그의 신변(身邊)에 대한 안전(安全)을 위해서 세 사람의 귀족(貴族)들과 두 사람의 친구(親舊)를 대동(對同)시켜서 후스를 콘스탄티노플로 보내게 되었다.

그러나 후스의 반대파(反對派)에 속한 사람들이 계략(計略)을 꾸며서 후스가 콘스탄티노플에 도착(倒着)할 무렵 그를 납치(拉致)하여 도미닉 파에 속한 수도원(修道院)의 깊은 토굴(土窟)속에 가두어 버리고 그가 도망(逃亡)쳤다고 거짓 소문을 퍼뜨렸다.

1415년 4월부터 그에게 모진 고문(拷問)이 가해지기 시작했다.

그를 취조(取調)한 이유는 죤 위클립과 같은 사상(思想)을 가졌다는 것이었으나 후스는 조금도 모진 고문(拷問)에도 굴하지 않고 당당하게 죤 위클립의 정당성(正當性)을 옹호(擁護)하고 그는 거룩하고 경건(敬虔)한 선각자(先覺者)였으며 그에게는 아무 잘못이 없었으므로 나는 그를 존경(尊敬)하고 그의 사상(思想)을 따르는 것이 조금도 부끄럽지 않다고 강변(强辯)했다.

그러나 심한 고문(拷問)에는 어찌 할 수 없다는 것을 알고는 심문자(審問者)들이 그에게 4주간의 생각할 기회(機會)를 주기로 했으나 그는 끝내 그의 마음은 변개(變改)할 수 없는 확신(確信)에 차 있었고 사상(思想)은 너무도 확고(確固)했다.

1415년 7월 6일 그는 이단자(異端者)라는 누명(陋名)을 뒤집어쓰고 단죄(斷罪)되어 화형(火刑)에 처해지게 되었고 그의 모든 저서(著書)는 불태워지게 되었다.

그를 반대(反對)하여 화형(火刑)에 처한 사람들이 일제히 네 영혼(靈魂)을 악마(惡魔)에게 내어주노라고 소리쳤을 때 그는 오히려 당당하게 목소리를 높여서 하는 말이 "나는 이것을 거룩하신 예수 그리스도에게 돌리노라"고 하면서 화답(和答)하여 응수(應手)했다.

반대파(反對派)의 사람들은 그의 목에 쇠사슬을 걸치고 형가(刑架)로 끌고 가서 불을 붙인 다음 그의 말을 취소하라고 윽박질렀다. 그러나 그는 담대하게 "그리스도여 살아 계신 하나님의 아들이시여 나를 불쌍히 여기소서"라고 소리친 다음 마지막 숨을 거두고 형장(刑場)의 이슬로 살아졌다. 그의 시신(屍身)은 재(灰)로 변(變)하여 라인 강물에 뿌려졌다.

그러나 그의 죽음은 단순히 죽음으로 끝나는 것이 아니라 오히려 종교개혁자(宗敎改革者)들의 가슴에 불을 질러서 마침내 그의 참뜻이 역사(歷史) 위에 나타나도록 해주는 화심(花心)이 되어주었다.

순교자(殉敎者)의 피는 결코 헛되지 않아서 반드시 진리(眞理)의 씨가 되고 꽃이 되고 열매를 맺게해 준다는 것을 다시금 생각나게 했다.

이태리가 낳은 경건(敬虔)한 순교자(殉敎者)요 개혁사상(改革思想)을 심어준 사보나롤라 (Savonarola, Girelamo: 1452-1498)는 의사(醫師)인 미카엘 (Michael)의 셋째 아들로 태어나서 유복(裕福)한 어린 시절에 더 많은 학문(學問)에 몰두(沒頭)할 수 있는 좋은 환경(環境) 속에서 자라났다.

공부(工夫)를 마친 다음 그는 성 마가 회당(會堂)의 부속(附屬)인 도미닉 파에 속한 수도원(修道院)에 들어가서 수노사(修道士)의 길을 걷게 되었나

그는 열정적(熱情的)이고 웅변적(雄辯的)인 설교(說敎)로 많은 사람들의 심금(心琴)을 울렸다. 그는 나중에 그 수도원(修道院)의 원장(院長)으로 취임(就任)하여 더 많은 사람들에게 경건(敬虔)한 수도생활(修道生活)을 권장(勸獎)할 수 있게 되었다.

때마침 문예부흥기(文藝復興期)가 절정(絶頂)에 이르고 있을 때였으므로 그가 몸담고 있던 플로렌스(Florence)도 그 영향(影響)을 크게 받아서 학문적(學問的)으로나 향락적(享樂的)으로 이교주의(異敎主義)의 기풍(氣風)이 성행(盛行)하여 온 사회(社會)를 혼란(混亂)케 하고 있었다.

사보나롤라는 이러한 사회(社會)의 폐습(弊習)을 맹렬(猛烈)하게 공격(攻擊)하고 나섰다.

처음에는 사회의 도덕적(道德的)인 타락(墮落)을 지탄(指彈)하고 나섰으나 나중에는 정치적(政治的)인 부패(腐敗)까지도 공격(攻擊)하고 이에 대한 시정(是正)을 부르짖고 나섰다.

그는 플로렌스가 하나님의 진노(震怒)를 피(避)하고 살아남기 위해서는 하나님 앞에서 통렬(痛烈)하게 회개(悔改)하고 모든 죄(罪)에서 돌아서는 길 밖에 없다고 역설(力說)했다.

그의 이렇게 한 말이 때마침 불란서(佛蘭西)의 왕(王) 샤루루 8세가 이태리에 침공(侵攻)하여 플로렌스를 정복(征服)해 버렸으므로 그의 예언(豫言)이 맞아떨어지게 되었다.

이에 이교사상(異敎思想)의 옹호자(擁護者)였던 메디치(Medichi)의 일가(一家)는 국외(國外)로 추방(追放)을 당해야 했다.

사보나롤라는 혼란(混亂)스러운 폐습(弊習)을 공격(攻擊)하고 스스로는 엄격(嚴格)하고 경건(敬虔)한 생활신앙(生活信仰)으로 일관하여 사실상 후일의 종교개혁자(宗敎改革者)들에게 정신적(精神的)인 개혁자(改革者)로서의 혼(魂)을 심어주고 있었다.

그러나 그의 청교적(淸敎的)인 정신(精神)은 정치적(政治的)인 문제에 대해서까지 공격(攻擊)의

화살을 늦추지 않고 공격(攻擊)을 계속했으므로 마침내 교황(敎皇) 알렉산더 6세(Alexander VI: 1492-1503 재위)와 맞서게 되어 이단자(異端者)로 몰려서 화형(火刑)에 처해지게 되었고 그의 시신(屍身)은 재(灾)가 되어 아르노 강물에 뿌려졌다.

이러한 그의 경건(敬虔)하고 강직(剛直)한 성품(性品)과 하나님 중심의 사상(思想)은 후세(後世)의 종교개혁자(宗敎改革者)들에게 많은 감명(感銘)을 주기에 충분했다.

우리가 종교개혁(宗敎改革)을 한 시대(時代)의 역사적(歷史的)인 사건(事件)으로 생각해버리면 그 참된 의의(意義)와 가치(價値)를 잘 못 오해(誤解)하기 쉽다. 그리고 그 시대의 사건(事件)과 역사(歷史)가 뜻하고 있는 참 뜻이 무엇인가 하는 것을 바로 이해(理解)하지 못한다면 아무 소용(所用)이 없다.

종교개혁자(宗敎改革者)들이 일으킨 개혁(改革)이라는 역사적(歷史的)인 사건(事件)은 그 개혁자(改革者)들이 만든 하나의 사건(事件)이 아니라 그들보다 앞서 간 선각자(先覺者)들의 정신적(精神的)이고 사상적(思想的)인 계승(繼承)이요 또한 회복(回復)이었고 길게는 유지(維持)라는데 큰 뜻이 있다.

그리고 그 참 뜻은 또한 그 선각자(先覺者)들의 정신(精神)이나 사상(思想)에서 그치는 것이 아니라 바로 그것은 성경에서 말씀하고 있는 참 진리(眞理)요 바로 그것이 하나님의 의지(意志)라는 의미에서 하나님의 의지(意志)의 성취(成就)요 하나님의 뜻을 이루어 드리기 위한 몸부림의 투쟁(鬪爭)이라고 해야 할 것이다.

기독교(基督敎)는 사람들이 흔히 말하는 도덕운동(道德運動)이나 기복(祈福)의 수단(手段)이 아니라 처음부터 끝까지 하나님의 절대적(絶對的)인 권위(權威)에 순종(順從)하고 하나님의 영광(榮光)을 위하여 충성(忠誠)을 바쳐 드려야하는 하나님의 종교이다.

이러한 진리(眞理)에 확고히 선자만이 하나님의 일을 할 수 있고 기독교의 참 진리(眞理)를 이해하고 하나님께서 베풀어주신 은혜의 구원을 누릴 자격(資格)이 있는 사람이다.

우리가 하나님의 진리(眞理)를 지키고 보수(保守)한다는 것은 결코 쉬운 일이 아니라는 것을 잘 알고 있다. 그러나 우리가 이 길을 걸어야 하는 것은 하나님의 위로(慰勞)와 구원(救援)을 위함이요 또한 하나님과의 영원(永遠)한 동거(同居)를 위해서이다.

사람은 누구나 자기의 짧은 인생(人生)을 살다가 갈 수밖에 없는 유한(有限)한 생명(生命)의 존재(存在)이다. 그러나 영원히 죽지 않는 영생(永生)을 바라보고 가는 사람이라면 성경에서 말씀하고 있는 이 길을 걸어야하고 그 생활을 해야 한다.

바로 여기에서 종교개혁(宗敎改革)이라는 것이 바로 이해되고 인정을 받게 된다. 이는 결코 로마 카톨릭 교회나 교황권(敎皇權)에 대한 항거(抗拒)나 도전(挑戰)이 아니라 영원(永遠)한 하나님의 의지(意志)의 성취(成就)라는 뜻에서 이해(理解)되어야 한다는 뜻을 여기에서 찾는다.

모든 것은 하나님의 뜻이 이루어 짐이라는 말이 있을 뿐이다.

1) 주님의 뜻을 이루소서 고요한 중에 기다리니

   진흙과 같은 날 빚으사 주님의 형상 만드소서

2) 주님의 뜻을 이루소서 주님 발 앞에 엎드리니

   나의 맘 속을 살피시사 눈보다 희게 하옵소서

3) 주님의 뜻을 이루소서 병들어 몸이 피곤할 때

   권능의 손을 내게 펴사 강건케 하여 주옵소서

4) 주님의 뜻을 이루소서 온전히 나를 주장하사

   주님과 함께 동거함을 만민이 알게 하옵소서

2 ≡ 말틴 루터의 교리사상(敎理思想)

복음(福音) 루터 교회(敎會) (Evangelical Lutheran church)를 일으킨 말틴 루터는 본래 독일의 뫼에라 지방(地方)에서 가난한 농부(農夫)의 아들로 태어났다.

그러나 아버지의 엄격(嚴格)한 신앙생활(信仰生活)과 교육(敎育)은 그에게 있어서는 믿음 자체가 하나님의 은혜중심(恩惠中心)이 아닌 공포중심(恐怖中心)의 대상(對相)이었을 만큼 철저히 율법적(律法的)이었다고 보아야 할 것이다.

그가 13살이 되던 해인 1496년에 만스펠트(Manspelt) 학교(學校)를 마치고 그의 아버지의 뜻을 따라서 형제단(兄弟團)에 속하는 학교(學校) (Frateherren)에 들어갔으나 그는 학교(學校)에서 별로 흥미(興味)를 느끼지 못하고 1년 후에 라틴 학교(學校)로 옮겨가서 길거리에서 노래를 부르며 학비(學費)를 마련하며 어려운 공부(工夫)를 해야만 했다.

1501년에는 엘플트 대학(大學)의 문학부(文學部)에 들어가서 철학(哲學)을 전공했다.

1505년에는 박사학위(博士學位)를 받은 다음 다시 그의 아버지의 뜻을 받들어서 법률학(法律學)에 대한 공부(工夫)를 하기로 했다.

그런데 1505년 7월 2일 만스펠트에서 엘플트로 가던 도중(途中) 무서운 낙뇌(落雷)로 같이 가던 친구(親舊)가 쓰러지는 것을 보고는 공포심(恐怖心)에 질려서 마음을 바꾸고 수도사(修道士)가 되기로 결심(決心)을 굳혔다.

그리고는 그 해 7월 17일, 곧 바로 엘플트의 어거스틴파에 속하는 수도원(修道院)으로 들어갔다. 그때에 그의 나이 겨우 21세였다.

그 후 1521년, 그의 아버지에게 보낸 편지(便紙)에서 비로소 자기의 생각을 말할 수 있었다.

"하나님으로부터 무서운 환상(幻像)으로 말미암아 나는 소명(召命)되었습니다. 나는 자진(自進)해서 무슨 동경(憧憬) 때문에 수도사(修道士)가 된 것은 아닙니다. 하물며 생활(生活)을 위한 것도 아닙니다. 다만 죽음에 대한 공포(恐怖)와 염려(念慮)에서 나는 어쩔 수 없이 맹서(盟誓)했습니다".

이러한 마틴 루터는 1507년 4월 3일 목사(牧師)로 안수(按手)를 받았고 당당한 사제(司祭)의 한 사람이 되었다.

1512년에는 신학박사(神學博士, Doctor of Theology)가 되었고 윗텐벌그 대학(大學)의 신학부(神學部)에서 교수(敎授)로 임용 되었다. 슈타우피츠(Staupitz, Johann Von: 1529 사망)는 자기가 맡았던 성경강좌(聖經講座)를 루터에게 맡겼고 루터는 그 때부터 시작하여 평생(平生)토록 성경(聖經)을 강의(講義)했다.

1511년부터 1512년까지 그는 종교개혁(宗敎改革)의 근본사상(根本思想)이 될 복음적(福音的)인 신앙사상(信仰思想)에 도달했다.

그것은 로마서 1장 17절에서 '하나님의 의(義)는 우리의 죄(罪)를 심판(審判)하시는 율법적(律法的)인 의(義)가 아니라 우리를 용서(容恕)하시는 복음인(福音的)인 의(義)'라는 것을 발견한 것이다.

마틴 루터를 이 복음적(福音的)인 견해(見解)로 인도(引導)한 사람은 슈타우피츠였으나 신학적(神學的)인 면에서 이끌어준 것은 어거스틴에 대한 연구(硏究)와 두 사람의 독일(獨逸)사람 신비주의자(神秘主義者)였든 타울러(Tauler Johannoc: 1300-1361)와 프랑크품타(Frankfuta)였다.

그가 종교개혁(宗敎改革)을 주도(主導)하므로 기독교(基督敎)의 역사(歷史)에서만이 아니라 세계역사(世界歷史)의 수레바퀴를 돌려놓은 말틴 루터의 교리사상(敎理思想)은 원칙적(原則的)으로 믿음으로 의(義)롭게 된다고 하는 이신득의(以信得義)의 교리사상(敎理思想)으로부터 시작하여 어거스틴에 이어서 은혜구원(恩惠救援)의 사상(思想)을 확립(確立)시키는데 기여(寄與)한 특출(特出)한 신학자(神學者)요 사상가(思想家)였다.

그러나 그의 교리사상(敎理思想)은 종종 정통파(正統派)의 신학사상(神學思想)과는 약간 그 뜻을 달리하고 있는 경우가 있어서 그를 정통주의(正統主義)에 속한 신학자(神學者)라고 하기보다는 순수(純粹)히 종교개혁자(宗敎改革者)의 한 사람으로 이해(理解)하는 것이 더 쉬울 것이다.

그러므로 마틴 루터의 교리사상(敎理思想)에 대한 각론(各論)을 들어서 살펴보는 것이 유익할 것으로 본다.

1) 말틴 루터의 계시론(啓示\論)

말틴 루터의 신학적(神學的)인 특징(特徵)은 예수 그리스도의 성육신(成肉身)과 하나님의 말씀을 지나치게 강조(强調)한 나머지 어떤 의미에서는 발트(Karl Barth: 1886-1968) 신학(神學)의 원조(元祖)가 되었다고 할 수도 있게 되었다.

칼빈주의파의 신학(神學)에서는 말씀과 성령(聖靈)을 동시에 강조하는데 비하여 재세례파(再洗禮派)에서는 성령(聖靈)을 더 강조(强調)하였고 루터파에서는 유독 말씀을 강조(强調)한 것이 각각 다른 특징(特徵)이라고 할 것이다.

특히 중세시대(中世時代)의 기독교(基督教)가 카톨릭주의(主義)에 의해서 제도(制度)와 의전(儀典)에 치우쳐서 말씀이 사실상 차단(遮斷)되었던 상태에 비하면 그의 주장(主張)이나 활동(活動)이 당연(當然)했다는 것으로 이해는 간다.

그리하여 그는 성경을 친히 독일어(獨逸語)로 번역(飜譯)하여 교황청(敎皇廳)에서 성경구독금기(聖經購讀禁忌)라는 엄명(嚴命)을 내렸는데도 상관하지 않고 평신도(平信徒)들에게 성경(聖經)을 직접 보급(普及)시키고 그들의 손에 들려주었다. 말틴 루터의 신학사상(神學思想)이나 종교적(宗敎的)인 경험(經驗)의 모두가 말씀에서 기원(起源)한 것이라고 해도 틀린 말은 아니라고 할 것이다.

말틴 루터의 업적(業績)을 크게 양분(兩分)해서 말한다면 로마 교황청(敎皇廳)의 부패(腐敗)와 타락(墮落)에 대항(對抗)하여 혁명가(革命家)로서의 투쟁(鬪爭)을 전개(展開)했다는 사실과 또 하나는 교황(敎皇)으로부터 성경(聖經)을 되찾아서 모든 평신도(平信徒)들에게 돌려준 사람이라고 말하는 것이 옳을 것이다.

심지어는 찬송(讚頌)도 평신도(平信徒)들이 마음껏 자유롭게 부르도록 했고 결혼(結婚)까지도 하나님의 선물(膳物)이라고 해석했다.

루터에게 있어서 모든 창조(創造)가 하나님 자신이 사용하신 말씀의 표현(表現)이라고 하였고 이 말씀은 창조(創造) 이전부터 있었으며 모든 것이 말씀에 의하여 창조(創造)되었다고 주장했다.

루터는 "말씀이 육신(肉身)이 되어"(the Word became flesh)라고 하신 말씀이(요1:8) 그의 신학(神學)과 모든 사색(思索)의 근원(根源)이 된다고 믿었기 때문에 발트 신학(神學)과 맥(脈)을 같이 한 것으로 이해된다.

성육(成肉)하신 로고스인 그리스도는 말씀의 비밀(秘密)이시다.

말씀은 하나님의 능력(能力)이며 지혜(智慧)인데 모든 것을 가능(可能)케 하며 온 우주(宇宙)를 보존(保存)하고 지배(支配)하는 능력(能力)이 곧 말씀의 전능(全能)한 힘이라고 하였다. 특히 그는 말씀만이 은혜(恩惠)의 방편(方便)이라고 말했다. 이것이 말틴 루터 신학(神學)의 가장 두드러진 신학적(神學的)인 특징(特徵)이라고 할 것이다.

그에 의하면 성령(聖靈)은 말씀을 통해서 우리에게 임하시고 그리하여 믿음이 사람의 마음 속으로 들어오며 인간은 그리스도로 말미암아 의(義)롭게 되고 또한 중생(重生)하게 된다는 것이다.

이 말씀은 하나님께서 그의 자녀(子女)들을 양육(養育)하시는 떡과 양식(糧食)이다. 교회도 이 말씀을 통해서 세워지고 보존(保存)된다고 보았다. 그는 교회가 말씀을 만드는 것이 아니라 말씀에 의하여 교회가 세워 진다고 주장하였다.

마틴 루터에 의하면 성육(成肉)하신 말씀 기록(記錄)된 말씀 선포(宣布)된 말씀으로 구분(區分)된다. 여기에서 성육(成肉)하신 말씀이란 그리스도이고 그리스도는 하나님의 생각과 계획(計劃)의 표현(表現)이신데 영원(永遠)부터 하나님의 아들이시므로 말씀이라고 불리어진다고 하였다.

그러므로 하나님의 말씀을 소유(所有)한 자는 곧 그리스도를 소유(所有)한 자이다. 이 말씀은 구원(救援)에 필요한 모든 것과 그리스도 자신(自身)을 우리에게 가져다준다.

하나님이 사람의 모양(貌樣)을 입으시고 이 세상에 오셨으므로 사람을 하늘로 인도(引導)하시고 하나님에게로 이끄는 유일(唯一)한 방편(方便)과 증거(證據)인 그리스도 안에서 루터는 참 인간을 본다.

그리고 기록 된 말씀이 곧 하나님의 말씀인 성경(聖經)이라는 책(冊)이라고 하였다. 마틴 루터는 하나님께서 기록(記錄)된 말씀인 성경(聖經)을 통하여 인간에게 말씀하신다고 하였다.

성경의 영감(靈感)에 대하여 루터는 그것이 신적(神的)인 기원(起源)을 가졌고 성령(聖靈)으로 감동(感動)된 것으로 믿었다. 그는 성경과 하나님의 말씀을 같은 의미(意味)에서 동의어(同義語)로 수용(收用)하기는 했으나 축자영감설 (逐字靈感說, Verbal Inspiration)을 믿었다는 근거(根據)는 찾아볼 수 없다.

그는 말씀이 없이는 낙원(樂園)에서도 살 수 없지만 말씀이 있는 곳이면 지옥(地獄)에서도 용이(容易)하게 살 수 있다고 하였다.

그리고 성경의 중심이 되는 내용(內容)은 그리스도(Christ)라는 것이 루터의 중심사상(中心思想)이었다.

그는 "십자가(十字架)에 달리신 그리스도가 아니면 나는 성경(聖經)에서 아무것도 알지 못한다"라고 말했다. 복음(福音)은 그리스도 외에 아무것도 가르치지 않으며 성경(聖經)도 그리스도만을 가르치는 것이다.

그리스도를 알지 못한 자는 복음(福音)을 듣고 성경(聖經)을 가질 수는 있으나 그것을 이해(理解)하지는 못한다고 하였다.

마지막으로 선포(宣布)된 말씀은 곧 복음(福音)이라고 하였다. 복음(福音)의 선포(宣布) 가운데서 십자가(十字架)에 달리시고 부활(復活)하시고 인간에게 친히 말씀하시는 주님을 만나게 된다.

그리스도께서는 성경 안에서 성경을 통하여 말씀하신다. 말씀은 공적(公的)인 전도(傳道)나 설교(說敎)를 통하여 인간 가운데서 능력(能力) 있게 역사(役事)하며 사람의 마음을 움직이며 살아있는 복음(福音)의 메시지를 받도록 한다.

말씀은 가정(家庭)과 교회(敎會)에서 어린이들에게 전하여지고 들려지고 가르쳐지게 된다. 루터는 기능적(機能的)으로 기록(記錄)된 말씀과 선포(宣布)된 말씀을 구별(區別)하기는 했으나 이들은 한 복음(福音)과 일치(一致)한다고 하였다.

루터는 기록(記錄)된 말씀을 떠나서는 내적(內的)인 광명(光明)을 주장하는 신비주의(神秘主義)나 열광주의(熱狂主義)를 맹렬(猛烈)하게 비난(非難)했다.

루터에게 있어서 성경만이 유일의 권위(權威)였다. 그러므로 루터 교회나 성령에 대해서 부인(否認)하지는 않으면서도 주지주의(主知主義)적 입장을 고수(固守)한다. 그런데 루터는 성경론(聖經論)에 있어서 자유주의적(自由主義的)인 경향(傾向)을 취하여 기자(記者)들에 대한 이론(異論)을 제기했다.

즉 전도서(傳道書)를 솔로몬의 저작(著作)이라는 것을 반대했고 에스더서를 구약의 정경에서 배제(排除)하려고 했다.

또 그는 공관복음서(共觀福音書)에 대하여 동일(同一)한 가치(價値)를 지닌 책(冊)이 아니라고 했다.

그리고 또 히브리서에서 다시 회개(悔改)할 기회(機會)가 없다고 하신 말씀을 바울의 사상(思想)과 모든 성경의 진리(眞理)에 배치(背馳)된다고 하여 거부감(拒否感)을 나타냈고 야고보서도 바울의 사상(思想)과 모든 성경의 진리(眞理)에 배치(背馳)된다고 주장했다.

그는 베드로전서 3장 19절 등은 사도적(使徒的)인 정신(精神) 이하로 내려갔다고 혹평(酷評)하였고 처음에는 요한계시록(啓示錄)에 대해서도 모호한 입장을 취했다가 마침내 모두를 인정(認定)하기에 이르렀다.

특히 그는 선지자(先知者)들은 세속적(世俗的)인 사건(事件)들에 관하여 예언(豫言)하였는데 오류(誤謬)를 범한 적이 많다고 보았다. 그리고 열왕기서는 역대기서보다 신뢰성(信賴性)이 많다고 구별(區別)지었다.

이런 의미에서 말틴 루터는 성경에 대하여 오늘날의 고등비평가(高等批評家)들에게 길을 열어준 셈이 된 장본인(張本人)이 되었다.

마틴 루터의 주장대로라면 구약성경과 신약성경을 합한 66권 가운데 하나님의 말씀으로서의 성경도 있고 또 아닌 것도 있다고 하는 애매모호(曖昧模糊)한 소리를 해서 혼돈(混沌)을 일으킬 뿐이라는 것을 알게 한다.

2) 말틴 루터의 신론(神論)

말틴 루터는 처음부터 끝까지 하나님에 대하여 성경에서 말씀하고 있는 계시(啓示)된 하나님에 대해서만 말하고 그 이상에 대해서는 침묵(沈黙)했다.

그는 스콜라주의 철학자(哲學者)들의 주장(主張)대로 하나님을 자존재자(自存在者) 또는 자충족적(自充足的)인 신(神)으로 본다거나 형이상학적(形而上學的)인 신(神)에 대한 개념(槪念)을 말하기보다는 오히려 성경(聖經)에 계시(啓示)된 하나님에 대해서만 말하는 것으로 만족했다.

루터가 말하는 하나님에 대해서 거룩하신 하나님 인간을 돌보신 하나님 죄(罪)를 사(赦)해 주시는 하나님으로만 보았다.

하나님의 속성(屬性)에 대해서는 순수(純粹)한 사랑이시오 자비(慈悲)하신 의지(意志)의 신(神)으로 믿었다. 그는 하나님께 이르는 지식(知識)에 대해서는 철학적(哲學的)인 방법(方法)과 신학적(神學的)인 방법(方法)을 분명하게 구별(區別)했다.

타락(墮落)한 인간의 이성(理性)으로는 하나님을 발견(發見)하거나 깨달을 수 없다고 하여 스콜라주의적인 신(神)에 대한 지식(知識)에 대해서 전혀 반대(反對)하는 입장에 섰다.

루터는 유명론(唯名論)을 주장한 오캄의 영향(影響)을 받아서 추상적(抽象的)인 신(神)에 대한 개념(槪念)에 만족(滿足)하지 못하고 구체적(具體的)으로 죄(罪)의 고통(苦痛)에서 구원(救援)하여 주시는 하나님을 말하려고 했다.

죄인(罪人)의 눈에 감추인 하나님 곧 성육(成肉)하신 하나님으로서의 그리스도 안에서 자신을 계시(啓示)하신다. 그러므로 하나님에 대한 참된 지식(知識)은 십자가(十字架)에 못 박히신 그리스도 안에만 있는 것이다.

루터는 하나님의 진노(震怒)와 하나님의 사랑을 동시적(同時的)으로 강조(强調)하였다.

그는 하나님의 진노(震怒)를 그의 비상(非常)한 일이라고 하고 하나님의 진노(震怒)를 통하여 하나님은 그의 본래적(本來的)인 일 곧 사랑을 행하신다고 보았다. 그리고 그는 그리스도를 떠난 곳에서는 하나님의 진노(震怒)가 무서운 것이지만 그리스도 안에서는 그의 진노(震怒)가 극복(克服)된다고 하였다.

루터는 하나님은 의(義)로우셔서 죄인(罪人)에게는 엄격(嚴格)하게 상대(相對)하시나 그리스도를 통하여는 자비(慈悲)로우신 분이라고 하였다.

사랑의 하나님이 죄인(罪人)에게 대하여 두려움과 심판(審判)으로 나타나신다는 것은 불합리(不合理)한 것 같지만 이것은 죄인(罪人)이 찾아낼 수 없고 인식(認識)할 수도 없는 의지(意志)이신 하나님에게 알려지지 않는 부분이 있다는 뜻이다.

이것을 "감추이신 하나님"이라는 말로 표현(表現)한 것이다.

이런 루터의 신관(神觀)은 오캄과 신비주의자(神秘主義者)들에게서 받은 영향(影響)에 비롯된 결과이다.

루터는 하나님은 그의 의지(意志)를 자기 안에 간직(看直)하시고 우리로 알지 못하게 막으신다고 하였다.

하나님은 부단(不斷)히 활동(活動)하시는 의지(意志)를 통해서 쉬지 않고 역사(役事)하신다.

하나님은 만물(萬物)을 만드셨고 그것들을 지배(支配)하시며 그가 하시고자 하시는 바는 무엇이든지 이루신다. 그러므로 신적(神的)인 기적(奇蹟)은 사물(事物)의 관습적(慣習的)인 운행(運行) 가운데서 갑자기 나타나는 초자연적(超自然的)인 이적(異蹟)이 아니라 세상에 복잡다단(複雜多端)한 일상(日常)의 과정(過程, Process) 그 자체가 가장 위대한 기적(奇蹟)인 것이다.

그리하여 인간은 불행(不幸)한 일이나 행복(幸福)한 일이냐를 막론(莫論)하고 자신에게 주어지는 모든 사건(事件)에 대하여 감사하고 하나님의 섭리(攝理)에 대해서는 언제나 찬양(讚揚)하는 습성(習性)을 길러야 한다.

3) 말틴 루터의 기독론(基督論)

말틴 루터의 신학사상(神學思想)에 영향(影響)을 준분들로는 어거스틴의 사상(思想)이 첫째였고 그리고는 오캄과 독일의 신비주의(神秘主義) 등을 들 수 있을 것이나 가장 중심적(中心的)인 것은 바로 성경(聖經)이었다.

루터는 그리스도의 상(傷)하심(The Wound of Christ) 안에서 마음의 위로(慰勞)와 신학적(神學的)인 사상(思想)의 기본(基本)을 찾았다.

그의 갈라디아서에 대한 연구(研究)는 그가 그리스도 중심의 사상(思想)으로 충만(充滿)했다는 것을 서문(序文)에 적고 있는데 "그리스도 신앙이 나의 마음을 지배(支配)한다"고 기록하였다.

루터에 있어서 그리스도를 안다는 것은 그리스도 안에 계시(啓示) 된 '감추인 하나님'을 알게 된다는 것이다.

이것이 바로 신정통주의(新正統主義, New Orthodoxy)가 강조(强調)하는 인식론(認識論, Epistemology)의 원리(原理)를 그리스도라는 계시(啓示)의 개념(概念)에서 찾고자 하는 신학적(神學的)인 방법론(方法論)의 한 토대(土臺)를 마련해 주었다.

결국 루터의 신학(神學)은 예수 그리스도의 구속사역(救贖事役) 위에 깊이와 견고(堅固)함에 기초(基礎)를 두고 있다. 그의 신학(神學)은 하나님의 성육(成肉)하신 아들 안에서 된 하나님의 계시(啓示)와 은총(恩寵)의 수단(手段)에서 나온다.

그리스도에 대한 신앙(信仰)은 하나님의 계시(啓示)를 이해(理解)하기 위하여 불가결(不可缺)한 사실상 루터의 중요한 사상(思想)인 성찬론(聖餐論)이 그의 기독론(基督論)과 깊이 연관되어 있다는 것을 아무도 부인(否認)하지 못할 것이다.

조직신학적(組織神學的)으로 볼 때에 루터의 기독론(基督論)은 특이(特異)하다고 할 것이다.

루터는 고대(古代)의 기독론(基督論)을 그대로 수용(收用)했고, 구원론(救援論)과 관련해서 정통적(正統的)인 기독론(基督論)을 논(論)하였다.

그는 인간(人間) 예수는 성육(成肉)하신 하나님이요 영원(永遠)한 말씀이요 성부(聖父)하나님의 독특(獨特)한 계시(啓示)요 현현(顯現)이라고 하였다.

하나님께서는 그리스도를 통해서만 적극적(積極的)으로 알려지시고 그리스도는 우리가 그를 통하여 하나님을 인식(認識)하게 되는 거울이요 방편(方便)이며 길이라고 하였다.

그리스도 밖에는 어느 때 어느 곳에서도 하나님을 바로 발견(發見)하거나 향유(享有)하지 못한다는 것이다.

루터는 인간(人間) 예수가 우리에게 상이(相異)한 두 가지를 계시(啓示)하셨다고 주장했다. 즉 율법(律法)의 영적(靈的)인 의미(意味)를 보여주셨고 하나님의 요구(要求)의 크기를 분명하게 드러내 주셨다. 또 그는 자신(自身)의 인간적(人間的)인 행위(行爲)와 그 행위(行爲)를 통해서 하나님의 사랑의 의지(意志)를 우리의 눈으로 볼 수 있도록 나타내셨다고 하였다.

그리스도의 본연(本然)의 임무(任務)는 사죄(赦罪)와 은총(恩寵)을 선언(宣言)하는 일이었다.

그리스도는 인간의 죄에 대한 형벌(刑罰)을 대신 받는 대속적(代贖的)인 죽음을 당하셨다. 그리스도의 화해(和解)의 역사(役事)가 하나님의 용서(容恕)를 가능(可能)하게 하는 것이고 그리스도의 신적(神的)인 사역(事役)은 적극적(積極的)으로 우리에게 구속(救贖)과 중생(重生)을 가져오게 된다.

루터에게 있어서 그리스도의 신성(神性)과 인성(人性)에 대한 문제는 칼세돈 회의(會議)에서 결정(決定)한 그대로를 취했으나 다만 개혁자(改革者)의 입장에서 취하는 신적(神的)인 인성(人性)을 취하셨다는 쪽이 아니고 신성(神性)이 인성(人性)을 취(取)하셨다는 쪽으로 이해(理解)하고 있다.

이를 웰스(D. Wells) 같은 이는 표현(表現)하기를 "루터의 기독론(基督論)이 말씀과 육신(肉身)의 기독론(基督論)이요 칼빈의 기독론(基督論)은 말씀과 사람의 기독론(基督論)이다"라고 하였다.

루터는 속성(屬性)의 교류(交流)가 일어나지 않는다면 양성(兩性)이 한 인격(人格) 안에 연합(聯合)되었음을 없앨 수 있다고 하였다.

그는 연합적(聯合的)인 인격(人格) 안에서 속성(屬性)의 교류(交流)가 일어난다고 보았다. 이 속성(屬性)의 교류(交流)에 대한 교리(敎理)는 루터파 안에서도 상당한 논란(論難)이 일어났다.

일치신조(一致信條)는 신성(神性)이 그 속성(屬性)을 인성(人性)에 부여(賦與)하나 이 속성(屬性)들의 작용(作用)은 신자(神子)의 의지(意志)에 의존(依存)한다고 하였다.

그래서 이 교리(敎理)는 그리스도가 성육신(成肉身)을 하실 때에 받은 신적(神的)인 속성(屬性)들을 버려두셨거나 혹은 가끔 사용(使用)했을 뿐이라는 주장이다.

그리하여 신적인 속성(屬性)들을 인성(人性)에 귀속(歸屬)시키는 것이 당연하다고 여겨졌으나 인적(人的)인 속성(屬性)을 신성(神性) 쪽에 귀속(歸屬)시키는 것을 주저(躊躇)하게 된다.

그가 주장한 이 교리(敎理)에 의하면 그리스도의 인성(人性)에 나타난 순수(純粹)한 신적(神的)인 능력(能力)의 임재(臨在)는 단순(單純)히 잠재세력(潛在勢力)이었을 뿐이었다는 것이다.

그러나 최근에는 루터파에 속한 신학자(神學者)들도 속성(屬性)의 교류(交流)를 버리고 양성(兩性)의 각인(各人)의 특징(特徵)을 위격(位格)에 귀속(歸屬)시키려는 경향(傾向)이 있다고 본다.

역시 루터는 기독론(基督論)을 구원론적(救援論的)으로 파악(把握)하였다는 것을 알게 한다.

복음은 구원론적(救援論的)으로 이해(理解)되어야만 바로 설정(設定)되는 것이므로 루터의 기독론(基督論)은 방향정위(方向定位)에 있어서는 바로 이해한 것으로 보아진다.

그리스도가 자기를 전체적(全體的)으로 혹은 부분적(部分的)으로 인간의 범위까지 내려와 자신을 낮추어 문자 그대로 인간이 되셨다가 점점 지혜(智慧)와 권세(權勢)가 자라 다시 신성(神性)을 취하게 되었다는 것이다.

이것은 동력적(動力的)인 단일신론(單一神論)과 비슷하나 다른 점은 동력론(動力論)에서는 원래 인간이었던 예수가 신격화(神格化)이 된다는 주장이고 루터파는 원래 하나님이신 예수께서 인간(人間)이 되셨다가 다시 신성(神性)을 회복(回復)한다는 주장이다.

결국 루터의 기독론(基督論)은 칼세돈의 정통노선(正統路線)을 따르고 있으면서도 속성(屬性)의 교류(交流)와 "하나님께서 그리스도로 화신(化身)하신 것이지만 그리소도로 되신 하나님은 비천(卑賤)한 사람의 형상(形像)을 취(取)하기를 원하셨다"고 주장한 케노시스 설 (Kenosis Theory)로 인하여 후대의 신학(神學)에 부정적(否定的)인 영향(影響)을 남겨두었다고 할 수 있다.

4) 말틴 루터의 교회론(敎會論)

루터는 로마 카톨릭 교회에서 주장하고 있는 교회(敎會)의 무오성(無誤性)이나 특별한 사제직(司祭職)은 물론 신비적(神秘的)인 효력(效力)을 믿는 화체설(化體說)의 성례(聖禮)에 대한 사상(思想)을 모두 거부(拒否)했다.

그 대신 성도(聖徒)들은 누구나 다 사제(司祭)로서의 권리(權利)와 의무(義務)가 있다고 하여 만인(萬人)의 제사장설(祭司長說)을 강조(強調)하였다.

그는 교회(敎會)를 신자(信者)들의 영적집단(靈的集團)으로 정의(定義)하였고 교회(敎會)의 단일성(單一性)을 말하면서 교회(敎會)의 머리는 오직 그리스도일 뿐이라고 하였다.

그는 교회의 유형성(有形性)과 무형성(無形性)을 주장한 최초(最初)의 신학자(神學者)라는 평을 받았다. 루터의 교회관(敎會觀)은 그의 칭의(稱義)의 교리(敎理)와도 밀접(密接)한 관계(關係)를 갖는다. 칭의(稱義)가 말씀으로 선포(宣布)되었고 신앙(信仰)으로 받아드려지는 것처럼 교회(敎會)는 말씀에 의하여 성립(成立)되고 신자(信者)들의 친교(親交)로 실현(實現)되는 것이다.

여기에서 복음(福音)은 교회의 생명(生命)이요 본질(本質)이라는 점이 강조된다. 즉 루터에게 있어서 교회의 본질(本質)은 두 가지인데 하나는 말씀으로 성립(成立)된다는 것이고 다른 하나는 신자(信者)들의 영적(靈的)인 친교(親交)로 형성(形成)된다는 점이다.

그리스도의 나라는 성령(聖靈)의 지배(支配)아래 있는 모든 개인(個人)으로 형성(形成)되는 것이며 영적(靈的)인 요소(要素)로서의 이 나라는 오직 신자(信者)에게만 계시(啓示)된다.

그러나 이 나라는 참으로 존재(存在)하는 것이다.

교회는 거룩한 것이며 그것은 성령(聖靈)이 지배(支配)하고 그리스도께서 다스리시는 한 참된 것이다. 보이지 않는 교회를 구성(構成)하는 일원(一員)이 된다는 것은 오직 믿음을 통해서만 주어지는 하나님의 선물(膳物)이다.

보이지 않는 교회 즉 불가견(不可見)의 교회는 말씀과 예전(禮典)을 통해서 보이지 않는 교회의 권속(眷屬)을 만들어 내는 보이는 교회를 요구(要求)한다.

여기에서 보이는 교회의 임무(任務)는 복음을 선포(宣布)하고 예전(禮典)을 관리(管理)하는 일이다. 그리고 보이는 교회와 보이지 않는 교회는 두 개의 다른 교회가 아니라 하나의 교회가 두 가지의 상이(相異)한 속성(屬性)을 말하는 것이다.

그런데 루터에게 있어서 직분론(職分論)에 대한 특이(特異)한 주장은 회중(會衆)이 목사(牧師)를 초청(招請)할 수 있는 권리(權利)가 있고 목사(牧師)가 잘못하면 그의 직분(職分)을 해임(解任)할 수도 있다는 것이다.

그리고 교회(敎會)와 국가(國家)의 치리권(治理權)을 엄격하게 구별 한 것이 루터의 두 왕국론(王國論)에서 현저(顯著)하게 나타난다.

교회는 정부(政府)가 해야 할 일에 대하여 관여(關與)해서는 안 되고 세속적(世俗的)인 권위(權威)가 교회(敎會)의 일에 간섭(干涉)을해서는 안 된다는 것이다. 또한 우리는 아무에게도 신앙을 강요(强要)해서는 안 된다는 것이다.

교회는 전적으로 자유의사(自由意思)와 원리(原理)에 의해서만 세워져야 한다.

성례전(聖禮典)에 관한 루터의 견해(見解)는 카톨릭 교회의 사제(司祭)들을 중심으로 하고 또는 예전(禮典)을 중심적인 견해(見解)를 배척(排斥)하면서도 성찬론(聖餐論)에서는 특히 화체설(化體說, Transubstantiation)과 다를 바 없는 교리(敎理)를 주장했다.

그는 하나님의 은총(恩寵)이 물질적(物質的)으로 주입(注入)되는 것이 아니라 말씀으로 주어진다고 했다.

성령(聖靈)은 말씀을 통해서만 그리고 말씀 안에서만 역사(役事) 하신다는 것이다. 이 말씀이 또한 신앙(信仰)을 낳는다. 말씀이 모든 것을 결정(決定)하는 것이다. 그러므로 말씀은 예전(禮典)을 만든다고 할 수 있다.

예전(禮典)은 말씀에서 주어진 약속(約束)에 대한 신앙과 결부된다. 예전(禮典)은 신앙을 돕고 촉진(促進)시키는 표징(表徵)에 불과한 것이다. 신앙이 없다면 염원(念願)은 무익(無益)한 것이다. 성례전(聖禮典)은 로마 카톨릭 교회가 말하듯이 그 자체의 작용(作用)에 의하여 효과(效果)가 있는 것이 아니라 믿어질 때에 효력(效力)이 나타나는 것이다.

루터는 세례(洗禮)와 성찬(聖餐) 외에 참회(懺悔)도 예전(禮典)으로 보았으나 나중에 가서는 참회(懺悔)를 세례(洗禮)에 부속시켰다. 그의 심중(心中)에는 참회(懺悔)를 중요한 은총(恩寵)의 수단(手段)으로 생각했음을 보여준다. 그는 세례(洗禮)를 하나님과 인간 사이의 유대(紐帶)의 표시(表示)로 간주(看做)했다.

세례(洗禮)는 단번에 행해짐으로써 죄(罪)를 용서(容恕)하시고 중생(重生)과 성화(聖化)를 위하여 성령(聖靈)을 주시는 하나님의 자비(慈悲)를 확증(確證)하는 것이다. 세례(洗禮)는 시행(施行)되자마자 인간(人間)을 새롭게 하며 하나님의 은혜(恩惠)와 성령(聖靈)을 부어주시며 인간의 본성(本性)과 죄(罪)를 죽이기 시작한다고 주장했다.

그러나 동시에 세례(洗禮)를 받는 사람은 옛 아담을 극복(克服)해 나갈 책임(責任)이 있고 날마다의 세례적(洗禮的)인 삶을 살아야 한다는 것이다.

성찬(聖餐)은 친교(親交)의 예전(禮典)이며 그것은 신자(信者)들을 그리스도와 결합(結合)시키고 신자들 상호간(相互間)의 연합(聯合)과 친교(親交)를 뜻한다. 성찬(聖餐)에서 그리스도는 신자(信者)들과의 인격적(人格的)인 친교(親交)가운데 임재(臨在)하시는 것이다. 그 임재(臨在)는 실제적(實際的)인 임재(臨在)이다.

루터는 그의 속성(屬性)의 교류(交流)에 대한 교리(敎理)를 통하여 성찬론(聖餐論)을 설명하였는데 결국은 공재설(Consubstantiation)에 떨어지고 말았다. 공재설이란 그리스도의 신성(神性)이 인성(人性)에 교류(交流)한다는 속성(屬性)을 교류(交流)에 의하여 그리스도의 신적속성(神的屬性)인 무소부재성(無所不在性)이 인성(人性)에 들어오게 되었으므로 그리스도가 하늘로 승천(昇天)한 것은 우리 눈에 보이지 않게 된 그의 인성(人性)이 편재(偏在)라는 해석(解釋)에 기인(起因)한다.

그리하여 성찬(聖餐)때에 떡과 포도주(葡萄酒) 안에는 그리스도의 신체(身體)가 그 원소(元素)들의 요소요소 안에(in) 밑에(under) 또한 함께(with) 공존(共存)한다는 것이다.

그러나 후에는 이에 대한 약간의 수정(修正)이 가해졌다. 즉 그리스도는 도처(到處)에 계시지만 신자(信者)들이 도처(到處)에서 그를 찾는 것은 바람직하지 못하다. 왜냐하면 말씀이 있는 곳에서 그를 찾아야 하기 때문이다.

루터 파에서는 말씀이 있는 곳에서 그리스도를 찾으면 틀림없이 그를 찾게 되리라고 주장하였다.

5) 말틴 루터의 인간론(人間論)

말틴 루터의 인간론(人間論)에 있어서 죄론(罪論)과 하나님의 형상론(形像論) 두 가지가 중요한 문제로 등장한다.

죄에 대한 루터의 견해를 살펴보면 아담의 타락(墮落)을 통해서 죄가 세상에 들어왔다고 하는 로마서의 말씀에서 출발(出發)하고 있다.

모든 인간은 아담 안에서 범죄(犯罪)한 것이다. 이 범죄(犯罪)는 아버지의 정자(精子)가 자손(子孫)에게 대대(代代)로 내려감으로서 부패(腐敗)를 전달(傳達)하는 것으로 이해된다.

루터는 스콜라 신학자(神學者)들이 말하는 사람의 영혼(靈魂) 속에 선행(善行)과 악행(惡行)을 행할 수 있는 어떤 기능(機能)이 있다는 것이다. 그는 오히려 영혼(靈魂)은 항상 활동(活動)하는 것이며 그 활동의 배후(背後)에는 언제나 자기중심적(自己中心的)인 부단(不斷)한 욕망(慾望)과 죄(罪) 된 의지(意志)가 작용(作用)한다고 보았다.

이 인간의 자기중심성(自己中心性)이 어거스틴에게서 영향(影響)을 받은 사상(思想)인데 원죄(原罪)의 특성(特性)을 잘 나타내주고 있다고 보인다.

인간의 자기추구(自己追求)의 의지(意志)는 우리의 모든 선(善)한 결심(決心) 특별히 종교적(宗敎的)인 생활(生活)에 있어서의 모든 결단(決斷)을 방해(妨害)하는 것이다.

원죄(原罪)는 이기적(利己的)인 사랑으로서 우리 모든 인간 속에 스며들어 있는 것이다.

루터는 경죄(輕罪)와 중죄(重罪)를 구별(區別)하는 중세기적 견해(見解)를 배척(排斥)했다. 그는 모든 죄(罪)가 우리를 하나님으로부터 격리(隔離)시키며 죄인(罪人)을 하나님의 진노(震怒)와 심판(審判) 아래 둔다고 하였다.

그리고 죄는 한 마디로 말해서 불신앙(不信仰)이라고 하였다. 믿음만이 하나님께 대한 바른 관계(關係)와 자세(姿勢)를 갖게 하는 것이기 때문이다.

루터의 신앙(信仰)을 중시(重視)하는 신앙관(信仰觀)은 칼빈의 경우와도 철저히 같았다. 루터에게 있어서 인간론(人間論)의 특징(特徵)은 사람이 창조(創造)된 존재(存在)라는 것과 하나님께서는 무(無)에서 유(有)로 창조(創造)하셨다는 것과 하나님의 형상(形像)대로 지으셨다는 것과 하나님께서는 사람이 복(福)된 존재(存在)가 되도록 하셨다는 것과 또한 시간(時間) 안에서 지으셨다는 것이다.

우리가 특히 중요시(重要視) 해야 할 부분은 하나님의 형상(形像, Image)에 대한 루터의 견해이다.

루터는 인간(人間)이 하나님의 형상(形像)을 따라서 창조(創造)되었다는 것은 육체적(肉體的)인 목적(目的)보다 더 좋은 삶을 위함이었다는 것을 의미(意味)한다고 보았다.

그는 죤 칼빈처럼 인간의 형상(形像, Image)과 모양(貌樣, Form, Likeness)을 같은 의미로 해석했다.

그는 하나님의 형상(形像)을 한 마디로 말해서 원시의(原始義, Original Righteousness)라고 하였다.

루터는 하나님의 형상(形像)과 관련해서 인간이 계몽(啓蒙)된 이성(理性, Reason)과 의(義, Righteousness)와 지혜(智慧, Wisdom)를 겸비(兼備)하고 있으며 신성(神性)과 유사(類似)한 본성(本性)을 가졌다는 것이다.

하나님에 대한 지식(知識)과 하나님과 이웃을 겸(兼)하여 사랑할 수 있는 가장 바른 의지(意志)와 피조물(被造物)들을 다스리는 권세(權勢)에 대해서도 언급했다.

루터는 인간의 본성(本性)을 구별함에 있어서 삼분설(三分說) 쪽으로 기울어졌는데 그것은 교육(教育)의 목적(目的)상 그렇게 한 것으로 보았다.

그에 의하면 삼분설(三分說)은 본성적(本性的)인 구분(區分)이 아니라 기능성(機能性)의 구분(區分)이라고 하였다.

그는 사람의 본성(本性) 가운데는 혼(魂)과 영(靈)과 몸이 있으며 이 모든 부분은 선(善)할 수도 있고 악(惡)할 수도 있는데 이 말을 바꾸어서 다른 말로 말하면 그것들은 영(靈)도 될 수 있고 육(肉)도 될 수 있다고 하였다.

그가 영(靈)과 혼(魂)과 몸에 대해서 신학적(神學的)으로 깊이 논(論)하지는 않았으나 혼(魂) 혹은 정신(精神)을 사람의 가장 높고 깊고 고상(高尚)한 부분(部分)이라고 하였다.

영(靈)은 그 본성(本性)에 관한 혼(魂)과 동일한 것이라고 하였다. 우리 인간의 육신(肉身)은 영혼(靈魂)이 거(居)하는 곳이며 이를 통하여 영(靈)과 혼(魂)이 활동(活動)하고 인식(認識)하고 신뢰(信賴)할 수 있게 된다.

루터는 인간을 삼분설(三分說) 쪽으로 설명(說明)하기는 했으나 그렇다고 해서 그것을 분열(分裂)된 상태로는 말하지 않았다.

사람은 통일(統一) 된 전체(全體)로 파악하여야 한다고 주장했다.

비록 영혼(靈魂)은 영(靈)과 혼(魂)으로 구분된다고 할지라도 그것은 동시에 한 영혼(靈魂)이라는 것이다. 그에게 있어서 성경적인 인간론(人間論)은 전체적(全體的)인 사람과 인간의 모든 부분(部分)에 적용(適用)된다는 것이다.

이에 대한 정론(正論)의 입장(立場)은 다른 기회에 보충해서 설명하기로 한다.

6) 말틴 루터의 구원론(救援論)

루터의 구원론(救援論)은 칭의론(稱義論)에 중요성(重要性)이 있고 또 신앙론(信仰論)이 매우 강조(強調)되어 있는 특징이 있다. 루터의 칭의론(稱義論)을 연구함에 있어서 지금까지 주로 두 가지의 견해(見解)가 널리 알려져 왔다.

하나는 법정적(法定的)인 행위(行爲)로 보는 견해이고 다른 하나는 하나님과의 사귐으로 의(義)롭게 된다는 견해(見解)이다.

후자는 루터가 칭의(稱義, Justification)를 하나님의 선언(宣言)으로 보면서 차츰 의(義)롭게 되는 종교적(宗敎的)인 체험(體驗)을 통해서 실제적(實際的)인 것으로 된다는 점을 가정(假定)하고 있다.

루터는 로마서 1장 17절의 말씀을 통해서 사람이 믿음으로만 의(義)롭게 된다는 진리(眞理)를 발견하였는데, 회개(悔改)와의 관계에서는 무엇인가 정립(定立)되지 못한 감(感)을 보이고 있다.

그는 마태복음 4장17절에서 요구(要求)하는 회개(悔改)는 로마 교회의 고해제도(告解制度)에서 행하는 것은 아니라고 믿었다. 그것은 마음의 참된 내적(內的)인 뉘우침이며 참 회개(悔改)는 하나님의 은혜(恩惠)의 열매인 것이다.

하나님은 죄(罪)를 무상(無償)으로 용서(容恕)하시기 때문에 우리가 신부(神父)들의 앞에서 고백(告白)할 필요(必要)는 없다고 하였다. 중요한 것은 죄(罪)를 마음의 중심(中心)에서 슬퍼하는 것과 중생(重生)의 삶을 살려고 열심히 노력(勞力)하는 일과 그리스도 안에서 하나님의 사유(赦宥)하시는 은혜(恩惠) 등이었다.

그러므로 그는 구원론(救援論)에 있어서 죄(罪)의 교리(敎理)와 은혜(恩惠)의 교리(敎理)가 중심(中心)이 되어야 한다고 보았는데 이는 철저(徹底)히 어거스틴 적이었다고 보아야 할 것이다.

루터에게 있어서는 이신칭의(以信稱義)의 교리(敎理)가 하나님의 교회(敎會)가 서고 넘어지는 것을 좌우(左右)하는 신앙조항(信仰條項)이었다고 할 수 있다.

그 결과 종교개혁(宗敎改革)은 중세(中世)의 속죄권(贖罪券)이나 사죄(赦罪)를 위한 고해(告解) 사죄(赦罪)의 면죄권(免罪權) 자선행위(慈善行爲) 인간(人間)의 공로(功勞)등의 교리(敎理)는 모두 배격(排擊)하였다.

루터는 인간의 신앙(信仰)에 대한 것을 강조(强調)하면서도 동시에 회개(悔改)를 더 많이 주장(主張)하였다. 루터는 참된 신앙(信仰)은 심각(深刻)한 회개(悔改) 이후에 오는 것으로 생각하였다.

그는 구원(救援)이란 회개(悔改)와 신앙(信仰)과 하나님께 바치는 삶이라는 순서(順序)로 구원(救援)의 성정(性情)을 논(論)하였다.

그러나 17세기 이 후에는 소명(召命) 계발(啓發) 회심(回心) 중생(重生) 칭의(稱義) 정화(淨化) 영화(榮華)등의 순서(順序)로 만들어지게 되었다.

그러면서 점차적(漸次的)으로 신인(神人)의 협력설(協力說)쪽으로 기울어지기 시작(始作)하였다.

하나님의 은혜(恩惠)는 어떤 저항(抵抗)을 받을 수 있는 것이며 구원(救援)의 일이 어느 정도 진행(進行)되었다고 하더라도 상실(喪失)될 수 있고 구원(救援)의 결정권(決定權)은 우리 인간(人間)에게 있는 점을 말하게 되었다.

루터파에 속한 사람들은 신앙(信仰)과 칭의(稱義)에다 구원(救援)의 서정(抒情)의 중심성(中心性)을 두었고 소명(召命, Calling)과 회개(悔改, Repentance)와 중생(重生, Regeneration)은 예비적(豫備的)인 것으로 생각하였다.

죄인(罪人)인 인간이 신앙(信仰)으로 그리스도를 받아드리기 전에는 하나님이 그의 죄(罪)를 용서(容恕)하지 않으시며 하나님의 자녀(子女)로 삼아 그리스도와의 연합(聯合)에 참여(參與)시키지도 않으신다. 그러므로 모든 것은 결국 신앙(信仰)에 좌우(左右)된다.

그러므로 이 신앙(信仰)을 유지(維持)하는 것이 가장 중요한 것이다. 이 점에서 루터는 칼빈과 동일한 강조점(强調點)을 보이고 있다.

그러나 칼빈은 신앙(信仰)도 하나님의 은혜(恩惠)라는 것을 강조(强調)하였지만 루터는 인간

(人間)의 노력(勞力)을 더 많이 말하고 있다는 데서 차이(差異)를 갖는다.

또한 예정론(豫定論)에서 칼빈은 철저하게 하나님의 주권적(主權的)인 의지(意志)와 하나님의 작정(作定)을 기초(基礎)로 하여 하나님의 절대적(絶對的)인 선택(選擇)을 말하지만 이에 비하여 마틴 루터는 어느 정도 인간(人間)의 신앙(信仰)을 미리 내다보고 예정(豫定)하신다는 예지(豫知) 쪽을 언급(言及)한다는 것에서 차이(差異)가 난다고 본다.

3 ≡ 쯔잉글리의 교리사상(教理思想)

종교개혁(宗敎改革)의 주역(主役)으로 말틴 루터와 쯔잉글리와 멜랑톤과 죤 칼빈 등 네 사람을 대표(代表)로 들었는데 여기에는 그들이 지닌 사상(思想)과 행동방식(行動方式)이 같은 원칙(原則) 아래에서도 특이(特異)하게 각각(各各) 다르게 나타나고 있다는 것을 알 수 있다.

즉 루터는 종교개혁(宗敎改革)을 주도(主導)한 탁월(卓越)한 신학적(神學的)인 이론(理論)과 경험(經驗)을 토대(土臺)로 과감하게 행동으로 옮겼고 글자 그대로의 혁명가(革命家, Revolutionist)였다면 쯔잉글리는 루터와 같이 철저한 종교적(宗敎的)인 경험(經驗)을 가진 신앙인(信仰人)은 아니었으나 고전(古典)의 연구(研究)와 성경의 연구(研究)를 통하여 온건(穩健)한 인본주의(人本主義)를 바탕으로 지적(知的)이고 도덕주의적(道德主義的)인 방법으로 종교개혁(宗敎改革)을 주도했으며 이에 비하여 죤 칼빈은 철저(徹底)한 성경의 진리(眞理)를 중심으로 기독교가 말하는 신학(神學)의 정통적(正統的)인 체계(體系)를 확립(確立)해 준 신학자(神學者)요 사상가(思想家)로서 이 세 사람들이 서로 다른 각도(角度)의 방식을 통해서 종교개혁(宗敎改革)을 완성(完成)시켰다고 보면 될 것이다.

쯔잉글리 (Zwingli, Urich: 1484-1531)는 루터보다 2년 후에 스위스의 월드하우스(Wildhous)라는 곳에서 태어났다.

비엔나(Vienna) 대학(大學)에서 고전학(古典學)을 연구(研究)하고 문예부흥(文藝復興)의 영향(影響)을 많이 받은 인물(人物)이었다.

그의 나이 22세 때에 교사생활(敎師生活)을 시작하였고 헬라어로 성경을 공부했다.

그는 이태리의 용병(傭兵)으로 가는 스위스 군(軍)의 종군목사(從軍牧師)로서 여러 차례 로마를 다녀왔고 그는 수도원(修道院)과 교회(敎會)에 다니는 성도(聖徒)들의 해이(解弛)된 신앙상태(信仰狀態)를 보면서 혁명(革命)의 필요성(必要性)을 절감(切感)하게 되었다. 1519년에는 츄리히(Chwrich) 교회의 목사(牧師)가 되었다.

인구 7천이 넘는 정치적(政治的)인 중심도시에서 사역(事役)을 하고 있을 때에 마틴 루터를 만나서 종교개혁(宗敎改革)을 모의(謀議)하고 나섰다.

그는 비교적(比較的)으로 민주적(民主的)이던 스위스의 정치적(政治的)인 영향(影響)을 받아서 대중(大衆)들에게 현대적(現代的)인 설교(說敎)를 강행(强行)하여 사실상(事實上) 츄리히의 전체(全體)를 프로테스탄트(Protestant)의 사회(社會)로 뒤바꾸어 놓았다.

그는 여세(餘勢)를 몰아서 마틴 루터와 함께 종교개혁(宗敎改革)을 일으키기로 결심(決心)하고 그 실천사항(實踐事項)으로서 챨스 5세(Charles V)를 폐위(廢位)시키고 프랑스의 왕(王)과 동맹(同盟)하여 베니스(Venice)의 함대(艦隊)를 이용하자는 다분히 정치적(政治的)인 혁명(革命)의 목적을 시도했다.

그러나 말틴 루터는 복음(福音)이 세속적(世俗的)인 무기(武器)를 필요(必要)로 하지 않으며 오히려 교회(敎會)는 국가(國家)에 순종(順從)해야 한다는 입장(立場)에 서 있었으므로 이에 반대(反對)했다. 또한 칭의(稱義)의 교리(敎理)는 루터에게 있어서는 평화(平和)의 교리(敎理)였으나 쯔잉글리에게 있어서는 로마 교회를 파괴(破壞)하는 무기(武器)로 인식(認識)되었다.

그리고 유아세례(幼兒洗禮)도 루터에게는 주님께로 인도(引導)하는 수단으로 장려(奬勵)되었으나 쯔잉글리에게는 국민교회(國民敎會)의 숫자를 증가(增加)시키는 수단으로 이해(理解)되었고 성례전(聖禮典)도 루터에게는 참 된 은혜(恩惠)의 수단(手段)이었으나 쯔잉글리에게는 그것이 그리스도의 명령(命令)으로 기독교(基督敎)의 외적(外的)인 표시(表示)로 보존(保存)시켜야 한다는 입장이었다.

쯔잉글리의 지도력(指導力)은 루터나 칼빈에게는 미치지 못했으나 인문주의적(人文主義的)인 입장(立場)에서 볼 때에 쯔잉글리의 개혁(改革)에 대한 영향력(影響力)은 지극(至極)한 것이었다.

그러므로 종교개혁(宗敎改革)이 쉽게 성공(成功)을 이루게 된 데는 루터의 투철(透徹)한 성경적(聖經的)인 신앙(信仰)과 또 쯔잉글리의 인문주의적(人文主義的)인 사회(社會)의 흡수력(吸收力)과 죤 칼빈의 성경적(聖經的)인 신본주의(神本主義)의 신학사상(神學思想)들이 서로 조화(調和)를 이루면서 일구어 낸 역사적(歷史的)인 사건(事件)이라고 이해(理解)되어야 할 것이다.

어느 시대(時代)나 하나님의 교회(敎會)를 위해서 새로운 개혁(改革)이나 부흥운동(復興運動)을 일으킨다는 것은 혼자만의 이상(理想)에서가 아니라 서로 다른 의견(意見)이나 사상(思想)들이 조화(調和)를 일으킬 가능성(可能性)이 있다는 것을 알게 한다.

다시 말하면 서로 다른 것들이 서로 모여서 조화(調和, Harmony)를 통하여 통일(統一)된 공통분모(共通分母)를 이루었을 때에 더 큰 일을 해 낼 수 있다는 말이다.

바로 그렇게 하는 것이 앞으로 우리 기독교운동은 물론 우리 한국교회가 해내야 할 과제(課題)라고 생각한다.

1) 쯔잉글리의 성경관(聖經觀)

쯔잉글리는 처음부터 성경(聖經)의 신적(神的)인 권위(權威)를 굳게 믿고 출발했다.

성경에서 하나님의 뜻이 우리에게 계시(啓示)된다는 것을 굳게 믿고 있었다. 우리가 말하는 모든 교리(敎理)는 영감(靈感)된 말씀에 근거(根據)하여 제시(提示)되어야 한다.

성경에 대한 그의 순종(順從)은 내적(內的)인 것과 외적(外的)인 것으로 종교적(宗敎的)인 체험(體驗)이 없지 않았으나 그보다도 성경이 초대 그리스도인들의 원전(原典)이었다는 점이 중요(重要)하였다.

쯔잉글리는 성경을 인문주의적(人文主義的)인 평가(評價)에 따라서 이해(理解)하였으나 생활(生活)에 적용(適用)하여 궁극적(窮極的)인 규범(規範)이 되게 하는데도 게을리 하지 않았다.

하지만 그는 율법(律法)과 복음(福音)의 차이(差異)를 분명하게 인식(認識)하지 못한 것 같다.

그에게 있어서 율법(律法)은 복음(福音)과 마찬가지로 하나님의 자비(慈悲)하신 의지(意志)의 계시(啓示)였다. 즉 율법(律法)이나 복음(福音)이 모두 하나님의 것이라는 말이다.

그는 율법(律法) 그 자체가 어떤 정죄(定罪)의 성격(性格)도 가지지 않는다고 보았다.

이것은 루터의 생각과는 아주 다른 점이었다. 마틴 루터는 율법(律法)과 복음(福音)의 차이(差異)를 강조(强調)하였고 멜랑톤도 루터처럼 그 차이(差異)를 말하곤 하였다. 즉 율법(律法)은 죽게 하는 것이고 복음(福音)은 살리는 것이며 율법(律法)은 정죄(定罪) 하는 것이고 복음(福音)은 구원(救援)하는 것이었다.

율법(律法)의 임무(任務)는 우리의 죄(罪)를 깨닫게 하는 것이며 복음(福音)은 우리를 깨끗하게 하는 구원(救援)이 되는 것이다.

쯔잉글리는 성경에 대한 문자적(文字的)인 의미(意味)를 부인(否認)하지는 않으나 성경의 상징적(象徵的)이고 영적(靈的)인 의미를 더 좋아하였다.

때로는 모형적(模型的)인 의미(意味)를 더욱 강조(强調)하기도 하였다. 그는 성경(聖經)의 해석(解釋)에 있어서 비기독교(非基督敎)의 저술가(著述家)들의 저서(著書)들도 많이 사용(使用)하였다.

2) 쯔잉글리의 신론(神論)

쯔잉글리의 신학(神學)에서 신론(神論)이 갖는 위치(位置)는 매우 중요(重要) 한데 그것은 그가 칼빈처럼 철저(徹底)하게 신본주의자(神本主義者)였기 때문이기도 하다.

하나님은 그의 사상체계(思想體系)에 대한 전체(全體)의 출발점(出發點)이요 모든 교리(敎理)의 지주대(支柱帶)로서 역할(役割)을 하고 있다. 그의 교리체계(敎理體系)는 확실(確實)히 하나님 중심적(中心的)이었다.

개혁자(改革者)들은 칼 발트처럼 그리스도 중심이나 근대신학자(近代神學者)들처럼 인간중심적(人間中心的)이 아니라 하나님을 중심(中心)으로 하고 있었다.

쯔잉글리는 하나님의 절대주권(絶對主權)을 강(强)하게 주장하였고 하나님의 절대적(絶對的)인 주권(主權)을 건드리는 것을 허용(許容)하지도 않았다.

그런 점에서 쯔잉글리는 후대의 전형적(典型的)인 칼빈주의자들과 꼭 같았다고 할 수 있다.

쯔잉글리는 로마 교회의 이교도적(異敎徒的)인 성체숭배(聖體崇拜)와 성상숭배(聖像崇拜)를 경멸(輕蔑)하였다. 이러한 그의 로마 교회에 대한 격렬(激烈)한 반발(反撥)은 그를 신본주의자(神

本主義者)로 만들었다.

그의 사상(思想)은 모든 것이 하나님 중심적(中心的)이 되고 있다. 그에 의하면 하나님은 모든 천지만물(天地萬物)을 있게 하시고 다스리시는 제일(第一)의 동인(動因)이요 절대적(絶對的)인 원인(原因)이었다.

그에게 있어서 우연(偶然)이나 자유의지(自由意志)에 의하여 생긴 것은 하나도 생각할 수 없었다. 그는 선(善)한 것이나 악(惡)한 것이나 모두 하나님의 결정(決定)에 의하여 되는 것이라고 하였다. 아담의 타락(墮落)도 다 하나님의 섭리(攝理)와 주권(主權) 속에서 되어진 일이다.

하나님은 율법(律法)의 구속(拘束)을 받지 않는 존재(存在)이지만 우리 인간(人間)은 율법(律法)에 의하여 정죄(定罪)를 받는 존재(存在)이다.

하나님은 자신의 일을 아무 방해(妨害)도 받지 않고 행하시나 인간은 전적(全的)으로 악(惡)한 경향(傾向)에 의해서 그것을 행함으로 한계성(限界性)이 있다.

쯔잉글리는 태초(太初)에 하나님이 인간을 섭리(攝理)에 의해서 타락(墮落)하도록 하셨고 또한 타락(墮落)을 만회(挽回)하기 위하여 그의 아들을 인간의 몸으로 나게 하셨다고 굳게 믿었다.

전적(全的)으로 하나님의 결정(決定)에 따른 것이라는 것이다. 아무래도 쯔잉글리의 신론(神論)에서 주요(主要)한 부분은 예정론(豫定論)이라고 할 수 있다.

그는 로마 교회를 반대하기 위하여 이 교리를 강하게 주장하였다.

그에 의하면 하나님은 영원(永遠)히 존재(存在)하시는 행위(行爲)와 지식(知識)이다.

이 하나님은 모든 선(善)의 영원(永遠)한 능력(能力)과 불변(不變)의 행위(行爲)이시다. 하나님은 제1 원인(原因)이신 것이다.

다시 말해서 그는 작인(作人) 그 자체(自體)이시다. 그러므로 하나님의 뜻을 거슬려서 발생(發生)하는 일이란 전혀 없는 것이다. 발생(發生)되는 모든 것의 원인(原因)은 곧 하나님의 권능(權能)에 의한 것이다.

하나님의 섭리(攝理)는 우주(宇宙) 안에서 되어지는 모든 사건(事件)들의 영원(永遠)하고 불변(不變)한 통치(統治)와 관리(管理)라고 할 수 있다. 하나님의 통치(統治)는 모든 우연적(偶然的)이라고 말해지는 일들뿐만 아니라 모든 자유(自由)로운 행위(行爲)들을 통제(統制)하시므로 실상 우연(偶然)이나 자유(自由)라는 것은 피조물(被造物)의 세계(世界)에 없는 것이다. 하나님 안에서는 필연(必然)이기 때문이다.

선과 악조차도 하나님의 뜻에 근거하고 있는 까닭이다. 이러한 절대적 결정에 의해서 하나님은 어떤 사람을 택하시고 어떤 사람은 버림받게 하신다. 하지만 거절당하고 배척 당하고 거부 된 자들은 공의의 본보기들이 되는 것이다.

선택(選擇, Chosen)과 유기(遺棄, Abandonment, Desertion)는 다 같이 하나님의 뜻 안에 들어있는 것이다. 다만 선택(選擇)은 하나님의 은혜(恩惠)요 유기(遺棄)는 하나님의 공의(公義)로 구분(區分)된다.

모든 것이 하나님의 영원(永遠)한 선택(選擇)에 달려있다고 그는 주장하였다.

신앙도 오직 하나님의 선택(選擇) 안에서 발생(發生)하는 것이다. 신앙(信仰)은 선택(選擇) 안에서만 더 정확(正確)히는 선택(選擇) 뒤에 발생(發生)되는 것이며 이것은 선택(選擇)의 현존적(現存的)인 표징(表徵)일 뿐이다.

이 같이 하여 쯔잉글리는 하나님의 절대주권(絶對主權)을 강조(强調)하되 주로 선택론(選擇論)을 강조(强調)함으로써 죤 칼빈과 함께 종교개혁기(宗敎改革期)에 대표적(代表的)인 신학자(神學者)로 그의 사상(思想)을 드러냈다.

3) 쯔잉글리의 기독론(基督論)

쯔잉글리는 칼세돈의 기독론(基督論)을 잘 수용(收用)하였다.

그는 그리스도의 두 본성(本性)을 잘 구별(區別)하였고 인격(人格)의 통일성(統一性)도 인정(認定)하였다.

그는 인간(人間)의 몸과 영혼(靈魂)이 두 인격(人格)이 아닌 것처럼 그리스도의 상이(相異)한 두 본성(本性)의 속성(屬性)과 사역(事役)이 그의 인격(人格)의 통일성(統一性)을 손상(損傷)시키지 않는다고 하였다.

그런데 쯔잉글리가 그리스도의 두 본성(本性)을 강(强)하게 구별(區別)하였으므로 혹자(或者)들은 그를 가리켜서 네스토리안이 아니냐고 공격(攻擊)을 하기도 하였다.

쯔잉글리는 그리스도께서 하늘로 승천(昇天)하신 후에 그의 신성(神性)으로만 편재(遍在)하시며 그의 인성(人性)으로는 하늘의 일정(一定)한 장소(場所)에 제한(制限)된다고 하는 칼빈의 견해(見解)와 동일(同一)한 입장(立場)을 취하고 있었다.

그는 루터와 논쟁(論爭)을 하는 동안 그리스도의 한 성질(性質)을 다른 성질(性質)의 견지(見地)에서 말하거나 한 성질(性質)의 속성(屬性)을 전체(全體)의 인격(人格)에 돌리고 있는 이유를 설명하기 위하여 교환설(交換說)을 소개(紹介)하였다.

그의 기독론(基督論)과 성찬론(聖餐論)에서 특이(特異)한 것으로서 그리스도의 한 본성(本性)이 다른 본성(本性)의 견지(見地)에 의해서 설명(說明)되고 떡과 포도주(葡萄酒)가 그리스도의 살과 피로 설명(說明)되어지는 상징설(象徵說)을 의미(意味)하였다.

쯔잉글리는 그리스도를 구속자(救贖者)로 이해(理解)하는 것을 최우선(最優先)으로 생각하였고 그리스도는 그의 무죄(無罪)하신 고난(苦難)들을 통하여 하나님의 공의(公義)를 만족(滿足)시키셨다고 하는 사실을 말하였다.

그리스도는 우리를 위하여 고난(苦難)을 당하셨으며 우리를 사셨고 우리를 하나님과 화해(和解)시켜 주셨다.

그러므로 그는 로마 교회의 미사(Ms)를 극(極)히 싫어하였다. 그는 미사의 희생제사(犧牲祭祀)는 전혀 필요(必要)가 없다고 하였다.

또한 성자(聖者)들이나 다른 중보자(仲保者)들은 전혀 필요(必要)가 없는 것들이라고 하였다. 무죄(無罪)하신 그리스도께서 모든 율법(律法)을 실행(實行)하셨으며 원죄(原罪)뿐만 아니라 모든 죄(罪)들도 그가 속(贖)하여 주시기 때문이다.

그리스도는 그의 사역(事役)들을 통해서도 하나님의 계시자(啓示者)가 되신다고 쯔잉글리는 주장하였다.

그리스도께서는 우리에게 하나님의 뜻을 알려주신 분이시다.

그것은 단지 구원의 사실뿐 아니라 하나님의 참된 사랑과 하나님께서 요구(要求)하신 행위(行爲)들을 가르쳐 주시기 위한 것이다.

그러므로 그리스도는 우리의 지도자(指導者)와 모범(模範)이 되신다.

쯔잉글리는 그리스도의 사역(事役)은 이중적(二重的)이라고 하였다. 하나는 우리를 구원(救援)받게 해 주는 것이고 다른 하나는 그의 모범(模範)을 따라서 살라고 가르치시는 것이다.

그리스도의 구속사역(救贖事役)은 우리의 머리로서 우리에 대한 그의 관계(關係)를 통하여 그리고 그를 믿는 우리의 신앙(信仰)을 통하여 우리의 것이 된다고 한다.

지체(肢體)들은 머리를 통하여 하나님께 나아가는 것이다. 그리스도를 믿는 자들은 하나님에 의해 의(義)로운 자로 간주(看做)되며 죄(罪)의 사(赦)함을 받게 되는 것이다.

우리가 중보자(仲保者)를 믿는다면 그는 우리 하나님 앞에서 우리의 완전(完全)한 의(義)와 구원(救援)과 보속(補贖) 및 속죄(贖罪)가 되는 것이다.

우리가 육체(肉體)를 따라서가 아니라 성령(聖靈)을 따라서 걷기만 하면 그의 의(義)도 역시 우리의 의(義)가 되는 것이다.

4) 쯔잉글리의 교회론(敎會論)

쯔잉글리에게 있어서 우선 교회(敎會) 안에서 성직(聖職)의 계급주의(階級主義)를 완전히 배제(排除)하고 오직 교회의 머리는 예수 그리스도요 모든 교회의 직분자(職分者)들이나 성도(聖徒)들은 똑 같이 복음을 선포(宣布)하는 권위(權威)를 받은 자들로 간주(看做)되었을 뿐이다.

그의 교회관(敎會觀)은 로마 카톨릭 교회(敎會)처럼 성직자(聖職者, Ecclesia Decens)들이 교회가 아니라 주 예수 그리스도를 믿는 하나의 신앙(信仰, Faith)에 기초(基礎)를 두고 세워진 모든 사람들의 회중(會衆, Attendance)이 곧 교회(敎會, Church)라고 주장했다.

교회는 성도들의 교통(交通)을 그 본질(本質)로 해야 하며 이것이 가시적(可視的)인 유형교회라고 하였다. 그에게 있어서 이 가시적(可視的)인 교회는 성도(聖徒)들의 모임이고 불가시적(不可視的)인 교회는 전세계(全世界)속에 흩어져 있는 모든 세대(世代)의 선택(選擇) 된 하나님의 성도(聖徒)들이라고 했다.

그러므로 교회는 그리스도의 몸이요 신자(信者)들의 단체(團體)인데 참된 교회는 하나님의 뜻으로 말미암아 영원(永遠)한 생명(生命)으로 예정(豫定)된 자들로 구성(構成)된다고 하여 이 선택(選擇) 된 자들의 교회는 하나님께만 알려져 있다고 했다.

우리가 관심(關心)을 갖는 것은 쯔잉글리의 성찬론(聖餐論)이라고 할 것이다.

그는 성례(聖禮)는 하나님의 선택(選擇)을 입은 자들에게 아무것도 전달(傳達)해 주는 것이 없다고 하였다. 성례전(聖禮典)은 각자(各自)가 육적(肉的)으로 이미 소유(所有)하고 있는 하나님의 은총(恩寵)에 대한 공식적(公式的)인 증거(證據)일 뿐이며 성례전(聖禮典)에 참여(參與)함으로써 모든 사람은 교회의 회원(會員)이 된 것을 고백(告白)하는 것뿐이라고 했다.

그러므로 그에게 있어서 성례전(聖禮典)은 공식적(公式的)인 선서(宣誓)에 의한 단합(團合)과 충성(忠誠)된 순종(順從)의 표시(表示)일 뿐 성례전(聖禮典)이 초자연적(超自然的)인 내용(內容)을 가진 것이 아니라고 했다.

또한 세례(洗禮)도 역시 내적(內的)인 중생(重生)의 표시(表示)와 상징(象徵)이라고 하여 예수께서 이것은 내 몸이라(This is my Flesh)고 하셨는데 이것은 예수께서 이것은 내 몸을 표시(表示)한다 (This is indication of the my Flesh)라는 뜻으로 해석했다.

그리하여 그는 성찬(聖餐)은 우리가 그리스도의 신자(信者)이며 그 몸의 지체(肢體)라는 것을 고백(告白)하는 선서(宣誓)와 충순(忠順)의 행위(行爲)라고 정의(定義)했다.

쯔잉글리는 떡과 포도주(葡萄酒)를 희생제사(犧牲祭祀)에서 드려지는 그리스도의 몸과 피의 표징(表徵)으로만 이해(理解)하였다.

그리스도는 신앙의 영성(靈性, Spirituality)을 통해서 임재(臨在) 하시며 그 임재(臨在)는 본질적(本質的)으로나 실제적(實際的)으로가 아닌 하나의 방법(方法)으로 이해(理解)되어야 한다.

그리스도를 주로 믿는 믿음 자체(自體)가 실제(實際)로 그리스도의 몸을 먹는 것이다. 그러므로 우리를 위한 그리스도의 죽으심을 믿을 때에 한하여 떡을 먹고 잔(盞)을 마신다.

루터는 성찬(聖餐)에 대한 교리(敎理)를 그리스도의 인격적(人格的)인 연합(聯合)의 관점(觀點)에서 해석(解釋)했으나 쯔잉글리는 두 속성(屬性)들의 관념상(觀念上)의 차이(差異)를 전제로 하고 말한다.

여기애서 우리가 반드시 알아야 할 것은 교회에서 실시하는 모든 예전(禮典)은 참 진리(眞理)에 대한 외적(外的)인 형식(形式)이요 제도(制度)일뿐 그 예전(禮典)의 자체가 우리에게 실질적(實質的)인 효과(效果)를 주는 것은 아니라는 점이다.

그리하여 로마 카톨릭 교회에서는 그 외적인 예전(禮典)을 중요시(重要視)하므로, 신자들의 마음을 끌게 하자는 것이나, 개신교(改新敎)에서는 그 예전(禮典)이 지닌 교리(敎理)에 중점(重點)을 둔다는 것을 명심해야 할 것이다.

5) 쯔잉글리의 신앙관(信仰觀)

쯔잉글리에 의하면 신앙(信仰)이란 하나님의 은총(恩寵)을 믿는 신뢰(信賴)라고 정의(定義)하였다.

신앙(信仰)을 통해서 우리는 하나님의 자비(慈悲)를 확고(確固)하게 아무 의심(疑心)이 없이 믿게 되는 것이다. 그러나 그것이 획득(獲得)한 신앙(信仰)의 의미는 아니다.

그 믿음은 나에게서 나오는 것이 아니라 하나님의 성령(聖靈)에 의해서 발생(發生)되는 것으로 이해(理解)되어야 한다.

성령(聖靈)은 우리 인간(人間)의 영혼(靈魂)이 그의 말씀을 이해(理解)하도록 만드신다.

그리고 인간의 영혼(靈魂)이 말씀은 하나님에게서 나온 것이라는 사실을 이해(理解)하게 하신다. 또한 사람이 성경(聖經)을 읽을 때 그것을 체험화(體驗化)시켜 주신다.

성령의 감동(感動)에 의해서 우리는 성경의 가르침을 하나님의 말씀으로 이해(理解)하고 납득(納得)하게 되는 것이다.

쯔잉글리는 신앙(信仰)이란 육체(肉體)의 건강(健康)처럼 신자(信者)들의 영혼(靈魂)속에서 감지(感知)되는 어떤 것이라고 하였다. 성령이 인간을 감동(感動)시키심으로 인간이 성경의 진리(眞理)를 진리(眞理)로 느끼며 그것으로 하나님의 은총(恩寵)을 믿는 확신(確信)을 얻게 되는 것이라고 하였다. 바로 이것이 우리가 하나님을 향한 믿음이다.

쯔잉글리는 성경을 교리(敎理)로 생각하였고 성경을 통해서 신앙이 발생되는 것처럼 교리(敎理)가 신앙을 세운다고 보았다.

루터는 신앙이 말씀을 통해서 직접적(直接的)으로 발생(發生)한다고 보았다면 쯔잉글리는 간접적(間接的)으로 발생한다고 보는 것이다.

그리고 그는 신앙을 부수적(附隨的)인 것으로 보기도 하였다. 예를 들면 루터가 회개(悔改)

와 칭의(稱義)를 결부(結付)하여 신앙을 논하였고 칼빈은 신앙을 독자적(獨自的)인 위치(位置)를 부여(賦與)하여 자세히 토론(討論)하고 있으나 쯔잉글리는 신앙을 선택(選擇)의 표시(表示)로 보았든 것이다.

쯔잉글리는 신앙(信仰)을 선택(選擇)과 관련시켜서 선택(選擇)된 자에 대한 확증(確證)의 표시(表示)가 신앙(信仰)이라고 하였다.

즉 그는 결과론적(結果論的)으로 신앙을 보는 것으로서 믿음 자체가 하나님의 선택(選擇) 후에 이루어진다는 이론(理論)이다. 그에 의하면 하나님의 선택(選擇)은 신앙의 유무에 좌우되지 않는 것이다.

이것 역시 루터와 다른 점이다. 신앙은 선택(選擇)을 받은 후에 따라오는 것이며 택자(擇者)에게 그 선택(選擇)을 확증(確證)하여 주는 것이 신앙(信仰)이다.

선택(選擇)이 신앙(信仰)을 뒤따르지 않고 신앙(信仰)이 선택(選擇)을 뒤따른다. 그 이유는 영원(永遠) 전부터 선택(選擇)된 저들은 신앙(信仰)하기 이전(以前)에 선택(選擇)된 것이 분명하기 때문이다. 하나님의 선택(選擇)함을 입은 자들은 하나님이 부어주시는 신앙(信仰)에 의하여 자기의 선택(選擇)을 자기 신앙의 지식(知識)에 의하여 알게 되며 자신의 구원(救援)을 확신(確信)하게 되는 것이다.

이렇게 볼 때에 쯔잉글리는 예정론(豫定論)과 신앙론(信仰論)을 밀접(密接)하게 연관(聯關)시킨 것을 볼 수 있고 신앙(信仰)이 독자적(獨自的)인 역할(役割)보다는 하나님의 선택(選擇)에 대한 결과(結果)로 보고 있는 것이다.

어떤 점에서는 철저하게 하나님의 주권성(主權性)을 강조(强調)하는 것이라고 할 수 있다. 루터는 신앙을 구원에 이르는 수단(手段)으로 보았으나 예정론(豫定論)에서도 어느 정도 예지적(豫知的)인 요소(要素)로서의 신앙(信仰)을 말하지만 쯔잉글리는 신앙(信仰)을 선택(選擇)의 표시(表示)요 구원(救援)의 확증(確證)이라고만 하였다.

쯔잉글리가 칭의(稱義)의 교리(敎理)를 강조(强調)한 것이 사실이나 이 교리(敎理)를 루터처럼 적극적(積極的)으로 형성(形成)시키지는 아니하였다.

그는 이신칭의(以信稱義)의 교리(敎理)를 로마 교회의 공로주의(功勞主義)를 막아내려는 유효(有效)한 예방책(豫防策)으로 생각하였다.

쯔잉글리는 신앙론(信仰論)을 독립적(獨立的)으로 정리(整理)하지는 않았으나 구원론적(救援論的)으로 논(論)한 것은 확실(確實)히 종교개혁(宗敎改革)의 전통(傳統)에 서 있다고 보아야 할 것이다.

비록 그가 선택론(選擇論)과의 관계에서 신앙을 말하였지만 그의 주장이 기독교의 본질(本質)에서 이탈(離脫)하지는 않는 것으로 보아야 할 것이다.

현대신학(現代神學)에서 신앙(信仰)을 윤리적(倫理的)으로 또는 사회적(社會的)으로 해석(解釋)하려고 하는 추세를 볼 때에 쯔잉글리의 신앙론(信仰論)은 철저한 정통주의(正統主義)라고 할 수 있다.

지금 우리가 볼 때에 쯔잉글리의 신학사상(神學思想)은 죤 칼빈의 신학사상(神學思想)의 기초작업(基礎作業)을 해 준 것으로 이해하면 될 것이다.

물론 엄밀한 의미에서 말한다면 모든 것이 다 같았다고는 할 수 없으나 그 당시의 입장에서 볼 때에는 두 신학자들의 신학사상(神學思想)이 한결같이 성경적(聖經的)이기를 바랐다는 것을 알 수 있다.

특히 종교개혁(宗敎改革)을 역사적(歷史的)으로 주도(主導)했든 마틴 루터와의 신학사상(神學思想)은 그 일치점(一致點)을 찾기가 어렵지만 쯔잉글리와 죤 칼빈의 경우는 성경을 중심으로 거의 일치(一致)했다는 것을 알 수가 있다.

4 ≡ 죤 칼빈의 교리사상(敎理思想)

세계최대(世界最大)의 성경적(聖經的)인 정통보수주의(正統保守主義)를 지향하는 신학자(神學者)요 종교개혁자(宗敎改革者)요 장로교(長老敎)의 설립자(設立者)로 통(通)하는 죤 칼빈(John Calvin: 1509-1564)의 교리사상(敎理思想)을 간단하게 논(論)한다는 것은 그렇게 쉬운 일이 아니다는 것을 솔직(率直)하게 고백(告白)한다.

그러나 그의 대표작(代表作)이라고 할 수 있는 기독교강요(基督敎綱要, Institutes of the Christian Religion)를 통하여 전반적(全般的)인 그의 교리사상(敎理思想)을 이해(理解)하는 것이 무리한 수는 아니라고 생각한다.

그러므로 칼빈의 교리사상(敎理思想)에 대한 바른 이해는 단순히 한 신학자(神學者)의 신학사상(神學思想)을 이해(理解)한다는 차원(次元)에서 끝나는 것이 아니라 적어도 기독교(基督敎)에 대한 신학(神學)의 정통성(正統性)이 무엇이며 그것을 어디에서 찾고 어떻게 수용(收用)해야 할 것인지를 알게 될 것이다.

본래 죤 칼빈은 1509년 불란서(佛蘭西)의 피칸디 이와욘에서 비교적 상류층(上流層)에 속하는 가문(家門)에서 태어나서 유복(裕福)한 소년기(少年期)를 보내다가 1523년 약관(若冠) 14살의 소년(少年)으로 파리 대학(大學)(Pari University)에 입학했다.

그의 나이 18세가 되었을 때는 그의 부친(父親)의 뜻을 따라서 오를레안의 법률학교(法律學校)에 들어갔다. 그러나 그는 이미 프로테스탄트(Protestant) 신앙사상(信仰思想)에 심취(心醉)되어 있어서 마음은 신학(神學) 쪽으로 기울어져 있었으면서도 현재의 학업(學業)에 충실했다.

죤 칼빈은 1532년에는 인문학파(人文學派)의 영향(影響)을 받아 처녀저작(處女著作)으로 세네카(Seneca: BC4~AD65)의 관용론(寬容論)의 주석을 펴냈다.

그러나 그는 이미 1529년 하나님께서 그리스도를 통하여 베푸신 긍휼(矜恤)하심의 은혜(恩惠)에 깊은 감명(感銘)을 받고 통렬(痛烈)한 참회(懺悔)의 경험(經驗)을 가지고 있었다.

1533년부터 불과 24세의 젊은 청년(靑年)에 지나지 않는데도 뜨거운 열정(熱情)과 하나님을 향한 열심(熱心)은 모든 사람들의 존경(尊敬)을 받는 지도자(指導者)로서 인정(認定)을 받게 되었다.

1535년 그는 빠젤에서 저 유명(有名)한 기독교강요(基督敎强要)를 쓰기 시작했다.

바로 이 책(冊)이 27세의 청년(靑年) 죤 칼빈에 의해서 저작(著作)되었다는 믿기지 않을 만큼의 깊은 사상(思想)과 추리력(推理力) 그리고 뛰어난 문장(文章)과 성경의 진리(眞理)에 대한 오묘(奧妙)한 해석(解釋)은 그를 반대(反對)하는 자들에게까지 깊은 감명(感銘)과 감탄(感歎)을 갖게 하는 모든 사람들의 사랑을 독점(獨占)하고 있는 명 신학서(神學書)라고 해야 할 것이다.

1536년에는 그의 친구(親舊) 팔러의 요청(要請)으로 스위스 제네바(Zeneva)로 간 것이 그의 생애(生涯)에 결정적(決定的)인 전환기(轉換期)로 점철(點綴)되게 되었다.

그러나 사회(社會)의 시대적(時代的)인 혼란(混亂)과 도덕적(道德的)인 문란(紊亂)은 그에게 있어서 보다 더 강압적(强壓的)인 제도(制度)의 개선(改善)과 도덕적(道德的)인 신앙생활(信仰生活)을 강요(强要)하게 되었으므로 그가 제네바에 머문지 불과 2년 만에 그의 친구(親舊) 팔러와 함께 추방(追放)되어 슈트라스벍으로 물러가서 강의(講義)만을 계속(繼續)했다.

그러나 모든 복음주의교회(福音主義敎會)에 대한 중심적(中心的)인 지도자(指導者)로 부상(浮上)했고 이 때에 이데렛 드보레와 결혼(結婚)을 했으나 그의 부인은 1541년에 죽었다.

칼빈이 없는 제네바의 정국(政局)은 너무도 심한 혼란(混亂)과 분열(分裂)로 위기(危機)에 빠져들게 되자 제네바 사람들은 칼빈의 복귀(復歸)를 적극적(積極的)으로 추진(推進)하게 되었다.

그러나 칼빈은 처음에는 그들의 복귀요청(復歸要請)에 관심(關心)조차도 갖지 않았으나 제네바 시(市)의 당국자(當局者)들을 비롯하여 목사(牧師) 친구(親舊)들과 시민(市民)들의 열화(熱火) 같은 요청(要請)이 계속 되었으므로 결국 제네바에로의 복귀(復歸)를 승낙(承諾)하고 다시 제네바로 돌아갔다.

제네바로 복귀(復歸)하여 돌아온 칼빈은 절대적(絶對的)인 지배권(支配權)을 가지고 제네바를 하나님의 도성(都城)으로 만들겠다는 결심(決心)으로 개혁작업(改革作業)에 착수(着手)했다.

그에게 있어서 하나님의 말씀은 개인(個人)만이 아니라 단체(團體)의 협동생활(協同生活)을 위해서도 적용(適用)된다고 믿고 교회(敎會)와 함께 국가(國家)와 사회(社會)의 개혁(改革)까지도 함께 실시하고자 시도했다.

그러나 그의 이 같은 급진적(急進的)인 이상주의사회(理想主義社會)에 대한 개혁정책(改革政策)은 쉽게 풀리지 않고 수많은 반대(反對)와 난관(難關)에 부딪쳐야 했다. 교회(敎會)를 중심으로 영적(靈的)이고 도덕적(道德的)인 훈련(訓練)과 생활(生活)이 국가(國家)와 사회(社會)에까지 강요(强要)되었으므로 이에 따른 부작용(副作用)이 일어나는 것은 어쩌면 당연한 일이었는지도 모른다.

특히 그는 이단주의자(異端主義者)들을 처단(處斷)하고 독재통치(獨裁統治)의 강압정책(强壓政策)으로 많은 사람들을 억압(抑壓) 한 것은 사실이나 그럼에도 불구하고 제네바의 시민(市民)들은 그에게 절대복종(絶對服從)하고 그의 지도력(指導力)에 위압(威壓)되었다.

무엇보다도 그가 세운 제네바 아카데미는 거의 전 구라파 각국(各國)의 지도자(指導者)들을 길러냈고 성경주석(聖經註釋)의 왕자(王子)라고 할 만큼 그는 성경 주석에 최선(最善)의 정성(精

誠)과 노력(勞力)으로 필생의 과업(課業)으로 이루어냈다.

1564년 5월 27일 그의 나이 불과 55세를 일기로 세상을 떠나기는 했으나 죤 칼빈은 두고두고 그의 신학적(神學的)인 교리사상(敎理思想)은 성경적인 정통보수주의(正統保守主義)를 지향하는 모든 세대의 교회와 신학인(神學人)들에게 끼친바 영향(影響)은 가히 절대적(絶對的)이라고 할 것이다.

어기에서 우리는 칼빈의 교리사상(敎理思想)에 대한 좀 더 세부적(細部的)인 사항(事項)에 들어가기 전에 먼저 그의 신학적(神學的)인 방법론(方法論)에 대한 것부터 알아보아야 할 필요를 느낀다.

우선 그의 중심사상(中心思想)은 성경적인 신본주의(神本主義)의 교리사상(敎理思想)으로서 하나님의 절대주권(絶對主權)과 하나님의 절대영광(絶對榮光)과 하나님의 절대의지(絶對意志)라는 대전제(大前提) 하에 그의 사상(思想)을 이해(理解)하고 연구(硏究)에 임하는 것이 옳을 것이다.

그리하여 그는 주관적(主觀的)인 논리(論理)나 사상(思想)보다는 사실(事實)에 대한 것 자체(自體)에 대한 탐구(探究)를 하고 한 단어(單語)에 대한 논쟁(論爭)보다는 문제(問題) 자체에서 내용을 찾고자 힘썼다.

또 성경의 한계(限界)를 벗어난 논의(論議)나 시비(是非)를 배제(排除)하면서 보다 더 정확(正確)한 신학적(神學的)인 이론(理論)과 정의(定義)를 정착(定着)시켜 보려고 노력했다.

그리하여 그는 성경적인 우주관(宇宙觀)을 내세워서 영적세계(靈的世界) 초자연적(超自然的)인 세계(世界) 그리고 형이상학적(形而上學的)인 세계(世界)를 인정(認定)하고 성경으로 그것들에 대한 답(答)을 내리고자 힘썼다.

칼빈이 자주 '하늘의 교리'(Heavenly Doctrine)라는 말을 썼는데 그는 하나님과 우주(宇宙)와의 관계(關係)를 해명(解明)하기 위해서 노력(勞力)했다는 것을 알게 한다. 거기에서 모든 사람에게 성경적인 신앙과 신학을 심어주고 교회와 성도들의 영적(靈的)인 유익(有益)에 필요한 성경 교리(敎理)를 심어주기 위해서 필생의 노력을 다했다고 해야 할 것이다.

이러한 원칙(原則)과 바탕 위에 자기의 교리사상(敎理思想)을 펼쳐 나갔다는 것은 참으로 위대(偉大)한 신학자(神學者)요 사상가(思想家)요 개혁자(改革者)로서 혹은 정치가(政治家)요 교육자(

敎育者)로서도 기여(寄與)한바 지대(至大)했었다.

그러나 그렇다고 해서 그의 주의주장(主義主張)이나 정치적(政治的)인 또는 사상적(思想的)인 체계(體系)나 처신(處身)이 완벽(完璧)했다고는 보지 않는다.

다만 그는 한 성경적인 정통주의(正統主義)에 서서 바른 신학(神學)을 지켜온 개혁신학자(改革神學者)요 지도자(指導者)로서 자기에게 주어진 사명(使命) 앞에 최선(最善)을 다했던 사람이었다는 말이다.

물론 예나 오늘이나 죤 칼빈에 대한 시비(是非)는 계속되고 있다.

그런데 우리가 한 가지 생각해 볼 수 있는 것은 그토록 뛰어난 성경적인 신본주의(神本主義)의 정통개혁신학(正統改革神學)을 주장하고 부르짖던 그가 왜 세상(世上)의 정치(政治)에 개입(介入)하여 또 다른 물의(物議)를 일으켜 놓았어야 했든가 하는 점이다.

물론 누구나 사람이면 완벽(完璧)할 수는 없다. 그러나 기독교운동은 세상나라의 정치운동(政治運動)이 아니다. 종정분리(宗政分離)의 원칙(原則)이 명문화(明文化) 되어있지 않는다고 할지라도 예수께서 하셨든 성경말씀만을 가지고도 알 수 있는 일인데도 죤 칼빈 같은 위인(偉人)이 저지른 실수(失手)는 두고두고 역사적(歷史的)인 시비(是非)거리가 되어 있다는 것이 아쉽다.

그 이상의 문제는 살아계신 하나님께 맡길 수밖에 없다.

1) 죤 칼빈의 신론(神論)

죤 칼빈은 하나님을 무한광대(無限廣大)하시고 전지전능(全知全能)하신 절대유일(絶對唯一)의 실재자(實在者)로 생각했다.

칼빈의 기술(記述)이나 기도문(祈禱文)을 통해서 보면 거의 모든 글에 "전능(全能)하신 하나님"(Almighty God)으로 묘사(描寫)하고 있다는 것을 볼 수 있다.

그는 하나님을 향한 지식(知識)의 목적(目的)이 신학적(神學的)으로 추구(追求)하여 많은 지식(知識)을 얻게 해 준다는 것이나 논리적(論理的)으로 하나님에 대해서 연구(硏究)하는 것에 두지 않고 하나님을 경배(敬拜)하고 찬양(讚揚)하며 내세(來世)의 삶에 대한 소망(所望)을 일깨워주는

데에 목적을 두고 하나님께 대한 지식(知識)을 발전(發展)시켜 나갔다는 것을 알게 한다 (기독교 강요 1권5:10).

쫀 칼빈은 그의 글을 통해서 하나님께 대한 올바른 지식(知識)이 얼마나 중요한가 하는 것을 강조(强調)하고 있다는 것을 볼 수 있다.

그는 오직 유일절대(唯一絶對)하신 하나님을 경배(敬拜)하며 오직 그에게만 순종(順從)하고 하나님 한 분만으로 만족(滿足)하고 오직 그에게만 충성(忠誠)을 다해야 한다는 아름나운 믿음을 가지고 신학연구(神學研究)에 임했다는 것을 본다.

사실상 하나님께 대한 뚜렷한 신관(神觀)이나 신앙(信仰)이 분명하지 못한 상태(狀態)에서 신학(神學)을 논(論)한다는 것은 허다(許多)한 혼선(混線)과 갈등(葛藤)을 일으킬 뿐이라는 것과 현대신학(現代神學)의 신론(神論)에 대한 다양성(多樣性)에 비하여 칼빈의 경우는 처음부터 너무도 정연(整然)하고 진실(眞實)하여 학문적(學問的)인 의미에서보다는 신앙적(信仰的)인 입장에 서서 하나님께 대한 학문(學問)을 전개(展開)해 나갔다는 것을 알 수 있다.

현대신학(現代神學)에 대한 오해(誤解) 가운데 하나가 하나님께 대한 바른 정의(定義)와 믿음을 갖지 못하고 있다는데서 찾아야 할 것이다.

즉 몰트만이나 칼 발트 같은 현대주의신학자(現代主義 神學者)들 가운데는 하나님을 사랑의 하나님 은혜(恩惠)의 하나님 자비(慈悲)의 하나님 은총(恩寵)의 하나님 등 수많은 좋은 수식어(修飾語)를 총동원하고는 있으나 솔직하게 말해서 그들은 하나님의 공의(公義)나 하나님의 심판(審判)이나 성삼위(聖三位) 하나님의 인격적(人格的)인 요소(要素)들에 대해서는 완전히 배제(排除)하고 거의 철학적(哲學的)이고 관념적(觀念的)인 하나님으로만 묘사(描寫)하고 있어서 성경적인 바른 신론(神論)을 정립(定立)하는데 많은 혼선(混線)을 빚고 있다는데 유의해야 한다.

이러한 현실(現實)을 감안 할 때에 칼빈의 경우는 처음부터 투철(透徹)하고 분명(分明)하게 하나님의 존재(存在)를 논하고 그를 신학적(神學的)인 방법으로 다가가기보다는 철저(徹底)하고 적극적(積極的)인 믿음으로 다가가서 하나님의 거룩하신 뜻을 이해(理解)하고 그에게 어떻게 충성(忠誠)을 바쳐야 할 것인가를 신론연구(神論研究)의 목적(目的)으로 하고 있다는 것을 본다.

칼빈의 경우 가장 중요한 것은 하나님의 본질(本質)에 대한 문제가 아니라 하나님의 뜻을 헤아려 그를 향한 믿음의 충성(忠誠)을 어떻게 바쳐야 하는가 하는 것이었다.

그리하여 신앙이란 곧 하나님께서 우리를 향하신 하나님의 참 뜻에 대한 이해와 그를 어떻게 믿어야 하는가 하는 것이었다.

그리하여 그에게 있어서 우리 인간의 죄(罪) 값에서 오는 비참(悲慘)과 하나님의 거룩하심에 대한 바른 이해와 경건(敬虔)한 믿음 위에서 하나님의 지식(知識)에 접근(接近)해야 할 것을 강조하고 있다.

여기에서 하나님께 대한 진실한 감사의 마음이 생기고 그를 기뻐하고 영화(榮華)롭게 하며 순종(順從)과 충성(忠誠)을 다 하려는 참된 믿음이 발생하게 된다는 것도 칼빈의 신론(神論)에서 발견(發見)할 수 있다.

칼빈은 모든 교리(敎理)의 배후(背後)에서 하나님을 보고 어떠한 교리(敎理)든지 하나님의 실재(實在) 앞에서 두려워하는 마음과 떨리는 모습으로 조심스럽게 신지식(神知識)에 접근(接近)하고 있다는 것을 깨닫게 한다.

즉 칼빈의 신학(神學)은 전부가 하나님을 향한 신론(神論)을 기준(基準)으로 하여 시작(始作)하고 진행(進行)했다는 것을 알게 한다.

다시 말하면 칼빈의 신학(神學)은 논리(論理)의 전개(展開)가 아니라 실재자(實在者)에 대한 믿음과 그의 구원(救援)에 대한 감사(感謝)와 기쁨의 충만(充滿) 속에서 자기의 충성(忠誠)을 다짐하는 신앙(信仰)을 바탕으로 신론(神論)을 논(論)하고 있다.

칼빈의 삼위일체론(三位一體論)을 보면 우선 하나님의 본질(本質)에 관하여 두 가지의 사항(事項)을 말하고 있다. 그것은 하나님의 무한성(無限性, Eternity)과 영성(靈性, Spirituality)이다.

이 두 가지가 확립(確立)되어야 보편적(普遍的)인 미혹(迷惑)과 세속철학(世俗哲學)의 교묘(巧妙)함을 논박(論駁) 할 수가 있다고 했다.

하나님의 무한성(無限性)은 우리의 감각(感覺)으로는 감히 그를 측량(測量)하는 것을 막아주고 하나님의 영적본질(靈的本質)은 우리가 세속적(世俗的)으로 육적(肉的)으로는 상상(想像)하지 못하게 하여 준다고 하였다.

칼빈은 삼위일체(三位一體)에 대하여 말하기를 위격(位格, Persona)이란 하나님의 본질(本質) 가운데 있는 본체적(本體的)인 실위(實位, Subsistentia)라고 하고 이것은 다른 두 실재(實在)와 서로 관계(關係)를 가지면서도 교류(交流)할 수 없는 고유성(固有性)에 의해서 구별(區別)되는 것이라고 하였다.

하나님 안에는 본질(本質)의 유일성(唯一性)에 조금도 영향(影響)을 주지 않는 일종의 분배(分配)의 경륜(經綸)이 있다고 하였다.

하나님은 그리스도의 강림(降臨)으로 한 층 더 명백(明白)하게 자신을 계시(啓示)하셨기 때문에 역시 삼위(三位) 안에서 더 친밀(親密)하게 알려지게 되었다.

하나님은 한 분이시며 본체(本體)에 있어서 유일(唯一)하시지만 한 본질(本質) 안에 삼위(三位)로 계신다는 것은 분명하다고 하였다.

칼빈은 바울이 하나님 믿음 세례(洗禮)를 서로 연결(連結)하여 하나로부터 다른 하나로 정제(定制)한다고 한 말씀을 통해서 믿음이 하나이기 때문에 하나님도 한 분이요 세례(洗禮)가 하나이기 때문에 믿음도 하나라고 하였다.

그러므로 세례(洗禮)를 통하여 우리가 유일(唯一)하신 하나님을 믿고 신앙(信仰)하기 시작하였다면 우리는 그 이름으로 세례(洗禮)를 받은 그 분을 참 하나님 한 하나님으로 간주해야 한다고 하였다. 더구나 세례(洗禮)를 받을 때 성부(聖父) 성자(聖子) 성령(聖靈)의 이름으로 세례(洗禮)를 받기 때문에 하나님의 유일성(唯一性)이 증거(證據) 되는 것이다.

신앙(信仰)이란 여기저기를 주목(注目)하는 것이 아니라 유일(唯一)하신 하나님을 바라보고 그와 연합(聯合)하고 그에게 부착(附着)되는 것이다.

따라서 신앙이 하나라는 것은 여러 신(神)들이 없다는 것을 의미(意味)한다. 오직 한 분 하나님 만이다.

세례(洗禮)란 신앙의 성례전(聖禮典)이므로 그것이 하나라는 사실에서 하나님의 유일성(唯一性)도 확증(確證)된다. 성부(聖父)와 성자(聖子)와 성령(聖靈) 하나님을 우리는 한 하나님으로 믿어야 한다는 결론(結論)이 나오는 것이다.

그러나 각 위(位)에 차이(差異)가 있으니 활동(活動)의 시초(始初)와 만물(萬物)의 원천(源泉)과 기원(起源)은 성부(聖父)에게 지혜(智慧)와 모략(謀略)과 만사(萬事)의 지배권(支配權)은 성자(聖子)에게 또 그러한 활동(活動)의 힘과 효력(效力)은 성령(聖靈)에게 귀속(歸屬)한다는 것이다.

하나님은 자신의 지혜(智慧)와 힘이 분리(分離)된 채로는 결코 존재(存在)하실 수 없는 고로 성부(聖父)의 영원성(永遠性)은 동시(同時)에 성자(聖子)와 성령(聖靈)의 영원성(永遠性)인 것이다.

하나님의 이름이 개별화(個別化) 되지 않았을 때에는 언제나 성부(聖父)하나님을 가리킨다.

그러나 동시에 성자(聖子)와 성령(聖靈)도 가리킨다고 할 수 있다. 하나님의 본질(本質)은 영(靈, The Spirit)이시며 하나(One)라는 사실에는 변(變)함이 있을 수 없다고 하였다.

그러므로 우리는 하나님은 한 분이요 성부(聖父)가 하나 성자(聖子)도 하나 성령(聖靈)도 하나 다 같이 하나라는 분명한 사실(事實)을 깨닫게 된다. 즉 권능(權能)과 지혜(智慧)와 성품(性品)이 같은 하나라는 말이다.

이 전능(全能)하시고 광대(廣大)하신 하나님이 천지(天地)를 창조(創造)하셨고 만사(萬事)를 그 뜻대로 유지(維持)하시는 섭리자(攝理者)이시므로 우리는 운명론(運命論)이나 범신론(汎神論)이나 우연론(偶然論) 같은 것들에 마음을 빼앗겨서는 안 된다는 것이 칼빈의 강조점(强調點)이다.

한마디로 칼빈의 하나님은 광대(廣大)하신 분이시오 거룩하신 전능(全能)의 하나님이시며 우리에게 자비(慈悲)를 베푸사 구원(救援)의 은총(恩寵)을 주시는 하나님이시다.

그러나 우리는 칼빈이 심판(審判)의 하나님이시라는 것을 또한 강조(强調)하는 것도 놓치지 말아야 한다. 칼빈은 칭의(稱義)의 교리(敎理)를 말하기 전에 먼저 하나님의 심판대(審判臺)를 강(强)하게 주장(主張)한다 (기독교 강요 3권 12장).

2) 존 칼빈의 기독론(基督論)

칼빈이 말하는 기독론(基督論)의 출발점(出發點)은 영원(永遠)하신 하나님의 아들로서의 그리스도이시다.

전통적(傳統的)인 기독론(基督論)은 위로부터 내려오는 기독론(基督論)이라고 할 수 있다.

말씀(로고스)이신 그리스도는 시간(時間, Time)이 생기기 전부터 계셨고 그 분은 성육(成肉)하시기 이 전에 육신(肉身)을 가지기 전부터 하나님과 함께 계셨고 또한 하나님 자신(自身)이시다(강요 1권 13장).

현대신학자(現代神學者)들의 기독론(基督論)은 역사적(歷史的)이고 비평적(批評的)인 검증(檢證)을 통하여 인정(認定)되는 역사적(歷史的)인 예수만을 주장(主張)하거나 부활절(復活節) 이후의 공동체(共同體)가 만들어냈다고 하는 높이 들린 그리스도를 주장하는데 이 같은 역사적(歷史的)인 예수와 신앙(信仰)의 그리스도를 구별(區別)하는 것은 오늘날의 신학(神學)이 얼마나 불신앙(不信仰)에 근거하고 있는지를 잘 보여주는 것이다.

칼빈의 기독론(基督論)은 구속사학파(救贖史學派)에 속한 사람들처럼 구원사(救援史)를 통한 계시인식(啓示認識)에 목표(目標)를 두거나 발트처럼 화해론(和解論)을 위한 틀을 제공(提供)하는 보조적(補助的)인 교리(敎理)가 아니다.

구속사학파(救贖史學派)에 속한 사람들은 그리스도를 역사적(歷史的)인 계시(啓示)의 초점(焦點)으로 보는 관점(觀點)에 불과(不過)하고 발트는 화해론(和解論)을 이해하기 위한 신학(神學)의 틀로 사용 될 뿐이다.

그러나 칼빈은 그리스도를 앎으로서 구원(救援)을 받게 하고 구원(救援)의 크기와 가치(價値)를 더 깊이 깨닫게 하여 하나님께 감사(感謝)하게 한다.

칼빈은 삼위일체론(三位一體論)과 관련(關聯)하여 그리스도의 신성(神性)을 부단(不斷)히 강조(強調)하고 있다.

그리스도는 바로 삼위일체(三位一體)의 하나님에 있어서 제2위의 하나님이시고 아버지와 동질(同質)이시며 전능자(全能者)시며 하늘의 대제사장(大祭司長)이시요 또한 로고스 하나님이시다.

칼빈이 말하는 그리스도는 복음(福音)으로 옷 입으신 그리스도이시지 실존사(實存事)와 일반사(一般事)로 구별(區別)되는 그리스도가 아니시다.

복음(福音)으로 옷을 입으신 그리스도는 우리 인류(人類)의 구속(救贖)을 위해서 성육(成肉)하신 자이시다.

칼빈은 그리스도가 진정(眞情)으로 인간의 육신(肉身)을 취(取)하셨다고 하였다.

마니교와 마르키온은 그리스도의 참된 인성(人性)을 부인(否認)하였으므로 칼빈의 공격(攻擊)을 받았다.

칼빈은 그리스도의 선지자직(先知者職)을 교사직(敎師職)으로 보았으며 그것이 그리스도 자신(自身)뿐만 아니라 몸 전체(全體)인 교회(敎會)에게도 해당(該當)한다고 하였다. 왕직(王職)은 칼빈이 가장 중시(重視)하는 것인데 그리스도가 승천(昇天)하여 영적(靈的)으로 통치하는 것을 말한다.

그리고 이 통치(統治)에서 지상(地上)의 교회(敎會)를 사용(使用)하시며 특히 복음(福音)의 사역(事役)을 통해서 다스리신다고 하였다. 제사장(祭司長)으로서는 하늘에서 중보(仲保)의 사역(事役)을 하시는데 지금도 살아 계셔서 기도(祈禱)하시며 신자(信者)들의 이중칭의(二重稱義)를 위한 중보사역(仲保事役)을 하신다는 것이다.

칼빈은 기독론(基督論)을 논(論)하는 목적(目的)을 의(義)와 자유(自由)와 생명(生命)과 구원(救援)이 그리스도에게만 있다는 점을 확고(確固)히 하려는 것임을 분명히 한다 (기독교강요 2권16장).

이 점을 명백(明白)히 하여 주는 교리(敎理)가 비하(卑下)와 승귀(昇貴)의 교리(敎理)이다.

그런데 비하(卑下)와 승귀(昇貴)를 논(論)하는 중에 음부(陰符)에의 강하(降下)를 자세히 논하는 것이 특색(特色)이 있는데 그 해석(解釋)에 있어서는 그리스도가 영적(靈的)으로 당하신 고통으로 보았다.

그리스도께서는 마귀(魔鬼)와 더불어서 죽음과 지옥(地獄)의 고통(苦痛)에 대해 백병전(白兵戰)을 벌이신 것으로 우리가 더 이상 그것에 대해 떨지 않도록 이기신 것이라고 하였다.

또 그리스도의 승천(昇天)과 하나님의 보좌우편(寶座右便)에 앉으신 것을 대단히 강조(强調)하고 있다.

칼빈의 기독론(基督論)에서 가장 두드러진 점이 그리스도의 승천론(昇天論)인데 이 교리(敎理)를 왕권(王權)과 관련하여 논하고 있다.

그리스도는 승천(昇天)하여 그의 왕직(王職)을 이제 본격적(本格的)으로 수행(遂行)하신다는 것이다.

그리스도의 우편좌정(右便座定)을 그는 왕직(王職)에의 취임식(就任式)으로 보았고 일종(一種)의 우주적(宇宙的)인 교회(教會)의 당회장(堂會長)이 되신 것으로 이해(理解)한듯 하다.

그리스도께서 그의 왕직(王職)을 직접(直接) 수행(遂行)하시기도 하시지만 성령(聖靈)을 보내사 그의 사역자(事役者)들을 통하여 복음사역(福音事使役)을 하게 하사 복음(福音)의 교리(教理)를 그의 홀(笏)로 삼으신다는 것이 또한 강조(強調)되었다.

그러므로 칼빈의 기독론(基督論)에서 그리스도의 몸 전체(全體)에게 성령(聖靈)을 흘러넘치게 하사 교사(教師)로 삼으셨고 그의 사역자(事役者)들을 보내셔서 왕직(王職)을 수행(遂行)하게 하신 것은 그리스도의 나라가 영적(靈的)인 방법(方法)으로 확장(擴張)되는 것을 강조(強調)하는 섯이다.

다시 말해서 칼빈의 선교신학(宣敎神學)이 여기서 나오는 것을 본다.

칼빈은 그리스도를 언제나 아버지와의 관련(關聯)에서 이해(理解)하고 있다.

믿음이란 한 분 하나님을 바라보는 것이지만 여기에 첨가(添加) 할 일이 있는데 그것은 아버지를 그리스도와 함께 아는 것이다.

그는 우리가 그리스도를 알 때에 아버지께서 제시(提示)하시는 대로의 그리스도 즉 자신(自身)의 복음(福音)으로 옷 입은 그리스도를 우리가 받아 드린다면 이것이 참으로 그리스도를 아는 것이라고 한다. 우리를 의(義)롭게 하시고 거룩하게 하시는 일을 하나님께서 직접 하시느냐? 아니면 아들의 손을 통해서 하시느냐가 중요(重要)하다고 한다 (강요 2권 17장).

칼빈은 그리스도의 공로(功勞)와 은혜(恩惠)를 논(論)할 때에도 공로(功勞)의 시작(始作)은 그리스도가 아닌 하나님의 제정(制定)으로까지 소급(遡及)하여 올라가서 제1의 원인(原因)으로 본다.

여기에서 하나님의 사랑이 제1위이고 그리스도를 믿는 신앙(信仰)이 제2위 및 후속적(後續的)인 원인(原因)이 되고 있다고 한다 (강요2권 17장).

칼빈은 그리스도를 아버지께로 가는 중보자(仲保者, Mediator)의 위치(位置)로 말하는 것이다. 본체론적(本體論的)으로는 아버지와 동질(同質)이지만 구속사역(救贖事役)에서는 제2위이신 것을 분명히 한다고 했다.

그러나 다르게는 그리스도라는 계시개념(啓示概念) 속에 삼위일체(三位一體)와 모든 화해사건(和解事件)을 넣어서 통일(統一)하여 버렸는데 칼빈과는 큰 대조(對照)를 이룬다고 할 것이다.

칼빈의 기독론(基督論)은 한마디로 위로부터의 기독론(基督論)이요 정통신조(正統信條)들의 고백(告白)을 그대로 이어받고 있다. 기독론(基督論)을 하나님의 작정(作定)과 깊이 연관(聯關)시키고 있다.

그는 삼위일체(三位一體) 하나님과의 관련(關聯)에서도 정확성(正確性)을 기하고 있고 그리스도의 신성(神性)을 강조(强調)하였다.

예수 그리스도를 가리켜서 참 하나님이시고 참 사람이신 그리스도는 아버지와 동질(同質)이시나 그가 주시는 은혜(恩惠)의 제1원인(原因)은 어디까지나 아버지이시다.

그리스도가 성육신(成肉身, Incarnation)하신 것은 아담의 타락(墮落) 이전의 순수(純粹)한 무죄(無罪)의 상태(狀態)였다. 죄(罪)가 없으신 그리스도께서 대속적(代贖的)인 죽음을 당하시고 그의 부활(復活)로 승리(勝利)하신 것이다.

그리스도는 선지자(先知者)요 제사장(祭司長)이요 왕(王)으로서의 삼직(三職)을 수행(遂行)하시되 비하(卑下)와 승귀(昇貴)의 상태(狀態)에서 하셨다.

그리고 지금도 하늘에서 이 삼직(三職)을 계속(繼續)하시고 계신다. 그리스도는 승천(昇天)하셔서 하나님의 우편(右便)에서 왕직(王職)을 수행(遂行)하시되 특히 영적(靈的)으로는 그의 성령(聖靈)을 보내사 지상(地上)에 있는 교회(敎會)가 말씀 사역(事役)을 통해서 다스려지게 하신다.

복음(福音)의 교리(敎理)는 그리스도의 홀(忽)이다.

그는 장차 가시(可視的)이고 체험적(體驗的)으로 임(臨)하사 그의 왕권(王權)을 드러나게 하실 것이다.

바로 예수 그리스도의 영원한 메시야 왕국(王國)의 통치시대(統治時代)가 시작되어지게 될 것이다.

바로 이것이 우리의 믿는 바요 영원(永遠)한 소망(所望)이다.

죤 칼빈에게 있어서 신앙(信仰)이 강조(强調)되고 있는 것은 구원(救援)의 가치(價値)를 높이 평가(評價)하고 있기 때문이다.

칼빈의 기독교강요(基督敎綱要)는 그 구성(構成) 자체가 구원론적(救援論的)으로 되어있기 때문에 다른 각도(角度)에서 보면 칼빈의 의도(意圖)를 놓치게 될 것이다.

칼빈의 신학(神學)이 하나님을 중심(中心)으로 하고 있으나 하나님에 대해서만 가르치고 있지는 않다. 오히려 창조(創造)되고 다락화(墮落化)된 인간(人間)의 구원(救援)에 그 주요관심(主要關心)이 놓여있는 것이다.

기독교강요(基督敎綱要)의 1권과 2권에서 창조자(創造者) 하나님과 그리스도 안에서의 구속자(救贖者) 하나님에 대한 이중적(二重的)인 지식(知識)을 논(論)하는데 그 창조자(創造者) 하나님의 구속자(救贖者) 하나님으로 나타내시는 그 전 목적(目的)이 아담 안에서 전적(全的)으로 부패(腐敗)하게 된 인간을 구원하시기 위한 것이었다.

이와 같이 강요1권에서 2권으로 창조자(創造者) 하나님에 대한 지식(知識)에서 구속자(救贖者) 하나님에 대한 지식(知識)으로 전향(轉向)되는 주요 이유가 구원에 초점(焦點)을 두고 있음을 알 수 있는 것이다.

그리고 3권에서는 본격적(本格的)으로 구원론(救援論)이 전개되며 4권도 구원을 베푸시기 위해 교회를 세우신 하나님께서 신앙을 일으키고 강화(强化)시키시는 수단으로서의 목회론(牧會論)을 논(論)하고 있는 것을 보게 된다.

그러면 칼빈의 구원론(救援論)은 어떤 내용(內用)과 특징(特徵)을 가지고 있는가?

개혁주의파(改革主義派)에 속한 신학자(神學者)들의 구원론(救援論)을 보면 먼저 일반 은총론(恩寵論)을 다루고 구원(救援)의 서정(序程)을 다루는 것이 통상적(通常的)인 관례(慣例)이다.

물론 칼빈도 구원(救援)의 서정(序程)을 중심으로 논하고 있다. 웨스트민스터(Westminster) 신조(信條)나 하이델벨그(Hiderberg)의 요리문답(要理問答) 같은 신앙고백서(信仰告白書)등도 같은 입장(立場)을 보인다. 물론 칼빈도 구원의 서정을 자세히 논하고는 있다.

하지만 칼빈에게 있어서 더 중요(重要)한 것은 구원 자체의 중요성(重要性)을 설명(說明)하는 일이다.

칼빈은 구원(救援)받는 과정(過程)에 못지않게 구원(救援)의 궁극적(窮極的)인 목적지(目的地)와 거기에서의 복(福)된 상태(狀態)와 가치(價値)를 강하게 말하고 있다.

그것을 그는 천국(天國)의 유업(遺業)으로 보았으며 영적(靈的)으로 큰 내용이 깊기 때문에 아버지께서 아들에게 주신 것이라고 하였다. 다른 말로 독생자(獨生子)가 아버지로부터 받아서 우리에게 주신 하늘의 복(福)이다.

구원(救援)의 서정(序程)에만 관심(關心)을 가지면 하나님께서 베푸시는 하늘의 영생복락(永生福樂)과 하나님의 자녀(子女)가 되어 누리게 되는 엄청난 구원(救援)의 내용(內用)이 강조(强調)되지 않게 되는 문제점(問題點)이 나타난다.

개혁교회(改革敎會)의 신학자(神學者)들이 구원(救援)의 서정(序程)에 대해서 상세하게 논하여 그 자세한 진리(眞理)들을 밝혀놓은 것은 큰 공로(功勞)이기는 하지만 그렇게 하다가 보니 구원(救援) 그 자체(自體)의 감격(感激)과 전도열(傳道熱)이 약(弱)해지고 신학(神學)의 본연(本然)의 임무(任務)인 하나님께로의 신앙(信仰)을 확보(確保)하기보다는 스콜라적으로 철학적(哲學的)인 사색(思索)에 빠지기 쉬워졌던 것이다.

칼빈을 연구(研究)하는 신학자(神學者)들도 칼빈의 관심사(關心事)가 예정론(豫定論)이나 그의 5대 교리(敎理)나 속죄(贖罪)의 범위(範圍) 혹은 회심(回心)에 있어서의 인간의 의지(意志)의 역할(役割) 등에 대해서 토론(討論)하고 있다.

이런 것들도 논의(論議)의 대상이 되기는 하지만 더 중요(重要)한 것은 구원(救援)의 가치(價値)를 바로 알려주고 구원(救援)을 얻는 방법(方法)을 가르치며 구원(救援)의 복음(福音)을 전(傳)할 수 있도록 신앙(信仰)을 확고(確固)하게 세워주는 것이다.

또 한 가지 중요(重要)한 것은 중생(重生)의 문제(問題)를 개혁파(改革派)의 신학(神學)에서는 순간적(瞬間的)인 변화(變化)로 보는데 비하여 칼빈은 일생(一生)에 걸치는 과정(過程)으로 본다는 것이다. 칼빈은 중생(重生)을 회개(悔改)로 보고 있기 때문에 니이젤은 칼빈의 중생론(重生論)을 성화론(聖化論)으로 해석(解釋)하고 있다.

벌코프(Luis Berkohf: 1873-1957)는 칼빈이 넓은 의미(意味)로 해석(解釋)하여 중생(重生)을 성화(聖

化)까지 포함(包含)시켜서 말했다고 했다.

그러나 칼빈은 강요 3권의 3장-10장에서 중생론(重生論)을 말하고 있고 14장-19장에서 성화론(聖化論)을 말하고 있다. 그는 여기에서 중생(重生)과 성화(聖化)를 구별(區別)하고 있다.

그러면 왜 칼빈은 중생(重生)을 일생(一生)에 걸리는 과정(過程)으로 보았는가?

그것은 중생(重生)을 회개(悔改)라는 범주(範疇)속에서 파악(把握)했기 때문이다. 칼빈은 기독교(基督敎)의 본질(本質)을 죄인(罪人)이 회개(悔改)하고 죄(罪) 사(赦)함을 받아 하나님께 받아드려지는 깃으로 보았다.

그러므로 거듭나기만 하면 다 되었다는 식의 값싼 기독교(基督敎)를 말하려는 것이 아니라 하나님의 자녀(子女)로서의 영적투쟁(靈的鬪爭)을 생각해서 일생(一生)동안 회개(悔改)를 계속(繼續)하여 삶 자체가 자기를 부인(否認)하고 하나님 중심(中心)으로 살게 하려는데 목적(目的)을 두었고 구원(救援)을 삶과 구별(區別)된 별도(別途)의 어떤 개념(槪念)이 아니라 인생(人生)의 자체(自體)와 관련(關聯)시키려고 한 것이다.

구원파(救援派)에 속한 사람들처럼 회개(悔改)를 한 번만 하면 되었다는 것이 아니라 계속(繼續)해서 회개(悔改)하는 삶을 살아야 한다고 칼빈은 믿었다.

그러므로 중생(重生)을 순간적(瞬間的)인 변화(變化)라기보다는 일생(一生) 동안 회개(悔改)하는 삶으로 본 것이다.

칼빈은 중생(重生)을 회개(悔改)라는 차원(次元)에서 말하고자 하였고 그리스도인의 삶 속에서 이루어지는 구체적(具體的)인 것으로 보았으며 하나님의 형상(形像, Image)을 회복(回復)하는 과정(過程)으로 보았기 때문에 순간적인 것으로 설명하지 않은 것 같다.

성경의 교리(敎理)를 역동적(力動的)으로 말하다 보니까 그렇게 되었다고 본다.

칼빈은 구원(救援)의 서정(序程)에 있어서 신앙(信仰) 회개(悔改) (중생). 칭의(稱義) 성화(聖化) 선택(選擇) 영화(榮華)의 순서(順序)를 취(取)하고 있다.

이 순서(順序)를 보면 논리적(論理的)이 아니라 우리의 신앙(信仰)을 강화(強化)하고 은혜(恩惠)의 교리(敎理)가 되게 하려는 의도(意圖)를 볼 수 있다.

특히 선택론(選擇論)이 다른 신학자(神學者)들처럼 신론(神論)에서 나오지 않고 구원론(救援論)에서 나온다는 것은 참으로 특이(特異)한 일이다.

선택론(選擇論) 즉 예정론(豫定論)을 신론(神論)에서 다루지 않은 것은 그가 선택(選擇)을 사색적(思索的)인 교리(敎理)로서가 아니라 실제(實際)로 구원(救援)의 출발(出發)이 어디인가를 알리고 또 구원(救援)은 전적(全的)으로 은혜(恩惠)임을 강조(强調)하려는 의도(意圖)일 것이다.

더구나 예정론(豫定論)의 결론부분(結論部分)에 가서 그는 누가 예정(豫定)되었는지 모르니까 누구나 다 예정(豫定) 된 것으로 하고 복음(福音)을 전(傳)해야 한다고 했다 (강요 3권 23장14).

이것은 칼빈의 신학(神學)이 열정적(熱情的)인 복음(福音)의 선교적(宣敎的)인 신학(神學)이라는 법(法)을 증거(證據)하여 준다고 하겠다. 또 그는 선택론(選擇論)을 기도(祈禱)와 설교(說敎)에도 관련(關聯)시켜서 대단히 목회적(牧會的)인 신학(神學)임을 보여주고 있다.

하나님의 선택(選擇)은 그의 부르심을 효과(效果)있게 하실 것이며 설교(說敎)는 곧 하나님의 부르심인 것이다.

그리고 기도(祈禱)는 하나님께 선택(選擇) 된 자를 찾고 만나는 하나님의 은혜(恩惠)를 구(求)하는 것이고 하나님의 부르심을 효과(效果) 있게 하시는 성령(聖靈)의 권능(權能)을 힘입기 위한 것이다.

4) 죤 칼빈의 인간론(人間論)

죤 칼빈에 의하면 진정(眞正)한 인간의 지식(知識)은 하나님과의 관계(關係)를 떠나서는 불가능(不可能) 하다고 한다.

하나님(God)과 인간(人間, Human)의 이중적(二重的)인 지식(知識)은 인간(人間)의 자기의식(自己意識)에 기본적(基本的)인 틀을 제시(提示)해 준다.

칼빈은 진정(眞正)한 인간론(人間論)은 인간(人間)의 죄(罪)에 대한 인식(認識)과 하나님 앞에서의 심판(審判)의 의식(意識)에서 출발된다고 보았다. 참 인간은 그리스도와 그의 모든 유익(有益)을 누리는 사람이다.

다시 말해서 하나님을 만나고 성령(聖靈)의 내주(內住)가 된 자요 회개(悔改)하고 죄(罪)의 사(赦)함을 받아 하나님의 자녀(子女)로 된 자이다. 성도(聖徒)들의 중생(重生) 성화(聖化) 영화(榮華)의 길을 가는 자이다.

칼빈은 인간이 타락(墮落)하기 이전에 가졌던 고귀(高貴)한 상태(狀態)와 타락(墮落) 이후에 가지는 비참(悲慘)한 상태(狀態)를 다 알아야 한다고 했다. 그래야 구원(救援)의 열망(熱望)을 가지게 된다는 것이다.

칼빈은 인간의 영혼(靈魂)에 대하여 논(論)하면서 그것은 인간(人間)의 보다 고상(高尚)한 구분(區分)이요 불멸(不滅)하는 것이요 창조(創造)된 본질(本質)로서 영(靈)과 혼(魂)을 같은 것으로 이해(理解)하고 있다.

인간(人間)에게는 불멸(不滅)에 대한 감각(感覺)이 남아있고 양심(良心)은 선악(善惡)을 분별(分別)한다. 양심(良心)은 하나님의 신판(審判)을 알고 죄책감(罪責感)을 가진다. 그러므로 양심(良心)은 불멸(不滅)하는 영(靈)에 대한 확실(確實)한 증거(證據)라고 한다.

말하자면 양심(良心)을 영혼(靈魂)에 대한 증거(證據)요 영(靈)의 기능(機能)으로 보는 것이다.

하나님의 형상(形像) 대해서 칼빈은 스콜라 신학(神學)에서처럼 형상(形像)과 모양(模樣)을 구별(區別)하지 않고 같은 것으로 본다. 그리고 하나님의 형상(形像) 인간(人間)의 외적(外的)인 특징(特徵)0보다는 인간내부(人間內部)에서 찾아야 한다고 했다.

인간이 그 영혼(靈魂)과 관련하여 하나님의 형상(形像)이라고 불리우는 것은 모순(矛盾)이 아니라는 것이다. 그는 하나님의 형상(形像)에 대해 다른 피조물(被造物)보다 탁월(卓越)한 모든 요소(要素)들을 포함(包含)하고 인간(人間)의 육체(肉體)도 포함하고 있다.

특히 정신(精神)이나 지성(知性) 마음 영혼(靈魂)과 그 능력(能力)이 바로 하나님의 형상(形像)이 깃드는 곳이라 하였다.

하지만 하등동물(下等動物)을 지배(支配)하는 지배력(支配力)을 언급(言及)하지는 않았다.

하나님의 형상(形像)은 아담의 타락(墮落) 이전에는 완전(完全)하게 빛나고 있었고 그것은 인간적(人間的)인 속성(屬性)의 고귀(高貴)한 탁월성(卓越性)이었다.

그러나 타락 이후로는 그것은 몹시 손상(損傷)되고 거의 도말(塗抹)되어 부패(腐敗)된 것만 남게 되었다. 그리하여 중생(重生)을 통해 이것을 회복(回復)하여야 하는데 현세(現世)에서는 완전(完全)히 회복(回復)이 안 되고 장차(將次) 하늘에서 그리스도처럼 부활(復活)하는 때에 완전(完全)한 광채(光彩)를 발(發)하게 될 것이다 (강요 1권 15장 4).

여기에 칼빈의 하나님 형상론(形像論)에 대한 가치(價値)가 있다.

일반적으로 현대신학자(現代神學者)들은 하나님의 형상(形像)을 주로 도덕적(道德的)인 견지(

見地)에서 관계성(關係性)으로 보거나 기능적(機能的)인 견지(見地)에서 언어능력(言語能力) 혹은 책임성(責任性) 혹은 문화발전(文化發展)의 잠재능력(潛在能力) 등으로 본다.

그러나 이런 관점(觀點)들은 모두 성경적인 결론(結論)이 아니고 칼빈이 말하는 구원론적(救援論的)인 형상(形像)의 회복론(回復論)이 성경적인 것이다.

그리고 칼빈은 인간(人間)의 영혼(靈魂)에 관하여 그것을 무형(無形)의 실체(實體)라고 보았다. 인간의 영혼(靈魂)을 독립적(獨立的)으로 실재(實在)하는 것으로서 이해(理解)하지 않는 발트는 교묘(巧妙)한 언어(言語)의 장난으로 영혼(靈魂)의 고유성(固有性)을 부정(否定)하지만 칼빈은 영혼(靈魂)의 고유(固有)한 실체성(實體性)을 인정한다.

영혼(靈魂)은 육체(肉體)의 전 부분(部分)을 살리고 육체(肉體)의 기관(機關)들을 활동(活動)하게 할뿐 이니라 인간(人間)의 삶 진체(全體)를 다스리는데 있어서 최고(最高)의 위치(位置)를 자지하여 인간으로 하여금 지상생활(地上生活)에서의 의무(義務)를 이행(履行)하게 하고 동시에 하나님을 공경(恭敬)하도록 일깨워 주려고 육체(肉體) 안에 거하는 것이다.

그 안에 종교(宗敎)의 씨앗이 있어서 인간(人間)이 천상생활(天上生活)을 명상하면서 살도록 지으심을 받았다는 사실을 보여 준다.

인간(人間)의 영혼(靈魂)속에 새겨진 이런 본성(本性)은 영혼(靈魂)의 주요활동(主要活動)이 천국(天國)을 갈망(渴望)하는데 있음을 알게 해 준다.

아담은 창조자(創造者)에게 연합(聯合)하여 살았어야 했는데 그로부터 떨어졌다는 것은 영혼(靈魂)의 죽음을 의미한다. 이 범죄(犯罪)로 말미암아 하나님의 형상(形像, Image)을 상실(喪失)하였고 그의 후손(後孫)들까지도 비참(悲慘)한 불행(不幸)에 빠지게 하였다.

이것을 원죄(原罪, Original Sin)라고 하는데 이 원죄(原罪)는 모방(模倣)에서 오는 것이 아니라 타고나는 것이다 (강요 2권 25장 6).

원죄(原罪)로 인한 모든 인간에게의 오염(汚染)은 육신(肉身)이나 영혼(靈魂)의 본체(本體)로부터 기원(起源)되는 것이 아니고 하나님의 예정(豫定)하심 속에서 아담이 사탄의 훼방(毀謗)에 말려들어서 전적(全的)으로 자신의 의지(意志)에 의해 자발적(自發的)으로 타락(墮落) 한 것을 말한다 (강요 2권).

그러므로 원죄(原罪)란 우리 인간의 영혼(靈魂)의 모든 부분(部分)에 퍼져있는 우리 본성(本性)의 유전적(遺傳的)인 타락(墮落)과 부패(腐敗)를 말한다. 원죄(原罪)는 우리로 하여금 하나님의 진노(震怒)에 놓이게 하고 우리 안에 성경(聖經)이 육신(肉身)의 일이라고 말하는 것들을 가져오게 한다 (강요 2권 1장8).

따라서 인간은 자유의지(自由意志)를 상실(喪失)하였고 비참(悲慘)한 노예상태(奴隸狀態)로 전락(轉落)하여 버린 것이다 (강요 2권 2장10-11).

그래서 인간은 정직(正直)하지 못하며 정직(正直)의 중요부분(重要部分)인 하나님을 경외(敬畏)함이 결핍(缺乏)되어 있는 것이다 (강요 2권 3장5).

아담이 타락(墮落)한 이후로 인간은 사탄의 권세(權勢)아래에 있으며 하나님은 사탄을 이용(利用)하여 버림받은 자를 강팍하게 하신다는 것이다.

인간은 마귀의 종으로 메어있는 동안 그 자신의 의지(意志)보다 마귀의 의지(意志)에 따라서 움직인다는 것이다.

자연인(自然人)의 의지(意志)는 마귀(魔鬼)의 주권(主權) 아래 있다는 것이 칼빈의 견해(見解)이다.

인간(人間)의 의지(意志)가 마귀에게 사로잡혀 있어서 필연적(必然的)으로 마귀(魔鬼)가 인도(引導)하는 대로 따를 수밖에 없는 것이다. 인간의 죄성(罪性)이 바로 마귀(魔鬼)에게 사로잡혀 있다.

그러나 인간은 회개(悔改)하고 거듭나게 되면 중생(重生)으로 말미암아 하나님의 형상(形像)을 회복(回復)하기 시작한다.

예수 그리스도를 영접(迎接)한 사람은 그리스도와 연합(聯合)하고 그와 교제(交際)하며 함께 자라나서 한 몸이 된다.

그리스도와 그의 모든 유익(有益)을 누리게 되는 것이다. 칼빈은 진정한 인간을 구원(救援)받은 자로 본다.

즉 중생(重生) 칭의(稱義) 성화(聖化)의 과정(過程)을 통해서 하나님의 형상(形像)을 회복(回復) 한 사람이다.

윤리(倫理)나 도덕적(道德的)으로 아무리 변화(變化)되었다고 해도 그가 성령(聖靈)으로 중생(重生)하지 않는 한 그는 아직 참 인간(人間)이 아니라 죄(罪)의 노예(奴隸)일 뿐이다.

중생(重生)과 성화(聖化)를 거쳐야 참 인간(人間)이 될 수 있다.

하나님의 자녀(子女)가 되는 것만이 참 인간(人間)이 되는 길이다.

다시 말하면 예수 그리스도를 구주로 믿고 회개(悔改)하고 중생(重生)하여 새 사람이 되어야 비로소 하나님의 형상(形像)을 회복한 하나님의 자녀(子女)가 되고 하나님의 자녀(子女)들만이 참 인간(人間)이 될 수 있다는 말이다.

그러므로 참 인간이 되는 요건(要件)은 숫자상(數字上)의 문제가 아니라 근본적(根本的)인 문제인 동시에 또한 원리상(原理上)의 문제이다.

가장 성경적인 기독교운동(基督敎運動)은 숫자를 끌어 모으자는 것이 아니라 하나님의 자녀들을 찾아내자는 것이다.

"진리(眞理)를 알지니, 진리(眞理)가 너희를 자유(自由)케 하리라 (And you shall know the truth, and the truth shall make you free. 요8:32)."

5) 죤 칼빈의 교회론(敎會論)

칼빈의 교회론(敎會論)은 철저(徹底)하게 구원(救援)을 베푸시기 위한 수단(手段)으로서의 목회론(牧會論)이다.

다시 말해서 복음사역론(福音事役論)인 것이다. 죄인(罪人)이 구원(救援)을 얻으려면 믿어야 하는데 이 신앙(信仰)을 공급(供給)하는 역할(役割)이 교회(敎會)인 것이다.

따라서 칼빈은 가견교회(可見敎會)의 복음 사역을 통해서 불가견교회(不可見敎會)가 세워진다고 보고 지상교회(地上敎會)의 말씀에 대한 사역(事役)을 대단히 중요(重要)하게 생각했었다.

실상 기독교 강요 4권은 거의 전부가 가시적교회(可視的敎會)에 대한 논의(論議)인 것이다. 칼빈은 교회(敎會)의 기초(基礎)를 하나님의 은밀(隱密)한 선택(選擇)으로 보았으며 그리스도를 머리로 하는 그의 몸된 자들의 단체(團體) 곧 선택(選擇)된 자들의 모임을 교회(敎會)의 본질(本質)로 말했다.

교회(敎會)는 신자(信者)들의 어머니인데 그 이유는 교회(敎會)가 신자(信者)를 잉태(孕胎)하고 낳고 기르고 보살펴 주며 지도(指導)하여 주기 때문이다.

교회(敎會)는 또 평생(平生)의 학교(學校)라고 하였다.

하나님은 일순간(一瞬間)에 그의 백성(百姓)을 기르시지 않으시고 이 학교(學校)를 통해서 배우기를 원하신다고 하였다. 여기서 목사(牧師)들의 중요성(重要性)이 나온다.

인간(人間)인 목사(牧師)를 하나님의 교회(敎會)에 세우신 이유(理由)는 말씀의 사역(事役) 때문인데 특히 복음(福音)의 설교(說敎)를 맡기신 것이다.

사람들이 인간인 목사(牧師)의 말씀을 듣게 해서 순종(順從)하는 여부(與否)를 아시기 원(願)하셨고 또 하나님이 친히 직접(直接) 말씀하시면 다 놀라서 달아날 것이므로 그렇게 하신다고 하였다.

그러므로 교회(敎會)는 외적(外的)인 복음선교(福音宣敎)에 의해서 세워지고 성도(聖徒)들은 한 유대(紐帶)로 결합(結合)된다.

칼빈의 기독교 강요 4권의 표제(表題)는 그의 교회관(敎會觀)을 한마디로 정리(整理)하여 주고 있다. 칼빈은 교회(敎會)의 표지(標識)를 말씀의 순수(純粹)한 전파(傳播)와 성도들의 경청(傾聽) 그리스도께서 제정(制定)하신 대로의 성례집행(聖禮執行)으로 보았다.

그러나 후에는 권징(勸懲)이 추가(追加)되었다.

교회(敎會)의 분리(分離)는 본질적(本質的)인 문제(問題)로서 하나님의 복음(福音)이 아니면 허락(許諾)되지 않는다고 하였다. 그는 교회(敎會)의 기초(基礎)는 사도(使徒)와 선지자(先知者)들의 교훈(敎訓) 곧 하나님의 말씀이라고 하였다.

교회는 그리스도의 홀(忽) 곧 그의 지극(至極)히 거룩한 말씀에 의해서 세워진다. 왜냐하면 그리스도의 나라는 지상(地上)의 교회(敎會)를 통해서 세워지는데 그 나라는 영적(靈的)이기 때문에 칼이 아닌 복음(福音)의 홀(忽)로 통치(統治)되어야 하는 까닭이다.

교회(敎會)의 직분자(職分者)들은 이 복음(福音)을 위한 봉사자(奉仕者)들이므로 교회(敎會)의 근육(筋肉)과 같다고 하였다. 직분(職分) 가운데 중요(重要)한 것은 목사(牧師)와 교사(敎師)와 장로(長老)와 집사(執事)이다.

그런데 복음 사역은 성령(聖靈)과 의(義)와 영생(永生)을 다루는 일이므로 교회 안에서 가장 눈에 띠고 가장 영광스러운 일이다.

그래서 임직자(任職者)들은 안수(按手)를 받았는데 그 이유(理由)는 안수(按手)를 받는 사람이 이제는 더 이상(以上) 자기의 마음대로 사는 자가 아니요 하나님과 교회(教會)에 매인 몸임을 의미(意味)하는 것이다.

칼빈은 교회(教會)의 권세(權勢)를 세 가지로 보았다.

교리권(教理權), 입법권(立法權), 사법권(司法權)이다.

교리권(教理權)은 말씀의 선포권(宣布權)이며 복음(福音)을 가르치고 성경(聖經)을 해석(解釋)하는 권세(權勢)이다. 교리권(教理權)은 교회(教會)의 가장 중요(重要)한 권세(權勢)라고 할 수 있다.

입법권(立法權)은 교회(教會)의 유지발전(維持發展)을 위해서 회의(會議)의 결정(決定)을 통해서 문제들을 다루는 권세(權勢)이다.

사법권(司法權)은 두 번째의 매고 푸는 권세(權勢)를 말한다.

첫째는 복음(福音)의 전파(傳播)의 권세(權勢)인 교리권(教理權)이었고 이것은 출교(黜教)나 권징(勸懲)에 관한 권세(權勢)이다.

사법권(司法權)은 한 사람의 결정(決定)이 아닌 회의(會議)의 결정(決定)에 따라야 하며 칼의 권세(權勢)에서 분리(分離)되어야 한다.

교회(教會)의 권세(權勢)는 본질적(本質的)으로 영적(靈的)임을 알아야 한다. 그리고 권징(勸懲)의 목적(目的)은 세 가지인데 첫째로 추악(醜惡)하고 부끄러운 생활(生活)을 하는 자들에게서 그리스도 인 이라는 이름을 빼앗고 둘째로 악인(惡人)들과의 교제(交際)를 통하여 전염(傳染)되는 것을 막고자 함이며 셋째로 자신(自身)의 비열(卑劣)함을 회개(悔改)하고 돌아오도록 하기 위함이다.

성례(聖禮)에 대한 칼빈의 견해(見解)는 신앙(信仰)과 깊은 관련(關聯)이 있다.

칼빈은 성례(聖禮)의 목적(目的)을 복음(福音)의 설교(說教)의 목적(目的)과 같은 것으로 보았다. 즉 믿음을 확립(確立)하기 위한 목적(目的)으로 성례(聖禮)가 주어진 것이다.

하나님은 성례(聖禮)를 통하여 우리의 믿음을 확증(確證)하고 지탱하고 자라나게 하신다. 성례(聖禮)는 말씀과 같은 기능(機能) 즉 우리에게 그리스도를 제시(提示)하며 그 안에서 하늘의 은혜(恩惠)를 제시(提示)하는 기능(機能)을 가졌다는 것이다.

구약(舊約)의 성례(聖禮)와 신약(新約)의 성례(聖禮)는 본질상(本質上) 같은 것이며 사람들을 그리스도께로 향하게 하고 믿음으로 하나님께로 올라가도록 한다.

성례(聖禮)에는 세례(洗禮)와 성찬(聖餐)이 있는데 세례(洗禮)는 우리가 그리스도 안에서 죽고 새로워진다는 증표(證票)이며 그와 연합(聯合)되었다는 표징(表徵)이다.

유아세례(幼兒洗禮)는 언약(言約)을 확인(確認)하는 것이며 당연히 실행(實行)되어야 한다.

성찬(聖餐)은 우리가 하늘의 영생(永生)에 도달(到達)할 때까지 몇 번이고 영적기운(靈的氣運)을 얻게 하는 은혜(恩惠)이다.

떡과 포도주(葡萄酒)가 육신(肉身)의 생명(生命)을 유지(維持)하는 것과 같이 영혼(靈魂)은 그리스도에게서 양식(養殖)을 받는다.

성찬(聖餐)은 우리의 죄(罪)를 그리스도께서 가져가시고 우리는 그의 은혜(恩惠)를 받는 놀라운 교환(交換)이다. 성찬(聖餐)에서 우리는 그리스도 자신(自身)과 그의 모든 유익(有益)을 믿음으로 받게 된다.

칼빈은 화체설(化體說)과 공제설(供除說)과 기념설(記念說)을 모두 반대(反對)하고 영적(靈的)인 임재설(臨在說)을 주장하였다.

그것은 그리스도의 승천(昇天)과 성령(聖靈)의 보내 주심과 깊은 관련(關聯)이 있고 우리 신앙(信仰)의 문제(問題)와 연결되는 것이다.

칼빈은 그리스도의 임재(臨在)를 설명(說明)할 때에 그리스도의 몸은 하늘에 있으므로 땅의 떡과 포도주(葡萄酒)에 끌어내릴 수는 없다고 보았다.

따라서 우리가 그에게로 들리워 올라가는 수밖에 없는 것이다.

이 문제는 매우 신비(神秘)하여 간단히 설명하기 어려우나 신자(信者)가 성찬(聖餐)을 받을 때 믿음으로 그리스도와 연합(聯合)하고 그의 모든 유익(有益)을 실제(實際)로 받는다는 것은 분명하다.

여기서 어려운 문제는 우리의 영혼(靈魂)이 올라가는 것인지 성령(聖靈)의 임재(臨在)로 신비(神秘)로운 연합(聯合)이 이루어진다는 것을 그렇게 표현(表現)하는 것인지 어느 정도 애매성(曖昧性)이 있다(강요 4권 17장).

칼빈의 신앙론(信仰論)은 기독교강요(基督敎綱要) 3권 2장에 잘 정리(整理)되어 있다.

그의 신앙론(信仰論)은 철저하게 구원의 신앙만을 강조하는데 있다. 칼빈의 신앙관(信仰觀)은 하나님만을 바라보는 것이요 예수 그리스도를 통해서 하나님 아버지께로 나아가는 복음신앙(福音信仰)이다.

그의 신앙관(信仰觀)은 천국(天國) 가는 신앙 구원(救援)의 신앙 하나님의 자녀(子女)가 되는 신앙을 가장 중요하게 주장하는 것이다.

칼빈은 바른 신앙은 말씀에 근거(根據)한다고 보았다.

신앙의 대상은 하나님과 그리스도인데 그리스도를 아버지께서 제시(提示)하시는 대로 복음(福音)의 옷을 입고 계시는 그리스도로 받아드린다면 그리스도를 참 되게 알게 될 것이라고 한다.

말씀은 믿음을 지탱하고 유지(維持)시키는 근거(根據)가 되며 말씀은 거울과 같아서 그 안에서 믿음은 하나님을 바라보는 것이다.

말씀을 통해서 우리는 하나님의 뜻을 알게 되고 그 하나님의 자비(慈悲)하심을 확실(確實)히 아는 것이 신앙(信仰)이다.

믿음이란 우리를 향하신 하나님의 자비(慈悲)를 확고(確固)하고도 분명하게 말하는 것이라고 말 할 수 있다. 그리고 이러한 지식(知識)은 그리스도 안에서 값 없이 주어진 약속(約束)의 신실성(信實性)에 근거(根據)를 두고 있고 성령(聖靈)으로 말미암아 우리의 정신(精神)에 계시(啓示)되었을 뿐만 아니라 우리의 마음에 인(印) 친바 된 것이다 (강요 3권 2장 7).

칼빈의 신앙(信仰)의 정의(定義)는 다음의 설명(說明)에서 더 잘 된 것 같다.

"우리는 지금 하나님의 자녀(子女)들과 구별(區別)지어주는 그러한 믿음이란 도대체 어떠한 믿음인가를 묻고 있다. 이러한 믿음은 우리가 하나님을 아버지라 부를 수 있게 하고 우리를 죽음에서 생명(生命)으로 옮기며 영원한 구원(救援)이요, 생명(生命)이신 그리스도께서 우리 안에 거(居)하실 수 있게 한다"

칼빈의 신앙론(信仰論)이 주지주의적(主知主義的)으로 흐르는 가에 대한 논의(論議)가 많은데 그가 말하는 신앙의 지식(知識)이란 경건(敬虔)한 지식(知識)이요 영적(靈的)인 하늘의 교리(教理)에 관한 지식(知識)이다.

믿음은 감각(感覺)을 훨씬 초월(超越)한 것이기 때문에 인간의 정신(精神)은 믿음이 도달(到達)하기 위해서 자신을 초월(超越)하고 넘어서야 하는 것이라고 하였다.

그래서 칼빈은 신앙(信仰)의 지식(知識)은 이해(理解)가 아니라 확실성(確實性)이라고 결론(結論) 짓는다.

그런데 칼빈은 신앙의 체험적(體驗的)인 차원(次元)도 소홀(疏忽)히 하지 않는다.

시험(試驗)과 싸우며 내면적(內面的)인 갈등(葛藤)을 느끼고 인간의 본능적(本能的)인 성향(性向)인 불신앙(不信仰)과 부단(不斷)히 싸우는 것이 신앙(信仰)이다.

사탄은 신앙(信仰)을 무너뜨리기 위해 여러 가지 수단(手段)을 쓴다고 하였다. 그래서 신앙(信仰)은 하나님의 권능(權能)을 필요(必要)로 한다.

칼빈은 신앙(信仰)의 가장 중요한 확신(確信)은 내세(來世)를 기대하는 것이라고 하였다. 그런데 마귀(魔鬼)는 현세위주(現世爲主)의 번영(繁榮)과 세속적(世俗的)인 영광(榮光)을 가지고 유혹(誘惑)하여 믿음을 무너뜨리려고 한다는 것이다.

여기에 신앙(信仰)의 투쟁(鬪爭)이 따른다. 그래서 믿음은 말씀과 하나님의 능력(能力)을 통해서 강(强)하게 유지(維持)되는 것이다.

성령(聖靈)하나님께서는 믿음을 자라나게 하시며 그리스도께로 인도(引導)하신다.

그리하여 하늘의 비밀(秘密)인 그리스도를 응시(鷹視)하고 나아가 아버지 하나님께로 인도(引導)한다. 믿음의 본질(本質)은 현세(現世)를 넘어서 내세(來世)를 바라보는 것이며 갖은 장애물(障碍物)을 넘어서 하나님만을 바라보는 것이다.

따라서 칼빈의 신앙론(信仰論)은 구원(救援)의 신앙 곧 칭의(稱義)의 신앙을 가장 귀(貴)하게 여기는 것을 알 수 있다. 그것을 칼빈은 복음신앙(福音信仰)이라고 불렀다. 이 믿음은 죄인(罪人)이 회개(悔改)하고 죄(罪)의 사(赦)함을 받아서 천국(天國)의 자녀(子女)가 되게 하는 신앙이요 칭의(稱義)의 신앙이요 그리스도와 연합(聯合)하게 하는 신앙이다.

이 신앙은 알지 못하고 대강 믿는 신앙이 아니라 확실(確實)히 알고 믿는 신앙이며 논리적

(論理的)인 이해(理解)라기보다는 영적(靈的)인 차원(次元)에서 성령(聖靈)의 감화(感化)와 조명(照明)으로 확실성(確實性)을 가지는 신앙(信仰)이다.

그리고 신앙은 하나님의 약속(約束)인 말씀에 기초(基礎)하여 발생(發生)하고 하나님의 권능(權能)이나 이적(異蹟), 성례(聖禮)등을 통하여 강화(强化)되며 말씀의 사역(事役)인 복음사역(福音事役)을 지속적(持續的)으로 양육(養育)되어 진다.

그러므로 우리가 하나님의 일을 한다는 것은 곧 하나님을 향(向)한 믿음의 행위(行爲)로서 자기의 신앙(信仰)에 대한 고백(告白)과도 같은 행위(行爲)이다.

성경은 이러한 믿음에 대하여 매우 구체적(具體的)이고 자세(仔細)하게 말씀해 주고 있다. 믿음의 가치(價値)와 소중(所重)함에 대해서는 교리적(敎理的)인 설명(說明)보다도 본능(本能)의 욕구충족(欲求充足)이라고 하는 말이 더 옳을 것이다.

칼빈은 이에 대해서도 매우 자세하게 설명(說明)을 해주고 있다.

"믿음이 없이는 기쁘시게 못 하나니, 하나님께 나아가는 자는 반드시 그가 계신 것과, 또한 그가 자기를 찾는 자들에게 상(賞)주시는 이심을 믿어야 할 지니라"(히11:6).

7) 죤 칼빈의 국가관(國家觀)

강요 4권의 20장에 보면 인간(人間)은 이중(二重)의 통치(統治) 속에서 살고 있음을 말하면서 칼빈은 이 두 가지의 통치(統治)가 다 하나님의 주권(主權)아래에 있다는 것을 인정(認定)한다. 이중(二重)의 통치(統治)란 영적(靈的)인 통치(統治)와 국가(國家)의 통치(統治)를 말한다.

칼빈은 이 현세(現世)의 초보적(初步的)인 제도(制度)에서 그리스도의 왕국(王國)을 찾으며 거기에 한정(限定)하려는 것은 유대주의적(主義的)인 허망(虛妄)한 생각이라고 하였다.

영적통치(靈的統治)는 지상(地上)에 있는 우리 안에 하늘나라를 이미 시작(始作)하게 만들며 이 죽을 수밖에 없는 덧없는 생명(生命)속에서 영원(永遠)히 썩지 않는 축복(祝福)을 어느 정도(程度)는 예상(豫想)할 수 있게 한다.

그러나 국가통치(國家統治)의 목적(目的)은 우리가 사람들과 더불어 사는 동안 하나님께 대한 외적(外的)인 예배(禮拜)를 존중(尊重)하고 수호(守護)하며 건전(健全)한 교리(教理)와 교회(教會)의 위치(位置)를 보호(保護)하며 우리의 생활(生活)을 인간 사회에 적응(適應)시키며 우리의 행위(行爲)를 사회의 정의(正義)와 일치(一致)하도록 이끌며 우리가 서로 화해(和解)하게 하여 전체적(全體的)인 평화(平和)와 평온(平穩)을 증진(增進)케 하는 일이다.

국가(國家)의 정부(政府)는 사람들이 호흡(呼吸)하고 먹고 마시며 따뜻하도록 하는 이런 모든 활동(活動)을 포함(包含)한 생활의 방도(方途)를 마련할 뿐 아니라 그 이상의 일을 하는 것이다.

세속정부(世俗政府)는 우상숭배(偶像崇拜)와 신성모독(神性冒瀆), 하나님의 진리(眞理)에 대한 방해(妨害)와 기타(其他) 사회적(社會的)인 장애(障碍)를 막고 치안(治安)을 유지(維持)하며 시민(市民)의 재산(財産)을 안전(安全)하고 건전(健全)하게 지켜서 인간상호간(人間相互間)의 온전(穩全)한 관계(關係)를 가능(可能)하게 하며 정직(正直)과 겸양(謙讓)의 덕(德)을 보전(保全)한다.

집권자(執權者)들은 하나님의 대리자(代理者)로서 충성(忠誠)하여야 하며 하나님의 공의(公義)를 실현(實現)하는 일꾼으로 임명(任命)되었음을 알아야 한다.

그러나 인간의 결함(缺陷)이나 실패(失敗) 때문에 여러 사람이 정권(政權)을 행사(行事)하는 편이 더욱 안전(安全)하고 보다 바람직하다고 칼빈은 말한다.

칼빈은 적(敵)으로부터의 공격(攻擊)을 막고 국가(國家)를 방어(防禦)하기 위해 무장(武裝)을 해야 한다고 보았다.

말하자면 전쟁(戰爭)을 인정(認定)하고 있다는 것이다.

집권자(執權者)들이 그의 피지배자(被支配者)들을 지키는 것은 불가피(不可避)한 일이기 때문이다. 그러나 사도(使徒)들은 영적왕국(靈的王國)을 세우는 것이 목표(目標)였기 때문에 국가론(國家論)에 대해서는 말하지 않았다고 하였다.

칼빈은 권세자(權勢者)들을 공경(恭敬)하고 그들의 주위(周圍)를 존중(尊重)히 여겨야 하지만 그것은 통치자(統治者)들의 권력(權力)이 하나님께로부터 왔기 때문이지 인간(人間) 스스로가 권세(權勢)를 가진 것은 아니라고 하였다.

그러므로 관리(官吏)들은 왕(王)의 횡포(橫暴)를 대항(對抗)할 목적(目的)으로 항거(抗拒)할 필요가 있다고 하였다.

우리는 주 안에서만 권세자(權勢者)들에게 순종(順從)해야 한다.

　권세자(權勢者)들의 명령(命令)이 하나님의 뜻과 반대(反對)되는 것이라면 그 명령(命令)을 존중(尊重)히 여길 필요(必要)가 없다.

　그리스도께서 값 비싼 대가(代價)를 지불(支佛)하시고 우리를 구원(救援) 하셨으므로 우리는 사람들의 악(惡)한 욕망(慾望)의 종이 되어서는 안 되며 마찬가지로 그들의 불경건(不敬虔)한 명령(命令)에 복종(服從)해서는 안 된다는 것이다.

✎ 다시 생각해 볼 복습 문제

01. 종교개혁자들의 교리사상을 간단히 말하라

02. 종교개혁 이전의 개혁자들이란 무슨 뜻인가를 간단히 말하라

03. 죤 위클립이란 어떤 인물인가를 간단히 말하라

04. 죤 후스라는 인물에 대해서 간단히 말하라

05. 사보나롤라라는 사람에 대해서 간단히 말하라

06. 마틴 루터의 계시론에 대해서 간단히 말하라

07. 마틴 루터의 신론에 대해서 간단히 말하라

08. 마틴 루터의 인간론에 대해서 간단히 말하라

09. 쯔잉글리의 교리사상에 대해서 간단히 설명하라

10. 쯔잉글리의 성경관에 대해서 간단히 말하라

11. 쯔잉글리의 신앙관에 대해서 간단히 말하라

12. 죤 칼빈의 교리사상에 대해서 간단히 설명하라

13. 죤 칼빈의 신론에 대해서 간단히 말하라

14. 죤 칼빈의 신앙론에 대해서 간단히 말하라

15. 죤 칼빈의 국가관에 대해서 간단히 말하라

제4장
종교개혁 후기의 교리사상
The Dogmatic Thought of the Later Period of the Reformation

종교개혁(宗敎改革, Reformation)이란 사실상 잘못된 로마 카톨릭 교회의 교황권(敎皇權)으로부터 성경적인 기독교(基督敎)의 본질(本質)을 되찾기 위한 교회(敎會)의 혁명(革命)이요 신학진리(神學眞理)의 혁명(革命)이었다.

그러므로 종교개혁(宗敎改革)은 기독교(基督敎)를 크게 양분(兩分)하여 로마 카톨릭 교회(Roman Catholic Church)와 개신교회(改新敎會, Protestant Church)라는 기독교(基督敎)의 양분화(兩分化)를 이루어 놓았다. 즉 기독교를 크게 둘로 갈라놓았다는 말이다.

그리하여 로마 카톨릭 교회를 구교(舊敎)라고 하고 개혁파(改革派)에 속한 교회들을 신교(新敎)라고 약칭(略稱)해서 부른다.

그러나 여기에서 말하는 개신교(改新敎) 가운데서도 개혁파(改革派)의 교회(敎會)라고 할 때에 루터 파에 속한 교회(敎會)를 제외(除外)한 다른 개신교파(改新敎派)의 교회(敎會)들을 이르는 말로 구분(區分)된다는 것을 알아야 한다.

즉 루터의 교리사상(敎理思想)을 이어받은 루터파 교회는 주로 독일(獨逸)을 중심으로 교세(敎勢)를 확장(擴張)해 나가면서 그 기반(基盤)을 구축(構築)해 왔으나 죤 칼빈의 교리사상(敎理思想)을 중심으로 한 개혁파(改革派)에 속한 교회(敎會)들은 전세계(全世界)를 발판으로 무한전(無限的)인 확장운동(擴張運動)을 전개(展開)해 나가면서 정통적(正統的)인 보수신학(保守神學)을 견지(堅持)해 나가고 있다.

이 말은 곧 종교개혁(宗敎改革)이 있은 후기(後期)의 교리사상(敎理思想)의 발달과정(發達過程)이 그렇게 순탄(順坦)한 것만은 아니었으며 수많은 논쟁(論爭)과 갈등(葛藤)속에 부흥(復興)과 발전(發展)을 거듭해 왔다는 것을 미루어 짐작케 한다.

그것이 그럴 수밖에 없었던 보편적(普遍的)인 이유는 지금까지 철저한 교황권(教皇權)의 전제통치(專制統治)의 지배(支配) 아래서 교리(教理)나 신조(信條)가 완전히 교황(教皇)의 권위(權威)와 통제(統制) 아래 있었고 자유로운 성경연구(聖經研究)나 신학연구(神學研究) 같은 것은 염두(念頭)에도 둘 수 없었다는 것을 알고 있다.

거기에다 심지어는 인간의 가치관(價值觀)이나 문화(文化), 예술(藝術), 정치(政治), 사회(社會)의 모든 것들이 교황(教皇)이라는 인간우상(人間偶像)의 권위(權威)에 속박(束縛)을 당하여 어느 한 가지도 자유로울 수 없었다가 종교개혁(宗敎改革)이 성공(成功)한 이후로부터는 신앙(信仰)이나 신학(神學)을 비롯하여 학문(學問)이나 모든 사상(思想)들이 일제히 자유(自由)를 되찾게 되므로 수많은 교리사상적(敎理思想的)인 혼선(混線)을 일으키게 되었다는 것은 어쩌면 자연(自然)스러운 일이요 역사적(歷史的)인 상황(狀況)이었다고도 할 수 있을 것이다.

그런데 루터파 교회에서는 자기 교회의 분열(分裂)이나 혼선(混線)을 막기 위해서 1546년 루터의 교리사상(敎理思想)을 추종(追從)하는 사람들이 모여서 일치신조(一致信條, Formula of Concord)를 만들어서 칼빈주의파 교회들과 맞서면서 자기 교회의 통일(統一)을 기할 수가 있었다.

그러나 칼빈의 교리사상(敎理思想)을 중심으로 한 개혁 파 교회에서는 1536년에 발행된 죤 칼빈의 기독교강요(基督敎綱要, Institute of Christian Religion)를 중심으로 제네바 요리문답(要理問答, Zeneva Catechism)과 신앙고백(信仰告白, Confession)을 만들어서 전 세계 교회에 배포(配布)하고 신앙(信仰)과 교리사상(敎理思想)의 통일(統一)을 기하려고 했다.그 결과 루터파 교회는 주로 독일(獨逸)이라는 한정(限定)된 지역(地域) 안에서만 자기의 교세(敎勢)를 확장(擴張)해 나갔기 때문에 칼빈주의파 교회에 비해서 교리(敎理)나 신조(信條)들이 많지 않았으나 개혁파(改革派)에 속한 교회(敎會)들은 전 세계적인 교세(敎勢)의 확장(擴張)으로 수많은 교리(敎理)와 신조(信條)들을 제정(制定)하여 교회의 보편성(普遍性)과 신학적(神學的)인 교리사상(敎理思想)의 보편화(普遍化)를 기해왔다.

그러므로 개혁파(改革派)에 속한 교회라는 의미가 광의적(廣義的)인 의미에서는 로마 카톨릭 교회와 개혁주의 교회로 양분(兩分)하여 쓰는 말로 이해되지만 사실은 루터의 교리사상(敎理

思想)을 중심으로 한 루터 파 교회(Lutheran Church)와 칼빈과 쯔잉글리를 중심으로 한 개혁파 교회(Reformed Church)라는 두 갈래로 갈리게 된다.

개혁파 교회의 특징(特徵)은 성경의 절대권위(絕對權威)와 영감설(靈感說, Inspiration)을 강조(強調)하고 하나님의 절대주권(絕對主權)과 하나님의 절대영광(絕對榮光) 외에 하나님의 주권적(主權的)인 예정론(豫定論, Predestination)을 강하게 내세우고 있는 것이 특별하다.

그리고 교회의 정치성격(政治性格)은 철저히 민주적(民主的)이면서도 도덕의식(道德意識)과 생활·신앙(生活信仰)의 경건(敬虔, Reverence)을 요구하며 논리적(論理的)인 신학(神學)의 체계(體系)와 넓은 세계관(世界觀) 및 문화관(文化觀)을 가지고 전 세계의 정신적(精神的)인 지주(支柱)가 되고 있다.

그 후 또 다시 개혁파(改革派)에 속한 교회(敎會)들에서는 지역(地域)이나 그들의 환경(環境)과 특수성(特殊性)에 따라서 강조점(強調點)이 약간(若干)씩 다르게 주장(主張)되고 있으나 그 원리(原理)는 같다.

예컨대 영국(英國)의 교회는 성경(聖經)을 중심으로 한 성서신학(聖書神學, Biblical Theology)에 역점(力點)을 두고 있는가 하면 화란(和蘭)의 교회는 일반은총론(一般恩寵論, General Grace)이 강조(強調)되고 있으며 스코틀렌드 교회(敎會)에서는 교회(敎會)의 정치론(政治論, Government of Church)이 특징(特徵)을 이루고 있다.

그러는가 하면 또 스위스 교회에서는 주로 경제론(經濟論, Economy)이 강조(強調)되고 미국(美國)의 교회는 선교론(宣敎論, Mission)이 강조(強調)되는데 비하여 우리 한국교회(韓國敎會)는 교의학(敎義學, Doctrine)과 영성운동(靈性運動, Spiritual Movement)이 그 특징(特徵)을 이루고 있다고 보면 될 것이다.

그러나 거듭 말하거니와 이렇게 각각 그 나라 교회(敎會)의 환경(環境)과 사정(事情)에 따라서 그 주장(主張)하는 강조점(強調點)이 약간씩 차이(差異)를 이루고 있으면서도 기본교리(基本敎理)의 사상(思想)이나 신앙상(信仰上)의 문제(問題)는 전혀 다른 것이 아니고 같다는데 유의(留意)해야 할 것이다.

이 말은 곧 우리가 나와 같지 않다고 해서 쉽게 함부로 상대(相對)를 이단자(異端, Heretics)로 몰아붙이는 일은 조심해야 할 것을 잊지 말아야 할 것이다.

그리고 교회사(教會史)를 통해서 볼 때에 항상 성경적인 정통보수주의(正統保守主義)를 중심(中心)으로 기독교(基督教)가 발전(發展)해 나왔다는 것을 쉽게 알 수가 있다.

바로 그것이 기독교(基督教)의 맥(脈)을 이어가고 있다는 것을 말해 준다. 이 말은 기독교(基督教)의 정통성(正統性)을 이어간다는 것은 어느 특정인물(特定人物)이 아니라 성경을 중심으로 한 바른 믿음과 신학(神學)이라는 말이다.

그리고 어떤 특정단체(特定團體)의 조직(組織)이 아니라 하나님의 말씀인 성경의 진리(眞理)를 중심으로 하고 있다는 말이다.

1 ≡ 신조주의자들의 교리사상(敎理思想)

개혁파(改革派)에 속한 교회(敎會)들이 수(數)많은 교리(敎理)와 신조(信條)를 가지고 있는데, 이것들의 대부분(大部分)은 주로 16-17세기 사이에 제정(制定) 된 것들로서, 종교개혁(宗敎改革)의 후기(後期)에 이루어진 것들이다.

여기에서 그 대표적(代表的)인 것들만이라도 든다면, 1541년에 되어진 칼빈의 제네바(Zeneva) 신앙고백(信仰告白)을 비롯하여 1545년의 스위스의 츄리히(Churich) 신앙고백(信仰告白), 1560년에는 스코틀렌드에서 스코틀렌드(Scotland) 신앙고백(信仰告白)이, 1561년에는 독일(獨逸)의 하이델벍(Heiderberg)의 요리문답(要理問答)이, 1563년에는 영국(英國)의 39개조로 된 신조(信條)가, 1619년에는 돌트(Dolt) 신조(信條)가, 그리고 1647년에는 웨스트민스터(Westminster) 신앙고백(信仰告白)과 대소(大小) 요리문답(要理問答)등이 제정되었다.

물론 이 외에도 교리(敎理), 신조(信條), 신앙고백(信仰告白), 신앙문답(信仰問答)들이 수없이 쏟아져 나왔으나 그것들을 다 여기에다 수록할 필요는 없다고 본다.

그런데 교리(敎理)나 신조(信條)들이 갖는 신학적(神學的)인 위치(位置)와 가치(價値)는 결코 무시(無視)될수 없다는 것을 알아야 한다.

모든 신조(信條, Creeds)나 교리(敎理, Doctrine)는 그 첫 마디가 "나는 믿는다"(I believe)라는 사도신경(使徒信經)의 첫 마디 말을 중심으로 해서 시작되었다는데 큰 의의(意義)가 있다.

여러 신조(信條)를 신앙(信仰)의 규준(規準, the Rule of Faith)으로 이해(理解)하게 된 것이다.

이러한 표현 방식은 초대교회 시절에 활동했든 교부(敎父) 이레네어스(Ireneus: 130-202)나 터툴리안(Tertullian: 160경-220경)등에 의해서도 자연스럽게 사용되었든 것으로 안다.

이 말을 다시 바꾸어서 말하자면 하나님의 교회가 공동체집단(共同體集團)으로서 그들이 믿고 고백(告白)하는 일체화(一體化)의 표현방식(表現方式)으로서 마음속에 믿고 있는 바에 대한 드러냄이라고 해야 할 것이다.

이러한 신조(信條)나 교리(敎理)는 로마 카톨릭 교회와는 달리 그것이 제정(制定)되고 채택(採擇)되는 과정(過程)이나 원리(原理)가 철저히 성경(聖經)의 진리(眞理)에 일치(一致)하는 정도(正道)를 기준(基準)으로 해서 채용(採用)된다는 뜻에서 성경(聖經)의 진리(眞理)에 가장 가까운 근사치(近似値)의 고백(告白)이라고 해야 할 것이다.

그러므로 신조(信條)나 교리(敎理)는 결코 성경(聖經)보다 우선(優先)할 수 없으며 신조우상숭배(信條偶像崇拜, Symboloraty)를 받아드릴 수 없다는데 유념(留念)해야 할 것이다.

다만 신조(信條)나 교리(敎理)가 가치(價値)가 있다는 것은 그것이 성경의 진리에 뿌리를 박고 있다는 것이며 그 용도(用度)는 신앙확립(信仰確立)의 기능(機能)과 교회(敎會)의 통일(統一)과 보편성(普遍性)을 유지(維持)하는데 기준치(基準値)로서의 사랑을 받게 되는 것이라는데 있다.

이러한 교리(敎理)와 신조(信條)를 체계화(體系化)시켜서 조직신학 (組織神學, Systematic Theology)이라는 기독교종교(基督敎宗敎)의 과학(科學)을 발생(發生)시킨다.

그러므로 로마 카톨릭 교회에서는 성례전(聖禮典)을 중심으로 교권주의신학(敎權主義神學), 교회우월주의신학(敎會優越主義神學), 군주제왕적(君主帝王的)인 교황숭배주의(敎皇崇拜主義)로 비약(飛躍)하는데 비하여 개혁주의파(改革主義派)에 속하는 교회(敎會)들에서는 철저히 성경의 진리(眞理)를 중심으로 한 신론(神論), 인간론(人間論), 기독론(基督論), 성경론(聖經論), 교회론(敎會論), 종말론(終末論) 등을 체계화(體系化) 시켜서 설명(說明)해 주고 있다는데 큰 의의(意義)가 있는 것이다.

현대신학사상(現代神學思想)은 정통교회(正統敎會)의 보수(保守)를 지향(指向)한다고 하여 철저(徹底)한 신조주의(信條主義)나 교리주의(敎理主義)로 잘못 빠져 들어가는 경향(傾向)이 있는가하면 일부(一部)의 자유주의파(自由主義派)에서는 "기독교(基督敎)는 교리(敎理)가 아니고 생활(生活)이다"라고 하여 극단적(極端的)으로 세습적(世襲的)인 이상주의사회(理想主義社會)의 건설(建設)을 지향(指向)하려는 오류(誤謬)를 범(犯)하고 있다.

그러나 조직신학(組織神學, Systematic Theology)의 최고이상(最高理想)은 신조(信條)나 교리(敎理)의 고집(固執)이 아니라 하나님의 의지(意志)의 성취(成就)이며 동시(同時)에 세습적(世習的)인 이상주의사회(理想主義社會)의 건설(建設)로 지상(地上)에서의 실현(實現)이 아니라 재림(再臨)하실 예수 그리스도의 임재(臨在)와 하나님의 대심판(大審判) 후에 있을 영원(永遠)한 하나님의 나라의 실현(實現)에 있다는데 있다.

이 말은 곧 예수께서 우리에게 주기도문(主祈禱文)을 가르쳐주실 때에 "뜻이 하늘에서 이루어 진 것 같이 땅에서도 이루어지이다"라고하신(마6:10) 말씀에 근거(根據)를 두고 있다.

이런 의미에서 성경의 진리(眞理) 대로의 교리신학(敎理神學)의 발전(發展)과 향상(向上)은 우리 안에서 역사(役事)하시는 성령(聖靈)의 충만(充滿)하심을 통한 영성회복(靈性回復)을 우리가 당면(當面)한 현실극복(現實克服)의 방법이라고 하는 것을 명심해야 한다.

성경말씀 대로의 기독교운동(基督敎運動)이 아니면 어떠한 경우에라도 받아들릴 수 없다는 것을 명심해야 한다.

2 ≡ 경건주의자들의 교리사상(敎理思想)

성경에서 말씀하고 있는 경건(敬虔, Piety, Reverence)의 뜻은 속성(俗性)을 버리고 성경(聖經)의 진리(眞理)대로 하나님을 섬기고 하나님의 뜻을 받들어서 행동(行動)하라는 의미(意味)로 이해(理解)하면 된다.

본래 이것이 헬라에서 문화적(文化的)인 용어(用語)로서 의(義), 인내(忍耐), 유화(柔和) 같은 덕행(德行)에 쓰여 지는 말이었지만, 성경에서는 그리스도인의 생활(生活)의 덕목(德目)으로 쓰여 지고 있는 말들이다.

그런데 경건주의(敬虔主義, Pietism)라는 말은 사실상(事實上) 독일에서 말틴 루터의 사상(思想)에서 영향(影響)을 받은 생활신앙(生活信仰)의 방편(方便)으로 나타나게 되었으나 오히려 영국 교회와 독일 교회의 경건주의운동(敬虔主義運動)으로 분리(分離)해서 해석(解釋)을 하는 것이 옳을 것이다.

왜냐하면 영국 교회는 청교도(清敎徒)들의 혁명기(革命期)를 전후하여 로마 카톨릭의 예전(禮典)과 궁정교회(宮廷敎會)에 대한 불만(不滿)을 가진 칼빈주의 파에 속한 사람들이 교회(敎會)와 신앙(信仰)의 순결(純潔)을 주장(主張)하여 성경적인 신앙 운동을 주장하고 나선 것이 곧 청교도운동(清敎徒運動, Puritans Movement)이요 동시에 경건주의운동(敬虔主義運動, Pietism Movement)이었다.

청교도(清敎徒)들은 로마 카톨릭 교회의 제도(制度)와 사상(思想)을 거부(拒否)하고 성경(聖經)의 권위(權威)를 강조(强調)하여 성경(聖經)에서 말씀하고 있는 참 되고 성결(聖潔)한 교회(敎會)를 세워야 한다는 것이 개혁운동(改革運動)의 목적(目的)이었다.

다시 말하면 기독교의 진리와 신앙은 외형적(外形的)인 제도(制度)나 형식(形式)이 아니라 내면(內面)의 순결(純潔)과 진실(眞實)로 하나님께 다가가야 한다는 것이었다.

영국 교회가 청교도개혁기(清敎徒改革期)를 통해서 배출(輩出)한 경건(敬虔)한 지도자(指導者)로 내세우는 사람을 들라고 하면 청교도신학(清敎徒神學)의 사상(思想)을 이끌어 준 죤 오웬(John Owen: 1616-1683)과 저 유명(有名)한 천로역정(天路歷程, The Pilgrim's Progress)의 저자(著者) 죤 번연(John Bunyan: 1628-1688) 같은 경건(敬虔)한 사람을 들 수 있다.

그러나 독일에서의 경우는 기독교(基督敎)의 신학(神學)이 로마 카톨릭의 교황정치(敎皇政治)에 의해서 너무도 주지주의(主知主義) 내지 번쇄주의(煩鎖主義)로 흐르고 지나치게 교황중심(敎皇中心)의 교조주의(敎條主義)로 흐르고 있어서 사실상 기독교의 성경진리가 말씀하고 있는 생명력(生命力)이 약화(弱化)되어 갔고 교리중심적(敎理中心的)인 기독교(基督敎)보다는 실천적(實踐的)이고 생명(生命)에 호소(呼訴)하는 기독교운동(基督敎運動)을 일으켜야 한다는 것이 독일(獨逸)

의 경건주의(敬虔主義)라고 할 수 있다.

이런 의미에서 볼 때에 사실상 독일(獨逸)에서의 경건주의(敬虔主義) 뿌리는 당연히 종교개혁자(宗敎改革者) 말틴 루터라고 하는 것이 맞는 말이다.

그러므로 자연히 독일에서의 경건주의운동자(敬虔主義運動者)를 든다면 루터파의 사람들로서 스페너(P. J. Spener: 1635-1705)와 피랑케(A. H. Franke: 1663-1727) 그리고 진젠돌프(N. L. Zinzendorf: 1700-1760) 등을 들 수 있을 것이다.

1675년 스페너가 쓴 신앙감상록(信仰感想錄)에 의하면 독일의 경건주의파(敬虔主義派)에 속한 사람들이 실천(實踐)해야 할 일곱 가지의 사항(事項)들이 제시(提示)되어 있는 것을 알게 한다.

이들은 철저히 생활신앙운동(生活信仰運動)을 통하여 그늘의 믿음을 과시(誇示)했으며 경건(敬虔)의 모습을 드러냈다.

첫　째 일반인(一般人)으로 개인적(個人的)인 집회(集會)에 의하여 성경지식을 풍부(豊富)하게 넓혀 나갈 것.

둘　째 교회(敎會)와 가정(家庭)에 있어서의 예배(禮拜)에는 평신도 (平信徒)가 영적지도(靈的指導)를 맡아서 하며 서로 협력 (協力)하여 보편적(普遍的)인 제사장(祭司長)의 직분(職分)이 발달(發達)하도록 실천(實踐)할 것.

셋　째 그리스도교의 지식(知識)을 반듯이 그에 따르는 실천(實踐)에 의하여 나타내지 않으면 안 된다는 것.

넷　째 이단자(異端者)와 평신도(平信徒)에 대한 논쟁(論爭)은 사랑 의 정신(精神)으로 할 것.

다섯째 일체(一切)의 교리(敎理)의 중심(中心)은 사랑으로서 해석 (解釋)하고 또 실행(實行)할 것.

여섯째 전도생활(傳道生活)의 준비(準備)인 신학연구(神學硏究)는 신앙생활(信仰生活)에 유익(有益)하게 되도록 제조할 것.

일곱째 설교(說敎)의 태도(態度)를 고치어 웅변식(雄辯式)의 설교 (說敎)를 하지 말 것.

이러한 경건주의자(敬虔主義者)들의 실천사항(實踐事項)을 살펴보면 무엇보다도 먼저는 성경(聖經)을 읽고 성경(聖經)대로 예배(禮拜)를 드리고 성경(聖經)에서 말씀하고 있는 사랑의 방법(方法)으로 교리(敎理)를 해석(解釋)하고 전도(傳道)를 해야 한다는 것들이었다.

이러한 경건주의운동(敬虔主義運動)은 곧 교황청(敎皇廳)의 제도(制度)나 예전(禮典)이나 의식(儀式)은 물론 교황(敎皇)의 명령(命令)이나 로마 카톨릭 교회의 제도(制度)에 전혀 구애(拘碍)됨이 없이 오직 성경(聖經)대로 믿고 예배(禮拜)드리고 생활(生活)을 실천(實踐)하고 사랑으로 복음(福音)을 전(傳)해야 한다는 지극(至極)히 평범(平凡)한 것들이었다.

이러한 것들을 한 마디로 요약(要約)하면 성경적 신앙의 실천(實踐)이라는 말로 표현할 수 있다.

성경적인 신앙생활을 하려고 하는 사람들은 자연히 로마 교황청(敎皇廳)의 제도(制度)나 지시사항(指示事項)에 따를 수 없으므로 은둔생활(隱遁生活)을 한다든지 아니면 수도원(修道院)으로 들어가서 자기만의 기도생활과 명상(瞑想)을 하는 것으로 만족해야 했다.

여기에서 또 다른 사람들은 경건주의운동(敬虔主義運動)이라는 명분(名分)으로 집단적(集團的)인 행동(行動)이 가능(可能)했다는 것을 알 수 있다.

3 ≡ 혼합주의자들의 교리사상(敎理思想)

기독교(基督敎)의 교리사상(敎理思想)의 발달과정(發達過程)을 보면 언제나 과격파(過激派)와 온건파(穩健派)가 함께 공존(共存)하면서 서로의 대립(對立)과 갈등(葛藤)으로 혼선(混線)을 일으키고 있을 때에 그 사이에서 또 다른 제3의 사상(思想)이 나타나서 절충안(折衷案)으로 작용(作用)했다는 것을 알 수 있다.

그러나 엄밀(嚴密)한 의미에서 기독교의 진리는 시대적(時代的)인 환경(環境)이나 상황(狀況)에 따라서 영향(影響)을 받는다거나 구애(拘碍)됨이 없이 성경(聖經)에서 말씀하고 있는 그대로의 대의(大義)를 지키고 대도(大道)를 탄탄히 지켜나가야 한다는 것을 잊을 수 없다.

즉 종교개혁(宗敎改革) 이후 17세기 중엽(中葉)에 들어서면서 칼릭스투스(G. Calixtus: 1586~1665)

는 신학적(神學的)인 온건파(穩健派)에 속한 사람으로서 에큐메니스트(Ecumenist)의 선구자(先驅者)로 등장(登場)했다.

그는 모든 신조(信條)들을 낱낱이 연구(研究)하고 근본적(根本的)인 진리(眞理)가 같으면 결국 하나가 될 수 있다는 신념(信念)을 가지고 있었다.

그러나 그러한 생각은 한낱 이상(理想)일 뿐 현실(現實)은 사상적(思想的)인 혼선(混線)과 더 큰 분규(紛糾)를 초래(招來)하여 자유주의운동(自由主義運動)을 부추겨 세우는 불씨를 지피는 결과(結果)만 낳게 했다.

그는 근본적(根本的)인 원리(原理)와 부수적(附隨的)인 원리(原理)를 구분(區分)하였다.

여기에서 말하는 근본적(根本的)인 원리(原理)란 구원(救援)을 위해서 믿어야 한다는 교리(敎理)인데 즉 영생(永生)에 대한 신앙(信仰) 몸과 영혼(靈魂)의 부활(復活) 하나님과의 동행(同行) 그리스도를 통한 구원(救援) 등이다.

칼릭스투스는 근본적(根本的)인 원리(原理)에 대한 신앙고백(信仰告白)의 표준(標準)에 관해서 처음 5세기 동안의 고대교회(古代敎會)의 교리적(敎理的)인 전승(傳承)에 호소(呼訴)하였다.

그러나 그는 사도(使徒)들의 신조(信條)가 고대교회(古代敎會)의 근본적(根本的)인 가르침을 나타내는 것이라고 하는 생각을 가지게 되었다.

그리하여 전승(傳承)에 대해서는 별로 언급(言及)하지 않게 되었다. 사도신조(使徒信條)를 다른 신조(信條)들과 대조(對照)시키면서 칼릭스투스는 종교(宗敎)와 신학(神學)을 대립(對立)시키고자 하였다.

그는 교직자(敎職者)들이 삼위일체(三位一體) 그리스도의 두 본성(本性) 원죄(原罪) 회심(回心)에 있어서 하나님의 은총(恩寵)과 인간(人間)의 의지(意志)의 관계(關係)등에 너무 집착(執着)하여 근본적(根本的)인인 진리(眞理)를 흐리게 만들었다고 본다.

신학자(神學者)는 분명(分明)하게 계시(啓示)된 것과 구원(救援)을 위한 것을 아는 것으로 만족(滿足)해야 한다고 보았다. 즉 종교(宗敎)의 순수성(純粹性)을 신학(神學)이 오히려 흐리게 하고 망가뜨린다고 하였다.

그는 사도신조(使徒信條)와 그 후의 신조(信條)들을 구별(區別)함과 동시에 근본적(根本的)인 원리(原理)와 부수적(附隨的)인 원리(原理)를 구별(區別)하는 그의 원리(原理)를 따라 루터 파와 개혁파의 사이 로마 교회와 개신교(改新敎)의 사이에도 실질적(實質的)인 일치(一致)가 있으며 그것을 인식(認識)해야 한다고 하였다.

그는 성찬론(聖餐論)이 근본적(根本的)인 교리(敎理)가 아니므로 교회들이 그것 때문에 갈라질 필요가 없다고 생각하였다. 그러나 루터파에 속한 사람들은 근본적(根本的)인 원리(原理)와 부수적(附隨的)인 원리(原理)를 구별(區別)하는 칼릭스투의 이론(理論)을 거부(拒否)하고 반대(反對)했다.

진리(眞理)는 하나의 유기체(有機體)이지 두 가지 종류(種類)로 구별(區別)되는 것이 아니라는 이유에서였다.

종교(宗敎)와 과학(科學)을 구별(區別)한 그의 이론(理論)은 너무 기계적(機械的)이고 인위적(人爲的)이었다.

오늘날의 에큐메니칼(Ecumenical)운동(運動)처럼 교파간(敎派間)의 교리적(敎理的)인 차이(差異)를 너무 피상적(皮相的)으로 평가(評價)하고 무리하게 하나가 되도록 시도(試圖)한 것과 같다.

모든 교회들이 사도신조(使徒信條)를 공통적(共通的)으로 인정(認定)한다고 할지라도 그것이 교회(敎會)의 내적일치(內的一致)를 의미하는 것은 아니다.

그것은 표면적(表面的)으로 인정(認定)하는 것보다 더 중요(重要)한 것이라는 해석(解釋)이기 때문이다.

만약 루터파나 개혁파가 일치(一致)를 도모(圖謀)하여 칼릭스투스의 견해(見解)대로 했다면 그것은 신앙고백(信仰告白)에 대한 무차별주의(無差別主義)를 초래(招來)하는 결과(結果)만 있을 것이다.

그리고 실제로 그러한 무차별주의(無差別主義)가 루터파 왕후들을 로마 카톨릭으로 개종(改宗)케 하는 원인(原因)이 되었든 것이다. 그렇다면 종교개혁(宗敎改革)이 일어날 필요(必要)도 없게 되는 것이다. 더구나 그의 사상(思想)은 신학적(神學的)으로 자유주의(自由主義)를 보호(保護)하는 방패(防牌)막이의 역할(役割)도 하게 된다는 것이다.

그의 신학(神學)은 결국 혼합주의(混合主義)로 낙인찍히게 되었다.

중세시대에 일어난 또 하나의 위험스러운 사상(思想)을 퍼뜨린 인물로서 알미니우스 (J. Arminius: 1560-1609)를 빼어놓을 수 없다.

알미니우스는 본래(本來) 그는 화란태생(和蘭胎生)으로서 그를 따르는 사람들을 중심으로 알미니안파(Arminist)를 형성했다.

이들에 대한 논쟁(論爭)의 시작은 예정론(豫定論, Predestination)에서부터 시작되었다.

어거스틴에 이어서 칼빈 신학(神學)이 성행(盛行)하던 시대에는 칼빈의 예정론(豫定論)이 주류(主流)를 이루어 오다가, 다시 그 예정론(豫定論)이 타락(墮落) 전의 예정설(Supralapsarianism)과, 타락(墮落) 후 예정설(Infralapsarianism)로 이중적(二重的)인 예정설(豫定說)이 한참일 때에 알미니안파가 나타나서 이 같은 칼빈의 예정설(豫定說)을 정면(正面)으로 반대(反對)하고 일어섰다.

즉 알미니우스 설(說)에 의하면 그리스도는 만민(萬民)을 위하여 죽으셨으므로 그 속죄(贖罪)의 은혜(恩惠)도 또한 만민(萬民)에게 미치는 것으로서 누구든지 이 은혜(恩惠)를 받을 기회(機會)가 있다.

성령(聖靈)께서는 타락(墮落)한 인류(人類)를 구원(救援)하시기 위하여 만민(萬民)을 인도(引導)하여 이 은혜(恩惠)에 참여(參與)케 하신다.

그러나 이 은혜(恩惠)를 받고 안받는 것은 사람의 자유선택(自由選擇)에 의한 것이다. 또한 하나님을 참으로 신뢰(信賴)하는 사람은 끝까지 참음으로서 구원을 받을 수 있다는 것이다.

하지만 한 번 은혜(恩惠)를 받은 자라도 나중에 이를 버리고 또 다시 타락(墮落) 할 수 있다.

하나님의 예정(豫定)은 무조건적(無條件的)인 것이 아니고 하나님은 모든 일을 알아보신 후에 구원을 확정(確定)해 주신다고 하였다.

알미니우스에 의하면 하나님은 만민(萬民)을 사랑하시고 만민(萬民)을 다 구원하시기를 원하시지만 사람에게 자유의지(自由意志)가 있어서 하나님의 은혜(恩惠)를 받고 안 받는 것도 다 자유의지(自由意志)에 따라서 하는 것이므로 멸망(滅亡)하는 자가 멸망(滅亡)을 받게 되는 것은 하나님의 은혜(恩惠)가 부족(不足)한 탓이 아니고 또한 하나님의 은혜(恩惠)를 받을 기회(機會)가 없어서도 아니며 또한 하나님께서 예정(豫定)하셨기 때문에서도 아니라 단지 자기의 완고(頑固)한 마음으로 자신이 하나님을 배반(背叛)하고 그 은혜(恩惠)를 거부(拒否)한 때문이다.

결국 1618년 11월부터 1619년 5월까지 화란(和蘭)에서 모인 돌트 회의(The Synod of Dort)는 칼빈의 예정론(豫定論)과 알미니우스의 반대론(反對論)을 규명(糾明)하기 위해서 소집(召集)하여 열띤 토론(討論)과 논쟁(論爭)을 벌인 결과(結果) 칼빈의 5대 교리(敎理)를 채택(採擇)하기에 이르렀다.

즉 칼빈의 오대교리(五大敎理)란 인간(人間)의 전적무능(全的無能) (Total Inability)과 하나님의 무조건적(無條件的)인 선택(選擇) (Unconditional Election)과 제한적(制限的)인 구원(救援)(Limited Atonement)과 또한 하나님의 불가항력적인 은혜(不可抗力的恩惠, Irresistible Grace) 그리고 성도(聖徒)의 견인지구(堅引持久) (Perseverance of the Saints) 등을 말한다.

이를 두고 어떤 신학자(神學者)들은 말하기를 이 다섯 가지의 교리(敎理)는 칼빈의 교리(敎理)가 아니라 돌트 회의(會議)의 결의(決議)에 의한 것이라고 하여 이의(異議)를 제기(提起)했으나 이것은 어디까지나 칼빈이 주장(主張)하는 교리(敎理)를 그대로 채용(採用)한 것이기 때문에 이를 칼빈의 5대 교리(敎理)라고 하는데 전혀 이의(異議)가 있을 수 없다.

그리하여 돌트 회의(會議)에서 채택(採擇)한 예정론(豫定論)을 보면 예정(豫定)은 하나님의 선(善)하신 기쁨에서 나온 것이요 선견(先見)된 믿음이나 불신앙(不信仰)에 의해서 되어진 것이 아니다. 그러므로 하나님의 선택(選擇, Choice Abandonment)과 유기(遺棄, Abandonment)는 다 같이 하나님의 권위(權威)와 의(義)로 정해진 하나님의 절대주권적의지(絶對主權的意志)이다.

선택(選擇)은 아담의 죄(罪) 때문에 정죄(定罪) 된 타락(墮落)한 인류(人類)가운데서 얼마를 뽑아낸 것이고 유기(遺棄)는 간과(看過, Failure)를 의미(意味)하는데 즉 타락(墮落)한 인류(人類)의 어떤 수(數)를 따로 멸망(滅亡) 받도록 내버려두어 그들의 죄(罪) 때문에 정죄(定罪)를 받게 하는 것이다.

그런데 여기에서 우리가 꼭 알아야 할 것은 성경에서 말씀하고 있는 상황(狀況, Situation)에 따라서 변화(變化)를 일으킨다거나 사람들이 모여서 결정(決定)하므로 이루어지는 것이 아니라 진리(眞理) 스스로의 절대성(絶對性)의 권위(權威)를 갖는다는 것을 알아야 한다.

이 말은 곧 어떠한 타협(妥協, Compromise)에 의해서 결정되어지는 것이 아니라 만고불변(萬古不變)의 확고(確固)한 신적권위(神的權威)를 유지(維持)하고 있다는 말이다.

특히 현대주의자(現代主義者)들에 의해서 제기(提起)되고 있는 주의주장이나 교의사상(敎義

思想)의 혼선(混線)은 결국 하나님의 교회를 더 어지럽게 하고 바른 진리(眞理)를 향한 믿음을 흐리게 할 뿐 아무런 도움이나 유익(有益)을 주지 않은 것이므로 어떠한 경우에서든지 성경에서 말씀하고 있는 진리(眞理)에 대한 확신(確信)으로 신학(神學)과 신앙(信仰)의 정통성(正統性)을 지켜나가는 것만이 하나님께 대한 최선(最善)의 충성(忠誠)이라는 것을 명심(銘心)해야 할 것이다.

4 ≡ 소시니안파와 유니테리안파의 교리사상(敎理思想)

종교개혁(宗敎改革)기(期) 이후에 일어난 최대(最大)의 자유주의(自由主義)에 속한 이단파(異端派)들로 삼위일체(三位一體) 하나님에 관한 교리(敎理)를 정면(正面)으로 반대(反對)하고 나선 집단(集團)이 바로 소시니안파(Sozzinians)와 그리고 유니테리안파 (Uniterians)라고 할 것이다.

소시니안주의는 이태리 태생(胎生)의 렐리오 (Lelio)와 또한 소시니 (Sozzini :1539-1604)에 의해서 일어난 사상(思想)이다.

그들은 자기들끼리 1605년에 라코비안 교리문답서(敎理問答書, Lacobian Catechism)를 만들어서 그들이 주장하는 삼위일체(三位一體)에 대한 교리(敎理)에 대하여 반대이론(反對理論)을 적극적(積極的)으로 내세우게 되었다.

그 당시 정부(政府)에서는 교리(敎理)에 대해서 관용책(寬容策)을 펴고 있었으므로 그 틈을 타서 삼위일체(三位一體) 하나님에 대한 교리(敎理)에는 다분(多分)히 다신론적(多神論的)인 의미(意味)가 숨어있다고 하여 전통적(傳統的)으로 내려오고 있는 삼위일체(三位一體)에 대한 교리(敎理)를 정면(正面)으로 반대(反對)하여 유니테리안 주의의 바탕을 마련해주게 되었다.

소시니안주의의 사상(思想)은 사실(事實)상 인문주의(人文主義, Humanism)와 합리주의(合理主義, Rationalism)의 산물(産物)이라고 할 수 있는데 이들은 기독교(基督敎)를 인간(人間)의 이성(理性)으로 해석(解釋)하여 인본주의(人本主義)의 신학(神學)으로 바꾸어 놓고자 했었다.

그들은 종교개혁(宗敎改革)의 정신(精神)을 환영(歡迎)하면서도 기독교(基督敎)의 초자연적(超自

然的)인 성격(性格)에다 합리주의(合理主義)의 특징(特徵)까지를 뒤섞어 놓았다.

그들은 구약이 아닌 신약 성경만을 계시(啓示)의 근원(根源)으로 인정(認定)했고 또한 기독교(基督敎)를 하나의 교리(敎理)나 학문(學問)의 하나로 이해(理解)하려고 하였으므로 신학자(神學者)인 하르낙(Harnack, Theodosius: 1817-1889)은 소시니안주의를 신학적(神學的)인 아카데미(Theological Academy)라고 하였다.

소시니안은 성육신(成肉身) 삼위일체(三位一體) 예수 그리스도의 양성론(兩性論) 같은 교리(敎理)에 대해서는 신학(神學)의 주 관심사로 생각하지 않았다.

그들은 자유주의신학(自由主義神學)의 공통적(共通的)인 관행(慣行)으로 기독교(基督敎)를 도덕적(道德的)으로 이해(理解)하려고 했다. 성령(聖靈)을 하나님의 능력(能力, Power)이나 하나님의 감화(感化, Inspiration)라고 이해(理解)함으로써 이 점에 대해서는 여호와의 증인(證人)과도 공통점(共通點)을 갖는다.

또한 그들은 원죄(原罪) 그리스도의 선재(先在) 성육신(成肉身) 그리스도의 신성(神性)을 모두 부인(否認)하였다. 그들은 기독교(基督敎)를 도덕신학(道德神學)의 범주(範疇)에다 두고 해석(解釋)했기 때문에 전혀 신비적(神秘的)이고 계시적(啓示的)인 것에 대해서는 설명(說明)하지 못했다.

이에 비하여 유니테리안주의(主義)란 영국(英國)의 태생(胎生)르호서 비들(J. Biddle)이라는 사람을 중심(中心)으로 해서 일어난 사상(思想)인데 이들은 특히 성경을 해석(解釋)함에 있어서 계시적(啓示的)인 의미(意味)보다 이성(理性)의 역할(役割)을 강조(强調)하는 운동파(運動派)들이었다.

그들은 일신론(一神論, Monotheism)과 합리주의(合理主義)로 특징(特徵)지어지는데 그들은 "한 분 하나님과 창조(創造) 된 그리스도"라는 표현(表現)을 자주 썼다.

우리는 유니테리안 사상(思想)이 기독교(基督敎)를 초자연적(超自然的)이고 형이상학적(形而上學的)인 진리(眞理)에 대해서 거부(拒否)하려는 현대주의자(現代主義者)들의 특색(特色)에 잘 맞는 사상(思想)이라고 할 것이다.

사실상 소시니안주의로 시작하여 유니테리안주의로 발전(發展)하면서 기독교(基督敎)의 합리주의시대(合理主義 時代)를 열어놓은 중요한 역할(役割)을 해놓았다.

현대자유주의(現代自由主義)에 속한 사상(思想)들도 여기에서 영향(影響)을 받은 바 큰데 이것은 계몽주의(啓蒙主義, The Enlightenment) 곧 이신론(理神論, Deism)과 자연주의(自然主義, Naturalism)와 그리고 합리주의(合理主義, Rationalism)와도 맞물리는 기독교(基督敎)의 자유주의운동사상(自由主義運動思想)이었다고 볼 수 있다.

이렇게 하여 종교개혁(宗敎改革)이 일어난 후에 신학(神學)의 자유(自由)라는 틈을 타서 수많은 교리사상(敎理思想)들이 나타나게 되었다는 것은 신학(神學)의 보다 깊은 연구(硏究)와 발전(發展)을 위해서는 긍정적(肯定的)인 면도 없지 않으나 다분(多分)히 현대자유주의사상(現代自由主義思想)의 발판을 만들어서 날이 갈수록 정통진리(正統眞理)를 흐리게 하고 있다는 아쉬움을 갖게 한다.

기독교는 처음부터 계시종교(啓示宗敎, Revelation Religion)라는 종교기원(宗敎起源)상의 특징(特徵)이 자연종교(自然宗敎, Natural Religion)와는 전혀 교리상(敎理上)의 뜻을 달리하고 있어서 어떠한 경우에도 신비적(神秘的)인 요소(要素)를 배제(排除)하고 이성적(理性的)인 판단(判斷)으로는 신지식(神知識)에 이를 수 없다는 것을 명심(銘心)해야 한다.

동시에 기독교 운동은 원칙적(原則的)으로는 하나님의 뜻을 이루어 드리는 이상적(理想的)인 기본원리(基本原理)를 가지고 있으며 다음에는 인간(人間)의 영혼(靈魂)을 구원(救援)하여 이상적(理想的)인 메시아 왕국(王國)을 건설(建設)한다는 목표(目標)가 뚜렷함으로 여기에서 다른 이론(理論)을 받아드릴 수 없다는 것이다.

이를 위해서는 사람의 활동(活動)이나 의지(意志)가 전혀 외면당하는 것은 아니로되 마침내는 하나님께서 반드시 그의 기쁘신 뜻대로 성취(成就)하실 것이라는 것도 잊어서는 안 될 것이다.

5 ≡ 자유주의자들의 교리사상(敎理思想)

우리가 기독교(基督敎)의 교리사상(敎理思想)을 연구(硏究)함에 있어서 정통주의사상(正統主義思想)을 지켜나가기 위해서는 항상 자유주의사상(自由主義思想)이라는 상대에 대해서 깊은 배려(配慮)가 있어야 한다는 것을 명심해야 한다.

여기에서는 수많은 자유주의사상(自由主義思想)들 가운데서도 그 대표적인 것들만을 골라서 이신론(理神論, Deism)에 대한 사상(思想)과 자연주의(自然主義, Naturalism)에 대한 사상(思想)과 또한 합리주의(合理主義, Rationalism)에 관한 사상(思想)에 대해서 좀 더 구체적(具體的)으로 살펴보는 것이 옳다고 보아서 이 셋을 각각 구분(區分)하여 상고(詳考)해 보려고 한다.

우리의 참 모습(貌習)을 그대로 지켜나간다고 하는 것은 예수 그리스도의 임박한 재림(再臨)을 앞두고 우리 성도(聖徒)들이 마땅히 지켜나가야 할 당연한 일이다.

그런데도 현대교회(現代敎會)가 너무 지나칠 정도로 세속화(世俗化)의 길로 가고 있다는 것은 참으로 안타까운 일이다.

1) 이신론(理神論)의 교리사상(敎理思想)

여기에서 말하려는 이신론(理神論)은 처음부터 기독교(基督敎)에 대한 반대(反對)의 목적(目的)으로 형성(形成) 된 사상(思想)인데 이들의 목적(目的)은 초자연주의(超自然主義)를 거부(拒否)하여 모든 사람들이 인정(認定)할 수 있는 합리적(合理的)인 기독교(基督敎)를 세우려는 것이었다.

그리하여 그들은 기독교(基督敎)를 도덕적(道德的)인 관점(觀點)에서 해석(解釋)하려고 함으로써 소시니안주의나 유니테리안주의와도 유사(類似)한 사상(思想)이었다.

이신론(理神論)자들은 고대(古代) 스토아 철학(哲學)의 자연법(自然法)을 좋아하였고 초자연주의(超自然主義)적인 기독교(基督敎)에 대한 해석(解釋)을 비판(批判)하고 반대(反對)하는 것을 즐겨하였다.

오늘날 신학계(神學界)에서는 이신론(理神論)을 주장하여 세계(世界)를 창조(創造)한 신(神)이 초월(超越)한 존재(存在)로서 창조(創造)한 우주(宇宙)를 직접 다스리지 않고 저절로 운행(運行)되게 내버려두었다는 사상(思想)으로 이해하고 있다.

말하자면 신(神)의 창조(創造)는 인정(認定)하되 섭리(攝理)를 부인(否認)하는 사상(思想)인 것이다. 다른 말로 하면 신(神)의 초월(超越)은 믿고 내재(內在)를 믿지 않는 사상(思想)이라고 할 수 있다.

이신론(理神論)의 사상(思想)은 구속자(救贖者)와 중보자(仲保者)로서의 그리스도를 용납(容納)하지 않았고 세계(世界)를 불변적(不變的)이고 기계적(機械的)인 질서(秩序)와 법칙(法則)에 의해서 움직인다고 생각하였다.

이신론(理神論)은 합리주의(合理主義)와 자연주의(自然主義)와 어울리는 사상(思想)인데 실로 근대자유주의(近代自由主義)의 근저(根底)를 이루는 인본주의(人本主義)의 신학사상(神學思想)이라고 할 것이다.

이신론자(理神論者)들은 영혼(靈魂)의 불멸(不滅)을 주장(主張)하였는데 흄(D. Hume:1711- 1776)의 영향(影響)으로 영혼(靈魂)의 실체(實體)에 대한 불가지론(不可知論)이 대두되기 시작하였다.

흄(Hume)은 현세(現世)의 범죄(犯罪)에 대해서 영원한 형벌(刑罰)을 가하는 자체가 불공정(不公正)이라고 하였다.

그는 영혼(靈魂)이 불멸(不滅)이 아니라 가멸적(假滅的)이며 육신(肉身)의 노쇠(老衰)에 따라서 영혼(靈魂)도 영형(靈刑)을 받으므로 영혼(靈魂)의 가멸성(可滅性)을 알 수 있다고 하였다.

이런 사상(思想)은 후에 신정통주의(新正統主義)에서도 재현(再現)되고 있다. 기적(奇蹟)에 대해서도 흄은 이신론자(理神論者)들과 공통적(共通的)인 견해(見解)를 가졌다.

모든 지식(知識)의 근원(根源)은 경험(經驗)이라고 본 그들은 개개(箇箇)의 기적(奇蹟)의 가능성(可能性)을 부정(否定)하였다.

흄은 또 이성적(理性的)인 종교(宗敎)가 본래(本來)는 유일신교적(唯一神敎的)인 것이었고 사제(司祭)들에 의해서 차츰 다신론적(多神論的)으로 변질(變質)되었으며 마침내는 기독교(基督敎)에 의하여 본래의 순수(純粹)한 유일신론(唯一神論)으로 회복되었다고 하였다.

흄은 다신론(多神論)이 종교(宗敎)의 본래(本來)의 형태(形態)라고 하고 진화론적(進化論的)으로 발전(發展)하여 기독교(基督敎)가 되었다고 보았다.

그리고 무지(無知)가 신앙심(信仰心)의 모체(母體)라고 하는 회의론(懷疑論)을 종교론(宗敎論)에도 적용(適用)시키고 있다.

이 같은 흄의 회의론적(懷疑論的)인 철학(哲學)은 임마누엘 칸트 (Immanuel Kant: 1724-1804)에게도 깊은 영향(影響)을 주었고 독일(獨逸)의 합리주의(合理主義)의 발전(發展)에 결정적(決定的)인 영향(影響)을 주었다.

2) 자연주의(自然主義)의 교리사상(敎理思想)

프랑스의 자연주의(自然主義)는 보통(普通)으로 계몽주의(啓蒙主義)운동의 한 부분(部分)으로서 사상사(思想史)에 있어서 자유주의(自由主義)의 형성(形成)에 큰 몫을 한 인본주의(人本主義)이다.

이신론(理神論)과 합리주의(合理主義)와 더불어 자연주의(自然主義)는 극진적(極盡的)인 자유주의(自由主義)에로의 디딤돌 역할(役割)을 하였다.

볼타이어 (Voltaire: 1694-1788)의 이신론(理神論)이 점차 라메트리 (Lamottrio) 디데롤 (Diderot) 홈바흐 (Holbach) 등의 무신론(無神論)과 기계적유물론(機械的唯物論)으로 발전(發展)하게 되었다.

룻소 (Rousseau1712-1778)의 자연주의적(自然主義的)인 이상론(理想論)에 이르러 철저(徹底)한 자유주의(自由主義)가 되어버렸다.

볼타이어를 비롯한 자연주의자(自然主義者)들은 종교(宗敎)를 포기(抛棄)하고 이성(理性)에 호소(呼訴)하는 법(法)을 가르쳤다.

이 같은 입장은 바일(P. Bayle: 1647-1706)은 "어떻게 선(善)한 하나님이 있는데 이토록 많은 악(惡)이 존재(存在)할 수 있느냐?"는 표현(表現)으로 잘 나타내고 있다.

차라리 그들은 마니교처럼 선신(善神)과 악신(惡神)이 나란히 존재(存在)한다고 하는 곳이 더 이성적(理性的)이라고 하였다.

그러나 이에 대해 라이프닛츠(Leibniz: 1646-1716)는 그의 신정론 (Theodizee)으로 답변(答辯)하였다. 이 문제(問題)는 아직도 종교신학(宗敎神學)과 종교철학(宗敎哲學)의 중요한 이슈로 되어있다.

볼타이어는 도덕생활(道德生活)을 찬양(讚揚)하고 이신론(理神論)에서 배운바 비판적(批判的)인 방법과 자연종교(自然宗敎)의 개념(槪念)을 취하였다.

그는 종교를 단순한 도덕성(道德性)과 이상적(理想的)인 형이상학(形而上學)이라고 보았다.

그에게 있어서 종교의 기원(起源)은 어린 아이들과 야만인(野蠻人)이었는데 그 이유는 저들이 자연법칙(自然法則)에 대한 무지(無知)와 공포(恐怖)를 가지고 있었기 때문이었다.

볼타이어는 여러 종교(宗敎)들이 서로 유사(類似)하고 기독교(基督敎)는 다른 종교와 동등(同等)한 관계(關係)에 있으며 기적(奇蹟)은 사라졌고 기독교(基督敎)는 좁은 세계(世界)에 있으나 이방종교(異邦宗敎)들은 광범(廣範)한 세계(世界)에 있다는 점 기독교(基督敎)의 역사(歷史)는 짧으나 인류(人類)의 역사(歷史)는 오래라는 점을 들어 기독교(基督敎)의 유일신사상(唯一神思想)을 부인

(否認)하였다.

부족신(部族神)에서 다신론(多神論)이 나왔고 유일신론(唯一神論)인 유대교는 기독교(基督敎)와 회회교(回回敎)를 낳았다.

모세는 정치가(政治家)에 불과(不過)하고 선지자(先知者)들은 광신자(狂信者)이거나 간질병자(癎疾病者)들이었다.

예수도 광신적(狂信的)인 선(善)한 사람이고 몽상가(夢想家)였다.

예수는 기적(奇蹟)으로 사람들을 미혹(迷惑)했고 그의 제자(弟子)들은 속이는 자들이었다.

기독교(基督敎)가 생명력(生命力)을 가지게 된 것은 플라톤주의와 결합(結合)하고 나서였다. 교리(敎理)는 모든 야만주의(野蠻主義)를 낳았고 종교개혁(宗敎改革)과 그 이후의 교리논쟁(敎理論爭)은 유혈사태(流血事態)를 낳았나.

그러므로 회답(回答)은 이성(理性)의 시대(時代)가 오는 데에 있는 것이다. 이것이 자연주의(自然主義)의 논지(論旨)이다.

영국(英國)의 이신론자(理神論者)들과 볼타이어를 통하여 기독교(基督敎)는 신 플라톤적인 성격(性格)을 가지는 전환(轉換)이 이루어지게 되었다.

그리고 룻소에 의해서 자연주의(自然主義)가 만발(滿發)하여 기독교(基督敎)의 구원(救援)에 대한 개념(槪念)은 자연(自然)으로 돌아간다는 식으로 변질(變質)되었다.

룻소는 인간사회(人間社會)란 본래(本來) 어린 아이 같은 사회(社會) 곧 자연(自然)이라는 낙원(樂園)에서 시작(始作) 된 것이라고 하였다. 그리고 인류(人類)의 모든 문제(問題)는 문명(文明)과 더불어 생긴 것이다.

문명(文明)과 기술(技術)이 인간(人間)의 단순성(單純性)을 침해(侵害)하고 모든 덕성(德性)을 부패(腐敗)하게 하여 인간(人間)을 고난(苦難)의 존재(存在)로 전락(轉落)시켰다.

자연(自然)이든 인간(人間)이든 본래적(本來的)인 덕성(德性)으로 돌아가야 산다고 하였다.

그러므로 교육(敎育)이라는 것도 타고난 덕성(德性)을 개발(開發)하는 것이지 무엇을 새로 주입(注入)하는 것은 아닌 것이다.

룻소는 종교(宗敎)란 교리적지식(敎理的知識) 위에 세워지는 것이 아니고 인간(人間)의 본성적감정(本性的感情) 위에 세워진다고 보았는데 이 점(點)에서는 슐라이어막허 (Schliermacher: 1768-

1834)와 같았다.

룻소는 자연종교(自然宗敎, Natural Religion)를 외친 것이다.

프랑스(France)의 자연주의(自然主義)는 후대에 여러 나라의 무신론자(無神論者)들에게 강력(强力)한 영향(影響)을 미쳤다.

3) 합리주의(合理主義)의 교리사상(敎理思想)

독일(獨逸)의 합리주의(合理主義) 역시 근대자유주의(近代自由主義)의 출발(出發)을 알리는 전조(前兆)였다고 할 것이다.

흔히 계몽주의(啓蒙主義)를 말할 때 이신론(理神論)과 자연주의(自然主義) 그리고 합리주의(合理主義)를 든다. 합리주의(合理主義)는 문예부흥(文藝復興)과 계몽주의(啓蒙主義)의 신학(神學)이 등장(登場)하기 이전부터 있었다.

고대 교회의 단일신론(單一神論), 영지주의(靈知主義), 중세(中世)의 스콜라 주의(主義), 종교개혁기(宗敎改革期)의 소시니안주의 등을 들 수 있다.

합리주의(合理主義)는 실상 어디에서나 나타나는 자유주의(自由主義)의 경향(傾向)을 말하는 것이지만 여기서는 특히 독일(獨逸)의 합리주의(合理主義)를 지칭(指稱)하는 것이다.

신학(神學)에서 합리주의(合理主義)는 독일(獨逸)에서 르네상스 시대(時代)의 특징(特徵)이 다시 대두(擡頭)하게 되는 것을 말하는데 이것은 계몽주의(啓蒙主義)의 결과(結果)였다.

데카르트 (Descartes: 1596-1650) 이래로 합리적인 사고는 진리에 대한 모든 이론적 지식과 실제적 도덕 행위의 원리가 되었다.

스피노자 (Spinoza: 1632-1677)에 의해 그것은 신론과 윤리학에도 적용이 되었다.

결국 계시(啓示)란 자연적(自然的)인 질서(秩序)를 말하게 되었고 초자연적(超自然的)인 진리(眞理)는 자연적(自然的)인 것으로 전환(轉換)하여 이해(理解)하는 경향(傾向)이 지배적(支配的)이었다.

독일(獨逸)에서의 합리적(合理的)인 이신론(理神論)과 초자연적(超自然的)인 기독교(基督敎)의 계시(啓示)와의 사이를 조정(調整)하려고 한 인물(人物)은 라이프니츠(G. W. Leibniz: 1646-1716)였다.

그는 전능하신 하나님을 이성으로 증명할 수가 있다고 보았다.

그는 신정론(神正論) 즉 변신론(辯神論)으로 유명(有名)하였는데 이 세상(世上)에 존재(存在)하는 악(惡)은 적극적(積極的)으로 나쁜 것이 아니라 소극적(消極的)인 어떤 것, 선(善)의 결핍(缺乏)이며 그것은 선(善)의 발전(發展)을 돕는 것이라고 하였다.

그는 기독교(基督敎)의 교리(敎理)가 이성(理性)과 반대(反對)되는 것이 아니고 이성(理性)을 초월(超越)하는 것이라고 하였다.

그는 합리주의(合理主義)와 초자연주의(超自然主義)를 조화(調和)시키려고 하였다.

합리주의(合理主義)는 점차로 성경(聖經)을 비판(批判)하는 길을 닦았고 교리(敎理)를 무시(無視)했다. 교리(敎理)란 이성(理性)과 모순(矛盾)되는 것으로 간주(看做)하였으며 변화(變化)할 수 있는 것으로 생각히었다.

예를 들면 이신칭의(以信稱義) 교리(敎理)는 윤리적(倫理的)인 공로(功勞)로 대치(代置)되었다.

칸트에 와서 기독교(基督敎)의 본질(本質)은 합리적(合理的)인 도덕주의(道德主義)라고 하는 관념(觀念)이 더욱 강화(强化)되었다. 결국 이성(理性)과 도덕율(道德律)이 종교(宗敎)를 대치(代置)하게 되는 것이었다.

합리주의(合理主義)에서는 그리스도의 죽음을 하나의 역사적(歷史的)인 사건(事件)으로 간주(看做)하고 거기에 어떤 속죄적(贖罪的)인 의미(意味)를 부여(賦與)하지는 않았다.

십자가(十字架)의 사건(事件)은 하나님의 사랑을 나타내는 상징(象徵)이나 희생제사(犧牲祭祀)가 끝났다는 표(票)로 이해되었다.

대속적(代贖的)인 죽음의 교리(敎理)는 부정(否定)되고 인간생활(人間生活)의 개선(改善)과 인간성(人間性)의 회복(回復)의 필요성(必要性)만이 강조(强調)되었다.

우리가 살펴본 대로 합리주의(合理主義)는 극단적(極端的)으로 교리적주지주의(敎理的主知主義)에 대한 반발(反撥)로 나왔지만 그 대신 이성(理性)의 주지주의(主知主義)를 가져왔다.

그리하여 인본주의적(人本主義的)인 사상(思想)을 크게 촉진(促進)시켜서 근세철학(近世哲學)의 자연주의(自然主義)와 이신론(理神論) 등과 어울려 신학(神學)의 자유주의화(自由主義化)를 이루어 냈다.

그리하여 종교(宗敎)는 공리주의적(功利主義的) 이고 인간(人間)의 행복론적(幸福論的)인 성향(性向)을 강(强)하게 띠게 되었다.

그들에게 있어서 그리스도는 역사적(歷史的)인 예수만이 관심사(關心事)가 되었다.

신인(神人)이신 그리스도 대신(代身)에 이상적인간(理想的人間) 곧 모범(模範) 예수가 초점(焦點)이 되었다.

신적(神的) 그리스도와 인간(人間) 예수의 구별(區別)은 지금도 신약 학계(學界)에서 종종 연구(研究)되는 주제(主題)이다.

교회(敎會)는 영혼(靈魂)을 구원(救援)하기 위한 은혜(恩惠)의 수단(手段)이라는 생각은 사라지고 인간의 도덕적(道德的)인 교육(敎育)을 위한 윤리적(倫理的)인 학교(學校)로 여겨졌다.

합리주의(合理主義)는 성경 본문(本文)의 비평(批評)을 발전(發展)시켰고 교리사(敎理史)라는 학문(學問)이 나타나게 하였다.

그리하여 최근(最近)에는 교리사(敎理史)를 다루는 방법(方法)도 자유주의적(自由主義的)인 것과 복음주의적(福音主義的)인 것으로 나누지 않으면 안 되게 되었다.

합리주의(合理主義)는 정통기독교(正統基督敎)의 교리(敎理)를 공격(攻擊)하여 신조신학(信條神學)을 붕괴(崩壞)시키려고 하였고 하나님께 대한 불신앙(不信仰)으로 기독교(基督敎)의 진리(眞理)를 무너지게 하였다.

하지만 현대(現代)에 와서는 성경(聖經)과 신조(信條)를 중시(重視)하는 복음주의신학(福音主義神學)이 신학계(神學界)의 세계(世界)에 주류(主流)를 이루게 됨으로써 자유주의(自由主義)는 쇠퇴(衰退)를 보고 있다.

교리사(敎理史)에 대한 연구를 통하여 하나님이 우리에게 교훈(敎訓)하시는 바는 주님이 성경(聖經)을 존중(尊重)하고 신조(信條)를 귀(貴)하게 여기는 신학(神學)을 붙잡아 교회에 유익(有益)이 되게 하신다는 사실이다.

그러나 어느 경우를 막론하고 신학적(神學的)인 이론(理論)이 심화(深化)되면 자연(自然)히 신앙에 대한 문제는 논외(論外)로 배제(排除)해 버리고 끝없는 교리(敎理) 싸움으로 일관하는 모순(矛盾)을 연출(演出)하게 되는데 이는 성경의 진리에도 맞지 않을 뿐만 아니라 기독교 본연(本然)의 목적에도 전혀 다르다는 것을 알아야 한다.

현대교회(現代敎會)와 목회자(牧會者)들에게는 막중(莫重)한 짐 세 가지가 지어져 있다.

첫째는 하나님께로부터 부여(賦與)받은 교회(敎會)와 목회자(牧會者)로서의 사명(使命)이요 둘째로는 현대인(現代人)들의 지성적(知性的)인 발달(發達)이요 세 번 째로는 이런 것들을 대항하여 돌파(突破)해서 이겨내기 위한 투쟁(鬪爭)의 힘이라고 할 것이다.

어는 것 하나 자기의 노력(努力)과 믿음의 정성(精誠)이 아니고는 이겨낼 수 있는 것이 하나도 없다.

그러나 우리는 살아계신 하나님을 믿는다. 그 하나님께서 나와 함께 하신다는 확신(確信)에 섰다. 그 하나님께서 나를 들어 쓰신다는 자부심(自負心)으로 하나님의 일을 한다. 그리고 마지막으로는 내가 믿고 나와 함께 하시고 나에게 사명을 주신 하나님께서 항상 나와 동행동사(同行同事)해 주심으로 하나님께서 일을 하게 해 주신다는 믿음을 갖는다.

믿고 하면 된다. 하자. 할렐루야…!

🖋 다시 생각해 볼 복습 문제

01. 종교개혁 후기의 교리사상을 간단히 말하라

02. 신조주의자들의 교리사상을 간단히 말하라

03. 경건주의자들의 교리사상을 간단히 말하라

04. 혼합주의자들의 교리사상을 간단히 말하라

05. 소시니안파와, 유니테리안파에 대해서 간단히 말하라

06. 자유주의자들의 교리사상을 간단히 말하라

07. 이신론에 대해서 간단히 말하라

08. 자연주의에 대해서 간단히 말하라

09. 합리주의에 대해서간단히 말하라

우리가 종교개혁(宗教改革)을 논(論)함에 있어서 1517년 10월 31일 말틴 루터(Martin Luther: 1483-1546)에 의한 개혁(改革)만을 주로 논하고 있으나 사실은 그보다 훨씬 전부터 로마 카톨릭 교회의 내부(內部)에서도 개혁(改革)의 바람이 불고 있었다는 것을 알아야 한다.

그리고 말틴 루터가 교황청(敎皇廳)에 항거(抗拒)하여 개혁(改革)의 기치(旗幟)를 들었다는 것은 무엇보다도 먼저 성경(聖經)의 권위(權威)를 위해서 당연한 것으로 이해되어야 한다.

루터는 교황청(敎皇廳)을 향해서 교황청(敎皇廳)의 권위(權威)나 사제(司祭)들을 중심으로 한 공의회(公議會)의 권위(權威)를 포기(抛棄)하고 성경(聖經)에서 말씀하고 있는 믿음으로 의(義)롭게 된다는 교리(敎理)를 받아드리라는 교리상(敎理上)의 문제(問題)로서 교황제도(敎皇制度)의 그 자체(自體)를 포기(抛棄)하거나 카톨릭 교회의 권위(權威)를 포기(抛棄)하라는 것은 아니었다.

카톨릭 교회 안에서의 개혁자(改革者)들이 은근히 바라고 주장했던 개혁(改革)의 필요성(必要性)은 하나님의 은혜(恩惠)에 모든 것을 맡겨야 한다고 말하는 신학(神學)에 의해서 억눌려질 인간(人間)의 노력(勞力)의 힘든 일을 요구(要求)한다고 생각했다.

루터가 종교개혁(宗教改革)을 일으키기 이전(以前)에도 카톨릭의 인문주의자(人文主義者)들은 현대적헌신운동(現代的獻身運動, Modern Devotion)의 검소(儉素)한 경건(敬虔)에서부터 시작하여 16세기에 화란(和蘭)이 낳은 최대(最大)의 문학자(文學者)로 알려진 에라스무스(Erasmus Desiderius: 1465-1516)가 헬라어 신약 성경에 대한 새로운 연구작업(硏究作業)으로 개혁(改革)을 향한 노력(勞力)을 바치기 시작했다.

그러나 온건(穩健)한 인문주의(人文主義)와 같은 것이 결국 로마 카톨릭의 개혁(改革)을 지배(支配)하지는 못했다. 왜냐하면 개혁자(改革者)들은 더 어려운 신학적(神學的)인 난제(難題)들을 제시(提示)하여 그 답(答)을 요구(要求)했기 때문이다.

그러나 루터가 종교개혁(宗敎改革)을 성공(成功)시킨 이유(理由)는 그가 분명(分明)하고 체계적(體系的)이고 조직적(組織的)이고 신학적(神學的)인 관점(觀點)을 바로 제시(提示)하였다는 사실에서 설명되고 이해되어야 한다.

이에 대하여 로마 카톨릭파 개혁주의자(改革主義者)들도 그에 버금가는 교리적(敎理的)인 사상(思想)을 직접 밝혀내야 할 필요를 느꼈다.

이러한 이유에서 카톨릭의 내부(內部)에서 일어났던 개혁(改革)의 시도(試圖)는 크게 성공(成功)하지 못하고 오직 시도(試圖)에서 끝나고 말았다는 것을 알 수 있다.

그러나 분명한 것은 로마 카톨릭 교회 안에서도 지금까지는 교황청(敎皇廳)의 지시(指示)나 사제(司祭)들에 의해서 지배(支配)되고 있는 교회의 일들이나 의전(儀典)상의 문제들 그리고 무엇인기 교리(敎理)상의 이띤 질못이 있다는 것을 인시(認知)하고 있었던 것만은 사실이다. 그러면서도 뚜렷한 개혁(改革)의 주제(主題)인 교리(敎理)를 제시(提示)하지 못하였기 때문에 성공(成功)할 수 없었다.

그러나 그 후로부터는 로마 카톨릭 교회 안에서도 종종 개혁(改革)의 소리가 높아져 가고 있었다는 것은 사실이다. 그리고 반드시 그렇게 개혁(改革) 되어야 할 당위성(當爲性)을 가지고 있었다.

그것은 역대(歷代)로 내려온 교황(敎皇)들의 역대기(歷代記)를 중심으로 역사적(歷史的)인 사건의 기록(記錄)을 보노라면 지금까지 교황청(敎皇廳)에서 주장하는 내용(內容)들이 얼마나 진실하고 정직했는가를 알아야할 것이다. 더구나 성경을 보면 개혁(改革)되어야 한다는 것은 역사적인 사명이라고 할 것이다.

1 ≡ 트렌트 공의회(公議會)

트렌트 공의회(公議會)는 1545년으로부터 1563년까지의 사이에 교황청(敎皇廳)에서 개혁파(改革派)들의 영향(影響)이 로마 카톨릭 교회 내부(內部)에까지 많은 영향(影響)을 미쳐오게 된 것을 염려(念慮)하여 이에 대비(對備)하기 위해서 트렌트에서 모인 로마 카톨릭 교회의 회의(會議)를 두고 하는 말이다.

1512년에서 1517년까지 루터가 항거(抗拒)를 시작하기 바로 전 제5차 라테란 공의회(公議會)가 소집(召集)되어 몇 가지 감탄(感歎)할만한 목표(目標)를 발표했다.

오직 존경(尊敬)할만한 사람만이 주교(主敎)가 되어야 하고 추기경(樞機卿)과 교황청(敎皇廳)의 관리(官吏)들은 보다 엄격(嚴格)한 삶을 살아야 하며 교회(敎會)의 관리(官吏)들은 교회(敎會)의 규칙(規則)에 그렇게 많은 예외(例外)를 주어서 직분(職分)을 주거나 또는 팔아서는 안 된다는 그것이다.

그러나 여전히 단순(單純)하게 그런 목표(目標)를 세우는 것이 그것들을 달성(達成)할 에너지를 제공(提供)하지는 못 했다.

1530년대 교황(敎皇) 바울 3세는 개혁(改革)에 관심(關心)을 가진 일꾼의 추기경(樞機卿)들을 임명(任命)했다. 그들 중의 한 사람인 콘타리니(Contarini)는 심리적(心理的)인 위기(危機)를 경험(經驗)했고 루터와 마찬가지로 믿음의 중심적(中心的)인 중요성(重要性)을 발견(發見)했다.

루터처럼 그는 아무 때라도 그의 행위(行爲)를 통해서 스스로를 의(義)롭게 할 수 있는 사람은 없다.

"우리는 다른 사람 즉 그리스도의 의(義)로움을 통해서 우리를 의(義)롭게 해야한다."

동시에 콘타리니는 우리가 단지 믿음에만 의존(依存)할 것이 아니라 우리가 행할 수 있는 적은 사랑으로 칭의(稱義)를 얻으려고 애써야 한다고 생각했다.

그리고 그는 칭의(稱義)의 과정(過程)에서 교회(敎會)와의 연합(聯合)의 중요성(重要性)을 강조(強調)했다.

그는 보다 전통적(傳統的)인 카톨릭의 맥락(脈絡) 안에서 루터의 관심(關心)에 대해서 응답(應答)하는 길을 찾으려 하였다.

1537년 콘타리니와 몇몇 다른 추기경(樞機卿)들은 교황(敎皇)에게 비망록(備忘錄)을 썼다. 여기서 그들은 놀라운 솔직(率直)함으로 개혁(改革)의 필요성(必要性)을 제시(提示)했다.

그러므로 후일(後日)에 교황(敎皇)은 오직 자격(資格)이 있는 사람만을 성직(聖職)에 임명(任命)해야 하고 교황(敎皇)의 수입(收入)을 올리기 위해서가 아니라 영혼(靈魂)들에게 목양자(牧羊者)를 제공(提供)하기 위해서 주교(主敎)를 선택(選擇)해야 하며 주교(主敎)들로 하여금 자신(自身)의 교구(敎區)에서 살게 하고 오직 특별(特別)한 상황(狀況)에서만 면죄부(免罪符)를 부여(賦與)하며 교육(敎育)을 개선(改善)시키고 검열제도(檢閱制度)를 통해서 문학(文學)을 통제(統制)하고 수도사(修道士)와 수녀(修女)와 탁발(托鉢)을 한 수도사(修道士)를 개혁(改革)하도록 해야 한다.

그들은 교황(敎皇)이 이전(以前)에 한 모든 행위(行爲)를 변호(辯護)하려고 노력(勞力)하기보다는 개혁사업(改革事業)을 진척(進陟)시키는 것이 훨씬 더 중요(重要)하다고 말했다.

4년 후에 교황(敎皇)은 루터주의자(主義者)들과 협상(協商)을 하기 위해서 콘타리니를 레겐스부르크로 보냈고 콘타리니와 멜랑톤은 칭의(稱義)의 문제(問題)에 대한 타협(妥協)에 이르렀다.

대부분(大部分)의 중세(中世)의 신학자(神學者)들은 의(義)로움을 사람들이 소유(所有)하기도 하고 소유(所有)하지 못하기도 한 속성(屬性)으로 생각했고 기독교인(基督敎人)들이 이것을 개발(開發)하기 위해서 노력(勞力)해야 한다고 생각했다.

루터는 우리가 우리 자신(自身)의 의(義)로움을 개발(開發)할 수 없고 우리는 오직 그리스도의 의(義)로움을 통해서만 구원(救援)받을 수 있다고 말했다.

암암리(暗暗裡)에 레겐스부르크 타협(妥協)은 두 가지의 의(義)로움을 인정(認定)했다.

우리 안에서 자라는 본래적(本來的)인 의(義)로움 그리고 우리에게 전가(轉嫁) 된 그리스도의 의(義)로움이 그것이다.

우리는 믿음으로 의(義)롭게 되지만 믿음만으로가 아니라 오히려 사랑 안에서 역사(役事)하게 하는 믿음에 의해서 의(義)롭게 된다.

우리의 선행(善行)으로 칭의(稱義)를 얻지는 못하지만 하나님은 우리가 행하는 선행(善行)에 대해 보답(報答)하실 것이다.

칭의(稱義)에 대해서 공식적(公式的)인 성명(聲明)을 발표(發表)한 교황(敎皇)이나 공의회(公議會)가 없었기 때문에 콘타리니는 조심스럽게 균형(均衡) 잡힌 문구(文句)들의 신중(愼重)한 수집(收集)을 이끌어내고 만들 수 있는 여지를 가졌다.

그러나 토론(討論)이 성찬(聖餐)에 이르렀을 때에 루터 주의자(主義者)들의 화체설(化體說)의 거부(拒否)는 1215년 제4차 라테란 공의회(公議會)에서 교리(敎理)로 선언(宣言)한 사실(事實)과 정면(正面)으로 충돌(衝突)하였고 협상(協商)은 결렬(決裂)되었다.

로마 카톨릭 신학(神學)은 레겐스부르크에서가 아니라 트렌트에서 공식화(公式化) 되었으며 루터파들과 타협(妥協)한 것이 아니라 루터 파의 사람들이 반대(反對)한 것이었다.

트렌트 공의회(公議會)에서 채택(採擇)한 교리(敎理) 가운데 중요한 것은 첫째 성경(聖經)과 전통(傳統)에 관한 것인데 거기에 모인 일부의 대의원(代議員)들은 기독교인(基督敎人)에게 있어서 성경(聖經)의 권위(權威)와 필적(匹敵)할 수 있는 것은 아무것도 없다고 하는데 동의(同議)했다.

즉 키오기아의 주교(主敎) 노이키안티(Noichianti of Chioggia) 같은 이는 "성경(聖經)과 전통(傳統)을 같은 차원(次元)에 두는 것은 사악(邪惡)한 것이다"라고 외쳤다.

그러나 그들은 말틴 루터가 "오직 성경"이라고 주장하는 것과는 달리 기록(記錄)된 성경(聖經)과 기록(記錄)되지 않은 전통(傳統) 속에 포함(包含)된 진리(眞理)들과 규범(規範)들이라고 하여 성경(聖經)과 전통(傳統)으로 결론(結論)지었다.

둘째는 원죄(原罪)에 대한 것인데 트렌트 회의(會議)에서는 "인간이 아담의 후손(後孫)의 번식(繁殖)을 통해 태어나지 않았다면 인간은 불의(不義)하게 태어나지도 않았을 것이다. 왜냐하면 그 번식(繁殖)에 의해서 인간이 아담에게 물들었으며 그들이 잉태(孕胎)되었을 때 불의(不義)가 그들 자신(自身)의 것이 되었다"라고 단언(斷言)했다.

셋째는 칭의(稱義)에 대한 것이었는데 1546년 6월 공의회(公議會)의 의장(議長)은 "신학적(神學的)인 영역(領域)에서 이 공의회(公議會)의 중요성(重要性)은 주로 칭의(稱義)에 대한 조항에 있다. 사실상 이것은 트렌트가 다루어야 할 가장 중요한 주제(主題)이다"라고 교황(敎皇)에게 서한(書翰)을 써서 보냈다.

그리하여 여기에 모인 주교(主敎)들은 "구원(救援)이 은혜(恩惠) 없이 이루어질 수는 없다"고 주장(主張)하기는 했으나 루터가 주장한 바 "오직 은혜(恩惠)로"부터서만 칭의(稱義)가 온다는 주장(主張)에 대해서는 거부(拒否)의 입장(立場)을 분명히 했다.

마지막으로 성례(聖禮)들과 개혁(改革)들에 대해서는 교회가 이미 가르쳐 왔던 것들을 체계적(體系的)이고 공식적(公式的)인 것으로 만들어서 칠성례(七聖禮)를 확정(確定)시켰다.

즉 세례(洗禮), 견신례(堅信禮), 성찬(聖餐), 고해성사(告解聖事), 결혼(結婚), 서품(敍品), 종유성사(終油聖事) 등이 그것들이다.

공의회(公議會)에서는 화체설(化體說)을 인정(認定)했으며 그리스도의 희생(犧牲)이 성찬(聖餐)을 거행(擧行)할 때마다 언제나 제단(祭壇)에서 반복(反復)된다고 천명(闡明)했다.

이는 곧 개혁파(改革派)에서는 그리스도의 희생(犧牲)이 십자가(十字架)위에서 오직 한 번만 일어났다고 한데 대한 반론(反論)이었다.

또한 죽은 사람들 중 일부(一部)는 연옥(煉獄, Purgatory)으로 가고 기도(祈禱)와 면죄부(免罪符)가 그들이 빨리 연옥(煉獄)에서 벗어날 수 있도록 도움을 준다고 했다.

그러면시도 회원(會員)들은 일련(一連)의 진빈직(全般的)인 개혁(改革)을 요구(要求)하고 나섰다. 그 내용(內容)인즉 주교(主敎)들이 반드시 교구내(敎區內)에 정착(定着)해 있으면서 언제나 그들이 쓰는 말로 설교(說敎)를 할 수 있어야 하고 사제(司祭)들은 첩(妾)을 두어서는 안 되며 교육(敎育)은 개선(改善)되어야 하고 모든 사람은 자주 교회의 친교(親交)에 참여(參與)해야 하고 교회와 성례(聖禮)들이 사랑의 구원(救援)에 도움이 된다면 그것들은 제 자리를 차지해야 한다고 했다.

또 그들 가운데 일부(一部)는 교황(敎皇)은 그리스도의 대리자(代理者)들 중 우두머리일 뿐이라고 말했으며 사도(使徒)들이 베드로가 아닌 그리스도로부터 권위(權威)를 받은 것처럼 모든 주교(主敎)들은 하나님으로부터 자신들의 권위(權威)를 직접적(直接的)으로 받는다고 말했다.

교회가 필사적(必死的)으로 개혁(改革)을 필요(必要)로 했을 때 이 문제(問題)는 매우 중요(重要)한 것으로 보였다.

하지만 이제 개혁(改革)이 진행(進行)되는 중이고 신학적(神學的)인 계획(計劃)들이 시작(始作)되었으므로 트렌트 회의(會議)는 교황(敎皇)과 주교(主敎)들의 관계(關係)를 분명히 해결(解決)하지 못한 채 내버려두었다.

이것은 결국 순수한 교회(敎會)가 교황권(敎皇權)에 이기지 못했다는 결론(結論)을 낳게 하는 아쉬움을 남겼을 뿐이다.

그러나 로마 카톨릭 교회 내부에서 이 같은 개혁(改革)의 목소리가 크게 작용(作用)을 하게 되었다는 것은 교황제도(敎皇制度)가 성경적인 것이 아니고 잘못된 제도(制度)라는 것을 역사적(歷史的)으로 선포(宣布)함이 되었다고 하는 것으로 만족해야 할 것 같다.

2 ≡ 예수회와 신비주의자(神祕主義者)들

실상 트렌트 회의(會議)는 카톨릭 교회의 종교개혁(宗敎改革)을 위한 강령(綱領)을 제공(提供)했다고 하면 예수회(Jesuits)는 카톨릭 교회 내의 한 수도사(修道士)들 모임의 단체(團體)로서 개혁(改革)에 대한 급진적(急進的)인 실천행동(實踐行動)등을 나타내 주었다고 보면 될 것이다.

예수회의 창시자(創始者)인 익나티우스 로욜라(Ignatius Loyola: 1491-1556)는 중세식에 기사도(騎士道)의 정신(精神)에 전념(專念)한 스페인계의 귀족(貴族)이었다.

그가 26세 때 군(軍)에서 부상(負傷)을 입고 한 때는 염세적(厭世的)인 고뇌(苦惱)에 잠기기도 했으나 여러 성자(聖者)들의 생애(生涯)와 토마스 아 켐피스(Thomas A Kempis: 1379-1471)의 "그리스도를 본(本)받아"(The Imitation of Christ)를 읽고 크게 감동(感動)되어 그리스도에게 몰두(沒頭)되어 극도(極度)의 금욕주의(禁慾主義) 혹은 고행주의(苦行主義, Asceticism)를 실천(實踐)하는 기사(騎士)가 되기를 결심하고 스페인에서 예루살렘까지 맨발로 걸어서 가는 순례(巡禮)를 강행(强行)하려고 했다.

그러나 그는 더 나은 교육(敎育)을 받기 위해서 누더기 옷을 걸치고 불란서의 파리(Pari)로 갔다. 그를 본 동료(同僚)들은 처음에는 그에게서 등을 돌렸으나 점차(漸次)로 그의 뜻을 알아차리고 그에게 접근(接近)하여 많은 영적성장(靈的成長)을 위한 자문(諮問)을 구(求)하기도 했다.

그리하여 로욜라는 더 확실(確實)하게 그들을 설득(說得)시키기 위해서 "영적(靈的) 훈련(訓練)"(Spiritual Exercises)을 써서 많은 사람들의 영성양성(靈性養成)에 힘썼다.

그의 영적(靈的)인 훈련(訓練)은 먼저 우리의 죄(罪)에 대한 숙고(熟考)로부터 시작하여 그리스도의 삶에 대한 묵상(黙想)으로 나아가는 일련(一連)의 기도(祈禱)에 대해서 기술(記述)하고 있다.

"그리스도의 탄생(誕生)을 단지 추상적(抽象的)으로 생각하지 않고 그는 그 장면(場面)을 마음

속에 그려보고 상상력(想像力)으로 나사렛에서 베들레헴으로 가는 길을 보라. 그 길이와 넓이와 그 길의 계곡(溪谷)과, 언덕을 통과(通過)할 때 평평(平平)한지 꾸불꾸불 한지를 상상(想像)해 보라".

그 후에 로욜라는 그의 추종자(追從者)들을 모아서 예수회 (Sesuits)를 조직(組織)했고 그들은 곧 예루살렘으로 성지순례(聖地巡禮)를 떠나거나 그렇지 않은 자신을 교황(敎皇)에게 바쳐서 교황(敎皇)의 명령(命令)에 따라서 자신들의 처신(處身)을 하기로 결심(決心)했다.

그들 가운데는 유명(有名)한 스페인 출신의 여자수도사(女子修道士) 테레사(Theresa: 1515-1582)와 십자가(十字架)의 요한 같은 사람도 있었다.

그들은 자신(自身)들의 고난(苦難)이나 육체적(肉體的)인 고통(苦痛)을 통하여 하나님께 드려야 한다고 주장하여 자기 자신은 곧 하나님의 것(하나님의 所有)이라는 마음에서 철저(徹底)하고 헌신적(獻身的)인 믿음의 실천자(實踐者)가 되고자 했다.

그러한 훈련(訓練)은 종종 많은 어려움에 부딪치게 되었다.

사람들이 때때로 묵상(黙想)을 하는 주제(主題)들은 이 세상은 별 가치(價値)가 없고 공허(空虛)한 것처럼 보인다. 비록 얼마간은 아무것도 그 자리를 차지할 수 없겠지만 그러나 그러한 영혼(靈魂)의 어두운 밤이 아무리 괴롭더라도 영혼(靈魂)이 하나님께 더욱 집중(集中)하고 있다는 것을 보여준다.

마치 우리가 태양(太陽)을 더욱 직접적(直接的)으로 바라볼수록 그것이 우리의 시각기능(視覺機能)에서 일으키는 어두움은 더욱 큰 것처럼 이제 어떠한 익숙한 이정표(里程標)도 없이 신비주의자(神秘主義者)들은 하나님께로 홀로 여행(旅行)을 해야만 하고 그것은 끔찍한 일이 될 수 있다.

예수회에 속한 사람들은 초기의 종교적(宗敎的)인 수도회원(修道會員)들과는 달리 성무일도(聖務日禱)라는 그들의 강령(綱領)을 외우는데 날마다 많은 시간을 소비(消費)하지는 않았다.

이런 점에서 어떤 비평가(批評家)들은 예수회를 향하여 "게으름뱅이들의 수도회 그 성원들은 다른 사람들처럼 거리를 이리저리 다닌다"고 혹평(酷評)을 하기도 했으나 로욜라는 기도(祈禱)를 실제 생활과 분리(分離)하는 것을 거부(拒否)했다.

설교(說敎)를 하거나 가르치는데 있어서 예수회는 기도(祈禱)의 삶을 살았으며 그는 그 임무(任務)로부터 곧 그들을 미혹(迷惑)시키는 어떠한 것도 참지 못했다.

로욜라의 초기 추종자(追從者)들 중 한 사람인 프란시스 사비에르 (,Francis Xarvier)는 인도(印度)와 일본(日本)을 두루 여행(旅行)한 일이 있었다.

예수회의 선교사(宣敎師) 가운데 한 사람으로 중국(中國)을 여행(旅行)한 마태오 리치(Mtteo Ricci)는 유교(儒敎)의 옷을 채택(採擇)했고 중국(中國)의 천문학(天文學)에 대한 보조(步調)로서 서구(西歐)의 천문학(天文學)을 가르쳤으며 중국문화(中國文化)에 깊은 존경심(尊敬心)을 나타냈다.

그리고 그는 "우리의 거룩한 신앙의 모든 신비(神秘)가 아니라 오직 자연이성(自然理性)의 빛에 의해 증명(證明)되고 이해(理解) 될 수 있는 그러한 것들"을 신중(愼重)하게 논의(論議)하는 '하나님에 관한 참 된 사상(思想)에 대한 논문(論文)'(Treats on the True Idea of God)을 써서 발표했다.

다른 종교적(宗敎的)인 수도회원(修道會員)들은 예수회의 선교사(宣敎師)들을 공격(攻擊)했는데 이는 부분적(部分的)으로는 질투심(嫉妬心)에서 나온 것이었다. 왜냐하면 예수회는 사회(社會)의 지도층(指導層)에서 영향력(影響力)을 얻는 경향(傾向)이 있었기 때문이었다. 사회와 짝을 이루었다고나 할까?

또 부분적(部分的)으로는 자발적(自發的)으로 다른 사회(社會)의 관습(慣習)에 맞추어서 설교(說敎)를 하는 것이 그들에게는 신앙(信仰)을 손상(損傷)시키는 것으로 보였기 때문이다.

그러나 오랜 기간 동안 카톨릭의 선교사(宣敎師)들은 일반적(一般的)으로 상당히 융통성(融通性)을 가졌다.

1659년에 선교사역(宣敎事役)을 담당(擔當)하는 교황청(敎皇廳)의 기구(機構)는 로마에서부터 온 세계의 모든 선교사(宣敎師)들에게 이렇게 써서 보냈다.

이러한 내용으로 볼 때에는 매우 건전(健全)하고 신실했다는 것을 알게 한다. 로마 카톨릭 교회의 개혁(改革)이 이루어지지는 안했으나 일부의 양심(良心)은 분명히 시시비비(是是非非)를 가릴줄을 알았다. 그리고 이를 실천(實踐)하기 위해서 매우 많은 노력도 바쳤다.

그러나 교황청(敎皇廳)의 벽(壁)을 뛰어넘을 수는 없었다.

매우 안타까운 일이다.

"그것은 여러분의 임무(任務)로 생각하지 말고 그 사람에게 영향(影響)을 미치게 하기 위해 그리고 그들의 방식(方式)과 관습(慣習)과 관행(慣行)을 바꾸기 위해 어떠한 압력(壓力)도 행사(行事) 하지 말라. 그들이 종교(宗敎)와 건전(健全)한 도덕(道德)에 명백(明白)하게 반대(反對)하지 않는다면 말이다. 무엇이 프랑스, 스페인, 이탈리아, 또는 다른 유럽 국가(國家)들을 중국(中國)으로 옮기는 것보다 더 불합리(不合理)하겠는가? 모든 것을 그들에게 소개(紹介)하려고 하지 말고 오직 신앙(信仰)만 소개(紹介)하라"

3 ≡ 끝없는 교리(敎理)의 논쟁(論爭)들

로마 카톨릭 교회의 개혁사상(改革思想)이 여러 가지로 혼선(混線)을 일으키고 있을 때에 아빌라의 테레사와 십자가(十字架)의 요한은 신비주의(神秘主義)의 이론(理論)을 구체화(具體化)시켜 나가게 되었고 다른 많은 카톨릭주의 신학자(神學者)들도 그들 나름대로의 사상(思想)을 개발(開發)해 나가게 되었다.

그러나 그들 가운데서도 예수회가 여전히 프로테스탄트에 대한 로마 카톨릭의 대답(對答)을 공식화(公式化) 하는 중심에 서게 되었다.

토마스 아퀴나스(Thomas Aquinas: 1227-1274)의 신앙(信仰)과 이성(異性)의 문제, 교회(敎會)와 국가(國家) 간의 문제, 은혜(恩惠)와 자유의지(自由意志)에 대한 문제 사이의 서로 협력적(協力的)인 체계(體系)를 모색(摸索)했다.

루터는 이성(理性)이 종교생활(宗敎生活)에서 많은 역할(役割)을 한다는 것을 부인(否認)했다.

그는 기독교인(基督敎人)들은 통치자(統治者)들이 성경에 불복종(不服從)하도록 명령(命令)하지 않는 한 그들의 통치자(統治者)에게 복종(服從)해야 한다고 주장했다.

그리고 그는 죄(罪)가 자유의지(自由意志)를 파괴(破壞)했고 오직 우리는 하나님의 은혜(恩惠)로만 구원(救援)을 얻는다고 가르쳤다.

로마 카톨릭 신학자(神學者)들은 이러한 모든 문제(問題)들을 중심(中心)으로 쟁론(爭論)을 벌였다.

신학(神學)에서 인간이성(人間理性)의 노력(勞力)을 변호(辯護)하려는 것은 어렵다고 본다. 왜냐하면 중세 말기 시대에 철학적(哲學的)인 비판(批判)들이 제기(提起)되었고, 그 후로 우리가 어떻게 하나님에 대해서 말할 수 있는가 라는 것조차 설명(說明)하기 어렵게 되었기 때문이다.

토마스 아퀴나스는 "우리는 유비적(類比的, Analogically) 하나님에 대해서 말할 수 있다"고 가르쳤다. 예컨대 우리가 하나님을 "지혜(智慧)롭다"고 말할 때에 우리는 그 말을 사람에게 적용(適用)할 때와 정확히 똑 같은 의미(意味)로 사용하지는 않지만 우리의 의미가 전혀 다른 것도 또한 아니라는 것이다. 그것은 비슷하여 유사(類似, Analogous)한 것이다.

후기의 로마 카톨릭 신학자(神學者)들은 유비(類比)를 비례(比例)의 유비(類比, Analogy of Apportionality)와 귀속(歸屬)의 유비(類比) (Analogy of Attribution)로 나누어서 설명했다.

신적(神的)인 지혜(智慧)의 예(禮)에 충실(充實)해 보면 비례(比例)의 유비(類比)에서는 내가 하나님이 어떻게 지혜(智慧)로우신지 알지 못하지만 인간의 지혜(智慧)가 인간의 존재(存在)와 연관(聯關)되듯이 하나님의 지혜(智慧)는 하나님의 존재(存在)와 연관(聯關)된다는 것을 정당(正當)하다고 인정한다.

그리고 이것은 나에게 하나님의 지혜(智慧)에 관한 생각에 대략(大略)의 윤곽(輪廓)을 제공(提供)한다. 귀속(歸屬)의 유비(類比)는 비신학적(非神學的)인 에로 설명하는 것이 더 쉽다. 우리는 건강(健康)한 사람에 대해서 이야기 하지만 또한 건강(健康)한 음식(飮食)에 대해서도 이야기한다.

음식(飮食)이 사람들이 건강(健康)하다는 것과 같은 의미에서 건강(健康)하지는 않지만 그것을 먹는 사람들은 건강(健康)하게 할 때 우리는 건강(健康)한 음식(飮食)이라고 부른다.

비슷하게 하나님은 사람들이 지혜(智慧)롭다는 것과 같은 의미에서 지혜(智慧)롭지는 않지만 우리는 하나님이 인간의 지혜(智慧)의 원인(原因)이 되기 때문에 하나님을 지혜(智慧)롭다고 부른다.

그는 비례(比例)의 유비(類比)는 우리가 하나님의 지혜(智慧)가 무엇인지 아는 것 이상으로 우리가 하나님이 어떤 분인지 알지 못한다는 사실을 깨닫기까지 균형(窺衡) 잡힌 수학적(數學的)인 방정식(方程式)처럼 보인다고 말했다.

방정식(方程式)의 두 요소(要素)가 알려지지 않았을 때에는 그러한 비율(比率)은 많은 도움을 주지 않는다.

토머스 아퀴나스에게 있어서 이성(理性)과 계시(啓示)가 서로 보완(補完)하는 것처럼 교회(教會)와 국가(國家)도 인간의 행복(幸福)을 성취(成就)하는데 있어서 서로 협력(協力)한다.

스와레스와 다른 예수 회원(會員)들은 프로테스탄트(Protestant)의 통치자(統治者)들의 권위(權威) 아래에 사는 카톨릭 인들이라는 새로운 상황(狀況)을 직면(直面)해서 그 시대의 많은 정부(政府)의 종교적(宗敎的)인 정당화(正當化)에 대해 다소 거친 의문(疑問)들을 제기(提起)했다.

스와레스는 왕(王)이 신적(神的)인 권위(權威)로 다스린다는 것을 부정(否定)했다. 그는 법(法)을 만드는 권력(權力)은 어떤 개인(個人)에게 귀속(歸屬)하는 것이 아니라 오히려 인류(人類) 전체(全體)에 귀속(歸屬)하는 것이라고 말했다.

그러므로 왕(王)이나 다른 누구가 통치(統治) 할 권리(權利)를 가지기 위해서는 그것은 반드시 공동체(共同體)의 합의(合議)에 의해서 그에게 수여(授與)되어야 한다.

만약 통치자(統治者)가 권력(權力)을 강탈(强奪)해서 전체(全體)의 공동체(共同體)에 해(害)를 끼치고 있으며 그를 제거(除去)할 어떤 다른 방법도 없다면 우리는 그를 정당(正當)하게 죽일 수 있다.

예수회의 신학자(神學者)인 몰리나(Luis Molina)는 선행(善行)과 자유의지(自由意志)에 대한 확신(確信)을 보호(保護)하기 위하여 로욜라의 충고(忠告)를 열렬(熱烈)히 추종(追從)했다.

그는 비록 은혜(恩惠)만이 우리를 구원(救援)의 더 나은 목표(目標)와 하나님의 비젼(Vision)에로 인도(引導)하기는 하지만 자연인(自然人)의 상태(狀態)에서도 도덕성(道德性)과 행복(幸福)을 추구(追求)할 수 있고 어느 정도(程度)는 이를 수 있다고 주장했다.

그러므로 인간의 노력(勞力)들은 은혜(恩惠) 없이도 가치(價値) 있는 어떤 것을 이룰 수 있다.

나아가 몰리나는 하나님이 우리에게 은혜(恩惠)를 주실 때에 그것이 우리의 구원(救援)을 자동적(自動的)으로 보장(堡障)하지는 않는다고 주장했다.

우리가 그것에 협력(協力)할 때에만 은혜가 효과(效果)가 있게 된다.

아퀴나스는 어떤 행동(行動)이 죄(罪)가 될 수 있다고 의심(疑心)하는 사람이 나아가 그 일을 행(行)하는 것은 죄(罪)를 범(犯)한 것이라고 가르쳤다.

많은 참여자(參與者)들은 일부의 과도(過渡)하고 면밀(綿密)한 사람들이 어떤 것도 죄가 될 수 있다는 식으로 생각할 수 있다는 것을 알았다.

그들은 사람들이 어떤 행동(行動)이 아마도 죄(罪)가 아닐 것이라고 생각하는 한 그 사람은 죄(罪)를 지으려고 의도(意圖)한 것이 아니라고 가르치기 시작했다.

16세기에 스페인 예수회의 메디나(Medina)는 그 행동(行動)이 죄(罪) 된 것이 아니라는 어떤 그럴듯한 해석(解釋)이 있다면 그 사람은 의도적(意圖的)으로 죄(罪)를 범(犯)한 것이 아니라고 말함으로써 한 걸음 더 나아갔다.

이것은 충분(充分)하게 상상력(想像力) 있는 참회자(懺悔者)는 거의 모든 것에서 형벌(刑罰)을 면(免)할 수 있다는 것을 의미(意味)하는 듯 하다.

어쨌든 아르놀드는 그렇게 생각했다. 그는 예수회는 참회(懺悔)에 대한 훈련(訓練)의 게임(game)을 한다. 사람들은 하나님의 형벌(刑罰)을 두려워하지 않는다.

왜냐하면 그들은 사죄(赦罪)를 얻기가 쉽다는 이러한 선배(先輩)들의 믿음에 설득(說得)되었기 때문이다. 맹렬(猛烈)한 비난(非難)아래에서 예수회는 반격(反擊)했다.

그들은 은혜(恩惠)에 대한 얀센주의자들의 교리(敎理)가 실제로는 가장(假裝)한 프로테스탄티즘(Protestantism) 이라고 비난(非難)을 하면서 얀센주의자들에 대한 교황(敎皇)의 정죄(定罪)를 얻어내었다.

인생(人生)은 명성(名聲)이나 성취(成就)를 가져다 줄 수 있지만 그 활동(活動)의 모든 것이 아무리 행복(幸福)하다고 할지라도 마지막 행동(行動)은 비극(悲劇)이다.

마지막에는 작은 땅이 우리 머리 위로 뿌려지고 영원히 끝이다.

과학자(科學者) 파스칼(Pascal, Blaise: 1623-1662)은 우주(宇宙)가 지구(地球)를 중심으로 위계적(位階的)으로 질서(秩序)지어져 있다는 사상(思想)조차 거부(拒否)했다.

우리는 진공상태(眞空狀態) 와중(渦中)의 어딘가에 있는 작은 행성(行星)에서 살고 있으며 이러한 무한(無限)한 공간(空間)의 영원(永遠)한 침묵(沈黙)이 나를 두렵게 한다.

그러나 인간에게는 존재(存在)의 다른 측면(側面)도 있다. "인간(人間)은 단지 자연(自然)에서 가장 연약(軟弱)한 존재(存在)인 갈대일 뿐이다. 그렇지만 그는 생각(生覺)하는 갈대이다. 우주(宇宙)는 나를 작아 보이게 하지만 나는 그 우주(宇宙)의 전체(全體)를 상상(想像)할 수 있다". 이는 파스칼이 남긴 말이다.

나는 운명(運命)이 정해져 있을지 모르지만 나는 내 운명(運命)을 의식(意識)하고 있으며 그것은 나를 특별(特別)하게 만든다. 우주(宇宙)가 그를 짓밟아 뭉개려고 할지라도 인간은 여전히 그를 죽이는 우주(宇宙)보다 더 크고 고귀(高貴)하다.

왜냐하면 그는 그가 죽는다는 것을 알지만 우주(宇宙)는 이것에 대해 아무 것도 모르기 때문이다.

파스칼은 이성(理性)이 이러한 모순(矛盾)들을 이해(理解)할 수 없다고 말했다. 유일(唯一)한 해석(解釋)은 기독교(基督敎)의 신앙(信仰)에서 나온다.

하나님 자신의 형상(形像)을 따라서 만들어진 피조물(被造物)이 죄(罪)의 상태(狀態)에 떨어졌다는 사상(思想)만이 인간을 이루는 여러 특성(特性)들의 모순(矛盾)된 혼합(混合)을 설명(說明)할 수 있다. 파스칼은 믿음이 종종 이성(理性)보다 더욱 심오(深奧)한 통찰(洞察)로 이끈다고 생각했다.

그는 철학자(哲學者)들이 진리(眞理)가 무엇인지 증명(證明)하거나 그렇지 않으면 회의론자(懷疑論者)로 남기를 원했지만 그 가운데 어떤 것도 가능(可能)하지 않다는 것이 판명(判明)되었다.

모든 논증(論證)은 가정(假定)에서 시작하는데 이 가정(假定)은 오직 부과적(賦課的)인 가정(假定)을 수반(隨伴)하는 또 다른 논증(論證)에 의해 증명(證明)될 수 있다.

우리는 완성(完成)된 증명(證明)을 할 수는 없다. 그러나 우리는 회의론자(懷疑論者)로 살 수도 없다. 가장(假裝)된 회의론자(懷疑論者)는 그가 한 잔의 커피를 잡으려고 손을 내밀거나 구르는 돌을 날 세게 피하자마자 그 자신이 사기(詐欺)꾼임을 입증(立證)할 것이다.

우리 모두는 어떤 것들을 옳은 것으로 믿는다. 우리가 아무 것도 증명(證明)할 수 없다면 이것은 어떻게 정당화(正當化) 될 수 있는가?

파스칼은 직관(直觀)에 호소(呼訴)했다. 심장(心臟)은 이성(理性)을 가지지만 이성(理性)은 이것을 모른다. 수학(數學)이나 과학(科學)에서 또는 종교(宗敎)에서 우리는 우리가 옳다고 지각(知覺)하거나 느끼는 것에서 출발(出發)을 한다.

그러나 종교(宗敎)에서 어떤 사람들은 확실(確實)히 회의론자(懷疑論者)로 남는 것이 최상(最上)이라고 생각하여 저항(抵抗)하고 또 사람이 확신(確信)할 수 있는 것은 없다고 고백(告白)할지도 모른다.

파스칼은 그것이 마치 내기(賭博)를 하는 것과 같다고 대답했다.

하나님은 존재(存在)하든가 그렇지 않든가 둘 중 하나이다. 만약 하나님이 존재(存在)한다면 믿음이 우리에게 영원(永遠)한 기쁨을 가져다 줄 것이고 반면에 불신앙(不信仰)은 영원한 형벌(刑罰)을 가져올 것이다.

만약 하나님이 존재(存在)하지 않는다면 신앙인(信仰人)들은 여전히 선(善)한 일을 하면서 살 것이고 불신앙인(不信仰人)들은 아무 것도 얻지 못할 것이다.

믿음은 모든 것을 얻고 아무 것도 잃지 않는다.

파스칼의 내기(賭博)는 종종 그 문맥(文脈)을 무시(無視)하고 해석(解釋)되어 비웃음을 사곤 했지만 그는 누구도 그 우열(愚劣)의 차이(差異)를 면밀(綿密)하게 계산(計算)함으로써 믿음을 가지게 되는 것은 아니라는 것을 충분(充分)히 잘 알고 있었다.

그가 지적(指摘)하고자 했던 것은 회의론(懷疑論)도 역시 결국에는 실패(失敗)로 판명(判明)의 결단(決斷)을 나타낸다는 것이다. 누군가가 신앙(信仰)의 직관(直觀)을 가졌다면 그에 따른 입장(立場)이 어떤 다른 것보다 덜 합리적(合理的)인 것이라고 비난(非難)을 받을 수 없다.

기독교(基督敎)에 대한 파스칼의 변호(辯護)가 아무리 강력(强力)할지라도 단기적(短期的)인 관점(觀點)에서 보면 얀센주의를 위한 그의 논증(論證)은 실패(失敗)로 끝났다. 얀센주의자들은 너무 지나치게 미움을 받는 칼빈주의자들처럼 생각되었다.

그래서 1653년 교황(敎皇) 인노센트 10세는 교서(敎書)를 반포(頒布)하였는데 이 교서(敎書)는 사람들이 하나님의 은혜(恩惠)를 떠나서는 선(善)한 일을 행할 수 없다는 것을 부정(否定)했고 하나님의 은혜(恩惠)가 불가항력적(不可抗力的)이라는 것을 부인(否認)했으며 예수회가 펠라기어스 주의자(主義者)들이라는 것도 부인(否認)했다.

그러나 그것은 프랑스 카톨릭 내의 신학적(神學的)인 논쟁(論爭)으로 끝나지 않았다.

그러나 로마 카톨릭 교회에서의 교리논쟁(敎理論爭)은 개신교(改新敎)에서처럼 자유(自由)롭게 성경(聖經)을 연구(硏究)하여 그 결과를 들어서 논쟁(論爭)을 벌리는 것이 아니라 대개의 경우 교황청(敎皇廳)의 규제(規制) 아래서 또는 허락(許諾)된 범위(範圍)안에서의 논의(論議)에 끝날 뿐이기 때문에 개신교(改新敎)에서처럼 어떤 결론(結論)이나 기대(期待)를 바랄 수는 없다는 것을 알 수 있다.

제6장

청교도 혁명기의 교리사상

The Dogmatic Thought in the Puritan's Reformation

청교도(淸敎徒)들의 혁명기(革命期)를 전후한 교리사상(敎理思想)은 주로 개인(個人)을 향해서는 성경적(聖經的)인 신앙운동(信仰運動)이었고 교회(敎會)를 향해서는 성경적(聖經的)인 교회운동(敎會運動)이었으며 로마 카톨릭 교회를 향해서는 종교개혁자(宗敎改革者)들의 개혁사상(改革思想)을 수용(收用)하라는 것이었고 영국(英國)의 왕실(王室)을 향해서는 성경적(聖經的)인 신앙(信仰)의 자유(自由)를 달라는 것이었다.

결국 개혁(改革)의 중심(中心)을 이루는 사상(思想)은 성경(聖經, The Bible)에서 말씀하고 있는 진리(眞理) 그대로를 받아들이라는 것으로 이해(理解)하면 될 것이다.

청교도(淸敎徒)들은 이를 위해서 로마 교황청(敎皇廳)과 영국의 왕실(王室)로부터 수많은 생명(生命)의 대가(代價)를 치러야했고 삶의 터전까지도 포기(抛棄)하고 세계(世界)를 떠돌면서 처절(悽絶)하게 비참(悲慘)한 환경(環境)속에서 투쟁(鬪爭)을 전개해 나왔다.

그러나 초대교회(初代敎會)의 시절부터 내려온 기독교 진리(眞理)의 정통성(正統性)과 신앙(信仰)의 전통(傳統)을 지켜나가기 위해서 변이(變異)된 카톨릭 교회의 신학사상(神學思想)이나 제도(制度)는 물론 모든 의전(儀典)과 명령(命令)을 거부(拒否)했고 영국 왕실(王室)의 명령(命令)에도 따르지 않았으므로 그 과정(過程)은 참으로 비절참절(悲絶慘絶)한 그것이었으나 마침내 영국을 비롯하여 전 세계의 역사(歷史)를 바꾸어놓는 큰 결실(結實)을 맺는 결과(結果)를 가져오게 되었다.

특히 청교도운동(淸敎徒運動)은 그 자체가 종교개혁(宗敎改革) 후에 혼란(混亂)과 분열(分裂)을 거듭하고 있던 신구교(新舊敎)간의 선(線)을 분명히 행동(行動)으로 바꾸어 놓았다.

뿐만 아니라 영국의 왕실파(王室派)와의 관계(關係)에서도 시비(是非)를 똑 바로 줄그어 놓았고 개신교(改新敎)들 사이에서도 갈등(葛藤)과 분열(分裂)의 혼선(混線)만 되풀이하고 있을 때에 칼빈주의 신학(神學)을 행동신앙(行動信仰)으로 바꾸어 놓았다.

뿐만 아니라 1620년 청교도(淸敎徒)들의 북미(北美) 신대륙(新大陸)에로의 이동(移動)으로 현대(現代)에 민주주의(民主主義)라는 새로운 정치사회(政治社會)의 기반(基盤)을 구축(構築)해 줌으로써 명실상부(名實相符)하게 기독교 성경이 말씀하고 있는 세계사적(世界史的)인 의미(意味)를 정확(正確)하게 제시(提示)해 주었다.

이런 의미에서 볼 때에 청교도주의(淸敎徒主義)의 사상(思想)은 신학적(神學的)인데서만이 아니라 성경적인 생활신앙(生活信仰)에서 찾아야 하고 일과성(一過性)으로 끝내 버릴 단순(單純)한 역사적(歷史的)인 사건(事件)이 아니라 두고두고 기독교의 신앙운동(信仰運動)과 함께 신학운동(神學運動)으로 계승(繼承)되어야 할 것이다.

과거사(過去事)속에서 논의(論議)될 하나의 정풍운동(整風運動, Rectification Campaign)의 사건(事件)으로 이해(理解)될 것이 아니라 기독교(基督敎)의 역사(歷史)가 흐르고 성경적인 신앙(信仰)이 있는 곳에 마땅히 있어야 할 기독교신앙(基督敎信仰)의 정신(精神)이요 사상(思想)이라고 해야 할 것이다.

1 ≡ 영국 왕실과 교황청과의 관계

종교개혁(宗敎改革, Reformation)이 성공적(成功的)으로 끝이 나서 말틴 루터와 쯔잉글리와 그리고 죤 칼빈의 교리사상(敎理思想)의 영향(影響)이 전 구라파 사회(社會)의 교회(敎會)와 백성(百姓)들 속에 깊숙이 파고 들어가고 있는데도 바티칸의 교황청(敎皇廳)이나 영국(英國)의 왕실(王室) 사이에서는 개혁자(改革者)들에 대한 문제는 별로 크게 생각하지 않고 자기들끼리의 관계(關係)를 유지(維持)해 나가면서 교황정치(敎皇政治)의 방식(方式)을 그대로 유지(維持)해 나가는 데만 급급하고 있었다.

그런데 교황청(敎皇廳)과 영국(英國)의 왕실(王室)과의 관계(關係)가 헨리 8세 (Henry VIII: 1491-1547) 왕(王)의 결혼문제(結婚問題)로 인해서 금이 가기 시작하여 전혀 돌이킬 수 없는 극단적(

極端的)인 견원(犬猿, Dog and Monkey)의 관계로 갈라서게 되었다.

그것이 영국에서 신구교(新舊敎)간의 대립(對立)과 함께 청교도혁명(淸敎徒革命, Puritan's Reformation)이라는 새 역사(歷史)의 장(章)을 열게 하는 결과(結果)로 나타나게 되었다.

레오 10세(Leo X: 1513-1521 재위) 교황(敎皇)은 한 때 영국 왕(王) 헨리 8세를 향하여서 "신앙(信仰)의 옹호자(擁護者)"(A Protector of the Faith)라고 까지 예찬(禮讚)을 해 주었다.

그러나 1534년에 들어서면서 헨리 8세는 그의 형수(兄嫂)였던 카타리나(Cathalina)와의 결혼(結婚)가 이혼문제(離婚問題)루 교황청(敎皇廳)의 지배(支配)에서 벗어나기 위하여 관계(關係)의 단절(斷絶)을 선언(宣言)하고 스스로 "교회(敎會)의 수장령(首長令)"(Act of Supremacy)을 발표(發表)하여 영국 교회의 지배권(支配權)을 영국의 왕(王)이 직접 갖게 된다는 것을 선언해 버렸다.

이에 대해여 당시의 교황(敎皇)파울러스 3세(Paulus III: 1534-1549 재위)는 헨리 8세를 파문(破門)해 버렸다.

그러나 영국의 왕실(王室)은 교황(敎皇)의 파문(破門) 같은 것에 구애(拘碍)됨이 없이 헨리 8세 왕(王)으로부터 시작 된 수장법(首長法)을 에드워드 6세(Edward VI: 1547-1553 재위)때까지 무려 20년간을 고수(固守)해 나갔다.

그런데 문제는 에드워드 6세의 후계자(後繼者)로 영국 왕(王)에 오른 악명 높은 메리 1세(Mary I:1553-1558 재위) 여왕(女王)은 선왕(先王)들의 전통적(傳統的)인 관행(慣行)을 타파(打破)하여 수장법(首長法)을 폐지(廢止)하고 다시 영국(英國)의 로마 카톨릭 복귀(復歸)를 선언(宣言)한 다음 메리 여왕(女王) 스스로가 사죄단(謝罪團)을 이끌고 교황청(敎皇廳)으로 찾아가서 교황(敎皇) 앞에 꿇어 엎드림으로써 교황청(敎皇廳)과 영국(英國) 왕실(王室)과의 관계(關係)는 다시 친선(親善)으로 바뀌게 되었다.

메리 여왕(女王)의 이 같은 행위(行爲)는 개신교(改新敎)에 대한 탄압(彈壓)으로 바뀌면서 수많은 개신교(改新敎)의 사람들에 대한 박해(迫害)와 탄압(彈壓)으로 전환(轉換)하면서 무자비(無慈悲)한 학살(虐殺)로 피의 메리"(Blood Mary)라는 악명(惡名)이 찍힐 만큼 그는 많은 개신교(改新敎)의 사람들을 죽였다.

이러한 메리 여왕(女王)의 개신교(改新敎)에 대한 탄압정책(彈壓政策)이 무려 4년여 간이나 계속(繼續) 되다가 그의 후임(後任)으로 즉위(卽位)한 엘리자벳 1세(Elizabeth I: 1558-1603 재위) 여왕(女王)은 청교도(淸敎徒)의 지도자(指導者)들을 대거(大擧) 자기의 각료(閣僚)로 입각(入閣)시키고 개신교(改新敎)의 옹호정책(擁護政策)을 펴나가다가 1559년 통일법(統一法, Act of Uniformity)을 발표하여 새롭게 영국의 국교회(國敎會, National Church)제도(制度)를 확립(確立)하게 되었다.

이에 다시 교황청(敎皇廳)에서는 영국의 왕실(王室)에 대해서 불만(不滿)을 가지고 적대적(敵對的)인 관계(關係)로 보복(報復)의 기회(機會)를 노리게 되었다.

엘리자벳 여왕(女王)은 또 1563년 39개조(三十九個條, The Thirty-nine Articles)를 제정(制定)하여 발표(發表)하고 사실상 칼빈주의 교리사상(敎理思想)의 확립(確立)을 기하게 되었다.

이 39개조의 내용(內容)을 보면 주로 신론(神論), 기독론(基督論), 성령론(聖靈論), 성서론(聖書論), 신경론(信經論), 구원론(救援論), 교회론(敎會論), 교직론(敎職論), 설교론(說敎論), 국민(國民)의 도덕론(道德論) 등으로 로마 카톨릭 교회와 프로테스탄트 사이의 갈등(葛藤)을 무마(撫摩)하면서 영국 교회를 안정(安定)시키게 되었다.

영국의 이러한 종교정책(宗敎政策)에 크게 분개(憤慨)하고 있던 교황청(敎皇廳)에서는 1558년 7월 스페인 전함대(戰艦隊)의 영국 침공(侵攻)에 은근히 기대(期待)를 걸고 스페인의 승전(勝戰)을 고대(苦待)했으나 영국의 완전승리(完全勝利)와 스페인의 패전(敗戰)으로 끝이 나자 더 이상 영국의 왕실(王室)이나 영국의 국교회(國敎會)를 지배(支配)하지 못하고 스스로 물러서게 되었다.

엘리자벳 여왕(女王)은 이렇게 해서 영국의 모든 교권(敎權)을 장악(掌握)하기는 했으나 그것이 성경의 교리(敎理)나 신학(神學)을 중심으로 한 것이 아니라 세습정권(世襲政權)으로 교회(敎會)를 지배(支配)하는 정책(政策)이었기 때문에 자연히 청교도(淸敎徒)의 반발(反撥)을 유발(誘發)하게 되어서 이제는 로마 카톨릭 교회가 아닌 개신교(改新敎)의 혁신(革新)을 주장(主張)하고 나선 청교도(淸敎徒)와의 마찰(摩擦)로 또 다른 분쟁(分爭)의 불씨를 안고 통치(統治)에 임하게 되었다.

2 ≡ 청교도 운동이 일어나게 된 동기(動機)

우리는 청교도주의자(淸敎徒主義者)들의 사상(思想)을 논(論)함에 있어서 교리학(敎理學)이나 신학적(神學的)인 의미에서보다는 1600년대를 전후하여 영국에서 일어났던 경건(敬虔)한 칼빈주의파에 속한 일반신자(一般信者)들을 중심으로 일어난 사회적(社會的)인 정풍운동(整風運動, Rectification Campaign)이요 동시에 교회에 있어서는 성경적(聖經的)인 신앙(信仰)과 신학(神學)에로의 회귀운동(回歸運動)이었다고 할 수 있다.

그러나 이것이 지닌 역사적(歷史的)인 의의(意義)는 단순(單純)히 교리사상적(教理思想的)인 의미(意味)에서만의 것이 아니라 인류사적(人類史的)인 의미(意味)에서도 공감(共感)하는 새 역사(歷史)의 전환점(轉換點)으로 이해(理解)하는 것이 옳을 것이다.

우리가 17세기에 유럽을 중심으로 일어났던 계몽주의운동(啓蒙主義運動, Enlightenment Movement)을 논할 때에 그것은 어떤 주의(主義)나 사상적(思想的)인 의미(意味)에서 다가가는 것보다는 차라리 계발(啓發, Illumination)이나 사조(思潮, The Drift of Public Opinion)라는 정도(程度)로 이해하고 넘어갔다.

그러나 계몽주의운동(啓蒙主義運動)이 일어나게 되었던 원인(原因)은 중세 로마 카톨릭 교회의 부패(腐敗)와 교황청(教皇廳)을 비롯한 사제(司祭)들의 독재(獨裁)에서 벗어나려는 인본주의운동(人本主義運動)의 문예부흥운동(文藝復興運動, Renaissance)이나 종교개혁(宗敎改革, Reformation)같은 것도 같은 맥락(脈絡)에서 해석 될 수 있다.

사실 기독교 운동이 종적(縱的)으로는 개인(個人)의 구원(救援)을 통한 하나님과의 관계(關係)라고 할 것이나 횡적(橫的)으로는 우주적(宇宙的)이고 전세계적(全世界的)이라는 뜻으로 해석(解釋)하는 사람은 그렇게 많지 않다.

성경은 분명히 존재(存在, Existence)와 형식(形式, Formality)을 모두 하나님에게다 뿌리를 하고 있어서 성경(聖經)이 제시하고 있는 진리(眞理)가 협의적(俠義的)인 의미(意味)에서는 천하(天下)보다 귀(貴)한 각인(各人)의 생명구원(生命救援)이면서 동시에 광의적(廣義的)인 의미(意味)에서는 창조주(創造主) 하나님의 뜻을 이루어 드리는 것이다.

이것은 역사적(歷史的)인 사건(事件)이 어떤 형식(形式)과 명분(名分)으로 나타난다고 할지라도 그것은 하나님을 향한 지고(至高)한 선(善)을 향하고 있다는데 별다른 이의(異議)가 있을 수 없다.

왜냐하면 사람은 어떤 욕구불만(欲求不滿)이나 기대(期待)에 미치지 못할 때에 새로운 이상(

理想(理想)을 향해서 반항(反抗)하고 충돌(衝突)하게 되는데 이것이 문예부흥운동(文藝復興運動)이니, 종교개혁운동(宗敎改革運動)이니, 또는 청교도운동(淸敎徒運動)이니, 계몽주의운동(啓蒙主義運動)이니 하는 형태(形態)로 나타날 뿐이다.

로마 카톨릭 교회나 교황청(敎皇廳)이 부패(腐敗)하고 타락(墮落)하였다거나 변질(變質)했다는 말은 곧 기준(基準, Standard)에서 이탈(離脫)했다, 혹은 기준치(基準値)에 미치지 못했다는 말로 해석(解釋)을 할 것이다.

교황(敎皇)이나 로마 카톨릭 교회(敎會)가 하나님의 기대(期待)와 요구(要求)에 미치지 못하였으므로 사람들의 양심(良心, Conscience)은 반항(反抗, Resistance)하게 된다.

바로 여기에서 하나님을 향한 바른 정설(定說)을 제시(提示)해 준 것이 바로 성경(聖經, The Bible)이기 때문에 성경적인 신앙생활(信仰生活)이나 교회운동(敎會運動)을 지향(指向)하는 사람이면 비리(非理)에 대해서 결코 간과(看過)할 수 없기 때문에 뜻을 같이 하는 사람들이 얽혀서 집단(集團)의 힘으로 반항(反抗)하고 나서게 된다.

종교개혁(宗敎改革)의 후기(後期)인 17세기 초엽(初葉)부터 영국을 중심으로 일어났던 청교도운동(淸敎徒運動)은 그 사상(思想)의 뿌리를 죤 칼빈에게다 두고 있었다.

그 이유는 죤 칼빈의 신학사상(神學思想)은 어디까지나 성경적인 신본주의(聖經的神本主義)의 교리사상(敎理思想)으로 하나님의 절대주권(絶對主權) 하나님의 절대영광(絶對榮光) 하나님의 절대예정(絶對豫定) 하나님의 절대구원(絶對救援)이라는 교리(敎理)에 확고(確固)히 선 사람이면 누구나 경건(敬虔)한 생활신앙(生活信仰)으로 하나님을 기쁘시게 해드려야 한다는 것이다.

그렇다면 청교도주의자(淸敎徒主義者)들의 사상(思想)을 별도로 들어서 설명할 필요가 없이 칼빈주의 사상(思想)으로 일원화(一元化) 시켜 버려도 좋지 않을까 라고 상상(想像)을 해 볼 수 있다.

그러나 그것은 꼭 그렇지만은 않다.

왜냐하면 칼빈주의 사상은 역시 모든 기독교(基督敎)의 교리(敎理)를 성경의 진리(眞理)에 따라서 신학적(神學的)인 이론(理論)으로 정립(定立)하고 이를 어떻게 믿어야 할 것인가를 교리적(敎理的)으로 체계화(體系化)시키고 정리(整理)해 주었다면 청교도운동(淸敎徒運動)은 그 교리신학(敎理神學)의 바탕 위에 뿌리를 박고 그것을 생활신앙(生活信仰)의 행동(行動)으로 옮겼다는데서 구분(區分) 지어져야 할 것이다.

1660년대 중반 청교도혁명(淸敎徒革命)은 사실상 장로교(長老敎)의 혁명(革命)이라고 이름 붙여져야 할 것이나 그렇게 하지를 않고 부디 청교도혁명(淸敎徒革命, Puritan's Reformation)이라고 이름 붙여지게 된 것은 교리사상적(敎理思想的)인 이론(理論)이라는데서 그 뜻을 찾는 것이 아니라 청교도주의자(淸敎徒主義者)들의 경건(敬虔)한 생활신앙(生活信仰)을 중심으로 그들을 이해(理解)했기 때문이라는 것과 또한 장로교혁명(長老敎革命)이라고 할 경우 그것이 교회의 내적(內的)인 문제로 제한(制限)이 될 것이나 그렇게 하지 않은 것도 혁명(革命)의 성격(性格)이 교회의 외적(外的)인 의미(意味)에서 사회(社會)와 교육문화(敎育文化)와 정치(政治)의 모든 것들을 다 포함(包含)시키고 있기 때문에 포괄적(包括的)인 의미(意味)에서 청교도혁명(淸敎徒革命)이라고 이름 붙이는 것이 훨씬 더 타당(妥當)한 것이라고 보는 것이 옳을 것이다.

특히 1620년 11월 30일 일단(一團)의 청교도(淸敎徒, Pilgrim Fathers)들 102명이 신대륙(新大陸)인 북미주(北美州)의 메사츄셑츠 (Massachusettes)주의 북동(北東) 쪽 해안(海岸) 플리무드 락(Plymouth Rock)에 첫 발을 내려딛고 양지(陽地) 바른 바위 언덕 위에 둘러앉아서 하나님께 기도(祈禱)하기를 "하나님 아버지 감사(感謝)합니다. 우리들로 하여금 이 곳을 기록(記錄)된 성경 말씀대로 믿고 행하는 성경적 신앙의 실천장(實踐場)을 만들어 가게 하소서"라고 울부짖었던 일들은 두고두고 모든 사람들의 마음에 큰 감명(感銘)을 주고 있다는 것을 알고 있다.

그리하여 그들이 행한 일들과 경건(敬虔)한 생활신앙(生活信仰)의 내용(內容)들은 단순히 신학적(神學的)인 입장에 국한(局限)시켜서 해석(解釋)할 것이 아니라 사회(社會) 문화(文化) 교육(敎育) 국가(國家) 등 다각적(多角的)인 의미(意味)에서 그 사상(思想)을 연구(硏究)하고 분석(分析)해야 할 것이기 때문에 다음에서 좀 더 구체적(具體的)으로 검토(檢討)를 해 보기로 한다.

우리가 청교도주의(淸敎徒主義)라는 그 사상(思想)이나 운동(運動)을 논함에 있어서 순수(純粹)히 기독교신앙(基督敎信仰)의 범주(範疇)안에서만 해석(解釋)을 하려고 함으로 오히려 본 뜻에서 멀어질 수밖에 없다는 것을 알아야 한다왜냐하면 물론 일차적(一次的)으로는 청교도주의자(淸敎徒主義者)들의 사상(思想)이나 운동(運動)이 기독교(基督敎)를 향한 것이었으나 현대인(現代人)들이 가장 이상적(理想的)인 사상(思想)이요 제도(制度)라고 믿고 있는 현대인(現代人)들이 말하고 있는 "민주주의"(民主主義, Democracy)라는 것이 어디에서 나온 것인가를 바로 이해(理解)한다면 청교도사상(淸敎徒思想)이나 그 운동(運動)에 대해서 좀 더 적극적(積極的)인 이해(理解)에 이를 것이다.

그리고 기독교운동은 단순이 하나의 종교집단(宗敎集團)로서 자기들만의 내적(內的)인데서 끝나는 것이 아니라 더 나아가서는 전세계(全世界, In the World) 전인류(全人類, All Mankind) 전우주적(全宇宙的, Universal)일 뿐만 아니라 존재(存在, Existence)와 형식(形式, Formality)에 대한 전체(全體)를 포함(包含)하고 있다는 것을 알게 될 것이다.

그리하여 기독교운동의 성격(性格)을 한마디로 말한다면 책임(責任, Responsibility)과 사명(使命, Mission)이라고 하는 것이다.

3 ≡ 청교도주의자들의 교리사상

기독교(基督敎)에 대한 바른 이해(理解)는 하나님의 신적권위(神的權威)를 절대(絶對)로 한 성경진리(聖經眞理)의 교리(敎理)를 통한 방법(方法)과 신앙(信仰)에 의한 신비적(神秘的)인 경험(經驗)을 통해서만 바른 이해(理解)에 이르게 된다는 것을 명심(銘心)해야 한다.

그것은 성경이야말로 하나님의 성령(聖靈)에 의해서 기록된 책(冊)으로서 성령(聖靈)의 영감(靈感, Inspiration)을 받은 성현(聖賢)들이 쓴 하나님의 말씀(Word)이요 하나님의 계시(啓示, Revelation)요 하나님의 진리(眞理, Truth)요 반드시 성취(成就)하실 하나님의 언약(言約, Covenant)이라는데 기초(基礎)를 두고 있기 때문이다.

그리고 그 성경을 기록하도록 영감(靈感)한 감동(感動)의 성격(性格)은 유기적인영감(有機的靈感, Organical Inspiration)이요 그 영감(靈感)의 범위(範圍)는 성경 전체가 축자영감(逐字靈感, Verbal Inspiration)이라는 분명(分明)하고 확실(確實)한 사상(思想)을 견지(堅持)하고 있다.

청교도주의자(淸敎徒主義者)들은 이러한 칼빈의 교리사상(敎理思想)을 바탕으로 하고 신학적(神學的)인 체계(體系)와 교리사상(敎理思想)의 기반(基盤)을 구축(構築)했다.

청교도주의자(淸敎徒主義者)들의 교리사상(敎理思想)이 이러한 신학적(神學的)인 체계(體系)를 확립(確立)하게 되었다는 것은 영국에서는 켐브리지 대학(Cambridge University)을 통해서 교회의 지도자(指導者)를 육성(育成)시키고 또 미국에서는 1638년에 세워진 세계적(世界的)인 명문(名門)인 하바드 대학 (Harvard University)을 세워서 목회자(牧會者)들의 양성(養成)에 적극적(積極的)이었다는 사실을 알 수 있다.

또한 기독교신학(基督敎神學, The Christian Theology)을 좀 더 구체적(具體的)이고 체계적(體系的)으로 정리(整理)하여 소위 조직신학(組織神學, Systematic Theology)이라고 이름을 붙인 것도 청교도신학(淸敎徒神學)에서부터였다는 사실을 보면 이해(理解)가 갈 것이다.

그리고 기독교(基督敎)의 바른 이해(理解)를 위한 두 번째의 방법(方法)이 신앙(信仰)에 의한 방법(方法)이라고 이미 말한바 있거니와 이는 보다 더 신비적(神秘的)인 체험(體驗)을 전제(前提)로 하고 이해(理解)에 이르기 때문에 여기에서는 자연(自然)히 경건(敬虔)한 생활신앙(生活信仰)과 더 많은 기도(祈禱)와 끝이지 않는 명상(瞑想)과 성경(聖經)의 연구(硏究)라는 적극적(積極的)인 행동(行動)이 뒤 따르게 된다는 것을 알 수가 있다.

히브리서의 기자(記者)는 믿음에 대해서 기록하기를 "믿음은 바라는 것들의 실상(實狀)이요 보지 못한 것들의 증거(證據)니 선진(先進)들이 이것으로 증거(證據)를 얻었느니라"(Now faith is the substance of things hope for, the evidence of things not seen. For by it the elders obtained a good testimony)라고 기록하고 있다 (히11:1-2).

이는 기독교에서 말하는 신앙(信仰)은 결코 어떤 관념(觀念, Conception)이나 유추(類推, Analogical)에 의한 추구(追求, Pursuit) 또는 상상(想像, Imagination)속의 기대(期待)나 바램이 아니라 실상(實狀, the Actual, Circumstance)이요 또한 믿음의 증거(證據, Evidence)이기 때문에 기독교(基督敎)의 신앙의 실체(實體, Substance)가 바로 여기에서 기독교의 신비적(神秘的)인 요소(要素) 곧 영성(靈性, Spirituality)이라는 것이 오게 된다.

기독교 신앙의 신비(神秘)와 신적(神的)인 요소(要素)는 사람의 이성(理性, Reason)으로서는 전혀 이해(理解) 할 수 없는 믿음의 체험(體驗, Experience)이라는 것을 배제할 수 없다.

이러한 믿음의 영적체험(靈的體驗) 때문에 신앙인들에 대해서 성경은 "이러한 사람은 세상이 감당(勘當)치 못 하도다"(Of whom the world was not worthy)라고 기록(記錄)하고 있다 (히11:38).

청교도주의자(淸敎徒主義者)들은 이렇게 말씀하고 있는 성경의 진리(眞理)에 따라서 자기의 믿음을 지키기 위하여 자기의 주거문제(住居問題)나 심지어는 생명(生命)까지도 바쳐가면서 이 믿음의 길을 택했든 것이다.

그러므로 청교도주의자(淸敎徒主義者)들이 생각하는 진수(眞髓, Essence)를 한마디로 말한다면 곧 "믿음"(信仰, Faith) 이라고 해야 할 것이다.

그렇기 때문에 그들은 경건(敬虔)한 생활신앙(生活信仰)에 힘썼으며 하나님께 대한 예배(禮拜)와 순종(順從)의 충성(忠誠)으로 일관했다는 것을 알 수가 있다.

1) 청교도주의자들의 성경관(聖經觀)

청교도주의자(淸敎徒主義者)들의 성경관을 보면 처음부터 끝까지 칼빈주의의 그것에서 다를 것이 없었다.

그러나 이를 좀 더 구체적(具體的)으로 자세하게 살펴보면 청교도주의(淸敎徒主義)의 대표적(代表的)인 지도자(指導者)요 설교가(說敎家)로서 "영국의 아버지"(Father of the England)로 국민적(國民的)인 존경(尊敬)을 받았던 찰스 스펄죤 (Charles H. Spergion: 1834- 1892) 목사(牧師)의 말을 인용(引用)해 보는 것으로 설명(說明)을 대신(代身) 하면 될 것으로 본다.

즉 그는 말하기를 "죤 오웬은 영국(英國)의 모든 신학자(神學者)들 중 가장 위대(偉大)한 인물(人物)이었다"고 자랑하여 영국(英國)의 청교도주의(淸敎徒主義)를 이끌었든 죤 오웬(John Owen: 1616-1683)의 성경관(聖經觀)이 곧 청교도주의자(淸敎徒主義者)들의 성경관(聖經觀)이었음을 간접적(間接的)으로 설명(說明)해주고 있다.

그런데 청교도주의(淸敎徒主義)의 신학자(神學者)들 가운데 한 사람이었던 죤 오웬은 "예언자(預言者)들은 하나님의 말씀 하나님의 생각(生覺) 하나님의 의지(意志) 또는 하나님께서 명하신 바에 대한 해석자(解釋者)이며 타인(他人)들에 대한 선포자(宣布者)이다"라고 말했다.

그리하여 그는 하나님의 성령(聖靈)께서는 사도(使徒)들이 그리스도 안에서 하나님의 모든 권고(勸告)를 무오(無誤)하게 받아서 이해(理解)하고 선포(宣布)하고 그 다음에 그들이 후시대(後時代)의 교육(敎育)을 위하여 알고 있는 바를 기록(記錄)할 수 있게 하셨다고 하였다.

오웬은 "일단 성경이 쓰여지고 예언자(豫言者)들과 사도(使徒)들의 그리스도에 대한 증거(證據)가 완성(完成)된 다음에는 새로운 진리(眞理)에 대한 개인적(個人的)인 계시(啓示)의 필요성(必要性)이 없게 뇌었다"고 선언(宣言)했나.

이는 곧 성경에 대한 영감(靈感)의 완전성(完全性)과 충족성 (充足性)과 만전성(萬全性)등을 다 포함(包含)한 유기적 영감설(有機的靈感說, Organical Inspiration)과 축자영감설(逐字靈感說, Verbal Inspiration)을 동시에 인정(認定)하고 있는 말로 이해(理解)하도록 설명(說明)하고 있음을 본다.

그들은 주장(主張)하기를 성령(聖靈)께서는 인간들의 마음에 역사(役事) 하실 때에 그들을 강압(强壓)하시거나 또는 그들 자신의 본성(本性)과 다른 방식(方式)으로 그들을 움직이시지 않고 그들이 가지고 있는 본능(本能)과 자신들이 결합(結合)하여 사용(使用)되고 활동(活動)하도록 유기적(有機的)으로 영감(靈感)해 주셨다.

그러므로 성령(聖靈)께서 그들에게 암시(暗示)하시는 단어(單語)들은 그들에게 익숙(益熟)한 표현(表現)의 방식(方式)대로 표현(表現)하게 하셨다고 하여 유기적(有機的)인 영감설(靈感說)과 축자영감설(逐字靈感說)을 좀 더 구체적(具體的)으로 이해(理解)할 수 있도록 해주고 있음을 본다.

그리하여 청교도주의자(淸敎徒主義者)들은 성경(聖經)을 하나님께로부터 직접(直接) 나온 것이라고 하여(벧전1:10-11) "성경의 증거(證據)는 하나님 자신(自身)의 하나님 자신(自身)에 대한 무오(無誤) 한 증거(證據)라고 인정(認定)하는데서 솟아나는 신성(神聖)한 믿음이다"라고 결론(結論)짓고 있다.

2) 청교도주의자들의 신관(神觀)

과연 청교도주의자(淸敎徒主義者)들은 하나님에 대하여 어떠한 믿음을 가지고 있었던가?

이는 청교도주의자들만이 아니라 특히 현대주의신학자(現代主義神學者)들에게 단호(斷乎)하게 권장(勸獎)하는 신관(神觀)으로 소개(紹介)를 하고 싶은 교리사상(敎理思想)이라는 것을 먼저 말해 둔다.

청교도주의자들의 신관(神觀)에 대해서는 청교도주의(淸敎徒主義)에 속한 신학자(神學者)들 가운데 한 사람이었던 스테펜 차녹(Stephen Charnock: 1628-1680)의 신론(神論)을 중심으로 상고(詳考)해 보는 것이 옳다고 본다.

차녹은 그의 "하나님의 섭리(攝理)에 관한 논문(論文)"(A treatise on divine providence, 1680)과 "하나님의 존재(存在)와 속성(屬性)에 관한 강화(講話)"(Discourse upon the existence and attributes of god, 1682)를 중심으로 그의 신관(神觀)에 대해서 자세하게 설명 해주고 있다.

여기에서는 조직신학적(組織神學的)인 연구방법(硏究方法)의 입장(立場)에서 신론(神論)을 말하려는 것이 아니라 청교도주의자들의 신앙적(信仰的)인 관점(觀點)에서 하나님에 대한 신앙관(信仰觀)을 살펴보려고 한다.

차녹은 하나님에 대한 교리(敎理)를 말함에 있어서 "하나님의 영원성(永遠性)"(The eternality of God)을 중심으로 해서 신론(神論)을 설명(說明)하고 있는 것이 그의 특징(特徵)이라고 할 것이다.

"산이 생기기 전, 땅과 세계(世界)도 주께서 조성(造成)하시기 전, 곧 영원(永遠)부터 영원(永遠)까지 주는 하나님 이시니다(Before the mountains were brought forth, or ever You had formed the earth and the world. Even from everlasting, You are God.시90:2)."

이것은 모세의 기도문(祈禱文)이다.

그러면 차녹은 이러한 말씀을 중심으로 하나님의 영원성(永遠性)을 설명(說明)해 주고 있음을 본다.

즉 차녹을 비롯한 청교도주의자들은 하나님에 대한 존재(存在)를 증거(證據)하기 위해서 어떤 노력(勞力)을 했다거나 신학(神學)에서 말하는 하나님의 속성(屬性) 같은 것을 논(論)하려고 하는 것보다는 하나님의 존재(存在)나 그 외의 모든 것을 인정(認定)하고 믿는다는 것을 전제(前提)로 하고 있다.

우리와의 관계(關係)에서 하나님의 영원성(永遠性)에 대하여 성경에서 말씀하고 있는 대로 "대대로..."(..., in all generations)라고 표현(表現)하여 우리와의 관계성(關係性)을 설명(說明)해 주고 있다는 것을 알게 한다.

다시 말하면 하나님과의 관계(關係)는 일시적(一時的)이거나 순간적(瞬間的)인 것이 아니라 영원하다(Eternality)는 것을 뜻하는 말씀으로 믿었다.

이는 믿음의 조상(祖上) 아브라함의 경우를 보면 잘 알 수 있다. 기독교(基督敎)의 역사(歷史) 속에 처음 순교자(殉敎者) 스데반 집사(執事)는 믿음의 조상(祖上) 아브라함과 하나님과의 약속(約束)에 대해서 설명(說明)하기를 "여기서 발붙일 만큼도 유업(遺業)을 주지 아니하시고"(God gave him no inheritance in it)라고 표현(表現)하고 있다 (행7:5).

그러므로 하나님의 존재(存在)와 무한성(無限性)은 "영원부터 영원까지"(from everlasting to everlasting)라는 믿음으로 청교도 주의자들은 하나님을 믿고 하나님께 순종(順從)하는 경건생활(敬虔生活)을 계속(繼續) 했다는 것으로 이해(理解)하면 될 것이다.

하나님의 영원성(永遠性)의 본질(本質)은 하나님 스스로가 잘 말씀 해 주셨다.

"나는 스스로 있는 자니라"(I am who I am)라고 말씀하셨다 (출3:14).

하나님의 존재(存在)가 무한(無限)하듯이 "하나님의 때와 기한(期限)"(the time and season of God) 역시 우리가 생각하고 있는 유한(有限)이 아니라 하나님 안에서(in God) 하나님을 위한(for God) 하나님의 뜻으로(Will of God) 받아드리고 이해해야지 우리가 생각하는 방식(方式)으로는 결코 바른 신지식(神知識)에 이를 수 없다는 것을 알아야 한다.

그리하여 하나님의 존재(存在)는 한정적(限定的)인 제한존재(制限存在)가 아니라 그것은 무한(無限)하고 영원(永遠)하신 편재(遍在, Everywhere)와 항상(恒常, Always)이라는 말과 함께 무한(無限, Boundless)이라는 말로 나타나고 있다.

또 여기에서 말하는 하나님의 존재(存在)를 무한(無限)하다고 할 때에 이 말을 다시 바꾸어서 말하면 "끝이 없다"(Endless)는 말로서 하나님의 존재(存在)를 설명(說明)하기 위해서는 항상(恒常) 계셨고 항상(恒常) 계시며 항상(恒常) 계실 분이라는 말로 이해(理解)되어야 할 것이다.

특히 청교도주의자들의 신론(神論)은 이러한 하나님을 관념적(觀念的, Idological)으로 이해(理解)하고 설명(說明)되는 하나님이 아니라 항상(恒常, Always) 살아 계셔서 그의 사랑으로 구원(救

援)의 은사(恩賜)를 베푸시고 의(義)로써 심판(審判)의 권세(權勢)를 베푸시는 실재자생(實在自生)의 하나님으로 믿었다

기독교인이나 특히 목회자(牧會者)로서 하나님에 대한 신관(神觀)이 바로 서 있지 못하면 어떠한 큰일을 이루었다고 할지라도 참 하나님의 사람이라고는 할 수 없다.

성경적인 바른 신관(神觀)은 먼저 삼위일체(三位一體) 살아계신 유일신(唯一神) 하나님이라는 것이 첫 번째의 전제(前提)가 될 것이다.

이 말은 곧 예수 그리스도를 제2위 하나님으로 믿는 믿음이고 성령(聖靈)을 제3위 하나님으로 믿는 믿음으로서 성삼위(聖三位) 하나님께서는 권능(權能)과 지혜(智慧)와 의(義)가 같으신 한분의 하나님이시라는 교리(敎理)를 중심으로 출발한다.

3) 청교도주의자들의 구원관(救援觀)

우리 인간(人間)이 처음부터 구원(救援)을 받아야 한다는 것은 구원(救援)을 필요(必要)로 하게 하는 어떤 제재(制裁)나 속박(束縛)의 원인(原因)이 제거(除去)되어야 한다는 말로 이해되어야 한다.

일반적으로 구원(救援, Relief)이라는 말은 어떤 불행(不幸)이나 위기(危機)에서 건져낸다는 뜻으로 이해하여 구원(救援)의 기준(基準)을 도덕적선(道德的 善, Modern Goodness)등으로 이해(理解)하고 있으나 성경(聖經)에서 말씀하고 있는 구원(救援, Salvation)과는 전혀 거리가 먼 다른 뜻을 가지고 있다.

기독교(基督敎)에서 우리가 말하는 구원(救援)은 어떤 해방(解放, Release)이나 자유(自由, Freedom)라는 뜻과 함께 고통(苦痛)이나 불행(不幸)이나 심지어는 질병(疾病)이나 영원한 죽음이나 더 크게는 지옥(地獄)의 형벌(刑罰)을 가져오게 되는 근본적(根本的)인 원인(原因, Cause)이 제거(除去)되어야 한다는 뜻으로서 이 모든 것들의 그 원인(原因)을 죄(罪, Sin)로 규정(規定)하고 있다.

그래서 청교도 주의자들은 이 구원(救援)에 대한 해석(解釋)을 전적(全的)으로 성경(聖經)을 중심으로 해석(解釋)하고 있다는 것이 유별 난다고 해야 할 것이다.

즉 사람을 괴롭히는 온갖 고통(苦痛)과 불행(不幸)과 질병(疾病)과 죽음과 지옥(地獄)의 형벌(刑罰)을 가져온 원인(原因)이 죄(罪) 값(the wage of sins)에서 온다는 것을 확신했다.

그리하여 그들은 "죄(罪)의 삯은 사망(死亡)이요 하나님의 은사(恩賜)는 그리스도 예수 우리 주 안에 있는 영생이니라"(For the wages of sin is death, but the gift of God is eternal life in Christ Jesus our Lord)라고 말씀하신 진리(眞理)에 대하여 아무 의심(疑心) 없이 그대로 받아드리고 믿었다 (롬6:23).

그러했기 때문에 그들은 죄인(罪人)으로서 하나님께 나아가는 것이 두렵고 떨렸으므로 더 경건(敬虔)한 생활(生活)과 겸손(謙遜)한 마음으로 신실(信實)한 믿음을 지키기 위해서 열심히 노력(勞力)했다.

그리하여 청교도(淸敎徒)들은 죄(罪) 값으로 죽어질 우리를 구원(救援)하시기 위해서 스스로는 아무런 죄(罪)가 없으시면서도 우리를 위하여 친히 십자가(十字架)에 못 박혀 죽으신 예수 그리스도의 죽으심을 나의 죽음으로 받아드리고 감히 하나님께로 나아가는 길은 오직 "우리 주 예수 그리스도의 이름으로"(The name of Our Lord Jesus Christ)만이 가능(可能)하다는 것을 확신(確信)했다.

다시 말하면 구원이란 인간 스스로의 능동적 (能動的)인 선택(選擇)이나 방법(方法)에 의해서 되는 것이 아니라 오직 하나님께서 사랑의 선물(膳物)로 주신 구원(救援)을 하나님의 은혜(恩惠)로 알고 받아드리는 것이 신앙(信仰) 곧 믿음이라고 생각했다.

그러므로 하나님의 구원사역(救援事役)이라는 것 그 자체가 하나님의 부르심(召命, Calling)에 의한 하나님의 자녀(子女)로서 구원(救援)에 참여하게 됨이요 죄인(罪人)으로 하여금 예수 그리스도 안에서 믿음으로 하나님께서 새로 태어나게 해 주심(重生, Regeneration)이요 하나님께서 그의 성령(聖靈)으로 우리에게 회개(悔改)하고 돌아오게 하심(回心, Conversion)이요 그리고 사랑의 은혜(恩惠)로 믿게 하여 주심(信仰, Faith)과 의(義)로 인(印, Seal)을 쳐주심(稱義, Justification)과 믿음 안에서 거룩하게 하여 주심(聖化, Sanctification) 등으로 하나님의 아들로 나타나게 된다는 것을 한 마디로 표현(表現)하는 말이 구원(救援)이라는 말이라고 믿었다.

앞서 말한 일반적(一般的)인 의미(意味)에서의 윤리적(倫理的)이고 도덕적(道德的)인 선행(善行)으로는 우리를 어떤 위기(危機)나 저주(詛呪)에서 구원(救援)해 줄 수 없다는 것을 분명히 구분(區分) 지었다는 것을 알게 한다.

즉 예수 그리스도의 속죄구원(贖罪救援)과 관계가 없는 선행(善行)이나 위기(危機)에서의 탈출(脫出)은 하나님의 선(善)의 요구(要求)에 도달하지 못하기 때문에 오직 예수 그리스도의 십자가(十字架)의 속죄(贖罪) 죽으심과의 관계(關係)가 없는 구원(救援)은 그것이 어떤 경우였든지 구원(救援)에는 아무런 효과(效果)가 없다는 것이다.

청교도운동(淸敎徒運動)을 친히 이끌었든 청교도주의(淸敎徒主義)의 대신학자(大神學者)로 존경하는 죤 오웬은 성경에서 말씀하고 있는 구원의 방법(方法) 외에는 전혀 다른 방법이 있을 수 없다는 것을 청교도주의자(淸敎徒主義者)들에게 분명히 가르쳤고 모든 청교도주의자(淸敎徒主義者)들은 바로 이러한 구원관(救援觀)에 대해서 투철(透徹)한 믿음을 가지고 있었다.

우리가 말하는 청교도주의자(淸敎徒主義者)들이야 말로 하나님의 말씀인 성경을 그대로 믿었다.

> "다른 이로서는 구원(救援)을 얻을 수 없나니 천하인간(天下 人間)에 구원(救援)을 얻을만한 다른 이름을 우리에게 주신 일이 없느니라(행4:12. Now is there salvation in any other, for there is no other name under heaven given among men by which we must be saved)."

4) 청교도주의자들의 교회관(敎會觀)

청교도주의자(淸敎徒主義者)들이 교회(敎會)에 대한 교리적(敎理的)인 관념(觀念)은 매우 구체적(具體的)이고 적극적(積極的)인 의미(意味)를 담고 있다.

청교도 주의자들의 교회관(敎會觀)은 영국(英國)에서보다 미국(美國)의 신대륙(新大陸)에서 더 자세하게 설명되어야 한다.

즉 북미신대륙(北美新大陸)에서 신영주(新英州, New England)를 개척(開拓)하면서 하나님의 교회(敎會)를 세운 청교도(淸敎徒)들은 로마 카톨릭 교회나 영국(英國)의 국교회파(國敎會派)에 속한 사람들과는 전혀 다른 성경(聖經) 말씀의 기반(基盤) 위에 하나님의 교회(敎會)를 세워야 한다는 교회설립(敎會設立)의 원칙(原則)을 분명(分明)히 하고 있었다.

청교도(淸敎徒)들이 믿고 있는 참된 교회(敎會)는 인간(人間)에게서 기원(起源)된 유형교회(有形敎會, Visible Church)가 아니라 예수 그리스도에 의해서 신령(神靈)하게 세워지고 예수 그리스도께서 머리가 되시는 교회(敎會)로서 교회(敎會)의 원형(原型)은 무형교회(無形敎會, Invisible Church) 곧 천상교회(天上敎會, Heavenly Church)를 기준(基準)으로 하여 교회관(敎會觀)을 정립(定立)했다.

청교도주의자(淸敎徒主義者)들의 교회관(敎會觀)에 대해서는 "교회의 머리는 바로 참 하나님이시요 참 사람이신 예수 그리스도시다.

따라서 그 능력(能力) 안에서 우리는 주 예수 그리스도와의 연합(聯合)을 소유(所有)하다"라고 말을 한 카튼 마텔(Cotton Mather: 1663-1728)과 또 한 사람의 청교도(淸敎徒)의 지도자(指導者)인 리차드 박스터(Richard Baxter: 1615-1691)의 교회관(敎會觀)을 중심(中心)으로 하여 상고(詳考)해 보려고 한다.

카튼 마텔은 말하기를 "교회(敎會)는 최초(最初)로 그리스도 자신(自身)에 의해서 시작(始作)되었고 나중에 사도(使徒)들에 의해서 실행(實行)되었다"고 선언(宣言)했다.

그리고 그는 이 세상(世上)의 만물(萬物)과 모든 정부(政府)들은 그리스도의 목적(目的)을 따라서 그리스도께서 머리이신 교회(敎會)의 번영(繁榮)을 위해서 기여(寄與)해야 한다는 사상(思想)을 견지(堅持)했다.

이어서 카튼 마텔은 "교회(敎會)는 권세(權勢)와 능력(能力)이 성경(聖經)에 기록(記錄)된 그리스도의 왕국(王國)이라고 주장(主張)했다.

또한 사람의 청교도주의(淸敎徒主義)에 속한 신학자(神學者) 리차드 박스터(Richard Baxter: 1615-1691)의 교회관(敎會觀)을 연결(連結)시켜서 생각해 보는 것도 유익(有益)하리라고 생각한다.

우선 박스터는 교회(敎會)의 다양성(多樣性)과 분열상(分裂狀) 등을 설명(說明)함에 있어서 "몸은 하나인데 많은 지체(肢體)가 있고 몸의 지체(肢體)가 많으나 한 몸인 것과 같이 그리스도도 그러 하니라"(For as the body is one andhas many members, but all the members of that one body, being many are one body, also is Christ)라고 하신 성경 말씀을 근거(根據)로 교회(敎會)를 설명(說明)하고 있다 (고전12:12).

이를 좀 더 구체적(具體的)으로 말하면 하나님의 교회(敎會)는 원리상(原理上)으로는 하나이지만 그 형식(形式)의 다양성(多樣性)은 몸의 지체(肢體)로서의 연합(聯合)을 이루는 것으로 해석

(解釋)하고 있다.

보편적(普遍的)인 교회(敎會)의 연합(聯合)이나 일치(一致)에 관한 것은 몸의 예(例)를 들어서 설명(說明)하고 있다.

첫　째 몸은 다수(多數)의 지체(肢體)로 결합(結合)하여 있다는 것.

둘　째 지체(肢體)들이 많음에도 불구하고 그리스도의 몸과 교회(敎會)의 연합(聯合)이 필요(必要)하다는 것,

셋　째 보편적(普遍的)인 교회(敎會)는 성경 본문에 그리스도께서 친히 명(命)하신 대로 또한 '그리스도이시다'라는 것,

넷　째 보편적(普遍的)인 교회(敎會)는 흔히 그리스도의 몸이라고 불러지는데 이 칭호(稱號)는 그 몸의 한 부분(部分)을 이루는 어떤 특정교회(特定敎會)에게 주어진 것이 아니라는 것,

다섯째 여기에서 보편적(普遍的)인 교회(敎會)는 사도(使徒)들, 선지자(先知者)들, 선생(先生)들의 구성원(構成員)이 있는 교회(敎會)이며, 그 안에서 이적(異蹟)이나 치유(治癒)가 이루어지고, 도움이 제공(提供)되고, 행정(行政)이 이루어지고, 설교(說敎)가 행해지는 곳이다.

여섯째 보편적(普遍的)인 교회(敎會)란 세례(洗禮)를 받은 모든 유대인들과 이방인(異邦人)들을 연합(聯合)시키고 자유(自由)롭게 하는 곳이다.

이상에서 말한 그러한 일은 오로지 보편적(普遍的)인 교회(敎會)에서만 이루어지는 일이다. 성령(聖靈)께서는 사람들이 어느 특정교회(特定敎會)에 처음에 들어가게 하지 않으시며 물로 세례(洗禮)를 받은 것이 언제나 우선적(優先的)으로 행(行)해지는 것도 아니다.

이러한 사람들을 통합(統合)하여 그리스도의 몸인 보편적(普遍的)인 교회(敎會)는 단지 하나이며 모든 진정(眞正)한 그리스도인들은 보편적(普遍的)인 교회(敎會)를 이루고 있는 지체(肢體)들이라고 하는 사상(思想)이 나오게 된다.

보편적(普遍的)인 교회(敎會)는 그 지체(肢體)들이 같은 직분(職分)을 가진 것이 아니라 많은 사람들이 한 몸이 되어 서로 지체(肢體)가 된 자들이 있는 곳이다.

"우리가 한 몸에 많은 지체(肢體)를 가졌으나 모든 지체(肢體)가 같은 직분(職分)을 가진 것이

아니니, 이와 같이 우리 많은 사람이 그리스도 안에서 한 몸이 되어 서로 지체(肢體)가 되었

느니라"(롬12:4-5).

또한 보편적(普遍的)인 교회(敎會)는 구원(救援)받은 사람을 날마다 더 하게 하시는 주님의 지

체(肢體)들이 있는 곳으로 믿었다.

"하나님을 찬미(讚美)하며, 또 온 백성(百姓)에게 칭송(稱頌)을 받으니, 주께서 구원(救援) 받는

사람을 날마다 더 하게 하시니라"(행2:47).

이러한 사실(事實)들은 분명(分明)한 것들로서 논쟁(論爭)의 여지가 있을 수 없는 것이라고 주

장했다. 모든 그리스도인들은 보편적(普遍的)인 교회(敎會)의 지체(肢體)들이라고 말을 하면서

나는 그리스도인(Christian)이라고 불리움을 받는 사람들이 그들이 진정(眞正)한 그리스도의 제

자(弟子)들이기 때문인지 아니면 그들의 신앙고백(信仰告白)으로 말미암아 단순(單純)히 그렇게

보이는지에 대해서는 부언(附言)의 설명(說明)이 있어야 할 것이라고 생각한다.

그리스도인들은 의(義)롭게 되고 성화(聖化)된 자들로서 그들은 그리스도의 신비(神秘)스러

운 몸과 보이지 않는 교회(敎會)를 이루고 있는 자들이다.

진정(眞正)으로 내적(內的)인 기독교신앙(基督敎信仰)을 고백(告白)한 이들은 사람들에게 있어

서는 눈에 보이는 교회를 이루는 구성원(構成員)이 된다.

기독교 신앙에 관해 단지 일부분(一部分)만을 신앙(信仰)으로 고백(告白)하고 진정(眞正)한 기

독교 신앙(信仰)의 본질적(本質的)인 것에 대해 알지 못하고 부인(否認)하는 자들은 진정(眞正)으

로 기독교 신앙을 고백(告白)한 자라고 할 수 없다. 사실상 그들은 눈에 보이는 교회(敎會)의

지체(肢體)들이 되지 못한다.

그리고 또 한 가지 중요한 문제는 이 교회들이 보편적(普遍的)인 교회(敎會)의 지체(肢體)들이

될 수 있는가에 관한 것이다. 이에 대한 대답(對答)은 간단하다.

만일 당신이 의미하는 이교도(異敎徒)들이 기독교 신앙의 본질적(本質的)인 것들을 부인(否

認)한다면 그는 교회의 지체(肢體)가 되지 못한다.

그러나 만일 당신이 의미하는 이교도(異敎徒)라는 것이 기독교 신앙(信仰)의 본질적(本質的)인 것들을 부인(否認)하지 않고 성경적 신앙을 고백(告白)했다면 그러한 이교도(異敎徒)들은 교회(敎會)의 지체(肢體)가 될 수 있고 유형교회(有形敎會)의 구성원(構成員)이 될 수 있다는 것을 알아야 한다.

현대교회(現代敎會)의 구성원(構成員)들도 자기의 교회관(敎會觀)에 대한 교리적(敎理的)인 기준(基準)만은 분명히 해야 할 것이다.

성경적(聖經的)인 교회여야 할 것, 하나님의 교회라는 원칙(原則)을 가질 것, 나는 하나님의 교회를 구성(構成)함에 지체(肢體)의 한 존재(存在)라는 것들이다.

지체(肢體)는 자기에게 주어진 본분(本分) 이상의 것은 아무 것도 있을 수 없다. 지체(肢體)로서의 조화(調和)를 통하여 한 몸을 이룬다는 것 이외에 아무것도 있을 수 없다.

여기에서 몸은 오직 예수 그리스도가 계실 뿐이다.

4 ≡ 청교도주의와 미합중국(美合衆國)

우리가 청교도주의(淸敎徒主義, Puritanism)를 생각함에 있어서 미합중국(美合衆國, The United States of America)을 배제(排除)하고는 설명(說明)을 할 수 없다는 것은 최소(最小)한의 상식(常識)으로 이해하고 있다.

청교도운동(淸敎徒運動)과 미합중국(美合衆國)과의 관계는 단순한 문제가 아니라 매우 중요한 의의를 가지고 있어서 미합중국이라는 한 나라에 대한 역사적(歷史的)인 의미(意味)만이 아니라 신학적(神學的)인 문제(問題)와 함께 세계사적(世界史的)인 문제(問題)까지가 포함(包含)된다.

본래 미합중국(美合衆國)이라고 하는 큰 대륙(大陸)은 1492년 10월 12일 폴튜갈 (Poltugal)의 대 탐험가(探險家, Explorer) 크리스토퍼 콜럼부스(Christopher Columbus: 1446-1506)에 의해서 처음으로 발견(發見)된 신대륙(新大陸)이었다.

그러나 이 신대륙(新大陸)을 처음 발견(發見)한 콜럼부스는 자기가 발견(發見)한 이 커다란 신대륙(新大陸)이 어디에 속(屬)한 땅인지 심지어는 그가 지사(知事, Governor)로 그 땅의 통치권(統治權)을 맡아서 관리(管理)하면서도 끝내 그 넓고 광활(廣闊)한 땅이 지구(地球)의 어느 지점(地點)에 있으며 어느 나라에 속한 땅인지 조차도 전혀 몰랐다.

그저 막연(漠然)하게나마 인도(印度)라는 대륙(大陸)의 어느 지점(地點)에 속한 땅이려니 하는 생각뿐이었다. 그리고 그것을 반드시 알아야 하겠다는 적극적(積極的)인 마음도 갖지 않았다.

그 후 상인(商人)이요 항해사(航海士)로 이름 높았든 아메리커스(Americus Jespucci 1451~1512)의 편지(便紙)를 세 번이나 받은 그의 친구(親舊)로서 산드니 대학(Sandny University) 교수(敎授)였던 뮬러(R. Muller)가 그의 지리서(地理書)에 "세계의 제4부분은 아메리커스(Americus)에 의해서 발견(發見)되었으니 그 이름을 '아메리카'(America)로 하자"라고 한 것이 그대로 이름 붙여지게 된 것이오늘날까지 그대로 부르게 된 것이다.

그러나 이 신대륙의 실질적인 역사(歷史)는 사실상 1620년 11월 30일 일단의 청교도(淸敎徒, Pilgrim Fathers)들이 이 땅에 옮겨 온 다음부터 기록된다.

즉 102명의 청교도(淸敎徒)들이 겨울철 혹한(酷寒)의 강추위를 무릅쓰고 메이플라워(Mayflower)라는 배에 몸을 태우고 대서양(大西洋)을 건너와서 북미주(北美州)에 속한 메사추셀츠(Massachusetts)주(州)의 동북(東北)쪽 해안(海岸)에 자리한 플리므드 락(Plymouth Rock)에 첫발을 내어 들여놓음으로써 신대륙(新大陸)의 새 역사(歷史)가 열리게 되었다는 것은 여러 가지의 의미(意味)에서 중요(重要)한 뜻을 갖는다.

이를 좀 더 구체적(具體的)으로 말해서 콜럼부스가 이 신대륙(新大陸)을 발견(發見)한 때로부터 시작하여 청교도(淸敎徒)들이 첫발을 내려딛을 때까지 무려 128년 동안은 그저 하나의 커다란 상업지대(商業地帶)로서 오직 사업가(事業家)나 상인(商人)들만이 판을 치는 경제활동(經濟活動)의 무대(舞臺)에 불과(不過)했다.

그러나 뒤늦게 이 땅에 도착(到着)한 청교도(淸敎徒)들은 성경적(聖經的)인 신앙(信仰)의 실천장(實踐場)이 되게 한다는 일념(一念)으로 이 땅을 개척(開拓)해 나가기 시작했다.

청교도(淸敎徒)들이 온갖 고생(苦生)을 무릅쓰고 개척(開拓)하기 시작한 땅 신영주(新英州, New

England)는, 메인(Main)주(州)를 비롯하여, 뉴 헴프샤(New Hampshire)주, 콘넥티커트 (Connecticut)주, 로드 아일렌드(Rohd Island)주, 메사츄셑츠(Massachusetts)주, 메릴렌드(Maryland)주, 그리고 펜실바니아 (Pennsylvania)주, 뉴욕(New York)주 등 신대륙(新大陸)의 전체(全體)를 목표(目標)로 차분하게 개발(開發)해 나간 것이 오늘의 50개 나라가 연합(聯合)하여 한 나라를 이룬 미합중국(美合衆國, The United States of America)이라는 대륙(大陸)의 나라로 이루어지게 된 것이다.

그들은 이 신대륙(新大陸)을 개척(開拓)함에 있어서 처음부터 정치적(政治的)인 어떤 야심(野心)이나 상업상(商業上)의 목표(目標)가 아니라 전혀 "성경적(聖經的)인 신앙(信仰)의 실천장(實踐場)"으로 기독교(基督敎)라는 종교신앙(宗敎信仰)의 실현(實現)을 위해서 이 땅을 열어가는 동안 수많은 내외(內外)의 시련(試鍊)과 위기(危機)를 겪어내야 했다.

그동안 개척(開拓)과 독립전쟁(獨立戰爭)으로 피곤(疲困)의 연속(連續)이었던 청교도(淸敎徒)들은 1777년 대륙회의(大陸會議)를 소집(召集)하여 1781년부터 발효(發效)될 규약(規約)에 따라서 우선 13개 주(州)가 연합(聯合)하여 한 나라를 이루자고 결의(決議)함으로써 합중국(合衆國)의 틀을 짜나가기 시작했다.

이들 13개 주(州)를 미국(美國)에서는 오리지날 스테이트(Original States)라고 한다.

1787년에 미합중국(美合衆國)이라는 나라를 세운 다음 처음으로 헌법(憲法, The Constitution)이 제정(制定)되었는데 현대국가(現代國家)의 새로운 정치원리(政治原理)를 제공(提供)한 기본정신(基本精神)이 여기에 담겨져 있다.

합중국의 이 헌법(憲法)의 특징(特徵)은 세 가지로 분류(分類)된다.

첫째 민주주의(民主主義)의 원칙(原則)에 입각(立脚)하여, 국민(國民)의 주권(主權)을 규정(規定)한 점.

둘째 연방제(聯邦制)를 택(擇)하여 중앙정부(中央政府)의 권한(權限)을 강화(强化)하면서, 중앙정부(中央政府)의 기준(基準)에 따라서 각주(各州)마다 많은 권한(權限)을 분할(分割)시켜 준 점.

셋째 모든 권력(權力)의 일방적(一方的)인 집중화(集中化)나 독선(獨善)을 막기 위해서, 행정부(

行政府), 입법부(立法府), 사법부(司法府)등으로 삼권분립(三權分立)의 기반(基盤)을 탄탄히 닦아주게 되었는데, 이 모든 것들이 청교도주의(清教徒主義)에 뿌리하고 있는 것이다.

다시 말하면 청교도주의(清教徒主義)야말로 미합중국(美合衆國)이라는 나라를 일으킨 건국혼(建國魂)이요 정신(精神)으로서 자유(自由, Freedom, Liberty)와 정의(正義, Justice)와 평등(平等, Equality)이라는 시민(市民)의 삼대정신(三大精神)도 역시 청교도주의(清教徒主義)의 사상(思想)에서 나온 것이다.

그들은 이러한 헌법(憲法)을 만들기 위해서 1787년 처음으로 국회(國會)를 개원(開院)했는데 그 때 미국(美國)이라는 나라의 독립전쟁(獨立戰爭)을 승리(勝利)로 이끌어 준 전쟁(戰爭)의 영웅(英雄)이요 미국(美國)이라는 나라의 국부(國父)인 죠지 워싱톤(George Washington: 1732-1799)을 의장(議長)으로 첫 개회(開會)의 벽두(劈頭)에 다음과 같이 선언(宣言)했다.

"여호와께서 집을 세우지 아니하시면 세우는 자의 수고(受苦)가 헛되며, 여호와께서 성(城)을 지키지 아니하시면, 파수(把守)꾼의 경성(警醒)함이 허사(虛事)로다(Unless the Lord builds the house. They labor in vain who build it; unless the Lord guards the city. The watchman stays awake in vain.(시127:1)."

위의 성경(聖經)말씀을 읽고 하나님께 기도(祈禱)한 다음 첫 개원국회(開院國會)의 회무처리(會務處理)를 시작(始作)했다는 것은 두고두고 아름답고 경건(敬虔)한 역사(歷史)의 이야기로 온 세계(世界)에 전(傳)해지고 있다.

현대자유주의(現代自由主義)를 지향(指向)하는 신학파(神學派)의 사람들이 칼빈주의를 극구반대(極口反對)하면서도 청교도주의(清教徒主義)만은 인정(認定)하고 받아드리는데 사실은 칼빈주의 사상(思想)이 곧 청교도주의(清教徒主義)의 사상(思想)이라는 것을 안다면 부디 칼빈주의에서 말하는 교리사상(教理思想)의 자체(自體)를 부인(否認)하지는 못할 것이다.

그리고 이미 전술(前述)한 바도 있거니와 청교도주의(清教徒主義)에서 주장하는 교리사상(教理思想)을 바탕으로 하여 신학(神學, Theology)이라는 용어(用語)가 좀 더 구체화(具體化)되어 조직신학(組織神學, Systematic Theology)으로 발전(發展)하게 된 것도 청교도주의(清教徒主義)의 교리사상(教理思想)에서 연유(緣由)한 것이다.

오늘날 세계화(世界化)로 가는 시대(時代)의 선두(先頭)에서 전세계(全世界)의 질서(秩序)를 개편(改編)하려고 앞장선 것이 미국(美國)이라면 잘잘못을 가리기 전에 먼저 청교도주의(淸敎徒主義)의 사상(思想)에 대한 절대적(絶對的)인 영향력(影響力)아래 지금 당장 세계의 질서(秩序)가 급속도(急速度)로 새롭게 개편(改編)되어 가고 있다는 것을 주목(注目)해 보아야 할 것이다.

사실상 미합중국(美合衆國)의 독립(獨立)을 선언(宣言)한 것은 1776년 7월 4일에 되어진 일이고 보면 콜럼부스에 의해서 신대륙(新大陸)으로 발견(發見)이 된지 284년 만에 되어진 일이었다.

바로 이것이 청교도(淸敎徒)들이 개척(開拓)을 위하여 정착(定着)한지 꼭 156년 만에 되어진 역사적(歷史的)인 큰 사건(事件)이었다

그러므로 미국(美國)이라는 나라의 역사(歷史)는 청교도(淸敎徒)들에 의해서 처음으로 그 시작(始作)을 보게 되었다는데 별다른 이의(異議)가 있을 수 없다.

우리는 청교도(淸敎徒)의 사상(思想)과 미합중국(美合衆國, The United States of America)이라는 세상적(世上的)인 나라를 보면서 하나님의 말씀으로서의 성경(聖經)이 지니고 있는 성격(性格)에 대한 것을 한 번 더 재검토(再檢討)를 해보고 성경연구(聖經硏究)와 진리탐구(眞理探究)에 임해야 할 것으로 안다.

그리고 미국이라고 하는 합중국(合衆國)의 역사(歷史)를 좀 더 심도(深度)있게 살펴 가노라면 자연히 하나님께서 이 역사시대(歷史時代)를 위해서 예비(豫備)해 두셨다는 것을 알 수 있다.

참 역사(歷史)의 주인(主人)이신 하나님의 섭리(攝理)가 아니고는 미국(美國)이라고 하는 세계 최대(世界最大)의 나라에 대한 바른 이해(理解)가 어려울 것이다.

우리가 미국(美國)이라고 하는 나라를 바로 알기 위해서는 최소한(最小限) 미국의 역사에 대한 이해가 전제(前提)가 되어야 할 것이고 미국의 역사를 바로 일기 위해서는 1620년 11월 30일에 있은 청교도(淸敎徒)들의 북미(北美)에 있는 동북(東北) 마사츄세스주(MassaChusess)의 플리므스(Plymouth)라는 작은 포구(浦口)에 첫발을 들여놓은 청교도(淸敎徒)들의 이동에 대한 것을 알아야 하고 그 다음에 비로소 청교도사상(淸敎徒思想)을 바탕으로 하고 이룩한 미합중국(美合衆國)에 대한 바른 이해(理解)에 이를 것이라는 말이다.

역사적(歷史的)으로 볼 때에 청교도주의자(淸敎徒主義者)들은 크게 세 가지의 사실을 역사(歷史)속에 남겨 두었다.

첫째 기독교(基督敎)의 성경적신본주의(聖經的神本主義)의 정통보수사상(正統保守思想)을 세워 주었다.

둘째 미합중국(美合衆國, The United States of America)이라고 하는 전 세계 최대(最大)의 나라를 세워주었다.

셋째 현대민주주의(現代民主主義)를 일으켜 주었다.

5 ≡ 청교도주의와 민주주의(民主主義)

교리사상(敎理思想)을 논(論)하면서 부디 세상적인 민주주의(民主主義, Democracy)를 논(論)한다는 것은 좀 어색한 것 같으나 그것은 청교도사상(淸敎徒思想)을 논(論)하면서 민주주의(民主主義)를 말한다는 것은 너무도 당연(當然)하고 옳은 일이라고 생각한다.

왜냐하면 현대인(現代人)들에게 정치적(政治的)인 이상(理想)과 제도(制度)로서 가장 폭넓은 지지(支持)와 호응(呼應)을 받고 있는 것이 이른바 민주주의(民主主義, Democracy)라고 해야 할 것이다.

본래 우리가 말하는 민주주의(民主主義)라는 말은 주권(主權)이 국민(國民)에게 있고 국민(國民)을 위하여 정치(政治)를 하는 제도(制度)나 사상(思想)을 말한다.

그리하여 우리가 말하는 민주주의(民主主義)는 전제주의(專制主義, Absolutism) 즉 지배자(支配者)의 한 사람의 전단(專斷, Arbitrary Decision)에 정치(政治)를 합리화(合理化)하려는 주의(主義)나 제도(制度)에 대치(代置)되는 정치제도(政治制度)로서 바로 국민(國民)을 주인(主人)으로 하는 정치사상(政治思想)이요 제도(制度)를 이르는 말이다.

민주주의(民主主義)라는 용어(用語)의 자체(自體)는 본래 헬라어의 인민(人民, demos)이라는 말과 지배(支配, kratia)라는 말의 합성어(合成語)로서 민회(民會)를 중심(中心)으로 하는 아테네(Athene)의 민주정(民主庭, 共和庭이라고도 함)이 유명(有名)하다.

그런데 현대민주주의(現代民主主義)는 아테네에서의 그것과는 약간(若干) 다르다.

그렇다면 현대민주주의(現代民主主義)의 발상(發祥)은 어디에서 찾아야 할 것인가에 대한 문제(問題)인데 이는 그렇게 어려운 일이 아니라고 생각한다.

종교개혁(宗敎改革)이 일어난 이후 17세기의 중엽(中葉)에 들어서기까지도 동양(東洋)이나 서양(西洋)을 막론(莫論)하고 대부분(大部分)의 나라들이 군왕(君王, Monarch, King)을 절대군주(絕對君主)로 한 군왕전제주의(君王專制主義)의 정치체제(政治體制)를 유지(維持)해 나가고 있었다.

그들 가운데서도 더러는 특정계급(特定階級)의 집단(集團)에 의해서 전제주의(專制主義)로서의 체제(體制)가 유지(維持)되어 왔으나 그들 통치수단(統治手段)의 대부분(大部分)은 한결같이 완전(完全)한 독재(獨裁, Dictatorship)의 정치(政治)가 지배(支配)의 수단(手段)이 되어 있어서 백성(百姓)들에게는 어떤 자유(自由)나 권리(權利)가 주어진 것이 아니라 무조건적(無條件的)인 순종(順從)과 충성(忠誠)만이 강요(强要)되고 있었다.

즉 모든 사람들은 으레히 정치적(政治的)인 권력자(權力者)들에 의해서 노예(奴隸)와 같은 생활을 하고 있었다는 말이다.

그러나 1620년 11월 말일 일단의 청교도(淸敎徒)들이 북미주(北美州)의 신대륙(新大陸)에 도착(到着)하여 신영주(新英州)를 개척(開拓)해 나가면서부터 시도(試圖)한 것이 바로 오늘날의 미국(美國)이라고 하는 나라를 중심으로 하여 이루어진 민주주의(民主主義)로 발전(發展)하게 되었던 것이다.

청교도주의자(淸敎徒主義者)들은 신대륙(新大陸)을 개척(開拓)하면서 앞으로 시행(施行)해 나갈 이상적(理想的)인 정치체제(政治體制)는 모든 사람들에게 인간(人間)의 존엄성(尊嚴性)과 자유권(自由權) 및 동등권(同等權)을 인정(認定)하는 민주주의(民主主義)의 제도(制度)를 마련하여 그것을 국가건설(國家建設)의 건국혼(建國魂, The Spirit of National Foundation)으로 삼았던 것이다.

그리하여 이들은 인간이면 누구에게나 자유(自由, Freedom)와 정의(正義, Justin), 평등(平等,

Equality)이라는 기본원칙(基本原則)의 틀을 세우고, 오직 법치(法治, Legalism, Constitutional Government)라는 지금까지 경험(經驗)해 보지 못한 전혀 새로운 정치적(政治的)인 형태(形態)와 사상(思想)을 이상정치형(理想政治型)으로 내세우게 되었다.

여기에서 말하는 법치(法治)의 개념(槪念)은 곧 자유(自由, Freedom)와 준법(遵法, Law Observance)이라는 두 가지의 강제성(强制性)을 내포(內包)하는 말인데 자유(自由)는 양심(良心)과 행동(行動)에 대한 자유(自由)로움을 뜻하며 준법(遵法)은 자유(自由)에 대한 공유(共有, Joint-Ownership)의 규제력(規制力)이라는 뜻으로 이해하면 될 것이다.

이런 의미에서 "법(法)은 민주주의(民主主義)의 꽃이다"(The Law is Flower of the Democracy)라는 말로 민주주의(民主主義)의 기능(機能)을 설명(說明)하고 있다.

그런데 민주주의(民主主義)라는 이상적(理想的)인 정치철학(政治哲學)이 청교도주의자(淸敎徒主義者)들에게서 나왔다고 할 경우 청교도(淸敎徒)들은 그것을 자기들의 주장(主張)이나 창작(創作)된 사상(思想)으로 이루어낸 것이 아니라 어디까지나 하나님의 말씀인 성경(聖經)에서 말씀하고 있는 자유사상(自由思想)의 진리(眞理)를 뿌리로 하고 이러한 구상(構想)을 해 냈던 것이다.

"그리스도께서 너희를 자유(自由)케 하려고 자유(自由)를 주셨으니, 그러므로 굳세게 서서 다시는 종의 멍에를 메지 말라(Stand fast therefore in the liberty by which Christ has made us free, and do not be entangled again with a york of bandage(갈5:1)."

물론 여기에서 말씀하고 있는 자유(自由)의 개념(槪念)은 민주주의(民主主義)에서 말하는 양심(良心)과 행위(行爲)에 대한 자유(自由)보다도 훨씬 더 근본적(根本的)인 죄(罪)와 율법(律法)과 고난(苦難)과 죽음과 영원한 형벌(刑罰)에서의 해방(解放) 혹은 구원(救援)을 뜻하신 말씀이다.

그러나 그 자유(自由)를 속박(束縛)할 수 있는 참 힘의 소유자(所有者)는 오직 살아계신 하나님 한 분이 계실뿐 인간(人間)은 아니라는 뜻과 모든 인간(人間)은 하나님 앞에서 다 구원(救援)을 받아야 할 죄인(罪人)으로서 평등(平等)이요 같다는 뜻을 갖는다.

그리하여 민주주의(民主主義)의 실현(實現)은 준법정신(遵法精神)에다 뿌리를 박고 있는데 법(

法)은 만민(萬民)에게 평등(平等, Equality)이며 법(法)의 질서(秩序)가 지켜져야 비로소 민주주의(民主主義)가 목적(目的)에 이를 수 있다.

그러므로 현대인(現代人)들이 진정(眞正)으로 민주주의(民主主義)를 선호(鮮好)하고 정치제도(政治制度)의 이상(理想)으로 생각한다면 준법정신(遵法精神)이 투철(透徹)해야 할 것이나 보다 더 중요(重要)한 것은 이 민주주의(民主主義)를 발상(發祥)시킨 청교도주의자(淸敎徒主義者)들을 바로 이해(理解)해야 하고 그들이 신봉(信奉)했든던 하나님께 대한 믿음이 없이는 전혀 바른 민주주의(民主主義)의 정치(政治)를 실현(實現)시켜 나갈 수 없다는 것을 알아야 한다.

민주주의(民主主義)를 논(論)한다고 하면서 "하나님" 혹은 "믿음" 운운(云云)하느냐고 하겠으나 민주주의(民主主義)의 의결(議決)은 다수가결(多數可決)인네 그 다수(多數)라고 하는 것이 수(數)가 많다는 이유(理由)로 몰아붙이고 그것을 민주주의(民主主義)의 원칙(原則)이라고 한다면 너무도 많은 모순(矛盾)을 가지고 있다는 것을 알게 될 것이다.

다시 말하면 다수(多數)의 뜻이라고 하여 소수(小數)의 뜻이 짓밟혀서도 안 되지만 그 다수(多數)의 의견(意見)이 진실(眞實)에서 벗어나서도 안 된다는 말이다.

그러므로 민주주의(民主主義)의 참 뜻은 사람의 다수(多數)라는 논리(論理) 이전에 하나님 앞에서 정직(正直)해야 하고 진실(眞實)함이 기준(基準)이 되어야 한다는 것이 민주주의(民主主義)를 일으킨 청교도주의자(淸敎徒主義者)들의 뜻이요 바로 그것이 민주주의(民主主義)라는 것이다.

민주주의(民主主義)의 원리(原理)를 정치(政治)를 중심으로 해석(解釋)하고 있는데 이러한 인식(認識)의 자체(自體)가 잘못되었다는 것이며 본래의 민주주의(民主主義)에 대한 원리(原理)는 정치(政治)의 이전(以前)에 하나님을 중심(中心)으로 한 기준(基準)의 설정(設定)이 다수(多數)에 의해서 결정(決定)하도록 하는 것일 뿐이다.

"다수(多數)를 따라 악(惡)을 행하지 말며, 송사(訟事)에 다수(多數)를 따라 부정당(不正當)한 증거(證據)를 하지 말며, 가난한 자의 송사(訟事)라고 편벽(便辟)되이 두호(斗護)하지 말지니라(You shall not follow a crowd to do evil; nor shall you testify in a dispute so as to turn aside after many to pervert justice.

이는 성경을 통해서 보는 민주주의(民主主義)의 기준(基準)과 성격(性格)에 대한 것이라고 이해하면 될 것이다.

또한 민주주의(民主主義)에서 말하는 가장 높은 이상(理想)은 공유(共有, Joint-Ownership)의 개념(槪念)으로서 곧 내가 원(願)하는 것은 상대(相對)도 원(願)하고 내가 싫어하는 것은 남도 싫어한다는 공유(共有)의 개념(槪念)을 원칙(原則)으로 하여 자유(自由, Freedom)와 정의(正義, Justice)와 평등(平等, Equality)이 실현(實現)될 때에 비로소 민주시민(民主市民)으로서의 자격(資格)을 가졌다는 결론(結論)에 이를 것이다.

즉 참된 민주주의(民主主義)란 민주시민(民主市民)의 의식(意識)에다 뿌리를 박고 있다는 말과도 같다.

민주주의(民主主義)는 좋은 것이나 그 민주주의(民主主義)의 기본(基本)인 자유(自由)가 방종적(放縱的)인 자유(自由)로 전락(轉落)할 때에는 결코 이상적(理想的)인 민주주의(民主主義)는 실현(實現)될 수 없다는 것을 다시금 명심(銘心)해야 할 것이다.

민주주의(民主主義)를 선호(鮮好)하고 지향(指向)하는 우리 사회구조(社會構造)에 비하여 기독교(基督敎)가 해야 할 책임(責任)과 의무(義務)는 민주주의(民主主義)의 바른 해석(解釋)과 선도(善導)에 있으므로 어떤 의미에서는 신학교(神學校)에서 더 철저(徹底)한 민주주의(民主主義)의 이론(理論)과 사상(思想)과 정신(精神)을 연구(硏究)하고 개발(開發)하여 하나님께서 구하시는 민주주의(民主主義)가 실현(實現)되도록 최선(最善)을 다해야 할 것이다.

📝 다시 생각해 볼 복습 문제

01. 종교 개혁기 무렵의 기독교의 교리적인 사상을 간단히 말하라

02. 영국의 왕실과 교황청과의 관계를 간단히 말하라

03. 청교도 혁명이 일어나게 된 동기를 간단히 말하라

04. 청교도주의자들의 교리사상을 간단히 말하라

05. 청교도주의자들의 성경관을 간단히 말하라

06. 청교도주의자들의 신관을 간단히 말하라

07. 청교도주의자들의 구원관을 간단히 말하라

08. 청교도주의자들의 교회관을 간단히 말하라

09. 청교도주의와 미합중국과의 관계를 간단히 말하라

10. 청교도주의와 민주주의를 간단히 말하라

11. 미국의 건국혼 세 가지를 간단히 설명하라

제7장

죤 웨슬레의 교리사상(敎理思想)

The Dogmatic Thought of John Wesley

우리가 아는 대로 감리교(監理敎, The Methodist Church)하면 그의 창시자(創始者, Founder)로 유명(有名)한 죤 웨슬레(John Wesley: 1703-1791)를 연상(聯想)케 한다.

특히 그는 처음부터 어떤 교단(敎團)을 형성(形成)해서 자기의 명성(名聲)을 높여보아야 한다든지 또는 어떤 단체(團體)를 만들어서 주도권(主導權)을 행사해보겠다는 의도(意圖)도 없이 오직 성경적인 바른 신앙운동(信仰運動)으로 더 많은 사람들의 영혼(靈魂)을 구원(救援)해서 하나님의 자녀(子女)로 만들겠다는 일념(一念)에 차 있었을 뿐이었다.

그러므로 우리는 청교도주의자(淸敎徒主義者)들의 교리사상(敎理思想)을 상고(詳考)한 다음에는 반듯이 죤 웨슬레의 교리사상(敎理思想)을 연구(硏究)함으로써 청교도운동(淸敎徒運動)이 일어난 후기(後期)의 영국교회를 비롯한 서구사회(西歐社會) 사람들의 의식구조(意識構造)와 기독교운동(基督敎運動)의 역사성(歷史性)을 바로 이해(理解)하는데 도움이 되리라고 생각한다.

동시에 개신교(改新敎)들 가운데 대집단(大集團)으로 발전(發展)하고 있는 감리교(監理敎)의 신학사상(神學思想)에 대해서도 상고(詳考)해 볼 수 있는 기회(機會)를 가지게 되었다고 본다.

본래 웨슬레는 그의 아버지 사무엘 웨슬레(Samuel Wesley) 목사(牧師)와 어머니 수산나(Susanna)의 열다섯번째의 아들로 이 세상에 태어났다.

그가 여섯 살이 되었을 때 그가 살던 집에 불이 나서 화재(火災)로 죽을뻔 한 일도 있었으나 겨우 살아남았다.

1714년에 차터 하우스 학교(Charter House School)에 들어가서 학업(學業)을 시작하여 1720년 그가 17세가 되었을 때에는 옥스퍼드(Oxford)의 기독교대학(Christian Church University)으로 진학(進學)하여 그의 꿈을 열어가기 시작했다.

그의 청년기(靑年期)에 신앙적(信仰的)인 감동(感動)과 그의 생애(生涯)에 가장 큰 영향(影響)을 준 분으로는 먼저 그의 어머니를 비롯하여 토마스 아 켐피스(Thomas a Kempis: 1379-1471)의 "그리스도를 본받아"(Imitation Of Christ)라는 책(冊)과 제레미 테일러 (Jeremy Tayler: 1613-1667)의 "거룩한 생활(生活)"(Holy Living)과 또 "거룩한 죽음"(Holy Death) 이라는 책 등이었다.

그 당시 그의 동생(同生) 챨스 웨슬레(Charles Wesley) 등 그들 친구(親舊) 몇 사람이 뜻을 모아서 홀리 클럽(Holy Club)이라는 단체(團體)를 결성(結成)하여 메도디스트(Methodist, 規律家)운동(運動)을 전개(展開)해 나가게 되자, 죤 웨슬레는 이 단체(團體)의 실제적인 책임지도자(責任指導者)가 되었다.

바로 이 메도디스트 운동(運動)이 발전(發展)하여 후일에 감리교(監理敎)의 이름이 되었다는 것은 큰 의미가 있다고 본다.

그들은 그 당시의 사회상(社會相)이 너무도 극심(極甚)하게 타락(墮落)하고 부패(腐敗)하여 위기의식(危機意識)을 느끼게 되었을 때 이럴 떼에 그들은 뜻을 모아서 기독청년(基督靑年)으로서 한 주에 이틀씩 금식(禁食)을 하여 빈민(貧民)들을 구제(救濟)하기로 하고 사회의 봉사활동(奉仕活動)에 앞장섰다.

그들은 성찬(聖餐)에 참여하고 믿음의 정진(精進)과 형제애(兄弟愛)의 실천(實踐) 빈민(貧民)들의 구제활동(救濟活動) 등에 힘썼다.

죤 웨슬레는 죄(罪)와 죽음에 대한 공포심(恐怖心)에 마음의 고통(苦痛)을 느꼈다.

1735년 그의 부친(父親)이 세상을 떠나게 되자 그들 두 형제(兄弟)는 오굴레소프 장군(將軍)의 초청(招請)으로 식민지(植民地) 죠지아(Georgia) 주(州)의 선교사(宣敎師)로 가게 되었는데 항해(航海)하여 가는 도중(途中) 큰 풍랑(風浪)을 만나서 크게 당황(唐惶)하고 있었다.

그런데 같은 배를 타고 가던 모라비안 파(Moravians)에 속한 신도(信徒)들은 침착(沈着)하게 모여 앉아서 찬미(讚美)를 하고 하나님께 예배(禮拜)를 드리는 모습을 보고 마음에 감동(感動)을 느꼈다.

그리하여 웨슬레는 모라비안 교회의 목사(牧師)를 찾아보고 신앙(信仰)에 대한 가르침을 받기도 했다.

1737년 12월 그는 끝내 그의 마음속에 도사리고 있는 번민(煩悶)들을 제거(除去)하지 못하고 선교지(宣敎地)에서 그대로 자기 나라로 돌아와 버렸다.

후에 모라비안의 피터 벨리(Peter Belly)를 만나서 예수 그리스도로 말미암아 구원(救援)을 받는다는 신앙에 대한 가르침을 받았다.

1738년 런던에 있는 작은 교회의 집회장(集會場)에 나가서 루터의 로마서 서문(序文)에 대한 강의(講義)를 듣는 동안 처음으로 그리스도 안에서의 평안(平安)을 체험(體驗)하게 되었다.

바로 이 경험(經驗)이 그의 신앙(信仰)을 확고(確固)하게 세우는 계기(契機)를 만들어주었으며 메도디스트(Methodist) 운동(運動)의 원동력(原動力)이 되도록 정신적(精神的)인 활력소(活力素)가 되어주었다.

그 후 죠지 휫트필드(George Whitfield: 1714-1770)의 권면(勸勉)으로 1739년 5월 브리스톨(Bristol)에서 처음으로 야외설교(野外說敎)를 하게 됨으로부터 시작하여 전도(傳道)하는 방법(方法)에 일대 개혁(改革)의 바람을 일으키게 되었다.

이러한 모든 것들이 계기(契機)가 되어 그는 후일에 정식(正式)으로 메도디스트(Methodist) 곧 감리교(監理敎)라는 교단(敎團)을 형성(形成)하게 되었다.

1739년 5월 12일 브리스톨(Bristol)에 최초(最初)의 메도디스트 협의회(協議會) (Methodist Association)를 설립(設立)하고 6월 3일에는 설교소(說敎所)를 설치(設置)하게 되었다.

메도디스트는 이 때까지 모라비안(Moravian)의 페달렌(pedalen) 협회(協會)와도 제휴(提携)하게 되었는데 웨슬레의 종교사상(宗敎思想)이 그들의 것과 차이(差異)를 가지게 되었으므로 그는 자기의 동지(同志)들과 함께 1740년 6월에 순전한 메도디스트 연합협회(聯合協會)를 설립(設立)하게 되었다.

1742년 2월 10일 연합협의회(聯合協議會)의 규정(規定)을 발표(發表)하고 2월 15일에는 조합제도(組合制度)를 채택(採擇)했다.

1744년 6월 런던 메도디스트 연회(年會)를 개최(開催)하고 신앙부흥운동(信仰復興運動)의 계획(計劃)을 세워나가게 되었다.

그리고 1751년에는 바젤(Bazel)의 미망인(未亡人)과 결혼(結婚)을 하고 가정(家庭)을 꾸몄으나 그의 가정생활(家庭生活)은 생각과는 달리 매우 불행(不幸)의 연속(連續)이었는데 오히려 웨슬레에게는 그것이 종교활동(宗敎活動)과 사회활동(社會活動)에는 더 적극적(積極的)인 힘을 실어주는 복(福)이 되었다.

그리고 1768년에는 미국(美國)으로 진출(進出)하여 뉴욕(New York)에도 설교소(說教所)를 설치(設置)하게 되었다. 그의 열정적(熱情的)인 설교활동(說敎活動)은 그에게 휴식(休息)의 기회(機會)도 주지 않았고 그의 저서(著書)만도 무려 391권이나 남겼다.

1791년 3월 2일 그는 88세를 일기로 이 세상을 떠났으나 "나의 교구(教區)는 전세계(全世界)이다"라고 하는 유명(有名)한 말은 두고두고 후세대(後世代)의 모든 사람들에게 마음의 감동(感動)을 일으켜주고 있다.

죤 웨슬레의 신앙(信仰)이나 그의 신학사상(神學思想)에 대해서 어느 누구도 감히 시비(是非)하고 비판(批判) 할 수는 없을 것이다.

그를 통해서 이루어 진 감리교(監理敎)의 교리사상(敎理思想)이나 신앙관(信仰觀)에 대해서는 얼마나 교단(敎團)의 설립자(設立者)인 죤 웨슬레의 경우와 일치(一致)하고 있는지에 대해서는 더 언구(硏究)해야 할 과제(課題)로 남는다.

1 ≡ 죤 웨슬레 신학의 신학적인 위치(位置)

죤 웨슬레가 활동(活動)하던 시대(時代)에는 모든 기독교신학(基督敎神學)이 자유주의(自由主義)로 기울어져 있었고 영국(英國)에서는 청교도정신(淸敎徒精神)이 사라져가고 있는 시기였다.

그 당시의 영국(英國)의 국교회(國敎會)는 모든 것이 형식화(形式化)되어 있어서 교리(敎理)보다는 의식(儀式)에만 치우치고 있었다. 교회(敎會)가 국가(國家)에 예속(隷屬)되어 있어서 영혼구원(靈魂救援)의 문제(問題)보다는 의식(儀式)과 제도(制度)에 따르는 것으로 믿음을 대신(代身)했다.

이러한 때에 나타난 죤 웨슬레는 두 가지의 의미(意味)에서 중요(重要)한 역할(役割)을 했다.

첫째는 신앙(信仰)의 부흥운동(復興運動)을 일으켜서 기존신자(旣存信者)들을 일깨워주고 복음(福音)을 새롭게 하는 것이었고 다음 두 번째는 신학적(神學的)으로 전 유럽이 합리주의(合理主義)로 기울어져 갈 때에 유독 웨슬레는 복음주의(福音主義)의 신학(神學)으로 시대적(時代的)인 사명(使命)을 감당(勘當)하는 것이었다.

당시의 중상류층(中上流層)에 속한 사람들은 자신들의 도덕적(道德的)인 수준(水準)을 신뢰(信賴)하고 있었으나 다만 교양(教養)을 위한 신앙(信仰)에 불과(不過)했다.

천민(賤民)들은 삶에 지쳐서 경건(敬虔)을 포기(抛棄)한지가 오래 된 상태(狀態)였다. 이런 상황(狀況)에서 나타난 웨슬레는 하나님이 보내신 귀(貴)한 복음(福音)의 사신(使臣)이었다.

그는 신학적(神學的)인 실력(實力)에서나 경건(敬虔)과 선행(善行)에서나 또한 구령운동(救靈運動)에 있어서 교회사(教會史)에서 최고(最高)의 인물(人物) 가운데 한 사람으로 손꼽힐 만한 훌륭한 신학자(神學者)요 대부흥운동가(大復興運動家)였다.

그의 가문(家門)으로 볼 때에 그의 조부(祖父)는 열성적(熱誠的)인 청교도주의자(清敎徒主義者)였고 그의 아버지는 고교회(高敎會, High Church)의 회원목사(會員牧師)로서 성실(誠實)한 목회자(牧會者)였다.

웨슬레의 신학적(神學的)인 위치(位置)는 이론(理論)과 실천(實踐)을 조화(調和)시킨 점과 칼빈이 말하는 구원중심적(救援中心的)인 기독교(基督敎)를 확실(確實)하게 깨달은 신학자(神學者)였고 신앙운동가(信仰運動家)라는데 있다.

칼빈이 신앙(信仰)의 신학자(神學者)였듯이 웨슬레도 그러한 지도자(指導者)요 신학자(神學者)였다. 웨슬레를 처음부터 칼빈주의적 인 교리사상(教理思想)과 확신(確信)에서 출발(出發)하여 보다 더 경건(敬虔)한 삶과 헌신적(獻身的)인 복음의 사역을 위해서 그의 생(生)을 다 바친 자랑스러운 하나님의 사람이었다는데 의심(疑心)의 여지가 없는 거룩한 성도(聖徒)였다.

부디 여기에서 죤 칼빈과의 차이(差異)를 들라고 한다면 죤 칼빈은 더 신학적(神學的)인데 비하여 죤 웨슬레는 더 신앙적(信仰的)이었다고 보아서 옳을 것이다. 그러나 이러한 비교(比較)는 어느 누구가 더 잘하고 어느 한 사람이 더 잘못했다는 것이 아니라 두 사람 다 하나님께로부터 받은 자기의 은사(恩賜)에 따라서 최선(最善)을 다한 신앙인(信仰人)이요 신학자(神學者)요 위대(偉大)한 지도자(指導者)였다는데 다른 이의(異議)가 있을 수 없다고 본다.

죤 칼빈이나 죤 웨슬레나 하나님께서 합당(合當)하게 쓰시기 위해서 세우신 시대적(時代的)인 성자(聖者)요 하나님의 사람들이었다.

죤 웨슬레(John Wesley)는 웨스트민스터 신학교(Westminster Theological Seminary)의 설립자(設立者)요 현대신학(現代神學)의 정통파(正統派)로서 대변증가(大辨證家)였던 메이첸(Machen, John Gresham: 1881-1937) 박사(博士)가 지적(指摘)했듯이 그는 기독교(基督敎)는 구속(救贖)의 종교(宗敎)라고 하는 말에 전적(全的)으로 칼빈과 같은 노선(路線)에 선 사람으로서 죤 칼빈이 이해(理解)한 기독교(基督敎)가 죤 웨슬레가 이해(理解)하고 있는 기독교(基督敎)로서 전혀 다를 것이 없는 하나요 같은 것이었다.

그의 모든 관심(觀心)은 오직 구원(救援)에 있었고 구원(救援)의 가치(價値)를 너무도 깊이 알고 있었기 때문에 어디로 가던지 "구원(救援)받았느냐 아니냐?"의 문제(問題)를 최고(最高)의 관심사(關心事)로 삼았다.

이런 의미에서 그를 알미니안주의자(主義者)로 쉽게 속단(速斷)하는 것은 매우 잘못된 오해(誤解)에서 나온 것이라고 생각된다.

물론 웨슬레가 예정론(豫定論)이나 성화론(聖化論)에서 각도(角度)가 다르게 주장(主張)되는 것도 있었으나 그의 기독교(基督敎)에 대한 이해(理解)는 본질적(本質的)으로는 죤 칼빈과 같았고 성 어거스틴 이래로 내려오는 정통적(正統的)인 기독교(基督敎)의 교리(敎理)나 가르침과 조금도 다름이 없는 것으로 이해(理解)된다.

따라서 우리는 웨슬레의 기독교에 대한 이해나 교리사상(敎理思想)은 거의 성경(聖經)과 일치(一致)하고 어거스틴이나 루터나 칼빈의 사상(思想)과도 같은 견해(見解)였다고 해도 큰 잘못은 없을 것이다.

그런데 죤 웨슬레에게 있어서 특이(特異)한 신학사상(神學思想)으로 구분(區分)되는 것은 기독교인(基督敎人)의 완전론(完全論)이라고 할 것인데 그것은 신자(信者)로서 도달(到達)할 수 있는 최상(最上)의 성결(聖潔)과 경건(敬虔)한 삶 혹은 상태(狀態)를 의미(意味)하고 있을 뿐이다.

이것은 이미 옥스퍼드 시절(時節)부터 품고 있던 그의 신앙(信仰)의 학적표현(學的表現)이라고 할 수 있다. 웨슬레는 윌리암 로우 (William Law)나 테일러(J. Taylor)의 저서(著書)들 곧 "기독자(基督者)의 완전(完全)"(Christian Perfection)이나 "거룩한 삶"(Holy Living) 등과 교부(敎父)들의 서적(書

籍) 및 중세시대(中世時代)의 경건(敬虔)한 서적(書籍)들을 통해서 그러한 아이디어를 얻었다고 했다.

웨슬레는 기독자(基督者)의 완전론(完全論)이 오해(誤解)를 받지 않게 하기 위해서 그것이 의미(意味)하지 않는 부분(部分)부터 말했다.

그가 의미(意味)하고 있는 완전(完全, Perfection)이란 이 세상에서 천사(天使)처럼 완벽(完璧)하게 거룩한 상태(狀態)가 된다는 뜻이 아니며 죄(罪)가 없다는 뜻도 아니다.

그가 말하는 완전(完全)이란 그리스도 안에 있는 성도(聖徒)가 그리스도의 마음을 품고 그리스도가 살으셨던 것처럼 깨끗하고 순진(純眞)한 마음을 가진 사람이 육(肉)과 영(靈)에서 청결(淸潔)하게 되어 넘어짐이 없는 상태(狀態)를 말한다.

이러한 완전(完全)한 죄(罪)의 사(赦)함을 받아 깨끗한 몸과 마음을 가지고 하나님을 사랑하고 이웃을 사랑하며 성령(聖靈)의 선(善)한 열매를 맺는 상태(狀態)를 말한다.

이를 다시 장로교(長老敎)의 식(式)으로 말하면 성화(聖化) 된 상태(狀態)를 의미한다. 그의 완전론(完全論)은 일종(一種)의 신자(信者)의 의무론(義務論)이자 과업론(課業論)이다.

이것은 하나님과의 끊임없는 교제(交際)와 변(變)함이 없는 교통(交通)으로만 가능(可能)한 것이며 성령(聖靈)의 은혜(恩惠)와 우리의 노력(勞力)으로 가능(可能)한 것이라고 하나 여기에서 문제(問題)가 발생(發生)하게 된다.

즉 아무리 우리가 하나님 앞에서 바른 신앙(信仰)을 가지고 경건(勁健)을 유지(維持)한다고 할지라도 하나님의 기대(期待)와 요구(要求)에는 이르지 못하기 때문에 날마다의 회개(悔改)가 있어야 하고 예수 그리스도의 대인속죄(代人贖罪)는 항상(恒常) 우리에게 유익(有益)하고 필요(必要)하다는 점에 대해서는 설명(說明)이 약(弱)하다는 것을 알게 한다.

이에 대하여 웨슬레도 우리 인간(人間)에게 있어서 하나님 앞에서는 절대적(絶對的)인 완전(完全)이란 있을 수 없다고 하였으며 칭의(稱義)된 이후에 나타나게 된다고 하기는 했다.

완전(完全)이란 사람의 과오(過誤)가 없는 상태가 아니고 무죄(無罪)한 상태도 아니다. 그것은 죄로부터 구원(救援)을 받는 것이다.

따라서 웨슬레도 구원론적(救援論的)인 성화론(聖化論)을 주장하는 것을 볼 수 있다.

완전(完全)이란 완전(完全)한 사람일 것을 뜻하는 말이며 이것은 항상(恒常) 기뻐하며 쉬지 않고 기도(祈禱)하고 범사(凡事)에 감사(感謝)하는 것이다.

완전(完全)이란 개선(改善)될 수 있는 것이고 사랑 안에서 완전(完全)하게 되어서 과거(過去)보다 훨씬 더 빨리 하나님의 은혜(恩惠) 안에서 자라나는 것을 말한다.

웨슬레는 완전(完全)이란 더 나빠질 수도 있고 상실(喪失)되어 질 수도 있는 것이라고 말했다. 완전(完全)이란 점차적(漸次的)으로 증진(增進)되어 가는 노력(勞力)에서 계속적(繼續的)으로 오는 것이다.

따라서 완전론(完全論)은 개혁주의(改革主義)의 성화론(聖化論)과 별로 다른 것이 없으나 단지 용어(用語)의 사용에 있어서, 완전(完全)이라는 말이 걸림돌이 되고 있다. 내용을 보면 그렇게 오해(誤解)를 받을 만한 것이 없다고 했다.

웨슬레는 갑작스럽게 완전(完全)을 얻었다는 사람도 용납(容納)하였고 이 때문에 열광주의자(熱狂主義者)라는 비판(批判)을 받기도 하였다.

그러나 웨슬레가 말하는 완전론(完全論)이란 완전(完全)히 무죄(無罪)라든지 절대적(絶對的)으로 결론(結論)이 없는 완벽주의적(完璧主義的)인 것이 아니었다는 것은 확실(確實)하다.

웨슬레가 이해(理解)한 기독교(基督敎)는 내세(來世)의 영생복락(永生福樂)을 얻는데 초점(焦點)을 둔 전도지향적(傳道指向的)인 기독교(基督敎)였다는 것을 알 수 있다.

그가 경건주의(敬虔主義)의 영향(影響)을 받았고 모라비안 지도자(指導者)들에게서 큰 감화(感化)를 받았기 때문에 삶에 대한 체험(體驗)을 중요시(重要視)하였을 뿐 기독교의 이해(理解)에 대한 그의 관점(觀點)은 정통기독교(正統基督敎) 그 자체(自體)였다.

따라서 웨슬레의 신학저술(神學著述)들에서 빈번히 강조되어서 나타나는 중요한 교리(敎理)들은 원죄론(原罪論), 그리스도의 신성(神性), 대속적교리(代贖的敎理), 이신칭의(以信稱義), 성령(聖靈)의 역사(役事), 삼위일체론(三位一體論) 등이다.

물론 그는 선행은총(善行恩寵)과 회개(悔改)와 신앙(信仰) 및 성결(聖潔)을 강조(強調)하였다.

웨슬레의 큰 관심(關心)은 영혼(靈魂)의 구원(救援)에 있었고 하나님의 자녀(子女)로서의 합당(合當)한 삶을 살자는 데 있었다.

이런 점에서 칼빈과 완전(完全)히 일치(一致)한다고 할 수 있다.

웨슬레의 일기(日記)에 의하면 그는 1739년에 죄에 대한 깊은 깨달음과 구원받고자 하는 진지(眞摯)한 열망(熱望)을 기독교인(基督敎人)의 가장 큰 증거(證據)로 보았다고 한다.

하나님이 누구인지 알고 그 분 앞에서 두렵고 떨림으로 구원(救援)을 얻는 것이 그에게는 중요(重要)한 일이었다.

장차(將次) 오는 하나님의 진노(震怒)를 피하고 그들의 죄(罪)에서 구원 받기를 원하는 열망(熱望)이 강조(强調)되었고 이것은 감리교회(監理敎會)의 처음 입회자(入會者)들에게 반드시 질문(質問) 되었다고 한다.

그렇다면 웨슬레의 신학(神學)과 칼빈의 신학(神學)은 본질적(本質的)으로는 일치(一致) 한다고 볼 수 있다.

웨슬레와 칼빈은 두 사람 다 같은 신학(神學)인데 다만 웨슬레는 구원(救援)에 대한 것으로서 칭의(稱義, Justification)와 성화(聖化, Sanctification)에 대한 교리(敎理)의 주관화(主觀化) 또는 체험화 (體驗化)되는 과정(過程)을 생생하게 전달하고 있고 칼빈은 그 내용(內容)을 잘 정리(整理)하여 체계화(體系化)하여 주었을 뿐이다.

칼빈의 기독교(基督敎)를 실천(實踐)한 사람이 웨슬레라고 하는 말이 옳을 것이다. 웨슬레와 칼빈은 심각(深刻)하게 자기(自己)에 대한 부인(否認)을 하였고 하나님의 현존성(現存性)을 항상 느끼고 살았다는 점이 너무도 일치(一致)하다고 할 것이다.

그들은 주리고 목마르듯이 하나님의 영광(榮光)만을 구하였다.

하나님께 영광(榮光)이 안 된다면 아무 즐거움도 갖지 말자는 것이 그들의 공통점(共通點)이었다.

웨슬레가 풍랑(風浪)을 만났을 때에 자신이 파도(波濤)보다도 하나님을 더 두려워하고 있느냐 하는 심각(深刻)한 질문(質問) 앞에 서 있었다고 한다.

모라비안을 볼 때에 웨슬레는 진심(眞心)으로 하나님을 두려워하는 마음이 그들에게는 있고 자기에게는 없다는 것을 발견(發見)하고 후에 산 믿음이라는 말을 비로소 깨닫고 그 말을 사용하기 시작하였다. 웨슬레는 모라비안의 성도들에게서 참 믿음을 발견(發見)했다.

신앙(信仰)이 아니면 죽음을 달라는 칼빈과 웨슬레의 간구(懇求)는 주님만으로 가득 채우려는 갈급(渴急)한 마음이요 가난한 심령이요 지금도 가진 것이 없고 장차도 가질 소망이 없는 빈 마음이었다.

우리도 역시 지식(知識)으로 배운 교리(敎理)가 참으로 삶 속에서 체험(體驗)이 될 때에 그것은 새롭게 살아있는 교리(敎理)가 된다.

예나 오늘이나 신학(神學)이라는 학문(學問)을 통하여 훌륭한 신학자(神學者)가 되는 것보다는 먼저 성경(聖經)에 기록(記錄)된 말씀대로 믿는 믿음의 사람이 되어야 한다는 것을 알게 한다.

3 ≡ 존 웨슬레 신학의 중요성(重要性)

웨슬레의 신학(神學)이 중요(重要)하다는 것은 그가 정통기독교(正統基督敎)를 신앙(信仰)하고 실천(實踐)하였기 때문이다.

우리는 웨슬레에게서 정통기독교(正統基督敎)가 무엇이라는 것을 본다. 그것은 죄인(罪人)이 회개(悔改)하고 예수 그리스도를 믿는 신앙(信仰)으로 죄(罪)의 사(赦)함을 받아서 하나님의 자녀(子女)가 된다는 교리(敎理)이다.

여기에서 신앙(信仰)의 중요성(重要性)이 강조(强調)되는데 특이(特異)한 일은 웨슬레와 칼빈의 신앙관(信仰觀)이 근본적(根本的)으로 같다는 것이다. 즉 칼빈이 내린 신앙(信仰)의 정의(定義)를 다음과 같이 말 할 수 있다.

> "신앙(信仰)이란, 우리를 향(向)하신 하나님의 자비(慈悲)하심에 대해 확고(確固)하고도 확실(確實)하게 아는 것이며 이것은 그리스도 안에서 값없이 주어진 약속(約束)의 신실성(信實性)에 기초(基礎)를 두었고, 성령(聖靈)으로 말미암아 우리의 정신(精神)에 계시(啓示)되었으며 우리의 마음에 인 쳐진 것이다.(기독교 강요 3권 2장 7절)"

여기서 칼빈은 신앙(信仰)을 하나님의 자비(慈悲)하심에 대한 확고(確固)한 지식(知識)으로서 곧 신앙(信仰)의 지식(知識, Faith Knowledge)이라고 하였다.

웨슬레는 1736년의 일기(日記)에서 역시 신앙(信仰)을 사람이 하나님께 가지는 확실(確實)한 신뢰(信賴)이며 그리스도의 공로(功勞)로 죄(罪)가 용서(容恕)되고 하나님의 자비(慈悲)하심에 그가 화해(和解)되는 것을 분명히 신뢰(信賴)하는 것이라고 하였다.

이와 같이 양자(兩者)의 신앙관(信仰觀)은 전혀 다른 것이 아니라 그 본질적(本質的)인 내용(內容)에 있어서 같다는 것을 알 수 있다.

칼빈에 의하면 기독교(基督敎)는 신앙(信仰)의 종교(宗敎)인데 이 신앙(信仰)은 구원(救援)의 신앙(信仰)(Saving Faith)이요 칭의(稱義)와 성화(聖化)를 동시(同時)에 얻는 신앙(信仰)이다.

그래서 기독교 강요 3권 14장에서 성화론(聖化論)을 시작할 때에 칭의(稱義)의 시작(始作)과 그 계속적(繼續的)인 발전(發展)은 곧 신앙(信仰)이라고 한 것이다.

마찬가지로 웨슬레도 산 신앙(信仰)은 성결(聖潔)과 행복(幸福)이 따르는 것으로 해석(解釋)하였다. 웨슬레는 신앙(信仰)은 마음의 문제(問題)이지 머리의 문제(問題)가 아니라는 것이었다.

그에게 있어서 산 신앙(信仰)이란 전도(顚倒)되는 상황(狀況)이 일어나야 하고 회개(悔改)와 죄(罪)의 사(赦)함이 발생(發生)하여 참으로 구원(救援)을 받는 일이 일어나야 하였다.

그리고 사형수(死刑囚)와 죽음에 임박(臨迫)한 사람에게도 복음(福音)을 전(傳)할 수 있어야 참 신앙(信仰)이라고 하였다.

웨슬레에게 기독교(基督敎)란 전도(傳道)하는 종교(宗敎)요 그 열매는 성결(聖潔)과 행복(幸福)이었다. 이 같이 신자(信者)의 전생애(全生涯)는 하나님의 은혜(恩惠)에서 떠나지 않는 것이었다.

성화운동(聖化運動)이 곧 전도(傳道)요 참된 전도운동(傳道運動)은 곧 성화운동(聖化運動)이었다. 이런 점에서 칼빈의 신학(神學)과 동일(同一)한 노선(路線)이라고 보는 것이다.

4 ≡ 존 칼빈과 존 웨슬레의 사상적인 차이

일반적(一般的)으로 칼빈주의 신학자(神學者)들에게 알려진 바와는 달리 칼빈은 철저(徹底)한 전도신학자(傳道神學者)요 성화론자(聖化論者)였다.

신앙(信仰)과 전도(傳道)와 거룩한 삶과 하나님의 영광(榮光)이 칼빈이 추구(追求)한 기독교(基督敎)이다.

하나님 중심적(中心的)이며 구원중심적(救援中心的)인 기독교(基督敎)의 이해(理解)는 웨슬레에게서 그대로 실천(實踐)되었기 때문에 우리 시대의 잘못된 전도운동단체(傳道運動團體)들이 실패(失敗)한 이유(理由)를 곧 발견(發見)할 수 있으니 그것은 성화운동(聖化運動)이 겸비(兼備)되지 못한 점이라고 할 것이다.

칼빈은 자기의 비참(悲慘)을 모르면 성찬(聖餐)도 받을 수 없다고 하였다.

신자(信者)는 날마다 십자가(十字架)를 지고 자기를 부인(否認)하는 자요 평생(平生)을 회개(悔改)하는 자라고 하였다. 이것이 성화(聖化)의 삶이요 중생(重生)의 삶이기 때문이다.

이에 비하여 웨슬레의 속죄운동(贖罪悔運動)도 심각(深刻)한 구원(救援)의 필요(必要)와 구원(救援)의 가치(價値)를 바로 아는 갈급(渴急)한 사람들의 모임이었다. 그들은 하나님 앞에서 심각(深刻)한 죄의식(罪意識)을 느끼고 불신앙(不信仰)과 교만(驕慢)과 태만(怠慢)을 회개(悔改)하였다.

철저(徹底)한 자기 부인(否認)이 요구(要求)되었다.

그의 완전론(完全論)은 이러한 맥락(脈絡)에서 곧 항상(恒常) 하나님을 의지(依支)하는 신앙론적(信仰論的)인 입장에서 더 이상 죄(罪)를 짓지 아니하려는 경건(敬虔)한 자세(姿勢)와 경외심(敬畏心)을 가진 처지에서 고려(考慮)되는 것이어야 한다.

구원(救援)을 우습게보지 않고 하나님이 주시는 가장 귀(貴)한 것으로 보는 자세(姿勢)가 칼빈과 웨슬레의 공통점(共通點)이므로 우리는 어느 정도(程度)의 차이(差異)를 인정(認定)하면서도 웨슬레의 신학(神學)이 교리사적(敎理史的)으로 가장 우수(優秀)한 신학(神學) 가운데 하나라는 명예(名譽)로운 위치(位置)를 주고자 한다.

우리 한국교회(韓國敎會)는 웨슬레를 더 깊이 연구(研究)하여 목회사역(牧會事役)에 적용(適用)할 필요(必要)가 있다고 본다.

웨슬레의 철저(徹底)한 신앙관(信仰觀), 죄(罪)에 대한 두려움, 하나님의 복음전도(福音傳道)에 대한 사명(使命) 그리고 실천적(實踐的)인 신앙운동(信仰運動), 경건(敬虔)을 통한 성스러움의 삶 그리고 오직 하나님을 향한 순종(順從)과 충성(忠誠)의 열정(熱情)등 그 어느 한 가지도 웨슬레를 통해서 우리가 시비(是非)하고 비판(批判)을 해야 할 이유(理由)도 없고 자격(資格)도 없다는 것을 안다.

그러나 그렇게 거룩하고 아름다운 웨슬레의 신앙이나 교리사상(敎理思想)이 감리교(監理敎)의 교단(敎團)이라는 집단(集團)으로 발전(發展)해 오면서 웨슬레의 신앙(信仰)이나 사상(思想)과는 다른 많은 변질(變質)을 보였다는데서 문제(問題)를 드러내게 된다는 아쉬움을 느낄 뿐이다.

칼빈의 신학(神學)을 삶의 현장(現場)에서 실천(實踐)하는 것과 같은 웨슬레의 생애(生涯)가 매우 중요한 교회사적(敎會史的)인 가치(價値)를 가지기 때문이다.

부연(敷衍)해서 말하고 싶은 것은 웨슬레의 완전론(完全論)과 알미니안적인 경향(傾向)으로 인하여 그의 신학전부(神學全部)를 칼빈주의와 완전히 반대(反對)되는 것으로 오해(誤解)하는 생각을 버려야 할 것이라는 점이다.

그러나 다만 우리가 여기에서 분명히 짚고 넘어가야 할 것은 이 같은 웨슬레의 교리사상(敎理思想)이나 신앙관(信仰觀)에 대한 것이 아니라 소위 감리교(監理敎)의 교리사상(敎理思想)에서 문제(問題)를 찾아야 할 것이고 만약에 감리교(監理敎)의 자체가 그 교단(敎團)의 창시자(創始者)인 웨슬레의 정통사상(正統思想)과 성경관(聖經觀)과 신앙관(信仰觀)과 거룩한 신앙의 삶을 그대로 이어 받아서 간다면 부디 시비(是非)를 해야 할 필요(必要)가 없을 것이라고 본다.

감리교(監理敎)에서 주장(主張)하는 만인구원설(萬人救援說)이나 지상천국론(地上天國論)같은 교리(敎理)는 웨슬레의 교리사상(敎理思想)을 통해서는 찾아보기 어려운 감리교(監理敎)의 주장(主張)이라는 점에서 현저(顯著)한 차이(差異)를 나타낸다고 보아야 할 것이다.

만약에 웨슬레의 사상(思想)을 근거(根據)로 하고 있다면 그의 완전설(完全說)에 대한 것 이외의 것에는 전혀 있을 수 없다고 본다.

01. 죤 웨슬레의 교리사상을 간단히 말하라

02. 죤 웨슬레의 생애를 간단히 말하라

03. 죤 웨슬레의 신학적인 위치에 대해서 간단히 말하라

04. 죤 웨슬레의 교리사상을 중심으로 그에 대한 이해를 어떻게 해야 할 것인가를 간단히 말하라

05. 죤 웨슬레의 신학이 왜 중요한가를 간단히 말하라

06. 죤 웨슬레와 죤 칼빈의 공통점과 차이점은 무엇인가를 간단히 말하라

07. 죤 웨슬레의 완전론에 대하여 간단히 말하라

제 4 편

근세시대의 교리사상

THE DOGMATIC THOUGHT OF THE MODERN TIMES

근세시대의 교리사상
THE DOGMATIC THOUGHT OF THE MODERN TIMES

청교도운동(淸敎徒運動, Puritans Movement)에 이어서 나타난 것이 소위 계몽주의(啓蒙主義, Illuminism)였고 그리고 줄이어서 나타난 이성종교(理性宗敎, Reasonal Religion)에 대한 문제(問題)가 터지게 되었고 또 다시 낭만주의(浪漫主義, Romanticism)의 시대를 넘어서서 19세기의 사상적(思想的)인 특징(特徵)을 마무리하고 현대주의(現代主義)로 넘어가게 되었다.

계몽주의(啓蒙主義)란 17세기에 프랑스를 중심으로 일어난 정신계몽(精神啓蒙)을 위한 사상(思想)으로서 인지(人知)가 발달(發達)되고 문예부흥기(文藝復興期, Renaissance) 이후로 인간(人間)의 마음속에 자연주의적(自然主義的)이고 개성적(個性的)인 경향(傾向)이 생기어 이성(理性)을 존중(尊重)함으로부터 일어난 사상(思想)이다.

우리가 역사적(歷史的)으로 말하는 계몽주의운동(啓蒙主義運動)이란 사람들의 실제생활(實際生活)에 이성(理性)의 법칙(法則)을 적용(適用)하기 위한 노력(勞力)이었다고도 할 수 있다.

그리하여 서양문명(西洋文明)의 고도발달(高度發達)은 곧 이 계몽주의운동(啓蒙主義運動)이 큰 역할(役割)을 했다고 할 것이다.

이 계몽주의운동(啓蒙主義運動)은 각부문(各部門)의 생활(生活) 곧 종교(宗敎, Religion), 문학(文學, Literature), 예술(藝術, Arts), 철학(哲學, Philosophy), 과학(科學, Science), 그리고 정치(政治, Government)등 모든 영역(領域)에 다 침투(浸透)되어서 많은 영향(影響)을 끼쳐주었다.

본래 계몽주의사상(啓蒙主義思想)의 발달(發達)은 화란(和蘭)과 영국(英國)에서부터 시작(始作)되었으나 프랑스(France)에 이르러서 그 절정(絶頂)을 이루었기 때문에 '계몽주의 운동(啓蒙主義運動)' 하면 일반적(一般的)으로 프랑스를 연상(聯想)케 한다.

여러 형식(形式)의 자연종교(自然宗教, Natural Religion, Deism)에 있어서 종교(宗教)의 계몽(啓蒙)도 생활(生活)을 위하여 없어서는 안 될 합리적(合理的)인 명제(命題)라고 인식(認識)하게 되었다.

체버리(Chebury: 1581-1648)같은 이는 종교(宗教)에 있어서 이성(理性)의 계발(啓發, Enlightenment)을 계몽주의(啓蒙主義)의 선구자적(先驅者的)인 사상(思想)을 유발(誘發)시켜 주었고 또 뒤이어서 죤 락(John Lock: 1632-1704) 같은 사람은 "기독교(基督教)의 합리성(合理性)"(The Reasonableness of Christianity)이라는 책(冊)을 펴내고 계몽주의운동(啓蒙主義運動)의 줄기를 이어가게 했다.

특히 죤 톨란드(John Toland: 1670-1720)나 메튜 틴달(Mathew Tindal: 1654-1733) 같은 사람은 기독교(基督教)는 신비적(神秘的)인 종교(宗教)가 아니라고 비판(批判)한 다음 "자연신교자(自然信教者)의 성경(聖經)" 이라는 책(冊)을 써서 더욱더 자연종교론(自然宗教論)을 부추겨 세우고 나옴으로써 계몽주의시대(啓蒙主義時代)의 많은 논란(論難)을 일으켜 주기도 했다..

이렇게 하여 계몽주의사상(啓蒙主義思想)은 인간(人間)의 이성(理性)을 내세워서 기독교(基督教)의 신학(神學)을 공격(攻擊)하고 나섰으나 사실상으로 기독교(基督教)는 이에 대해서 보다 더 적극적(積極的)인 대응(對應)을 하지 못했기 때문에 한 시대(時代)의 누수현상 (漏水現狀)을 겪어야만 했던 것이 아닌가고 자성(自省)해 본다.

우리가 계몽주의운동(啓蒙主義運動)을 기독교신학(基督教神學)의 역사(歷史)에서 하나의 분수령(分水嶺)을 이루는 이 시대를 만드는 것은 어떤 특별(特別)한 교의(教義)의 변화(變化)라기보다는 종교(宗教)의 지위(地位)의 변동(變動)이라고 보는 것이 옳을 것이다.

사실 이 때에도 기독교(基督敎)는 거대(巨大)한 외적부흥(外的復興)의 힘을 몰아서 세계적(世界的)인 기반구축(基盤構築)을 계속 해 나가고 있어서 독일(獨逸)에서의 경건주의운동(敬虔主義運動), 영국(英國)에서의 감리교운동(監理敎運動), 미국(美國)에서의 대각성운동(大覺醒運動)등이 열기(熱氣)를 더해가고 있기는 했으나 사실상 초대교회(初代敎會)의 순수(純粹)한 신앙운동(信仰運動)이 아닌 상황적(狀況的)인 이해(理解)의 길로 변(變)해가고 있었다.

중세(中世)와 종교개혁기(宗敎改革期)의 신자(信者)들은 그들의 생활신앙(生活信仰)에 대하여 보다 높은 비중(比重)을 두고 있었으나 근세 시대에 접어들면서부터는 점점 주변 세상의 영향(影響)을 배제(排除)하지 못하여 참 모습이 변질(變質)되어 가고 있다고 보는 것이 맞는 말일 것이다.

이 시대의 특징(特徵)들은 주로 전쟁(戰爭)에 대한 문제와 전쟁의 결과에서 오는 교회(敎會)들이 극단적(極端的)인 분열(分裂)을 일으키면서 보편적(普遍的)인 교리사상(敎理思想)의 통일(統一)을 기 할 수 없었다는 것과 철학적(哲學的)인 논리(論理)로 신앙(信仰)에 대한 회의심리(懷疑心理)를 유발(誘發)케 했다는 것과 과학(科學)의 힘이 신학(神學)을 압도(壓度)하려고 그 힘을 최대한(最大限)으로 발휘하면서 모든 나라들이 권력(權力)의 중앙집중화(中央集中化)의 정책(政策)을 펴나가면서 교회(敎會)까지도 그들의 권위(權威) 앞에 예속(隸屬)시키려는 등 기독교(基督敎)에 대한 정치권(政治權)의 지배압력(支配壓力)이 가해져 왔다.

세상의 권력(權力)이 교회로 밀려오게 될 경우 자연히 교회는 세속화(世俗化)라고 하는 변질(變質)의 시련(試鍊)을 겪지 않으면 안 되게 된다는 것을 알고 있다.

제1장

계몽주의 시대의 교리사상

The Dogmatic Thought of the Illumination Period

18세기 유럽(Europe)의 사회(社會)의 사상적(思想的)인 특징(特徵)은 그 때까지의 학문적(學問的)인 연구(研究)의 결과(結果) 특히 경험철학(經驗哲學)의 입장에서 해설(解說)하여 내려온 사상(思想)을 그대로 세상에 보급(普及)하는 것이었다.

경건학파(敬虔學派)와 관련(關聯)시켜서 연구된 철학적(哲學的) 과학적(科學的) 도덕적(道德的) 또는 종교적(宗敎的)인 세계관(世界觀)과 인생관(人生觀)을 보급(普及)시키려는 경향(傾向)이 영국(英國)을 비롯하여 독일(獨逸), 프랑스(France)를 비롯하여 전 유럽 사회의 전체적(全體的)인 풍조(風潮)가 되어버렸다.

이 시대를 유럽의 근세사상(近世思想)에 있어서 계몽시대(啓蒙時代)라고 말하게 된다.

영국에서는 흄(Hume)의 실험설(實驗說), 자연신설(自然神說) 그리고 샤프테스버리(Shaftesbury) 일파(一派)의 도의학(道義學), 연상파(連想派)에 속한 심리학자(心理學者)의 생리적유심론(生理的唯心論)등이 계몽적사조(啓蒙的思潮)의 주류(主流)라고 할 수 있는데 특히 자연신설(自然神說)의 운동(運動)은 종교적(宗敎的)인 방면(方面)에 있어서 가장 현저(顯著)한 것이었다.

자연신설(自然神說)의 이론적(理論的)인 근거(根據)는 아이사크 뉴톤 (Issac Newton: 1642-1727)의 자연과학적(自然科學的)인 연구(研究)와 결부(結付)하여 설명(說明)한 세계관(世界觀)이라고 할 것이다. 그에 의하면 세계는 한 개의 기계(機械)로서 이 기계(機械)는 이것을 창조(創造)하신 분이 존재(存在)함을 표시(表示)하는 것이고 일단 세계가 하나님으로 말미암아 창조(創造)된 이상은 하나님은 세상 밖에 계셔야 이를 내려다보실 뿐이지 언제나 노력(勞力)을 세상에 부어주시는 것이 아니고 기계적작용(機械的作用)에 의하여 세계가 스스로 작용(作用)을 계속하는 것이다.

그러므로 종교적(宗敎的)으로 승리(勝利)할 수 있는 것은 전혀 합리적(合理的)인 것이어야 한다.

배리(背理)되는 것은 말할 것도 없고 초리적(超理的)인 것도 진정(眞正)한 종교(宗敎)속에는 있을 수가 없는 것이므로 진정(眞正)한 그리스도의 교훈(敎訓)에는 조금도 이상(異狀)한 일이 없는 것이라고 하였다.

자연신설(自然神說)을 주장하는 대표적(代表的)인 학자(學者)는 톨란드(Toland)와 울스톤(Woolston) 그리고 틴달(Tindal)등이고 이러한 주장을 극력반대(極力反對)한 사람으로는 버틀러(Butler) 감독(監督)이었다.

이 운동(運動)이 영국(英國)이나 독일(獨逸)에서는 비교적(比較的) 으로 온건(穩健)하여 극단적(極端的)으로 흐르는 일이 없었으나 프랑스에 있어서는 비교적(比較的)으로 대담(大膽)하고 광범위(廣範圍)하게 전개(展開)되어 나갔다.

프랑스에 있어서 계몽주의운동(啓蒙主義運動)의 기원(起源)은 17세기부터 18세기에 걸쳐서 영국(英國)에서 일어난 사상계(思想界)의 산물(産物)이 이입(移入)된 것이었다.

곧 볼테일(Voltair)은 1729년 영국(英國)으로 돌아와서 뉴톤의 세계관(世界觀)을 기준(基準) 삼은 자연신설적(自然神說的)인 종교사상(宗敎思想)을 수입(輸入)하였다.

그 결과로 우주(宇宙)에 나타나는 뜻을 근거(根據)로 하여 종교적(宗敎的)인 신앙(信仰)을 유지(維持)하려는 것보다도 도덕적(道德的)인 요구(要求)에 기초(基礎)를 두려고 하는 경향(傾向)이 생기게 되었다.

또한 프랑스에 수입된 로크(Lock)의 철학(哲學)은 지식론(知識論)에 감각설(感覺說)이 생기게 하는 한편 기계적(機械的)인 자연과학(自然科學)은 생리적(生理的)인 유물론(唯物論)을 주장하는 사람들을 낳게 했다.

그런데 이 세상에 풍미(風味)하던 계몽적(啓蒙的)인 사상(思想)에 반대(反對)하여 일어난 사람이 룻소(Rousseau: 1712-1778)였다.

룻소는 당시에 유행(流行)하던 지력적(知力的) 이고 기계적(機械的)인 해설(解說)을 반대(反對)하고 사람의 직접감정(直接感情)에 의하여 도덕(道德)과 종교문제(宗敎問題)를 취급(取扱)할 것을 주장했다.

다음에 독일(獨逸)에 있어서의 주요한 요소(要素)는 월프(Wolff)에 속한 학파(學派)의 편리설(偏

理說)에서 나온 것이다.

곧 그들은 사람의 이해력(理解力)이면 무엇이든지 분명히 해결할 수 있고 만약에 이해력(理解力)에 적합(適合)하지 않으면 다 헛되고 거짓된 것이라고 배척(排斥)하여 편리파(偏利派)들이 가졌던 정신(精神)이 계몽(啓蒙)의 골자(骨子)가 되었던 것이다.

그러나 영국과 프랑스에서 수입(輸入)된 사상(思想)의 영향(影響)도 많이 받고 또한 당시의 경건파(敬虔派)의 운동(運動)의 영향(影向)도 많이 받았다.

이 경건파(敬虔派)는 교회(敎會)의 교리(敎理)에 중점(重點)을 두지 않은 점에 있어서 종교적(宗敎的)인 계몽사조(啓蒙思潮)와 같은 입장을 취했다.

이 계몽사조(啓蒙思潮)의 대표격(代表格)으로 주로 신학적(神學的)인 방면(方面)에 큰 세력(勢力)을 가졌던 사람은 레이마루스(Reimarus)라고 하는 사람이었다.

그는 무신론(無神論)을 공격(攻擊)하는 한편 교회(敎會)에서 가르치는 계시적(啓示的)인 종교(宗敎)를 비평(批評)하여 말하기를 "참으로 하나님의 계시(啓示)라고 할 수 있는 것은 자연계(自然界)에 나타난 것뿐인즉 달리 계시(啓示)를 찾으려고 할 필요(必要)가 없으며 종교상(宗敎上)으로 확신(確信)한 것은 모두 사람의 지력(知力)으로 이해(理解)할 수 있는 것이라고 하였다.

렛씽(Lessing)도 당시의 계몽사조(啓蒙思潮)에 있어서 중요한 위치를 차지하고 있었는데 그가 종교사상(宗敎思想)에 있어서 합리적(合理的)인 종교(宗敎)를 이상(理想)으로 삼았던 것은 일반적(一般的)인 자연신론자(自然神論者)들과 같다.

그러나 그는 역사적(歷史的)인 발달(發達)을 해명(解明)하고 계시(啓示)는 조작(造作)한 것이나 거짓된 것이 아니고 하나님의 사람을 교육(敎育)하기 위하여 쓰신 방법(方法)이라고 한 점에 있어서 자연신론자(自然神論者)들과 달랐었다.

이러한 점들을 종합적(綜合的)으로 미루어 볼 때에 계몽주의시대(啓蒙主義時代)에는 하나님을 믿기는 믿는다고 하면서도 성경(聖經)에서 말씀하고 있는 하나님을 믿는 것이 아니라 자연(自然)속에 나타난 하나님을 믿었기 때문에 성경(聖經)에서 말씀하고 있는 전통적(傳統的)인 교리(敎理)들에 대해서는 회의적(懷疑的)이었고 신학(神學)이나 종교(宗敎)같은 것은 사람이 살아가는데 중심(中心)에 설 수 없다는 입장(立場)이었다.

그러나 우리는 계몽주의시대(啓蒙主義時代)의 역사적(歷史的)인 영향(影響)이 오히려 오늘에까지 와서도 되살아나고 있다는데 유의(留意)해야 할 것이다.

즉 인간의 불완전(不完全)한 이성(理性, Reason)만으로는 완전(完全)한 하나님의 계시(啓示)에 대한 이해(理解)나 하나님에 대한 신지식(神知識)에 도달(到達)할 수 없다는 것을 인정(認定)하지 않으면 어떠한 경우에라도 하나님의 신비(神秘)에 대해서는 이해(理解)할 수 없다는 것을 알아야 한다.

그러므로 기독교(基督敎)에서 말하는 삼위일체(三位一體)하나님에 대한 교리(敎理)와 함께 성령(聖靈)에 대한 바른 이해(理解)와 신지식 (神知識)과 경험적(經驗的)인 믿음의 실상(實狀)만이 참 성경적인 신앙에 이를 수 있고 이성(理性)의 불완전성(不完全性)이나 그 한계(限界)를 바로 이해(理解)할 수 있을 것이다.

✎ 다시 생각해 볼 복습 문제

01. 근세시대의 교리사상을 간단히 말하라

02. 계몽주의 시대의 교리사상을 간단히 요약해서 말하라

03. 자연신설에 대해서 간단히 말하라

04. 레이마루스의 주장에 대해서 간단히 말하라

05. 기독교 교리사상의 가장 핵심적인 사상은 무엇에다 근거를 할 것인지를 간단히 말하라

06. 기독교 교리사상에 대한 자신의 입장을 간단히 말하라

제2장

이성종교(理性宗敎)와 기독교

The Reasonable Religion and the Christianity

우리가 근대신학(近代神學)을 논(論)함에 있어서 우선 언제부터서 근세시대(近世時代)로 보아야 하는가 하는 문제인데 이는 18세기로부터서 라고 하는데 별다른 이의(異議)가 없을 것이다.

사람들은 자기가 좋아하던 안 하던 그 역사시대(歷史時代)의 사상적(思想的)인 영향(影響)을 받으면서 살아가야 하며 그 시대(時代)의 총체적(總體的)인 개념(概念)들에 채색(彩色)되어 지기 마련이다. 이런 의미에서 기독교(基督敎)의 2천년사(史)는 항상 시대적(時代的)인 영향(影響)에 기웃거리면서도 모든 시대(時代)의 비리(非理)나 반대(反對)에서 오는 시련(試鍊)을 통과(通過)해서 오늘에 이르렀다는 것을 알아야 한다.

우리가 종교(宗敎, Religion)를 크게 둘로 양분(兩分)할 때에 자연종교(自然宗敎, Natural Religion)냐, 그렇지 않으면 계시종교(啓示宗敎, Revelation Religion)냐 하는 문제로 분류(分類)해 두고 자연종교(自然宗敎)는 사람의 이성(理性)에 의해서 만들어지고 지배(支配)되는 도덕종교(道德宗敎)라고 할 것이고 계시종교(啓示宗敎)는 하나님의 절대주권적(絶對主權的)인 지배(支配)아래 있는 종교(宗敎)로서 그 중심(中心)이 시종일관(始終一貫) 하나님이라는 사실(事實)이 분명해진다.

즉 인간(人間)의 이성(理性, Reason)을 중심(中心)으로 하는 종교(宗敎)냐, 아니면 하나님의 계시(啓示, Revelation)를 중심(中心)으로 하는 종교(宗敎)냐 하는데서 전혀 다른 결과(結果)에 이르게 한다.

그러면서도 우리는 어떠한 경우에서든지 그 시대(時代)의 영향(影響)을 간직(看直)하고 태어난 아들이요 후손(後孫)이라는 의미(意味)에서 과거(過去)를 살펴보아야 할 필요를 느낀다.

사실 우리가 말하는 종교개혁(宗敎改革)도 한 시대적(時代的)인 사건(事件)의 산물(産物)로서 현대(現代)의 것이 아니라 과거(過去)에 되어진 일로서 근대이전(近代以前)에 되어진 사건(事件)들이었다는 말이다.

16세기 후반(後半)에서 17세기까지에 이어진 종교개혁(宗教改革)에 대한 운동(運動)은 로마 카톨릭 교회와 교황청(教皇廳)을 향한 정통교회(正統教會)의 회복(回復)을 위한 운동(運動)이요 성경적(聖經的)인 기독교(基督教)의 정통성(正統性)과 교황(教皇)을 중심(中心)으로 한 변질(變質)된 교회(教會)의 권위(權威)와의 대결(對決)이요 싸움이었다.

이를 다른 말로 바꾸어서 말하면 17세기는 복음적(福音的)인 열광주의(熱狂主義)의 시대(時代)였다기보다는 성경적(聖經的)인 정통교리(正統教理)를 규정(規定)하고 체계화(體系化)시키는 시대(時代)였다는 말과 같다.

사실상 종교개혁(宗教改革)은 원칙적(原則的)으로 기독교(基督教)의 바른 진리(眞理)의 회복(回復)이었으나 그 방법(方法)은 로마 카톨릭 교회의 교황청(教皇廳)을 향한 공격(攻擊)이요 그들에 대한 부정운동(否定運動)이었다.

1 ≡ 교리적인 의미에서의 종교개혁

마틴 루터를 중심으로 일어났던 종교개혁(宗教改革)은 단순(單純)한 의미에서 말하면 하나의 역사적(歷史的)인 사건(事件)에 불과(不過)하다고 할 것이다.

그러나 그 역사적인 사건이 지닌 뜻은 너무도 다양(多樣)하고 복잡(複雜)하다는 것을 알게 된다. 그러므로 우리는 이 종교개혁(宗教改革)이라는 역사적(歷史的)인 사건을 그대로 지나쳐 버릴 것이 아니라 그 사건(事件)의 이면(裏面)에 내포(內包)하고 있는 내용(內容)들을 더 깊이 이해(理解)함이 옳을 것이다.

마틴 루터는 행동(行動)으로 종교개혁(宗教改革)을 몰아붙였고 멜랑톤 같은 사람은 기독교(基督教)의 교리(教理)를 체계화(體系化)시키는데 공헌(貢獻)했고 존 칼빈 같은 사람은 그 진리(眞理)의 정통성(正統性)을 확고(確固)하게 하면서 기독교(基督教)의 교리사상(教理思想)을 바로 지켜 나가도록 보수(保守)를 위해서 기여했다.

이런 의미에서 볼 때에 역사적(歷史的)인 사건(事件)으로는 종교개혁(宗教改革, Reformation)이라고 간단히 말하지만 그것이 지니고 있는 내용은 참으로 다양(多樣)하고 복잡(複雜)하면서도 매우 중요한 뜻을 가지고 있다는 것을 알 수 있다.

더구나 성경의 진리(眞理)를 중심으로 볼 때에는 너무도 중요한 교리적(敎理的)인 사상(思想)을 안고 있어서 결코 소홀하게 넘겨버릴 수 없다는 것을 알게 한다.

알고보면 개혁자(改革者)들 사이에서도 교리(敎理)의 일치(一致)를 위해서는 또 다른 갈등(葛藤)과 시비(是非)로 엇갈리게 되었다.

이러한 시대(時代)에 개신교(改新敎)의 스콜라주의는 과학(科學)과 철학(哲學)에서 진행(進行)되고 있던 혁명적(革命的)인 운동(運動)들을 거의 고려(考慮)하지는 않았지만 이 운동(運動)들은 당시의 시대(時代)에 커다란 영향력(影響力)을 끼쳤던 것만은 사실이다.

프랑스의 대 철학자(哲學者)요 수학자(數學者)로서, 대륙합리론(大陸合理論)의 일인자(一人者)로 알려진 데칼트(Deschartes, Rene: 1596-1650)가 주장한 철학(哲學)의 부흥(復興)은 주로 중세철학(中世哲學)에 대한 역행(逆行)이었고 폴란드 (Poland) 출신(出身)의 천문학자(天文學者)로서 지동설(地動說)의 문(門)을 열어 준 코페르니코스(Copernicus, Nicholaus: 1473-1543) 이후(以後)의 과학(科學)은 세계(世界)와 인간세계(人間世界)와의 관계(關係)에 대한 중세적관점(中世的觀點)을 근본적(根本的)으로 수정(修正)해 놓았다.

2 ≡ 종교개혁기의 종교적인 개념

이러한 지적(知的)인 변화(變化)는 인간(人間)의 종교적개념(宗敎的槪念)에 필연적(必然的)으로 영향(影響)을 미치지 않을 수 없었다. 그러나 18세기 이성종교(理性宗敎, Reasonable Religion)의 길을 열어 준 개신교(改新敎)의 스콜라주의에는 두 가지의 양상(樣相)이 현저(顯著)했다.

첫째 양상(樣相)은 17세기 스콜라주의는 이미 정신(精神)과 실천(實踐)에 있어서 합리적(合理的)이었다는 것이다. 신학적(神學的)인 진리(眞理)는 종교적(宗敎的)인 경험(經驗)을 통해서가 아니라 어떤 제1원리(原理)로부터의 논리적(論理的)인 영역(領域)을 통해서 도달(到達)되었다.

진리에 대한 시금석(試金石)은 합리적(合理的)인 일관성(一貫性)의 여부(與否)에 대한 문제였다.

그 문제(問題)는 기독교(基督敎)가 합리적(合理的)인 표준(標準)에 의해서 판단(判斷)되는지의 여부(與否)에 대한 문제가 아니라 오히려 종교(宗敎)가 시험(試驗)되어야 하는 합리적(合理的)인 표준(標準)을 구성(構成)하는 것이 무엇이냐에 대한 문제였다.

칼 발트 (Karl Barth: 1886-1968)는 정확(正確)하게 지적(指摘)하기를 여러가지 면에서 17세기 정통합리론자(正統合理論者)들과 18세기늬 이론적근대주의자(理論的近代主義者)들은 마음을 나누는 동지(同志)들이었다고 하였다.

정통적(正統的)인 초자연주의(超自然主義)들로부터 이신론(理神論, Deism)으로의 변화(變化)는 복잡(複雜)하게 나타난 양상(樣相)만큼 어려운 문제는 아니었다.

18세기의 이신론(理神論)의 무대(舞臺)에 대한 배경(背景)을 이루는 유형(有形)은 별로 중요치 않은 신학적(神學的)인 관심사(關心事)로 말미암아 자주 초래(招來)된 종교전쟁(宗敎戰爭)과 박해(迫害)로 탈진상태(脫盡狀態)에 있었다.

영국(英國)에서의 종교분쟁(宗敎分爭)은 1689년 신교자유령(信敎 自由令, Act of Toleration)의 시행(施行)으로 끝이 났다.

이제는 그 차이성(差異性)을 무릅쓰고 모든 합리적(合理的)인 신앙인(信仰人)들이 일치(一致)할 수 있는 몇 가지 공통적(共通的)인 종교적기초(宗敎的基礎)를 확립(確立)하려는 욕구(欲求)가 용솟음쳤다. 이성적(理性的)인 기독교인(基督敎人)들은 교파(敎派)를 초월(超越)하여 성경이 존중(尊重)되어야 한다는 사실에 공감(共感)하였다.

그러나 이 합리적(合理的)인 사람들이 성경의 해석(解釋)과 적용(適用)에 일치(一致)할 수가 없었기 때문에 그 공조체재(共助體裁)는 곧 끝이 났다. 이성(理性) 자체의 영역(領域)속에 계시적(啓示的) 성경의 원리(原理)들을 완전(完全)하게 조명(照明)하는 것이 가능(可能)했든가?

이렇게 하여 이성(理性)과 계시(啓示) 철학(哲學)과 성경(聖經) 사이의 길고도 끈질긴 갈등(葛藤)의 근대사(近代史)는 시작되었다.

기독교(基督敎)는 그 출발(出發)때부터 종교적(宗敎的)으로는 유대교의 반대(反對)와 박해(迫害)로 예수 그리스도께서 십자가(十字架)에 못 박혀서 죽기까지 하셨고 로마 제국(帝國)의 정치적

(政治的)인 탄압(彈壓)으로 거의 말살(抹殺)의 위기(危機)에까지 이르렀으며 헬라 철학(哲學)의 계속적(繼續的)인 시비논쟁(是非論爭)으로 괴롭혀 왔으나 기독교는 그럴 때마다 더 정확한 진리(眞理)를 제시(提示)하여 그 뿌리를 더욱 튼튼하게 이어왔고 우주적(宇宙的)인 발전(發展)을 계속해 왔다.

그러므로 17세기의 인간의 이성(理性)에 의한 종교문제(宗敎問題)로 이 문제의 답변(答辯)을 위한 중요한 시도(試圖)가 1624년 초반 체르베리의 허버트(Edward Lord Hebert: 1583~1648) 경(卿)에 이해서 진행(進行)되었다.

언제나 인간의 이성(理性)을 중심으로 한 철학적(哲學的)인 문제와 하나님의 계시(啓示)에 의한 신비적(神秘的)인 문제를 두고 갈등(葛藤)과 대립이 계속되어 왔다.

3 ≡ 이신론의 아버지 허버트 경의 교리사상

18세기 이신론(理神論)의 아버지로 알려진 허버트 경(卿)은 그 해에 그 다양(多樣)한 신앙(信仰)의 실제적(實際的)이고 역사적(歷史的)인 차이(差異)에도 불구하고 모든 사람들이 공감(共感)할 수 있는 자연종교(自然宗敎)의 변론서(辯論書)라고 할 수 있는 변증서(辨證書, Demonstration)를 출판(出版)했다.

허버트 경(卿)은 모든 사람들 속에는 보편성(普遍性)과 실천(實踐)의 필연성(必然性)과 직접적(直接的)인 설득성(說得性)과 같은 표준(標準)들에 의해서 구별(區別)할 수 있는 어떤 본유적원리(本有的原理)들이 내재(內在)한다고 믿었다.

허버트 경(卿)에 의하면 이러한 표준(標準)에 속하는 개념(概念)들은 하나님이 항상(恒常) 인간의 정신(精神) 속에 각인(刻印)시켜 놓은 것들이다. 그것들은 증거(證據)를 요청(要請)하거나 필요(必要)로 하지 않는 준칙(準則)들이다.

말하자면 인간에게만 이성(理性)에 의한 본능(本能, Instinct)이 있어서 그 본능(本能)에 의하여 본유적(本有的)인 원리(原理)가 나타난다는 것이다.

그리하여 인간(人間)의 종교적신앙(宗敎的信仰)의 영역(領域)에는 다음과 같은 다섯 가지의 본유적원리(本有的原理)들이 있다.

첫　째 하나님은 존재(存在)한다.

둘　째 하나님은 경배(敬拜)를 받아야 할 대상(對象)이다.

셋　째 덕(德)의 실천(實踐)은 하나님 경배(敬拜)의 중심부분(中心部分)을 이룬다.

넷　째 인간은 항상 죄(罪)를 혐오(嫌惡)하고, 자기의 죄(罪)에 대한 회개(悔改)의 의무(義務)를 갖고 있다.

다섯째 인간의 사후(死後)에는 상급(賞給)과 형벌(刑罰)이 따른다.

허버트 경(卿)은 이러한 원리(原理)들에 의해서 기초(基礎)되고 모든 사람들이 공유(共有)하고 있는 자연종교(自然宗敎)는 종교적(宗敎的)인 조화(調和)의 길로 이끌거나 아니면 적어도 다양(多樣)한 역사적(歷史的)인 신앙(信仰)의 적극적(積極的)인 교리(敎理)들에 의

해서 파생(派生)된 불화(不和)보다는 관용(寬容)의 길로 이끌 것이라고 확신(確信)했다.

17세기에 영국(英國)에서는 허버트 경(卿)처럼 모든 개신교(改新敎)의 신앙인(信仰人)들이 동조(同調)할 수 있는 공동강령(共同綱領)을 발견(發見)하려고 노력(勞力)한 저명(著名)한 사람들이 상당(相當)히 많았다.

칠링워드(Chillingworth)의 "개신교(改新敎)의 확실(確實)한 구원(救援)의 도(道)"(Religion of Protestant, A sure-way of Salvation, 1637)는 개신교(改新敎)의 변증서(辨證書)로 출판(出版) 된 책(冊)이기는 해도 성경(聖經)을 신앙(信仰)의 유일(唯一)한 안내서(案內書)로 삼고 성경(聖經)에 의해서 변증(辨證)되지 않는 신앙(信仰)과 실천(實踐)을 최소화(最小化)하려는 노력(勞力)의 개가(凱歌)였다.

칠링우드는 성경의 권위(權威)를 모든 그리스도인들이 동의(同議)하는 것으로 확신(確信)하였다. 그 문제에 대해서 이의(異議)를 제기(提起)하지 않는 한 모든 것에 문제(問題)될 것이 없었다.

그러나 성경의 해석(解釋)에 있어서 다양(多樣)한 교파(敎派)들 사이에 의견(意見)의 일치(一致)가 이루어질 수 없다는 것이 문제였다.

모든 그리스도인들에게 공통적(共通的)인 성경(聖經)보다는 하나의 다른 원리(原理)를 깊이

추구(追求)하는 것이 더 필수적(必須的)이라고 할 수 있지 않았을까 하는 문제(問題)는 서로가 복합(複合)되었다고 할 수 있다.

4 ≡ 종교사상가들의 갈등과 분열

17세기 말 대부분(大部分)의 유능(有能)한 종교사상가(宗教思想家)들은 두 진영(陣營)으로 분열(分裂)되었다.

정통적(正統的)이고 또는 합리적(合理的)이고 초자연주의자(超自然主義者)들은 계시(啓示)의 고유(固有)한 역할(役割)과 합리적(合理的)으로 수립(樹立)될 수 있는 것과 없는 것 사이의 구분(區分)을 주장(主張)하였다.

이신론자(理神論者)로 알려진 급진적(急進的)인 사상가(思想家)들은 계시(啓示)의 필연성(必然性)을 거부(拒否)하고 종교(宗教)에 있어서 독자적(獨自的)인 자연이성(自然理性)의 충분성(充分性)을 주장(主張)하였다.

이러한 논쟁(論爭)의 전개(展開)는 흥미(興味)로운 일로서 그 결과(結果)는 참으로 획기적(劃期的)인 것이었다.

그 이유는 그것이 즉각 데이비드 흄의 회의론(懷疑論)으로 발전(發展)하였고 결국에는 프랑스에서 아주 호전적(好戰的)인 무신론(無神論, Atheism)으로 전개(展開)되었기 때문이다.

이신론(理神論)에 의해서 야기(惹起)된 많은 문제(問題)들이 얄팍한 다른 가면(假面)을 쓰고 현대(現代)를 살아가는 우리들 속에 여전(如前)히 자리 잡고 있다.

이성종교(理性宗教)의 사도(使徒)들 사이에 존재(存在)하는 허다(許多)한 차이(差異)에도 불구(不拘)하고 이 전이나 이후의 사람들과는 다른 그들만의 공통적(共通的)인 요소(要素)들이 많이 있었다.

무엇보다도 그들은 종교(宗教)를 본질적(本質的)으로 단순(單純)한 문제(問題)로 생각하였다.

심지어 초자연주의자(超自然主義者)들 사이에서도 종교(宗教)와 기독교(基督教)를 일부(一部)의 교리(敎理)와 실천(實踐)으로 축소(縮小)시키려는 일반적(一般的)인 욕구(欲求)가 있었다.

성례(聖禮)와 의식(儀式)은 무익(無益)한 것으로서 심지어는 위험(危險)스러운 것으로 간주(看做)되었다. 로크는 유대인과 제사장(祭司長)들의 오만(傲慢)하고 성가신 의례(儀禮)와 동일(同一)하다는 근거(根據)를 가지고 기독교(基督敎)의 계시(啓示)를 취급(取扱)하였다.

18세기는 반성직자적(反聖職者的)이며 반교회적(反敎會的)이었다. 제도적(制度的)인 교회(敎會)는 교활(狡猾)한 사제(司祭)들의 도구(道具)로 간주(看做)되었다.

볼테르가 표현(表現)한 것처럼 그것은 최초(最初)의 신학자(神學者)는 최초(最初)의 바보를 만난 최초(最初)의 악당(惡黨)이었다.

기독교(基督敎)는 단순(單純)하고 그 본질(本質)은 도덕성(道德性)에 신적(神的)인 강제력(强制力)을 부여(賦與)하는네 있나는 사실이 일반적(一般的)으로 인정(認定)되었다.

종교(宗敎)는 신(神)의 명령(命令)으로 생각되는 도덕의무(道德義務)를 수행(隨行)하는 것으로 규정(規定)되었다. 인간(人間)은 자유의지(自由意志)를 부여(賦與)받음으로써 선(善)을 지향(指向)하고 악(惡)을 피(避)할 수 있는 존재(存在)가 될 수 있었다.

그리하여 자연인(自然人)은 이성(理性)에 의해서 종교적(宗敎的)인 진리(眞理)에 이를 수 있고 이 진리(眞理)를 분별(分別)하므로써. 자연적(自然的)으로 선(善)을 추구(追求)하게 되리라고 주장하였다.장래(將來)의 상급(賞給)과 벌(罰)은 이 땅 위에서의 행위(行爲)에 따라서 결정(決定)될 것이다.

이런 견해(見解)속에는 종교(宗敎)란 개인(個人)과 하나님과 사이의 문제(問題)로서 극히 개인적(個人的)인 사건(事件)에 지나지 않는다는 태도(態度)가 반영(反映)되어 있다.

결과적(結果的)으로 교회(敎會)는 자발적(自發的)인 연합체(聯合體)로 생각되었다.

18세기에 기독교(基督敎)의 성격(性格)과 본질(本質)을 탐구(探究)하는데 있어서 지속적(持續的)인 중요성(重要性)을 지니고 있는 기독교(基督敎)의 역사적(歷史的)인 역할(役割)에 대한 두드러진 견해(見解)가 출현(出現)되었다.

18세기의 기독교적(基督敎的)인 논쟁(論爭)에서 중심적(中心的)인 질문(質問)은 기독교(基督敎)란 무엇인가? 기독교(基督敎)의 본질(本質)을 구성(構成)하는 것은 무엇인가? 기독교(基督敎)는

모든 역사적(歷史的)인 유산(遺産)들을 포함(包含)하는가? 아니면 예수님의 가

르침이나 사도(使徒)들의 가르침을 포함(包含)하는가? 등(等)이었다.

이 질문(質問)에 대해 수많은 견해(見解)들이 난무(亂舞)하였다.

첫째는 기독교(基督敎)는 참된 종교(宗敎)가 부패(腐敗)한 것으로 반대(反對)되거나 재고(再考)

되어야 할 악(惡)이라는 견해(見解)가 먼저 나타났다.

이것은 프랑스의 대부분(大部分)의 철학자(哲學者)들과 여사가(歷史家)인 기본(Gibbon)이라는

사람이 취(取)하는 견해(見解)였다.

기독교(基督敎)의 영향력(影響力)은 주로 치명적(致命的)인 것으로 생각되었고 역사적(歷史的)

인 교리(敎理)도 기만적(欺瞞的)인 미신(迷信)으로 인식(認識)되었다.

따라서 문화(文化)와 사회(社會)는 이러한 기독교(基督敎)의 부정적(否定的)인 영향력(影響力)이

사라질 때 더 진보(進步)될 것이다.

두 번째의 견해(見解)는 기독교(基督敎)를 자연종교(自然宗敎)와 동일시(同一視)하는 것이었다.

기독교(基督敎)는 그 많은 역사적(歷史的)인 부산물(副産物)들을 제거(除去)할 때에 기본적(基本的)

으로 자연적(自然的)인 이성(理性)의 빛을 따라서 모든 사람들에게 개방(開放)되는 자연종교(自

然宗敎)의 재판(再版)으로 간주(看做)되었다.

이것은 건설적(建設的)인 이신론적견해(理神論的見解)로써 톨렌드와 틴델 그리고 후일(後日)

임마누엘 칸트가 취한 견해(見解)였다.

기독교(基督敎)의 본질(本質)은 이성(理性)의 종교(宗敎)와 다른 것이 아니지만 어느 정도(程度)

는 불완전(不完全)하고 역사적(歷史的)인 전통(傳統)의 형식(形式)안에서 표현(表現)되었다.

역사적(歷史的)인 사실(事實)의 배후(背後)에는 모든 이성적(理性的)인 인간(人間)들에게 본질적

(本質的)이고 보편적(普遍的)인 진리(眞理)가 내재(內在)되어 있다.

이 견해(見解)에 따르면 역사적(歷史的)인 계시(啓示)는 단순(單純)히 인간(人間)의 연약성(軟弱性)

에의 양보(讓步)나 이권(利權)이다.

세 번째 견해(見解)는 역사적(歷史的)인 기독교(基督敎)를 자연종교(自然宗敎)의 필수적(必須的)

인 보완(補完)이나 또는 고등형식(高等形式)으로 봄으로써 자연종교와 구분(區分)한다.

이것은 중세시대(中世時代)의 신학자(神學者)들의 견해(見解)였지만 죤 로크와 같은 합리적(合理的)인 초자연주의자(超自然主義者)들에 의해서 계몽시대(啓蒙時代)에 재등장(再登場)했다.

자연종교(自然宗敎)는 그 과정(過程)에 관한 한 탁월(卓越)하고 합법적(合法的)이지만 이성(理性)만으로는 충분(充分)하지 않다.

그것은 성경(聖經)의 특별계시(特別啓示)속에서만 발견(發見)되는 초자연적(超自然的)인 교리(敎理)의 보충(補充)을 필요(必要)로 한다.

로크에게는 이런 특별계시(特別啓示)가 예수가 메시아라는 진리(眞理)에 대한 외적(外的)인 표상(表象)이나 또는 신적(神的)인 보증(保證)으로 이해(理解)된다.

이러한 초자연적(超自然的)인 보증(保證)은 성경(聖經)에서만 주어진다. 따라서 초월적(超越的)인 특별계시(特別啓示)가 필요(必要)하지 자연적(自然的)인 이성(理性)에 반(反)하는 계시(啓示)는 필요(必要)하지 않다.

마지막으로 기독교(基督敎)를 미래(未來)에 임할 완전(完全)하고 보편적(普遍的)인 종교(宗敎)를 향해서 진행(進行)되는 하나의 역사적무대(歷史的舞臺)로 보는 견해(見解)가 있다.

이것은 렛씽의 인류(人類)의 교육(敎育)에 나타난 견해(見解)로서 19세기에 인기(人氣)가 높았던 견해(見解)였다.

여기서는 그리스도나 기독교(基督敎)가 기본적(基本的)인 자연종교(自然宗敎)의 역사적(歷史的)인 재판(再版)이나 또는 신적(神的)인 진리(眞理)의 충분(充分)하고도 완전(完全)한 계시(啓示)로서 간주(看做)되지 않는다.

기독교(基督敎)는 신약성경(新約聖經)에 약속(約束)되어 있는 새롭고 영원(永遠)한 복음(福音)을 향한 인간의 순례(巡禮) 속에서 인간을 한 단계(段階) 더 높은 수준(水準)으로 인도(引導)한다.

기독교(基督敎)는 미래(未來)의 보편종교(普遍宗敎)로 대체(對替)될 것이기 때문에 원초적(原初的)인 종교(宗敎)도 아니고 그렇다고 최종적(最終的)인 종교(宗敎)도 아니다.

이 네 가지 기독교(基督敎)에 대한 견해(見解)를 옹호(擁護)하는 자들은 19세기에도 찾아볼 수 있다.

이 견해(見解)들은 모두 그 바탕에 역사(歷史)에 대한 새로운 관심(關心)과 비록 지각(知覺)할 수는 없지만 뜻만을 깔고 있다.

왜냐하면 그것들은 기독교(基督敎)의 기원(起源)의 보증(保證)과 또는 그 상대적(相對的)이고 일시적(一時的)인 성격(性格)을 역사(歷史)에 호소(呼訴)함으로써 확립(確立)하고 있기 때문이다.

계몽시대(啓蒙時代)가 이성(理性)의 시대(時代)였다는 것은 사실이지만 그 경험적(經驗的)인 정신(精神)은 계몽주의(啓蒙主義)가 합리적(合理的)인 추상(抽象)의 세계(世界)에만 머물러 있도록 허용(許容)하지 않았다. 역사(歷史)의 의식(意識)은 19세기에 비로소 충분(充分)한 빛을 드러내게 되었다.

그러나 19세기의 새로운 정신(精神)의 출발(出發)을 고찰(考察)하기 전에 우리는 이성종교(理性宗敎)의 최후(最後)를 주목(注目)해 보아야 할 것이다.

지금까지 이성종교(理性宗敎)와 계시종교(啓示宗敎)의 두 사상(思想)을 두고 분열(分裂)과 갈등(葛藤)속에 대립(對立)의 연속(連續)에 대한 것을 생각해 보았다.

그러나 우리가 알 것은 이는 비단 과거(過去)의 역사(歷史) 속에 있었든 옛이야기가 아니라 현재(現在)에도 그렇고 미래(未來)에도 그럴 것이라는 것을 전제(前提)로 하고 이에 대비(對備)하지 않으면 안 될 것이다.

✎ 다시 생각해 볼 복습 문제

01. 이성종교와 계시종교를 구분해 보라

02. 교리적인 의미에서의 종교개혁에 대한 것을 간단히 말하라

03. 종교개혁기의 종교적인 개념에 대하여 간단히 말하라

04. 에드워드 허버트 경의 교리사상을 간단히 말하라

05. 종교 사상가들의 갈등과 분열의 내용을 간단히 말하라

06. 18세기의 기독교적 논쟁에 대한 중심적인 질문은 어떤 것들인가를 간단히 말하라

제3장
낭만주의(浪漫主義)와 기독교
The Romanticism and the Christianity

　18세기의 고전주의(古典主義)와 이신론(理神論)의 이념(理念)들과는 분명히 구별(區別)되는 정신적(精神的)인 유대감(紐帶感)을 공유(共有)하고 있기 때문에 단일(單一)한 운동(運動)의 범주(範疇)를 묶을 수 있는 탁월(卓越)한 예술가(藝術家)들과 사상가(思想家)들이 있었는데 이 시대(時代)의 인물(人物)들을 주로 낭만주의자(浪漫主義者, Romanticist)라고 하며 낭만주의운동(浪漫主義運動)이 처음으로 일어난 것이 1780년에서 1830년 사이에 일어난 일이었다.

　이 50년 동안에 많은 인물(人物)들이 일어났는데 그들 가운데서도 특히 영국(英國)의 귀족출신(貴族出身)으로 낭만주의자(浪漫主義者) 바이런(Byron, George Gordon: 1788-1824)을 비롯하여 영국(英國)의 시인(詩人)으로서 자연(自然)과 인간(人間)을 함께 노래했던 워즈워드(Wordsworth, William: 1770-1850)와 독일(獨逸)이 낳은 음악가(音樂家)로서 낭만(浪漫)과 음악(音樂)을 함께 창시(創始)한 베토벤 (Beethoven, L. van: 1770-1827)을 들 수 있다.

　그리고 폴란드의 민족주의낭만파(民族主義浪漫派)에 속하는 쇼팽 (Shopin, Frederich: 1810-1849)과 프랑스(France)의 사실주의(寫實主義)의 작가(作家)이며 자연주의문학(自然主義文學)의 선구자(先驅者)로 통하는 발자크(Balzac: 1799-1850)와 독일(獨逸)의 문학작가(文學作家) 괴테(Goethe: 1749-1832)와 독일(獨逸)의 시인(詩人)으로서 초기(初期)의 낭만주의자(浪漫主義者)로 알려진 노발리스 (Novalis: 1772-1801)와　　　　　　　　　　　　　　　　　　그리고 "현대신학(現代神學)의 아버지" 라고 하는 독일(獨逸)의 자유주의신학자(自由主義神學者) 슐라이어막허(Schliermacher, Fredrich, D. E: 1768-1834) 등을 들 수 있는데 이들 모두는 그들이 이 세상(世上)에 사는 동안 그들의 탁월(卓越)한 재능(才能)을 발휘(發揮)하면서 그들 나름대로의 인생(人生)을 즐기고 낭만적(浪漫的)인 삶을 살다가 갔다.

　낭만주의자(浪漫主義者)들은 그들의 생활방식(生活方式)과 신념(信念)들이 다르면서도 정신적(精神的)인 통일(統一)을 유지(維持)하면서 시대(時代)와는 전혀 다른 정신적(精神的)인 공감대(共感帶)를 견지(堅持)해 나가고 있었다.

　낭만주의자(浪漫主義者)들은 18세기의 환상(幻想)을 확대(擴大)하고 보다 광범위(廣範圍)하고 풍성(豊盛)해진 다양(多樣)한 전통(傳統)을 회복(回復)하는데 몰두(沒頭)했다.

　낭만주의자(浪漫主義者)들이 지향하는 목표(目標)는 총체성(總體性)이었고 그로 인해서 낭만주의(浪漫主義)의 정신(精神)은 한 마디로 정의(定義)하기가 어렵다.

　그러나 그 운동(運動)을 뉴톤의 시대(時代)로부터 오늘날 우리가 살고 있는 세계(世界)에로의 변이과정(變移過程)으로 규정(規定)할 만 한 낭만주의자(浪漫主義者)들에 의해서 폭(幅)넓게 수립(樹立)된 일단의 신념(信念)들과 가치(價値)들이 존재(存在)한다.

　무엇보다도 먼저 낭만주의자(浪漫主義者)들은 경험(經驗)을 합리론(合理論)이나 좁은 의미(意味)에서의 과학적(科學的)인 경험론(經驗論)으로 환원(還元)시키기를 거부(拒否)한다.

　경험(經驗)은 분석적(分析的)인 추론(推論)과 과학적(科學的)인 실험(實驗)이상의 능력(能力)과 감정(感情)과 직관(直觀)을 함축(含蓄)하고 있는 총체적(總體的)인 개념(概念)이다.

　예컨대 윌리암 팔레이의 "기독교(基督敎)의 제증거(諸證據)"(The Evidence of Christianity, 1794)에 나오는 합리적논증(合理的論證)과 같은 설명(說明)에 혐오감(嫌惡感)을 느끼고 낭만주의자(浪漫主義者)는 "나의 경험(經驗)이 나의 증거(證據)다"라고 단호(斷乎)하게 선언(宣言)하였다.

신앙(信仰)에 대한 보증(保證)은 모든 인간의 공통적(共通的)인 것에 초점(焦點)이 맞추어진 것이 아니라 이제 개인적(個人的)인 경험(經驗)의 긴밀성(緊密性)에 맞춰졌다.

개성(個性)과 자유(自由)로운 자기표현(自己表現)이 법칙(法則)과 관습(慣習)과 합리적(合理的)인 입증(立證)보다 우선(優先)하였다.

낭만주의(浪漫主義)의 개인적(個人的)인 경험(經驗)에 대한 의존(依存)은 부분적(部分的)으로는 칸트의 초월적(超越的)인 자아(自我)의 경험(經驗)에 기인(起因)되었다.

그러나 이 개념(概念)은 각개인(各個人)이 발전(發展)시키고 향유(享有)하려고 하지 않으면 안 되는 무제약적(無制約的)으로 창조적(創造的)인 영광(榮光)스러운 인격성(人格性)으로서 해석(解釋)된다.

이 같은 개인적(個人的)인 경험(經驗)과 표현(表現)에 대한 강조(强調)와 더불어 인간 생활의 풍요(豊饒)한 다양성(多樣性)과 타인(他人)의 관점(觀點), 기호(嗜好) 그리고 가치(價値)등을 헤아리는 감정(感情)이나 상상적(想像的)인 안목(眼目)의 개발(開發)에 새로운 관심(關心)을 두었다.

인간의 다양성(多樣性)에 대한 의존(依存)은 또한 자연(自然)과 자연(自然)의 신(神)에 대한 새롭고 혁명적(革命的)인 표현(表現)이었다.

자연(自然)은 더 이상 거대(巨大)한 우주적(宇宙的)인 기계(機械)의 모형(模型)으로 생각되지 않았다.

오히려 자연(自然)은 무궁무진(無窮無盡)하게 다양성(多樣性)을 창출(創出)해 내는 과정(過程)으로 인식(認識)되었다.

이러한 창조적(創造的)인 과정(過程)의 신(神)은 다시 플라톤의 데미우르그(Demiurge) 즉 모든 창조적(創造的)인 잠재성(潛在性)을 현실화(現實化)하고 무엇보다도 창조적(創造的)인 다양성(多樣性)에 가치(價値)를 부여(賦與)하는 창조적(創造的)인 에로스(Eros)로 생각했다.

따라서 인생(人生)과 예술(藝術)은 자연(自然)의 무한(無限)한 창조성(創造性)과 자연(自然)의 고동치는 다양(多樣)한 삶의 참 된 영혼(靈魂)인 신(神)의 모방(模倣)이어야 한다.

대부분(大部分)의 경우에 낭만주의자(浪漫主義者)들은 무제약적(無制約的)인 보편성(普遍性)을 옹호(擁護)한다.

슐라이이막허가 인급(言及)한 것처럼 보편적(普遍的)인 표준(標準)이 되고 통일석(統一的)이고 불변(不變)하는 것에 의존(依存)하는 것은 어디에서든 다양성(多樣性)과 개성(個性)을 목표(目標)로 하고 있는 살아있는 자연(自然)의 근본적(根本的)인 특징(特徵)에 대한 감정(感情)의 근본적(根本的)인 결여(缺如)의 죄(罪)를 범하는 것이다.

이 다양성(多樣性)은 자연(自然)과 예술(藝術)에서 뿐 아니라 종교(宗敎)에서도 발견(發見)된다.

이신론자(理神論者)가 추구(追求)하는 보편적(普遍的)인 신조(信條)는 다양성(多樣性)이 종교적(宗敎的)인 경험(經驗)의 본질(本質)이라는 것을 간과(看過)하기 때문에 치명적(致命的)이다.

낭만주의자(浪漫主義者)들은 개성(個性)과 다양성(多樣性)을 강조(强調)하지만 그럼에도 불구하고 자연(自然)의 차이성(差異性)의 기본적(基本的)인 통일성(統一性)에 대한 심원(深遠)한 신비적(神秘的)인 의식(意識)을 공유(共有)한다.

인간(人間)과 자연(自然)은 사유(思惟)와 연장(延長)이라는 데카르트 적인 이원론(二元論)으로서 절대(絶對)로 쪼개거나 나누어질 수 있는 것이 아니다.

인간(人間)과 자연(自然)은 근본적(根本的)으로 유사(類似)하다.

양자(兩者)가 하나의 무한(無限)한 전체(全體)의 다양(多樣)한 표상(表象)들이기 때문이다. 자연(自然)의 유기적통일성(有機的 統一性)에 대한 이러한 의식(意識)은 미적(美的)인 전체성(全體性)으로서 경험(經驗) 되었다.

많은 낭만주의자(浪漫主義者)들이 인간(人間)과 자연(自然)과의 교감(交感)속에서 실제(實際)의 중심인자(中心因子)에 접촉(接觸)하고

인간(人間)의 정신(精神)에 지식(知識)을 넘어서는 이해(理解)와 평정(平定)을 제공(提供)할 수 있

는 자연(自然) 그대로의 지혜(智慧)를 발견(發見)하였다.

　워즈워드는 이 감정(感情)을 단순(單純)하고 직접적(直接的)인 것으로 표현(表現)하였다.

　낭만주의자(浪漫主義者)들에게 공통적(共通的)인 요소(要素)는 자연(自然)의 배후(背後)에는 어떤 영(靈) 또는 생명력(生命力)이 활동(活動)하고 있다는 감정(感情)이었다.

　그러나 만물(萬物)속에 내재(內在)하는 생명력(生命力) 있는 영(靈)은 만물(萬物)속에 작용(作用)하고 만물(萬物) 속에 그 존재(存在)를 가지고 있는 창조적(創造的)인 에로스(Eros)이다.

　이 무한(無限)한 영(靈)과의 교제(交際)를 통해서 갖는 감정(感情)과 기대감(期待感)이 낭만주의(浪漫主義)에 두드러진 종교적(宗敎的)인 감수성(感受性)을 제공(提供)하였다.

　낭만주의자(浪漫主義者)는 자신(自身)을 포괄적(包括的)으로 정신적(精神的)인 존재(存在)의 한 부분(部分)으로 느꼈고 이 관점(觀點)속에서 낭만주의자(浪漫主義者)는 종교적(宗敎的)인 존재(存在)로서의 본질(本質)을 실증(實證)하였다.

　전체(全體)에 대한 낭만주의자(浪漫主義者)의 감정(感情)은 때로는 독특(獨特)한 종교적(宗敎的)인 감정(感情)으로 이해(理解)되기도 하지만 반드시 기독교적(基督敎的)인 신앙(信仰)에 상응(相應)하는 것은 아니었다.

　많은 사람들에게 있어서 무한자(無限者)에 대한 모든 인간(人間)의 욕구(欲求)는 특수(特殊)한 종교적(宗敎的)인 직관(直觀)에 속하는 것이다.

　생명(生命)의 부요(富饒)한 온전성(穩全性)과 무한(無限)한 가능성(可能性)에 대한 감정(感情)은 또한 과거(過去)에 대한 새로운 열정(熱情)으로 특별히 철학(哲學)의 눈에는 그저 미신적(迷信的)이고 야만적(野蠻的)으로 보였던 시대(時代)에 대한 열정(熱情)으로 표현(表現)되었다.

　따라서 중세시대(中世時代)가 기사도적(騎士道的)인 낭만(浪漫) 및 신앙(信仰)과 문화(文化)의 연합(聯合)에 대한 기독교적(基督敎的)인 이상(理想)을 대표(代表)하였기 때문에 참이 되었다.

　그러나 과거(過去)에 대한 새로운 관심(關心)은 중세시대(中世時代)로 국한(局限)된 것은 아니었다.

　그것은 보다 보편적(普遍的)인 역사의식(歷史意識) 곧 우리가 이미 렛씽의 인류(人類)의 교육(敎育)에서 보았던 것들의 출범(出帆)을 표출(表出)하였다.

모든 시대(時代)에 모든 문화(文化)는 나름대로 독특(獨特)한 개성(個性)을 가지고 있고 각기 인류의 풍요(豊饒)와 진보(進步)에 공헌(貢獻)을 하기 때문에 과거(過去)에 대한 공격(攻擊)은 어리석은 것으로 간주(看做)되었다.

낭만주의(浪漫主義)의 시대(時代)에 흘러 넘쳤던 역사(歷史)에 대한 이 같은 새로운 관심(關心)과 의존(依存)은 훗날 신학(神學)에 대해서는 양(兩)날을 가진 칼로 대두(擡頭)되었다.

그것은 고대전승(古代傳承)에 대한 새로운 평가(評價)에 책임(責任)을 감수(甘受)해야 했는데 예(例)를 늘면 프랑스(France)의 라메나이스(Ramennais)와 영국(英國)의 헨리 뉴마(Henry Newman)의 작품(作品) 속에서 카톨릭의 기독교(基督敎)에 대한 역사적(歷史的)인 증명(證明)을 새롭게 하도록 이끌었다.

동시에 기원적(起源的)이고 역사적(歷史的)인 방법(方法)에 대한 호소(呼訴)는 기독교(基督敎)의 기원(起源)과 전개(展開)에 대한 긴밀(緊密)한 탐구(探究)의 시대(時代)를 열어놓았다.

그러나 그 결과(結果)들은 오늘날 아직까지도 충분(充分)히 느껴지거나 평가(評價)되지 못하고 있다.

이를 쉽게 요약(要約)하면 낭만주의자(浪漫主義者)는 무엇보다도 신학(神學)에 대한 새로운 시대(時代)를 출범(出帆)시킨 서구의식(西歐意識)에 있어서의 혁명(革命)을 시작(始作)하였다.

과거적(過去的)인 낭만주의(浪漫主義)는 그래도 무엇인가 역사적(歷史的)인 기여(寄與)함이 있었다고 할 것이나 현대판 낭만주의(現代版浪漫主義)는 무엇을 역사 속에 남기게 될 것인지에 대해서 아직까지는 상상할 수가 없다는 것이 차이(差異)점이라고 할 것이다.

그것은 보편적(普遍的)인 의미에서의 낭만주의(浪漫主義)에는 접근(接近)하고 있는 것 같으나 적극적(積極的)인 의미에서의 낭만주의(浪漫主義)에는 이르지 못하고 다만 극단적(極端的)인 자기본위(自己本位)의 감상주의(感傷主義)에 빠져들고 있는 것 같아서 하는 말이다.

✍ 다시 생각해 볼 복습 문제

01. 낭만주의와 기독교와의 관계를 간단히 말하라

02. 18세기 낭만주의의 역점이 무엇이었는가를 간단히 말하라

03. 낭만주의와 기독교 신앙에 대한 것을 간단히 말하라

04. 낭만주의 시대의 대표적인 인물들에 대해서 간단히 말하라

05. 낭만주의자들이 주장하는 개인의 경험에 대해서 간단히 설명하라

06. 낭만주의자들이 주장하는 공통적인 요소는 무엇인지를 간단히 설명하라.

제4장

19세기의 교리사상(敎理思想)

The Dogmatic Thought in 19th Century

사실상 19세기의 기독교(基督敎)의 교리사상(敎理思想)은 과학문명(科學文明, Science Civilization)의 발달(發達)과 함께 세속적(世俗的)인 자유주의(自由主義)에 속한 신학자(神學者)들의 준동(蠢動)으로 신학적(神學的)인 갈등기(葛藤期)라고 할 만큼 혼잡(混雜)한 사상(思想)들로 얽혀 있었다.

아마도 19세기에서 20세기에 이르는 동안에는 독일신학(獨逸神學)의 전성기(全盛期)였다고 할 만큼 많은 독일태생(獨逸胎生)의 신학자(神學者)들이 쏟아져 나와서 신학적(神學的)인 이변(異變)을 일으키면서 20세기 자유주의신학(自由主義神學)의 기반(基盤)을 구축(構築)했다.

그러는 가운데서도 정통보수주의(正統保守主義)를 지향(指向)하는 인물(人物)들이 일어나서 신학적(神學的)인 갈등(葛藤)을 무마(撫摩)시키면서 자유주의파(自由主義派)들에 대한 대안(代案)을 제시(提示)하여 성경적인 바른 신앙(信仰)의 전통(傳統)과 함께 진리(眞理)의 정통성(正統性)을 이어가도록 기여(寄與)했다.

그러나 19세기로 접어들면서 사회적(社會的)인 혼란(混亂)과 기독교(基督敎)의 교리사상(敎理思想)이 심각한 갈등(葛藤) 속으로 말려들게 되자 이에 대한 분명(分明)한 선(線)을 긋지 못하고는 현대 자유주의신학(現代自由主義神學)의 사조(思潮)를 극복(克服)하고 돌파(突破)해 나가기가 어렵다는 것을 알게 한다.

많은 사람들이 "근대신학(近代神學)의 아버지"라고 부르는 슐라이어막허(Shliermacher, Fredrich Daniel Ernst:1768-1834)는 "현대판(現代版) 오리겐"이라는 또 다른 별명(別名)까지도 가지고 있는 타협적(妥協的)인 종교관(宗敎觀)과 다원론적 경향(多元論的 傾向)을 가진 인물로 이해(理解) 되고 있다.

그러나 그의 사상적(思想的)인 영향력(影響力)은 대단해서 지금까지 수많은 자유주의(自由主義)에 속한 신학자(神學者)들에 의해서 연구(硏究)되고 있으며 심지어(甚至於)는 그의 신학사상(神學思想)이 칼빈주의의 사상(思想)과 비교(比較)되어 검토(檢討)되기도 할 정도(程度)로 많은 영향력(影響力)을 나타내고 있다.

그의 신학(神學)은 개혁파(改革派)의 신학(神學)과 모라비안 적인 경건주의(敬虔主義)가 바탕에 깔려있으면서도 분명히 자유주의(自由主義)의 사상(思想)으로 충만(充滿)해있다.

그의 신학(神學)은 그리스도 중심적(中心的)이며 이 점에서 신정통주의(新正統主義)의 선구자(先驅者)였다고 볼 수 있다.

그는 스피노자(Spinoza Bruch de: 1632-1677)에게서 영향(影響)을 받아서 범신론적(汎神論的)인 경향(傾向)을 가지고 있었고 임마누엘 칸트(Immanuel Kant: 1724-1804)와 헤겔(Hegel, George W. F: 1770-1831)에게서도 자극(刺戟)을 받은 사람이다.

그는 또한 낭만주의자(浪漫主義者)들의 모임에 참여(參與)하여 낭만주의(浪漫主義)의 지도자(指導者)인 쉴레겔(F. Shlegel)과 사귀었다.

낭만주의(浪漫主義, Romanticism)는 일종(一種)의 정서주의(情緖主義, Emotionalism)와도 같은 것으로서 심미적인생관(審美的 人生觀)과 삶의 일상성(日常性) 가운데서 신비성(神秘性)을 찾으려는 경향(傾向)을 가진 것이다.

이적(異蹟, Miracle)은 신학(神學)과 종교(宗敎)에 있어서 신비주의(神秘主義, Mysticism)와 주관주의(主觀主義, Subjectivism)를 가져온다.

따라서 슐라이어막허는 그의 신학사상(神學思想)에 있어서 다분(多分)히 주관주의적(主觀主義

的)이며 범신론적(汎神論的)이며 이념적(理念的)인 신비주의(神秘主義)의 색채(色彩)를 띠고 있다.

그리하여 종교(宗敎)의 본질(本質)을 감정(感情, Emotion)에서 찾게 되었고 기독교(基督敎)를 윤리적(倫理的)인 차원(次元)에서 평가(評價)하면서도 저편의 신비(神秘)를 남겨두는 낭만주의적(浪漫主義的)인 특징(特徵)도 겸(兼)하여 나타내 보이고 있다.

슐라이어막허의 신학(神學)상의 위치(位置)는 이와 같이 주지주의(主知主義)에 대한 반발(反撥)과 세속화(世俗化)로 나아가던 서양의 지성계(知性界)에 대한 도전(挑戰)으로서 이 기독교(基督敎)의 보편적(普遍的)인 가치(價値)를 제시(提示)한 데서 찾을 수 있다.

그러나 그의 의도(意圖)는 좋았음에도 불구하고 그의 범신론적(汎神論的)인 사고(思考)와 복음(福音)에 대한 도덕주의적(道德主義的)인 해석(解釋)으로 기독교(基督敎)의 신학(神學)은 인간(人間)들을 위한 윤리학(倫理學, Moral Philosophy)으로 대치(代置)되어 버렸다.

슐라이어막허는 성경적(聖經的)인 정통교리(正統敎理)에 대한 불만(不滿)을 가졌으며 정통신학자(正統神學者)들의 신학적(神學的)인 유산(遺産)을 무시(無視)하고 자기(自己) 나름대로의 주관적(主觀的)인 신학(神學)을 세워냈다.

이것은 시도(試圖)에 있어서 획기적(劃期的)인 것이며 창조성(創造性)이 돋보이는 작업(作業)이었다.

그러나 신학(神學)은 발명(發明, Invention)하는 것이 아니라 발견(發見, Discovery)하는 것이므로 그의 주관주의신학(主觀主義神學)은 잘못된 것이라는 결론(結論)에 이르게 한다.

솔직하게 말해서 슐라이어막허의 신학적(神學的)인 사상(思想)을 보면 기독교적(基督敎的)인 윤리운동가(倫理運動家)라고는 할 수 있을지라도 성경적인 정통신학자(正統神學者)라고 하기에는 어색하다고 할 것이다.

특히 그에게는 성경적인 신앙인(信仰人)으로서 신비적(神秘的)인 모습은 보이지 않고 위대(偉大)한 사상가(思想家)로서의 모습뿐인 것 같아서 아쉬움을 남긴다.

슐라이어막허는 1779년 그의 유명(有名)한 책(冊) "종교론(宗敎論, On Religion)"을 펴냈는데 여기에서 그는 종교(宗敎)의 본질(本質)에 대한 문제(問題)를 다루었다.

그리하여 그는 종교(宗敎)란 신조(信條)나 신학적(神學的)인 체계(體系)와 동일시(同一視) 할 수 없고 그것은 하나의 체험(體驗)이며 종교(宗敎)의 본질(本質)은 절대의존(絶對依存)의 감정(感情, The Feeling of Absolute Dependence)이라고 하였다.

종교(宗敎)는 교리(敎理)에 대한 지식(知識)이 아니고 도덕적(道德的)인 계명(誡命)을 따르는 행위(行爲)도 아니라고 한다. 종교(宗敎)는 우주(宇宙)에 대한 직관(直觀)이요 감정(感情)인 것이다.

그리고 우주(宇宙)에 대한 직관(直觀)은 종교적(宗敎的)인 개개인(箇箇人) 속에 의존(依存)하는 감정(感情)을 만들어 낸다는 것이다.

종교적(宗敎的)인 감정(感情)은 영원(永遠)한 것과 불가시적(不可視的)인 것에 대한 경외(敬畏)와 겸손(謙遜)과 감사(感謝)와 기쁨과 확신(確信)과 순례(巡禮) 등을 나타낸다.

그리고 이러한 감정(感情)의 정도(程度)가 종교(宗敎)의 수준(水準)을 나타낸다고 한다.

슐라이어막허는 처음부터 끝까지 감정(感情)의 종교(宗敎)를 역설(力說)하였다.

그러므로 슐라이어막허와 같은 경우에는 어떤 인격적(人格的)인 신(神)에 대한 개념(概念) 자체가 없다. 그런데도 그를 기독교(基督敎)의 신학자(神學者)라고 한 것은 옳지 않다고 본다.

그의 종교론(宗敎論)에 의하면 계시(啓示)란 우주(宇宙)에 대한 근본적(根本的)인 직관(直觀)이다. 영감(靈感)이란 모든 종교적(宗敎的)인 직관(直觀)의 재현(再現)이자 종교적(宗敎的)인 사건(事件)에 대한 예측(豫測)일 뿐이다.

이적(異蹟)이란 자연적(自然的)인 사건(事件)이 마음속에서 무한(無限) 한 존재(存在)를 일깨워 주는 것이다. 그리고 신앙(信仰)이란 주관적(主觀的)인 느낌이다.

신자(信者)란 성경(聖經)을 믿는 사람이 아니라 성경(聖經)을 필요(必要)로 하지 않고 자신(自身)의 성경(聖經)을 가진 사람이다.

그는 사람은 나면서부터 종교적(宗敎的)인 소질(素質)이 있으며 종교(宗敎)는 가장 완전(完全)한 사회(社會)를 만들어 낸다고 하였다.

그는 기독교(基督敎)의 절대성(絶對性)을 믿지 않았고 그리스도는 뒤에 올 더 나은 진리(眞理)를 제시(提示)한 사람이요 하나님 의식(意識)을 가장 완벽(完璧)하게 지닌 인간(人間)에 불과하였다고 주장했다.

이것은 그가 칼빈이 말한 종교(宗敎)의 씨앗이라는 개념(槪念)과 스피노자의 범신론(汎神論)에 대한 사상(思想)을 잘 결합(結合)하여 자신(自身)만의 개성(個性)있는 신학(神學)으로 표현(表現)한 것이다. 어느 한 기지도 성경적인 신앙은 그에게 없다.

그러므로 우리는 슐라이어막허를 신학자(神學者)라기보다는 한 사람의 종교철학자(宗敎哲學者)요 또한 사상가(思想家)로서 종교(宗敎)에 대한 것을 논(論)한 한 사람의 학자(學者)였다고 보는 견해(見解)가 더 옳을 것이라고 생각한다.

2) 슐라이어막허의 세계관(世界觀)

슐라이어막허의 세계관(世界觀)을 다루어야 할 필요성(必要性)은 그가 우주(宇宙)를 신성시(神性視)하고 범신론적(汎神論的)으로 그의 사상(思想)을 전개(展開)하였으므로 신학사(神學史)에 있어서 기독교(基督敎)를 세속화(世俗化)하는데 결정적(決定的)인 역할(役割)을 하였기 때문이다.

그에 의하면 우주(宇宙)는 하나이며 전체(全體)이고 유한(有限)속의 무한(無限)이며 천상적(天上的)인 것이고 영원(永遠)하고 거룩한 것이요 운명(運命)과 영원(永遠)한 섭리(攝理)와 같은 뜻으로 사용(使用)하고 있다.

그가 신(神)과 우주(宇宙)를 동일시(同一視)한 것은 비록 외관상(外觀上)으로만 그렇게 하였다고 할지라도 그것은 성경적(聖經的)인 세계관(世界觀)이 아닌 것은 분명하다.

그는 신(神)이 없어도 종교(宗敎)는 존재(存在)하며 신(神)이 없는 종교(宗敎)가 더 종교적(宗敎的)이라고 하였다. 이것은 본 훼퍼가 말하는 종교성(宗敎性) 없는 기독교(基督敎) 혹은 하나님 없이 하나님 앞에 라는 슬로건과 비슷한 착상(着想)인데 이러한 그의 세계관(世界觀)은 초자연적(超自然的)인 진리성(眞理性)을 가진 기독교(基督敎)에 대한 정면도전(正面挑戰)이요 무신론적(無

神論的)인 사고(思考)라고 할 수 있다.

그는 후에 저술(著述)한 그의 조직신학(組織神學, Systematic Theology)의 신앙론(The Christian Faith, 1821-1822)에서도 시종일관(始終一貫) 한결같이 범신론적(汎神論的)인 신관(神觀)을 보여주고 있어서 그의 사상(思想)을 더욱 의심(疑心)하게 하고 있다.

그의 신관(神觀)에는 인격적(人格的)인 존재(存在)로서의 하나님에 대한 개념(槪念)이 나타나지 않는다. 오히려 무신론적(無神論的)인 입장에 서 있다는 것을 알게 한다. 그런데도 그를 신학자(神學者)로 분류(分類)하게 된 것은 범신론적(汎神論的)인 신관(神觀)을 내 세워서 '하나님'이라고 했기 때문이라고 본다.

그는 유한(有限)의 한 복판에서 무한(無限)한 것과 하나가 되는 것이 종교(宗敎)의 본질(本質)이요 불멸성(不滅性)이라고 하였다.

그의 이러한 태도(態度)는 종교적(宗敎的)인 감정(感情)을 통해서 지상적(地上的)인 것을 영원(永遠)한 것과 연결(連結)하여 애매(曖昧)하게 신성화(神聖化)하는 작업(作業)인데 신학(神學, Theology)을 심리학(心理學, Psych0logy)으로 대치(代置)하는 것이다.

이는 초자연적(超自然的)인 실재(實在)들을 인간(人間)의 내면(內面)으로 처리(處理)하자는 불신앙적(不信仰的)인 사고(思考)에서 나온 것이다.

그는 사교(邪敎) 모임의 친구(親舊)였던 헤르츠(H. Herz)부인(婦人)에게 편지(便紙)를 보내어 말하기를 "우주(宇宙)를 직시(直視)할 목적(目的)으로 그녀(女)를 도와야 하겠다고 하였으므로 신비주의적(神秘主義的)이면서도 세속주의자(世俗主義者)였다.

말하자면 세속적(世俗的)인 삶을 사는 것이 신비적(神秘的)이라는 그의 신조(信條)를 나타내고 있다.

그의 경건(敬虔)에 대한 정의(定義)는 유한(有限)을 감지(感知)하고 맛보는 것이며 무한(無限)히 유한(有限)한 자아(自我)속에 직접적(直接的)으로 현존(現存)하고 있음을 깨닫는 것이다.

무한(無限) 속의 자아(自我)를 아는 것을 경건(敬虔)이라고 함은 불교적(佛敎的)인 범신론(汎神論)의 사상(思想)과도 같다고 할 것이다. 이것은 그의 신학(神學)의 애매(曖昧)함을 의미(意味)하며 동시에 그의 사상(思想)에 나타난 세계관(世界觀)이 영혼(靈魂)과 시간(時間)이라는 두 지평(地平)을 통합(統合)하려고 하는 억지 논리(論理)가 있음을 보여주는 것이다.

자연(自然)과 초자연(超自然)이 있다는 것은 성경(聖經)의 세계관(世界觀)에서 가장 중요(重要)한 점이다.

그러나 슐라이어막허에서는 그것이 무리(無理)하게 통합(統合)되어 있다. 이러한 세계관(世界觀)은 성경(聖經)에서 말씀하고 있는 기독교(基督敎)의 세계관(世界觀)이 아니다.

초자연저(超自然的)인 차원(次元)이 자연저(自然的)인 것으로 해석(解釋)되고 세속저(世俗的)인 것과 희석(稀釋)되면 정통기독교(正統基督敎)는 무너지고 마는 것이다.

그러므로 그의 세계관(世界觀)은 치명적(致命的)인 위험(危險)을 안고 있으며 정통신학(正統神學)에서 용납(容納)할 수 없는 것이다.

그가 형이상학적(形而上學的)인 문제(問題)들을 반대(反對)하였기 때문에 종말론(終末論)을 기독교(基督敎)의 근본교리(根本敎理)들 가운데 포함(包含)시키지 않고 있다.

따라서 기독교(基督敎)의 교리(敎理)에 대한 전 내용(內容) 가운데서 형이상학적(形而上學的)인 진리(眞理)가 빠지고 나면 결국 그의 신학(神學)은 윤리학(倫理學)이 되고 마는 것이다.

리췰과 하르낙도 이 같은 경향(傾向)을 보이고 있고 현대신학자(現代神學者)들도 같은 경우에 서 있음을 간과(看過)할 수 없다.

기독교(基督敎)라는 이름을 붙인다고 해서 다 기독교(基督敎)가 아니며 예배당(禮拜堂)에 다닌다고 해서 다 그리스도인(Christian)이 아닌 것처럼 슐라이어막허 또한 그를 정통적(正統的)인 기독교(基督敎)의 신앙인(信仰人)이나 신학자(神學者)로 인정(認定)할 수 없다는 말이다.

그런데도 그를 부디 기독교(基督敎)의 신학자(神學者)로 추대(推戴)하게 된 것은 적(敵)그리스도(Anti-Christ) 운동(運動)이 만연(蔓延)한 때의 기형(畸形)이라고 하면 될 것이다.

특히 현대주의(現代主義)를 즐기는 사이비(似而非)한 신학자(神學者)들이 슐라이어막허의 사상을 즐기는 것은 성경적인 바른 진리에서 이탈(離脫)하여 반기독교적(反基督敎的)인 사상(思想)을 즐기기 때문이라고 할 것이다.

슐라이어막허에 대한 신학적(神學的)인 문제점(問題點)은 종교 상대주의(宗敎相對主義)에서라든가 또는 종교보편주의(宗敎普遍主義)라는데 있다고 할 것이다.

그는 기독교(基督敎) 외에도 종교적(宗敎的)인 진리(眞理)가 있다고 하여 일부러 기독교(基督敎)의 절대성(絶對性)을 부인(否認)했다.

그는 그의 종교론(宗敎論)에서 그러한 종교적(宗敎的)인 형태(形態)를 배제(排除)해서는 안 된다고 말했다.

이것은 오늘날의 종교(宗敎)라든가 혹은 신학(神學)이나 또는 종교철학(宗敎哲學)에서 흔히 다루는 문제(問題)이다.

또한 그는 과거(過去)의 신학자(神學者)들이 교리학(敎理學)을 연구(硏究)할 때에 각개(各個)의 교리(敎理)에서 진술(陳述)하고 있는 것을 형식(形式)으로 하였지만 그런 방법(方法)을 넘어서서 하나의 통제적(統制的)인 근본원리(根本原理)위에 세워지는 교리학(敎理學)을 시도(試圖)하였던 것이다.

이러한 새 방법(方法)은 후에 발트가 채용(採用)하였고 주관주의(主觀主義)에 속한 신학자(神學者)들에게 인기(人氣)가 높은 방법(方法)이 되었다. 그러나 성경에서 말씀하고 있는 진리(眞理)에 대한 교리는 사람들의 인기여부(人氣與否)에 상관없이 하나님의 의지(意志)일 뿐이다.

특히 주목 할 것은 그가 그리스도 중심적(中心的)으로 교리학(敎理學)을 썼다는 점이다. 그의 기독론(基督論)을 중심으로한 신학(神學)은 신정통주의(新正統主義)의 두드러진 특징(特徵)인바 그의 영향(影響)이 결정적(決定的)이라고 해야 할 것이다.

그러나 슐라이어막허의 신학사상(神學思想)은 전반적(全般的)으로 성경(聖經)에서 크게 벗어나고 있으며 지극(至極)히 주관적(主觀的)이어서 종교상대주의(宗敎相對主義)에 떨어지고 있다.

그의 신학(神學)은 이론적(理論的)인 지식(知識)보다는 공동체(共同體)의 인격적(人格的)인 의식(意識)을 학문적(學問的)으로 표현(表現)하려는 것일 뿐이다. 그러므로 당시의 교회(敎會)라는 공동체(共同體)가 지니고 있던 신앙심(信仰心)이 얼마나 복음(福音)에서 멀었는지 잘 알 수 있는 것이다.

그는 죄(罪)를 정신(精神)에 대한 관능(官能)의 적극적(積極的)인 대립(對立)이라고 하였다.

즉 슐라이어막허에 있어서 죄(罪)란 하나님에 대한 절대의존(絶對依存)을 자각(自覺)하는 것을 방해(妨害)하는 세력(勢力)이었다.

또한 구속(救贖)은 신자(信者)에 대한 그리스도와의 윤리적(倫理的)인 관계(關係)로 설명(說明)하였는데 이것은 하나님에 대한 심적자각(心的自覺)을 곧 신(神)에 대한 의식(意識)을 가지게 되는 것을 의미(意味)한다.

그러므로 대속저(代贖的)인 속죄(贖罪)의 개념(槪念)이 무너지고 있어서 예수 그리스도에 의한 속죄구원(贖罪救援)의 교리(教理)도 그에게는 없다.

그는 그리스도를 한 인간(人間) 이상으로 보지 않으며 다만 그리스도의 위대성(偉大性)이란 무한자(無限者)와 유한자(有限者)의 사이에 보다 높은 중재(仲裁)를 필요(必要)로 한다는 사상(思想)을 최초(最初)로 생각해 냈다는 것이라고 한다.

다시 말해서 그리스도는 가장 높은 신의식(神意識)을 소유(所有)한 자였을 뿐이라는 것이다. 예수 그리스도를 한 인간(人間)으로 보는 것 외에 삼위일체(三位一體)의 교리(教理)나 제2위 하나님으로서의 예수 그리스도에 대한 것은 전혀 찾아볼 수 없다.

슐라이어막허가 그리스도의 신성(神性)과 동정녀(童貞女)에 의한 탄생(誕生), 대속적(代贖的)인 십자가상(十字架上)의 죽음, 성경(聖經)의 권위(權威)와 영감(靈感)을 부인(否認)하였기 때문에 삼위일체(三位一體) 하나님에 대한 교리(教理)를 주장(主張)하는 그들의 파(派)에게서는 환영(歡迎)을 받게 되었다.

결국 그는 양태론(樣態論)을 주장(主張)하지 않을 수 없었다.

그는 성령(聖靈)에 대해서도 그리스도로부터 나오는 공동체(共同體)의 정신(精神)이라고 하여 인격적(人格的)인 성령(聖靈)에 대하여 부인(否認)했다.

그는 중생(重生)도 교회생활(敎會生活)의 공동체적(共同體的)인 삶에 참여(參與)하는 것으로 해석(解釋)하였다.

죄(罪)를 범신론적(汎神論的)으로 풀어서 설명(說明)하기를 "우주(宇宙)와 동료인간(同僚人間)들로부터 소외(疏外)되어 자기 스스로만 살려하는 것이다"라고 하였다.

그가 공동체(共同體)를 강조(强調)하는 이유(理由)가 여기에 있다.

슐라이어막허는 종교(宗敎)를 감정(感情)에 기초(基礎)하는 것으로 보았고 여기서 모든 종교

(宗敎)의 공통성(共通性)을 찾아냈다.

그리하여 기독교(基督敎)를 기독교(基督敎) 밖의 원리(原理)로서 해석(解釋)하는 결론(結論)을 내렸다.

이렇게 하여 그의 윤리신학(倫理神學)이 형성(形成)된 것이다.

그의 신학(神學)은 인간중심(人間中心)의 신학(神學)이 되었고 인본주의자(人本主義者)들에게 대환영(大歡迎)을 받은 것이다.

그는 인간(人間)의 내적(內的)인 영혼(靈魂)속에서 인간(人間)이 의무적(義務的)으로 따라야 하는 개체성(個體性)의 법칙(法則)을 발견(發見)하려고 했다.

슐라이어막허 의하면 그리스도인과 참되게 인간적(人間的)인 사람은 같은 것이었다. 그는 철학(哲學)과 신학(神學)의 관심(關心)을 결합(結合)시켰고 그러면서도 신학(神學)의 원리(原理)를 지성(知性)이 아닌 감정(感情)에다 두었다.

특히 무한자(無限者)에 대한 경건(敬虔)한 영혼(靈魂)의 의존감정(依存感情)을 강조(强調)하였다.

그러므로 신학(神學)을 경험(經驗)으로부터 시작(始作)하게 하였다.

그리고 교회(敎會)의 공동체(共同體)를 강조(强調)하여 성경(聖經)보다도 신앙고백(信仰告白)을 더 중요시(重要視)했다는 것이다.

신앙고백(信仰告白)은 교회(敎會)라는 공동체(共同體)의 체험(體驗)에서 나왔기 때문이다.

하지만 정통신학자(正統神學者)들보다 신조(信條)를 덜 의지(依支)하고 있는 것은 그의 주관주의(主觀主義) 때문이다.

우리는 슐라이어막허를 평가(評價)하여 독특(獨特)한 방법(方法)과 차이적(差異的)인 사고(思考)를 지닌 자유주의(自由主義)에 속한 신학자(神學者)로 보아야 할 것이다.

그는 획기적(劃期的)인 신학(神學)을 싫어하였으며 성경(聖經)에 맞지 않는 신학(神學)을 주장(主張)하였다. 따라서 그는 근대자유주의(近代自由主義)의 아버지라는 말을 듣는 것에 대해서는 다른 이의(異議)를 제기(提起)할 필요(必要)가 없다고 하겠으나 그의 신학(神學)에 대해서는 많은 문제(問題)를 일으키고 있다는 것을 알아둘 필요(必要)가 있다.

시(是)를 세우기 위해서 비(非)를 알아야 하겠고 적(敵)을 바로 알지 못하고서는 정복(征服)할 수가 없기 때문에 슐라이어막허와 같은 극단적(極端的)인 자유주의신학(自由主義神學)에 대한 것을 바로 알기 위해서 연구(研究)에 임해야 한다는 것을 알게 한다.

특히 인류역사(人類歷史)의 종말기(終末期)를 당하여 성경적인 참 진리(眞理)의 정통보수주의 신학(正統保守主義神學)을 지켜 나가기 위해서는 현대판(現代版)의 사회구조(社會構造)는 물론 이들 사이에서 성경적(聖經的)인 바른 기독교운동(基督敎運動)을 펴나가기 위해서는 슐라이어막허와 같이 영향력(影響力)이 높은 신학자(神學者)들의 교리사상(敎理思想)에 대한 것을 더 확실(確實)하게 알아두어야 할 필요성(必要性)을 절감(切感)한다.

2 ≡ 헤겔 파의 교리사상(敎理思想)

우리는 여기에서 헤겔파에 속한 사람들의 교리사상(敎理思想)을 논(論)하기 전에 과연 헤겔(Hegel, G. W. Freidrich: 1770-1831)이라는 사람이 누구며 무엇을 한 어떠한 사람이었는가 하는 것부터 먼저 알아보아야 할 필요가 있다고 본다.

헤겔은 독일(獨逸)이 낳은 대철학자(大哲學者)로서 그의 부친(父親)은 관리(官吏)였고 그는 어렸을 때부터 유복(裕福)한 가문(家門)을 배경(背景)으로 하고 태어났다.

1788년에는 튜빙겐 대학교(大學校)에 들어가서 신학(神學, Theology)을 비롯하여 자연과학(自然科學, Natural Science)과 또한 철학(哲學, Philosophy) 등을 공부했다.

그러다가 1793년부터 약 7년 동안은 가정교사(家庭敎師)를 하면서 종교(宗敎)와 정치(政治) 등에 관한 논문(論文)을 쓰기 시작했는데 그 가운데서도 유독 철학(哲學)을 더 좋아했다.

1801년 당대의 대철학자(大哲學者)로 유명한 쉘링(Schelling, F. W. J. von: 1775- 1854)의 초청(招請)으로 에나 대학(大學)에서 강사(講師)로 천거(薦擧)되어 쉘링과 함께 잡지(雜誌)를 써내기도 했다.

그 후 그가 조교수(助敎授)로 올라가면서 그의 철학(哲學)도 사상적(思想的)인 체계(體系)를 정립(定立)해 나가기 시작했다.

1807년에는 "정신 현상"(精神 現像, Spiritual Development)을 써냈고 그 후 프랑스의 나폴레옹(Napoleon: 1804-1814 재위)과의 전쟁(戰爭)으로 대학교(大學校)가 폐쇄(閉鎖)를 당하게 되자 그는 신문기자(新聞記者)가 되기도 했다.

그 후 뉴룬벨히 고등학교(高等學校)의 교장(校長)으로 있으면서 또 논리학 (論理學, Logic)을 써 냈고 1816년에는 하이델붹 대학(大學)의 교수(敎授)가 되었는데 그 이듬해에는 또 다시 철학 개론(哲學槪論, Philosophy Outline)을 펴냈다.

1818년에는 베르린 대학(大學)에 교수(敎授)로 들어가서 13년 동안이나 있게 되었는데 그 때부터 그는 대철학자(大哲學者)로서의 명성(名聲)을 얻게 되었고 1820년에는 법률철학(法律 哲學, Philosophy Law)을 썼으며 그가 죽은 다음에는 그를 따르든 사람들이 힘을 모아서 그의 유 작(遺作)으로 종교철학(宗敎哲學, Religious Philosophy)과 역사철학(歷史哲學, Historical Philosophy) 등을 펴 내기도 했다

그런데 임마누엘 칸트는 "실재(實在, Actual Being)란 경험(經驗)할 수 없는 것이라"고 하였는데 헤겔은 "실재(實在)도 경험중(經驗中)에 있는 것이다"라고 주장(主張)했다.

그에 의하면. 우주(宇宙)의 전생명(全生命)은 절대자(絕對者The Absolute)의 자각(自覺)에 대한 과 정(過程)이다. 그러므로 철학(哲學)이나 종교(宗敎)도 다 절대자(絕對者)의 자각(自覺)이며 역사(歷 史)는 과정(過程)이기 때문에 발전(發展)의 전체(全體)에 의하여 실재(實在)를 관할(管轄)하는데 있 어서 매우 소중(所重)한 것이다.

그리고 모든 발전(發展)은 정반합(正反合, Thesis-Antithesis)의 과정(過程)을 가지고 있으며 이 셋 을 종합(綜合)한 곳에 실재(實在)가 있다고 하였다.

여기에서 전반적(全般的)인 진리(眞理)에 비추어서 개인(個人)의 경험(經驗)의 의의(意義)를 나 타내는 것이 철학(哲學)의 목적(目的)이라고 하였다.

종교(宗敎)의 발전역사(發展歷史)도 정반합(正反合)이라고 하는 이 세 과정(過程)을 경과(經過)한 다고 하였다.

즉 첫째는 자연종교(自然宗敎)로서 이는 개인(個人)의 의식(意識)이 없으며 중국(中國)과 인도(印度)의 종교(宗敎)가 여기에 속한다고 하였고 둘째는 심령적(心靈的)인 개인종교(個人宗敎)로서 페르샤와 이집트 시리아 유대 로마 헬라 등의 여러 종교(宗敎)가 여기에 속한다. 이는 절대 적(絕對的)인 종교(宗敎)라고 하였다.

그리스도에게서 신(神)과 반신적(反神的)인 인간(人間)과의 종합(綜合)을 찾을 수가 있으며 유한(有限)속에서 발전(發展)되어지는 무한(無限)한 신(神)이 있다고 하였다.

삼위일체(三位一體)의 교리(敎理)도 이와 한 가지로서 아버지와 아들은 서로 대립(對立)되고, 그러나 아버지와 아들이 성령(聖靈)에 의하여 종합(綜合)된다고 하였다.

죄악관(罪惡觀)도 자기의식(自己意識)을 둘로 나눈 것으로서(二分) 그를 경과(經過) 한 후에 종합의식(綜合意識)에 이른다고 하였다. 그의 종교철학(宗敎哲學)은 언뜻 보기에는 신(神)과 우주(宇宙)와의 관계(關係)를 잘 설명(說明)한 것 같아서 기독교(基督敎)에서도 한 때는 환영(歡迎)하였으나 결국(結局) 그것은 주지주의(主知主義)에 지나지 않는다는 것을 알게 되었으며 그의 주장(主張)은 범신적(汎神的)이어서 기독교(基督敎)의 신앙(信仰)과는 결코 함께 병행(竝行)할 수 없는 것이었다.

그의 감화(感化)를 가장 크게 받은 튀빙겐 학파(學派)의 사람들은 슈트라우스를 비롯하여 바울 비델만 등으로 꼽는다.

그가 죽은 후에 그의 제자(弟子)들과 친지(親知)들이 협력(協力)하여 그의 전집(全集) 18권을 출판(出版)해 냈다.

그런데 헤겔과 같은 철학자(哲學者)를 신학자(神學者)로 분류(分類)하게 된 것은 그도 신학(神學)으로부터 학문(學問) 연구를 시작했고 또한 그는 많은 신학적(神學的)인 사상(思想)에 대한 것들을 주장했기 때문이라고 할 것이다.

그러나 보다 더 중요한 것은 그 당시에는 기독교(基督敎)가 전 구라파 사회에 단순히 일반화(一般化) 되어 있는 것이 아니라 거의 국교(國敎)로 되어 있었고 모든 학문(學問)의 최상급(最上級)에 속하는 학문(學問)이 되어 있었기 때문이라고 할 수 있다.

그러면서도 그들이 한결같이 신학적(神學的)인 문제를 논(論)했기 때문이라고 보면 될 것이다.

헤겔과 슐라이어막허에 의한 기독교(基督敎) 신학(神學)의 범신론적(汎神論的)인 경향(傾向)은 스위스의 자유주의파(自由主義派)에 속하는 신학자(神學者) 비델만(Bidelman: 1819-1885)을 통해서 현저(顯著)하게 나타났다.

그의 교의학(敎義學, Christian Doctrine)에서는 기독교(基督敎)의 교리(敎理)를 논(論)하고 있지만 교리(敎理)의 조항(條項)을 논(論)함에 있어서 시종일관(始終一貫) 끈질기게 정통교리(正統敎理)에 대한 논리적(論理的)인 모순점(矛盾點)만을 들어서 비판(批判)하고 역사적(歷史的)인 근거(根據)를 신화적(神話的)인 것으로 설명(說明)하려고 시도(試圖)했다.

그의 신학적(神學的)인 특징(特徵)은 교리(敎理)의 근거(根據)를 연구(硏究)하여 그것들을 철학적(哲學的)으로 전환(轉換)시켜 버렸다는 점이라고 할 것이다.

그러므로 비델만은 헤겔을 따라서 인격신(人格神)의 개념(槪念)을 없애버리고 절대정신(絶對精神, Absolute Spirit)이라는 개념(槪念)으로 바꾸어 버렸다.

또한 개인(個人)의 영혼불멸(靈魂不滅)에 대한 교리(敎理)도 제외(除外)시켜 버렸고 이것을 객관적(客觀的)인 실재(實在)의 배후(背後)에 있는 보편적(普遍的)인 정신(精神)에 생명(生命)의 영속성(永續性)이라는 개념(槪念)으로 바꾸어서 설명(說明)했다.

속죄(贖罪)의 개념(槪念)은 이상적(理想的)인 속죄(贖罪)의 사상(思想)에 대한 상징(象徵)으로 보았다. 이것은 역사적(歷史的)으로 볼 때에 최초(最初)로 예수 그리스도의 인격(人格)에서 자각(自覺)되고 실현(實現)된 것이라고 하였다.

그의 사상(思想)은 아마도 인간(人間) 예수는 역사적(歷史的)인 조사(調査)의 대상(對象)으로 하고 존재자(存在者)로서의 그리스도는 기독교인(基督敎人)의 신앙(信仰)의 대상(對象)이라고 하여 예수 그리스도를 일부러 분리(分離)시켜서 해석(解釋)했던 폴 틸리히(Paul Tillich: 1886년 獨逸胎生)의 사상(思想)을 열어주게 된 인물(人物)이었다고 할 수 있다.

심지어는 하나님까지도 절대정신(絶對精神)으로 설명(說明)하고 구원(救援)은 인류(人類)가 바라는 이상적(理想的)인 사회(社會)를 가리키는 것으로 해석(解釋)하여 세속적(世俗的)인 신학(神

學)이 되고 국가주의(國家主義)로 결론(結論)짓는 경향을 보이게 된다.

비델만은 "그리스도의 원리(原理)"와 "역사(歷史)의 예수"를 구별(區別)한 점이 폴 틸리히에게 그대로 영향(影響)을 전수(傳授)해 주었다.

그에게 있어서 "그리스도의 원리(原理)"라는 것은 하나님과 사람의 연합(聯合)을 말하는 것이고 다른 말로는 하나님과 사람과의 합일(合一)을 뜻하는 말이다.

그리고 "역사적(歷史的) 예수"라는 것은 이 신(神)과 인간(人間)의 연합(聯合)에 있어서 최고(最高)의 현현(顯現)이 예수 안에 나타났다는 것이다. 그는 우리는 그리스도의 원리(原理)만을 가지고도 살 수 있기 때문에 역사적(歷史的)인 예수는 필요(必要)하지 않는다고도 주장(主張)했다.

그런데 헤겔의 사상(思想)은 구약(舊約)의 한계(限界)에도 새 바람을 일으켰다.

역사(歷史)에 있어서의 발전(發展)과 진보(進步)를 주장(主張)한 헤겔의 입장(立場)에서 보면 종교(宗敎)란 원래(元來)는 순수(純粹)하였는데 점차(漸次)로 부패(腐敗)하게 되었다고 하는 이신론(理神論)의 견해(見解)를 용납(容納)할 수 없었던 것이다.

흄과 볼테르는 이미 이신론(理神論)의 종교관(宗敎觀)을 반대(反對)하였고 오히려 불완전(不完全)에서 완전(完全)으로 발전(發展)하는 것이라고 하였다.

헤겔의 관점(觀點)이 바로 이러한 입장(立場)이었다.

헤겔의 제자(弟子)들 가운데 바트케(Vatke)는 이미 1835년에 "구약(舊約)의 종교(宗敎)"(The Religion in the Old Testament)라는 책(冊)을 출판(出版)하여 헤겔의 역사관(歷史觀)을 가지고 구약신학(舊約神學)을 전개(展開)해 나갔다.

구약(舊約)의 선지자(先知者)들이 말한 유일신관(唯一神觀)은 미숙(未熟)한 자연숭배(自然崇拜)에서보다 순수(純粹)한 인격적(人格的)인 신(神)에 대한 개념(概念)으로 발전(發展) 된 결과(結果)라고 주장하였다.

그의 사상(思想)은 벨하우젠의 신학(神學)에 큰 영향(影響)을 주었다. 벨하우젠은 그라프와 퀘민이 주장(主張)한 발전설(發展說)을 지배적(支配的)인 위치(位置)로 올려놓았으며 그는 모세오경 가운데 가장 오래 된 부분(部分)은 본래 두 개의 독립(獨立)된 문서(文書)인 '여호와 문서(文書)'(J)와 엘포힘 문서(文書) (E)로부터 온 것이라고 주장(主張)하였다.

이 두 문서(文書)로부터 여호와 문서(文書)를 쓴 기자(記者)는 주로 설화체(說話体)로 된 책(冊)

을 편찬(編纂)하였다고 하였다.

또 요시아 시대(時代)에 신명기서가 나왔으며 신명기서를 쓴 기자(記者)가 그것을 가지고 문서(文書) (J)를 저작(著作)한 저자(著者)의 작품(作品)중에 편입(編入)시켜서 그 전체(全體)를 주로 여호수아 서로 교정(矯正)하였다고 한다.

문서(文書) (E) 가운데 제사장적(祭司長的)인 율법(律法)은 대체(大體)로 에스라의 저작(著作)이고 후에 편집자(編輯者)가 전체(全體)를 다듬었다고 하였다.

레위기 17장에서 26장까지는 에스겔 시대(時代)에서 유래(由來)하나 에스겔의 저작(著作)은 아니라고 하였다.

웰하우젠은 여러 문서(文書)들의 연대(年代)를 이스라엘 역사(歷史)의 특수(特殊)한 진화론적(進化論的)인 발상(發祥)에 따른 재구성 (再構成)에 의해서 결정(決定)하였는데 이것이 헤겔에게 속한 학파(學派)의 철학(哲學)에 기초(基礎)한 그의 연구 방법이었다.

이스라엘의 초기시대(初期時代)에 자연적(自然的)으로 일어나는 종교적(宗敎的)인 충동(衝動)의 무의식적(無意識的)인 표현(表現)에 지나지 않는다고 생각하였다.

그는 창세기서에 나타나는 족장(族長)들의 역사적(歷史的)인 성격(性格)을 부인(否認)하였고 모세도 막연(漠然)한 인물(人物)이지 실재(實在)한 사람이 아니라고 보았다.

성경에 나오는 역사적(歷史的)인 사실(史實)에 대한 것들을 전면적(全面的)으로 부인(否認)했다.

그는 신명기의 개혁이전(改革以前)에 드려진 희생(犧牲)은 어디든지 있었는데 중앙성경(中央聖經)은 없었을 것이라고 하였다.

그는 성경(聖經)이 여러 곳에 있었음을 밝히려고 출애굽기 20장 24-26절을 제시(提示)하였다.

발전설(發展說)을 비롯한 문서설(文書說)이란 본질적(本質的)으로 성경의 초자연적(超自然的)인 사건(事件)에 대한 의심(疑心)과 반발(反撥)에서 나온 것이다.

이런 설(說)들은 이스라엘의 종교(宗敎)에 대한 자연주의적(自然主義的)인 발전(發展)을 가정(假定)하고 주장한 것이다. 그리고 성경의 저자(著者)들에 대한 정직성(正直性)도 부인(否認)하고 있다.

발전설(發展說)이 옳다면 모세의 오경(五經)가운데 가짜가 많다는 결론(結論)이 나옴으로 모세의 저작권(著作權)을 의심(疑心)하면서 동시에 성경의 진정성(眞正性)을 부인(否認)하는 것이다.

성경은 제단(祭壇)의 유일성(唯一性)을 증거(證據)하고 있으며 도처(到處)에서 희생제사(犧牲祭祀)를 드렸다는 암시(暗示)가 없다.

또 신명기가 예배(禮拜)의 중앙화(中央化)를 위하여 의도적(意圖的)으로 고안(考案)되었다는 주장(主張)은 사실(事實)과 다르다.

따라서 벨하우젠의 학설(學說)은 불신앙(不信仰)에서 기원(起源)한 주관적(主觀的)인 생각이지 객관성(客觀性)이 있는 학설(學說)이라고 볼 수는 없는 것이다.

이와 같이 헤겔의 제자(弟子)들이 성경(聖經)을 파괴적(破壞的)으로 연구(研究)하게 된 것은 근본적(根本的)으로 잘못된 역사관(歷史觀)과 성경관(聖經觀) 때문이었다.

비델만과 벨하우젠을 통하여 우리가 알 수 있는 것은 신학(神學)을 하기 위한 바른 기초(基礎)로서 잘못된 철학(哲學)을 의지(依支)하면 안 된다는 것이다.

헤겔의 사상(思想)은 원래(元來)부터 범신론(汎神論, Pantheism)이므로 성경과는 본질적(本質的)으로 상반(相反)된 사상(思想)인 것이다.

성경은 세계관(世界觀)에 있어서 하나님은 창조자(創造者)로서의 하나님인 동시에 하나님께서는 그가 창조(創造)로 발생(發生)시킨 것들에 대한 섭리자(攝理者)로서 다스리시는 통치자(統治者)이시며 초월적(超越的)인 하나님이심과 내재적(內在的)이신 하나님을 증거(證據)하고 있다.

하나님과 세계(世界)는 구별(區別)되어야 한다. 헤겔처럼 동일시(同一視)해서는 안 되는 것이다. 자연(自然)과 초자연(超自然)을 구별(區別)하되 하나님께서는 초월자(超越者)로서 피조물(被造物)과 구별(區別)되시며 동시에 피조(被造)의 세계(世界)에 내재(內在)하시는 분이심을 알아야 할 것이다.

역사(歷史)는 하나님의 자기실현(自己實現)이 아니고 하나님의 작정(作定)대로 목표(目標)를 향하여 전진(前進)하는 것이다.

기록(記錄)된 성경(聖經)을 고의적(故意的)으로 부인(否認)하고 지나칠 정도의 독단적(獨斷的)인 편견(偏見)으로 반대(反對)를 하는 것은 학자(學者)라기보다는 마귀(魔鬼)의 종자(從者)라고 밖에 다른 말이 있을 수 없다.

헤겔이 죽은 다음 그의 추종자(追從者)들 가운데 헤겔 주의자(主義者)들은 특히 신학계(神學界)에서 종교적(宗敎的)인 급진주의(急進主義)로 발전하게 되었다.

그 가운데 스트라우스(D. F. Strauss: 1808-1874)는 중심적(中心的)인 역할(役割)을 한 인물(人物)이다.

그의 "예수 전(傳)"의 출판(出版)으로 이적(異蹟)들에 대한 의심(疑心)으로 출발(出發)하여 결국(結局)은 신약성경(新約聖經)을 신화(神話)나 전설(傳說)로 처리(處理)하기에 이르렀다.

그는 기독교(基督敎)를 수정(修正)된 유대교로 보았다.

그리스도의 부활(復活)은 속임수였으며 우주(宇宙)는 아무런 목적(目的)도 없는 맹목적(盲目的)인 기계(機械)의 조작(造作)이라고 하였다.

내세(來世)를 부인(否認)하였고 다윈(Dawin)의 발견(發見)이 새로운 종교(宗敎)라고 하였다.

교회(敎會)는 없어져할 대상(對象)이었다. 그는 그리스도에 관한 복음(福音)이 설화(說話)와 교훈(敎訓)은 단순(單純)히 인류(人類)가 살고 고난(苦難)받고 죽고 무덤에서 부활(復活)하여 하늘로 올라간다는 것을 나타내는 것이라고 하였다.

스트라우스는 사람들에게 신화(神話)를 만드는 신앙(信仰)이 있다고 한다.

예수의 제자(弟子)들은 무의식적(無意識的)으로 신화(神話)를 만들었는데 그 이유(理由)는 예수의 인격(人格)에 압도(壓倒)되었기 때문이라는 것이다.

그는 과격(過激)한 주장(主張)으로 교수(敎授)의 직(職)에서 물러났으며 죽는 날까지 학교(學校)에서 주는 연금(年金)으로 살았는데 저술활동(著述活動)을 계속(繼續)하였다.

스트라우스는 예수 그리스도가 신(神)이 될 수 있는 가능성(可能性)을 따라 살던 많은 인물(人物)들 중에 한 사람이었다고 하였다.

다른 말로 하면 예수는 인간(人間)이 신(神)이 될 수 있다는 가능성(可能性)을 나타내주는 하나의 모범(模範)에 불과하다고 하였다.

예수는 사람들의 마음속에 잠재(潛在)하고 있던 원대(遠大)한 이상(理想)을 일깨워 준 선각자(先覺者)였다.

스트라우스에게 중요(重要)한 것은 그리스도의 보혈(寶血)이 아니라 영적(靈的)인 이상(理想)

곧 자연적(自然的)인 것을 정복(征服)하고 또 그것과 하나 되는 이상(理想)이었다.

예수의 메시아 의식(意識)도 발전(發展)한 것이라고 보고 우리도 그렇게 될 수 있다는 한 예(例)라고 하였다. 그러므로 그의 신학(神學)은 헤겔의 사상(思想)을 신약적(新約的) 으로 개편(改編)한 것에 불과(不過)하였다.

실로 이들은 신학자(神學者)라고 하기보다는 기독교(基督敎)를 말살(抹殺)시키기 위한 반기독교인(反基督敎人)으로서 가만히 잠입(潛入)해 들어온 마귀(魔鬼)의 수종자(隨從者)들이라고 함이 옳을 것 같다.

성경(聖經)이나 기독교(基督敎)는 철학적(哲學的)인 학문(學問)이나 어떤 이론(理論)상의 시비(是非)를 위한 것이 아니라 먼저 신앙(信仰)을 통한 하나님과의 관계(關係)라는 관점에서 이해되어야 한다.

그런데도 이들은 전혀 신앙적(信仰的)인 모습은 보이지 않고 억지 논리(論理)를 내세워서 부정적(否定的)인 것으로 일관하고 있으니 너무도 혐오(嫌惡)스럽고 비인격적(非人格的)이다.

3) 두 바우어와 포이에르바하

헤겔 철학(哲學)의 영향(影響)을 받은 신학자(神學者)들 가운데 튀빙겐 학파(學派)의 바우어(F. C. Baur: 1792-1860)와 또 다른 한 사람의 바우어(Bruno Baur: 1809-1882)가 있다.

첫 번째의 바우어는 비범(非凡)한 인물(人物)로서 신학계(神學界)에많은 잘 못된 영향(影響)을 끼친 사람인데 그는 헤겔 철학(哲學)의 관념(觀念)에 의해서 신학(神學)을 세운 사람이다.

그에 의하면 기독교(基督敎)는 그리스도의 인격(人格)과 신약성경(新約聖經)에 의해서 완성(完成)되지 못하였다고 주장(主張)하였다.

신약의 증거(證據)는 진보발전(進步發展)하는 관심(關心)의 한 표현(表現)인 것이다.

종교개혁(宗敎改革)은 로마 교회의 초자연주의(超自然主義)를 벗어나지 못하였다고 그는 주장(主張)하였다. 오히려 재세례파(再洗禮派)와 쏘시니안이 진보(進步)하였다고 했다.

그는 헤겔의 원리(原理)를 따라서 에비온파의 원시기독교(原始基督敎) 혹은 베드로파에서 정(正, These)을 발견(發見)하고 그리고 사도(使徒) 바울의 종교(宗敎)에서는 반(反, Anti-These)을 발견(

發見)하며 또한 데살로니가서와 예배소서 및 골로새서나 빌립보서, 빌레몬서, 디도서 등 흔히 자유주의자(自由主義者)들이 말하는 위명(僞名)의 바울 서신(書信)에서는 합(合. Syn-These)을 발견(發見)한다고 하였다.

이 같은 경향비판(傾向批判, Tendency Criticism)은 베드로 파와 바울 파의 대립(對立)과 사도행전이라는 합(合)으로 신약성경을 비평(批評)하고 있다.

바우어는 그리스도의 인격(人格)에 관하여 거의 언급(言及)하지 않았고 성경의 초자연적(超自然的)인 성질(性質)을 인정(認定)하려고 하지 않았다. 따라서 그는 그리스도의 부활(復活)과 바울의 개종(改宗)을 논(論)할 수 없었다.

바우어는 헤겔의 역사관(歷史觀)을 그대로 신약연구에 재용(採用)하였기 때문에 무리(無理)하게 진화론적(進化論的)으로 적용(適用)을 하였고 단순(單純)한 책(冊)은 고대(古代)로 돌리고 발전(發展)된 책(冊)은 후대(後代)로 돌려서 저작권(著作權)이나 연대(年代)의 설정(設定)도 다시 하였으나 그가 보는 관점(觀點)이 과연 정확한 것인지는 보증(保證)하기 어렵다.

무엇을 근거(根據)로 하여 성경의 진리(眞理)가 단순하기도 하며 발전(發展)되었다고 하는 것인지 표준(標準)이 애매(曖昧)하다.

성경의 영적(靈的)이고 초자연적(超自然的)인 성격(性格)을 부인(否認)하지 말아야 올바른 판단(判斷)이 서는데 그는 순전히 자연주의적(自然主義的)인 발전과정(發展過程)으로 해석(解釋)하고자 하니까 자신(自身)의 막연한 기준(基準)에 의해서 성경(聖經)을 다시 평가(評價)할 수밖에 없었다.

부르너 바우어도 역시 예수의 역사성(歷史性)을 완전(完全)히 부정(否定)하고 그리스도를 단순(單純)히 2세기 말 경의 헬라와 로마의 세계(世界)에서 나타난 하나의 관념(觀念)이라고 하였다.

그의 주장(主張)은 종교사학파(宗敎史學派)에서 말하는 것과 같은 생각이다.

스트라우스는 성경(聖經)을 신화(神話)로 보았으나 이제 바우어는 한 걸음 더 나아가서 그리스도 자신(自身)을 신화(神話)로 보기에 이른 것이다. 바우어는 마가복음이 원래(元來)의 자료(資料)이며 스트라우스가 주장한 공동체(共同體)의 산물(産物)로서의 신약이 아니라 개인(個人)의 작품(作品)들이라고 주장(主張)하였다.

그는 역사적(歷史的)인 예수란 없다고 확언(確言)하였다.

그는 기독교(基督敎)란 인간(人間)의 충만(充滿)한 자유(自由)의 도상(途上)에서 나타난 하나의 불행(不幸)이라고 하였다. 그리하여 기독교(基督敎)는 문명(文明)의 산물(産物)이지 신적기원(神的起源)을 가진 종교(宗敎)가 아니라고 하였다.

이와 같이 계몽주의(啓蒙主義) 이래로 서양(西洋)의 신학사조(神學思潮)는 성경에 대한 불신(不信)과 하나님에 대한 불신앙(不信仰)으로 충만(充滿)해 있었다.

그러나 보수적(保守的)인 신학(神學)이 완전(完全)히 사라지는 것은 아니었고 자유주의(自由主義)가 주류(主流)를 이루고 신학사상계(神學思想界)를 지배(支配)하였기 때문에 정통신학(正統神學)이 역사(歷史)의 전면(前面)에 나타나지 못하였을 뿐이었다.

우리는 두 바우어의 주장을 통해서 볼 때에 그들은 처음부터 기독교(基督敎)나 성경(聖經)이나 하나님에 대해서 어떤 긍정적(肯定的)인 마음의 자세(姿勢)나 신앙(信仰)하려는 마음에서가 아닌 반대(反對)를 위한 반대(反對) 시비(是非)를 위한 시비(是非)로 소위 기독교(基督敎)의 말살운동(抹殺運動)을 적극적(積極的)으로 추진(推進)한 마귀(魔鬼)의 앞잡이 노릇을 해 준 것 외에 생각할 가치(價値)가 없는 것들로 알고 넘어가면 될 것이다.

우리가 흘러간 과거(過去)의 역사(歷史)에 대하여 바로 알아야 할 이유가 여기에 있다. 반복적(反復的)으로 회전(回轉)하는 한 시대의 역사(歷史)에 대한 바른 이해(理解)없이는 지금의 현실(現實)에 대비할 지혜(智慧)를 얻을 수 없다.

그러므로 특히 현대(現代)를 살아가는 사람들은 물론 하나님의 교회(敎會)를 맡아서 목회사역(牧會事役)을 하고 있는 목회자(牧會者)들을 비롯하여 신학자(神學者)들과 교회의 지도자(指導者)들과 미래(未來)의 목회자(牧會者)가 되기 위해서 신학(神學)을 공부하는 신학(神學徒)들과 성도(聖徒)들 모두가 정신(精神)을 차리고 살아계신 하나님의 일을 위해서 흔들림이 없어야 할 것이다.

우리는 어떠한 어려움이 있을지라도 그 때마다 하나님의 말씀인 성경(聖經)을 상고해야 하며 지난날에 되어진 역사(歷史)를 살펴보아야 할 것이다.

"그러므로 하나님의 능(能)하신 손아래서 겸손(謙遜)하라. 때가 되 면 너희를 높이시리라. 너

희 염려(念慮)를 다 주께 맡겨 버리라. 이는 저가 너희를 권고(勸告)하심이니라. 근신(勤愼)하

라. 깨어라. 너희 대적(對敵) 마귀가 우는 사자(獅子) 같이 두루 다니며 삼킬 자를 찾나니, 너

희는 믿음을 굳게 하여 저를 대적(對敵)하라. 이는 세상(世上)에 있는 너희 형제(兄弟)들도 동

일(同一)한 고난(苦難) 을 당하는 줄 앎이니라. 모든 은혜(恩惠)의 하나님 곧 그리스도 안 에서

너희를 부르사 자기의 영원(永遠)한 영광(榮光)에 들어가게 하신 이가 잠간 고난(苦難)을 받은

너희를 친히 온전(穩全)케 하시며 굳게 하시며 강(强)하게 하시며 터를 견고(堅固)케 하시리라

(벧전5:6-11)."

3 ≡ 보수파와 조정파(調整派)의 교리사상

기독교(基督敎)가 말하는 신학(神學)에 있어서 보수주의(保守主義, Conservatism)를 지향(指向)한다
는 것은 결코 쉬운 일이 아니라는 것을 알 수 있다.

그것은 자유주의(自由主義, Liberalism)를 지향(指向)하는 세속화(世俗化)의 사람들에 비해서 우선
그 숫자적(數字的)으로 많지 않고 또 행동(行動)의 무거운 책임(責任)이 따라야 하기 때문이다.

"좁은 문(門)으로 들어가라. 멸망(滅亡)으로 인도(引導)하는 문(門) 은 크고, 그 길이 넓어 그리

로 들어가는 자가 많고, 생명(生命)으 로 인도(引導)하는 문(門)은 좁고, 길이 협착(狹窄)하여 찾

는 이가 적음이니라 (Enter by the narrow gate; for wide is the gate and broad is the way that leads to destruction,

and there are many who go in by it. Because narrow is the gate and difficult is the way which leads to life, and there

are few who find it.마7:13-14)."

이는 예수께서 세상(世上)이 장차(將次) 이렇게 될 것을 미리 알고 말씀해 주신 경고(警告)의
말씀이다.

성경적(聖經的)인 정통보수주의(正統保守主義)를 지향(指向)하고 바른 신앙(信仰)과 바른 진리(
眞理)의 길을 지켜 나가기가 얼마나 힘들고 어려운 일이라는 것을 미리 알게 해 주셨다.

그러나 분명(分明)한 것은 아무리 세속적(世俗的)인 자유주의(自由主義)가 판을 치고 강(强)한 힘으로 도전(挑戰)해 온다고 할지라도 결코 좌절(挫折)하거나 낙심(落心)할 필요는 없다.

왜냐하면 아무리 불의(不義)와 악(惡)이 지배(支配)하는 세상이라고 할지라도 그 안에는 바른 의인(義人)들이 숨어있고 참과 진실(眞實)을 따라서 하나님께 순종(順從)과 충성(忠誠)을 바치려는 참 사람들이 있으며 보다 더 살아계신 하나님의 능력(能力)이 항상(恒常) 하나님의 사람들을 지켜주시기 때문이다.

기독교(基督敎)의 교리사상(敎理思想)을 연구함에 있어서 어떤 때는 좌절(挫折)과 실망(失望)과 외로운 고독감(孤獨感)을 느끼지 않을 수 없으나 그래도 하나님께서는 그 때마다 바른 진리(眞理)를 보수(保守)하려는 바른 신앙인(信仰人)과 목사(牧師)들과 신학자(神學者)들을 아껴 두시고 계신다는 사실을 알 수 있다.

1) 헹스덴베르크

19세기 신학사상(神學思想)의 흐름은 단순히 자유주의(自由主義) 만이 판을 치는 것만은 아니었다.

참된 신앙을 가진 경건(敬虔)한 자들도 남아있어서 바른 생활신앙(生活信仰)과 함께 구원(救援)의 가치(價値)와 그것의 소중성(所重性)을 간직(看直)하면서 복음적(福音的)인 신학운동(神學運動)에 힘쓰는 신실(信實)한 성도(聖徒)들도 있었다.

이러한 신학사조(神學思潮)는 16세기의 종교개혁운동(宗敎改革運動) 때의 정신(精神)으로 돌아가고자 하는 열망(熱望)에서 비롯되었던 것이었다.

그런데 루터파에서는 정통주의적(正統主義的)이고 또한 조정주의적(調整主義的)인 두 가지의 신학(神學)에 대한 풍조(風潮)가 나왔고 개혁파(改革派)에서는 일반은총론(一般恩寵論)을 강조(强調)하는 칼빈주의파의 신학(神學)이 나타나게 되었다.

물론 개혁파(改革派)에서도 조정주의적(調整主義的)인 사람이 없는 것은 아니었다.

루터파의 사람들 가운데 복고주의적(復古主義的)이면서 보수신학(保守神學)을 한 대표적(代表

的)인 사람으로는 헹스턴벍(E. W. Hengstenberg: 1802- 1868) 같은 사람을 들 수 있다.

그는 구약학계(舊約學界)에서 독특(獨特)한 인물(人物)로서 자유주의자(自由主義者)들이 주장하는 성경에 대한 문서설(文書說)이 판을 치고 있는 가운데서도 헹스텐벍 만은 정통적(正統的)인 보수주의신학(保守主義神學)의 길을 지켜나가고자 애를 썼다.

그는 교회의 랍비적인 전통(傳統)의 이해(理解)를 따라서 모든 성경 문서(文書)들의 진정성(眞正性)을 믿었고 그것을 수호(守護)하기 위해서 온갖 심혈(心血)을 다 기울였다.

헹스텐벍은 구약성경의 전체적(全體的)인 내용(內容)을 기독교(基督敎)의 교리(敎理)를 포함(包含)한 근본적(根本的)인 진리(眞理)로서 하나님의 예언(豫言)으로 간주(看做)했다.

물론 신약성경도 하나님의 성령(聖靈)으로 영감(靈感)된 하나님의 말씀으로 확신(確信)했다. 즉 성경적인 믿음의 지도자(指導者)였다.

그는 특히 "경건(敬虔)이 없는 징통(正統)은 없다"는 신념(信念)을 굳게 믿었고 슐리이이막혀의 신학(神學)에 대해서 기대(期待)할만한 가치(價値)가 전혀 없는 것이라고 단정(斷定)해 버렸다.

그는 "복음주의 교회 신문"(The Evangelism Church News)이라는 격주간(隔週間)의 잡지(雜誌)를 만들어서 이단주의(異端主義)의 사상(思想)을 배척(排斥)하고 자유주의(自由主義)나 합리주의자(合理主義者)들과도 적대적(敵對的)으로 싸워 나갔다.

그는 성경(聖經)의 진정(眞正)함과 순수성(純粹性)을 지키기 위해서 수많은 논문(論文)을 써서 발표(發表)했다.

헹스텐벍이 쓴 대표작(代表作)으로는 "구약(舊約)의 기독론(基督論)"(Christology of the Old Testament)을 들 수 있다.

그는 이 책(冊)에서 그리스도를 구약성경에서 말씀하고 있는 계시(啓示)의 중심(中心)으로 이해(理解)하고 있었으며 주로 모세 오경(五經)과 시편(詩篇) 이사야서 다니엘서. 스가랴서 등에 나타난 메시아에 대한 예언(豫言)을 취급(取扱)하고 있으며 그의 탁월(卓越)한 학문적(學問的)인 방법(方法)으로 복음주의(福音主義)의 논리(論理)를 전개(展開)해 나간 것이 특별(特別)하다.

그의 문하생(門下生) 가운데는 독일태생(獨逸胎生)의 비교신조학자(比較信條學者)인 카스파리 (C. P. Caspari: 1814-1892)와 교리학(敎理學)의 권위자(權威者)인 필리피 (F. a Philippi: 1809-1882) 두 사람이 있었다.

이들은 성경에서 신학(神學)의 근원(根源)을 찾음으로써 슐라이어막허의 감정주의신학(感情主義神學)에 적극적(積極的)으로 대응(對應)했다.

이들은 교리학(教理學)의 근원(根源)은 하나님의 계시(啓示)에 의해서 계발(啓發)된 이성(理性)이라야 한다고 주장(主張)하여 정통보수주의신학(正統保守主義神學)의 입장(立場)을 강변(强辯)했다.

또 로스토크(Rostok)와 같은 이는 성경(聖經)의 무오(無誤)와 영감(靈感)을 선언(宣言)함으로써 교리학(教理學)을 통하여 정통주의신학(正統主義神學)을 건설(建設)해 보려고 시도(試圖)하기도 했다.

그렇다고 해서 그는 성경(聖經)의 영감설(靈感說)에 대하여 꼭 축자 영감설(逐字靈感說, Verbal Inspiration)을 주장(主張)한 것은 아니었고 메시지의 영감(靈感)만을 주장했다.

그러므로 개혁파(改革派)에 속한 신학자(神學者)들이 강조(强調)했던 유기적영감설(有機的靈感說, Organical Inspiration)과는 약간(若干) 다른 입장(立場)에 섰다.

필리피는 호프만(Hofmann)과 논쟁(論爭)을 하는 가운데 화체론(化體論)과 칭의론(稱義論)이 기독교(基督敎)의 중심(中心)된 진리(眞理)라는 것을 강조(强調)했다.

이것은 도덕신학(道德神學)이 유행(流行)하던 시대로서는 그나마 정통적(正統的)인 견해(見解)였다고 할 수 있다.

필리피는 속죄(贖罪)하시는 그리스도의 보혈(寶血)에 대한 신앙(信仰)의 위로(慰勞)와 그리스도의 의(義)의 전가(轉嫁)에 대한 교리(敎理)를 경시(輕視)하는 사람은 기독교(基督敎)라는 종교 자체(自體)를 무너뜨리는 사람이라고 생각하였다.

이와 같이 헹스텐벜와 그의 후계자(後繼者)들 그리고 몇 몇 보수적(保守的)인 신학자(神學者)들의 활동(活動)이 있었음을 볼 때에 어느 시대(時代)에나 하나님의 섭리(攝理) 가운데 복음(福音)의 진리(眞理)가 수호(守護)되고 전수(傳授)되는 과정(過程)을 살펴볼 수가 있는 것이다.

비록 19세기 이 후의 신학적(神學的)인 판도(版圖)가 자유주의(自由主義)라는 주류(主流)에 의해서 흘러가는 것처럼 보일지라도 하나님은 항상(恒常) 더 많은 복음주의자(福音主義者)들을 예비(豫備)하시는 것을 보게 된다.

사실상으로 자유주의(自由主義)는 마귀(魔鬼)들의 계략(計略)에 의한 불신앙(不信仰)의 학문(學問)이기 때문에 소수(少數)의 학자(學者)들이 활동(活動)을 한다고 하여도 그 영향(影響)은 큰 파급(波及)의 효과(效果)를 나타낼 수가 없었다.

우리 시대(時代)에도 자유주의(自由主義)가 큰 힘을 가지고 영향력(影響力)을 과시(誇示)하는 것은 그 배후(背後)에 사탄의 세력(勢力)이 개재(介在)하고 있는 까닭이다.

그렇다고 하여도 최후(最後)의 승리(勝利)는 복음주의(福音主義)에 있다는 것을 기독교(基督敎)의 교리사(敎理史)는 웅변(雄辯)해 주고 있다. 이는 살아계신 하나님의 지켜주심에 의한 것이다.

우리 하나님께서는 영원(永遠)히 살아계신다. 그 하나님께서 나와 함께 하신다. 그 하나님께서 나를 들어 쓰신다. 그러므로 나는 그 하나님을 위해서 일을 한다.

2) 엔랑겔 신학(神學)

19세기에 이르러 기독교(基督敎)의 신학(神學)의 부흥기(復興期)에 일어난 엔랑겔(Enlangel)의 신학(神學)은 하나의 조정신학(調整神學, Control Theology)으로 분류(分類)된다.

물론 이 신학(神學)도 역시 원 뿌리는 루터파에 속한 신학사상(神學思想)에서 연유(緣由)했지만 거기에다 학문적(學問的)인 방법론(方法論)을 조화(調和)시키려고 하였다.

엔랑겔의 신학(神學)은 종교개혁기(宗敎改革期)와 종교개혁(宗敎改革)이 있은 후기(後期)를 엄연(嚴然)히 구별(區別)하였고 또 17세기의 교조주의(敎條主義, Dogmatism)와는 다른 각도(角度)에서 루터 주의(主義)와 그들의 신앙고백(信仰告白)을 보존(保存)하려고 시도(試圖)했다는 것을 알 수 있다.

그러나 참 신앙(信仰)은 시도(試圖)만으로 되는 것이 아니라 산 믿음이어야 한다는 것을 알아야 한다.

엔랑겔 신학(神學)은 성경(聖經, Bible)과 신조(信條, Creed)와 종교적체험(宗敎的體驗, Religious Experience)이라는 세 가지에 기초(基礎)한 신학운동(神學運動)이었다.

엔랑겔 학파(學派)는 교회(敎會)의 본질(本質)을 순수(純粹)한 종교적(宗敎的)인 친교(親交)로 생각했으며 기독교적(基督敎的)인 윤리학(倫理學)을 세우는데 관심(關心)이 많았다.

그들은 주로 윤리학(倫理學, Ethics)의 근거(根據)로서 중생(重生, Regeneration)과 칭의(稱義, Justification)를 들고 있다.

그러나 기독교(基督敎)의 윤리(倫理)와 일반윤리(一般倫理)의 관계(關係)에 대하여 중도적(中途

的)인 입장(立場)을 취하여 철저한 복음주의(福音主義)가 아님을 보여준다.

엘랑겐 학파의 대표(代表)는 호프만(G. K. Hofmann: 1810-1877)인데 그는 역사적(歷史的)인 방법(方法)을 중시(重視)하여 오늘날에 구속사학파(救贖史學派)로 알려진 학자(學者)들이 사용(使用)한 것과 거의 비슷한 방식(方式)을 가지고 신학활동(神學活動)을 하였다.

구속사(救贖史)의 개념(概念)은 일찍이 코케이우스의 계약신학(契約神學)에서도 암시(暗示)가 있었고 벵겔(A. Bengel)도 시도(試圖)한 적이 있었다.

호프만은 역사(歷史)와 형이상학(形而上學)을 밀접(密接)하게 연결(連結)시키는 방식(方式)을 취(取)하였는데 그것은 원래(元來) 쉘링(Schelling)의 철학(哲學)에서 나온 것이다.

쉘링은 신학(神學)이란 철학(哲學)과 역사(歷史)를 종합(綜合)하는 것이라고 하였다.

그는 기독교(基督敎)의 진수(眞髓)란 역사적(歷史的)이어야만 한다고 하였다. 쉘링은 역사(歷史)를 수많은 경험적(經驗的)인 사실(事實)들의 연속(連續)이면서도 영원(永遠)하고 절대적(絶對的)인 것의 현현(顯現)이라고 하였다.

우리가 볼 때에 이러한 사상(思想)은 헤겔의 사상(思想)과도 상통(相通)하는 것이다.

호프만은 이 같은 쉘링의 사상(思想)을 이어받아서 그리스도의 역사(歷史)는 신(神)과 인간(人間)과의 연합(聯合)의 완성(完成)에 관한 예언(豫言)을 그 자체(自體)안에 포함(包含)하는 큰 역사(歷史)의 출발점(出發點)이라고 하였다.

그는 이 세상(世上)에 대한 그리스도의 자기현현(自己顯現)에서 역사(歷史)와 예언(豫言)을 보는 것이라고 하였다.

호프만은 기독교(基督敎)에 대한 과학적(科學的)인 설명(說明)이 신학(神學)이라고 하여 신앙(信仰)과 신학(神學)을 구별하였다.

그는 슐라이어막허의 영향(影響)으로 개인(個人)의 심리학적(心理學的)인 요소(要素)를 강조(強調)하였으나 성경(聖經)에 나타난 하나님의 계시(啓示)를 더 중(重)히 여김으로써 슐라이어막허에게서 독립(獨立)하였다.

슐라이어막허는 종교(宗敎)의 보편성(普遍性)과 인류(人類)에게 보편적(普遍的)인 종교적감정(宗敎的感情)을 신학(神學)의 출발점(出發點)으로 삼았으나 호프만은 성경(聖經)과 신조(信條)를 신학(神學)의 기초(基礎)로 삼으려고 한 것이 다르다.

호프만은 성경(聖經)의 교리(敎理)들은 부분(部分)만이 아니라 성경전체(聖經全體)에 비추어서 해석(解釋)되어야 한다고 확신하였다.

특히 성경은 역사적(歷史的)인 관계(關係)속에서 연구(研究)해야 하며 성경이 바로 계시(啓示)는 아니고 역사(歷史)가 계시(啓示)라고 하였다.

성경(聖經)은 구속사(救贖史)의 결론(結論)이며 총괄(總括)이기 때문에 성경(聖經) 그 자체(自體)가 영감(靈感)된 계시(啓示)라기보다는 역사(歷史)에서 비롯되는 계시(啓示)의 결과(結果)라고 할 수 있다는 것이다.

그에게 있어서 신학적(神學的)인 과제(課題)는 역사적(歷史的)인 연구(研究)를 통하여 성경(聖經)이 하나님의 계시(啓示)의 근원(根源)이 될 수 있는가? 어느 정도(程度)로 가능(可能)한가를 연구(研究)하는 것이었다.

그는 신학적(神學的)인 확신(確信)을 다루는데 있어서 중생(重生, Regeneration, Born-again)을 중요(重要)하게 취급(取扱)하였다.

중생(重生)은 도덕적(道德的)인 생활(生活)의 변화(變化)인데 이 중생(重生)의 경험(經驗)으로부터 기독교(基督敎)의 중요(重要)한 교리(敎理)들을 확신(確信)하게 되며 신학(神學)도 가능(可能)하게 되는 것이다.

그는 중생의 경험에서 기독교 진리에 대한 확신이 성립된다고 하면서 세 가지로 구별하였는데 그것은 내재적(內在的) 초월적(超越的) 잠정적(暫定的) 진리들이다.

내재적(內在的)인 진리(眞理)란 곧 중생(重生)과 죄(罪)와 의(義) 등에 대한 경험(經驗)이고 초월적(超越的)인 진리(眞理)란 삼위일체(三位一體) 하나님과 메시아와 구속사역(救贖事役)등을 말함이고 잠정적(暫定的)인 진리(眞理)란 교회(敎會)와 하나님의 은총(恩寵)의 수단(受難)과 성경(聖經)등이 해당(該當)된다.

"믿음은 바라는 것들의 실상(實狀, Substance)이요, 보지 못 한 것 들의 증거(證據, Evidence)니(히 11:1)."

19세기의 후반(後半)에서 20세기로 넘어서면서부터 칼빈주의를 중심으로 한 개혁파신학(改革派神學)에 절대적(絶對的)인 공헌(貢獻)을 한 인물(人物)로는 아브라함 카이퍼(Abraham Kuyper: 1837-1920)와 헬만 바빙크 (Herman Bavink: 1854-1921)를 대표적(代表的)으로 들 수 있다.

❶ 카이퍼의 사상(思想)

카이퍼는 신문사(新聞社)의 편집기사(編輯記者)로부터 시작하여 하원의원(下院議員)에 당선(當選)되어 정치가(政治家)로서도 활약(活躍)을 했고 국무총리(國務總理)까지 역임(歷任)한 당대(當代)의 거물(巨物)로 통한 사람이었다.

특히 그는 네덜란드의 수도(首都)인 암스텔담(Amsterdam)에 자유대학교(自由大學校, Freedom University)를 세워서 수많은 인재(人才)들을 길러냈다.

그의 신학사상(神學思想)이나 신학(神學)에 대한 조예(造詣)는 유난히 특출(特出)하여 많은 저서(著書)와 작품(作品)들을 남겼는데 그 중에서도 특히 하나님의 주권(主權)을 중심(中心)으로 한 일반은총(一般恩寵)의 교리(敎理)를 확립(確立)하는데 기여(寄與)한 공로(功勞)도 결코 적지 않다.

이러한 그의 사상(思想)을 영역주권설(領域主權說)이라고도 불렀다.

그는 본래(本來)는 자유주의자(自由主義者)였으나 시골에서 목회(牧會)를 하는 동안 오히려 시골교회 성도(聖徒)들의 순진(純眞)함과 진실(眞實)함에 크게 감명(感銘)되어 양심(良心)에 자책(自責)을 느낀 나머지 복음주의자(福音主義者)로 전환(轉換)하게 되었다.

특별(特別)히 그는 폴란드(Poland)의 개혁자(改革者) 라스코(J. A. Lasco)를 통해서 살아 계신 하나님을 체험(體驗)하는 깊은 신학자(神學者)요 또한 신앙인(信仰人)이 되었다.

그로부터 그는 합리주의(合理主義)에 등을 돌리고 성경주의자(聖經主義者)로 또는 철저(徹底)한 칼빈(Calvin) 주의자(主義者)로 변신(變身)을 하게 되었다.

우리가 그의 사상(思想)을 잘 이해(理解)하기 위해서는 그의 대표적(代表的)인 저작물(著作物)로 전해오는 "신학(神學)의 원리(原理)"(Principle of Sacred Theology)와 또한 "칼빈주의 강화(講話)"(Lectures of Calvinism)등을 탐구해야 한다.

카이퍼의 신학(神學)은 개혁자(改革者) 칼빈의 신학(神學)을 원래(元來)의 모형대로 수용(收用)한 것이 아니라 오히려 현대적(現代的)인 관점(觀點)에서 확대적용(擴大適用)한 것이라고 할 것이다.

그는 칼빈주의를 하나님의 주권교리(主權敎理)를 강조(强調)하는 신학적(神學的)인 체계(體系)로 보았다는 점이다.

하나님의 선택교리(選擇敎理)와 일반은총(一般恩寵)의 교리(敎理) 중생(重生)의 필요성(必要性)과 성경(聖經)의 필요성(必要性)을 강조(强調)하는 것이라고 하였다.

이러한 카이퍼의 사상(思想)은 그의 영역주권설(領域主權說)과 더불어 기독교(基督敎)를 내세중심(來世中心)이 아니라 현세중심(現世中心)으로 해석(解釋)한 것이라고 할 것이다.

그리하여 칼빈주의가 본래의 칼빈이 말한 내세중심적(來世中心的)인 기독교(基督敎)가 아니라 현세(現世)의 정치(政治), 경제(經濟), 교육(敎育), 과학(科學), 예술(藝術)등의 관점(觀點)으로 초점(焦點)이 변(變)하게 된 것이다.

이런 경향(傾向)을 일면(一面)으로 볼 때에는 기독교(基督敎)의 사회적(社會的)인 책임(責任)과 세속적(世俗的)인 역할(役割)을 강화(强化)하여 불신사회(不信社會)에 매력(魅力)을 주기는 하지만 그러한 뜻으로 볼 때 기독교(基督敎)의 중요(重要)한 중심진리(中心眞理)를 흐리게 하는 문제점(問題點)을 가지고 있었다.

칼빈의 근본사상(根本思想)은 교회(敎會)가 영적(靈的)인 단체(團體)로서 하나님의 말씀과 성령(聖靈)으로 통치(統治)를 받는 곳인데 카이퍼의 신학(神學)에 의하면 현세적(現世的)이고 물질적(物質的)인 세계(世界)속에서 하나님의 나라와 그의 영광(榮光)을 구하는 식이 되고 마는 것이다.

카이퍼의 신학(神學)은 정통기독교(正統基督敎)가 지나치게 내세위주(來世爲主)가 되었고 현실사회(現實社會)속에서 아무 역할(役割)도 못하는 고립(孤立)된 단체(團體)가 되는 경향(傾向)이 많았기 때문에 그것을 고치고 이 세상에서 승리(勝利)하는 기독교(基督敎)를 건설(建設)한다는 명분(名分)이 있으나 그에게 있어서 신학(神學)의 무게 중심이 잘 못 된 것은 사실이다.

❷ 바빙크의 사상(思想)

바빙크는 쯔잉글리를 연구(研究)하여 라이덴 대학(大學)을 졸업(卒業)하였고 목사(牧師)로 1년 간은 목회(牧會)를 하다가 캄펜신학교의 교수(教授)로 취임(就任)하였고 후에는 자유대학교(自由大學校)로 옮겼는데 세 번째 청빙(請聘)을 받고야 응(應)하였다.

그는 주로 강의(講義)와 저술활동(著述活動)으로 일관했는데 그는 화란(和蘭)을 신학적(神學的)으로 개혁(改革)하는데 대부(代父)처럼 되었으나 최근(最近)에는 과거(過去)처럼 크게 환영(歡迎)을 받지는 못히고 있다.

바빙크의 저서(著書)는 각주(脚註)가 별로 없고 오직 성경을 인용(引用)한 것만이 눈에 띈다. 이것은 그만큼 그가 성경적인 신학(神學)을 하고 있다는 말도 된다.

이 점에서는 카이퍼보다도 바빙크가 더 칼빈적이라는 평가(評價)를 내릴 수 있다.

그는 하나님에 대한 경외(敬畏)가 신학적(神學的)인 연구(研究)를 자극(刺戟)하고 성령(聖靈)의 영감(靈感)을 더 해주는 것이라고 주장(主張)하였다. 그는 신본주의자(神本主義者)가 되기를 원하였다.

그는 신학자(神學者)란 하나님으로 더불어 말하고 하나님을 통(通)하여 말하고 그 때문에 하나님에 대해서 말하는 사람이라고 생각하였다.

신학(神學)을 강의(講義)하는 일이란 그에게 있어서 참으로 경건(敬虔)하고 거룩한 일이었다.

신학(神學)을 한다는 것은 하나님의 집에서 일하는 제사장적(祭司長的)인 사역(事役)이었다.

신학(神學)을 강의(講義)하는 일은 하나님께 예배(禮拜)를 드리는 것과 같았고 하나님의 이름을 위하여 지성(知性)과 마음을 바치는 것이어야 했다.

실로 바빙크는 언제나 신학강의(神學講義)를 할 때에는 설교(說教)를 하듯이 했다고 한다.

신앙(信仰)으로 하는 것이 아니면 그는 강의(講義)를 할 수 없노라고 말하였다고 한다. 그는 예리(銳利)한 비평(批評)의 능력(能力)과 박식(博識)한 인용(引用)을 하였으나 항상 성경(聖經)에 의해서 결론(結論)을 내렸다.

그는 언제나 개혁주의자(改革主義者)였고 성경주의자(聖經主義者)로 자처(自處)하였다.

그는 수많은 저작(著作)을 남겼고 미국(美國)에도 두 차례나 방문(訪問)하여 강의(講義)를 하였다.

바빙크는 카이퍼의 우주론적(宇宙論的)인 일반은총론(一般恩寵論)을 보강(補強)하여 말하기를 일반은총(一般恩寵)과 특별은총(特別恩寵)이 두 줄기로 각각 구약(舊約)에서 흘러나오다가 후에는 신약(新約)에 이르러서 서로 유기적(有機的)인 관계(關係)를 이루었고 마침내 예수 그리스도의 재림(再臨)때에 이르러서 서로 하나가 된다고 주장(主張)하였다.

바빙크는 하나님의 특별은총(特別恩寵)이 주로 이스라엘에게 주어졌으나 후에 그리스도 안에서 이 제한(制限)이 사라졌다고 하였다.

이 같은 일반은총론(一般恩寵論)에 대한 사유(事由)는 실상 기독교 신학(基督敎神學)의 주요과업(主要課業)이 아닌데 바빙크가 그 시대(時代)의 이슈로 생각하고 논의(論議)한 것이다.

우리는 일반은총(一般恩寵)의 신학(神學)에 너무 조심성(操心性)을 두지 말고 주변적(周邊的)인 주제(主題)로 연구해야 할 것이다.

바빙크는 신학(神學)의 원리(原理)가 성경(聖經)이라는 하나님의 계시(啓示)에서 출발(出發)하고 또 그것이 신학(神學)의 객관적(客觀的)인 원리(原理)가 되어야 한다고 생각하였다.

자유주의(自由主義)는 신학(神學)의 출발점(出發點)이 인간(人間)의 상황(狀況)과 이성(理性)이지만 칼빈주의는 성경(聖經)과 신조(信條)인 것이다.

그리고 신학(神學)의 내적원리(內的原理) 혹은 주관적원리(主觀的原理)는 인간(人間)의 사색(思索)이나 경험(經驗)이어서는 안 되고 계시(啓示)에 대한 의존적(依存的)인 신앙(信仰) 혹은 성령(聖靈)으로 인도(引導)받는 신앙(信仰)이어야 하는 것이다.

물론 신학(神學)을 함에 있어서 인간(人間)의 이성(理性, Reason)이 전혀 작용(作用)을 안 하는 것은 아니지만 그것은 어디까지나 부가적(附加的) 즉 종속적(從屬的)인 것이고 중요한 것은 하나님의 계시(啓示)를 의존(依存)하며 성령(聖靈)의 인도(引導)를 받는 신앙인(信仰人)이 되어야 한다는 것이다.

이와 같이 바빙크의 신학(神學)은 그 시대(時代)에 풍미하였던 자유주의(自由主義)에 속한 사람들의 신학(神學)과는 다르게 성경(聖經)을 중심(中心)으로 한 신앙(信仰)이었다.

그가 철저(徹底)하게 칼빈주의자가 된 것은 이렇게 성경을 중심(中心)으로한 신학(神學)을 하였기 때문이다. 그러나 카이퍼와 마찬가지로 그도 역시 기독교신학(基督敎神學)의 본질적(本質的)인 과제(課題)가 무엇이냐 하는 문제에 있어서 칼빈을 능가(凌駕)하지는 못하였다.

칼빈에 의하면 기독교(基督敎)의 본질(本質)은 복음신앙(福音信仰)을 통하여 그리스도를 믿고 하나님 아버지의 자녀(子女)가 되는 구원(救援)에 대한 문제(問題)와 그리스도의 모든 유익(有益)을 얻어서 그것을 실제(實際)로 누리고 있는데 이 점이 중심적(中心的)인 이슈로 부각(浮刻)되지 못하고 신학(神學)의 원리(原理)와 방법(方法)과 계시론(啓示論) 및 일반은총론(一般恩寵論)과의 논쟁(論爭) 등에 휘말린 것은 아쉬운 일면(一面)이라고 할 것이다.

4) 조정주의(調整主義)의 사상(思想)

19세기에 있어서 엘랑겐 학파(學派)가 루터파에 속한 것이었다면 멜랑톤파에 속하는 실증주의적(實證主義的)인 조정신학(調整神學)이 있다.

이것은 이성(理性, Reason)과 계시(啓示, Revelation)를 서로 조화(調和)시키고 철학(哲學, Philosophy)과 신학(神學, Theology)을 서로 조정(調整)하려는 특색(特色)을 보였으며 교회(敎會)끼리 얽혀있는 것을 통합(統合)을 주장하였다.

조정신학(朝廷神學)은 조직신학(組織神學)에서 크게 두드러진 활약(活躍)을 보였고 그 학문적(學問的)인 토대(土臺)는 슐라이어막허와 헤겔 그리고 쉘링 등이었다.

조정주의(調整主義)에 속하는 신학자(神學者)들 가운데 가장 저명(著名)한 사람으로는 도르너(L. A. Dorner:1809-1884)와 니체(K. I. Nitzsch: 1787-1868)였다.

그러나 니체는 사람의 원죄(原罪)와 그리스도의 음부강하(陰府降下), 그리스도의 부활(復活), 그리스도의 승천(昇天), 성도(聖徒)들의 영생(永生) 그리고 영원(永遠)한 심판(審判)의 교리(敎理)들을 다루지 않았으며 합리적(合理的)인 새 신조(信條)를 만들어서 이를 지키도록 했다.

도르너는 철학(哲學)과 신학(神學), 신앙(信仰)과 지식(知識)의 종합(綜合)을 추구(追求)하였는데 그의 저서(著書) "기독교(基督敎) 신앙(信仰)의 체계(體系)"(The System of the Christian Faith, 1879)에서 종교적(宗敎的)인 확신(確信)은 관념적(觀念的)인 것과 역사적(歷史的)인 것이 연합(聯合)되어야 가능(可能)하다고 주장(主張)하였다.

윤리적(倫理的)인 것은 실제적(實際的)인 것과 서로 연합(聯合)이 되어야 진리(眞理)가 되듯이 신학(神學)도 그래야 한다고 하였다. 도르너는 주로 기독론(基督論)을 가지고 자기의 논리(論理)를 펼쳐 나갔는데 그는 예수 안에서의 신(神)과 인간(人間)의 연합(聯合)을 세계질서(世界秩序)

의 궁극적(窮極的)인 목표로 생각하고 있다.

예수 그리스도의 성육신(成肉身)은 죄(罪)의 사실과는 관계없이 하나님에 의해서 계획(計劃)된 것이라고 그는 주장(主張)하였다.

그에게 있어서 로고스는 단지 신적(神的)인 원리(原理)를 의미(意味)하는 것이었다.

그는 그리스도 안에서 두 본성(本性)의 연합(聯合)이라는 것은 세상 생활을 통하여 점진적(漸進的)으로 이루어졌다고 하였다.

예수의 인성(人性)이 점차적(漸次的)으로 신성(神性)에 받아드려지면서 로고스는 점점 더 예수 안에 내주(內住) 하게 되었고 신적(神的)인 것과 인간적(人間的)인 것과의 연합과정(聯合過程)은 예수의 지상(地上)에서의 삶이 끝날 때까지는 완전(完全)히 성취(成就)되지 않았다는 것이다.

그는 하나님과 인간이 유사(類似)하다는 것을 주장했고 하나님의 본성(本性)에는 자신(自身)을 인간(人間)에게 전달(傳達)하려는 충동(衝動)이었다고 하였다.

그래서 죄(罪)가 아니더라도 성육신(成肉身)은 필요(必要)하다고 한 것이다.

그리스도의 인성(人性)은 전혀 새로운 인성(人性)이었는데 이 인성(人性)안에서 인간(人間)의 신성(神性)에 대한 감수성(感受性)이 종점(終點)에 달하였다고 한다.

그것은 그리스도가 구속(救贖)받은 인류(人類)의 머리가 되기 때문에 필요(必要)하였다는 것이었다.

창조(創造)되기 이전의 계시(啓示)의 원리(原理)인 로고스(Logos)는 자신(自身)을 이 인성(人性)과 결합(結合)한 것이다. 이 과정(過程)은 일순간(一瞬間)에 된 것이 아니라 점진적(漸進的)으로 된 것이다. 이 점진성(漸進性)의 정도(程度)는 인성(人性)이 신성(神性)을 얼마나 잘 수용(收用)하느냐 하는 상승도(上昇度)에 달려 있었고 그리스도가 부활(復活)하기까지 이것은 온전(穩全)히 이루어지지 못하였다는 것이다.

이러한 도르너의 주장은 결국 그리스도의 성육신(成肉身)을 인간적(人間的)인 출생(出生)으로 보고 이 인간(人間) 예수가 잉태(孕胎)와 출생(出生)에서 점진적(漸進的)으로 신인(神人)이 되었다는 가설(假說)을 내세운 것이다.

이것은 네스토리우스 적인 이단설(異端說)이며 두 인격(人格)의 결합(結合)으로 구성(構成)된 그리스도를 주장(主張)함은 비성경적(非聖經的)인 기독론(基督論)이다.

또한 오시안더(Osiander)의 성육신론(成肉身論)과는 흡사(恰似)한 잘 못 된 학설(學說)인 것이다.

조정주의(調整主義)를 지향(指向)하는 신학자(神學者)들 가운데 로테(R. Rothe: 1799-1866)라는 사람도 중요(重要)한 인물이다.

그도 역시 기독교(基督敎)의 신학(神學)과 철학(哲學)을 조정(調整)하려는 노력(勞力)에 헌신(獻身)한 사색적(思索的)인 학자(學者)의 한 사람이었다. 그는 헤겔의 원리(原理)를 쉘링의 신학적(神學的)인 철학(哲學)과 슐라이어막허의 신학적(神學的)인 개념(概念)들과 결합(結合)하였다.

그는 인간(人間)을 소우주(小宇宙)로 보았으며 철학적(哲學的)인 사색(思索)온 자아(自我)에 대한 의식(意識)에서 사고(思考)하는 자아(自我)의 행위(行爲)로부터 출발(出發)을 해야 하며 이와 반대(反對)로 신학적(神學的)인 사색(思索)은 하나님에 대한 의식(意識)에서 출발(出發)을 하는 것이라고 하였다.

로테는 삼위일체(三位一體) 하나님에 대한 교리(敎理)를 반대(反對)하였으며 신적(神的)인 존재(存在)의 세 가지 형태(形態)를 강력(强力)히 주장하였다.

그는 물질(物質)이 신적(神的)인 영(靈)의 기관(氣管)으로 이루어 나가는 것을 계속적(繼續的)인 창조(創造)라고 생각하였다.

그는 역사(歷史) 안에서 하나님이 성육(成肉)하여 나가신다는 헤겔의 관념(觀念)을 신학화(神學化)하였다.

기독교(基督敎)에 대한 그의 이해(理解)는 하나님이 이 세상의 역사(歷史) 안에 자기를 현현(顯現)하여 나가신다는 초자연(超自然)과 자연(自然)의 연합(聯合) 속에서 발견(發見)하려고 하였다.

그는 예수 그리스도를 하나님의 기적적(奇蹟的)인 행위(行爲)로 이 세상(世上)에 오신 분이라고 하였다.

그러나 그리스도는 처음부터 신적(神的)인 존재(存在)는 아니었다.

성육(成肉)은 하나님이 인간(人間)이 되시고 인간(人間)이 하나님이 되는 한 계속적(繼續的)인 과정(過程)이라고 하였으며 그는 이 세상(世上) 나라가 곧 하늘나라가 되는 것이라고 하였다.

기독교 문명(基督敎文明)은 자연(自然)과 정신(精神)의 통일(統一)에 지나지 않는 것이었다.

교회(敎會)는 단지 일시적(一時的)인 역할(役割)만을 하는 것이고 새로운 질서(秩序)를 가져오는 수단(手段)에 불과한 것이었다.

그는 죄(罪)도 인간의 발전(發展)에 필수적(必須的)으로 요구(要求)되는 한 과정(過程)이라고 생각하였다.

이와 같이 조정신학(調整神學)은 자유주의신학(自由主義 神學)의 타협적원리(妥協的 原理)를 가진 채 시도(試圖)되어 결국은 성경(聖經)에서 떠난 신학(神學)이 되고 말았다.

물론 그 가운데는 더러 온건(穩健)한 신학자(神學者)도 있었으나 대다수(大多數)는 합리적(合理的)인 신학(神學)으로 빠지고 말았다.

✐ 다시 생각해 볼 복습 문제

01. 19세기의 신학을 총괄적으로 간단히 말하라

02. 슐라이어마허의 교리사상을 간단히 말하라

03. 슐라이어막허의 종교관에 대해서 간단히 말하라

04. 슐라이어막허의 세계관에 대해서 간단히 말하라

05. 슐라이어막허의 신학사상을 간단히 평하라

06. 헤겔파의 신학사상을 간단히 말해보라

07. 비델말과 벨하우젠의 교리사상을 간단히 말해보라

08. 스트라우스에 대해서 간단히 말하라

09. 보수파와 조정파의 교리사상을 간단히 말하라

10. 카이퍼의 교리사상을 간단히 말하라

11. 바빙크의 교리상을 간단히 말하라

12. 조정주의 신학을 간단히 설명하라

19세기를 지나 20세기로 접어들면서 사실상 헤겔 주의적(主義的)인 관념론(觀念論) 같은 것은 누구에 의해서가 아니라 자연히 급격한 사양(斜陽)길로 쇠잔(衰殘)해갔다.

그 때에는 기독교에 대한 이해를 지성적(知性的)인 시대의 정신(精神)으로 보는 경향이 있었는가 하면 또 한 편으로는 기독교를 창조적(創造的)인 관계성(關係性) 속에서 이해하려는 경향이 뚜렷했었다.

실은 19세기의 말엽(末葉)에 접어들면서 사변적관념론(思辨的 觀念論, Speculative Idealism)에 대한 거센 반발(反撥)과 칸트의 비판적관념론(批判的 觀念論, Critical Idealism)이 힘을 얻고 새로운 부흥(復興)의 꽃을 피우게 되었다.

또한 그 시대는 성경 본문과 교리사(敎理史)를 연구하여 역사적(歷史的)인 비평적방법(批評的 方法)들을 적용(適用)하는 것이 성행(盛行)하는 시기이기도 했다.

그러므로 그 당시 지성(知性)의 지배적(支配的)인 흐름은 형이상학적불가지론(形而上學的 不可知論, Metaphysical Agnosticism)과 역사적 실증주의(歷史的 實證主義, Historical Positivism) 중의 하나였다고 해야 할 것이다.

칸트의 비판적인식론(批判的 認識論, Critical Epistemology)에 의하면 사람들이 말하는 지식(知識)이란 현상(現象, Phenomena)에 대한 경험(經驗)으로 제한(制限)된다는 사실을 증명(證明)하였다.

칸트에 있어서 하나님에 이르는 유일(唯一)한 통로(通路) 곧 우리의 유한성(有限性)을 벗어나는 유일(唯一)한 길은 실천이성(實踐理性)을 통한 방법이 있을 뿐이라는 것이었다.

헤겔주의의 종말(終末)과 함께 독일의 신 칸트주의에 속한 학파(學派)는 칸트의 이 입장(立

場)으로 복귀(復歸)하려는 것이었다. 철학적사변(哲學的思辨)의 거부(拒否)는 경험적(經驗的)이며 역사적(歷史的)인 것에로의 집중(集中)과도 병행(竝行)되었다.

심지어 인간들의 도덕적(道德的)인 가치판단(價値判斷)까지도 허공(虛空)속에서 나타나는 것이 아니고 우리가 역사적(歷史的)인 전통(傳統)과 경험(經驗)에 참여함으로써 우리에게 매개(媒介)되는 것이라고 보았다.

슐라이어막허는 기독교적(基督敎的)인 경험(經驗)이 오직 역사(歷史)속에 주어진 특수(特殊)하고 객관적(客觀的)인 사건들의 존재(存在)를 통해서 충당(充當)된다는 것을 파악(把握)하지 못했다. 그러므로 새로운 요구(要求)는 "칸트에로의 귀환(歸還)"과 더불어 "역사적(歷史的)인 자료(資料)들로의 복귀(復歸)"로 낙착(落着)되었다.

이 요구(要求)에 대한 신학석(神學的)인 반응(反應)이 리츌학파(學派)라고 할 것이다.

그 학파(學派)의 영향(影向)은 1887년부터 1914년 세계 제일차대전(世界第一次大戰)이 일어날 때까지 독일(獨逸)을 중심으로 한 신학사상(神學思想)을 지배(支配)하게 되었고 그리고 19세기의 말엽(末葉)부터 1930년대 후반(後半)까지의 사이에 미국(美國)으로 옮겨가서 미국(美國)의 개신교사상(改新敎思想)을 지배하기에 이르렀다.

리츌 학파(學派)의 이름은 알브레흐트 리츌의 이름을 따서 나온 말인데 그는 많은 저서(著書)들을 통하여 그의 사상(思想)을 나타냄으로써 그를 추종(追從)하는 사람들을 중심으로 그의 사상(思想)을 집단적(集團的)으로 체계화(體系化)시켜 나가게 되었다.

리츌 학파(學派)의 공통(共通)된 개념(槪念)을 알프레드 가비(Alfred Garvie)가 연구분석(硏究分析)한 대로 정리(整理)를 해보면 다음과 같이 요약(要約)할 수 있다.

즉 신학(神學)에서 형이상학(形而上學)을 배제(排除)하고 사변적(思辨的)인 유신론(有神論)을 거부(拒否)했으며 교회의 교리(敎理)를 신학(神學)과 형이상학(形而上學)의 불합리(不合理)한 혼합(混合)으로 여겨서 정죄(定罪)했다.

그리고 종교적(宗敎的)인 신비주의(神秘主義)를 형이상학적(形而上學的)인 경건(敬虔)의 입장에서 반대(反對)했다. 그는 종교(宗敎)의 실천적(實踐的)인 관념(觀念)을 중요시(重要視)했고 종교적(宗敎的)인 지식(知識)과 이론적(理論的)인 지식(知識)을 구분했으며 자연계시(自然啓示)의 반대(反

對)로서 그리스도 안에 있는 하나님의 역사적(歷史的)인 계시(啓示)를 강조(强調)했다.

기독교교의학(基督敎敎義學)의 합법적(合法的)인 원리(原理)로서 천국(天國)이라는 개념(槪念)을 사용(使用)했고 신학적(神學的)인 탐구(探究)를 종교의식(宗敎意識)의 내용(內容)으로 제한(制限)하는 경향(傾向)이 있었다.

형이상학(形而上學)에 관한 회의(懷疑) 교회(敎會)의 교리(敎理)와 자연신학(自然神學)의 거부(拒否) 역사적(歷史的)인 그리스도와 그의 도덕적(道德的)인 가르침에 대한 집중(集中) 그리고 영적(靈的)으로 자유(自由)로운 사람들의 친교(親交)로서의 천국(天國)에 대한 개념(槪念)의 강조(强調)로 인해서 많은 사람들은 리츨 사상(思想)을 개신교 자유주의신학(改新敎自由主義神學)의 완전(完全)한 표상(表象)으로 간주(看做)하게 되었다.

리츨 학파(學派) 안에는 많은 박식(博識)한 신학자(神學者)들이나 역사학자(歷史學者)들이 속해 있는데 그들의 사상(思想)은 일반적(一般的)으로 생각하고 있는 것보다 훨씬 더 복잡(複雜)하고 혼란(混亂)스러운 것들이었다.

우리는 여기에서 리츨 학파(學派)의 자유주의(自由主義)에 관한 논의(論議)를 세 사람의 인물 곧 리츨(Ritschl)과 하르낙(Harnack)과 라우센부쉬(Rausenbush)의 사상(思想)을 대표(代表)로 하여 현대판(現代版) 자유주의신학사상(自由主義神學思想)에 대한 연구(硏究)의 대상으로 하고 살펴보려는 것이다.

1 ≡ 알브레흐트 리츨(Albrecht Ritschl)

슐라이어막허(Shliermacher) 신학(神學)의 대부(代父)로 통하는 알브레흐트 리츨(Albrecht Ritschl: 1822-1889)은 독일(獨逸)의 베르린에서 유명(有名)한 루터교회를 맡아서 목회(牧會)에 종사했던 목사(牧師)의 아들로 태어났다.

그의 아버지는 그가 5살이 되었을 때에 포메라니아(Pomerania) 루터 교회(敎會)의 대감독(大監督)이 되었다.

리츨은 1839년 대학(大學)에 입학(入學)하여 신학(神學)을 공부(工夫)하기 시작했다.

그는 계속해서 본 대학(大學) 할레 대학(大學) 하이델벍 대학(大學)에서 강의(講義)를 받았고 그 당시에 유행(流行)하던 매개신학 (媒介神學, Intermediation Theology)에 대해서 별로 흥미(興味)를 느끼지 못했다.

그가 튀빙겐 대학(大學)에 있을 때에는 바우어(F. C. Bour) 교수(敎授)의 강의(講義)에 매료(魅了)되었다. 리츨은 초대교회(初代敎會)는 원시적(原始的)인 유대교와 이방기독교(異邦基督敎)의 종합(綜合)이라고 하는 바우어의 주장(主張)이나 헤겔주의에 대해서는 반대(反對)의 입장에 섰다.

이 시점에서 리츨은 특히 신약성경(New Testament)과 교리사(敎理史, History of Doctrine)와 그리고 특히 조직신학(組織神學, Systematic Theology)에 관한 독립적(獨立的)인 연구(硏究)를 하기 시작했다.

1846년 그는 본 대학(大學)에서 교수생활(敎授生活)을 하게 되었다.

그 후 1864년에는 괴팅겐 대학(大學)의 학장(學長)으로 초빙(招聘)되어 거기에서 신약학(新約學)을 강의(講義)했으나 그는 성경(聖經)을 강의(講義)하는 것보다 조직신학(組織神學)을 연구(硏究)하는데에 더 깊이 심취(深趣)하였다.

그 후부터 그는 오직 신학(神學)을 연구(硏究)하는데만 거의 일생(一生)을 바쳤다고 해도 과언(誇言)이 아닐 것이다.

그가 1870년부터 1874년까지의 사이에 써낸 3권(卷)으로 된 "기독교(基督敎)의 칭의론(稱義論)과 화해론(和解論)"(The Christian Doctrine of Justification and Reconciliation)은 그의 저서(著書)들 가운데서도 뛰어 난 걸작(傑作)으로 소개(紹介)되고 있다.

이 책(冊)의 출판(出版)은 1890년대에 독일(獨逸)의 신학계(神學界)를 지배(支配)한 리츨 사상(思想)의 광범위(廣範圍)한 영향력(影響力)의 출범(出帆)을 알리는 계기(契機)가 되었다.

리츨은 하나의 학파(學派)를 이루고자 선동(煽動)을 한 것은 아니었지만 정통주의자(正統主義者)들과 그리고 그의 견해(見解)에 반대(反對)하는 일련(一連)의 자유주의자(自由主義者)들로부터 공격(攻擊)을 받아야 했다.

이 자유주의자(自由主義者)들의 공격(攻擊)으로 인해서 그의 입장(立場)을 옹호(擁護)하는 헤르만과 하르낙 등의 신학자(神學者)들이 서로 힘을 합하는 결과(結果)를 낳게 했다.

그러나 리츨은 신학논쟁(神學論爭)을 기피(忌避)하지 않았고 강력(强力)하고 신랄(辛辣)한 논리

(論理)로 맞선 논객(論客)으로서의 힘을 과시(誇示)했다.

1874년 이후의 저서(著書)들은 그의 새로운 사상(思想)들의 감화(感化)를 받은 이론(理論)들에 대하여 논쟁(論爭)을 반영(反映)했다.

이 저서(著書)들 가운데 중요(重要)한 것들로는 신학(神學)과 형이상학(形而上學, Theology and Metaphysics, 1881)이 있고 그리고 3권(卷)으로 된 '경건주의(敬虔主義)의 역사(歷史'(History of Pietism, 1880-1886) 등이 있다.

이 경건주의(敬虔主義)의 역사(歷史)는 탁월(卓越)한 역사적(歷史的)인 가치(價値)를 지닌 책(冊)이기는 하지만 경건주의(敬虔主義)를 복음주의적(福音主義的)인 개신교(改新敎) 안에서 일어난 해로운 로마 카톨릭 경건주의(敬虔主義)의 부흥(復興)으로 보고 그것을 저지(沮止)하기 위해서 쓴 책(冊)이었다.

그러나 슐라이어막허와 발트 사이의 가장 영향력(影響力) 있는 교리신학자(敎理神學者)로서 리츨의 명성(名聲)은 이들 후기 저서(著書)에 의존(依存)하는 것이 아니라 기독교적(基督敎的)인 칭의론(稱義論)과 화해론(和解論)에 의존(依存)한다.

1) 리츨의 실천적(實踐的)인 종교관(宗敎觀)

리츨은 종교(宗敎)는 경건(敬虔)의 문제요 기독교(基督敎)의 신학(神學)은 그리스도교적 경험(經驗)의 문제(問題)라고 하는 슐라이어막허의 견해에 동조(同調)했다.

개신교(改新敎)의 자유주의신학자(自由主義神學者)에 속한 이 두 거물(巨物)은 종교적(宗敎的)인 경험(經驗)의 본질(本質)에 관해서는 서로의 의견(意見)을 달리했다.

슐라이어막허는 종교(宗敎)를 "절대의존(絶對依存)의 감정(感情)"이라고 정의(定義)했는데 이에 비하여 리츨은 이것이 두 가지의 면(面)에서 잘못된 것이라고 지적(指摘)했다.

무엇보다도 슐라이어막허는 이것이 기독교(基督敎)라는 공동체(共同體)에 의해서 전달(傳達)되는 것이기는 하지만 또한 개인(個人)의 '기독교적(基督敎的)인 의식(意識)'을 중요시(重要視)하는데 리츨의 입장에서 보면 이것은 위험(危險)할 정도(程度)로 주관주의(主觀主義)가 밀착(密着)

되어 있다는 것이었다.

　리츨은 평생(平生)을 역사가(歷史家)로서 신학연구(神學研究)에 임한 사람이었기 때문에 그에게 있어서 신학(神學)의 대상은 인간의 의식(意識)이 아니라 신약성경(新約聖經)에 주어진 것으로서 복음(福音)의 역사적(歷史的)인 실체(實體)였다.

　기독교(基督敎)의 교리(敎理)는 복음서(福音書)의 규범(規範) 즉 역사적(歷史的)인 예수 그리스도에 대한 언급(言及)으로만 형성(形成)되어야 한다는 것이다.

　리츨의 제자(弟子) 가운데 한 사람이 말한 것처럼 리츨주의자(主義者)는 자기 분석(分析)의 고통(苦痛)이 없다. 또 진리(眞理)가 기독교(基督敎)의 어디에 있는지를 자기 자신 및 다른 사람들에게 분명히 해 줄 수 있는 요인(要因)들을 확정(確定)하기 위해서 자신을 평가(評價)하지는 않는다.

　신학자(神學者)의 임무(任務)는 단순(單純)히 예수 그리스도의 인격(人格) 안에서 역사적(歷史的)으로 주어진 하나님의 자기계시(自己啓示)의 내용이 지닌 의미를 해설(解說)하는 것일 뿐이다.

　리츨에게 있어서 하나님은 직관적(直觀的)으로 알려지는 것이 아니고 형이상학적(形而上學的)으로 알려지는 것도 아니며 도덕적(道德的)인 필요(必要, Necessity)에 의해서 긍정적(肯定的)으로 가정(假定, Supposition)된다고 하였다.

　즉 인간(人間)이 영적(靈的)으로 세상(世上)을 이기고 승리(勝利)하기 위한 일종(一種)의 보증(保證)이라고 하였다.

　이것은 하나님이 마치 인간(人間)이 본성(本性)을 이기고 자유(自由)를 획득(獲得)한 것처럼 생각하도록 장려(奬勵)하기 위해서 도입(導入)된 허구(虛構)라는 의미가 아니다.

　신(神)은 인간(人間)을 무력감(無力感)에서 구원(救援)할 수 있고 또 구원(救援)하는 유일(唯一)한 실재(實在)요 능력(能力)으로서의 경험(經驗)이 된다.

　이러한 신(神)은 형이상학적(形而上學的)인 본질(本質) 속에서 추상적(抽象的)으로는 알 수가 없고 오직 실천적(實踐的)으로만 알 수 있다. 경험적(經驗的)인 신(神)일 것을 뜻하는 말로서 성경에서 말씀하고 있는 하나님에 대해서는 부정적(否定的)인 입장이라는 것을 알게 한다.

신(神)에 관한 지식(知識)은 오직 신(神)이 세상에서 이러한 입장이 그 제한성(制限性)을 상쇄(相殺)한다고 신자(信者)에게 보장(保障)하는 존재(存在)로 인식(認識)될 때에만 종교적(宗教的)인 지식(知識)으로 입증(立證)될 수 있다.

신앙(信仰)에 관한 이러한 가치판단(價値判斷)과는 별도(別途)로 이 세상에 합당(合當)한 신지식(神知識)은 존재(存在)하지 않는다.

리츨 신학(神學)의 중요한 요소(要素)가운데 하나는 가치판단(價値判斷)에 대한 이론(理論)이다.

리츨의 가치판단(價値判斷)에 관한 이론(理論)은 정신(精神)이 현상계(現象界)로부터의 감각(感覺)이나 인상(印象)들을 받아들이는 방법(方法)에 관한 칸트의 이론(理論)을 수정(修正)한 로체(Lotze)의 견해(見解)에 의존(依存)한다.

로체에 의하면 인간의 정신(精神)은 두 가지의 방법(方法)으로 현상(現象)의 인상(印象)들을 받아들인다. 한편으로 정신(精神)은 자연(自然)의 객관적(客觀的)인 체계(體系) 안에서의 인과관계(因果關係)에 입각(立脚)하여 감각(感覺)들을 판단(判斷)한다. 이것은 과학적(科學的) 또는 이론적(理論的)인 지식(知識)의 방법(方法)이다.

또 한 편으로 정신(精神)은 감각(感覺)들이 쾌락(快樂)의 감정(感情)과 고통(苦痛)의 감정(感情)에 민감(敏感)한 자에게 얼마나 가치(價値)가 있느냐를 기준(基準)으로 하여 감각(感覺)들을 받아들인다. 이것이 정신(精神)이 가치(價値)에 대해 소유(所有)하는 지식(知識)의 원천(源泉)이다.

만약 우리가 주관적(主觀的)인 가치판단(價値判斷)이란 가치(價値)의 객관적(客觀的)인 실체(實體)를 부정(否定)하는 것을 의미한다고 규정(規定)한다면 이러한 두 가지 양식(樣式)의 인식(認識)을 객관적(客觀的)인 인식(認識)과 주관적(主觀的)인 인식(認識)이라고 말하는 것은 잘못된 것이다.

리츨에 의하면 우리는 본래 신(神)을 알 수 없지만 단지 자연세계(自然世界)에 대한 우리의 승리(勝利)의 보증자(保證者)로서 자신(自身)을 우리에게 계시(啓示)하실 때에 우리에게 나타내시는 그 분의 영향력(影響力) 안에서 하나님을 알 수 있다.

우리는 그리스도의 사역(事役) 안에서 계시(啓示)되고 우리가 신앙(信仰)으로 말미암아 인정(認定)한 그 분의 가치(價値)속에서 하나님을 알 수 있다.

리츨이 말한 "믿음에 의해서"(by Faith)라고 하는 말은 모두 신지식(神知識)에 있어서 절대적(絕對的)인 조건(條件)이라는 말이다.

왜냐하면 신(神)은 단순히 역사적(歷史的)인 사실(事實)들 속에서는 계시(啓示)되지 않는다고 믿기 때문이다.

실제로 중립적(中立的)이고 공평(公平)한 역사적(歷史的)인 사실(事實)들은 존재(存在)하지 않는다.

사실(事實)들은 항상 해석(解釋)된 사실(事實)들이다. 예컨대 예수 그리스도의 십자가(十字架)에 대한 사건(事件)을 두고 과학적(科學的)인 묘사(描寫)는 우리에게 몇 가지의 중요한 사건(事件)들을 가르쳐줄 수는 있지만 그 사건(事件)의 종교적(宗敎的)인 가치(價値)를 판단(判斷)할 수는 없다.

그리고 가치판단(價値判斷)은 단순(單純)한 사실판단(事實判斷)보다 훨씬 더 중요(重要)하다.

그 까닭은 세상(世上)과 인간(人間)들을 향한 우리의 실존적(實存的)인 태도(態度)는 단순히 이러한 가치판단(價値判斷)에 의존(依存)하기 때문이다.

그러나 리츨은 기독교적(基督敎的)인 의식(意識)에 있어서 예수는 신적(神的)인 가치(價値)를 가지지만 과학적(科學的)인 의식(意識)에 있어서는 단지 인간적(人間的)인 가치(價値)만을 갖는다고 말하는 것은 확실(確實)히 잘못된 견해(見解)라고 하는 말이 옳을 것이다.

과학적(科學的)인 의식(意識)의 자체(自體)는 예수의 신성(神性)에 대해서 말할 수 없을 뿐만 아니라 예수의 가치(價値)에 대해서도 긍정(肯定)이나 부정(否定)으로 단정(端正)지을 수가 없다.

이러한 가치판단(價値判斷)을 시도(試圖)하는 것은 과학영역(科學領域)의 한계(限界)를 벗어나는 것이다.

그러므로 과학(科學)은 스스로의 한계(限界)를 넘어서지 않는 한 예수 그리스도에 대해서 어느 것도 논(論)할 수 없는 것이다.

과학자(科學者)들이 과학적(科學的)인 방법(方法)을 동원하여 감히 신(神)에 대해서 논의(論議)

를 한다는 것은 그 발상(發祥) 자체가 어리석은 일이고 하나님께 대하여 범죄행위(犯罪行爲)라는 것을 알아야 한다.

리츨은 종종 "역사(歷史)의 예수와 신앙(信仰)의 예수"를 구분(區分)해서 말하는 실증주의자(實證主義者)들의 주장(主張)에 동의(同議)하는 경우가 있으나 이는 매우 잘못된 것이다.

리츨은 초대교회의 경험(經驗)들과 또한 예수가 기독교(基督敎)라는 종교(宗敎)의 공동체(共同體)의 일원(一員)인 우리들에게 미친 영향(影響)들을 알지 못하고서는 역사적(歷史的)인 예수를 알 수 없다고 하였다.

그러면서도 리츨은 분명히 신앙(信仰)의 모험(冒險)을 회피(回避)하기 위하여 역사적(歷史的)인 예수에게로 되돌아가는 것에는 별 관심(關心)이 없었다.

리츨은 역사(歷史)와 신앙(信仰)의 해석학적(解釋學的)인 상호의존성(相互依存性)을 주목(注目)하였다.

그는 역사적(歷史的)인 예수 그리스도를 재구성(再構成)하는데 있어서 가장 엄격(嚴格)한 역사적(歷史的)인 비판(批判)을 적용(適用)해야 한다고 했다.

그 이유는 이러한 역사적(歷史的)인 성실성(誠實性)만이 신학(神學)을 주관적(主觀的)인 환상(幻想) 및 역사적(歷史的)인 계시(啓示)에서 탈피(脫皮)하려는 사변적(思辨的)인 도피(逃避)로부터 구출(救出) 해 낼 수 있다고 믿었기 때문이다.

동시에 그는 예수 그리스도의 인격(人格)에 관한 객관적(客觀的)이고 중립적(中立的)인 전제(前提)라고 추정(推定)되는 것들에 입각(立脚)하여 원래(元來)의 예수로 되돌아가는 것이 불가능(不可能)함을 깨달았다.

예수 그리스도의 인격(人格)과 사역(事役)에 관한 그러한 판단(判斷)들은 모두 가치판단(價値判斷)일 뿐이다. 따라서 리츨은 "믿어지는 신앙(信仰)과 개인적(個人的)인 신앙(信仰)의 행위(行爲)"의 완전(完全)한 결합(結合)을 옹호(擁護)하려고 했다.

예수 그리스도의 역사적(歷史的)인 인격(人格)과 관련하여 초대교회의 증언(證言)에서부터 시작한다고 강조하는 리츨의 주장은 그가 태고(太古)의 전승(傳承)에 대해서 무비판적(無批判的)인 태도(態度)를 취했다는 것을 의미하지 않는다.

리츨은 복음서(福音書)에 묘사(描寫)된 예수 그리스도의 모습(貌習)을 그대로 수용(收用)하지 않았고 그리스도 흔적(痕迹)이나 전승(傳承)의 다양(多樣)한 충돌(衝突)에 관한 역사적(歷史的)인 판단(判斷)을 해야 할 필연성(必然性)을 인식(認識)하였다.

그는 모든 복음서(福音書)나 전승(傳承)들의 판단기준(判斷基準)은 오직 그리스도의 생애(生涯)에 의해서 표출(表出)된 역사적(歷史的)인 모습에 두어야 한다고 주장했다.

리츨은 "예수에게로 돌아가자"는 운동(運動)의 오류(誤謬)는 규범적(規範的)인 예수 그리스도를 역사적(歷史的)인 사실(事實)들에서만 찾으려 하는 데에 있다고 말하면서도 그 자신은 "예수의 생애(生涯)에 의해서 표출(表出)된 역사적(歷史的)인 모습(貌習)"을 기준(基準)으로 하고 예수 그리스도에 관한 전승(傳承)들 중 어떤 것이 신앙(信仰)의 규범(規範)으로 해야 할 것인지를 판단하려고 했다.

이렇게 볼 때에 리츨이라고 하는 사람은 위대(偉大)한 신학자(神學者)는 될지라도 성경적(聖經的)인 신앙인(信仰人)으로서의 모습은 전혀 찾아볼 수가 없다는 것이 아쉽다.

3) 리츨이 생각하는 그리스도의 인격과 사역

신앙(信仰)과 역사(歷史)의 관계(關係)에 관한 리츨의 진술(陳述)에는 몇 가지 난점(難點)이 있지만 그가 역사적(歷史的) 그리스도에서부터 시작(始作)하기를 원한 것은 확실(確實)하다.

그는 자료(資料)들의 배후(背後)에 있는 예수라는 인물(人物)에 대한 이야기로 돌아가는 이론(理論)의 가능성(可能性)을 거부(拒否)했다.

한편 정통적(正統的)인 기독론(基督論)의 공식(公式)들은 그리스도의 역사적(歷史的)인 인격(人格)에는 무관(無關)하고 경험(經驗)에 기반(基盤)을 두지 않는 추상화(抽象化)의 경험(經驗)이 있기 때문에 그는 그것들의 타당성(妥當性)을 부정(否定)하였다.

리츨에게 있어서 그리스도의 인격(人格)을 아는 것은 그의 사역(事役)을 아는 것이고 또 루터가 말한 것처럼 그의 은혜(恩惠)를 아는 것이다.

우선 니케아 신조(信條)나 칼세돈 신경(信經)등에 나타난 그리스도에 대한 추상적(抽象的)인 정의(定義)에서부터 시작하는 것은 공평(公平)하고 과학적(科學的)인 판단(判斷)과 신앙적(信仰的)

인 판단(判斷)을 혼돈(混沌)하는 것이다.

리츨은 역사적(歷史的)인 계시(啓示)에 관한 것 자체(自體)를 검토(檢討)하기 전에 하나님과 그리스도에 관한 선험적(先驗的)인 관념(觀念)들로부터 검토(檢討)하는 것은 그릇된 신학적(神學的)인 인식(認識)의 방법(方法)이라고 주장(主張)했다.

그는 그리스도의 인격(人格)에 대한 루터의 접근법(接近法)을 유일(唯一)하게 타당(妥當)한 방법(方法)으로 보았다.

그리스도 안에 있는 신성(神性)의 속성(屬性)은 그의 봉사(奉仕), 그가 베푸는 유익(有益), 그가 성취(成就)한 구원(救援)의 사역(事役)에서 발견(發見)되어야 한다.

이런 이유로 리츨은 어떤 형태(形態)의 성서주의(聖書主義)에서처럼 그리스도의 신성(神性)에 관한 교리(教理)를 오로지 그리스도의 말씀이나 행위(行爲)에서만 추론(推論)하려 하는 것은 아주 잘못된 것이라고 주장(主張)한다

여기서 리츨의 견해(見解)는 폴 틸리히의 견해(見解)와 매우 유사(類似)하다.

두 사람은 모두 계시(啓示)의 수용영역(收用領域)을 크게 강조(強調)한다. 이 두 신학자(神學者)들에게 있어서 "기독교(基督敎)는 예수의 탄생(誕生)으로부터 시작(始作)되는 것이 아니고 '주는 그리스도'라고 하는 베드로의 신앙고백(信仰告白)과 함께 시작(始作)된다"고 주장(主張)했다.

그러나 리츨은 그리스도의 신성(神性)에 대한 평가(評價)는 신앙공동체(信仰共同體) 안에서 이루어지는 것이지만 이런 평가(評價)는 언제나 그의 적극적(積極的)인 생애(生涯)가운데서 할 수 있는 한 정확(正確)하게 증명(證明)된 역사적(歷史的)인 사실(事實)과 또한 증명(證明)된 특성(特性)들을 기초(基礎)로 한다고 주장하였다.

우리가 신약성경에서 보는 예수 그리스도의 모습은 천국(天國)을 실현(實現)시킬 신적목적(神的目的)으로 주어진 윤리적소명(倫理的 召命)의 완전(完全)한 실제(實際)이다.

리츨의 견해(見解)에 의하면 보편적(普遍的)이고 윤리적(倫理的)인 천국(天國)이 하나님의 지고(至高)한 목적(目的)이다.

이 사상(思想)은 그리스도 안에서 먼저 역사적(歷史的)으로 구현(具現)된다.

이것이 기독교(基督敎)의 공동체(共同體)가 그의 독특(獨特)한 소명(召命)을 통해서 그리스도에 대한 윤리적(倫理的)이고 종교적(宗敎的)인 평가(評價)에 동참(同參)하는 방법이다.

리츌은 그리스도의 사역(事役)을 묘사(描寫)하는데 있어서 직분(職分)이라는 전통적(傳統的)인 용어(用語)보다는 개인적(個人的)인 소명(召命)이라는 용어(用語)를 즐겨 사용한다.

그 이유는 후자(後者)는 그리스도의 활동(活動)의 인격적(人格的)이고 의지적(意志的)인 특성(特性)을 더 중요시(重要視)하고 그리스도의 인간(人間)과의 관련성(關聯性)을 강조(强調)하기 때문이다.

리츌은 또한 그리스도를 완전(完全)히 계시(啓示)된 하나님으로 보는 종교적(宗敎的)인 평가(評價)는 오직 완전(完全)히 실현(實現)된 인간(人間)으로서의 그리스도의 자기실현(自己實現)에 대한 윤리적(倫理的)인 평가(評價)의 뒤를 따를 수 있고 그렇기 때문에 거기에 의존(依存)한다고 주장함으로 전통적(傳統的)인 과정(過程)을 역전(逆轉)시켰다.

리츌에 따르면 타인(他人)을 위한 그리스도의 사역(事役)은 필연적(必然的)으로 그리스도 자신(自身)의 목적성취(目的成就)에 관계(關係) 된다.

그리스도의 사역(事役)은 어떤 것인가?

리츌의 견해(見解)에 의하면 그것은 죄(罪)의 사(赦)함을 받은 인간(人間)과 하나님의 교제(交際)의 회복(回復)이요 그리고 화해(和解)의 인간공동체(人間共同體)의 설립(設立) 등을 통한 신(神)의 구속(救贖)의 도구(道具)로서의 그리스도의 역할(役割)이다.

그리스도의 사역의 본질(本質)을 설명(說明)하면서 리츌은 특별(特別)히 대속(代贖)에 대해서 순수(純粹)하게 객관적(客觀的)인 개념(概念)을 부정(否定)하는데 관심(關心)을 두었다.

리츌에게 있어서 그리스도의 구속사역(救贖事役)의 속죄론(贖罪論)에 필요한 윤리적 조건은 그리스도는 먼저 타인을 위한 제사장이 되기 이전에 자기 자신을 위한 대제사장이 되어야 한다는 것이다.

즉 희생제물(犧牲祭物)로서의 그리스도의 죽음의 가치(價値)를 결정(決定)하는 것은 단순(單純)한 죽음의 운명(殞命)이 아니다.

그의 죽으심이 타인(他人)을 위한 의미(意味)를 가지는 것은 자신(自身)의 대적(對敵)들이 자신에게 부과(賦課)한 죽음을 하나님의 섭리(攝理)요 자신의 소명(召命)에 충실(充實)한 증거(證據)로서 기꺼이 수용(收用)하였기 때문이다.

그리스도께서 자신의 윤리적(倫理的)인 소명(召命)을 성취(成就)하신 일은 타인(他人)을 위한 그의 사역에 대한 종교적(宗敎的)인 평가(評價)로 이어진다.

타인(他人)을 위한 그리스도의 사역은 이중적(二重的)이다.

즉 자신의 공동체(共同體)에 대한 전체(全體)에 도덕적(道德的)인 영향력(影響力)을 줌으로써 이루이지는 칭의(稱義)와 화해(和解)로 구성(構成) 된다.

그리스도의 사역의 첫 번째 양상(樣相)은 죄로 말미암아 하나님과 소원(疎遠)해졌던 사람들의 칭의(稱義)로서 하나님의 용서(容恕)와 관련된다.

그리스도의 사역(事役)에 관한 리츌의 견해(見解)를 도덕적(道德的)인 영향력(影響力)의 한 형태(形態)라고 말하는 것은 옳지만 리츌의 이론(理論)이 순수(純粹)하게 주관적(主觀的)이라고 추론(推論)하는 것은 확실(確實)히 잘못된 것이다.

리츌은 그리스도는 인간(人間)들의 지배(支配)하는 하나님의 윤리적(倫理的)인 주권(主權)을 맡은 최초(最初)의 재임자(在任者)요 그렇기 때문에 유일(唯一)한 재임자(在任者)이며 그 이유 때문에 하나님의 의(義)는 그리스도를 통해서만 전달(傳達)된다는 사실(事實)을 강조(强調)한다.

하나님의 은혜(恩惠)는 오직 그리스도 안에서만 완전(完全)히 나타나는데 우리 안에 하나님에 대한 변화(變化)된 관계(關係)를 이룩할 수 있는 길을 열어 놓음으로써 하나님 앞에서 우리 자신(自身)의 주의(主義)를 객관적(客觀的)으로 변화(變化)시킬 수 있는 방법(方法)으로 나타난다.

그리스도의 사역(事役)에 관한 리츌의 교리(敎理)는 무조건주관적(無條件主觀的)인 것이라고 부정(否定)할 수는 없다. 그는 구원(救援)에 관한 개인주의적(個人主義的)인 개념(槪念)과 그가 카톨릭과 경건주의(敬虔主義)의 중심적(中心的)인 개념(槪念)이라고 간주(看做)한 교리(敎理)를 피(避)하려 했다.

리츌에게 있어서 구원(救援)은 신자(信者)들의 공동체(共同體)로 간주(看做)되는 교회(敎會)를 통해서 매개(媒介)되는 사회적(社會的)인 사실(事實)이다.

그것은 한 인간(人間)이 구원(救援)을 경험(經驗)한 후에 교회(敎會)에 합류(合流)하는 식(式)이 아니다. 오히려 개인(個人)이 자신(自身)의 죄(罪)를 의식(意識)하게 되고 심적용서(心的容恕)의 약속(約束)을 듣고 하나님의 은혜(恩惠) 안에서 자라갈 수 있으며 화해(和解)의 수용자(收用者)가 됨과 동시에 행위자(行爲者)가 되는 것은 신자(信者)들과의 친교(親交) 안에서 그 친교(親交)를 통해서다.

리츨의 하나님의 나라에 대한 강조(强調)는 오랫동안 무시(無視)되어 왔던 진정(眞情)한 성경적(聖經的)인 주제(主題)를 환기시켰다.

하나님의 나라에 대한 리츨의 견해에는 19세기 후반에 이르러 도덕적(道德的)인 낙관주의(樂觀主義)의 요소(要素)가 강력(强力)하게 포함(包含)되어 있다는 사실이 지금은 일반적으로 인정(認定)되지만 리츨은 자주 단순(單純)한 유토피아적 진보주의(進步主義)를 신봉(信奉)하는 자로서 잘못 인식(認識)되고 있다.

그러한 주장은 일부 리츨의 제자들 특히 사회복음(社會福音)이라고 알려 진 운동(運動)과 동일시(同一視)되는 미국(美國)의 진보주의자(進步主義者)들에게 적용(適用)하는 것이 더 타당(妥當)하다고 할 수 있다.

그럼에도 불구하고 하나의 운동(運動, Campaign)으로서의 리츨주의는 리츨 뿐만 아니라 그의 위대(偉大)한 제자(弟子)들에 의해서 보완(補完)되고 해석(解釋)된 리츨을 의미(意味)한다.

이들 가운데 주도적(主導的)인 역할(役割)을 한 인물(人物)로는 아돌프 하르낙 (Adolf Harnack)이다.

하르낙은 인기(人氣) 있는 자신의 저서(著書)들을 통해서 리츨주의적(主義的)인 개신교(改新敎)의 자유주의(自由主義)에 자신(自身)의 특유(特有)한 흔적(痕迹)을 남겨 놓았다.

2 ≡ 아돌프 하르낙의 교리사상(敎理思想)

리츨에 비(比)해서 여기에서 말하려는 아돌프 하르낙(Adolf von Harnack: 1851-1930)은 개신교(改新敎)의 현대주의사상가(現代主義思想家)들 가운데서도 가장 폭(幅)넓게 많은 영향(影響)을 끼친 대신학자(大神學者) 중의 한 사람이다.

하르낙은 1851년 엄격(嚴格)한 경건주의(敬虔主義) 루터파의 신학교(神學校)에서 교수(敎授)로 사역(事役)을 하고 있는 아버지의 아들로 태어난 사람이다.

하르낙은 돌팟 대학(大學)과 에를랑겐 대학(大學)에서 교육(敎育)을 받았고 1872년에는 라이프찌히 대학(大學)에 입학(入學)하여 거기에서 특히 교회사(敎會史, History of Church)를 전공(專攻)하여 1873년에는 그 부분(部分)에 대한 박사학위(博士學位)를 받았다.

그 후 그는 라이프찌히 대학(大學)과 바르부르크 대학(大學)등에서 강의(講義)를 계속했다.

그런데 하르낙은 교수직(敎授職)에 있는 동안 그가 쓴 "교리사(敎理史, History of Dogma)의 내용(內容) 때문에 수많은 논쟁(論爭)을 일으키게 되어 결국 그의 아버지와도 의절(義絶)을 해야 하는 경지(境地)에까지 이르게 되었다.

그의 높은 학문(學問)과 지위(地位)가 자기가 쓴 책(冊)으로 인해서 그의 저서(著書)를 읽어 본 신학계(神學界)의 사람들뿐만 아니라 교회(敎會)에까지 많은 물의(物議)를 일으키게 되었으므로 그에게는 그에 맞는 품격(品格)이나 지위(地位)도 받을 수가 없게 되었다.

그러나 19세기에서 20세기로 넘어서면서부터는 하르낙 만큼 개신교(改新敎)의 자유주의파(自由主義派)에 속한 사람들에게 영향(影響)을 준 사람도 흔치 않을 것이다.

그의 영향력(影響力)은 주로 1600편 이상(以上)이나 되는 그의 저서(著書)들과 논문(論文) 평론(評論)등 그에 의해서 쓰여진 저술(著述)들 때문이었다.

그의 말시온에 대한 연구서(研究書)와 교리사(敎理史)와 또 기독교(基督敎)의 선교(宣敎)와 확장(擴張)(The Mission and Expansion of Christianity)등은 그 분야(分野)의 고전(古典)으로서도 각광(脚光)을 받게 되었다.

그의 수많은 저서(著書)들 가운데서도 특히 독자층(讀者層)의 인기(人氣)를 모은 것으로는 "기독교(基督敎)란 무엇인가? (What is Christianity?)라고 하는 책(冊)은 어느 누구보다도 자유주의파(自由主義派)에 속한 사람들에게 지대(至大)한 영향(影響)을 끼친 문서(文書)로도 유명(有名)하다.

하르낙은 단순(單純)히 학자(學者)로서만이 아니라 많은 행정업무(行政業務)에도 종사(從事)하였다.

1876년에는 "신학평론"(神學評論, Theological Criticism)이라는 잡지(雜誌)를 창간(創刊)하여 수년(數年)동안이나 혼자서 이에 대한 모든 작업(作業)을 맡아서 보았다.

그는 베르린 대학(大學)의 교목(校牧)으로도 활동(活動)했고 정부(政府)의 교육부(敎育部)에서는 때때로 그에게 조언(助言)을 구해오기도 했다.

1906년에는 왕실(王室)의 도서관장(圖書館長)으로 임명(任命)되었고 1911년에는 빌헬름 황제재단(皇帝財團)의 이사장(理事長)이라는 직(職)을 맡아서 수많은 과학적(科學的)인 연구기관(研究機關)들을 창설(創設)하는 산파역(産婆役)을 맡아서 일을 하기도 했다.

1921년에 하르낙은 독일 정부로부터 미국(美國)에 주재(駐在)하는 독일대사(獨逸大使, Ambassador)의 직(職)에 취임(就任)해 줄 것을 제안(提案) 받았으나 이를 거부(拒否)하고 말았다.

이렇게 화려(華麗)한 경력(經歷)과 그의 유능(有能)한 학자(學者)로서의 하르낙이 역사가(歷史家)요 또한 신학자(神學者)로서 성장(成長)하는 데는 많은 사람들의 도움을 받았으나 그 중에서도 특히 가장 큰 영향(影響)을 제공(提供)한 사람은 알브레흐트 리츨이었다.

하르낙은 라이프찌히에 있을 때에 처음으로 자신(自身)을 리츨의 학파(學派)와 동일시(同一視)하게 되었다.

그로부터 몇 년 뒤 하르낙은 "리츨이 없었다면 자신(自身)은 결코 '교리사(敎理史)'를 저술(著述) 해 내지 못 했을 것이라"고 고백적(告白的)인 말을 했다.

리츨이 하르낙에게 가장 크게 도움을 주게 된 것은 형이상학적(形而上學的)인 사변(思辨)에 대한 혐오(嫌惡)와 그리스도교의 역사적해석(歷史的 解釋)에 대한 몰두(沒頭)였다.

하르낙은 이러한 리츨의 방침(方針)이 개신교(改新敎)의 장래방향(將來方向)을 설정(設定)하게 되었다고 믿었다.

그는 리츨보다도 더 역사적(歷史的)인 경향(傾向)을 띠었고 기독교(基督敎)는 역사적(歷史的)인 해석방법(解釋方法)에 의해서 역사적(歷史的)인 운동(運動)으로 이해(理解)되어야 한다고 주장했다.

그는 주장하기를 그리스도인들은 각기 자기에게 주어진 종교적(宗敎的)인 유산(遺産)을 비판적(批判的)인 태도(態度)로 전유(專有)하여 자신(自身)의 것으로 만들어야 하고 역사적(歷史的)인 책임(責任)을 져야한다고 주장했다.

하르낙은 역사(歷史)가 학문적(學問的)인 가치(價値)를 지니려면 현대(現代)와 활기찬 관계(關係)를 가져야 한다고 주장했다.

하르낙은 "사람은 역사(歷史)에 의해서 역사(歷史)를 극복(克服)해야 한다"라고 했다. 즉 사람은 자신(自身)의 유산(遺産)을 알고 그것을 받아들이고 그럼으로써 현재(現在)에 있어서나 그리고 미래(未來)를 위한 살아있는 가능성(可能性)으로 만들어야 한다고 하면서 역사가(歷史家)였던 언스트 트뢸츠(Ernst Troeltsch)에 동조하였다.

하르낙이 자신(自身)의 역사적(歷史的)인 확신(確信)들에 입각(立脚)하여 행동(行動)했다는 것은 그의 유명(有名)한 저서(著書)인 "교리사(敎理史)"와 "기독교(基督敎)란 무엇인가?"에서 분명히 드러나고 있음을 알 수가 있다.

하르낙은 종교개혁(宗敎改革)의 방식(方式)까지 기독교(基督敎)의 교리(敎理)의 기원(起源)과 전개(展開)를 보여줄 목적(目的)으로 교리사(敎理史)를 저술(著述)하였다.

그러나 하르낙이 이 방대(尨大)한 책(冊)을 저술(著述)한 목적(目的)은 기독교(基督敎)의 복음(福音)이 현대세계(現代世界)에서도 생명력(生命力) 있는 요인(要因)으로 존재(存在)하기 위해서는 교리(敎理)에서 해방(解放)되어야 한다는 것을 역사적(歷史的)으로 증명(證明)하기 위해서였다.

왜냐하면 처음에 기독교(基督敎)를 신봉(信奉)한 사람들은 이러한 교리(敎理)를 소유(所有)하지 않았기 때문이다. 교리사(敎理史)의 과업(課業)은 교리(敎理)들의 기원(起源)을 확인(確認)한 후에 그 발달(發達)을 서술(敍述)하는 것이 되어야 한다.

교리사(敎理史)는 교리(敎理)들의 기원(起源)과 발달과정(發達過程)을 묘사(描寫)함으로써 독단적(獨斷的)으로 기독교(基督敎)로부터 교회(敎會)를 해방(解放)시키는 가장 안전(安全)한 수단(手段)을 제공(提供)하기 때문이다.

혹은 역사(歷史)에 의해서 역사(歷史)를 극복(克服)하기 위한 가장 안전(安全)한 수단(手段)을 제공(提供)하기 때문이다.

하르낙에 따르면 독단적(獨斷的)인 기독교(基督敎)는 사람이 원래(元來)의 복음(福音)속에서 만나는 기독교신앙(基督敎信仰)으로부터 벗어난 기독교(基督敎)의 발전단계(發展段階)이다.

그것은 원래의 신앙(信仰)을 지성화(知性化)하거나 헬라화하는 것 혹은 그가 말한 것처럼 복음(福音)의 토양(土壤) 위에서 이루어지는 헬라 정신(精神)의 작업(作業)이다.

하르낙은 교리(敎理)의 발전(發展)을 명확(明確)하게 악(惡)한 일이라고 단정(斷定)하지는 않았다. 역사적(歷史的)으로 이해(理解)해 볼 때에 교리(敎理)는 구약성경이 보존(保存)된 것과 마찬가지로 기독교(基督敎)의 메시지를 심각(深刻)하게 왜곡(歪曲)시켰을 이단(異端)들로부터 기독교

신앙(基督敎信仰)을 보존(保存)했다.

그러나 역사적(歷史的)으로 이해(理解)해 볼 때에 원래의 복음(福音)과는 상이(相異)한 주장(主張)들과 요청(要請)들을 계속적(繼續的)으로 강요(强要)한 권위적(權威的)인 교회(敎會)의 제도(制度) 속에 교리(敎理)가 구체적(具體的)으로 표현(表現)되어 왔다는 것 또한 사실이다.

종교개혁(宗敎改革)의 중요성(重要性)은 교회(敎會)의 권위주의(權威主義)로부터 해방(解放)된 이 복음(福音)을 루터가 재발견(再發見)했다는데 있다.

그러므로 우리는 복음(福音)의 극단적(極端的)인 헬라화(化)가 역사적(歷史的)으로 필연적(必然的)이었음을 인정(認定)할 수 있고 동시(同時)에 그러한 역사적(歷史的)인 형태(形態)의 보존(保存)을 필요(必要)로 하는 상황(狀況)들이 더 이상 존재(存在)하지 않는다는 것도 인식(認識)할 수 있다.

하르낙은 역사적(歷史的)인 책임(責任)은 복음(福音)의 정신(精神)과는 상반(相反)되는 무오(無誤)한 권위주의(權威主義)로부터 기독교(基督敎)의 신앙(信仰)을 해방(解放)시키는 것을 요청(要請)한다고 믿었다.

하르낙은 기독교(基督敎)의 가장 초기적(初期的)인 표현(表現)의 규범적표준(規範的標準)에 입각(立脚)하여 기독교(基督敎)의 모든 역사(歷史)를 비판(批判)한다는 점에서 수구파(守舊派)였다고 평(評)해 진다.

이러한 판단(判斷)은 아주 조심스러운 요건(要件)을 필요로 한다.

역사가(歷史家)로서의 하르낙은 기독교(基督敎)의 특수(特殊)한 역사적(歷史的)인 형태(形態)는 그 실체(實體)를 전혀 명확(明確)하게 표상(表象) 할 수 없고 동시에 기독교(基督敎)의 실체(實體)는 구체적(具體的)이고 역사적(歷史的)인 전통(傳統)들을 통해서만 우리에게 다가온다는 사실을 염두(念頭)에 두었다.

그러나 하르낙은 이제까지 존재(存在)했던 모든 역사적(歷史的)인 형태(形態)로부터 기독교신앙(基督敎信仰)의 유일(唯一)한 본질(本質)을 추출해낼 수 있을 것이라고 확신하였다.

기독교(基督敎)의 특징적(特徵的)인 본질(本質) 곧 일시적(一時的)인 형태(形態)들 안에 영원(永遠)한 효력(效力)을 지닌 것을 하르낙은 예수 그리스도의 복음(福音)이라고 불렀다.

이 복음(福音)은 일정(一定)한 역사적(歷史的)인 형태(形態)를 전혀 필요(必要)로 하지 않고 그것에 의해서 판단(判斷)되어야 하는 허다(許多)한 역사적(歷史的)인 전통(傳統)들보다 오래 존속해 왔다.

만약 이러한 비판(批判)이 수행(遂行)되지 않는다면 교회(敎會)의 교리(敎理)와 기관(機關)들은 어떤 특수(特殊)한 역사적(歷史的)인 전통(傳統)에 의해서 판단(判斷)될 것이다.

하르낙의 재구성(再構成)의 열쇠는 예수 그리스도의 복음(福音)이라는 개념(槪念)에 있음이 분명(分明)히다.

왜냐하면 그는 그것을 복음(福音)에 의해서 신뢰성(信賴性)있게 설명 될 수 있는 것만이 기독교적(基督敎的)이라는 것을 가장 근본적(根本的)인 법칙(法則)으로 삼기 때문이다.

하르낙에 의하면 예수 그리스도의 복음(福音)이 기독교(基督敎)의 규범적(規範的)인 본질(本質)이기는 하지만 이 복음(福音)의 내용(內容)을 상술(詳述)하려고 하는 것은 더욱 어려운 일이다.

하르낙의 견해(見解)에서 보면 복음(福音)은 지적(知的)인 교리(敎理)가 아니고 역동적(力動的)인 실체(實體)이다. 이 복음(福音)은 예수 그리스도 즉 그의 실체(實體)에게 자신(自身)을 개방(開放)하는 사람들 안에 생명(生命)을 일깨우는 살아있는 인격(人格)이다.

하르낙은 복음(福音)이 예수에 관한 복음(福音)이라기보다는 오히려 예수의 복음(福音)이라는 점을 강조(强調)하고자 하였다.

그가 이렇게 구분(區分)한 것은 예수를 복음(福音)으로부터 제외(除外)하기 위해서가 아니라 복음(福音)이 그리스도의 인격(人格)에 관한 지적(知的)인 교리(敎理)와 혼동(混同)되지 않기를 바랐기 때문이었다.

기독교(基督敎)란 무엇인가에서 하르낙은 기독교(基督敎)의 영원(永遠)한 본질(本質)인 복음(福音)을 정의(定義)하는 역사적(歷史的)인 책임(責任)을 스스로에게 부가(附加)하였다.

그 책(冊)에 공포(公布)된 그의 유명(有名)한 정의(定義)에 따르면 예수께서 가르치신 복음(福音)은 세 가지의 주제(主題)를 함축(含蓄)하고 있는데 그 각각(各各)의 주제(主題)는 전체(全體)를 포괄(包括)할만한 본질(本質)을 지니고 있다.

하르낙의 해석상(解釋上)의 담대(膽大)함은 첫째 주제(主題) 곧 예수의 종말론(終末論)에 관한 난해(難解)한 문제(問題)를 다루는데서 분명히 나타난다.

하르낙은 하나님의 나라의 도래(到來)에 관한 예수의 선포(宣布)가 모호했다는 사실 그리고 예수는 그 시대의 유대인들이 지녔던 묵시적(黙示的)인 세계관(世界觀)을 가지고 있었다는 점을 인정하였다.

그러나 하르낙은 예수의 하나님 나라 선포(宣布)에서 이미 예수님의 시대에 유포(流布)되어 있었던 개념(槪念)들만을 본 종교사가(宗敎史家)들과 의견(意見)을 달리했다.

하르낙은 역사가(歷史家)에게는 하나님의 나라에 대한 예수의 멧시지 속에서 전통(傳統)의 껍질과 고유(固有)의 핵심(核心)을 구별(區別)해야 할 책임(責任)이 있다고 보았다.

그리고 예수가 그 당시의 생생한 묵시적(黙示的)인 언어(言語)를 사용(使用)한 것은 단지 하나님과 인간 사이의 역동적(力動的)이고 도덕적(道德的)인 관계(關係)를 부각(浮刻)시키기 위해서였다고 하르낙은 확신(確信)했다.

두 번째의 주제(主題)는 예수께서 가장 끈질기게 전파(傳播)하신 멧시지와 종교(宗敎)의 진정(眞正)한 본질(本質)과 성부(聖父)하나님과 각 인간 존재(存在)의 무한(無限)한 가치(價値)를 표현한다. 여기서 예수의 복음(福音)은 법정(法定)의 요소(要素)나 특정인(特定人)의 구속론적(救贖論的)인 요소(要素)들을 전혀 포함(包含)하고 있지 않다는 것이 분명(分明)하다.

예수는 섭리(攝理)라는 개념(槪念)을 온 세상에 적용(適用)하므로써 모든 생명(生命)은 영원자(永遠者)에게 근거(根據)를 두고 있고 오직 그 안에서만 안전(安全)하다는 것을 보여 준다.

이런 신앙(信仰)은 주님의 기도(祈禱)와 성경의 여러 곳에서 훌륭하게 확인된다.

"참새 다섯이 앗사리온 둘에 팔리는 것이 아니냐? 그러나 하나님 앞에는 그 하나라도 잊어버리시는바 되지 아니 하는 도다. 너희에 게는 오히려 머리털까지도 다 세신 바 되었나니, 두려워 하지 말라. 너희는 많은 참새보다 귀(貴)하니라"(눅12:6-7).

"사람이 만일 온 천하(天下)를 얻고도 제 목숨을 잃으면 무엇이 유익(有益)하리요? 사람이 무엇을 주고 제 목숨을 바꾸겠느냐?"(마 16:26).

이러한 성경말씀의 구절(句節)들을 보면 예수가 각개인(各個人)의 인간(人間)에게 최고(最高)의 가치(價値)를 부여(賦與)했다는 것이 분명(分明)하다.

하늘과 땅을 다스리시는 분을 나의 아버지라고 부를 수 있는 사람은 그것에 의해서 하늘과 땅 위로 올리움을 받고 이 세상(世上)의 모든 조직(組織)보다 더 귀(貴)한 가치(價値)를 갖는다.

그러나 예수의 복음(福音)의 영역(領域)에는 개인(個人)의 영혼(靈魂)만 포함(包含)되며 그 영혼(靈魂)이 하나님을 보장(保障)하는 것이 아니었다.

그것은 인간(人間)들에게 비교(比較)할 수 없는 확신(確信)의 은사(恩賜)를 제공(提供)하였지만 동시에 그들에게 하나의 의무(義務)를 부가(附加)했다.

하나님의 복음(福音)은 보다 고귀(高貴)한 의(義)와 사랑의 계명(誡命)에 대한 윤리적(倫理的)인 메시지이다.

예수의 복음(福音)이 다른 윤리적(倫理的)인 사상(思想)과 다른 점은 예수는 윤리학(倫理學)과 표면적(表面的)인 준수형태(遵守形態)들 사이의 관계(關係)를 분리(分離)했다는 점에 있다.

예수는 도덕(道德)의 근원(根源) 곧 그 기질(氣質)과 의향(意向)으로 곧장 나아간다. 이것이 보다 고귀(高貴)한 의(義)가 의미(意味)하는 바이다.

예수는 도덕적(道德的)인 삶을 하나의 뿌리로 그리고 하나의 동기(動機) 곧 사랑으로 환원(還元)시켰다. 대부분(大部分)의 진보적(進步的)인 리츌주의자(主義者)들과 마찬가지로 하르낙도 이웃에 대한 사랑으로 고무(鼓舞)된 공동체(共同體)를 수립(樹立)하는 윤리적(倫理的)인 과업수행(課業遂行)을 예수의 복음(福音)의 필수불가결(必須不可缺)의 영역(領域)으로 보았다.

하나님과 영혼(靈魂) 그리고 영혼(靈魂)과 하나님에 대한 하르낙의 말에는 개인주의적(個人主義的)인 경향(傾向)이 있지만 하르낙도 리츌과 마찬가지로 그리스도인의 삶이 본질적(本質的)으로 사회적(社會的)이거나 집합적(集合的)인 것이라고 보았다.

하르낙 역시 사회복음(社會福音)에 전념(專念)하였다는 것으로 이해(理解)된다.

이것은 "기독교(基督敎)란 무엇인가?"에서 복음(福音)과 가난한 자 또는 사회문제(社會問題)를 다룬 항목(項目)에서 분명(分明)히 드러나고 있음을 알 수 있다.

만약 예수가 오늘날에도 존재(存在)한다면 그는 가난한 자들의 혹독(酷毒)한 운명(運命)을 완화(緩和)하는데 진력(盡力)하는 사람들을 옹호(擁護)했을 것이라는 생각이 하르낙의 심중(心中)

에 있었다.

세력(勢力)들의 자유(自由)로운 역할(役割)에 대한 그릇된 원리(原理) 곧 생존(生存)과 생존허용(生存許容)의 원리(原理) 그것에 대한 보다 낮은 명칭(名稱)은 생존(生存)과 죽음에 대한 허용(許容)의 원리(原理)가 될 것이라는 전제조건(前提條件)으로 복음(福音)에 반대(反對)된다.

하르낙은 예수가 엄밀(嚴密)하게 문자적(問字的)인 의미(意味)에서 사유재산(私有財産)으로서의 부(富)가 존재(存在)하지 않는 인간(人間)들의 공동체(共同體)를 염두(念頭)에 두었다고 생각했다.

그러나 사회복음(社會福音)에 대한 하르낙의 견해(見解)는 그의 개념(概念)들 가운데 가장 도발적(挑發的)인 개념(概念)은 아니었다.

가장 거대(巨大)한 반발(反撥)을 일으켰던 기독교(基督敎)란 무엇인가의 문제(問題)의 부분(部分)은 복음(福音)과 기독론(基督論)의 문제(問題)라는 항목(項目)이었다.

예수가 선포(宣布)한 복음(福音)은 성자(聖子)와는 어떤 관계(關係)가 없고 성부(聖父)와만 관련(關聯)이 있다고 말한 하르낙의 진술(陳述)은 많은 사람들을 경악(驚愕)하게 만들었다.

이 진술(陳述)에서 하르낙이 전달(傳達)하고자 하는 의미(意味)는 복음(福音)의 목적(目的)이 신인연합(神人聯合, God-Man Unity) 즉 이에 관한 형이상학적(形而上學的)인 교리(敎理)와 동일시(同一視)되어서는 안 된다는 그의 염려(念慮)였다.

그는 예수가 복음(福音)의 외부(外部)에 서 있다고 암시(暗示)하려는 것이 아니라 하르낙은 예수가 하나님의 아들이시라는 것은 예수의 신지식(神知識) 속에 내재(內在)하고 있다고 생각했다.

하르낙의 "기독교(基督敎)란 무엇인가?"라는 책(冊)은 원래 1899년부터 1900년 겨울학기(學期) 동안 베르린 대학(大學)에서 행한 일련(一連)의 공개강좌(公開講座)의 내용을 출판(出版)한 것이었다.

그 책(冊)은 출판(出版)되자마자 선풍적(旋風的)인 인기(人氣)를 끌었는데 그 후 신학자(神學者)들과 평신도(平信徒)들 모두에게 엄청난 영향(影響)을 미쳤다.

그 책(冊)을 사려는 대중(大衆)의 요구(要求)는 그것이 출판(出版)되던 해에 라이프찌히의 주요철도역(主要鐵道驛)이 "기독교(基督敎)란 무엇인가?"를 세계(世界) 곳곳으로 운송(運送)하는 하물열차(荷物列車)들 때문에 폐쇄(閉鎖)되었다는 사실에 의해 잘 입증된다.

그 책(冊)은 제1차 세계대전(世界大戰) 이전(以前)의 시기(時期)에 개신교(改新敎)의 자유주의(自由主義)의 정신(精神)을 대표하였다.

그러나 우리는 여기에서 다시 한 번 생각해 보아야 한다.

그토록 유명한 하르낙의 학문적(學問的)인 이론이 뛰어나고 신학적(神學的)인 논리(論理)가 정연(整然)했다고 할지라도 그를 통해서 그의 신앙관(信仰觀)에 대한 것을 전혀 찾아볼 수 없다.

아무리 학자(學者)들의 학술적(學術的)인 이론(理論)이나 주장이 뛰어나다고 할지라도 기독교운동(基督敎運動)의 본질(本質)은 현세적(現世的)인 것이 아니라 내세지향적(來世指向的)이며 이 세상의 부귀영화(富貴榮華)나 행복(幸福)이 아니라 천하(天下)를 주고도 바꿀 수 없는 영혼(靈魂)의 구원(救援)에 있다.

그러므로 기독교(基督敎)의 본질적(本質的)인 것은 믿음이지 학문(學問)이 아니다.

이런 점에서 우선 하르낙의 높은 신학적인 주장(主張)이나 사상(思想)을 전혀 받아들여서는 안 된다는 것을 경고(警告)해 둔다.

3 ≡ 월터 라우센부쉬의 교리사상(敎理思想)

미국(美國)이 낳은 대표적(代表的)인 자유주의(自由主義)의 신학자(神學者)를 지명(指名)하라고 한다면 월터 라우센부쉬(Walter Rausenbush: 1861-1918)를 들게 될 것이다.

월터 라우센부쉬는 미국(美國)의 뉴욕(New York) 주에 있는 로체스터(Rochester)에서 태어났다. 로체스터 침례교신학교(浸禮敎 神學校, Rochester Baptist Theological Seminary)의 독일인(獨逸人) 교수(敎授)의 아들로 태어나서 보수적(保守的)인 독일(獨逸) 침례교회(浸禮敎會)의 신앙가족(信仰家族)안에서 자라났다.

그러한 그가 독일(獨逸)로 유학(留學)하여 리츨 밑에서 그의 교리사상(敎理思想)을 공부함으로부터 시작하여 가정(家庭)에서 아버지로부터 훈련(訓練)을 받았던 신앙관(信仰觀)이나 신학적(神學的)인 사상(思想) 모두가 전혀 다른 자유주의(自由主義)의 신학사상(神學思想)으로 몰락(沒落)해 버렸다.

라우센부쉬 역시 미국(美國)의 자유주의(自由主義)에 속한 신학자(神學者)들처럼 슐라이어막허의 사상(思想)을 비롯하여 관념론(觀念論)과 리츌 신학(神學)에다 심지어는 진화론(進化論)까지를 포함(包含)한 절충주의(折衷主義, Eclecticism)의 입장(立場)을 취하는 극단적(極端的)인 자유주의(自由主義)를 주장하는 신학자(神學者)들 가운데 한 사람이 되고 말았다.

역시 강력(强力)한 리츌 신학(神學)의 입장(立場)을 가장 잘 선포(宣布)하고 그 입장(立場)에 서서 연구활동(研究活動)을 계속(繼續)하게 되었다.

라우센부쉬는 미국(美國)과 독일(獨逸)에서 공부(工夫)를 한 다음에 인도(印度)의 선교사(宣敎師)로 선임(選任)되있다.

그러나 그의 구약성경에 대한 견해(見解)가 너무도 지나치게 자유주의적(自由主義的)이어서 교수(敎授)들의 반대(反對)로 선교사(宣敎師)의 선임(選任)을 취소(取消) 당하기도 했다.

그리하여 그는 인도(印度)의 선교사(宣敎師)로 갈 것을 포기(抛棄)하고 뉴욕에서 제2독일 침례교회(浸禮敎會)의 목사(牧師)로 목회사역(牧會事使役)을 하게 되었다.

그는 목회자(牧會者)로서 사역(事役)을 통하여 처음으로 가난한 교인(敎人)들을 보고 경제적(經濟的)인 어려움을 실감(實感)있게 체험(體驗)하게 되었다.

그가 11년간의 목회활동(牧會活動)을 통해서 깨닫게 된 것은 영혼(靈魂)의 구원(救援)이나 경건생활(敬虔生活) 그리고 개인적(個人的)인 박애(博愛)같은 것으로는 도저히 현실사회(現實社會)의 문제(問題)들을 극복(克服)해 나갈 수가 없다는 것을 깨닫게 되었다.

그리하여 그는 이제부터는 구원(救援)에 대한 문제(問題)나 경건(敬虔) 혹은 개인적인 박애(博愛)는 잠재(潛在)해 두고 보다 더 본격적(本格的)으로 "사회적(社會的)인 기독교"(Social Christianity)라는 명제(命題)를 걸고 파고들기 시작했다.

1897년 라우센부쉬는 간신히 로제스타 신학교(神學校)의 독일어(獨逸語學部)의 강사(講師)로서 강의(講義)를 할 수 있는 기회(機會)를 얻게 되었다.

그는 여기에서 열심히 노력(勞力)을 한 것이 인정(認定)을 받게 되어 5년 후에는 그 신학교(

神學校)의 정식교수(正式敎授)로서의 자격(資格)을 얻고 교회사(敎會史, History of Church)를 강의(講義)하기 시작(始作)하여 그의 일생동안 여기에서 강의(講義)를 계속(繼續)하게 되었다.

그런데 그가 교회사(敎會史)를 맡아서 강의(講義)를 하는 교수(敎授)로서 자기의 전공과목(專功科目)에 대한 연구(硏究)나 저서(著書)를 남기려는 데는 관심(關心)조차도 없었고 오직 기독교(基督敎)와 사회(社會)에 대한 문제에 대해서만 몰두(沒頭)하게 되었다.

그러던 중 그가 1907년부터 얼마동아 독일(獨逸)에 머물러 있게 되었는데 거기에서 "기독교(基督敎)와 사회(社會)의 위기(危機)"(Christianity and the Social Crisis)라는 책(冊)을 펴내게 되었다.

그는 이 책(冊)을 통하여 당시의 사회(社會)를 예언자적(豫言者的)인 입장(立場)에서 맹렬(猛烈)하게 공격(攻擊)하고 비판(批判)하여 급진적(急進的)인 사회(社會)의 개혁(改革)을 선동(煽動)하고 나섰다.

이 책(冊)을 써낸 저자(著者)로서의 자신이 생각하기에도 너무도 혹독(酷毒)하고 지나치게 사회(社會)를 비판(批判)하고 공격(攻擊)한 것 같아서 좀 위험(危險)스럽다고 생각하여 행여나 이 책(冊) 때문에 자기(自己)가 몸을 담고 있는 학교(學校)에서 교수직(敎授職)까지도 박탈(剝奪)을 당하는 것이 아니라 불안(不安)한 마음까지도 갖게 되었다.

그런데 사실(事實)은 그것이 아니라 그 책(冊)에 대한 반응(反應)은 의외(意外)로 넓게 번져가고 폭발적(爆發的)인 인기(人氣)와 호응(呼應)을 받아서 책(冊)이 불티 나게 팔려 나갔다.

그것은 모든 사람들이 말은 못해도 한결 같이 사회(社會)의 변화(變化)와 개혁(改革)을 요구(要求)하고 있을 때였고 때마침 자유주의신학(自由主義神學)의 잘못된 사상(思想)이 힘을 얻고 발흥(勃興)하는 시기였으므로 부르센부쉬는 시기(時期)를 적중(適中)시켜서 책(冊)을 펴내게 된 반사이익(反射利益)을 받게 된 셈이 되었다.

이에 유럽에서 돌아온 그는 일약 유명(有名)한 명사(名士)요 사상가(思想家)로서 이름이 날리게 되었고 일약 "사회복음(社會福音) 운동(運動)"(Social Evangelical Campaign)의 대지도자(大指導者)로 올라서게 되었다.

때를 만난 그는 신학교수(神學敎授)로 이름 높은 설교가(說敎家)로 또는 저술가(著述家)로서의 명망(名望)을 얻고 그의 명성(名聲)이 높아짐으로써 그의 교리사상적(敎理思想的)인 영향(影響)은 전 미국 사회(社會)로 파고들기 시작했다.

본래 월터 부루센부쉬는 "사회질서(社會秩序)와 기독교화(基督敎化)"(Christianizing and the Social Order, 1912)와 "사회복음(社會福音)을 위한 신학(神學)"(A Theology for the Social Gospel, 1917)등 두 권(卷)의 책(冊)을 펴냈다.

자유주의사상(自由主義思想)으로 엮어진 그의 책(冊)들은 선풍적(旋風的)인 호응(呼應)을 받게 되어 사실상 유명(有名)한 하르낙의 "기독교(基督敎)란 무엇인가?"(What is the Christianity?)라는 책(冊)에 버금가는 명저(名著)로 인기(人氣)를 모으게 되었다.

월터 라우센부쉬는 헤르만(Herman)과 하르낙(Harnack)과 같이 자신(自身)을 한 학자(學者)로서의 강령(綱領)을 의식적(意識的)으로 진행(進行)시켰다고 보았다는 의미(意味)에서 리츌주의자(主義者)는 아니라는 평(評)을 받는다.

그는 어디까지나 자기중심(自己中心)의 사람으로 남기를 원했다.

그러나 그의 신학(神學)의 주체(主體)는 특히 리츌주의적(主義的)인 자유주의(自由主義)와 유사(類似)한 것만은 사실(事實)이다.

그는 리츌주의자(主義者)들처럼 형이상학(形而上學)과 교리(敎理)에는 무관심(無關心)했고 소위 신적공동체(神的 共同體) 곧 하나님의 나라의 창시자(創始者)로서의 역사적(歷史的)인 예수를 강조했다.

그는 인간(人間)을 영적(靈的)인 본성(本性)과 충동(衝動)의 투쟁(鬪爭)에 사로잡힌 존재(存在)로 인식(認識)했고 윤리적(倫理的) 혹은 사회적(社會的)인 의미(意味)에서 구원(救援)을 생각했을 뿐 적극적(積極的)인 의미에서 개인(個人)의 영혼(靈魂)에 대한 구원 같은 것은 관심(關心)조차도 두지 않는 편이었다.

그러나 그는 이러한 리츌 주의적(主義的)인 주제(主題)들을 진화론적 유신론(進化論的 有神論)이나 미국적(美國的)인 사상(思想)의 경향(傾向)과 밀접(密接)한 사회적진보론(社會的 進步論)과 결합(結合)시키려고 시도(試圖)했다.

라우센부쉬의 기독교개념(基督敎概念)에 대한 열쇠는 사회적(社會的) 또는 사회연대주의적(社會連帶主義的)이라는 용어(用語)에서 발견(發見)된다.

그는 예수의 가르침의 핵심(核心)을 천국(天國)에 관한 메시지로 생각했을 뿐이다. 그리고 예수에 의해서 선포(宣布)된 천국(天國)은 절대(絶對)로 개인(個人)의 순수(純粹)한 내적(內的) 또는 영적(靈的)인 소유물(所有物)로 생각되지는 않았다고 보았다.

그의 주장에 의하면 예수의 말씀과 행위(行爲)와 소망(所望)의 목적(目的)은 오로지 지상(地上)에 있는 인류(人類)의 삶의 사회적(社會的)인 구속(救贖)으로 보았을 뿐이다.

기독교(基督敎)는 커다란 사회적 이상(社會的 理想)을 가지고 출범(出帆)했다는 것이다.

기독교(基督敎)의 본질(本質)은 지상(地上)에 수립(樹立)된 신적사회질서(神的 社會秩序)를 보는 소망(所望)이었다고 생각했다.

하르낙이 기독교(基督敎)의 헬라화를 복음(福音)으로부터의 탈선(脫線)으로 본 것처럼 라우센부쉬도 교회(敎會)의 역사(歷史)에서 원시기독교(原始基督敎)의 사회적이상(社會的理想)의 추락(墜落)을 분별(分別)했다.

이제야 이 사회(社會)의 복음(福音)이 신적(神的)인 생명(生命)의 불굴(不屈)의 에너지를 가지고 다시 애타는 것을 보는 것이 가능(可能)하다고 그는 믿었다.

그는 예수의 사회구원(社會救援)의 메시지를 재발견(再發見)하려면 현대신학(現代神學)이 규범적원리(規範的 原理)에 따라서 모든 다른 교리(敎理)들은 "우리는 사회복음(社會福音)을 가지고 있다"(We have Social Gospel)라는 주도적(主導的)인 경향(傾向)에 따라 형성(形成)되어야 할 것이라고 주장했다.

필요한 것은. 그것과 조화(調和)를 이루기에 충분할 만큼 크고 그것을 지지(支持)하기에 충분할 만큼의 활동적(活動的)인 조직신학(組織神學, Systematic Theology)이라는 것이다.

라우센부쉬는 그의 저서(著書) "사회복음(社會福音)을 위한 신학(神學)"(Theology for Social Gospel)에서 이것을 설명하려고 했다.

라우센부쉬가 천국(天國)에 관한 신약 성경의 메시지를 적절하게 이해하지 못했다는 사실은 오늘날 일반적으로 인정되고 있다.

그러나 그것을 구약성경과 예수의 메시지의 근본원리(根本原理)는 아니지만 하나의 경향(傾向)으로 인식했다는 점에서는 수긍이 간다.

그렇기 때문에 라우센부쉬는 죄(罪)와 구원(救援)에 대한 이전의 개인주의적(個人主義的)인 개념(概念)이 재고(再考)되어야 하고 보다 성경적이고 사회연대주의적(社會連帶主義的)인 인간관(人間觀)이 제안(提案)되어야 한다고 주장하였다.

그는 자유주의신학(自由主義神學)에 대한 불신(不信)의 원인(原因)이 인간의 삶에 있어서의 죄(罪)의 세력(勢力)을 올바르게 평가(評價) 하지 못한데 있었다는 것을 인식했다.

그러나 이것은 또한 개인주의적(個人主義的)이고 주의주의(主意主義) 적인 입장에서 인간을 고려하지 못하고 그럼으로써 복합적(複合的)인 죄의 사회적기반(社會的基盤)을 고려하지 못한 자유주의신학(自由主義神學)의 무력성(無力性)에 원인이 있었다.

그러나 천국(天國)에 초점(焦點)을 두는 신학(神學)은 인간타락(人間墮落)의 이 심원(深遠)한 사회적특성(社會的特性)들을 파악(把握)할 수 있다.

라우센부쉬는 죄(罪)란 본질적(本質的)으로 이기심(利己心)이나 이기주의(利己主義)로서 이러한 정의(定義)에 함축(含蓄)되어 있는 사회적(社會的)인 의미는 "억압(抑壓) 할 수 없는 기독교(基督教)의 사회석성신(社會的精神)의 증거(證據)"라는 사실에 대해서 신학(神學)에 있어서의 일반적인 동의가 있었다고 믿었다.

하나님 나라의 관점에서 볼 때에 신학(神學)은 개인의 죄는 그다지 두려워 할 필요가 없는 것으로 이해되나 오히려 기독교는 빈곤법 (貧困法)과 공장법(工場法)을 폐기(廢棄)시키기 위해서 강력한 로비 활동을 펼치는 고위직급(高位職級)의 사람들. 그리고 식민지적(植民地的)인 야심(野心)때문에 세계에 전쟁(戰爭)을 몰고 오는 국가(國家)들을 두려워할 것이라는 입장이었다.

그는 죄의 원인이 이기적(利己的)인 자아(自我)와 인류(人類)의 공익(公益)을 하나님과 동등(同等)하게 보아서 이것들의 갈등(葛藤)이라고 해석했다.

사람이 하나님을 봉건적(封建的) 또는 군주적(君主的) 인 범주(範疇) 안에서 생각하는 한 우리는 죄의 원인(原因)이 그러한 사회적(社會的)인 조건(條件)속에 있다고 생각했다.

예수께서는 죄(罪)를 죄인(罪人)과 하나님 사이의 개인적(個人的)인 거래(去來)로서는 거의 묘사(描寫)하지 않으셨다. 예수의 가르침에서 하나님께 대한 우리의 반역(叛逆)은 보통 우리의 동료(同僚)들을 희생(犧牲)시킴으로써 유익(有益)을 얻는 형태(形態)를 취한다.

그러므로 인간과 죄에 대한 적절한 교리는 "하나님에 관한 우리의 개념(概念)을 민주화(民主化)하는 것"을 필요로 한다.

라우센부쉬의 구원론(救援論)은 구원(救援)의 사회적(社會的)인 윤리(倫理)라는 측면(側面)에 더 큰 중요성(重要性)을 부여(賦與)했다는 것을 제외하면 리츌주의적(主義的)인 자유주의(自由主義)

와 유사(類似)하다고 할 것이다.

그는 개인구원(個人救援)의 중요성(重要性)을 간과(看過)하지 않고 그것을 확장(擴張)된 구원개념(救援槪念)의 핵심부분(核心部分)이라고 생각했다.

이처럼 구속(救贖)의 보다 광범위(廣範圍)하고 사회적(社會的)인 본질(本質)을 알려주는 것이 사회복음(社會福音)의 임무(任務)였다. 즉 개인적(個人的)인 구원(救援)은 현재(現在)의 사회(社會)가 복음(福音)에 의해서 재발견(再發見)되어진 성경적인 사회연대주의적(社會連帶主義的)인 인간관(人間觀)의 영향(影響)을 받아야 한다.

그에 의하면 개인의 구원은 부적절(不適切) 하다는 것이 지적된다.

그것은 종 됨과 협력(協力)의 가르침으로써 천국(天國)에서의 제자도(弟子道)에 대한 예수의 가르침에 대한 반명제가 되는 개인적(個人的)인 이기주의(利己主義)의의 특성(特性)들을 강조(强調)하는 경향(傾向)이 있다.

따라서 개인주의적(個人主義的)인 복음주의(福音主義)에 의해서 회심(回心)한 사람들은 흔히 천국(天國)에서는 이 전보다 더 가치(價値)가 없다. 구원(救援)에 대한 그들의 이상(理想)은 이기적(利己的)으로 그들 자신에 초점을 둔다.

우리는 라우센부쉬에 대한 사상(思想)을 생각하면서 너무도 많은 것을 느낄 수 있다.

현대자유주의(現代自由主義)의 사상(思想)을 세워준 선대(先代)의 모든 자유주의파(自由主義派)에 속한 신학자(神學者)들이 얼마나 기독교(基督敎)의 본질(本質) 곧 성경에서 말씀하고 있는 진리(眞理)에서 떠나서 자기의 중심에서 우러나오는 자기 사상본위(思想本位)와 혹은 자기가 처해있는 세상 사회의 환경(環境)과 상황(狀況)과 시대적(時代的)인 변화(變化)의 물결을 타고 흐르는 인본주의적(人本主義的)인 사상(思想)과 논리(論理)를 성경에서 말씀하고 있는 교리(敎理)를 끄집어다가 자기들의 편의(便宜)에 따라서 마음대로 해석(解釋)하고 있는가를 알게 한다.

우리 기독교(基督敎)에서 영성(靈性, Spirituality)을 빼버리면 역시 역사(歷史)속에 오신 인간(人間) 예수와 윤리(倫理)나 도덕적(道德的)인 입장에서의 예수님의 교훈(敎訓)을 가지고 얼마든지 기독교(基督敎)라는 이름을 이용(利用)할 수 있다는 것을 알게 한다.

솔직하게 말해서 라우센부쉬의 생애(生涯)나 그의 사상(思想)을 통해서 또 한번 더 죄(罪)에 대한 통렬(痛烈)한 참회(懺悔)의 경험(經驗)이나 중생(重生)의 체험(體驗)이 없이 모두 자기의 마음에서 우러나오는 주관적(主觀的)인 사상(思想)에 그저 세상 속에서 눈앞에 전개되는 사회적(社會的)인 현실(現實)과 인간들의 모습에다 예수와 성경과 기독교(基督敎)의 진리(眞理)를 접목(接木)시켜보려는 시도(試圖)라는 것 외에 다른 것이 없음을 알게 한다.

기독교운동(基督敎運動)에서 믿음(Faith)이라는 것을 빼어버리면 죽은 송장(送葬) 곧 시체(屍體)와 다름이 없다.

신학자(神學者)라고 하는 사람들이 나타나서 믿음이라는 근본적(根本的)인 원리(原理)와 하나님의 신비(神秘)에 대한 것은 다 걸러내 버리고 자기들 나름대로 주관적(主觀的)인 논리(論理)를 내세워서 기독교(基督敎)의 성경진리(聖經眞理)를 논한다는 것은 옳지 않다.

신학자(神學者)가 되기 이전(以前)에 성경(聖經的)인 신자(信者)가 되어야 한다는 말 밖에 다른 말이 있을 수 없다.

현대판 자유주의 신학파(現代版自由主義神學派)에 속한 지도자(指導者)로서 많은 영향(影響)을 끼치고 있는 사람인 폴 틸리히(Paul Tillich)는 진정(眞正)한 신학(神學)은 문화적(文化的)인 상황(狀況)과 기독교(基督敎)에서 말하는 메시지 사이의 "상관(相關)의 신학(神學)"(Theology of Correlation)이라고 했다.

리츨 주의적(主義的)인 자유주의(自由主義)는 그 시대(時代)를 위한 아주 완전(完全)한 신학(神學)으로 나타났을 것이다.

그것은 기독교(基督敎)의 메시지를 형이상학적(形而上學的)인 불가지론(不可知論)과 역사주의(歷史主義) 혹은 도덕적낙관론(道德的樂觀論)등에 맞추고 있다는 것을 알아야 한다.

또한 자유주의파(自由主義派)에 속한 사람들은 문화적(文化的)인 상황(狀況)을 충족(充足)시키려는 관심 속에서 기독교(基督敎)의 메시지를 왜곡(歪曲)시키면서 그들의 해답(解答)들을 이끌어내고 있다는 것을 알아야 한다.

우리가 이러한 신학자(神學者)들의 시비(是非)를 접할 때마다 생각할 수 있는 것은 기독교(基督敎)에 대한 그들의 몰이해(沒理解)라는 점이다.

기독교(基督敎)라는 종교(宗敎)는 윤리적(倫理的)인 도덕운동(道德運動)이나 현실사회(現實社會)를 논하는 철학(哲學)이나 정치(政治)가 아니고 사회운동(社會運動)이 아니라 "하나님과의 신앙적(信仰的)인 관계(關係)"라는 것을 그들은 전혀 망각하고 있다는 점이다.

즉 이들은 하나님을 향한 믿음이 없이 자기들의 학문적(學問的)인 이론(理論)을 내세워서 기독교(基督敎)의 바른 진리(眞理)를 반대(反對)하고 비판(批判)하고 나선다는 것을 쉽게 알 수가 있다.

다시 한 번 기독교신앙(基督敎信仰)은 곧 실상(實狀, Substance)과 증거(證據, Evidence)라는 것을 재확인(再確認)해 보아야 할 것이다

모든 종교(宗敎, Religion)는 자기들의 경전(經典, Scripture)을 가지고 있다.

우리 기독교(基督敎)의 경전(經典)은 성경(聖經, Tho Biblo)이다.

이 성경(聖經)은 하나님의 계시(啓示, Revelation)요 하나님의 말씀(Word)이요 하나님의 진리(眞理, Truth)요 반드시 이루실 하나님의 언약(言約, Covenant)으로서 신적권위(神的權威)를 가지고 있다는 것을 알아야 한다.

그리하여 우리는 먼저 하나님의 말씀으로서의 성경에 대한 참 진리(眞理)의 뜻을 바로 알고 예수를 믿는 사람이 되어야 한다.

"믿음은 바라는 것들의 실상(實狀, Substance)이요, 보지 못하는 것 들의 증거(證據, Evidence)니, 선진(先進)들이 이로써 증거(證據) 를 얻었느니라"(히11:1).

"믿음이 없이는 기쁘시게 못 하나니, 하나님께 나아가는 자는 반드 시 그가 계신 것과, 또한 그가 자기(自己)를 찾는 자들에게 상(賞) 주시는 이심을 믿어야 할 지니라"(히11:6).

01. 현대 자유주의 신학에 속한 사람들의 교리사상을 간단히 말하라

02. 리츌이라는 사람에 대하여 간단히 말하라

03. 리츌의 실천적 종교관에 대해서 간단히 말하라

04. 리츌의 역사적 예수 그리스도에 대해서 간단히 말하라

05. 리츌의 그리스도론에 대해서 간단히 말하라

06. 아돌프 하르낙의 교리사상을 간단히 말하라

07. 하르낙의 교리사에 대하여 간단히 설명하라

08. 월터 라우센부쉬의 교리사상을 간단히 설명하라

09. 월터 라우센부쉬의 사회복음에 대하여 간단히 말하라

10. 자신이 믿는 성경관에 대하여 간단히 말하라

제 5 편

현대주의
교리사상

THE DOGMATIC
THOUGHT OF
THE MODERNISM

현대주의 교리사상
THE DOGMATIC THOUGHT OF THE MODERNISM

우리가 현대주의(現代主義)의 교리사상(教理思想)을 논(論)하기 위해서는 먼저 현대주의(現代主義)의 특징(特徵)부터 알아본 다음에 접근(接近)하는 것이 순서상 옳다고 본다.

사실상 기독교(基督教)의 참 진리(眞理)가 현대주의자(現代主義者)들에 의해서 극단적(極端的)인 위기(危機) 속으로 빠져들고 있어서 일찍이 예수께서 말씀하신 경고(警告)에 귀를 기울여야 할 것이다.

"내가 너희에게 이르노니, 속히 그 원한(怨恨)을 풀어 주시리라. 그 러나 인자(人子)가 올 때에 세상에서 믿음을 보겠느냐?(I tell you that He will avenge them speedily. Nevertheless, When the Son of Man comes, will He really find faith on the earth? 눅 18:8)."

"진리(眞理)를 알지니, 진리(眞理)가 너희를 자유(自由)케 하리라(And you shall know the truth, and the truth shall make you free.요8:32)."

우리는 예수께서 하신 말씀을 생각하면서 시대적(時代的)인 위기(危機)를 극복(克服)하고 믿음으로 이겨나가야 할 것을 다짐해야 할 것이다.

이런 의미에서 현대주의(現代主義)의 교리사상(教理思想)을 연구(研究)함에 있어서 분명(分明)히 성경적(聖經的)인 말씀의 신앙(信仰)과 성경적(聖經的)인 진리(眞理)의 사명(使命)을 전제(前提)로 하고 성경(聖經)의 연구(研究)에 임해야 한다는 입장을 분명히 말해 둔다.

세상이 비록 다양(多樣)한 특징(特徵) 속에 다원화(多元化)를 향해서 가고 있다고 할지라도 다원주의(多元主義, Pluralism)를 그대로 받아 드리고 수용(收用)할 수는 없는 것이다.

왜냐하면 본래 다원(多元)이라는 말의 뜻은 근원(根源, Root) 즉 뿌리가 여럿이라는 말로서 모든 것들의 원인(原因)을 처음부터 여러 가지 복수(複數)로 이해(理解)하여 사실상 이는 하나님의 창조설(創造說, Creation)자체를 인정(認定)하지 않고 자연존재설(自然存在說, Natural Existence)로 귀결(歸結)된다.

특히 이러한 다원주의(多元主義)의 이론(理論)이 구원론(救援論)의 입장에서 보면 예수 그리스도의 십자가(十字架)의 속죄구원(贖罪救援)이 무너지게 되어 기독교진리(基督敎眞理)의 절대성(絶對性)을 확보(確保)할 수 없는 위험(危險)스러운 사상(思想)으로 빠지게 된다. 바로 이것이 기독교(基督敎)의 위기(危機)를 몰고 온 것이다.

현대인(現代人)들이 자주 쓰고 있는 상생설(相生說, Commensalism)이란 원래(元來)에 동양철학(東洋哲學)의 오행설(五行說, The Five Elements)을 뜻하는 말로서 금은 물을 내고(金生水) 물은 나무를 내고(水生木) 나무는 불을 내고(木生火) 불은 흙을 내고(火生土) 흙은 금을 내게 한다(土生金)는 것과 또는 그것들이 서로 얽혀서 살아야 한다는 공생(共生)의 이론(理論)과 같은 뜻이다.

이런 의미에서 우리의 현실(現實)을 받아드리고 함께 살아가자는 말로 이해된다. 그러나 우리는 여기서 기독교진리(基督敎眞理)의 절대성(絶對性)을 확보(確保)해야 할 필요(必要)를 느낀다.

기독교진리(基督敎眞理)의 절대성(絶對性)은 첫째는 우리가 말하는 다원(多元)은 창조주(創造主) 하나님에 의해서 지으심을 받은 피조물(被造物)로서 존재(存在)의 원인(原因)을 창조주(創造主, The Creator) 하나님께로 귀의(歸依)시켜야 하는 하나님의 절대성(絶對性)이 확보(確保)되어야 한다.

두 번째는 범죄(犯罪)하고 타락(墮落)하여 하나님의 심판(審判) 아래 놓여있는 우리 인간(人間)에게는 구원(救援, Salvation)이 예수 그리스도의 십자가 대인속죄(十字架 代人贖罪)에 의해서만 가능(可能)하다는 구원교리(救援敎理)의 절대성(絶對性)이 확보(確保)되어야 한다는 분명한 교리(敎理)를 갖는다.

세 번째는 하나님으로부터 우리에게 주어진 성경(聖經)의 신적(神的)인 권위(權威)에 의한 진리(眞理)의 절대성(絶對性)이 확보(確保)되어야 한다는 것을 명심(銘心)해야 한다.

그러므로 기독교(基督敎)는 처음부터 끝까지 사회윤리적(社會倫理的, Social Moral)인 면과 생명구원(生命救援, Life Salvation)에 대한 문제를 엄연히 구분(區分)하여 이를 타협(妥協)해야 할 것과 배제(排除)해야 할 것을 구분(區分)하고 들어가야 할 것이다.

이런 의미(意味)에서 현대주의(現代主義)의 교리사상(敎理思想)이 맡은바 사명(使命, Mission)과 책임(責任, Responsibility)은 막중(莫重)하다고 해야 할 것이다.

대부분(大部分)의 사람들이 지나치게 현실(現實)에 영합(迎合)하여 자유주의사상(自由主義思想)으로 빨려들고 있어서 성경적인 정통보수주의(正統保守主義)를 지향(指向)하는 신앙인(信仰人)이요 신학자(神學者)라면 이를 결코 방관(傍觀)만 할 수 없다는 것을 절감한다.

이런 의미에서 현대를 살아가는 목회자(牧會者)와 신학자(神學者)와 교회의 지도자(指導者)들은 물론 평신도(平信徒)에 이르기까지 성경의 진리에 바로 서서 재림주(再臨主)로 오실 예수 그리스도의 재림(再臨)에 대비해야 할 것이라고 생각한다.

제1장
급진적인 세속화파의 교리사상
The Dogmatic Thought of the Radical Secularization

기독교(基督敎)의 생명력(生命力)은 성경(聖經)에서 말씀하고 있는 진리(眞理)를 어떻게 받아들이고 따르느냐 하는 성도(聖徒)들의 믿음에 있다.

그 믿음이 단순히 도덕적(道德的)인 행위(行爲)로 나타나야 한다는 차원(次元)을 넘어서 성령(聖靈)의 신비성(神秘性)이 함께 나타나는 초월적(超越的)일 것을 요구(要求)받는다.

왜냐하면 예수 그리스도의 십자가구원(十字架救援)은 도덕적(道德的)인 윤리(倫理)상의 문제가 아니라 하나님의 자의적(自意的)이고 주권적(主權的)인 의지(意志)요 하나님 스스로의 요구(要求)요 하나님의 방법(方法)이기 때문에 하나님과 사람과의 관계(關係)는 신비적(神秘的)인 신앙(信仰)의 방법(方法)이어야 하므로 기독교신앙(基督敎信仰)은 현실적(現實的)인 논리(論理)로서는 해석(解釋)할 수 없는 신비(神秘)스러운 진리(眞理)인 것이다.

기독교(基督敎)도 사회적(社會的)인 윤리질서(倫理秩序)와 도덕(道德)을 강요(强要)하고 있으나 그것은 구원(救援)의 전제조건(前提條件)이 아니라 하나님의 은혜(恩惠)로 구원(救援)을 받았기 때문에 하나님의 영광(榮光)을 위하여 구원(救援)을 받은 자가 당연(當然)히 해야 할 감사(感謝)의 행위(行爲)일 뿐이다.

그리고 하나님을 향하여 사랑의 하나님, 자비(慈悲)의 하나님, 용서(容恕)의 하나님 등으로 얼마든지 관념적(觀念的)인 논리(論理)를 전개(展開)할 수는 있으나 그러한 사상(思想)은 이미 잘못되어 있다는 것을 알아야 한다.

하나님의 사랑이나 하나님의 자비(慈悲)나 하나님의 용서(容恕)는 먼저 하나님의 심판(審判, Judgment)이 함께 포함(包含)되어야 한다는 교리(敎理)를 전제(前提)로 한다.

왜냐하면 죄(罪)의 값은 사망(死亡) 곧 하나님의 정죄(定罪)요 심판(審判)이기 때문에 하나님의 사랑이나 자비(慈悲)나 용서(容恕)는 죄(罪) 값이 지불(支拂)되어야 할 것이 전제(前提)가 된다는 말과도 같다.

그러므로 예수님의 십자가대인속죄(十字架代人贖罪)는 하나님의 사랑과 심판(審判)을 동시(同時)에 포함(包含)하며 이는 곧 하나님을 관념적(觀念的)인 의식(意識)이나 인정(認定)이 아니라 하나님의 실존적실재(實存的實在)가 동시(同時)에 받아드려지는 믿음(信仰, Faith)으로 나타나야 한다는 말이다.

영혼(靈魂)의 구원(救援)이 없는 선(善)이나 의(義)는 하나님의 요구(要求)에 이를 수 없으며 동시(同時)에 거기에는 효과적(效果的)인 하나님의 사랑이나 자비(慈悲)나 용서(容恕)는 포함(包含)될 수 없다는 말과도 같다.

그리고 하나님께서는 우리의 죄(罪) 값을 대신(代身) 지시고 십자가(十字架)에 못 박혀 죽으신 예수 그리스도의 속죄(贖罪) 죽으심을 믿음으로 받아드리는 사람에게만 칭의(稱義, Justification) 곧 하나님의 선언적의(宣言的義)를 베푸신다는 것을 포함(包含)한다.

기독교운동(基督敎運動)은 적어도 그 시대(時代)의 사회(社會)나 역사(歷史)를 책임(責任)져야 할 의무(義務)와 사명(使命)이 있다는 것을 인식(認識)해야 한다.

그러나 이것들이 다원주의적(多元主義的)인 논리(論理)나 또는 공생(共生) 혹은 상생(相生)의 논리(論理)로는 해석(解釋)될 수 없다는 것을 알아야한다.

현대 기독교(基督敎)의 사명(使命)이 막중(莫重)하다는 것은 그만큼 현대인(現代人)들의 생활상(生活相)이 다양(多樣)하고 급진적(急進的)이어서 책임(責任)과 사명(使命)의 막중(莫重)함에 비하여 그것들을 감당(勘當)해 내기가 참으로 어렵기 때문에 위기론(危機論)을 말하게 되는 것이다.

그러므로 우리는 여기에서 급진적(急進的)인 세속화신학(世俗化神學)이나 주장(主張)을 보다 더 면밀(綿密)히 검토(檢討)하여 이에 대비(對備)해야 한다는 책임(責任)을 절감(切感)한다.

특히 기독교(基督敎)의 내부(內部)에서는 극단적(極端的)인 실용주의(實用主義)의 노선(路線)을 받아들이고 오직 물량주의적(物量主義的)인 교회성장(敎會成長)의 논리(論理)로 기독교(基督敎)의 생명구원(生命救援)에 대한 교리(敎理)가 엄청난 현실적(現實的)인 도전(挑戰)을 받고 있는 상황(

狀況)에서 기독교(基督敎)의 진리(眞理)를 바로 지켜나가고 성경에서 말씀하고 있는 교회운동(敎會運動)과 신앙운동(信仰運動)을 일으켜 나가야 한다는 것은 너무도 당연(當然)한 사명(使命)이라는 것을 절감(切感)한다.

1 = 로빈슨과 본훼퍼의 교리사상(敎理思想)

현대판(現代版) 자유주의신학(自由主義神學)의 다양성(多樣性) 가운데서도 급진적(急進的)인 세속화(世俗化)의 바람을 일으킨 신학자(神學者)들을 대표적(代表的)으로 몇 사람 든다면 우선(于先) 본훼퍼(D. Bonhoeffer: 1906-1945)와 로빈슨(J. A. T. Robinson: 1919)을 말하게 될 것이다.

물론 여기에는 하비 콕스(Harvy Cox)나 상황윤리론자(狀況倫理論者)인 죠셉 플레쳐(Joseph Fletcher) 같은 사람도 포함(包含)시킬 수 있을 것이다.

그 가운데서도 특히 영국(英國) 울리치의 감독(監督)이었던 로빈슨과 많은 교리사상(敎理思想)에 대한 논쟁(論爭)을 일으켰던 본훼퍼에 대해서만은 좀 더 구체적(具體的)으로 살펴보고 넘어가는 것이 옳겠다.

그들은 현대신학사상(現代神學思想)에 너무도 많은 영향(影響)을 끼쳤기 때문이다.

1) 로빈슨의 교리사상(敎理思想)

로빈슨은 사실상 20세기 자유주의(自由主義)의 조직신학(組織神學)을 대표(代表)하는 폴 틸리히(Paul Tillich)의 신학사상(神學思想)을 대중화(大衆化)시킨 적극적(積極的)인 폴 틸리히파의 자유주의신학자(自由主義神學者)들 가운데 한 사람이라고 할 것이다.

그는 그의 저서(著書) "하나님에게 솔직히"(Honest to God)를 통해서 그의 사상(思想)을 진솔(眞率)하게 드러내 보여주고 있다.

이 책(冊)은 내용에 비하여 지나칠 만큼 전세계적(全世界的)인 선풍(旋風)을 일으킨 책(冊)이었다.

우선 그는 이 책에서 기독교의 전통적인 교의를 거부하고 획기적인 새로운 사상을 제기하고 이를 다시 대중화 시켜서 신학계에 큰 파문을 일으킨 인물이었다.

그러나 그는 자유주의파(自由主義派) 사람들의 의식성(意識性)에 대한 특징(特徵)은 하나님의 영광(榮光) 같은 것에 대한 문제(問題)가 아니라 사람들의 반영(反映)을 기준(基準)으로 하기 때문에 신학계(神學界)의 시비(是非)나 논란(論難) 같은 것에는 귀도 기울일 필요가 없이 자기의 주장에만 열중(熱中)했다.

로빈슨은 불트만(Bulthman)과 같이 "저 위에 계신 하나님"이라는 개념(槪念)에 대해서 반대(反對)하고 나섰다. 그러한 표현(表現)은 하나님을 지역(地域)에 한계(限界) 시키는 사고(思考)로 과학시대(科學時代)에 맞지 않은 신학(神學)은 필요(必要)가 없다는 식(式)의 논리(論理)였다.

그는 전통적(傳統的)인 교리사상(敎理思想)에 대한 용어(用語)로 하나님을 설명(說明)한다는 것에 대해서 비판적(批判的)이었다.

그는 하나님을 지존(至尊)하시고 전능(全能)하시고 자존(自存)하시는 하나님이라고 쓰는 표현 대신 "궁극적(窮極的)인 실재자(實在者)"라는 말을 사용하자고 주장했다.

로빈슨은 하나님의 초월성(超越性)과 자존성(自存性)에 대해서도 반대(反對)의 입장이어서 사실상 성경에서 말씀하고 있는 살아 계신 하나님이 아니라 그가 말하는 하나님은 철학적(哲學的)인 의미에서의 한 실재(實在)로만 설명(說明)된 셈이다.

그는 본래 발트에게서 성경의 비신화(非神話)의 필요성(必要性)을 배웠고 본훼퍼로부터는 종교성(宗敎性)이 없는 기독교(基督敎)를 채택(採擇)했으며 폴 틸리히로부터는 하나님은 존재(存在)의 근원(根源)이라고 하는 개념(槪念)을 얻었다.

그리고 그의 신관(神觀)에 있어서 하나님이란 전 우주(宇宙)를 포함(包含)하며 그것들 안에 침투(浸透)하여 우주(宇宙)의 모든 부분이 그 안에 존재(存在)하되 범신론(汎神論, Pantheism)과는 달리 그의 하나님의 존재(存在)는 우주(宇宙)보다는 크고 우주(宇宙)에 의해서 소진(消盡)되지는 않는다고 주장했다.

그에 의하면 예수 그리스도는 결코 하나님이 아니며 성육신(成肉身, Incarnation) 같은 것도 있을 수 없는 일이라고 주장했다.

그리고 인간(人間)의 구원(救援)이란 남을 위해서 사는 것이라는 억지 논리(論理)를 전개(展開)했다.

바로 이것이 자유주의(自由主義)에 속한 신학파(神學派)의 사람들이 한결 같이 주장하는 논리(論理)이다.

기도(祈禱) 같은 것도 필요(必要)가 없고 다만 사회참여(社會參與, Social Participation)만 있을 수 있는 일이라고 했다.

사실상 그는 하나님의 존재(存在) 같은 것도 반대(反對)하고 하나님이란 인격적(人格的)인 존재(存在)가 아니라 개인(個人)의 진지한 확신(確信)의 영역(領域)에 속하는 것이며 궁극적(窮極的)인 실재(實在)를 받아들이는 자신의 인식여하(認識如何)에 따라서 유신론(有神論)이 결정(決定)된다고 보았다.

그는 철저히 "인간의 의식(意識) 속의 하나님"이라는 인본주의적(人本主義的)인 신학(神學)의 주창자(主唱者)였다. 또한 거룩이라는 것도 성전(聖殿) 안에 있는 것이 아니라 세속(世俗) 속의 삶의 한 가운데에 있는 것이라고 했다.

그리하여 그는 이웃을 위한 봉사(奉仕)가 그리스도와의 만남이라고 하였고 기도(祈禱)와 윤리(倫理)는 똑 같은 것이라고 하였다.

특히 예수는 이웃을 위한 한 인간(人間)에 불과(不過)하고 남을 위해서 살아준 한 모델이라고 했다.

천국(天國)이라는 것도 여기서 따로 멀리 떨어져 있는 것이 아니라 사람 안에서 자기 존재(存在)의 기반(基盤)과 하나가 되는 것이라고 하였다.

이러한 로빈슨의 주장(主張)은 결국 발트의 교리사상(敎理思想)을 비롯하여 근대신학자(近代神學者)의 대표(代表)로 통하는 리츌이나 하르낙의 교리사상(敎理思想)과도 일치(一致)한 결론(結論)에 이른다는 것을 알게 한다.

물론 위에서 말한 신학자(神學者)들을 따르는 사람들은 애써 자기들의 사상(思想)이 로빈슨의 경우와 같지 않다는 주장을 내세우기는 하지만 "남을 위한 존재(存在)"라는 의미에서는 공통점(共通點)을 갖는다.

이런 의미에서 볼 때에 현대(現代)의 자유주의신학자(自由主義神學者)들의 주장대로라면 사실상 그들에게는 신학(神學, Theology)이라는 것은 없고 오직 윤리(倫理, Ethics)만 있을 뿐이라는 결론(結論)을 갖게 한다.

윤리(倫理)와 신앙(信仰)에 대한 바른 구분(區分)도 못한 것 같은 아쉬운 마음을 낳게 한다. 그들은 학문적(學問的)인 사변(思辨)이나 이론(理論)에는 능했으나 믿음에 대해서는 증험(證驗)상 근처(近處)에도 못가본 사람 같아서 아쉽다.

2) 본훼퍼의 교리사상(敎理思想)

본훼퍼는 본래 칼 발트(Karl Barth: 1886-1968)의 영향(影響)을 받은 사람으로서 하르낙의 제자(弟子)였다가 리츨 파의 자유주의신학(自由主義神學)에 염증(厭症)을 느끼고 신정통주의(新正統主義, New Orthodoxy)로 기울어진 신학자(神學者)였다.

그는 24세의 젊은 나이로 독일(獨逸)의 명문인 베르린 대학(大學)에서 조직신학(組織神學, Systematic Theology)을 강의(講義)하는 교수(敎授)로 임명(任命)되었다.

그는 그 후 미국(美國)으로 건너가서 유니온 신학교(神學校)(Union Theological Seminary)에 몸을 담고 연구(硏究)를 하는 동안 미국(美國)이나 쿠바, 멕시코 등 주변국가(周邊國家)들의 사회문제(社會問題)에 큰 관심(關心)을 가지게 되었다.

그는 다시 독일(獨逸)로 돌아가서 나찌주의(Nazism)에 반대운동(反對運動)을 폈고 고백교회(告白敎會)의 운동(運動)에 앞장섰다가 신학교(神學校)가 나찌에 의해서 폐교(閉校)를 당하는 불행(不幸)을 겪어야 했다.

나찌의 통치(統治) 아래에서는 공개적(公開的)으로 자기의 사상(思想)을 말한다거나 글을 쓸 수 있는 표현(表現)의 자유(自由)가 완전히 차단(遮斷)되어 있었다.

그리하여 1941년 본훼퍼의 모든 저서(著書)들은 출판(出版)이 금지(禁止)되었고 그는 다시 아돌프 히틀러(Adolf Hitler: 1889-1945)의 암살모의(暗殺謀議)에 가담(加擔)했다는 이유로 1943년에 체포(逮捕)되어 옥고(獄苦)를 치르다가 1945년에 처형(處刑)을 당했다.

본훼퍼의 교리사상(敎理思想)은 주로 그의 옥중서신(獄中書信)을 통해서 나타나는데 여기에서 그는 "종교성(宗敎性) 없는 기독교(基督敎) 성숙(成熟)한 세계(世界)에서 사는 성숙(成熟)한 인간(人間)"이라는 개념(槪念)이 명시(明示)되어 있다.

그는 '신도(信徒)의 공동생활(共同生活, Sanctorum Communio)'이라는 박사 학위 논문으로 그는 21세의 어린 나이로 신학박사(神學博士, Doctor of Theology)라는 학위(學位)를 받았는데 그 때에는 종교적(宗敎的)인 경건(敬虔)과 열정(熱情)이 강한 시절이었다.

그의 논문(論文)은 상당히 신선(新鮮)하다고 여겨져서 개신교(改新敎)의 공동체생활(共同體生活)과 신앙고백적(信仰告白的)인 삶을 잘 설명(說明)해주고 있다.

그러나 그의 후기(後期)에 이르러서 그는 과격(過激)한 사람으로 바뀌어서 전통적(傳統的)인 기독교(基督敎)를 공격(攻擊)하기에 이르렀고 소위 세속화신학(世俗化神學)의 선구자(先驅者)로서의 역할(役割)을 하기에 이르렀다.

그는 말하기를 "계몽주의(啓蒙主義, Enlightenment)시대 이후 현대인(現代人)들은 하나님 없이 살아가는 성숙(成熟)한 시대(時代)를 맞이하게 되었다"고 했다.

인간(人間)은 성숙(成熟)하여져서 스스로의 힘으로 자신(自身)의 문제(問題)들을 해결(解決)해 나가고 있으므로 신(神)은 별로 필요성(必要性)이 없게 되었다고 주장했다.

만약에 신(神)이 필요(必要)하다면 그를 죽음이나 고통(苦痛) 그리고 죄악(罪惡)과 관련(關聯)해서만 찾을 것이 아니라 삶의 중심(中心)에 모셔야 한다고 주장했다.

신(神)을 삶의 중심(中心)에 놓는다는 말은 구원(救援)의 의미(意味)를 내세적(來世的)으로가 아니라 현세적(現世的)으로 재해석(再解釋)해야 한다는 뜻이 포함(包含)되는 것이다.

믿음이란 남을 위해서 사신 그리스도의 존재(存在)에 참여(參與)하는 삶인 것이다. 또 교회(敎會)란 인류(人類)의 복지(福祉)와 이웃을 위한 존재(存在)로서만 가치(價値)가 있는 것이다.

그의 신론(神論, Doctrine of God)은 하나님을 객관적(客觀的)이고 인격적(人格的)인 존재(存在)로 보지 않고 주관적(主觀的)인 사람으로 대치(代置)시키려고 했다.

우리가 하나님은 인격적(人格的)인 대상(對象)으로 믿어 그가 우리에게 보여준 그리스도의 십자가(十字架) 사랑에 감격(感激)하여 이웃을 사랑하는 데에서 곧 이웃을 사랑하는 자아(自我)

의 희생적(犧牲的)인 사랑 자체(自體)가 하나님이라는 의미(意味)이다.

그는 그리스도를 "남을 존재(存在)"로 해석(解釋)하였으니 이것은 철저히 발트에게서 배운 것들이었다.

발트의 교리학(教理學)에서 화해론(和解論)은 기독론(基督論) 그 자체인데 거기서 발트의 결론(結論)은 남을 위한 삶으로서의 이신칭의(以信稱義)로 몰아가고 이웃 사랑을 위해서 자신(自身)을 희생(犧牲)하신 그리스도를 본(本)받는 윤리신학(倫理神學)으로 끝이 난다는 것을 알 수 있다.

이 신학(神學)이 그대로 본훼퍼에게서 재현(再現)되는 것이다.

그는 "종교(宗敎)란 불필요(不必要)하고 그리스도와의 만남만이 중요(重要)하다고 하는데 이 만남이 바로 그리스도를 본(本)받아서 남을 위해서 사는 것이다"라고 하였다.

본훼퍼는 개인(個人)의 영혼구원(靈魂救援)에 대한 문제(問題)를 무시(無視)하고 사회개혁(社會改革)과 사회참여(社會參與)만을 강하게 주장했다.

그리하여 오늘날 급진주의(急進主義)의 신학자(神學者)들에게 별미(別味)를 제공(提供)해 주었다. 해방신학(解放神學)도 그에게 빚진바가 많을 것이다.

사람을 변화(變化)시키기 보다는 사회(社會)를 변화(變化)시키는 것이 급선무(急先務)라고 생각하는 사람들은 누구나 본훼퍼를 환영(歡迎)할 수밖에 없는 것이다

그러나 개인(個人)의 회개(悔改)와 영적(靈的)인 구원(救援)이 없이는 사회(社會)의 구원(救援)은 불가능(不可能)하다는 사실을 알아야한다. 문제는 구원(救援)의 개념(概念)에 대한 바른 이해(理解)가 전제가 되어야 한다는 것을 알아야 한다는 말이다.

본훼퍼가 교회(教會)의 사명(使命)을 영적(靈的)인 차원(次元)에 두지 않고 사회참여(社會參與)와 사회(社會)의 개혁(改革)에 두었기 때문에 결국 교회(教會)와 사회(社會)의 구별(區別)과 질서(秩序)가 없어지고 말았다.

교회(教會)는 철저하게 영적(靈的)인 것이며 신령(神靈)한 성격(性格)을 가지고 있는데 이 같은 종교개혁(宗敎改革)의 전통(傳統)을 무시(無視)하고 사회주의적(社會主義的)인 사고(思考)로 설명(說明)을하고 접근(接近)한다는 것은 분명(分明)히 잘 못되었다는 것을 알아야 한다.

교회(教會)가 사회문제(社會問題)에 대하여 관심(關心)을 가지고 봉사(奉仕)를 할 수는 있어도

신학(神學) 그 자체(自體)가 본훼퍼의 경우와 같이 되면 잘못되었다는 것이다.

교회(敎會)는 사회참여(社會參與)를 주목적(主目的)으로 하는 것이 아니라 영혼(靈魂)의 구원(救援)과 그리스도의 제자양육(弟子養育)을 해야 하는 것이 더 큰 사명(使命)인 것이다.

그리스도의 참 제자(弟子)가 되어야 사회(社會)를 변화(變化)시킬 힘과 목표(目標)를 가지게 되는 것이지 사회(社會)의 변화(變化)를 먼저 주장(主張)한다는 것은 인간(人間)의 죄(罪)와 타락(墮落)에 대한 것을 무시(無視)한다거나 외면(外面)한 인본주의적(人本主義的)인 행동(行動)이 나타날 수밖에 없는 것이다.

본훼퍼가 주장한 기독교(基督敎)의 비종교화운동(非宗敎化運動) 혹은 "하나님 앞에 하나님 없이"같은 운동(運動)은 순전히 윤리신학 (倫理神學, Ethical Theology)이요 도덕운동(道德運動, Moral Campaign)에 불과한 것이다.

그는 하나님의 초월성(超越性)은 무시(無視)하고 내재(內在)만 주장(主張)하는 이신론(理神論, Deism)과도 같은 맥락(脈絡)에서 신학(神學)을 전개(展開)하고 있다는 것을 알게 한다.

그리스도의 구속(救贖)이 성경(聖經)의 중심진리(中心眞理)인데 그는 그리스도의 윤리적(倫理的)인 모방(模倣)만을 내세우고 있어서 기독교(基督敎)에 대한 바른 이해(理解)에 미치지 못하고 있다는 비판(批判)을 받게 한다.

즉 본훼퍼는 유명한 신학자(神學者)는 될지라도 성경적인 신앙(信仰)은 전혀 없는 사람이라는 자기고백(自己告白)을 하고 있다.

이것은 과거(過去)에 경건주의(敬虔主義)가 "기독교(基督敎)는 교리(敎理)가 아니라 생활(生活)이다"라고 하는 주장(主張)을 했다가 그것이 자유주의(自由主義)에로의 문(門)을 열어준 오류(誤謬)의 결과(結果)를 범(犯)하게 했다는 것을 후회(後悔)한 것과 다를 바 없다.

경건(敬虔)은 교리(敎理)가 기초(基礎)되어야 경건(敬虔)으로 나타나며 윤리운동(倫理運動)은 영혼구원(靈魂救援)의 기초(基礎)위에서 행해져야 한다는 것을 명심해야 할 것이다.

특히 현대자유주의(現代自由主義)에 속한 신학자(神學者)들 사이에서 기독교운동(基督敎運動)을 사회운동(社會運動)으로 착각(錯覺)하여 성경(聖經)에서 말씀하고 있는 진리(眞理)의 요구(要求)와는 달리 완전히 사회주의운동(社會主義運動)의 한 수단(手段)이요 방편(方便)으로 착각(錯覺)을 하고 있다는 것은 매우 유감(遺憾)스러운 일이라고 하지 않을 수 없다.

언제나 기독교(基督敎)의 생명구원운동(生命救援運動)과 메시아 왕국(王國)의 건설(建設)을 위한 하나님의 교회(敎會)라는 신령(神靈)한 공동체운동(共同體運動)은 전혀 세속적(世俗的)인 것이 아니라 오히려 세상(世上)을 거슬러서 하나님의 뜻을 이루는데 있다는 것을 한시라도 잊을 수가 없다.

신앙(信仰)과 신학(神學)의 전통(傳統)과 정통성(正統性)을 유지(維持)하기 위해서 보수주의(保守主義, Conservatism)를 지향(指向)한다는 것은 참으로 힘들고 어려운 일이다.

그러나 그것이 하나님의 요구(要求)요 명령(命令)이라면 우리는 당연(當然)히 이 길을 택(擇)해야 하고 이를 위해서 충성(忠誠)을 다바쳐야 할 것이다.

신학적(神學的)인 보수주의(保守主義)를 고집(固執)하는 우리들의 입장(立場)에서 생각 할 수 있는 것은 이토록 중차대(重且大)한 과업(課業)을 하나님께서 하필이면 이토록 부족(不足)하고 모자란 우리에게 이 사명(使命)과 책임(責任)을 맡기셨다는 것을 감사(感謝)하면서 충성(忠誠)을 다해야 할 것이라는 다짐을 새롭게 한다.

하나님의 교회(敎會)를 맡아서 목회(牧會)를 하고 있는 목사(牧師)들을 비롯하여 신학자(神學者)들과 교회의 지도자(指導者)들과 평신도(平信徒)의 한 사람에 이르기까지 예배당(禮拜堂)에 열심히 다니는 우리교회 운동이 아니라 성경대로 예수를 믿는 교회운동에에 열심(熱心)과 충성(忠誠)을 다해야 할 것이다.

내가 믿는 하나님은 영원히 살아계신다.

그 하나님께서 항상 나와 함께 하신다.

그 하나님께서 나를 들어 쓰신다.

그러므로 나는 그 하나님을 위해서 일을 한다. 죽도록…!

2 ≡ 사신신학(死神神學)에 대하여

지금에 와서 우리가 부디 사신신학(死神神學) 같은 것을 논(論)한다는 것은 별로 큰 의미(意味)가 없는 것 같다는 비판적(批判的)인 항의(抗議)를 받을 수도 있다.

그러나 사신신학(死神神學)은 그것이 비단 1960년대를 중심으로 유포(流布)되다가 없어진 일과성(一過性)의 논쟁(論爭)으로 끝나 버린 신학적(神學的)인 사상(思想)이 아니라 사실은 지금도 우리들 가운데서 알게 모르게 많은 영향(影響)을 수고 있는 잠목적(潛伏的)인 사상(思想)으로 보아서 이에 대한 바른 판단(判斷)과 그 신학적(神學的)인 정체성(正體性)을 반듯이 규명(糾明)하고 넘어가야 할 필요(必要)를 느낀다.

소위 사신신학자(死神神學者)라고 하는 사람들이 주장하는 바에 따르면 주로 전통적(傳統的)인 기독교(基督敎)에서 말하는 신(神)은 죽었고 현대인(現代人)들의 언어구조(言語構造)속에서 신(神)은 이미 죽은 것과 같다는 주장이다.

그들에 의하면 전통적(傳統的)인 존재론(存在論, Ontology, Existence)을 부인(否認)하고 불트만(Rudolf Bultmann: 1884-1951?)이 주장하는 "비신화론(非神話論)"과 본훼퍼(D. Bonhoeffer: 1906-1945)의 "하나님 없는 삶"을 배워서 그들 특유(特有)의 무신론신학(無神論神學)을 주장하고 나섰다.

우리가 아는 대로 사신론(死神論)의 신학자(神學者)로 알려진 가브리엘 바하니안(Gabriel Bahanian)은 소르본느 대학(大學)과 프린스톤 대학(大學)에서 공부(工夫)를 한 사람이다.

그 후 그는 프린스톤과 시라큐스 대학(大學)에서 교수(教授)로 학생(學生)들에게 강의(講義)를 했다.

그는 "지금 우리 사회(社會)가 현대과학(現代科學)의 시대(時代)를 맞이하여 기독교(基督敎) 이후의 시대에 서 있다고 주장했다.

그는 계속해서 또 다음과 같이 주장했다.

"이제 하나님은 더 이상 필요(必要)하지 않으며 그는 죽은 것이다"라고 독설(毒舌)과 불경(不敬) 스러운 말로 하나님의 이름을 모독(冒瀆)했다.

하나님은 기독교문화(基督敎文化)안에서 더 이상 초월적(超越的)인 존재(存在)가 아니고 하나님의 계명(誡命)은 인간(人間)들 속에 스며들어 합병(合併, Combination)된 것이라고 주장했다.

그 자신이 하나님을 부인(否認)하는 자는 아니라고 하면서도 세속적(世俗的)인 의미(意味)에서 하나님의 죽음을 논(論)하고 있다는데 문제(問題)가 있다.

윌리암 함일튼 (William Hamilton)은 침례교단(浸禮敎團)에 속한 사람으로서 뉴욕의 콜게이트에 자리하고 있는 로체스터 침례교신학교(浸禮敎神學校, Rochester Baptist Theological Seminary)에서 강의(講義)를 하기도 한 사람이다.

그는 주장하기를 "과거(過去) 약 200년 동안의 서양사(西洋史)는 문화적사변(文化的事變)으로서의 하나님의 죽음이 일어났다"고 말했다.

그는 인간이 하나님으로부터 어떤 도우심을 받기를 기대(期待)하지 말아야 하며 하나님이 죽었다는 사실에 적응(適應)해야 할 것이라고 주장했다.

인간은 이제 그의 문제를 세속적(世俗的)인 세계(世界) 속에서 풀어나가야 할 것이다. 이제 인간(人間)은 불안(不安)과 공포(恐怖)와 자기의 의(義)에서 구원(救援)할 신(神)이 없으며 그런 신(神)이 있어야 할 필요(必要)가 없다고도 했다.

인간(人間)이 신(神)을 필요(必要)로 하지 않는 이유는 현대과학(現代科學)과 기술(技術)이 크게 발달(發達)하였기 때문이다.

이제 기독교(基督敎)에 남아야 할 것은 하나님이 없이 그리스도로부터 배운바 윤리(倫理, Ethics)뿐이라고 한다. 오늘날에 기독교인(基督敎人)들이 해야 할 일은 역사적(歷史的)인 신학(神學)과 종교(宗敎)에서 떠나 세상(世上)으로 돌아오는 것이라고 하는 주장이다.

여기에서도 역시 윤리주의(倫理主義)가 등장(登場)하는 것을 본다.

모든 자유주의(自由主義)에 속한 신학자(神學者)들의 공통점(共通點)은 한결 같이 윤리신학(倫理神學)을 가지고 정통적(正統的)인 기독교(基督敎)를 공격(攻擊)하는 것이다.

하나의 일리(一理) 있는 윤리체계(倫理體系)를 가지고 전 기독교(全基督敎)의 초자연적(超自然的)이고 형이상학적(形而上學的)인 진리(眞理)들을 부정(否定)하는 것이 자유주의(自由主義)에 속한 신학자(神學者)들의 똑 같은 수법(手法)이다.

그런데 사신신학(死神神學)이 신학계(神學界)에 널리 알려지게 된 것은 알타이저(T. Altizer)에 의해서였다.

그의 기독교(基督敎)의 무신론복음(無神論福音) The Gospel of Christian Atheism)이 출

판(出版)됨으로써 본격적(本格的)으로 사신신학(死神神學)이라는 이름이 자주 등장(登場)하게 되었다.

그는 이 책(冊)에서 신(神)의 죽음을 선언(宣言)하였으며 양극일치론(兩極一致論) 곧 "상반(相反)되는 것들의 일치(一致)"라는 것을 주장하였다. 다시 말해서 신(神)의 부정(否定)은 곧 긍정(肯定)과 통(通)한다는 것이다.

신(神)의 죽음을 받아드리는 것은 곧 새로운 자유(自由, Freedom)를 얻는 것이라고 한다.

그는 과거(過去)의 신(神)에 대한 개념(槪念)을 버릴 것을 주장하고 전통적(傳統的)인 신관(神觀)을 배제(排除)할 것을 호소했다.

초월적(超越的)인 신(神)은 죽었고 그 자리에 "말씀"이 나타나야 한다고 하였다. 이 "말씀"은 무신론(無神論)의 복음(福音)이다.

그는 이 시대(時代)의 혼란(混亂)에서 도피(逃避)하고 교회적(敎會的)인 전통(傳統)에 숨어버리는 일은 옳지 않다고 주장했다.

대신 신(神)의 죽음을 인정(認定)하고 현세(現世) 속에서 그리스도의 세속적(世俗的)인 형태(形態)를 분별(分別)해야 한다고 하였다.

그는 개혁파(改革派)에 속한 신학자(神學者)들처럼 신학(神學)의 재료(材料)를 성경(聖經)과 신조(信條)에서 찾는 것이 아니라 현대(現代)의 세속적지성(世俗的知性)에서 찾았다.

그는 헤겔파의 사람 니체(Nietzsche, F. W.: 1844-1900)가 급진적(急進的)인 기독교인(基督敎人)이라고 하고 새 시대(時代)의 선지자(先知者)들이라고 하였다.

그는 또 동양 종교와 철학에 매혹되어 기독교와의 종합을 시도하였다.

알타이저는 니체의 말을 인용(引用)하여 기독교적(基督敎的)인 서양문명(西洋文明)의 기초(基礎)는 이미 무너졌으며 전통적(傳統的)인 가치개념(價値槪念)은 이제 무의미(無意味)한 것이라고 주장(主張)했다.

기독교(基督敎)의 신학(神學)이라는 것도 서구문명(西歐文明)의 산물(産物)이라고 할 뿐이었다.

그리하여 전통적(傳統的)인 기독교(基督敎)는 현대인(現代人)들에게 아무 의미(意味)가 없다는 것이다. 현대신학(現代神學)에 있어서 전통적(傳統的)인 신론(神論)에 대한 침묵(沈默)을 하는 것

자체가 과거(過去)의 신(神)은 죽었다는 것을 암시(暗示)한다고 보았다.

그는 아직도 소용(所用)이 있는 개념(槪念)은 천국(天國)에 대한 개념(槪念)인데 그것이 종말론적(終末論的)인 성격(性格)을 띠고 있으므로 신앙(信仰)은 종말론적(終末論的)이어야 한다고 하고 전통적(傳統的)인 기독교(基督敎)는 종말론적(終末論的)인 신앙(信仰)을 경시(輕視)하였다고 한다.

그렇게 된 이유는 하르낙이 주장한 대로 기독교(基督敎)가 헬라화(化) 하였기 때문이라는 것이다.

천국복음(天國福音)의 종말론적(終末論的)인 이해(理解)를 바로 하려면 서구문명(西歐文明)이 아닌 다른 문화(文化)와 종교(宗敎)가 필요한 그것이 바로 대승불교(大乘佛敎)의 사상(思想)이라고 엉뚱한 말을 하였다.

그리하여 그는 종교다원론(宗敎多元論)에로의 길도 열어 놓았다.

일타이저는 그리스도가 십자가(十字架)에서 죽은 것이 곧 하나님의 죽음이라고 하고 하나님의 죽음은 역사적(歷史的)인 사실(事實)이라고 극단적(極端的)인 말도 서슴지 아니하였다.

하나님은 우리의 시대(時代)에 우리의 역사(歷史) 속에서 우리의 존재(存在)에서 죽은 것이다.

그는 불교(佛敎)의 허무주의(虛無主義)에서 주객관(主客觀)을 초월(超越)한 한 실재(實在)로 나아가는 양극일치론(兩極一致論)을 배워서 이 세상(世上)이 새로운 의식(意識)을 통하여 볼 때에는 옛 창조(創造)로 보이지만 종말론적(終末論的)인 신앙(信仰)과 아가페로 볼 때에는 천국(天國)으로 보인다면서 세상(世上)과 천국(天國)은 같은 것이라고 하였다.

그러므로 알타이저는 내세(來世)를 부인(否認)하고 있으며 천국복음론(天國福音論)같은 것은 하나의 언어(言語)의 유희(遊戱)로서 아무 것도 아닌 것을 깊은 진리(眞理)라도 되는 듯이 표현(表現)하는 불교철학적(佛敎哲學的)인 논리(論理)로서 기독교(基督敎)의 무신론(無神論)을 전개(展開)하였다.

또 하나님에 대한 이야기는 곧 사람에 관한 이야기이므로 하나님이라는 용어(用語)가 없어도 복음(福音)의 핵심적(核心的)인 메시지는 전달(傳達)될 수 있다는 것이다.

인간(人間)의 역사(歷史)와 인간(人間)의 삶과 동떨어진 순전히 사색적(思索的)인 대상(對象)으로서의 하나님을 논(論)할 수 없으므로 신(神)에 관한 모든 논의(論議)는 인간(人間)에 관한 논의(論議)로 해석(解釋)되어져야 한다고 하였다.

교회사(敎會史)는 하나님에 관한 역사(歷史)라기보다는 우리 인간(人間)들로 구성(構成)된 교회(敎會)의 역사(歷史)인 것이다.

기독론(基督論)의 경우도 예수 그리스도의 품격(品格)과 본질론(本質論)은 무의미(無意味)하고 오직 사회(社會)를 위하여 그리스도가 무엇을 하였느냐가 중요(重要)한 것이라고 한다.

예수 그리스도의 부활(復活)도 역사적(歷史的)으로 일어난 하나의 사건성(事件性)에 그 중요성(重要性)이 있는 것이 아니라 예수 그리스도가 제자(弟子)들에게 남겨준 감화(感化)가 귀한 것이다.

예수를 주(主)로 고백(告白)한다는 것은 예수의 생애(生涯) 속에서 나타난 자유(自由)를 우리도 누리겠다는 다짐일 뿐이다.

예수의 독특성(獨特性)은 그의 대속적(代贖的)인 죽음이나 부활(復活)에 있는 것이 아니고 그가 자유(自由) 하였으며 그 자유(自由)로 제자(弟子)들을 자유(自由)하게 하였다는데 있다.

그는 성경(聖經)이 신화(神話)이며 성경(聖經)이 말하는 신(神)에 대하여 우리가 말하는 것이 불가능(不可能)하고 아무런 의미(意味) 없는 일이라고 하였다.

세속적(世俗的)인 사람들은 경험(經驗)을 의존(依存)하고 실용적(實用的)으로 생각한다는 것이다.

그는 언어(言語)의 분석(分析)이 중요(重要)하다고 하면서 분석철학(分析哲學)은 오늘날 우리로 하여금 경악(驚愕)하게 하고 생각(生覺)을 명료(明瞭)하게 하여준다고 하였다.

그는 현대신학(現代神學)에서 신(神)이라는 용어(用語)를 사용하지 말 것을 주장하고 아이어(A. J. Ayer)가 주장 한 분석철학(分析哲學, Analysis Philosophy)을 의지(依支)하여 형이상학적(形而上學的)인 언어(言語)의 사용(使用)을 거부(拒否)하였다.

아이어는 어떤 문장(文章)이 지닌 내용(內容)이 의미(意味)가 있으려면 먼저 두 가지를 충족(充足)해야 하는데 그것은 문장(文章)의 내용(內容)이 수학적(數學的)이거나 논리적(論理的)이어야 한다는 것과 그것이 경험적(經驗的)인 사실(事實)에 근거(根據)해야 한다는 것이었다.

이런 의미에서 전통적(傳統的)인 신학(神學)이 말하는 신(神)에 관한 개념(概念)은 받아드릴 수 없다는 것이다. 그는 기타(其他)의 다른 언어분석학자(言語分析學者)들과 철학자(哲學者)들을 인용(引用)하고 있으나 이것도 대동소이(大同小異)하며 하나님이라는 존재(存在)를 더 이상으로 초월적(超越的)인 존재(存在)로 찾지 말고 성경(聖經)에 기록(記錄)된 대로 믿지 말자는 주장인 것이다.

우리가 부디 사신론(死神論)의 주장(主張)이나 교리적(敎理的)인 사상(思想)에 대해서 논(論)해야 할 가치(價値)조차도 없다고 본다.

이에 대한 것은 새롭게 논쟁(論爭)을 해야 할 필요(必要)조차도 없으나 이미 드러난 사상(思想)이기 때문에 짚고 넘어가야 한다는 것일 뿐이다.

또한 분명한 것은 역사적(歷史的)인 현실(現實)이 이러한 잘못된 주장(主張)이나 사상(思想)까지를 논(論)하도록 사회주변(社會周邊)의 상황(狀況)이 급변(急變)하고 있다는데 경각심(警覺心)을 가지고 이에 대비(對備)하여야 한다는 사명감(使命感)만은 절감(切感)한다.

어느 때에든지 어떠한 어려운 일이 있을 때에는 하나님의 말씀인 성경책(聖經冊)을 미리 경계하신 말씀들을 상고(詳考)해 보아야 한다.

그리고 흘러간 역사(歷史)를 한 번 더 깊이 생각해보면서 시대적(時代的)인 변천사(變遷史)를 통하여 현재(現在)를 알고 다가오는 미래(未來)에 대비(對備)하는 지혜(智慧)를 배워야 한다.

특히 구약성경은 이러한 역사적(歷史的)인 사건(事件)들을 수없이 우리에게 증언(證言)해주고 있다.

"근신(勤愼)하라. 깨어라. 너희 대적(對敵) 마귀(魔鬼)가 우는 사자(獅子)같이 두루 다니며 삼킬 자를 찾나니, 너희는 믿음을 굳게 하여, 저를 대적(對敵)하라. 이는 세상(世上)에 있는 너희 형제 (兄弟)들도 동일(同一)한 고난(苦難)을 당하는 줄을 앎이니라. 모든 은혜(恩惠)의 하나님 곧 그리스도 안에서 너희를 부르사 자기의 영원(永遠)한 영광(榮光)에 들어가게 하신 이가 잠간 고난(苦難)을 받은 너희를 친히 온전(穩全)케 하시며 굳게 하시며 강(强)하게 하시며 터를 견고(堅固)케 하시리라(벧후5:8-11)."

사실상 과정신학(過程神學, Process Theology)이라는 말은 과거(過去)에는 그 용어(用語)조차도 거의 없었던 생소(生疎)한 신학(神學)의 학설(學說)이다.

그러나 조직신학(組織神學, Systematic Theology)에 있어서 신론 (神論, Doctrine of God)에 대한 일대격변(一大激變)이라고 할 만큼 충격적(衝擊的)이고 위험(危險)스러운 현상(現狀)으로서 현대(現代)의 신학계(神學界)에 있어서 상낭히 주목(注目)을 받고 있는 신학적(神學的)인 이론(理論)이기 때문에 한 번쯤은 싶고 넘어가야 할 눈제라고 생각한다.

여기에서 논(論)하려고 하는 과정신학(過程神學)이라는 것은 화이트헤드(A. N. Whitehead: 1861-1947)라는 철학자(哲學者)로부터 나온 사상(思想)으로서 그의 신학(神學)의 핵심적(核心的)인 골격(骨格)은 "세계(世界)의 형상(形狀)과 유통(流通)"(The Formation and the Flowing of the World)이라는 이론(理論)을 근거(根據)로 하여 설명(說明)되고 있다.

고대(古代)로부터 철학자(哲學者)들은 이 세상(世上)을 고정(固定) 된 것으로 생각하였고 신(神)은 정적(靜的)인 존재(存在)로서 자기자신(自己自身)은 움직이지 않고 남을 움직이게 한다는 소위 "만물(萬物)의 제1 원인(原因) (The First Cause of the All Things)" 정도(程度)로만 생각하여 왔다.

그런데 화이트헤드는 이에 반(反)하여 "세계(世界)는 동력적(動力的)이고 항상(恒常) 수시로 변(變)하며 생성(生成, Becoming)은 존재(存在)를 포함(包含)한다"는 사상(思想)을 전개(展開)했다.

심지어 그는 하나님까지도 이 생성(生成)에 포함(包含) 시켰다.

그리하여 그는 범재신론(汎在神論) 혹은 범신내주의(汎神內主義, Panentheism)라는 새로운 용어(用語)를 쓰기 시작했다.

과정신학(過程神學, Process Theology)은 헤겔(Hegel, George W. F.: 1770-1831)에게서도 찾아볼 수 있는데 헤겔은 우주(宇宙)가 불완전(不完全)한 것이며 항상 변화(變化)되어가고 있다고 주장했다.

헤겔에 의하면 실재(實在, Reality)란 끝임없는 정반합(正反合)의 변증법적(辨證法的) 운동(運動)이라고 주장했다.

헤겔의 철학(哲學)에서 합(合, Synthesis)이라는 것은 창조적진화(創造的進化)의 단계(段階)가 결코 끝나지 않고 정적(靜的)이지 않으며 변화(變化)하지 않는 과정(過程, Process) 그 자체이다.

과정신학(過程神學)의 기초(基礎)를 닦아 준 철학자(哲學者) 화이트헤드는 말하기를 "실재(實在)란 항상 움직이는 것이며 역동적(力動的)인 것이다"라고 주장했다.

하나님도 역시 변화(變化)하는 활동(活動)으로서 구성(構成)되는 분이라고 하였다. 성경적(聖經的)인 삼위일체(三位一體) 하나님에 대한 불경(不敬)과 모독(冒瀆)하는 말을 그의 철학적(哲學的)인 사상(思想)으로 대치(代置)하고 있는 우(愚)를 범하고 있다.

그는 세계(世界)는 유동적(流動的)인 보편활동(普遍活動)이라고 정의(定義)하고 과정(過程, Process)이 바로 세계(世界)의 법칙(法則)이라고 주장했다.

만유(萬有)는 생성(生成)의 순환(循環, Circulation)속에 있으며 모든 것은 변화(變化)하는 것이라고 하였다. 화이트헤드는 모든 것이 변화(變化)하고 생성중(生成中)에 있는데 여기에는 신(神)도 예외(例外) 없이 포함(包含)된다는 주장이다.

그는 신(神)에게는 두 가지의 측면(側面)이 있어서 소위 양극적(兩極的)이라고 하였다.

신(神)의 원초적(原初的)인 본성(本性)은 영원(永遠)한 대상자(對相者)들에만 관련(關聯)하고 신(神)의 내재적(內在的)인 본성(本性)에서는 세상(世上)과 관련(關聯)된다고 하였다.

바로 이 내재적본성(內在的本性)에서 신(神)은 끊임없이 세상(世上)을 구원(救援)하고 또 보존(保存)하는데 결코 도달(到達)되지 않는 것이라고 하였다.

그는 이 같이 하나님에 대해서 양극성(兩極性)으로 표현(表現)하였으니 영원(永遠)과 임시(臨時) 무한(無限)과 유한(有限) 실제계(實際界)에 있어서 추상적(抽象的)인 개념(概念)과 구체적(具體的)인 물질화(物質化)의 양극성(兩極性)으로 말한 것이다.

그러므로 화이트헤드에게 있어서 하나님이란 비인격적(非人格的)인 힘이요 진화(進化) 뒤에 있는 조정적(調整的)인 힘이다. 그리고 자연(自然)과 함께 변화(變化)하는 활동적(活動的)인 존재(存在)이다.

하나님은 전능(全能)하신 분이 아니고 미래(未來)를 형성(形成)하여 나아가는데 있어서 인간(人間)과 협력(協力)하는 분이실 뿐이다. 그러므로 신(神)이라는 존재(存在)는 자신(自身) 안에서 세상(世上)을 포함(包含)하는 활동적(活動的)인 실체(實體)이다.

그리고 신(神)은 자신(自身)과 세상(世上)이 소유(所有)하고 있는 창조성(創造性)을 통하여 피조물(被造物)들과 함께 성장(成長)하고 함께 고난(苦難)을 받는 존재(存在)이다.

과정신학자(過程神學者)들 가운데서 가장 널리 알려져 있는 신학자(神學者)로는 챨스 하트숀(Charles Hartshorn)을 들 수 있다.

하트숀은 전통적(傳統的)인 신(神)에 대한 개념(槪念)을 거부(拒否)하고 하나님은 단지 세상(世上)에 상호의존적(相互依存的)인 상태(狀態)에서 사상(思想)과 함께 협력(協力)하면서 일하는 세상(世上)의 감독(監督)이라고 하였다.

그리하여 그는 하나님에 대하여 말하기를 "필연적(必然的)인 존재(存在)"라고 불렀다.

하나님은 비인격적(非人格的)인 존재(存在)로서 실재(實在)들의 연속(連續)인데 세계(世界)의 원인자(原因者)라고 하였다.

하트숀은 화이트헤드처럼 신(神)이란 변(變)치 않는 실체(實體)가 아니고 우주(宇宙)의 생성과정(生成過程)과 인류(人類)의 삶과 고난(苦難)에 계속적(繼續的)으로 참여(參與)하면서 자신(自身)을 발전(發展)시키고 완성(完成)하여 나아가는 존재(存在)라고 하였다.

그는 자연신학(自然神學)에 의해서 하나님에 대한 개념(槪念)을 설명(說明)하고 있으며 기독교(基督敎)의 초자연주의(超自然主義)를 부정(否定)하였다.

죤 캅(John Cobb) 같은 사람은 다시 옛 자유주의(自由主義)로 돌아가서 인간(人間)의 낙관론(樂觀論)에 빠졌는데 그는 신(神)을 하나의 통일체(統一體)로 보고 살아있는 인격(人格)으로 보았다.

그러므로 그는 화이트헤드의 양극론(兩極論)을 거부(拒否)하였다.

그가 신(神)의 인격성(人格性)을 말했지만 범신론(汎神論)에 기울어져서 하나님은 이 세상(世上)안에 있고 세상(世上)은 하나님 안에 있으며 하나님으로부터 존재(存在)한다고 하였다.

이것은 유신론(有神論)과 범신론(汎神論)을 합성(合成)시킨 사상(思想)이라고 할 것이다.

그는 악(惡)을 설명(說明)하기를 창세기 3장에 의하여 하지 않고 진화(進化)의 과정(過程)에서 삶의 발생(發生)과 자유(自由)와 자의식(自意識)과 이성(理性)을 일으키는 가치(價値)로서 해석하였다.

마치 폴 틸리히가 인간(人間)의 타락(墮落)을 문화(文化發展)의 계기(契機)로 본 것과 같다. 악(

惡)을 악(惡)으로 보지 않고 진화(進化)의 과정(過程)으로 가는 한 요소(要素)로 보는 것이다.

결국 과정신학(過程神學)의 주장자(主張者)들은 하나님의 존재(存在)를 고정(固定)된 것으로 보지 않고 유동적(流動的)인 것으로 보고 하나님도 변화(變化)하는 존재(存在)라는 점을 강조한 것이다.

그들은 특히 예수 그리스도의 성육신(成肉身)이 하나님의 변화(變化)에 있어서 가장 대표적(代表的)인 사건(事件)이라고 주장하면서 더 이상(以上) 하나님을 무고통성(無苦痛性)의 신(神)으로 혹은 무시간적(無時間的)인 영원(永遠)한 보좌(寶座)의 움직이지 않는 방관자(傍觀者)로 보지 말라는 것이다.

과정신학(過程神學)은 하나님의 초월성(超越性)을 무시(無視)하고 내재성(內在性)만을 강조(強調)하는 이신론(埋神論)과도 유사(類似)하며 우주(宇宙)와 하나님을 동일시(同　視)하는 범신론(汎神論)에 가까운 범제신론(凡諸神論)이다.

성경(聖經) 말씀에 의하면 하나님은 그의 창조물(創造物)들과는 구별(區別)되시고 모든 피조물(被造物)들을 그의 섭리(攝理)로서 다스리시며 우주만물(宇宙萬物)들을 직접적(直接的)으로 통치(統治)하시는 분이시지 결코 우주(宇宙)와 동일시(同一視)될 수 없으신 살아계신 실재자(實在者)시요 실존자(實存者)이시다.

하나님은 온 우주(宇宙) 안에 편재(遍在, Omnipresence)하시나 초월(超越, Transcendence)하여 계시는 분이시기도 하다.

하나님께서 우주(宇宙) 안에 편재(遍在)하여 계신다는 것도 하나님이 우주(宇宙)와 동일시(同一視)되거나 우주(宇宙)가 그의 몸이라는 말은 아니다.

여성신학(女性神學)이나 과정신학(過程神學)은 우주(宇宙)를 하나님의 몸으로 보고 창조주(創造主) 하나님의 출산(出産, 分出)으로 보는 데에서 문제(問題)가 있다.

사실상 과정신학(過程神學)의 목적(目的)은 하나님과 세상(世上)과의 친화(親和)를 전제로 하고 있는데 분명한 것은 하나님은 이 세상의 창조주(創造主, The Creator)요 이 세상만물(世上萬物)은 모두 다 하나님에 의해서 지으심을 받은 피조물(被造物, The Creatures)과의 관계(關係)로서 어머니의 뱃속에 있는 태아(胎兒)와 산모(産母)와의 관계(關係)와 같은 것은 결코 아닌 것이다.

한 마디로 말해서 과정신학(過程神學)은 우주(宇宙)를 너무도 높여 보고 우주(宇宙)의 배후(背後)에 또는 그 안에 함께 계신 하나님을 우주(宇宙)안에서만 보려는 오류(誤謬)를 범한 것이라고 단정한다.

적어도 기독교(基督敎)의 바른 전통(傳統)과 정통성(正統性)을 유지(維持)하기 위해서는 신론(神論)에 대한 신학적(神學的)인 바른 사상(思想)이 투철(透徹)하게 세워저 있지 않고서는 결코 바른 신학(神學)이나 성경적인 바른 신앙(信仰)에 이를 수 없다는 것을 알아야 한다.

솔직하게 말해서 자유주의신학(自由主義神學)이나 과정신학(過程神學)같은 것이 어떻게 하나님을 말하고 예수 그리스도와 십자가(十字架)를 말하고 하나님의 교회(敎會)를 말하고 성경(聖經)을 말하고 믿음을 말할 수 있는 가하는 의문(疑問)이 있을 뿐이다.

특히 그러한 신학(神學)을 주장하는 사람들이 소위 기독교(基督敎)의 목사(牧師)요 신학자(神學者)라고 할 경우 부디 기독교(基督敎)를 선택(選擇)한 이유(理由)가 무엇이며 성경(聖經)은 무엇 때문에 읽고 예수 그리스도와의 관계(關係)는 어떻게 설정(設定)을 해야 할 것인지를 물으면서 끝으로 사도(使徒) 베드로의 경고(警告) 말씀 한 구절을 소개(紹介)하려고 한다.

"그러나 민가(民家)에 또한 거짓 선지자(先知者)들이 일어났나니 이와 같이 너희 중에도 거짓 선생(先生)들이 있으리라. 저희는 멸 망(滅亡)케 할 이단(異端)을 가만히 끌어드려 자기들을 사신 주를 부인(否認)하고 임박(臨迫)한 멸망(滅亡)을 스스로 취(取)하는 자 들이라(벧후2:1. But there were also false prophets among the people, even as there will be false teachers among you, who will secretly bring in destructive heresies, even denying the Lord who bought them, and bring on themselves swift destruction)."

4 ≡ 해방신학(解放神學)이란?

현대(現代)를 살아가는 신학인(神學人)들에게는 과거(過去)의 역사(歷史) 속에서 일찍이 전혀 들어보지도 못했던 새로운 신학(神學, Theology)이라는 이름 앞에 붙여진 수많은 것들이 쏟아져 나온 데 대하여 경악(驚愕)을 금치 못 할 것이다.

어찌 보면 바로 이러한 신학계(神學界)의 현상(現狀)과 동향(動向)이 그만큼 신학(神學)의 전통(傳統)이나 정통성(正統性)이 무너지고 있다는 것을 실감(實感)케 하는 증거(證據)라고도 할 것이다.

어떤 사회적(社會的)인 사건(事件)이나 용어(用語)의 다음에 "신학(神學, Theology)"이라는 낱말만 붙이면 다 기독교(基督敎)의 사상(思想)으로 통하는 세상이 되고 말았다.

신학(神學)이라는 단어(單語)의 우리말 뜻은 "기독교(基督敎)의 교리(敎理)나 신앙(信仰)에 대하여 체계적(體系的)으로 또는 역사적(歷史的)으로 혹은 실천적(實踐的)으로 연구(研究)하는 학문(學問)"이라고 정의(定義)를 내리고 있다.

그러나 엄밀(嚴密)하게 말해서 신학(神學)이란 성경(聖經)에서 말씀하고 있는 진리(眞理)를 중심으로 하나님의 계시지식(啓示知識)을 추구하는 기독교(基督敎)의 교리사상(敎理思想)을 연구(研究)하는 학문(學問)으로서 신비적(神秘的)인 신앙(信仰)을 연구(研究)의 수단(手段)으로 하고 진행하는 기독교(基督敎)의 학문(學問)이라고 해야 할 것이다.

이 말을 더 쉽게 간단히 말하면 "신학(神學)이란 하나님께 대한 학문(學問)으로서 성경진리(聖經眞理)의 교훈(敎訓)을 믿음의 방법(方法)으로 연구(研究)하는 기독교(基督敎)의 학문(學問)"이라고 할 것이다. 더 간단히 쉽게 말한다면 신학(神學)이란 성경에서 말씀하고 있는 진리(眞理)를 따라서 연구(研究)하는 하나님에 관한 학문(學問)이라는 말이다.

그런데 현대(現代)를 살아가는 우리의 주변(周邊)에서 나돌고 있는 '신학(神學)'이라는 단어(單語)를 붙인 용어(用語)들이 너무도 많이 쏟아져 나와서 그것들이 무엇을 뜻하는 말인지조차도 분간(分揀)하기가 어려울 정도로 혼란(混亂)스럽다.

그러나 그토록 수(數)많은 이름의 신학(神學)들이 제시(提示)하고 있는 내용을 살펴보면 한결같이 전통적(傳統的)인 기독교(基督敎)의 진리(眞理)를 떠나서 전혀 받아드릴 수 없는 교리(敎理)나 신앙(信仰)을 전함으로 반성경적(反聖經的)이고 반기독교적(反基督敎的)인 이 같은 행위(行爲)에 가슴 아프게 생각하지 않을 수 없다.

진리(眞理)에 대한 바른 이해(理解)의 결여(缺如)는 전통성(傳統性)이나 정통성(正統性)은 고사하고 신앙(信仰)의 내용(內容)과 그 방향(方向)까지를 변형(變形)시키게 되어 있어서 이것들에 대한 정체(正體)를 정확(正確)하게 분석(分析)하여 대비(對備)하지 않으면 안 된다는 것이 신학(神學)을 하는 사람들의 사명(使命)으로 안다.

해방신학(解放神學), 정치신학(政治神學), 여성신학(女性神學), 노동신학(勞動神學), 인권신학(人權神學), 민중신학(民衆神學), 흑인신학(黑人神學)등등 그 이름들조차도 다 들기기 어려울 만큼 많고 신학(神學)이라는 이름이 복잡(複雜)하다.

그러나 이들 모든 신학(神學)들이 안고 있는 공통점(共通點)은 대동소이(大同小異)해서 그 중 몇 가지만을 들더라도 그들의 정체성(正體性)을 쉽게 이해 할 수가 있다고 본다.

그리하여 여기에서 논(論)하려고 하는 "해방신학"(解放神學, Theology of Liberation)에 대한 한 가지만을 바로 이해(理解)하기만 해도 다른 것들에 대해서도 대강은 이해가 갈 것으로 안다.

해방신학(解放神學)을 대표(代表)할만한 인물(人物)로는 "해방신학(解放神學)"이라는 책(冊)을 써낸 구티에레스(G. Gutierrez)라는 사람이라고 할 것이다.

그는 이 책(冊)을 통해서 기독교(基督敎)의 신앙(信仰)이 사회적(社會的)인 실천(實踐)과 관계(關係)를 맺을 때에만 합당(合當)한 것이라는 논리(論理)를 전제로 그의 사상(思想)을 펴나가고 있다.

그의 주장에 따르면 복음(福音)을 좀 실용적(實用的)으로 해석(解釋)하여 이 세상(世上)을 더 살기 좋게 만드는 것이 기독교(基督敎)의 사명(使命)이라고 하여 성경(聖經)에서 말씀하고 있는 영적요소(靈的要素, Spiritual Elements) 등은 완전히 배제(排除)되고 사회(社會)의 윤리적(倫理的)인 것으로 대체(對替)되고 있다는 것을 알 수가 있다.

사실상 이 신학(神學)은 본훼퍼의 신학사상(神學思想)에서 연유(緣由)한 것으로 이해(理解)되고 있는데 이 신학(神學)의 이론적(理論的)인 근거(根據)는 몰트만(Moltmann)의 "희망(希望)의 신학(神學)"을 계승(繼承)한 것이라고 하면 될 것이다.

그러므로 해방신학(解放神學)의 이론(理論)을 정립(定立)한 몰트만의 신학(神學)은 사신신학(死神神學) 世俗化神學)의 모든 것을 통폐합(統廢合)해서 하나로 묶어놓은 것이라고 해도 될 것이다.

해방신학(解放神學)은 카톨릭 교회의 정치신학자(政治神學者)인 메츠(J. Mets)의 정치신락(政治神學)에서도 영향(影響)을 받고 있는데 메츠의 정치신학(政治神學)은 사회적(社會的)이고 현세적

(現世的)인 차원(次元)으로 되돌아가는 기독교(基督敎)의 자유주의신학(自由主義神學)의 하나라고 이해하면 될 것이다.

메츠의 강조점(强調點)은 이 세상(世上)에 대한 설명(說明)이 아니라 세상(世上)을 변혁(變革)시키는데 그 신학(神學)의 목적(目的)을 두고 있다.

메츠에 의하면 하나님 나라는 가난한 자들이 영적(靈的)으로만이 아니라 인격적(人格的)인 존재(存在)들로 누리는 보편적해방(普遍的 解放)을 누리는 것으로 해석(解釋)하고 있다.

기독교(基督敎)는 사회(社會)의 죄(罪)와 악(惡)을 고발(告發)하고 발전(發展)에 의해서 막(幕)이 열리는 그 나라를 선언(宣言)해야 한다고 주장하고 있다.

메츠는 기독교사상(基督敎思想)이 세상 속에 파묻혀 들어가는 것이 성육신신학(成肉身神學)이라고 했다.

또한 제노석(制度的)인 기구(機構)로서의 교회(敎會)는 징치제도(政治制度)를 향(向)하여 지신(自身)의 과업(課業)을 수행(遂行)하여 활동(活動)하는 정치신학(政治神學)인 것이다.

몰트만과 메츠의 정치신학(政治神學)은 현실정치(現實政治)와 사회 환경(社會環境)에 불만(不滿)을 품고 있던 남미(南美)의 신학자(神學者)들에게 "해방신학(解放神學)"의 길을 열어주게 된 셈이 되었다.

1960년대에 주로 남미(南美)에서 활동(活動)했던 대다수(大多數)의 사상가(思想家)들은 대부분(大部分)이 유럽에서 공부를 했든 사람들로서 그들은 정치신학(政治神學)에 대한 발전(發展)을 이해(理解)하고 있었기 때문에 해방신학(解放神學) 역시 이에 연관시켜서 설명되어야 할 것으로 본다.

해방신학(解放神學)은 그것을 주장하는 사람들에 따라서 약간씩의 다른 견해(見解)를 나타내고는 있으나 이를 한 마디로 말해서 "상황적(狀況的)인 신학(神學)"(Situational Theology)이라고 하면 될 것이다.

즉 해방신학(解放神學)은 그 출발(出發)을 하나님의 말씀인 성경(聖經)으로부터 시작하는 것이 아니라 사회적(社會的)인 현실(現實)의 상황(狀況)에서 출발(出發)하게 되었다는 것이다.

정치(政治) 경제(經濟) 사회적(社會的)인 측면(側面)에서의 상황(狀況)을 중시(重視)하며 인간이 살고 있는 상황(狀況)이 신학(神學)의 소재(素材)라는 의미로 해석한다.

그리하여 해방신학(解放神學)이란 사회(社會)와 교회(敎會)에 대한 비판적성찰(批判的省察)이라고 생각된다.

이 같은 해방신학(解放神學)을 주도(主導)한 인물(人物)로는 주로 로마 카톨릭 교회의 구티에레즈(G. Gutierrez)를 비롯하여, 세군도(J. L. Segundo), 아스만(Asman), 미란다(J. P. Miranda), 개신교(改新敎)의 알베스(A. Alves), 보니노(Bonino)등과, 알젠트의 신부(神父) 게라(L. Gera), 콜럼비아의 신부(神父) 토레스(C. Torres), 엘살바돌의 소브리노(J. Sobrino), 가마라(H. Camara)등을 들 수 있다.

그러나 이들의 주장(主張)이나 사상(思想)을 낱낱이 상고해 볼 필요는 없으며 종합적(綜合的)인 검토(檢討)와 분석(分析)으로 요약(要約)하는 것이 옳다고 본다.

해방신학(解放神學)에서는 인간(人間)의 상황(狀況)을 억압(抑壓)과 착취(搾取)라는 비인간화(非人間化)의 상황(狀況)으로 간주(看做)하고 가난과 질병(疾病)에서 인간을 해방(解放)시키는 것을 신학(神學)의 중요과제(重要課題)로 하고 있어서 성경의 교리(敎理)와는 전혀 상관이 없는 세속적(世俗的)인 것들뿐이라는 것을 알아야 한다.

구티에레즈의 주장에 따르면 합리적사색(合理的思索)으로서의 신학(神學)은 이제 아무런 의미가 없고 가장 현실적(現實的)인 신학(神學)이라야 한다고 했다.

그는 신학(神學)의 개념(槪念)들은 인식론(認識論. Epistemology)으로 연구(硏究)하는 것이 아니라 사회(社會)에 대한 비판(批判)과 교회(敎會)의 사회(社會)에 대한 현존(現存) 및 행동(行動)의 의미를 밝히고 교회(敎會)라는 가시적(可視的) 울타리를 벗어나 세상(世上)으로 자신을 개방(開放)하고 역사적(歷史的)인 변혁(變革)을 시도(試圖)하는 것이라고 하였다.

또한 그는 해방신학(解放神學)은 신학(神學)을 행동(行動)하게 하는 새로운 길을 여는 것으로서의 반성(反省)이라고 한다.

역사적(歷史的)인 사건(事件)들을 비평적(批評的)으로 반성(反省)하는 신학(神學)이 해방신학(解放神學)이라는 것이다. 이 신학(神學)은 인류(人類)의 역사(歷史)를 해방(解放)하는 변혁(變革)의 신학(神學)이라고 한다.

또한 이 신학(神學)은 그러니까 철저히 현세지향적(現世指向的)인 신학(神學)이요 따라서 어거스틴이나 루터나 칼빈 같은 정통신학(正統神學)에서 말하는 천국(天國)과 지옥(地獄)에 대해서는 전혀 관심(關心)이 없다.

구티에레즈는 그리스도 안에서 만유회복(萬有回復)을 주장하며 성경의 두 주제(主題)는 창조(創造)와 구원(救援) 그리고 종말론적(終末論的)인 약속(約束)이라고 한다.

그는 이 주제(主題)를 세속화(世俗化)하고 차안화(次安和)하여 지상(地上)에서의 구원(救援)으로 즉 가난과 억압(抑壓)에서의 해방(解放)으로 해석(解釋)한다.

그는 인간(人間)의 위엄(威嚴)을 중시(重視)하고 하나님을 안다는 것은 정의(正義)를 행하는 것이라고 한다. 회심(回心)이란 하나님께로가 아니라 이웃에게 해야 하며 기도(祈禱)는 명상생활(瞑想生活)일 뿐이고 레저 생활(生活)에 불과(不過)하다고 한다.

선교사명(宣敎使命)은 혁명(革命)이며 정치적(政治的)인 행동(行動)을 하는 것을 말한다는 것이다.

신앙(信仰)이라는 것도 의식화(意識化)를 하는 것이며 죄(罪)는 착취(搾取)와 불의(不義) 즉 사회적(社會的)인 부정(不正)과 구조악 (構造惡)이라고 하였다.

따라서 신학(神學)의 부수과제(附遂課題)는 가난이고 이 문제(問題)를 해결(解決)하여 유토피아(Utopia)를 세우는 것이다.

신앙(信仰)은 이데올로기(Ideology)를 회피(回避)하지 않으며 교회는 사회(社會)의 비판기구(批判機構)로서 인간(人間)의 해방(解放)에 봉사(奉仕)하는 것이 그 사명(使命)이라고 한다.

교회(敎會)는 구원사역(救援事役)의 탈교회화(脫敎會化)를 시도(試圖)해야만 하는 것이다.

교회(敎會)는 해방(解放)의 표지(標識)이기 때문에 성례(聖禮)가 그 자체(自體)를 목적(目的)으로 하지 않는 것과 마찬가지로 교회(敎會)도 그 자체(自體)는 목적(目的)이 아니고 역사(歷史) 안에서의 하나님 나라를 실현(實現)시키는 세상 속에서의 사명(使命)을 수행(遂行)하여야 한다는 것이다.

그는 여기에 투쟁(鬪爭)도 필요(必要)하다고 주장하여 폭력(暴力)까지를 포함(包含)한다.

교회(敎會)는 스스로 자원(自願)하는 가난의 체험(體驗)으로 이웃 사랑을 행하고 인류(人類)와 역사(歷史)의 미래(未來)에 대한 약속(約束)을 현실(現實)로 당기는 해방사역(解放事役)에 자기를 개방(開放)하여야 한다고 하였다.

해방신학자(解放神學者)들은 구티에레즈 외에도 거의 같은 주장(主張)을 하는데 하나님은 가난한 자들과 억압(抑壓)당하는 자들의 해방(解放)이라는 구체적(具體的)이고 역사적(歷史的)인 맥락(脈絡)속에서 만 계시(啓示)되는 해방(解放)하는 신학(神學)이라고 한다.

보니노(Bonino)는 신학(神學)이 지금까지는 세계(世界)를 여러 가지 말로 설명(說明)하여 왔으나 이제는 신학(神學)이 해야할 일이란 세계(世界)를 변혁(變革)시키는 일이라고 하였다.

그는 해방(解放)이란 현체재(現體裁)의 개인주의적(個人主義的)이고 비뚤어진 인간성(人間性)과 대조(對照)되는 일체감(體感)과 창조성(創造性)으로 다듬어진 인간 즉 새로운 인간이 나타날 수 있는 과정(過程)이라고 한다.

따라서 신학(神學)은 역사적(歷史的)인 사건(事件)들 다음에 오는 두 번째의 행동(行動)이 된다.

첫째 행동(行動)인 사회적(社會的)으로 가난한 자들과 억압(抑壓)받는 자들을 위하여 그들과 함께 이 사회(社會)를 쇄신(刷新)하는데 전념(專念)하고 두 번째의 행동(行動)인 신학(神學)은 첫째 행동(行動)에서 발생(發生)한 상황(狀況)을 반성(反省)하고 사회적현실(社會的現實)이 그리스도 안에 나타난 하나님의 계시(啓示)와 일치(一致)하도록 모색(摸索)한다는 것이다.

해방신학(解放神學)은 성경(聖經)의 해석(解釋)에 있어서도 복음(福音)을 사회정치적(社會政治的)으로 적용(適用)하고 있다.

구티에레즈는 현재(現在)의 사회정치적(社會政治的)인 상황(狀況)들이 성경의 자료(資料)를 해석(解釋)하는데 필수적(必須的)인 것이라고 생각한다. 이런 입장에서는 자연히 신앙(信仰)은 정치적(政治的)인 성격(性格)을 가지게 된다.

또 해방신학(解放神學)은 역사(歷史)를 구속사(救贖史)와 일반사(一般史)로 구별(區別)하는 것을 반대(反對)한다. 그 이유는 창조(創造)와 출애굽의 사건(事件)을 보면 알 수 있다고 하였다.

그들은 창조기록(創造記錄)도 출애굽을 통해서 해석(解釋)된다고 보았던 것이다.

성경에서 창조(創造)란 구원(救援)이나 해방(解放)의 사역(事役)에 앞 선 단계(段階)로서 나타나지 않고 해방(解放)의 행위(行爲)로 나타난다고 주장한다.

이스라엘의 역사(歷史)는 창조행위(創造行爲)의 연장(延長)에 지나지 않는다는 것이다.

이와 같이 해방신학(解放神學)은 성경(聖經)이 아닌 사회적(社會的)인 상황(狀況)에서 출발(出發)

하고 신학(神學)의 주된 연구대상(研究對相)을 개인(個人)과 하나님과의 문제(問題)가 아니라 가난한 자들이라는 집단(集團)과 가진 자라는 다른 집단(集團)을 놓고 다루었다는 것이다.

신학적(神學的)인 도구(道具)는 마르크스주의(Marxism)이며 세계관(世界觀)에 있어서는 사회주의(社會主義)의 방법(方法)에 따른 계급투쟁(階級鬪爭)의 시각(視覺)에서 보았다.

해방신학(解放神學)은 일찍이 사회복음운동(社會福音運動)과 세속화신학(世俗化神學) 희망(希望)의 신학(神學) 정치신학(政治神學)의 맥(脈)을 이어받고 전적으로 자유주의신학(自由主義神學)이 남미 사회(社會)의 정황(情況)과 맞아떨어져서 나타난 신학(神學)인 것이다.

해방신학(解放神學)은 구원(救援)을 현세적(現世的)으로 재해석(再解釋)하고 인간(人間)의 죄(罪)에 대한 문제(問題)도 사회(社會)에다 책임(責任)을 돌리고 내세(來世)에 대한 신앙(信仰)도 부정(否定)하는 등 전형적(典型的)인 자유주의(自由主義)에 대한 신학(神學)의 모습을 그대로 보여주고 있다.

우리가 여기에 또 한 번 명심(銘心)해야 할 것은 이러한 자유주의(自由主義) 혹은 인본주의(人本主義)의 신학사상(神學思想)들이 수 없이 많이 일어나서 전통적(傳統的)인 기독교(基督敎)를 근본적(根本的)으로 박멸(撲滅)해 버리려는 시도(試圖)가 얼마든지 있어 왔다는 사실을 깊이 명심하고 이들의 주장(主張)이나 유혹(誘惑)에 말려들지 말 것은 물론 적극적(積極的)으로는 이들에게 유혹(誘惑)되어 가는 사람들을 건져내야 할 책임(責任)을 느껴야 할 것이다.

그리고 해방신학(解放神學) 같은 것도 한 때의 혼선(混線)을 일으켜 주기는 했으나 그들의 주장(主張)이나 내용(內容)이 전혀 성경적(聖經的)인 진리(眞理)에 접목(接木)할 수 없기 때문에 자연히 역사(歷史) 속으로 사라져가게 된다는 사실을 주목해야 할 것이다.

"그 때에 사람들이 너희에게 말하되 보라. 그리스도가 여기 있다. 혹 저기 있다 하여도 믿지 말라. 거짓 그리스도들과 거짓 선지자 (先知者)들이 일어나 큰 표적(表蹟)과 기사(奇事)를 보이어 할 수 만 있으면 택(擇)하신 자들도 미혹(迷惑)하게 하리라. 보라. 내가 너희에게 미리 말하였노라(마24:23-25)."

우리가 부디 여성신학(女性神學, Woman's Theology)에 대해서 논의(論議)를 해야 하는가에 대해서 어쩐지 답답하고 마음이 무겁고 착잡(錯雜)한 충동을 일으킨다.

왜냐하면 남성(男性)과 여성(女性)은 공통성(共通性)과 통일성(統一性) 및 일치성(一致性)을 갖는 사람(Human)으로 간주(看做)되고 또한 그렇게 해석(解釋) 되어야 할 것으로 믿는다.

그것이 역사적(歷史的)인 과정(過程)을 통해서 나타난 남자(男子)와 여자(女子)의 사이에서 일어난 차별(差別)이 이러한 결과(結果)를 낳게 했다는 것과 또한 여성신학(女性神學)이라는 것 자체가 하나의 신학적(神學的)인 교리(敎理)나 이론(理論)을 중심(中心)으로 일어 났다기 보다는 반항(反抗)과 반신학적(反神學的)인 행동(行動)으로 나타나서 또 다른 사회적(社會的)인 문제(問題)로 등장(登場)하게 되었다는 점에서 매우 안타까운 마음을 금할 수 없다.

여성신학(女性神學)이란 사실상 해방신학(解放神學)과 같은 맥락(脈絡)에서 이해되어야 할 상황신학(狀況神學)가운데 하나인데 여성(女性)에 대한 차별대우(差別待遇)와 가부장적사고(家父長的思考)를 버리지 않고 있는 사회(社會)에 대한 고발(告發, Prosecution)의 신학(神學)이라고 해야 할 것이다.

여성신학자(女性神學者)들이 내세우는 성경(聖經)의 근거(根據)로는 갈라디아서 3장 26-29절까지의 말씀 중 특히 "너희는 유대인이나 헬라인이나 종이나 자주 자나 남자나 여자 없이 다 그리스도 예수 안에서 하나이니라"(There is neither Jew nor Greek, there is neither slave nor free, there is neither male nor female; for you are all one in Christ Jesus)라고 하신 말씀을 들고 있다.

다시 그 가운데서도 유독 "다 그리스도 예수 안에서 하나…"(All one in Christ Jesus)라는 말씀에 역점(力點)을 두고 있다 (갈3:28).

물론 여성(女性)들의 자유(自由)와 권리(權利)에 대한 역사적(歷史的)인 배경(背景)은 기독교역사(基督敎歷史)의 시작(始作)부터라고 할 수 있을 것이다.

그러나 일반적(一般的)으로는 종교개혁(宗敎改革)의 시기(時期)로부터 소급(遡及)해서 해석(解釋)하는 것이 옳을 것이다. 그 때까지는 로마 카톨릭 교회에 의해서 여성(女性)들이 차별(差別)을 받아오고 있었는데 루터나 칼빈 같은 개혁자(改革者)들은 남자(男子)나 여자(女子)가 다 같이 하나님의 형상(形像, Image)대로 지으심을 받았으며 하나님 앞에서 평등(平等)하다고 믿고 있었다.

성도(聖徒)는 다 하나님 앞에서 제사장(祭司長)이 된다는 개혁자(改革者)들의 요구(要求) 중에서도 남녀평등사상(男女平等思想)은 뚜렷이 드러나고 있다.

그리고 1600년대의 청교도주의자(淸敎徒主義者)들은 이론(理論)상의 주장(主張)만이 아니라 남녀차별(男女差別)이 없이 모든 소년(少年)들과 소녀(少女)들에게 동등(同等)한 교육(敎育)의 기회(機會)를 부여(賦與)했다는 것은 차별화(差別化)를 반대(反對)한다는 증거(證據)라고 생각한다.

18세기부터 싹트기 시작한 여자목사제도(女子牧師制度)는 이미 남자목사(男子牧師)들의 숫자를 앞지를 만큼 지금은 여자목사(女子牧師)들의 수(數)가 늘어나고 있기 때문에 지금에 와서야 부디 여성신학(女性神學)이라는 용어(用語)를 빌리지 않더라도 자연한 현실(現實)로 받아들여지고 있다.

그런데 여성신학(女性神學)이 처음에는 다분히 사회적(社會的)인 정치운동(政治運動)으로 시작(始作)하게 되었는데 나중에 가서는 '신학(神學, Theology)'이라는 말을 붙이면서 좀 더 적극적(積極的)으로 발전(發展)하기에 이르렀다.

즉 고용(雇用) 교육(敎育) 정치(政治)의 모든 분야에서 시작된 문제가 여성(女性)들의 학문적(學問的)인 활동(活動)으로 체계화(體系化)되어 해방신학(解放神學)과 함께 여성신학(女性神學)이라는 이름 아래 자유주의신학운동(自由主義神學運動)의 한 집단체(集團體)로 발전(發展)하게 되었다.

여성신학(女性神學)은 크게 보아서 과격파(過激派)와 온건자유파(穩健自由派)와 보수파(保守派) 등으로 나누어지게 되었다.

우선 과격파(過激派)는 칼 맑스(Karl Marx: 1818-1883)의 철학(哲學)에 기초(基礎)하여 사회적부조리(社會的不條理)와 구조악(構造惡)에 항거(抗拒)하는 여성신학(女性神學)이고 온건자유주의파(穩健自由主義派)는 여성(女性)의 억압(抑壓)에 대해 해방(解放)을 외치며 모든 인간이 평등(平等)하게 창조(創造)되었다는 것을 강조한다.

그리고 보수파(保守派)는 복음주의자(福音主義者)들로서 여성(女性)을 성경적으로 또 인간(人間)다운 인간(人間)으로서의 여성(女性)이 되게 하자는 데 목적(目的)을 두고 있다.

과격파(過激派)는 맑스(Marx)와 엥겔스(Engels)를 비롯하여 그리고 프레드리히 엥겔스(Friedrich

Engels: 1820-1895)의 사회주의(社會主義, Socialism)에서 영향(影響)을 받은 자들로서 여성(女性)을 착취(搾取)하고 억압(抑壓)하는 사회제도(社會制度)와 계급주의(階級主義)를 공격(攻擊)한다.

개인(個人)의 재산(財産)과 계급주의적(階級主義的)인 사회제도(社會制度), 여성(女性)에게만 주어지는 불이익(不利益)한 사회규제(社會規制)등을 반대(反對)하고 있다.

이들은 자본주의(資本主義)의 경제제도(經濟制度)와 부익부(富益富) 빈익빈(貧益貧)등을 비판(批判)하고 정치사회(政治社會)의 분야(分野)에까지 확대(擴大)하여 여성(女性)의 권익(權益)을 주장한다.

이 보다 더 과격(過激)한 자는 급진파(急進派)인데 이들은 모든 남성(男性)을 억압자(抑壓者)로 보고 남성(男性)들을 완전히 제압(制壓)하려고 한다.

이들은 여성(女性)을 오로지 성(性)의 대상(對相)으로만 생각하는 것이 남성(男性)이라고 간주하여 남성(男性)들에 대한 혐오주의(嫌惡主義)로 나아가고 있다.

그리하여 여성(女性)들의 낙태수술(落胎手術)을 정당화(正當化)하며 임신(姙娠)으로 인한 불이익(不利益) 같은 것을 최소화(最小化)해야 한다고 주장한다.

그리하여 이들 파(派)에서는 그들의 동성연애(同性戀愛)를 남성(男性)들로부터 해방(解放)되는 유일(唯一)한 권리(權利)의 보장(保障)이라고도 주장한다.

자유온건주의파(自由穩健主義派)에서는 남녀(男女)의 동등(同等)한 권리(權利)와 직업(職業)의 기회(機會)를 주장(主張)하면서 남성혐오(男性嫌惡)는 없고 사회(社會)를 잘 조정(調整)하면 남녀평등(男女平等)은 가능(可能)할 수 있다는 주장을 한다.

여성(女性)에 대한 억압(抑壓)이 해결(解決)되면 이 사회(社會)는 더 좋아지리라고 그들은 생각한다. 이들은 현존(現存)하는 제도(制度)와 사회구조(社會構造)를 전복(顚覆)하려는 급진파(急進派)나 과격파(過激派)와는 달리 현재(現在)의 사회제도(社會制度)와 현실(現實)을 인정(認定)하고 있다.

과격(過激)한 사회(社會)의 변화(變化)는 질서(秩序)의 파괴(破壞)를 원치 않는다. 이들은 사회(社會)가 남녀(男女)간의 동등성(同等性)을 보다 더 잘 이해(理解)하고 함께 공동체생활(共同體生活)을 하여 더 좋은 사회(社會)를 이루어 나가자는 데 목적을 두고 있는 것이다.

온건파(穩健派)는 사회(社會)의 질서(秩序)를 전복(顚覆)할 필요(必要)는 없다고 한다. 단지 여성(女性)들의 위치(位置)를 올바로 정립(定立)하고 권리(權利)를 회복(回復)하기만 하면 된다는 것이다.

보수파(保守派)는 성경(聖經)을 하나님의 말씀으로 받고 교리적(敎理的)으로는 복음주의(福音主義)를 표방(標榜)하고 있어서 해방신학(解放神學)과는 다른 맥락(脈絡)에서 관찰(觀察)되어야 한다.

그러나 보수파(保守派)가 여성신학(女性神學)을 대변(代辯)하지 못하고 있으므로 주도적(主導的)인 역할(役割)을 하는 입장(立場)이 아니라고 해야 한다.

보수파(保守派)는 남자(男子)와 여자(女子)가 서로 다르다는 점을 인정한다. 이들은 여성(女性)이 남성(男性)이 되는 것을 원치 않으며 충분(充分)한 의미(意味)에서 인간(人間)이 되어야 한다고 주장한다. 이들은 하나님의 소명(召命)에 합당(合當)한 여성(女性)으로서의 삶을 살 수 있도록 사회(社會)와 교회(敎會)가 관심(關心)을 가지고 노력(勞力)할 것을 촉구(促求)하고 있다.

여성(女性)의 힘과 권리(權利)를 강(强)하게 주장하는 과격파(過激派)와는 달리 이들은 성경(聖經)이 힘과 권리(權利)에 대해서 경고(警告)하고 있다는 점을 잘 알고 있으며 여성(女性)이 여성적(女性的)으로 되도록 하는데 관심(關心)을 쏟는다.

여성신학자(女性神學者)들은 가부장적(家父長的)인 신학(神學)의 남성중심(男性中心)의 사상(思想)과 여성(女性)에 대한 혐오증(嫌惡症)을 배격(排擊)하고 있다.

그들은 디모데 전서 2장 12절에서 "여자(女子)의 가르치는 것과 남자(男子)를 주관(主管)하는 것을 허락(許諾)지 아니 하노니 오직 조용할지니라"라고 하는 사도(使徒) 바울의 언급(言及)을 바울의 기록(記錄)으로 보지 않고 하나님의 명령(命令)으로 믿는다.

여성신학자(女性神學者)들은 남자(男子)와 여자(女子)가 다 같이 기독교신학(基督敎神學)의 본질(本質)인 밟힌 자의 해방(解放)을 위하여 예언자적(豫言者的)인 부름을 받았다는 사실(事實)을 깨달아야 한다고 하였다.

여성신학자(女性神學者)들은 예수께서 하나님을 여성적(女性的)으로 혹은 어머니로 말했다고 주장한다.

성경(聖經)은 기록(記錄)할 당시(當時)의 문화(文化)와 상황(狀況)에 따라서 남성(男性)들을 위주(爲主)로 되어 있다는 것이다.

그래서 하나님도 남성적(男性的)인 형태(形態)로 묘사(描寫)되었다는 것이다.

하지만 하나님은 남성(男性)이라는 한 가지 성(性)으로 한정(限定)될 수 없다는 것을 알아야 한다.

또한 여성(女性)이 영적지도자(靈的指導者)의 역할(役割)을 할 수 없다는 결론(結論)도 없다고 주장한다.

여성신학자(女性神學者)들은 성경(聖經)의 권위(權威)보다는 역사적(歷史的)인 예수를 중시(重視)하고 예수가 인간해방(人間解放)을 위해서 일하신 것에 초점(焦點)을 둔다.

그들은 그런 점에서 자유주의신학(自由主義神學)을 채택(採擇)하고 있는 것이다. 그들은 해방신학(解放神學)과 맥(脈)을 같이하여 예수는 해방자(解放者)라는 것이다.

물론 여기에서의 해방(解放)은 영적(靈的)인 해방(解放)이 아니라 인간의 억압(抑壓)에서부터의 해방(解放)을 말한다.

그리스도의 구원(救援)은 정치적(政治的)으로나 사회적(社會的)으로나 혹은 인간적(人間的)인 면에서 나타나야 하는 것이다.

여성신학(女性神學)은 그리스도의 명칭(名稱)가운데 주(主)와 고난(苦難) 받는 종(僕)이라는 용어(用語)를 가지고 하나님과 인간(人間)에 대한 그의 관계성(關係性)을 설명한다.

사랑의 주(主)로서 그리스도는 다른 사람을 섬기며 우리에게 주(主)와 종이 되셨는데 그는 하나님과 더불어 우리의 동반자(同伴者)가 되신다는 것이다.

그리하여 그는 세상(世上)을 자유(自由)하게 하며, 인종(人種), 성(性), 계급(階級)의 벽(壁)을 허물고, 해방(解放)을 주신다고 한다. 여성신학(女性神學)이 말하는 해방(解放)이란 사회(社會)의 가부장적(家父長的)인 구조(構造)와 억압(抑壓)에서의 해방(解放)이다.

결국 여성신학(女性神學)은 눌린 자의 하나님이라는 해방신학(解放神學) 및 민중신학(民衆神學)과 같은 맥락(脈絡)임을 알 수 있다.

여성신학(女性神學)에서는 예수를 어머니로 묘사(描寫)하고 자기의 자녀(子女)들을 찾고 고쳐 주시는 분으로 본다.

또한 여성신학자(女性神學者)들은 성령(聖靈)을 여성적(女性的)인 용어(用語)로 설명(說明)한다. 많은 여성신학자(女性神學者)들이 성경(聖經)을 신적지혜(神的智慧)의 원리(原理)와 연결(連結)시키며 이 지혜(智慧)가 잠언(箴言)에서 여성명사(女性名詞)로 사용(使用)된 것을 강조(强調)한다.

성령(聖靈)은 인도자(引導者)요 위로자(慰勞者)요 양육자(養育者)요 어머니 같은 역할(役割)을 하는 보혜사(保惠師)인 것이라고 한다.

여성신학(女性神學)은 남성(男性)을 억압자(抑壓者)로 보며 남성(男性)들의 우월주의(優越主義)와 남성위주(男性爲主)로 된 사회구조(社會構造)는 갈라디아서 3장 28절에 대한 위반(違反)이라고 본다.

"너희는 유대인이나 헬라인이나 종이나 자주자(自主者)나 남자 (男子)나 여자(女子)없이 다 그리스도 예수 안에서 하나이니라(갈3:28)."

그들은 성경(聖經)에서 남녀(男女)가 다 같이 하나님의 형상(形像, Image)으로 지으심을 받은 것을 특히 강조(强調)하고 있다.

여성신학자(女性神學者)들의 다수(多數)는 해방신학(解放神學)의 죄론(罪論)을 따름으로써 죄(罪)를 다른 사람들로부터 소외(疏外)되는 것으로 본다.

다시 말해서 죄(罪)란 인류(人類)의 관계성(關係性)을 파괴(破壞)하는 것이요 남자(男子)와 여자(女子)의 동등성(同等性)을 파괴(破壞)하는 것이요 여자(女子)를 남자(男子)로부터 구별(區別)하는 가부장적(家父長的)인 사회구조(社會構造) 그 자체이기도 한 것이다.

죄(罪)는 개인(個人)이 범(犯)하는 특수(特殊)한 행위(行爲)가 아니고 우리가 해방(解放)을 받아야 할 것 압제(壓制)를 당하고 있는 그 어떤 것 우리를 통제(統制)하고 있는 힘의 구조(構造)이다.

여성신학자(女性神學者)들은 교회(敎會)를 억압자(抑壓者)의 표징(表徵)으로 이해(理解)한다. 교회(敎會)는 가부장적(家父長的)인 억압자(抑壓者)이다.

2천년간의 교회사(敎會史)는 남성(男性)을 위하여 남성(男性)에 의하여 형성(形成)되어 진 구조물(構造物)로 남아 있다고 한다.

그리스도 안에서는 남자(男子)나 여자(女子)가 하나인데 지금까지 남성(男性)들에 의해서 세워진 권위(權威)를 가지고 여성(女性)들을 억압(抑壓)했다고 한다.

여성(女性)들은 하찮은 일과 지루한 잡(雜)일만 하였고 남성(男性)들이 중요(重要)한 일에 결정권(決定權)을 가졌다는 것이다.

특히 교회(敎會)안의 성직안수(聖職按手)의 문제(問題)에 있어서 여성(女性)들에게 차별대우(差

別待遇)를 하였으며 이것은 모든 사람이 그리스도 안에서 하나라는 진리(眞理)에 위배(違背)되는 것이라고 주장(主張)한다.

여성(女性)의 안수(按手)를 반대(反對)하는 것은 교회(敎會)안의 절반(折半)이나 되는 인력(人力)을 낭비(浪費)하는 것이라고 주장(主張)하고 있다.

그리하여 여성(女性)의 목사안수(牧師按手)와 장로안수(長老按手)등을 강하게 주장하고 여성신학자(女性神學者)들이 모여서 단체행동(團體行動)을 하기도 하며 우리나라의 경우는 여성(女性)들만 모여서 교단(敎團)을 구성(構成)하여 여성목사(女性牧師)를 배출(輩出)하기에까지 이르렀다.

여성신학(女性神學)은 신학사상(神學思想)의 흐름이 해방신학(解放神學)과 동일(同一)함으로 성경적(聖經的)인 기초(基礎)가 약(弱)하고 무리한 해석을 많이 하고 있는 것을 본다.

복음적(福音的)인 여성신학(女性神學)은 여성(女性)을 여성(女性)답게 하는 것이 사회적(社會的)으로 교회적(敎會的)으로 더 합당(合當)하다는 것인데 급진파(急進派)는 전혀 성경(聖經)을 존중(尊重)하고 있지 않으며 오히려 사회주의(社會主義)의 철학(哲學)을 가지고 여성신학(女性神學)을 빌미로 하여 사회질서(社會秩序)의 파괴(破壞)를 조장(助長)하는 인상(印象)을 준다.

아무리 복음주의적(福音主義的)인 여성신학(女性神學)이라고 해도 문제가 있는 것은 신학(神學)이란 남성신학(男性神學)이나 여성신학(女性神學)이 따로 있는 것이 아니라는 사실이다.

여성신학(女性神學)이라고 하는 문제 그 자체가 문제(問題)가 된다는 것을 알아야 한다.

남자(男子)나 여자(女子)나 신학적(神學的)인 갈등(葛藤)이나 분열(分裂)이 아니라 예수 그리스도 안에서 하나라는 원칙(原則)이 더 중요하다고 할 것이다.

여기에서 생각하려는 종교다원주의(宗敎多元主義)의 사상(思想)은 사실상 우리 기독교(基督敎)의 전통(傳統)과 정통성(正統性)을 지켜 나가는데 심각(深刻)한 문제(問題)로 작용(作用)하고 있는 급진적(急進的)인 현대자유주의(現代自由主義)의 사상(思想)가운데 하나라는 것을 먼저 말해둔다.

우리 기독교(基督教)와 타종교(他宗教)들과의 사이에서 벌어진 사건(事件)이나 문제(問題)들은 처음부터 있어 왔던 일이어서 어쩌면 자연스러운 일로 받아들여진다.

그리하여 모든 세대(世代)에 걸쳐서 이러한 타종교(他宗教)와의 관계(關係)는 선교학적(宣教學的)인 차원(次元)에서 검토(檢討)되고 분석(分析)되어 왔으나 그 내용(內容)이 지닌 뜻은 그렇게 단순한 것들이 아니었다는 것을 쉽게 알 수 있다.

고대기독교(古代基督教)의 역사(歷史)를 통해서 보면 순교자(殉教者) 저스틴(Justin, Martyr: 100-165)은 로고스가 인류(人類)의 구원(救援)을 위해서 예수라는 역사적(歷史的)인 인물(人物)속에 성육(成肉)하신 제2위 하나님이라고 하고 또한 쏘크라테스(Socrates: 469-399 B.C.)는 그리스도 이 전의 그리스도인이 었다고 했다.

또한 오리겐(Origen: 185-254)같은 사람은 오늘날의 만인구원설(萬人救援說)로 기울어져서 결국 마지막 날에는 마귀(魔鬼)도 구원(救援)을 받게 될 것이라는 허무(虛無)한 주장을 하기도 했는데 이러한 주의주장(主義主張)들이 합성(合成)해서 일종(一種)의 종교다원주의(宗教多元主義)의 사상(思想)에 대한 씨를 뿌려주게 된 셈이 되었다.

그러나 중세기에 들어서면서 종교(宗教)의 배타성(排他性)이 강화(強化)되고 다원주의(多元主義)는 잠잠하였다가 계몽주의(啓蒙主義) 이후 근대신학(近代神學)에서부터 본격적(本格的)으로 종교상대주의 (宗教相對主義)가 나오고 이어서 다원론(多元論)이 나타나게 된 것이다.

특히 1960년대에 이르러서 세계교회협의회(世界教會協議會, World Council 0f Churches = W.C.C.)의 활동(活動)으로 종교다원주의(宗教多元主義)는 활기(活氣)를 띠게 되었다.

그런데 이 세계교회협의회(世界教會協議會)의 다원주의적(多元主義的)인 경향(傾向)은 1928년대부터 시작되었으나 크게 문제(問題)될 것 같지는 않았으나 1961년 뉴델리(New Dali)의 회의(會議) 이후부터서 그 특성(特性)을 드러내기 시작했다.

그렇게 해서 1967년 회의(會議)에서는 소위 맑스주의(Marxism)와도 대화(對話)를 하기로 하고 나선 것이다. 즉 공산주의(共産主義)와도 손을 잡고 대화(對話)를 하겠다는 반성경적(反聖經的)인 운동(運動)을 하겠다는 것이었다.

명분(名分)인즉 "다른 종교(宗教)와의 대화(對話)"(Conversation to the other Religions)였는데 사마르타(S. J. Samartha)의 주도(主導)로 추진(推進)되었다.

그런데 이는 곧 "교회(敎會)의 연합(聯合)에서 인류(人類)의 연합(聯合)으로" 종교간(宗敎間)의 벽(壁)을 허무는데 목적(目的)을 두었다는 것이 분명하다.

그러므로 사실(事實)상 여기에서 말하는 종교다원주의(宗敎多元主義, Religious Pluralism)의 이론(理論)은 '현대자유주의신학(現代自由主義神學)의 아버지'라고 말하는 슐라이어막허(Schliermarcher)의 범신론적(汎神論的)인 세계관(世界觀)에서 비롯된다.

이들의 이론(理論)은 인간(人間)의 신(神)에 대한 의식(意識)과 하나님이 계시(啓示)를 동일(同一)한 차원(次元)에서 보는 그의 계시관(啓示觀)에서도 그 기원(起源)을 찾을 수 있다.

그는 정통기독교(正統基督敎)의 교리(敎理)를 배제(排除)하고 기독교(基督敎)를 다른 종교(宗敎)와 같은 수준(水準)에서 보는 상대주의(相對主義, Relativism)의 길을 열어놓게 된 셈이 되었다.

이들은 하나님의 계시(啓示)의 초자연성(超自然性)을 부인(否認)하고 모든 종교(宗敎)안에 계시(啓示)가 다 있다는 식(式)으로 설명(說明)하고 있다.

현대신학(現代神學)에 와서는 고가르텐(F. Gogarten)의 "인간(人間) 예수론"과 폴 틸리히(Paul Tillich)의 "존재(存在)의 신학(神學)" 및 종교학자(宗敎學者) 죤 히크(John Hick)의 "보편적(普遍的) 신(神) 개념(槪念)" 그리고 죤 칼(John Kahl)의 "기독교(基督敎)에 대한 불교적(佛敎的)인 이해(理解)" 등이 다원론(多元論)을 형성(形成)하는데 각각 기여(寄與)한 것으로 이해된다.

여기에다 로마 카톨릭 교회의 다원주의적(多元主義的)인 경향(傾向)과 라너(K. Rahner)의 "익명(匿名)의 그리스도 인" 또한 한스 큉(Hans Kuing)의 "타종교(他宗敎) 존중주의(尊重主義)" 그리고 파니카(R. Panikkar)의 "우주적(宇宙的) 그리스도"와 혼합주의(混合主義)가 가세(加勢)하여 종교다원주의(宗敎多元主義)를 성행(盛行)시키려고 하였는데 그의 참 뜻은 어찌되었던지 결과적(結果的)으로는 기독교복음(基督敎福音)의 선교(宣敎)에 있어서 좋지 않은 열매를 가져오게 되었다.

다원주의자(多元主義者)들은 상황윤리론자(狀況倫理論者)들처럼 하나님의 전능(全能)과 이적(異蹟)을 불신(不信)하고 순전히 인본주의적(人本主義的)인 관점(觀點)에서 불신자(不信者)와 이교도(異敎徒)들을 즐겁게 하는 신학(神學)을 만들고 말았다.

종교다원주의(宗敎多元主義)는 몇 가지 흐름이 있는데 신(神)에 대한 개념(槪念)을 확대(擴大)한 하나님 중심적(中心的)인 다원론(多元論)(Theocentic Pluralism) 우주적(宇宙的)인 그리스도(Cosmic Christ)의 개념(槪念)을 이용(利用)하여 보편주의(普遍主義)로 나아가는 그리스도 중심적(中心的)인 다원론(Christocentric Pluralism) 그리고 대화적다원론(對話的多元論, Dialogical Pluralism) 그리고 이단적다원론(異端的多元論, Heretical Pluralism) 등이 있다.

신(神) 중심적(中心的)인 다원론(多元論)은 그리스도의 유일성(唯一性)을 포기(抛棄)하고 신앙(信仰)의 초점(焦點)을 그리스도에게서 하나님에게로 옮김으로써 유대교 회회교(回回敎) 힌두교 등과 대화(對話)의 길을 트려고 하는 것이다.

이런 시도(試圖)는 불교도(佛敎徒)들에게는 오히려 장애(障碍)를 일으키는 것이기도 하다.

특히 동방교회(東方敎會)의 신학(神學)은 성령(聖靈)을 강조(强調)하므로 그리스도의 성육(成肉) 이후처럼 그 이전에도 하나님의 진리(眞理)가 계시(啓示)되었다고 믿는다.

동방신학자(東方神學者)들은 서방교회(西方敎會)의 배타성(排他性)을 공격(攻擊)하고 초대교회 시절(初代敎會時節)의 기독교(基督敎)에서 현현(顯現)하신 성령(聖靈)께서는 모든 인류(人類)를 감동(感動)하시는 하나님의 영(靈)이라고 하였다.

그리하여 타종교(他宗敎)에 대해서 긍정적(肯定的)인 태도(態度)를 가지고 성령(聖靈)의 편재설(遍在說)에 대한 교리(敎理)로 관용적(慣用的)인 자세(姿勢)를 취했다.

동방교회(東方敎會)는 어느 종교(宗敎)에서나 인성(人性)은 신적(神的)인 삶의 경지(境地)로 끌어올리는 목적(目的)만 있다면 그들도 하나님이 쓰시는 도구(道具)라고 보았다.

폴 틸리히는 동방교회(東方敎會)의 주장을 취하여 성령(聖靈)의 편재(遍在)하신 활동에 의해서 신(神)의 초월성(超越性)을 강조하면서 신(神)은 어떤 한정된 방법으로 나타나시는 것이 아니라고 하였다.

그래서 그는 기독교(基督敎)가 타종교(他宗敎)를 판단(判斷)하는 것과 판단(判斷)을 받는 일에 보다 더 개방적(開放的)이어야 한다고 주장하였다.

그는 기독교(基督敎)가 타종교(他宗敎)들을 개종(改宗)시키려고 노력(勞力)하기보다는 자기성찰(自己省察)과 대화(對話)를 더 촉진(促進)시켜 나가야 한다고 했다.

그의 중심사상(中心思想)은 각 종교가 자기에 대한 비판적(批判的)인 대화(對話)를 통하여 다른 종교(宗敎)와 혼합(混合)하는 것이 아니라 더 깊이 자기(自己)의 종교(宗敎)로 파고 들어가는 것이라고 하였다.

그리스도 중심적(中心的)인 다원론(多元論)은 예수를 인류(人類)를 위한 보편적계시(普遍的啓示)로 인정(認定)한다. 모든 종교(宗敎)에는 이름만 다르지 내용을 따져보면 나름대로의 그리스도(Christ)가 존재(存在)한다는 주장이다.

폴리캅은 "로고스의 성육신(成肉身)으로서의 그리스도는 모든 종교(宗教)를 위한 규범적(規範的)인 말씀의 성육신(成肉身)"이라고 하였다.

칼 라너는 타종교(他宗教)와의 관계(關係)에서 수용(收用)이 가능(可能)한 그리스도 중심적(中心的)인 다원론(多元論)을 시도하였다.

그는 기독교(基督教)가 절대적(絕對的)인 종교(宗教)임을 인정(認定)하면서도 타종교(他宗教)속에도 하나님을 이는 지식(知識)이 있을 수 있다고 하였다.

종교다원주의자(宗教多元主義者)들의 주장(主張)에 의하면 타종교(他宗教)들은 단순히 이교도(異教徒)라고만 취급할 것이 아니라 한 가지 '익명(匿名)의 그리스도인'(Anonymous Christian)이 포함(包含)된다는 것을 알아야 한다고 주장함으로 기독교(基督教)의 절대성(絕對性)을 배제(排除)하고 타종교(他宗教)나 기독교(基督教)도 같은 맥락(脈絡)에서 해석(解釋)했다.

또 그들에게는 "그리스도 이전의 그리스도인"(Pro-Christian) 혹은 "잠재적(潛在的) 그리스도인"(Latent Christian)이라는 말로서 저스틴 마터(Justin Martyr)의 사상(思想)을 적극적(積極的)으로 인용(引用)했다는 것을 알수있다..

그들은 단지 기독교(基督教)의 우월성(優越性)을 내 세워서 기독교(基督教)를 통해서 구원(救援)받는 수(數)가 타종교(他宗教)를 통해서 구원(救援)받는 수(數)보다 많다는 정도로 해석할 뿐이다.

그리스도 중심적(中心的)인 다원론(多元論)은 각 종교에 나름대로의 그리스도가 있으므로 각각의 중보자(仲保者, Mediator)를 통해서 구원(救援)을 받을 수 있다고 하여 예수 그리스도의 유일성(唯一性) 자체(自體)를 배제(排除)하고 타종교(他宗教)에도 그리스도가 있다는 식으로 해석(解釋)하고 있다.

그리스도 중심적(中心的)인 다원론(多元論)은 각 종교의 독특성(獨特性)과 유일성(唯一性)을 그대로 간직(看直)하고 상대방(相對方)에 대한 종교(宗教)의 절대성(絕對性)과 마주쳐서 솔직하여질 때에 더욱 깊은 영성(靈性)을 체험(體驗)하게 된다는 이론(理論)이다.

대화(對話, Conversation)란 모든 종교를 조화(調和, Agreement)시키자는 것이 아니라 영적(靈的)인 사람은 모두 각자(各自)의 절대적(絕對的)인 확신(確信)을 지니고 있는데 이 확신(確信)들이 서로 다르다는 것을 인정(認定)하고 서로 공존(共存, Coexistence)하면서 자아(自我)를 성숙(成熟)시키는 것을 말한다고 하였다.

각 종교인(宗敎人)들은 자신(自身)들의 종교(宗敎)의 절대성(絕對性)을 주장(主張)하고 이를 통하여 대화(對話)를 가능(可能)케 한다는 것이다.

다원주의론자(多元主義論者)들의 주장에 의하면 대화(對話)란 종교간(宗敎間)의 정보교환(情報交換)을 통해서 서로의 유익(有益)을 얻고 인간적(人間的)인 친밀감(親密感)을 공고(鞏固)히 하며 상호간(相互間)의 가치(價値)를 함께 인정(認定)하는 것이라고 하였다.

이를 좀더 구체적(具體的)으로 말하면 사마르타 (Samartha)가 주장한 대로 "신(神) 중심적인 대화(對話)를 통해서 진리(眞理)를 독점(獨占)하는 소유(所有)의 배타성(排他性)에서 해방(解放)된다"고 하는 것이다.

즉 우리가 기독교인(基督敎人)으로 하나님께 충성(忠誠)을 바쳐야 할 대상(對相)은 하나의 종교(宗敎)로서의 기독교(基督敎)가 아니라 예수 그리스도 안에서 자신(自身)을 드러내심으로써 우리를 특수성(特殊性)에서 해방(解放)시켜 더 큰 공동체(共同體)에 속한 이웃들과 새로운 관계(關係)를 맺도록 해주시는 하나님이시라는 것이다.

하나님께서 인간(人間)이 되시기를 원하셨듯이 우리도 다원적(多元的)인 종교현상(宗敎現狀) 속에서 살기를 두려워하지 말아야 한다고 하여 하나님께도 어떤 방법(方法)이나 부족(不足)에서의 욕구충족 (慾求充足)을 위해서 성육(成肉)하신 것으로 오해(誤解)하고 있다.

사마르타(Samarta)는 발트(Barth) 신학(神學)의 영향(影響)으로 서로간의 관계(關係性)을 강조(强調)하고 있으며 하나님이 예수 안에서 모든 종교(宗敎)와 모든 사람들과 관계를 맺으시며 구원(救援)의 복음(福音)을 주신 것을 본받아야 한다고 주장했다.

그리고 복음(福音)속에 있는 용서(容恕)와 화해(和解)와 새로운 창조(創造)를 통한 참 공동체(共同體)라는 요청(要請)이 우리를 대화(對話)로 인도(引導)한다고 하였다.

또한 예수는 성령(聖靈)이 우리를 모든 진리(眞理) 가운데로 인도(引導)하실 것이라고 약속(約束)하셨고 또 성경(聖經)에서 말씀하고 있는 진리(眞理)란 명제적(命題的)인 것이 아니라 관계적(關係的)인 것이어서 대화(對話)는 진리(眞理)를 촉구(促求)하는 한 가지의 수단(手段)에 지나지 않는 것이라고 하였다.

특히 파니카(R. Panikkar)와 같은 사람은 보다 더 적극적(積極的)인 의미(意味)에서 "우주적(宇宙

的) 그리스도"(Universal Christ)론(論)을 주장하기까지 했다.

즉 모든 종교(宗敎)는 자신(自身)들이 신봉(信奉)하는 그리스도를 어떤 이름의 상징(象徵, Symbol)으로 소유(所有)하고 있다는 것이다.

기독교인(基督敎人)들은 자기(自己)의 종교(宗敎) 밖에서 어떤 종교적(宗敎的)인 진리(眞理)들을 인정(認定)하게 되면 그것을 기독교(基督敎)의 용어(用語)로 표현(表現)하고 기독교(基督敎)의 진리(眞理)를 발견(發見)한 것으로 생각하라는 것이다.

예컨대 힌두교는 기독교(基督敎) 안에서 진리(眞理)를 발견(發見)하게 될 때에 기독교(基督敎)의 옷을 입은 힌두교의 진리(眞理)로 받아들일 수 있다는 것이다.

파니카(Panica)라는 사람은 종교(宗敎)끼리의 대화(對話)를 통하여 각종교(各宗敎)의 진리(眞理)들을 확대(擴大)하고 심화(深化)시켜서 각 종교인(宗敎人)들이 새로운 경지로 들어가게 된다는 것이다.

따라서 파니카는 종교(宗敎)들간의 대화(對話)가 뜻하는 것은 동화(同化, Assimilation)나 대치(對峙, Stand Face to Face with)가 아니라 상호간(相互間)의 보완(補完, Supplementation)과 수정(修正, Amendment)이라는 말로 표현(表現)했다.

다원주의사회(多元主義社會)에서의 인상(印象)은 마땅히 다른 종교(宗敎)들과 공동체(共同體)들 사이에 존재(存在)하는 깊은 바닥에 놓여있는 공통진리(共通眞理) 혹은 우주적(宇宙的)인 그리스도를 발견(發見)하는 것이라고 한다.

그는 각 종교 내에 중심적(中心的)인 이름 곧 "그리스도"(Christ)라든지 "베다"(Vedah)라든지 "달마"(達磨, Bodhidarma) 같은 것은 이 깊은 신비(神秘)를 드러내는 상징(象徵)이므로 기독교인(基督敎人)들은 자신(自身)들의 개념(槪念)을 선교(宣敎)의 수단(手段)을 통해서 다른 종교(宗敎)에 가져다주려고 하지 말고 다른 종교(宗敎)들 속에 있는 알려지지 않는 그리스도적인 차원(次元)을 발견(發見)하여야 한다고 하였다.

그에 의하면, 기독교(基督敎)가 '그리스도(Christ)'라고 이해(理解)하고 있는 개념(槪念)으로, 그런 심층적(深層的)인 진리(眞理)를 이해(理解)하므로, 다른 종교(宗敎)에도 있으므로 이름은 달라도 어떤 형태(形態)에서든지 그리스도를 발견(發見)할 수 있다는 것이다.

그는 그리스도인들에게 그리스도를 궁극적(窮極的)인 진리(眞理)로 사랑하고 믿는 그 사랑함과 믿음 속에서 타종교인(他宗教人)들이 그들의 종교(宗教)에서 체험(體驗)하는 동일(同一)한 신비(神秘)에 응답(應答)한다는 사실을 인정(認定)하라고 촉구(促求)하였다.

그리스도는 역사적(歷史的)인 예수에 갇혀있으면 안 되고 오늘날도 성령(聖靈)으로서 역동적(力動的)으로 역사(役事)하여 아버지 하나님을 알려주는 신비(神秘)이며 이 신비(神秘)는 다른 종교(宗教)에서 야훼 크리쉬나 알라 불타(佛陀) 등으로 불리울 수 있으나 기독교(基督教)에서는 그리스도(Christ)라는 것이다.

성령(聖靈)으로서의 아들은 현대(現代) 그리스도인들에게 배타적(排他的)인 그리스도의 경험(經驗)에 고착(固着)되지 않게 한다고 한다. 성령(聖靈)은 각 사람을 자신(自身)과 자기의 교회(教會)와 자기의 종교(宗教)를 뛰어넘게 하며 보편적(普遍的)인 신비(神秘)의 경험(經驗)을 인지(認知)하게 하며 거기에 동참(同參)하게 강권(强勸)한다는 것이다.

이단적(異端的)인 다원론(多元論)은 우리나라의 통일교(統一敎)의 문선명 운동(文鮮明 運動)에서 나타나는 종교혼합주의(宗教混合主義)와 불교(佛教), 유교(儒教), 천주교(天主教)에서 샤머니즘을 체험(體驗)하여 인본주의종교(人本主義 宗教)를 형성(形成)하여 온 것을 볼 수 있다.

물론 개신교(改新教) 안에도 불건전(不健全)한 이단종파운동(異端宗派運動)이 많고 이들 가운데는 다원론자(多元論者)들이 다수(多數)히 포함(包含)되어 있음을 부인(否認)할 수 없는 실정이다.

그러나 이단설(異端說)은 종교적(宗教的)인 가치(價値)가 없고 연구(硏究)를 할만한 신학적(神學的)인 내용(內容)도 없으므로 구태여 이를 다룰 필요성(必要性)이 없다고 본다.

단지 우리가 주의(主義)해야 할 것은 우리나라 한국(韓國)에 존재(存在)하고 있는 수많은 신흥종교(新興宗教)들이 다원주의(多元主義)의 경향(傾向)을 보이고 있다는 사실이다.

대승진리회(大崇眞理會)라든지 단군교(檀君教), 증산교(甑山教)등이 모두 범신론(汎神論)이나 다신론(多神論)에 빠져있고 창조자(創造者)로서의 인격신(人格神)과 참 중보자(仲保者)로서의 그리스도를 알지 못하고 있다.

이들을 종합적(綜合的)으로 평가(評價)를 내리자면 종교다원주의(宗教多元主義)는 그들의 주장(主張)대로 기독교(基督教)와 타종교(他宗教)를 조화(調和)시키지도 못했고 기독교(基督教)의 선교(宣敎)를 활성화(活性化)시키지도 못했다는 사실을 우리는 알아야 할 것이다.

자유주의자(自由主義者)들이 말하는 대화(對話, Conversation)란 결코 선교(宣敎)의 목적(目的)이 되기가 어려우며 다만 상호간(相互間)에 정보(情報)를 교환(交換)하는 것과 친교(親交) 그리고 사회참여(社會參與)라는 공동사회(共同社會)의 구성원(構成員)으로서의 목적(目的) 이상으로는 전진(前進)할 수 없다는 것을 알아야 한다.

우리는 다른 종교(宗敎)와의 대화(對話)를 꺼리거나 피(避)해야 할 필요(必要)는 없다.

오히려 어떤 의미(意味)에서는 전도(傳道)의 목적(目的)으로 대화(對話)를 하여야 할 것이다. 그리고 사회구성원(社會構成員)의 한 사람으로 만나야 하고 대화(對話)를 나누어야 하고 서로 협력(協力)해야 할 것은 협력(協力)을 해야 한다.

바로 그것이 1919년 3월 1일에 있은 우리나라 기미독립만세운동(己未獨立萬歲運動)이었고 민족대표(民族代表) 33명 가운데 기독교(基督敎)의 지도자(指導者)들이 무려 16명이나 참여(參與)하게 되었다는 역사적(歷史的)인 증거(證據)라고 할 것이다.

그러나 종교간(宗敎間)의 맞섬이란 언제나 영적(靈的)인 대결(對決)이 되기 때문에 논리(論理)나 대화(對話)라는 것 자체(自體)만으로는 해결(解決)할 수 없는 신비적(神秘的)인 차원(次元)이 있다는 것을 알아야 한다.

이것을 각 종교(宗敎)의 깊이의 차원(次元)으로 처리(處理)하여 서로를 넘어서 보편적(普遍的)인 신개념(神槪念)으로 나아가려고 하고 우주적(宇宙的)인 그리스도를 만들려고 하는 시도(試圖)는 성경적(聖經的)인 선교(宣敎)와 맞지 않는 방법(方法)이라는 것을 알 수 있다.

성경(聖經)은 하나님의 능력(能力)이 전도자(傳道者)에게 임하여 타종교(他宗敎)의 거짓과 우상숭배(偶像崇拜)를 꺾고 승리(勝利)하는 복음(福音)의 전파(傳播)를 말하고 있다.

기독교(基督敎)의 선교(宣敎)는 성경(聖經)에서 말씀하고 있는 진리(眞理)의 내용(內容)과 방법(方法)을 뛰어넘어서는 전혀 해석(解釋) 될 수 없다는 것을 알아야 한다.

다시 말하면 우리 기독교(基督敎)의 전도방식(傳道方式)은 만남(相面, Meeting)으로부터 시작하여 대화(對話, Conversation)를 하고 그 대화(對話)를 통해서 상대방(相對方)을 설득(說得, Persuasion)시켜야 하고 차츰 그렇게 하므로 마침내는 최후(最後)의 정복(征服, Conquest)이라는 과정(過程)이 있을 뿐이다.

여기에는 먼저 그들이 가지는 그들의 정체성(正體性) 즉 하나님의 절대성(絶對性) 성경(聖經)

에서 말씀하고 있는 진리(眞理)의 절대성(絶對性) 예수 그리스도에 의한 십자가(十字架)의 대인 속죄구원(代人贖罪救援)의 절대성(絶對性)을 전제(前提)로 하고 선교자(宣敎者)로서의 사명(使命)에 임한다는 것을 명심(銘心)해야 한다.

구약성경(舊約聖經)에서는 실제(實際)로 타종교(他宗敎)의 신당(神堂)이나 제사장(祭司長)들을 파괴(破壞)하고 죽이며 이교도(異敎徒)들의 종교(宗敎)가 거짓이며 하나님만이 참 된 신(神)이시라는 것을 물리적(物理的)으로 증거(證據)하고 있다.

그리고 신약성경(新約聖經)에 오면 그 방법(方法)이 영적(靈的)으로 되어서 복음(福音)의 전파(傳播)를 통한 교회(敎會)의 설립(設立)과 성장(成長)으로 기독교(基督敎)가 승리(勝利)하는 것이다.

우리는 이제 다원주의(多元主義)가 복음(福音)의 능력(能力)과 기독교(基督敎)의 영적(靈的)인 성격(性格)을 전혀 이해하지 못한 신학(神學)이라는 것을 알았으므로 참된 승리(勝利)를 위하여 하나님의 천국복음(天國福音)을 위한 사역(事役)에 더욱 힘써야 할 것이다.

그리고 우리는 같은 예수의 이름을 부르는 다른 종파(宗派)에 대해서 "이단주의자(異端主義者)" 라는 말을 함부로 쓰는 것을 지극히 삼가 해야 할 것이다. 그러나 동시에 우리의 기본적(基本的)인 절대성(絶對性)이 무너질 때에는 단호(斷乎)하게 선(線)을 긋고 돌아서서 싸워야 할 것이다.

현대(現代)를 살아가면서 우리 기독교(基督敎)가 특히 조심하고 유의(留意)해야 할 것은 사람들의 심성(心性)이 전혀 옛날과는 같지 않는 급진적(急進的)인 자기중심주의(自己中心主義)로 전락(轉落)해 들어가고 있다는 것과 눈이 부실 정도로 발전(發展)해 가고 있는 현대과학문명(現代科學文明)의 유혹(誘惑)과 경제제일주의(經濟第一主義)가 몰고 온 현실적(現實的)인 정황(情況)은 좀처럼 우리들에게 정신적(精神的)인 여유(餘裕)를 주고 있지 않는다는 점이다.

거기에다 또 목회자(牧會者)들을 비롯한 기독교지도자(基督敎指導者)들의 품격(品格)과 자질(資質)에 대한 추락(墜落)은 심각한 위기(危機)에 처해 있다는 것을 실감(實感)하게 하고 있다.

그럴수록 하나님의 진리를 보수(保守)하려는 하나님의 사람들은 더 열심히 기도(祈禱)하는 것과 성경 말씀 연구(硏究)에 게을리하지 말아야 하고 순교자(殉敎者)의 믿음으로 예수 그리스도의 재림(再臨)을 기다리는 믿음을 지켜야 할 것이다.

"그리스도의 은혜(恩惠)로 너희를 부르신 이를 이 같이 속히 떠나 다른 복음(福音) 쫓는 것을 내가 이상히 여기노라. 다른 복음(福音)은 없나니, 다만 어떤 사람들이 너희를 요란(擾亂)케 하여, 그 리스도의 복음(福音)을 변(變)하려 함이라. 그러나 우리나 혹 하늘로부터 온 천사(天使)라도 우리가 너희에게 전(傳)한 복음(福音) 외에 다른 복음(福音)을 전(傳)하면 저주(詛呪)를 받을 지어다(갈1:6-8)."

"다른 이로서는 구원(救援)을 얻을 수 없나니, 천하(天下) 인간(人間)에 구원(救援)을 얻을만한 다른 이름을 우리에게 주신 일이 없음이니라(행4:12)."

✎ 다시 생각해 볼 복습 문제

01. 현대주의의 교리사상을 간단히 말해 보라

02. 급진적인 세속화의 교리사상을 간단히 말하라

03. 로빈슨의 교리사상을 간단히 말하라

04. 본훼퍼의 교리사상을 간단히 말하라

05. 사신신학의 교리사상에 대해서 간단히 말하라

06. 과정신학의 교리사상에 대해서 간단히 말하라

07. 해방신학의 교리사상에 대해서 간단히 말하라

08. 여성신학의 교리사상에 대해서 간단히 말하라

09. 종교 다원주의에 대해서 간단히 말하라

10. 현대주의를 극복하기 위한 자기의 교리사상을 간단히 말하라

제2장
현대주의 신학의 교리사상
The Dogmatic Thought of the Modernism

현재(現在, Presently, Now)는 과거(過去, Past)와 미래(未來, Future)의 중간 (中間, Middle)이라는 뜻이다.

과거(過去)의 전통(傳統, Tradition)이 현실(現實, Actuality)을 이루고 또한 미래(未來)를 지향(指向)하면서 역사(歷史)의 발전(發展)을 기하게 된다.

이런 의미에서 정통(正統, Orthodoxy, Legitimacy)을 지킨다는 것은 과거(過去)나 현재(現在)는 물론 영원한 미래(未來)에까지도 그 사상(思想)의 생명력(生命力) 곧 바른 계통(系統) 혹은 정계(正系)를 이어간다는 말이다.

순수한 뜻의 정통(正統)이라는 말은 표적(標的)이나 과녁의 중심(中心)이라는 뜻이다. 우리가 현대신학(現代神學)을 논하기 위해서는 먼저 기독교(基督敎)에서 말하는 진리(眞理)의 정통성(正統性)은 자기의 정체(正體, One's Mature Shape, Original Form)를 분명히 해야 할 것을 전제(前提)로 해야 한다.

문화(文化, Culture)는 유행(流行, Fashion)이나 또는 상황(狀況, Situation)에 따라서 변(變)한다거나 바뀔 수 있지만 진리(眞理, Truth)는 결코 변(變)하거나 바뀔 수 없다는 것을 알아야 한다.

기독교(基督敎)는 하나님과 성경(聖經)과 예수 그리스도의 십자가(十字架)의 속죄구원(贖罪救援)이라는 절대불변(絶對不變)의 진리(眞理)를 자기의 정체성(正體性)으로 하고 항상 성경적(聖經的)인 신본주의(神本主義)를 지켜나가야 할 신앙(信仰)과 신학(神學)이 여야 한다는 것을 명심해야 한다.

이것은 어느 누구의 명령(命令)이나 요구(要求)가 아니라 바로 하나님의 절대주권(絶對主權)에 의한 하나님의 요구(要求)요 명령(命令)이라는 것을 잊지 말아야 할 것이다.

그럼에도 불구하고 현대신학(現代神學)은 세속화(世俗化)의 권위(權威)와 지배(支配) 아래 굴종(屈從)하여 끝없는 미궁(迷宮)으로 빠져 들어가고 있다는 것을 실감(實感)한다.

예수께서 말씀하시기를 "… 세상(世上)에서는 너희가 환난(患難)을 당하나 담대(膽大)하라. 내가 세상(世上)을 이기었노라"(… In the world you will have tribulation; but be of good cheer, I have overcome the world)라고 말씀하셨다 (요16:33).

분명히 이 말씀은 그리스도인의 세속화(世俗化)가 아닌 이 세상(世上)의 지배(支配)와 정복(征服)을 뜻하신 말씀으로 이해(理解)되어야 할 것으로 본다.

현대주의신학(現代主義神學)의 교리사상(敎理思想)만이 아니라 성경적인 정통주의(正統主義)의 신앙(信仰)의 그 자체(自體)가 변질(變質)되고 병(病)들어가고 있어서 기독교(基督敎)의 바른 진리(眞理)와 신앙(信仰)이 무서운 도전(挑戰)을 받는 위기시대(危機時代)를 맞이하고 있다.

세계화(世界化)라는 현실(現實)속에서 사람들은 극단적(極端的)이고 방종적(放縱的)인 자유주의(自由主義) 속으로 빠져들고 있어서 성경(聖經)에서 말씀하고 있는 진리(眞理)를 따라서 바른 신앙(信仰)을 지켜 나간다는 것이 얼마나 어려운 일인가 하는 것을 실감하고 있다.

특히 기독교신앙(基督敎信仰)의 바른 전통(傳統)과 진리(眞理)의 정통성(正統性)을 떠나서 극단적(極端的)인 자유주의사상(自由主義思想)으로 진리(眞理)를 유린(蹂躪)하고 있다.

그 가운데서도 특별(特別)한 경우들을 들어서 몇 가지만이라도 상고(詳考)해보려고 한다.

우리가 상대(相對)를 바로 알지 못하고서는 이를 극복(克服)해 나갈 자생력(自生力)을 기를 수 없고 또한 싸워서 정복(征服)할 능력(能力)을 갖출 수 없다.

1 ≡ 기독교에 대한 새로운 이해(理解)

리츌(A. B. Ritschl: 1822-1889)을 비롯한 신정통주의(新正統主義, New Orthodoxy)파에 속한 사람들의 주장은 "교리적(敎理的) 예수로부터 역사적(歷史的) 예수"(from the Christ of Dogma to the Jesus of History)여서 기독교(基督敎)에 대한 이해(理解)와 예수 그리스도에 대한 인식(認識)이 철저히 예수께서 말씀하신 진리(眞理)의 교리(敎理)나 가르침보다는 한 인간(人間)으로서의 모범적(模範的)인 삶에서 찾고 이해(理解)한다는 것을 알 수 있다.

기독교(基督敎)에 대하여 여러 가지의 운동(運動)과 설명(說明)이 따르게 되는 것은 어떤 의미에서는 자연(自然)스러운 것이라고도 할 수 있다.

성경(聖經)에서 말씀하고 있는 진리(眞理)의 내용(內容)을 영적(靈的)인 의미(意味)에서 보면 처음부터 끝까지 영적(靈的)이고 신비적(神秘的)인 요소(要素)일 뿐이다.

그러나 또 다른 역사적(歷史的)인 의미(意味)에서 보면 순수히 윤리적(倫理的)인 사회운동(社會運動)으로 이해(理解) 할 수도 있다.

그러므로 위의 세 경우와 같은 입장에서 보면 분명히 한 세대에서 말하는 기독교운동(基督敎運動)의 시대적(時代的)인 특징(特徵)이었다고 보아야 할 것이다.

그리하여 19세기 중엽(中葉)부터 20세기 초(初)까지의 사이에는 세 가지의 운동(運動)을 목표(目標)로 기독교운동(基督敎運動)을 전개(展開)하고 설명(說明)해 왔다.

첫째 요하네스 바이스(Johannes Weiss: 1863-1914)와, 알버트 슈바이쳐(Albert Schweitzer: 1875-1965)
      에 의하여 원시기독교(原始基督敎)에 대한 종말론적(終末論的)인 해석(解釋)이었다.

둘째 성경학자(聖經學者) 헤르만 군켈(Hermann Gunkel:1862-1932)과 빌헬름 보셋(Wilthelm Bousset:
      1865-1923)과 역사가(歷史家) 에른스트 트렐츠(Ernst Froeltsch: 1865-1923)의 작품(作品) 속에서
      예시(豫示)되고 있는 종교사학자(宗敎史學者)의 경우가 그것이다.

셋째 신약성경(新約聖經)의 연구가(硏究家)인 슈미트(K. L.Schmidt: 1891-1956)와, 말틴 디벨리우스
      (Martin Dibelius: 1883-1947)와 또 우리에게 잘 알려지고 있는 루돌프 볼트만 (Rudolf Bultmann:
      1884-1976)에 의해서 시도(試圖)된 양식사학파(樣式史學派) 또는 양식비평(樣式批評)등을 들
      수가 있다.

이상 세 가지의 운동(運動)들은 모두가 리츌주의적(主義的)인 자유주의(自由主義)의 몰락(沒落)과 함께 제1차 세계대전(世界大戰)이 끝난 이후(以後)의 신정통주의(新正統主義)의 길을 예비(豫備)하는데 결정적(決定的)인 역할(役割)을 한 것이다.

19세기 말경(末境) 바이스와 슈바이쳐를 비롯한 몇몇 신학자(神學者)들은 1세기경 팔레스타인의 세계관(世界觀)이 19세기 유럽의 세계관(世界觀)과는 상당히 거리가 먼 것으로 이해하고 있었다.

그들은 주로 역사가(歷史家)들이었기 때문에 자기들이 가지고 있는 선입견(先入見)에서가 아니라 예수님의 시대(時代)와 그 상황(狀況) 속에서 예수에 대한 모든 것을 역사적(歷史的)으로 규명(糾明)해보려고 했던 것이다.

그들이 인식(認識)하고 있기에는 예수나 그의 교훈(敎訓)은 후기(後期) 유대교의 묵시주의적(黙示主義的)인 맥락(脈絡)속에서만 올바르게 이해 될 수 있다고 믿고 있었다.

이러한 관점(觀點)을 취했기 때문에 예수 그리스도의 천국복음(天國福音)에 관한 리츨의 해석(解釋)은 역사적(歷史的)으로 지시(指示) 될 수 없다고 간주(看做)되었다.

이러한 관점(觀點)은 먼저 요한네스 바이스의 저서(著書) "예수의 천국선포(天國宣布)"(Jesus' preaching of the Kingdom of God, 1892)라는 그의 책(冊)을 통해서 발표된 사상(思想)이다.

바이스가 이 책(冊)을 통해서 주장(主張)하는 것을 보면 예수가 천국(天國)을 지속적(持續的)이고 점진적(漸進的)으로 확장(擴張)되는 지상(地上)의 공동체(共同體)로 생각했다는 증거(證據)는 거의 없다는 것이다.

오히려 예수는 현시대(現時代)의 대재난적종말(大災難的終末)과 초자연적(超自然的)인 새 창조(新創造)의 시작을 보았다는 것이다.

예수는 천국(天國)을 개시(開始)하신 분이 아니라 천국이 도래(到來)하리라는 것을 선포(宣布)한 분이었으며 마지막에는 묵시적인자(黙示的人子)로서 다스리시기 위해서 재림(再臨)하시리라는 기대(期待)속에서 천국(天國)의 도래(到來)를 재촉(再促)하기 위하여 자신(自身)의 목숨을 내어놓았다는 것이다.

예수의 사명(使命)과 그의 메시지에 대한 바이스의 설명(說明)은 신약성경(新約聖經)에 대한 철저한 종말론적(終末論的)인 해석(解釋)으로 이어졌는데 그것은 알버트 슈바이쳐의 "예수 전(傳)"(The Quest of the Historical Jesus, 1906) 그리고 보다 최근(最近)의 것으로는 말틴 베르너의 "기독교교리(基督敎敎理)의 형성(形成)"(The Formation of Christian Dogma)에서 가장 모범적(模範的)으로 표현(表現)했다고 본다.

어느 현대신학자(現代神學者)는 이러한 슈바이쳐의 저서(著書)를 두고 평가(評價)하기를 "슈바이쳐의 책(冊)은 자유주의적(自由主義的) 예수의 전기(傳記)의 '기념비(記念碑)'인 동시(同時)에 조사(弔辭)로 판명(判明)되었다"고 지적(指摘)했다.

자유주의(自由主義)에 속한 신학자(神學者)들의 논공행상(論功行賞)을 말한다면 그들은 역사적(歷史的)인 예수를 묘사(描寫)하여 기독교(基督敎)의 진리(眞理)와 성경(聖經)의 교리(敎理)를 사회윤리적(社會倫理的)으로 이해(理解)하고 해석(解釋)하기 위해서 수고(受苦)했다는 점이라고 할 것이나 결국(結局)은 그것이 실패(失敗)로 끝나고 말았다는 점이다.

왜냐하면 그들의 주장대로라면 그들이 각각 주장하는 예수에 대한 것이 자기의 주관주의적(主觀主義的)인 특성(特性)에 따라서 예수를 평(評)하고 논(論)했을 뿐 어떤 신학적(神學的)인 공통점(共通點)이나 성경교리(聖經敎理)의 일치점(一致點)을 찾아볼 수가 없을 뿐만 아니라 자기들이 예수 안으로 들어가는 것 대신(代身) 예수를 자기들 안으로 끄집어 드리고자 했다는 점이라고 할 것이다.

슈바이쳐의 글을 보면 그의 사상(思想)을 극명(克明)하게 이해(理解)할 수 있도록 하므로 여기에서 한 예(例)를 들고자 한다.

"예수는 메시아로서 공개적(公開的)으로 나서신 분, 천국(天國)의 윤리(倫理)를 선포(宣布)하신 분, 땅 위에 하늘나라를 세우셨으며 자신(自身)의 사역(事役)을 최종적(最終的)으로 성별(聖別)하기 위해서 하늘나라를 세우셨으며 자신(自身)의 사역(事役)을 최종적(最終的)으로 성별(聖別)하기 위해서 죽으신 나사렛 예수는 결코 실존(實存)한 인물(人物)이 아니다. 이러한 예수는 합리주의(合理主義)에 의해서 고안(考案)되고 자유주의(自由主義)에 의해서 생명(生命)을 부여(賦與)받고 현대신학(現代神學)에 의해서 역사적(歷史的)인 옷이 입혀진 인물(人物)에 불과(不過)하다…(중략)."

현대종교(現代宗敎)가 오랫동안 소중(所重)하게 간직(看直)해 온 관습(慣習)과 사상(思想)과 이념(理念)에 따라서 주장(主張)하는 예수 그리스도와는 다른 분일 것이다.

그는 대중적(大衆的)이고 역사적(歷史的)인 취급(取扱)에 따라서 대중(大衆)이 보편적(普遍的)으로 이해(利害)하며 공감(共感)하게 되는 인물(人物)이 아닐 것이다.

역사(歷史)속의 예수는 우리의 시대(時代)에는 아주 기이(奇異)하고 수수꺼끼 같은 인물(人物)이 될 것이다. 그는 우리의 시대(時代)를 지나쳐서 그 자신의 시대로 돌아간다.

바로 이것이 역사적(歷史的) 예수의 탐구(探究)에 대한 슈바이쳐의 생각(生覺)이고 견해(見解)이다. 그것은 역사적(歷史的)인 예수와 초기기독교(初期基督敎)의 공동체(共同體)로서 구시대적(舊時代的)이고 묵시적(黙示的)인 세계관(世界觀)에서 해방(解放)된 일종(一種)의 그리스도 신비주의(神秘主義)(Christian Mysticism)에 호소(呼訴)하는 것이다.

다시 말하면 슈바이쳐의 이러한 이해(理解)나 주장(主張)은 성경(聖經)에서 말씀하고 있는 진리(眞理)나 예수 그리스도에 대한 바른 이해(理解)는 고사하고 한사(限死)코 기독교(基督敎)의 실체(實體)를 부인(否認)하여 예수 그리스도에 대한 역사성(歷史性)의 자체(自體)까지도 부인(否認)하여 역사적(歷史的) 예수에 대한 것까지도 부인(否認)하려는 억지주장(抑止主張)이라고 해야 할 것이다.

현대자유주의자(現代自由主義者)들이 주장하는 신학(神學)이나 예수에 대한 인식(認識)이 너무도 잘못되었다는 것은 우선 성경(聖經)에서 말씀하고 있는 기독교(基督敎)의 신비(神秘)인 영성(靈性, Spirituality) 자체를 완전히 배제(排除)해 버렸고 또한 제2위 하나님으로 오신 예수 그리스도에 대한 완전(完全)한 오해(誤解)의 무지(無知) 외에 다른 말로는 말하기조차 어려운 어리석음이라고 지적(指摘)하지 않을 수 없다.

대단히 외람(猥濫)된 말 같으나 슈바이쳐와 같은 역사적(歷史的)인 큰 인물(人物)이 그들의 주의주장(主義主張)을 중심으로 생각해 볼 때에 대관절 성경을 몇 번이나 읽어보고 그러한 말을 하는지 조차 부끄럽지 않나 하는 반문(反問)을 하고 싶다.

솔직하게 말해서 지금까지 그러한 분이 살아계신다면 어떠한 무리수를 써서라도 찾아가서 면전(面前)에서 성경을 몇 번이나 읽어 보았으며 무엇을 근거로 그러한 무책임(無責任)한 말들로 하나님과 예수 그리스도를 모독(冒瀆)하는지 묻고 싶다.

다시 말하거니와 우리 기독교(基督敎)는 신앙(信仰)을 내용으로 하고 있는 하나님의 종교(宗敎)이지 슈바이쳐와 같은 학자(學者)들의 학문적(學問的)인 논리(論理)를 구하는 종교(宗敎)가 아니라는 것을 알기 바란다.

종교사학파(宗敎史學派)에 속한 사람들의 주장(主張)은 우선 예수 그리스도를 단순히 한 시대적(時代的)인 인물(人物)로만 이해(理解)하고 예수 그리스도에 의한 계시적(啓示的)인 교리사상(敎理思想) 같은 것을 부정(否定)하고 오직 예수의 도덕적(道德的)인 면(面)과 수범적(垂範的)인 인격인(人格人)으로서의 삶에서 사회(社會) 속의 예수로 이해(理解)하려는 학파(學派)들이다.

진보적(進步的)인 "예수의 전기(傳記)"들에 반대(反對)하는 역사가(歷史家)들은 예수 그리스도의 생애(生涯)를 그처럼 선택적(選擇的)으로 재구성(再構成) 한 것은 역사가(歷史家)인 자신(自身)의 시대(時代)와 문화(文化)의 전제(前提)들에 의해서 지배(支配)된 것이라고 주장(主張)했다.

새 시대의 역사비평가(歷史批評家)들은 이제 예수를 오직 예수 자신(自身)의 시대(時代)안에서만 이해(理解)하고 해석(解釋)하려는 경향(傾向)이다.

바이스나 슈바이쳐는 후기(後期) 유대식 묵시주의(黙示主義)의 관점(觀點)에서 예수를 조명(照明)하여 설명(說明)하고 있다.

종교사학자(宗敎史學者)들의 운동(運動)과 같은 역사가(歷史家)들의 입장(立場)에서 보는 예수와 초대교회(初代敎會)는 후기(後期)의 헬레니즘의 신앙(信仰)과 습관(習慣)들의 범주(範疇)안에다 두고 해석(解釋)하려고 했다.

리출 주의자(主義者)들은 순수역사(純粹歷史)에 호소(呼訴)하고 있다는데 비하여 군켈이나 보우셋과 같은 사람들은 아주 부분적(部分的)이고 제한적(制限的)인 역사(歷史)의 개념(概念)으로 접근(接近)하고자 했다는데 약간의 뜻을 달리하고 있다.

리출이나 그를 추종(追從)하는 사람들은 기독교(基督敎)라는 종교(宗敎)의 그 자체(自體)를 하나의 고정(固定)된 현상(現像)으로 보고 그것이 지니고 있는 특이성(特異性)을 강조(强調)했다.

그러나 종교사학파(宗敎史學派)의 입장(立場)에서 볼 때에 기독교(基督敎)에 대한 이러한 개념(概念)은 특별(特別)히 역사적(歷史的)인 것으로만 이해(理解)되었다.

그들의 입장에서 보면 초기(初期)의 기독교(基督敎)는 절대적(絶對的)인 실체(實體)로 드러난 것이 아니라 복합적(複合的)인 혼합종교 (混合宗敎, Mixture Religion) 곧 후기 유대교나 동방(東方)의 종말론(終末論)이나 헬라의 신비주의(神秘主義) 혹은 영지주의(靈知主義)나 스토아주의(Stoicism)와 같은 사상(思想)등의 결집(結集)된 산물(産物)로 이해(理解)되었던 것이다.

보우셋은 그의 저서(著書) "주 그리스도"(Lord Christ)에서 기독교(基督敎)가 팔레스타인을 떠나 헬레니즘(Hellenism)이라는 새로운 환경(環境)속으로 들어갔을 때에 비로소 예수는 처음으로 "주님"(Lord)이라고 불리움을 받게 되었다고 주장했다.

여기에서 예수는 처음으로 이방인(異邦人)의 제사의식(祭祀儀式)에 따르는 숭배(崇拜)를 받게 되었고 그 신(神)들과 유사(類似)한 기능(機能)을 수행(遂行)하게 되었다고 주장한다.

보우셋과 그의 동료(同僚)들은 초대시절(初代時節)의 기독교(基督敎)의 제의적(祭儀的) 또는 성례적(聖禮的)인 삶에 대한 관심(關心)을 집중(集中)하게 되었고 기독교(基督敎)와 신비종교(神秘宗敎)들에 대한 의식(意識)의 유사성(類似性)을 갖게 되었다고 했다.

그러나 이는 기독교(基督敎)의 본질(本質)과 예수 그리스도에 대한 바른 이해(理解)에서 나온 것이 아니었기 때문에 많은 논란(論難)과 혼선(混線)을 일으켰다.

기독교(基督敎)는 인간(人間)의 신념(信念)과 관습(慣習)들의 자연적(自然的)인 발전과정(發展過程)속에 그 위치(位置)가 설정(設定)되어 있었는데 그것에 함축(含蓄)되어있는 의미(意味)는 기독교(基督敎)는 역사적(歷史的)인 종교사학파(宗敎史學派)의 대표적(代表的)인 이론가(理論家)로는 역사가(歷史家)요 철학자(哲學者)인 에른스트 트렐츠를 들 수 있다.

그는 역사주의(歷史主義) 또는 역사적(歷史的)인 상대주의(相對主義)와 기독교(基督敎)의 절대적 주장(絶對的主張)들의 문제(問題)에 대한 해결(解決)을 위해서 노력(勞力)한 사람이었다.

그는 그의 유명(有名)한 저서(著書) "역사주의(歷史主義)와 그 제문제(諸問題)"(Dei Historimus und seine probleme, 1921)와 그가 쓴 여러 편(編)의 중요한 논문(論文)에서 이 문제(問題)를 차고 들기는 했지만 그렇다고 해서 만족(滿足)할만한 답(答)을 얻어내지는 못했다.

그는 말년(末年)에 종교적(宗敎的)인 상대주의(相對主義)를 옹호(擁護)하고 나섰다. 그는 급진적(急進的)인 역사주의(歷史主義)를 허용(許容)하면서도 보수적(保守的)인 기독교신학(基督敎神學)을 발전(發展)시키려고 노력(勞力)한 사람들 가운데서도 특별히 기억(記憶)된 사람으로 이해(理解)

되고 있다.

또 그가 쓴 저서(著書) "기독교(基督敎)의 절대성(絶對性)과 종교(宗敎)의 역사(歷史)"(The Absoluteness of Christianity and the History of Religion, 1902)에서 드렐츠는 하르낙이 기독교(基督敎)의 본질(本質)을 역사적(歷史的)으로 규정(規定)하기 위해서 "기독교(基督敎)의 본질(本質)"(The Essence of the Christianity)에서 시도(試圖)했던 것들을 비판(批判)했다.

트렐츠에 의하면 "기독교(基督敎)의 본질(本質)이란 없다"는 것이었다.

왜냐하면 기독교(基督敎)는 개방적(開放的)이고 역사적(歷史的)인 전개(展開)인데 이런 역사적(歷史的)인 과정(過程)속에는 본질(本質)이란 없기 때문이라고 주장했다.

본질(本質)은 어떤 추상적(抽象的)인 개념(概念)을 함축(含蓄)한다.

그러나 기독교(基督敎)는 결코 추상화(抽象化)된 이념(理念)으로는 환원(還元)될 수 없다.

기독교(基督敎)는 그것이 역사(歷史)이자 또한 그것의 모든 것이다.

따라서 기독교(基督敎)의 본질(本質)은 새로운 해석(解釋)과 새로운 적응(適應)을 창출(創出)하기 위한 역사적(歷史的)인 기독교(基督敎)의 생산적능력(生産的能力) 곧 기독교(基督敎)가 생산(生産)했을 수도 있었을 역사적(歷史的)인 공식(公式)보다도 더 깊이 자리하고 있는 능력(能力)으로써만 이해(理解)될 수 있다.

이런 의미(意味)에서 기독교(基督敎)의 본질(本質)은 시대(時代)마다 다르고 그 모든 적극적(積極的)인 영향(影響)속에 포함(包含)된 것으로 이해되어야 한다.

트렐츠는 역사적(歷史的)인 연구(硏究)를 통해서 기독교(基督敎)는 획일적(劃一的)이고 영구불변(永久不變)하는 구조(構造)도 아니고 모든 종교(宗敎)들의 보편성(普遍性)을 강력(強力)하게 주장하는 것은 아니라는 사실을 확신(確信)했다.

그와는 반대(反對)로 기독교(基督敎)는 모든 다른 역사(歷史)의 운동(運動)들처럼 복합성(複合性)과 개별성(個別性)이라는 특성(特性)을 갖는다.

순수하게 역사적(歷史的)인 것으로 이해(理解)하고 그리하여 개별적(個別的)인 것으로 간주(看做) 될 때에 현상적(現象的)인 사실(事實)은 기독교(基督敎)의 상대적(相對的)인 특성(特性)의 영향(影響)을 받는다.

즉 우리가 관찰(觀察)하는 기독교(基督敎)는 단지 고전문화(古典文化)의 영역(領域)과 라틴 민족

(民族)과 게르만 족(族)들 사이에서 일어난 것이었다.

트렐츠에 의하면 기독교(基督敎)는 불가피(不可避)하게 그레코로망 문명(文明)과 유럽 문명(文明)의 요소(要素)와 뗄 수 없을 정도(程度)로 결합(結合)되어 있고 그 문화적(文化的)인 기반(基盤)을 떠나서는 생각할 수 없다는 것이다.

기독교(基督敎)는 유럽문명(文明)과 함께 흥망성쇠(興亡盛衰)한다.

트렐츠는 자신(自身)의 역사연구(歷史硏究)를 통해서 기독교(基督敎)는 최고(最高)의 보편성(普遍性)을 소유(所有)했다는 것가 또는 기독교(基督敎)는 모든 종교(宗敎)들 가운데 가장 고상(高尙)하고 가장 영적(靈的)인 계시(啓示)를 소유(所有)하고 있음을 증명(證明)한다는 자신(自身)의 이전의 주장(主張)을 포기(抛棄)하게 되었다.

오히려 기독교(基督敎)의 타당성(妥當性)에 대한 일차적(一次的)인 주장은 우리가 단지 기독교(基督敎)를 통해서 서구(西歐)에 속한 존재(存在)가 되고 또 기독교(基督敎)를 통해서만 우리에게 필요(必要)한 가치기준(價値基準)들과 힘들을 보존(保存)할 수 있다는 사실 속에 존재(存在)한다고 볼 수 있다.

> "우리는 종교(宗敎) 없이는 살 수 없다. 그러나 우리가 감당(勘當)할 수 있는 종교(宗敎)는 기독교(基督敎)뿐이다. 왜냐하면 기독교(基督敎)는 우리와 함께 성장(成長)해 왔고, 우리의 존재(存在)의 한 부분(部分)을 이루기 때문이다."

물론 기독교(基督敎)가 위대(偉大)한 영적능력(靈的能力)과 진리(眞理)를 소유(所有)하고 있지 않았다면 그 역사성(歷史性)이 지속(持續) 될 수 없었을 것이다.

그러나 트렐츠는 기독교(基督敎)는 우리를 위한 능력(能力)과 진리(眞理)라고 상기(想起)시킨다.

종교사학파(宗敎史學派)가 종교적(宗敎的)인 신념(信念)과 관습(慣習)들의 발달(發達)에 있어서의 환경적(環經的)인 요인(要因)들을 강조(强調)한 것은 트렐츠의 역사주의(歷史主義)에 있는 문화적(文化的)인 결정론(決定論)이라는 강력(强力)한 요소(要素)를 자극(刺戟)했다고 할 것이다.

그는 위대(偉大)한 세계종교(世界宗敎)들은 정확(正確)히 말해서 위대(偉大)한 인종(人種)들의 사상(思想)의 결정체(結晶體)로서 그것들은 자체(自體)가 다양(多樣)한 생물학적(生物學的), 인류학적(人類學的)인 양식(樣式)들의 산물(産物)이었다.

그 결과(結果) 트렐츠는 한 종교(宗敎)에서 다른 종교(宗敎)에로의 대치(代置)나 변형(變形)은 결코 있을 수 없고 다만 얼마간의 동의(同議)와 상호이해(相互理解)만 있을 수 있다고 주장했다.

기독교(基督敎)의 범세계적(汎世界的)인 사명(使命)에 대한 이런 주장에 함축(含蓄)된 내용(內容)은 아주 단순(單純)하다.

즉 유럽인들이 아닌 민족(民族)들을 대상으로 하는 선교사역(宣敎事役)을 종식(終熄)시켜야 한다는 것이다.

트렐츠는 확실(確實)히 우리가 최근(最近)에 검토(檢討)했든 문화(文化)의 적응성(適應性)과 변화(變化)의 가능성(可能性)을 보지 못했고 또 그의 생전(生前)에 유럽 이외의 문화권(文化圈)에서 이루어 진 기독교(基督敎)의 놀라운 적응력(適應力)을 보지 못했다.

이것은 특히 트렐츠가 역사적(歷史的)인 발전(發展)의 예측불가능성(豫測不可能性)을 강조(强調)한 것 그리고 역사(歷史)란 항상 새로운 개별화(個別化)의 가능성(可能性)속에 있다고 말하는 그의 견해(見解)에 비추어볼 때에 더욱 놀라운 일이다.

그럼에도 불구하고 문화(文化)에 대한 그의 개념(概念)은 그의 급진적(急進的)인 역사주의(歷史主義)와 일치(一致)했다.

트렐츠는 자신(自身)의 유명(有名)한 논문(論文)인 "세계종교(世界宗敎)들 중의 하나인 기독교(基督敎)"(Christianity among the World Religions)에서 자신(自身)의 견해(見解)가 회의주의(懷疑主義)의 입장(立場)을 형성(形成)하고 있다는 사실을 부정(否定)했다.

우리를 위한 진리(眞理)는 진리(眞理)이기 때문에 항상 진리(眞理)와 생명(生命)이 된다.

우리가 배워야 할 것은 이 세상(世上)의 경험(經驗)속에서 신적(神的)인 생명(生命)은 하나가 아니라 다수(多數)이지만 그 다수(多數) 속에 있는 하나를 이해(理解)하는 것이 사랑의 특별(特別)한 성격(性格)을 이룬다는 것이다.

트렐츠 자신(自身)은 부인(否認)했지만 그의 주장(主張)은 회의주의(懷疑主義)라고는 할 수 없을지 모르나 기독교(基督敎)를 극대화(極大化)하여 특이성(特異性)과 절대성(絶對性)이라는 기독교(基督敎)의 근본적(根本的)인 주장(主張)들에 도전(挑戰)했다.

트렐츠의 저서(著書)는 슈바이쳐의 "역사적(歷史的) 예수 연구(硏究)"와 함께 서구사회(西歐社會)에 기독교신학(基督敎神學)의 한 시대(時代)의 종말(終末)을 고(告)하게 만들었다.

이것은 헤르만 디엠(Hermann Diem)과 같은 사람들의 판단(判斷)이다.

"역사적(歷史的) 방법(方法)으로 표현(表現)되는 신학(神學)에 대한 도전(挑戰)으로 말미암은 결과(結果)인바, 교리학(敎理學)의 근본적(根本的)인 해체(解體)는 역사비평(歷史批評)이 예수의 역사적(歷史的)인 실체(實體)를 수립(樹立)하려는 노력(勞力)의 파산(破産)을 선포(宣布)하려는 순간(瞬間)에 트렐츠에 의해서 극단적(極端的)인 결론(結論)에 도달(到達)했다. 따라서 트렐츠가 동일(同一)한 발전(發展)의 노선(路線)에 따라서, 더 이상 발전(發展)할 수 없는 신학(神學)의 역사(歷史)에 종점(終點)을 이루었다는 것은, 전혀 놀라운 일이 아니다".

3) 양식비평(樣式批評)이란?

양식비평(樣式批評) 또는 양식학파(樣式學派)는 세계제일차대전(世界第一次 大戰)이 끝난 직후(直後)에 부분적(部分的)으로는 신약성경의 연구(硏究)에 대한 종교사학파(宗敎史學派)의 방법(方法)의 한계(限界)에 대한 반동(反動)으로 태동(胎動)했다.

종교사학파(宗敎史學派)는 적어도 암암리(暗暗裡)에 복음서(福音書)에 대한 기사(記事)의 역사성(歷史性)에 의문(疑問)을 가졌고 신약 성경의 전승(傳承)들이 지니는 상징적(象徵的)인 의미(意味)와 또는 제의적(提議的)인 의미(意味)에 관심(關心)을 집중(集中)했다.

예수에 관한 복음서(福音書)의 전승(傳承)들의 역사(歷史)와 신빙성(信憑性)의 문제(問題)에는 무관심(無關心)했기 때문에 그 문제(問題)는 다루지 않았다.

반면에 양식비평가(樣式批評家)들은 복음서(福音書)들을 구성(構成)하는 문헌적(文獻的)인 전승(傳承)의 층(層)들의 기원(起源)과 역사적(歷史的)인 성장(成長)의 문제(問題)에 초점(焦點)을 맞추었다.

그들은 예수의 전승(傳承)의 확실성(確實性)의 문제(問題)를 새로운 방식(方式)으로 제기(提起)했다.

양식비평가(樣式批評家)들은 헤르만 군켈과 그리고 휴고 그레스만 (Hugo Gressmann)의 구약성경에 대한 연구로부터 많은 영향(影響)을 받았다.

이들 학자(學者)들은 히브리인들의 고대민속문헌(古代民俗文獻)이 원래(元來)에 어떤 제한(制

限)된 고전적(古典的)인 형식(形式)이나 범주(範疇)들 속에 구어전승(口語傳承)으로 유포(流布)되었다는 것 그리고 이와 같이 문자(文字)가 사용(使用)되기 이전의 전승(傳承)들은 이스라엘 공동체(共同體)의 일상생활(日常生活)의 산물(産物)이었다는 것을 증명(證明)했다.

다시 말해서 그것들은 그 민족(民族)의 종교생활(宗敎生活) 곧 예배(禮拜)와 교훈(敎訓)과 설교(說敎)와 같은 실천적(實踐的)인 목적(目的)에 이바지했다.

복음서(福音書)에는 원래부터 구전(口傳)으로 전해졌던 전승(傳承)이 포함(包含)되어 있다는 것이 분명했기 때문에 양식비평가(樣式批評家)들은 이러한 방법(方法)이 복음서전승(福音書傳承)들의 기원(起源)과 성장(成長)의 문제(問題)에 답(答)하는데 도움이 될 것이라는 소망(所望)을 가지고, 이 동일(同一)한 전제(前提)들을 이 문헌(文獻)의 연구(研究)에 적용(適用)하려고 했다.

양식비평학파(樣式批評學派)의 기본주장(基本主張)은 양식비평(樣式批評)의 주도적(主導的)인 주창자(主唱者)인 영국(英國)의 라이트프트(R. H. Rightfoot)가 잘 요약(要約)했다.

"초대교회(初代敎會)가 당장에 문자(文字)를 사용(使用)하여 자신(自身)을 표현(表現)하지 않았을 것이라고 양식비평가(樣式批評家)들은 우리에게 상기(想起)시킨다. 그리고 그들은 우선 가장 초기 (初期)에는 예수의 말씀과 행위(行爲)에 대한 기억(記憶)과 전승(傳承)들이 오직 입에서 입으로 전(傳)해져 왔다고 믿었고 둘째로는 그것들의 중요성(重要性)은 초대교회(初代敎會)의 생활(生活) 및 욕구(欲求)에 관련(關聯)되어 있기 때문에 그것들 자체(自體)로는 그다지 귀중(貴重)하게 여기지 않았다고 믿었다. 이러한 욕구(欲求)는 주로 복음정파(福音傳播)의 교리문답적(敎理問答的) 가르침 어쩌면 무엇보다도 예배(禮拜)와 관계되었을 것이라고 그들은 생각한다. 나아가서 그들은 이런 기억(記憶)들과 전승(傳承)들이 점차(漸次)로 교회(敎會)들에서 지속적(持續的)으로 반복(反復)됨으로써 어느 정도(程度)는 고정적(固定的)인 형식(形式)을 취(取)했을 것이라고 믿고 있었다. 마지막으로 그들은 이러한 많은 구전전승(口傳傳承)들을 기록(記錄)된 복음서(福音書) 안에서 식별(識別)해 낼 수 있고 어느 정도(程度)는 그것들을 양식(樣式)이나 형태(形態)에 따라서 분류(分類)할 수 있다고 생각(生覺)한다"

1919년에서 1921년 사이의 짧은 기간(期間)에 세 부류(部類)의 신약성경(新約聖經)에 대한 학자(學者)들이 양식비평(樣式批評)의 방법(方法)을 복음서(福音書)의 연구(研究)에 적용(適用)하고 그 경과(經過)를 출판(出版)했다.

1919년에 슈미트(K. L. Shmidt)는 "역사적(歷史的) 예수의 구조(構造)"를 출판(出版)했다. 이 책(冊)에서 그는 마가복음의 전승(傳承)들의 인위적(人爲的)이고 자의적(自意的)인 순서(順序)를 증명(證明)했고 또 시간(時間)과 장소(場所)등의 세부사항(細部事項)들은 후일(後日)에 마가가 추가(追加)한 것이므로 개별적(個別的)인 전승(傳承)들의 역사적(歷史的)인 순서(順序)와 맥락(脈絡)에 대해서는 또는 개별적(個別的)인 전승(傳承)들의 역사적(歷史的)인 순서(順序)와 전후관계(前後關係)에 대한 책임(責任)은 마가 자신(自身)에게 있다는 것을 증명(證明)했다.

거의 같은 시기(時期)에 말틴 디벨리우스는 "복음서(福音書)의 양식사(樣式史)"를 출판(出版)했다. 이 중요한 책(冊)에서 디벨리우스는 기록(記錄)된 복음서(福音書)들의 배후(背後)에 있는 다양(多樣)한 구어전승(口語傳承)들의 성장(成長)을 추적(追跡)하고 다양(多樣)한 양식(樣式)들을 결정(決定)하는데 미친 결정적(決定的)인 영향력(影響力)을 탐구(探究)하는데 전력(全力)했다.

디벨리우스는 복음서(福音書)의 전승(傳承)들을 배출(輩出)한 삶의 정황(情況)은 주로 초대시절(初代時節)의 기독교회중(基督敎會衆)들의 예배(禮拜)와 설교(說敎)에서 찾아볼 수 있음을 발견(發見)했다.

그는 이 초기의 전승(傳承)에 대한 단위(Pericopes)들을 다섯 개의 양식(樣式) 즉 모범(模範), 설화(說話), 전설(傳說), 삽화(揷話), 신화(神話) 등으로 분류(分類)했다.

디벨리우스에 따르면 이 양식학파(樣式學派)에 속한 사람들 가운데 가장 중요한 것은 모범(模範) 곧 예수의 것이라고 간주(看做)되는 간략(簡略)한 모범적(模範的)인 말씀이나 행위(行爲)이다.

이 모범(模範)들은 계속적(繼續的)으로 설교(說敎)를 하는데에 사용(使用)되었기 때문에 보전(保全)되었다.

그것들은 추가(追加)된 것이 가장 적기 때문에 역사적(歷史的) 예수에 관한 가장 확실(確實)한 사상(思想)의 원천(源泉)이 된다.

설화(說話)와 전설(傳說)은 비역사적(非歷史的)이기는 하지만 편집자(編輯者)가 추가(追加)한 것이 상당히 많음을 반영한다.

반면(反面)에 신화(神話)는 역사(歷史)에 대한 관심(關心)을 거의 보여주지 않는다.

양식비평(樣式批評)에 대한 가장 근본적(根本的)인 접근(接近)은 루돌프 불트만에 의해서 공관

복음(共觀福音)의 전승사(傳承史)에서 전개(展開)되었다.

불트만은 양식(樣式)들을 디벨리우스의 구분(區分)과 유사(類似)하고 다양(多樣)한 단계(段階)로 나누었다.

그러나 불트만은 예수에 관한 역사적(歷史的)인 지식(知識)을 확실(確實)하게 제공(提供)할 수 있는 자료(資料)를 인정(認定)하는데 있어서는 디벨리우스보다 소극적(消極的)이었다.

이것은 불트만이 전설(傳說)과 역사적(歷史的)인 설화(說話)를 구분(區分)하지 않았다는 사실에서 증명(證明)된다.

양식비평가(樣式批評家)들의 작품(作品)에서 비교적(比較的) 새로운 것이면서도 많은 사람들에게 혼란(混亂)을 주는 것은 복음서(福音書)의 기자(記者)들은 편집자(編輯者)였으며 그들이 편집(編輯)한 내용(內容)은 복음서(福音書)에서 분명히 식별(識別)할 수 있다는 것 그리고 이 같이 수집(蒐集)된 전승(傳承)들은 주로 역사적(歷史的)인 목적(目的)이나 전기적(傳記的)인 목적(目的)에 사용(使用)하려는 것이 아니었다고 하는 그들의 증언(證言)이었다.

예수 그리스도에 관한 전승(傳承)들의 지속성(持續性)은 초대 교회의 초실용적욕구(超實用的 慾求)들에서 찾을 수 있었다.

이 발견(發見)은 가장 초기(初期)의 복음서(福音書)의 전승(傳承)들까지도 역사적(歷史的)인 사실(事實)이라는 단단한 바위 속에 뿌리를 둔 것이 아니고 종교적(宗敎的)인 요구(要求)라는 바뀌기 쉬운 근거(根據)위에 자리 잡고 있다는 망령(妄靈)에 사로잡히게 했다.

즉 기독교(基督敎)의 공동체(共同體)는 예수의 초상(肖像)을 그 공동체(共同體)의 목적(目的)에 도움이 되도록 구성(構成)했고 따라서 복음서(福音書)에 묘사(描寫)된 인물(人物)은 역사(歷史)의 예수가 아니라 신앙(信仰)의 그리스도라는 것이다.

복음서(福音書)는 역사적(歷史的)인 연대기(年代記)가 아니라 종교적(宗敎的)인 고백록(告白錄)이라는 것이다.

모든 양식비평가(樣式批評家)들은 복음서(福音書)에 보존(保存)된 예수에 대한 회고담(回顧談)은 십자가(十字架)의 수난(受難)과 부활(復活)이라는 사건(事件)들을 통해서 굴절(屈折)되었다는데 의견(意見)을 같이 한다.

예(例)컨대 예수께서 갈릴리에서 설교(說敎)하신 일은 부활신앙(復活信仰)의 안목(眼目)을 통해서 전승(傳承) 속에 투영(投影)된다. 사실(事實)과 신앙(信仰)은 불가분리적(不可分離的)으로 연계(連繫)되어 있다.

양식비평가(樣式批評家)들의 말처럼 복음서(福音書)에서 발견(發見)되어야 하는 유일(唯一)한 예수는 케리그마(Kerygma)의 예수 곧 초기공동체(初期共同體)가 전파(傳播)한 예수이다.

우리가 예수의 역사적(歷史的)인 삶에 관련(關聯)하여 남겨둔 문제(問題)에 대해서 양식비평(樣式批評)은 아주 부정적(否定的)인 답변(答辯)을 제공(提供)했다.

이것은 특히 불트만의 경우에 해당(該當)된다.

불트만은 자신의 저서 "예수"(Jesus)에서 예수의 생애와 인격에 대한 모든 관심을 일축하고 오직 그의 교훈들만을 골라서 그의 사상을 펼쳐나갔다는 것을 알게 한다.

불트만은 이러한 사태가 신앙에는 커다란 유익이라고 간주했다.

불트만의 견해에서 보면 참 된 신앙은 역사적 비판적 연구의 우연성(偶然性)에 의존할 수 없다. 이러한 길을 따르는 것은 세상적 증거와 안전성을 따르는 것이다.

신약성경(新約聖經)에서 발견(發見)되는 유일(唯一)한 예수 그리스도는 케리그마의 그리스도 즉 선포(宣布)된 그리스도이다.

신약성경 케리그마에서 만나는 그리스도는 살아계신 하나님의 말씀이신 그리스도이다. 불트만은 케리그마의 신빙성(信憑性)에 대해서 의심(疑心)을 품어서는 안 된다고 생각했다.

그 까닭은 어떤 역사비판적(歷史批判的)인 시금석(試金石)에 의해서 그것을 확인(確認)하려고 하는 것은 곧 불신앙(不信仰)의 표시(表示)이기 때문이라는 것이다.

불트만은 역사적(歷史的)인 예수와 케리그마적인 그리스도 사이에는 동일성(同一性)이 있다고 확신(確信)했다. 그러나 그는 이러한 연계성(連繫性)을 증명(證明)하는 것은 역사적(歷史的)으로는 불가능(不可能)하며 신학적(神學的)으로도 결정(決定)하기가 어려운 문제(問題)라고 생각했다.

앞으로 살펴보겠으나 불트만의 케리그마의 신학(神學)은 신정통주의(新正統主義)에 의해서 채택(採擇)되었으며 많은 사람들은 그것을 사용(使用)하여 슈바이쳐의 역사적(歷史的) 예수의 탐구(探究)에서 최초(最初)로 제기(提起)된 역사적(歷史的)인 문제(問題)를 해결(解決)했다.

그러나 많은 다른 사람들은 케리그마의 신학(神學)에 만족(滿足)하지 못 했다. 그 이유(理由)

는, 그것은 교회(敎會)가 믿는 그리스도가 역사적(歷史的)인 나사렛 예수를 의존(依存)하는지에 대한 신랄(辛辣)한 문제(問題)를 미해결(未解決)의 상태(狀態)로 방치(放置)하고 있기 때문이라고 하였다.

슈바이쳐 트렐츠 불트만과 같은 역사가(歷史家)들의 작업(作業)은 새롭고 근본적(根本的)인 면에서 기독교신앙(基督敎信仰)의 역사적(歷史的)인 기초(基礎)에 관한 문제를 제기(提起)했다.

이 학자(學者)들이 이처럼 급진적(急進的)인 역사적결론(歷史的結論)들을 가지고 있으면서도 기독교신앙(基督敎信仰)을 거부(拒否)하지 않았고 그렇게 급진적(急進的)으로 제기(提起)한 역사적(歷史的)인 문제(問題)들을 중립화(中立化)하는 경향(傾向)의 반응(反應)을 나타냈음을 살펴본다는 것은 매우 흥미(興味)로운 일이라고 할 것이다.

슈바이쳐는 적극적(積極的)인 사랑의 그리스도에 대하여 신비주의(神秘主義)를 가지고 문제(問題)를 해결(解決)하려고 했다.

불트만은 신약성경(新約聖經)의 선포(宣布)에 대한 반응(反應)으로 실존적(實存的)인 신앙(信仰)의 결단(決斷)에 호소(呼訴)했다.

그렇게 생생하게 드러난 역사적(歷史的)인 문제(問題)가 실제로는 기독교신앙(基督敎信仰)과 무관(無關)했다는 견해(見解)는 신정통주의(新正統主義)를 부르짖는 신학자(神學者)들이 취한 주장으로서 그 운동(運動)의 기원(起源)과 정신(精神)을 이해(理解)하는 것이 매우 중요(重要)하다고 할 것이다.

그러나 신학자들의 주장과는 달리 그들이 과연 성경은 어디에다 두고 또 그 성경에서 말씀하고 있는 신앙문제(信仰問題)에 대한 것은 거의 언급(言及)하지 않고 끝없는 논리(論理)로만 기독교(基督敎)에 대한 것을 논하고 있으니 과연 그렇게 하는 이유가 무엇인지를 알 수가 없다.

믿음이 없는 신학(神學)상의 논리(論理)만으로는 기독교(基督敎)의 본질(本質)에 근접(近接)할 수가 없다. 신학적(神學的)인 이론(理論)으로는 몰라도 하나님께서 기뻐하시는 믿음의 순종(順從)과 충성(忠誠)을 다하면 될 것이다.

"그런즉 깨어 있으라. 너희는 그 날과 그 시(時)를 알지 못 하느니라(마25:13. Watch therefore, for you know neither the day nor the hour in which the Son of Man is coming).”

2 ≡ 현대판(現代版) 위기신학(危機神學)

위기신학(危機神學, Theology of Crisis)에 대한 문제(問題)는 비단 현대적(現代的)인 것만이 아니라 사실은 초대교회(初代敎會)의 시절부터 항상 있어왔다.

그것은 외부적(外部的)인 방해(妨害)나 박해(迫害)가 기독교(基督敎)에 대한 말살정책(抹殺政策)으로 나타나기까지 했으니 그것은 단순히 역사적(歷史的)인 사건(事件)으로만 끝나는 것이 아니라 교리사상적(敎理思想的)인 의미에서 먼저 검토(檢討)되고 연구분석(硏究分析)되어야 할 일이었다.

1920년대에 나타난 신정통주의(新正統主義, New Orthodoxy)를 비롯하여 그 뒤를 이어서 덩달아서 일기 시작한 신개혁주의(新改革主義 New Protestantism)라던가, 그리고 여기에다 신복음주의(新福音主義, New Gospelism)등 기독교(基督敎)의 복음진리(福音眞理)에 대한 또 다른 해석(解釋)과 함께 교회운동(敎會運動)의 새로운 방향전환(方向轉換)을 시도(試圖)하고 나타났다.

그것들이 기독교(基督敎)의 내부에서 여러 가지의 형태(形態)들로 부상(浮上)했는데 그것들의 공통적(共通的)인 것은 한결같이 자유화(自由化)의 물결을 타고 일어난 자유주의(自由主義)의 신앙운동(信仰運動)이었고 신학적(神學的)인 위기사상(危機思想)들이었다는데 문제가 있다고 할 것이다.

그러나 지금에 와서 또 다시 세속주의(世俗主義) 혹은 인본주의적(人本主義的)인 신학사상(神學思想)이 일어나서 성경(聖經)의 진리(眞理)를 어지럽히고 있다는 사실을 직시(直視)해야 할 것이다.

더구나 세계주의(世界主義, Internationalism)가 판을 치고 있는 이 때에 초대교회(初代敎會)의 시절 이후의 성경적인 기독교(基督敎)의 전통(傳統)과 진리(眞理)에 대한 정통성(正統性)을 지켜나가고 신앙(信仰)과 진리(眞理)를 보수(保守)하기 위해서는 어떤 상대적(相對的)인 개념(槪念)에 연연함이 없이 항상 위기(危機)에 대한 대처능력(對處能力)을 가지고 있어야 할 것이다.

자유주의신학자(自由主義神學者)들에 의해서 시도(試圖)된 진보적(進步的)인 신학운동(神學運動)이 한 때는 기승을 부리며 일어났으나 지금은 스스로가 해체(解體)의 위기(危機)로 빠져들고 있다는 것을 알게 한다.

이러한 위기(危機)는 제1차 세계대전(世界大戰)의 발발(勃發)과 함께 그에 대한 반작용(反作用)과 더불어 극적(劇的)으로 표출(表出)되어 나타났다.

일단은 전쟁(戰爭)의 공포(恐怖) 때문에 하나님의 나라가 세상에 점진적(漸進的)으로 실현(實現)될 것이라고 가정(假定)하는 부로조아 적인 낙관론(樂觀論)에 대해 의심(疑心)이 제기되기 시작했다.

전쟁(戰爭)에 참여하여 전쟁(戰爭)의 참화(慘禍)와 참상(慘狀)을 목격(目擊)했으며 친히 이러한 비극(悲劇)들을 만들어 내는데 기여(寄與)했던 청년(靑年)들이 대학(大學)으로 돌아갔을 때에 그들의 신학을 이끈 지도자(指導者)들은 그들이 기독교(基督敎)의 문명(文明)을 위해서 선(善)한 싸움을 싸웠다고 말해 주었다.

많은 독일(獨逸)의 성직자(聖職者)들은 기독교(基督敎)와 게르만 민족주의(民族主義)를 쉽게 동일시(同一視)하는 경향(傾向)이었으나 젊은 세대(世代)들은 이에 반발(反撥)을 하고 나섰다.

칼 발트(Karl Barth)는 이것이 자신이 자유주의(自由主義)와 결별(訣別)한 결정적(決定的)인 이유(理由)라고 하는 사실을 다음과 같이 고백(告白)하고 있다.

"복음주의신학(福音主義神學)에 있어서 다른 일들의 종말(終末)이 그 치명적(致命的)인 1914년에 임했듯이 "행복(幸福)한 옛날"(Good Old Days)이었던 19세기의 실제적(實際的)인 종말(終末)도 1914년에 임했다. 나 개인적(個人的)으로는 그 해 8월 초순(初旬) 어느 날이 흑암 곧 "죽음의 날"로 각인(刻印)되었다. 그 날 93명의 독일(獨逸)의 지식인(知識人)들이 독일(獨逸)의 황제(皇帝) 윌리암 2세 (william II)와 그의 고문(顧問)들의 전쟁정책(戰爭政策)을 지지(支持)하는 성명서(聲明書)를 발표했다. 두렵게도 나는 그들 중에서 이제까지 종교적(宗敎的)으로 존경(尊敬)해 오던 신학 교사(神學敎師)들을 발견(發見)했다. 그들의 이러한 행위(行爲)로 환상(幻想)에서 깨어난 그는 윤리학(倫理學)과 교리학(敎理學) 그들의 성경주석(聖經註釋) 그들의 역사(歷史)에 관한 해석(解釋)을 더 이상 받아들일 수 없다는 사실을 깨닫게 되었다. 기독교문명(基督敎文明)의 변호(辯護) 세계안전(世界安全)을 민주주의(民主主義)로 구출(救出)하는 것 그리고 사회질서(社會秩序)의 기독교화(基督敎化)등에 관한 시대(時代)의 진솔(眞率)한 표현(表現)들은 공허(空虛)하다고 까지는 할 수 없으나 이제는 적어도 애매(曖昧)한 말처럼 들릴 뿐이다. 그 새로운 경향(傾向)은 실제론(實際論)과 염세주의(厭世主義)의 하나로서 그것은 스팽글러(Spengler)의 "서구(西歐)의 몰락(沒落)"(Decline of the West)을 열렬히 받아 드리는 데서 반영(反映)된다. 소장파(少壯派)에 속한 신학자(神學者)들은 만약 서구문명(西歐文明)이 타락(墮落)하고 부패(腐敗)했다면 기독교(基督敎)는 결코 그것과 화해(和解)해서는 안 되며 오히려 예언자적(豫言者的)인 판단(判斷)을 가지고 그것을 감독(監督)해야 한다고 생각했다. 19세기 후기(後期)의 문화(文化)에서 잘못 되었다고 느꼈던 것은 불완전(不完全)한 인간관(人間觀)이었다. 그것은 인간생활(人間生活)의 높이나 깊이를 전혀 이해하지 못한 견해(見解)였다. 그것은 인간(人間)은 본성적(本性的)으로 선(善)하므로 만약 올바르게 교육(敎育)을 받기만 하면 그는 의(義)를 따를 것이라고 규정(規定)했다. 그러나 그것은 바울과 어거스틴의 전통(傳統)에서 중심에 위치(位置)하고 있고 루터의 신학(神學)에서 재발견(再發見) 된 것 즉 인간(人間)속에 있는 심원(深遠)한 영적투쟁(靈的鬪爭)에 대해서는 아무런 파악(把握)도 하지 못했다.

　부르조아 문화(文化)에는 악(惡)과 인간(人間)의 죄(罪)의 세력(勢力)에 관한 자각(自覺)이 결여(缺如)되어 있었다. 그런데 당대의 도덕적낙관론(道德的樂觀論)을 물리치고 참으로 불투명(不透明)하 고 비극적(悲劇的)인 심연(深淵)속에 있는 인생(人生)을 묘사(描寫)한 도스토에프스키와 같은 예언자적(豫言者的)인 저술가(著述家)들이 몇 몇 존재(存在)했다. 도스토에프스키는 자신(自身)의 소설(小說)속에서 의심(疑心)으로 고통(苦痛)을 받고 있는 반역적(叛逆的)인 인간(人間)들을 묘사(描寫)하고 있다. 곧 영혼(靈魂)에 대한 갈증(渴症)을 해소(解消)할 수 없겠지만 그것을 자유주의적(自由主義的)인 문화(文化)의 도덕적(道德的)인 관습(慣習)에 따라서 사랑하는 신(神)을 믿는 외경적신앙(外經的信仰)과 혼동(混同)하지 아니하는 인간(人間)을 묘사(描寫)했다. 그로 인해서 그들은 사회(社會)의 소외(疎外)된 방랑자(放浪者)들로 남아 있었다. 헨릭 입센(Henrik Ibsen) 역시 현대(現代)의 부르조아 도덕주의(道德主義)에 도전(挑戰)했다. 자신(自身)의 위대(偉大)한 희곡(戲曲)에서 그는 비틀리거나 극악(極惡)한 동기(動機)들을 겉보기에는 고귀(高貴)한 행동(行動)들 속에 감추어 주는 관습적(慣習的)인 행위(行爲)들의 위선성(僞善性)을 극대화(極大化)했다. 입센이 "들 오리"(Wild Duck)와 "건축(建築) 청부업자(請負業者)"(The Master Builder)에서 묘사(描寫)한 것 보다 더 강력(强力)하게 도덕적관념론(道德的觀念論)의 악마적잠재성(惡魔的潛在性)을 묘사(描寫)한 사람은 없었다. 도스토에프스키와 입센의 강력(强力)한 실재론(實在論)은 낙담(落膽)한 소장파(少壯派)에 속한 자유주의 신학자(自由主義神學者)들에게 상당한 영향(影向)을 주었다. 칼 발트의 친구(親舊)인 에드와르드 투루나이젠(Eduard Thruneysen)은 도스토에프스키 연구서(研究書)를 썼는데 발트는 로마서주석의 서문(序文)에서 그 영향력(影響力)을 인정(認定)했다. 발트와 투루나 이젠이 도스토에프스키에서 발견(發見)한 것은 특히 발트가 하나님의 신성(Godness of God) 곧 신성(神性)의 외경(畏敬)스러운 타자성(他者性, Otherness) 곧 신비적경이(神秘的驚異, Mysterium Tremendum)라고 부른 심오(深奧)한 인식(認識)이었다. 또한 그들은 무력(無力)한 죄(罪)의 노예(奴隷)로서 하나님의 사람은 무한(無限)한 은혜(恩惠)속에서만 구속(救贖)을 받을 수 있는 인간(人間)의 실질적(實質的)인 모습(貌習)을 발견(發見)했다. 여기서 그들은 위대(偉大)한 개혁가(改革家)인 루터와 칼빈의 신학(神學)을 상기(想起)시키는 주제(主題)를 접하게 되었다. 이들 개혁자(改革者)들의 재발견(再發見)은 이미 19세기 초에 유럽에서 일어나고 있었다.

역사가(歷史家) 칼 홀(Karl Holl)을 비롯한 여러 사람들의 작업(作業)은 루터의 신학(神學)을 루터교 스콜라주의의 사슬에서 해방(解放)시키고 그의 급진적(急進的)인 신(神)의 중심주의(中心主義) 그리고 죄(罪) 신앙(信仰) 은혜(恩惠)에 대한 심오(深奧)한 개념(概念)을 드러내는데 도움을 주었다. 도스토에프스키와 개혁가(改革家)들에 관한 연구(研究)는 발트와 투루나이젠으로 하여금 성경자체로 특히 바울에게로 돌아가게 했다. 거기서 그들은 성경적인 언어철학자(言語哲學者)들과 역사가(歷史家)들과 현재의 학식(學識)때문에 그들에게 감추어져 있던 기이(奇異)한 신세계(新世界)를 발견(發見)했다.

신정통주의(新正統主義)는 무엇보다도 하나님의 말씀은 새롭고 예기치 않은 방식(方式)으로 자신을 계시(啓示)할 것이라는 신선(新鮮)한 기대(期待)를 가지고 성경 자체에 열정적(熱情的)으로 몰입(沒入)하는 것에서 자라나왔다.

역사주의(歷史主義) 부로조아 문화(文化)의 위기(危機), 제1차 세계대전(世界大戰) 도스토에프스키와 같은 예언자적인물(豫言者的人物)의 발견(發見), 루터 르네상스(Luther Renaissance), 그리고 성경의 새로운 세계(世界)등은 모두 신정통주의운동(新正統主義運動)의 출현(出現)에 기여(寄與)했다.

그러나 덴마크의 탁월(卓越)한 사상가(思想家)인 키엘케콜 만큼 변증신학(辨證神學)의 정신(精

神)을 결정(決定)하고 그 기본적(基本的)인 모티프를 형성(形成)하는데 큰 역할(役割)을 한 인물은 없다.

그는 칼 발트와 다른 신정통주의(新正統主義)의 신학자(神學者)들에게 결정적(決定的)인 영향(影響)을 주었으므로 이 획기적(劃期的)인 신학운동(神學運動)을 이해(理解)하는데 있어서 그의 사상(思想)에 대한 검토(檢討)가 필수적(必須的)이다.

3 ≡ 죄뢴 키엘케콜의 교리사상(敎理思想)

사실상 19세기의 사람으로서 자기가 살고 있던 시대(時代)보다 한 세기(世紀)가 지난 다음에야 세계적(世界的)인 영향(影響)을 끼친 사상가(思想家)로 유명(有名)한 사람으로는 덴마크(Denmark)가 낳은 죄렌 키엘케콜(Soren Kierkegaard: 1813-1855)을 능가(凌駕)할만한 인물(人物)이 많지 않을 것이다.

키엘케콜은 코펜하겐(Copenhagen)의 부유(富裕)한 모직물(毛織物)을 업(業)으로 하는 상인(商人)의 아들로 태어난 7형제(兄弟)들 가운데 막내 아들이었다.

그는 어렸을 때부터 그의 아버지 미카엘(Michael Kierkegaard)의 사랑과 신앙적(信仰的)인 감화(感化)를 받으면서 유복하게 성장했다.

그의 아버지는 비록 상인(商人)이기는 했으나 교양(教養)이 높고 철학적(哲學的)인 학문(學問)의 조예(造詣)가 깊었으며 특히 신앙적(信仰的)으로는 예민(銳敏)한 죄(罪)에 대한 의식(意識)을 가진 엄격(嚴格)한 신앙인(信仰人)이었다.

키엘케콜의 사상(思想)은 그의 생애(生涯)와 분리(分離)하여 생각한다는 것은 잘 못 된 일이라고 할 만큼 그의 생애(生涯)를 운명(運命)지어준 그의 성격(性格), 곧 극도(極度)의 우울증(憂鬱症), 심각(深刻)한 종교성(宗敎性), 예리(銳利)하고 논리적(論理的)인 판단력(判斷力), 깊은 명상(瞑想)과 사색(思索), 풍부(豊富)하고 창조적(創造的)인 상상력(想像力)등은 모두 그의 아버지로부터 이어받은 것이라고 할 것이다.

이토록 특이(特異)한 성격(性格)이 그의 아버지의 교육(教育)으로 말미암아 한층 더 발전(發展)

하게 되었다고 보는 것이 옳을 것이다.

그러나 한편 그의 마음 속에서는 그의 부모(父母)를 통해서 물려받은 것과는 전혀 다른 반대(反對)되는 성격(性格)도 도사리고 있었다.

이 모순(矛盾)된 두 가지 성격(性格)의 이율배반성(二律背反性)이 그에 대한 생애(生涯)의 역사(歷史)도 되고 동시에 그의 사상(思想)을 형성(形成)하는데 근거(根據)를 이루기도 했다.

그는 일찍이 코펜하겐 대학(大學)에 들어가서 철학(哲學)과 신학(神學)을 공부(工夫)하고 1840년에 대학(大學)을 마치게 되었는데 바로 그 무렵 17세의 소녀(少女) 레기네 올센(Regine Olsen)과 연애(戀愛)를 해오던 끝에 약혼(約婚)을 하게 되었으나 그는 여성(女性)과의 관계(關係)에서 애욕적(愛慾的)인 것을 부인(否認)하고 종교적(宗敎的)인 사랑을 추구(追求)하여 결혼(結婚)을 한다는 것 자체에 대한 심각(深刻)한 고민(苦悶)을 하게 되었다.

그는 거룩한 것과 육적(肉的)인 것과의 상극(相剋) 사이를 두고 깊은 고민(苦悶)에 빠져 있다가 1841년 끝내 그 결혼(結婚)을 성사(成事)시키지 못하고 파혼(破婚)해 버렸다.

그리고는 그 해에 바로 독일(獨逸)로 건너가서 베르린 대학(大學)에 몸을 담고 당대의 대철학자(大哲學者)인 쉘링(Schelling F. W. Joseph: 1775-1854)에게서 철학(哲學)을 수학(修學)하게 되었다.

그러나 그의 머리 속에는 무엇인가 해결(解決)하지 못한 우울(憂鬱)함으로 가득 찼으며 어떤 만족(滿足)할만한 해답(解答)을 찾지 못하여 여전히 고민(苦悶)속에 빠져 있다가 그대로 코펜하겐으로 돌아와서 사색(思索)과 저술(著述)에만 전념(專念)했다.

1843년 키일케콜은 그의 걸작(傑作)인 "이것이냐 저것이냐?"(Euten Eller=Either-Or)를 출판(出版)하게 되었다. 1846년까지 그는 여러 가지의 가명(假名)을 써가면서 많은 저서(著書)들을 써냈다.

그런데 바로 그 해의 초(初)에 콜싸룬(Corsarun)신문(新聞)과 뜻하지 않은 논쟁(論爭)을 펼치게 되었는데 그는 국가(國家)와 사회(社會)와 기성교회(旣成敎會)들에 대하여 모든 모순(矛盾)과 비리(非理)들을 파헤치면서 맹공(猛攻)을 퍼붓고 일어섰기 때문이다.

1854년 감독(監督) 문스테르(Munster)가 죽어서 장례식(葬禮式)을 치르게 되었는데 마르텐슨(Martenson) 교수(敎授)가 문스테르 감독(監督)을 가리켜서 "진리(眞理)의 증인(證人)의 한 사람"이라고 한데서부터 격렬(激烈)한 논쟁(論爭)을 일으키게 되었다.

이 논쟁(論爭)으로 인하여 그는 심신(心身)이 극도(極度)로 피곤(疲困)해 져서 1855년 길거리를 걷다가 쓰러져서 졸도(卒倒)까지 하게 되었는데 그는 끝내 일어나지 못하고 1854년 11월 11일 세상(世上)을 등지고 말았다.

그런데 그의 생애(生涯)에 관한 것은 그가 1835년부터 1854년까지에 쓴 그의 일기(日記)를 통해서 자세하게 알 수 있다.

키엘케콜의 사상은 칼 발트의 사상(思想)을 형성(形成)하는데 지대(至大)한 영향(影響)을 주게 되었는데 거기에는 어떤 일정(一定)한 체계(體系)를 갖춘 것은 아니었고 철저(徹底)히 항의자(抗議者)로 자인(自認)하게 되었다는 것을 알게 한다.

그는 추상적(抽象的)인 헤겔의 논리주의개념(論理主義概念)의 체계(體系)에 항의(抗議)하여 개념(概念)이나 보편적(普遍的)인 사람들 대신(代身)에 좀 더 적극적(積極的)인 의미(意味)에서 개개인(個個人)을 찾는 것이 특별(特別)했다.

객관(客觀, Object)위에 주관(主觀, Subjectivity)의 우위(優位)를 주장(主張)하여 주관(主觀)만이 절대(絕對, Absoluteness)라고 주장(主張)했다.

그러므로 그것은 다만 개인적(個人的)인 그리고 개인(個人)이 하나님과 맞서는 관계(關係) 곧 신앙(信仰)만이 있다고 하였다.

이 신앙(信仰)은 논리적(論理的)인 과정(過程)을 밟는 점진적(漸進的)인 것이 아니고 일종(一種)의 모험(冒險)이며 조발적(早發的)인 약동(躍動)이라고 하였다.

그의 이 주관성(主觀性) 앞에는 교회(敎會)가 문제되지 않는다.

이리하여 그는 기성교회(旣成敎會)에 대해서 격렬하게 비판(批判)하고 항의(抗議)하며 나섰다.

키엘케콜이 쓴 여러 저서(著書)들을 보면 레지네 올센과 파혼(破婚)을 한 다음에 쓴 "심미적(審美的) 저술(著述)"(Aesthetic Authorship)을 비롯하여, 앞서 말한 "이것이냐, 저것이냐?", "공포(恐怖)와 전율(戰慄)" (Fear and Trembling), "교훈적(教訓的) 강화(强化)" (Edifying Discourses), "철학적(哲學的) 단편(短篇)" (Philosophical Fragment), "비과학적(非科學的) 후기의 결론(結論)"(Concluding Unscientific Postscript), "마음의 정결(淨潔)" (Purity of Heart), "불안(不安)의 개념(概念)"(The Concept of Dread), "죽음에 이르는 병(病)" (Sickness unto Death), "기독교(基督敎)에 있어서 훈련(訓練)" (Training in Christianity), 그 외

에 "자기 성찰(省察)을 위해"(For Self-Examination)등 수많은 기독교(基督教)에 관한 서적(書籍)들을 펴냈다.

그러나 그는 지나친 교회(教會)에 대한 공격(攻擊)과 현실비판(現實批判)으로 오히려 콜사르(Corsair)라는 풍자잡지사(諷刺雜誌社)의 편집인(編輯人) 몰러 (P. L. Moller)와 같은 사람의 혹심(酷甚)한 반격(反擊)에 맞서서 논쟁(論爭)을 전개(展開)해야 했고 그러한 이유로 더 심각(深刻)한 고립(孤立)속에서 고민(苦悶)에 빠져드는 고통(苦痛)을 겪어야하게 되었다.

그러나 그가 쓴 수많은 그의 저서(著書)들이 계속적으로 쏟아져 나오면서 그의 말년(末年)에 이르러서야 기독교적신앙(基督教的信望)의 경지(境地)에 이르게 되었고 자신(自身)이 깨달은 진리(眞理)를 널리 전달(傳達)해야 한다는 사명감(使命感)을 느끼게 되었다.

그는 한결 같이 그리스도인이 된다는 것이 그렇게 쉽게 된 것이 아니라는 것을 깨닫고 전통적(傳統的)인 기독교(基督教)와 제도권(制度權)의 교회(教會)에 대한 위선(僞善)에 대해서는 한치의 양보(讓步)도 없는 공격(攻擊)을 퍼부었고 때문에 그는 자연히 고립주의자(孤立主義者)의 길을 걷게 되었던 것이다.

키엘케콜은 모든 사람이 관습적(慣習的)인 세례행위(洗禮行爲)에 의해서 기독교인(基督教人)으로 간주(看做)되는 곳에는 기독교(基督教)는 본질(本質)상 존재(存在)하지 않는다고 하여 다음과 같이 자기의 뜻을 피력(披瀝)하고 있다.

"신약성경(新約聖經)에서 구주(救主)이신 우리 주 예수 그리스도는 그 상황(狀況)을 이렇게 표현(表現)한다. "생명(生命)으로 인도(引導)하는 길은 협착(狹窄)하고, 그 문(門)은 좁다". 그것을 알고 있는 사람은 얼마나 적은가? 이제는 반대(反對)로 덴마크에 관해서 말해보자. 우리는 모두 그리스도인이다. 그 길은 덴마크에서 가장 넓다. 그 까닭은 그것은 우리 모두가 걸어가는 길이요, 모든 면에서 편리(便利)할 뿐만 아니라 최대한도(最大限度)로 안락(安樂)하며 그 문(門)은 우리 모두가 한꺼번에 들어가도 될 정도(程度)로 넓기 때문이다. 그러므로 신약성경(新約聖經)은 진리(眞理)가 아니다"

키엘케콜의 이 같은 통렬(痛烈)한 논박(論駁)은 그 열정적(熱情的)인 공격(攻擊)의 절정(絶頂)에서 그가 몸의 마비증세(痲痺症勢)로 쓰러질 때까지 계속(繼續)되었으니 이러한 점을 종합(綜合)

해서 볼 때에 그가 성경의 진리속에 깊이 파고들어 갔다는 점은 인정(認定)되지만 성경의 신비적(神秘的)인 영성(靈性, Spirituality)에 대해서는 어떤 아쉬움을 남겼다는 것과 성경의 진리(眞理)를 자기의 성격(性格)대로 고집(固執)했다는 성격상(性格上)의 문제(問題)가 결합(結合)된 것으로 이해함이 옳을 것 같다.

그는 임종(臨終)의 직전(直前)까지도 병석(病席)에 누워서도 화해(和解)의 권유(勸誘)를 거부(拒否)했다.

심지어(甚至於) 시제(司祭)에게서 영성체(領聖體)를 받는 것끼지도 거부(拒否)하고 이 세상(世上)을 떠났다.

그는 자기 스스로의 종교적(宗敎的)인 신념(信念)을 끝까지 고수(固守)해 나가면서 자기의 신앙(信仰)과 신학사상(神學思想)을 지켜나가다가 스스로 홀로 간직(看直)한 영적평강(靈的平康)의 상태(狀態)에서 하나님의 나라로 옮겨갔다.

키엘케콜은 다른 신학자(神學者)들에 비해서 투철한 자기(自己)만의 신앙(信仰)을 지켜나가면서 하나님의 뜻을 바로 이루어 드리기 위하여 노력한 참 그리스도인으로서의 본(本)을 보여준 대선각자(大先覺者)였다고 자랑할만 하다.

4 ≡ 칼 발트의 교리사상(敎理思想)

19세기 말(末)에서 20세기 중엽(中葉)까지 세계적(世界的)인 신학계(神學界)에 지대(至大)한 영향(影響)을 끼친 대표적(代表的)인 인물(人物)을 지명하라고 하면 거의 다 여기에서 논(論)하려고 하는 칼 발트(Karl Barth: 1886-1968)를 들게 될 것이다.

그는 스위스(Switzerland) 출신(出身)의 신학자(神學者)로서 신정통주의(新正統主義, New Orthodoxy)의 대표적(代表的)인 지도자(指導者)로 꼽히는 거물급(巨物級)에 속한 신학자(神學者)이다.

칼 발트는 1886년 바젤에서 당시 베르린 대학(大學)에서 교회사(敎會史)와 신약학(新約學)을 강의(講義)하고 있던 프리츠 발트(Frietz Barth)의 아들로 이 세상(世上)에 태어났다.

칼 발트는 우선 1904년 그의 나이 18세가 되었을 때에 바젤에서 신학(神學)을 공부하다가 후에 독일(獨逸)로 가서 베르린과 튀빙겐 그리고 마르부르크 등지(等地)에서 계속하여 연구에만 전념(專念)했다.

그런데 그 당시 독일(獨逸)에서는 자유주의(自由主義)의 신학(神學)과 아돌프 하르낙(Adilf von Harnack)의 영향(影響) 아래 완전(完全)히 장악(掌握)되고 있을 때였는데 발트도 그에게서 사사(師事)를 받았으며 또한 동시에 빌헬름 헤르만(Willhelm Hermann)의 영향(影響)도 함께 받게 되었다.

그 후 발트는 1909년부터 제네바(Zeneva)로 돌아가서 부목사(副牧師)로 목회(牧會)를 하게 되었다. 그는 그 곳에서 2년간을 부목사로 사역(事役)을 하다가 그 후에는 자펜빌(Sapenwil) 교회(敎會)의 목사(牧師)로 청빙(請聘)되어가서 거기에서 10년간이나 담임목사(擔任牧師)로 장기근속(長期勤續)을 하게 되었다.

그가 목회자(牧會者)로서 사역(事役)을 하는 동안 가능한 성경에서 말씀하고 있는 진리(眞理)에 따라서 설교(說敎)를 해야겠다고 다짐을 하기는 했으나 이미 자유주의사상(自由主義思想)에 젖어 진 그로서는 그것이 결코 쉬운 일만은 아니었다.

더구나 제1차 세계대전(世界大戰)을 겪는 동안 그는 진보적(進步的)이고 낙관적(樂觀的)인 자유주의(自由主義)의 신학(神學)이 더 이상 설자리가 없게 되겠다는 것을 깨닫게 되었고 또한 자기가 존경(尊敬)하는 스승들까지도 전쟁(戰爭)을 찬성(賛成)하고 나서는 데는 너무나도 충격적(衝擊的)인 것이었다.

이에 그는 그의 친구(親舊)들 곧 투르나이젠(E. Turneysen), 헤즈만 쿠터(Hermann Kutter), 라가스(L. Ragaz)등과 함께 힘을 모아서 "종교 사회주의"(宗敎社會主義, Religious Socialism)라는 단체(團體)를 조직(組織)하게 되었다.

이 때에 발트는 로마서를 연구(研究)하기 시작하여 1919년에 "로마서 강해(講解)"를 출간(出刊)해 내게 되었다.

발트는 여기에서 하나님의 자리에서 하나님을 믿게 되고 인간(人間)을 그 자리에 올려놓은 자유주의신학(自由主義神學)을 철저(徹底)히 비판(批判)했다.

그리고 그는 키엘케콜의 사상(思想)을 통해서 감동(感動)을 받고 "하나님의 전적(全的)인 타자성(他者性)"(Wholly Otherness of God) 이라는 개념(槪念)을 강력(强力)하게 주장(主張)하게 되었다.

즉 하나님과 인간(人間)의 사이에는 무한(無限)한 질적(質的)인 차이(差異)가 존재(存在)한다는 것이다.

그것은 인간(人間)의 지혜(智慧)로는 하나님을 도저히 파악(把握)한다거나 이해(理解)할 수도 없다는 것이다. 발트의 로마서 강해(講解)는 곧 큰 반영(反映)을 일으키면서 많은 사람들의 주목(注目)을 받게 되었다.

그러나 이 책(冊)을 본 로마 카톨릭 교회의 신학자(神學者) 칼 아담(Karl Adam)은 이 책(冊)에 대하여 평하기를 "신학자(神學者)들의 놀이터에 던져진 하나의 폭탄(爆彈)이라"고 말할 정도(程度)였다.

한편 빌트는 1921년에 그 책(冊)의 덕분으로 괴팅겐 대학(大學)의 신학교수(神學敎授)로 초빙(招聘)되었다.

그리고 그 책(冊)은 투르나이젠(E. Turneysen)을 비롯하여 불트만 (Bultmann) 고가르텐(F. Gogarten) 에밀 브룬너(Emill Brunner)등과 같은 사람들이 한자리에 모여서 소위. "변증법적(辨證法的) 신학파(神學派)"를 결성(結成)하는데 결정적(決定的)인 동기(動機)를 부여(賦與)하게 되었다.

이 단체(團體)는 1923년에 "시대(時代) 간(刊)"(Zwischen den Zeiten)이라는 신학잡지(神學雜誌, Theological Magazine)를 발간(發刊)해 내게 되었는데 그들은 이 잡지(雜誌)를 통해서 변증법적(辨證法的)인 신학(神學)을 열렬(熱烈)히 주장(主張)해 나가게 되었다.

그 후 1925년에 발트는 뮌스터 대학교(大學校)의 교수(敎授)로 임명(任命)되어 강의활동(講義活動)을 계속해 오다가 1930년에는 다시 본(Bon) 대학교(大學校)의 신학교수(神學敎授)로 부임(赴任)하게 되었다.

그는 교수(敎授)로 재직(在職)하는 동안 집필활동(執筆活動)에 힘쓴 결과 특히 1932년에는 그의 또 다른 대표작(代表作) 중의 하나로 꼽는 "교회(敎會) 교리학(敎理學)"(Die Kirchliche Dogmatik)을 집필(執筆)하기 시작했다.

발트는 본(Bon) 대학교(大學校)에서 바젤 대학(大學)의 조직신학교수(組織神學敎授)로 다시 자리를 옮기게 되었고 그 때에도 집필(執筆)에 열중(熱中)하기는 했으나 결국 미완성(未完成)의 작품(作品)으로 끝을 맺고 말았다.

최종적(最終的)으로 그의 저서(著書)는 13권(卷)의 제4부로 구성(構成) 된 방대(尨大)한 분량(分

量)의 작품(作品)이었다. 이 책(冊)에서 발트는 하나님의 주권(主權)을 강하게 역설(力說)하고 있으며 특히 그리스도 중심적(中心的)인 사상(思想)을 강조(强調)했다.

그러나 1933년 "변증학적(辨證學的) 신학학파(神學學派)"는 "시대(時代) 간(刊)"이라는 잡지(雜誌)를 폐간(廢刊)함으로써 사실상 해체(解體)의 길을 걷게 되었다.

특히 같은 해에 고가텐이 나찌(Nazi) 정권(政權)을 지지(支持)하고 나서자 발트는 그의 견해(見解)를 반박(反駁)하고 나섰으며 곧 그와 완전히 결별(訣別)하게 되었다.

당시 발트는 처음부터 나찌 정권(政權)에 대해서 반대(反對)하는 입장에 서 있었기 때문이었다.

다음 해에는 또 계시문제(啓示問題)로 인해서 에밀 브룬너와 논쟁(論爭)을 벌이게 되었다.

그 당시 발트는 그리스도의 계시(啓示)만을 인정(認定)하고 자연계시(自然啓示)를 거부(拒否)하는 반면(反面) 브룬너는 자연계시(自然啓示)까지도 인정(認定)하였다.

발트가 부디 일반계시(一般啓示)를 인정(認定)하지 않은 주된 이유(理由)는 인간(人間)이 하나님의 계시(啓示)를 받아들일 수 있는 자연적(自然的)인 능력(能力)을 소유(所有)하고 있지 않다는 그의 확신(確信)때문이었다.

아울러 그는 자연신학(自然神學)을 거부(拒否)하고 하나님의 말씀에 기초(基礎)한 신학(神學)을 세우기를 원했기 때문이기도 하다.

이 후 두 사람은 이 문제(問題)로 인하여 장장 10년간이나 지속적(持續的)인 논쟁(論爭)을 계속(繼續)해야 만 했다.

발트는 "아니요"(Nein !) 라는 책(冊)을 펴냄으로써 자신(自身)의 입장(立場)을 더 확고(確固)하게 밝히게 되었고 결국 그들은 결별(訣別)하기에 이르게 되었다.

한편 발트는 점차적(漸次的)으로 독일(獨逸)의 고백교회(告白敎會)의 지도자(指導者)들 가운데 한 사람으로 높이 드러나게 되었다.

특히 니믈러(M. Nimouller)가 창설(創設)한 "목회자(牧會者)의 비상동맹(非常同盟)"(Pastor's Emergency League)이 주축(主軸)이 되어 독일(獨逸)의 프로테스탄트(Protestant) 교회(敎會)의 지도자(指導者)들이 1934년에 바르멘(Barmen)에서 나찌주의에 대항(對抗)하기 위한 목적(目的)으로 회의(會議)를 개최(開催)하게 되었다.

이 회의(會議)에서 6개조로 구성(構成)된 "바르멘 신학선언(神學宣言)"(Barmen Theologische Erklarung)
이 채택(採擇)되었는데 이 선언서(宣言書)는 대부분(大部分) 발트에 의해서 작성된 것이었다.

그러나 그 이듬해에 발트는 히틀러(Adolf Hitler: 1889-1945)에 대한 무조건충성(無條件忠誠)을 맹
서(盟誓)하지 않았다는 이유(理由)로 본 대학교(大學校)의 교수직(敎授職)을 박탈(剝奪) 당해야만
했다.

그러나 그는 곧 바젤 대학교(大學校)로부터 조직신학(組織神學)의 교수직(敎授職)을 제의(提議)
받고 바로 수락(受諾)했다.

그 후 발트는 은퇴(隱退)할 때까지 바젤 대학(大學)에서 강의(講義)했으며 동시에 집필활동(執
筆活動)과 서신교환(書信交換)을 통해서 나찌에 대한 저항(抵抗)의 고삐를 늦추지 않았다.

그러나 발트는 1945년 제2차 세계대전(世界大戰)이 끝이 나자 독일(獨逸)에 대해서 오히려
우호적(友好的)인 입장(立場)을 취해나갔다. 아울러 그는 공산주의자(共産主義者)가 아니었음으
로 자연히 공산주의(共産主義)를 강하게 반대(反對)하였으며 그 대신 그는 평화(平和)를 옹호(擁
護)하였다.

또한 그는 자유주의(自由主義)의 신학운동(神學運動)을 전개(展開)하고 있는 에큐메니칼 운동
(Equmenica Campaign)에도 깊이 관여했다.

1948년에는 암스텔담(Amsteldam)에서 개최(開催)된 "세계교회협의회(世界敎會協議會)"(World
Council of Churches)에서 강연(講演)을 했으며 그 외에도 다양(多樣)한 에큐메니칼 모임이나 행사(
行事)에 관계(關係)하였다.

심지어(甚至於) 그는 자신(自身)의 책(冊)이 로마 카톨릭 교회로부터 인정(認定)을 받게됨에 따
라서 곧 로마로 초청되어 가기도 했다.

로마를 방문(訪問)한 그 후(後) 그는 "제2차 바티칸 공의회(公議會)에 대한 평가(評價)"라는 책
(冊)을 펴냈다 (1968).

이러한 행각(行脚)을 한 발트의 신학(神學)에 대해서 평가(評價)를 한다는 것은 그렇게 쉽지
는 않다.

그러나 발트의 신학(神學)은 "하나님의 말씀의 신학(神學)"(The Theology of God's Word)이 그 중심
(中心)을 이루었다.

발트는 말하기를 "신학(神學)은 전적(全的)으로 하나님의 말씀에 의존(依存)해야 한다"라고

주장(主張)했다. 발트가 이렇게 주장(主張)을 하게 된 그 배후(背後)에는 하나님과 인간(人間) 사이에 존재(存在)하는 무한(無限)한 질적(質的)인 차이(差異)가 있기 때문이라고 하는 그의 견해(見解)가 바탕을 이루고 있다.

즉 하나님과 인간(人間)들 사이의 엄청난 간격(間隔)때문에 우리가 하나님에 관한 지식(知識)을 바로 발견(發見)할 수 없다는 것이다.

단지 우리가 하나님에 관한 지식(知識)을 소유(所有)할 수 있다는 것을 통하여 자신(自身)을 계시(啓示)해 주셨기 때문에 가능(可能)하다는 말이다.

이런 의미(意味)에서 볼 때에는 발트는 자유주의(自由主義)의 신학자(神學者)라기보다는 오히려 보수주의(保守主義)를 지향(指向)하는 신학자(神學者)라고 하는 말이 맞을 것이다.

그러나 발트는 여기에서 머무르지 않는데 문제(問題)가 있다.

그는 하나님이 예수 그리스도를 통해서 자기에 관한 계시(啓示)를 전달(傳達)하신다고 보았다.

아울러 이렇게 전달(傳達)된 하나님의 계시(啓示)에 대한 증거(證據)가 바로 성경(聖經)이라고 보았다. 여기에서 발트가 정통주의신학(正統主義神學)을 넘어서서 신정통주의신학(新正統主義神學)으로 나아가고 있다는 것을 알게 한다.

그것은 발트가 성경(聖經)이란 단지 하나님의 계시(啓示)의 증거(證據)에 불과(不過)할 뿐이지 성경(聖經)의 말씀 전체(全體)가 다 하나님의 계시(啓示)가 아니라고 주장(主張)했다는데서 그에 대한 문제(問題)를 찾게 된다.

발트에 의하면 기록(記錄)된 말씀으로서의 성경(聖經)은 오류(誤謬)가 있는 인간(人間)의 말에 불과(不過)한 것이다. 그러나 하나님이 성경(聖經)을 통해서 말씀하시기로 결정(決定)하시면 그것은 하나님의 말씀이 될 수 있는 것이다.

여기에서 발트가 하나님의 말씀을 어떻게 정의(定義)하고 있는지가 명백(明白)하게 드러난다.

발트에 따르면 하나님의 말씀이란 예수 그리스도를 통해서 인간(人間)에게 말씀하시는 하나의 사건(事件, Event)이며 동시에 반응(反應)을 요구(要求)하는 역동적(力動的)인 사건(事件)인 것이다.

그러한 사건(事件)이 되지 못할 때에 성경(聖經)은 더 이상 하나님의 말씀일 수 없다는 것이 발트의 지론(持論)이다.

결국 성경(聖經)이 하나님의 말씀이 될 수 있는 것은 그 성경(聖經)이 과거(過去)의 하나님의 말씀의 사건(事件)을 증거(證據) 할 뿐만 아니라 오늘날에도 그 성경(聖經)이 설교(說敎)되고 선포(宣布)됨으로써 다시 하나님이 그 성경(聖經)을 통하여 말씀하실 때에야 하나님의 말씀으로서 가능(可能)하다는 것이다.

아울러 발트는 하나님의 계시(啓示) 혹은 하나님의 말씀의 중심(中心)에 예수 그리스도가 존재(存在)한다고 강하게 역설하고 있다.

즉 그는 그리스도를 통해서가 아니고는 어떠한 계시(啓示)도 있을 수가 없다고 이해(理解)하였다.

그러한 주장을 통하여 발트는 자연계시(自然啓示)와 자연신학(自然神學)의 가능성(可能性)을 전적(全的)으로 배제(排除)하였는데 이것이 문제가 되어 브룬너와 심각(深刻)한 논쟁(論爭)을 벌이게 되었다.

이러한 발트의 견해(見解)는 그가 주장하는 신학(神學)이 철저(徹底)하게 예수 그리스도의 중심적(中心的)인 성격(性格)을 띠고 있음을 잘 보여준다.

실제로 그는 모든 신학(神學)을 기독론적(基督論的)으로 해석(解釋)하려고 시도(試圖)했다. 이러한 발트의 신학(神學)은 그 후 신학계(神學界)에 많은 영향(影響)을 끼치게 되었고 그를 통하여 신학자(神學者)는 물론 교회(敎會)들 사이에도 수다(數多)한 혼선(混線)을 일으키게 되었다.

토렌스(T. F. Torrence) 같은 사람은 발트를 가리켜서 "슐라이어막허 이후 현대신학자(現代神學者)들 가운데서 가장 위대(偉大)한 인물(人物)이다"라고 평했으며 라인홀드 니버(Reinhold Neibuhr)는 "발트는 지금 이 세상(世上)에 생존(生存)한 신학자(神學者)들 중 가장 뛰어나고 풍부(豊富)한 상상력(想像力)을 가진 신학자(神學者)였다"라고 격찬(激讚)했다.

이에 반(反)하여 프린스톤 신학교(神學校)의 교장(校長)을 역임(歷任)한 코넬리어스 반틸(Cornelius Van Til)과 같은 신학자(神學者)는 말하기를 "발트의 성경관(聖經觀)에 대하여 자유주의적(自由主義的)인 비평적태도(批評的態度)를 견지(堅持)하고 있음을 지적(指摘)하면서 그의 입장(立場)이 '새로운 현대주의'(New Modernism)와 별반(別般) 다를 것이 없다"고 비판(批判)하였다.

아울러 그는 발트가 예수 그리스도가 참 사람으로서 수난(受難)을 당한 것을 언급(言及)하기를 꺼려하였음을 밝히면서 발트의 기독론(基督論)의 오류(誤謬)를 지적(指摘)하였다.

그 외에도 발트의 입장(立場)은 정통주의(正統主義)에 속하는 신학자(神學者)들로부터 많은 비판(批判)의 대상이 되었다.

한편으로는 발트가 보편구원설(普遍救援說)에 대하여 옹호(擁護)하지도 않고 반박(反駁)하지도 않는 애매(曖昧)한 입장(立場)을 취(取)함으로써 정통적(正統的)인 예정론(豫定論)의 교리(敎理)를 위태(危殆)롭게 하고 있다는 비판(批判)도 있으며 또 다른 한편으로는 발트가 하나님의 계시를 책으로서의 성경과 하나님의 말씀으로서의 성경으로 구별(區別)함으로써 계시(啓示)를 주관적(主觀的)인 것으로 전락(轉落)시키고 말았다는 비평(批評)도 있다.

발트가 끼친 신학적(神學的)인 영향(影響)의 파장(波長)이 너무도 컸기 때문에 여기에서는 발트가 주장(主張)한 하나님의 말씀에 대한 신학(神學)의 중심주제(中心主題)들에 대한 것들을 요약(要約)해서 설명(說明)을 해 볼 필요(必要)가 있다고 본다.

1) 발트의 변증법적(辨證法的)인 방법(方法)

대부분(大部分)의 위기신학자(危機神學者)들은 그 신학사상(神學思想)의 방법(方法)을 덴마크(Denmark)의 키엘케콜을 통해서 배웠는데 그들은 키엘케콜 처럼 진지(眞摯)한 헤겔주의적인 정반합(正反合)의 추이(推移)에서 발견(發見)하는 것이 아니고 완전히 해소(解消)되지 않는 긴장(緊張) 곧 진리(眞理)와 진리(眞理)간의 변증법적(辨證法的)인 긴장(緊張)속에서 발견(發見)된다고 확신(確信)했다.

그 이유는 기독교(基督敎)신학(神學)은 하나님의 계시(啓示) 즉 영원(永遠)과 시간(時間)이라는 두 세계(世界)의 연합(聯合)에 기초(基礎)를 두는바 우리는 그와 유사(類似)한 것을 가지고 있지 못하고 있기 때문이다.

우리가 말하는 계시(啓示)란 말은 실존(實存)의 수평선(水平線)에 하나님의 초월적(超越的)인 수직선(垂直線)의 교차점(交叉點)을 표현(表現)하려는 말들로 구성(構成)된다.

그러므로 신(神)에 관한 우리의 언어(言語)는 직접적(直接的)인 것이 아니어서 신학(神學)에서 말하는 교리주의(敎理主義)나 신비주의(神秘主義)와 같은 방법(方法)으로 진리(眞理)를 바로 이해(理解)한다는 것은 불가능(不可能)함으로 제3의 방법(方法)이라고 하는 변증법적방법(辨證法的方法)이 있다는 것이다.

그것은 바울 사도(使徒)의 전통(傳統)을 이어받은 개혁자(改革者)들이 사용(使用)한 방법(方法)으로서 본질적(本質的)으로 최고(最高)의 방법(方法)이라고 할 것이다.

이 방법(方法)은 한편으로는 신(神)에 대한 개념(槪念)을 다른 한편으로는 인간(人間)과 인간(人間)에 관한 모든 일들에 대한 비판(批判)을 전개(展開)하는 일을 진지(眞摯)하게 또는 적극적(積極的)으로 추진(推進)한다.

그러나 이 두 가지는 이제 독립적(獨立的)으로 고려(考慮)되지 않고 그것들의 공통적(共通的)인 전제(前提)로 이름을 거론(擧論)할 수는 없으나 그것들 사이에 놓여있고 그것들에게 의미(意味)와 해석(解釋)을 부여(賦與)하는 살아있는 진리(眞理)속에 속하는 것으로 언급(言及)된다.

변증법적방법(辨證法的方法)은 결코 해결책(解決策)이나 승리적(勝利的)인 확고(確固)한 입장(立場)에는 이르지 못한다. 이 방법(方法)을 따르는 사람은 항상 움직이고 있는 하늘을 나르는 새와도 같다.

발트의 변증법(辨證法)은 확신(確信)도 없고 확증(確證)도 없는 자유주의적(自由主義的)인 방관자(傍觀者)들에게 오히려 혼선(混線)만 더해주었을 뿐이다.

그 이유(理由)는 방관자(傍觀者)는 신적(神的)인 것과 인간적(人間的)인 것의 사이에 직접적(直接的)으로 연속성(連續性)을 상징(象徵)함으로써 신(神)을 직접적(直接的)으로 아는데 익숙(益熟)하다고 주장(主張)하고 있기 때문이다.

변증법적방법(辨證法的方法)은 신(神)은 인간(人間)이 아니라는 진리(眞理) 즉 신(神)은 유한(有限)한 영역(領域)을 벗어나서 있다는 것 그럼에도 불구(不拘)하고 신(神)은 그 안에서 자신(自身)을 계시(啓示)하신다는 진리(眞理)를 보존(保存)할 수 있는 유일(唯一)한 방법(方法)이다.

그것만이 "하나님의 신성(神性)"(Godness of God) 곧 시간(時間) 속에서의 신적(神的)인 자기계시(自己啓示)에 대한 전적(全的)인 타자성(他者性, the wholly Otherness)을 유지(維持)시킬 수 있다는 것이다.

신(神)과 인간(人間) 사이의 '간격'(間隔, Spacing) 곧 신(神)의 타자성(他者性, the Wholly Otherness)의 재발견(再發見)은 위기신학(危機神學, Crisis Theology)의 중심(中心)을 이루고 있다.

그것은 합리주의(合理主義)와 신비주의(神秘主義)에 대한 발트주의의 논쟁(論爭)의 바탕을 이루고 있다.

왜냐하면 두 가지가 다 함께 신(神)에 대한 지식(知識)을 얻기 위해서 인간적(人間的)인 원천(源泉)과 경험(經驗)에 의존(依存)하고 있기 때문이다.

발트에게 있어서 신학(神學)의 첫째 업무(業務)는 신(神)과 인간(人間) 사이의 무한(無限)한 거리를 강조(强調)하는 것이다. 그것은 발트의 로마서 강해(講解)의 서문(序文)에서 잘 볼 수 있다 (1922).

> "만약에 내가 하나의 체계(體系)를 가지고 있다면 그것은 키엘케콜의 시간(時間)과 영원(永遠)
> 사이에 있는 "무한(無限)한 질적(質的)인 차이(差異)"라고 불렀던 것에 대한 인식(認識)과 그리
> 고 이것이 긍정적(肯定的)인 의미(意味)와 부정적(否定的)인 의미(意味)를 갖는다고 내가 언급(
> 言及)하는 것으로 한정(限定)된다. 신(神)은 하늘에 계시고 너희는 땅 위에 있다".

발트는 주장하기를 신(神)은 신(神)을 통해서만 알려질 수 있다.

유한(有限)한 피조물(被造物)은 무한(無限)한 신(神)의 직접적(直接的)인 계시(啓示)가 아니라 오히려 피조물(被造物)은 신(神)을 감출 뿐이다.

> "창세(創世)로부터 그의 보이지 아니하는 것들 곧 그의 영원(永遠)하신 능력(能力)과 신성(神性)
> 이 그의 만드신 만물(萬物)에 분명히 보여 알게 되나니 그러므로 저희가 핑계치 못 할 지니
> 라(롬1:20 For since the creation of the world His invisible attributes are clearly seen, being understood by the things
> that are the made, even His eternal power and Godhead, so that they are without excuse)."

발트는 위의 말씀을 들어서 신(神)에 대한 진정(眞正)한 역설적(逆說的)인 의미(意味)를 들어내고 있다는 것을 강조(强調)한다.

피조물(被造物)은 신(神)에 대한 부정(否定)은 진정(眞正)한 위기(危機)를 만들어 낼 것이며 우리는 그 안에서 우리의 피조(被造)된 관점에서 보면 신(神)은 항상 숨겨져 있고 알려져 있지 않다는 것을 깨닫게 된다고 선포(宣布)할 것이다.

우리는 다음과 같은 개혁(改革)의 원리(原理)를 발견하게 될 것이다.

"유일(唯一)한 무한(無限)을 함축(含蓄)할 수 없다(Finitum non Capax infiniti)."

그러므로 신(神)은 완전(完全)히 타자(他者)이다.

신(神)은 인간(人間)의 심령(心靈)속에 또는 자연세계(自然世界)속에 직접 제공(提供)되지 않는다.

인간으로부터 신(神)에 이르는 길은 없다.

그러나 신(神)으로부터 인간(人間)에 이르는 길, 곧 신(神)의 은혜(恩惠)로운 자기 계시(啓示)의 길이 있다. 신(神)은 오직 신(神)에 의해서 즉 예수 그리스도 안에서의 자신(自身)의 계시(啓示)에 의해서만 가능(可能)해 졌다.

그리스도 안에서 신(神)은 스스로를 계시(啓示)하셨고 친히 말씀하셨다. 그러나 여기서도 역시 계시(啓示) 된 신(神)(Deus Revelatus) 이시다.

우리는 신(神)은 자신(自身)을 계시(啓示)하실 때까지는 감추어 진 채로 있다고 말할 수 없다. 우리는 신앙(信仰)의 위기(危機)속에서 예수 그리스도 안에 계시(啓示)된 신(神)이 감추인 신(神)이라는 것을 알고 있다.

예수 그리스도 안에 있는 신지식(神知識)과 신(神)이 감추어져 있다는 것은 역설적(逆說的)으로 하나이다. 우리는 그리스도이신 예수 안에서 하나님의 은폐성(隱閉性)을 본다.

이러한 이유(理由)로 하나님을 보는 것은 일상적(日常的)인 방법(方法)으로 보는 것이 아니다. 그것은 신앙(信仰)의 눈을 필요(必要)로 하며 신앙(信仰)의 눈은 은혜(恩惠)의 선물(膳物)이라는 주장이다.

신(神)의 계시(啓示)는 언제나 간접적(間接的)이며 베일(Veil)에 쌓여있고 그래서 하나님의 은혜(恩惠)를 필요(必要)로 한다는 것이다. 왜냐하면 그것은 죄(罪)와 육신(肉身)을 다스리는 세상(世上)에서 자신(自身)을 나타내기 때문이다.

계시(啓示)는 신(神)의 감추어 진 것일 뿐만 아니라 감추인 방법(方法)이나 불분명(不分明)한 방법(方法)으로 신(神)이 나타나신다는 것을 상징(象徵)하기 때문에 계시(啓示)는 신비(神秘)이다.

신(神)의 계시(啓示)는 항상 '그럼에도 불구(不拘)하고' 신비적(神秘的)이다. 그것은 결코 투명(透明)하지 않다. 확인(確認)을 위해서 우리는 성경적인 예수 그리스도의 상(像)을 바라보기만 하면 된다는 것이다.

그리스도 안에서 신(神)의 드러남은 동시에 감춤이라는 주장이다.

따라서 인간(人間)과 신(神)의 관계(關係)는 신앙(信仰)의 관계(關係)이지 시각(視覺, Sight)의 관계(關係)가 아니라는 점을 강조(强調)한다.

그 거리(距離)나 그 불가해성(不可解性)은 여전히 존재(存在)한다.

사람은 계시(啓示)를 하나의 대상(對相)으로서 소유(所有)하지 않는다. 그것은 신앙(信仰)의 선물(膳物)로 하나님께로부터 주어진다.

발트가 계시(啓示)에 대해서 말한 것을 기초(基礎)로 하여 보면 그가 단순히 '육신적(肉身的)' 예수 안에 신앙(信仰)의 기초(基礎)를 두려고 하는 사람들을 경멸(輕蔑)하는 것은 놀라운 일이 아니다.

역사적(歷史的)인 예수의 탐구(探究)는 부질없는 역사적(歷史的)인 업무(業務)요 불신앙(不信仰)의 표시(表示)이다.

육체적(肉體的)인 예수 안에서 우리는 묵시적환상(黙示的幻想)이나 신적 익명자 (匿名者, Divine incognito)와 조우(遭遇)한다. 어느 쪽이든 육체적 예수 안에서 신은 직접적으로 파악(把握)될 수 없다. 신은 오직 역사의 경계를 파괴하는 사건에 의해 그리스도인 예수 안에서 계시(啓示)된다.

그 익명자(匿名者)는 걸림돌이 되는 죽음으로부터 부활(復活)하신 그리스도에 의해서 제거(除去)된다. 그 이유(理由)는 그것이 영원(永遠)한 사건(事件, Event) 곧 역사적(歷史的)으로 설명(說明)될 수 없는 사건(事件)을 구성(構成)하기 때문이다.

예수 그리스도 안에서의 신(神)의 계시(啓示)의 감추임과 신비(神秘)는 그 역설성(逆說性)속에서 보다 깊이 지적(指摘)된다.

은혜(恩惠)와 심판(審判), 사랑과 복음(福音), 신앙(信仰)과 행위(行爲)의 분리(分離)는 전혀 없다.

예수 그리스도 안에 있는 계시(啓示)의 이 신비적(神秘的)인 내적(內的)인 양면성(兩面性)은 세상(世上)으로서는 어리석은 것에 불과(不過)하다.

오직 신앙(信仰)의 은혜(恩惠)만이 신적재평가(神的再評價) 신(神)의 존재(存在)와 행위(行爲)의 타자성(他者性, Otherness)과 신비(神秘)를 이해(理解)할 수 있게 만든다.

3) 발트의 기이(奇異)한 성경의 세계(世界)

칼 발트(Karl Barth)가 말하는 성경(聖經)은 참으로 신기(神奇)하고 오묘(奧妙)하다.

이 신기(神奇)하고 오묘(奧妙)한 예기(豫期)할 수 없는 하나님의 말씀의 세계(世界)는 우리가 진실로 성경(聖經)에 눈을 돌려 귀를 기울일 때에만 만나는 것이다.

물론 우리는 그렇게 하려하지 않는다. 우리는 우리 자신(自身)의 전제(前提), 우리 자신(自身)의 세계관(世界觀)을 가지고 성경(聖經)에 나아가기를 선호(選好)하고 그럼으로써 성경(聖經)을 본연(本然)의 모습대로 읽지 못한다.

만약 우리가 성경(聖經)안에 있는 것에 대한 질문(質問)을 진실로 강조(强調)하지 않는다면 성경(聖經)은 우리가 그렇게 하는 것을 허용(許容)한다.

성경(聖經)은 모든 사람들과 모든 세계(世界)가 제기(提起)하는 질문(質問)에 대해서 그들이 받을 가치(價値)가 있는 만큼의 답변(答辯)을 제공(提供)한다.

우리는 항상 그 안에서 우리가 추구(追求)하는 것만큼만 해답(解答)을 발견(發見)하게 될 것이다. 만약 우리가 추구(追求)하는 것이 내용(內容)이 일시적(一時的)이고 역사적(歷史的)인 내용(內容)이라면 그 대답(對答)도 일시적(一時的)이고 역사적(歷史的)인 내용(內容)일 것이다.

만약 우리가 아무것도 추구(追求)하지 않는다면 아무런 대답(對答)도 얻지 못할 것이다. 성경(聖經) 안에 무엇이 있는가? 그러면 당신은 무엇을 고대(苦待)하고 있는가를 생각해 보라.

비록 성경(聖經)을 아주 깊이 관찰(觀察)하지 않는다고 할지라도 사람은 성경(聖經)에서 모든 종류(種類)의 교훈(敎訓)과 사실(事實)들을 발견(發見)할 수 있다.

그러나 보다 자세하게 통찰(洞察)하면 성경(聖經)은 역사(歷史)와 도덕(道德)과 종교(宗敎)의 영역(領域)에서 진정한 가치(價値)를 가진 것은 거의 포함(包含)하고 있지 않다.

도덕(道德)에 관해서도 같은 이치(理致)가 해당(該當)된다고 발트는 강조(强調)한다.

우리는 유익(有益)한 실천적지혜(實踐的智慧)와 도덕적탁월성(道德的卓越性)의 본보기를 얻기 위해서 성경(聖經)을 보지만 우리는 실망(失望)한다.

성경(聖經)에 기록된 대부분(大部分)의 내용(內容)은 학교(學校)에서 가르치는 도덕과목(道德科目)으로서는 거의 무용(無用)하다.

그 이유는 그 내용(內容)들이 이러한 실천적지혜(實踐的智慧)와 유익(有益)한 본보기들을 크게 결여(缺如)하고 있기 때문이다.

성경(聖經)의 영웅(英雄)들은 어느 정도는 존경(尊敬)할만하다.

그러나 삼손 다윗 아모스 베드로와 같은 인물(人物)들은 착하고 모범적(模範的)이고 근면(勤勉)하고 공적(公的)인 교육(敎育)을 받은 사람들의 본보기로 삼기에는 부적당(不適當)하다.

성경(聖經)은 학교(學校)에서는 방해(妨害)가 되고 생소할 뿐이다.

우리는 예수 그리스도의 삶과 가르침 속에서 실제(實際)의 삶 속에서 해야 할 일들을 어떻게 발견(發見)할까? 성경(聖經)에는 참으로 도덕적(道德的)인 국면(局面)이 심각(深刻)하게 결여(缺如)되어 있음을 본다.

성경(聖經)은 우리가 투쟁(鬪爭)해야 하는 사업(事業), 삶, 결혼(結婚), 시민생활(市民生活)과 정치(政治)등의 어려운 문제(問題)들에 관해서는 근본적(根本的)인 지식(知識)을 거의 제공(提供)해 주지 못한다.

솔직히 말해서 성경(聖經)은 실질적(實質的)인 가치(價値)가 거의 없는데 이것은 그것이 이 세상(世上)에 관한 증언(證言)이 아니라 다른 세상(世上) 새로운 세상(世上) 보다 큰 세상(世上)에 대한 증언(證言)이기 때문이다.

우리가 성경(聖經)에서 발견(發見)하는 것은 하나님의 측량(測量)할 수 없는 존재(存在)와 활동(活動)의 세계(世界)인데 그것은 우리로 하여금 우리 자신(自身)을 초월(超越)하여 그리고 우리 자신(自身)에 대한 반성(反省)의 거울인 성경(聖經)을 초월(超越)하여 신(神)의 세계(世界)를 들여다 보도록 한다.

이 지점(地點)에 도달(到達)했을 때에만 우리는 위기(危機, Crisis) 곧 우리의 모든 사상(思想)과 기대(期待)의 상대성(相對性)에 대한 깨달음에 이른다.

그 때에만 우리는 세상(世上)의 지혜(智慧)에 대해서는 감추어진 진리(眞理)를 깨닫게 하는 결정적(決定的)인 것들에 관해서 들을 수 있는 준비(準備)를 갖추게 될 것이다.

그 지점(地點)에만 한 가지 가능성(可能性)이 존재(存在)하는데 그것은 모든 생각(生覺)과 모든 사실(事實)들에 대한 가능성(可能性)들을 초월(超越)한다.

성경(聖經)의 기이(奇異)함은 그 진정(眞正)한 계시적(啓示的)인 성격(性格)과도 관련(關聯)되어 있다. 계시(啓示)는 세상(世上)의 매개(媒介)를 통해서 수용(收用)되고 증거(證據) 되어야 한다.

그러나 하나님이 자신(自身)을 계시(啓示)하시는 일을 선택(選擇)한다는 사실(事實)은 하나님의 숨어 계심과 신비(神秘)의 본질적(本質的)인 요소(要素)이다.

하나님께서 성경(聖經)이라는 상대적(相對的)이고 불확실(不確實)한 문헌(文獻)을 통해서 계시(啓示)하신다는 것은 성육신(成肉身)의 스켄달과 신비(神秘)와 비견(比肩)된다.

그러므로 성경(聖經)의 세속적(世俗的)인 특성(特性)은 언젠가 제거(除去)될 것이라고 소망(所望)할 수 있는 우연(偶然)한 조건(條件)이 전혀 아니다.

성경(聖經)의 증거(證據)의 간접성(間接性)은 그 계시적(啓示的)인 특성(特性)에 절대적(絶對的)으로 필요(必要)한 요소(要素)이다.

아무도 성경(聖經)의 상대성(相對性)이나 문제(問題)의 가능성(可能性)을 부정(否定)할 수 없다.

성경(聖經)의 인간적(人間的)인 상대성(相對性)을 재고(再考)하게 되면 성경(聖經)이 증거(證據)하게 하는 사실(事實) 곧 신(神)의 계시(啓示)를 재고(再考)하게 될 수 있다는 큰 위험(危險)이 있다.

계시(啓示)는 본질상(本質上) 우리를 대면(對面)할 때에 상대적(相對的)이고 문제(問題)의 발생적(發生的)인 형태(形態)를 취(取)하는 것이 아닌가? 성경(聖經)에 근본적(根本的)으로 인간적(人間的)이고 틀리기 쉬운 특성(特性)이 발트와 신정통주의(新正統主義)의 일관(一貫)된 주제(主題)들 중의 하나이다.

자유주의(自由主義)에 속한 신학(神學)의 주장(主張)과는 달리 성경(聖經)은 보편적(普遍的)으로 고상(高尙)하고 숭고(崇古)한 진리(眞理)를 포함(包含)하지 않는다.

성경(聖經)은 고대(古代)의 어느 민족종교(民族宗敎)와 근동(近東)의 헬레니즘 적인 종교제의(宗敎提議)에 관한 문헌적사료(文獻的史料)라고 할 것이다.

성경(聖經)은 어느 다른 인간적(人間的)인 문헌(文獻)들과 동일(同一)하다고 발트는 말한다.

이것은 성경(聖經)의 증거자(證據者)들이란 역사적(歷史的)으로나 과학적(科學的)으로 그릇 된 판단(判斷)을 내릴 수도 있는 인간(人間)들이었다는 것을 의미(意味)한다.

성경(聖經)이 인간(人間)의 말이라는 것은 명확(明確)한 사실이다. 그러나 역설적(逆說的)으로 그렇게 말하는 것은 절반(切半)의 진리(眞理)만을 말하는 것이다.

성경(聖經)은 인간(人間)의 말인 동시(同時)에 또한 하나님의 말씀이다. 그러나 하나님의 말씀으로서의 성경(聖經)의 계시성(啓示性)은 은혜(恩惠)의 기적(奇蹟)에 의해서 유한(有限)하고 장애(障碍)를 지닌 인간에 의해서 감지(感知)될 수 있다.

발트에게 있어서 성경(聖經)이란 우리가 조절(調節)할 수 있는 내용(內容)이 아니라는 것은 분명(分明)하다.

성경(聖經)은 하나님의 말씀이라고 말하는 것도 적절(適切)한 말이 될 수 없다. 우리는 단지 교회(敎會)가 성경(聖經) 안에서 하나님의 말씀을 들었음을 기억(記憶)하고 우리도 역시 하나님의 말씀을 들을 것이라고 기대하면서 신적(神的)인 처분(處分)(Divine Disposing)을 바라는 신앙(信仰)을 가지고서 성경(聖經)을 대할 수 있을 뿐이다.

성경(聖經)은 오직 하나님이 그것을 하나님의 말씀으로 허용(許容)하는 한에 있어서 하나님의 말씀이다.

성경(聖經)은 단지 하나님의 말씀이 될 뿐이다. 그러므로 성경(聖經)을 하나님의 말씀이라고 말하는 것이 곧 하나님의 말씀이 성경(聖經)과 일치(一致) 하다는 말은 아니다.

하나님의 말씀은 신(神)의 자유(自由)로운 은혜(恩惠)로우신 처분(處分)에 불과(不過)하다.

하나님의 말씀은 다른 방법(方法)이 아니고 이런 방법(方法)으로 특별(特別)한 개인(個人)에게 특별(特別)하게 일어나는 신(神)의 행위(行爲)이다.

보다 간단(簡單)하게 표현(表現)한다면 발트에게 있어서 하나님의 말씀에 관한 지식(知識)은 인간적(人間的)인 문제(問題)가 아니다.

이런 의미(意味)에서 볼 때에 발트가 성경(聖經)의 절대주의(絶對主義)를 주장(主張)하기는 했으나 그것이 지닌 내용(內容)이 성경(聖經)에 대한 오류(誤謬)나 문서설(文書說) 같은 것을 그대로 인정(認定)하고 다만 하나님께서 그 말씀을 들어서 이용(利用)하실 때에만 하나님의 말씀으로서의 권위(權威)를 갖는다는 것으로 오해(誤解)하여 사실상 전통적(傳統的)으로 내려온 성경관(聖經觀)과 함께 하나님의 계시(啓示)에 대한 많은 잘못된 교리(敎理)를 전파(傳播)했다는 것을 알 수 있다.

지금까지의 모든 내용(內容)들을 종합(綜合)해서 생각해 볼 때에 칼 발트(Karl Barth)는 가장 성경적(聖經的)인 것 같으면서 비성경적(非聖經的)이고 하나님에 대한 초월적(超越的)이고 신비적(神秘的)인 능력(能力)을 믿는 것 같으면서 초월적(超越的)인 하나님의 능력을 배제(排除)하는 사이비(似而非)한 성경학자(聖經學者)요 신학자(神學者)라고 단정하지 않을 수 없다.

기독교(基督敎)의 성경진리(聖經眞理)는 예는 예라고 하고 아니면 아니라고 대답(對答)하기를 원하고 있다. 믿음은 하나님의 은혜(恩惠)인 동시에 또한 하나님의 기적(奇蹟)이다.

모든 성경(聖經)은 하나님의 성령(聖靈)에 의해서 영감(靈感)된 하나님의 말씀으로써 일점일획(一點一劃)도 틀림이나 잘 못 됨이 없는 신적(神的)인 권위(權威)를 가진 하나님의 말씀이다.

4) 발트의 자연신학(自然神學)

발트의 주장(主張)대로라면 하나님의 말씀은 인간(人間)들에게 선물(膳物)로 주어진다는 것이다.

그것은 인간(人間)이 독자적(獨自的)으로 얻을 수 있는 것이 아니다. 그러므로 칼 발트는 인간(人間)이 본질(本質)상으로 신(神)을 아는 능력(能力)을 소유(所有)한다고 주장(主張)하는 자연신학(自然神學, Natural Theology)에 전혀 관심(關心)이 없다.

인간(人間)은 신(神)이 성령(聖靈)을 통해서 예수 그리스도 안에서 자신(自身)을 알려주는 방법(方法)이 아니고는 신(神)을 알 수 없다. 신(神)의 계시(啓示)를 맞을 준비(準備)도 할 수 없는데 그 모든 것은 자연인(自然人)의 이해(理解)를 초월(超越)한다.

발트는 계시(啓示)와 인간(人間)의 자연적(自然的)인 경험(經驗) 및 지식(知識) 사이에는 접촉점(接觸點)이 전혀 없다고 주장한다.

자연신학(自然神學)은 신(神)과 인간(人間)들의 사이에 비슷함이 있다고 전제(前提)한다.

그것은 신(神)의 존재(存在)는 인간(人間)의 존재(存在)와 유사(類似)하다고 단정(斷定)하고 그 결과(結果)로서 인간(人間)은 신(神)의 특별계시(特別啓示)가 없이도 신(神)에 관한 지식(知識)을 어느 정도는 확보(確保)할 수 있다고 주장한다.

발트는 자연신학(自然神學)의 특별(特別)한 죄악(罪惡)은 그것이 신(神)을 분열(分裂)시키고 그리하여 그의 존재(存在)와 예수 그리스도 안에서의 그의 행위(行爲)를 분리(分離)시킨다는 사실(事實) 속에 있다고 상징(象徵)한다. 자연신학(自然神學)은 신(神)을 중립적존재 (中立的存在)로 생각한다.

살아있는 신(神)은 단지 그의 행위(行爲) 속에서 알려지는데 그의 행위(行爲)는 그의 진정(眞正)한 존재(存在)에 대한 계시(啓示)이다. 그렇기 때문에 자연신학(自然神學)은 거부(拒否)된다.

그 까닭은 우리는 오직 그리스도 안에 있는 신(神)의 화해(和解)의 활동(活動)들 속에서만 하나님의 행동(行動)을 보는데 그것은 값없이 주시는 하나님의 은혜(恩惠)의 선물(膳物)이기 때문이다.

사실 자연인(自然人)은 진정(眞正)으로 참된 신(神)을 알기를 원하지 않는다. 자연인(自然人)은 자기의 죄(罪) 때문에 신(神)과 적대관계(敵對關係)에 있다.

그는 자신(自身)이 조절(調節)할 수 있고 자신(自身)의 숭고(崇高)한 종교성(宗敎性)을 증명(證明)할 수 있는 우상적(偶像的)인 예배(禮拜)의 대상(對相)들을 만들어 낼 것이다.

발트의 견해(見解)에 따르면 자연신학(自然神學)은 인간(人間)이 소외(疏外)된 죄인(罪人)이라는 사실(事實)을 나타내는 완벽(完璧)한 표징(表徵)이다.

자연신학(自然神學)은 인간(人間)의 현실(現實)과 가능성(可能性)속에 있는 신(神)의 은혜(恩惠)에 대한 개방성(開放性)과 그의 계시(啓示)속에 있는 신(神)에 관한 인식(認識)의 가능성(可能性)에의 준비성(準備性)이 전혀 증거(證據)되지 않는다는 사실을 나타내는 불가피(不可避)한 신학적(神學的)인 표현(表現)의 이상(以上)도 아니고 또한 이하(以下)도 아니다.

자연신학(自然神學)은 발트가 종교(宗敎)라고 부르는 것이 된다.

종교적(宗敎的)인 인간(人間)은 자신(自身)이 신(神)을 알 수 있으며 자신(自身)의 힘으로 자신(自身)을 의(義)롭게 되고 성화(聖化) 될 수 있다고 생각하는 사람이다.

종교(宗敎)는 모든 인간적(人間的)인 성취(成就)의 왕관(王冠)으로서보다 열등(劣等)한 피조물(被造物)들에 대한 인간(人間)의 초월성(超越性)의 표시(表示)이다.

종교(宗敎) 안에서 인간(人間)의 가능성(可能性)의 최고(最高)의 능력(能力)이 그 절정(絶頂)에 이르고 최종적(最終的)으로 실현된다. 결국 인간의 열정(熱情)은 그 정열적(情熱的)인 욕구(欲求)에서 그 활력적(活力的)인 에너지(Energe)를 획득(獲得)한다.

신(神)과 같은 주인종교(主人宗敎) 안에서 이 궁극적(窮極的)인 열정(熱情)은 의식(意識)할 수 있고 인식가능(認識可能)한 것이 된다.

발트에 따르면 종교(宗敎)는 인간(人間)의 위대(偉大)함인 동시에 인간(人間)의 불행(不幸)이라는 것이다.

인간(人間)들은 종교(宗敎)안에서 자신(自身)이 신적(神的)인 것에 의해서 세상에 속한 사람으로 한정(限定)된다고 느끼기 때문에 종교(宗敎)는 인간(人間)의 불행(不幸)이다.

종교(宗敎)도 율법(律法)과 마찬가지로 인간(人間)의 가능성(可能性)의 한계(限界) 즉 실존(實存)과 비실존(非實存) 사이의 간격(間隔)을 깨닫게 한다.

종교신앙(宗敎信仰)을 위한 우리의 능력(能力)은 우리를 최후(最後)에는 반듯이 죽는다는 인식(認識)과 부정(否定)으로 향하게 한다.

종교(宗敎)는 궁극적(窮極的)으로 인간(人間)의 죄악(罪惡)된 상태(狀態)를 불신앙(不信仰)의 상태(狀態)를 드러낸다.

종교적(宗敎的)인 인간(人間)은 실제적(實際的)으로 신(神)만이 할 수 있는 일을 행하고자 한다. 그는 신(神)에게 도달(到達)하려고 분투(奮鬪)한다.

그러나 그는 신앙(信仰)을 가지고 있지 않다. 이것은 신(神)의 은혜(恩惠)에 의존(依存)하기를 거부(拒否)하는 종교적(宗敎的)인 인간(人間)의 영적반역(靈的叛逆)이다.

죄(罪)는 불신앙(不信仰)이다.

그리고 불신앙(不信仰)은 본질(本質)상으로 인간(人間)의 자신(自身)에 대한 신앙(信仰)이다. 따라서 이 신앙(信仰)은 인간(人間)이 자신(自身)의 책임성(責任性)에 대한 신비(神秘)를 신(神)의 신비(神秘)로 받아드리지 않고 자신(自身)의 신비(神秘)로 만든다는 사실(事實)속에 있다.

칼 발트(Karl Barth)가 종교(宗敎)라고 부르는 이 신앙(信仰)은 예수 그리스도를 우리를 위해서 그리고 우리들을 위에서 활동(活動)하신 분이라고 말하는 신약성경이 증거(證據)하는 신(神)의 계시(啓示)와는 반대(反對)되는 것이다.

만약 인간(人間)이 종교(宗敎)의 위기(危機)의 적극적(積極的)인 해결책(解決策)이 있을 수 있다면 그것은 인간(人間)이 외부(外部)로부터 인간(人間)의 종교성(宗敎性)에 들어오는 것이어야 한다.

이것이 신(神)이 예수 그리스도 안에서 자기(自己)를 계시(啓示)할 때에 일어나는 일이다.

인간(人間)은 그 계시(啓示)의 빛 안에서만 자기 종교(宗敎)가 우상숭배(偶像崇拜)요 불신앙(不信仰)이라고 인식(認識)할 수 있다.

발트에 따르면 우리가 "의화(義化) 된 죄인(罪人)"에 관해서 즉 은혜(恩惠)의 피조물(被造物)로서 말할 수 있는 것과 동일(同一)한 의미(意味)에서만 참된 종교(宗敎)에 관해서 말하는 것이 가능(可能)하고 했다.

만약 참된 종교(宗敎)라는 것이 본질적(本質的)으로 종교(宗敎)에 속하는 것이며 선(善)이라는 것이 인간(人間)이 주도(主導)하여 얻을 수 있는 것을 의미(意味)한다면 "선(善)한 인간(人間)"으로서는 획득(獲得)할 수 없다.

참된 종교(宗敎)는 없다. 그것은 단지 참이 될 수 있을 뿐이다.

그리고 그것은 다만 인간(人間)이 외부(外部)로부터 의화(義化)되는 방법(方法)으로 참이 될 수 있다.

의화(義化)된 인간(人間)과 마찬가지로 종교(宗敎)는 은혜(恩惠)의 피조물(被造物)이다.

그러므로 기독교(基督敎)라는 종교 자체(自體)는 참된 종교(宗敎)가 아니라는 결론(結論)에 이르게 된다. 그것은 은혜(恩惠)에 의해서만 참이 될 수 있다.

참 된 종교(宗敎)가 있다는 것은 예수 그리스도 안에서 신(神)의 은혜(恩惠)의 행위(行爲) 안에 있는 사건(事件)이다.

기독교신앙(基督敎信仰)이 기독교(基督敎)의 계시(啓示)에 비추어 이해(理解)되고 유지(維持)되는 한 그것을 유일(唯一)한 참 종교(宗敎)라고 부를 수 있다. 그러나 그것은 예수 그리스도 안에서 계시(啓示)되고 기독교(基督敎)의 진리(眞理)를 구성(構成)하는 신앙(信仰) 안에서 받아들여진 값없이 주시는 신(神)의 은혜의 행위이다.

이것은 기독교(基督敎)를 모든 인간종교(人間宗敎) 및 자연신학(自然神學)과 분리(分離)시킨다.

만약에 신(神)이 예수 그리스도 안에서 자신(自身)에 관한 결정적(決定的)인 계시(啓示)를 인간(人間)에게 주신다면 다른 곳에서 신(神)을 발견(發見)하려 하는 것은 신(神)을 영화(榮華)롭게 하지 못할 것이 분명하다.

성경(聖經)이든 전통(傳統)이든 아니면 제도적(制度的)인 교회(敎會)든 인간적(人間的)인 기관(機關)이나 대리인(代理人)에게 신(神)을 한정(限定)하거나 제한(制限)하려 하는 것도 역시 예수 그리스도가 아닌 다른 것을 궁극적(窮極的)인 것으로 만드는 것이다.

성경(聖經), 교회(敎會), 전통(傳統)같은 것은 단지 예수 그리스도 안에 있는 신(神)의 계시(啓

쥬)를 지적(指摘)하고 증거(證據)할 수 있을 뿐이다. 이곳이 아닌 다른 곳에서 시작(始作)하거나 다른 원천(源泉)을 주장(主張)하는 것은 잘못된 것이다.

5) 발트 신학(神學)의 결론(結論)

1920년 이래 신정통주의(新正統主義) 곧 하나님의 말씀의 신학(神學)은 기독교사상(基督敎思想)에 특별한 영향(影響)을 끼쳤다.

그것의 광범(廣範)한 호소력(呼訴力)과 커다란 영향력(影響力)은 주로 그것이 모든 다른 신앙(信仰)들과 세속적(世俗的)인 이데올로기들을 초월(超越)하는 기독교(基督敎)의 재발견(再發見)과 재확인(再確認)을 나타냈다는 사실에 기인(基因)한다.

그것은 지적(知的)인 불확실성(不確實性)의 시대(時代)에 확실(確實)하고 순전(純全)한 언어(言語)로 나타났다고 할 것이다. 그것은 시대정신(時代精神)에 순응(順應)하기 위해서 기독교(基督敎)의 메시지를 희석(稀釋)시키고 왜곡(歪曲)하고 소멸(消滅)해 버린데 대해서 책임(責任)을 져야 한다는 단순(單純)한 이유(理由)만으로 모든 철학(哲學)과 과학(科學)과 문화(文化)들과의 제휴(提携)를 파괴(破壞)할 것을 요청했다.

신정통주의(新正統主義)는 본질적(本質的)으로 신학(神學)을 위기(危機)속에 있는 문화(文化)와의 결탁(結託)의 파기(破棄)를 추구(追求)하는 교정신학(矯正神學)으로 조명(照明)되어야 한다.

그것은 개혁가(改革家)들이나 어거스틴, 교회(敎會)의 신조(信條)들 그리고 무엇보다도 성경(聖經) 자체 속에서 발견(發見)되는 표준적(標準的)인 기독교(基督敎)에 대한 진정(眞正)한 통찰(洞察)들로 복귀(復歸)함으로써 그 교정적(校正的) 과업(課業)을 수행했다.

그 파기(破棄)는 신(神)의 은혜(恩惠)의 주권(主權)과 성경권위(聖經權威)의 유일성(唯一性)을 인간(人間)들의 사역(事役)들과 전통(傳統)들과의 불연속성(不連續性) 상에 두는 오직 은혜(恩惠)와 오직 성경(聖經)과 같은 믿음의 재확인(再確認)속에 반영(反映)되고 있다.

신정통주의(新正統主義)는 자연(自然)과 인간(人間)의 역사(歷史)속의 신(神)의 내재성(內在性)에 관한 자유주의적(自由主義的)인 강조(強調)를 신(神)의 초월성(超越性)으로 대체(對替)한다.

이제 신적(神的)인 계시(啓示)는 권위(權威)의 소재지(所在地)로서의 종교적(宗敎的)인 경험(經驗)을 축출(逐出)했다.

바울과 어거스틴을 따르는 이 신학자(神學者)들은 자유주의자(自由主義者)들처럼 인간적(人間的)인 노력(勞力)에 의해서 개선(改善)될 수 있는 자연적충돌(自然的衝突)들과 인간적(人間的)인 무지(無知)속에서가 아니라 인간(人間)에게 주어진 자유(自由)의 타락(墮落)속에서 죄(罪)의 소재지(所在地)를 발견(發見)했다.

이것들은 인간(人間)의 노력(勞力)에 의해서 개선(改善)될 수 없는 것이다.

또 역사(歷史)는 점진적(漸進的)으로 악(惡)을 극복(克服)해 가고 점차적(漸次的)으로 천국(天國)을 건설(建設)해 가는 과정(過程)으로 조명(照明)되어서도 안 된다.

역사(歷史)도 자연(自然)과 마찬가지로 신(神)의 목적(目的)을 감추고 있는 베일(Veil)이다. 인간(人間)은 단지 신앙(信仰)안에서만 역사(歷史)의 의미(意味)를 분별(分別) 할 수 있고 그 의미(意味)는 역사(歷史)의 자체(自體)속에 있는 것이 아니라 역사(歷史)를 초월(超越)하는 계시(啓示)속에 있다.

역사(歷史)는 일시적(一時的)인 것과 영원(永遠)한 것 사이의 투쟁(鬪爭)의 드라마가 벌어지고 인간(人間)이 영원(永遠)히 현존(現存)하는 신앙(信仰)의 종말론적위기(終末論的危機)에 직면(直面)하는 무대(舞臺)이다.

이 같은 고전적(古典的)인 기독교(基督敎) 특히 종교개혁(宗敎改革)으로의 복귀(復歸)라는 주제(主題)를 다루기 때문에 이 운동(運動)은 신정통주의(新正統主義)라고 불리는 것이다.

그러나 신정통주의(新正統主義)는 단지 고전적(古典的)인 개신교(改新敎)의 정통주의(正統主義)의 재현(再現)은 아니다.

이 신학(神學)의 독특(獨特)한 성격(性格)을 바로 이해(理解)하려면 신(新)이라는 접두어(接頭語)가 지칭(指稱)하는 의미(意味)를 이해(理解)하는 것이 중요(重要)하다.

이 운동(運動)의 지도자(指導者)들은 자유주의신학적(自由主義神學的)인 전통(傳統)속에서 교육(敎育)을 받았다.

그들은 자유주의(自由主義)의 전통(傳統)에 대해서 부정적(否定的)으로 반응(反應)했지만 또한 그 자체(自體)로는 고전적(古典的)인 전통(傳統)에로의 복귀(復歸)가 불가능(不可能)한 많은 자유주의(自由主義)의 원리(原理)들의 유산(遺産)을 채택(採擇)하여 사용했다.

신정통주의(新正統主義)는 신학(神學)은 모든 형이상학(形而上學)을 포기(抛棄)해야 한다는 리츨 학파(學派)의 교리(敎理)를 수용했다.

대부분(大部分)의 신정통주의(新正統主義)에 속한 신학자(神學者)들은 칸트의 전통(傳統)속에 위치(位置)하여 자연신학(自然神學)에 대한 칸트의 비판(批判)을 받아들였다.

그들의 견해(見解)에 따르면 기독교적(基督敎的)인 자연신학(自然神學)이라는 것은 있을 수 없다.

기독교(基督敎)의 신학(神學)은 역사적계시(歷史的啓示)에의 탐익(耽溺)에서부터 시작(始作)해야 한다. 그럼에도 불구하고 성경(聖經)속에서 증거(證據)된 역사적(歷史的)인 계시(啓示)는 정통주의(正統主義)에서 주장(主張)하는 것처럼 무오(無誤) 한 것이 아니다.

그 까닭은 신정통주의(新正統主義)는 비록 현대(現代)의 과학적(科學的)이고 역사적(歷史的)인 연구(硏究)의 발견물(發見物)들이 전통적(傳統的)인 신앙(信仰)의 근본적(根本的)인 수정(修正)을 요구(要求)한다고 해도 이러한 발견물(發見物)들을 수용(收用)하는데 있어서 자유주의(自由主義)와 일치(一致)하기 때문이다.

사실상 신정통주의(新正統主義)는 어느 정도(程度)는 성경적(聖經的)인 전통(傳統)들에 관한 가장 급진적(急進的)이고 역사적(歷史的)인 결론(結論)들과 제휴(提携)하고 있다.

카톨릭의 근대주의(近代主義)와 마찬가지로 신정통주의(新正統主義)는 과학적(科學的)인 진리(眞理)와 종교적(宗敎的)인 진리(眞理)를 날카롭게 구분(區分)하고 있다.

따라서 신정통주의자(新正統主義者)들은 과학(科學)과 신학(神學)과의 사이에서 일어나는 전투(戰鬪)에는 전혀 관심을 갖지 않는다.

왜냐하면 그들은 성경(聖經)에 기록(記錄)된 기사(記事)들의 진정한 의미(意味)를 과학적(科學的)인 탐구(探究)의 범주(範疇)의 밖에 놓여있는 것으로 보기 때문이다.

성경(聖經)의 기사(記事)들은 문자적(文字的)이고 과학적(科學的)인 사실(事實)이 아니라 상징적(象徵的) 신화적(神話的) 비유적(比喩的)인 진리(眞理)를 포함(包含)하는 사건(事件)들을 묘사(描寫)한다.

하나님의 창조(創造), 아담의 타락(墮落), 그리스도의 탄생(誕生)과 부활(復活)에 관한 기사(記

事)들의 진리(眞理)가 과학적(科學的)인 증거(證據)의 시험대(試驗臺)에 오르게 될 때에 이 이야기들은 적절(適切)하게 분별(分別)되지 못한다.

이러한 사건(事件)들 가운데 어떤 것들은 역사적(歷史的)인 것으로 지칭(指稱)될 수도 있지만 단순히 통상적(通常的)이고 경험적(經驗的)인 의미(意味)에서 역사적(歷史的)인 것은 아니다.

신정통주의(新正統主義)는 고전적(古典的)인 기독교(基督敎)와 19세기의 자유주의(自由主義)와의 사이에 발생한 창조적인 종합(綜合)으로 이해(理解)하는 것이 가장 좋다.

그것은 옛것과 새 것의 탁월(卓越)한 종합(綜合)을 나타내는데 바로 그 이유(理由)때문에 그것은 광범(廣範)한 호소력(呼訴力)과 영향력(影響力)을 갖게 되었다.

그러나 이렇게 상이(相異)한 두 전통(傳統)의 연합(聯合)은 창조적(創造的)이면서도 동시(同時)에 문제점(問題點)이 많은 것으로 판명(判明)되었다.

과거 20여년동안에 신정통주의(新正統主義)는 외부(外部)로부터만 아니라 그 운동(運動)의 계승자(繼承者)들인 새로운 세대의 신학자(神學者)들로부터 정밀(精密)한 탐사(探査)와 비판(批判)을 받았다.

이 비판가(批判家)들이 느낀 불만(不滿)은 신정통주의(新正統主義)의 근본목적(根本目的), 즉 기독교(基督敎)와 인간(人間)의 세속적경험(世俗的經驗) 및 판단규범(判斷規範)과의 불연속성(不連續性)에 집중(集中)되어 있는 것처럼 보인다.

이 비판(批判)은 두 가지 중심문제(中心問題) 곧 신학(神學)과 철학(哲學)의 관계성(關係性) 및 계시적(啓示的)인 역사(歷史)와 세속사(世俗史)와의 관계(關係)에 초점(焦點)을 맞추고 있다.

발트 및 그를 따르는 사람들은 인간(人間)의 신지식(神知識)을 우리가 급진적(急進的)인 신적(神的)인 현실주의(現實主義)라고 부르는 것에 따라서 생각해 왔다.

그것은 인간(人間)은 신적(神的)인 계시(啓示)의 수동적(受動的)인 수용자(需用者)로 머문다는 사실(事實)을 의미(意味)한다.

이러한 현실주의(現實主義)에 의해서 야기(惹起)된 문제는 계시(啓示)는 항상 유한(有限)하고 인간적(人間的)인 수단(手段)에 의해서 인간(人間)에게 전달(傳達)된다는 사실을 고려(考慮)할 때에 근본적(根本的)으로 계시(啓示)에 대한 피동적(被動的)인 견해(見解)가 가능(可能)한지 여부(與否)를 묻는다.

만약에 계시(啓示)가 지식(知識)의 한 양식(樣式)이라면 이것은 인간(人間)이든 책(冊)이든 아니면 기관(機關)이든 어떤 유한(有限)한 통로(通路)를 통해서 인간(人間)에게 전달(傳達)되는 모든 경쟁적(競爭的)인 계시(啓示)들에 대한 차별적(差別的)인 판단(判斷)을 해야 한다는 것을 함축(含蓄)하고 있지 않는가?

그리고 만약 이러한 구별적(區別的)인 판단(判斷)이 요청(要請)된다면 그 판단(判斷)의 과정(過程)에는 이성(理性)이 포함(包含)되고 그럼으로써 어떤 일반적(一般的)이고 철학적(哲學的)인 전제(前提)들을 포함(包含)하지 않는가?

인간(人間)에 의한 과학(科學)으로서의 신학(神學)과 철학(哲學) 사이의 관계(關係)는 반드시 있어야 하며 신정통주의(新正統主義)가 인정(認定)한 것 이상으로 복잡(複雜)하지 않는가?

현재 특별히 문제가 있는 것으로 드러나고 있는 신정통주의(新正統主義)의 두 번째 문제(問題)는 이 운동(運動)이 계시(啓示)와 역사(歷史)의 관계(關係)를 생각하는 방법(方法)에 대한 것이다.

이 신학자(神學者)들은 자주 역사(歷史)속에서 활동(活動)하는 신(神)에 대해서 말한다. 그러나 그들이 의미(意味)하는 역사(歷史)는 과학적(科學的)인 역사가(歷史家)에게는 감추어져 있는 신성(神聖)한 역사(歷史)이다.

그 이유는 계시적(啓示的)인 역사(歷史)는 역사편찬(歷史編纂)의 범주(範疇)안에 포함(包含)될 수 없는 초월적영역(超越的領域)을 함축(含蓄)하기 때문이다.

이러한 역사적사건(歷史的事件)들은 역설적(逆說的)으로 초역사적 (超歷史的)이다. 그것들은 두 가지의 역사(歷史) 곧 통상적(通常的)이고 경험적(經驗的)인 역사(歷史)로서 통상적(通常的)인 관찰(觀察)에 개방(開放)되어 있는 것과 구속사(救贖史)의 역사(歷史)로서 오직 신앙(信仰)에 의해서만 파악(把握)되는 것으로 구성(構成)된다.

그러나 이 두 가지의 역사(歷史) 사이의 관계(關係)는 무엇이고 전자(前者)가 후자(後者)에 얼마나 필수적(必須的)인 것인지는 전혀 명확(明確)하지 않다.

계시사(啓示史)는 전적(全的)으로 하늘에서나 땅 위에서만 나타나는 것이 아니고 둘 사이에 있는 어떤 신비(神秘)한 중간영역(中間領域)에서 나타난다.

그리스도의 부활(復活)을 모든 경험적(經驗的)인 개념(概念)들과 지각(知覺)을 조건(條件)으로 결정(決定)하는 역사적(歷史的)인 연속체(連續體)를 초월(超越)하는 신성(神聖)한 사건(事件)으로 생각할 때에 그것은 사실상 계시적(啓示的)인 특징(特徵)을 상실(喪失)한다. 왜냐하면 역사(歷史)를 계시(啓示)하기 위해서 하는 말은 그것이 조명(照明)하기로 계획(計劃)된 실체(實體)의 질서(秩序) 속에 상당한 수준(水準)까지 참여(參與)해야 하기 때문이다.

신정통주의(新正統主義)는 신세대(新世代)의 신학자(神學者)들에게 문제(問題)들을 남겨 주었음에도 불구하고 그것은 20세기 개신교 신학(改新敎神學)을 구성(構成)하는 운동(運動)으로 남아 있다.

그것은 1940년대와 1950년대 미국(美國)에서 전성기(全盛期)를 구가(謳歌)했다.

1960년대 초 미국(美國)의 신학(神學)에서 발트의 영향력(影響力)은 급격(急擊)히 퇴조(退潮)했다. 그러나 새롭고 아주 상이(相異)한 방향(方向)에서 활동(活動)을 시작한 이 소장파(少壯派)에 속한 신학자(神學者)들은 발트와 변증신학(辨證神學)을 마주보는 입장(立場)에서 신학(神學)을 전개(展開)한다.

만약 현재 새로운 자유주의신학(自由主義神學)이 출현(出現)한다면 그것은 칼 발트의 교정신학(矯正神學)으로부터 어느 정도는 중요(重要)한 교훈(敎訓)을 배워야 할 것이다.

신정통주의(新正統主義)는 사상사(思想史)에 있어서 크게 위험(危險) 할 때에만 피(避)해야 하는 운동(運動)들 가운데 하나이다.

지금까지 칼 발트(Karl Barth)의 교리사상(敎理思想)에 대한 것을 대강이라도 살펴보았다.

그러나 결과는 어떤 만족(滿足)할만한 답(答)을 얻어냈다기보다는 더 복잡하고 혼란(混亂)스러운 신학적(神學的)인 갈등(葛藤)만 더 한 것 같아서 아쉬운 마음이 남는다.

그가 신정통주의(新正統主義)의 대표주자(代表走者)라고 할 때에 기독교(基督敎)신앙(信仰)에 대한 바른 이해(理解)는 고사하고 복잡한 마음을 더 했을 뿐인 것 같다.

신학적(神學的)으로나 신앙적(信仰的)으로 볼 때에 어는 것 하나 바른 대답이 없이 하나의 가정적(假定的)인 논리(論理)만 전개(展開)하여 그것이 정통적(正統的)인 기독교(基督敎)운동(運動)인 듯이 나열하고 있으나 성경(聖經)에서 말씀하고 있는 진리(眞理)와는 너무도 거리(距離)가 먼 것 같은 느낌을 지울 가 없다.

특히 그는 하나님의 성령(聖靈)에 의한 영성(靈性)에 대한 문제라든가 하나님의 초월적(超越的)인 신비성(神秘性)에 대해서는 성경의 진리(眞理)와는 상당히 거리(距離)가 있다는 것을 느끼게 한다.

특히 성경의 유오설(有誤說)이나 부분영감설(部分靈感說) 같은 것은 성경(聖經)을 부르짖는 그에게 이율배반적(二律背反的)인 느낌을 지을 수가 없다.

신비적(神秘的)인 것 같으면서 인간(人間)의 이성주의(理性主義)로 나가는 감을 가지게 한다는 것을 너무도 절감(切感)하게한다.

하나님의 은혜(恩惠)는 개인적(個人的)이고 직접적(直接的)이고 즉흥적(卽興的)이라는 것을 믿고 하나님의 뜻을 이루어 드리기 위해서 더 열심히 믿고 예수 그리스도의 재림을 기다리자.

5 ≡ 에밀 부룬너의 교리사상

제2차 세계대전(世界大戰)이 끝났던 1945년에 "정의(正義)와 사회질서(社會秩序)"(The Justice and Social Order)라는 책(冊)을 써서 세계대전(世界大戰)이 끝난 다음의 세계(世界)의 전후재건(戰後再建)에 정신적(精神的)으로 크게 기여(寄與)했던 에밀 브룬너(Emil H. Brunner: 1889-1966)는 현대기독교(現代基督敎)의 교리사상(敎理思想)을 연구(研究)하는데 많은 것을 남겨준 신정통주의(新正統主義)에 속한 신학자(神學者)가운데 한 사람이다.

브룬너는 스위스의 취리히에서 태어나서 취리히의 대학(大學)에서 수학(修學)했고 1911년에는 독일(獨逸)의 베르린에 가서 공부(工夫)를 한 개혁파(改革派)에 속한 신정통주의(新正統主義)의 신학자(神學者)요 또한 목회자(牧會者)였다.

그가 1913년부터 1914년까지 영국(英國)을 방문(訪問)할 기회(機會)를 가졌는데 이 때에 앵글로섹슨(Anglo-Saxon) 문화(文化)에 매료(魅了)되어 관심(關心)을 쏟게 되었으나 제1차 세계대전(世界大戰)이 일어나게 되어 그도 군(軍)에 입대(入隊)하여 전쟁(戰爭)터에서 2년간의 세월(歲月)을 보내야 했다.

1916년에는 스위스의 칸톤 글라투스(Kanton Glatus)의 옵스탈덴 (Obstalden)에서 목회(牧會)를 하기 시작했다.

1919년에는 미국(美國)으로 건너가서 유니온 신학교(神學校, Union Theological Seminary)에서 몸을

담고 연구(硏究)를 한 다음 1924년에 취리히 대학교(大學校)의 교수(敎授)로 초빙(招聘)되어 여기에서 조직신학(組織神學, Systematic Theology)과 실천신학(實踐神學, Practical Theology)을 강의(講義)했다.

당당히 신학교수(神學敎授)로서의 명성(名聲)을 얻게 된 부른너는 1938년부터 1939년까지 프린스톤 신학교(神學校, Prinston Theolog –ical Seminary)에 청빙(請聘)되어 교수생활(敎授生活)을 했다.

이 때부터 그는 에큐메니칼 운동(Ecumenical Movement)에 깊숙이 관여(關與)하게 되었으며 "신앙(信仰)과 질서(秩序)"(Faith and Order) "삶과 노동(勞動)"(Life and Work) 등의 책(冊)을 펴냄과 동시에 사회운동(社會運動)에 적극적(積極的)으로 참여하게 되었다.

특히 그는 죤 모트(John R. Mott)의 요청(要請)에 따라서 "기독교청년협회(基督敎靑年協會)"(Young men's Christian Association)의 신학자문(神學諮問)으로 활동(活動)했다.

그후 1953년에는 일본(日本)의 도쿄(東京)에 새로 설립(設立)된 국제기독교대학(國際基督敎大學)의 초빙교수(招聘敎授)로 임명(任命)되어 2년간이나 여기에서 강의(講義)를 했다.

2년 후에는 건강(健康)상의 약화(弱化)로 자기 나라로 돌아가게 되었는데 사실상 이 때부터 그의 활동(活動)은 제약(制弱)을 받기 시작(始作)했다.

에밀 브룬너의 사상(思想)을 형성(形成)하는데 영향(影響)을 준 분으로는 독일(獨逸)의 경건주의목회자(敬虔主義牧會者)였던 크리스토프 블름하르트(Christoph Blmhardt)와 그의 제자(弟子) 헤르만 쿠터(Herman Kutter)로부터 기독교(基督敎)의 현주소(現住所)를 바로 이해(理解)하는 안목(眼目)을 얻게 되었다.

스위스의 신학자(神學者) 레온하르드 라가즈(Leonhard Ragaz)로부터 덴마크가 낳은 키엘케콜의 작품(作品)을 소개(紹介)받게 되었는데 그의 철저한 생활신앙(生活信仰) 곧 어떠한 문화적접목(文化的接木)이나 세속(世俗)과의 정신적(精神的)인 타협(妥協)을 용납(容納)하지 않고 오직 성경적(聖經的)인 신앙(信仰)을 고집(固執)한데서 크게 감명(感銘)을 받았다.

그러나 그의 이름이 항상 칼 발트의 이름과 함께 붙어 다니게 된 것은 에밀 브룬너가 칼 발트의 방대(尨大)한 저서(著書)인 "교회(敎會)의 교리학(敎理學)"(Church Dogmatics)에 매료(魅了)되었기 때문이라고 할 것이다.

심지어(甚至於) 브룬너는 스스로 말하기를 "나는 바로 발트의 로마서 주석(註釋)의 중요성(

重要性)을 가장 먼저 인식(認識)한 사람이다"라고 할 만큼 그는 발트의 사상(思想)을 적극적(積極的)으로 지지옹호(支持擁護)하고 나선 인물(人物)이었다.

한편으로는 발트를 중심으로 한 "위기(危機)의 신학(神學)"(The Theology of Crisis)에 본격적(本格的)으로 합류(合流)함으로써 19세기 자유주의신학자(自由主義神學者)들의 핵심사상(核心思想)이었던 그리스도를 단지 현대적(現代的)인 인간(人間)의 영웅적(英雄的)인 한 대표자(代表者)로 해석(解釋)하고 인간(人間)의 본성(本性)에 대하여 낙관주의적(樂觀主義的)인 견해(見解)를 전개(展開)하며 진보적(進步的)인 역사관(歷史觀)을 개진하는 사상(思想)에 대항(對抗)하였다.

이처럼 발트와 브룬너의 사상(思想)은 이른바 신정통주의(新正統主義, New Orthodoxy)로 알려지고 있다. 그 이유(理由)는 그들은 하나님의 말씀으로서의 성경(聖經)의 위치(位置) 그리스도의 중심성(中心性) 하나님의 통치(統治) 그리고 인간(人間)의 죄(罪)등과 같은 16세기 종교개혁기(宗敎改革期)의 신학(神學)을 현대신학(現代神學)에 도입(導入)했기 때문이었다.

브룬너의 분석(分析)에 따르면 17세기와 18세기의 종교개혁(宗敎改革)이 있은 이후의 신학(神學)이 종교개혁(宗敎改革)의 신학(神學)을 형식화(形式化)시키고 지성화(知性化)하는 오류(誤謬)를 범(犯)하였다는 것이다.

그는 이러한 왜곡(歪曲)으로부터 벗어나서 다시 16세기 종교개혁(宗敎改革)의 근본사상(根本思想)으로 회복(回復)하는 것을 자신(自身)이 해야 할 일의 목적(目的)으로 삼았다.

이러한 목적(目的)을 달성(達成)하기 위해서 그는 무엇보다도 열심히 성경(聖經)을 연구(研究)하는 일에 매진(邁進)했다.

그러나 그는 성경(聖經)을 문화적(文化的)으로 이해(理解)하는 성경주의(聖經主義)를 과감(果敢)하게 거부(拒否)하였으며 동시(同時)에 윤리적(倫理的)인 메시지를 담고 있는 것으로 격하(格下)시키는 자유주의(自由主義)도 비판(批判)했다.

그러나 브룬너의 성경관(聖經觀)은 다소 개혁주의(改革主義)의 신학(神學)과는 차이(差異)가 있다.

그는 성경(聖經) 그 자체(自體)는 계시(啓示)가 아니라고 주장(主張)한 것이 그렇다. 그 이유(理由)는 바로 성경(聖經)이 축자적(逐字的)으로 영감(靈感)되지 않았을 뿐만 아니라 무오(無誤)한 것도 아니기 때문이라고 하였다.

비록 그럴지라도 사람을 신앙(信仰)으로 인도(引導)하는 성령(聖靈)의 사역(事役)에 있어서 성경(聖經)이 교량역(橋梁役)과 같은 역할(役割)을 할 뿐이라고 보았다.

또한 브룬너는 복음서(福音書)의 사건(事件)들에는 역사적(歷史的)인 불확실성(不確實性)이 존재(存在)한다는 것을 인정(認定)하였다.

그러나 그는 신성(神性)과 인성(人性)이 예수 그리스도 안에서 연합(聯合)되었다는 점은 확신(確信)했다.

그러므로 그는 그리스도가 하나님과 인간(人間) 사이에서 중보(仲保)를 구체화(具體化) 하였을 뿐만 아니라 성취(成就)하였다고 보았다.

기독교(基督敎)에 대한 브룬너의 입장(立場)은 그의 탁월(卓越)한 그의 저서(著書)인 "중보자"(仲保者, Der Mittler, 1927)에서 잘 설명(說明)해주고 있다.

여기에서 그는 계시(啓示)에 대한 이해(理解)를 자신(自身)의 출발점(出發點)으로 삼고 있다는 점이다. 이것은 그가 기독교(基督敎)란 예수 그리스도 안에 있는 하나님의 계시(啓示)에 대한 신앙(信仰)이라고 역설적(逆說的)으로 정의(定義)한 사실(事實)에서도 잘 드러나고 있다.

결국 브룬너의 계시관(啓示觀)은 그의 그리스도 론(論) 과도 절묘(絶妙)하게 맞물려 있음을 알 수 있다.

그에 따르면 하나님의 계시(啓示)란 성육(成肉)하신 예수 그리스도이시다. 즉 하나님은 예수의 삶과 죽음 그리고 부활(復活)에서 자신(自身)이 누구이며 그의 뜻이 무엇인가를 확실(確實)하게 드러내셨다는 것이다.

이 점에서 브룬너는 예수 그리스도의 존재(存在)에 대한 핵심적(核心的)인 진술(陳述)이자 니케아 신조(信條, Necaea Creed)와 칼세돈 신조(信條, Calcedon Creed)의 핵심(核心)인 "참 하나님이신 동시(同時)에, 참 인간(人間)이시다"는 명제(命題)를 수용(收用)하였다.

그러나 신정통주의자(新正統主義者)였던 브룬너는 그리스도에 대한 지식(知識)은 단지 교리화작업(敎理化作業)을 통해서 자기보다는 인격(人格)대 인격(人格)의 만남을 통하여 발견(發見)할 수 있다고 주장하였다.

이것을 "신적(神的)인 인간(人間)의 만남"(The Divine Human Encounter, 1938)에서 그는 하나님은 항

상 인간(人間)에게 다가가시는 존재(存在)(God-Approaching-Man)이시며 인간(人間)은 하나님으로부터 나오는 존재(存在)(Man-Coming-from-God)라는 말로 표현(表現)하였다. 아울러서 그들이 만나는 곳이 바로 예수 그리스도이시라고 언급(言及)하였다.

그러나 브룬너는 인격적(人格的)인 만남이 이루어지는 영역(領域)에 대하여는 발트와 다른 견해(見解)를 가졌다. 그에 따르면 하나님은 예수 그리스도 안에서만 계시(啓示)하시는 것이 아니라 창조(創造)와 역사(歷史) 그리고 인간(人間)의 양심(良心)에서도 계시(啓示)하신다는 입장(立場)을 취했다.

이러한 그의 견해(見解)로 인하여 1934년에 브룬너는 발트와 무려 10년간이나 지속(持續)된 오랜 논쟁(論爭)에 들어갔다.

발트는 그리스도의 계시(啓示)만을 인정(認定)하고 일반계시(一般啓示)의 개념(槪念)에 대한 자체(自體)를 거부(拒否)하는 반면 브룬너는 하나님의 뜻은 교회생활(敎會生活)과 인간(人間)의 역사(歷史)속에서도 일반적(一般的)으로 파악(把握)될 수 있다고 단언(斷言)함으로써 일반계시(一般啓示)의 가능성(可能性)을 제시(提示)하였다.

아울러 발트는 인간(人間)이 계시(啓示)를 받아들일 수 있는 자연적(自然的)인 능력(能力)을 소유(所有)하고 있지 않기 때문에 하나님께서 당신의 말씀을 인간(人間)들이 들을 수 있는 조건(條件)들을 창출(創出)해야 한다고 주장(主張)하였다.

반면에 브룬너는 타락(墮落)한 인간(人間)이 하나님에 대한 왜곡(歪曲)된 진리(眞理)를 감지(感知)할 수 있는 하나님의 형상(形像)이라는 무엇인가 특별(特別)한 것을 보유(保有)하고 있다고 주장했다.

나아가서 특별계시(特別啓示)는 이러한 진리(眞理)에 초점(焦點)을 맞춤으로써 옳은 것은 확신(確信)시키고 그른 것은 교정(矯正)시킨다고 언급(言及)하였다.

이러한 자신(自身)의 계시관(啓示觀)에 대하여 브룬너는 자연계시(自然啓示)에서 시작하여 더 고차적(高次的)인 성경계시(聖經啓示)로 나아가는 로마 카톨릭의 계시(啓示)에 대한 도식(圖式)과는 전혀 다르다고 언급하였다.

오로지 그는 변증법적(辨證法的)인 관계(關係)에서 계시를 이해했다.

브룬너는 이러한 자신의 입장을 정리(整理)하여 "자연(自然)과 은혜(恩惠)"(Nature and Grace)라는 소논문(小論文)에서 개진하였다.

이에 대하여 발트는 "아니요!"(Nein!)라는 저서(著書)를 발표(發表)하여 브룬너의 입장(立場)이 개신교(改新敎)의 자유주의(自由主義)를 위한 길을 다시 터주는 결과(結果)를 초래(招來)하게 될 것이라고 경고(警告)했다.

홋날 1946년에 죤 베일리(John Baille)는 브룬너와 발트의 글을 모아서 "자연신학(自然神學)"(Natural Theology)이라는 책(冊)으로 출간(出刊)해 냈다.

무엇보다도 브룬너의 교리사상(敎理思想)에 대한 중요(重要)한 해설서(解說書)는 3권(卷)으로 구성(構成)된 그의 "교리학(敎理學)"(Dogmatics, vol. 1, 1949, vol. 2, 1952, vol. 3,1962)이라고 할 것이다.

이 책(冊)을 통하여 브룬너는 하나님과 창조(創造) 기독론(基督論) 인간론(人間論) 윤리학(倫理學) 교회론(敎會論) 역사(歷史)의 종말(終末)과 미래(未來)의 삶에 대한 주제(主題)들을 광범위(廣範圍)하게 다루고 있다.

다음으로 브룬너는 두 번의 세계대전(世界大戰)과 공산주의(共産主義)의 발전(發展)으로 인하여 계속(繼續)되고 있던 사회적(社會的)인 이슈에도 지대(至大)한 관심(關心)을 표명(表明)했다.

비록 하나님에게 대항(對抗)하여 인간(人間)들이 벌인 혁명(革命)이 절망(絶望)과 죄악(罪惡)으로 인도(引導)해 왔다고 할지라도 그럼에도 불구하고 비기독교인(非基督敎人)들은 여전히 하나님과의 관계(關係)를 맺고 있으며 동시에 하나님에게 책임(責任)을 지우고 있다고 브룬너는 지적(指摘)하였다.

이 주제(主題)는 "반항(反抗)하는 인간(人間)"(Man in Revolt, 1939)이라는 저서(著書)에 개진(開陳)되어 있는 주제(主題)일 뿐만 아니라 "신적(神的)인 명령(命令)"(The Divine Imperative, 1937)에서 발견(發見)되는 그의 윤리론(倫理論)의 배후(背後)에 놓여있는 주제(主題)이기도 한다.

그에 따르면 하나님은 인간(人間)에게 하나님과 인간(人間) 모두를 사랑하라는 그의 명령(命令)을 순종(順從)할 수 있는 기회(機會)를 부여(賦與)하신다.

아울러 인간(人間)에 대한 사랑은 사람들이 사회(社會)의 다른 질서(秩序)들을 인정(認定)할 때 적절(適切)하게 표현(表現)된다.

예를 들면 그러한 질서(秩序)들은 가족(家族) 경제적(經濟的)으로나 법적(法的)으로 혹은 문화적(文化的)으로 이해(理解)되는 공동체(共同體) 그리고 교회(敎會) 등이다.

특히 위의 두 저서(著書)에서 브룬너는 독일(獨逸)의 히틀러(Hitler)의 국가사회주의(國家社會主

義, National Socialism)와 또는 공산주의(共産主義, Communism)에서 발견(發見)되는 전체주의(全體主義, Totalitarianism)를 반대(反對)하였는데 그 이유(理由)는 그것들이 하나님이 없는 비인간화(非人間化)된 사회(社會)를 촉진(促進)시켰을 뿐만 아니라 적(敵) 그리스도와 동일(同一)한 것이라고 보았기 때문이었다.

그러므로 이는 당연히 나찌 독일(獨逸)의 통치하(統治下)에서는 판금조치(販禁措置)가 내려질 수밖에 없다는 것은 불문가지(不問可知)라 고 할 것이다.

한편 브룬너는 1945년에 출간(出刊)한 그의 "정의(正義)의 사회질서(社會秩序)"(Justice and Social Order)를 통하여 전후(戰後)의 재건(再建)에 긍정적(肯定的)인 공헌(貢獻)을 하게 되었는데 그의 저서(著書)에서 그는 수준(水準)이 다른 사회(社會)에서 정의(正義)의 원리(原理)와 실제(實際)가 어떻게 전개(展開)되고 발전(發展)하게 되는가에 대하여 논했다.

사실 교리신학자(敎理神學者)인 브룬너가 이 같이 사회(社會)의 실제적(實際的)인 문제(問題)에 깊은 관심(關心)을 가지게 된 것은 교의학(敎義學, The Dogmatics)과 윤리학(倫理學, The Ethics)이 신약(新約)에 있어서 그리고 말씀 선포(宣布)에 있어서 또는 기독교적(基督敎的)인 경험(經驗)에 있어서 서로가 불가분리적(不可分離的)인 상호관계하(相互關係下)에 있기 때문이라고 보았기 때문이었다.

여러 방면에 해박(該博)한 지식(知識)을 가졌던 브룬너는 이상에서 열거(列擧)한 것들 외에도 더 많은 저서(著書)들을 펴냈는데 "하나님에 대한 기독교(基督敎)의 교리(敎理)"(The Christian Doctrine of God, 1946), "창조(創造)와 구원(救援)에 대한 기독교(基督敎)의 교리(敎理)"(The Christian Doctrine of Creation and Redemption, 1950), "교회(敎會)와 신앙(信仰), 그리고 종말(終末)에 대한 기독교(基督敎)의 교리(敎理)"(The Christian Doctrine of the Church, Faith and the Consummation, 1960)등이 있다.

끝으로 브룬너의 교리사상(敎理思想)에서 특이(特異)한 것은 그는 성경(聖經)의 유기적영감(有機的 靈感, Organical Inspiration)이나 축자영감(逐字靈感, Verbal Inspiration)을 믿지 않았으며 인간(人間)의 죄(罪)를 어떤 관계성(關係性)의 결여(缺如, lack)로 보았기 때문에 원죄(原罪, Original Sin)에 대한 문제(問題)도 죤 칼빈 (John Calvin)처럼 심각(深刻)하게 생각하지 않았다는 점이라고 할 것이다.

동시(同時)에 에밀 부른너(Emil Brunner)는 예수 그리스도의 동정녀탄생(童貞女誕生)을 부인(否認)하였고 지옥(地獄)의 실재성(實在性)도 믿지 않았다는데 있다.

특히 그는 자연신학(自然神學, Theology of Nature)에 기여(寄與)한바 공(功)이 많기는 하다고 할지라도 기독교(基督敎)에 대한 바른 진리(眞理)의 전통(傳統)과 정통성(正統性)을 지켜 나가지 못했기 때문에 한 시대(時代)를 살다가 간 인물(人物)로 끝나 버렸고 기독교교리사상(基督敎敎理思想)의 역사(歷史)속에 바른 맥(脈)을 이어주지 못했다는 아쉬움을 남기고 말았다.

무엇보다도 브룬너는 세계 제2차 대전(大戰)이 끝난 다음 세계(世界)를 누비면서 전후수습(戰後收拾)을 위해서 노력(勞力)한바 기여(寄與)의 공(功)이 크며 역사(歷史)의 발전(發展)을 위해서도 많은 기여(寄與)를 한 것은 사실(事實)이나 신학적(神學的)으로는 그렇게 중요(重要)한 위치(位置)에 서지 못한 인물이었다.

한 역사시대(歷史時代)를 살다가 간 신학자(神學者)요 목회자(牧會者)요 세계적(世界的)인 지도자(指導者)로서 그의 신앙관(信仰觀)과 신학관(神學觀) 바로 서 있지 못했다는데서 아쉬움을 남겼다고 보아야 할 것이다.

6 ≡ 폴 틸리히의 교리사상(敎理思想)

20세기 신학계(神學界)에서 높이 뛰어난 거장(巨匠)으로 칼 발트와 함께 조직신학계(組織神學界)를 지배(支配)했던 폴 틸리히(Paul Tillich: 1886-1965)는 한 때나마 전세계(全世界)를 신학적(神學的)으로 주름잡았던 대신학자(大神學者)라고 할 것이다.

본래 틸리히는 1886년 8월 20일 독일(獨逸)의 부란데벍 지방(地方)에서 프러시아(Prussia) 교회(敎會)를 맡아서 목양(牧羊)을 하는 목사(牧師)의 아들로 이 세상에 태어났다.

그는 루터 교적(敎的)인 경건(敬虔)한 가정분위기(家庭雰圍氣)속에서 보수적(保守的)인 신앙생활(信仰生活)을 하면서 어린 시절(時節)을 보냈다.

그는 1904년에서 1909년까지 무려 5년 동안은 베르린 대학(大學)과 튀빙겐 대학(大學) 그리고 할레 대학(大學)등으로 두로 돌아다니면서 신학연구(神學硏究)에 열중(熱中)하다가 1911년 부레스라우 대학(大學)에서 박사학위(博士學位)의 논문(論文)을 썼고 다시 1912년에는 할레 대학(大學)에서 신학교수(神學敎授)의 자격논문(資格論文)을 썼다.

그는 같은 해에 복음주의(福音主義) 루터파 교회(敎會)의 목사(牧師)로 안수(按手)를 받은 다음 한 때나마 목회(牧會)를 시작하여 그는 제1차 세계대전(世界大戰)이 일어날 때까지 목회(牧會)에만 전념(專念)했다.

세계대전(世界大戰)이 일어나자 종군목사(從軍牧師)로 군문생활(軍門生活)을 해야 했고 대전(大戰)이 끝나면서부터는 본격적(本格的)인 교수생활(敎授生活)로 들어섰다.

그는 5년 동안 베르린 대학(大學)에서 신학(神學)을 강의(講義)했고 1926년부터는 프랑크푸드(Frankfuht)대학(大學)에서 철학교수(哲學敎授)로 강의(講義)를 맡아서 계속(繼續)했다.

그러나 히틀러가 1933년에 독일(獨逸)의 총통(總統. The Leader)이 된 후에 그는 교수(敎授)의 자리에서 쫓겨나서 잠깐 쉬고 있다가 때마침 독일(獨逸)을 방문(訪問)하고 있던 라인홀트 니버(R. Neibuhr) 교수(敎授)를 만나게 되어 그 이의 주선(周旋)으로 미국(美國) 뉴욕(New York)에 있는 유니온 신학교(神學校)(Union Theological Seminary)에서 "철학적신학(哲學的神學)"을 강의(講義)하는 교수(敎授)로 일하게 되었다.

틸리히는 그의 나이 47세가 되어 신대륙(新大陸)에서 강의활동(講義活動)을 시작(始作)하므로 비로소 그의 신학(神學)에 대한 완숙기(完熟期)에 접어드는 생(生)을 누리게 되었다고 할 수 있다.

1954년까지 유니온 신학교(神學校)에서 물러 나와서 하바드 대학(大學)(Harvard University)에서 교수활동(敎授活動)을 계속(繼續)하다가 1962년에는 다시 시카고 신과대학(神科大學)(Chicago Seminary)에서 신학교수(神學敎授)로 강의(講義)했다.

그 후 폴 틸리히는 1965년 10월 심장마비(心臟痲痺)로 이 세상(世上)을 떠났다.

그의 유명한 저서(著書)로는 "개신교(改新敎)의 기원(起源)"(The Protestant Era, 1948), "신앙(信仰)의 역학(力學)"(Dynamics of Faith), "문화(文化)의 신학(神學)"(Theology of Culture), "존재(存在)에의 용기(勇氣)"(The Courage to Be, 1952)와, 세 권(卷)으로 된 대작(大作)인 조직신학(組織神學, Systematic Theology)등이 있는데 그 중에서도 조직신학(組織神學)은 그의 전생애(全生涯)를 통해서 완성(完成)한 대작(大作)으로 통한다.

이 조직신학책(組織神學冊)은 중세기(中世紀)의 대신학자(大神學者)로 통하는 토마스 아퀴나스(Thomas Aquinas: 1227-1274)가 쓴 "신학 대전"(神學大典, Summer Theologica)과 견주어 볼만한 20세기

프로테스탄트 계의 대전(大典)으로 전해지고 있다.

틸리히는 그의 신학(神學)의 방법론(方法論)에 있어서 "상관성(相關性)의 방법(方法)"을 사용(使用)했다.

이것은 질문(質問)과 대답(對答)이라는 형식(形式)으로 철학(哲學)과 신학(神學)을 함께 사용(使用)하는 것으로서 철학(哲學)은 인간(人間)의 실존적(實存的)인 상황(狀況)에서 물어야 할 질문(質問)을 던지는 것이며 신학(神學)은 그 물음에 대한 대답(對答)을 하는 것이다.

인간(人間)과 인간(人間)이 묻는 실존적(實存的)인 질문(質問)들은 그의 신학(神學)의 출발점(出發點)으로 삼고 그에 대한 결론(結論)을 신학(神學)으로 대답(對答)하고자 한 것이다.

그의 대답(對答)하는 형식(形式)이 철학적(哲學的)인 용어(用語)로서 신학적(神學的)인 해답(解答)을 주려고 했기 때문에 그의 신학(神學)을 철학적신학(哲學的 神學, Philosophical Theology)이라고 한 것이다.

또한 틸리히의 신학(神學)은 철학(哲學)과 신학(神學)을 상호연관적(相互聯關的)인 방법(方法)에 의해서 전개(展開)하여 가기 때문에 철학적신학(哲學的神學)이라고도 할 수 있지만 그의 신학(神學)에서 철학(哲學)과 신학(神學) 외에도 존재(存在)와 비존재(非存在), 내재(內在)와 초월(超越), 무한(無限)과 유한(有限), 정신(精神)과 물질(物質), 자유(自由)와 자연(自然), 개신교(改新敎)와 로마 카톨릭을 대국적(大局的)인 견지(見地)에서 조화(調和)시키고 종합(綜合)하려 했기 때문에 종합적신학(綜合的神學)이라고도 할 수 있다.

그런가하면 그가 문화(文化)의 일반(一般)을 신학(神學)의 영역(領域)으로 삼았고 실존주의철학(實存主義哲學)과 프로이드의 심리학(心理學)과 현대미술(現代美術), 조각(彫刻), 건축(建築), 음악(音樂)등 여러 분야(分野)에 관한 해석(解釋)과 비평(批評)을 논(論)한 점에서 문화(文化)의 신학(神學)이라고도 할 수도 있다.

틸리히는 사색(思索)의 최고봉(最高峰)을 걸어간 신학자(神學者)라고 해야 할 것이다. 어떤 의미(意味)에서 그는 철학자(哲學者) 중의 철학자(哲學者)였다고 할 수도 있다.

그는 의심(疑心)을 희석(稀釋)하는 일이나 지적(知的)인 무관심(無關心)은 중세(中世)로 돌아가는 어리석은 일이라고 하였다.

의심(疑心)을 억압(抑壓)하는 신앙(信仰)은 광신(狂信)이 되거나 냉소주의(冷笑主義)에 빠진다는 것이다. 진리(眞理)에 대한 강렬(强烈)한 욕구(慾求)는 의심(疑心)이라는 틀을 거치도록 하고 사색(思索)의 길을 통하여 정립(定立)해야 한다고 그는 믿었다.

틸리히에 의하면 의심(疑心)이 없이는 진리(眞理)가 있을 수 없고 비존재(非存在)가 없이는 존재(存在)도 없다는 것이다. 진리(眞理)가 의심(疑心)하는 순간(瞬間)에 제시(提示)되듯이 소외(疎外)된 사람이라고 할지라도 궁극자(窮極者)와 관련(關聯)없는 존재(存在)란 있을 수 없다고 틸리히는 말한다.

이것이 기독교신앙(基督敎信仰)의 핵심(核心)이라고 그는 믿는다.

인간(人間)은 극도(極度)의 소외(疎外)와 절망(絶望)의 순간(瞬間)에 궁극적(窮極的)인 존재(存在)의 임재(臨在)를 경험(經驗)하는 것이다. 절망(絶望)의 순간(瞬間)에 삶이 무의미성(無意味性)에 의해서 위협(威脅)받는 순간(瞬間)에 인간(人間)은 자기존재(自己存在)의 의미(意味)를 추구(追求)하게 된다.

여기서 존재(存在)라는 말은 틸리히의 용어(用語) 가운데 가장 중요(重要)한 단어(單語)인데 그것은 정적(靜的)인 것이 아니라 동적(動的)인 것이다.

틸리히는 존재(存在)의 힘을 말하는데 이것은 내가 행하게 되고 나의 존재(存在)가 파악(把握)될 수 있는 바로 그것을 의미한다.

존재(存在)의 자체(自體)는 바로 나의 존재(存在)의 근거(根據)이며 내가 살게 되는 근거(根據)이다. 그러므로 이 존재자체(存在自體)는 바로 정통신학(正統神學)에서 말하는 하나님인 것이다.

틸리히와 발트는 현대신학계(現代神學界)의 가장 위대(偉大)한 교의학자(敎義學者) 들이다.

그런데 발트는 틸리히에 대해 무관심(無關心)하였든 반면(反面) 틸리히는 발트를 칭찬(稱讚)하고 높이 평가(評價)하였다고 한다.

발트의 신학(神學)은 기독론(基督論)적인 집중(集中)과 통일(統一)로 인하여 확실히 그리스도론에 치중(置重)되었다고 할 수 있다.

발트는 어떠한 자연신학(自然神學)도 거부(拒否)하며 신인관계(神人關係)를 주로 화해(和解)와 칭의(稱義) 라는 술어로 설명하였다.

발트는 인간의 삶을 하나님의 구원(救援)의 행위(行爲)에 의해서 이미 결정(決定)된 존재(存在)로 이해하였다.

발트는 하나님의 행위(行爲)에 초점(焦點)을 두고 있으며 이러한 하나님의 행위(行爲)가 인간(人間)의 삶을 어떻게 결정(決定)짓고 형성(形成)시키는 가에 관하여 설명(說明)하는 데는 고도(高度)로 변증법적(辨證法的)이었다.

틸리히는 성육신(成肉身)의 진리(眞理)에서 그의 신학(神學)을 출발(出發)시킨다는 점에서는 발트와 같다고 할 수 있다. 인간(人間)이 존재(存在)한다는 그 사실 자체(自體)가 신(神)과 관련되는 것은 바로 성육신(成肉身) 때문인 것이다.

틸리히는 기독교(基督敎)란 신념(信念)이나 교리(敎理)의 계시(啓示)가 아니라 옛것을 새롭게 하는 실제(實際)의 계시(啓示)라고 하였다.

그는 현대인(現代人)들이 종교(宗敎)를 무의미(無意味)한 것으로 생각하는 것을 개탄(慨歎)하고 종교(宗敎)가 근본적(根本的)인 것임을 보여주고자 하였다.

이 점에서는 슐라이어막허의 의도(意圖)와도 맥락(脈絡)이 같다고 할 수 있다. 틸리히는 발트 식의 변증법적신학(辨證法的神學)은 세속주의(世俗主義)와의 싸움에서 효력(效力)이 없다고 하였다.

발트의 신학(神學)은 세상(世上)이 그 피조성(被造性)에 있어서 신적(神的)인 근원(根源)을 보여주지 못한다는 세속주의(世俗主義)의 근본적(根本的)인 가정(假定)과 일치(一致)하는 경향이 있기 때문이다.

발트는 자연신학(自然神學)을 멸시(蔑視)하지만 틸리히는 삶 자체가 심적기원 (心的起源)을 가지며 거룩한 것이라고 한다.

그는 신학자(神學者)의 과업(課業)이란 모든 존재(存在)는 거룩하다는 것을 증명(證明)하고 존재(存在)하는 모든 것은 하나님의 능력(能力)과 은혜(恩惠)를 통하여서만 존재(存在)한다는 것을 선언(宣言)하는 것이라고 한다.

발트는 신학(神學)의 중재역할(仲裁役割)을 부인(否認)하였으나 틸리히는 그것을 신학(神學)의 본질적(本質的)인 역할(役割)로 여겼다.

따라서 발트를 현대판(現代版) 터틀리안(Tertullian)이라고 하고 틸리히를 현대판(現代版) 오리겐(Origen)이라고 부르기도 한다.

이런 의미에서 틸리히는 현대인(現代人)의 종교적(宗敎的)인 의식(意識)과 과학적(科學的)인 의식(意識)사이의 분열(分裂)을 극복(克服)하려는 노력(勞力)과 함께 19세기의 교정신학(矯正神學)의 길을 이어받고 있다.

틸리히에게 있어서 종교(宗敎)란 인간(人間)의 영적생활(靈的生活)의 특수(特殊)한 기능(機能)이 아니라 인간생활(人間生活)의 모든 기능(機能)에 있어서의 깊이의 차원(次元)이다.

그러므로 그는 종교(宗敎)나 신앙(信仰)을 궁극자(窮極者)를 향(向)한 관심(觀心)으로서 해석(解釋)하며 이를 궁극적 관심(窮極的關心. Ultimate Concern)이라고 정의(定義)하였다.

궁극적관심(窮極的關心)으로서의 종교(宗敎)는 모든 문화적(文化的)인 표현(表現)의 근본(根本)이며 모든 인간정신(人間精神)의 기능(機能)에 실재(實在)와 의미(意味), 판단(判斷), 창조적(創造的)인 용기(勇氣)를 부여(賦與)하는 것이다.

또한 궁극적관심(窮極的關心)으로서의 신앙(信仰)은 무엇보다도 정신적(精神的)인 행위(行爲)일 뿐만 아니라 인간(人間)의 전존재행위(全存在行爲)임을 의미(意味)한다.

틸리히는 인간(人間)이 유한(有限)한 것에 궁극적(窮極的)인 관심(關心)을 보일 때에 다시 말해서 궁극적(窮極的)인 것이 아닌 것에 궁극적(窮極的)인 충성심(忠誠心)을 바칠 때에 그것이 바로 죄(罪요. 파멸(破滅)을 초래(招來)하는 길이라고 한다.

인간(人間)이 유한(有限)과 무한(無限)을 혼동(混同)한다면 가장 이상적(理想的)이라고 하는 목표(目標)마저도 인간(人間)을 타락(墮落)시킨다는 것이다.

이와 같이 틸리히는 아주 의미심장(意味深長)한 말로 신학자(神學者)들을 매료(魅了)시켰으며 성경적인 관념(觀念)들을 철학적(哲學的)인 용어(用語)와 새로운 의미체계(意味體系)로 환원(還元)하였고 자신(自身)과의 가치론(價値論)을 가지고 재해석(再解釋)하였기 때문에 신학자(神學者)라기 보다는 철학자(哲學者)라고 해야 옳을 것이다.

틸리히는 하나님이라는 말을 종교적(宗敎的)인 상징(象徵)으로 보았으며 인격신(人格神)의 개념(槪念)을 버리고 하나님을 존재자체(存在自體)라고 하였다.

하나님은 존재(存在)의 기반(基盤) 혹은 존재(存在)의 능력(能力)인 것이다.

하나님은 유한존재(有限存在)에 속(屬)하는 모든 것들 위에 계시는 것이다. 모든 유한자(有限者)들은 존재(存在)한다. 그러나 하나님은 단순히 계신다.

하나님은 하나의 존재(存在)가 아니라 존재자체(存在自體)이다. 틸리히에게 있어서 죄(罪)란 우리 존재(存在)의 근거(根據)로부터 혹은 참 자아(自我)로부터 소외(疎外) 되는 것을 말한다.

아담의 타락(墮落)은 역사적(歷史的)인 사건(事件)이 아니라 그것은 본질(本質)로부터 존재(存在)로의 비시공적이전(非時空的移轉)인 것이다.

이것은 타락(墮落)이요 비극(悲劇)인데 그 이유(理由)는 그 결과(結果)가 인간(人間)을 그의 본질적(本質的)인 존재(存在)로부터 소외(疏外)시켰기 때문이다.

틸리히는 죄(罪)의 근본적(根本的)인 성격(性格)을 하나님과의 본질적(本質的)인 연합(聯合)에서 분열(分裂)된 것이라고 한다.

인간(人間)은 존재(存在)에 있어서 그의 존재(存在)의 근거(根據)와 다른 존재(存在)들과 자신(自身)으로부터 소외(疏外)되어 있다는 것이다.

틸리히에게 있어서 구원(救援)이란 그의 실존문제(實存問題)를 그리스도와 연결(連結)하여 해석(解釋)되는 것을 본다. 예(例)를 들면 중생(重生)은 새로운 존재(存在)(New Being)속의 참여(參與) 칭의(稱義)는 새로운 존재(存在)를 수용(收用)하는 것 성화(聖化)는 새로운 존재(存在)에 의한 변화(變化)의 상징(象徵)이라고 한다.

그리스도는 참된 관심(關心)을 증거(證據)한 존재(存在)인데 그리스도 안에 나타난 이 궁극적(窮極的)인 관심(關心)이란 모든 것을 향한 우선적(優先的)인 관심(關心)이다.

이것은 존재(存在)와 비존재(非存在)에 관한 관심(關心)이다.

인간(人間)은 그의 유한성(有限性)과 비존재(非存在)를 알고 있으며 그것에서 불안(不安)이 나온다는 것이다. 틸리히는 고대인(古代人)들이 죽음의 공포(恐怖)속에 살았으며 중세인(中世人)들은 죄책감(罪責感)의 공포(恐怖)속에서 살았고 현대인(現代人)들은 무의미(無意味)의 공포(恐怖)속에서 살고 있다고 지적(指摘)하였다.

그리하여 인간(人間)은 그의 공포(恐怖)와 소외(疏外)로부터 구원(救援)받기 위해서 그리스도를 바라보아야 하는데 그것은 그리스도처럼 궁극적(窮極的)인 관심(關心)을 갖는 일이라고 하였다.

틸리히의 구원론(救援論)은 살아 계신 하나님과는 아무 관련(關聯)이 없고 인간(人間)의 실존적(實存的)인 상황(狀況)을 묘사(描寫)하면서 그리스도의 죽음과 부활(復活)이라는 상징(象徵)들과 중생(重生), 칭의(稱義), 성화(聖化)라는 상징(象徵)들을 묵상(黙想)하여 새로운 자아(自我)에로 깨우쳐준다는 식의 구원론(救援論)인 것이다.

마치 발트가 화해사건(和解事件)을 이미 영원(永遠) 전에 다 이루어 진 것으로 보아 지금은 하나님의 긍정(肯定)이 인간(人間)의 모든 죄(罪)라는 부정(否定)을 처리(處理)하여 버렸으니 오로지 하나님의 은총(恩寵)만 남았다고 주장하는 것과 같다.

죄인(罪人)이 실제(實際)로 회개(悔改)하고 죄(罪)의 사(赦)함 받아서 하나님께 용납(容納)된 현실적(現實的)인 차원(次元)이 어디로 가버렸다.

그러므로 발트나 틸리히는 죄(罪)의 문제(問題)와 구원(救援)의 문제(問題)를 역사성(歷史性)이 없는 관념(觀念)의 세계(世界)로 끌고 가버린 것이다.

틸리히는 신관(神觀)부터가 잘못되어 있으므로 모든 교리(敎理)가 잘 못되는 것이다.

그는 하나님을 존재(存在)하시는 분이 아니라 존재자체(存在自體)라고 하였는데 신(神)이 존재(存在)한다거나 존재(存在)하는 것 중의 최고(最高)라고 하여도 그는 이미 하나님이 아니라는 것이다.

그리하여 신(神)이란 존재(存在)의 기반(基盤)(Ground of Being)이라고 하였다. 틸리히는 하나님을 하늘에서 끌어내려 실존주의(實存主義)의 옷을 입힌 다음 인간의 의식(意識)을 초월(超越)하는 듯 하는 표현(表現)으로 존재(存在)의 지반(地盤)이라고 하였는데 이것은 초월성(超越性)을 대신(代身)하여 기반성(基盤性)으로 대치(代置)하고 인격성(人格性) 대신 절대성(絶對性)을 말하여 철학적허구(哲學的虛構)만을 주장(主張)한 것이다.

이런 시도(試圖)는 결국 그의 신관(神觀)이 성경(聖經)에서 근거(根據)하지 않고 자신(自身)의 철학적사고(哲學的思考)에 근거(根據)하고 있음으로 증명(證明)하는 것이다.

따라서 그리스도도 선재(先在)하시는 하나님의 아들로 파악(把握)되지 않고 인간(人間)의 소외(疏外)를 해결(解決)하기 위한 하나의 철학적(哲學的)인 방편(方便)이 되고 있다.

인간(人間)은 인간(人間)의 자기소외(自己疏外)를 물질주의(物質主義)와 향락주의(享樂主義)로 채워보려고 하는데 소외(疏外)의 문제(問題)를 자기 힘으로 해결(解決)하지 못하고 새로운 존재(存在)라는 그리스도를 필요(必要)로 한다는 식이다.

그러나 여기서 문제(問題)는 그리스도의 비하(卑下)나 승귀(昇貴) 혹은 수난(受難)에 대한 사건(事件)의 역사성(歷史性)은 중요(重要)하지 않고 예수가 십자가(十字架)의 수난(受難)을 통하여 그리스도라는 실존적(實存的)인 존재(存在)로 변화(變化)한 사실(事實)만이 중요(重要)하다는 것이다.

예수 자신(自身)이 새로운 존재(存在)를 향(向)한 상징(象徵)이 된 것이다.

그러므로 틸리히에게는 역사적(歷史的)인 예수조차 중요(重要)한 것이 아니다. 그러므로 역사(歷史)의 지평(地平)에서 예수를 분리(分離)시키고 실존철학(實存哲學)의 인간분석(人間分析)에서 하나님을 필요(必要)로 하는 인간(人間)과 만나게 하려는 그의 신학(神學)은 하나의 종교철학적(宗敎哲學的)인 시도(試圖)라고 밖에 볼 수 없다.

틸리히는 현대인(現代人)들이 공허(空虛)와 무의미(無意味)에 시달리며 살고 있는 것을 보고 새로운 존재(存在)라는 그리스도를 제시(提示)하려고 하였으나 그의 시도(試圖)는 철학(哲學)도 아니고 신학(神學)도 아닌 것이 되고 말았다.

크리스챤 사이언스(Christian Science)가 기독교(基督敎)도 아니고 그렇다고 해서 과학(科學)도 아니듯이 틸리히의 시도(試圖)는 철학(哲學)이나 신학(神學)의 양편(兩便)에서 상호관련(相互關聯)되는 답(答)을 주지 못하고 의문(疑問)만 남겼을 뿐이다.

늘 계속해서 반복적(反復的)으로 언급했듯이 현대주의(現代主義)를 지향(指向)하는 신학자(神學者)들의 대부분이 학문적(學問的)인 이론(理論)에는 풍부(豊富)하다고 할지 몰라도 성경적(聖經的)인 순수한 믿음과 영성(靈性, Spirituality)에는 너무도 아쉬움을 주고 있다는 것이 공통점이라고 하겠다.

그래서 예수께서는 재림(再臨)을 앞두고 참으로 예수께서 구하시는 참 신앙인(信仰人)을 찾기가 어려울 것이라고 예언적(豫言的)인 말씀을 하셨다고 생각한다(눅18:8 참고).

7 ≡ 루돌프 불트만의 교리사상(敎理思想)

한 때는 20세기의 위기신학(危機神學, Theology of Crisis)의 대표적(代表的)인 인물(人物)로 알려졌던 독일태생(獨逸胎生)의 루돌프 불트만(Rudolf Bultmann: 1884- 1976)의 교리사상(敎理思想)은 아직도 실

존주의(實存主義, Existentialism)의 신학(神學)에 적지 않은 영향(影響)을 끼치고 있다고 할 것이다.

루돌프 불트만은 현대신학계(現代神學界)에서 신약학(新約學)에 대한 가장 유명(有名)한 사람 중의 한 사람으로 주목(注目)을 받고 있다.

루돌프 불트만은 양식비평(樣式批評)을 따르거나 신약성경(新約聖經)의 저자(著者)들이란 엄밀(嚴密)한 의미(意味)에서 저자(著者)가 아니고 단편적(斷片的)인 기록(記錄)들을 모은 수집가(蒐集家)들이요 그 자료(資料)들을 편집(編輯)한 사람들일 뿐이라고 주장(主張)하고 있다.

양식비평가(樣式批評家)들은 우리가 그리스도의 이야기를 갖고 있지 못하며 단지 그리스도에 관한 이야기만 알뿐이라고 한다.

그리고 신약성경(新約聖經)도 그대로 믿을만한 자료(資料)는 아니라고 한다.

그래서 신학자(神學者)가 해야 할 과업(課業)은 신약성경(新約聖經)의 원래(元來)의 형태(形態)를 알아내는 것이라고 하였다.

성경(聖經)의 원래(元來)의 형태(形態)를 알아내는 작업(作業)을 불트만은 비신화화(非神話化)라고 하였다.

비신화화(非神話化)란 성경(聖經)의 신화(神話)라는 껍질을 벗겨내고 본질적(本質的)인 알맹이를 찾아내는 작업(作業)을 말하는 것이라고 하였다.

다른 말로 해서 편집자(編輯者)들이 짜깁기 해놓은 것을 다시 분해(分解)하여 원래(元來)의 자료별(資料別)로 정리(整理)하고 그 내용(內容)을 분석(分析)하는 것이다.

불트만은 신약(新約)이 신화(神話)로 가득 차 있다고 주장하였는데 이 같은 신약(新約)의 선포(宣布)를 현대인(現代人)이 이해(理解)하기 위해서는 신화적(神話的)인 요소(要素)가 제거(除去)되어야 한다고 생각하였다.

불트만은 신약성경(新約聖經)의 메시지만큼은 보존(保存)해야 하나 그 내용(內容)을 둘러싸고 있는 신화(神話)의 껍질이 벗겨져야 이것이 가능(可能)하다고 본 것이다.

신화(神話)를 없애버리자는 것이 아니라 그것을 재해석(再解釋)하자는 것이다. 특히 바울서신(書信)들은 바울서신(書信)들보다 더욱 초기(初期)의 본질적(本質的)인 원리(原理)들을 신화화(神話化)한 것이라고 하였다.

불트만은 우리에게 두 종류(種類)의 자기이해(自己理解)가 있는데 하나는 신앙(信仰) 밖의 삶이요 다른 하나는 신앙(信仰) 안의 삶이라고 한다.

죄(罪)와 육신(肉身) 공포(恐怖) 죽음 등의 말들은 신앙(信仰) 밖의 삶에 대한 신화적(神話的)인 해석(解釋)이고 실존적(實存的)인 견지(見地)에서 볼 때에 그것은 만질 수 있고 볼 수 있고 망(亡)할 수 밖에 없는 현세(現世)의 노예상태(奴隸狀態)에 잡힌 삶을 말한다고 했다.

다른 하나는 신앙(信仰) 안의 삶인데 현실(現實)들에 대한 집착(執着)을 버리는 삶을 말한다. 그것은 과거(過去)로부터의 해방(解放)과 하나님의 미래사(未來事)에 대해 베일 없이 아는 것을 의미한다.

이것이 종말론(終末論)의 유일(唯一)하고 진정한 뜻이라는 것이다.

불트만의 이러한 해석(解釋)은 철저히 실존주의적(實存主義的)인 것이다.

불트만의 신약신학(新約神學)(Theology of New Testament)을 보면 예수님의 수세(水洗)나 변화산상(變化山上)의 사건(事件)을 전설(傳說)로 보고 있으며 예수 그리스도의 삶과 활동(活動)이 메시아적인 것이 아니었다고 강력(强力)하게 주장(主張)하고 있다.

또한 그의 유명(有名)한 책(冊)인 공관복음서(共觀福音書)의 전승사 (傳承史)를 보면 신약전승(新約傳承)을 둘로 나누어 예수의 말의 전승(傳承)과 설화(說話)로 구별(區別)하고 있는데 이 두 가지의 전승(傳承)은 또 다시 여러 가지 유형(有形)으로 세분(細分)하고 있다.

예컨대 예수의 말씀의 전승(傳承)을 간단(簡單)한 장면(場面)에서 파악(把握)되는 예수의 말씀이 핵심(核心)이 되고 있는 전승(傳承) 곧 주의 말씀 등이고 설화전승(說話傳承)은 이적사화(異蹟史話) 역사설화(歷史說話)등으로 나누고 있다.

이런 식으로 양식비평(樣式批評)은 성경(聖經)을 자료별(資料別)로 구별(區別)하고 그것들의 원래적(元來的)인 형태(形態)와 신화(神話)를 벗긴 알맹이를 발견(發見)하려고 하는 것이다.

이 같은 불트만의 시도(試圖)는 결국에 가서 신약성경(新約聖經)의 영감(靈感)을 불신(不信)하는 데서 시작(始作)되었고 성경(聖經)을 하나의 인간적(人間的)인 작품(作品)으로만 이해(理解)하려고 하였기 때문에 발생(發生)된 것이다.

그의 양식비평(樣式批評)은 신약성경(新約聖經)을 있는 그대로 믿지 못하겠다는 불신앙(不信仰)에서 나온 것임을 알 수 있다.

레들리히(E. B. Redlich)의 정의(定義)에 따르면 양식비평(樣式批評)은 구전(口傳)으로 전해온 자료

(資料)들 곧 복음서(福音書)의 전승(傳承)에 대한 전문학적단계(全文學的段階)를 연구분석(研究分析)하는 방법(方法)이다.

그런데 양식비평(樣式批評)에는 다섯 가지 의 기본원리(基本原理)가 있다. 이를 여기에 소개한다.

첫　째 공관복음서(共觀福音書)는 대중적(大衆的)인 미형성(未形成)의 자료(資料)들이었다.

둘　째 이 자류(資料)들은 역사적(歷史的)인 예수를 증거(證據)하는 것이 아니고, 자료(資料)들을 창안(創案)한 초대교회(初代敎會)의 신앙(信仰)을 반영(反映)하는 것이다.

셋　째 공관복음서(共觀福音書)의 자료(資料)들은 독립(獨立)된 여러 전승(傳承)들을 인위적(人爲的)으로 수집(收集)한 것이다.

넷　째 이 자료(資料)들은 원래(元來)에 탐구(探究)되어 질 수 있는 한정적(限定的)인 문학양식(文學樣式)을 가진 것이다.

다섯째 이 양식(樣式)은 어떤 한정적(限定的)이고 사회적(社會的)인 상황(狀況)에 의해서 창조(創造)된 것이다.

또한 양식비평(樣式批評)은 세 가지의 과업(課業)을 가지고 있다.

첫째 양식별(樣式別)로 자료(資料)를 분류(分類)하고,

둘째 원래(元來)의 양식(樣式)을 재발견(再發見)하며,

셋째 삶의 정황(情況)을 연구(研究)한다는 것이다.

그렇다면 양식비평(樣式批評)에는 어떤 문제(問題)가 있는가?

그것은 성경(聖經)의 역사성(歷史性)을 의심(疑心)하는데서 출발(出發)하고 있다. 따라서 성경(聖經)이 말하는 대속(代贖), 칭의(稱義), 중생(重生), 천국(天國)등이 실제성(實際性)을 상실(喪失)하게 된다. 이것은 신약(新約)의 초자연적(超自然的) 삶에 관하여 역사적(歷史的)인 진실성(眞實性)을 신화(神話)라는 가면(假面)으로 처리(處理)하여 믿을 수 없는 것으로 만들었다.

더구나 불트만의 주장(主張)으로는 초대교회(初代敎會)가 그리스도에 관한 이야기를 만들었

다는 것인데 그리스도의 인격(人格)과 사업(事業)의 영향(影響)으로 인하여 교회(敎會)가 설립(設立)되었고 그의 말씀에 따라서 기독교(基督敎)가 세워진 것을 무시하고 있다.

불트만이 신화(神話)라고 부르는 것을 성경(聖經)에서는 사실(事實)이라고 증거(證據) 한다는 것을 알아야 한다.

불트만은 과학(科學)이 발달(發達)한 현대(現代)에 사는 사람들에게 신화적(神話的)인 사고(思考)가 없는 것처럼 생각하는 모양이나 그것은 오해(誤解)이다.

현대인(現代人)들도 각종(各種)의 신화적(神話的)인 사고(思考)에 얽매어 있고 그래서 미국(美國)이나 유럽에서는 점성술(占星術)과 각종 미신(迷信)이 횡행(橫行)하고 있는 실정(實定)인 것이다.

또한 그와 반대(反對)도 중요한데 불트만의 생각으로는 초대교회(初代敎會)시절 당시에도 사람들이 이적(異蹟)을 보통(普通)으로 여겼을 것이라고 보는 것 같다.

왜냐하면 그 당시는 신화적(神話的)인 사고(思考)를 가지고 살았기 때문이라는 것이다. 그러나 성경(聖經)을 자세히 보면 초대교회(初代敎會)의 교인(敎人)들이나 당시(當時)에 살았던 사람들이 이적(異蹟)을 이적(異蹟)으로 보았지 평상적(平常的)인 것으로 여기지 않았음을 볼 수 있다.

그 말은 신약성경(新約聖經)이 기록(記錄)될 당시에도 엄연히 삶의 정황(情況)에 대한 것 자체(自體)가 신화적사고(社會的思考)에 의해 지배(支配) 받지 않았음을 증거(證據) 하는 것이다.

그리고 1세기의 삶의 정황(情況)속에서 신약성경(新約聖經)이 나왔다고 하여 1세기의 역사적상황(歷史的狀況)을 연구(硏究)하는 것이 신약연구(新約硏究)의 모든 것은 아니라는 사실도 알아야 한다.

왜냐하면 신약(新約)의 메시지는 1 세기의 삶의 정황(情況)의 산물(産物)이기는 하나 그것을 수단(手段)으로 하여 하나님이 주신 하늘의 메시지인 것이지 사회(社會)의 메시지가 아닌 것이다.

우리는 신약(新約)을 연구(硏究)할 때에 1세기의 삶의 정황(情況)을 아는 것이 필요(必要)하다고 인정(認定)하지만 그것이 메시지의 핵심적(核心的)인 내용(內容)까지 결정(決定)하는 것은 아니라는 것도 알아야 한다.

불트만의 양식비평(樣式批評)은 결국 예수 그리스도의 역사성(歷史性)을 의심(疑心)하게 만들고 신약(新約)의 메시지를 실존주의화(實存主義化)할 뿐 아무 은혜(恩惠)도 유익(有益)도 주지 못

하는 신학(神學)이 되고 말았다.

은혜(恩惠) 없는 신학(神學)은 신학(神學)이 아니고 교회(敎會)의 유익(有益)을 주지 못하는 신학(神學)은 거짓 된 신학(神學)이다.

우리가 소유(所有)한 가장 확실(確實)한 역사적(歷史的)인 증거(證據)인 신약성경(新約聖經)의 역사성(歷史性)을 의심(疑心)하는 양식비평(樣式批評)은 연구(研究)의 방법론(方法論)에도 문제가 있다.

모든 과학(科學)은 원자료(原資料)에서 출발(出發)하여 주변자료(周邊資料)와 후대(後代)의 자료(資料)로 옮겨가는 법이다.

그런데 양식비평(樣式批評)은 원자료(原資料)를 제쳐놓고 그 이전단계(以前段階)를 먼저 알려고 하며 후대(後代)의 신학자(神學者)들이 주장(主張)하는 원리(原理)에 의거(依據)하여 고대(古代)의 교부(敎父)들과 개혁자(改革者)들이 주장(主張)한 진실성(眞實性)을 의심(疑心)하고 있다.

이것은 원자료(原資料)에 가장 가깝게 살았던 속사도교부(屬使徒敎父)들과 고대(古代)의 신학자(神學者)들의 증거(證據)보다 거의 2천년이나 뒤떨어진 현대신학자(現代神學者)들의 연구(研究)를 더 중요시(重要視)하는 잘못을 저지르고 있는 것이다.

삶의 정황(情況)이라는 것도 우리의 그것 보다는 초대교회(初代敎會)시절의 교부(敎父)들의 삶의 정황(情況)이 예수님의 삶의 정황(情況)에 더 가까울 것이 아닌가?

그런데 양식비평(樣式批評)은 우리 시대(時代)의 신학자(神學者)들이 가정(假定)한 1세기의 삶의 정황(情況)에 대한 연구(研究)가 더 정확(正確)할 것이라는 전제(前提)를 가지고 있는데 이것은 한마디로 원자료(原資料)에서 멀어질수록 더 정확(正確)하다는 억지 주장과 같은 것이다.

그러므로 우리는 불트만의 주장(主張)을 강력(强力)하게 배척(排斥)하며 성경(聖經)의 역사성(歷史性)과 진실성(眞實性)을 믿어 예수 그리스도를 역사적(歷史的)인 인물(人物)임과 동시에 하나님의 아들이라고 고백(告白)하여 이미 구원(救援)을 얻은 것에 감사(感謝)하는 바이다.

그러나 양식비평가(樣式批評家)들은 아직도 역사적(歷史的)인 예수와 본질상(本質上)의 그리스도를 구별(區別)하면서 과연 이 예수를 구속자(救贖者)로 믿을지 못 믿을지 연구(研究) 중인 모양인데 그들은 서로 일치(一致)하지도 않는 양식비평(樣式批評)을 하면서 상당히 수준(水準) 높은 연구(研究)를 한다고 생각하겠지만 사실은 기독교(基督敎)가 무엇인지에 대한 근본적(根本的)인 이해(理解)가 되어있지 못한 것이다.

불트만은 현대인(現代人)의 사고(思考)에 맞는 신약(新約)의 메시지의 해석을 시도하였으나 문제는 과연 현대인(現代人)이 과학적(科學的)인 사고(思考)를 하고 있느냐 하는 것이다.

또 과학적사고(科學的思考)를 한다고 해도 그것이 진리(眞理)의 표준(標準)이 될 수 있느냐 하는 것이다.

현대인(現代人)의 대다수(大多數)가 과학시대(科學時代)에 살고 있기는 하지만 그 과학적(科學的)이라는 것도 일종(一種)의 종교적(宗敎的)인 사고(思考)에 의존(依存)하는 것임을 알아야 한다.

불트만이 현대인(現代人)의 실존(實存)을 성경(聖經)의 메시지보다도 더 중요(重要)하게 생각한 것은 잘못이었다.

문제는 신앙(信仰)이 없는 신학자(神學者)는 진정(眞正)한 의미(意味)에서의 신학자(神學者)가 아니라는 것을 알게 할 뿐이다. 진정(眞正)한 신학자(神學者)라면 먼저 성경(聖經)에서 말씀하고 있는 진리(眞理)의 신비성(神秘性) 곧 하나님의 계시성(啓示性)을 먼저 믿고 그 믿음의 바탕 위에서 성경(聖經)의 신적(神的)인 권위(權威)를 인정(認定)하는 데서 신학연구(神學硏究)의 출발점(出發點)으로 해야 한다는 것부터 알아야 했다.

8 ≡ 죠셉 플레쳐의 교리사상(敎理思想)

여기에서 말하려는 죠셉 플레쳐(Joseph Fletcher)의 교리사상(敎理思想)은 신학적(神學的)인 의미(意味)에서보다는 결코 외면(外面)해 버릴 수 없는 것으로서 현대신학계(現代神學界)에서 상황윤리 (狀況倫理, Situation Ethics)에 대한 문제(問題)를 상고(詳考)해 보기 위해서 그 대표적(代表的)인 인물(人物)로서 그를 여기에서 논하고 있다는 것을 먼저 말해 둔다.

죠셉 플레쳐의 "상황 윤리"(狀況倫理, Situation Ethics)가 1966년에 발표(發表)되었을 때에 하비 콕스(Harvey Cox)같은 사람은 평(評)하기를 "굉장한 바람과 불을 불러 일으켰고 그 책(冊)을 둘러 싸고 신학자(神學者)들로부터 일반의 평교인(平敎人)들에 이르기까지 많은 사람들이 찬반(贊反)의 치열(治熱)한 와중(渦中)에 빠졌으며 지금도 빠지고 있다"라고 평(評)하였다.

현대(現代)에 와서 플레쳐의 상황윤리(狀況倫理)는, "신(神)의 사망(死亡)", 혹은 "세속(世俗)의 기독교(基督敎)"등을 말하는 소위, "새로운 신학(神學)"의 "새로운 윤리(倫理)"로서 등장(登場)하고 있다.

플레쳐의 말을 그대로 인용(引用)하면 "로빈슨은 기독교(基督敎)의 교리(敎理)에 관해서 새로운 관찰(觀察)을 했다고 한다면 플레쳐 자신(自身)은 기독교(基督敎)의 윤리(倫理)에 관해서 새로운 관찰(觀察)을 한 것으로 생각할 수 있겠다"고 했다.

이렇게 기독교(基督敎)의 윤리(倫理)에 관한 "새로운 관찰(觀察)"이라고 할 수 있는 플레쳐의 "상황윤리(狀況倫理)의 내용(內容)을 산난하게 여기에서 소개(紹介)하고자 한다.

플레쳐는 말하기를 "도덕적(道德的)인 결단(決斷)을 내릴 때에 인간(人間)이 취할 수 있는 세 가지의 태도(態度)가 있다. 그것은 준법적태도(遵法的態度)와 도덕무용론적태도(道德無用論的態度)와 상황윤리적태도(狀況倫理的態度)이다"라고 했다.

그런데 이 삼자(三者) 가운데서 상황윤리적태도(狀況倫理的態度)만이 진정(眞正)한 아가페의 윤리(倫理)를 나타낸다고 플레쳐는 주장(主張)하고 있다.

상황윤리론자(狀況倫理論者)들은 그가 당면(當面)한 문제(問題)들을 윤리적(倫理的)인 규범(規範)에 의거(依據)해서 해결(解決)하려고 하지만 만일 윤리적(倫理的)인 규범(規範)으로 타협(妥協)하거나 포기(抛棄)함으로써 사랑이 이루어진다면 그는 그렇게 하기를 주저(躊躇)하지 않을 것이다.

상황윤리(狀況倫理)는 원리(原理)나 공리(公理)를 무시(無視)하지 않고 또는 그것들을 사용(使用)하되 법칙(法則)으로 생각하지 않고 그 대신 조명물(照明物, Illuminator)로 생각하고 사용(使用)한다는 점이다.

플레쳐는 계속해서 주장(主張)하기를 그의 상황윤리(狀況倫理)는 네 가지의 원리(原理)에 기초(基礎)한다고 했다.

첫째 실용주의적원리(實用主義的 原理)이다.

상황윤리(狀況倫理)는 모든 마음의 생각(生覺)과 행위(行爲)의 잘잘못을 판단(判斷)하는 표준(標準)을 사랑에 두고, 사랑을 이루게 하는 것이 좋은 것이고, 사랑을 방해(妨害)하는 것은 나쁜 것이라고 말한다.

둘째 상대주의적원리(相對主義的 原理)이다.

상황윤리(狀況倫理)는 사랑 외의 모든 것을 상대시(相對視)한다. 사랑만이 불변(不變)한 것이고, 나머지 모든 것들은 가변적(可變的)이라고 주장한다. 상황윤리(狀況倫理)는 기독교인(基督敎人)으로 하여금 사랑을 통해서 준법적도덕(遵法的道德)에서 벗어나게 한다.

셋째 실증주의적원리(實證主義的 原理)이다.

상황윤리(狀況倫理)는 신학적(神學的)인 실증주의(實證主義)를 말한다. 기독교인(基督敎人)은 사랑의 개념(槪念)을 통해서 신(神)을 인식(認識)하지 않고, 신(神)을 통해서 사랑을 인식(認識)하는 것이다.

사도(使徒) 바울이 갈라디아서 5장 6절에서 말씀하고 있는, "사랑으로써 역사(役事)하는 믿음"이 기독교윤리(基督敎倫理)의 본질(本質)이며 요점(要點)인 것이다.

넷째 인격주의적원리(人格主義的 原理)이다.

상황윤리(狀況倫理)는 물건(物件)들의 존재(存在)를 경시(輕視)하고, 사람들을 귀중(貴重)하게 생각한다. 준법주의자(遵法主義者)는 법(法)이 무엇이라고 하는지를 말하려고 하지만, 상황윤리론자(狀況倫理論者)는 누구를 도울 것인가를 알고자 한다.

그리스도의 추종자(追從者)들은 사람을 사랑하라는 계명(誡命) 아래 살고 있지만, 어떤 원리(原理)나, 법칙(法則)이나, 물건(物件)을 사랑하라는 계명(誡命)을 받은 적이 없는 것이다.

이상은 플레쳐가 주장한 상황윤리(狀況倫理)의 기초(基礎)가 되는 4대 원리(原理)를 요약(要約)해서 소개(紹介)한 것이다.

이렇게 4대 원리(原理)를 가진 플레쳐의 상황윤리(狀況倫理)의 여섯 가지 신조(信條)는 무엇인가 하는 것을 알아보려고 한다.

플레쳐의 상황윤리(狀況倫理)의 신조(信條)를 참고로 정리한다.

첫 째 "오직 사랑만이 본래적(本來的)으로 좋은 것이고 사랑 외에 좋은 것은 없다"는 것이다. 사랑은 우리가 소유(所有)하는 것이 아니고 행(行)하는 것이다.

"사랑은 언제나 좋은 것이다"라고 하는 말의 뜻은 상황(狀況)이 어떻게 되었든 사랑을 하는 것은 좋은 일이라는 것이다.

사랑은 신(神)에 있어서는 소유물(所有物)이지만 인간(人間)은 유한(有限)하기 때문에 사랑을 행(行)할 뿐이다. 인간(人間)은 신(神)과 같이 되라는 사랑의 계명(誡命)에 수종(隨從)할 것뿐인데 이는 곧 이웃을 사랑하라는 말이다.

둘 째 "기독교인(基督敎人)이 행위(行爲)를 결정(決定)하는 규범(規範)은 사랑이요 그 외의 아무 것도 아니다"라는 것이다.

예수와 바울은 토라(Torah)의 교훈(敎訓)을 아가페(Agape)의 원리(原理)로 대치(代置)했는데 이 아가페는 다른 것이 아니라 "지혜(智慧)로움으로 베푸는 친절(親切)"인 것이다. 마가복음 15장에서 예수가 가르친 율법(律法)의 개요(槪要)를 준법주의자(遵法主義者)들은 율법(律法)의 요약(要約)으로 생각하나 상황윤리론자(狀況倫理論者)는 율법(律法)의 증유물(贈遺物)로 생각한다. 준법적(遵法的)인 껍질과 쓰레기를 내버림으로써 율법(律法)의 본래적(本來的)인 정신(精神)이 증류(蒸溜)되고 자유(自由)롭게 된 것이다.

셋 째 "사랑과 의(義)는 같은 것이다. 의(義)는 분포(分布)된 사랑 외에 아무것도 아니다"라는 것이다.

기독교윤리학자(基督敎倫理學者)들 중에서 사랑과 의(義)를 대응물(對應物)로 보는 자들도 있고 보완물(補完物)로 보는 자들도 있으며 혹은 같다고 주장하는 사람들도 있다. 사랑을 하는 것은 의(義)로운 것이며 의(義)로운 것은 사랑을 하는 것이다.

넷 째 "사랑은 우리가 이웃을 좋아하든 싫어하든 우리로 하여금 그의 행복(幸福)을 생각하게 한다"라는 것이다.

사랑은 사랑을 받는 사람에 대해서 자격(資格)을 묻지 않으며 그를 판단(判斷)하지도 않는다. 아가페는 신(神)을 섬기기 위한 "이웃 사랑"인고로 아가페적 사랑은 우리가 인간적(人間的)으로 도저히 사랑할 수 없고 좋아할 수 없는 사람들을 사랑하는 것일 것이다. 그런데 이렇게 우리가 이웃을 좋아하든 싫어하든 이웃의 행복(幸福)을 생각하게 하는 아가페의 사랑은 또한 타산적(打算的)인 사랑인 것이다.

사랑은 감상적(感傷的)인 것이 되어서는 안 되고 이지적(理知的)이라야 한다. 우리가

준법주의(遵法主義)의 옷을 벗어버리고 상황윤리론자(狀況倫理論者)가 될 때에 어떤
사랑의 행동(行動)을 취하는 것이 우리의 행복(幸福)을 성취(成就)하기에 최적(最適)한
것인지 곰곰히 생각해야 할 것이다.

다섯째 "목적(目的)만이 수단(手段)을 정당화(正當化)한다. 그밖에는 아무것도 수단(手段)을 정
당화(正當化) 시킬 수 없다"라는 것이다. 러시아에서 공산주의혁명(共産主義革命)이 일
어나고 있을 때에 톨스토이(Tolstoy)의 주종자(追從者)들이 레닌(Lenin) 에게 말하기를 "
당신은 혁명(革命)의 목적(目的)을 이루기 위해서 폭력(暴力)과 전쟁(戰爭)을 수단방법(
手段方法)으로 사용(使用)하기를 주저(躊躇)하지 않으니 그것이 옳은 일인가?"라고 물
었다. 그 때에 레닌은 그들에게 반문(反問)하기를 "목적(目的)이 수단(手段)을 정당화(
正當化)하지 않는다면 무엇이 그렇게 할 것인가?"라고 했다고 한다.

사도(使徒) 바울이 고린도 전서 6장 12절과 10장 23절에서 한 말씀을 보더라도 어떤
행위(行爲)가 합법적(合法的)이기 때문에 선(善)한 것이 아니라 많은 사람들에게 덕(德)
을 세우기 때문에 선(善)한 것임을 알 수 있다.

신약성경(新約聖經)에 기록(記錄)된 예수의 율법(律法)의 계율(戒律)을 본다면 아가페적
인 편익(便益, Agapeic Expedience)만이 모든 행위(行爲)를 선(善)하게 만들 수 있다는 것을
알 수 있지 않는가?

여섯째 "사랑의 결정(決定)은 상황적(狀況的)으로 취해져야 하며 관례(慣例)를 따라 취해져서
는 안 된다"는 것이다.

사랑은 도덕적규범(道德的規範)이나 사회적관례(社會的慣例)에 의존(依存)하지 않고 사
건(事件)이 벌어지는 현장(現場)에서 사랑의 목적(目的)을 이루기에 최적(最適)한 결정(
決定)을 하는 것이다. 상황윤리론자(狀況倫理論者)는 일곱 가지의 질문(質問)을 하는데
그 중의 셋에 대한 답(答)을 알고 있는 것이다. 즉 무엇, 왜, 누구라는 질문(質問)가운
데서 무엇의 답(答)은 사랑이며 왜의 답(答)은 하나님 때문이며 누구의 답(答)은 내 이
웃이라는 것을 알 수 었있다.

그러나 상황윤리론자(狀況倫理論者)는 나머지 네 가지 질문(質問) 즉 언제, 어디서, 어
느 것을, 어떻게에 대한 답(答)을 갖고 있지 않으면 그 때와 그것에서 무엇이 가장 옳

은 행동(行動)인가를 결정(決定)할 수밖에 없다.

플레쳐는 결론적(結論的)으로 상황윤리(狀況倫理)는 일종(一種)의 새로운 결의법(決疑法)이라고 주장한다. 이 새로운 결의법(決疑法)은 중세교회(中世敎會)가 사용(使用)한 결의법(決疑法)과 같이 사건중심(事件中心)이며 실제생활(實際生活)에 있어서의 기독교윤리(基督敎倫理)의 응용(應用)을 목적(目的)으로 한다.

그러니 중세교회(中世敎會)가 사용(使用)한 결의법(決疑法)과는 달리 이 새로운 결의법(決疑法)을 실존적(實存的)인 상황(狀況)속에서 인간(人間)이 내려야 할 결단(決斷)에 관해서 관례적(慣例的)으로 규정(規定)짓기를 거부(拒否)한다.

상황윤리(狀況倫理)는 또한 플레쳐의 경우를 따라서 제도(制度)가 없는 윤리(倫理)이다. 그러나 사랑의 전략(戰略, Strategy of Love)을 위한 지혜(智慧)로운 전술적법식(戰術的法式, Tactical Formula)을 가지고 있으니 그것은 서술법(敍述法)과 명령법(命令法)을 합(合)하면 일반법(一般法)이 된다는 것이다.

사람이 이웃을 도와야 한다는 명령법적(命令法的)인 무드 속에서 직면(直面)한 상황(狀況)의 문제(問題)들을 차분하게 서술법적(敍述法的으로) 검토(檢討)한다면 나는 무엇을 해야 하겠는가 하는 일반법적(一般法的) 결론(結論)에 도달(到達)할 수 있지 않겠는가?

이상이 플레쳐의 상황윤리(狀況倫理)의 내용(內容)을 요약(要約)해서 소개(紹介)한 것인데 그의 상황윤리(狀況倫理)는 콕스(Cox)의 말과 같이 그의 독자(讀者)들을 자극(刺戟)하고 격분(激忿)시키고 매혹(魅惑)시켰다.

그렇다면 무엇 때문에 그의 독자(讀者)들이 상황윤리(狀況倫理)를 읽으면서 한결같이 자극(刺戟)을 받고 격분(激忿)하며 혹은 매혹(魅惑)되었는가? 이에 대해서 우리는 먼저 플레쳐의 간결(簡潔)하고도 세련(洗練)되게 다듬어진 언어(言語)때문이 아닌가고 생각 할 수 있다.

플레쳐의 문장(文章)들은 짤막짤막하게 되어있어서 때로는 신문기사(新聞記事)를 읽는듯 한 착각(錯覺)을 일으키게 하지만 거기에 함축(含蓄)된 의미와 박력(迫力)이 있어 그가 말하고자 하는 메시지를 정확(正確)하게 전달(傳達)한다는 느낌을 준다.

또 한 가지 생각할 바는 플레쳐의 상황윤리(狀況倫理)가 타협(妥協)함이 없는 사랑의 급진성

(急進性)을 주장했다는 점에서 우리가 보는 대로의 굉장한 물의(物議)와 논쟁(論爭)을 일으키게 된 것이 아닌가 하는 것이다.

플레쳐는 그의 상황윤리(狀況倫理)를 가리켜서 원리(原理)에 입각(立脚)한 상대주의(相對主義, Principled Relativism)라고 부른다. 그러나 아가페적인 사랑을 최고유일(最高唯一)의 표준(標準)으로 삼는 플레쳐의 상황윤리(狀況倫理)를 우리가 사랑의 절대주의(絕對主義, Love-Absolutism)라고 부를 수 있겠다.

플레쳐는 예수의 사랑의 계명(誡命)을 계명(誡命)으로만 생각하지 않고 아가페적 사랑이 실존적상황(實存的狀況)속에 있는 인간(人間)에게 요청(要請)하는 구체적(具體的)인 행동(行動)으로 생각한 줄 아는데 그와 같은 플레쳐의 생각은 높이 평가(評價)되어야 할 줄 안다.

우리는 억지로 5리를 가게 하는 자와 10리를 함께 가라는 예수 그리스도의 말씀을 기독교(基督敎)의 도덕적이념(道德的理念) 혹은 예수가 가르친 고등(高等)한 사랑의 계명(誡命)으로만 생각한다.

플레쳐와 같이 아가페적인 사랑이 오늘도 우리에게 요청(要請)하는 것으로 생각하지 않기 때문에 10리를 못간 것은 물론 5리를 가는 것을 억울(抑鬱)하게 여기는 것이 아니겠는가?

그러나 우리가 플레쳐의 상황윤리(狀況倫理)의 장단점(長短點)을 비교(比較)하기 위해서 저울질을 한다면 저울은 단점편(短點便)으로 크게 기울어지는 것을 어떻게 하랴?

즉 플레쳐의 상황윤리(狀況倫理)가 범한 과오(過誤)가 플레쳐의 상황윤리(狀況倫理)가 기독교(基督敎)의 윤리학적(倫理學的)인 공헌(貢獻)을 수포화(水泡化)시킨 것이 아니겠는가?

그러면 플레쳐의 상황윤리(狀況倫理)의 과오(過誤)는 무엇인가?

첫째 플레쳐가 사랑 절대주의(絕對主義)를 말하는 것은 좋으나 성경에서 말씀하고 있는 사랑이 무엇인가에 대해서 즉 사랑의 내용(內容)과 성격(性格)에 대해서 '아가페'라는 말 외에는 하지 않기 때문에 대단히 애매(曖昧)한 인상(印象)을 독자(讀者)들에게 주고 있다는 점이다.

예일(Yeil University) 대학(大學)에서 강의(講義)를 하고 있는 제임스 거스탑슨(James Gustafson) 교수(敎授)가 말한바와 같이 플레쳐는 무엇이든지 그가 말하기를 "원(願)하는 바를 가리켜서 사랑이다"라고 한 것 같다. 플레쳐가 말하는 아가페적 사랑이란 선(善) 의(義) 원리(原理) 지배적(支配的)인 규범(規範) 중의 어느 것도 다 될 수 있다고 보아야 하겠다.

둘째 플레쳐의 상황윤리(狀況倫理)는 도덕법(道德法)과 교회(敎會)가 말하는 종교법(宗敎法)을 같은 것으로 생각하는 과오(過誤)를 범(犯)하고 있다. 다윗이 시장할 때에 하나님의 성전(聖殿)에 들어가서 제사장(祭司長) 밖에는 먹지 못하는 진설병(陳設餠)을 먹은 것은 교회법(敎會法)을 어긴 것이지만 그렇다고 해서 십계명(十誡命)과 모든 도덕법(道德法)을 상황(狀況)에 따라서 어길 수 있는 것으로 생각한다면 그것은 큰 잘 못이다.
이상으로 플레쳐의 상황윤리(狀況倫理)에 대해서 생각해 보았으나 성경(聖經)에 비추어서 생각해 볼 때에 여기에는 너무도 많은 잘못을 저지르고 있다는 것을 쉽게 알 수가 있다.

셋째 플레쳐가 주장하고 있는 상황윤리(狀況倫理)는 전혀 성경(聖經)의 진리(眞理)와는 맞지 않은 세상윤리(世上倫理)를 기준(基準)으로 하고 있다는 것을 지적(指摘)하지 않을 수 없다. 왜냐하면 선(善)한 목적(目的)은 끝까지 선(善)한 수단(手段)으로 나타날 때에만 선(善)한 것이지 아무리 목적(目的)이 선(善)했다고 하더라도 그 수단(手段)이 악(惡)했으면 그것은 선(善)이 아닌 악(惡)이라는 것을 분명히 알아야 한다. 그러므로 플레쳐의 상황윤리(狀況倫理)는 먼저 선(善)의 개념(槪念)부터 분명히하지 않는 한 상황(狀況)에 의해서 발생(發生)되는 선(善)은 선(善)이 되지 않을 수도 있다는 것을 분명히 해야 할 것이다.

넷째 플레쳐가 말하고 있는 아가페 사랑에 대한 문제이다.
플레쳐는 처음부터 사랑의 개념(槪念)을 윤리적(倫理的)인데다 기준(基準)을 두고 설명(說明)을 하고 있을 뿐 전혀 영혼(靈魂)의 구원(救援)에 대한 문제 같은 것은 논의(論議)조차도 하지 않았다는데서 문제(問題)가 발생(發生)하게 된다. 아가페 사랑은 우리가 윤리적(倫理的)으로 말하는 박애(博愛)나 자선(慈善) 같은 뜻으로는 해석 될 수 없는 영혼(靈魂)의 구원(救援)을 내용(內容)으로 한 사랑 곧 예수 그리스도의 속죄구원(贖罪救援)에다 근거(根據)를 한 사랑이 곧 아가페 사랑이라고 할 때에 플레쳐의 사랑에 대한 바른 이해(理解)가 미흡(未洽)하다는 것을 지적(指摘)하지 않을 수 없다. 동시에 하나님의 사랑은 항상 심판(審判)과 동시적(同時的)인 의미(意味)에서 해석(解釋)되어야 한다는 것을 그는 이해(理解)하지 못하고 있다는 것을 지적한다.

즉 하나님의 사랑은 예수 그리스도의 속죄구원(贖罪救援)을 본질상(本質上)의 기준(基準)으로 하고 있는데 예수 그리스도의 속죄(贖罪) 죽으심은 곧 하나님의 심판(審判)이요 공의(公義)의 충족(充足)으로서 하나님의 사랑은 항상 하나님의 심판(審判)과 같은 의미(意味)에서 이해(理解)되고 해석(解釋)되어야 한다는 것을 플레쳐는 모르고 있었든지 아니면 스스로 외면(外面)하고 배제(排除)했기 때문에 그의 상황윤리(狀況倫理)에서 주장하는 사랑의 개념(槪念)은 전혀 성경(聖經)의 교리(敎理)와 맞지 않다는 것을 쉽게 알게 하는 아쉬움을 남긴다.

마지막으로 플레쳐의 상황윤리(狀況倫理)만이 아니라 모든 윤리적(倫理的)인 사랑이나 선(善)의 기준(基準)이 사람의 상황(狀況)에서가 아닌 "하나님 앞에서의" 마음이요 또한 성경(聖經)을 중심으로 한 행위(行爲)여야 그것이 바로 사랑이 될 수 있고 선(善)이 될 수 있다는 것을 알아야 한다.

다시 말하면 사랑과 선(善)의 종국적(終局的)인 목적(目的)은 하나님이어야 한다는 것을 분명히 할 때에만 바른 사랑과 선(善)이 이루어 질 수 있다.

그것은 어떤 상황적(狀況的)인 문제(問題)가 아니라 근본적(根本的)인 문제(問題)로서 예수 그리스도의 속죄구원(贖罪救援)을 우리의 편에서는 하나님의 사랑이라는 단순(單純)한 의미(意味)에서 생각하고 받아들이고 있으나 그것이 하나님 편에서는 이미 하나님의 심판(審判)이 함께 하는데서 출발(出發)하였다는 것을 알아야 한다.

이 말은 곧 하나님의 구속언약(救贖言約)의 성격(性格)이 그것을 바로 말해주고 있다.

하나님께서 인간들의 구원(救援)을 위해서 구속언약(救贖言約)을 세우실 때에 그것은 제2위 하나님의 십자가(十字架) 죽으심을 포함(包含)하고 있는 것이었기 때문에 그것이 현실적(現實的)으로 나타나기 이전(以前)에 하나님 안에서는 현실(現實)로 되어 있었다는 것을 알아야 한다.

기독교의 사랑은 상황적(狀況的)인 것이 아니고 근본적(根本的)인 것이며 윤리적(倫理的)인 것이 아니라 생명(生命)의 구원(救援)을 위한 하나님의 의지(意志)인 것이다.

그러므로 성경적(聖經的)인 개혁보수신앙(改革保守信仰)이나 신학(神學)을 주장하는 개혁파교회(改革派敎會)의 입장에서 볼 때에는 상황윤리(狀況倫理)를 전혀 인정하지 않고 있다는 것을 알아야 한다.

"내가 진실로 진실로 너희에게 이르노니 한 알의 밀이 땅에 떨어져 죽지 아니하면 한 알 그대로 있고 죽으면 많은 열매를 맺느니라(요12:24)."

✐ 다시 생각해 볼 복습 문제

01. 현대주의 신학의 교리사상을 간단히 말하라

02. 기독교에 대한 새로운 이해란 무엇을 말하는 것인가 ?

03. 종말론적 해석이란 어떤 것을 말함인가 ?

04. 종교사학파의 주장에 대해서 간단히 설명하라

05. 양식비평의 주장에 대해서 간단히 설명하라

06. 현대판 위기신학에 대해서 간단히 설명하라

07. 쇠렌 키엘케콜에 대해서 간단히 설명하라

08. 칼 발트의 변증법적 방법에 대해서 간단히 말하라

09. 칼 발트의 전적 타자성에 대해서 간단히 설명하라.

10. 칼 발트가 말하는 기이한 성경의 세계에 대해서 간단히 말하라

11. 칼 발트의 자연신학에 대해서 간단히 말하라

12. 칼 발트 신학을 종합해서 간단히 비판하라

13. 에밀 브룬너의 교리사상을 간단히 말하라

14. 폴 틸리히의 교리사상을 간단히 말하라

15. 루돌프 불트만의 교리사상에 대해서 간단히 말하라

16. 죠셉 플레쳐의 교리사상에 대해서 간단히 말하라.

17. 기독교와 상황윤리에 대해서 간단히 말하라

제3장
현대 신학의 방향(方向)
The Direction of the Modern Theology

현대(現代)를 살아가는 우리에게 있어서 기독교신학(基督敎神學)에 대한 바른 이해(理解)는 바로 우리에게 주어진 과제(課題)요 현실(現實)이요 책임(責任)이라는 의미(意味)에서 매우 심각(深刻)하게 검토(檢討)되어야 할 것이다.

이는 단순(單純)히 신학적(神學的)인 갈등(葛藤)이나 교리사상(敎理思想)의 혼선(混線)이라는 차원(次元)을 넘어서 우리들 스스로가 해결(解決)해야 하고 정면돌파(正面突破)해야 할 사명(使命)과 책임(責任)으로 주어져 있기 때문이라고 할 것이다.

더구나 다원주의(多元主義)의 논리(論理)와 상생(相生)의 이론(理論)들이 현실(現實)을 지배(支配)하고 있어서 여기에서 성경적인 바른 신앙(信仰)과 교리신학(敎理神學)을 바탕으로 성경에서 말씀하고 있는 교회운동(敎會運動)과 진리운동(眞理運動)을 전개(展開)해 나간다는 것이 얼마나 어려운 일인가 하는 것을 알기 때문이다.

분명히 천국(天國)으로 가는 생명(生命)의 길은 좁고 길이 협착(狹窄)하고 험(險)하여 그 길을 찾는 이가 작고 또 그 문(門)은 극히 좁아서 그리로 들어가는 것이 어렵다는 것을 알고 있다 (마7:13).

또한 우리는 현대신학(現代神學)을 논(論)하기 이전에 먼저 예수께서 말세론적(末世論的)으로 하신 말씀을 한 번 더 상기(想起)해 보고 넘어가는 것이 좋을 것이라고 본다.

"천국복음(天國福音)이 모든 민족(民族)에게 증거(證據)되기 위하여 온 세상(世上)에 전파(傳播)되리니, 그제야 끝이 오리라" (And this Gospel of the Kingdom will be preached inn all the world as a witness to all the nations, and then end will come.(마 24:14).

이 말씀으로 보아서 현대적(現代的)인 의미에서 생각해 볼 때에 기독교복음(基督敎福音)의 보편화(普遍化)나 세계화(世界化)는 기독교신앙(基督敎信仰)의 요체(要諦)가 되는 구원(救援)에 대한 문제(問題)에서보다는 증거(證據, Witness) 혹은 전도(傳道)의 의미(意味)에서 이해(理解)하고 해석(解釋)되어야 할 것으로 본다.

즉 기독교복음(基督敎福音)의 보편화(普遍化)라는 것과 성경(聖經)에서 우리에게 말씀하고 있는 진리(眞理)의 정체성(正體性, One's True Character)과는 전혀 다르다는 것을 알아야 한다.

다시 말하면 성경(聖經)에서 말씀하고 있는 기독교복음운동(基督敎福音運動)은 양적(量的)인 팽창(膨脹)이 아니라 진리(眞理)의 본질(本質)에서 이해(理解)되고 해석(解釋)되어야 한다는 것을 알게 한다.

그 방향(方向)이 어디로 가는 것인지조차 가리기가 어려울 만큼 복잡(複雜)하고 불투명(不透明)하여 이에 대한 실제성(實際性)을 분명히 밝혀주어야 할 필요(必要)를 느낀다.

일찍이 본훼퍼(Dietrich Bonhoeffer)는 말하기를 "현대인(現代人)들은 종교(宗敎)를 필요(必要)하다고 생각하지 않는 성인(成人)의 시대(時代)에 살고 있다"라고 지적(指摘)했다.

또한 상황윤리론자(狀況倫理論者)들은 주장하기를 "자기(自己)의 사랑의 목적(目的)을 달성(達成)하기 위해서는 수단(手段)이나 방법(方法)을 가릴 것이 없이 차지하고 보아야 한다"는 논리(論理)가 극대화(極大化) 되어가고 있다.

이러한 소용돌이 속에 등장(登場)한 것이 이른바 세속주의신학(世俗主義神學, Secularism Theology)이라는 것과 극단적(極端的)으로는 사신신학(死神神學)까지 등장(登場)하게 되었다는 것은 지극(至極)히 불행(不幸)하고 슬픈 일이라고 지적(指摘)하지 않을 수 없다.

소위 20세기 초(初)에는 칼 발트(Karl Barth)의 신정통주의신학(新正統主義 神學, The Theology of the New Orthodoxy)이 나타나서 신학계(神學界)를 어지럽히는가 했더니 또 1950년경에는 루돌프 불트만(Rudolf Bultmann)이라는 신학자(神學者)가 나타나서 실존주의신학(實存主義 神學, Existentialism Theology)을 내 세워서 신학계(神學界)를 또 한번 혼란(混亂) 속으로 몰아넣었다.

그러다가 신학계(神學界)는 또 다시 1960년대에 이르러서 소위 "불트만의 후기신학(後期神

學)"(The Post-Bultmann-Theology)이라는 것이 나타나게 되었다.

결국 이러한 교리신학(敎理神學)의 혼선(混線)은 그들이 기독교신앙(基督敎信仰)의 신비적(神秘的)인 경험(經驗)이 아닌 이성적(理性的)인 판단(判斷)을 기준(基準)으로 해석(解釋)하고 있기 때문에 기독교(基督敎)를 세상 속에서 건져내는 것이 아니라 기독교(基督敎)를 세상(世上)속으로 몰아넣고 짓밟는 자살적(自殺的)인 행위(行爲)를 자행한 것 밖에 다를 것이 없었다고 보아야 할 것이다.

특히 사신신학(死神神學)이니 세속화신학(世俗化神學)이니 하는 현대신학(現代神學)의 사상(思想)은 거의 모든 대부분(大部分)이 독일(獨逸)로부터 유입(流入)된 신학(神學)에서 연유(緣由)했다는 것을 알 수가 있다.

그리하여 사실상 독일신학(獨逸神學)은 한 시대(時代)의 바람을 일으켜 주기는 했으나 그것이 기독교(基督敎)의 성경(聖經)에서 말씀하고 있는 진리(眞理)나 교리신학(敎理神學)의 전통(傳統)이나 정통성(正統性)을 이어주지 못했고 오히려 혼선(混線)과 갈등(葛藤)만을 일으켜 주다가 세월(歲月)의 흐름에 따라서 점점 그 자취를 감추어 버리게 되었다는 것을 주의(主意) 깊게 생각해 볼 필요(必要)가 있다고 본다.

그리고 신학사상(神學思想)을 중심으로 그 나라의 국운(國運)이 어떻게 흐르고 있는가 하는 것을 간접적(間接的)으로나마 짐작하게 한다는 것은 참으로 기이(奇異)한 일이라고 할 것이다.

1 ≡ 극단적인 세속화의 위험(危險)

현대기독교(現代基督敎)의 위기(危機)를 엄밀(嚴密)한 의미(意味)에서 분석(分析)할 경우 일반적(一般的)으로 "세속주의 신학"(世俗主義 神學, Pluralism Theology)이라는 말로 표현(表現)하고 있으나 그보다는 차라리 좀더 적극적(積極的)인 의미에서 "신학"(神學)이라는 단어(單語)를 빼고 "기독교(基督敎)의 세속화(世俗化)"(Secularization of Christianity)라는 말로 표현(表現)할 때에 훨씬 더 실감(實感)이 있을 것이라고 생각한다.

왜냐하면 우리가 신학(神學)을 논(論)할 때에 거의 공통적(共通的)인 것이 어떤 사상가(思想家)나 신학자(神學者)들의 이론(理論)이나 학술적용어(學術的用語)를 중심(中心)으로 연구(研究)를 진행(進行)하는 것이 관행(慣行)으로 되어 있다.

그러나 보다 더 심각(深刻)한 것은 지금 우리 기독교(基督敎)가 당면(當面)하고 있는 것은 신학적(神學的)인 논쟁(論爭)보다도 오히려 기독교(基督敎)의 바른 정체성(正體性, One's True Character of the Christianity)이 무너져가고 있는 세속화(世俗化, Secularization) 라는 위기(危機)를 결코 외면(外面)할 수 없다.

신학적(神學的)인 의미(意味)에서 볼 때에는 주로 세속주의신학(世俗主義神學)을 "불트만 후의 신학(神學)"(The Post-Bultmann Theology)이라고 하여 하나님은 죽었다고 하는 '사신신학(死神神學)' '세속화신학(世俗化神學)' 혹은 '급진적신학'(急進的神學)등등 그 용어(用語)조차 가리기 어려울만큼 신학(神學)의 다양화(多樣化)는 분명히 기독교(基督敎)의 전통(傳統)과 정통성(正統性)이 무너져가는 굉음(轟音, Roaring Sound)의 소리요 성경(聖經)의 진리(眞理)가 변질(變質)되어가고 있다는 슬픈 비명(悲鳴, Shriek)의 소리라고 지적(指摘)하지 않을 수 없다.

그러므로 여기에서는 신학적(神學的)인 이론(理論)의 전개(展開)보다는 현실적(現實的)인 의미(意味)에서 극단적(極端的)인 세속화(世俗化)의 위기(危機)에 처한 우리 기독교(基督敎)의 현실(現實)을 사실(事實) 그대로 분석(分析)해 보는 것이 더 효과적(效果的)이라고 생각 해 본다.

왜냐하면 "신(神)은 죽었다"고 감히 주장(主張)하는 사람으로는 토마스 알타이저(Thomas J. J. Altizer)나 하밀튼(W. Hamilton) 같은 사람을 들 수가 있는데 "기독교(基督敎) 무신론(無神論)의 복음(福音)"의 저자(著者)인 토마스 알타이저는 그의 저서(著書)를 통하여 "신(神)의 사망(死亡)"을 공공연하게 주장하여 무신론(無神論, Atheism)의 사상(思想)을 뛰어 넘어서 불경(不敬)스럽게도 하나님이 죽었다고 하는 사신론(死神論)을 내세우기에 까지 이르렀다면 지금 우리는 신학적(神學的)인 이론(理論)에 집착(執着)해 있기보다는 현실(現實)에 대한 보다 더 정확(正確)한 진단(診斷)과 판단(判斷)으로 선(善)한 싸움을 싸워야 하는 투쟁(鬪爭)의 시기(時期)에 돌입(突入)해야 할 것이라고 생각한다.

우선 기독교운동(基督敎運動)에 있어서 순수(純粹)한 선교(宣敎)나 전도(傳道)라던가 설교(說敎)

라는 용어(用語)보다는 "신학(神學)"이라는 용어(用語)를 많이 써서 자기들의 행위(行爲)를 기독
교(基督敎)와 계류(繫留)시켜서 합리화(合理化)해보려는 의도(意圖)가 너무도 지나쳐서 우선 신학
(神學)이라는 용어(用語)를 남용(濫用)하므로 기독교(基督敎)의 세속화(世俗化)의 위기(危機)로 부추
기고 있는 것이 틀림없다.

본래 신학(神學)이라는 말은 플라톤(Platon: 429-347 B.C.)의 공화정치(共和政治)와 아리스토텔레
스(Aristoteles: 384-322 B.C)의 형이상학(形而上學, Metaphysics)에 있어서 신(神)에 관한 논설(論說)과 교
리(敎理)의 뜻으로 사용(使用)된 것이 시작(始作)이었다.

이것이 점점 발전(發展)하여 신학(神學)이라는 이론(理論)에다 이론적(理論的) 실제적(實際的) 교
훈적(敎訓的) 도덕적(道德的) 적극적(積極的) 비교적(比較的)등의 형용사(形容詞)를 붙여서 씌어지
게 되었다.

그러나 사실상 이 신학(神學)이라는 용어(用語)를 자기의 교리해석(敎理解釋)에 쓰고 있는 것
은 수많은 종교(宗敎)들 가운데서도 유독 기독교(基督敎)에서만 교리해석(敎理解釋)에 쓰게 되
었다는 것은 세상이 다 아는바라고 할 것이다.

그러므로 기독교(基督敎)에서 쓰고 있는 신학(神學)이라는 용어(用語)는 적극적(積極的)인 의미
(意味)에서 "하나님에 대한 학문(學問)"이라는 뜻으로서 신지식(神知識)의 추구(追求)를 뜻하는
말로서 그 용어(用語)의 자체(自體)에도 하나님에 의한 계시적(啓示的)인 의미(意味)를 부여(賦與)
해서 쓰고 있다.

그 이유는 신(神)에 관한 지식(知識)의 자체(自體)가 하나님의 계시(啓示)를 배제(排除)하고 이
성적(理性的)인 추구(追求)나 사색(思索)만으로는 이를 수 없는 신비(神秘)한 학문(學問)이기 때문
이다. 특히 기독교인(基督敎人)이라면 신학(神學)이라는 용어(用語)를 단순(單純)한 의미(意味)에
서 혹은 보편적(普遍的)인 의미(意味)에서 사용하는 것보다는 좀 더 적극적(積極的)인 의미(意味)
에서 성경(聖經)의 교리(敎理)에 따르는 성령(聖靈)의 감동(感動) 혹은 계시(啓示, Revelation)라는 뜻
에서 다가가야 할 것으로 본다.

그럼에도 불구하고 신학(神學, Theology)이 없는 신학(神學)의 이름이 함부로 남용(濫用) 내지 오
용(誤用)되고 있다는 것은 너무도 잘 못된 일로서 현대교회(現代敎會)나 현대신학(現代神學)이
함께 해결(解決)하고 넘어가야 할 과제(課題)라고 생각한다.

가령 헨리 바네트(Henlee H. Barnette) 같은 교수(敎授)가 말한 대로 "신학(神學)은 신(神)의 존재(

存在)와 관계(關係)되는 학문(學問)"인데도 알타이저 같은 사람은 "신(神)은 죽었다"라고 하여 사신신학(死神神學)을 내세웠는데 어떻게 그러한 사람이 신학자(神學者, Theologian)라고 할 수 있겠는가?

이와 마찬가지로 하나님과 관계되지 않는 주장이나 일을 하면서 어떻게 함부로 신학(神學)이라는 말을 붙일 수가 있고 기독교인(基督敎人)이라고 할 수가 있겠는가 하는 것부터 검토되어야 한다고 본다.

그리고 기독교(基督敎)가 세속주의(世俗主義, Secularism)로 전락(轉落)한다는 말은 기독교(基督敎)가 세상(世上)의 풍속(風俗, Custom)에 끌려간다는 말로서 기독교(基督敎)의 변질(變質)을 뜻하는 말이라고 생각하면 될 것이다.

이를 또 다른 말로 표현(表現)하면 기독교(基督敎)의 세속화(世俗化, Secularization)란 기독교(基督敎)가 세상(世上)에 물들어 버렸다는 절망적(絶望的)인 뜻으로 해석(解釋)될 수 있어서 기독교(基督敎)의 위기(危機)에 대한 심각성(深刻性)을 드러내는 말로 이해(理解)할 수 있다.

기독교운동(基督敎運動)의 본질(本質)은 천하(天下)보다 귀(貴)한 생명(生命)의 구원(救援)과(마 16:26) 구원(救援)된 하나님의 자녀(子女)들이 한자리에 모여서 하나님의 교회(敎會)를 이루고 그 교회(敎會)를 통하여 위로는 하나님께 예배(禮拜)를 드리고 성례(聖禮)를 거행(擧行)하며 안으로는 성도(聖徒)들끼리의 사랑의 교제(交際)를 하면서 밖으로는 성경(聖經)에서 말씀하고 있는 복음전도(福音傳道)로 하나님의 나라 운동(運動)을 펼쳐 나가는 것이다.

그런대도 실용주의(實用主義, Practicalism)의 사상(思想)이 교회(敎會)에까지 파고들어서 소위 교회(敎會)의 부흥(復興)이라는 미명(美名) 아래 실용주의적(實用主義的)인 교회(敎會)의 성장학(成長學) 이라는 현실(現實)과 함께 위성교회운동(衛星敎會運動)으로까지 발전(發展)하게 되었다면 이를 어떻게 말해야 할 것인가?

이 운동(運動)이야말로 성경(聖經)에서 말씀하고 있는 천상(天上)의 무형교회(無形敎會, Invisible Church)를 중심으로 한 교회운동(敎會運動)이 아니라 지상(地上)에 있는 유형교회(有形敎會, Visible Church)를 중심으로 한 로마 카톨릭 교회(敎會)와 같은 교회(敎會)의 성장(成長)에 대한 이론(理論) 내지 요즘 흔히 들을 수 있는 대로 집단이기주의(集團利己主義, Group Egoism)나 기업화(企業化)의 교회운동(敎會運動)으로 변질(變質)되어 가는 경향(傾向)까지 나타나고 있다는 것을 지적(指摘)하지 않을 수 없다.

이러한 것들이 성경(聖經)에서 말씀하고 있는 진리(眞理)에서 이탈(離脫)해 가고 있다면 이는 반드시 재고(再考)되어야 할 것이며 이를 바로 잡기 위해서 새로운 교회혁신운동(敎會革新運動)이 일어나야 할 것이다.

중세기독교(中世基督敎)의 변질(變質)과 성경(聖經)에서의 이탈(離脫)을 바로 잡기 위해서 종교개혁(宗敎改革)이 일어났다면. 현대교회(現代敎會)의 위기(危機)를 보고도 방심(放心)한다거나 외면(外面)해 버린다면 그것 또한 하나님의 진노(震怒)를 피하지 못할 것이라는 사명감(使命感)으로 무장(武裝)해야 할 때가 온 줄로 안다.

1965년 하비 콕스(Harvey Cox)라는 신학자(神學者)는 "세속 도시"(世俗都市, The Secular City)라는 책(冊)과 "세속 도시 토론"(世俗 都市討論, The Secular City Debate)이라는 책(冊)을 펴내고 세속도심(世俗都心)속에 묻혀서 살아가고 있는 기독교인(基督敎人)들의 입장(立場)과 신학적(神學的)인 현실(現實)을 다각적(多角的)으로 분석(分析)해주고 있어서 잠들어있는 신학계(神學界)에 큰 파문(波紋)을 일으킨바 있다.

그는 이 책(冊)을 통해서 "세속화(世俗化, Secularization)는 인간(人間)이 그의 관심(關心)을 저 세상(世上)으로부터 이 세상(世上) 이 시대(時代)로 돌리는 것이라"고 정의(定義)했다.

그가 말한 "세속도시"(世俗都市, Secular City)란 한 마디로 말해서 "하나님 없는 현대도시(現代都市)에 사는 인간(人間)들의 생활(生活)에 대한 풍속도(風俗圖)"라고 할 것이다.

즉 콕스가 말한 세속화(世俗化)란 인간(人間)이 성인(成人)이 되는 것이라고 한다면 도시화(都市化, Urbanization)는 세속화(世俗化)가 이루어지는 환경(環境)을 말하는 것이다.

현대(現代)는 산업화(産業化)의 덕분(德分)에 세속적(世俗的)인 도시화(都市化)의 시대(時代)로 급변(急變)하게 되었다. 이에 대하여 하비 콕스는 "신(神)에 관해서 세속적(世俗的)으로 말 한다"(To speak in a secular Fashion of God)라는 책(冊)을 펴내고 우리가 신(神)에 관해서 말 할 수 있는 세 가지의 가능성(可能性)이 있는 길이 있다고 매우 심각(深刻)한 말을 했다.

첫째 세속도시(世俗都市)에 살고 있는 현대인(現代人)들로서는 신(神)을 "사회적(社會的)인 문제(問題)"로 삼고 신(神)에 관하여 말할 수 있는 길이 있다. 왜냐하면 신(神)이라는 말 자체가 사회적(社會的) 또는 문화적(文化的)인 변혁(變革)의 영향(影響)을 받아서 생겨났으며 오늘날 많은 사회학자(社會學者)들이 지적(指摘)하는 대로 신(神)에 관해서 형이상학적(形而上學的)이고 교리적(教理的)으로 말하는 것은 현대인간(現代人間)들에게는 무의미(無意味)한 것이 되었기 때문이다.

둘째 세속도시(世俗都市)에 살고 있는 우리들로서는 신(神)을 정치적(政治的)인 쟁점(爭點)으로 삼고 신(神)에 관해서 말할 수 있는 것이다. 즉 우리는 신에 관해서 우리가 말하는 말이 추상적(抽象的)인 말이 아니라 세속도시인(世俗都市人)들의 생활(生活)과 직접적(直接的)으로 연관성(聯關性)이 있는 말이 되도록 해야 한다. 신(神)에 관해서 하는 말이 원자탄(原子彈)의 공포(恐怖)에 사는 이 세계(世界)의 평화(平和)를 성취(成就)케 되는 말이 되어야 하며 기아선상(飢餓線上)에서 허덕이는 많은 사람들을 먹여 살리는 말이 되어야 하며 인종차별(人種差別)의 제도(制度)와 풍습(風習)의 지배(支配)를 받는 사회(社會)속에서 인간(人間)의 참된 자유(自由)와 평등(平等)을 옹호(擁護)하는 말이 되어야 할 것이다.

셋째 세속도시(世俗都市)에 사는 사람들로서 신(神)을 신학적(神學的)인 문제(問題)로 삼고 신(神)에 관해서 말할 수 있는 길이 있다. "복음(福音)의 세속적(世俗的)인 의미(意味)"의 저자(著者)인 벤 뷰렌(P. V. Buren)은 현재(現在)의 세속적(世俗的)인 인간(人間)은 한계(限界)를 뛰어넘는 초절(超絕)을 경험(經驗)하지 않는다고 주장(主張)하지만 그것은 잘못된 말이다. 로날드 스미스(Ronald G. Smith)의 말과 같이 초절(超絕)은 인간(人間) 자신이 소유(所有)하지 못하는 것 인간(人間)의 자아(自我)가 아닌 그 이상의 어떤 것을 의미(意味)한다면 초절(超絕)의 경험(經驗)은 세속도시인(世俗都市人)들에게도 불가피(不可避)한 것이 아니겠는가? 물론 부족문화시대(部族文化時代)와 소도시문화시대(小都市文化時代)에 살던 인간(人間)들의 초절(超絕)에 관한 경험(經驗)과는 그 형태(形態)가 전혀 다르겠지만 그렇다면 오늘날 세속도시(世俗都市)에 살고 있는 인간(人間)들의 초절(超絕)에 관한 경험(經驗)을 어떻게 설명(說明)해야 할 것인가? 오늘날 초절(超絕)은 세속도시(世俗都市)에 사는 우리들을 격심(激甚)한 사회적변혁(社會的變革)과 그 결과(結果)로 발생(發生)하는 여러 가지의 사건(事件)들 중에서 만나고 있는 것이다.

끝으로 콕스는 말하기를 "신(神)이라는 낱말의 사용(使用)을 중지(中止)하는 것은 신(神)의 존재(存在)를 부정(否定)하는 것과는 전혀 다른 것이다"라고 했다. 모든 말들은 역사적(歷史的)이기 때문에 생겨났다가는 없어지기 마련이다.

그러나 '실재(實在)로서의 신(神)'은 모든 말들이 그 존재(存在)를 잃은 후에도 계속(繼續)해서 존재(存在)할 것이다.

이제 우리가 세속도시(世俗都市)에 콕스의 신앙(信仰)을 전체적(全體的)으로 비평(批評)해 보아야 할 때가 온 줄로 안다.

콕스의 세속도시(世俗都市)에 나타난 그의 사상(思想)은 역사적(歷史的)인 기독교(基督敎)의 여러 가지 교리(敎理)와 충돌(衝突)하는 급진성(急進性)을 띠고 있음에도 불구하고 신학적(神學的)으로 현저(顯著)하게 기여(寄與)한바가 전혀 없다고 전적(全的)으로 부정(否定)할 수는 없다고 본다.

그러나 지금까지의 내용(內容)으로 보아서 극단적(極端的)인 세속화운동(世俗化運動)은 사실상 하나님의 존재(存在)를 부인(否認)하거나 외면(外面)하고 역사적현실(歷史的現實, Historical Actuality)에만 취하여 성경(聖經)의 진리(眞理)를 완전히 떠난 반기독교적(反基督敎的)인 행위(行爲)의 단면(斷面)을 드러내고 있다는 것을 말해주고 있다는 것을 지적(指摘)하지 않을 수 없다.

특히 그의 사상(思想)인즉 하나님에 대한 인정(認定)은 "죽은 신(神)도 신(神)이다"라고하는 식(式)으로 사신신학(死神神學)을 옹호(擁護) 내지 변명(辨明)을 하고 나섰으니 이는 기독교신앙인(基督敎信仰人)이나 신학자(神學者)로 보기보다는 오히려 이는 하나님의 이름을 망령(妄靈)되이 일컬은 죄(罪)를 지은 사람으로서 하나님의 심판(審判)을 피(避)할 수 없는 사람이었다고 규정(規定)해야 할 것으로 본다.

다시 한 번 분병히 말하거니와 기독교(基督敎)의 정체성(正體性, One's True Character)은 삼위일체(三位一體) 하나님의 실재성(實在性)과 성경(聖經)의 신적(神的)인 권위(權威)와 예수 그리스도에 의한 십자가(十字架)의 속죄구원(贖罪救援)에 대한 교리(敎理)등의 절대성(絶對性)에서 나타난다는 확신에 있다는 것을 강조해 둔다.

아무리 세계화시대(世界化時代)의 문화(文化)와 사회적(社會的)인 현실(現實)이 세속적(世俗的)으로 우리를 유혹(誘惑)하고 있다고 할지라도 우리가 살아 계신 하나님을 향한 믿음과 성경(聖經)의 진리(眞理)대로의 교리신학(敎理神學)과 교회운동(敎會運動)은 반드시 사도(使徒)들의 시대 이후로 오늘에 이르기까지 계속(繼續)되어온 전통(傳統)과 정통성(正統性)을 끝까지 지켜나가면서 시대적(時代的)인 사명(使命)을 수행(遂行)하는 것이어야 할 것이다.

문제는 성경(聖經) 그대로의 진리(眞理)에 따라서 우리의 믿음을 어떻게 지켜나가느냐 하는 데서 결정(決定)이 될 것이다.

2 ≡ 희망(希望)의 신학의 교리사상

여기에서 상고(詳考)해 보려고 하는 "희망의 신학"(希望 神學, Theology of Ambition)은 매우 어색하고 생소한 것 같으나 부디 우리가 이것을 짚고 넘어가려는 것은 그럴만한 이유가 있어서이다.

즉 세속화신학(世俗化神學)이나 사신신학(死神神學)의 절망적(絶望的)인 분위기(雰圍氣)속에서 새로운 불꽃을 피어올리겠다는 현대신학(現代神學) 중 하나인 희망신학(希望神學)은 신학(神學)이라 하기보다는 하나의 운동(運動, Campaign)으로 보는 것이 옳을 것이다.

이는 1964년 독일(獨逸) 뮈빙겐 대학교(大學校)의 신학교수(神學敎授)로 재직(在職)하고 있던 몰트만(J. Moltmann)이 "희망(希望)의 신학(神學)"(Theologie der Hoffnung)이라는 책(冊)을 펴냄으로써 나타난 현대신학(現代神學)의 한 학파(學派)로 등장하게 되었다.

몰트만 외에 또 미국(美國)에서는 로버트 젠슨(Robert Jenson)과 카톨릭의 신학자(神學者) 요하네스 메츠(Johannes Metz) 등 몇 사람을 들 수가 있다.

이들 희망(希望)의 신학자(神學者)들은 사신신학(死神神學)을 주장하는 사람들의 주장이나 사상(思想)을 무조건적(無條件的)으로 비판(批判)만하고 반대(反對)하거나 규탄(糾彈)하지 않고 다만 신(神)의 존재(存在)에 대한 문제(問題)가 미래(未來)의 차원(次元)에서 검토(檢討)됨으로 그 가능성(可能性)을 거절(拒絶) 당해서는 안 될 것이다는 매우 애매모호(曖昧模糊)한 주장(主張)을 하고 나섰다는 점이 특별(特別)하다.

그들은 "미래(未來)란 역사(歷史)의 가능성(可能性)을 의미(意味)하므로 하나님이 미래(未來)에서 살아계실 수 있지 않는가?"라는 주장을 내세우고 있으나 과거(過去)는 고사하고 현재(現在)에 없는 하나님이 미래(未來)에 살아계실 수 있다는 말은 너무도 유치(幼稚)하고 사리(事理)에도 맞지 않는 말이기는 하나 그렇다고 해서 결코 이것들을 외면(外面)하고 지나칠 수 없다는 것이 아쉽다.

몰트만은 그의 "희망(希望)의 신학(神學)"에서 주장하기를 "종말론(終末論)은 그리스도교의 교리(敎理) 가운데 하나의 교리(敎理)가 아니라 차라리 기독교신앙(基督敎信仰)의 형태"라고 했다.

기독교신앙(基督敎信仰)은 십자가(十字架) 위에서 못 박혀서 속죄(贖罪)의 죽음을 당한 예수 그리스도의 부활(復活)에서 그 발랄(潑剌)한 생명(生命)을 확보(確保)한다.

그리고 그리스도의 부활(復活)의 미래(未來)에 대한 기대(期待)로 소망(所望)이 부풀어 오른다.

그런고로 기독교(基督敎)의 종말(終末)은 기독교복음(基督敎福音)의 핵심(核心)이며 그리스도교에 있어서 교리(敎理)의 근본적(根本的)인 교리(敎理)이다.

몰트만의 종말론(終末論, Eschatology)은 말의 유래(由來)를 근거(根據)로 '로지'(rogie)가 "로고스"(Logos)에서 온 말인데 헬라어에서 이 로고스는 과거(過去)와 현재(現在)와 미래(未來)에까지 존재(存在)하는 실재(實在)로 지적(指摘)하는 말로 사용하였는데 문제(問題)는 미래(未來)가 현재(現在)의 반복(反覆)이 아닌 한 미래(未來)에 관한 로고스란 생각하기 어렵다는 것이다.

기독교(基督敎)의 성경(聖經)은 미래(未來)를 생각 할 때에 그것을 단순히 과거(過去)와 현재(現在)의 연장(延長)으로 생각하지 않고 신국(神國)의 건설(建設)을 위하여 하나님이 인류(人類)와 세계(世界)를 개혁(改革)하자는 연속적(連續的)인 사건(事件)들을 의미(意味)하는 것으로 생각한다.

그는 주장하기를 "참 기독교신학(基督敎神學)의 형식(形式)은 하나님의 약속(約束)의 말씀"에 근거(根據)를 두는 소망(所望)의 형식(形式)인 것이다.

성경(聖經)은 그리스도를 가리켜서 "영광(榮光)의 소망(所望)"이라고 했다.

"하나님이 그들로 하여금 이 비밀(秘密)의 영광(榮光)이 이방인(異邦人) 가운데 어떻게 풍성(豊盛)한 것을 알게 하려 하심이라. 이 비밀(秘密)은 너희 안에 계신 그리스도시니 곧 영광(榮光)의 소망(所望)이니라"(골1:27).

그러면 여기에서 "소망(所望)"이라는 말은 무엇인가? 하는 문제(問題)이다.

이는 하나님께서 미래(未來)에 대한 신앙적(信仰的)인 기대(期待)라고 해야 할 것이다. 신앙(信仰)은 하나님의 신실(信實)하심을 믿는 것이고 소망(所望)은 성도(聖徒)들이 그것이 드러날 때를 기다리는 기다림(Waiting)이다.

신앙(信仰)은 소망(所望)의 기초(基礎)가 되고 소망(所望)은 신앙(信仰)을 살찌우고 꽃 피운다. 오늘날 종말론(終末論)을 역사적(歷史的)으로 생각하는 칼 발트도 잘못이고 실존주의적(實存主義的)으로 해석(解釋)하는 불트만도 잘못이다.

뿐만 이니리 종말론(終末論)을 "영원(永遠)의 언덕에 부딧치는 시간(時間)의 파도(波濤)"라는 등 시적(詩的)인 이미지로 설명(說明)한 알토스(P. Althaus)의 주장(主張)도 잘못된 것이다.

예수 그리스도는 그의 부활(復活)로 말미암아 그의 존재성(存在性)과 그가 이미 행한 사역(事役)을 견고(堅固)히 하고 영구화(永久化) 하였을 뿐만 아니라 그의 미래(未來)의 영광(榮光)과 승귀(昇貴)에 대하여 확고(確固)한 증언(證言)을 한 것이다.

우리 기독교인(基督敎人)들이 진정(眞正)한 소망(所望)을 소유(所有)할 수 있는 것은 우리가 하나님의 계시(啓示)의 역사(歷史)를 통하여 그리스도의 미래(未來)에 참여할 수 있기 때문이다.

그런데 그리스도의 미래(未來)는 그의 생애(生涯)를 다시 반복(反復)하는 것이 아니라 아직도 발생(發生)하지 않은 사건(事件)들의 의미(意味)인 것이다.

우리가 믿는 그리스도는 이 세상(世上)에 이미 오셨고 이 세상(世上)에서 살으셨고 또 죽으셨고 부활(復活)하신 그리스도이지만 앞으로 행하실 일들에 대해서는 굉장히 기대(期待)해 볼 만한 그리스도이시다.

기독교인(基督敎人)은 그리스도에게서 신(神)이 약속(約束)한 높으신 뜻이 성취(成就)될 것을 기대(期待)하며 그의 부활(復活)로 말미암아 모든 죽은 자들의 왕권(王權)과 그의 영화(榮華)로운 상태(狀態)가 실현(實現) 될 것을 진심으로 기대(期待)한다.

예수 그리스도는 자신(自身)을 가리켜서 "알파와 오메가"(Alpha and Omega)라고 친히 증언(證言)하셨다.

"주 하나님이 가라사대, 나는 알파(A)와 오메가(W)라. 이제도 있고, 전(前)에도 있었고, 장차(將次) 올 자요, 전능(全能)한 자라 하시더라"(계1:8).

그러나 그리스도의 역사(歷史)는 "이미 끝나 버린 역사(歷史)가 아니라 미래(未來)를 향하여 뻗어가는 역사(歷史)이다. 미래(未來)는 십자가(十字架)에 못 박혀 부활(復活)한 자의 역사(歷史)이며 따라서 우리는 그와 같은 미래(未來)에 소망(所望)을 걸만하다.

하나님은 어떤 분이신가 ?

하나님은 미래(未來)를 향하여 인간(人間)을 부르고 그에게 미래(未來)에 관한 약속(約束)을 하시는 분이시다. 하나님은 역사적(歷史的)으로 인간(人間)에게 종말론적(終末論的)인 가능성(可能性)을 제시(提示)하심으로써 그로 하여금 소망(所望)을 가지게 하고 하나님 자신(自身)이 존재(存在)와 능력자(能力者)이심을 우리로 하여금 신뢰(信賴)하게 한다.

이와 같은 몰트만의 소망신학(所望神學)에 대한 것은 소망(所望)의 계시관(啓示觀) 소망(所望)의 미래관(未來觀)등은 그로 하여금 "출애굽 교회"(Exodus Church)라고 하는 소망(所望)의 교회관(敎會觀)으로 나아가도록 만든다.

출애굽 교회(敎會)의 개념(槪念)은 기독교(基督敎)는 순례(巡禮)의 길에 오른 하나님의 백성(百姓)들의 종교(宗敎)라는 사상(思想)에 입각(立脚)한다.

"우리가 여기는 영구(永久)한 도성(都城)이 없고 오직 장래(將來)에 올 것을 찾나니…"(히13:14)라는 말씀을 깊이 생각하면서 현대사회(現代社會)안에 존재(存在)하면서 그 갈등(葛藤)과 불만(不滿) 교회(敎會)의 존재(存在)의 의미(意味)와 그 과업(課業)이 무엇인가를 생각해야 할 것이다.

오늘날 기독교회(基督敎會)의 존재(存在)에 대한 의의(意義)는 현대사회(現代社會)와 접촉(接觸)을 하면서도 동화(同化)되지 않고 종말론적(終末論的)인 소망(所望)의 메시지를 통하여 현대사회(現代社會)를 살아가는 인간(人間)들에게 각성(覺醒)을 촉구(促求)하는데 있다.

오늘날 기독교(基督敎)는 "새로운 주관성(主觀性)의 종교(宗敎)"로 현대사회(現代社會)에 나타나 있다.

기독교(基督敎)는 하나님과 인간(人間)의 주관적(主觀的)인 결합(結合)에서 성립(成立)하는 종교(宗敎)가 된다. 기독교인(基督敎人)에게 있어서 "이웃 사람"은 길을 가다가 만나는 사람 나와 교제(交際)하는 사람이며 인간(人間)의 사회적(社會的)인 인격(人格)이나 법적(法的)인 지위(地位) 같은 것은 이웃의 개념(槪念)으로부터 제외(除外)된다.

"내 집 문(門)을 두드리는 사람이 내 이웃"이고 인종문제(人種問題)에 나타나는 인간상(人間像) 사회적(社會的)인 빈곤(貧困)속에 나타나는 인간상(人間像) 저개발국가(低開發國家)의 정치(政

治)와 경제(經濟)와 교육(教育)의 현실(現實)속에 나타나는 인간상(人間像)등은 전혀 이웃으로 고려(考慮)되지 않고 있다.

오늘날 기독교(基督教)와 교회(教會)는 정신적(精神的)인 지역사회 (地域社會)의 종교(宗教)로 현대사회(現代社會)에도 나타나고 있다.

오늘날 기독교(基督教)와 교회(教會)는 제도적(制度的)이고 기관화 (機關化)한 종교(宗教)로 현대사회(現代社會) 속에 나타나고 있다.

오늘날 고도(高度)로 산업화(産業化)한 현대사회(現代社會)는 사람들로 하여금 삶의 의미(意味)와 목적론(目的論)에 대하여 눈을 감게 하고 제도화(制度化)된 사회구도(社會構圖)속에서 개미들처럼 잘 조직(組織)된 삶을 살도록 만들고 있다.

다시 말하면 현대인(現代人)들은 인생(人生)의 목적(目的)과 사회관(社會觀)의 검토(檢討)를 가능(可能)케 하는 이데올로기 또는 사상성(思想性)을 급격(急擊)히 상실(喪失)해가고 있다.

이와 같이 삶의 비전과 사상성(思想性)이 결여(缺如)된 현대사회(現代社會)속에서 기독교(基督教)와 교회(教會)가 존재(存在)하면서 오히려 제도화(制度化)와 조직화(組織化)의 물결 속에 편승(便乘)하여 깊이 생각하지 않고 눈앞의 유행적(流行的)인 삶의 모습들을 비호(庇護)하는 종교(宗教)로 전락(轉落)하고 있다.

우리는 이상에서 서술(敍述)한바와 같이 현대사회(現代社會)속에 나타나고 있는 기독교(基督教)와 교회(教會)의 잘 못 된 작태(作態)들을 시정(是正)하여 올바른 교회상(教會像)을 제시(提示)하는 방안(方案)으로서 "출애굽 교회(教會)"를 생각하여야 할 것이다.

출애굽 교회(教會)는 종말론적(終末論的)인 신앙(信仰)을 가지고서 종말론적(終末論的)인 변혁(變革)을 일으키는 교회(教會)이다.

그리스도의 교회(教會)는 하나님의 말씀의 지배(支配)를 받는다.

그런데 이 하나님의 말씀은 우리로 하여금 미래(未來)를 전망(展望)하게 하며 미래(未來)를 향하여 출발(出發)하게 하는 말씀이다.

하나님의 말씀은 인간(人間)을 미래(未來)로 보내는 소망(所望)의 말씀이다.

따라서 출애굽 교회(教會)란 하나님의 말씀이 약속(約束)하는바 종말론적(終末論的)인 가나안'을 향하여 나아가면서 이 세상(世上)과 사회(社會)를 부단(不斷)히 개혁(改革)하는 교회(教會)일 것이다. 출애굽 교회(敎會)는 세상(世上)을 위하여 봉사(奉仕)함으로써 하나님의 나라를 확장(擴張)해 나가는 교회(敎會)이다.

출애굽 교회(敎會)는 현대사회(現代社會)를 종말론적(終末論的)인 신앙(信仰)을 가지고 이들을 이끌어서 하나님의 약속(約束)하신바 미래(未來)를 준비(準備)하며 소망(所望)하며 의(義)와 진리(眞理)와 사랑의 종말론적(終末論的)인 구현(具顯)에 기여(寄與)하는 교회(敎會)이다.

이상은 희망(希望)의 신학(Theology of Hope)이라는 저서(著書)에 나타난 몰트만의 신학사상(神學思想)에 대한 간단(簡單)한 소개(紹介)와 고찰(考察)이었다.

몰트만은 기독교(基督敎)는 십자가상(十字架上)에서 못 박혀서 죽고 3일만에 부활(復活)하신 예수 그리스도의 미래(未來)에 대한 소망(所望)속에 존재(存在)하는 종교(宗敎)임을 강조(强調)한다.

현대교회(現代敎會)는 인간(人間)의 이상(理想)인 예수 그리스도의 미래(未來)에 우리가 믿음을 갖고서 참여(參與)하는데 있다는 메시지를 현대사회(現代社會)에 사는 많은 사람들에게 외쳐 주어야 함을 강조(强調)하기 때문이다.

이와 같은 몰트만의 미래(未來)와 종말(終末)에 관한 신학적(神學的)인 강조(强調)는 지금까지 영원(永遠)한 현재(現在)와 신앙(信仰)의 주관성(主觀性)과 같은 '실존주의적(實存主義的)인 개념(概念)'들에 의존(依存)하면서, 기독교(基督敎)의 역사성(歷史性)과 교회(敎會)의 종말론적(終末論的)인 과제(課題)를 경시(輕視)해 온 현대주의신학자(現代主義神學者)들에게 큰 경종(警鐘)을 울리고 있다.

더욱이 실존주의신학(實存主義神學)의 철학적(哲學的)이며 초역사적(超歷史的)인 입장(立場)을 비난(非難)하고 기독교(基督敎)가 말하는 종말론(終末論)의 역사성(歷史性)에 대하여 신학연구(神學硏究)에 초점(焦點)을 맞추고 있기 때문에 몰트만의 신학(神學)은 어떻게 보면 보수적(保守的)인 색깔이 짙은 신학(神學) 같이 보인다.

그러나 몰트만의 신학(神學)은 기독교(基督敎)와 교회(敎會)를 사회적(社會的)인 봉사(奉仕)의 기구(機構)로 또는 이상적(理想的)인 사회(社會)의 실현(實現)을 위한 한 기관(機關)으로 착각(錯覺)하고 또는 오해(誤解)하고 있다는 것이 현저(顯著)하다.

우리 기독교(基督敎)의 중심적(中心的)인 교리사상(敎理思想)은 하나님의 영광과 생명(生命)의 구원(救援)에다 목적(目的)을 두고 있는데도 몰트만은 그러한 인간(人間)의 구원(救援)에 대한 문제(問題) 같은 것은 처음부터 관심(關心)조차도 없고 전혀 언급(言及)한바가 없이 오직 사회적(社會的)인 것만을 주장(主張)하고 있다는 것을 쉽게 알 수가 있다.

우리 기독교(基督敎)의 교리신학(敎理神學)은 무엇보다도 첫째로 인간(人間)의 구원(救援)에 기초(基礎)한 교회운동(敎會運動)이며 하나님의 나라의 임재(臨在)를 위한 운동(運動)으로서 성경(聖經)은 이에 대한 것을 정확(正確)하게 밝히고 있어서 어떠한 경우에라도 이 원리(原理)에서 이탈(離脫)해서는 안 된다는 것을 알고 신앙생활(信仰生活)을 하며 기독교운동(基督敎運動)을 전개(展開)해 나가야 한다는데 다른 이의(異意)가 있을 수 없다는 것을 분명히 해 둔다.

3 ≡ 해방신학(解放神學)의 교리사상

현대인(現代人)들이 살아가는 사회구조(社會構造)의 다양성(多樣性)과 다변화(多變化)는 우리 기독교(基督敎)의 신앙(信仰)과 신학계(神學界)에까지 크게 영향(影響)을 주고 있어서 무엇을 어떻게 하는 것이 참 기독교(基督敎)의 교리사상(敎理思想)이며 성경(聖經)에서 말씀하고 있는 진리(眞理)이고 바른 신앙(信仰)인지를 가리기가 어려울 지경에 와 있다.

그러나 그럴수록 우리는 사도적(使徒的)인 신앙(信仰)으로 교리신학(敎理神學)의 전통(傳統)과 정통성(正統性)을 바로 지켜 나가면서 시대적(時代的)인 사명(使命)을 다해야 할 것이기 때문에 우리들의 주변(周邊)에서 일고 있는 사이비(似而非)한 이론(理論)이나 사상(思想)은 물론 운동(運動)의 그 실체(實體)를 예의 주시(注視)하면서 알고 있어야 이에 대비(對備)할 수 있을 것이다.

여기에서 말하려는 해방신학(解放神學, Theology of Liberation)은 1970년대에서 1980년대까지 주로 중남미지역(中南美地域)을 중심으로 널리 유행(流行)했던 것으로서 세속화신학(世俗化神學)과 희망(希望)의 신학(神學) 같은 신학파(神學派)의 하나인데 하나의 시민 저항운동(市民抵抗運動)에다가 부디 신학(神學, Theology)이라는 이름을 붙인 것에 불과(不過)하다.

그러나 이것이 많은 사람들의 호응(呼應)을 받고 관심(關心) 속으로 들어오게 된 것은 이 지구상(地球上)에는 정치적(政治的)으로 또는 경제적(經濟的)으로 억압(抑壓)을 받고 독재자(獨裁者)

의 권력(權力)에 짓밟힌 자들이 많다는 것과 아프리카를 비롯한 세계각처(世界各處)에 의식주(衣食住)의 문제(問題)로 고통(苦痛)을 받고 빈곤(貧困)속에 죽어 가는 자들이 많다는 것과 셋째는 이러한 저변(低邊) 의 사회계층(社會階層)에 속한 사람들에 비하여 있는 자와 가진 자들과의 격차(隔差)가 갈수록 더 멀어지기 때문에 억압(抑壓)과 빈곤(貧困)과 불평등(不平等)에서 벗어나는 것이 기독교운동(基督敎運動)이어야 한다는 것이다.

이를 가장 쉬운 말로 표현(表現)하면 가진 자와 독재정권(獨裁政權)의 탄압(彈壓)과 빈곤(貧困)에서의 해방(解放)을 위하여 칼 맑스주의 (Karl Marxism)를 기독교적(基督敎的)으로 수용(收用)하여 해방운동(解放運動)을 전개(展開)하자는 사회신학(社會神學)의 운동(運動)이라고 하면 될 것이다.

해방신학(解放神學)을 논(論)하기 전에 우리가 먼저 알아야 할 것은 먼저 공산주의(共産主義)의 비조(鼻祖)로 통하는 맑스(Karl Marx: 1818- 1883)와 엥겔스 (Engels, Friedrich: 1820-1895)와 그들에 의해서 선언(宣言)된 "공산당 선언"(共産黨宣言)에 대해서 잠깐 살펴보고 넘어가는 것이 좋을 것으로 본다.

즉 1848년 2월 맑스와 엥겔스가 공동(共同)으로 작성하여 발표(發表)한 공산주의자(共産主義者)들의 기본이론(基本理論)과 실천강령(實踐綱領)과 사회발전(社會發展)의 역사(歷史)를 계급투쟁(階級鬪爭)의 역사(歷史)로 파악(把握)하여 자본주의사회(資本主義社會)의 붕괴(崩壞)는 역사적(歷史的)인 필연(必然)이라고 주장하고 사회주의(社會主義)의 실현(實現)을 위해서 노동자(勞動者)들의 국제적(國際的)인 단결(團結)을 제창(提唱)했다.

맑스주의의 핵심사상(核心思想)을 간명(簡明)하게 정리(整理)한 문헌(文獻)으로서 "만국(萬國)의 노동자(勞動者)들이여 단결(團結)하라"라고 맺는말이 오늘날까지 우리 사회(社會)의 노동운동자(勞動運動者)들에게 구두선(口頭禪)으로 되어 있다는데 유의(留意)해야 할 것이다.

이러한 공산주의적(共産主義的)인 방식(方式)을 기독교(基督敎)에 유입(流入)시켜서 소위 기독교사회주의운동(基督敎社會主義運動)으로 발전(發展)시켜서 이상적(理想的)인 기독교사회주의(基督敎社會主義)의 사회(社會)를 만들자는 것이 이른바 해방신학운동(解放神學運動)의 목적(目的)이요 이상(理想)이라고 할 것이다.

사실상 해방신학(解放神學, Theology of Liberation)안에는 지역적(地域的)인 특수성(特殊性)에 따라서

자기들 나름대로의 명칭(名稱)이 있는데 특히 "중남미(中南美)의 라틴계의 해방신학"(解放神學, Latin American Theology of Liberation)이라든가 미국(美國)의 흑인(黑人)들이 주장하는 흑인해방신학(黑人解放神學, American Black Theology of Liberation)이나 또한 여기에다가 하나 더해서 미국(美國)나라 여성(女性)들이 주장하는 미국여성해방신학(美國女性解放神學, American Women's Theology of Liberation)등을 하나로 묶어서 해방신학(解放神學)이라는 말로 표현(表現)하게 되었다.

이는 모두가 칼 맑스의 공산주의사상(共産主義思想)에 뿌리를 박고, 정치사회(政治社會)의 현실문제(現實問題)를 기독교성경(基督敎聖經)의 사랑과 평등(平等)의 진리(眞理)를 가미(加味)시켜서 가진 자와 있는 자들에게서 해방(解放)시키고 지배자(支配者)들을 타도(打倒)하여 기독교적(基督敎的)인 이상주의사회(理想主義社會)를 실현(實現)시킨다는데 해방신학운동자(解放神學運動者)들의 주장(主張)이요 그들의 목적(目的)이다.

그 이유(理由)는 일찍이 칼 맑스가 말하기를 "현존(現存)하는 지상(地上)에 있는 모든 교회(敎會)들을 타파(打破)하고 성경(聖經)에서 말씀하고 있는 이상적(理想的)인 사랑의 사회(社會)를 만드는 것이 옳다"고 한 것을 상기(想起)해보면 알 것이다.

이런 의미(意味)에서 이것을 부디 신학(神學)이라는 말을 붙이게 된 것은 전술(前述)한바 성경(聖經)에서 말씀하고 있는 사랑과 평등(平等)과 자유(自由) 외에 예수 그리스도의 생애(生涯)를 채색(彩色)하였다는 것에 불과(不過)하며 사실상 이들의 정체(正體)는 기독교사회주의(基督敎社會主義, Christian Sociaalism)를 표방(標榜)한 철저(徹底)한 공산주의운동(共産主義 運動)이라는 것을 알아야 한다.

이 사상(思想)의 원조(元祖)는 프리드리히 헤겔(Friedrich Hegel: 1770-1831)이며 뒤를 이어서 칼 맑스(Karl Marx)와 엥겔스 (Engels) 그리고 에른스트 블로흐(Ernst Bloch: 1885-1977)와 또 위르겐 몰트만(Jurgen Moltmann: 1926-)으로 이어지면서 그것이 사회운동(社會運動)으로 발전(發展)하게 된 것이다.

그리하여 해방신학(解放神學)은 희망(希望)의 신학(神學)을 통하여 헤겔의 변증법적(辨證法的)인 역사관(歷史觀)으로서 미래(未來)는 신(神)과 인간(人間)이 서로 협력(協力)하여 도달(到達)할 수 있는 아직 미완성(未完成)된 역사(歷史)의 전방지대(前方地帶)라는 사상(思想)을 갖는다.

중남미지역(中南美地域)을 중심(中心)으로 한 해방신학운동(解放神學運動)의 지도자(指導者)들 대부분(大部分)이 몰트만의 "희망(希望)의 신학(神學)"을 사랑하고 있으며 특히 맑스주의적(主義的)인 20세기의 부활(復活)이라는 의미(意味)에서 "신(新) 맑스주의(主義)"(New Marxism)라는 간판(看板)을 내어 걸고 현대사회(現代社會)의 개혁(改革)을 시도(試圖)하고 있다.

이들은 맑스 주의(主義)에다 기독교신학(基督敎神學)을 교묘(巧妙)하게 조화(調和)시켜서 현대 주의사상(現代主義思想)의 운동(運動)으로 나타나게 된 것이다.

그들은 몰트만이 에른스트 블로흐의 "희망(希望)의 원리(原理)"(Das Prinzip der Hoffnung)에 현혹(眩惑)되어 미래집중적(未來集中的)인 사색(思索)에 잠기지 않고 "오늘의 세계(世界)를 변화(變化)시키는 일"을 부르짖은 칼 맑스를 따라갔다면 그의 신학(神學)이 중남미(中南美) 여러 나라의 인민(人民)들에게 혁명적(革命的)인 행동(行動)의 신학(神學)으로 더 크게 발전(發展)했을 것이다.

그러나 현대신학파(現代神學派)들의 희망(希望)의 신학(神學)에 대한 불평불만(不平不滿)은 국부적(局部的)인 사건(事件)이고 전체적(全體的)으로 볼 때에 해방신학(解放神學)은 희망(希望)의 신학(神學)의 영향(影響)을 크게 받았고 또 희망(希望)의 신학(神學)에 지대(至大)한 영향(影響)을 끼친 신(新) 맑스주의 자인 블로흐의 영향(影響)을 크게 받은 것이 사실이다.

해방신학(解放神學)의 원천(源泉)이라는 칼 맑스주의는 미래주의적(未來主義的) 인생관(人生觀)을 강조(强調)하고 인간(人間)의 정치적(政治的)이며 혁명적(革命的)인 행동성(行動性)을 부르짖는 것 등이 그 특징(特徵)인 만큼 그것들은 또한 중남미(中南美)를 중심으로 한 해방신학(解放神學)의 특징(特徵)으로 급격화(急擊化)되어가고 있다고 할 것이다.

그리하여 이 해방신학운동(解放神學運動)은 빈곤(貧困)과 억압(抑壓)에서 해방(解放)되기 위하여 독재(獨裁)에 대한 유혈혁명(流血革命)을 찬양(讚揚)하는 신학운동(神學運動)"이라고 정의(定義)한다면 될 것이다.

여기에서 우리는 해방신학자(解放神學者)들의 인물(人物)과 그들의 저서(著書)들을 참고(參考)로 알아두는 것이 연구(硏究)에 도움이 될 것으로 보고 여기에 소개(紹介)하고자 한다.

페루(Peru)의 구스타보 구티에레즈(Gustavo Gutierrez)의 "해방(解放)의 신학(神學)"(A Theology of Liberation, 1971), 브라질 (Brazil)의 루벰 알베스(Rubem Alves)의 "인간(人間)다운 희망(希望)의 신학(神

學)"(A Theology of Human Hope, 1969), 또한 여기에다 살바도르(Salvador)의 "요완 소브리노 (Jon Sobrino)의 "기로(岐路)에 선 그리스도"(Christology, at the Crossroads, 1938) 등이 있다.

물론 이 외에도 해방신학자(解放神學者)들로 지목(指目)되는 사람들이 많이 있으나 이상에서 말한 사람들의 저서(著書)가 시중(市中)에 나돌고 있으므로 여기에 소개(紹介)한 것일 뿐이다.

그런데 문제(問題)는 이들의 주장(主張)과 사상(思想)이 현대신학계(現代神學界)나 사회(社會)에 크게 파문(波紋)을 일으키게 된 이유(理由)가 무엇이냐 하는 것이다.

세계교회협의회(世界敎會協議會. W.C.C.)는 방콕 대회(大會) (1972)와 나이로비 대회(大會) (1975) 등 두 번의 대회(大會)를 걸쳐서 해방신학(解放神學)을 세계교회협의회(世界敎會協議會)의 정식신학(正式神學)으로 채택(採擇)하여 받아들였고 지금까지 계속(繼續)해서 변함 없는 지지(支持)를 보내고 있다는데 문제(問題)가 있는 것이다.

해방신학(解放神學)은 오늘날 '제3 세계(世界)'의 신학(神學)으로 자처(自處)하고 있는데 이에 대하여 한 미국(美國)의 신학자(神學者)는 말하기를 "오늘날 우리가 신학적(神學的)으로 생각할 때 그리고 또 인간적으로 생각할 때에 해방신학자들이 제기하는 문제들보다 더 중요(重要)한 것은 없다"고 하였다.

해방신학(解放神學)의 제1인자로 꼽히는 구스타보 구티에레스는 말하기를 "해방신학(解放神學)은 신학(神學)을 하는 새로운 길이다"라고 언급(言及)했다.

이 새로운 길을 따라서 신학(神學)을 한다는 것은 세계(世界)를 관찰(觀察)하고 이해(理解)하는 데 머물지 않고 세계(世界)를 변혁(變革)시키는 과정(過程)에 참여(參與)함을 뜻한다.

그것은 짓밟힌 인간(人間)의 존엄성(尊嚴性)을 회복(回復)하며 가난하고 억눌린 자들을 해방(解放)시키기 위하여 투쟁(鬪爭)하는 일이다.

그렇게 함으로써 이 지상(地上)에 공의(公義)롭고 우애(友愛)에 넘치는 평등(平等)한 사회(社會)로 하나님의 나라가 건설(建設)된다는 것이다. 해방신학(解放神學)의 출발(出發)은 가난한 자의 해방(解放)에서부터 시작(始作)된다.

그리하여 해방신학자(解放神學者)들은 "이스라엘의 출애굽 사건(事件)"은 가난한자들과 억눌린 자들에게는 희망(希望)과 용기(勇氣)를 주고 압박자(壓迫者)들과 착취자(搾取者)들에게는 큰 경종(警鐘)을 울릴 뿐만 아니라 무서운 심판(審判)이 될 것이라고 한다.

오늘날 하나님의 백성(百姓)은 누군가 ?

진정(眞正)한 하나님의 백성(百姓)은 "오늘날의 바로 왕"으로부터 인민(人民)들을 해방(解放)시켜 내는 하나님의 역사(役事)를 돕고 협력(協力)하는 사람들이라고 하였다.

여기에서도 해방신학자(解放神學者)들은 이스라엘의 출애굽 사건(事件)이 단순(單純)히 물리적(物理的)이고 현실적(現實的)인 해방(解放)만이 아니라 사람의 생명구원(生命救援)에 대한 상징(象徵)이라는 것을 완전히 배제(排除)하고 있다는데 문제(問題)가 있다.

즉 하나님과 인간(人間)과의 관계(關係)는 현실적(現實的)인 관계(關係)보다 훨씬 더 고차원적(高次元的)이고 생명적(生命的)인 관계(關係)요 현실(現實)의 관계(關係)보다는 영원(永遠)한 미래(未來)의 관계(關係)라는 것을 잊고 있다.

물론 해방신학자(解放神學者)들은 해방신학(解放神學)이 그리스도의 복음(福音)과 맑스주의의 이데올로기를 혼합(混合)하였다는 비평(批評)에 대하여 반격(反擊)을 가하면서 말하기를 "복음주의(福音主義) 크리스챤들이 말하는 그리스도의 복음(福音)이라는 것은 실상은 자본주의(資本主義) 이데올로기의 변장(變裝)에 불과(不過)하다"고 하는 이야기를 하고 있음을 우리가 알아두는 것이 좋을 것이다.

이렇게 하여 "칼 맑스와 성경(聖經)을 혼합(混合)하고 혼동(混同)하는 계급투쟁(階級鬪爭)의 신학(神學)이다"라고 하는 두 번째의 정의(定義)가 해방신학(解放神學)에 대하여 내려졌다.

그러면 해방신학(解放神學)에 대한 첫 번째 정의(定義)는 무엇이었던가? "그것은 빈곤(貧困)과 억눌린 자들이 가진 자들과 독재(獨裁)에 대한 유혈혁명(流血革命)을 찬양(讚揚)하는 신학(神學)이다"라는 정의(定義)로 이해(理解)하고 있었다.

이제 우리가 해방신학(解放神學)에 대한 이 두 가지의 정의(定義)를 모아 생각하면서 이 시점(時點)에서 아직 이른 것 같기도 하나 해방신학(解放神學)에 대하여 한 두 가지 근본적(根本的)인 비판(批判)을 가(加)하도록 하는 것도 좋을 것이다.

해방신학(解放神學)이 크게 잘못 되었다고 생각되는 첫 번째의 문제는 "폭력(暴力)의 미화(美化)"(Glorification of Violence)를 일삼고 있다는 사실 때문이다.

레네 윌리암슨(Rene Williamson)이 지적(指摘)한 대로 "해방신학(解放神學)은 폭력(暴力)과 유혈혁명(流血革命)이 가난한 자들과 억눌린 자들을 해방(解放)시키는 일에 필요(必要)하다고 말한다.

더욱이 폭력(暴力)의 긍정(肯定)이 해방신학(解放神學)에 있어서 중요(重要)한 위치(位置)를 차지하고 있는 것도 사실이다.

칼 맑스의 "프롤레타리아 혁명론(革命論)"을 따르고 있는 해방신학(解放神學)이고 보면 "무자비(無慈悲)한 폭력투쟁(暴力鬪爭)"이라는 그의 혁명(革命)에 대한 방법론(方法論)을 채택(採擇)하게 됨은 자연(自然)스러운 일이라고 생각할 수 있을 것이다.

해방신학자(解放神學者)들을 "신부복(神父服)을 입은 빨치산 기관총(機關銃)의 사수(射手)로 묘사(描寫)하는 것은 좀 지나치다는 느낌을 주기도 하나 해방신학(解放神學)의 원리(原理)대로 한다면 중남미(中南美)의 아메리카에서 신학자(神學者)는 그런 모습을 하고 나타날 수밖에 없지 않겠는가 생각한다.

그러나 오늘날 중남미 제국(諸國)의 해방신학자(解放神學者)들은 말고의 귀를 검(劍)으로 베어 떨어뜨린 베드로를 향하여 "네 검(劍)을 도로 집에 꽂아라. 검(劍)을 가지는 자는 다 검(劍)으로 망(亡)하느니라"(마26:52, 요18:10, 11)라고 하신 예수 그리스도의 말씀을 기억(記憶)해야 할 것이다.

예수 그리스도는 고통(苦痛)과 죽음이라는 긴박(緊迫)하고 비참(悲慘)한 상황(狀況) 속에서도 "내 나라는 이 세상(世上)에 속(屬)한 것이 아니라"고 하시면서(요18:36) 끝까지 사랑과 인내(忍耐) 그리고 비폭력(非暴力)을 가르치지 않았던가?

하나님의 나라는 폭력(暴力)으로 얻어지는 나라가 아니라 사랑으로 이루어지는 평화(平和)의 나라이다.

"화평(和平)케 하는 자는 복(福)이 있나니 저희가 하나님의 아들이라 일컬음을 받을 것임이요(마5:9)."

"하나님의 나라는 먹는 것과 마시는 것이 아니요 오직 성령 안에서 의(義)와 평강(平康)과 희락(喜樂)이라(롬14:17)."

"사랑하는 자들아 우리가 서로 사랑하자. 사랑은 하나님께 속(屬)한 것이니 사랑하는 자마다 하나님께로 나서 하나님을 알고 사랑하지 아니하는 자는 하나님을 알지 못 하나니 이는 하나님은 사랑이심이라(요일4:7-8)."

"누구든지 하나님을 사랑하노라 하고 그 형제(兄弟)를 미워하면 이는 거짓말 하는 자니 보는
바 그 형제(兄弟)를 사랑치 아니하는 자가 보지 못하는바 하나님을 사랑할 수가 없느니라(요
일4:20)."

둘째로 해방신학(解放神學)이 잘못된 것이라고 지적(指摘)하고 싶은 것은 해방(解放)의 의미(
意味)에 대한 진정(眞正)하고 심오(深奧)한 인식(認識)과 통찰(洞察)이 결여(缺如)되었다는 사실 때
문이라고 할 것이다.

해방(解放)의 의미(意味)를 인간(人間)의 사회적(社會的)인 구원(救援)에 제한(制限)하고 죄(罪)와
죽음으로부터의 놓임을 고려하지 않는 것은 심오(深奧)하고 진정(眞正)한 해방(解放)의 개념(槪
念)이라고 할 수 없을 것이다.

그것은 성경적(聖經的)인 해방(解放)의 의미(意味)에 크게 미흡하다.

예수 그리스도는 그가 세상(世上)에 오신 목적(目的)이 죄인(罪人)을 부르는 것이라고 하셨고
(마9:13) 예수를 믿는 삶의 축복(祝福)이 내세(來世)의 영생(永生)에 있는 것으로 가르쳤다.

"하나님이 세상(世上)을 이처럼 사랑하사 독생자(獨生子)를 주셨으니 이는 저를 믿는 자마다
멸망(滅亡)하지 않고 영생(永生)을 얻게 하려 하심이니라(요3:16)."

"이것을 너희에게 이름은 너희로 내 안에서 평안(平安)을 누리게 하려 함이라. 세상에서는 너
희가 환난(患難)을 당하나 담대(膽大)하라. 내가 세상(世上)을 이기었노라 하시니라(요16:33)."

"예수께서 대답(對答)하시되 내 나라는 이 세상(世上)에 속한 것이 아니라 만일 내 나라가 이
세상(世上)에 속한 것이었다면 내 종들이 싸워 나로 유대인들에게 넘기우지 않게 하였으리
라. 이제 내 나라는 여기에 속한 것이 아니니라(요18:36)."

사도(使徒) 바울은 해방(解放)을 "이 사망(死亡)의 몸으로부터 놓임"으로 생각하였고(롬7:24) 그
것을 더욱 자세히 설명(說明)하여 "그리스도 안에 있는 생명(生命)의 성령(聖靈)의 법(法)"이 우
리를 죄(罪)와 사망(死亡)의 법(法)에서 놓아주는 것이라고 말하였다 (롬8:1-2).

물론 성경적(聖經的)인 해방(解放)의 개념(槪念)은 정치적(政治的)이고 경제적(經濟的)인 영역(領

域)을 포함(包含)하고 있는 것도 사실(事實)이기는 하다.

그러나 정치적(政治的)이고 영적(靈的)인 해방(解放)이 성경적(聖經的)인 해방(解放)의 본질(本質)을 이루고 있는 것만은 틀림이 없다.

해방신학자(解放神學者)들은 말하기를 "영적(靈的)으로 변화(變化) 된 크리스챤들이 정치적(政治的)으로 또는 경제적(經濟的)으로 개선(改善)된 사회(社會)를 창조(創造)하는 것은 아니며 오히려 그들은 정치적(政治的)으로 또는 경제적(經濟的)으로 상호협력(相互協力)하는 경우가 많다"라고 했다.

그러므로 우리는 해방(解放)의 개념(槪念) 자체가 성경(聖經)에서 말씀하고 있는 진리(眞理)를 중심(中心)으로 하고 있지 않는 대신 칼 맑스주의에 뿌리를 하고 이상적(理想的)인 그리스도인의 사회주의(社會主義)의 실현(實現)이라는 것을 목적(目的)으로 하고 있어서 전혀 상관(相關)해야 할 가치(價値)조차도 없는 것으로 단정(斷定)할 수밖에 없다.

어떠한 경우라도 기독교(基督敎)라는 명분(名分)과 신학(神學)이라는 이름을 붙일 경우 그것이 과연 성경(聖經)의 진리(眞理)에서 출발(出發)한 것이며 그 목적(目的)과 취지(趣旨)가 성경(聖經)에서 말씀하고 있는 하나님의 뜻을 이루어 드리기 위한 것이 아닐 때에는 당연(當然)히 거부(拒否)하고 배제(排除)해야 할 것이다.

성경(聖經)을 떠난 기독교운동(基督敎運動)은 아무리 옳고 선(善)한 일이라고 할지라도 기독교(基督敎)라는 이름이나 신학(神學)이라는 명분(名分)을 세워서는 안 된다.

우리 한국교회(韓國敎會)의 현대인(現代人)들에게 기독교(基督敎)라는 이름과 신학(神學)이라는 이름이 너무도 천(賤)하게 함부로 씌어지고있는 것 같아서 매우 안타까운 심정을 금할 길이 없다.

특히 신학(神學)이라는 낱말의 뜻조차도 바로 알지 못하면서 함부로 신학(神學)이라는 간판(看板)을 내어걸고 온갖 이권운동(利權運動)을 다하고 있는 경우들이 많은 것을 본다.

더욱 안타까운 것은 교단(敎團)이라는 이름과 신학교(神學校)라는 간판(看板)을 내어걸고 이권운동(利權運動)을 하고 있는 목사(牧師)들은 대단히 미안하고 안 된 말이나 다시 한 번 성경(聖經)을 더 깊이 상고해 보고 하나님께 기도를 해본 다음 신앙양심(信仰良心)에 물어보라는 말을 하고 싶다.

여기에서 말하려는 "민중신학"(民衆神學, Theology of the Mass of People)은 1970년대에 우리 한국(韓國)에서 일어난 신학운동(神學運動)으로서 "가난하고 눌린 자들을 위한 기독교(基督敎)의 인권운동(人權運動)"의 하나로서 이를 두고 "한국적(韓國的)인 신학(神學)"이라고 말하기도 한다.

희망(希望)의 신학(神學)(Theology of Hope)이나 해방신학(解放神學, Theology of Liberation)에 영향(影響)을 받은 한국형(韓國形)의

신학운동(神學運動)으로서 민중신학(民衆神學) 역시 신(新) 맑스 주의(主義)"(New Marxism)에 사상적(思想的)인 뿌리를 박고 있다는 데는 두 말 할 필요(必要)가 없다.

우리 한국(韓國)에서 이 운동(運動)을 주도(主導)해서 일으킨 사람들로서는 서남동(徐南同), 안병무(安秉茂), 현영학(玄英學), 서광선(徐光善), 김용복(金龍福) 등으로 대표(代表)할 수 있다.

그러나 사실상 이를 신학화(神學化)시킨 사람으로는 서남동(徐南東)과 안병무(安秉茂)라고 해야 할 것이다.

우리 한국(韓國)에서 1970년대에 민중신학(民衆神學)이 일어나게 되었던 원인(原因)과 그 동기(動機)는 우선 정치사회적(政治社會的)인 상황(狀況)에서 찾아야 할 것이다.

소위 박정희대통령(朴正熙大統領)이 이끄는 군사정부(軍事政府)가 유신헌법(維新憲法)을 만들어서 군사독재정권(軍事獨裁正權)을 장기화(長期化) 시키려고 하는 데다 소위 경제건설(經濟建設)을 위해서 기간산업(基幹産業)을 집중적(集中的)으로 육성(育成)하고 또한 불가불 저임금정책(低賃金政策)으로 노동자(勞動者)들이 약간 착취(搾取)를 당하는 경우가 있다고 할지라도 가난하고 없는 자들과 노동자(勞動者)들이 이를 참고 극복(克服)해주어야 한다는 역설적(逆說的)인 인 논리(論理)를 펴 나갔다.

이는 곧 군사독재(軍事獨裁)와 맞물려서 국민(國民)들은 억압(抑壓)을 당해야 하고 인권(人權)은 독재자(獨裁者)들 에 의해서 짓밟혔고 노동자(勞動者)들은 노동력(勞動力)을 착취(搾取)당해야 하며 없는 자들은 빈곤(貧困)에 죽어가야 하는데도 말 한마디 못하고 죽어가야 할 때에 뜻이 있는 일부(一部)의 기독교신학자(基督敎神學者)들이나 사상가(思想家)들에 의해서 억압(抑壓)과 빈곤(貧困)에서 벗어나기 위한 하나의 기독교(基督敎)의 사회적(社會的)인 저항운동 (抵抗運動)이었던 것으로서 신학적(神學的)인 개념(概念)에서보다는 하나의 기독교적시민운동(基督敎的市民

運動)으로 보아야 할 것이다.

 1960년 4월19일 소위 419 학생혁명(學生革命)을 통해서 민주주의(民主主義)의 정신적자극(精神的刺戟)을 경험(經驗)하고 있던 우리 국민(國民)들은 1961년 5월 16일에 일어난 군사혁명(軍事革命)을 역사적(歷史的)인 사건(事件)이요 시대상황적(時代狀況的)인 요구(要求)였다고 일부는 긍정적(肯定的)인 역사(歷史)의 사건(事件)으로 이해(理解)하면서도 군사정부(軍事政府)가 장기집권(長期執權)을 노리면서 유신헌법(維新憲法)이라는 괴이(怪異)한 것을 만들어서 국민(國民)들의 기본권(基本權)까지도 압박(壓迫)하고 나섰다.

 물론 군사정부(軍事政府)는 경제발전(經濟發展)이라는 국민적(國民的)인 요구(要求)와 상황(狀況)을 최대(最大)로 이용(利用)하자는 것이었다.

 그리하여 우선 정치(政治)와 경제(經濟)를 강(强)하게 밀착(密着)시켜놓은 다음에 소위 우리가 말하는 정경유착(政經癒着, Politics and Economics Adhesion)이라는 기형적(畸形的)인 정치사회(政治社會)의 현실(現實)을 일구어 놓고 노동력(勞動力)은 저임금정책(低賃金政策)으로 묶어버렸다.

 그러므로 가난한 사람들은 허리띠를 졸라 매면 된다는 식으로 욱박질렀고 국민들의 권리는 독재와 탄압에 짓눌려서 사실상 국민(國民)들은 자기의 생존권(生存權)조차 위협(威脅)을 받게 되었다.

 이럴 때에 자연히 국민들의 가슴속에서는 반항의식(反抗意識)이 싹터나기 시작했다. 군사정부(軍事政府)에서 내세웠던 기간산업육성(基幹産業育成)이 형식상(形式上)으로는 국가경제(國家經濟)의 발전(發展)에 기여(寄與)한다고 할지라도 그러는 사이에 빈부격차(貧富貧富隔差)가 심화(深化)되어 가난한 자와 영세국민(零細國民)들은 노예(奴隷) 아닌 노예(奴隷)가 되어야 했다.

 더구나 정경유착(政經癒着)의 결과(結果)로 재벌기업(財閥企業)들의 횡포(橫暴)는 마침내 1997년에 일어난 소위 IMF 위기(危機)를 부르게 되었다는 것은 최소치(最少値)의 상식(常識)으로 남아있다.

 이렇게 국민적(國民的)으로 겪어야 할 정치사회(政治社會)의 혼란기(混亂期)에 속칭(俗稱) 달동네에서 맴도는 소외계층(疎外階層)의 사람들과 군사독재정권(軍事獨裁政權)아래 짓밟힌 인권(人權)을 되찾고 노동력(勞動力)을 착취(搾取)당하고 있는 근로자(勤勞者)들과 빈곤(貧困)과 억압(抑壓)에 시달리고 있는 국민(國民)들을 군사독재정권(軍事獨裁政權)으로부터 해방(解放)시켜야 한

다는 취지(趣旨)를 암시(暗示)하면서 서남동 교수(徐南東敎授)는 1975년 2월 호 "기독교(基督敎)

사상계(思想界)"라는 월간잡지(月刊雜誌)에 기고(寄稿)하면서 "민중"(民衆)이라는 말을 써서 "민

중(民衆)을 위한 민중(民衆)의 교회(敎會)"라는 표현(表現)을 하게 되었다.

이 글을 본 "한국신학(韓國神學) 연구소(研究所)"의 소장(所長)으로 있던 안병무 교수(安秉茂敎

授)가 이에 적극적(積極的)으로 호응(呼應)하고 나섰고 또 카톨릭 교회의 전국사제단(全國 司祭

團)에 속한 신부(神父)들이 1975년 3월 10일에 발표(發表)한 "사제단 선언"(司祭團宣言)에서도

역시 "민중(民衆)"이라는 용어(用語)와 그 개념(槪念)을 적극적(積極的)으로 받아들이게 되었다.

이러한 시대환경(時代環境)의 상황(狀況)을 힘입고 발전(發展)하게 된 "민중신학(民衆神學,

Theology of the Mass of People)은 그 후 국민(國民)들의 적극적(積極的)인 호응(呼應)속에 신학계(神學界)

를 파고들기 시작했다.

1979년 10월 서울에서 모였던 "민중(民衆)에 대한 신학(神學) 심포지움"(Theological Symposium

for the Mass of People)이 아시아 기독교협의회(基督敎協議會) (Christian Conference of Asia)의 후원(後援)

아래 열렸는데 이를 계기로 민중신학운동(民衆神學運動)은 아시아에서 전세계(全世界)로 번져

나가게 되어서 역사적(歷史的)인 신학사상운동(神學思想運動)의 하나로 등장(登場)하기에 이르

렀다.

그 후 해방신학자(解放神學者) 위르겐 몰트만(Jurgen Moltmann)이나 아세아기독교협의회(亞細亞

基督敎協議會, World Council of Churches of Asia)의 적극적(積極的)인 지원(支援)을 받으면서 크게 발전(發

展)할 수 있었다.

그런데 민중신학(民衆神學)의 특징(特徵)은 그 사상적(思想的)인 영향(影響)이 유럽의 신(新) 맑

스주의(New Marxism)나 중남미(中南美)의 해방신학(解放神學, Theology of Liberation)등에 연유(緣由)되고

있으면서도 여기에다 한국적(韓國的)인 상황(狀況)과 민중(民衆)의 정서적(情緒的)인 개념(槪念)을

조화(調和)시켜서 "한국(韓國)의 신학(神學)"으로 발전(發展)시켰다는 것이다.

부디 이것을 신학적(神學的)인 교리사상(敎理思想)의 체계(體系)로 분석(分析)한다면 일찍이 본

훼퍼(D. Bonhoeffer)가 제시(提示)한 "성숙(成熟)한 세속화(世俗化)된 사회(社會)속에서의 기독교(基督

敎)"라는 관념(觀念)에서 영향(影響)을 받아 "기독교(基督敎)와 성경(聖經)에 대한 한국적(韓國的)인

상황(狀況)에서의 비종교적해석 (非宗敎的解釋) 또는 정치적해석(政治的 解釋)의 시도(試圖)"라고 볼 수 있다.

그리고 민중신학(民衆神學)은 20세기 후반기(後半期) 유럽 신학계(神學界)에서 칼 발트와 같은 신학자(神學者)가 제창(提唱)한 "실존론적종말론"(實存論的 終末論)을 극복(克服)하고 "정치신학적 종말론"(政治神學的 終末論)을 제시(提示)한 위르겐 몰트만의 영향(影響)을 받았으며 이 사실은 또한 민중신학(民衆神學)이 위르겐 몰트만과 사상적(思想的)으로 매락(脈絡)을 같이하고 있는 신(新) 맑스 주의(主義)와 특히 몰트만이 그 출발(出發)의 도화선(導火線) 역할(役割)을 한 중남미(中南美)에서 시작된 해방신학(解放神學)의 영향권(影響圈) 안에서 존재(存在)하고 있다는 사실을 다음으로 알게 해 준다.

사실상 민중신학(民衆神學)이 현대신학(現代神學)의 한 지류(支流, Tributary)에 포함(包含)시켜서 이해(理解)하게 될 때에 이는 두 말 할 것 없이 이미 앞서 말했던 세속화신학(世俗化神學, Theology of Secularism), 희망의 신학(希望神學, Theology of Hope), 해방신학(解放神學, Theology of Liberation), 과정신학(過程神學, Theology of Process), 역사의 신학(歷史神學, Theology of History) 등과 같은 하나의 기독교적(基督敎的)인 사회정치운동(社會政治運動)의 하나로서 교리사상적(敎理思想的)인 의미(意味)에서 볼 때에는 비판적(批判的)인 여지(餘地)가 다분(多分)하다고 본다.

그러나 이것 역시 분명한 역사적(歷史的)인 사건(事件)이기 때문에 우리는 이에 대해서 반듯이 알아보고 넘어가야 할 이유(理由)가 있다는 것이다.

이런 뜻에서 특히 민중신학(民衆神學)의 두 기둥(柱) 역할(役割)을 한 서남동 교수(徐南東敎授)와 안병무 교수(安秉茂敎授)에 대한 그들의 신학적(神學的)인 배경(背景)에 대해서 살펴보는 것이 옳을 것이라고 생각한다.

서남동(徐南同) 교수(敎授)는 구미신학자(歐美神學者)들 중에서도 폴 틸리히(Paul Tillich: 1886-1965)를 비롯하여, 니버(Neibuhr, H. Richard: 1894-1963), 본훼퍼(D. Bonhoeffer: 1906- 1945), 하비 콕스(Harvey Cox: 1965년에 세속도시(世俗都市)'라는 책을 펴냄)와 위엘겐 몰트만(Juergen Moltmann: 1962-?)등의 영향(影響) 아래서 연구(硏究)를 진행(進行)했고 그의 말년(末年)에는 신(新) 맑스주의 (New Marxism)적인 성향(性向)을 가진 일본인신학자(日本人神學者)들의 영향(影響)을 크게 받은 것으로 이해(理解)하고 있다.

그리고 안병무(安秉茂) 교수(敎授)는 일본인신학자(日本人神學者) 다가와(田川)의 영향(影響)을 크게 받았고 "예수의 원복음연구(原福音硏究)"의 권위자(權威者)인 거드 타이센(Gerd Theissen)과 같은 신학자(神學者)에게서 큰 영향(影響)을 받은 것으로 알려져 있는 인물(人物)이었다.

그러나 문제(問題)는 민중신학(民衆神學)이 20세기에 세계각국(世界各國)에서 일어난 시대적(時代的)인 반항운동(反抗運動)을 기독교신학(基督敎神學)으로 미장(美粧)시켜서 이것을 기독교운동(基督敎運動)으로 발전(發展)시키고 다시 이것을 신학적(神學的)인 의미(意味)에서 해석(解釋)하려고 할 때에 우리나라에서도 한국적(韓國的)인 상황(狀況)에 발맞추어 그것을 기독교(基督敎)를 중심(中心)으로 한 시민사회운동(市民社會運動)으로 발전(發展)시키고 이것을 다시 신학적(神學的)인 의미(意味)에서 해석(解釋)하려고 같은 시도(試圖)를 했다는 점이라고 할 것이다.

민중신학(民衆神學, Theology of the Mass of People)의 창시자(創始者, Founder)라고 할 수 있는 서남동 교수(徐南東敎授) 자신(自身)이 구미신학(歐美神學)과 해방신학(解放神學)등 외래신학사조(外來神學思潮)등을 두고 신학(神學)의 사상적(思想的)인 의문(疑問)과 갈등(葛藤)속에 방황하다가 "한국적(韓國的)인 시대상황(時代狀況)에 따라서 "한국적(韓國的)인 신학사상(神學思想)"을 체계화(體系化)시키고 다시 이것을 대중화(大衆化) 시켰다는데 자부심(自負心)을 가졌던 것으로 알고 있다.

또한 안병무 교수(安秉茂敎授)는 미국선교부(美國宣敎部)의 지도(指導)아래 세워진 한국초기(韓國初期)의 기독교(基督敎)와 교회(敎會)는 교회(敎會)를 향하여 몰려 든 사람들의 가난하고 억눌림을 받는 자들로서의 한(恨)을 풀어주기는커녕 오히려 1907년에 있었던 것과 같은 심령부흥운동(心靈復興運動)을 유도(誘導)함으로써 그들의 자주독립(自主獨立)이라는 민족적(民族的)인 소원(所願)과 그들의 가난과 피압박자(被壓迫者)로서의 민중적(民衆的)인 한(恨)을 망각(忘却)케 하려고 하는 의도성(意圖性)을 가졌다고 주장하고 있다.

뿐만 아니라 그 이후의 한국교회사(韓國敎會史)는 이들의 영향(影響) 아래 개인(個人)의 구원(救援)에 대한 기독교본연(基督敎本然)의 운동(運動)을 비판(批判)하고 그 대신(代身)에 민중적(民衆的)인 기대(期待)와 현실적(現實的)인 욕구충족(慾求充足)을 위해서 일어서야 한다는 식(式)으로 기독교신학운동(基督敎神學運動)의 방향전환(方向轉換)을 시도(試圖)하고 나섰다는 것이다.

안병무교수(安秉茂敎授)는 그의 "한국(韓國)의 민중적(民衆的) 사상적(思想的)인 관점(觀點)"에서 한국(韓國)의 초대교회사(初代敎會史)를 역조명(逆照明)하여 정죄(定罪)한 다음에 새삼스럽게 "민중운동(民衆運動)의 대열(隊列)"에 서는 한국교회(韓國敎會)가 만들어 낸 신학(神學)으로서의 민중신학(民衆神學)을 제창(提唱)하고 나섰으니 이 역시 한국적(韓國的)인 특이성(特異性)을 과시(誇示)하는 일이었다고 지적(指摘)하지 않을 수 없다.

민중신학(民衆神學)이 갖고 있는바 신학사상(神學思想)을 검토(檢討)함에 있어서 다양(多樣)한 주제(主題)를 두고 선택(選擇)을 할 수가 있겠으나 그 가운데서도 가장 기본적(基本的)인 것으로서 민중론(民衆論)과 구원론(救援論)의 사이에서 비교(比較)하고 검토(檢討)가 되어야 할 것이라고 생각한다.

즉 민중신학(民衆神學)에 있어서 그 신학(神學)의 중심(中心)은 민중(民衆, Mass People)이라는 개념(槪念)인데, 그렇다면 그 민중(民衆)이라는 것은 누구냐 하는 개념상(槪念上)의 문제(問題)이다.

이에 대하여 서남동 교수(徐南東敎授)의 경우를 살펴보면 이해(理解)가 될 것이다.

그는 인간(人間)이라는 말이 개인주의적(個人主義的)이고 내면지향적(內面指向的)인 의미(意味)를 가지는데 반하여 민중(民衆)은 인간(人間)의 존재(存在)를 사회적(社會的)으로 혹은 집단적(集團的)으로 파악(把握)할 때에 사용(使用)하는 말로 분류해석(分類解釋)하고 있다.

그리고 민중적(民衆的)이라는 표현(表現)은 귀족적(貴族的)이라든지 교양(敎養)이나 지식(知識)이 있다든지 하는 그런 것들과는 상관(相關)없이 소박(素朴)하고 소탈(疎脫)하고 단순(單純)하고 솔직(率直)하고 인정미(人情味) 있고 생긴 그대로 태어난 그대로의 그것을 의미(意味)하는 것이라고 한다.

민중(民衆)은 또한 백성(百姓)과 구별(區別)이 되어야 한다.

백성(百姓)은 봉건주의사회(封建主義社會)에서 왕(王) 한 사람에 대하여 복종(僕從)하고 순종(順從)하는 자세(姿勢)를 가진 사람들을 뜻하지만 민중(民衆)은 아무도 섬기지 않으며 자기 스스로가 주인(主人)인 그런 사람들이다.

그리고 민중(民衆)은 시민(市民)과도 구별(區別)되어져야 한다.

시민(市民)은 부로조아 자본주의사회(資本主義社會)에서 역사(歷史)와 문화(文化)의 주체적(主體的)인 노릇을 하는 사람들이다.

서구(西歐) 유럽이나 미국사회(美國社會)는 지금도 시민사회(市民社會)이다.

그러나 역사(歷史)의 발전(發展)은 시민(市民)으로 끝나지 않고 민중(民衆)으로 이어진다.

우리 한국(韓國)과 제3세계(世界)는 자본주의사회(資本主義社會)의 성립(成立)이 어려워서 봉건사회(封建社會)에서 민중사회(民衆社會)로 뛰어넘을 수밖에 없다고 한다.

그러면 민중(民衆)과 프롤레타리아(Proletarian)는 어떤 관계(關係)에 놓여있는가? 그리고 민중(民衆)은 곧 프롤레타리아인가?

그 대답(對答)은 놀랍게도 양자(兩者)가 서로 다르다는 것이다.

프롤레타리아는 새로운 유물사관(唯物史觀)에서 새 사회(社會)의 역사(歷史)의 주체(主體)로서 노동자(勞動者)와 어떤 때는 농민(農民)까지를 포함(包含)한다.

그러나 아시아와 특히 한국(韓國)에서 민중(民衆)은 경제적(經濟的)으로 빈곤(貧困)한 사람들 외에 정치적(政治的)으로 억압(抑壓)받고 사회(社會)로부터 소외(疏外)를 당한 사람들이다.

이것이 라틴 아메리카의 해방신학(解放神學)과 보는 시각(視覺)이 다른 것이다.

민중신학(民衆神學)에 있어서 민중(民衆)의 개념(概念)은 북미주(北美州)에서 발생(發生)한 흑인신학(黑人神學, Theology of Black)에 훨씬 가깝다. 왜냐하면 흑인신학(黑人神學)에는 경제적(經濟的)인 불평등(不平等)의 문제(問題)만이 아니라 오히려 그보다도 흑인(黑人)에 대한 탄압(彈壓)과 인권상실(人權喪失)등이 더 큰 문제(問題)가 되고 있기 때문이다.

또한 민중(民衆)이란 대중(大衆)과도 다른 개념(概念)이다.

대중(大衆)이라는 영어(Mass)는 사람이 많이 모인 집단(集團)을 의미(意味) 할 뿐이다.

그러나 민중(民衆)은 처음부터 정치신학적(政治神學的)인 개념(概念)이라고 할 것이다. 이는 지배자(支配者)에 대한 피지배자(被支配者)의 집단(集團)을 뜻하는 말이다. 지식인(知識人)은 어떤가 ?

지식인(知識人)을 민중(民衆)이라고 할 수 있는가? 지식인(知識人)의 대표적(代表的)인 예(例)는 대학(大學)의 교수(敎授)나 신문기자 (新聞記者)인데 실제적(實際的)으로 그는 항상 지배집단(支配集團)의 이데올로기를 대변(代辨)하기 마련이다.

그러나 새로운 시대(時代)의 지식인(知識人)은 그렇지 않다.

그는 민중적(民衆的)인 형편(形便)을 잘 알고 그들과 함께 체험(體驗)하며 민중(民衆)의 소원(所願)과 갈망(渴望)을 대변(代辨)해주는 역할(役割)을 한다.

서남동 교수(徐南東敎授)는 아무래도 지식인(知識人)은 민중(民衆)에게서 자기(自己)의 동일성(同一性)을 찾았다고 하여 또는 민중(民衆)의 편(便)에서 싸운다고 하여 민중(民衆)이 되는 것은 아니지 않겠느냐고 묻는다.

만일 그렇게 생각한다면 민중(民衆)의 개념(槪念)에 혼란(混亂)을 가져올 수 있다는 것이다.

안병무교수(安秉茂敎授)도 지식인(知識人)을 민중(民衆)과 동일시(同一視)하지는 않았으나 지식인(知識人)의 민중화(民衆化)를 이루는 일에 있어서 그의 지식(知識)의 눈으로 상황(狀況)을 분석(分析)하는 것과 바른 가치판단(價値判斷)을 세우기 위하여 기여(寄與)할 수 있다고 한다.

지식인(知識人)은 신분계층(身分階層)이 아니라 지식(知識)에 의하여 형성(形成)된 계층(階層)으로서 어디에도 예속(隷屬)되지 않는 자유(自由)로움을 가지고서 민중(民衆)에게 진실(眞實)을 알려주는 증인(證人, Witness) 노릇을 한다는 것이다.

그러므로 오늘날의 지식인(知識人)이 참 시대(時代)의 증인(證人)으로 나서려면 순교자(殉敎者)의 각오(覺悟)를 해야 할 것이다.

민중신학(民衆神學)에서 말하는 민중(民衆)의 개념(槪念)은 민중(民衆)과 프롤레타리아를 구분(區分)하여 사회(社會)의 경제적(經濟的)인 결정론(決定論)에 입각(立脚)하여 사회경제적(社會經濟的)으로 엄격(嚴格)하게 규정(規定)되어 있지만 전자(前者)는 역동적(力動的)으로 변(變)하는 개념(槪念)으로서 어떤 특정계층(特定階層)의 사람들이 민중(民衆)이 아니라 억울(抑鬱)하게 지배(支配)를 받는 사람들이면 남성(男性)이든 여성(女性)이든 이 민족(民族)이든 저 민족(民族)이든 무식자(無識者)들이든 지성인(知性人)들이든 간에 다 민중(民衆)이 된다고 규정(規定)하고 있다.

중국(中國)의 모택동주의자(毛澤東 主義者)들이 말하는 인민(人民)의 개념(槪念)에는 프롤레타리아의 우위(優位)와 전제주의적(專制主義的)인 독재(獨裁)가 나타나 있으며 북한(北韓)의 공산주의자(共産主義者)들이 말하는 주체(主體)라고 하는 개념(槪念)은 프롤레타리아의 이름으로 전제주의적(專制主義的)인 국가(國家)에서 독재(獨裁)를 스스로 정당화(正當化)시키는데 불과(不過)하다.

민중(民衆)을 역사(歷史)의 주체(主體)라고 하는 것은 민중(民衆)을 절대화(絶對化)시킴이 결코 아니라 역사적(歷史的)이고 확고(確固)한 민중(民衆)의 자기정체(自己正體)를 존재론적(存在論的)인 차원(次元)에서 확인(確認)하는 것이다.

민중(民衆)도 절대화(絶對化)의 대상(對相)이 될 수 없는 것은 인간(人間)은 모두 죄(罪) 아래 있기 때문이요 민중(民衆)의 고난(苦難)은 역사적(歷史的)인 곤경(困境)에서 비롯되기 때문인 것이다.

그런데 이렇게 민중신학자(民衆神學者)들이 말하는 민중(民衆)의 개념(槪念) 가운데는 한(恨, Bitter)이라는 한국특유(韓國特有)의 말이 포함(包含)되어 있다.

서남동교수(徐南東敎授)의 말에 따르면 사람을 밖에서 보면 육체(肉體)이고 안에서 보면 그의 혼(魂)에 해당(該當)하는 한(恨)이다 고 한다.

그렇다면 한(恨)은 무엇인가? 하는 문제(問題)가 제기(提起)된다.

이는 피지배자(被支配者)가 지배자(支配者)로부터 받는 억울(抑鬱)한 것이며 특히 당하고서도 말못하는 어떤 것이다.

여태껏 기독교신학(基督敎神學)은 죄(罪, Sin)의 문제(問題)를 다루는데 바빴다. 그러나 민중신학(民衆神學)의 과제(課題)는 민중(民衆)의 한(恨)을 푸는 것이다.

왜냐하면 민중(民衆)의 한(恨)을 푸는 것은 죄(罪)를 용서(容恕)받는 것 이상(以上)의 의미(意味)를 지니기 때문이다.

서남동교수(徐南東敎授)에 의하면 한국(韓國)의 크리스찬들에게는 두 갈래의 증인(證人, Witness)의 전통(傳統)이 있다고 한다.

그것은 성경(聖經)의 믿음의 증인(證人)들의 전통(傳統)과 우리나라의 역사상(歷史上) 뻗어나간 민중운동(民衆運動)의 전통(傳統)이다.

이 두 전통(傳統)이 1970년대에 들어와서 인권(人權)과 민중(民衆)을 위한 투쟁(鬪爭)으로 전개(展開)되든 한국교회(韓國敎會)의 역사적(歷史的)인 흐름이 하나님의 선교활동(宣敎活動)에서 극적(劇的)으로 합류(合流)되었다고 한다.

성경(聖經)의 믿음의 전통(傳統)은 히브리서 11장의 기록(記錄)인데 그것은 그 전통(傳統)의 완성자(完成者)이며 견본(見本)인 갈릴리 사람 예수를 통해서 그 분의 삶을 렌즈로 삼고 그 렌즈를 통해서 구약성경(舊約聖經)을 보는 것이다.

창조주(創造主) 하나님이 인간(人間)에게 땅을 경작(耕作)하고 생물(生物)을 관리(管理)하고 이웃을 보살피라고 하셨다.

이는 하나님이 아담과 하와와 더불어 계약(契約)을 맺은 것인데 아담과 하와는 민중(民衆)

으로서 신앙(信仰)의 증인(證人)의 제1원형 (第一原型)이다.

그런데 우리 한국인(韓國人)들은 우리 나름대로 5천 년간의 왕조사 (王朝史)가 아닌 민중사(民衆史)의 계보(系譜)를 가지고 있다는 것이다. 이 민중사(民衆史)의 계보(系譜)는 삼국사기(三國史記)로부터 시작하여 원(元)의 고려침략(高麗侵略)에 대항(對抗)한 농민(農民)의 항거사(抗拒史)라던가 이조(李朝) 때의 양반사회(兩班社會)에서 극심(極甚)했던 천민(賤民)에 대한 천대(賤待)와 약탈(掠奪)과 임진왜란(壬辰倭亂)과 병자호란(丙子胡亂)때에 외국군(外國軍)의 침략(侵略)에 대항(對抗)한 민중(民衆)의 의병궐기(義兵蹶起)등 을 기쳐서 19세기 말에 있었던 한국민중(韓國民衆)의 역사적(歷史的)인 주체성(主體性)을 과시(誇示)한 동학혁명(東學革命)과 20세기 초의 기미년(己未年) 31운동과 1960년 4월 19일 학생혁명(學生革命)등으로 면면히 이어지고 있다.

오늘날 한국교회(韓國敎會)와 우리 한국(韓國)의 크리스챤들은 이 두 가지의 전통(傳統)을 이어받아야 하는 것이다.

그렇다면 또 민중신학(民衆神學)에서 말하는 구원론(救援論)은 무엇인가? 그것은 민중신학(民衆神學)의 예수관(觀)을 살펴볼 때에 곧 알게 된다.

서남동 교수(徐南東敎授)는 예수를 민중(民衆)의 지도자(指導者)로만 보지 않고 민중(民衆)으로 보았다. 출애굽 사건(事件)에서 민중(民衆)의 지도자(指導者) 모세는 궁중출신(宮中出身)이었으므로 민중(民衆)이라고 부를 수가 없지만 역사(歷史)의 예수는 가난했고 교육(敎育)도 제대로 받지 못했기 때문에 민중(民衆)이라는 계층(階層)에 분명히 속했던 사람으로서 민중(民衆)의 지도자(指導者)가 되었으므로 모세와 같은 지도자(指導者)와는 크게 다르다는 것이다.

따라서 예수는 분명(分明)히 그 자신(自身)이 민중(民衆)으로서 인간해방(人間解放)의 역할(役割)을 했기 때문에 지도자(指導者) 예수라고 부르기보다는 해방자(解放者) 예수라고 부르는 것이 낫다.

안병무교수(安秉茂敎授)에 의하면 이 해방자(解放者) 예수는 그의 십자가(十字架)의 사건(事件)과 부활사건(復活事件)에서 나타나는데 이 예수의 사건(事件)은 2천년전이라는 시간(時間)과 골고다라는 공간(空間)과 로마 제국(帝國)과 예루살렘 세력(勢力)이라는 정치사회적(政治社會的)으로 한정(限定)된 사건(事件)에 묶어 놓을 수는 없다.

예수의 사건(事件)은 현재적(現在的)으로 존재(存在)하는 화육(化肉)의 사건(事件)이다.

성경(聖經)에 보면 첫째로 화육(化肉)의 사건(事件)으로서의 그리스도는 오순절(五旬節)의 성령강림(聖靈降臨)에서 나타난다.

이는 민중(民衆)의 궐기사건(蹶起事件)이다.

천만인(千萬人) 갈릴리의 사람들이 예루살렘 한 복판에서 예수의 죽음을 등에 업고 증언자(證人者)로 소리를 높여 새 역사(歷史)의 중심역할(中心役割)을 하게 된 것이다.

둘째로 화육(化肉)한 그리스도는 이 세상(世上)에 있는 수난자(受難者)들 가운데 존재(存在)한다. 저 유명(有名)한 최후심판(最後審判)의 사건(事件)에서처럼 배고픈 자, 목마른 자, 나그네, 헐벗은 자, 병(病)든 자, 투옥(投獄)된 자들의 현장(現場)이 바로 우리가 오늘날 부활(復活)한 그리스도를 만날 수 있는 현장(現場)이다.

셋째로 부활(復活)한 그리스도는 사도행전(使徒行傳)에 서술(敍述) 된 순교자(殉敎者)들의 수난(受難) 가운데 존재(存在)한다.

스데반의 순교현장(殉敎現場)은 그리스도가 나타나는 현장(現場)이었고 바울은 그의 순교(殉敎)와 수난(受難) 가운데서 예수의 수난(受難)을 재현(再現)하였다.

예수의 십자가(十字架)와 부활사건(復活事件)은 그의 민중(民衆)에 의하여 계속 연쇄폭발현상(連鎖暴發現像)을 일으키면서 팔레스타인을 넘어 대제국(大帝國)인 로마로 진격(進擊)해 들어갔던 것이다.

그 과정(過程)에서 순교자(殉敎者)의 피가 점철(點綴)되었다.

그것은 세계(世界)를 위해 흘리는 그리스도의 피였다.

안병무 교수(安秉茂敎授)의 십자가사건(十字架事件)에 대한 해석(解釋)은 약자(弱者)가 강자(强者)에 의해서 짓밟힌 사건(事件)이라는 것이다.

그러면 민중신학(民衆神學)에서 말하는 부활사건(復活事件)은 무엇인가? 예수의 부활사건(復活事件)은 예수의 죽음으로 말미암아 패배의식(敗北意識)으로 빠져들었던 예수의 민중(民衆)들이 봉기(蜂起)한 것이다.

강자(强者)에게 짓밟혔던 약자(弱者)인 민중(民衆)이 민중(民衆)의 대표(代表)인 예수가 죽었으나 사실은 죽지 않았다는 것이다.

또는 죽었으나 이겼다고 외치면서 패배(敗北)와 절망(絶望)에서 일어선 것이 곧 부활사건(復

活事件)이라는 것이다.

그는 이렇게 예수의 십자가사건(十字架事件)을 민중(民衆)의 수난(受難)의 사건(事件)으로 보고 예수의 부활사건(復活事件)은 자유(自由, Freedom)를 위한 민중(民衆)의 봉기 사건(蜂起事件)으로 본다.

그리고 이 예수 사건(事件)은 단회적(單回的)인 것이 아니라 연속적(連續的)으로 발생(發生)하는 역사(歷史)의 사건(事件)으로서 오늘날 한국(韓國) 땅에서도 발생(發生)하고 있다.

한국(韓國) 땅에서 민중(民衆)의 수난(受難)과 민중(民衆)의 자유(自由)를 위한 봉기(蜂起)는 지금도 격렬(激烈)하게 진행중(進行中)인데 이는 하나님이 한국(韓國)의 민중(民衆)을 위하여 하시는 구원(救援)의 사역(事役)이다.

이는 하나님의 선교(宣敎)요 화육(化肉)하신 그리스도의 현존(現存)을 보여준다.

그리고 다시 민중(民衆)의 사회전기(社會傳記)란 무엇인가?

이는 민중(民衆)의 사회관계(社會關係)를 엮는 이야기이다. 이 이야기의 주체(主體)는 민중(民衆)이다. 민중(民衆)의 이야기는 민중(民衆)의 고난(苦難)과 갈망(渴望)을 엮어 나간다.

민중(民衆)의 이야기는 슬픈 애가(哀歌)와 희망(希望)의 노래로 조화(調和)와 교차(交差)를 이룬다. 그런데 이 민중(民衆)의 사회전기(社會傳記) 민중(民衆)의 사회사(社會史)에 하나님을 역사(歷史)의 주인(主人)으로 등장(登場)시키면서 사회전기(社會傳記)를 하나님의 역사적(歷史的)인 주권(主權)의 맥락(脈絡)에 합입(合入)시키는 것이 민중신학적(民衆神學的)인 사고(思考)의 전개(展開)이다.

지금까지 기독교(基督敎)의 구속사관(救贖史觀)은 역사적(歷史的)인 연관관계(聯關關係)가 분명(分明)치 않았다.

부활(復活)을 개인적(個人的)인 것으로 보고 추상적(抽象的)으로 신비적(神秘的)으로 해석(解釋)하였다.

그러나 이제부터 부활(復活)을 사회적(社會的)으로 보고 현재적(現在的)인 역사(歷史)의 차원(次元)에서 고려(考慮)하여야 한다.

왜냐하면 부활(復活)은 민중(民衆)의 역사적(歷史的)인 주체(主體)의 회복(回復)이기 때문이다.

교회(敎會)를 우리는 단순(單純)히 종교집단(宗敎集團)으로만 이해(理解)해서는 안 된다. 교회(敎會)는 그것이 가진 역사의식(歷史意識)때문에 민중(民衆)의 사회적(社會的)인 정기(精氣)와 밀접

(密接)한 관계(關係)를 가지게 된다.

민중신학자(民衆神學者)인 서남동 교수(徐南東敎授)는 그가 강조(强調)하는바 사회적(社會的)이고 역사적(歷史的)인 인간구원(人間救援)의 일환(一環)으로서 메시아 왕국(王國)을 설명(說明)하여 말하기를 "그것은 하나님 나라의 역사(歷史)의 마지막 단계(段階)의 실현(實現)을 의미(意味)하는데 타계적(他界的)이고 초역사적(超歷史的)인 하나님의 나라와 대조(對照)를 이룬다고 하였다.

초대교회(初代敎會)가 열렬(熱烈)하게 믿었던 천년왕국(千年王國)이 서구신학사상(西歐 神學思想)의 발전과정(發展過程)에서 멸시(蔑視)를 받고 유토피아 사상(思想)으로 대치(代置) 된 것은 유감스러운 일이다.

더욱이 사회참여(社會參與)를 주로 하는 민중신학(民衆神學)의 입장(立場)에서는 메시아 왕국(王國) 곧 천년왕국(千年王國)이라는 것은 기독교(基督敎)의 중요(重要)한 교리(敎理)로 복원(復元)되어야 할 것이다.

그러면 서남동 교수(徐南東敎授)가 내세우고 있는 내세적(來世的)이라고 하고 있는 주장(主張)대로라면 역사(歷史)를 초월(超越)하여 존재(存在)하는 하나님의 나라는 전혀 믿지 않고 다만 역사(歷史)의 종말(終末)에 실현(實現)될 메시아 왕국(王國)만을 유일(唯一)의 실재(實在)로 고집(固執)하고 있는 이유(理由)가 무엇인가? 하는 문제(問題)이다.

그것은 그렇지는 않은 듯하다. 그의 말을 직접 들어보면 이렇다.

"하나님의 나라와 메시아 왕국(王國)은 다 필요(必要)한 것이다. 새 사회건설(社會建設)을 위해서는 메시아 왕국(王國)이 필요(必要)하고 그리고 또한 믿는 사람이 지금 죽어도 갈 수 있는 하나님의 나라가 있어야 하는 것입니다"

이러한 그의 말을 분석(分析)해 보면 메시아 왕국(王國)의 실재성(實在性)의 실현(實現)이 아니라 하나의 막연한 이상(理想)으로 주장(主張)할 뿐이라는 것을 알 수 있다.

여기까지 민중신학(民衆神學)에 대하여 많은 것을 말했는데 그 이유(理由)는 그것이 우리 한국(韓國)의 신학자(神學者)에 의해서 발상(發祥)된 것이었기 때문이었으나 한 가지 분명(分明)한 것은 민중신학자(民衆神學者)들은 그들 자신(自身)이 성경(聖經)에서 말씀하고 있는 진리(眞理)에 대한 것 자체(自體)를 자기(自己)의 주관(主觀)대로 바꾸어서 임의적(任意的)인 해석(解釋)을 했다는 것이다.

그리고 또 한 가지의 의문(疑問)을 제기(提起)하지 않을 수 없는 것은 민중(民衆)이 아닌 다른 사람은 전혀 배제(排除)시켜 버림으로써 기독교사상(基督敎思想)의 보편성(普遍性)을 배제(排除)시키고 민중(民衆)으로 한정(限定)해 버렸다는 것 외에 하나님이나 예수 그리스도에 대한 교리(敎理)를 전혀 부인(否認)하고 기독교(基督敎)의 구원론(救援論)이 대한 자체(自體)까지도 흔들어 버리고 시대저(時代的)인 상황(狀況) 속으로 기독교(基督敎)를 몰아넣어 버렸다는 어리석음을 저질렀다고 단정(斷定)한다.

무엇보다도 안타까운 것은 그들이 사실상 성경(聖經)에서 말씀하고 있는 예수 그리스도의 십자가(十字架)와 속죄구원(贖罪救援)과 성령(聖靈)의 현재적(現在的)인 사건(事件) 자체까지도 외면(外面)해 버리고 오직 약자(弱者)들로 연결(連結)된 가난한 자와 눌린 자와 압제(壓制) 당하는 자와 피압박자(被壓迫者)들만을 내세워서 그들을 민중(民衆)이라고 이름 붙여서 그들만을 위한 기독교(基督敎)로 몰고 갔다는 것은 그가 기독교(基督敎)의 신학자(神學者)의 한 사람이었다기보다 먼저 생각나는 것은 이러한 사람도 진정(眞正)한 기독교(基督敎)의 신자(信者)라고 해야 할 것인가 하는 반문(反問)부터 나오게 된다.

우리는 어떠한 경우에라도 성경(聖經)에서 말씀하고 있는 진리(眞理)에 따라서 그대로를 받아들이고 믿어야 하고 성경(聖經)의 진리(眞理) 그대로를 논(論)하는 진정(眞正)한 신학인(神學人)이요 신학자(神學者)가 되어야 한다는 것이 중요(重要)하다.

처음에 말했듯이 민중신학(民衆神學)이라고 하는 것 자체가 우리나라의 신학자(神學者)들이 내세운 신학설(神學說)이라는 의미에서 생각은 해 보았으나 알고 보면 올바른 신학설(神學說)로 보기에는 일고(一考)의 가치(價値)도 없다는 것을 말해 둔다.

기독교진리(基督敎眞理)에 대한 바른 이해(理解)에도 미치지 못하면서 사회학적(社會學的)인 의미(意味)에서 기독교(基督敎)의 성경(聖經)에 대한 진리(眞理)를 억지로 짜깁기한 것에 불과했다는 것을 알아야 할 것이다.

01. 현대신학의 방향에 대해서 간단히 말하라

02. 극단적인 세속주의 사상은 왜 위험한가를 간단히 말하라

03. 희망신학의 교리사상에 대해서 간단히 말하라

04. 해방신학의 교리사상에 대해서 간단히 말하라

05. 세계교회연합회(WCC)운동이 왜 위험하다고 생각하는지를 간단히 말하라

06. 민중신학의 교리사상에 대해서 간단히 말하라

07. 서남동 교수에 대해서 가단히 말하라

08. 안병무 교수에 대해서 간단히 말하라

09. 신학과 신앙에 대해서 자기의 뜻을 간단히 말하라

제4장

보수주의의 교리사상(敎理思想)

The Dogmatic of the Conservatism

여기에서 말하고자 하는 보수주의(保守主義, Conservatism)의 교리사상(敎義思想, Dogmatic Thought)이란 과연 어떤 것이며 그것이 정말로 필요한가?

그렇다면 그것이 왜 필요한가 하는 문제(問題)를 짚고 넘어가지 않으면 안 될 단계(段階)에 와 있다고 본다.

왜냐하면 지금 세계질서(世界秩序)는 역사(歷史)가 있은 이래(以來) 처음으로 하나의 공통분모(共通分母, Common Denominator)를 형성(形成)하여 지금까지와는 전혀 다른 형식(形式)의 세계주의(世界主義, Internationalism)라는 질서개편(秩序改編)과 함께 새로운 대결구도(對決構圖)속에 경쟁(競爭)을 벌이기 시작했다.

이러한 위기(危機)의 시대를 맞이하여 하나님의 말씀인 성경(聖經)을 그대로 믿고 끝까지 순교자(殉敎者)의 각오(覺悟)로 성경적(聖經的)인 보수신앙운동(保守信仰運動)과 성경적(聖經的)인 보수주의신학운동(保守主義神學運動)을 하려는 하나님의 사람이라면 한시도 예수께서 하신 말씀을 잊을 수가 없다.

그리하여 신학적(神學的)인 문제를 논하기 전에 예수께서 그의 사랑하는 제자(弟子)들에게 하셨든 말씀 가운데 단 몇 곳이라도 상고(詳考)해 보고 연구(硏究)에 임하는 것이 옳을 것이라고 믿는다.

"예수께서 말씀하시기를 "너희는 세상(世上)의 소금이니 소금이 만일 그 맛을 잃으면 무엇으로 짜게 하리요? 후에는 아무 쓸데없어 다만 밖에 버리워 사람에게 밟힐 뿐이니라"(You are the salt of the world; but if the salt loses its flavor, how shall it be seasoned? It is then good for nothing but to be thrown out and trampled underfoot by men.) 고 의미심장한 말씀을 하셨다(마5:13).

"너희는 세상(世上)의 빛이라. 산(山) 위에 있는 동네가 숨기우지 못할 것이요 사람이 등불을 켜서 말 아래 두지 아니하고 등경(燈檠) 위에 두나니 그러므로 집 안 모든 사람에게 비취느니라"(You are the light of the world,. A city that is set on a hill cannot be hidden. Nor do they light a lamp and put it under a basket, but on a lamp stand, and it gives light to all who are in the house)고 하셨다 (마5:14-15).

"이 같이 너희 빛을 사람 앞에 비취게 하여 저희로 너희 착한 행실(行實)을 보고 하늘에 계신 너희 아버지께 영광(榮光)을 돌리게 하라"(Let your light so shine before men, that they may see your good works and glorify your Father in heaven.)(마5:5:16).

예수께서 하신 위의 말씀들은 우리들의 사명(使命)을 재인식(再認識)시켜주신 말씀으로 이해되어야 할 것으로 본다.

예수께서 이렇게 연속적(連續的)으로 우리에게 말씀하신 뜻은 우리들로 하여금 어느 경우에서든지 이 세상(世上)에 휩쓸리거나 영합(迎合)되어서는 안 된다는 강(强)한 경고(警告)로 주신 말씀이라는 것을 알게 한다.

이 말씀이 뜻하고 있는 중요(重要)한 교훈(敎訓)의 의미(意味)는 이 세상(世上)의 부패(腐敗, Corruption)와 타락(墮落, Degradation)을 방지(防止)하고 그들을 하나님께로 인도(引導)해야 할 책임(責任)과 사명(使命)으로 주셨다는 것을 알게 하신 말씀이다.

이런 의미(意味)에서 우리가 생각해볼 때에 신앙(信仰)과 신학(神學)이 보수(保守, Conservatism)되어야 한다는 것은 너무도 당연(當然)한 귀결(歸結)이라는 것을 알 수가 있다.

본래 보수(保守)라는 말은 "오랜 습관(習慣)이나 제도(制度) 그리고 방법(方法)등을 소중(所重)하게 여겨서 원형(元型) 그대로 지켜져야 한다"는 뜻을 담은 말이다.

이러한 의미(意味)를 기독교신앙(基督敎信仰)과 신학(神學)으로 옮겨서 생각할 때에 예수 그리스도께서 전해 주신 말씀과 그의 생애(生涯)를 통해서 우리에게 주신 진리(眞理)의 교훈(敎訓)은 그의 사도(使徒)들이 그대로 믿었고 그대로 기록(記錄)하여 성경(聖經)으로 전해 주었으니 우리는 이러한 전통(傳統, Tradition)을 끝까지 지켜 나가므로 정통성(正統性, Orthodoxy)을 지켜나가는 것이 우리가 말하는 보수주의(保守主義, Conservatism)라는 것이요 그렇게 함으로써 예수 그리스도께서 말씀하신 그대로의 진리(眞理)를 지켜나갈 수 있다는 주장(主張)이다.

다시 말하면 하나님의 성령(聖靈)의 영감(靈感)으로 기록(記錄)된 성경(聖經)의 신적권위(神的權威)를 인정(認定)하고 성경(聖經)에서 말씀하고 있는 그대로 성경적신본주의(聖經的 神本主義)의 신앙(信仰)과 신학(神學)에 따라서 하나님의 의지성취(意志成就)를 이루어 드려야 한다는 것이다.

성경신본주의(聖經的神本主義)란 하나님의 절대주권(絶對主權)과 하나님의 절대영광(絶對榮光)과 하나님의 절대예정(絶對豫定)과 하나님의 절대은혜구원(絶對 恩惠救援)이라는 의미(意味)에서 하나님의 뜻을 이루어 드리자는 것이다 (마6:10).

이러한 주장(主張)은 신앙(信仰)과 신학사상(神學思想)은 우리 기독교(基督敎)가 다른 종교(宗敎)와 동일(同一, Sameness)하다거나 우월(優越, Superiority)하다는 비교급(比較級)에서 논의(論議)되어야 할 것이 아니라 절대성(絶對性, Absoluteness)을 확보(確保)하므로 기독교(基督敎)의 정체성(正體性, One's a True Character)을 지켜나가야 한다는 것이다.

이토록 우리 기독교(基督敎)가 양보(讓步)할 수 없는 고집(固執)과 주장(主張)을 하는 것은 우선 삼위일체(三位一體) 하나님의 존재(存在)와 하나님의 유일성(唯一性) 때문이요 예수 그리스도에 의한 십자가속죄구원(十字架贖罪救援)이 다른 어느 것에도 없기 때문이라는 이유(理由)에서이다.

분명히 우리 기독교(基督敎)는 이상적(理想的)인 기독교사회주의(基督敎社會主義)의 세상(世上)을 만들자는 것이 아니라 천하(天下)를 주고도 바꿀 수 없는 개개인(個個人)의 영혼(靈魂)을 구원(救援)하고 그들을 모아서 하나님의 교회(敎會)를 이루고 영원(永遠)한 메시아 왕국(王國)을 건설(建設)하자는 것으로서 이것이 하나님께서 우리에게 명(命)하시고 요구(要求)하신 하나님의 뜻이라는 주장이다.

이런 의미(意味)에서 기독교운동(基督敎運動)을 사회(社會)의 변혁(變革, Revolution)으로 몰고 가려는 현대주의신학운동(現代主義神學運動)은 잘 못되었다는 것을 지적(指摘)하지 않을 수 없다.

우리 기독교(基督敎)를 일컬어서 "천래(天來)의 종교(宗敎)" 혹은 "계시종교"(啓示宗敎)라고 말한다.

그 이유(理由)는 하나님께서 사람에게 친히 찾아오신 종교(宗敎)라는 뜻이고 하나님께서 보여주시고 알게 하시고 친히 책임(責任)져 주신다는 뜻을 함께 포함(包含)하고 있는 말이다.

즉 하나님과의 생명언약(生命言約)을 어기고 몸을 숨기고 있던 아담에게로 찾아오신 하나님의 임재(臨在)에 대해서 "여호와 하나님이 아담을 부르시며 그에게 이르시되 '네가 어디 있느냐?'(Then the Lord God called to Adam and said to him, 'where are you?')라고 기록(記錄)하고 있다 (창3:9).

이 말씀은 곧 우리 인간이 하나님을 향해서 찾아가는 자연종교(自然宗敎)가 아니라 하나님께서 친히 우리 인간(人間)에게 찾아오신 천래(天來)의 종교(宗敎)라는 것을 강하게 나타내 주고 있는 말씀이다.

이런 의미(意味)에서 생각할 때에 계시(啓示, Revelation)라고 하는 말씀은 우리가 일반적(一般的)으로 생각하는 것보다 훨씬 더 깊은 뜻을 가지고 있는 말씀이라는 것을 알 수 있다.

"예수 그리스도의 계시(啓示)라. 이는 하나님이 그에게 주사 반드시 속히 될 일을 그 종들에게 보이시려고 그 천사(天使)를 그 종 요한에게 보내어 지시(指示)하신 것이라"(The Revelation of Jesus Christ, which God gave Him to show His servants-things which must shortly take place. And He sent and signified it by His angel to His servant John)고 하심으로 (계1:1).

이 말씀이 담고있는 뜻은 바로 우리 기독교(基督敎)가 계시종교(啓示宗敎, Revelation Religion)라는 것을 분명(分明)히 하고 있다.

이러한 의미(意味)에서 우리 기독교(基督敎)는 곧 "하나님의 종교(宗敎)(The Christianity is the Religion of God)라는 의미(意味)를 갖는다.

그러므로 우리가 기독교운동(基督敎運動)과 신앙(信仰)과 신학(神學)을 보수(保守)해야 한다는 것은 단순(單純)히 교리상(敎理上)의 문제(問題)가 아니라 하나님의 종교(宗敎)로서의 기독교(基督敎)의 본질(本質, Essence, True Nature)에 대한 문제(問題)라는 뜻에서 설명(說明)되어야 할 것이다.

특히 정통보수주의신학(正統保守主義神學)을 위협(威脅)하고 나타난 유사정통주의(類似正統主義)의 신학운동(神學運動)에 대해서 우리는 주의 깊게 대처(對處)해 나가야 할 필요(必要)가 있다고 보기 때문에 우리는 이에 대해서 보다 더 적극적(積極的)인 검토(檢討)와 분석(分析)을 해 보아야 한다는 것이다.

19세기의 암울(暗鬱)했던 자유주의신학운동(自由主義神學運動)의 혼란기(混亂期)를 지나 전개(

展開)된 복음주의기독교운동(福音主義基督敎運動)에 대한 도전적(挑戰的)인 행동(行動)으로 일어난 소위 삼신주의신학운동(三新主義神學運動)이 과연 뜻하고 있는 것은 무엇인가에 대해서 짚고 넘어가야 할 필요(必要)가 있다고 본다.

여기에서 말하려는 소위 삼신주의(三新主義)란 신개혁주의(新改革主義, New Protestantism)를 비롯하여 신정통주의(新 正統主義, New Orthodoxy)와 또 지금 전세계적(全世界的)으로 크게 영향(影響)을 끼치면서 널리 발전(發展)하고 있는 신복음주의(新 福音主義, New Evangelicalism)를 두고 하는 말이다.

기독교운동(基督敎運動)은 어떤 새로움의 운동(運動)이 아니라 처음부터 끝까지 예수 그리스도 이후에 사도(使徒)들을 통해서 기록(記錄)된 성경(聖經)을 중심(中心)으로 사도(使徒)들의 신앙(信仰)과 신학적(神學的)인 전통(傳統)을 그대로 지키고 보수(保守)하면서 그 말씀의 성취(成就)를 위해서 가는 것 외에 어떤 새로운 것의 등장(登場)을 원치 않는다.

이런 의미에서 기독교(基督敎)의 신앙(信仰)이나 신학(神學)에 대해서 새로운 것의 주장(主張)이나 운동(運動)이 아닌 현존(現存)의 교리(敎理)와 신앙(信仰)이 그대로 지켜져야 한다는 말이다.

그러면 과연 이들 신 기독교신학운동(基督敎神學運動)이 누구의 어떤 사상(思想)이나 주장(主張)을 근거(根據)로 내세우고 운동(運動)을 전개(展開)하고 있는가에 대한 그 내용(內容)과 방법(方法)들을 간단(簡單)하게나마 차례대로 분류(分類)해서 한 번 살펴보려고 한다.

1 ≡ 신개혁주의(新改革主義)의 교리사상

20세기가 시작 될 무렵 소위 "20세기 신학(神學)의 아버지"라고 하는 슐라이어막허(Schliermacher Fredrich: 1768-1834)와 리츌 (A. B. Ristchl: 1822-1889)신학(神學)의 후광(後光)을 둘러 업고 나타난 헤르만(W. Hermann: 1846-1922)과 하르낙(A. von Harnack: 1851-1930)을 비롯하여 미국(美國)의 신학자(神學者) 워터 라우센부쉬(Walter Rausenbsh)등이 뜻을 모아서 일으킨 것으로서 이른바 신개혁주의(新改革主義, New Protestantism)라는 것이다.

이들 신학자(神學者)들은 종교개혁(宗敎改革)이 일어나던 당시(當時)의 루터(Luther)나 칼빈

(Calvin)의 종교개혁사상(宗敎改革思想)을 포기(抛棄)하고 그 대신(代身) 16세기의 최대문학자(最大文學者)로 알려진 에라스무스(Erasmus Desiderius: 1465-1516)의 인본주의신학(人本主義神學, Humanism Theology)의 신앙(信仰)으로 환원(還元)을 목표(目標)로 기독교(基督敎)로부터 모든 초자연성(超自然性)을 제거(除去)하고 사회윤리(社會倫理)의 차원(次元)으로 기독교(基督敎)를 격하(格下)시키려는 신앙운동(信仰運動)을 일으키게 되었다.

다시 말하면 기독교(基督敎)에서 초자연성(超自然性)을 제거(除去)한다는 것은 기독교(基督敎)의 신비(神秘)로 소중하게 여기는 소위 영성(靈性, Spirituality)을 없이해 버리고 그 대신 기독교(基督敎)의 윤리(倫理)만을 가지고 기독교(基督敎)를 사회(社會)운동(運動)의 도구(道具)로 전환(轉換)시키자는 것이었다.

바로 이것이 기독교(基督敎)를 윤리신학(倫理神學, Ethics Theology)과 사회복음(社會福音, Social Gospel)이라는 미명 아래 기독교(基督敎)를 자선(慈善) 냄비식(式)으로 끄집어 내리고자 했으나 그것이 결코 성공(成功)하지 못하고 자연히 역사(歷史) 속으로 자취를 감추어 가고 있다.

특히 현대주의(現代主義)를 지향(指向)하는 신학사상(神學思想)들이 여러 가지의 모습으로 나타나서 하나님의 교회(敎會)를 어지럽히고 있으나 그 모든 것들이 한결 같이 기독교(基督敎)에서 신비적(神秘的)인 것들을 다 빼버리고 오직 사회윤리(社會倫理)나 도덕적(道德的)인 것들만을 가지고 이상적(理想的)인 기독교사회주의운동(基督敎社會主義運動)을 전개(展開)해 나가자는 것이다.

이에 대해서는 이미 언급(言及)한바 있거니와 바로 공산주의(共産主義)의 원조(元祖)인 맑스주의의 주장(主張)이었고 무너져버린 공산주의(共産主義)의 주장(主張)이었다는 것을 안다면 더 이상의 가치(價値)를 논할 필요는 없으리라고 믿는다.

2 ≡ 신정통주의(新正統主義)의 교리사상

다음으로는 1919년 스위스의 한 산골 교회(敎會)에서 청년목사(靑年牧師)로 있으면서 "로마서 강해(講解)"라는 책(冊)을 펴냄으로부터 시작하여 뜻 밖에도 세계적(世界的)인 대신학자(大神

學者)로 자기 위치(位置)를 확립(確立)하고 명성(名聲)을 높이면서 전세계기독교(全世界基督敎)의 신학계(神學界)를 흔들어 놓은 칼 발트(Karl Balt: 1886-1968)의 신정통주의(新 正統主義, New Orthodoxy)에 대해서 말하지 않을 수 없다.

발트는 그 후에 에밀 브룬너(Emill Brunner: 1889-1966)와 같은 또 다른 지지자(支持者)들을 얻고 이 운동(運動)을 전개(展開)하여 정통기독교복음주의운동(正統基督敎福音主義運動)을 극단적(極端的)인 위기(危機)로 몰아넣었든 것이다.

그런데 이들이 일으킨 신정통주의운동(新正統主義運動)은 "하나님께로 돌아가자"(Back to God) 그리고 또 "성경(聖經)으로 돌아가자"(Back to Bible)는 구호(口號) 아래 모든 사람들의 마음을 바꾸어 놓았기 때문에 한 때는 세계교회(世界敎會)를 뒤흔들고 성경적(聖經的)인 보수주의신앙(保守主義信仰)과 신학운동(神學運動)을 전개(展開)하는 전통적(傳統的)인 개혁주의자(改革主義者)들에게 커다란 타격(打擊)을 입혀주었다.

그러나 그들이 주장하는 성경(聖經)에 대한 영감설(靈感說, Inspiration)을 반대(反對)하여 문서설(文書說)을 주장(主張)했고 또 나아가서는 성경(聖經)의 유오설(有誤說, Immaculate)을 주장(主張)하고 나섰기 때문에 그들이 주장(主張)하는 신정통주의운동(新正統主義運動)의 정체(正體)가 백일하(白日下)에 밝혀지게 되었고 이를 알게 된 정통주의(正統主義)의 개혁파(改革派)에 속한 신학자(神學者)들의 거센 공격(攻擊)을 받게 되므로 점점 그 꼬리를 감추게 되었다.

그러나 발트에서 브룬너로 이어지는 신정통주의신학운동(新正統主義神學運動)이 한때나마 현대신학계(現代神學界)를 흔들게 된 데는 전통적(傳統的)인 기독교복음주의운동(基督敎福音主義運動)에다 현대적(現代的)인 사회과학(社會科學, Social Science)을 접목(接木)시켜 보겠다는 시도(試圖)였기 때문이라고 할 것이다.

그러나 항상 기독교신앙(基督敎信仰)과 신학(神學)의 역사적(歷史的)인 맥락(脈絡)은 그것이 하나님의 진리(眞理)에서 이탈(離脫)할 때에는 역사성(歷史性)을 유지(維持)해 나갈 수가 없고 한 시대(時代)의 붐으로 끝나 버렸다는 것을 알 수 있다.

기독교운동(基督敎運動)은 결코 한 시대적(時代的)인 사건(事件)이 아니라 예수 그리스도께서 다시 이 세상(世上)에 재림(再臨)하셔서 메시아 왕국(王國)을 이루실 때까지 그 역사성(歷史性)을 유지(維持)해 나갈 수 있어야 한다.

세 번째로 우리가 논하려고 하는 신복음주의운동(新福音主義運動, New Evangelism Movement)은 복음주의적(福音主義的)인 교리(敎理)와 성경적(聖經的)인 신앙(信仰)에 투철(透徹)하지 못한 복음주의신학자(福音主義神學者)들과 교회(敎會)의 지도자(指導者)들 중에서 일어난 현대판기독교운동(現代版基督敎運動)의 신형(新型)이라고 할 수 있다.

이는 미국(美國)의 켈리포니아(California)주 파사데나(Pasadena)에 있는 플러 신학교(神學校, Fuller Theological Seminary)의 선교신학 (宣敎神學, Missionary Theology)과 이 시대(時代)가 낳은 세계적(世界的)인 대 전도자(大傳道者, Evangelist)로 통하는 빌리그레함 (Billigraham) 목사(牧師)로 이어지는 범세계적(汎世界的)인 복음선교(福音宣敎)와 세계교회(世界敎會)의 연합운동(聯合運動)으로 나타나고 있다.

그런데 세계선교(世界宣敎)라는 뜻 가운데는 세계교회협의회(WCC)의 운동(運動)과 맥(脈)을 같이 하기 때문에 명분상(名分上)으로는 옳은 것 같으나 기독교진리(基督敎眞理)의 전통(傳統)과 정통성(正統性)을 파기(破棄)해 가면서까지 이에 따라야 할 이유(理由)는 없다는 것을 알게 한다.

이들의 주장(主張)을 좀더 구체적(具體的)으로 파헤쳐 들어가면 성경(聖經)의 영감(靈感, Inspiration)에 대한 것을 양보(讓步)하고 창세기 1장에 나오는 창조론(創造論)을 진화론적(進化論的)으로 대체(代替)하고, 하나님의 예정(豫定)과 선택(選擇), 은혜구원설(恩惠救援說)과 칭의교리(稱義敎理)를 부정(否定)하며 만인구원설(萬人救援說)을 주장(主張)하는 알미니안주의(主義)(Arminianism)를 지지(支持)하고 과학주의(科學主義, Scientism)와 세속주의(世俗主義, Secularism)등을 포용(包容)함으로써 세계교회(世界敎會)의 연합(聯合)을 이루자는 것이다.

우리는 세계선교(世界宣敎)도 좋고 교회연합(敎會聯合)도 좋지만 여기에는 분명히 예수 그리스도의 복음(福音)이 올바로 전해져야 한다는 것과 진정(眞正)한 "그리스도의 몸 된 교회(敎會)"가 존재(存在)하지 않는 교회(敎會)의 연합(聯合)은 받아들여서는 안 된다는 분명한 입장(立場)에 선다.

여기에서 우리는 웨스트민스터(Westminster) 신학교(神學校)의 설립자(設立者)요 기독교변증신학(基督敎 辨證神學)의 권위자(權威者)인 그레샴 메이첸(J. Gresham Machen)이 한 말을 상기(想起)해 볼 필요(必要)가 있다고 본다.

"자유주의기독교(自由主義基督敎)는 불신지성(不信知性)과 대화(對話)를 하기 위해서 기독교(基督敎)를 포기(抛棄)했기 때문에, 그것은 기독교(基督敎)가 아니다".

20세기 초(初)에 일어났던 신개혁주의운동(新改革主義運動)이나 1930년에서 1940년대에 일어났던 신정통주의(新正統主義)에 비해서 신복음주의(新福音主義)는 그 성격(性格)이 보수적(保守的)이고 좀 더 온건(穩健)하기 때문에 복음주의기독교(福音主義基督敎)에 대한 도전(挑戰)이라기 보다는 복음주의기독교(福音主義基督敎)안에 존재(存在)하는 방법론적(方法論的)인 견해차이(見解差異)를 의미(意味)할 뿐이라는 말을 종종 들을 수 있다.

현재 극단적(極端的)인 신학파행(神學跛行)의 길을 걷고 있는 샤르뎅(Sharden)의 진화신학(進化神學, Evolution Theology) 이라던가 몰트만(Moltmann)의 혁명신학(革命神學, Revolution Theology) 또는 셈킨(Samkin)의 "웃음과 노래와 춤의 신학(神學)"(Theology of Smile, Singing, Dancing) 등에 비하면 신복음주의(新福音主義)는 그런 대로 보수적(保守的)인 체취(體臭)를 느끼게 하는 신학(神學)이라고 할 수도 있을 것이다.

그러나 문제(問題)는 "신복음주의(新福音主義)"라고 하는 이 새로운 신학(神學)이 현대(現代)에 급진주의적신학(急進主義的神學)을 대폭(大幅) 받아들이고 있는 에큐메니칼(Ecumenical) 식의 기독교운동(基督敎運動)과 역사적(歷史的)인 기독교(基督敎) 사이를 교묘(巧妙)하게 내왕(來往)하면서 연합(聯合)을 시도(試圖)하고 있기 때문에 이를 성경적(聖經的)인 참 기독교운동(基督敎運動)이라고 볼 수 없다는 점이다.

현대인(現代人)들에게 있어서 가장 어려운 점은 사상적(思想的)인 분별(分別)이 어렵다는 문제(問題)라고 생각한다. 모두가 기독교(基督敎)라는 이름과 성령(聖靈)을 들고 나와서 온갖 유혹(誘惑)을 다 하고 있기 때문에 성경진리(聖經眞理)에 바로 서 있지 않으면 언제든지 넘어지기 쉽다는 위기감(危機感)이라고 할 것이다.

그러므로 더 많이 하나님께 기도(祈禱)해야 하고 성경(聖經)의 진리(眞理)위에 확고(確固)히 서 있지 못하면 언제든지 유혹(誘惑)에 넘어질 수밖에 없다.

"그 때에 사람들이 너희에게 말하되, 보라. 그리스도가 여기 있다, 혹 저기 있다 하여도 믿지 말라. 거짓 그리스도들과 거짓 선지자(先知者)들이 일어나 큰 표적(表蹟)과 기사(奇事)를 보이어, 할 수 만 있으면 택(擇)하신 자들도 미혹(迷惑)하게 하리라"(마24:23-24).

"큰 이적(異蹟)을 행하되, 심지어 사람들 앞에서 불이 하늘로부터 땅에 내려오게 하고,"(계13:13).

4 ≡ 개혁주의 사상을 보수해야 할 이유

여기에서 우리가 개혁주의사상(改革主義思想)을 보수(保守)해야 할 이유를 논하기 전에 먼저 예수께서 하신 말씀 한 곳을 소개(紹介)한다.

"오직 너희 말은 옳다, 옳다. 아니라, 아니라 하라. 이에서 지나는 것은 악(惡)으로 좇아 나느니라 (But let you 'yes' be 'yes', and your 'no', 'no'. For whatever is more than this is from the evil one. 마5:37)."

이 말씀의 중심사상(中心思想)은 긍정(肯定)과 부정(否定)의 한계(限界)가 명확(明確)하지 못하면 양심(良心)을 속이는 악(惡)이 된다는 뜻으로 경고적(警告的)인 의미(意味)를 담고 있는 말씀으로 이해(理解)된다.

사도 바울이 고린도교회에 보낸 편지(便紙)의 말씀을 한 곳 소개(紹介)한다. 이는 그리스도인의 긍정적(肯定的)인 삶에 대한 말씀이다.

"우리 곧 나와 실루아노와 디모데로 말미암아 너희 가운데 전파된 하나님의 아들 예수 그리스도는 '예'하고 '아니라'함이 되지 아니하였으니, 저에게는 예만 되었느니라. 하나님의 약속(約束)은 얼마든지 그리스도 안에서 '예'가 되니, 그런즉 그로 말미암아 우리가 '아멘' 하여, 하나님께 영광(榮光)을 돌리게 되느니라(For the Son of God, Jesus Christ who was preached among you by us-by me, Silvanus, and Tymothy-was not Yes and No, but in Him was Yes, For all the promises of God in Him are yes, and in Him Amen, to the glory of God through us.(고후1:19-20)."

이 말씀의 뜻을 좀 더 적극적(積極的)으로 해석을 한다면 곧 기독교신앙(基督敎信仰)에 있어서 긍정(肯定)은 "예와 아멘"이고 이것이 곧 하나님을 향한 영광(榮光)이라는 말씀이다.

이러한 기독교복음(基督敎福音)의 정신(精神)은 적당(適當, Fitness)이라는 말로는 통하지 않는 다는 것을 분명히 밝혀주고 있다.

하나님 앞에서 '예'가 '예'라면 하나님 앞에서 또한 '아니요'가 '아니요'일 때에 '예'가 된 다는 진리(眞理)에 대한 올바른 이해(理解)가 필요(必要)하다는 것을 알게 한다.

기독교(基督敎)가 세상(世上)과의 비타협(非妥協)이나 상황적(狀況的)인 강요(强要)는 보수주의 신앙(保守主義信仰)이나 신학(神學)을 지향(指向)하는 사람들에게는 견디기 어려운 시련(試鍊)이 요 고통(苦痛)이 따르기 마련이라는 것을 각오(覺悟)해야 힌다.

그러나 그것이 하나님의 뜻이요 하나님께서 기뻐하시는 일이라면 이에 순종(順從)하고 충 성(忠誠)을 다해야 할 것이다.

순교(殉敎, Martyrdom)가 아름다운 죽음이라는 것은 바로 하나님께 대한 순종(順從, Obedience)과 충성(忠誠, Devotion)이요 하나님의 영광(榮光, Glory)을 드러냄이 되기 때문인 것이다.

"네가 장차(將次) 받을 고난(苦難)을 두려워 말라. 볼 지어다. 마귀(魔鬼)가 장차(將次) 너희 가 운데서 몇 사람을 옥(獄)에 던져 시험(試驗)을 받게 하리니 너희가 십일(十日)동안 환난(患難)을 받으 리라. 네가 죽도록 충성(忠誠)하라. 그리하면 내가 생명(生命)의 면류관(冕旒冠)을 네게 주 리라(Do not fear any of those things which you are about to suffer. Indeed, the devil is about to throw some of you into prison, that you may be tested, and you will have tribulation ten days. Be faithful until death, and I will give you the crown of life. 계2:10)."

1) 환난과 핍박 중에도 성도는 신앙 지켰네

　　　이 신앙 생각할 때에 기쁨이 충만 하도다

　　　성도의 신앙 따라서 죽도록 충성 하겠네

2) 옥중에 매인 성도나 양심은 자유 얻었네

　　　우리도 고난 받으면 죽어도 영광 되도다

　　　성도의 신앙 따라서 죽도록 충성 하겠네

3) 성도의 신앙 본받아 원수도 사랑하겠네

인자한 언어 행실로 이 신앙 전파 하리라

성도의 신앙 따라서 죽도록 충성 하겠네

✎ 다시 생각해 볼 복습 문제

01. 보수주의란 무엇인가를 간단히 말하라

02. 삼신주의란 무 엇인가를 말하라

03. 신개혁주의의 교리사상을 간단히 말하라

04. 신정통주의의 교리사상을 간단히 말하라

05. 신복음주의의 교리사상을 간단히 말하라

06. 왜 정통보수주의 사상을 유지해야 하는가를 말하라

07. 예하고 아멘하여 하나님께 영광을 돌린다는 말씀의 뜻을 간단히 말하라

08. 기독교운동이 왜 세상과의 타협을 해서는 안 되는지를 간단히 말하라

제5장
한국 교회의 태동(胎動)
The Quickening of the Korean Church

지금 전세계(全世界)에 산재(散在)한 교회들이 우리 한국교회(韓國敎會)를 눈여겨 크게 주목(注目)하고 있다.

그리고 무엇인가의 부푼 가슴 속에 우리 한국교회(韓國敎會)를 향하여 희망(希望)의 기대(期待)를 걸고 있다.

그것은 우리 한국교회(韓國敎會)가 전세계(全世界) 어느 나라에서도 찾아보기 어려울 정도로 복음(福音)의 정통성(正統性)과 성령(聖靈)의 영적능력(靈的能力, Spiritual Power)의 역사(役事)를 나타내고 있기 때문이라고 할 것이다.

특히 우리 한국(韓國)은 지금 세계사(世界史) 속에서 가장 많은 역사적(歷史的)으로 불행(不幸)한 시련(試鍊)을 겪으면서 하나님의 복음(福音)으로 시련(試鍊)의 수난기(受難期)를 극복(克服)하고 이겨낸 뜨거운 영적신앙(靈的信仰)의 경험(經驗)과 수많은 순교성도(殉敎聖徒)들의 피를 드리고 성장발전(成長發展)해 온 한국교회(韓國敎會)만의 특별(特別)한 역사(歷史)를 가지고 있다.

복음(福音)이 우리 한국(韓國) 땅에 들어올 때부터 시작하여 한국(韓國)의 사회환경(社會環境)과 전통적(傳統的)으로 내려오는 풍속(風俗, Custom)은 좀처럼 기독교복음(基督敎福音)이 정착(定着)하기에는 쉽지 않는 악조건(惡條件)으로 점철(點綴)되어 있었다.

기독교복음(基督敎福音)이 우리나라에 처음 들어올 때의 사회환경(社會環境)을 보면 사대주의(事大主義)의 근성(根性)에 얽혀있는 봉건주의적(封建主義的)인 사상(思想)에다 동양인(東洋人)만이 갖는 특유(特有)의 미신(迷信)에다 불교문화(佛敎文化)와 유교문화(儒敎文化)로 뒤얽혀진 외풍(外風)은 또 다른 서구문화(西歐文化)나 기독교복음(基督敎福音)을 받아들이기에는 너무도 어려운 모순(矛盾)속에 파묻혀 있었다.

중국(中國)이라는 대국(大國)에 대한 사대주의(事大主義)와 전통적(傳統的)인 봉건사회(封建社會)에 철저(徹底)한 가부장주의(家父長主義)의 유교풍(儒敎風)이 삼강오륜(三綱五倫)이라는 도덕(道德)을 깔고 앉아서 좀처럼 기독교(基督敎)가 들어 올만한 틈을 열어주지 않았다.

거기에다 문화적(文化的)인 미개(未開)와 경제적(經濟的)인 빈곤(貧困)에 기독교(基督敎)가 이 땅에 들어오기가 바쁘게 뒤따라온 일본(日本) 사람들에 의한 식민통치(植民統治)와 남존여비 (男尊女卑)라는 폐습(弊習)에다 일부다처주의제도(一夫多妻主義制度)등은 교회(敎會)가 뿌리를 내리기가 어렵게 만들었고 그 어느 것 하나도 기독교복음(基督敎福音)의 전도(傳道)와 교회(敎會)의 정착(定着)을 위해서는 거치는 것들뿐이었고 장애적(障碍的)인 요소(要素)들뿐이었다.

그러나 하나님의 은혜(恩惠)로 기독교복음(基督敎福音)은 우리 한국인(韓國人)들의 심장부(心臟部)를 꿰뚫고 들어가기 시작했으나 세계(世界) 제2차 대전(大戰)의 발발(勃發)과 함께 일본제국주의(日本帝國主義)에 의한 군국주의(軍國主義)의 식민통치자(植民統治者)들의 독재만행(獨裁蠻行)은 우리 한국인(韓國人)의 생존권(生存權)마저 뒤흔들어 놓을 만큼 위협적(威脅的)이었다.

일제(日帝)에 의한 우리 한국인(韓國人)들에게 강요(强要)된 창씨개명(創氏改名)과 신사참배(神社參拜)의 강요(强要) 강제징병(强制徵兵)과 근로동원(勤勞動員)등에다 교회(敎會)를 향해서는 성종헌납(聖鐘獻納)의 강요(强要)와 교회예배(敎會禮拜)의 폐쇄(閉鎖)등은 참으로 우리가 겪기에는 너무도 힘들고 어려운 일이었다.

그러나 1945년 8월 15일 세계(世界) 제2차 대전(大戰)의 종식(終熄)과 함께 이제는 살수있겠는가 하였으나 생각하지 못했던 남북한(南北韓)의 국토분단(國土分斷)과 동족상잔 (同族相殘)이라는 한국전쟁(韓國戰爭)이 터지게 되었으니 그 때마다 우리 기독교(基督敎)는 순교자(殉敎者)의 피로서 그 역사(歷史)의 댓가(代價)를 지불(支拂)해야 했다.

바로 뜻이 있는 성도(聖徒)들은 그의 목숨과 피를 바쳐서 하나님께 호소(呼訴)했다는 역사적(歷史的)인 비운(悲運)의 시기(時期)였다는 것이다.

그러나 1970년대에서 1980년대에 이르기까지의 사이에 우리 국민(國民)들 속에 도사리고 있던 국민적(國民的)인 의식(意識)은 1960년의 4.19 민주화운동(民主化運動)을 통한 자유(自由)의 사상(思想)과 함께 1961년 소위 5.16 군사 쿠데타를 통해서 나타난 군사정부(軍事政府)

의 탄압(彈壓)에 대한 반항의식(反抗意識)이 함께 숨쉬고 있었다는 것이다.

오직 경제발전(經濟發展)이라는 현실적(現實的)인 욕구(慾求)를 채우기 위해서는 이를 갈아붙이기는 했으나 마음 한 구석에서는 자유(自由)에 대한 갈망(渴望)과 함께 어느 때인가 라는 저항의식(抵抗意識)이 온 가슴 속에 가득 차 있었다.

그러다가 1988년 제24회 세계 서울 올림픽(Seoul Olympic)대회(大會)를 전후하여 우리 한국(韓國)이라는 나라는 전세계(全世界)속에 깊숙이 파고들게 되었고 경제성장(經濟成長)의 기지개를 이제야 처음으로 펴게 되는 게기(契機)를 만나게 되었다.

때를 놓칠 새라 한국교회(韓國敎會)도 슬기롭게 이 기회(機會)를 포착(捕捉)하여 한국교회(韓國敎會)의 성경적(聖經的)인 신학사상(神學思想)과 순교적(殉敎的)인 신앙(信仰)의 열정(熱情)을 세계민족(世界民族)들에게 과시(誇示)할 기회(機會)를 타게 되었다.

또 여기에서 한 걸음 더 나아가 세계선교(世界宣敎, World Mission) 라는 사명(使命)을 두고 온 한국교회(韓國敎會)가 하나님 앞에 꿇어 엎드려서 기도(祈禱)했고 하나님의 복음(福音)을 들고 일어서게 되었던 것이다.

우리 한국교회(韓國敎會)는 모여서 기도(祈禱)하면 그 때마다 성령(聖靈)의 불길이 타오르게 되었고 그 열정(熱情)과 영력(靈力)의 힘으로 세계선교(世界宣敎)라는 새로운 사명의식(使命意識)을 가지게 되었다.

동시에 이렇게 영적(靈的)으로 무장(武裝)된 우리 한국교회(韓國敎會)의 선교운동(宣敎運動)을 전세계인(全世界人)들은 환영(歡迎)하게 되었고 한국교회(韓國敎會)가 이제야 안에서 밖으로 눈을 돌려서 전세계교회(全世界敎會)를 책임(責任)지겠다고 나서게 된 것이다.

지금 우리 한국교회(韓國敎會)는 남한(南韓)의 전인구(全人口) 5천 1백 71만 명의 인구(人口)에 비하여 4분지 1이 넘는 기독교인구(基督敎人口)를 확보(確保)하고 있으며 전세계(全世界)에 약 3만 명에 이르는 선교사(宣敎師, Missionary)들을 보내고 있다.

"대한민국"(大韓民國)이라는 나라의 이름과 함께 우리나라가 경제적(經濟的)으로 세계(世界)의 선진대열(先進隊列)에 합류(合流)하게 되었고 더 나아가서 세계선교(世界宣敎)를 책임(責任)지고 나선 것은 어떤 의미(意味)에서 보든지 첫째는 하나님의 은혜(恩惠)요 역사하심이라고 말하지 않을 수 없다.

그러나 기독교(基督敎)의 세력(勢力)이 이렇게 급진적(急進的)인 부흥(復興)과 발전(發展)을 하게 됨에 따라서 이에 못지않게 많은 문제(問題)를 안고 있다는 것도 사실이다.

그러므로 우리가 겪고 있는 기독교내부(基督敎內部)의 갈등(葛藤)과 신학적(神學的)인 내홍(內訌) 또한 적지 않기 때문에 우리는 여기에서 그 실상(實狀)과 전망(展望)에 대해서 살펴보지 않을 수 없다는 것을 또한 깨닫게 된다.

그것은 비판(批判)을 하기 위함이 아니라 우리 한국(韓國)교회(敎會)를 옛 모습대로 반드시 다시 일으켜 세워서 전세계(全世界)의 전인류(全人類)를 책임(責任)져야 한다는 끓어오르는 사명감(使命感)을 가지고 하는 말이다.

1 ≡ 고요한 나라 사람들의 잠꼬대

때늦은 감이 없지 않으나 이제라도 우리는 왜 우리 한국인(韓國人)의 깊은 잠꼬대에서 깨어나지 못하고 이날까지 세계경쟁(世界競爭)에서 뒤떨어졌고 세계(世界)의 대제국(大帝國)들에게 짓눌려서 활개조차 펴지 못하고 살아야만 했던가 하는 문제(問題)들을 주의 깊게 파헤쳐 보아야 할 때가 온 줄로 안다.

우선 쉽게 말할 수 있는 것은 "문화의 미개"(文化未開, Culture Semicivilized)에서 그 원인(原因)을 찾아야 할 것이다.

문화적(文化的)으로 미개(未開)한 사회(社會)는 항상 다른 사람들에 비하여 뒤떨어지고 더 많은 고통(苦痛)과 불행(不幸)을 감수(甘受) 할 수밖에 없다.

뿐만 아니라 언제나 문화적(文化的)으로 미개(未開)한 사람들의 정신적(精神的)인 지배자(支配者)는 다름이 아닌 미신(迷信, Superstit -ion)이나 무술(巫術, Shamanism)이고 미개(未開)한 사람들이 정신적(精神的)으로 믿고 의존(依存)하는 대상(對相)이 바로 이런 것들이라는 것을 알고 있다.

20세기의 대표적(代表的)인 자유주의신학자(自由主義神學者)였던 폴 틸리히(Paul Tillich:1886-1965)

는 말하기를 "종교(宗敎)는 문화(文化)의 실체(實體)이며 문화(文化)는 종교(宗敎)의 형식(型式)이다"라고 하는 의미심장(意味深長)한 말을 남겼다.

물론 이 말의 참 뜻을 우리는 결코 따를 수는 없다. 왜냐하면 그는 문화(文化)와 종교(宗敎)를 하나로 보았기 때문이며 종교(宗敎)와 문화(文化)와의 관계(關係)를 바로 설명(說明)해주지 못했다는 것을 알게 한다.

특히 우리 기독교(基督敎)는 항상 문화(文化)라는 매체(媒體)를 복음전도(福音傳道)의 수단(手段)과 방법(方法)으로 하고 세계적(世界的)인 종교(宗敎)로 발전(發展)하게 되었다는 것을 알고 있다.

우리 기독교(基督敎)가 서구사회(西歐社會)를 먼저 점령(占領)하고 세계적(世界的)인 종교(宗敎)로 발전(發展)하게 되었던 그 배경(背景)을 살펴보면 이에 대한 이해(理解)가 쉬울 것이다.

즉 기독교(基督敎)는 헬라 철학(哲學, Philosophy of Greece)과 로마 제국(帝國)의 정치적인위세(政治威勢, Political Power of Rome)와 그리고 여기에다 서구사회(西歐社會)의 과학문명(科學文明, Science Civilization of Western)을 타고 전세계(全世界)를 쉽게 정복(征服)할 수 있었다는 것을 알 수 있다.

물론 초기적(初期的)인 이유(理由) 가운데 하나는 유대인들의 흩어 짐 곧 '디아스포라'(Diaspora)와 회당(會堂, Synagogue)의 모임이 기독교복음(基督敎福音)을 전파(傳播)하는 전도(傳道)의 장소(場所)와 기회(機會)를 만들어주게 되었다는 것도 배제(排除)할 수 없다.

이러한 이유(理由)들은 모두 역사적(歷史的)인 의미(意味)에서의 관찰(觀察)에 의한 것이요 원칙(原則)은 우리 기독교(基督敎)는 계시종교(啓示宗敎, Revelation Religion)라는 것을 배놓고 해석(解釋)할 수 없다는 것을 알아야 한다.

계시(啓示)의 뜻은 모든 것을 일차적(一次的)으로 하나님께로 돌리는 것이며 그 다음에 사람으로서 할 수 있는 수단(手段)과 방법(方法)이 이해(理解)되고 해석(解釋)되어야 한다는 것이다.

그러므로 우리 기독교(基督敎)가 문화(文化)를 전도(傳道)의 수단(手段)과 방법(方法)으로 하고 크게 발전(發展)하게 되었다는 것은 역사적(歷史的)인 사실(事實)이면서 또한 기독교(基督敎)와 문화(文化)와의 관계(關係)를 이해(理解)하는데 도움이 된다는 것도 알게 한다.

특히 우리 한국(韓國)의 현대화(現代化)나 개화(開化)는 기독교(基督敎)를 배제(排除)하고는 해석(解釋)조차 할 수 없을 만큼 밀접(密接)한 관계(關係)를 유지(維持)해 왔으며 바로 기독교(基督敎)가 우리 한국(韓國)의 현대화(現代化)의 공신(功臣)이었다는 것도 부인(否認)할 수 없는 역사적(歷史的)인 사실(事實)이라고 할 것이다.

이러한 이유를 전제로 기독교(基督敎)가 우리 한국(韓國)에 정식(正式)으로 선교(宣敎)의 첫발을 들여놓게 된 것이 1885년 4월 5일에 되어진 일이었다면 그 때까지의 우리 한국사회(韓國社會)와 한국인(韓國人)들의 생활상(生活相)이 어떠했으며 무엇이 정신적(精神的)인 지배(支配)를 하고 있었던가 하는 것을 알아보는 것도 유익(有益) 할 것이다.

우선 우리나라는 나라가 열리는 조국(肇國)의 시작부터 중국(中國)이라는 대륙(大陸)의 나라를 배제(排除)할 수가 없다.

비록 미개문화(未開文化)이기는 했으나 그래도 그것들조차 전혀 중국(中國)이 아니고서는 들여올 길도 방법(方法)도 없었다.

문화(文化)만이 아니라 막연한 무속적(巫俗的)인 풍습(風習)까지도 그대로 받아들여서 그것을 토속풍(土俗風, Local Custom)으로 발전(發展)시키면서 무술(巫術) 같은 것을 정신적(精神的)인 위안(慰安)의 수단(手段)이요 방법(方法)으로 믿고 살아왔다.

이러한 모든 무속(巫俗)이나 미신(迷信)을 두고 다신주의(多神主義, Polytheism)의 사상(思想)이나 자연숭배(自然崇拜, Nature Worship) 의 사상(思想)이라고 할 것이나 사실 이러한 풍속(風俗)들은 문화(文化)의 미개(未開)에서만 원인(原因)을 찾을 것이 아니라 우리 인간(人間)들의 성정(性情)속에 누구에게나 도사리고 있는 종교성(宗敎性, Religious)에서 그 원인(原因)을 찾아야 할 것이다.

우리 국민(國民)은 처음부터 종교심(宗敎心)이 강한 민족(民族)이었다는 것을 알게 한다.

이러한 미신(迷信)과 무속(巫俗)의 풍속(風俗)에 사로잡혀 있는 동안 문화(文化)같은 것은 생각해볼 기회(機會)도 없었고 그럴수록 빈곤(貧困)과 질병(疾病)과 후진(後進)에서 벗어나지 못하고 거의 야만적(野蠻的)인 사회환경(社會環境)의 지배(支配)아래 있었으나 그럼에도 그 풍속(風俗)이나 습관(習慣)이나 인간끼리의 관계(關係)가 야만적(野蠻的, Barbarism)인 것이 아니라 예의범절(禮儀凡節)이 특별하고 남들을 생각할 줄 아는 국민(國民)이면서 단지 문화적(文化的)인 혜택(惠澤)을 누리지 못하고 어두운 잠꼬대 속에서 깨어나지 못하고 있었다는 불행(不幸)을 겪고 있었던 것이다.

이러한 환경(環境)을 감안(勘案)할 때에 우리 조상(祖上)들이 미신(迷信)이나 무술(巫術)같은 것에 정신적(精神的)인 기대(期待)를 걸고 살았다는 것은 별로 어렵게 생각 할 일이 아니라 오히려 자연(自然)스러운 현상(現狀)으로 이해(理解)하는 것이 옳을 것이라는 생각이 든다.

거기에다 일찍이 중국(中國)에서 유입(流入)되어 온 하늘에 제사(祭祀) 곧 제천사상(祭天思想)이 그런 대로 큰 틀의 종교성향(宗敎性向)을 가지고 있었던 것으로 이해할 수 있다.

그리고 우리가 여기에서 한 가지 더 중요하게 생각해 보아야 할 것은 그 나라 민족(民族)의 언어(言語)와 함께 그 언어(言語)를 표기(表記)하고 말할 수 있는 문자(文字) 곧 국문(國文, National Letter)과 국어(國語, National Language)가 있었느냐 하는 문제(問題)는 그 나라 국민(國民)들의 문화적(文化的)인 측면(側面)에서 빼어놓을 수 없는 중요한 문제로 부상(浮上)한다.

사실 우리 선조(先祖)들은 국민적(國民的)인 말을 가지고 있으면서도 그 말을 그대로 쓸 수 있는 자기의 글이 없이 중국의 한자(漢字)를 우리의 글로 써야하는 불행(不幸)속에서 살아왔었던 것이다.

그러다가 1446년 세종대왕(世宗大王: 1397-1450)의 훈민정음(訓民正音)의 제정반포(制定頒布)로 우리 글 곧 세계적(世界的)인 "한글"을 갖게 되었던 것이다.

그러나 우리 한글은 처음부터 수많은 우여곡절(迂餘曲折)속에 온 갖 시련(試鍊)과 박해(迫害)를 거듭 겪으면서 상용문자(常用文字)로 자유(自由)롭게 쓰여지기까지는 그 과정(過程)이 참으로 쉽지 않았다는 것을 알 수 있다.

한글의 수난(受難)은 우선 중국(中國)의 한자(漢字)에 밀려서 어려움을 겪게 되었는데 한자(漢字)를 진서(珍書, 眞書)라고 하고 우리 한글은 언문(諺文)이라고 비하(卑下)하여 천민(賤民)의 글로 취급(取扱)했다는 것이다.

그 다음으로 생각할 수 있는 것은 일제식민탄압(日帝植民彈壓) 아래 있을 때에 일본(日本) 사람들에 의한 한글 말소정책(抹消政策)으로 인하여 고통(苦痛)을 받아야 했다는 사실(事實)이다.

이렇게 우리 한글이 고난(苦難)을 겪고 있을 때에 이를 해방(解放)시켜주고 국민(國民)들 속에 뿌리 깊이 심어준 것도 기독교(基督敎)의 공로(功勞)였다고 생각 해 본다.

교회(敎會)를 중심으로 우리 한글의 우수성(優秀性)과 정당성(正當性)을 내세우면서 교인(敎人)들에게 한글 운동(運動)을 펼쳐 나가게 되었고 적극적(積極的)으로 한글 성경책(聖經冊)을 펴내고 성경(聖經)을 통하여 우리글을 깨우쳐 나가도록 하는 한편 서구식(西歐式)의 학교(學校)를 세워서 우리의 글만이 아니라 국민정신(國民精神)을 깨우쳐주고 자기 나라에 대한 애국심(愛國

心)까지 일깨워서 나라의 독립(獨立)을 찾도록 앞장서서 독립운동(獨立運動을 전개(展開)해 나가도록 정신적(精神的)인 국민운동(國民運動)을 주도(主導)해 나갔던 것이다.

  1885년 4월 5일 기독교(基督敎)가 우리 한국(韓國) 땅에 첫발을 내려딛음으로부터 시작하여 이루어놓은 뚜렷한 일들을 생각해볼 수 있다.

  그 첫째가 복음전도(福音傳道)를 통한 교회(敎會)의 설립운동(設立運動)이었다. 어렵게 아주 어렵게 복음(福音)을 전하여 믿는 자들을 확보(確保)하면 반드시 그들을 모아서 교회(敎會)를 세우고 교회(敎會)가 세워지면 또 그들을 동원(動員)하여 전도운동(傳道運動)을 벌리고 한사람 두 사람 모여오면 다시 그들을 중심으로 교회(敎會)를 세워서 전국방방곡곡(全國坊坊曲曲)에 교회(敎會)를 세우는 일을 첫째로 하고 그 외의 일들은 부수적(附隨的)인 일로 생각하게 되었다.

  다음 두 번째는 병원(病院)을 세우고 병(病)든 환자(患者)들을 돌보는 일이었다.

  문화적(文化的)으로 미개(未開)한데다 생활환경(生活環境)이 열악(劣惡)하므로 자연히 날마다 병자(病者)들이 속출(續出)하게 되었는데도 병(病)을 치료(治療)할만한 약(藥)을 구하기가 어려운데다 또 그러한 병(病)들을 고칠 수 있는 현대의술(現代醫術)을 가진 서구식(西歐式)의 의사(醫師)도 없었다.

  그리하여 우선 선교사(宣敎師)들은 전국(全國) 곳곳에 병원(病院)을 짓고 환자(患者)들을 돌보고 치료(治療)하여 육신(肉身)의 병(病)을 고쳐주므로 미신(迷信)에 젖어진 사람들을 병(病)도 고쳐주고 또한 영혼(靈魂)의 구원(救援)도 함께 베풀어주었다.

  세 번째로는 학교(學校)를 세워서 서구식(西歐式)으로 현대교육(現代敎育)을 실시(實施)하는 일이었다.

  우리나라 현대교육사(現代敎育史)에 선교사(宣敎師)들에 의해서 세워진 학교(學校)와 또 그들에 의해서 실시(實施)된 현대(現代)의 서구식(西歐式)으로 된 교육(敎育)에 대한 기록(記錄)은 정말로 눈부실만한 일이었다.

  우리 한글로 성경(聖經)을 가르쳐서 문맹(文盲)을 깨우쳐주고 민족혼(民族魂)을 일깨워주며 나아가서는 현대문화(現代文化)를 열어 가는 발판을 구축(構築)해 주는 일에 열심을 다했다.

마지막 네 번째로 선교사(宣敎師)들이 한 일은 복지운동(福祉運動)이라고 할 것이다.

의지(依支)할 곳이 없는 고아(孤兒)들이나 빈민(貧民)들에 대한 구제운동(救濟運動)을 실시(實施)하고 가는 곳마다 고아원(孤兒院)과 양로원(養老院)을 세워서 어려운 사람들을 인간적(人間的)으로 돌보는 일을 결코 소홀(疏忽)히 하지 않았다.

우리 한국(韓國)에 첫발을 내려딛은 초대교회시절(初代敎會時節)의 외국선교사(外國宣敎師)들과 초대교회(初代敎會)의 성도(聖徒)들이 행한 선(善)한 일들은 오히려 붓으로 다 표현(表現)하기 이려울 만큼 많고 눈부신 것들이었다.

중국(中國)이라는 대국(大國)에 대한 사대주의(事大主義)의 근성(根性)을 뿌리뽑고, 일제침략(日帝侵略)들의 악정(惡政)과 학대(虐待)에서 건져내어 영원(永遠)한 생명(生命)은 구원(救援)의 길로 인도(引導)하고 당장 사회적(社會的)인 어려운 문제(問題)들은 스스로 구제운동(救濟運動)과 복지사업(福祉事業)으로 도와주며 나아가서는 대한민국(大韓民國)이라는 나라와 배달민족 한국인(韓國人)이라는 것을 되찾아 준 것이 정녕코 기독교(基督敎)였다는데 다른 이론(異論)을 제기(提起)하거나 부인(否認)할 사람이 없을 것이다.

고요한 나라의 백성(百姓)들에게 생명(生命)의 길을 터주고 문화(文化)의 여명(黎明)을 밝혀서 세계(世界)를 향하여 기지개를 펴게 해 준 것이 기독교(基督敎)였다면 이 세상(世上)에 복음(福音)을 전해야 하고 교회(敎會)를 세워야 할 이유(理由)가 무엇이라는 것을 쉽게 이해(理解)할 수 있을 것이다.

그래서 우리 한국교회(韓國敎會)는 더 열심(熱心)을 다해서 세계(世界)를 향하여 눈을 돌리고 생명(生命)과 재산(財産)과 온갖 정성(情性)을 다 쏟아 부어가면서 세계선교(世界宣敎, World Mission)에 열을 올리고 있는 것이다.

지금 우리 한국교회(韓國敎會)는 사실상 안으로는 어떤 위기(危機)의 시대(時代)를 맞고 있는 것 같으나 밖으로는 전세계(全世界)를 향하여 어느 서구선진사회(西歐先進社會)에 뒤지지 않는 선교활동(宣敎活動)을 활발하게 전개해 나가고 있다.

우리가 한국교회사(韓國敎會史)를 논함에 있어서 그 역사적(歷史的)인 배경(背景)을 주로 로마 카톨릭 교회의 전래사(傳來史)에서부터 시작(始作)하여 개신교(改新敎)의 전래사(傳來史)의 순(順)으로 논하는 것이 일반적(一般的)인 관행(慣行)으로 되어있다.

물론 그렇게 하는 것이 당연(當然)한 것이라고 할 수 도 있다.

그러나 한 거름 더 나아가서 고려(考慮)되어야 할 것은 기독교복음(基督敎福音)이 이 땅에 전래(傳來)되어지기까지의 역사적(歷史的)인 배경(背景)을 배제(排除)하고서는 바른 설명(說明)을 할 수가 없으며 동시에 기독교복음(基督敎福音)의 선교(宣敎)와 함께 교회(敎會)가 정착(定着)하고 자리를 잡게 된 후에 나타난 교회(敎會)의 모습(貌習)만이 아니라 그 사회(社會)의 변모(變貌)에 대한 것이 함께 설명(說明)되어야 한다는 것은 기독교(基督敎) 2천년사(千年史)가 잘 말해주고 있는 바이다.

왜냐하면 기독교복음(基督敎福音)이 한 나라에 처음으로 들어가게 된다는 것은 그렇게 단순(單純)한 일이 아니기 때문이다.

한 마디로 말해서 그 땅에 복음(福音)이 전파(傳播)되고 교회(敎會)가 정착(定着)하여 자리를 잡기까지는 수많은 역사적대가(歷史的代價)를 치러야 한다는 것이 상식(常識)으로 되어왔기 때문이라고 할 것이다.

이런 의미에서 우리 한국(韓國)의 복음전래사(福音傳來史)에 대한 것을 바로 이해(理解)하기 위해서는 그 당시의 우리나라 정부(政府)가 어떠한 외교적(外交的)인 관계(關係)를 가지고 세계(世界)속에서 움직이고 있었던가 하는 것부터 알아야 한다.

그 당시 우리나라는 외국(外國)과의 외교관계(外交關係)에 대해서는 철통(鐵桶)같이 폐쇄적(閉鎖的)이어서 소위 대원군(大院君)에 의해서 세워진 척화비문(斥和碑文)을 보면 잘 알 수 있을 것이다.

서양(西洋) 오랑캐들이 쳐들어올 때 그들을 대항(對抗)하여 싸우지 않고 화친(和親)을 청(請)한다는 것은 나라를 팔아먹는 매국노(賣國奴)가 될 것이다 (洋夷侵犯 非戰斥和 主和賣國).

이러한 우리나라의 역사적(歷史的)인 정황(政況)을 뚫고 이 땅 위에 복음(福音)을 전(傳)하기 위해서는 카톨릭 식의 무작위적(無作爲的)인 침투작전(浸透作戰)도 전혀 무시(無視)할 것은 아니지만 장기적(長期的)인 안목(眼目)에서 볼 때에는 나라와 나라끼리의 수교(修交)가 필수적(必須的)인 수단(手段)이 된다는데 별 다른 이유(理由)가 없을 것이다.

우리나라가 처음으로 외국(外國)과의 정식수교(正式修交)를 하게 된 것은 1876년에 체결(締結) 된 한일수호통상조약(韓日守護通商條約)으로부터 시작(始作)되었다고 보아야 할 것이다.

그 후 1882년에는 조미통상조약(朝美 通商條約, 일명 濟物浦條約)이 체결(締結)되어 미국(美國)과 외교(外交)의 길이 열리게 되었고 1884년으로 뒤를 이어서 이태리(Italy)와 영국(England)과 러시아(Russia)와 프랑스(France)와 오스트렐리어(Australia)와 벨지움(Belgium) 등 동서양(東西洋)의 여러 나라들과 수교(修交)의 길이 열리면서 기독교복음(基督敎福音)이 그 줄을 타고 앞을 다투어가면서 이 땅으로 들어오게 되었던 것이다.

복음(福音)을 가지고 이 땅에 들어온 선교사(宣敎師)들은 단순(單純)히 기독교(基督敎)의 복음(福音)만이 아니라 그들이 자기들의 나라에서 누리고 있는 문화(文化)의 시설(施設)이나 혜택(惠澤)을 우리나라로 옮겨오면서 우리나라의 현대화(現代化)에 결정적(決定的)인 기여(寄與)를 했다는 것을 잊을 수가 없다.

그리고 카톨릭 교회(敎會)는 정식통로(正式通路)를 무시(無視)하고 무작위적(無作爲的)인 침투작전(浸透作戰)의 방법(方法)으로 선교(宣敎)를 시작했기 때문에 자기교인(自己敎人)을 얻은 만큼 그 이상의 대가(代價)까지도 치러야 했기 때문에 너무 많은 생명(生命)의 희생(犧牲)을 감수(甘受)해야 했던 것이다.

그러므로 우리나라에 복음(福音)의 새 아침이 밝아오기까지는 그 역사적(歷史的)인 환경(環境)이 전혀 이루어져 있지 않은 상태(狀態)에서 문(門)을 두드렸고 벽(壁)을 뚫어야 했고 길을 터 가면서 피선교국(被宣敎國)의 사람들에게 복음(福音) 외에 또 다른 무엇을 전해주며 그들의 요구(要求)를 충족(充足)시켜 주면서 복음(福音)을 들려줄 것인가 하는데 있어서 바로 그 선물(膳物)이 바로 문화(文化, Culture)였다는 것을 알 수 있다.

바로 이것이 로마 카톨릭 교회(敎會)와 개신교(改新敎)의 선교방법상(宣敎方法上)의 근본적(根本的)인 차이(差異)였다고 할 것이다.

그리고 이 방법(方法)이 훨씬 더 효과적(效果的)이었다는 것도 알 수 있다.

그러므로 여기에서는 순수(純粹)히 교회사적(敎會史的)인 의미(意味)에서라기보다는 그 시대(時代)의 사회적(社會的)인 환경(環境)과 함께 우리나라의 현대화(現代化)라는 뜻을 함께 풀어가기 위해서 개신교(改新敎)의 전래사(傳來史)를 중심(中心)으로 생각하는 것이 더 이해(理解)에 도움이 될 것으로 안다.

우리나라에 처음으로 개신교(改新敎)의 선교사(宣敎師)들이 복음(福音)을 전해주게 된 데는 허다(許多)한 역사적(歷史的)인 수난(受難)을 치러야 했었다.

즉 1653년 네덜란드(Netherlands)의 상인(商人)이었든 헨드릭 하멜(Hendrick Hamel)이라는 사람이 제주도(濟州島)에 잠깐 머무는 동안 섬사람들에게 복음(福音)을 전해주려고 했으나 별 효과(效果)를 거두지 못하고 다만 문(門)을 두드려보는 정도(程度)로 끝났고 자기의 나라로 되돌아간 것으로 전해지고 있다.

그러다가 1932년 독일계(獨逸系)의 화란인(和蘭人)인 칼 귀쯜라프 (Gutzlaff, Karl Fredrich Agust: 1802-1851)가 전라남도(全羅南道)의 군산항(群山港)에 내려서 약 한달 동이나 전도운동(傳道運動)을 벌렸다.

그는 우리나라에 올 때에 미리 준비한 한자성경(漢字聖經)을 비롯하여 많은 약품(藥品)을 가지고 와서 여러 사람들에게 나누어주고 심지어는 병(病)든 환자(患者)를 치료(治療)도 해주고 그 외에 단추와 감자 씨를 가지고 와서 나누어주었기 때문에 충청도(忠淸道)사람들이 감자농사(農事)를 지어서 궁춘기(窮春期)의 식량해결(食糧解決)에 많은 도움을 입기도 했다.

귀쯜라프는 홍주목사(洪州牧使)로 있던 이민회(李敏會)를 통하여 순조(純祖) 왕(王)에게 한자성경(漢字聖經)과 시계(時計)와 그리고 천리경(千里鏡, 望遠鏡)을 선물(膳物)했는데 순조(純祖)는 불행(不幸)하게도 귀쯜라프의 호의(好誼)를 거부(拒否)해 버렸다.

그러나 홍주목사(洪州牧使)인 이민회(李敏會)는 서생(書生)을 시켜서 귀쯜라프를 통해서 전해받은 한자주기도문(漢字主祈禱文, The Lord's Prayer)을 우리말로 번역(飜譯)케 하므로 이것이 지금 우리가 사용(使用)하고 있는 주기도문(主祈禱文)의 최초번역(最初飜譯)으로 우리 한국교회사(韓國敎會史)에 길이 남게 된 것이다.

그로부터 꼭 33년이 지난 1885년 8월에는 영국태생(英國胎生)의 선교사(宣敎師) 토마스 (Robert Jeremian Thomas: 1839-1866, 9, 5)목사(牧師)가 우리나라에 와서 약 2개월 간 머물면서 16권의 복음서(福音書)와 역서(曆書) 한 권을 전해주고 갔다가 이듬해인 1886년 8월에 다시 영국(英國)의 상선(商船) 제네랄 샬만(General Sharman)호의 통역(通譯) 겸 안내자(案內者)로 이번에는 대동강(大洞江) 깊이 올라와서 선교활동(宣敎活動)을 전개(展開)하다가 9월 5일 우리 정부(政府)의 사람들에 의해서 무참히 목이 잘려서 순교(殉敎)의 제물(祭物)로 바쳐졌다.

그런데 그 때에 토마스 목사(牧師)는 무엇보다도 한자성경(漢字聖經)을 전해주기에 힘썼고 그 결과 그의 죽음 앞에서 성경(聖經)을 전해 받은 사람들이 그 후에 다 기독교(基督敎)로 귀의(歸依)하여 기독교인(基督敎人)이 되었다는 것은 매우 뜻 깊은 일이라고 하지 않을 수 없다.

그러나 지금까지의 일들은 모두가 한국선교(韓國宣敎)의 문(門)을 두드리고 씨를 뿌리고 순교자(殉敎者)의 피와 생명(生命)으로 밑거름이 되어준 것에 불과했다.

그러나 그들이 뿌린 복음(福音)의 씨와 밑거름은 마침내 자리를 정하여 싹이 나고 줄기가 뻗어서 잎이 나고 꽃이 피고 열매가 맺어서 풍성(豊盛)한 수확(收穫)의 역사(歷史)를 만들어내게 된 것이다.

1882년에 우리나라와 미국(美國) 사이에 체결(締結) 된 제물포(濟物浦)의 한미통상조약(韓美通商條約)을 계기로 우리나라와 미국(美國) 사이에 정식적(正式的)으로 외교(外交)의 길이 열리게 되었다.

바로 이것은 우리나라가 정식(正式)으로 기독교선교(基督敎宣敎)의 길을 열어주고 복음(福音)을 합법적(合法的)으로 받아 드리게 된 우리 정부(政府)의 승인(承認)이 떨어지는 절호(絶好)의 기회(機會)가 되었다는 말과도 같다.

한미통상조약(韓美通商條約)에 따라서 미국정부(美國政府)가 우리나라에 공사관(公使館)을 설치(設置)하게 되었고 그 때에 의료선교사 (醫療宣敎師)로 중국(中國)에 머물면서 기회(機會)를 노리고 있던 미국남장로교(美國南長老敎)에 소속(所屬)한 알렌 박사(Dr. Horace N. Allen: 1858-1935)가 1884년 9월 20일 한국주재미국공사관(韓國駐在美國公使館)의 공의(公醫)의 자격(資格)으로 우리나라에 오게 되었다.

그리하여 그는 우리나라에 미국인선교사(美國人宣敎師)를 데려오기 위해서 기회(機會)를 엿보고 있던 중 또 한 번의 좋은 기회가 왔다.

즉 1884년 12월 4일 김옥균(金玉均)을 중심으로 한 일당(一黨)의 개화파(開化派)에 의해서 벌어진 우정국(郵政局)의 방화사건(放火事件)으로 터진 갑신정변(甲申政變)때에 자객(刺客)들의 칼을 맞고 생명(生命)의 위험(危險)에 처해 있던 왕후(王后) 민비(閔妃)의 조카로 정부(政府)의 요직(要職)을 맡고 있던 민영익(閔泳翊)을 알렌 박사(博士)가 치료(治療)해서 완쾌(完快)시켜 주었다.

그 결과(結果) 알렌 박사(博士)는 고종황제(高宗皇帝)의 신임(新任)을 받고 어전의(御殿醫)로 발탁(拔擢)되었고 1885년 2월에는 우리 정부(政府)의 허락(許諾)을 받고 광혜원(廣惠院)이라는 우리나라 최초(最初)로 서양식종합병원(西洋式綜合病院)을 정식(正式)으로 개설(開設)하게 되었다.

보다 더 중요(重要)한 것은 알렌 박사(博士)의 주선(周旋)으로 우리나라에 정식(正式)으로 선교사(宣敎師)들이 합법적(合法的)인 신분(身分)과 활동의 보장을 받고 들어와서 선교활동을 할 수 있게 되었다는 것이다.

우리나라에 개신교(改新敎)의 선교사(宣敎師)들이 합법적(合法的)으로 입국(入國)하여 당당(堂堂)하게 선교활동(宣敎活動)을 전개(展開)할 수 있게 되었다는 것은 단순(單純)히 선교사적(宣敎史的)인 의미(意味)에서만 생각할 수 있는 일만이 아니라 참으로 중요(重要)한 역사적(歷史的)인 의의(意義)와 함께 신학적(神學的)인 의미(意味)를 갖는다고 해석해야 할 것이다.

왜냐하면 기독교(基督敎)가 한국(韓國)에 들어와서 복음전도(福音傳道)를 위한 활동(活動)으로 교회(敎會)를 세워서 한국교회(韓國敎會)의 터를 닦아놓았다는 것과 함께 사회문화적(社會文化的)으로 우리 한국(韓國)의 현대화(現代化)를 이루는데 결정적(決定的)인 기여(寄與)를 했다는 것을 들 수 있을 것이다.

학교(學校)를 세우고 병원(病院)을 세워서 직접적(直接的)으로 환자(患者)들을 치료(治療)해 주고 빈민(貧民)들을 도와서 삶의 터전을 마련해주고 나아가서는 문맹(文盲)의 잠에서 깨어나지 못하고 있는 우리 국민(國民)들을 일깨워서 민족혼(民族魂)을 되찾아 주었다는 것은 무엇보다도 기독교(基督敎)가 한국(韓國)에 끼친 일 가운데 중요(重要)한 문제(問題)였다고 해도 과언(誇言)이 아닐 것이다.

위에서 말한바와 같이 이미 미국공사관(美國公使館, Legation)의 공의(公醫)의 자격(資格)으로 우리나라에 와 있다가 정부(政府)의 지원(支援)을 받아서 국립병원(國立病院)인 광혜원(廣惠院)을 개설(開設)하여 환자(患者)들을 돌보고 있던 알렌 박사(博士)는 직접간접으로 고종황제(高宗皇帝)에게 간청(懇請)하여 정식(正式)으로 미국인선교사(美國人宣敎師)들을 받아들이도록 윤허(允許)를 빌아내는데 성공(成功)했디.

1885년 4월 5일 바로 그 날은 부활주일(復活主日) 날이었는데 바로 이 날이 우리 한국교회(韓國敎會)의 개신교(改新敎)가 정식(正式)으로 뿌리를 내린 날이라고 할 것이다.

미국(美國)의 북 장로교소속(北長老敎所屬)의 목사(牧師)인 언더우드 (Horace G. Underwood, 한국 명 元杜尤: 1859-1916)선교사(宣敎師)와 미국 북감리교소속(美國北監理敎所屬)의 목사(牧師)인 아펜셀라 (Henry Gerhard Appenzeller: 1858-1902) 선교사부부(宣敎師夫婦)가 지금의 인천항(仁川港)인 제물포(濟物浦)의 부두(埠頭)를 통해서 우리 한국(韓國) 땅에 첫발을 내어 딛게 되었다.

우리는 일반적(一般的)으로 한국(韓國)의 초대선교사(初代宣敎師)하면 보통 언더우드와 아펜셀라 두 사람을 꼽지만 사실은 반드시 알렌 박사(博士) 한 사람을 더하여 세 사람으로 말해야 할 것이다.

이런 의미(意味)에서 우리는 한국(韓國)의 첫 선교사(宣敎師) 세 사람에 대한 것을 간단(簡單)이라도 한 번 살펴보고 넘어가는 것이 좋으리라고 생각한다.

왜냐하면 우리나라에 처음으로 왔던 선교사(宣敎師)들의 인물(人物)됨과, 그들의 활동내용(活動內容)은 누가 보아도 참으로 진실(眞實)했고 간절(懇切)했다는 것을 알게 한다.

그래서 더욱 그들에 대한 것을 더 알아보는 것이 유익할 것이다.

1) 의료선교사(醫療宣敎師) 알렌 박사(博士)

본래 미국(美國)의 북장로교소속인(北長老敎屬)인 의료선교사(醫療宣敎師)로 발탁(拔擢)된 알렌 (Allen Horace N.: 1858-1932, 한국에서 활동 하다가 귀국)박사(博士)는 1803년 11월 중국(中國)의 상해(上海)에 처음으로 도착(倒着)하여 상해(上海)와 남경(南京)으로 오고가면서 선교활동(宣敎活動)을 시작했다.

그러다가 1884년 9월 14일 상해(上海)를 출발(出發)하여 같은 달 20일에 우리나라 제물포항(濟物浦項)에 도착(到着)하게 되었다.

그 당시 우리나라에서는 외국인(外國人)에 대해서 극히 냉대적(冷待的)이었고 별로 환영(歡迎)하지도 않았기 때문에 선교사(宣敎師)는 더욱 더 생각조차도 할 수 없는 일이었다.

그러나 알렌 박사(博士)는 자신(自身)이 의사(醫師)였기 때문에 더 많은 기회(機會)를 만들 수 있었다. 그는 우선 그 당시 미국(美國)을 비롯하여, 영국(英國), 일본(日本), 중국(中國)등 여러 나라의 외국공관(外國公館)에 대한 공의(公醫)로 활동(活動)을 하게 되었다.

그런데 그 해 12월 4일 한국(韓國)에서는 김옥균(金玉均)등 개화파(開化派)의 일당(一黨)이 일으킨 갑신정변(甲申政變)의 난(亂)으로 왕후(王后) 민비(閔妃)의 조카 민영익(閔泳翊)이 자객(刺客)들의 칼을 맞고 생명(生命)이 위태(危殆)롭게 되었는데 알렌 박사(博士)는 팔을 걷어붙이고 민영익(閔泳翊)을 비롯한 부상군인(負傷軍人)들 모두를 열심히 치료(治療)해 주었다.

그 결과(結果)로 민비(閔妃)를 비롯하여 고종황제(高宗皇帝)와 고관(高官)들에게 두터운 신임(信任)을 사게 되어 사실상 어전(御殿)에서 국왕(國王)을 치료(治療)하는 어의(御醫)로서 활동(活動)을 했을 뿐만 아니라 그의 명성(名聲)은 일반국민(一般國民)들의 사이에서도 높은 존경(尊敬)을 받게 되었다.

그리하여 그는 1885년 1월 우리 정부(政府)에 정식(正式)으로 요청(要請)하여 처음으로 서구식종합병원(西歐式綜合病院)인 광혜원(廣惠院)을 국립병원(國立病院)으로 설립(設立)하고 나라의 지원(支援)을 받아서 환자치료(患者治療)에 임하게 되었다.

이렇게 자기의 위치(位置)를 확고(確固)히 하게 되고 조야(朝野) 없이 모든 고관(高官)들이나 국민(國民)들에게 두터운 신임(信任)을 얻게 된 것을 기회로 알렌 박사(博士)는 왕(王)에게 간(諫)하여 정식(正式)으로 선교사(宣敎師)를 받아들이도록 해달라고 하여 선교(宣敎)의 길을 열게 되었다.

1885년 4월 5일 우리나라에 처음으로 합법적(合法的)인 선교사(宣敎師)들이 들어 올 수 있도록 길을 텄다는 것 이 한 가지만 하더라도 알렌 박사(博士)의 한국(韓國)에 대한 선교사적(宣

敎史的)인 의미는 참으로 큰 것이었다.

그리고 선교사(宣敎師)들이 우리나라에 들어온 다음 1885년 6월 28일 선교사(宣敎師)들 전원(全員)이 알렌 박사(博士)의 집에 모여서 처음으로 정식예배(正式禮拜)를 드리게 되었으니 아마도 이것이 우리나라에서는 처음으로 드려진 정식예배(正式禮拜)였다.

또한 알렌 박사(博士)는 1885년 6월에는 같은 의사(醫師)인 해론 박사(博士)(Dr. Heron)를 초청(招請)하여 함께 의료선교활동(醫療宣敎活動)을 전개(展開)한 결과(結果) 그 해만 하더라도 무려 265명의 환자(患者)를 치료(治療)해 준 것으로 기록되고 있다.

그러나 그는 1887년 의료선교사업(醫療宣敎事業)에서 손을 떼고 은퇴(隱退)하여 미국(美國)의 워싱톤(Washington D. C.)에 있던 한국 공사관(韓國公使館)의 서기(書記)가 되었다가 1889년 다시 서울로 옮겨와서 의료선교활동(醫療宣敎活動)을 계속하게 되었다.

1890년 7월에는 서울 한국주재미국공사관(韓國駐在美國公使館)으로 자리를 옮겨서 서기(書記)가 되어서 공사관(公使館)의 일만을 하다가 1897년에는 변리공사(辨理公使, Minister Resident) 겸 총영사 (總領事, Consul General)의 일을 맡아서 1905년까지 일을 하다가 미국(美國)으로 돌아갔다.

이러한 알렌 박사(博士)는 우리 한국(韓國)에 있어서 최초(最初)의 의료선교사(醫療宣敎師, Medical Treatment Missionary)였으며 동시에 우리 한국(韓國)에 복음(福音)의 씨를 뿌리도록 문(門)을 열어주고 길을 터 준 잊을 수 없는 큰 공로자(功勞者)였다.

2) 최초의 장로교 선교사 언더우드 목사(牧師)

언더우드(Horace Underwood: 1859~1916)목사(牧師)는 1885년 4월 5일 바로 부활주일(復活主日) 날 우리나라에 처음으로 발을 들여놓은 정식선교사(正式宣敎師)가운데 한 사람이었다.

언더우드 목사(牧師)가 우리 한국(韓國)의 선교사(宣敎師)로 오게 된 동기(動機)는 그 당시 일본(日本)나라 동경(東京)에서 선교활동(宣敎活動)을 하고 있던 올츠만 박사(博士)(Dr. Olchmann)의 연설(演說)을 듣고 크게 감동(感動)되어 한국선교(韓國宣敎)를 결심(決心)하게 되었다.

그러나 그는 본래 인도선교(印度宣敎)를 목표(目標)로 준비(準備)를 하고 있었는데 갑자기 한국선교(韓國宣敎)를 위해서 보낼만한 사람을 물색(物色)하며 기도(祈禱)를 하던 중 다른 사람을 물색(物色)하는 것보다 자신(自身)이 직접(直接) 나서서 한국(韓國)의 선교사(宣敎師)로 가야 하겠다는 마음의 다짐을 하게 되었다.

그리하여 그는 1884년 7월 센프란시스코 (San Francisco)에 가서 배를 타고 12월에야 겨우 일본(日本)에 도착(到着)하게 되었다.

그러나 그가 한국선교(韓國宣敎)를 성공적(成功的)으로 이끌기 위해서는 많은 선교비(宣敎費)가 필요(必要)하다는 것을 깨닫고 하나님께 기도(祈禱)를 계속(繼續)하다가 그의 형(兄)인 죤 언더우드 (John T. Underwood)에게 사정(私情)하여 무려 50년 동안이나 물심간(物心間)에 많은 지원(支援)을 받아서 한국선교(韓國宣敎)의 기반(基盤)을 탄탄히 굳혀놓게 되었다.

언더우드 선교사(宣敎師)는 우리 한국(韓國)에 오기 전에 약 2개월 간이나 일본(日本)에 머물면서 많은 선배(先輩) 선교사(宣敎師)들에게서 많은 이야기를 듣게 되었고 특히 일본(日本)에 머물고 있던 한국인(韓國人) 이수정(李樹廷)을 만나서 그를 통하여 한국(韓國)말도 배우고 또한 그와 함께 한국(韓國)말 마가복음서를 번역(飜譯)하게 되었다.

그 외에도 언더우드 선교사(宣敎師)는 미리 약간(若干)의 의료기술(醫療技術)도 배워 가지고 왔기 때문에 그 보다 먼저 우리나라에 와서 의료선교활동(醫療宣敎活動)을 하고 있던 알렌 박사(博士)를 도와서 환자(患者)들을 돌보는 일에도 열심이었다.

또한 1886년 4월부터는 알렌 박사(博士)의 병원(病院)에 설치(設置) 된 의학반(醫學班)에서 화학(化學, Chemistry)과 또한 물리학(物理學, Physical Science)을 가르치는 일까지도 해냈다.

1886년 6월 11일에는 한국인(韓國人)으로서는 최초(最初)로 노 도사(盧道士)라는 사람에게 세례(洗禮)를 베풀었다.

1887년 가을에 접어들면서부터는 송도(松島) 소래 평양(平壤) 의주(義州)등지로 두로 돌아다니면서 간단한 약품(藥品)과 성경책(聖經冊)을 주민들에게 나누어주면서 본격적(本格的)인 선교활동(宣敎活動)을 펼쳤다.

그 중에서도 특히 소래에서는 20여명에게 세례(洗禮)를 베풀어줌으로 소래교회를 설립(設立)하는데 기반(基盤)을 구축(構築)해 줬다.

그리고 바로 그 해에 고아원(孤兒院)을 세우고 거기에서 한글과 영어(英語)와 성경(聖經)을 가르쳤는데 그것이 후일에는 "예수교 학교(學校)"라는 이름으로 불리어지기도 했다.

1889년 3월에는 알렌 박사(博士)의 광혜원병원(廣惠院病院)에서 처녀의사(處女醫師)로 일하고 있던 홀튼(Holton)과 결혼(結婚)을 함으로 이제부터는 본격적(本格的)인 부부(夫婦)의 선교활동(宣敎活動)을 펴나가게 되었다.

그리하여 그들은 평양(平壤), 강계(江界), 의주(義州)등의 지방(地方)으로 두루 돌아다니면서 선교활동(宣敎活動)을 펴나갔고 심지어는 만주(滿洲)까지 가서 전도(傳道)하여 거기서는 33명이나 되는 사람들에게 세례(洗禮)를 베풀었다.

1897년 9월에는 14명의 교인(敎人)들과 함께 "새문안 교회(敎會)"를 세우기로 설립위원회(設立委員會)를 조직(組織)하고 처음에는 언더우드 선교사(宣敎師)의 자택(自宅)에서 예배(禮拜)를 드리다가 후에는 정동(貞洞)에 있는 조그마한 집을 구입(購入)하여 예배당(禮拜堂)으로 쓰게 되었다.

그 해에 언더우드는 주간지(週刊誌)로 "그리스도 신문(新聞)"을 발간(發刊)하여 문서선교(文書宣敎)에도 박차(拍車)를 가하게 되었고 1899년에는 7명의 동지(同志)들을 모아서 한국최초(韓國最初)로 성경공부반(聖經工夫班)을 시작(始作)하게 되었고 또 1900년에는 "기독교청년회(基督敎靑年會, Y M C A)"를 조직(組織)했다.

1913년에는 조선장로교독노회(朝鮮長老敎獨老會)를 조직(組織)하고 총회장(總會長)에 피선(被選)되었고 1915년에는 연희전문학교(延禧 專門學校)의 초대교장(初代校長)으로 취임(就任)하기도 했다.

실로 언더우드 선교사(宣敎師)는 우리 한국교회(韓國敎會)의 아버지와도 같은 사람이었고 우리 한국교육계(韓國敎育界)의 아버지와도 같은 인물(人物)이었다.

우리나라에서 태어난 언더우드 선교사(宣敎師)의 아들 원경한(元京漢, Horace H. Underwood) 박사(博士)도 우리나라의 교육사업(敎育事業)과 선교활동(宣敎活動)에 일생(一生)을 바쳤고 또한 그의 손자(孫子)인 원일한(元 日漢, Horace G. Underwood) 박사(博士)도 충청북도(忠淸北道)의 청주지방(淸州地方)을 맡아서 선교활동(宣敎活動)에 그의 전생애(全生涯)를 바치고 있다.

언더우드 선교사(宣敎師)는 수많은 저서(著書)를 남겼는데 여기에 몇 가지를 소개(紹介)하면 다음과 같다.

한국어(韓國語)의 문법(文法), 속죄(贖罪)의 기도(祈禱), 한영(韓英辭典), 성경문답(聖經問答), 복(福), 찬양가(讚揚歌), 영혼문답(靈魂問答), 부활주일예배(復活主日禮拜), 요한 공부(工夫), 한국구어입문 (韓國口語入門, Introduction to the Korean Spoken Language, 1890), 영한사전(英韓事典) (English-Korean Dictionary, 1890), 한국(韓國)에로의 부름(The call of Korea, 1908), 동부 아시아의 종교(宗敎)들(The Religions of Eastern Asia, 1910), 선교논평(宣敎 論評, Missionary Review), 한국유기(韓國留記, The Korean Repository), 한국 평론(韓國 評論, The Korean Review) 등 이외에도 그의 기록(記錄)은 수없이 많이 있으나, 여기에다 소개(紹介)하지 못한 것이 유감(遺憾)이다.

3) 감리교(監理敎) 선교사 아펜셀라 목사(牧師)

아펜셀라 선교사(宣敎師)는 1858년 미국(美國)의 펜실바니아 (Pennsylvania)주(州)에서 루터교회에 다니는 신자(信者)의 가정(家庭)에서 태어났는데 1876년 11월 어느 장로교회(長老敎會)의 부흥집회(復興集會)에 참석(參席)했다가 자기(自己)의 믿음을 고백(告白)하고 진실(眞實)한 그리스도인으로 입문(入門)하게 되었다.

1879년 4월에 감리교(監理敎)에 가입했고 1882년에 마샬 대학(大學)을 졸업(卒業)한 다음 드류 신학교(神學校)(Drew Theological Seminary)에 들어가서 1885년에 신학교(神學校)를 졸업(卒業)했다.

아펜셀라는 신학교(神學校)에서 공부(工夫)를 할 때부터 한국선교(韓國宣敎)에 깊은 관심(關心)을 가지고 마음을 굳혀왔는데 1884년 12월 미국북감리교(美國北監理敎)의 선교국(宣敎局)으로부터 한국선교사(韓國宣敎師)로 임명(任命)을 받게 되었다.

그는 바로 엘라 닷지(Ella Dodge)와 결혼(結婚)을 하고 한국행(韓國行) 배에 올라타고 센프란시스코(San Francisco)에 와서 한국(韓國)으로 떠나기 전날 밤에 목사안수(牧師按手)를 받았다.

1885년 2월 센프란시스코를 떠난 아펜셀라는 장로선교사(長老敎宣敎師)로 가는 언더우드와 일본(日本)에서 합류(合流)하여 1885년 4월 5일 역사적(歷史的)인 한국선교(韓國宣敎)의 임지(任地)에 도착(到着)하게 되었다.

그러나 그 당시의 한국정세(韓國情勢)가 안정(安靜)되지 못하였기 때문에 쉽게 정착(定着)한다는 것이 어렵다고 판단(判斷)하여 일단 일본(日本)으로 물러갔다가 6월 25일 다시 한국(韓

國)으로 돌아와서 6월 28일에 모인 알렌 박사(博士)의 집에서 선교사(宣敎師)들의 처음 합동예배(合同禮拜)를 드리게 되었다.

서울로 돌아온 아펜셀라는 두 한국인(韓國人)의 학생(學生)들에게 영어(英語)를 가르쳤고 그 중 한 학생(學生)에게는 누구에게 발각(發覺)이라도 될까하여 방문(房門)을 걸어 잠그고 세례(洗禮)를 베풀었다.

그 당시에 한국청년(韓國靑年)들은 서양문화(西洋文化)에 대한 깊은 관심(關心)을 가지기 시작(始作)했으므로 아펜셀라는 열심히 청년(靑年)들의 교육지도(敎育指導)에 힘을 쏟았다.

이 소식이 조정(朝廷)에까지 들려지면서 고종황제(高宗皇帝)도 크게 감동(感動)되어 그들이 모인 자리에 "배재 학당"(培材學堂)이라는 이름과 함께 친히 액(額)을 써주고 학당(學堂)의 간판(看板)으로 내어 걸도록 배려(配慮)해 주었다.

아펜셀라 선교사(宣敎師)는 한국(韓國)에서의 선교활동(宣敎活動)이 자리를 잡혀가게 됨에 따라서 전국(全國)을 순회(巡廻)하며 본격적(本格的)인 선교활동(宣敎活動)을 전개(展開)해 나가는 한편 한글 성경번역(聖經飜譯)에도 열정(熱情)을 쏟았다.

1902년 8월 목포(木浦)애서 열리는 성경번역위원회(聖經 飜譯 委員會)에 참석(參席)하기 위해서 인천(仁川)에서 배를 타고 목포항(木浦港)에 가까이 이르렀을 때에 목포(木浦)에서 서울로 가는 상선(商船)과 충돌(衝突)하는 해난사고(海難事故)로 아쉽게도 익사(溺死)하여 그의 생(生)을 마감하게 되었다.

그의 딸 아펜셀라 양(孃)은 이화 여자 대학(梨花 女子大學)을 창설(創設)하여 그 학교(學校)의 학장(學長)으로 평생(平生)을 바쳤으며 그의 아들 엔리 아펜셀라(Anlli Appenzeller)는 배재학교(培栽學校)의 교장(校長)으로 한 평생(平生)을 마쳤으니 이들 아펜셀라 선교사(宣敎師)의 일가족(一家族)은 우리 한국교회(韓國敎會)의 선교(宣敎)와 교육발전(敎育發展)을 위해서 그대로 쏟아 부은 우리 한국선교(韓國宣敎)와 현대화(現代化)의 유공자(有功者)라고 하지 않을 수 없다.

언더우드 선교사(宣敎師)와 아펜셀라 선교사(宣敎師) 부부(夫婦)의 한국입국(韓國入國)이 이루어지게 되면서부터 시작하여 계속적(繼續的)으로 그 뒤를 이어서 각국(各國)의 선교사(宣敎師)들이 앞을 다투어 우리나라로 몰려오게 되었는데 우선 감리교(監理敎)의 스크렌톤 박사(博士)(Dr. W. B. Scranton)의 부부(夫婦)와 그의 어머니 메리 스크렌톤(Mary F. Scranton)이 들어와서 아펜셀라 선교사(宣敎師)와 합류(合流)하게 되었다.

같은 해인 1885년 6월에는 미국북장로교(美國北長老敎)에서 선교부(宣敎部)의 파송(派送)을 받은 죤 헤론 박사(博士)(Dr. John H. Heron)가 입국(入國)하여 이번에는 언더우드 선교사(宣敎師)와 합류(合流)하게 되었다.

1889년 10월에는 호주장로교회(濠洲長老敎會)(Presbyterian Church of Victoria)에서 파송(派送)한 선교사(宣敎師)로 데이비드 목사(牧師)(Rev. J. Henry David)가 그의 누이인 데이비드(Miss M. T. David)와 함께 들어 왔으나 불행(不幸)하게도 데이비드 선교사(宣敎師)는 한국(韓國)에 들어온지 겨우 6개월만에 천연두(天然痘)에 걸려서 선교활동(宣敎活動)의 날개도 펴보지 못하고 죽고 말았다.

이 소식(消息)을 전해들은 호주 장로교회(長老敎會)의 선교부(宣敎部)에서는 후속적(後續的)으로 계속(繼續)해서 선교사(宣敎師)를 파송(派送)하여 주로 부산(釜山)을 중심으로 경상도(慶尙道)지방에서 선교활동(宣敎活動)을 하도록 추진(推進)해 나갔다.

1890년 영국(英國)의 성공회(聖公會, The Anglican Church, The Protestant Episcopal Church in England)에서는 코프 감독(Bishop C. J. Corfe)등 6명의 목사(牧師)와 2명의 의사(醫師)를 함께 파송(派送)하여 본격적(本格的)으로 선교활동(宣敎活動)을 시작(始作)해 나갔다.

그리하여 그들은 1891년 9월 30일 제물포(濟物浦)에 최초(最初)의 성공회(聖公會)에 소속(所屬)한 교회당(敎會堂)을 세우고 헌당식(獻堂式)을 거행했다.

1892년에는 미국남장로교(美國南長老敎)(Southern Presbyterian Church in the United States of America)에서는 호남지방(湖南地方)에서 선교활동(宣敎活動)을 펴나가도록 선교사(宣敎師)들을 파송(派送)하여 활동(活動)을 펴나가게 되었다.

같은 해에 또 테이트 목사(牧師)(Rev. L. B. Tate)와 그의 누이 마티(Miss Matie S. Tate) 그리고 우리

나라 최초(最初)의 신학교(神學校, Theological Seminary)였던 평양신학교(平壤 神學校)에서 조직신학(組織神學, Systematic Theology)을 강의(講義)했든 레이놀드 목사(牧師)(Rev. W. S. Reynolds)부부(夫婦)와 전킨 목사(牧師)(Rev. W. N. Junkin) 부부(夫婦)가 들어와서 선교활동(宣敎活動)과 학교강의(學校講義)를 계속하게 되었다.

1896년 미국남감리교회(美國南監理敎會)(Southern methodist Church in U. S. A.) 선교부(宣敎部)에서는 리드 목사(牧師)(Rev. C. F. Reid)를 보내서 선교활동(宣敎活動)을 전개해 나가도록 했다.

같은 헤에 케나다 장로교회(Presbyterian Church in Canada) 출신(出身)인 맥킨지 목사(Rev. William .I McKenzie)는 독립선교사(獨立宣敎師)로 한국(韓國)에 와서 우리나라에서 맨 처음으로 교회(敎會)가 설립(設立)된 소래(松川) 지방에 자리를 정하고 거처하면서 서상륜(徐 相崙: 1849-1926)의 동생(同生)이며 후에 장로교(長老敎) 초대목사(初代牧師)가 된 서경조(徐 景祚: 1852 -1938)의 도움을 받아 예배당(禮拜堂)을 짓고 목회활동(牧會活動)을 하였다.

맥킨지 목사(牧師)는 그로부터 2년 후에 별세(別世)하게 되므로 캐나다 장로교회(長老敎會)의 선교부(宣敎部)에서는 오히려 한국(韓國)에서의 선교활동(宣敎活動)을 더 강화(强化)시켜 나가야 하겠다고 마음을 굳히게 되었다.

그것은 그곳 소래교회(敎會)의 한 성도(聖徒)로부터 맥킨지 선교사(宣敎師)가 죽었다는 부음(訃音)과 함께 선교사(宣敎師)를 다시 보내달라는 요청(要請)을 받고 1898년에 그리슨 박사(博士)(Dr. Robert G. Grieson) 부부(夫婦)와 푸트 목사(牧師) (Rev. W. R. Foote) 부부(夫婦)와 맥케어 목사 (Rev. D. M. McCare)를 파송(派送)하여 주로 함경도(咸京道)를 중심으로한 지방(地方)에서 집중적(集中的)으로 선교활동(宣敎活動)을 전개해 나가도록 조치했다.

1889년에는 캐나다의 토론토(Toronto) 대학교(大學校)의 기독청년회(基督靑年會, YMCA)의 파송(派送)으로 침례교회(浸禮敎會, Baptist Church)의 선교사(宣敎師)로 말콤 펜위크 목사(牧師)(Rev. Malcolm C. Fenwick)를 보내서 그들로 선교활동(宣敎活動)을 펴나가도록 했다.

그리고 1895년에는 미국(美國)의 침례교계통(浸禮敎系統)의 "엘라 딩 기념선교회(記念宣敎會)"(Ella Thing Memorial Mission)로부터 파송(派送)을 받은 폴링(E. C. Pauling)과 가델린 (A. Gadeline) 선교사(宣敎師)를 부산(釜山)과 공주(公州) 등지(等地)로 보내서 선교활동(宣敎活動)을 펴나갔으나 불행(不幸)하게도 재정난(財政難)으로 하는 수 없이 1900년 선교활동(宣敎活動)을 중단해야했다

그러나 펜위크 선교사(宣敎師)가 그 일을 인수(引受)하여 1906년 이번에는 "대한기독교회(

大韓基督敎會”라는 독자적(獨自的)인 교회조직(敎會組織)을 갖추고 새로운 선교활동(宣敎活動)을 전개(展開)해 나갔다.

이 단체(團體)는 그 후에 동아 기독교(東亞 基督敎)라는 새로운 이름으로 선교활동(宣敎活動)을 계속해 나가다가 세계(世界) 제2차 대전(大戰)이 끝난 다음에는 침례교회(浸禮敎會, Baptist Church)로 발전하게 되었다.

1904년에는 일본(日本)의 고배(神戶)에서 전도(傳道)를 받은 손 흥조(孫興祚)와 임기반(林基盤)에 의해서 “제7일 안식교”(第七日 安息敎, Seventh Day Adventists Church)라는 간판(看板) 아래 진남포(鎭南浦)와 용강(龍江) 등지에서 선교활동(宣敎活動)을 펼치고 교회(敎會)를 개척(開拓) 해 나갔다.

1907년에는 동양 선교회(東洋宣敎會, The Oriental Missionary Society)라는 이름으로 미국(美國)의 감리교회(監理敎會, The Methodist Church in U. S. A.) 출신(出身)인 카우멘(C. E. Cowman)과 킬번 (A. Kilbourne)이 일본동경(日本東京)에서 “성서 학원”(聖書學院)을 세우고 성경(聖經)을 가르치며 전도인(傳道人)의 양성(養成)에 힘을 쏟고 있었는데 거기에서 공부(工夫)를 하고 돌아 온 김상준(金 相濬)과 정빈(鄭彬)이 1907년에 귀국(歸國)하여 서울의 염곡동(鹽谷洞)에 집을 내어 동양선교회복음전도관(東洋宣敎會福音傳道館)이라는 간판(看板)을 내어걸고 소위 성결교회(聖潔敎會)의 선교운동(宣敎運動)을 전개(展開)해 나갔다.

그 후 1911년에는 서울 무교동(武橋洞)에 있는 전도관(傳道館) 안에 성서 학원(聖書學院)을 설립(設立)하였고 1921년에는 감독자문회(監督諮問會)를 조직(組織)하고 조선(朝鮮) 예수교 동양선교회(東洋宣敎會)라고 개칭(改稱)하여 활동(活動)을 펼쳐 나갔다.

1908년 10월에는 호가드(W. Hoggard, 韓國名 許加斗) 선교사(宣敎師)가 입국(入國)하여 구세군(救世軍, The Salvation Army)의 활동(活動)을 전개(展開)해 나갔다.

그것은 영국(英國)에서 구세군(救世軍)을 창설(創設)한 부스(W. Booth) 장군(將軍)이 동양(東洋)을 순방(巡訪)하던 중 일본(日本)에 들렸다가 한국인(韓國人) 두 사람으로부터 선교요청(宣敎要請)을 받고 호가드를 구세군(救世軍) 한국초대선교사(韓國初代宣敎師)로 임명(任命)하고 파송(派送)하게 되었다.

우리나라에 기독교복음(基督敎福音)이 들어오고 각국(各國)에서 밀려들어 온 선교사(宣敎師)

들에 의해서 선교활동(宣敎活動)이 전개(展開)되던 19세기 말엽(末葉)의 우리 한국(韓國)의 정황(情況)은 1894년에 전봉준(全琫準: 1854-1895)에 의해서 일어난 농민운동(農民運動) 곧 동학혁명(東學革命) 운동(運動)과 청일전쟁(淸日戰爭: 1894- 1895)이 일어났고 또 갑오경장(甲午更張)과 일제(日帝)에 의한 식민탄압(植民彈壓)등 수많은 국난(國難)이 되풀이되었으나 그럴 때마다 한국교회(韓國敎會)는 부흥(復興)의 불길이 피어올랐고 특히 많은 지성인(知性人)들이 회심(回心)하고 기독교(基督敎)로 귀의(歸依)해 왔다.

1895년 평양지역(平壤地域)에서 선교활동(宣敎活動)을 계속하고 있던 그레함(Graham Lee) 선교사(宣敎師)는 한국인(韓國人)들이 정치적(政治的)인 많은 시련(試鍊)과 혼란(混亂)을 겪으면서도 그럴수록 한국인(韓國人)들의 마음은 강(强)해져가고 있다는 사실을 듣고 그의 선교보고(宣敎報告)에서 다음과 같이 소개(紹介)하고 있는 것을 본다.

"전쟁(戰爭)은 한국(韓國) 사람의 마음에 큰 충격(衝擊)을 주어 정신(精神)을 차리게 만들었고 삶의 참 길이 무엇인지를 찾아보게 만들었다. 한국(韓國)에 복음(福音)을 전파(傳播)할 수 있는 절호(絶好)의 시기(時期)가 왔다. 그러므로 선교부(宣敎部)는 더 많은 선교사(宣敎師)를 파송(派送)하여 주기를 바란다"

4 ≡ 기독교(基督敎)와 한국인의 정신개화(精神改化)

우리가 기독교(基督敎)의 교리사상(敎理思想)을 연구(硏究)한다는 것은 항상 성경(聖經)에서 말씀하고 있는 진리(眞理)의 중심사상(中心思想)에 준거(準據)하여 그 교리(敎理)를 탐구(探究)하고 기독교(基督敎)의 교리(敎理)를 시비(是非)하고 가리게 된다.

그러나 그 과정(過程)에서 파생(派生)되는 논쟁(論爭)의 파장(波長)이 경우에 따라서는 전혀 다르게 나타날 수도 있다는 것을 수 없이 보아왔다.

그러나 그러한 모든 것들은 한결같이 기독교(基督敎)의 내부(內部)에서 일어난 일로서 일반사회(一般社會)에서는 별로 관심사(關心事)로 여겨지지 않을 때도 있다.

　그러나 기독교내부(基督敎內部)의 진통(鎭痛)과 교리상(敎理上)의 분열(分裂)은 반드시 사회(社會)에도 커다란 파문(波紋)을 일으켜서 사회구조(社會構造)의 향방(向方)을 결정짓는 경우도 있다.

　기독교운동(基督敎運動)이 단순(單純)한 복음전도(福音傳道)와 교회운동(敎會運動)에 끝나는 것이 아니라 당장 문화(文化)와 결탁(結託)하게 되어 피선교국(被宣敎國)의 사회(社會)와 문화(文化)에도 영향(影響)을 끼치게 되고 또 다른 한 편으로는 정신사상적(精神(思想的)인 문제(問題)에 대해서도 엄청난 영향(影響)을 끼치게 된다는 것을 알아야 한다.

　기독교(基督敎)는 세계선교(世界宣敎, World Mission)라는 전략(戰略)을 세우고 선교활동(宣敎活動)을 전개(展開)해 나가는 동안 일차적(一次的)으로는 복음(福音)은 온 세상을 주고도 바꿀 수 없는 사람들의 영혼(靈魂)을 구원(救援)해 주고 구원(救援)받은 사람들을 모아서 하나님의 교회(敎會)를 세움으로 성경(聖經)에서 말씀하고 있는 영원(永遠)한 메시아 왕국운동(王國運動)을 전개(展開)해 나가는 것이다.

　그러면서도 또 한 편으로는 미개(未開)한 문화민족(文化民族)을 일깨워서 생활(生活)의 문명화(文明化)로 이끌어 주고 현실적(現實的)인 실익(實益)도 챙기게 해 준다.

　이런 의미에서 기독교(基督敎)는 항상 문화(文化)를 복음전도(福音傳道)의 수단(手段)과 방편상(方便上)의 매개(媒介)로 이용(利用)해 왔기 때문에 "기독교(基督敎)는 문화(文化)를 가지고 간다"는 말을 남기게 된다.

　그러나 더 중요(重要)한 것은 기독교운동(基督敎運動)은 한 시대(時代)만이 아니라 역사(歷史)가 지속(持續)되는 한 전인류(全人類)의 생명(生命)과 사상(思想)의 중심(中心)에 서서 정신적(精神的)인 지주(支柱)로서 소금과 빛이 되어 인류(人類)의 역사(歷史)를 지배(支配)해 나간다는 자부심(自負心)을 가지고 사명(使命)에 임해야 한다.

　그러나 여기에서는 우리 한국(韓國)의 개화(開化) 곧 현대화(現代化)를 위해서 기독교(基督敎)가 기여(寄與)한 것들이 무엇인가 하는 것을 살펴보려고 한다.

　물론 한 가지 한 가지 그 내용(內容)을 말한다는 것은 너무도 많고 총체적(總體的)이어서 일일이 들 수는 없으나 근본적(根本的)으로 정신적(精神的)인 점에서 살펴보는 것이 유익(有益)할 것으로 안다.

　우리나라에 기독교(基督敎)가 정식(正式)으로 들어오기 위해서는 우선 흥선대원군(興善大院君)

에 의해서 주도(主導)되었든 쇄국주의정책(鎖國主義政策, National Isolationism Policy)을 어떻게 돌파(突破)해 나가야 할 것인가 하는 것이 첫 번째로 어려운 일이었다.

그러므로 대원군(大院君)이 집권(執權)하여 통치(統治)를 하든 시절에는 개신교측(改新敎側)에서는 일종(一種)의 탐색전(探索戰)을 하는 정도(程度)에 끝냈으나 로마 카톨릭 교회 측에서는 무작위적(無作爲的)으로 정면돌파(正面突破)를 시도(試圖)했다가 너무도 많은 목숨을 빼앗기고 피를 흘려야 하는 희생(犧牲)을 치러야 했다.

그러다가 대원군(大院君)이 1876년 정치일선(政治一線)에서 물러나고 또 조일수호조약(朝日守護條約)이 체결(締結)되고 다시 1882년에는 한미통상조약(韓美 通商條約)이 체결(締結)되었고 그 뒤를 이어서 영국(英國), 독일(獨逸), 러시아, 이태리, 불란서(佛蘭西), 오지리, 벨기에 등 여러 나라들과 수교(修交)를 하게 됨에 따라서 이제부터는 우리나라도 세계열방국가(世界列邦國家)들 속에 어깨를 나란히 끼어들게 되었다.

우리나라가 세계(世界)의 여러 나라들과 수교(修交)를 한다는 것은 바로 기독교(基督敎)가 한국(韓國)에 들어올 수 있는 계기(契機)를 만나게 되었다는 말과도 같다.

그리하여 1885년 4월 우선 미국(美國)을 비롯하여 세계(世界) 여러 나라들에서 선교사(宣敎師)들이 몰려오기는 했으나 그렇다고 해서 선교활동(宣敎活動)이 완전히 자유(自由)롭게 보장(保障)이 된 것은 아니었다.

우리나라가 외국인선교사(外國人宣敎師)들을 정식(正式)으로 받아들이고 나서 꼭 11년 째 되던 1896년에야 비로소 서양종교(西洋宗敎)를 금(禁)한다는 "서교 금령"(西敎 禁令)을 폐기(廢棄)하고 신교자유 (信敎自由)를 허락(許諾)해 주게 되었다.

그러면서도 그것은 소극적(消極的)인 의미(意味)에서의 신교자유(信敎自由)에 불과(不過)했고 1906년이 되어서야 포교 규칙(布敎規則)을 선포(宣布)함으로 선교활동(宣敎活動)이 완전한 자유를 보장(保障)받게 되었다.

1905년 11월 18일 한일(韓日) 간에 을사보호조약(乙巳保護條約)이 채결되고 침략자(侵略者) 이또히로부미(伊藤博文)에 의해서 일본(日本)의 통감부(統監府)가 설치(設置)되었는데 이또히로부미(伊藤博文) 통감(統監)은 신교(信敎)의 자유(自由)를 표방(標榜)하는 정책(政策)을 펴나갔으므로 그 때에 선교사(宣敎師)들과 교회(敎會)는 우리나라의 민족주의자(民族主義者)들과 힘을 모아서 교육(教育)을 통한 국민계몽(國民啓蒙)과 함께 선교전략(宣敎戰略)을 펴 나갈 수가 있었다.

신학박사(神學博士)와 법률학박사(法律學博士)의 학위(學位)를 가진 지성파(知性派)로 통하는 장로교(長老敎)의 언더우드 선교사(宣敎師)는 "새문안 교회(敎會)"를 설립(設立)한 것 외에 탁월(卓越)한 교육가(敎育家)로서 1907년에는 연희전문학교(延禧專門學校, 현재의 연세대학교)를 세워서 우리나라의 교육발전(敎育發展)을 위한 기틀을 짜게 되었다.

또한 의료선교사(醫療宣敎師)인 알렌(Dr. Horace Allen) 박사(博士)와 스크렌톤 박사(博士) (Dr. W. B. Scranton)는 힘을 모아서 현재(現在)의 연세병원(延世病院)인 세브란스 병원(病院)을 설립(設立)하여 우리나라 의학계(醫學界)에 새로운 장(章)을 열어 주었을 뿐만 아니라 적극적(積極的)으로 환자(患者)들을 치료(治療)해 줌으로써 한국(韓國)에 있어서 선교활동(宣敎活動)은 단순한 복음전도(福音傳道)만이 아니라 나라의 현대화(現代化)를 위해서 절대적(絶對的)인 기여(寄與)를 한 것이 역력하게 드러나고 있다.

이러한 의미(意味)에서 생각해 볼 때에 개신교(改新敎)의 선교방법(宣敎方法)은 세 가지의 특징(特徵)으로 드러나는데 예수께서 하셨던 전도선교(傳道宣敎, Preaching Mission)와 교육선교(敎育宣敎, Teaching Mission) 와 치유선교(治癒宣敎, Healing Mission)와 그대로 성경복음의 선교(Biblical Gospel Mission)와 교육(敎育, Education)적인 활동(活動)과 의료(醫療, Medical Treatment) 봉사활동(奉仕活動)같은 것을 적극적(積極的)으로 활용(活用)했다는 것을 알게 한다.

한편 아펜셀라 선교사(宣敎師)에 의해서 세워진 배재학당(培材學堂)에서는 영어(英語) 한글 성경(聖經) 한문(漢文) 수학(數學)등을 가르쳤고 현대문화(現代文化)에 대해서 강의(講義)했다.

언더우드 목사(牧師)의 부인(婦人) 홀튼(Holton)이 그의 친구(親舊)에게 보낸 편지(便紙)를 보면 그들이 한국인(韓國人)들을 위해서 교육(敎育)을 벌이고 있는 내용(內容)과 목적(目的)에 대해서 잘 이해(理解) 할 수 있다.

"우리는 여학생(女學生)들에게 서양(西洋) 옷을 입히고, 서양식(西洋式)으로 생활(生活)을 하도록 할 의향(意向)은 조금도 없다.

우리는 그들이 충실(充實)한 한국여자(韓國女子)가 된다면 더할 나위 없이 기쁘겠다. 우리는 그들이 자기나라를 자랑스럽게 여기기를 소원(所願)하며 즉 그리스도의 가르침을 받아 그렇게 되기를 바란다. 우리는 그들을 한국여자(韓國女子)가 되도록 교육(敎育)하는 것이지 미국

여자(美國女子)를 만들려고 하는 것이 아니다".

이런 점으로 미루어서 생각해볼 때에 초기선교사(初期宣敎師)들은 남녀(男女) 없이 한국인(韓國人)들이 문맹(文盲)과 미개(未開)에서 벗어나서 자기 스스로를 찾고 자기나라를 바로 세워나 가도록 해 주기 위해서 얼마나 많은 정성(精誠)을 쏟았는가 하는 것을 알게 한다.

1885년 4월 처음으로 선교사(宣敎師)들이 들어오던 해에 지금 동양(東洋)의 여류명문대학(女流名文大學)으로 떠오른 이화여자 대학교(梨花女子大學校)의 전신(前身)인 이화학당(梨花學堂)을 세우게 되었는데 1887년 왕후민비(王后閔妃)로부터 이화(梨花)라는 학교(學校)의 이름을 하사(下賜) 받아서 학교(學校)의 이름으로 쓰게 되었다.

또 1887년에는 장로교선교회(長老敎宣敎會)에서 한국최초(韓國最初)로 고아원(孤兒院)을 세우게 되었다. 그들이 고아원(孤兒院)을 세우게 된 것은 우선 일차(一次)로는 의지(依支)할 곳이 없는 어린이들을 돌보고 살펴주는 것이었지만 그 고아원(孤兒院)을 통해서 한국(韓國)의 어린이들에게도 현대식교육(現代式敎育)을 받도록 해 주자는 데 목적(目的)이 있었다.

기독교(基督敎)가 우리 한국(韓國)에 들어와서 기독교본연(基督敎本然)의 사명(使命)인 선교(宣敎)를 통해서 개인(個人)의 영혼(靈魂)을 구원(救援)하는 것과 교회설립(敎會設立)이라는 종교적(宗敎的)인 목적(目的)을 이루는 것 외에 정치(政治), 경제(經濟), 문화(文化), 교육(敎育), 사회(社會)등 모든 현실적(現實的)인 문제(問題)와 나아가서는 민족(民族)의 혼(魂)을 일깨워서 특히 일본(日本)의 식민탄압(植民彈壓)에서 나라를 되찾게 하는 일에 더 적극적(積極的)이었다는 것을 알 수 있다.

그것은 1919년 3월 1일에 일어난 기미독립만세(己未獨立萬歲)의 사건(事件) 때에 민족대표(民族代表) 33인 중 기독교인(基督敎人)이 무려 16명이나 되었다는 것을 보더라도 알 수가 있고 특히 시골 태생(胎生)의 16세 소녀(少女)로 이화학당(梨花學堂)에 재학중(在學中)이던 어린 여학생(女學生) 유관순(柳 寬順: 1903-1920)이 독립만세운동(獨立萬歲運動)을 선두(先頭)에서 지휘(指揮)하다가 그 몸이 왜경(倭警)이 휘두르는 칼에 여섯 도막으로 잘려서 잔인(殘忍)하게 죽기까지 하면서도 나라를 되찾겠다고 대한독립만세(大韓獨立萬歲)를 절규(絶叫)했던 것은 오직 우리 기독교사상(基督敎思想)이 일깨워주고 심어준 정신(精神)에서였다고 자부(自負)한다.

초대선교사(初代宣敎師)들이 우리나라에 처음 들어왔을 때에 그들이 본 우리나라의 모습(貌習)을 이화학당(梨花學堂)의 설립자(設立者)였던 메리 스크렌톤(Mrs.. Mary Scranton: 1885-1909, 한국에서 활

 여사(女史)가 기록(記錄)한 글을 보면 그날의 사정(事情)을 이해(理解)하는데 도움이 될 것이다.

"우리들이 길에 나가기만 하면 부녀자(婦女子)들은 급히 도망하여 방문(訪問)을 닫고 숨어버렸고 어린 아이들은 고래고래 소리를 지르고 몰려들면서 우리에게 야유를 쏟아부었다. 거기에다 한국어(韓國語)의 책(冊) 한권도 구입(購入)할 수가 없었고 우리에게 한국(韓國)말을 가르쳐 줄 선생(先生)도 없었고 또한 통역(通譯)도 없었기 때문에 간단한 한국말이라도 배운다는 것이 여간 어려운 일이 아니었다. 뿐만 아니라 그들이 살고 있는 집도 햇볕 한 점 들어올 유리창이 없어서 포오크 공사(公使)의 선물(膳物)인 사진(寫眞)틀의 유리를 뜯어서 창문(窓門)에 끼우고 그것을 통해서 겨우 밖을 볼 수 있었고 햇볕을 구경(求景)할 수 있었다. 선교사(宣敎師)들은 무엇을 먹을까? 하는 걱정도 하지 않을 만큼 세상사(世上事)에 초연(超然)해야 하지만 우리가 온 첫 해 여름 동안은 먹는 문제(問題)에 대단히 고생(苦生)을 해야 했다. 처음에는 암담(暗澹)하기도 했으나 결국(結局)은 한국(韓國)에 오게된 것이 기쁨이었다(梨花 八十年 史, P. 39)."

이 글을 볼 때에 초대선교사(初代宣敎師)들이 얼마나 많은 고생 (苦生)을 참고 이겨내면서 오늘의 우리나라를 만들기 위해서 헌신적(獻身的)인 노력(勞力)을 했던가하는 것을 알게 한다.

기독교(基督敎)의 선교(宣敎)는 언제나 교육(敎育)과의 불가분리적 (不可分離적(的))인 관계(關係)를 가지고 함께 발전(發展)해 나갔다.

구한말(舊韓末)에 한국(韓國)에 들어온 기독교(基督敎)는 그야말로 고요한 나라의 아침을 열어서 잠꼬대를 깨워준 큰 몫을 다했다.

5 ≡ 한국에 있어서 기독청년회 운동

우리나라의 현대화(現代化)를 말함에 있어서 결코 그대로 넘겨서는 안 될 역사적(歷史的)인 일로 한국기독청년회운동 (韓國基督靑年會運動, Y. M. C. A. Youth Men's Christian Association Movement)을 배제(排除)할 수 없다는 것을 알아야 한다.

한국(韓國)에 있어서 기독청년운동(基督靑年運動)은 1903년 10월 28일 길레트(P. L. Dillet, 한국 명

吉禮添) 선교사(宣敎師)의 주도하(主導下)에 서울 복판에 황성기독청년회(皇城基督靑年會)라는 이름으로 Y. M. C. A.의 첫 결성(結成)을 보게 되었다.

그리고 이 단체(團體)를 결성(結成)함과 동시에 홍콩(香港, Hong Kong)에 있는 기독청년연합회(基督靑年聯合會)에 가입(加入)하게 되었다.

우선 황성기독청년회(皇城基督靑年會)는 문필가(文筆家)로 통했던 게일(J. S. Gale) 선교사(宣敎師)를 초대회장(初代會長)으로 추대(推戴)하고 길레트 선교사(宣敎師)가 총무(總務)를 맡았다.

그 당시의 회원(會員)을 살펴보면 정회원(正會員)이 28명이었고 준회원(准會員)이 9명이었는데 그들 구성원(構成員)으로는 금능위(錦凌位) 박영효(朴泳孝)를 비롯하여 민영환(閔泳煥), 윤치호(尹致昊), 이상재(李商在), 유성준(兪星濬), 이원경(李源競), 남궁억 (南宮億), 김정식(金貞植), 조종만(趙鍾萬), 신흥우(申興雨)등 당시 우리나라의 지성계(知性界)를 대표(代表)할만한 인사(人事)들이 모여서 발기인(發起人)이 되었다는 것은 우리나라의 앞날을 밝게 해주는 서광(曙光)으로 기록(記錄)될 것이다.

이들 중에서도 특히 이상재(李商在)는 기독청년회(基督靑年會)의 발전(發展)만이 아니라 우리나라의 현대화(現代化)를 위해서 또는 민족(民族)의 자존(自尊)과 독립(獨立)을 쟁취(爭取)하는 일에 있어서 정신적(精神的)인 지주(支柱)로서의 몫을 다한 위대(偉大)하고 훌륭한 우리의 지도자(指導者)였다.

황성기독청년회(皇城基督靑年會)는 국내인사(國內人事)들의 후원(後援)과 미국(美國) 뉴욕(New York)에 본부(本部)를 두고 있는 북미기독청년연합회(北美基督靑年聯合會)의 보조(補助)로 여러 가지 사업(事業)을 펼쳐나가게 되었다.

1907년 서울 종로(鐘路)에 3층으로 된 한국기독청년회회관(韓國基督靑年會會館)을 건축(建築)하게 되었는데 그때에 현흥택(玄興澤)이라는 사람이 회관건립(會館建立)을 위한 부지(敷地) 값으로 8천원을 헌금(獻金)했고 미국인(美國人) 와너메이커(Wanermaker)가 8만원을 기부(寄附)해 주었으며 황실(皇室)에서 2만 6천원을 하사(下賜)했으며 건물(建物)이 완공(完工)되어 낙성식(落成式)을 할 때에는 황태자(皇太子)가 친히 참석(參席)해 주었다.

1916년 5월에는 회관(會館)안에 실내운동실(室內運動室)을 건축(建築)하였는데 이를 위해서 미국(美國) 캄덴(Comden)과 그렌드 레피드스(Grand Rapids)의 두 청년회(靑年會)가 6만 8천여원을 보내주어서 한국기독청년회관(韓國基督靑年會館)을 건축(建築)하는 일과 활동(活動)을 위해서 적극적(積極的)인 지원(支援)을 해 주었다.

더구나 황실(皇室)에서는 매년 1만원씩 무려 6년간이나 성금(誠金)을 보내주었고 각계각층(各界各層)의 유지(有志)들이 적극적(積極的)으로 지원(支援)에 참여(參與)해 주었기 때문에 우리나라의 기독청년회(基督靑年會)는 명실상부(名實相符)한 내외(內外)의 활동(活動)을 전개(展開)해 나갈 수 있었다.

무엇보다도 그 당시에 고종황제(高宗皇帝)와 명성황후(明成皇后) 민비(閔妃)를 비롯하여 황실(皇室)과 정부(政府)의 고관(高官)들이 기독교(基督敎)에 대해서 이토록 적극적(積極的)인 지원(支援)을 아끼지 않았다는 것은 우리 한국교회(韓國敎會)의 발전(發展)을 위해서 크게 기여(寄與)한 공(功)이었다는 것을 잊을 수가 없다.

사실 임금이나 왕후(王后)가 직접적(直接的)으로 교회예배(敎會禮拜)에 참석(參席)한 것은 아니었으나 이처럼 교회(敎會)에 대해서 적극적(積極的)인 호응(呼應)과 지원(支援)을 아끼지 않았다는 것은 단순(單純)히 정치적(政治的)인 목적(目的) 이상의 깊은 신학적(神學的)인 의미(意味)에서도 재검토(再檢討)되어야 하지 않을까하는 마음이 든다.

그렇다면 이렇게 많은 각계각층(各界各層)의 성금(誠金)을 받고 발전(發展)을 하게된 기독청년회(基督靑年會)가 한 일은 어떤 것들이었는가 하는 문제(問題)이다.

사실 우리나라 기독청년회가 한 일을 한마디로 말한다면 우리나라 현대화(現代化)의 모든 것이라고 해야 할 것이다. 청소년(靑少年)들을 향한 정신적(精神的)인 것들은 물론 당장 현대문화(現代文化)를 일구어 나가기 위한 기술적(技術的)인 모든 것들을 위해서 얼마나 크게 활동(活動)을 펴나갔는가 하는 것을 다 들라고 하면 거의 끝이 없다고 할 것이다.

기독청년회(基督靑年會)에서 하는 사업(事業)을 보면 우선 기독교사업(基督敎事業)으로는 일요강좌(日曜講座), 성경공부(聖經工夫), 특별전도(特別傳道) 및 강연(講演)을 펴나갔다.

사회사업(社會事業)을 전개(展開)해 나가므로 청년(靑年)들에 대한 일자리를 만들어주고 현대문화(現代文化)를 이끌고 나갈 온갖 사업들을 위한 지도(指導)와 교육(敎育)과 실습운동(實習運動)을 펴나갔다.

교육사업(敎育事業)을 통한 사회사업(社會事業)의 일환으로 1906년부터 인쇄(印刷), 목공(木工), 철공(鐵工), 제화(製靴), 사진기술(寫眞技術)등의 직업교육(職業敎育)을 실시(實施)했다.

또 우리나라 청소년(靑少年)들의 국제사회(國際社會)에의 참여(參與)와 장차(將次) 있어야 할 국제적(國際的)인 활동(活動)을 위해서 어학훈련(語學訓練)을 해야 하는데 우선 영어(英語), 독일어(獨逸語), 중국어(中國語)등을 주 야반(晝夜班)으로 나누어서 강의(講義)를 진행(進行)해 나갔다.

거기에다 청소년(靑少年)들을 위한 사업(事業)으로는 소년(少年)들의 정신계몽운동(精神啓蒙運動)과 체력(體力)의 향상(向上)을 위해서 야구(野球), 농구(籠球), 축구(蹴球), 배구(排球), 권투(拳鬪), 기계체조(機械體操), 유도(柔道), 검도(劍道), 씨름, 궁술(弓術)등 본격적(本格的)인 체육활동(體育活動)을 펼쳐나감으로써 건강관리(健康管理)는 물론 정신무장(精神武裝)을 다져나가게 했다.

이러한 Y M C A 운동(運動)이 1904년에서 1905년으로 접어들면서부터는 전국(全國)에 산재(散在)한 개교회(個敎會)들을 중심으로 활개를 치고 크게 발전(發展)해 나가게 되었는데 평북(平北) 신천읍교회(新川邑敎會)에서는 멕큐니(McCune, 한국 명 尹山溫) 선교사(宣敎師)를 중심으로 서울에 있는 승동교회(勝洞敎會)에서는 알렌 클라크(Allen Clark, 한국 명 郭安連) 선교사(宣敎師)들이 나서서 자체 교회(敎會)내의 기독청년회(基督靑年會)를 조직(組織)하고 중앙(中央) Y M C A에서 실시(實施)하고 있는 운동(運動)과 비슷한 운동(運動)을 지역청소년(地域靑少年)들을 중심으로 전개해 나갔다.

그런데 교회(敎會)에서 쓰는 청년회(靑年會)의 명칭(名稱)들을 보면 청년전도회(靑年傳道會) 청년면려회(靑年勉勵會)등의 이름을 가지고 활동(活動)을 전개(展開)해 나갔으므로 이것이 단순(單純)한 현실적(現實的)인 운동(運動)에 끝나는 것이 아니라 장기적(長期的)인 안목(眼目)에서 볼 때에 우리나라 청년(靑年)들의 정신계몽(精神啓蒙)과 함께 현대화(現代化)로 가는 길에 크게 작용(作用)하게 되었다는 점에 있다.

기독교(基督敎)와 우리 한국(韓國)은 어느 모로 보든지 때려고 해도 뗄 수 없는 불가분리적(不可分離的)인 관계(關係)로 나라를 일구고 사회(社會)를 현대화(現代化)로 가꾸어 왔다는데 다른 이론(異論)이 있을 수 없다.

우리나라에 들어온 초기(初期)의 선교사(宣敎師)들은 정말로 기독교(基督敎)의 선교차원(宣敎次元)에서만이 아니라 국가적(國家的)인 차원(次元)에서도 우리나라 우리 국민(國民)들에게 눈부신 공헌(貢獻)을 아낌없이 쏟아 부었다는 것을 알 수 있다.

이러한 과거(過去)의 역사(歷史)를 살펴보면서 현대교회(現代敎會)를 맡아서 목양(牧羊)을 하고 있는 목회자(牧會者)들을 비롯하여 교회(敎會)의 지도자(指導者)들이나 신학자(神學者)들이나 평신도(平信徒)들이 갖는 국가관(國家觀)이나 책임감(責任感)들이 재검토(再檢討)되어야 한다는 것을 절감(切感)한다.

그리고 현대판정치지도자(現代版政治指導者)들의 국가관(國家觀)과 역사관(歷史觀)과 문화관(文化觀)과 정치인(政治人)으로서 갖는 인식(認識)과 사상(思想)이 결코 과거(過去)에 미치지 못하고 있다는 것을 알게 한다.

바라기는 기독교(基督敎)로부터 시작하여 우리의 정부(政府)나 지도자(指導者)들이 새로운 자각(自覺)의 반성(反省)이 있어야 할 것이다.

특히 기독교(基督敎)의 지도자(指導者)들이 더 위대(偉大)하고 훌륭한 지도자(指導者)로서의 자기의 품격(品格)과 자질(資質)의 향상(向上)을 위해서 피나는 노력(勞力)과 하나님 앞에서 자성(自省)하고 통회(痛悔)하는 참회(懺悔)의 기도(祈禱)가 있어야 할 것이라고 생각한다.

우리나라를 살리고 하나님의 교회(敎會)를 다시 살려내는 길은 오직 하나 하나님 앞에서 거족적(擧族的)인 회개운동(悔改運動)이 일어나야 한다는 것만은 너무도 절실(切實)하다.

연세대학교(延世大學校)의 총장(總長)을 역임(歷任)한바 있는 백낙준박사(白樂濬博士)는 그가 쓴 한국개신교사(韓國改新敎史, 1985)라는 표제(表題) 아래 쓴 그의 저서(著書)를 통해서 우리나라가 현대(現代)에 이르기까지의 과도사(過渡史)에서 한국교회(韓國敎會)가 크게 성장발전(成長發展)하게 된 이유(理由)에 대해서 다음과 같이 요약(要約)해서 기록(記錄)하고 있음을 볼 수 있다.

첫　째 가장 성경적(聖經的)일 때에 가장 성공(成功)했다.

둘　째 성경적(聖經的)인 신앙(信仰)을 바탕으로 신학(神學)을 정립(定立)해 나갔다.

셋　째 어떠한 역사적(歷史的)인 압박(壓迫)이나 불행(不幸)에도 선교(宣敎)는 쉴 새없이 계속(繼續)되었다.

넷　째 선교(宣敎)를 위해서 많은 생명(生命)들이 제물(祭物)로 바쳐졌다.

다섯째 무엇보다도 기독교(基督敎)는 반드시 문명(文明)을 앞에서 이끌어주었다.

여섯째 현대국가(現代國家)들이 지향(指向)하는 민주주의(民主主義)는 성경(聖經)에서 나온 사상(思想)이라는 것을 인식(認識)했다.

일곱째 미래(未來)의 역사(歷史)는 기독교선교(基督敎宣敎)에 의해서 좌우(左右)된다는 인식(認識)을 가지게 되었다.

✐ 다시 생각해 볼 복습 문제

01. 우리나라에 처음 복음이 들어올 때의 사회환경에 내해서 간난히 발하라

02. 기독교와 문화와의 관계를 간난히 발하라

03. 기독교와 정치와의 관계를 간단히 말하라

04. 일제의 침략에 대해서 간단히 설명하라.

05. 885년 4월 5일, 처음으로 우리나라에 들어온 선교사들의 우리나라 입국의 경위들을 간단히 말하라

06. 의료선교사 알렌박사에 대해서 간단히 말하라

07. 언더우드 선교사에 대해서 간단히 말하라

08. 아펜셀러 선교사에 대해서 간단히 말하라

09. 선교사들이 우리 국민의 정신계몽을 위해서 어떻게 했는가를 간단히 말하라

10. 황성기독청년회에 대해서 간단히 말하라

11. 한국 기독청년회관 건립에 대해서 간단히 말하라

제6장
한국 교회의 갈등과 분열
The trouobles and the dissolution of the Korean Churches

계속(繼續)해서 겹쳐지는 수많은 시련(試鍊)과 고난(苦難)을 극복(克服)하면서 선교활동(宣敎活動)을 펴나가면서 복음(福音)을 전파(傳播)하고 하나님의 교회(敎會)를 개척(開拓)해 나온 우리 한국교회(韓國敎會)는 전세계(全世界)의 기독교역사(基督敎歷史)에 내어놓아도 조금도 부끄럽지 않고 손색(遜色)이 없는 부흥발전(復興發展)으로 자랑스러운 금자탑(金子塔)을 쌓아 올렸다.

한국교회(韓國敎會)가 이렇게 크게 성장(成長)하고 부흥발전(復興發展)하여 양적(量的)으로는 교인(敎人)들의 수(數)를 기준(基準)으로 전세계(全世界)의 교회(敎會)들 가운데서 무려 50대 대형교회(大型敎會)들이 한국교회(韓國敎會)에 몰려있고 대한민국(大韓民國)의 전국민(全國民) 4분지 1 이 넘는 대가족(大家族)의 인구(人口)를 확보(確保)하는데 성공(成功)했다.

이는 분명히 일차적(一次的)으로는 하나님의 은혜(恩惠)요 사랑의 축복(祝福)이라고 할 것이다.

그리고 둘째로는 앞서 가신 순교성도(殉敎聖徒)들의 거룩한 희생(犧牲)의 피의 열매였다. 세 번째는 우리 한국교회성도(韓國敎會聖徒)들의 신앙적(信仰的)인 열성(熱性) 때문이었다고 정리(整理)해 본다.

이미 앞에서도 여러 차례 지적(指摘)한 바 있거니와 우리 민족(民族)은 너무도 많은 국가적(國家的) 또는 민족적(民族的)인 시련기(試鍊期)를 거쳐야 했는데 그 때마다 교회(敎會)가 앞장서서 수난기(受難期)를 극복(克服)해 나가는데 있어서 중심적(中心的)인 지주역할(支柱役割)을 했고 바로 그것은 한국인(韓國人)의 지성파(知性派) 사람들을 교회(敎會)로 흡수(吸收)하는데 주요(主要)한 기회(機會)로 작용(作用)되었다는 점도 배제(排除)할 수 없는 이유(理由)였다고 분석(分析)된다.

지금까지의 예(例)로 보아서 한 교회(敎會)가 그 지역(地域) 안에 세워지고 간판(看板)을 내어 걸었을 때에 그 교회(教會)를 중심으로 모여드는 사람들의 신분(身分)과 성분상(成分上)의 분류(分類)가 지역사회(地域社會)를 구성(構成)하는데 있어서 중류급(中流級)에 속하는 인사(人事)들을 기준(基準)하여 형성(形成)되었을 때에는 많은 성장(成長)과 부흥(復興)을 기할 수가 있었다.

그러나 그 구성원(構成員)이 상류층(上流層)이나 하류층(下流層) 어느 한쪽으로 치우쳤을 때에는 크게 부흥(復興)이나 성장(成長)을 기하기가 어려웠다는 것을 알게 한다.

이런 의미(意味)에서 생각해 볼 때에 한국교회(韓國教會)의 성장(成長)은 영적(靈的)인 성장(成長) 위에 사회적(社會的)인 참여(參與)라는 양면성(兩面性)을 가지고 발전(發展)해 왔기 때문에 더 큰 효과(效果)를 거둘 수가 있었다는 것을 알게 한다.

그런데 이러한 우리 한국교회(韓國教會)가 어떠한 이유(理由)와 내용(內容) 때문에 분열(分裂)되고 대립적(對立的)인 갈등(葛藤)의 관계(關係)로 발전(發展)하지 않으면 안 되게 되었던가 하는 것을 여기에서 살펴보고자 한다.

1 ≡ 교리신학(教理神學)상의 논쟁(論爭)

사실상 우리 한국교회(韓國教會)는 초기선교사(初期宣教師)들에 의해서 복음이 전파(傳播)되고 교회(教會)가 뿌리를 내릴 때까지는 거의 어떤 교리논쟁(教理論爭) 같은 것은 찾아 볼 수 없었다.

1885년 4월 5일에 선교(宣教)의 첫 발을 내려딛고 선교활동(宣教活動)을 시작하여 복음(福音)을 전파(傳播)하고 또 믿는 자들을 모아서 교회(教會)의 뿌리를 내리게 된 우리 한국교회(韓國教會)는 거의 반세기(半世紀)에 가까운 1930년이 되기까지 45년간은 그렇다 할 만한 분쟁(分爭)이 없이 순탄(順坦)하게 부흥일로(復興一路)의 길로만 매진(邁進) 할 수 있었다.

그 중에서도 특히 장로교회(長老教會)는 특히 보수주의적(保守主義的)인 신학사상(神學思想)을 토대(土臺)로 부흥발전(復興發展)을 거듭 할 수가 있었으나 문제(問題)는 감리교회(監理教會)의 사정(事情)은 좀 달랐다.

미국(美國)에 있어서의 남감리교회(南監理教會)와 북감리교회(北監理教會)가 1930년을 기하여 새 신조(信條)(New Creeds)를 채택(採擇)하고 그 이름도 미국감리교회총회(監理敎會 總會, The General Assembly Methodist Church in U. S. A.)라는 이름으로 통합개칭(統合改稱)하게 되었는데 그들이 채용(採用)한 새 신조(信條)는 여러 면에 있어서 다분히 자유주의적(自由主義的)인 색채(色彩)가 짙게 깔려 있었다.

그들이 채택(採擇)한 새 신조(信條)는 하나님의 내재(內在)가 초월(超越)보다 강조(强調)되고 있는가 하면 계시진리(啓示眞理)보다는 인본주의적(人本主義的)인 윤리(倫理)가 더 관심(關心)을 가지고 있으며 장차에 올 내세천국(來世天國)보다는 이상적(理想的)인 지상국가(地上國家)의 실현(實現)에 무게를 더 두고 있었다.

특히 그들은 하나님께 대하여도 실재성(實在性)에서 나타난 거룩하심이나 의로우심의 성품(性品)이라든가 예수 그리스도의 동정녀탄생(童貞女誕生)이나 십자가(十字架)의 고난(苦難) 그리고 부활(復活)이나 육체적(肉體的)인 재림(再臨)등에 대해서는 사실상 언급(言及)조차도 하지 않고 있다.

그것은 이장식(李章植) 교수(敎授)가 정리(整理)한 기독교대한감리교회(基督敎大韓監理敎會)의 교리선언(敎理宣言), 1930)에서 자세한 것을 알 수가 있다.

1) 우리는 만물(萬物)의 창조자(創造者)시요 섭리자(攝理者)시며 온 인류(人類)의 아버지시요 모든 선(善)과 미(美)와 애(愛)와 진(眞)의 근원(根源)이 되시는 오직 한 분이신 하나님을 믿으며

2) 우리는 하나님이 육신(肉身)으로 나타나시사 우리의 스승이 되시고 구세주(救世主)가 되시는 예수 그리스도를 믿으며

3) 우리는 하나님이 우리와 같이 계시사 우리의 지도(指導)와 위안(慰安)과 힘이 되시는 성신(聖神)을 믿으며

4) 우리는 사랑과 기도(祈禱)의 생활(生活)을 믿으며 죄(罪)를 용서(容恕)하심과 모든 요구(要求)에 넉넉하신 은혜(恩惠)를 믿으며

5) 우리는 구약성경(舊約聖經)과 신약성경(新約聖經)에 있는 하나님의 말씀이 신앙(信仰)과 실행(實行)의 충분(充分)한 표준(標準)이 됨을 믿으며

6) 우리는 살아 계신 주(主)안에서 하나가 된 모든 사람들이 예배(禮拜)와 봉사(奉仕)를 목적(

目的(目的)하여 단결(團結)된 교회(敎會)를 믿으며

7) 우리는 하나님의 뜻이 실현(實現)된 인류사회(人類社會)가 천국(天國)임을 믿으며 하나님 아버지 앞에 모든 사람이 형제(兄弟)됨을 믿으며

8) 우리는 의(義)의 최후승리(最後勝利)와 영생(永生)을 믿노라. 아멘.

위의 신조(信條)들을 볼 때에 장로교회(長老敎會)의 경우에 비하면 너무도 뚜렷한 자유주의적(自由主義的)인 냄새가 깊게 깔려있다는 것을 알 수 있다.

물론 감리교회(監理敎會)의 목사(牧師)들 가운데서도 신령(神靈)하고 경건(敬虔)한 영적신앙(靈的信仰) 위에 철저(徹底)한 보수주의적(保守主義的)인 신학사상(神學思想)을 가진 훌륭한 지도자(指導者)들이나 부흥사(復興師) 및 학자(學者)들이 많이 있다는 것을 인정(認定)하지만 그들이 교단적(敎團的)인 입장(立場)에서 그들의 신조(信條)에 대한 이론(異論)을 제기(提起)하고 시비(是非)를 하지 않고 그대로 수용(收用)하고 있다는데 대해서 문제가 있다고 생각한다.

특히 한국감리교회(韓國監理敎會)의 자유주의신학(自由主義神學)의 선구자(先驅者)로 자처(自處)하는 정경옥(鄭景玉) 같은 사람은 슐라이어막허의 종교경험(宗敎經驗)을 그대로 수용(收用)하고 있는가하면 리츨의 도덕성(道德性)을 그대로 인정(認定)했으며 칸트와 발트 사상(思想)들에 깊이 심취(心醉)되어 철저히 인본주의적(人本主義的)인 자유주의(自由主義)의 노선(路線)을 지향(指向)했다.

그러나 장로교회(長老敎會)에서는 이와는 대조적(對照的)으로 거의 보수주의적(保守主義的)인 신학노선(神學路線)을 견지(堅持)해 나오고 있었으나 1925년 함경도지역(咸京道地域)을 중심(中心)으로 선교활동(宣敎活動)을 전개(展開)해 오던 캐나다 선교회(宣敎會)가 캐나다에서 장로교회(長老敎會, Presbyterian Church), 감리교회(監理敎會, Methodist Church), 회중교회(會衆敎會, Congregational Church)등이 연합(聯合)하여 캐나다 연합교회(聯合敎會)(The United Church of Canada)로 통합발전(統合發展)하게 되었는데 그 때에 조선(朝鮮) 예수교 장로회(長老會) 제15회 총회(總會)는 캐나다 연합교회(聯合敎會)와 유대(紐帶)를 맺기로 가결(可決)하게 되었으므로 캐나다 연합교회(聯合敎會)의 이름으로 파견(派遣)되어 온 윌리암 스코트(William Scott)선교사(宣敎師)가 캐나다 선교권(宣敎權)을 쥐어 잡고 소위 자유주의적(自由主義的)인 새로운 신학(神學)의 뿌리를 뿌리기 시작했다.

그가 주장 한 것을 보면 "성경전체(聖經全體)를 하나님의 말씀으로 믿는다는 것은 큰 잘못이다. 성경에는 하나님의 말씀이 아닌 것도 포함(包含)되어 있다. 문학적(文學的)인 오류(誤謬)는 물론 다수(多數)의 역사적(歷史的)인 오류(誤謬)와 과학적(科學的)인 오류(誤謬)가 포함(包含)되어 있다"라고 주장(主張)했다.

이에 한국장로교회(韓國長老敎會)의 목사(牧師)들이나 뜻을 가진 지도자(指導者)들은 이에 격분(激忿)하여 그의 주장(主張)을 반박(反駁)하고 심지어는 그가 주재(主宰)하는 모임에 참석(參席)하는 일까지도 거부(拒否)해 버렸다.

그러나 일부소수(一部少數)의 사람들이 그의 주장(主張)을 따르고 동조(同調)하게 되었으므로 이른바 자유주의신학(自由主義神學, Liberal Theology)이라는 이름으로 싹을 트게 되었다.

특히 미국(美國)의 북장로교(北長老敎)의 프린스톤 신학교(神學校) (Prinston Theological Seminary)가 무려 3년 동안이나 심한 논쟁(論爭) 끝에 1929년에 현대자유주의신학파(現代自由主義神學派)들의 지배(支配) 아래 들어가게 되었기 때문에 한국교회(韓國敎會)와 가장 밀접(密接)한 관계(關係)를 맺어오던 신학교(神學校)였으므로 그로 인한 교리사상적(敎理思想的)인 파장(波長)의 효과(效果)와 영향(影響)은 매우 컸었다.

그 후 1934년에 장로교회(長老敎會)에서 주로 논쟁(論爭)을 일으켰던 문제(問題)들은 서울 남대문교회(南大門敎會)의 김영주(金英珠)목사(牧師)가 주장(主張)한 창세기(創世記)의 저자(著者)는 모세가 아니라는 문제(問題)와 성진중앙교회(城津中央敎會)의 김춘배(金春培) 목사(牧師)가 제기(提起)한 "여자(女子)는 조용하라. 여자(女子)는 가르치지 말라"(고전14:34)고 하신 말씀을 지적(指摘)하여 교회(敎會)가 여권(女權)을 제한(制限)한다는 것은 옳지 않다고 하는 문제(問題)에 대해서는 1935년에 모인 총회(總會)의 결의(決議)대로 권고안(勸告案)을 수용(收用)하므로 일단은 수습(收拾)이 되었다.

또한 그 해에 감리교회(監理敎會)에서 희년기념(禧年紀念)으로 번역출판(飜譯出版)한 "아빙돈 단권주석"(單券註釋, The Abingdon Commentary)이 자유주의적(自由主義的)인 경향(傾向)의 책(冊)으로서 장로교(長老敎)의 교리(敎理)에 위배(違背)되는데도 일부 장로교(長老敎)의 목사(牧師)인 채필근(蔡弼根), 한경직(韓景職), 송창근(宋昌根), 김재준(金在俊)등이 그 책(冊)을 번역(飜譯)하는데 참여(參與)한 것이 문제(問題)가 되어 그들의 공개사과(公開謝過)를 요구(要求)하기로 했으나 김재준(金在俊)

을 비롯한 일부 목사(牧師)들의 사과거부(謝過拒否)로 약간(若干)의 물의(物議)가 있었다.

그러던 중 평양신학교(平壤神學校)의 교수(敎授)인 남궁혁(南宮爀) 목사(牧師)가 총회(總會)가 끝난 얼마 후에 평양신학교(平壤神學校)의 교지(校誌)인 신학지남(神學 指南)에 교회(敎會)의 평화(平和)를 유지(維持)하자는 제목(題目)의 논문(論文)으로 교회(敎會)가 서로 평화(平和)롭게 하나가 되기를 호소(呼訴)하는 글을 실었다.

또 김인서(金麟瑞) 목사(牧師)는 신앙생활지(信仰生活誌)에 "신학적(神學的)인 자유(自由)의 제한(制限)과 특정(特定)한 교리(敎理)의 강요(强要)는 바리세적인 독선(獨善)의 행위(行爲)이며 '아빙돈 단권성경주석(單券聖經註釋)에 대한 총회(總會)의 결의(決議)는 장로교회(長老敎會)와 감리교회(監理敎會)간의 화목(和睦)과 유대(紐帶)를 해치는 것이라"고 지적(指摘)하는 글을 실어서 또 한번 약간(若干)의 물의(物議)가 있었다.

이러한 신학적(神學的)인 논쟁(論爭)이 전개(展開)되고 있을 때에 미국(美國) 프린스톤(Prinstone) 신학교(神學校)와 루이스빌 신학교(神學校) (Louisville Theological Seminary)에서 신학(神學)을 공부했고 특히 프린스톤에 있을 때에는 보수신학자(保守神學者)로서 변증학교수(辨證學敎授)로 강의(講義)를 했고 또한 웨스트민스터 신학교(神學校) (Westminster Theological Seminary)의 설립자(設立者)였던 그레함 메이첸(J. Greham Mahen)과 그리고 유명(有名)한 보수주의(保守主義신학자(神學者) 찰스 하지(Charles Hodge)에게서 큰 감명(感銘)을 받고 돌아와서 평양신학교(平壤神學校)에서 교수(敎授)로 재직(在職)하고 있던 한국교회(韓國敎會)의 대표적(代表的)인 신학자(神學者)로 통하는 박형룡(朴亨龍: 1897-1978) 박사(博士)가 1928년부터 1935년까지 신학지남(神學指南)을 통해서 한국교회(韓國敎會)의 정통적(正統的)인 신학(神學)의 입장(立場)과 방향(方向)을 제시(提示)하여 오다가 이 논문(論文)들을 모아서 신학난제선집(神學 難題選集)이라는 단행본(單行本)으로 출판(出版)해 냈다.

박형룡(朴亨龍)박사(博士)는 거기에서 자유주의신학(自由主義神學)과 신정통주의신학(新正統主義神學, The Theology of New Orthodoxy) 즉 슐라이어막허, 리츌, 발트, 브룬너, 틸리히 등의 현대주의신학자(現代主義神學者)들의 잘 못된 사상(思想)을 날카롭게 분석(分析)하여 비판(批判)했다.

이러한 우리 한국(韓國)의 장로교회(長老敎會)의 신학적(神學的)인 영향(影響)은 미국교회(美國敎會)로부터 받은 것이 사실이다 그러나 사실상 그 사상(思想)의 원리(原理)는 청교도적(淸敎徒的)인 장로교회(長老敎會) (Puritan's Presbyterian church)의 신학(神學)이라고 하는 말이 옳을 것이다.

박형룡(朴亨龍) 박사(博士)는 한국장로교회(韓國長老敎會)의 신학(神學)에 대해서 이렇게 설명(說明)하고 있다. 즉 "이제 개혁주의(改革主義)를 새롭게 개발(開發)하거나 수입(輸入)해야 할 필요(必要)는 없다. 그리고 우리 교회(敎會)는 유럽 대륙(大陸)의 개혁주의사상(改革主義思想)에다 영국(英國)과 미국교회(美國敎會)의 청교도주의사상(淸敎徒主義思想)을 가미(加味)하여 가진 장로교회(長老敎會)이기 때문에 여기에다 어떤 새로운 것을 직접 수입(收入)해야 할 필요(必要)가 없다. 우리는 이미 소유(所有)하고 있는 장로교회(長老敎會)의 신학적(神學的)인 전통(傳統)을 확고(確固)히 보수(保守)하면서 그것의 해설(解說)에 필요(必要)한 보완(補完)을 행할 뿐이다"

그런데 한국장로교회(韓國長老敎會)에서 가장 큰 교리사상적(敎理思想的)인 물의(物議)를 일으킨 대표적(代表的)인 인물(人物)로는 우리 한국교회(韓國敎會)에 자유주의신학(自由主義神學)을 적극적(積極的)으로 도입(導入)시킨 김재준(金在俊) 교수(敎授)에 대해서 반드시 살펴보고 넘어가는 것이 옳을 것으로 본다.

김재준(金在俊)은 일찍이 일본(日本)의 청산학원(靑山學院)에서 신학공부(神學工夫)를 한 다음 1931년에 미국(美國)으로 건너가서 프린스톤과 또한 웨스턴 신학교(神學校)(Western Theological Seminary)에서 구약학(舊約學)을 전공(專攻)하고 돌아왔다.

그런데 그는 이미 일본(日本)의 청산학원(靑山學院)에서 공부를 할 때부터 발트 브룬너 니버 틸리히 불트만 등의 자유주의신학(自由主義神學)에 깊이 심취(心醉)되어 있었다.

미국유학(美國留學)을 마치고 돌아온 김재준(金在俊)은 평양(平壤)에 있는 숭인상업학교(崇仁商業學校)에서 성경(聖經)을 가르치면서 신학교(神學校)의 교수(敎授)로 나갈 수 있는 기회(機會)를 노리고 있었다.

그러나 평양신학교(平壤神學校)에는 박형룡(朴亨龍) 박사(博士)가 버티고 있어서 좀처럼 기회(機會)를 얻지 못한데다가 한국교회(韓國敎會)가 보수주의사상(保守主義思想)으로 똘똘 뭉쳐 있었기 때문에 좀처럼 김재준(金在俊)으로서는 어찌할 방법(方法)이 없었는데 남궁혁(南宮爀) 교수(敎授)의 호의(好誼)로 신학지남지(神學指南誌)의 편집위원(編輯委員)으로 1933년부터 1935년까지 일할 기회(機會)를 가지게 되었으나 그도 오래 가지 못하고 밀려나야 했다.

김재준(金在俊)은 김양선(金良善)이 평(評)한 바와 같이 극단적(極端的)인 자유주의신학자(自由主義神學者)라고 하기보다는 신정통주의신학파(新正統主義神學派)에 속한 사람으로서 초기(初期)에는 약간 보수적(保守的)인 입장(立場)에 서는 듯 했으나 결국(結局)에는 신정통주의신학(新正統主義神學)으로 기울어져 버렸다.

그가 신학(神學)의 자유(自由)를 구가(謳歌)하였다는 점에서 신학사상(神學思想) 자체보다도 그의 신학적(神學的)인 태도(態度)가 더 자유주의(自由主義)에 속한 사람이었다고 보아야 할 것이다.

이러한 자유주의신학(自由主義神學)을 구가(謳歌)하는 태도(態度)는 극단적(極端的)인 자유주의(自由主義)로 가는 문(門)을 여는 것이 되었다.

소위 초기(初期)의 자유주의자(自由主義者)와 보수주의자(保守主義者) 간의 사소(些少)한 것 같은 신학(神學)의 견해차이(見解差異)는 시간이 흐름에 따라서 점점 큰 차이(差異)로 발전(發展)해 나가게 되었다.

예컨대 일제(日帝)에 의해서 강요(强要)된 신사참배(神社參拜)에 대한 문제(問題) 같은 것도 보수주의신학파(保守主義神學派)의 사람들은 분명히 반대(反對)의 입장(立場)에 섰으나 자유주의파(自由主義派)에 속한 사람들은 그것을 수용(收用)하는 입장에 서게 되었다.

바로 이러한 하나의 사건(事件)이 결국(結局)에는 신학적(神學的)인 큰 문제(問題)로 발전(發展)하여 전혀 다른 결과(結果)를 낳게 되었다는 것을 알게 한다.

1945년 8월 15일 해방(解放)과 동시(同時)에 김재준(金在俊)의 태도(態度)는 적극적(積極的)이고 전투적(戰鬪的)인 자세(姿勢)로 나타나게 되었다.

즉 그는 송창근(宋昌根) 목사(牧師)와 합세(合勢)하여 이제는 성경해석(聖經解釋)을 위해서 고등비평(高等批評)의 방법(方法)을 주저(躊躇)하지 않으므로 일제(日帝)에 시달려 왔던 보수진영(保守陣營)에 적지 않은 충동(衝動)을 던져주었다.

그는 보수주의신학(保守主義神學)을 향해서 이단(異端, Heresy)이라는 혹평(酷評)까지도 서슴치 않았다. 즉 그는 말하기를 "정통신학(正統神學)은 신신학(新神學)보다 더 교묘(巧妙)하게 위장(僞

裝)을 한 실제적(實際的)인 인본주의(人本主義)요 정통적(正統的)인 이단(異端)이다"라고 한 말을 보면 김재준(金在俊)의 사상(思想)을 알 수가 있다.

김재준(金在俊)은 보수주의(保守主義)에 대항(對抗)하여 적극적(積極的)인 공세(攻勢)를 취함으로써 일제(日帝)의 탄압(彈壓)에 시달려 온 보수주의(保守主義)가 아직 정신(精神)도 차리기 전에 이를 공격(攻擊)해서 넘어뜨리고 신학(神學)의 자유(自由)의 길을 열고 그 기반(基盤)을 다지기에 전력(全力)을 쏟아 부었다.

그러한 결과 1953년 한국전쟁(韓國戰爭)의 와중(渦中)에서 한국교회(韓國敎會)는 성경(聖經)의 영감설(靈感說)을 중심(中心)으로 보수파(保守派)와 김재준(金在俊)의 자유주의파(自由主義派)로 영영 결별(訣別)을 해야 하는 불행(不幸)한 일을 당하게 되었다.

2 ≡ 일제(日帝)의 신사참배(神社參拜) 강요(强要)와 한국교회(韓國敎會)

우리나라가 일본(日本)과의 직접적(直接的)인 국가(國家) 간의 교류관계(交流關係)를 갖게 된 것은 1876년에 체결(締結)된 조일수호조약(朝日修好條約) 때부터였으나 그로부터 29년만인 1905년에 일제(日帝)의 강요(强要)에 의해서 체결(締結)된 을사보호조약(乙巳保護條約)과 일본(日本)나라 통감부(統監府의 설치(設置) 그리고 1910년 8월 29일에 공포(公布)된 한일합방(韓日合邦)은 우리나라를 섬나라 일본(日本) 사람들에게 송두리째 빼앗겨 버리고 식민통치(植民統治)의 피압박민족(被壓迫民族)으로서 고통(苦痛)을 당하기를 1945년 8월 15일 태평양전쟁(太平洋戰爭)이 끝날 때까지 겪어야 했고 그 긴긴 36년 동안 일제(日帝)는 기독교(基督敎)를 향해서도 온갖 수단(手段)과 방법(方法)을 동원(動員)하여 박해(迫害)를 가해왔다.

그 중에서도 대표적(代表的)인 것이 바로 교회(敎會)를 향한 신사참배(神社參拜)의 강요(强要)였다.

그것은 하나님께 대한 불경(不敬)과 우상숭배(偶像崇拜)라는 죄(罪)를 범(犯)하는 것이요 사실상 기독교(基督敎)의 말살정책(抹殺政策)의 일환(一環)으로 해석(解釋)되기 때문에 어떠한 경우에도 받아들일 수 없는 일이었다.

일제(日帝)의 침략자(侵略者)들은 한일합방(韓日合邦)과 동시에 즉시 한국인(韓國人)의 혼(魂)을 빼어버리고 일본(日本)의 황국신민 화(皇國臣民化)의 정책(政策)을 실시(實施)하여 1925년에 서울 남산(南山)에 신사당(神社堂)을 짓고 이것을 조선신궁(朝鮮神宮)이라고 명명(命名)했다.

그 신사당(神社堂) 안에는 태양신(太陽神)을 상징(象徵)하는 아마데라스 오오미가미(天照大神)라는 위패(位牌)를 넣어두고 거기에 참배(參拜)를 강요(强要)했던 것이다.

그것이 각급학교(各級學校)의 학생(學生)들을 비롯하여 전국민(全國民)에게까지 강요(强要)되었고 심지어는 교회(敎會)에까지 강요(强要)해 왔는데 침략자(侵略者)들은 그 신사당(神社堂)을 우리나라 전국(全國)의 면단위(面單位) 이상의 지역(地域)에 짓고 참배(參拜)를 강요(强要)했다.

그러다가 결국(結局)에는 가미다나(神壇)라고 하여 각 가정(家庭)마다 이를 벽(壁)에다 걸어놓고 아침저녁으로 합장배례(合掌拜禮)를 하라는 것이었다.

이러한 상황(狀況)에서 한국교회(韓國敎會)는 끝까지 이에 따를 수가 없었으므로 계속적(繼續的)인 반대투쟁(反對鬪爭)을 전개(展開)해 나가다가 본의(本意) 아니게 더러는 투옥(投獄)을 당하고 더러는 순교(殉敎)의 제물(祭物)로 바쳐졌으며 전쟁(戰爭)이 끝날 때까지 참으로 말로 다 할 수 없는 고통(苦痛)을 겪어야 했다.

신사참배반대투쟁(神社參拜反對鬪爭)은 우선 1935년 11월 평안남도(平安南道) 도지사(道知事)가 각급(各級) 학교장(學校長)들을 모아놓고 회의(會議)를 개최(開催)하기 전에 모든 학교장(學校長)들은 우선 신사참배(神社參拜)부터 해야 한다고 명령(命令)을 내렸다.

그러나 이러한 명령(命令)에 그 때에 숭실전문학교(崇實專門學校)와 숭실중학교(崇實中學校)의 교장(校長)으로 있던 멕큔(Dr. McCune, 한국 명 尹山溫) 박사(博士)와 숭실여학교(崇實女學校)의 교장(校長)으로 있던 스누크(Mrs. V. L. Snook) 여사(女史)가 이를 거부(拒否)하고 나섰기 때문에 그들은 교장(校長) 자리에서 물러나고 자기들의 나라로 추방(追放)되어 버렸다.

1935년 12월 13일 한국주재(韓國駐在) 미국 북장로교(美國 北長老敎)의 선교회(宣敎會)에서는 정식(正式)으로 신사참배반대(神社參拜反對)를 가결(可決)해 버렸다.

1936년 10월에는 무장경관(武裝警官)들을 전국(全國)에 산재(散在)해 있는 기독교학교(基督敎學校)들에 보내서 "순수(純粹)히 신사참배(神社參拜)를 하든지 아니면 학교(學校)의 문(門)을 스스로 닫든지 하라"고 협박(脅迫)하기 시작했다.

그들의 주장(主張)인즉 "신사참배(神社參拜)는 종교의식(宗敎儀式)이 아니라 국민의례(國民儀禮)이며 예배행위(禮拜行爲)가 아닌 조상(祖上)에게의 경의(敬意)의 표시(表示)라는 것과 교육(敎育)의 목적(目的)은 학생(學生)들의 지적(知的)인 육성(育成)에만 있는 것이 아니라 학생(學生)들로 하여금 천황(天皇)의 신민(臣民)이 되게 하는데 목적이 있다"는 것이었다.

하필이면 이러한 와중(渦中)에 있을 때에 로마 카톨릭 교회의 본부(本部)인 교황청(敎皇廳)에서는 "카톨릭 신자(信者)들은 국가의식(國家儀式)에 참여(參與)하여도 무방(無妨)하니 이는 기독교(基督敎)를 욕(辱) 돌리는 것이 아니다"라는 교황(敎皇)의 교지(敎旨)를 발표(發表)하게 되었다.

이러한 교황(敎皇)의 교지(敎旨)로 인해서 일본기독교연합회(日本 基督敎 聯合會, National Christian Council in Japan)까지도 1936년 11월을 기해서 신사참배(神社參拜)를 수용(收用)해 버리고 말았다.

이는 곧 신사참배(神社參拜)는 국민의례(國民儀禮)에 해당함으로 죄가 되지 않는 것이라는 합리적(合理的)인 해석(解釋)으로 로마 카톨릭 교회는 사실상 우상숭배(偶像崇拜)를 교황(敎皇)의 교지(敎旨)로서 합리화(合理化) 시키는 죄(罪)를 저지른 것이다.

그러나 한국(韓國)에 있는 미국북장로교선교회회장(美國北長老敎宣敎會會長)으로 있는 홀드크로프트(J. E. Holdcroft)는 1935년 신사참배(神社參拜)에 대한 반대입장(反對立場)을 결의(決議)하면서 "우리는 학교(學校)를 하나나 또는 모두 다 잃을 수는 있습니다. 그러나 교회(敎會)를 온통 져버릴 수는 없습니다"라고 너무도 강(强)하고 당당(堂堂)하게 단호(斷乎)한 선언(宣言)을 했었다.

1937년 북장로교연례회의(北長老敎年例會議)에 참석(參席)한 100명의 회원(會員) 중 3분지 2 이상(以上)의 찬성(贊成)으로 학교(學校)의 문(門)을 닫는 한이 있더라도 신사참배(神社參拜)는 할 수 없다는 단호(斷乎)한 결의(決議)를 해버렸다.

뿐만 아니라 그 외에도 미국(美國) 남장로교회(南長老敎會)나 호주장로교회(濠洲長老敎會)에 속한 선교사(宣敎師)들도 강력(强力)하게 신사참배(神社參拜)를 반대(反對)하고 나섰다.

그 때에 미국남장로교회(美國南長老敎會)의 선교부(宣敎部)에서 총무(總務)의 일을 맡고 있던 다비 풀톤(Darby Fulton)은 말하기를 "신사참배(神社參拜)는 결코 사소(些少)한 문제(問題)가 아니라 기독교신앙(基督敎信仰)의 근본문제(根本問題)와 관계(關係)가 되는 것입니다. 즉 유일신론(唯一神論)이냐 다신론(多神論)이냐를 결정(決定)하는 중요(重要)한 문제입니다"라고 하여 신사참배(

神社參拜(神社參拜)의 강요(强要에 대한의 부당성(不當性)을 설명(說明)하였고 계속(繼續)해서 그는 말하기를 "일반기독교신자(一般基督敎信者)이거나 교파(敎派)의 지도자(指導者)이냐를 막론(莫論)하고 정부(政府)가 신자(信者)들에 대하여 말하는 것을 그대로 받아들일 수는 없습니다.

왜냐하면 신사참배(神社參拜)의 의식(儀式)이 기도(祈禱)라든지 신령(神靈)을 부르는 것이라든지 하는 등등(等等)의 종교적(宗敎的)인 요소(要素)를 다분(多分)히 내포(內包)하고 있으며 누가 보더라도 종교저(宗敎的)인 성질(性質)을 띠고 있다는 인상(印象)을 씻을 수가 없기 때문입니다"라고 하여 교회(敎會)가 신사참배(神社參拜)를 반대(反對)하는 이유(理由)를 설명(說明)하려고 힘썼다는 것을 알게 한다.

1937년 2월 24일 한국(韓國)에 와있던 미국남장로교회선교부(美國南長老敎會宣敎部)에서는 "최근(最近)까지의 동향(動向)을 보아서 기독교적(基督敎的)인 진리(眞理)를 포기(抛棄)하지 않는 한 학교(學校)의 유지(維持)가 불가능(不可能)하다는 것을 알았기 때문에 한국(韓國)에서 활동(活動)하고 있는 선교회(宣敎會)에다 점차적(漸次的)으로 학교(學校)를 폐쇄(閉鎖)하는 조치(措置)를 취(取)하도록 이에 선교부(宣敎部)의 뜻을 전(傳)하는 바입니다"라고 하는 요지(要旨)의 공문서(公文書)를 전달(傳達)해 왔다.

신사참배(神社參拜)에 대한 문제(問題)는 결국 자유주의신앙(自由主義信仰)을 지향(指向)하는 사람들의 경우는 선교사업(宣敎事業)과 또한 기구적인 교회(機構的 敎會, Institutional Church)라는 명분(名分)을 내세워서 신사참배(神社參拜)를 수용(收用)하는 편(便)이었으나 보수주의(保守主義)를 지향(指向)하는 선교사(宣敎師)들은 개혁주의신앙고백(改革主義信仰告白)과 하나님의 말씀에 순종(順從)하는 진리(眞理)에 따라서 하나님의 주권(主權)을 따르기로 하고 학교(學校)를 폐쇄(閉鎖)하면서까지 신사참배(神社參拜)를 반대했었다.

1937년 1월에 발간(發刊)된 일본(日本)의 한 기독교잡지(基督敎 雜誌, Japan Christian Quarterly))에 의하면 일본기독교연합회(日本基督敎聯合會)는 신사참배(神社參拜)에 대한 문제(問題)를 두고 양심(良心)과 논리(論理)에 맞지 않는 결정(決定)을 내리고 말았다.

일본기독교연합회(日本基督敎聯合會)의 지지(支持)를 받고 있던 지도적(指導的)인 신자(信者)들은 신사참배(神社參拜)에 대하여 하나 같이 다음과 같은 견해(見解)를 가지고 있었다.

"신사참배(神社參拜)의 의식(儀式)은 분명(分明)히 종교적(宗敎的)인 요소(要素)를 내포(內包)하고 있다. 즉 신사(神社)를 받드는 간누시(神主, 司祭)가 참배자(參拜者)와 국가(國家)를 위하여 기도(祈禱)를 하며 장례식(葬禮式)과 결혼식(結婚式)을 종교적(宗敎的)으로 집례(執禮)한다.

그뿐만 아니라, 여러 학교기관(學校機關)에서 학생(學生)들을 신사(神社)에 참배(參拜)하게 함으로써 그들의 종교적(宗敎的)인 감정(感情)을 표현(表現)하도록 한다. 여하튼 대중(大衆)들은 신사(神社)를 종교적(宗敎的)인 전당(殿堂)으로 보며 거기에 예배(禮拜)하기 위해서 참여(參與)한다"

신사참배(神社參拜)와 천황(天皇)에 대한 요배(遙拜)가 종교(宗敎)냐 하는 것과 그것이 기독교신앙(基督敎信仰)과 조화(調和)가 될 수 있느냐 하는 문제(問題)는 이미 일본(日本)에서 1880년대부터 논란(論難)이 되어온 문제(問題)였다.

특히 명치유신(明治維新) 이후의 신도(神道)의 이면(裏面)에는 군국적(軍國的)인 팽창주의(膨脹主義)와 제국주의적(帝國主義的)인 국가주의(國家主義)가 도사리고 있었다.

그리하여 일본(日本)은 천황(天皇)에게 절대복종(絕對服從)과 천황예배(天皇禮拜)를 강요(强要)하기에 이른 것이다.

1930년대 후반기부터 일본(日本)은 한국교회(韓國敎會)를 향하여 신사참배(神社參拜)가 종교(宗敎)냐 아니냐를 시비(是非)할 필요 없이 그들에게 무조건(無條件) 따르도록 강요(强要)했던 것이다.

그러므로 그들이 말하는 신사참배(神社參拜)는 종교(宗敎)가 아니다라고 하는 말은 한국교회(韓國敎會)를 무너뜨리기 위한 전략적(戰略的)인 수단(手段)에 지나지 않는다는 그들의 음흉(陰凶)한 이중성(二重性)을 알게 한다.

1937년 9월에 미국북장로교선교부(美國北長老敎宣敎部)는 자기들 의 관할하(管轄下)에 있는 학교(學校) 8개를 폐쇄(閉鎖)했으며 남장로교선교부(南長老敎宣敎部)는 10개교(個校)를 자진폐쇄(自進閉鎖)해 버렸다.

언더우드 박사(博士)는 연희전문학교(延禧專門學校)만이라도 유지(維持)해 보려고 일본정부(日本政府)에 여러 차례에 걸쳐서 교섭(交涉)을 시도(試圖)해 보았으나 아무런 효과(效果)도 없이 1941년까지 근근히 지탱해 오다가 결국 문(門)을 닫고 말았다.

이에 일본(日本)은 모든 교육기관(敎育機關)에서 기독교적(基督敎的)인 요소(要素)를 제거(除去)

하기 위해서 혈안(血眼)이 되었다.

물론 명맥(命脈)을 유지(維持)해 나간 기독교학교(基督敎學校)가 전혀 없었던 것은 아니었으나 1945년 8월 15일 해방(解放)이 되어 신앙(信仰)의 자유(自由)를 다시 찾았을 때에 이 학교(學校)들은 기독교(基督敎學校)라고 말할 수 없을 정도로 변질(變質)되고 말았다. 결국 작은 문제(問題)의 신학(神學)이나 신앙(信仰)의 갈등(葛藤)은 마침내 엄청난 결과(結果)로 나타나게 된다는 것을 알 수 있다.

1938년 2월 일제(日帝)는 더우더 신사참배(神社參拜)에 대한 문제(問題)를 가지고 교회(敎會)와 기독교학교(基督敎學校)를 더 강(强)하게 몰아붙였다.

그리하여 그들은 목사(牧師)들이 모이는 노회(老會)를 개회(開會)하기 이전(以前)에 먼저 신사참배(神社參拜)부터 하고 노회(老會)를 개회(開會)하도록 강요(强要)하고 나섰다.

그 해 2월부터 시작(始作)하여 9월 정기총회(定期總會)가 열릴 때까지 전국(全國) 23개의 노회(老會) 가운데 무려 17개 노회(老會)가 일제(日帝)의 지시(指示)에 따라서 신사참배(神社參拜)를 하기로 굴복(屈伏)해버리고 말았다.

진리(眞理)를 따르겠다는 노회(老會)가 겨우 8개 노회(老會) 밖에 없었다는 말이다. 하나님의 교회(敎會) 무책임(無責任)하고 무능(無能)한 목회자(牧會者)들로 인하여 악(惡)에게 무릎을 꿇고 말았다.

이 때에 주기철(朱基徹), 채정민(蔡廷敏), 김선도(金善道), 이기선(李基善), 오석주(吳錫柱) 목사(牧師)등 신사참배(神社參拜)를 적극적(積極的)으로 반대(反對)하는 목사(牧師)들을 경찰(京察)에 연행(連行)하여 괴롭혔고 또 일부의 목사(牧師)들은 일본동경(日本東京)으로 보내서 신도(神道)에 대한 체험(體驗)을 하고 돌아와서 한국교회(韓國敎會)를 이끌어 나가도록 하려는 회유작전(懷柔作戰)을 벌려나갔다.

그리고 일본관서(日本官署)에서는 한국(韓國)에 있는 선교사(宣敎師)들에게 공문(公文)을 보내고 신사참배 반대에 관한 발언은 일체 하지 말도록 경고했다.

1938년 9월 9일 평양(平壤)에 있는 서문밖교회에서 제27회 장로교(長老敎)의 정기총회(定期總會)가 모였는데 경찰(警察)이 회의장(會議場)을 에워싸고 삼엄(森嚴)한 분위기(雰圍氣)를 자아내다가. 이틀째 되는 날에는 약 100명이나 되는 경찰(警察)을 회의장(會議場)에 직접투입(直接

投入)시키고 193명의 총대(總代)들이 앉은 사이에 끼어 앉게 하여 적극적(積極的)인 감시(監視)를 하게 했다.

그리고는 그들이 미리 짠 각본(脚本)에 따라서 어용목사(御用牧師)를 사주(使嗾)하여 신사참배(神社參拜)를 국민의례(國民儀禮)로 하자는 동의안(同議案)을 발의(發議)하도록 했다.

여기에 제청(提請)이 들어왔고 사회봉(司會棒)을 든 총회장(總會長) 홍택기(洪澤麒) 목사(牧師)는 즉시 가부(可否)를 물었다.

그 때에 불라이어(W. N. Blair, 한국명 方偉良) 선교사(宣敎師)가 이의(異意)를 제기(提起)하고 나섰으나 묵살(黙殺) 당해 버렸다.

회장(會長)은 "가(可) 한 줄로 여기면 예라고 하시오"라고 했다.

몇몇 회원(會員)이 모기 소리만한 음성(音聲)으로 겨우 "예" 라고 했다.

그 때에 회장(會長)은 당연(當然)히 '아니요'도 물었어야 하는데 '아니요'는 묻지도 않고 가결(可決)을 선포해 버렸다.

이에 헌트(Bruce F. Hunt, 한국명 韓富仙) 선교사(宣敎師)는 자리에서 벌떡 일어나면서 "왜 아니오는 묻지 않는 것이요? 나는 아니요" 라고 소리를 버럭 질렀다.

두말 할 것 없이 헌트 선교사(宣敎師)는 경찰(警察)에 의해서 밖으로 끌려 나갔고 그는 해방(解放)이 될 때까지 만주(滿洲)로 쫓겨나서 선교활동(宣敎活動)을 하다가 해방(解放)이 된 후에야 다시 돌아와서 부산(釜山)에 있는 고려신학교(高麗 神學校)에서 신학생(神學生)들을 가르치는 교수(敎授)로 활동(活動)했다.

가결(可決)이 선포(宣布)되고 서기(書記)는 "아등(我等)은 신사(神社)는 종교(宗敎)가 아니요 기독교(基督敎)의 교리(敎理)에 위반(違反)하지 않는 본의(本意)를 이해(理解)하고 신사참배(神社參拜)가 애국적(愛國的)인 국가의식(國家儀式)임을 자각(自覺)하여 이에 신사참배(神社參拜)를 솔선여행(率先勵行)하고 추(追)히 국민정신(國民精神)의 총동원(總動員)에 참가(參加)하여 비상시국(非常時局) 하에서 황국신민(皇國臣民)으로서의 적성(赤誠)을 다하기로 기(期)함"이라는 미리 준비(準備) 된 성명서(聲明書)를 발표(發表)했다.

그리고 총회(總會)가 마친 다음에는 부총회장(副總會長)인 김길창(金吉昌) 목사(牧師)의 선도(先導)로 23명의 어용목사(御用牧師)들이 평양신사당(平壤神社堂)을 찾아서 참배(參拜)를 했다.

이렇게 됨에 따라서 신사참배(神社參拜)의 반대운동(反對運動)은 목사(牧師)나 교인(敎人)이나 개인적(個人的)인 반대투쟁(反對鬪爭)을 해야했기 때문에 더욱 더 어려운 국면(局面)으로 말려 들게 되었다.

1938년 9월 28일 미국남장로교선교회(美國南長老敎宣敎會)는 신사참배(神社參拜)에 굴복(屈伏)한 조선(朝鮮) 예수교 장로회(長老會)를 따를 수 없다고 하여 탈퇴(脫退)를 선언(宣言)해 버렸고 이어서 북장로교선교회(北長老敎宣敎會)도 역시 그 해 10월 5일 탈퇴선언(脫退宣言)을 해버렸다.

그리고 남장로회(南長老會)와 북장로회(北長老會) 그리고 호주장로회(濠洲長老會)에 속한 선교사(宣敎師)들은 개별적(個別的)으로 신사참배(神社參拜)를 반대(反對)하고 나섰다가 노회(老會)에서 제명(除名)을 당한 한국목사(韓國牧師)들을 지지(支持)하고 후원(後援)을 하기로 했다.

1939년 초 평양산정현교회(山亭峴 敎會)에서 시무(視務)하고 있던 주 기철(朱基澈) 목사(牧師)를 중심(中心)으로 북한(北韓地域)을 비롯하여 만주지역(滿洲地域)에서 신사참배반대운동(神社參拜反對運動)을 벌이고 있던 목사(牧師)들은 끝까지 일제(日帝)에 굴(屈)하지 않고 반대운동(反對運動)을 전개(展開)해 나갔다.

이에 주기철(朱基澈) 목사(牧師)는 1940년 5월에 네 번째로 검거(檢擧)되어 평양감옥(平壤監獄)에서 혹독(酷毒)한 고문(拷問)을 견디지 못하여 1944년 4월 21일 순교(殉敎)의 제물(祭物)로 바쳐졌다.

또 1939년 주기철(朱基澈) 목사(牧師)가 일경(日警)에게 세 번째로 검거(檢擧)되어 갔을 때에 이기선(李基善) 목사(牧師)와 채정민(蔡廷敏) 목사(牧師)는 서북지방(西北地方)에서 신사참배(神社參拜)를 반대(反對)하고 있던 목사(牧師)와 성도(聖徒)들을 모으고 그들과 함께 신사참배반대운동(神社參拜反對運動)을 전개(展開)해 나가다가 1940년 3월 다음과 같은 결의(決議)를 하고 신사참배반대운동(神社參拜反對運動)을 본격적(本格的)으로 전개(展開)해 나가기로 했다.

첫째 신사참배(神社參拜)를 하는 학교(學校)에 자녀(子女)를 보내지말 것.
둘째 신사참배반대운동(神社參拜反對運動)을 일으켜서 현실교회(現實敎會)를 약체화(弱體化) 내지 해체(解體)시킬 것.

셋째 신사참배(神社參拜)를 거부(拒否)하는 신자(信者)들을 규합(糾合)하여 가정예배(家庭禮拜)를 드리며 그것을 육성발전(育成發展)시켜서 교회(敎會)를 신설(新設) 할 것.

그리고 남부지방(南部地方)에서는 마산문창교회(馬山文窓敎會)에 주기철(朱基澈) 목사(牧師)의 후임(後任)으로 부임(赴任)하게 된 한 상동(韓尙東) 목사(牧師)와 주남선(朱南善) 목사(牧師), 황철도(黃哲道) 목사(牧師)와 이인제(李仁宰) 전도사(傳道師) 등이 모여서 신사참배반대운동(神社參拜反對運動)을 전개(展開)해 나갔다.

1939년 11월 29일 이들은 좀 더 적극적(積極的)인 신사참배반대운동(神社參拜反對運動)을 전개(展開)해 나가기 위해서 다음과 같은 방향(方向)을 설정(設定)했다.

첫 째 현재(現在)의 노회(老會)에 대한 해체운동(解體運動).
둘 째 신사참배(神社參拜)를 하는 목사(牧師)들이 베푸는 세례(洗禮)를 거부(拒否)할 것.
셋 째 신사참배반대자(神社參拜反對者)들만이 모여서 새 노회(老會)를 조직(組織)할 것.
넷 째 신사참배(神社參拜)를 반대(反對)하는 동지(同志)들을 상호원조(相互援助)할 것.
다섯째 그룹 예배(禮拜)의 여행(勵行)과 함께 동지획득(同志獲得)에 주력(主力) 할 것.

이들 신사참배반대운동(神社參拜反對運動)을 전개(展開)해 나가는 지도자(指導者)들은 어떠한 박해(迫害)나 시련(試鍊)에도 불구하고 개혁주의교회(改革主義敎會)는 항상 개혁(改革)하는 교회(敎會)라는 말 그대로 개혁주의정신(改革主義精神)을 실현(實現)시켜 나가기 위해서 힘썼다.

그들의 운동(運動)은 마치 나찌(The Nazis) 독일시대(獨逸時代)에 어용종교가(御用宗敎家)들의 모임인 독일기독교연맹(獨逸基督敎聯盟)(Deutsche Christen)에 대항(對抗)하여 개혁(改革)을 부르짖고 일어섰던 고백교회(告白敎會, Bekennende Kirche)가 새 교회운동(敎會運動)을 일으켰던 것처럼 신사참배반대운동자(神社參拜反對運動者)들은 새 교회운동(敎會運動)을 표방(標榜)하고 나섰던 것이다.

1940년 7월 일제(日帝)는 전국적(全國的)으로 신사참배반대자(神社參拜反對者)들을 검거(檢擧)하기 시작하여 무려 2천 여명이나 검거(檢擧)되었는데 그 중 70여 명은 장기복역(長期服役)을 하다가 50 여명이 옥중순교(獄中殉敎)를 당했고 나머지는 해방(解放)과 함께 감옥(監獄)에서 풀려나게 되었다.

사실 일제(日帝)의 탄압(彈壓)은 신사참배(神社參拜)에서 끝나는 것이 아니라 심지어는 찬송가(讚頌歌)의 가사(歌詞)에 왕(王)이라고 되어 있는 가사(歌詞)는 주(主)로 대체(代替)하도록 명(命)했고 자기들의 마음에 맞지 않는 찬송가(讚頌歌)는 아예 사용(使用)조차도 못하도록 막아버렸다.

그리고 1942년 3월에는 모든 교단(敎團)의 조직(組織)을 통폐합(統廢合)해서 혁신교단(革新敎團)으로 조합교회(組合敎會)라는 새 이름을 쓰도록 하는가 하면 교회(敎會)에서 모세 오경(五經)을 비롯하여 다니엘서나 요한 계시록(啓示錄)은 물론 이스라엘 백성(百姓)의 역사(歷史)와 하나님에 관계되는 책(冊)들까지도 보지 못하도록 강압(强壓)했다. 그러다가 나중에는 설교본문(說敎本文)도 4 복음서(福音書)에서만 택(擇)하도록 하기도 했다.

1943년 성결교회(聖潔敎會)와 안식교회(安息敎會)는 왕국(王國)을 믿는 신앙(信仰)이라는 이유(理由)로 아주 폐쇄(閉鎖) 당해 버렸다.

1945년 7월 20일 해방(解放)이 되기 직전(直前)에 일제(日帝)의 지시(指示)로 일본기독교조선교단(日本基督敎朝鮮敎團)이라는 이름으로 바꾸고 통합교단(統合敎團)의 통리(統理)로 김관식(金觀植) 목사(牧師)를 추대(推戴)하였고 50 여명의 한국목사(韓國牧師)들이 서울의 한강(漢江)과 부산(釜山)의 송도(松都) 앞 바다에 모여서 일본(日本)의 간누시(神主, 司祭)에게서 신도(神道)의 정결의식(淨潔儀式)인 미소기바라이(水洗) 곧 세례(洗禮)를 받기까지 했다.

이토록 일제(日帝)는 우리 한국교회(韓國敎會)를 근본적(根本的)으로 말살(抹殺)해 버림으로써 종교적(宗敎的)인 의미(意味)에서의 목적(目的)을 달성(達成)하겠다는 것만이 아니라 교회(敎會)에서 민족교육(民族敎育)을 배제시키고 일제(日帝)의 식민탄압정책(植民彈壓政策)을 정면(正面)으로 반대(反對)하고 나선다는 의미(意味)에서 먼저 기독교(基督敎)를 없이해야 한다는 판단(判斷)에 의해서 기독교회(基督敎會)를 향한 박해(迫害)를 더욱 가중(加重)시켰던 것이다.

그러나 하나님의 절대주권(絶對主權)과 절대영광(絶對榮光)이라는 성경적(聖經的)인 신본주의신앙(神本主義信仰)을 고수(固守)하면서 개혁주의신학운동(改革主義神學運動)을 전개(展開)해 나갔던 성도(聖徒)들은 어떠한 탄압(彈壓)이나 박해(迫害)에도 결코 굴(屈)하지 않고 오직 하나님을 향한 순종신앙(順從信仰)과 충성(忠誠)으로 몸을 드리는 순교(殉敎)의 길을 택(擇)하게 되었든 것이다.

여기에서 우리 한국교회(韓國敎會)와 한국정부(韓國政府)를 비롯하여 우리 한국민족(韓國民族)이 꼭 알고 넘어가야 할 것은 이웃 일본(日本)이라는 나라에 대한 인식(認識)이다.

지금 일본(日本)이라는 나라는 미국(美國)을 둘러업고 한미일(韓美日)의 안보동맹(安保同盟)이라는 미명(美名)아래 우리나라를 다시 정복(征服)할 음흉(陰凶)한 야심(野心)을 버리지않고 있다는 사실(史實)이다.

바로 그 이유(理由)로 우선 독도(獨島)는 자기나라의 영토(領土)라고 하는 것을 국정교과서(國定敎科書)에 등재(謄載)하여 아무것도 모르는 청소년(靑少年)들에게 미래(未來)의 한일전쟁(韓日戰爭)의 빌미를 만들어주고 위안부(慰安婦) 할머니들의 사건(事件)도 거짓이라고 변명(辨明)하여 후일(後日)의 국가관(國家觀)을 심어주려고 하고 있다.

이에 대하여 우리 정부(政府)에서는 오직 안보(安保)라는 이유(理由)로 우리나라의 통일(統一)이나 남북한(南北韓)의 교류(交流)같은 것을 철저히 가로막고 있다는 것을 알아야 한다.

우리나라의 안보(安保)는 우리가 해결(解決)해야 한다.

다시는 우리나라에서 동족상잔(同族相殘)의 전쟁(戰爭)같은 것을 해서는 안 된다. 우리의 안보(安保)는 일차적(一次的)으로 우리가 해결(解決)해야 한다.

그것은 오직 다시는 전쟁(戰爭)을 하지 않는데 있다. 남한(南韓)도 북한(北韓)도 전쟁(戰爭)을 하지 말고 오직 자유(自由)와 자주(自主)와 자결(自決)의 원칙(原則)으로 반드시 남북한(南北韓)이 하나로 통일(統一)만 되면 우리의 안보(安保)는 그대로 이루어진다.

한미(韓美)간의 동맹(同盟)이나 세계평화(世界平和)도 좋지만 우리에게는 먼저 남북통일(南北統一)이라는 역사적(歷史的)이고 민족적(民族的)인 과제(課題)가 남아있다는 것을 명심(銘心)해야 할 것이다. 우리의 안보(安保)는 우리가 지켜야 하고 남북통일(南北統一)도 우리가 해야할 우리의 과업이라는 것을 잊지 말자.

3 ≡ 세계 제2차 대전(大戰) 후의 한국교회

1945년 8월 15일 태평양전쟁(太平洋戰爭)을 일으켰던 일본(日本)이 연합국(聯合國)을 향해서 무조건 항복(無條件降伏)을 선언(宣言)함으로써 지구촌(地球村)의 전쟁포화(戰爭砲火)소리는 일시적(一時的)으로나마 멎게 되었다.

1940년 12월 8일 주일날 새벽 어둠을 뚫고 하와이 진주만(眞珠灣)을 공습(空襲)함으로 선전포고(宣戰布告)도 하지 않고 미국(美國)을 공격(攻擊)하여 태평양전쟁(太平洋戰爭)을 유발(誘發)시킨 일본(日本)이 연합국(聯合國)에게 항복(降伏)을 하므로 세계전쟁(世界戰爭)을 끝냈다는 것은 일본(日本)의 패전(敗戰)과 연합국(聯合國)의 승리(勝利)라는 것 외에 우리에게는 일제(日帝)의 식민탄압(植民彈壓)에서 벗어나서 해방(解放, Liberation)을 맞이하게 되었다는 흥분(興奮)과 감격(感激)의 열기(熱氣)에 그 기쁨을 어떻게 표현(表現)해야 할 것인지조차 알지 못하고 날뛰었다.

그러나 1945년 8월 22일 소련공산군(蘇聯共産軍)이 북한(北韓) 땅 평양(平壤)으로 입성(入城)을 하고 9월 2일에는 북위(北緯) 38도 선(線)을 중심(中心)으로 남북한(南北韓)을 둘로 갈라놓았으니 바로 이것이 한(恨) 많은 삼팔선(三八線)이자 국토분단(國土分斷)의 국경(國境)이 아닌 국경선(國境線)으로 확정(確定)되게 되었다.

역사(歷史)가 이렇게 바뀌고 나니 동방(東方)의 예루살렘이라고 하던 기독교(基督敎)의 도성(都城)인 평양(平壤)이 공산군(共産軍)의 발에 짓밟혀져 버렸고 더 이상 복음운동(福音運動)을 일으킬 여력(餘力)마저 잃게 되었다.

이 때에 기독교(基督敎)는 북한(北韓)에서는 그렇다고 하더라도 남한(南韓)에서는 남한(南韓)대로 또 다른 갈등(葛藤)과 분열(分裂)속에 광복(光復)의 기쁨을 만끽할만한 틈을 가질 수가 없었다.

1945년 9월 8일 서울에 있는 새 문안 교회(敎會)에서는 각 교파(敎派)들간의 교단재건(敎團再建)을 위해서 모임을 가졌으나 아무런 타협(妥協)이나 일치(一致)된 내용(內容)도 없이 그대로 뿔뿔이 흩어지고 말았다.

그런데 북한(北韓)에서는 묘하게도 정치인(政治人)들이 아닌 목사(牧師)들에 의해서 정치정당(政治政黨)이 결성(結成)되고 사회현실(社會現實)과는 전혀 다른 이색적(異色的)인 일들이 벌어지고 있었다. 즉 윤하영(尹河英) 목사(牧師)와 한경직(韓景職) 목사(牧師)가 주동(主動)이 되어 1945년 9월에 해방조국(解放祖國)에서는 처음으로 기독교사회민주당(基督敎社會民主黨)이라는 정당(政黨)을 결성(結成)했다.

그들의 생각으로는 기독교인(基督敎人)들을 중심(中心)으로 정당(政黨)을 조직(組織)하여 해방조국(解放祖國)의 정치(政治)를 직접 챙겨보자는 속 셈이었다.

그러나 공산당(共産黨)의 방해(妨害)로 더 이상 발전(發展)하지 못하고 그대로 무산(霧散)되어 버렸고 그들은 남한(南韓)으로 빠져나와 버렸다. 목사(牧師)가 교회(敎會)아닌 정치(政治)에 먼저 손을 댔다는 것은 결코 자랑스러운 일이 아니었다.

그러자 이번에는 그 해 11월에 조만식(曺晚植) 장로(長老)와 이윤영(李允榮) 목사(牧師)가 중심(中心)이 되어 조선민주당(朝鮮民主黨)을 결성(結成)했으나 이것 역시 공산당(共産黨)의 방해(妨害)로 그대로 흩어져 버렸고 조만식(曺晚植) 장로(長老)는 1946년 1월 5일에 공산군(共産軍)에 끌려가서 더 이상 바깥 구경(求景)조차도 못하는 신세(身世)가 되고 말았다.

1947년 11월에는 김화식(金化湜) 목사(牧師)를 중심(中心)으로 기독교자유당(基督敎自由黨)을 결성(結成)했으나 이것 역시 공산당(共産黨)의 방해(妨害)로 뜻을 펴지 못하고 그대로 정당(政黨)은 해체(解體)되고 지도자(指導者)들은 공산군(共産軍)에게 잡혀가서 옥고(獄苦)를 치러야 했다.

그러는 동안에 1946년 1월 20일 북한(北韓)에 있는 다섯 도(道)의 대표(代表)들이 모여서 오도연합노회(五道聯合老會)를 결성(結成)하고 다음과 같은 5개 조항(條項)의 교회원칙(敎會原則)과 신앙규범(信仰規範)을 제정(制定)하여 공산당(共産黨)에 이를 통고(通告)했다. 공산당중심(共産黨中心)의 통치(統治)가 시작된다는 신호였다.

1) 성수주일 (聖守主日)을 생명(生命)으로 하는 교회(敎會)는 주일(主日)에는 예배(禮拜) 이외의 여하(如何)한 행사(行事)에도 참가(參加)하지 않는다.
2) 정치(政治)와 종교(宗敎)는 엄격(嚴格)히 구분(區分)한다.
3) 교회당(敎會堂)의 신성(神聖)을 확보(確保)하는 것은, 당연(當然)한 의무(義務)요 권리(權利)이다.
4) 현직교직자(現職敎職者)로서 정계(政界)에 종사(從事) 할 경우에는 교직(敎職)을 사면(赦免)해야 한다.
5) 교회(敎會)는 신앙(信仰)과 집회(集會)의 자유(自由)를 확보(確保)한다.

그러나 공산정권(共産政權)은 교묘(巧妙)한 수단(手段)으로 교회(敎會)를 통제(統制)하기 위해서 김일성(金日成)의 외삼촌(外三寸)인 강양욱(康良煜) 목사(牧師)를 내 세워서 1946년 11월 28일 조선 기독교연맹(朝鮮基督敎聯盟)을 결성(結成)하고 오도연합노회(五道聯合老會)와 맞서고 나섰다.

기독교연맹(基督敎聯盟)은 본인(本人)의 의사(意思)와는 상관(相關)없이 한국교회(韓國敎會)의 대부흥사(大復興師)로 존경(尊敬)을 받고 있던 김익두(金益斗) 목사(牧師)를 625 동란 때에 공산당(共産黨)에 의해서 처형(處刑)당한 목사(牧師)를 조선기독교연맹(朝鮮基督敎聯盟)의 회장(會長)으로 추대(推戴)했다.

이렇게 교회(敎會)와 정치(政治)가 가닥을 잡지 못하고 혼선(混線)만을 거듭하고 있을 때에 또 남한(南韓)에서는 남한(南韓)대로 기독교(基督敎)가 마음을 합(合)하지 못하고 온갖 이유(理由)를 내세워서 분열(分裂)과 갈등(葛藤)으로 얼룩져 가기만 했다.

1945년 9월 20일 소위 신사참배반대이유(神社參拜反對理由)로 투옥(投獄) 당했다가 감옥(監獄)에서 돌아 온 출옥성도(出獄聖徒)들 20명이 평양(平壤)에 있는 산정현교회(山亭峴敎會)에 모여서 다음과 같은 것을 기본원칙(基本原則)으로 결의(決議)했다.

첫째 교회(敎會)의 지도자(指導者)인 목사(牧師)와 장로(長老)들은 모두 신사참배(神社參拜)를 하였으니 권징(勸懲)의 길을 취(取)하여 통회정화(痛悔淨化)한 다음 교역(敎役)에 나아갈 것.

둘째 권징(勸懲)은 자책(自責) 혹은 자숙(自肅)의 방법(方法)으로 하되 목사(牧師)는 최소(最少)한 2개월(個月) 간을 휴직(休職)하고 통회자복(痛悔自服) 할 것.

셋째 목사(牧師)와 장로(長老)의 휴직(休職) 중에는 집사(執事)나 혹은 평신도(平信徒)가 예배(禮拜)를 인도할 것.

넷째 교회재건(敎會再建)의 기본원칙(基本原則)을 위한 신학교(神學校)를 복구재건(復舊再建)할 것.

위의 결정(決定)은 신사참배(神社參拜)를 피하여 만주(滿洲)로 물러나서 동북신학교(東北神學校)를 이끌어 오던 박형룡(朴亨龍) 목사(牧師)가 교회(敎會)의 재건(再建)을 위하여 초안(草案)해서 발표(發表)한 것이었다.

그러나 1938년 신사참배결의(神社參拜決議)에 앞장섰던 홍택기(洪澤基) 목사(牧師)를 중심(中心)으로 한 신사참배파(神社參拜派)에 속한 목사(牧師)들은 이에 반대(反對)하여 옥중(獄中)에서 고생(苦生)한 사람이나 교회(敎會)를 지키기 위해서 고생(苦生)한 사람이나 그 고생(苦生)은 마찬가지였고 교회(敎會)를 버리고 해외(海外)로 도피생활(逃避生活)을 했거나 혹은 은퇴생활(隱退生活)을 한 사람의 수고보다는 교회(敎會)를 등에 지고 일제(日帝)의 강제(强制)에 할 수 없이 굴복(屈伏)한 사람들의 노고(勞苦)가 더 높이 평가(評價)되어야 한다고 역습(逆襲)을 하고 나섰다.

그리고 또 신사참배(神社參拜)에 대한 회개(悔改)와 책벌(責罰)은 하나님과의 직접적(直接的)인 관계(關係)에서 해결(解決)되어야 할 성질(性質)의 것이라고 주장(主張)했다.

1946년 6월 12일에서 15일까지 서울에 있는 승동교회(勝洞敎會)에서 장로교총회(長老敎總會)가 다 모일 수 없었기 때문에 남부총회(南部 總會)라는 이름으로 소집(召集)되었다.

이 총회(總會)에서는 신사참배(神社參拜)에 대하여는 1938년 제27회 총회(總會)가 신사참배(神社參拜)를 하기로 결의(決議) 한 것은 합법적(合法的)인 가결(可決)이 아니었으므로 이를 무효(無效)로 한다고 결의(決議)했다.

총회(總會)는 이러한 결의(決議)를 그 후에도 1947년 총회(總會)와 1954년 총회(總會)에서도 거듭 반복(反復)했다. 물론 이것이 형식적(形式的)으로는 과거(過去)의 잘못을 바로 잡는 것 같았으나 어디까지나 그것은 절차상(節次上)의 과오(過誤)였을 뿐 진심(眞心)으로 하나님 앞에서 잘못을 뉘우치고 반성(反省)하여 회개(悔改)하는 것도 아니었거니와 역사적(歷史的)인 잘못 조차도 인정(認定)하지 않는 어정쩡한 결의(決議)였다고 지적(指摘)하지 않을 수 없다.

신사참배(神社參拜)를 가결(可決)한 것은 엄연히 역사적(歷史的)인 사건(事件)이었고 또한 성경(聖經)의 진리(眞理)에 위반(違反)되며 하나님께 대한 범죄(犯罪)였는데도 단순히 절차상(節次上)의 과오(過誤)라는 논리(論理)로 결론(結論)을 내린 것은 근본적(根本的)인 뉘우침이나 잘 못을 시인(是認)하고 반성(反省)하여 회개(悔改)한다는 것과는 전혀 다르다.

여기에서 말하는 절차상(節次上)의 과오(過誤)라는 설명(說明)인즉 1938년에 모인 제27차 정기총회(定期總會)가 일제(日帝)의 경찰(警察)에 의한 외압(外壓)의 방해(妨害)로 정상적(正常的)인 회의운영(會議運營)을 할 수가 없었고 회의자체(會議自體)가 어용종교가(御用宗敎家)들에 의해서 미리 짜여진 각본(脚本)대로 이루어졌을 뿐 회의법(會議法)에 따르는 절차(節次)를 그대로 따르지 않았다는 것과 더 중요(重要)한 것은 신사참배(神社參拜)를 하기로 가결안(可決案)을 물을 때에 예면 예라고 하시오 아니면 아니라고 하시오라고 했어야 하는데도 '예'는 물었으나, '아니오'는 묻지 않았다는 이유(理由)였다.

그러나 그러한 이유(理由)들이 결국(結局) 우리 한국교회(韓國敎會)를 분열(分裂)시키는 불씨로 작용(作用)하여 불행(不幸)을 낳게 했다는 것은 아무리 생각해도 크게 잘못 한 일이었다.

전쟁(戰爭)이 끝이 나고 교회(敎會)가 제 모습을 찾기 위해서는 넘어야 할 산(山)이 너무도 높았고 골은 너무도 깊었다.

거기에다가 우리나라의 해방정국(解放政局)과 사회(社會)는 전혀 준비(準備) 된 것이라고는 하나도 없었기 때문에 혼란(混亂)에 혼란(混亂)만 더해갔고 다만 일제(日帝)의 식민지(植民地)에서 해방(解放)되었다는 한 가지의 사실(事實)에 취해서 날뛰고 있을 때에 또 다른 비운(悲運)의 고난(苦難)이 싹터나고 있었다.

공산당(共産黨)의 방해(妨害) 속에 정부(政府)를 수립(樹立)해야 한다는 국가적(國家的)인 문제(問題)로부터 시작하여 우선 신탁통치(信託統治)의 문제(問題)로 인해서 온 나라가 어수선했다.

태평양전쟁(太平洋戰爭)이 끝나던 바로 그 해인 1945년 12월에 미국(美國) 영국(英國) 소련(蘇聯)의 외상(外相)들이 모스코바에 모여서 소위 우리나라를 당분간(當分間)은 신탁통치(信託統治) 아래 두어야 한다는 것을 결의(決議)했다.

이로 인해서 우리나라는 신탁통치(信託統治)의 찬반(贊反)을 두고 전국적(全國的)인 소란(騷亂)이 극렬(極烈)했다.

소위 공산당(共産黨)을 중심(中心)으로 한 좌경파(左傾派)의 사람들은 신탁통치(信託統治)의 찬성(贊成)으로 그리고 민족진영(民族陣營)과 우파(右派)에 속한 사람들은 신탁통치(信託統治)의 결사반대 (決死反對)로 나타나게 되었으니 온 나라가 어지러울 수밖에 없었다는 것을 알 수 있다.

이러한 때에 교회(敎會)는 교회(敎會)대로 신사참배(神社參拜)의 후유증(後遺症)과 교회(敎會)의 재건(再建)의 일로 어수선하고 시끄럽기는 정치(政治)나 사회(社會)나 교회(敎會)도 마찬가지였다.

일이 이렇게 되어가고 있었기 때문에 해방정국(解放政局) 아래서 한국교회(韓國敎會)는 신학적(神學的)인 문제(問題)나 교리사상(敎理思想)에 대한 것들은 전혀 생각조차도 가질 수 없도록 뒷전으로 물려놓은 상태(狀態)였다.

전혀 자기의 준비(準備)가 되어있지 않는 상태(狀態)로 맞이하는 우리나라의 정치(政治)로부터 시작하여 사회(社會)의 전반적(全般的)인 문제(問題)가 어느 한 가지도 순조(順調)롭게 풀리는 것이 없었다.

거기에다 교회(敎會)는 교회(敎會)대로 오직 신사참배(神社參拜)라는 한 가지 이유(理由)로 앞으로의 길을 열어갈 수가 없었고 이를 기회(機會)로 공산당(共産黨)의 무리들은 자기들의 영역(領域)을 넓혀가고 있었으니 또 한 번 나라와 교회(敎會)에 밀어닥칠 환난(患難)에 대해서는 너무도 모르고 있었다.

4 ≡ 한국 교회의 분열상(分裂狀)

우리 한국교회(韓國敎會)는 항상(恒常) 어려운 일이 있을 때에는 단결(團結)도 잘 하고 믿음도 뜨거워서 교회(敎會)의 부흥(復興)과 발전(發展)을 기 할 수가 있었으나 좀더 평화(平和)롭고 살기가 자유(自由)롭고 살림에 여유(餘裕)가 생기면 교회(敎會)가 양적(量的)으로는 늘어나는 것 같으나 질적(質的)인 발전(發展)은 기대(期待)하기가 어렵고 믿음의 열정(熱情)이 식어갔다는 것을 알 수 있다.

특히 남한(南韓)에서는 해방(解放)이 된 후 처음으로 신앙(信仰)의 자유(自由)를 만끽할 수가 있었고 자유(自由)로운 종교활동(宗敎活動)과 교회부흥(敎會復興)을 이루어 낼 수가 있었는데 이와 동시에 또한 교회(敎會)의 분열(分裂)이라는 불명예(不名譽)속에 반목(反目)과 갈등(葛藤)이 심화(深化)되었다.

소위 한국교회(韓國敎會)를 대표(代表)한다고 자처(自處)하는 장로교(長老敎)는 신사참배(神社參拜)에 대한 문제(問題)와 성경(聖經)의 영감설(靈感說)을 중심(中心)으로 분열(分裂)을 일으키더니 마지막에는 에큐메니칼 운동(運動) (Ecumenical Movement)과 산업화시대(産業化時代)에 따른 직업의식(職業意識)에서 오는 신학교(神學校)의 난립(亂立)과 목사(牧師)의 양산(量産)이라는 혼란(混亂)

속에 그 가닥을 잡기조차 어려울 만큼 분열(分裂)과 갈등(葛藤)을 계속적(繼續的)으로 일으키게 되었다.

또한 장로교(長老敎)와 함께 출발(出發)했든 감리교(監理敎)는 감리교(監理敎)대로 해방(解放) 후 교회재건(敎會再建)이라는 구호(口號)와 함께 교권(敎權)이 맞물려서 분열(分裂)의 갈등(葛藤)을 일으키더니 결국(結局)은 자유주의(自由主義)와 보수주의(保守主義) 사상(思想)으로 갈라서면서 역시 분열(分裂)의 갈등(葛藤)을 일으켜서 좀처럼 재결합(再結合)의 길이 멀어져 가기만 하고 있다.

그런가 하면 또 현대주의(現代主義)가 가져오는 교리사상(敎理思想)의 갈등(葛藤)과 기독교사회주의운동(基督敎社會主義運動)은 물론 실용주의적(實用主義的, Practicalism)인 교회성장학파(敎會成長學派)들의 부흥논리(復興論理)로 대형교회(大形敎會)의 등장(登場)과 함께 성경적(聖經的)인 진리운동(眞理運動)과 교회관(敎會觀)이 퇴색(退色)되어져 가는 것 같은 느낌을 갖게 하고 있는 것이 우리 한국교회(韓國敎會)의 현실(現實)이라고 할 것이다.

1) 감리교회의 분열(分裂)

앞에서도 언급(言及)한바 있거니와 1945년 9월 8일 서울에 있는 '새문안교회'에서 모인 교단대회(敎團大會)에서 일제(日帝)의 식민통치시절(植民統治時節)에 일제(日帝)에 부역(賦役)한 교권주의자(敎權主義者)들에 의해서 거세(去勢)되어 숨어 지냈던 일부의 지도자(指導者)들이 교회(敎會)의 재건(再建)이라는 명분론(名分論)을 내 세우고 그 모임 자체를 불신(不信)해 버리고 독자적(獨自的)인 길을 걷기로 한데서부터 감리교(監理敎)의 분열(分裂)이 시작되었다.

즉 어용종교가(御用宗敎家)들의 세(勢)에 밀려서 활개조차 펴지 못하고 있다가 해방(解放)을 당한 이규갑(李奎甲) 목사(牧師)와 변 홍규(卞鴻圭) 목사(牧師)등 재야교직자(在野敎職者)들이 교단대회(敎團大會)의 불법성(不法性)을 성토(聲討)하고 그 자리에서 바로 퇴장(退場)해 버렸다.

그리고 같은 날 동대문교회(東大門敎會)에서 그들끼리의 모임을 가지고 감리교재건중앙위원회(監理敎再建中央委員會)를 조직(組織)하고 이규갑(李奎甲) 목사(牧師)를 위원장(委員長)으로 추대(推戴)하고 감리교회(監理敎會)의 재건(再建)을 선언(宣言)하게 되었다.

재건위원회(再建委員會)는 이어서 동(東), 서(西), 중(中)의 삼부연회(三部延會)로 분할조직(分割組

織)한 다음 중부연회(中部延會)는 이규갑(李奎甲) 목사(牧師)가, 동부연회(東部延會)는 변홍규(邊鴻圭) 목사(牧師)가, 그리고 서부연회(西部延會)는 이윤영(李允榮) 목사(牧師)가 각각 회장직(會長職)을 맡아서 교단(敎團)의 재건운동(再建運動)에 임하기로 결의(決議)했다.

또한 재건중앙위원회(再建中央委員會)는 1946년 1월 14일 동대문교회(東大門敎會)에서 연합연회(聯合延會)를 소집(召集)하여 신학교(神學校)를 세우기로 하고 교회(敎會)의 재건(再建)을 추진(推進)하기로 결정(決定)했다.

그러나 재건연합연회(再建聯合延會)에 가입(加入)한 교회(敎會)의 수(數)가 불과 70개 교회(敎會)에 불과(不過)했고 또 서울에 있는 대부분(大部分)의 대교회(大敎會)들이 이에 따라주지 않았기 때문에 좀처럼 어떠한 사업(事業)도 추진(推進)해 나갈 수가 없었다.

그리하여 1947년에 기성연회(旣成延會)와 재건연회(再建延會)가 합동회의(合同會議)를 소집(召集)하고 타개책(打開策)을 찾기로 했다.

이 때에 주도권(主導權)은 역시 재건연회(再建延會)가 장악(掌握)하고 있었으나 대부분(大部分)의 큰 교회(敎會)들은 일제(日帝)에 부역(賦役)한 어용친일목사(御用親日牧師)들이 지배(支配)하고 있었기 때문에 그들이 마음을 열고 재정지원(財政支援)을 해주지 않는 한 어떠한 일도 추진(推進)해 나갈 수가 없었기 때문에 사업(事業)을 추진(推進)해 나가는데 적지 않은 어려움이 가로막고 있었다.

그 해 11월 6일 연합연회(聯合延會)를 다시 모으고 연합연회(聯合延會)에서는 우선 교단(敎團)의 명칭(名稱)을 남부총회(南部總會)로 통일(統一)하기로 하고 임원진(任員陣)을 구성(構成)했다.

그런데 역시 수(數)에 밀려서 재건파(再建派)의 사람들은 또 뒷전으로 밀려나게 되었고 친일부역자(親日賦役者)들이 감리사(監理師)등 모든 핵심적(核心的)인 요직(要職)을 다 맡아 버렸다.

재건파(再建派)의 사람들은 이에 승복(承服)할 수가 없어서 이듬해인 1948년 2월 3일 홍현설(洪顯卨)목사(牧師) 변홍규(卞鴻圭) 목사(牧師)등 40여명의 목사(牧師)들과 문창모(文昌模) 박현숙(朴賢淑) 등 평신도(平信徒)의 대표(代表)들이 모여서 중요(重要)한 성명서(聲明書)를 발표(發表)하게 되었다.

성명서(聲名書)의 내용(內容)은 교권(敎權)을 쥐고 있는 다수파(多數派)가 교회(敎會)의 장정(章程)을 유린(蹂躪)하고 비합법적(非合法的)인 방법(方法)으로 연합(聯合)을 가로막으며 친일분자(親日

分子)들을 비호(庇護)하고 있다고 하면서 일제(日帝)에 부역(賦役)을 한 교권주의자(敎權主義者)들의 비리(非理)를 폭로(暴露)하는 내용(內容)의 성명서(聲名書)였다.

즉 일제(日帝)에 부역(賦役)한 교권주의자(敎權主義者)들이 일제(日帝)하에서 복음서(福音書) 이외의 성경(聖經)을 거부(拒否)했다는 것이며 기독교(基督敎)와 신도(信徒)를 결합(結合)시키고자 했는가 하면 모든 교회(敎會)와 신자(信者)들의 가정(家庭)에 가미다나(神主箱子)를 설치(設置)케 하고 신사(神社)의 제관(祭官)을 신학교(神學校)에까지 끌어들였고 목사(牧師)들에게 강요(强要)하여 신도지(神道誌)를 구독(購讀)하도록 하였으며 상동교회(尙東敎會)를 태양신(太陽神)이라는 우상(偶像)을 섬기는 신사(神社)로 만들었고 목사(牧師)들을 신도(信徒)의 세례의식(洗禮儀式)인 미소기 바라이(水洗)에 참석(參席)하게 했을 뿐만 아니라 기독교(基督敎)의 지도자(指導者)들을 학살(虐殺)하려는 일제(日帝)의 비밀계획(秘密計劃)에 협조(協調)하였다는 것 등이었다.

그리고 많은 교회(敎會)의 건물(建物)과 목사관(牧師館)이나 교회(敎會)의 땅을 불법적(不法的)으로 매각처분(賣却處分) 하였다는 것들이었다.

이렇게 해서 나누어 진 양측교회(兩側敎會)는 1949년 4월 20일에 평신도(平信徒)등 뜻이 있는 인사(人事)들의 노력(勞力)의 결과(結果)로 하나의 감리교회(監理敎會)로 재결합(再結合)을 하는 극적(劇的)인 일을 보게 되었다.

그 동안 한국감리교(韓國監理敎)는 복음전도(福音傳道)와 함께 교육(敎育) 후생(厚生) 사회봉사(社會奉仕) 구제(救濟) 문화(文化) 그리고 나라를 위해서 기록(記錄)을 다하기 어려울 만큼 많은 일을 했고 특히 한국교회(韓國敎會)의 부흥발전(復興發展)과 나라의 현대화(現代化)를 위해서 기여(寄與)한바 그 공로(功勞)는 말로 다 표현(表現)하기 어려울 정도이다.

그리고 수많은 신학자(神學者)와 교육계(敎育界)의 지도자(指導者)를 양성(養成)해 냈으며 한국교회(韓國敎會)의 발전(發展)을 위해서 크게 기여(寄與)한바 있지만 그럼에도 불구하고 많은 자유주의(自由主義)에 속한 신학사상(神學思想)을 도입(導入)하여 한국교회(韓國敎會)의 신학정립(神學定立)에 어려움을 주었고 지금도 많은 문제(問題)를 일으키고 있는 것은 사실이다.

그리하여 감리교(監理敎) 내에서도 진보(進步)와 보수(保守)로 갈라서서 분쟁(分爭)을 거듭해야하는 불행(不幸)한 길을 또 걸어가게 되었다.

그러나 감리교회(監理敎會)는 장로교회(長老敎會)는 다르게 그렇게 복잡(複雜)하거나 혼란(混亂)스럽지 않고 훨씬 더 단순(單純)하고 지성적(知性的)인데다 윤리적(倫理的)이어서 별로 큰 문제될 것이 없다고 본다.

2) 장로교회의 분열(分裂)

장로교회(長老敎會)의 분열(分裂)은 감리교회(監理敎會)의 경우에 비(比)해서 그 내용(內容)이 훨씬 더 복잡(複雜)하고 혼란(混亂)스럽다. 아마도 우리 한국교회(韓國敎會)의 모든 잘못은 장로교회(長老敎會)를 중심(中心)으로 발생(發生)하게 되었다고 해도 과언(誇言)이 아닐 것이다.

감리교회(監理敎會)의 경우는 주로 일제(日帝)에 부역(賦役)한 어용종교가(御用宗敎家)들의 문제(問題)와 교권(敎權) 싸움이었다고 쉽게 가닥을 잡아서 말할 수가 있으나 장로교회(長老敎會)의 경우는 일제(日帝)의 식민통치시절(植民統治時節)에 침략자(侵略者)들에 의해서 강요(强要)되었던 신사참배(神社參拜)의 문제(問題)로부터 시작하여 경건(敬虔)과 신학(神學)을 내용(內容)으로 하는 교리사상(敎理思想)의 싸움에다 교권(敎權)싸움까지 겹쳐서 장로교회(長老敎會)의 분열상(分裂相)과 내용(內容)을 그렇게 쉽게 단정(斷定)하기란 그리 쉬운 일이 아니다.

장로교(長老敎)의 분쟁(分爭)은 세계(世界) 제2차 대전(大戰)이 끝난 1945년대부터 시작하여 처음에는 일제식민지시대(日帝植民地時代)에 어용종교가(御用宗敎家)들에 의해서 시행(施行)된 신사참배문제(神社參拜問題)와 함께 일제(日帝)의 잔재처리(殘滓處理)라는 문제(問題)가 겹쳐 있어서 쉽게 가닥을 잡기가 어려웠다.

1950년대에 들어서면서부터는 성경(聖經)의 영감설(靈感說)에 대한 문제(問題)를 중심(中心)으로 교리(敎理) 싸움으로 나타나는가 했더니 1960년대부터서는 세속적(世俗的)인 자유주의신학(自由主義神學)과 보수주의파(保守主義派) 사이의 갈등(葛藤)을 나타냈는데 그 후에는 주로 교권(敎權)싸움의 냄새가 풍겨났다고 보면 될 것이다. 이는 분명(分明)히 자랑스러운 일이 아니라 부끄러운 일로 점철(點綴)되어 있다고 해야 할 것이다.

특히 1960년대 이후에는 소위 에큐메니칼(Ecumenical) 운동(運動)을 이념(理念)으로 하는 통합측(統合側)의 장로교파(長老敎派)와 개혁주의보수신학(改革主義保守神學)을 지향(指向)하는 합동측 장로교(合同側長老敎) 사이의 갈등(葛藤)과 분쟁(分爭)은 유럽 사회(社會)의 국가교회제도(國家敎會

制度)에 비하면 매우 애매(曖昧)한 것 같으면서도 그 내용(內容)은 좀처럼 다시 결합(結合)할 수 있는 기미가 보이지 않는다.

또한 장로교(長老敎)는 끝까지 교회관(敎會觀)에 있어서 보이는 유형교회(有形敎會, Visible Church)가 아닌 보이지 않는 천상(天上)의 무형교회(無形敎會, Invisible Church)를 기준(基準)으로 설명(說明)하고 있기 때문에 이러한 교리사상(敎理思想)이 어쩌면 교회(敎會)의 분열(分裂)과 혼란(混亂)의 원인(原因)으로 작용(作用)을 하고 있는지도 모를 일이다.

그러나 이것은 분명(分明)히 성경(聖經)에서 말씀하고 있는 교회(敎會)에 관한 교리(敎理)이기 때문에 일시적(一時的)인 분열(分裂)을 막기 위해서 지상(地上)에 있는 유형교회(有形敎會)를 중심(中心)으로 교회론(敎會論)을 설명(說明)할 수는 없는 것이다.

장로교회(長老敎會)의 분열(分裂)을 살펴보면 8.15 해방(解放) 직후에서부터 시작된 신사참배(神社參拜)에 관한 문제와 고려파(高麗派)의 장로교(長老敎)와 그리고 성경(聖經)의 영감설(靈感說)과 성경(聖經)의 유오설(有娛說)을 주장했던 김재준(金在俊) 교수일파(敎授 一派)의 기독교장로회(基督敎長老會)와 그리고 60년대로 들어서면서 전개(展開)된 에큐메니칼 운동(運動)의 참여(參與)에 대한 문제(問題)로 나누어지게 된 통합측(統合側)과 이를 반대(反對)한 합동측(合同側)의 싸움으로 크게 나눌 수가 있고 그 이후에 되어 진 분열상(分裂相)은 주로 교권문제(敎權問題)였다고 단언(斷言)해 버려도 큰 잘 못은 아닐 줄 안다.

❶ 신사참배 문제와 고려파(高麗派) 장로교

본래 한국장로교(韓國長老敎)의 신학교(神學校)는 평양신학교 (平壤神學校)로부터 시작하여 장로회신학교(長老會神學校)로 이어 왔는데 1940년대에 또 하나인 조선신학교(朝鮮神學校)가 생기게 되었다.

8.15 해방(解放)은 북한(北韓) 땅에 있던 평양신학교(平壤神學校)나 장로회신학교(長老會神學校)에 대해서는 어떠한 기대(期待)도 걸 수가 없게 되어서 해방(解放)이 되었을 때에는 오직 조선신학교(朝鮮)신학교(神學校) 하나에다 기대를 걸게 되어 있었다.

그런데 1946년 6월에 모인 장로교총회(長老敎總會)에서는 조선신학교(朝鮮神學校)를 장로회총회(長老會總會)의 직영신학교(直營神學校)로 승인(承認)하자는 결의안(決議案)이 채택(採擇)

되었다.

그러나 한상동(韓尙東) 목사(牧師)와 주남선(朱南善) 목사(牧師)를 중심(中心)으로 한 소위 출옥성도(出獄聖徒)들이 이에 반기(反旗)를 들고 일어섰다.

그들은 보수적(保守的)인 장로교신학교(長老敎神學校)를 세우기로 하고 신학교설립기성회(神學校設立期成會)를 구성(構成)했다.

이것은 이 때에 처음으로 뜻을 모은 것이 아니라 그들이 옥고(獄苦)를 치르고 있을 때부터 1940년에 세워진 조선신학교(朝鮮神學校)의 교리사상(敎理思想)이 보수주의(保守主義)가 아니라는 의미(意味)에서 기회(機會)가 주어지면 보수신학교(保守神學校)를 세우기로 마음의 다짐을 했던 것이 이제야 실현(實現)을 보게 된 것이다.

신학교설립기성회(神學校設立期成會)는 그 해 6월부터 3개월 간 진해(鎭海)에서 박윤선(朴允善) 목사(牧師)를 주강사(主講師)로 하여 여름 신학강좌(神學講座)를 개설(開設)하고 학교(學校)의 이름을 고려신학교(高麗神學校)로 하기로 결정(決定)하고 교장(校長)은 현재 만주(滿洲)의 봉천(奉天)에 체류(滯留)하면서 귀국(歸國)을 기다리고 있던 박형룡(朴亨龍) 목사(牧師)를 청빙(請聘)하여 추대(推戴)하기로 결정(決定)했다.

1947년 7월 9일 경남노회(慶南老會)는 임시노회(臨時老會)를 소집(召集)하고 고려신학교(高麗神學校)의 설립(設立)과 노회(老會)가 학생(學生)을 추천(推薦)해서 보낼 것과 교사(校舍) 2동을 대여(貸與)하기로 결의(決議)했다.

그리하여 신학교설립기성회(神學校設立期成會)는 경남노회(慶南老會)의 후원(後援)을 받아 1946년 9월 20일 부산(釜山)에서 고려신학교(高麗 神學校)를 설립(設立)하고 우선 박윤선(朴允善) 목사(牧師)를 임시교장(臨時校長)으로 선임(選任)했다.

신사참배문제(神社參拜問題)로 인하여 평양신학교(平壤神校:1901~1938)가 폐교(閉校) 된 이후 박형룡(朴亨龍) 목사(牧師)는 만주(滿洲)의 봉천(奉天)으로 밀려나서 그 곳에다 동북신학교(東北神學校)를 세우고 목사후보생(牧師候補生)을 양성(養成)하는데 주력(注力)하고 있을 때에 박윤선(朴允善) 목사(牧師)는 거기에서 박형룡(朴亨龍) 목사(牧師)와 함께 교수(敎授)로 일한 적이 있었다.

그러나 경남노회(慶南老會)의 일부회원(一部會員)들은 이에 강력(强力)하게 반대(反對)하고 나섰다.

1946년 12월 3일 경남노회(慶南老會)는 이들의 영향(影響) 아래 세워진 고려신학교(高麗神學

校)에 학생(學生)을 추천(推薦)해 보내지 않을 뿐만 아니라 어떠한 지원(支援)도 해줄 수 없다는 것이었다.

그 이유(理由)는 한상동(韓尙東) 목사(牧師)와 박윤선(朴允善) 목사(牧師)가 분리주의자(分離主義者)로 지탄(指彈)을 받는 미국정통장로교회(美國正統長老敎會)의 선교사(宣敎師)들과 친근(親近)한 관계(關係)를 가지고 있다는 이유(理由)에서였다.

정통장로교회(正統長老敎會)의 선교사(宣敎師) 헌트(Bruce F. Hunt, 한국 명 韓 富善) 목사(牧師)는 1941년 신사참배(神社參拜)를 반대(反對)하다가 만주(滿洲)로 쫓겨나서 거기에서도 반대운동(反對運動)을 펼쳐나가다가 일제(日帝)에게 붙들려서 옥고(獄苦)를 치르기까지 했기 때문에 한상동(韓尙東) 목사(牧師)를 비롯한 옥중성도(獄中聖徒)들과는 친분(親分)이 두터웠던 관계(關係)로 헌트 선교사(宣敎師)를 옹호(擁護)하고 나섰다가 경남노회(慶南老會)가 그를 반대(反對)하고 나서자 한상동(韓尙東) 목사(牧師)는 "노회(老會)가 바로설 때까지 기다리겠다"고 하면서 경남(慶南老會)에서 탈퇴(脫退)를 선언(宣言)하고 물러나 버렸다.

그러나 노회산하(老會傘下)의 67개 교회(敎會)가 한상동(韓尙東) 목사(牧師)를 지지(支持)하여 행동(行動)을 그와 같이 하겠다고 천명(闡明)하고 나섰다.

이러한 항의(抗議)를 접한 경남노회(慶南老會)는 1947년 3월 10일 임시노회(臨時老會)를 소집(召集)하고 재건(再建운동運動)의 반대자(反對者)인 김길창(金吉昌) 목사(牧師)와 그의 측근(側近)들을 노회임원진(老會任員陣)에서 물러서게 하고 교회(敎會)의 재건원칙(再建原則)을 다시 확인(確認)하게 되었다.

한편 박형룡(朴亨龍) 목사(牧師)는 1947년 9월 20일 송상석(宋 相錫) 목사(牧師)의 인도(引導)로 무사히 귀국(歸國)하여 10월에 고려신학교(高麗神學校) 교장(校長)으로 취임(就任)하게 되었다.

이 때에 박형룡(朴亨龍) 목사(牧師)는 교회(敎會)의 재건운동(再建運動)은 노회(老會)와 총회(總會)를 기반(基盤)으로 하고 추진(推進)되어야 한다고 주장(主張)했다.

경남노회(慶南老會)도 많은 교회(敎會)의 이탈(離脫)을 막기 위해서 강력노선(强力路線)을 지양(止揚)하고 유화정책(宥和政策)으로 태도(態度)를 바꾸었기 때문에 한상동(韓尙東) 목사(牧師)는 그 해 12월 9일 노회(老會)가 열리기 전에 그의 탈퇴선언(脫退宣言)을 취소(取消)하고 다시 노회(老會)로 복귀(復歸)하게 되었다.

경남노회(慶南老會)와 고려신학교(高麗神學校)와의 관계(關係)는 다시금 좋은 관계(關係)로 회복(回復)되었으며 전국(全國)의 교회(敎會)로부터 주목(注目)을 끌게 되었다.

그러나 계속(繼續)되는 교계(敎界)의 분규(紛糾)로 고려신학교(高麗神學校)의 앞날이 별로 밝지만은 못하다는 것을 알게 된 박형룡(朴亨龍) 박사(博士)는 1948년 4월 고려신학교(高麗神學校)의 교장(校長職)을 사임(辭任)하고 서울로 상경(上京)해 버렸다.

박형룡(朴亨龍) 박사(博士)는 교회(敎會)가 하나 되게 하기 위하여 여태까지 한국교회(韓國敎會)를 지원(支援)해 오던 모든 선교회(宣敎會)와 계속적(繼續的)인 관계(關係)를 유지(維持)해야 한다고 생각했으며 고려신학교(高麗神學校)만 하더라도 전국적(全國的)인 지지(支持)를 받는 총회신학교(總會神學校)가 되어야 한다고 주장(主張)하였으나 한상동(韓尙東) 목사(牧師)등 재건파(再建派)의 목사(牧師)들은 미국(美國)의 정통장로교(正統長老敎)의 선교회(宣敎會)와 독립장로교선교회(獨立長老敎宣敎會)만으로 만족했고 또한 총회지도자(總會指導者)들을 신빙(信憑)할 수가 없으므로 잠정적(暫定的)으로라도 고려신학교(高麗神學校)를 총회(總會)와는 관계(關係)가 없이 독자적(獨自的)으로 운영(運營)하기로 했다.

박형룡(朴亨龍) 박사(博士)가 고려신학교(高麗神學校)를 떠나게 되자 한국장로교(韓國長老敎) 내에서의 고려신학교(高麗神學校)에 대한 인식(認識)은 그만큼 약화(弱化)되어 버렸고 모두가 의심(疑心)을 갖게 되었다.

1948년 5월에 열린 제34회 총회(總會)에서 전남노회(全南老會)로부터 고려신학교(高麗神學校)에 학생(學生)을 추천(推薦)해 보내도 되느냐는 질의서(質疑書)가 제출(提出)되었다.

이에 대하여 일제말엽(日帝末葉)에 조선교회교단(朝鮮敎會敎團)의 통리(統理)를 했던 김관식(金觀植) 목사(牧師)가 총회(總會)의 정치부장(政治部長)을 맡고 있었는데 그는 고려신학교(高麗神學校)는 우리 총회(總會)와 아무런 관계(關係)가 없으므로 노회(老會)가 학생(學生)들에게 추천서(推薦書)를 써 주어야 할 필요(必要)가 없다고 유권 해석(有權解釋)을 내렸다.

그리하여 1948년 9월 21일 경남노회(慶南老會)는 다시금 고려신학교(高麗神學校)에 대한 승인(承認)을 취소(取消)한다는 결의(決議)를 해버렸다.

이렇게 해서 경남노회(慶南老會)는 둘로 쪼개지는 불행(不幸)을 낳게 되었고 1951년 5월 21

일 625 전쟁(戰爭)이 한참이던 전쟁(戰爭)의 와중(渦中)에서 부산중앙교회(釜山中央敎會)에서 열린 장로교총회(長老敎總會)는 고려파(高麗派)에 속한 총대회원(總代會員)의 자격(資格)을 거부(拒否)해버렸다.

이에 고려파(高麗派)에 속한 목사(牧師)들은 따로 노회(老會)를 조직(組織)하여 경남법통노회(慶南法統老會)라고 하고 이듬해인 1952년 9월에 고신측(高神側) 제1회 총노회(總老會)를 진주(晉州)에 있는 성남교회(城南敎會)에서 소집(召集)하고 독립총회(獨立總會)를 조직(組織)하게 됨으로 장로교(長老敎)는 또 한 살림을 챙겨서 내어보내는 불행(不幸)한 일을 당하게 되었다.

고려파(高麗派)의 분열(分裂)이 신사참배(神社參拜)에 대한 회개운동(悔改運動)을 전제(前提)로 하는 것이기는 했지만 현실교회(現實敎會)를 전적(全的)으로 부인(否認)하는 재건파(再建派)의 운동(運動)과도 또 다른 교회(敎會)의 분열(分裂)로 나타났을 뿐이었다.

고려파(高麗派)에 속한 교회(敎會)들이 처음에는 철저(徹底)한 영적회개운동(靈的悔改運動)으로 출발(出發)하기는 했으나 교단(敎團)의 분열(分裂)과 교회당건물(敎會堂建物)의 쟁탈전(爭奪戰)으로 발전(發展)하면서 본래(本來)의 순수성(純粹性)은 찾아보기 어렵고 오직 세력(勢力)다툼으로 변질(變質)되어 버렸다.

교단(敎團)의 분쟁(分爭)이나 분열(分裂)은 결국 개교회(個敎會)의 분쟁(分爭)으로 나타나서 서로가 건물(建物)을 차지하기 위해서 물리적(物理的)인 충돌(衝突)로까지 나타나게 되는 불미(不美)스러운 결과(結果)를 가져오게 되었다.

그리스도의 몸 된 교회(敎會)의 지체(肢體)로서의 교인(敎人)들이 진리(眞理)를 위한다는 명목(名目)을 내세우면서도 교회(敎會)의 사랑과 화평(和平)을 도모(圖謀)하지 못하고 끝없는 분열(分裂)로 갈등(葛藤)만을 이루어 놓게 되었던 것이다.

그 결과(結果) 같은 교회(敎會)의 성도(聖徒)들이 두 패로 나누어서 물리적(物理的)인 충돌(衝突)을 하다가 마침내는 세상법정(世上法廷)으로 옮겨서 건물(建物)의 쟁탈전(爭奪戰)을 벌이게 되었으니 참으로 안타까운 우리 한국교회(韓國敎會)의 오점(汚點)이 었다고 지적(指摘)하지 않을 수 없다.

고려파교회(高麗派敎會)의 분쟁(分爭)은 거기에서 끝나지 않고 또 다른 분열(分裂)로 나타나게 되었다. 즉 1958년 1월 7일 고려파총회(高麗派總會)에 소속(所屬)한 서울의 충현교회(忠峴敎會)

의 김 창인(金昌仁) 목사(牧師)와 명동교회(明洞敎會)의 이학인(李學仁) 목사(牧師)가 교단(敎團)의 분쟁내용(分爭內容)이 잘못된 것이라고 하여 고려파총회(高麗派總會)와의 행정보류(行政保留)를 선언(宣言)해 버림으로써 사실상 고려파(高麗派)와의 결별(訣別)을 고(告)하게 되어 버렸다.

뿐만 아니라 고려신학교(高麗神學校)를 설립(設立)할 때부터 몸을 담고 심혈(心血)을 기울여 오던 박윤선(朴允善) 박사(博士)까지도 1960년에 고려신학교(高麗神學校)의 교장직(校長職)을 사임(辭任)해 버렸고 결국은 총회신학교(總會神學校)의 교수(敎授)로 자리 옮김을 해버렸다.

1963년 고려파교회(高麗派敎會)의 환원(還元)과 총회(總會)의 합동(合同)으로 한 때나마 총회(總會)가 마음을 합치는 가 했으나 1964년 다시 고신파(高神派)에 속한 목사(牧師)들은 총회(總會)를 이탈(離脫)하여 자기들끼리 또 다른 새 살림을 챙겨서 부산(釜山)으로 내려가 버림으로 영영 분열(分裂)의 상태(狀態)로 끝나 버렸다.

물론 여기에는 서로의 이유(理由)가 있고 또한 잘못이 있다고 보며 우리 한국교회(敎會)의 정통보수주의신학(正統保守主義神學)을 지켜나가는데 있어서 힘의 분열(分裂)이라는 아쉬움을 남겨놓는 오점(汚點)으로 점철(點綴)되어 있을 뿐이다.

❷ 성경론으로 갈라선 기독교장로회(基督敎長老會)

해방정국(解放政局)과 함께 찾아온 한국교회(韓國敎會)의 자유(自由)와 해방(解放)은 분열(分裂)과 갈등(葛藤)으로 얼룩져가고 있었다.

특히 장로교(長老敎)의 경우 고려파(高麗派)와의 분열(分裂)의 상처(傷處)가 아직 채 아물기도 전에 이번에는 기독교장로회(基督敎長老會)와의 분열(分裂)로 또 다른 살림을 나누어서 차리게 되는 불행(不幸)한 역사(歷史)를 낳고 말았다.

김재준(金在俊) 교수(敎授)를 중심(中心)으로 한 자유주의(自由主義)의 신학노선(神學路線)을 지향(指向)하는 사람들은 일정강점기시절(日政强占期時節)에 세워졌든 조신학교(朝鮮神學校: 1940년 설립)를 중심(中心)으로 똘똘 뭉쳐서 결속(結束)했다.

본래 조선신학교(朝鮮神學校)는 해방(解放)이 된 다음 남한(南韓)에서 유일(唯一)한 장로교회총회신학교(長老敎會總會神學校)였으나 개혁주의신학(改革主義神學)을 지향(指向)하는 목사(牧師)들의 반대(反對)로 좀처럼 순탄(順坦)하게 나갈 수가 없었다.

선교사(宣敎師)들 역시 캐나다 선교회(宣敎會)만이 조선신학교(朝鮮神學校)를 인정(認定)해 주었고 미국남장로교선교회(美國南長老敎宣敎會) 같은 데서는 조선신학교(朝鮮神學校)의 전교수진(全敎授陣)이 물러나고 새로 교체(交替)되어야 한다고 주장(主張)했으므로 그것이 그렇게 쉽게 되어질 일이 아니었다.

1947년 4월 18일 조선신학교(朝鮮神學校)의 학생(學生)들 51명이 정통(正統)을 사랑하는 학생일동(學生一同)이라는 제목(題目)으로 대구(大邱)에서 모이는 총회(總會)에 진정서(陳情書)를 제출(提出)하게 되었다.

학생(學生)들의 주장(主張)인즉 일부교수(一部敎授)들이 성경(聖經)에 대한 고등비평(高等批評)을 가르친다고 지적(指摘)하고 신앙(信仰)은 보수적(保守的)이나 신학(神學)은 자유(自由)라는 조선신학교(朝鮮神學校)의 교육이념(敎育理念)을 수긍(首肯)할 수 없으니 총회(總會)가 이를 잘 수습(收拾)하고 분명(分明)히 규명(糾明)해 달라는 것이었다.

실상은 고려신학교(高麗神學校)의 설립(設立)도 조선신학교(朝鮮神學校)의 자유주의경향(自由主義傾向)에 대한 일부 보수적(保守的)인 장로교지도자(長老敎指導者)들의 반발(反撥)에서 비롯된 것이었다.

그런데 조선신학교(朝鮮神學校)에서 또 문제(問題)가 발생(發生)하게 되었으므로 총회(總會)는 진상조사위원회(眞相調査委員會)를 구성(構成)하고 사건(事件)의 전말(顚末)을 내사(內査)하여 총회(總會)에 보고(報告)하도록 했다.

1934년과 1935년에 아빙돈 주석(The Abingdon Commentary)의 번역사건(飜譯事件)과 교회(敎會)에서 여자(女子)의 지위(地位)에 관한 문제가 총회(總會)에서 큰 논제(論題)거리가 되었는데 그 이후 일제(日帝)의 신사참배강요(神社參拜强要)같은 새로운 문제(問題)가 발생(發生)하자 신학계(神學界)는 그동안 조용한 것 같았으나 해방(解放)과 함께 한국교회(韓國敎會)의 신학계(神學界)는 잠에서 깨어난 호랑이가 서로를 향해서 으르렁거리는 것처럼 계속적(繼續的)인 갈등(葛藤)과 대립(對立)으로 시끄러워졌다.

조선신학교(朝鮮神學校)에 대한 신학적(神學的)인 논쟁(論爭)은 진보파(進步派)의 사람들이 성경(聖經)의 고등비평(高等批評)을 성경연구(聖經研究)의 방법(方法)으로 수용(收用)한다고 주장하였으나 보수주의신학(保守主義神學)을 주장(主張)하는 사람들은 성경(聖經)의 무오설(無誤說)과 함께 축자영감설(逐字靈感說, Verbal Inspiration)을 주장(主張)하고 나섰다.

자유주의신학자(自由主義神學者)들은 1930년대와는 전혀 다른 태도(態度)로 그들의 신학적(

神學的(신학적)인 견해(見解)와 입장(立場)을 솔직하게 나타내고 심지어는 보수주의신학자(保守主義神學者)들을 공격(攻擊)하고 나서기도 했다.

박형룡(朴亨龍) 박사(博士)가 만주(滿洲)에서 돌아와서 고려신학교(高麗神學校)의 교장(校長)으로 취임(就任)하게 될 당시에는 조선신학교(朝鮮神學校)의 신학노선(神學路線)이 학생(學生)들로 인하여 교계(敎界)에 물의(物議)로 나타나고 있을 때였다.

이제 박형룡(朴亨龍) 박사(博士)가 고려신학교(高麗神學校)의 교장직(校長職)에서 물러나고 서울로 올라오게 되자 개혁신학(改革神學)을 지향(指向)하는 목사(牧師)들 사이에서 서울에 개혁주의신학교(改革主義神學校)를 새로 세워야 한다는 뜻으로 모아져 갔다.

그리하여 그들은 1948년 6월 20일 서울에 있는 창동교회(昌洞敎會)에서 우선 장로교신학교(長老敎神學校)라는 이름을 붙이고 학교수업(學校受業)을 시작(始作)하게 되었다.

제35회 총회(總會)는 이 신학교(神學校)도 역시 총회(總會)의 직영신학교(直營神學校)로 인준(認准)을 해줌과 동시에 기존(旣存)의 조선신학교(朝鮮神學校)와 합병(合倂)을 하도록 결정(決定)하고 특별위원회(特別委員會)를 구성(構成)하여 학교사업(學校事業)을 계속 해 나가기로 결의(決議)했다.

1951년 5월 25일에 열린 총회(總會)에서는 신학교(神學校)에 대한 새로운 결정(決定)을 내리게 되었는데 총회(總會)는 두 신학교(神學校)를 폐쇄(閉鎖)하고 하나의 총회직영신학교(總會直營神學校)를 설립(設立)한다는 것이었다.

그리하여 새롭게 설립(設立)된 총회직영신학교(總會直營神學校)는 같은 해 9월 18일에 개교(開校)하여 수업(授業)을 진행(進行)하게 되었다.

그러나 조선신학교(朝鮮神學校) 측에서는 이에 따르지 않고 자기들만의 독자적(獨自的)인 길을 걷기로 하여 결국 신학교(神學校)의 갈등(葛藤)은 두 신학교(神學校)의 존재(存在)라는 역사적(歷史的)인 기록(記錄)을 남기면서 끝을 맺게 되었다.

1952년 4월 29일 대구(大邱)에 있는 성문(城門)밖교회(敎會)에서 모인 제37회 총회(總會)는 "성경(聖經)에는 비록 오류(誤謬)가 있지만 성경(聖經)은 인간(人間)을 구원(救援)하는 하나님의 말씀이다"라고 말하는 김재준(金在俊) 교수(敎授)를 성경(聖經)의 무오설(無誤說)을 반대(反對)하고 이를 부인(否認)한다고 하여 교단(敎團)에서 제명처분(除名處分)을 하기로 가결(可決)하고 또한 조선신학교(朝鮮神學校)를 졸업(卒業)한 사람은 본 총회(總會)의 산하교회(傘下敎會)에서 교역자(敎役者)로 받아들일 수 없다고 가결(可決)을 함으로써 영영 결별(訣別)을 하게 되었다.

1952년 9월 17일 조선신학교(朝鮮神學校)를 지지(支持)하고 옹호(擁護)하는 목사(牧師) 26명과 장로(長老) 26명이 한자리에 모여서 총회(總會)의 결정(決定)을 불법(不法)으로 규정(規定)하고 자기들끼리 호헌대회(護憲大會)를 모임으로써 각지방교회(各地方敎會)와 노회(老會)들은 자연(自然)히 분열(分裂)로 치닫게 되었다.

이 같은 교회(敎會)의 분열(分裂)은 자연(自然)히 교회(敎會)의 재산권(財産權)에 대한 문제(問題)로 발전(發展)하여 더 복잡(複雜)한 분쟁(分爭)으로 발전(發展)하게 되었다.

1953년 제 38회 총회(總會)는 김재준(金在俊) 교수(敎授)의 목사직(牧師職)을 파면(罷免)하기로 결정(決定)해 버렸다.

이에 기독교장로회(基督敎長老會) 측은 총회(總會)에서 물러나서 6월 10일 조선신학교강당(朝鮮神學校講堂)에 목사(牧師) 26명과 장로(長老) 26명이 모여서 또 하나의 새 총회(總會)를 발족(發足)시키기로 합의(合議)했다.

그리고 1954년에 그들은 다시 모여서 분파(分派)된 자기들의 집단(集團)을 한국기독교장로회(韓國基督敎長老會)라고 칭(稱)하기로 결정(決定)했다.

이렇게 되어 우선 우리 한국교회(韓國敎會)의 장로교회(長老敎會)는 대한 예수교 장로회총회(長老會總會)와 대한 예수교 장로회(長老會 고려측장로교회(高麗側長老敎會)와 한국기독교장로회(韓國基督敎長老會)의 세 파(派)로 완전(完全)히 갈라서게 되었다.

3) 통합(統合) 측과 합동(合同) 측의 분열

1959년 대한 예수교 장로회총회(長老會總會)는 또 한 번의 분열(分裂)을 맛보는 어려움에 처해지게 되었다.

소위 W C C로 통하는 세계교회연합회(世界敎會聯合會, World Council of Churches)에서 벌리는 에

큐메니칼 운동(Ecumenical Movement)에 가입(加入)하느냐 안 하느냐의 문제(問題)로 인해서 한국교회(韓國敎會)의 대종(大宗)을 이루고 있는 장로교(長老敎)가 또 한 번의 분열(分裂)로 갈라서는 불행(不幸)을 맛보게 된 것이다.

그러나 어떤 편으로 볼 때에는 이것이 당연(當然)한 일이었다고 보아도 될 긍정적(肯定的)인 면이 없지 않는 것이다.

왜냐하면 세계교회연합회(世界敎會聯合會)는 그 안에 신학적(神學的)인 좌파(左派)와 우파(右派)가 한 배를 타고 앉아서 성경진리(聖經眞理)와는 상관(相關)없이 인본주의적(人本主義的)인 기독교운동(基督敎運動)으로 발전(發展)하고 있어서 어느 때엔 가는 반드시 짚고 넘어가야 할 문제(問題)로 남아 있었던 것이다.

1948년 김관식(金觀植) 목사(牧師)는 장로교(長老敎)의 대표(代表)로 파송(派送)을 받아 감리교회(監理敎會)의 대표(代表)인 변홍규(卞鴻圭)목사(牧師)와 함께 우리 한국교회(韓國敎會)를 대표(代表)하는 자격(資格)으로 네델란드(Netherlands)의 수도(首都)인 암스텔담(Amsterdam)에서 열리는 세계교회연합회의(世界敎會聯合會議)에 참석(參席)하게 되었다.

그런데 이 회의(會議)가 끝난 다음부터 진보주의적(進步主義的)인 신학(神學)을 지향(指向)하는 기독교장로회(基督敎長老會) 측에서는 세계기독교(世界基督敎)의 연합운동(聯合運動)에 적극적(積極的)으로 참여(參與)하여 한국교회연합회(韓國敎會聯合會, Korean National Council of Churches=K.N.C.C.)에서 주도(主導)하여 그 사업(事業)을 적극적(積極的)으로 추진(推進)해 나가기로 했다.

그런가 하면 보수적(保守的)인 고려파교회(高麗派敎會)는 일찍부터 기독교연합운동(基督敎聯合運動)에 대하여 반대(反對)하는 입장(立場)을 고수(固守)해 왔으므로 고려신학교(高麗神學校)의 교장(校長)으로 있던 박윤선(朴允善) 박사(博士)는 1950년 4월에 발간(發刊) 한 소책자(小冊子)를 통해서 다음과 같은 한국교회(韓國敎會)의 입장(立場)을 발표(發表)한바 있었다.

"우리 장로회(長老會)는 세계교회연합회(世界敎會聯合會, ＷＣＣ)에 참가(參加)하고 있습니다. 그런데 이 회의(會議)에 참가(參加)하고 있는 것이 우리 장로교(長老敎)의 교리(敎理)에 위반(違反)되는 것입니다. 그 이유(理由)는 위의 세계교회연합회(世界敎會聯合會)의 움직임이 전통적(傳統的)인 정통주의(正統主義) 그대로가 아니기 때문입니다. 그것이 정통주의(正統主義)가 아닌 사실은 누구나 다 인증(認證)합니다. 우리의 장로교회(長老敎會)더러 그 옳지 않은 회(會)와 보조(步調)를 같이 하며 합류(合流)하라고 가르치는 분들도 그것을 자증(自證)하고 있습니다(중략).
세계교회연합회(世界敎會聯合會)에서는 신신학자(新神學者), 위기신학자(危機神學者), 사회복음
주의자(社會福音主義者)등이 그 주동인물(主動人物)이 되어 있습니다. 그 회의(會議)의 주요(主
要)한 목적(目的)은 세계교회(世界敎會)의 사교(社交)를 위한 것이라기보다 세계교회(世界敎會)
의 진로(進路)를 교도(敎導)하려는 것입니다.

그것은 그들이 이미 암스텔담 회의(會議)에서 결정(決定)한 것입니다. 그들은 급속(急速)히 처
음부터 각 교파(敎派)의 교리(敎理)를 그들의 그릇된 주장(主張)대로 통일(統一)하려는 행동(行
動)은 취(取)하지 않습니다. 그러나 그들은 세계적(世界的)으로 먼저 교회(敎會)의 실권(實權) 즉
교회(敎會)의 정치력(政治力), 다대(多大)한 인수(人數) 내지 국가(國家)의 권력(權力)잡기를 노력
(勞力)하는 듯이 보입니다. 그들은 이런 실권(實權)을 잡은 후에 그것으로 세계교회(世界敎會)
를 장악(掌握)하려 합니다. 사태(事態)가 결국(結局) 그렇게 되는 때에는 세계교회(世界敎會)의
각 교파(敎派)는 성경(聖經)과 교리(敎理)에 의거(依據)하여 행동(行動)을 취(取)하지 못하고, 그
런 세계교회운동(世界敎會運動)의 실권(實權)에게 포로(捕虜)되어 버리고 말 것입니다."

그 후 세계교회연합회(世界敎會聯合會)는 보다 심한 비판(批判)을 받게 되었다.

1951년에 22명의 기독교인(基督敎人)인 국회의원(國會議員)들이 세계기독교교회연합회(世
界基督敎敎會聯合會)는 용공적(容共的)인 기관(機關)이라고 성명(聲名)을 발표(發表)한 것이다.

그리하여 총회(總會)의 많은 보수주의(保守主義)의 입장(立場)에 선 목사(牧師)들은 시간(時間)이
감에 따라서 세계기독교교회연합회(世界基督敎敎會聯合會)에 대해여 반대(反對)하는 입장(立場)
을 취(取)하게 되었다.

1954년 총회파(總會派)에 속하는 장로교(長老敎)는 미국(美國) 에반스톤(EVanston)에서 열리는
세계교회연합회(世界敎會聯合會)에 세 사람의 대표(代表)를 파송(派送)했다.

그 이유(理由)는 단지 W. C. C.의 신학적(神學的)인 입장(立場)이 용납(容納)할만한 것이 못 된
다면 한국장로교(韓國長老敎)가 W. C. C.에서 탈퇴(脫退)한다는 조건(條件)에서 세 사람의 대표
(代表)를 파송(派送)했던 것이다.

이에 대표(代表)로 파송(派送)을 받았던 사람 중의 한 사람인 김현정(金賢正) 목사(牧師)는 그

회의(會議)에 참석(參席)하고 돌아와서 1955년에 모인 제40회 총회(總會)에서 그 경과(經過)를 보고(報告)하게 되었다.

세계기독교교회협의회(世界基督教教會協議會)는 160개 교파(教派)를 대표(代表)하는 회원(會員)들이 참석(參席)하게 되었으므로 이 모든 사람들이 칼빈주의(Calvinism)로 돌아오기를 기대(期待)한다는 것은 어려운 일이며 W. C. C.는 여러 교회(教會)의 교제(交際)와 협력(協力)을 위한 기관(機關)이지 교회(教會)를 하나로 통합(統合)하려는 운동(運動)이 아니라고 보고(報告)했다.

이에 총회(總會)는 에큐메니칼(Ecumenical) 운동(運動)에 대한 연구위원회(研究委員會)를 구성(構成)하고 W. C.C. 회의(會議)에 참석(參席)하고 돌아온 대표(代表)가 보고(報告)한 대로 교회(教會)의 교제(交際)와 협력(協力)을 도모(圖謀)하는 기관(機關)으로 존속(存續)한다면 계속(繼續)해서 회원(會員)으로 남아 있기로 결정(決定)했다. 그러나 미국(美國)의 복음주의협회(福音主義協會, National Association of Evangelicals =N.A.E.)와 세계복음주의자협회(世界 福音主義者協會, World Evangelical Fellowship =W.E.F.)와 관계(關係)를 맺고 있는 우리 한국교회(韓國教會)의 장로교파(長老教派)에 속한 보수주의(保守主義)의 목사(牧師)들은 W. C. C.를 아무리 생각을 바꾸어서 검토(檢討)를 해 보아도 전혀 신뢰(信賴)할 수 없다고 하여 계속반목(繼續反目)을 하는 입장(立場)이었는데 이는 국제기독교연합회(國際基督教聯合會, International Christianity Council of Churches =I. C. C. C.)의 회장(會長)으로서 근본주의자(根本主義者)로서 이 운동(運動)을 선두(先頭)에서 지휘(指揮)하고 있는 멕킨타이어(Carl McIntire)의 영향(影響)이 컸던 것이다.

박윤선(朴允善) 박사(博士)는 위에서 언급(言及)한 1950년의 소책자(小冊子)에서 국제기독교연합회(國制基督教聯合會)에 관하여 다시 이렇게 지적(指摘)하고 있다.

"위의 세계기독교교회연합회(世界基督教教會聯合會)의 비(非)를 아는 선진국가(先進國家)의 교회(教會)에서는, 벌써 거기에 항의(抗議)하는 의미(意味)에서 한 세계적(世界的)인 단체(團體)를 조직(組織)하고, 명랑(明朗)한 진리(眞理)의 깃발을 날리고 있습니다. 이 귀(貴)한 단체(團體)의 명칭(名稱)은 국제기독교연합회(國際基督教聯合會, The International Christianity Council of Churches) 라고 합니다. 이 단체(團體)의 주장(主張)은 순연(純然)한 재래복음주의(在來福音主義)의 신학(神學)을 보수(保守)하자는데 있습니다. 이 주장(主張)에 공명(共鳴)하는 교파(教派)들이 많이 일어나,

벌써 29개국에서 온 61개 교파(敎派)의 대표(代表)들이 결합(結合)되어 있습니다."

그러나 이렇게 한국교회(韓國敎會)의 보수주의신학자(保守主義神學者)들에 의해서 한 때나마 적극적(積極的)인 지지(支持)를 받았던 멕킨타이어는 너무도 지나치게 근본주의운동(根本主義運動)에 치우친다는 의미(意味)에서 그의 보조(補助)까지도 거부(拒否)하게 되었는데 일부(一部) 그를 따르는 사람들이 모여서 1960년과 1962년에 대한예수교장로회성경장로교회(大韓長老會聖經長老敎會)와 대한(大韓) 예수교 장로회호헌장로회(長老會護憲長老會)를 각각 조직(組織)하여 근본주의적(根本主義的)인 신앙(信仰)을 표방(標榜)하면서 국제기독교연합회(國際基督敎聯合會)에 가입(加入)하였다.

1958년 박형룡(朴亨龍) 박사(博士)는 신학지남(神學指南)에 W. C. C.에 대하여 반대(反對)하는 그의 견해(見解)를 발표(發表)하기에 이르렀다.

"이 운동(運動)은 어떤 교리(敎理)를 포지(抱持)한 일이든지 다좋게 여겨서 수납(受納)하니 방만(放漫)한 자유주의(自由主義)에 입각(立脚)한 자가 아닌가? 또 이것은 운동(運動)의 현 단계(段階)에 있어서 세계교회(世界敎會)의 친선교우(親善交友)와 사업협동(事業 協同)을 목적(目的)으로 한다고 하나 지도자(指導者)들의 언론(言論)과 행동(行動)은 이것의 구경목적(究竟目的)이 세계교회(世界敎會)의 조직적(組織的)인 통일(統一)에 있음을 표시(表示)하지 않는가? 우리 교회(敎會)는 결코 이 에큐메니칼 운동(運動)의 자유주의지도(自由主義指導)에 순응(順應)할 수 없으며 교회합동(敎會合同)이나 단일교회(單一敎會)를 바라보는 목적(目的)에 찬동(贊同)할 수 없다. 1957년 제42회 총회(總會)는 에큐메니칼 연구위원회(硏究委員會)의 보고(報告)에 의하여 우리 교회(敎會)는 이 운동(運動)의 교회친선(敎會親善)과 사업협동(事業協同)에만 참여(參與)하고 교파합동(敎派合同)에는 반대(反對)한다는 결의(決議)를 지었다. 이것은 상술(商術)의 대책(對策)에 적응(適應)하는 결의(決議)라 할 수 있으니 우리 교회(敎會)는 세계적교회친선(世界的敎會親善)의 중요(重要)함을 생각하여 이 운동(運動)에 참여(參與)하나 교리(敎理) 상의 경계(警戒)와 비타협(非妥協)의 태도(態度)를 취(取)할 것이며 장차(將次) 어떤 날 교파합동(敎派合同)의 계획(計劃)이 구체화(具體化) 할 때는 이 운동(運動)으로부터 단연 탈퇴(脫退)할 것이다".

　그러자 총회파교회(總會派敎會)는 W.C.C.에 찬성(贊成)하는 측과 반대(反對)하는 측의 그룹 형성운동(形成運動)이 있게 되었으며 양 그룹은 서로가 총회(總會)의 주도권(主導權)을 장악(掌握)하는 문제(問題)를 두고 대치(對峙)하게 되었다.

　1959년 9월 28일에 대전(大田)에서 열린 제44회 총회(總會)는 개회벽두(開會劈頭)부터 있은 두 파(派)의 치열(治熱)한 싸움으로 중단(中斷)되고 말았다.

　이 날의 회의(會議)에서 경기노회(京畿老會)의 총대(總代)를 받아들이는 문제(問題)를 두고 의견(意見)이 나뉘어 회의(會議)를 진행(進行) 할 수가 없게 되자 총회장(總會長)인 노진현(盧震鉉)목사(牧師)는 증경총회장(曾經總會長)들이 수습(收拾)을 위하여 제의(提議)해 주기를 청원(請願)하였다.

　그리하여 11월 23일 서울의 승동교회(勝洞敎會)에서 속개(續開)하기로 하고 정회(停會)하자는 증경총회장(曾經總會長)들의 제안(提案)이 채택(採擇)되었다.

　이러한 결정(決定)에 불만(不滿)을 가진 회원(會員)들은 이튿날인 9월 29일 서울에 있는 연동교회(蓮洞敎會)에서 전필순(全弼淳) 목사(牧師)의 사회(司會)로 단독속회(單獨續會)를 열었다.

　통합측(統合側)의 입장(立場)에서 볼 때에는 그럴만한 충분(充分)한 이유(理由)가 있고 명분(名分)이 있는 것이었으나 그것은 분명(分明)히 쿠데타와 같은 행동(行動)으로서 우리나라 한국교회(韓國敎會)의 분열(分裂)을 가속화(加速化)시키는 분열주의자(分裂主義者)들의 계략(計略)이었다고 지적(指摘)하지 않을 수 없다.

　수적(數的)으로 열세(劣勢)에 몰렸던 고려파(高麗派)와 기장파(基長派)의 경우는 다수결(多數決)에 의한 합법적(合法的)인 절차(節次)에 따라서 총회(總會)에서 축출(逐出)을 당함으로써 분립(分立)을 하게 되었으나 주류(主流)와 비주류(非主流)를 분간(分揀)할 수 없을 정도(程度)로 백중지세(伯仲之勢)의 세력(勢力)을 가진 두 분파(分派)가 분열(分裂)할 때에는 법적(法的)인 절차(節次)를 밟을 수가 없는 것이었기 때문에 갈수록 분쟁(分爭)의 조짐은 격화일로(激化一路)로 치닫게 되었다.

　11월 23일 승동교회(勝洞敎會)에서 속개총회(續開總會)가 총회장(總會長)인 노진현(盧震鉉) 목사(牧師)의 사회(司會)로 속회(續會)를 개회(開會)하였을 때에는 소위 합동측(合同側)만이 참석(參

席)하고 통합측(統合側)에 속한 사람들은 이미 불참(不參)한 상태였다.

그런가 하면 연동교회(蓮洞敎會)에서 속회(續會)를 가졌던 소위 통합측총회(統合側總會)는 새문안교회(敎會)에서 한경직(韓景職) 목사(牧師)의 사회(司會)로 통합총회(統合總會)를 소집(召集)하게 되었다.

이렇게 해서 대형장로교회(大形長老敎會)가 통합측(統合側)과 합동 측(合同側)으로 갈라서게 되었는데 그 내용(內容)이야 어찌되었든지 회의절차상(會議節次上)의 문제(問題)를 두고 볼 때에는 분명(分明)히 통합측(統合側)이 잘 못이었다는 객관적(客觀的)인 판단(判斷)이 나오게 되며 더구나 날이 갈수록 W.C.C. 에큐메니칼 운동(運動)이 자유주의신학(自由主義神學)으로 일관(一貫)해서 성경(聖經)의 진리(眞理)와는 너무도 멀어진다는 점으로 보아서 예수께서 미리 말씀하신대로 진리(眞理)의 고독감(孤獨感)을 절감하게 된다.

"진리(眞理)를 알지니 진리(眞理)가 너희를 자유(自由)케 하리라(요8:32)"

분명히 한국교회(韓國敎會)의 신학적(神學的)인 특징(特徵)은 성경적정통보수주의(聖經的正統保守主義)를 표방(標榜)하고 있다는 것과 역사종말기적(歷史終末期的)인 성령운동(聖靈運動)으로 자기의 교회(敎會)를 바로 개혁(改革)시키고 성령(聖靈)의 능력(能力)으로 영성운동(靈性運動)을 일으켜야 할 사명(使命)만이 우리에게 주어진 과제(課題)요 사명(使命)이라는 점에서 W.C.C. 에큐메니칼 운동(運動)은 전혀 수용(收用)될 수 없는 일이라고 본다.

지금 우리 한국교회(韓國敎會)는 세상사회중심(世上社會中心)의 기독교사회주의운동(基督敎社會主義運動)으로 갈 것이냐? 아니면 성경(聖經的)인 신본주의정통보수사상(神本主義正統保守思想)으로 가야할 것인지에 대한 중대한 갈림길에 서 있다.

5 ≡ 6.25 한국전쟁(韓國戰爭)과 한국교회

세계(世界) 제2차 대전(大戰)의 종결(終結)과 함께 우리나라는 남(南)과 북(北)으로 국토(國土)가

양단(兩斷)되어 점령군(占領軍)인 미국군인(美國軍人)들과 소련(蘇聯)의 군대(軍隊)들에 의해서 놀아나야만 했던 아픈 역사(歷史)를 가지고 있다.

그들은 우리 한국(韓國)의 독립(獨立)을 논(論)한다고 하면서 이른바 미소공동위원회(美蘇共同委員會)를 구성(構成)하여 수 없이 많은 회의(會議)를 거듭했으나 어느 한 가지도 만족(滿足)할만한 결론(結論)이 없이 형식적(形式的)인 모임만을 계속(繼續)하고 있었다.

그러자 1947년 9월에 미국(美國)은 한국독립(韓國獨立)에 대한 문제(問題)를 국제연합(國際聯合, The United Nations =U.N) 총회(總會)에 제출(提出)했다.

그것은 U.N.의 감시하(監視下)에 총선거(總選擧)를 실시(實施)하고 그 결과 정부(政府)가 수립(樹立)되면 미국(美國)과 소련(蘇聯)의 양군(兩軍)은 한국(韓國)에서 철수(撤收)할 것을 내용(內容)으로 하는 제안(提案)이었다.

이 결의안(決議案)은 약간(若干)의 수정(修正)을 거친 다음 그대로 국제연합회의(國際聯合會議)에서 절대다수(絶對多數)의 결의(決議)로 채택(採擇)하여 통과(通過)되었다.

그리하여 국제연합(國際聯合)에서 보낸 한국위원단(韓國委員團)은 1948년 1월에 한국(韓國) 안에서 그 활동(活動)을 하기 시작했다.

그러나 소련(蘇聯)의 반대(反對)로 북한(北韓)에서의 활동(活動)은 좌절(挫折)되었다.

1948년 2월 U.N. 소총회(小總會)는 가능(可能)한 지역(地域)에서 만이라도 선거(選擧)를 실시(實施)하여 독립정부(獨立政府)를 수립(樹立)하도록 해주자고 결의(決議)했다.

1948년 5월 10일 한국(韓國)은 유사이래(有史以來) 처음으로 총선거(總選擧)가 남한(南韓)에서만 실시(實施)되었다.

100석(席)에 이르는 국회의원(國會議員)의 의석(議席)이 배정(配定)된 북한(北韓)을 제외(除外)한 남한(南韓)만의 총선거(總選擧)였다. 이 선거(選擧)를 한 결과(結果)로 198명의 국회의원(國會議員)이 국민(國民)의 대표(代表)로 선출(選出)되었으며 5월 31일 역사적(歷史的)인 최초(最初)의 제헌국회(制憲國會)가 첫 개원(開院)을 하게 되었다.

제헌국회(制憲國會)는 헌법(憲法, Constitution)을 제정(制定)하여 7월 17일자로 공포(公布)하였으며 7월 20일에는 이승만(李承晩)을 초대대통령(初代大統領)으로 국회(國會)에서 선출(選出)하였다.

입법부(立法府)에 이어서 행정부(行政府)가 조직(組織)되고 사법부(司法府)까지 조직(組織)을 마치게 되었다.

우선 입법부(立法府)의 국회의장(國會議長)으로는 신익희(申翼熙)씨가 선출(選出)되었고 행정부(行政府)의 수반(首班)은 대통령(大統領)인 이승만(李承晚)박사(博士)가 그리고 사법부(司法府)는 대법원장(大法院長)으로 김병로(金炳魯)씨가 선임(選任)되므로 글자 그대로 삼권분립(三權分立)의 체제(體制)에 따른 완전(完全)한 국가기구(國家機構)가 조직(組織)되고 8월 15일에는 대한민국(大韓民國)이라는 정부(政府)가 수립(樹立)된 것을 만천하(滿天下)에 선포(宣布)되었다.

같은 해 12월에는 국제연합(國際聯合. U.N.)으로부터 당당히 대한민국(大韓民國)을 승인(承認)해 주게 되었다. 이렇게 하여 한반도(韓半島)에서는 남한(南韓)의 대한민국(大韓民國)이 유일(唯一)한 합법적(合法的)인 정부(政府)로 세계(世界)의 승인(承認)을 받게 되는 셈이 되었다.

한편 북한(北韓)에서는 1946년 2월에 공산당(共産黨)이 소위 북조선임시인민위원회(北朝鮮臨時人民委員會)를 조직(組織)하여 토지개혁(土地改革)을 비롯하여 여러 가지의 정책(政策)으로 공산주의정치체재(共産主義政治體裁)를 갖추어갔다.

그러다가 2월에 북한(北韓)에서의 단독정권(單獨政權)이나 다름이 없는 소위 북조선인민위원회(北朝鮮人民委員會)를 조직(組織)했다.

그리하여 1948년 9월에는 이른바 조선민주주의인민공화국(朝鮮民主主義人民共和國)을 세우고 계속(繼續)해서 군사력(軍事力)의 강화(強化)에 힘써 오던 북한공산주의정권(北韓共産主義政權)은 1950년 6월 25일 새벽 미명(未明)에 남침(南侵)을 감행(敢行)하여 무력적화 통일(武力赤化統一)을 꾀했던 것이다.

남침(南侵) 후 불과(不過) 3일만에 아무런 대책(對策)이 없이 당하고 있던 대한민국(大韓民國)에서는 수도(首都) 서울까지 적군(敵軍)에게 빼앗기는 수모(誰某)를 겪어야 했다.

그러나 국제연합(國際聯合)에서는 즉시 북한(北韓)의 남침(南侵)을 규탄(糾彈)하고 국제연합군(國際聯合軍, UN군)을 창설(創設)하고 자유세계(自由世界) 16개국의 군사(軍事)들의 파병(派兵)으로 북한공산군(北韓共産軍)을 몰아내기 시작했다.

그러나 거의 남한강산(南韓江山)이 적화직전(赤化直前)의 위기(危機)에 처해 있을 때에 유엔군이 참전(參戰)하여 그 해 9월 28일에는 인천상륙작전(仁川上陸作戰)과 서울 탈환(奪還)에 성공(

成功(成功)하고 계속해서 북진(北進)을 거듭하여 압록강(鴨綠江)과 두만강(豆滿江) 가까이에까지 정복(征服)하여 거의 통일직전(統一直前)에까지 이르렀으나 뜻하지 않게도 중공군(中共軍)의 개입(介入)으로 전세(戰勢)는 다시 불리(不利)하게 되어가다가 1953년 7월 27일 이번에는 38선이 아닌 휴전선(休戰線)을 줄긋고 오늘에 이르기까지 분단국(分斷國)의 설움을 안고 통일(統一)의 날을 바라보고 있게 되었다.

이러한 역사(歷史)가 되풀이되고 있는 동안 북한(北韓)에서는 교회(敎會)들이 반동주의자(反動主義者)들의 집합소(集合所) 민족주의자(民族主義者)들의 집결소(集結所)로 낙인(烙印) 찍혀 오다가 전쟁(戰爭)과 함께 거의 그 자취조차 찾아볼 길이 없게 되어 버렸고 남한(南韓)에서도 전란(戰亂)중에 모든 교회(敎會)들이 모든 활동(活動)을 끊고 살아남기 위해서 허덕이는 꼴이 되어 버렸으며 전쟁(戰爭)이 끝났을 때에는 순교(殉敎)의 제물(祭物)로 바쳐진 거룩한 성도(聖徒)들의 희생(犧牲)을 비롯하여 예배당건물(禮拜堂建物)의 파괴(破壞), 교계지도자(敎界指導者)들이나 뜻이 있는 유지(有志)들이 공산군(共産軍)에 의한 납북(拉北) 등 씻을 수 없는 상처(傷處) 투성이의 교회(敎會)로 그 몰골이 말이 아닌 폐허(廢墟)의 상태(狀態) 그것이었다.

일단 휴전(休戰)이 성립(成立)되어 남북한(南北韓) 간의 직접적(直接的)인 전투(戰鬪)는 없어졌다고 할지라도 깊은 산중(山中)으로 숨어 든 공비(共匪)들이나 폭도(暴徒)들을 완전히 소탕(掃蕩)하고 공비토벌작전(共匪討伐作戰)이라는 소탕작전(掃蕩作戰)이 끝나기까지는 휴전(休戰)이 된 후에도 만 3년 간 이상이나 계속되었다.

어느 시절 할 것 없이 전쟁(戰爭)은 살생(殺生)과 파괴(破壞)밖에 없었다.

그리하여 우리나라는 글자 그대로 피비린내의 악취(惡臭)와 시산시해(屍山屍海) 그것이었고 간데마다 폐허(廢墟) 뿐이었다.

전쟁(戰爭)이 끝이 났을 때에 우리나라에는 고아원(孤兒院)의 시설(施設)이 440여개나 되었으며 수용(收用)된 고아(孤兒)들이 무려 53964명이라는 통계(統計)가 나와있다.

그 외에도 모든 사회후생시설(社會厚生施設)들을 합하면 615개나 되었으니 온 나라가 전쟁(戰爭)의 상처(傷處)로 얼룩져 있었다는 것을 알 수가 있다.

그리고 한국(韓國)의 전후복구(戰後復舊)를 위해서는 국가적(國家的)인 것들도 있었지만 단체별(團體別)로 시행(施行)되어야 할 것들도 어디에서부터 시작(始作)되어야 할지 정말로 그 가닥을 찾기조차 어려울 지경이었다.

그리하여 선교사(宣敎師)들은 앞을 다투어서 우선 일차적(一次的)으로는 전재고아(戰災孤兒)들을 돕기 위해서 나섰고 이어서 휴전(休戰)이 되고나서부터야 교회(敎會)의 재건사업(再建事業)을 위해서 지원(支援)의 손을 뻗치기 시작했다.

미국북장로교선교회(美國北長老敎宣敎會)에서는 1953년 이후 교회재건(敎會再建)을 위해서 무려 미화(美貨) 35만불을 지원(支援)했고 1955년도에는 다시 100만불을 풀어서 교회(敎會)의 재건(再建)과 함께 교육(敎育), 의료(醫療), 후생(厚生)등을 위해서 지원사업(支援事業)을 벌려 나갔다.

감리교선교회(監理敎宣敎會)에서도 1953년도에 교회재건(敎會再建)을 위해서 15만불을 지원(支援)했고 성결교회선교회(聖潔敎會宣敎會)에서는 교회재건(敎會再建)을 위해서 30만불을 지원(支援)했다. 그 당시의 경제사정(經濟事情)으로 볼 때에 미화(美貨) 10만불은 참으로 큰돈이었다.

그 외에도 모든 선진국(先進國)에서는 선교회(宣敎會)를 중심으로 교회(敎會)의 재건(再建)을 위해서 자금(資金)과 물자(物資)와 식량(食糧)등을 보내왔고 수많은 구호품(救護品)을 보내오기도 했다. 그러므로 전쟁(戰爭)이 끝난 다음에 한국교회(韓國敎會)들이 서둘러서 실시(實施)해야 할 것이 교회(敎會)의 자립문제(自立問題)였던 것이다.

전국(全國)에 있는 교회(敎會)들이 스스로의 힘으로 재정자립(財政自立)을 해나갈 수 있는 교회(敎會)들이 많지 않았으므로 전쟁(戰爭)이 끝 난 후의 우리 한국교회(韓國敎會)는 재정난(財政難)을 극복(克服)하면서 복음전도운동(福音傳道運動)을 일으켜 나가야 한다는 이중고역(二重苦役)을 함께 추려나가야만 했다.

이렇게 사회적(社會的)인 어려움과 재정난(財政難)으로 교회(敎會)의 재건운동(再建運動)이 한창일 때에 한국교회(韓國敎會)는 신흥종교운동(新興宗敎運動)의 몸살까지도 맛보아야 하게 되었다.

즉 한국(韓國) 예수교 신앙부흥협회(信仰復興協會)라는 간판(看板)을 내어 걸고 나타난 박태선(朴泰善) 장로(長老)의 전도관운동(傳道館 運動)을 비롯하여 나운몽(羅雲夢) 장로(長老)의 용문산기도원운동(龍門山祈禱院運動)과 문선명(文善明)의 통일교운동(統一敎運動) 등이 모두 한국전쟁(韓國戰爭) 이후에 사회(社會)의 혼란기(混亂期)를 통해서 일어난 신흥종교운동(新興宗敎運動)에 속한 것들이었다.

그러나 그들 중에서도 오늘날까지 세계적(世界的)인 물의(物議)를 일으키고 있는 문선명(文鮮明)의 통일교운동(統一敎運動)에 대해서는 우리가 조금 더 진지(眞摯)하게 살펴보고 넘어가는 것이 옳을 것으로 안다.

문선명(文鮮明)은 1951년 중공군(中共軍)에게 밀려서 물러선 14 후퇴(後退) 때에 북한(北韓)에서 월남(越南)하여 부산(釜山)에서부터 처음 집회(集會)를 하기 시작했다.

그는 전쟁(戰爭)이 끝이 나서 휴전협정(休戰協定)이 이루어지고 정부(政府)가 점차적(漸次的)으로 안정(安定)되어 가는 틈을 이용하여 서울에다 세계기독교통일신령협회(世界基督敎統一神靈協會)라는 조직(組織)을 만들어서 문선명(文鮮明) 자신이 교주(敎主)가 되고 그의 원리강론(原理講論)을 체계화(體系化)하여 본격적(本格的)인 포교활동(布敎活動)에 나섰다.

문선명(文鮮明)은 이 원리강론(原理講論)에서 성경(聖經)에서 말씀하고 있는 진리(眞理) 특히 하나님의 창조(創造)와 인간(人間)의 타락(墮落)에 관한 교리(敎理)를 동양(東洋)의 음양설(陰陽說)에 적용(適用)하여 우의적(寓意的)으로 바꾸어서 성경(聖經)과는 다른 유치(幼稚)한 이론(理論)으로 해석(解釋)을 하여 지성인(知性人)들까지 유혹(誘惑)하여 많은 사람들을 모으는데 성공(成功)했다.

문선명(文鮮明)은 신구약성경(新舊約聖經)을 미완성(未完成)의 경전(經典)이라고 하면서 자신의 원리강론(原理講論)을 신구약(新舊約)을 완성(完成)시키는 성약(成約)이라고 하였으며 또한 재림주(再臨主)라고 하여 소위 "문(文) 예수"로 활동(活動)을 전개해 나갔다.

타락(墮落)한 인간(人間)들이 원상(原狀)을 회복(回復)하기 위해서는 재림주(再臨主)로 오신 문(文) 예수와 육체적(肉體的)인 접촉(接觸)으로 "피 가름"을 해야 한다는 해괴(駭怪)한 주장까지 펼쳤다.

특히 그는 그의 추종자(追從者)들을 총동원(總動員)하여 막대(莫大)한 자금(資金)을 끌어 모았고 그 돈줄을 이용(利用)해서 많은 대학교(大學校)의 교수(敎授)들과 심지어는 현직목사(現職牧師)들까지 유혹(誘惑)해서 그의 세력(勢力)을 넓혀감으로써 적(敵) 그리스도의 역량(力量)을 최대(最大)한으로 발휘(發揮)하면서 신흥종교(新興宗敎)의 발판을 구축(構築)해 나가게 되었다.

이럴 때에도 대부분(大部分)의 기독교지도자(基督敎指導者)들은 거의 침묵(沈黙)을 지킬 뿐이었으나 서울 대학교(大學校)에서 교수(敎授)로 활동(活動)하고 있는 신사훈(申四勳) 박사(博士)만이 문선명(文鮮明)의 신흥종교운동(新興宗敎運動)을 신랄(辛辣)하게 비판(批判)하여 외로운 싸움을 계속해 오다가 1970년대에 이르러서야 전국(全國)의 기독교계(基督敎界)가 일제히 문선명(文鮮明)의 신흥종교운동(新興宗敎運動)이 이단종교운동(異端宗敎運動)이라는 것을 규탄(糾彈)하며 비판(批判)하고 나섰다.

이렇게 해서 한국교회(韓國敎會)가 신흥종교(新興宗敎)의 난립(亂立)으로 인한 진통(鎭痛)을 앓게 되었으나, 그것은 박태선장로(朴泰善長老), 나운몽장로(羅雲夢長老), 문선명목사(文鮮明牧師)의 선(線)에서 끝나는 것이 아니라, 사실은 그 이전에도 한준명(韓俊明)의 강신극(降神劇)의 사건(事件), 백남주(白南柱)의 비성경적(非聖經的)인 신비주의운동(神秘主義運動), 예수의 화신(化身)을 자처(自處)하여 혼음사건(混淫事件)의 소동(騷動)을 피운 황국주(黃國柱), 경기도파주(京畿道坡州)를 중심(中心)으로 일어났던 이스라엘 수도원(修道院) 김백문(金百文)에 의한 신일합일(神人合一)의 접신주의(接神主義) 사건 등 전후의 우리 한국교회(韓國敎會)는 참으로 혼란(混亂)스러운 것들의 연속(連續)이었다.

625 전쟁(戰爭)을 겪으면서 우리 한국교회(韓國敎會)는 역사의식(歷史意識)의 부재(不在)를 노출(露出)하게 되었다.

그것은 주로 교회(敎會)의 분열(分裂)이 625 한국전쟁(韓國戰爭) 중에 일어났다는 사실로 미루어 볼 때에 매우 심각(深刻)한 뜻을 갖게 한다.

조국(祖國)의 해방(解放)과 함께 찾아온 고려신학파(高麗神學派)와의 완전 결별(訣別)이 남북전쟁(南北戰爭)이 치열(熾熱)하던 1952년에 되어진 일이었고 1953년에는 기독교장로회(基督敎長老會)가 갈라섰으며 1946년에 가까스로 통합(統合)을 이루었던 감리교(監理敎)도 1954년 3월에 다시 호헌파(護憲派)와 총리원파(總理院派) 사이에 나누어지는 불운(不運)의 역사(歷史)를 기록(記錄)하게 되었다.

이렇게 우리 한국교계(韓國敎界)가 온 나라가 전쟁(戰爭)의 와중(渦中)에 있을 때에 화합(化合)은 고사하고 분열(分裂)로 일관(一貫)했으니 과연 그러한 일들이 잘 된 일이었느냐 하는 것은 사실상 스스로의 자성(自省)과 회개(悔改)할 문제(問題)라는데 별다른 이론(異論)을 제기(提起)하지 못할 것으로 생각한다.

특히 감리교(監理教)와 장로교(長老教)는 선교(宣教)의 초기(初期)부터 서로가 협력(協力)하여 선교(宣教)의 지역분담제(地域分擔制)와 정보자료(情報資料)의 교환(交換) 및 상호협력(相互協力)으로 한국(韓國)에서의 선교(宣教)를 성공적(成功的)으로 이끌어 왔으나 두 교파(教派)들이 서로가 자기들의 내분(內紛)을 감당(勘當)하지 못하여 많은 혼선(混線)을 갖게 했다는 것은 그 후에 계속(繼續)해서 개교회별(個教會別)로 재산분쟁(財産分爭)을 일으키게 하였고 그것이 다시 교인(教人)들끼리의 감정(感情)싸움으로 발전(發展)하게 되었으니 참으로 안타까운 일이었다고 지적(指摘)하지 않을 수 없다.

또 하나 중대(重大)한 교회분열(教會分裂)의 원인(原因)은 전쟁(戰爭)으로 인해서 남하(南下)해 온 피난목사(避難牧師)들이 지역중심(地域中心)으로 활동무대(活動舞臺)를 형성(形成)하게 되었던 장로교(長老教)의 노회제도(老會制度)와 노회(老會)의 기능(機能)을 효율적(效率的)으로 높이기 위해서 만들었던 시찰회제도(視察會制度)는 남하(南下)해 온 피난목사(避難牧師)들을 자연히 무지역노회(無地域老會)의 활동(活動)으로 몰아넣게 되어서 이것도 또한 분쟁(分爭)의 요인(要因)으로 작용(作用)하게 되었던 것이다.

거기에다 전쟁(戰爭)이 끝난 다음에는 미국(美國)을 비롯한 다른 여러 나라들로부터 수많은 또 다른 교단(教團)들이 몰려오게 되었고 기성교단(既成教團)들이 분열(分裂)에 분열(分裂)을 거듭하면서 사실상 한국교회(韓國教會)의 단결(團結)이나 결속력(結束力)은 그 종언(終焉)을 고(告)하게 된 것 같았다.

전쟁(戰爭)이 끝난 다음 1955년 12월 26일자 기독공보(基督公報)에는 그 날의 한국교회상(韓國教會像)을 이렇게 기록(記錄)하고 있다.

"… 예배당(禮拜堂)에 사태(事態)가 났다. 한 동리(洞里) 안에도 예배당(禮拜堂)이 열 개씩은 될 것이다. 장로교회(長老教會)도 고신파(高神派), 한신파(韓神派), 복구파(復舊派), 재건파(再建派)의 교회(教會)들이 있고 장신파(長神派)에서도 서울 경기노회소속(京畿老會所屬), 이북노회소속교회(以北老會所屬教會)가 아무런 제약(制約)이 없이 자리 잡고 세우면 그만이다.

게다가 성결교회(聖潔教會), 감리교회(監理教會)까지 끼우면 한 동리(洞里)에 열 개는 보통 될 수 있다. 신학교(神學校)를 나온 졸업생(卒業生)이 해마다 많이 나오니 이들이 다 한 교회(教

會)씩을 가져야 하며 서울로 교역자(敎役者)가 진출(進出)되니 교회당(敎會堂)이 늘어날 수밖에 없다.

그러므로 아무리 행정구역(行政區域)을 잠정적(暫定的)으로 통용(通用)하지 않는다고 하여 이 북노회(以北老會)에 소속(所屬)한 교회(敎會)는 서울 지구(地區)에는 집결(集結)하지 말고 무교회(無敎會)의 면(面)으로 뻗도록 어떤 협정(協定)이 있어야 하겠다.

실로 한국교회(韓國敎會)의 혼란(混亂)은 외적(外的)으로는 정치적(政治的)인 상황(狀況)과 전쟁(戰爭)이 가져 온 것이라고 할 것이나 내적(內的)으로는 성경(聖經)을 중심(中心)으로한 신학적(神學的)인 갈등(葛藤)이라고 할 것이나 목사(牧師)들의 품격(品格)에서 오는 이유(理由)도 없지 않았다고 할 것이다.

한국교회(韓國敎會)의 분열(分裂)과 혼잡상(混雜狀)은 아마도 영영 치료(治療)할 수 없는 영적(靈的)인 병질(病疾)이라고 할 때에 참으로 안타까운 마음뿐이다.

6 ≡ 한국 교회의 현주소(現住所)

한국교회(韓國敎會)를 일으킨 초대선교사(初代宣敎師)들은 우리나라에 복음(福音)이 전해져서 하나님의 교회(敎會)를 세워야 한다는 것에 못지않게 또한 문화적(文化的)으로 발달(發達)하여 빠른 시일(時日) 안에 한국인(韓國人)들이 좀 더 살기 좋은 문화민족(文化民族)으로서의 삶을 누리기를 희망(希望)했다.

그들은 복음(福音)을 전(傳)하는 일과 함께 고의(故意)였든지 아니었든지 간에 문화전파자(文化傳播者)의 역할(役割)을 하였던 것이다.

그리하여 우리 한국(韓國)의 현대화(現代化)나 개화(開化), 그리고 문화화(文化化)는 바로 기독교(基督敎)의 공로(功勞)요 덕분(德分)이라고 해도 과언(誇言)이 아닐 것이다.

그럼에도 불구하고 한국교회(韓國敎會)가 자기들이 일구어 놓은 바탕 위에서 성경적(聖經的)인 복음운동(福音運動)을 전개(展開)하기 위해서 수고하고 애를 쓰면서도 사실상 그 사회적(社會的)인 혜택(惠澤)을 누리지 못하고 오히려 교회(敎會)만은 사회(社會)보다도 더 혼란(混亂)스럽게 만들어 버렸다는 지적(指摘)을 면치 못하게 만들어 버렸다.

그것은 한국교회(韓國敎會)는 교회(敎會)의 보편성(普遍性)과 통일성(統一性) 보다는 교파주의(敎派主義)에 대한 인식(認識)이 어느 나라의 교회(敎會)들보다도 더 강(强)하기 때문에 이러한 아집(我執)의 감정(感情)을 무너뜨리지 못하는 한 하나로 통일(統一)을 이루기는 어려울 것이다.

물론 그것이 상식적(常識的)인 면에서 타결(妥結)될 일이 아니기 때문이라는 이유도 있기는 하지만 그래도 어떤 점에서는 좀 지나쳤다고 생각되는 점도 없지 않다.

기독교(基督敎)의 신학(神學)은 특히 항상 진리(眞理)의 발명(發明)이 아니라 발견(發見)이라는 원칙적(原則的)인 기준(基準)을 갖기 때문에 어떠한 신학자(神學者)나 유명(有名)한 목사(牧師)라고 할지라도 그들이 내 세운 사상(思想)이 성경(聖經)의 교리(敎理)에 맞지 않을 경우 단호(斷乎)하게 이를 거부(拒否)하고 물리치는 강력(强力)한 개혁성향(改革性向)의 사상(思想)이 마음을 지배하고 있다.

그것은 한국교회(韓國敎會)가 이렇게 투명(透明)한 신앙관(信仰觀)과 신학적(神學的)인 사상(思想)의 바탕 위에 세워졌고 또한 수많은 역사적(歷史的)인 시련기(試鍊期)를 통해서 그 어려운 시련기(試鍊期)를 극복(克服)하고 이겨내는 방법(方法)이 신앙(信仰)이었다는 점에서 한국인(韓國人)들의 신앙심(信仰心)은 세계(世界) 어느 나라의 기독교인(基督敎人)들보다도 더 철저(徹底)하고 개혁적(改革的)이었다는 것을 알 수가 있다.

그런데 이러한 신앙심(信仰心)과 신학사상(神學思想)이 현실적(現實的)으로는 많은 문제(問題)를 안고 발전(發展)을 해 왔는데 그 내용(內容)이 어떤 것인가를 한번 살펴보고 넘어가려는 것이다.

우리 한국교회(韓國敎會)는 기독교(基督敎) 2천년의 개신교역사(改新敎歷史)를 통해서 일찍이 찾아볼 수 없었던 부흥(復興)과 발전(發展)으로 세계교회(世界敎會)의 주목(注目)을 한데 모으고 있다.

사실상 한국교회(韓國敎會)의 교세(敎勢)를 구체적(具體的)으로 판단(判斷)한다는 것은 매우 복잡(複雜)하고 어려워서 정확(正確)한 집계(集計)를 내기란 어려운 일로 여겨지고 있다.

왜냐하면 사회(社會)의 변화현상(變化現狀)과 함께 교회(敎會)도 어떤 기준(基準)을 설정(設定)하여 자기의 교회구성원(敎會構成員)조차도 정확(正確)하게 파악(把握)하기가 어려울 만큼 교적부

(敎籍簿)가 일정(一定)치 못하여 정확(正確)한 숫자의 파악(把握)에 어려움을 더해주고 있다.

1991년도에 발간(發刊)된 기독교연감(基督敎年鑑)을 통해서 보면 그 날까지 한국(韓國)의 기독교(基督敎)에 대한 교단(敎團)의 수(數)는 무려 87개나 되는 많은 교단(敎團)을 형성(形成)하고 있는 것으로 나타나고 있다.

즉 그 가운데서도 장로교(長老敎)가 57개 교단(敎團)으로 단연 앞장서고 있다. 그 뒤를 이어서 감리교(監理敎)가 4개, 성결교(聖潔敎)가 2개, 침례교단(浸禮敎團)이 6개, 오순절교단(五旬節敎團)이 8개, 그리스도의 교회(敎會)가 3개, 구세군(救世軍)을 비롯해서. 복음교회(福音敎會), 루터교(敎), 나사렛 교회(敎會), 성공회(聖公會), 예수 교회(敎會), 중화기독교(中華基督敎)가 각각 1개 교단(敎團)으로 얽혀져 있어서 모두 87개 교단(敎團)으로 나누어져 있다는 통계(統計)였다.

그러나 우리나라에 있어서 기독교(基督敎)의 교단수(敎團數)를 바로 파악(把握)한다는 것은 거의 불가능한 일로 알고 있다. 그 이유는 군소교단(群小敎團)에 대해서는 파악(把握)할 수도 없거니와, 또한 날마다 구교단(舊敎團)이 없어지고, 또 새로운 새 교단(敎團)이 생겨나기 때문이라고 할 것이다.

그리고 교회(敎會)의 수(數)는 총(總) 35,865개 교회(敎會)에 64,688명의 교역자(敎役者)가 이 교회(敎會)를 중심(中心)으로 사역(事役)에 임하고 있는 것으로 나타났다.

그런데도 떠도는 소식(消息)은 우리나라에 무려 20만명이 넘는 무임목사(無任牧師)들이 떠돌고 있다니, 이를 어떻게 말하랴…?

그리고 기독교인구(基督敎人口)는 총(總) 12,121, 873명으로 나타나고 있는데 그것이 얼마나 정확(正確)한지는 아무도 장담(壯談)할 수 있는 것이 아니다.

그로부터 26년이 지난 2017년인 지금은 장로교(長老敎)라는 간판(看板)을 내어 걸고 교단활동(敎團活動)을 하고 있는 교단(敎團)의 수(數)만 해도 어림잡아 150개는 훨씬 넘을 것으로 예상(豫想)된다.

그 외의 다른 교단(敎團)들도 앞에 나온 통계표(統計表)에 비하여 거의 배이상(倍以上)의 교단(敎團)으로 나누어서 활동(活動)을 하고 있는 것으로 예상(豫想)할 수 있다.

그리하여 우리나라 남한인구(南韓人口)의 4분지 1 이상(以上)이 기독교인(基督敎人)이라고 할 때에 어떠한 계산법(計算法)을 쓰더라도 한국(韓國)에 기독교인구(基督敎人口)는 1천만명이 훨씬 넘을 것으로 이해(理解)되고 있으며 교회(敎會)의 수(數)는 약 7만 교회(敎會)에 교직자(敎職者)

는 약 10만명이 훨씬 넘을 것으로 예상하고 있다.

거기에다가 로마 카톨릭 교회(敎會)까지를 합(合)하면 기독교(基督敎)의 인구(人口)는 이보다는 훨씬 더 많을 것이다.

이런 점으로 미루어 볼 때에 우리나라는 기독교(基督敎)가 유럽의 여러 나라들처럼 국가교회(國家敎會)라던가 대중적(大衆的)인 교회(敎會)라는 구조적(構造的)인 개념(槪念)이 아니고 개교회주의(個敎會主義)로 되어 있어서 사실상 우리나라도 기독교국가(基督敎國家)들 가운데 하나라고 해도 무리한 말은 아닐 만큼 한국(韓國)나라가 준기독교국가(准基督敎國家)로 진입(進入)해 가고 있다는 것을 알게 한다.

그런데 우리 한국교회(韓國敎會)가 피선교국(被宣敎國)으로 복음(福音)을 받아드렸던 1885년으로부터 시작하여 오늘에 이르기까지의 발전(發展)해온 과정(過程)을 요약(要約)해 보면 다음과 같이 생각해 볼 수있다.

1) 복음(福音)의 파종기(播種期)

1885년부터 1915년 한일합방(韓日合邦)이 이루어 질 때까지의 30년간은 복음(福音)의 파종기(播種期)로 분류(分類)하여 이 시기(時期)에는 초기선교사(初期宣敎師)들에 의하여 이 땅 위에 복음의 씨가 뿌려졌던 시기(時期)였다.

2) 복음(福音)의 시비기(施肥期)

1916년부터 1945년까지의 30년간은 복음(福音)의 시비기(施肥期)로서 일제(日帝)의 침략(侵略)과 기독교(基督敎)에 대한 박해(迫害)에 대항(對抗)하여 나라를 지키고 이미 뿌려진 복음(福音)의 씨앗을 가꾸기 위하여 거룩한 성도(聖徒)들의 땀과 눈물과 피와 생명(生命)을 거름으로 뿌려서 나라를 되찾고 복음(福音)의 씨앗을 가꾸어 낸 기간(期間)이었다고 할 것이다.

1946년부터 1975년까지의 30년간은 한국교회(韓國敎會)의 재건 운동기(再建運動期)라고 분류(分類)할 수 있을 것이다.

이 기간(期間)동안에 모든 교단(敎團)들이 자기의 실체(實體)를 들어내기 위해서 세우고 찢고 하여 교파적난립(敎派的亂立)의 방법(方法)을 통해서 자기 교단(敎團)의 세력확장(勢力擴張)을 위해서 몸부림을 쳐야했다.

8.15 해방(解放)과 6.25 한국전쟁(韓國戰爭)을 통해서 흥분(興奮)과 사유(自由)와 전쟁(戰爭)의 시련(試鍊)이 함께 어울려있는 이 역사(歷史)의 시기(時期)에 한국교회(韓國敎會)는 분쟁(分爭)과 난립(亂立)으로 그 가닥을 찾기조차 어려울 정도(程度)로 혼란(混亂)스러웠으나 그러면서도 자기 교단(敎團)의 세확장(勢擴張)을 위해서 힘쓰고 노력(勞力)했던 것을 알 수가 있다.

4) 한국교회(韓國敎會)의 부흥기(復興期)

1976년부터 시작하여 1900년대에 이르기까지를 한국교회(韓國敎會)의 부흥기(復興期)라고 분류(分類)하여 이 기간(期間) 동안에 한국(韓國)의 복음운동(福音運動)은 활짝 꽃을 피었고 열매를 맺어서 전세계(全世界)를 향하여 복음(福音)의 씨앗을 나누어주는 소위 선교국가(宣敎國家)로 올라서는 시기(時期)였다고 할 수 있다.

물론 이 기간(期間)에는 부흥사(復興師)를 자처(自處)하는 목사(牧師)들에 의해서 외적(外的)인 팽창(膨脹)에는 성공(成功)한 것 같았으나 사실 내적(內的)으로는 곪아가고 있다는 자기의 병세(病勢)조차도 모르고 살았다고 해야 할 것이다.

5) 신음(呻吟)소리만의 한국교회(韓國敎會)

분명히 우리 한국교회(韓國敎會)는 1900년대에 들어서면서 현재(現在)에 이르기까지 '이래서는 안 될 것이다'라고 하는 신음(呻吟)소리 속에 고통(苦痛)스러운 비명(悲鳴) 소리를 지르고 있다고 하면 지나친 말인지 모르겠다.

그러나 분명한 것은 신앙적(信仰的)으로나 신학적(神學的)으로나 기독교(基督敎)라는 본연(本然)의 임무(任務)와 성경(聖經)의 진리(眞理)를 중심으로 생각해 볼 때에 '이래서는 안 되겠다'는 말외에 다른 말이 없는 것 같다.

이에 대한 구구한 것은 참아 필설(筆舌)로 다 표현(表現)하기가 부끄러운 정도라는 말로 끝내야 하겠다.

이렇게 우리 한국교회(韓國敎會)는 30년씩을 한 단위(單位)로 하여 복음(福音)의 파종기(播種期), 복음(福音)의 시비기(施肥期), 한국교회(韓國敎會)의 재건운동기(再建運動期), 한국교회(韓國敎會)의 부흥기(復興期) 그리고 신음(呻吟)소리만의 한국교회(韓國敎會)라는 등의 5기 분류방식(分類方式)으로, 그 시대적(時代的)인 특징(特徵)과 한국교회(韓國敎會)의 역사성(歷史性)과 시대적(時代的)인 상황(狀況)을 중심으로 고찰(考察)해 보았다.

이런 의미(意味)에서 생각해 볼 때에 한국교회(韓國敎會)의 현주소(現住所)는 자연히 1975년부터 소급(遡及)하여 오늘에 이르기까지의 한국교회사(韓國敎會史)를 통해서 일어난 사건(事件)과 처해있는 현실(現實)을 연구(硏究)해 나가는 것이 가장 자연(自然)스러운 연구방법(硏究方法)이라고 본다.

그런데 한국교회(韓國敎會)가 잘 못하고 있는 것에 대해서는 뒤로 미루어두고 우선 대부흥(大復興)을 하기까지에 되어진 여러 가지의 방법(方法)들이 있었는데 그 가운데서도 특기(特記)할만한 것들만을 골라서 여기에 소개(紹介)하면 다음과 같이 말할 수 있을 것이다.

첫째는 성경공부(聖經工夫)에서 그 원인(原因)을 찾아보려는 것이다.

1980년대 이후(以後)에는 교회(敎會)의 부흥회(復興會) 모임이 무슨 축복성회(祝福聖會)니 신유은사집회(神癒恩賜集會)니 하여 기복적(祈福的)인 목적(目的)을 부흥집회(復興集會)의 목적(目的)과 주제(主題)로 제시(提示)하고 모임을 시작했다.

그러나 1970년대까지만 하더라도 그러한 구호(口號)가 아닌 어느 교회(敎會)에서 심령부흥사경회(心靈復興查經會)로 모인다는 통일(統一)된 광고방법(廣告方法)을 썼고 그 집회(集會)는 심령부흥운동(心靈復興運動)을 주로 하나님의 말씀인 성경(聖經)을 공부(工夫)하는 것으로 이해하고 있었다.

사실 그렇게 하므로 성도(聖徒)들의 믿음은 성경진리(聖經眞理)를 중심으로 성장(成長)했고 진실(眞實)한 교회운동(敎會運動)으로 발전(發展)하게 되었다.

특히 장로교(長老敎)의 경우에는 1년에 한번씩 노회(老會)나 지방회(地方會)를 중심으로 사경회(査經會)로 모였고 또 달성경학교(月聖經學校)를 개설(開設)하여 한 달간씩 지역교인(地域敎人)들에게 성경(聖經) 말씀을 공부(工夫)시켰다.

이러한 사경회운동(査經會運動)은 교인(敎人)들에게 자연히 성경적(聖經的)인 보수신앙(保守信仰)을 심어주게 되었고 사회적(社會的)으로도 신뢰(信賴)와 존경(尊敬)을 받도록 유도(誘導)했었다.

그 다음의 부흥운동방법(復興運動方法)이 현대교회(現代敎會)가 많이 쓰고 있는 목적(目的)을 세워두고 기복적(祈福的)인 의미(意味)에서의 부흥회(復興會)를 열고 교인(敎人)들에게 경건훈련(敬虔訓練)을 시키게 되었다.

그런데 부흥집회(復興集會)를 모이게 된 목적(目的)이 광고(廣告)에 그대로 제시(提示)되었기 때문에 자연히 그 내용(內容) 또한 성경(聖經)말씀 중심(中心)의 성경공부(聖經工夫) 곧 사경(査經)이 아니라 주로 간증(干證)이나 세상(世上)에 대한 이야기들로 설교(說敎)의 내용자체(內容自體)가 성경(聖經)과는 거리가 먼 형태(形態)로 나타나게 되었다.

이렇다 보니 그 모임에 참석(參席)한 교인(敎人)들은 모임이 끝났을 때에 그 날에 들려준 성경(聖經)보다는 간증(干證)의 이야기만을 마음에 삭이고 돌아서는 꼴이 되어버렸다.

이 기간 동안에 한국교회(韓國敎會)는 엄청난 수의 많은 교인가족(敎人家族)을 확보(確保)하게 되어 기독교인구(基督敎人口)의 증가(增加)를 보게되는 양적성장(量的成長)을 기할 수가 있었다.

그런데 그와는 반대(反對)로 엄청난 손실(損失)을 보게 되었다는 것도 사실(事實)이다.

무분별(無分別)한 성령운동(聖靈運動)으로 성경교리(聖經敎理)와는 상관없이 많은 신비적(神秘的)인 경향(傾向)의 바람을 일으키게 되었고 교파(敎派)의 난립(亂立)과 신학(神學)의 혼선(混線) 기도원(祈禱院)의 운동(運動) 그리고 부실신학교(不實神學校)의 난립(亂立)과 자격미달(資格未達)의 목사양산(牧師量産)으로 인한 교직자(敎職者)들의 자질추락(資質墜落)과 기독교지도자(基督敎指導者)를 비롯한 교회(敎會)를 향한 일반 사회(社會)의 비난(非難)과 인식(認識)이나 신뢰도(信賴度)가 급강하(急降下)의 상태(狀態)로 곤두박질을 하는 격이 되고 말았다.

여기에다 자본주의(資本主義, Capitalism)의 사회체재(社會體裁)의 등장(登場)과 함께 교회(敎會)도 적극적으로 물질로 눈을 돌리게 되면서부터 교회의 양적(量的)인 성장(成長)속에 자연히 몰려온 교인(敎人)들의 수가 몇 명이며 거두어들인 헌금(獻金)이 얼마며 그 교회건물(敎會建物)의 평수(坪數)와 교회(敎會)의 자산(資産)이 얼마나 되는가 하는 식으로 교회에 대한 일반의 인식(認識)이 경제적(經濟的)인 수치개념(數値概念)으로 급선회(急旋回)되고 말았다.

이러한 현상은 또 거기에서 끝나는 것이 아니라 덩달아서 또한 실용주의적(實用主義的, Practicalism)인 교회성장(敎會成長, Church Growing)의 이론(理論)이 도입(導入)되어 교회의 대형화운동(大型化運動)으로 발전하게 되었고 심지어는 위성교회(衛星敎會)의 운동까지 등장하는 극단적(極端的)인 상황(狀況)에까지 이르게 되었다.

바로 이러한 현상이 한국 교회가 교단중심(敎團中心)에서 개교회주의(個敎會主義)로 전락(轉落)하게 되어 한 교회가 전체의 교단세(敎團勢)를 넘어서게 되었다.

이러한 것들이 이유가 되어서 교단(敎團)의 권위(權威)는 없어지고 개 교회 중심으로 교회운동이 전개되었으며 그 결과로 나타나는 현상이 군소교단(群小敎團)이 우후죽순격(雨後竹筍格)으로 쏟아져 나오게 되었다.

바로 이것이 우리 한국 교회의 현주소(現住所)라고 할 것이나 사실상 한국 교회의 현주소(現住所)를 더 바로 알기란 그렇게 쉬운 일이 아닌 것 같다.

우리 한국교회의 초대교회 시절의 모습은 옛 이야기가 되어 버렸는데 가령 주일날 성수주일(聖守主日)을 하지 않고 일을 했다고 해서 교회의 권징(勸懲)에 회부되어 책벌(責罰)을 받았다던가 농부(農夫)들 속에 어울려서 막걸리 술맛을 보았다고 해서 교직자(敎職者)가 자격정지처분(資格停止處分)을 받고 자리에서 물러났다가 회개(悔改)하고 근신(勤愼)의 기간이 끝난 다음 해벌조치(解罰措置)를 받고서야 자리에 복구(復舊)했다는 등의 이야기가 현대 교회의 교인들에게는 전혀 이해할 수 없는 이야기가 되고 말았다.

교회에서의 신성(神聖)과 성도(聖徒)들의 경건(敬虔)을 유지하기 위해서는 교회마다 하나님의 말씀이 바로 전해져야 하고 바른 신학(神學)이 정립(定立)되어야 하며 당연히 강력한 권징(勸懲)이 시행(施行)되어야 하는데도 현대 교회에서는 그러한 일들을 찾아보기가 어렵게 되어 버렸다.

거기에다 또 세계주의(世界主義, Internationalism)가 몰고온 다원주의(多元主義, Pluralism)의 현상(現

狀)과 함께 온 교계를 뒤 흔들고 있는 자유주의(自由主義, Liberalism)의 물결과 여기에다 또 여러 가지 이름을 붙여서 나타난 무슨 무슨 이름의 해방신학(解放神學, Theology of Liberalism)운동에다 또 한술 더 떠서 사회주의(社會主義, Socialism) 운동까지 등장하여 기독교의 바른 진리가 극단적(極端的)인 위기(危機, Crisis)에 직면(直面)해 들어가고 있다.

그러나 천만 다행하게도 우리 한국교회 안에는 성경적(聖經的)인 신본주의사상(神本主義思想)의 신앙(信仰)과 신학사상(神學思想)을 끝까지 보수(保守)하려는 순수(純粹)한 신앙인(信仰人)과 신학자(神學者)들이 있어서 어떻게 하던지 한국 교회를 진리(眞理)대로 바로 개혁(改革)시켜 보겠다는 사람들이 줄을 잇고 있으며 성경적성령운동(聖經的聖靈運動)을 통하여 요원의 불길처럼 피어오르는 한국 교회와 성도들의 영성(靈性, Spirituality)을 회복시켜 보겠다는 기도의 역군(役軍)들이 있다는데 기대(期待)를 걸면서 이러한 하나님의 사람들을 이 시대(時代)를 위하여 감추어 두신 하나님께 감사(感謝)함을 드린다.

우리 한국교회는 반드시 다시 일으켜 살려내야 한다. 그리고 이 시대의 전세계(全世界)를 책임지고 모는 인류(人類)를 구해내야 한다.

이것이 우리 한국교회를 향한 하나님의 명령(命令, Cmommand)이요 우리의 사명(使命, Mission)으로 안다.

7 ≡ 한국교회의 선교운동(宣敎運動)

한국교회의 선교운동(宣敎運動)은 전세계(全世界)를 향하여 이미 그 출정식(出丁式)을 마치고 실전(實戰)에 들어선지 오래다.

본래 선교(宣敎, Mission)라는 말은 전도(傳道, Preaching)라는 말과 함께 공통적(共通的)인 의미에서 쓰여지는 말로 이해하고 있다. 그런데 이 말을 부디 나누어서 쓸 때에는 국내전도(國內傳道)를 일반적인 말로 전도로 표현하고 국외전도(國外傳道)를 선교(宣敎)라는 말로 써서 그 성격(性格)을 구분하고 있다.

그리하여 부디 선교(宣敎, Mission)라는 말로 표기(表記) 할 때에는 당연히 내지선교(內地宣敎)와 외지선교(外地宣敎)라는 말을 써서 그 성격(性格)을 구분케 하고 있다.

그러므로 여기에서는 한국 교회의 내지전도운동(內地傳道運動)을 복음화운동(福音化運動)의 내지선교(內地宣敎)라고 이름 붙이고 해외(海外)의 전도운동(傳道運動)을 "세계를 향한 외지 선교"라는 이름을 붙여서 생각해보려고 한다.

1) 복음화 운동의 내지선교(內地宣敎)

우리나라는 세계 제2차 대전이 끝나고 세계의 모든 나라들이 경제부흥운동(經濟復興運動)을 일으켜나가기에 혈안(血眼)이 되어 있을 때에 '6.25한국전쟁'이라는 동족상잔(同族相殘)의 내전(內戰)을 치러야했고 전쟁(戰爭)이 끝난 다음에는 폐허(廢墟)로 황폐(荒廢)된 조국(祖國)의 상처(傷處)를 싸매며 보릿고개의 가난에서 벗어나고 살아남기 위해서 피나는 고통을 참고 이겨내야 했으므로 그 당시의 교회 형편은 거의가 자립(自立)할 수 없어서 선교사(宣敎師)들의 지원(支援)을 받는다거나 이를 극복(克服)하기 위해서 모두가 허리띠를 졸라매야 했었다.

이렇게 허탈(虛脫)한 상태에 빠져있는 한국교회를 다시 일으켜 세우기 위해서 1965년을 "복음 운동의 해"로 정하고 효과적(效果的)인 복음화 운동의 단체를 결성하여 국내의 복음화 운동을 펴나가기 위해서 온 교회가 단결하여 다짐을 다져 나가기로 했다.

처음에는 여기에 W.C.C. 운동(運動)과 맞물린다는 이유로 일부 보수주의인사(保守主義人事)들은 참여를 꺼렸으나 결국 한국 복음화 운동이라는 순수성(純粹性) 그대로를 받아들이고 참여하기로 하여 활기찬 출발을 보게 되었다.

우선 구호(口號)를 "3천만을 그리스도에게로!"로 정하고 우리 한국 교회가 똘똘 뭉쳐서 한국 복음화 운동에 온갖 정성(精誠)을 쏟아 붓기로 했다.

그 활동의 내용은 전국의 도시(都市)를 비롯하여 4만 개에 이르는 자연(自然) 마을에 복음(福音)을 전해서 소위 무교회(無敎會) 마을이 없게 하자는 것을 목표(目標)로 정했다.

전국 복음화 운동의 준비위원(準備委員)으로 각 교단에서 보내온 대표 300명으로 회원(會員)을 구성(構成)했는데 여기에는 로마 카톨릭 교회까지 참여하여 30명의 대표(代表)를 파견한 것을 비롯하여, 장로교 합동 측에서 30명, 통합 측에서 30명, 고신 측에서 10명, 성경

장장로교 5명, 감리교 32명, 기독교 장로회 30명, 구세군 15명, 기독교 성결교회 5명, 성공회 8명, 정교회 5명, 침례회 5명, 침례회 총회 5명, 오순절교회 5명, 복음 교회 15명, 기타 기독교 기관에서 20명 등이 한 자리에 모여서 한국 복음화 운동을 전개해 나가기로 합의했다.

아마도 우리 한국교회가 이렇게 하나로 똘똘 뭉쳐 본 일은 일찌기 찾아보기 어려운 일이었다고 할 수 있을 것이다.

대회의 조직(組織)을 보면 명예회장(名譽會長)에 영락교회(永樂敎會)의 한경직(韓景職) 목사(牧師), 이화여자대학교(梨花女子大學校)의 총장(總長)인 김활란(金活蘭) 박사(博士)를 추대(推戴)하기로 하고 위원장(委員長)에는 연세대학교(延世大學校)의 총장(總長)인 홍 현설(洪顯卨) 박사(博士)를 추대(推戴)하고 부위원장(副委員長)에 새문안교회의 강신명(姜信明) 목사(牧師)를 비롯하여 김창석, 김창근, 김윤찬, 이혜영, 장운용, 조광원, 차광석, 황철도 목사(牧師) 등 12명을 세워서 이들로 중앙위원회(中央委員會)를 구성(構成)하기로 하고 분과위원직(分科委員職) 13명, 평신도위원(平信徒委員) 15명, 기관대표(機關代表) 12명으로 하는 실행위원회(實行委員會)가 구성(構成)되었다.

1965년 한 해 동안에 농촌전도(農村傳道), 도시전도(都市傳道), 학원전도(學院傳道), 군전도(軍傳道)등으로 나누어서 집단(集團)에 의한 단체전도(團體傳道)를 비롯하여, 개인전도운동(個人傳道運動)을 펼쳐나갔다.

1909년에 벌인 "100만인 구령운동(百萬人救靈運動)"을 비롯하여 1915년의 박람회(博覽會) 기간을 이용한 대전도운동, 1920년의 대전도운동 이후 이토록 전국(全國)의 교회(敎會)와 교단(敎團)들이 하나로 뭉쳐서 전국적(全國的)인 전도운동을 전개해 나간 것은 한국교회의 자기 신앙(信仰)과 자기 신학(神學)의 정착(定着)을 위해서도 매우 중요하고 그 의의는 깊은 것이었다.

그후 1973년 5월 26일부터 6월 1일까지 여의도(汝矣島)의 광장(廣場)에서 개최한 빌리그레함 목사 초청 전도집회(傳道集會)는 우리 한국 강산에 "복음의 계절"을 꽃 피우게 했다.

전국 각지에서 한 자리로 몰려 온 이 집회에는 첫 모임에 무려 51만 명이 넘었고 연인원 1,185,000명이나 되었으며 연합 성가대원의 수가 4만명이나 되었으니 이는 아마도 전세계기독교사(全世界基督敎史)에서도 찾아볼 수 없는 기록적(記錄的)인 성황(盛況)을 이루었던 것이다.

또한 1974년 8월 13일부터 16일까지 4일간에 걸쳐서 여의도(汝矣島)의 광장에서 모인 "엑스포 74"(EXPOLO 74) 전도집회(傳道集會)는 예수 혁명(革命), 성령(聖靈)의 제3 폭발(暴發)이라는 주제(主題)와, 민족(民族)의 가슴마다 그리스도를 심어 이 땅에 성령(聖靈)의 계절(季節)이 오게 하자는 구호(口號)를 내어 걸고 모인 이 전도 집회는 온 남한강산(南漢江山)을 성령(聖靈)의 뜨거운 열기(熱氣)로 훨훨 달아 오르게 했다.

매 집회 때마다 70만명에서 80만명씩 대군중(大群衆)이 몰려와서 날마다의 열기(熱氣)를 더 뜨겁게 달아오르게 했으나 사실상 이 때는 그 모임의 성격(性格)이 성경(聖經)에 맞지 않는 자유주의적(自由主義的)인 것이 있다고 하여 일부의 장로교회(長老敎會)에서 참여(參與)를 거부(拒否)하고 협조(協助)하지 않으므로 1965년에 모였던 전도집회(傳道集會) 때와는 대조(對照)를 이루었다.

1980년에는 또 대학생선교회(大學生宣敎會)의 총재(總裁)인 김준곤(金俊坤) 목사(牧師)를 중심(中心)으로 초교파적(超敎派的)인 "80 세계복음화대회(世界福音化大會)"가 여의도(汝矣島)의 광장(廣場)에서 개최(開催)되었다.

이 집회(集會)는 주로 한국교회가 세계선교의 중추적(中樞的)인 사명(使命)을 다 하자는 것과 민족(民族)이 복음화(福音化)될 때에 정의(正義)로운 사회(社會)가 건설(建設)된다는 것과 남북통일(南北統一)이 이루어 질 것이라는 다분히 세속적(世俗的)인 것이었다.

그러나 큰 모임의 전도집회를 통해서 더 많은 영적감동(靈的感動)을 체험(體驗)한 성도(聖徒)들은 전국 각지에서 몰려와서 주최측(主催側)의 집계(集計)에 의하면 전야제(前夜祭)에 모인 수(數)가 100만 명이나 되었고 개막일(開幕日)에는 250만명이 이틀째 되는 날에는 200만명 그리고 다음 날에는 200만명 또 그 다음 날에는 100만명이 모여들었으며 매일의 철야기도회(徹夜祈禱會)에만도 100만명이 넘는 사람들이 몰려들어서 온 밤을 새며 기도했는데 이 전도집회(傳道集會)에 참석(參席)한 연인원(延人員)이 무려 700만명이나 되었고 새로 예수를 믿기로 하고 결심(決心)한 새 신자(信者)만도 70만명이나 된다고 주장하고 있다.

그 시대(時代)의 한국적(韓國的)인 상황은 경제불황(經濟不況)과 함께 민주화(民主化)를 부르짖는 국민의 울분(鬱憤)과 갈망(渴望)이 어쩌면 기독교(基督敎)의 복음화운동(福音化運動)을 통해서 폭발(暴發)하게 되었는지도 모른다.

그러므로 그 시대(時代)의 정치(政治)에 대한 국민적(國民的)인 불안(不安)과 반항(反抗)의 심리(心理)가 복음화운동(福音化運動)의 집회장(集會場)으로 몰려오게 했고 교인(敎人)들의 영적(靈的)인 갈망(渴望)과 함께 대형 교회들에서 많은 교인들을 동원시킬 수 있었던 것들이 집회에 참석하는 인원(人員)이 많도록 하는데 작용(作用)한 것으로 이해할 수 있다.

그러나 초교파적(初敎派的)인 모임은 결국 개교회(個敎會)의 결속력(結束力)을 약화(弱化)시키며 특정교회(特定敎會)의 목사(牧師)를 중심(中心)으로 몰려들게 하여 대형교회운동(大形敎會運動)을 촉신(促進)시키는 결과(結果)를 가저오게 했다고도 힐 수 있다.

그런데 이러한 대형 전도집회가 모일 때에 사용한 구호(口號)나 용어(用語)들을 살펴보면 성령폭발(聖靈暴發) 기드온 작전(作戰) 홍해작전(作戰紅海)등으로 그 용어(用語)들이 성경적(聖經的)이라거나 신학적(神學的)인 것이었다기보다는 다분(多分)히 상술적(商術的)이고 전술적(戰術的)인 것들이어서 은근히 자유주의적(自由主義的)인 세속화(世俗化)의 냄새를 풍기게 한 것을 알게 한다.

건전(健全)한 전도운동(傳道運動)이나 교회운동(敎會運動)은 어디까지나 가장 성경적(聖經的)이어야 하고 하나님의 진리(眞理)에 가까워야 한다는 것을 명심해야 한다.

현대인(現代人)들이 자주 듣는 "교회(敎會)에 다닌다는 것"과 "예수를 믿는다는 것"은 전혀 본질적(本質的)인 차이(差異)가 있으며 전혀 다르다는 것을 알아야 한다.

교회의 양적인 성장도 중요하지만 더 중요한 것은 성경(聖經)에서 말씀하고 있는 진리(眞理)의 본질(本質)이 변하기까지 하면서 숫자만 늘리는 것은 하나님께 영광이 될 수 없다는 것을 잊을 수 없다.

2) 세계(世界)를 향한 외지선교(外地宣敎)

우리 한국교회는 피선교국(被宣敎國)으로서, 아직까지 완전한 교회의 정착(定着)이나 신학(神學)의 뿌리도 내리지 못하고 심지어는 자기 교회의 자립(自立)조차도 이루기 전부터 세계(世界)를 향해서 선교(宣敎)를 하는 일에 게을리 하지 않았다.

처음에는 일본(日本) 사람들의 박해(迫害)와 함께 민족이동정책(民族移動政策)의 여파(餘波)로

북간도(北間島)와 연해주(沿海州) 등지로 밀려난 동포(同胞)들을 찾아서 선교사(宣敎師)들을 보내 주었고 장로교(長老敎)는 총회(總會)의 조직(組織)과 함께 중국(中國)의 산동성(山東省)과 상해(上海)등지에도 선교사(宣敎師)를 보내서 처음부터 선교(宣敎)하는 교회(敎會)로 출발(出發)하게 되었다.

그러나 침략자(侵略者)인 일제(日帝)는 교회(敎會)에 대한 박해(迫害)를 독립운동(獨立運動)과 연계(連繫)시켜서 온갖 핍박(逼迫)을 하게 되었으므로 외부선교(外部宣敎)는 고사하고 국내전도(國內傳道)나 자체 교회의 존립문제(存立問題)에까지 심각한 위협(威脅)을 받게 되어 해방(解放)이 될 무렵에는 모든 교회(敎會)들이 기진맥진(氣盡脈盡)한 상태(狀態)여서 외지 선교(宣敎)는 거의 중단상태(中斷狀態)에 놓여있는 위기절박(危機切迫)한 상태(狀態)였다.

그러나 1945년 8월 15일 연합국(聯合國)의 승리(勝利)와 종전(終戰)은 한국교회(韓國敎會)의 재기부흥(再起復興)과 함께 선교운동(宣敎運動)을 계속(繼續)할 수 있는 계기(契機)가 되었다.

사회적(社會的)인 여건(與件)과 물질적(物質的)인 문제(問題)가 극도(極度)로 약한 상태여서 자기 교회의 자립(自立)조차도 이루어지지 않은 형편에서 가난한 교회의 살림을 쪼개고 또 쪼개서 해외선교(海外宣敎)를 계속했고 내지선교(內地宣敎)에 못지않게 해외선교(海外宣敎)에 열성(熱性)을 다하고 있는 우리 한국교회의 태도는 그 방법의 잘잘못을 논하기 전에 하나님 앞에서 감사(感謝)할 일이다.

우리 한국교회는 글자 그대로 일취월장(日就月將) 부흥발전(復興發展)을 계속하게 되었다.

해방(解放)을 맞이한 장로교(長老敎)는 우선 1947년 중국(中國)의 산동성(山東省)에 선교활동(宣敎活動)을 전개(展開)하기로 결정하고 준비작업(準備作業)을 해 오다가 1949년에는 구체적(具體的)으로 선교사업(宣敎事業)에 대한 계획(計劃)을 수립(樹立)하고 이미 현지(現地)에서 활동(活動)하고 있는 이대영(李大榮) 목사(牧師)와 방 지일(方之日)목사(牧師)와 김두칠(金斗七)목사(牧師) 등의 선교활동(宣敎活動)을 적극적(積極的)으로 지원(支援)하기로 결정했다.

그러나 그것은 중국정국(中國政局)의 공산화(共産化)로 오래 가지 못하고 중도(中途)에 그쳐야 하는 불운(不運)을 맞기도 했다.

이에 우리 한국교회는 교회의 질적쇄신(質的刷新)에 대한 문제와 신학적(神學的)인 갈등(葛藤)의 문제가 맞물려서 교회의 분열상태(分裂狀態)가 심각(深刻)한 경지(境地)에 이르게 되었고 거기에다 설상가상(雪上加霜) 625 한국전쟁이라는 국가적(國家的)인 전란기(戰亂期)에 빠져들게 되자 사실상 적극적(積極的)인 선교활동(宣敎活動)은 중단(中斷)되고 말았다.

그러나 전쟁(戰爭)이 끝이 난 다음 1955년을 전후(前後)하여 한국 교회의 지도자(指導者)들이 점차적(漸次的)으로 세계적(世界的)인 기독교 모임에 참석(參席)을 하게 되었고 그 때마다 미국(美國)이나 영국(英國)을 비롯한 세계(世界)의 여러 나라 교회의 지도자(指導者)들이 한국교회 성도(聖徒)들의 신앙(信仰)을 높이 평가(評價)하여, 한국 교회의 양성(養成)에 지원(支援)을 해주어야 하겠다는 뜻을 갖게 되었다.

그 때에 우리 한국교회는 1930년대부터 중국(中國)의 산동성(山東省)과 청도(靑島) 등지에서 선교사역(宣敎事役)을 하고 있던 이대영, 방지일, 김두칠 목사(牧師)등에게 귀국명령(歸國命令)을 내리고 철수(撤收)시킨 다음 그 대신 태국(泰國)에 대한 선교(宣敎)쪽으로 뜻을 돌리고 이에 준비계획(準備計劃)에 착수(着手)했다.

1955년 1월 17일자 기독공보(基督公報)는 한국 교회의 선교사(宣敎師) 파송문제에 대해서 다음과 같이 논평했다.

"외지선교(外地宣敎)를 함으로 얻게 되는 소득(所得)은 해외(海外)에 외교적(外交的)인 대공사(大公使)를 파견(派遣)함에서 거두는 그것에 못하지 않는 결실(結實)을 하늘에서 받을 수 있을 것이며 남에게 줌으로 해서 남에게 선(善)한 빚을 지우는 일은 여러 가지유익(有益)이 많은 것이다. 뿐만 아니라 국내교회(國內敎會)가 외지선교사업(外地宣敎事業)을 함으로 해서 내적(內的)으로 단결(團結)이 강화(强化)될 수 있고 민족(民族)의 수준(水準)도 향상(向上)되는 것으로 본다. 선교사(宣敎師)를 보내자. 영(英) 미(美)에서 받은 복음(福音)의 빛을 외국(外國)에 선교(宣敎)함으로 갚자. 이 일을 위해서 기도(祈禱)하자. 십일조(十一條)를 잘라먹지 말고 바치자. 이런 것이 70주년을 맞은 한국교회(韓國敎會)의 새로운 과제(課題)일 것이며 자손만대(子孫萬代)의 복(福) 받는 첩경(捷徑)이 아니겠는가?"

1955년 김성권(金聖權) 목사(牧師)와 최찬영(崔燦英) 목사(牧師)를 선교사(宣敎師)로 선임(選任)을 했으나 우리 정부(政府)의 비협조(非協助)로 여권(旅券)을 받기가 어려워서 무려 1년 가까이 기다렸다가 1956년 5월에야 최찬영 선교사(宣敎師) 한 사람만이 현지(現地)로 출발(出發)을 하게 되었다.

그리하여 1956년 9월에는 사정(事情)에 의해서 선교사(宣敎師)로 나가지 못한 김성권 목사(牧師)를 대신(代身)하여 김순일(金順逸) 목사(牧師)를 태국(泰國)의 선교사(宣敎師)로 선임(選任)하고 파송(派送)하여 이미 현지(現地)에 가 있는 최찬영 선교사(宣敎師)와 합류(合流)시켰다.

1957년 3월에는 대만(臺灣)에 사는 교포(僑胞)들의 요청(要請)을 받아들이고 장로교총회(長老敎總會)는 중국(中國)의 봉천(奉天)에 있는 만주신학교(滿洲神學校)를 졸업(卒業)하고 현재(現在)는 연길(延吉)에서 목회(牧會)를 하면서 중국어(中國語)에 능(能)한 계화삼(桂華三) 목사(牧師)를 전도목사(傳道牧師)로 대만(臺灣)으로 파견했다.

장로교회(長老敎會)의 고신측총회(高神側總會)는 1958년 5월에 김 영진(金榮進) 목사(牧師)를 대만(臺灣)의 본토(本土)인 선교(宣敎)를 위해서 선교사(宣敎師)로 파송(派送)했다.

그 후 약 10년간은 선교사(宣敎師)를 파송(派送)하는 일이 중단(中斷)된 상태(狀態)여서 겨우 두 세 사람을 보내는데 그쳤다.

교회(敎會)의 분열(分裂)은 항상 선교사역(宣敎事役)에 크게 지장(支障)을 주고 차질(差跌)을 일으키게 했다.

1967년부터 다시 선교사파송(宣敎師派送)에 대한 새로운 운동(運動)이 일어나게 되어 몇 사람의 선교사(宣敎師)를 파송하게 되었다.

그러나 그것은 소규모(小規模)에다가 근근히 체면(體面)을 유지(維持)하는 정도(程度)에 불과했으나 1977년 후반에 접어들면서부터 선교사파송(宣敎師派送)이 다시 활기(活氣)를 띠게 되었다.

그것은 국가(國家)의 경제성장(經濟成長)이 활발(活潑)해 지면서 큰 교회(敎會)들이 재정적(財政的)으로 비대(肥大)해지게 되었고 이에 따라서 다시 선교활동(宣敎活動)이 힘을 얻게 된 것이다.

그런데 한국 교회가 다시 선교 사역에 눈을 뜨게 된 것은 교회가 선교사(宣敎師)를 파송(派送)해야 하겠다는 선교(宣敎)의 사명(使命)에서가 아니라 선교사(宣敎師)로 나가겠다는 지망생(志望生)이 늘어남에 따라서 자연히 선교운동(宣敎運動)이 활기(活氣)를 되찾게 된 것이다.

19세기 말(末)에서 20세기 초(初)에 한국처럼 미개척지(未開拓地)인 세계(世界)를 찾아나선 선교사(宣敎師)로 가겠다는 지망생(志望生)들이 소명감(召命感)을 깨닫고 선교사(宣敎師)로 가겠다고 나섰고 교회들은 이제야 정신(精神)을 차리고 선교 운동을 전개함으로써 한국 교회가 세계를 향해서 크게 숨을 내쉬게 되었다.

특이한 것은 지금까지 구미각국(歐美各國)에서 파견(派遣)된 선교사(宣敎師)들이 선교활동을 하면서도 교회를 세우지 못하고 있을 때에 한국선교사(韓國宣敎師)들은 항상 선교사역의 시작과 함께 다른 나라에서 온 선교사(宣敎師)들이 못한 자리에 교회(敎會)를 세우고 빠른 정착(定着)을 하게 되는 것을 보여주었다.

바로 이러한 것이 한국교회로 하여금 선교(宣敎)의 의욕(意慾)을 불러일으키게 되었고 세계교회(世界敎會)들로부터 주목(注目)을 받게 된 것이다.

조국의 교회들에서 보내온 선교비(宣敎費)로는 자기들 스스로의 생활비(生活費)와 활동비(活動費)에 크게 미치지 못하는데도 한국인(韓國人)의 선교사(宣敎師)들은 자기들의 강인(强忍)한 개혁주의적(改革主義的)인 신앙(信仰) 위에 활동력(活動力)을 발휘(發揮)하여 현지주민(現地住民)들과 힘을 합(合)하여 교회(敎會)를 일으켜 세우고 예배당(禮拜堂)을 건축(建築)하게 되므로 자연히 현지주민(現地住民)들과의 융화(融和)가 다른 나라의 선교사(宣敎師)들보다 빨라지고 성공적(成功的)인 선교(宣敎)의 사례를 엮어 나가게 된 것이다.

1979년까지 한국교회가 해외(海外)에 보낸 선교사(宣敎師)의 수(數)는 93명이나 되었고 그로부터 약 10년이 지난 1988년 7월까지의 통계(統計)에 의하면 한국 선교사의 수(數)는 무려 368명으로 10년 동안에 네 배나 늘어나게 되었다.

그 다음으로 계속해서 지금쯤은 3만명도 넘는 한국인선교사(韓國人宣敎師)들이 전세계(全世界) 어느 곳에나 안 간곳이 없이 구석진 곳에까지 찾아가서 하나님의 복음(福音)을 전하고 구제활동(救濟活動)과 문화사업(文化事業)과 교육사업(敎育事業)을 통하여 구령운동(救靈運動)을 하고 있다는 것은 전세계(全世界)가 다 알고 있는바라 할 것이다.

그 내용(內容)을 살펴보면 장로교(長老敎)의 합동측(合同側)에서 26.4%정도로 가장 많이 보내고 있고 통합측(統合側)에서 19.6%정도로 다음을 따라오고 있으며 고신측(高神側)에서 10% 정도의 선교사(宣敎師)를 파견(派遣)하고 있으며 기타(其他)의 모든 교회(敎會)들과 선교단체(宣敎團體)들에서 44%나 되는 많은 선교사(宣敎師)들을 해외(海外)에 파송(派送)하고 있다.

지금까지 선교사(宣敎師)를 파송(派送)하고 있는 교단별(敎團別)의 실적(實積)을 분석(分析)해 보면 장로교(長老敎)가 59%로 가장 많고 다음이 감리교(監理敎)가 13.5%에 이르며 하나님의 성회(聖會)가 10.7%로 뒤를 따르고 있으며, 성결교(聖潔敎)에서 10.6%, 침례교(浸禮敎)에서

6.1%의 순으로 나타나고 있는데 아무튼 한국교회의 선교열(宣敎熱)은 어느 나라의 교회(敎會)들에 비하여 뜨겁고 높은 것이었다.

여기에는 공식적(公式的)으로 집계(集計)되지 않은 개교회별(個敎會別)로나 개인적(個人的)으로 선교사(宣敎師)를 보내고 있는 내용들은 다 파악(把握)할 수가 없어서 통계(統計)를 낼 수 없다는 것이 아쉽다. 여하튼 우리 한국교회는 전세계(全世界)를 책임(責任)지기 위한 사명(使命)의 길에 들어섰다는 것만은 분명하다.

그리고 한국교회가 선교사(宣敎師)를 보내고 있는 지역(地域)들을 크게 분류(分類)해 보면 1979년에 26개국에서 1982년에는 37개국으로 늘어났고 다시 1986년에는 47개국 그리고 1990년에는 87개국이나 되었으며 1994년에는 119개국으로 크게 발전(發展)해서 우리 한국교회가 세계적(世界的)인 선교대국(宣敎大國)으로 발전(發展)하고 있다는 것을 알게 한다.

더욱더 국가별(國家別)로 선교사(宣敎師)를 보내고 있다는데서 벗어나서 우리 한국교회가 선교사(宣敎師)를 보내지 않는 곳이 거의 없다고 할 정도로 많은 선교사(宣敎師)들을 보내고 있다는 것은 확실하다고 할 수밖에 다른 말이 있을 수 없다.

이 날까지의 선교사(宣敎師)들이 활동(活動)하고 있는 그 내용의 분포(分布)를 보면 아시아 지역에 1,506명, 유러시아 지역에 454명, 라틴 아메리카 지역에 338명, 아프리카 지역에 285명, 중동 지역에 141명, 카리브 연안 지역에 23명, 북미 지역에 3명, 순회선교선(巡廻宣敎船)에 37명, 그리고 기타 지역에 77명으로 되어있다.

그러나 이 통계 역시 엣날의 것으로서 2017년 현재로는 전세계(全世界) 어느 곳이나 우리 한국 선교사(宣敎師)들이 발을 들여놓지 않는 곳이 없다고 하는 말이 더 쉬울 것이다.

이런 점으로 볼 때에 앞서에도 말한바 있거니와 우리 한국 교회는 전세계(全世界)의 구석구석까지 찾아가서 선교활동(宣敎活動)을 하고 있어서 전세계(全世界)를 책임(責任)지는 선교국가(宣敎國家)로 발전(發展)했다는 것을 알게 한다.

우리 한국교회가 처음으로 선교사(宣敎師)를 해외(海外)에 파송(派送)하게 된 역사(歷史)를 살펴보면 1976년부터 시작해서 적극적(積極的)으로 선교운동(宣敎運動)을 펼치게 되었는데 한국세계선교회(韓國世界宣敎會)와 충현세계선교회(忠峴世界宣敎會)로부터 선교사파송운동(宣敎師派送運動)이 시작되었으며 1977년에는 국제선교협력 기구(國際世界宣敎協力機構, Korean

International Mission)에서, 또 1978년에는 오메가 선교회(宣敎會)에서, 1979년에는 한국외항선 선교회(韓國外航船宣敎會)에서, 1980년에는 모슬렘 지역선교회(地域宣敎會)에서, 1981년에는 해외선교회(海外宣敎會, G. M. F.)와, 국제선교회(國制宣敎會, C & M. A.)에서, 1984년에는 월드 컨선(World Concern)과, 한국기독교대학생선교회(韓國基督敎大學生宣敎會), 그리고 아세아 연합신학 대학 연구원 선교회(亞細亞聯合神學大學硏究院宣敎會, U. B. F.)에서, 또 1986년에는 G. B. T. 선교회(宣敎會)와, 죠이 선교회(宣敎會, Joy Mission), 파이디온 선교회개발협회(宣敎會開發協會), 세계선교회(世界宣敎會), 1988년에는 오메가 선교회(宣敎會)에서, 1989년에는 모슬렘 세계복음화선교회(世界福音化宣敎會)와 북한선교회(北韓宣敎會)가 조직(組織)되었거나 선교사(宣敎師)를 직접 보내고 있었다.

그러나 1900년대 이후로 2017년에 이르기까지 우리나라 한국교회는 참으로 놀라울 정도로 많은 선교사(宣敎師)를 보내고 있다는 정도가 아니라 전세계(全世界)의 선교사역(宣敎事役)에 대해서는 우리 한국교회(韓國敎會)가 총체적(總體的)인 책임(責任)을 지고 있다고 해도 과언(誇言)이 아닐 것이다.

이렇게 해서 우리나라에 있는 선교단체(宣敎團體)의 수(數)는 몇 십개나 되었는데 다시 그것이 늘어나서 1994년에는 무려 113개로 증가(增加)하게 되었고 지금은 선교단체(宣敎團體)의 이름이나 숫자조차도 파악(把握)할 수 없을 정도이다.

그리고 그 가운데서 선교사(宣敎師)를 파송하고 있는 실적(實積)을 가진 선교회(宣敎會)의 단체만도 100여개가 넘었고 그 외에는 파송(派送)을 준비(準備) 중에 있거나 협력선교(協力宣敎)의 방법으로 선교사역에 임하고 있는 것으로 나타났다.

1970년경에는 외국에서 거주하고 있는 교포(僑胞)들을 돌보고 있는 현지(現地)의 목회자(牧會者)들이 선교사(宣敎師)로 나가는 경우기 많아서 선교사(宣敎師)들의 평균연령(平均年齡)이 높은 편이었으나 1980년대에 와서는 선교지(宣敎地)의 본토인(本土人)을 위하여 나가는 선교사(宣敎師)들의 수가 늘어남에 따라서 선교사(宣敎師)들의 평균(平均) 나이도 낮아지는 추세(趨勢)라는 것을 알 수 있다.

그런데 우리 한국교회가 이렇게 선교(宣敎)에 열(熱)을 올리고 있는데 비하여 여기에는 짚고 넘어가야 할 문제(問題)들도 없지 않다는 것을 알아야 한다.

선교(宣敎)의 목적(目的)이 그리스도의 복음(福音)을 전하고 하나님의 교회(敎會)를 세우는 것이므로 한국교회를 배경으로 한 선교사(宣敎師)들을 통하여 문제점(問題點)들이 교회의 분열(分裂)로 인한 교세확장(敎勢擴張)이라던가 또는 서로가 지나친 경쟁(競爭)을 하다보니 이로 인해서 선교사역의 질(質)을 약화(弱化)시키고 있다는 점이다.

많은 선교단체(宣敎團體)들이 제각기 선교사(宣敎師)들을 파송해서 보내고 있는가 하면 이러한 선교단체들이 제 각기 다른 자기들만의 선교전략(宣敎 戰略, Strategy of Mission)을 가지고 있어서. 선교정책(宣敎政策)에 대한 일관성(一貫性)이나 통일성(統一性)이 없으므로 서로 간에 유기적(有機的)인 제휴(提携)를 기하기가 어렵다는 점도 지적(指摘)되어야 할 문제라고 생각한다.

또한 개교회별로 보내진 선교사(宣敎師)들은 명목상(名目上)으로는 교회(敎會)를 배경(背景)으로 하고 선교사(宣敎師)로 나간다.

그러나 대부분(大部分)의 경우 자기의 신분(身分)이 시종일관(始終一貫)으로 계속해서 개교회의 소속(所屬)으로 남기 때문에 선교사(宣敎師)로서 본연(本然)의 임무(任務)를 수행(遂行)하는데 제약(制約)을 받게 되므로 자연히 또 다른 문제를 야기(惹起)시키고 일어난다.

그것은 선교사(宣敎師)로서가 아닌 자연인(自然人)으로서의 자기 활동을 하지 않으면 안 된다는 상황(狀況)에 처해지게 되기 때문에 여기에서 자기 나름대로의 활동 방식이 드러나게 된다는 말이다.

아직도 낙후(落後)한 미개오지(未開奧地)에서 처음에는 최선(最善)의 노력(勞力)과 정성(精誠)을 다해서 이를 악물고 선교사역에 힘쓴다.

그러나 시간이 지남에 따라서 현지(現地)의 사정(事情)을 이겨내며 선교(宣敎)의 목적(目的)을 달성(達成)하기 위해서는 더 많은 선교자금(宣敎資金)이 필요(必要)하다는 것을 느끼지만 본국교회에서 보내 온 선교비(宣敎費)는 별로 변동(變動)이 없다.

그때서야 비로소 선교사(宣敎師)로서의 사명감(使命感) 보다는 어떤 불가능(不可能)이라는 절망감(絶望感)과 함께 스스로의 고독감(孤獨感)을 느끼게 되고 그럴 때쯤에는 자기 방법(方法)을 모색(摸索)하지 않을 수 없다.

바로 그 때에 떠오르는 것이 모금운동(募金運動)이다.

국내외를 막론하고 자기가 알만한 친지(親知)들에게 연락(連絡)하여 "선교 후원금"(宣敎 後援金)이라는 명분을 내 세워서 모금활동을 하게된다.

문제는 그 다음에 있다. 즉 돈이 많이 거두어지게 되면 돈이 많은 대로 또 다른 문제(問題)로 발전(發展)하게 되고 돈이 기대만큼 모금(募金)이 안 되면 모자란 만큼 자기 나름대로의 모금방식(募金方式)이 나오게 되는데 사실상 선교사(宣敎師)가 모금운동(募金運動)을 펼치기 시작한 그 때부터 이미 선교사(宣敎師)로서의 본분(本分)에서 떠나고 있다는 것을 알아야 한다.

모금의 수단과 방법은 일선에서 활동하고 있는 선교사(宣敎師)의 몫이 아니고 그를 파송(派送)해서 보낸 교회(敎會)나 선교단체(宣敎團體)가 해야 할 일이기 때문이다.

이러한 사례(事例)는 있을 수 있을 것이라는 이론(理論)이나 추측상황(推測狀況)의 문제가 아니고 이미 수없이 있어 왔던 일이라는 것을 선교 단체나 선교사를 보내고 있는 교회들이 알아야 할 일이다.

그리고 개교회별로 보낸 대부분의 선교사(宣敎師)들은 선교사(宣敎師)가 되기 위한 예비교육(豫備敎育)이나 훈련(訓練)을 계통적(系統的)으로 받지 못한 경우들이 많기 때문에 생각하지 못했던 돌변이(突變異)의 일들이 발생하게 되었을 때에 여기에 대처(對處)할 능력(能力)과 수습책(收拾策)이 없어서 많은 시행착오(施行錯誤)를 일으킬 수도 있다.

선교사(宣敎師)는 낯선 외국(外國)에 나가서 온갖 정성(精誠)과 노력(勞力)을 다해서 복음(福音)을 전해야 하고 믿고 구원(救援)받은 사람들을 모아서 하나님의 교회(敎會)를 세워야하고 교회가 이루어지면 장기적으로 교회의 정착(定着)을 위해서 반드시 예배당(禮拜堂)을 지어주어야 하는데 그 때에 건축비(建築費)를 스스로 해결(解決)한다는 것은 매우 드문 일이고 본국(本國)의 교회(敎會)나 선교부(宣敎部)의 지원(支援)을 받아야 한다.

그 외에도 문화시설(文化施設)이나 교육시설(敎育施設)은 물론 필요한 모든 것들을 가능(可能)한데까지 지원(支援)해서 복음이 전해지고 교회가 뿌리를 내리고 완전히 정착(定着)을 할 때까지 그들을 돌보고 살펴야 하기 때문에 생각 밖의 많은 재정력(財政力)이 뒷받침되어야 한다.

그래서 선교(宣敎)를 한다는 것이 쉬운 일이 아니라 어렵고 힘들다는 것이다. 하나님의 특별한 부르심이 없이는 할 수 없는 것이 선교다.

우리 한국교회가 이렇게 힘들고 어려운 세계선교의 사명을 감당하기 위해서는 먼저 개교회별로 실시하고 있는 선교사업(宣敎事業)을 교단별(敎團別)로 집중(集中)시켜서 일원화(一元化)시켜야 하고 선교단체(宣敎團體)들도 자기 실력(實力)이 미치지 못한데도 의욕(意慾) 만 가지고 되는 것이 아니라는 것을 알고 가능(可能)한 하나로 통폐합(統廢合)해서 자격요건(資格要件)을 강화(强化)시켜야 한다.

그리고 선교사후보생(宣敎師候補生)들을 모아서 교육훈련(敎育訓練)을 보다 더 철저(徹底)히 시켜야 하는데 우선 그 나라의 언어(言語)로부터 시작하여 선교사(宣敎師)로서의 임무(任務)와 사명(使命)의 수행(遂行)에 필요한 정보(情報)를 분석(分析)하는 것과 전략(戰略)의 수립(樹立) 및 장기적(長期的)인 계획(計劃)이 미리 수립(樹立)되어야 한다.

그리고 자기가 가야 할 지역의 역사(歷史), 풍속(風俗), 종교(宗敎), 정치현실(政治現實)등 가능(可能)한 더 많이 익히고 알아서 현지적응(現地適應)에 속도(速度)를 줄이도록 하는 것이 유익하다.

이런 의미에서 가능한 우리 한국 교회가 선교사 훈련원(宣敎師訓練院)을 공동(共同)으로 설치(設置)하여 공동운영(共同運營)을 하는 것도 한 방법(方法)이라고 생각해 본다.

우리 한국 교회가 세계선교의 사명을 느꼈던지 안 느꼈던지 그것은 이미 우리 한국교회에 공이 떨어졌고 그것을 어떻게 수행(遂行)하느냐 하는 문제만 남은 것으로 이해된다.

특히 우리 한국교회를 들어서 역사(歷史)의 종말기(終末期)에 쓰시겠다는 하나님의 뜻을 감사(感謝)한 마음으로 받아들이고 순종(順從)을 다해야하고, 충성(忠誠)을 바쳐서 이 사명(使命)을 수행(遂行)하는 것이 옳은 일이라는 결론(結論)을 갖는다.

이것은 우리 민족(民族)과 한국교회(韓國敎會)에게 주시는 하나님의 특별은혜(特別恩惠)인 것이다.

1) 저 북방 얼음산과 또 대양 산호섬
    저 남방 모든 나라 수 많은 백성들
    큰 죄악 범한 민족 다 구원 얻으려
    참 빛을 받은 우리 곧 오라 부른다

2) 주 은혜 받은 우리 큰 책임 잊고서
    주 예수 참 된 구원 전하지 않으랴
    온 세상 모든 백성 참 구원 얻도록

온 몸과 재산 드려 이 복음 전하자

3) 만왕의 왕 된 예수 이 세상 오셔서
만 백성 구속하니 참 구주 시로다
저 부는 바람 따라 이 소식 퍼치고
저 바다 물결 따라 이 복음 전하자

01. 우리 한국교회의 분열과 갈등 상을 간단히 말하라

02. 한국교회의 교리논쟁에 대해서 간단히 말하라

03. 한국교회와 신사참배에 관한 것을 간단히 말하라

04. 세계 2차대전 후의 한국교회에 대한 것을 간단히 말하라

05. 한국교회의 분열상을 크게 나누어서 간단히 말하라

06. 감리교회의 분열상을 간단히 말하라

07. 장로교회의 분열상을 간단히 말하라

08. 합동측과 통합측의 분열에 대해서 간단히 말하라

09. 한국교회와 한국전쟁에 대해서 간단히 말하라

10. 한국교회의 발전과정을 간단히 말하라

11. 김재준 교수에 대하여 간단히 말하라

12. 문선명과 통일교에 대해서 간단히 말하라

13. 한국교회의 선교운동에 대해서 간단히 말하라

14. 한국교회의 내지 선교에 대해서 간단히 말하라

15. 한국교회의 외지 선교에 대해서 간단히 말하라

16. 한국교회의 신사참배 가결에 대해서 간단히 말하라

17. 일본 기독교 조선 교단에 대해서 간단히 말하라

18. 한국교회의 복음화운동에 대하여 간단히 말하라

제7장
한국교회의 전망(展望)
The Prospect of the Korean Church

우리 한국(韓國敎會)에 대한 기대(期待, Expectation)와 전망(展望, View)은 분명(分明)히 전세계적(全世界的)이고 인류적(人類的)인 비젼(Vision)과 함께 논의(論議)되어야 한다는 자부심(自負心)을 가지고 검토(檢討)해 나가는 것이 옳다고 본다.

지금 세계질서(世界秩序, The Order of International)는 미국(美國)이라고 하는 거대(巨大)한 나라를 중심(中心)으로 해서 발전(發展)해 나가고 있으나 그렇다고 해서 그것이 세계인(世界人)들의 정신(精神)이나 사상(思想)까지를 지배(支配)하고 있는 것은 아니라는 것을 알아야 한다.

특히 기독교(基督敎)의 교리사상적(敎理思想的)인 의미(意味)에서 생각해 볼 때에는 신학설(神學說)을 중심(中心)으로한 사상(思想, Thought)은 이미 미국(美國)이라고 하는 나라를 떠나서 우리 한국(韓國)으로 옮겨왔다는 것을 알아야 한다.

지금까지 인류(人類)의 정신(精神)과 사상(思想)을 지배(支配)해 온 것은 신화(神話, Myth)나 전설(傳說, Legend)이나 원시적(原始的)인 풍속(風俗, Customs)이나 미신(迷信, Superstition)으로부터 시작하여 인간(人間)의 지혜(智慧)와 문화(文化)가 날로 발달(發達)됨에 따라서 점차적(漸次的)으로 이성적철학(理性的哲學, Reasonal Philosophy)이나 기독교신학(基督敎 神學, Christian Theology)이라고 할 것이다.

인류문화(人類文化)의 발달(發達)과 함께 신화(神話)나 풍속(風俗)이나 전설(傳說)이나 미신(迷信) 같은 것은 과학문명(科學文明)속에서 옛 이야기 속에 묻혀 버렸고 철학(哲學)은 아직까지도 과학문명(科學文明, Science civilization) 속에서 자기의 목소리를 내기 위해서 안간힘을 쏟고 있는 것이 사실이다.

그러나 철학(哲學, Philosophy)은 철학(哲學)이어서 어떤 것에도 답(答, Answer)을 내려주는 것이 아니라 끝없는 의문(疑問, Question)만을 제기(提起) 해주고 있을 뿐이다.

그러나 이에 비하여 신학(神學)은 분명한 답(答)을 제시(提示)하여 전인류(全人類)의 생명(生命)과 역사(歷史)의 미래(未來)를 이끌어 가고 있다고 해도 틀린 말은 아닐 것이다.

그것은 곧 성경(聖經)이 그렇게 말씀하고 있고 현대(現代)의 역사(歷史)가 그렇게 가고 있기 때문이다.

그런데 여기에서 문제(問題)가 되는 것은 자연히 기독교(基督敎)의 신학(神學)이 어떤 내용(內容)의 것이냐 하는 문제가 제기 된다.

기독교신학(基督敎神學)의 발달과정(發達過程)을 역사적(歷史的)으로 살펴보면 예수 그리스도 이후 사도(使徒)들의 활동시대(活動時代)와 그 뒤를 이어서 속사도교부(屬使徒敎父)들의 시대(時代)로 이어지고 다시 그것이 북(北) 아프리카(Africa)의 한 쪽에 있는 알렉산드리아(Alexandria)와 중동(中東)의 시리아(Syria)를 오가면서 3세기까지 이어져 오다가 그 다음 대(大) 로마가 동서(東西)로 나누어지면서부터는 동서(東西) 로마를 중심(中心)으로 동방교회(東方敎會)와 서방교회(西方敎會)로 나누어서 심한 논쟁(論爭)을 전개해 나갔다.

그러나 1517년 종교개혁(宗敎改革)이 일어날 때까지는 어느 나라나 지역(地域)을 떠나서 기독교(基督敎)의 신학자체(神學自體)가 로마 카톨릭 교회의 교황(敎皇, Pope)이라는 사람의 손아귀로 몰려들어 버리더니 종교개혁(宗敎改革, Reformation)과 함께 교황청(敎皇廳)에서 벗어나서 독일(獨逸), 프랑스, 영국(英國)등 전 유럽사회로 배회(徘徊)하더니 1620년이 저물어갈 때에 일단의 청교도(淸敎徒, Pilgrim Fathers)들이 신대륙(新大陸)인 북미대륙(北美大陸)으로 옮겨가면서부터 미국신학(美國神學)을 개척(開拓)해 나가게 되었다.

그러나 미국신학(美國神學)이 자리를 잡기까지는 약 3-400년이라는 시간이 흘러간 다음에야 그 뿌리를 내리게 되었고 그 때까지는 주로 영국(英國)을 비롯하여 독일(獨逸)이나 유럽 대륙(大陸)의 신학(神學)에 의존(依存)하는 정도에 불과했다.

그러나 미국(美國)의 국력(國力)이 강해지고 세계적(世界的)인 선진대국(先進大國)으로 발돋움해 오르게 되므로 자연히 신학(神學)도 독일(獨逸)의 자유주의신학(自由主義神學)과 프랑스의 혼합주의신학(混合主義神學)과 또 영국(英國)의 전제주의신학(專制主義 神學)을 예의 주시하여 검토(檢討)하고 분석(分析)한 다음 이른바 미국신학(美國神學, Theology of U.S.A.)이라는 것이 나타나게 된 것이다.

그런데 신학(神學)이란 본래 성경(聖經)에서 말씀해주고 있는 진리(眞理)를 근거(根據)로 출발(出發)하여 사도(使徒) 바울에서 어거스틴(Augustin)과 죤 칼빈(John Calvin)으로 이어지면서 전통(傳統)과 정통(正統)의 맥(脈)을 구축(構築)해 나오게 되었던 것이다.

그리하여 미국(美國)이 지금까지의 모든 신학(神學)과 전통(傳統)이며 특히 정통성(正統性)을 찾아서 보수정통주의신학(保守正統主義神學)을 자기 나라 교회(敎會)의 신학(神學) 곧 청교도정신(淸敎徒精神)을 그대로 받아들이게 되었으며 그 청교도주의신학사상(淸敎徒主義神學思想)을 우리 한국교회(韓國敎會)로 넘겨주게 되었다.

우리 한국교회는 지금 전세계적(全世界的)으로 개혁주의적(改革主義的)인 신앙(信仰)과 신학사상(神學思想)의 전통(傳統)과 정통성(正統性)을 가장 잘 지켜나가면서 세계(世界)를 향한 선교사명(宣敎使命)에 임하고 있는 것이다.

바로 그것이 1885년 4월 5일부터 되어진 일이며 그것이 우리 한국교회를 세우고 자리를 잡게 한 원동력(原動力)이 되었고 복음(福音)을 받아 들인지 132년째 되는 오늘날 우리 한국교회는 자기의 실체(實體)를 정확(正確)하게 내세우고 세계선교(世界宣敎)의 소임(所任)을 다하고 있는 아름답고 자랑스러운 교회(敎會)라는 것을 전세계가 인정해 주고 있다는데 의심의 여지가 없다고 본다.

이 말은 곧 지금 세계(世界)의 질서(秩序)는 미국(美國)을 중심(中心)으로 발전(發展)해 나가고 있으나 신앙(信仰)과 신학(神學)을 중심(中心)으로 한 정신(精神)만은 우리 한국인(韓國人)들의 정신(精神)을 세계(世界)의 사상(思想, The Thought of the World)으로 하여 발전(發展)해 가고 있다는 자부심(自負心)을 갖는다.

물론 여기에는 아전인수식(我田引水式)의 자부심(自負心)이라는 것도 부인(否認)하지는 않는다. 그러나 이것은 단순한 아집(我執)에서 나온 것만은 아니라는 것을 말하고 싶다.

즉 인류학적(人類學的)인 의미(意味)에서도 그렇고 기독교(基督敎)의 신학적(神學的)인 의미(意味)에서도 그렇고 지금 진행(進行)되고 있는 세계역사(世界歷史)의 흐름이 그렇게 가고 있다고 자신(自信) 있게 말하고 싶다.

피를 섞이지 않은 단일종족(單一種族)에 교리적(敎理的)인 보수주의사상(保守主義思想)과 영적성령(靈的聖靈)의 능력(能力)을 힘입고 시대적(時代的)인 사명(使命)을 다하고 있는 한국교회의 미래(未來)는 너무도 밝고 가능성(可能性)으로 넘쳐있다.

누가 무슨 말을 하던지 또는 우리가 어떤 시행착오(施行錯誤)를 거듭하던지 하나님께서는 역사(歷史)의 종말기(終末期)를 위해서 감추어두셨던 신선민(神選民)인 우리 한국교회(韓國敎會)와 한국인(韓國人)들을 세워서 마지막 시대(時代)의 소명(召命)을 다하게 하시려는 것으로 믿는다.

그러나 이는 가만히 앉아서 되는 일이 아니다. 사람에 의한 부단(不斷)의 노력(勞力)과 기도(祈禱)와 단합(團合)의 힘을 필요(必要)로 하는 거룩한 과업(課業)이다.

그래서 우리 한국교회(韓國敎會)는 반드시 하나님의 신적권위(神的權威)를 가진 성경(聖經)을 중심으로 다시 뭉치고 다시 일어서야 한다. 우리의 힘이 약(弱)하면 해낼 수 없다.

성경(聖經)을 중심(中心)으로 하나로 뭉쳐서 다시 일어서야 한다.

1 ≡ 시급한 한국신학(韓國神學)의 정립

한국교회(韓國敎會)는 초기서양선교사(初期西洋宣敎師)들에 의해서 처음 선교활동(宣敎活動)이 시작 될 때부터서 예수님의 전도방식(傳道方式)이 그대로 적용(適用)되었다는 것을 알 수 있다.

거기에다 한국적(韓國的)인 사정(事情)과 현실(現實)이 가미(加味)되어서 선교활동(宣敎活動)의 유기적(有機的)인 발전(發展)을 기할 수가 있었다.

즉 예수께서는 처음부터 그의 전도방식(傳道方式)을 전도선교(傳道宣敎, Preaching Mission), 교육선교(敎育宣敎, Preaching Mission), 치유선교(治癒宣敎, Healing Mission)의 방식을 통하여 많은 군중(群衆)을 그리스도에게로 불러들였다.

그와 마찬가지로 우리 한국교회를 일으킨 초대교회(初代敎會)의 선교사(宣敎師)들도 복음전도(福音傳道, Gospel Mission)와 함께 교육전도(敎育傳道, Education Mission)와 병원전도(Medical Mission)를 병행(竝行)하여 효과(效果)를 높였던 것이다.

여기에다 한 가지더 추가(追加)한다면 문맹(文盲)을 몰아내고 우리의 미개(未開)한 것까지를 일깨워주기 위하여 문화선교(文化宣教, Cultural Mission)의 방법(方法)을 동원(動員)했는데 이것은 예수님의 시대(時代)와는 문화환경(文化環境)이 다르다는데서 그 이유(理由)를 찾을 수 있을 것이다.

그런데 이러한 한국교회의 시작이 무엇보다도 방법상(方法上)의 다양(多樣)에도 불구하고 가장 성경적(聖經的)이고 보수적(保守的)인 신앙(信仰)과 신학(神學)으로 그 뿌리를 내리게 되어서 우리 한국 교회는 처음부터 영적경건(靈的敬虔, Spiritual Reverence)을 성도(聖徒)들의 모습(貌習)으로 하고 시작(始作)했다는 장점(長點)을 가지고 있다.

다시 말하면 초기의 선교사(宣敎師)들이 한국(韓國)에 첫 발을 내어 딛었을 때의 1885년대의 한국(韓國)은 너무도 참담(慘憺)하고 비참(悲慘)하여 선교사(宣敎師)들 자신들의 나라에서는 상상(想像)조차도 못했던 무지(無知)와 미개(未開)와 가난과 미신(迷信) 외에 별로 볼만한 것이 없을 정도였다.

그런데도 이 나라에 몸을 담고 있는 한국인(韓國人)들의 정신상태(精神狀態)는 백의민족(白衣民族)이라는 글자 그대로 마음이 순결(純潔)하고 정직(正直)하여 동방예의지국(東方禮義之國)의 국민(國民)으로서 윤리(倫理)와 도덕(道德)으로 무장(武裝)되어 있었고 사람으로서의 품격(品格)만은 어느 나라의 종족(種族)들과 비교(比較)하더라도 뛰어나고 우수(優秀)하여 조금도 손색(遜色)이 없다는 것을 알게 되었다.

그리하여 선교사(宣敎師)들은 우리 한국인(韓國人)들의 풍속(風俗)에 접근(接近)하되 무조건반대(無條件反對)나 무조건비판(無條件批判)보다는 보다 더 조심스럽게 다가가서 거기에다 성경(聖經)의 진리(眞理)를 심어주고 지금까지 느껴보지 못했던 성령(聖靈)의 능력(能力) 곧 영성(靈性, Spirituality)을 심어줌으로서 성경(聖經)에서 말씀하고 있는 영적경건(靈的敬虔)의 신앙인(信仰人)으로 길들이게 되었던 것이다.

풍속(風俗) 상으로 볼 때에는 너무도 다른 점들이 많이 있었으나 그런 것들은 교육(敎育)을 통해서 인식(認識)을 돌이켜 나가도록 하고 미신적(迷信的)인 것은 과학적(科學的)인 방법(方法)으로 접근(接近)하고 일깨워서 한국인(韓國人)들의 동의(同意)와 참여(參與)를 이끌어내기로 했던 것이다.

그러므로 우리 한국교회는 처음부터 신앙(信仰)이나 신학(神學)에 있어서 자유주의적(自由主義的)인 경향(傾向)보다는 보수적(保守的)인 것이 체질(體質)에 더 맞아 떨어졌고 또 그렇게 함으로써 기독교(基督教)의 신비(神秘)를 더 많이 체험(體驗)할 수 있어서 하나님께 대한 절대적(絶對的)인 관계(關係)가 무르익어 가게 되었던 것이다.

그러나 문제는 초기 선교사(宣敎師)들의 선교방법의 다양성(多樣性)은 어떤 의미에서는 성경(聖經)과는 달리 기독교(基督教)를 하나의 사회운동(社會運動)의 방편(方便)으로 이용(利用)당할 염려(念慮)도 없지 않았다.

그러나 감리교(監理教)를 비롯하여 다른 교단(敎團)의 선교사(宣敎師)들이 여러 가지의 방법(方法)을 동원(動員)하여 선교활동(宣敎活動)을 펴나가고 있을 때에 장로교(長老敎)에서는 1903년부터 평양(平壤)에 장로교신학교(長老敎神學校)를 세워서 교역자양성(敎役養成)에 적극적(積極的)으로 나서게 됨으로써 성경적(聖經的)인 보수주의신앙(保守主義信仰)과 신학사상(神學思想)을 이어갈 목회자(牧會者)를 양성(養成)하게 되어서 한국교회가 정통개혁주의신앙(正統改革主義信仰)과 신학사상(神學思想)을 지켜나갈 수 있었던 것이다.

그러므로 한국 교회는 처음부터 성경(聖經)에서 말씀하고 있는 진리(眞理)를 바로 믿고 그대로를 지키기 위해서 노력(勞力)했고 목숨을 바쳐서라도 바른 신앙(信仰)을 유지(維持)해 나가기 위해서 힘썼던 것이다.

뿐만 아니라 누가 뭐라고 해도 한국 교회의 보수정통주의사상(保守正統主義思想)을 뿌리내리게 한데는 박형룡(朴亨龍: 1897~1978) 박사(博士)를 배제(排除)하고는 설명(說明)할 수가 없을 것이다.

박형룡(朴亨龍) 박사(博士)는 일찍이 면학(勉學)에 눈을 뜨고 1920년에 평양(平壤)에 있는 숭실전문학교(崇實專門學校)를 졸업(卒業)한 다음 다시 중국(中國)으로 건너가서 금능대학(金陵大學)을 졸업(卒業)했고 또 다시 미국(美國)으로 유학(留學)하여 1926년 5월에 프린스톤 신학교(神學校, Princeton Theological Seminary)에서 신학사(神學士, Th. B.)의 학위(學位)를 받았으며 다시 연구(研究)를 계속(繼續)하여 그 이듬해인 1927년 5월에는 신학석사(神學碩士, Th.M.) 학위(學位)를 받았고 계속(繼續)해서 그 해 9월에는 켄터키(Kentucky)주에 있는 남침례교신학교(南浸禮敎神學校, Southern Baptist Theological Seminary)로 옮겨가서 1929년까지 박사과정(博士課程)을 모두 마친 다음 그대로 귀국(歸國)하게 되었다.

그리하여 그는 우선 그의 모교(母校)였던 숭실전문학교(崇實專門學校)에서 강의(講義)를 하는 한편 평양(平壤)에 있는 장로교신학교(長老敎神學校)에 나가서 강의(講義)를 하면서 박사논문(博

士論文)을 준비(準備)하여 남침례교신학교(南浸禮敎神學校)에 제출(提出)하므로 그 학교(學校)로부터 그에게 철학박사(哲學博士, Doctor of Philosophy)의 학위(學位)를 받게 되었다.

이로부터 시작하여 그는 신학교(神學校)에 완전한 자리를 정하고 목회자(牧會者)와 신학인(神學人)의 양성(養成)에만 주력(主力)하게 되었는데 특히 그가 프린스톤에 몸을 담고 있을 때에 20세기의 대표적(代表的)인 정통보수주의신학자(正統保守主義神學者)로 유명한 찰스 하지(Charles Hodge: 1797-1878) 박사(博士)와 또 벤자민 워필드 (Benjamin B. Warfield: 1851-1921) 박사(博士)등이 주장(主張)하는 장로교정통개혁주의신학(長老敎正統改革主義神學)에 많은 감명(感銘)을 받고 자기의 신학노선(神學路線)을 확립(確立)했다.

그리하여 박형룡(朴亨龍) 박사(博士)가 평양장로교신학교(平壤長老敎神學校)에 자리를 잡고 후학(後學)들의 양성(養成)에 주력(主力)하게 되므로 자연히 장로교는 정통보수주의신학(正統保守主義神學)을 지향(指向)하게 되었고 또한 그에게서 교육 훈련을 받고 나온 수많은 목회자(牧會者)들이 자기 목회(牧會)의 현장(現場)에서 성경적(聖經的)인 신본주의신앙사상(神本主義信仰思想)을 강하게 심어줌으로써 우리 한국교회는 처음부터 성경(聖經)에서 말씀하고 있는 바른 진리(眞理)에 따라서 하나님의 절대주권(絶對主權)과 하나님의 절대영광(絶對榮光)이라는 신본주의신앙사상(神本主義信仰思想)과 신학(神學)으로 뿌리를 내리게 되었던 것이다.

바로 이것이 우리 한국 교회를 대표(代表)하는 신앙(信仰)이요 신학(神學)이며 이러한 사상(思想)을 심어준 분이 바로 박형룡(朴亨龍) 박사(博士)였다.

우리가 기왕 예수를 믿는 기독교인(基督敎人)으로서 성경(聖經)에서 말씀하고 있는 그대로 정통보수주의사상(正統保守主義思想)을 지향(指向)한다는 것은 그 자체가 바로 하나님의 은혜(恩惠)와 사랑이요 축복(祝福)으로 믿는다.

분명히 우리 한국 교회의 신학사상(神學思想)은 미국(美國)을 통해서 들어왔다.

그러나 그 신학사상(神學思想)이 미국 교회나 미국 신학자(神學者)들을 통해서 만들어진 것이 아니라 가장 성경적(聖經的)인 보수정통주의(保守正統主義)의 교리사상(敎理思想)으로서 사도(使徒)들과 속사도교부(屬使徒敎父)들과 어거스틴(Augustin)이나 죤 칼빈(John Calvin)을 걸쳐서 청교도주의자(淸敎徒主義者)들의 사상(思想)으로 발전(發展)하게 되었던 것이다.

그 정신(精神)과 사상(思想)을 미국(美國)이 유입(流入)하여 그 나라의 건국혼(建國魂)과 신학사상(神學思想)을 정립한 것인데 바로 우리 한국교회가 그것을 그대로 받아들이고 우리 한국교회의 사상(思想)이요 신앙(信仰)의 원리(原理)로 정착했다는데 다른 이의(異意)가 있을 수 없다는 말이다.

시대(時代)를 타고 흐르는 역사(歷史)의 물줄기는 그 시대 시대에 따라서 다양(多樣)한 모습으로 연출(演出)하면서 유행(流行, Fashion)을 낳는 것이다.

그러나 하나님을 향한 일편단심(一片丹心)의 성경적(聖經的)인 신앙(信仰)과 신학적(神學的)인 교리사상(敎理思想)의 절개(節介)는 바꿀 수가 없고 예수 그리스도께서 재림(再臨)하시는 날까지 목숨을 걸고 지켜 나가겠다는 것이 우리 한국교회를 대표(代表)하는 신앙(信仰)이요 또한 신학사상(神學思想)인 것이다.

이제 우리가 해야 할 일은 이 같이 아름다운 믿음과 철저한 교리신학사상(敎理神學思想)을 더 키우고 발전(發展)시켜서 먼저는 우리 한국 교회의 정체성(正體性, One's True Character)을 스스로 확립(確立)하고 변질(變質, Regeneration)된 모습을 바로 되찾아 내며 나아가서는 세계선교(世界宣敎)의 사명(使命)과 책임(責任)을 다하는 것이 하나님의 요구(要求)요 우리 한국교회를 향하신 하나님의 뜻이라고 믿는다.

우리는 반드시 이것을 믿음으로 해낼 것을 확신(確信)한다.

2 ≡ 한국교회의 개혁(改革)을 위하여

우리가 스스로 한국 교회의 개혁(改革)을 논한다는 것은 어떤 논쟁(論爭)이나 비판(批判)을 하기 위한 것이 아니라 성경진리(聖經眞理)에로의 회귀(回歸, Revolution)와 갱신(更新, Renewal)을 바라는 간절한 마음에서라는 것을 먼저 말해 둔다.

한국 교회가 초대교회 시절처럼 가장 성경적인 교회로 다시 태어나고 그토록 뜨겁고 열정적(熱情的)이던 간절한 마음에서 일어난 영적(靈的)인 갈망(渴望)의 마음이 다시 솟아나고 어떠한 시련(試鍊)과 역경(逆境)에도 굴함이 없이 하나님을 향한 일편단심(一片丹心)의 정성(精誠)으로 자기의 믿음을 지켜 나가면서 하나님께 순종(順從)과 충성(忠誠)을 다 쏟아 바쳤던 아름다운 그 마음을 다시 되찾아 내자는 것이다.

비록 물질적(物質的)으로 가진 것은 없어도 마음과 마음을 주고받으면서 함께 가난을 극복(克服)하고 그리스도의 사랑을 꽃피게 했던 그 시절(時節)의 마음이 그립고 아쉽다는 것이다.

‘예수를 믿는다’는 그 말 한마디로 다 믿어주던 사회적(社會的)인 신뢰(信賴)를 다시 살리고 예수 안 믿는 친척(親戚)들보다도 예수 믿는 이웃을 더 믿고 신뢰(信賴)하던 초대교회시절(初代教會時節)의 아름다운 모습을 다시 찾아내는 것이 우리 한국 교회가 개혁(改革)해야 할 과제(課題)요 내용(內容)이라는 것이다.

눈으로 보고 귀로 듣고 입으로 말하고 마음속에 생각하여 움직이고 살아가는 모습의 하나하나가 ‘하나님 앞에서’라는 그 진실(眞實)함과 정직(正直)함으로 돌아갈 수는 없을까?

이것들 모두는 우리가 바라는 막연한 이상(理想)도 아니고 불가능(不可能)한 꿈같은 이야기가 아니라 앞서 가신 우리 한국 교회의 초대교회 시절 우리 조상(祖上)들의 참 모습이었고 믿음의 얼이었다는 것이며 우리도 할 수 있고 또 반드시 해야 할 일이기에 이것을 되찾는 것이 우리 한국교회의 개혁(改革)이라는 것이다.

이러한 일들은 사람의 생각이나 기준으로는 불가능하며 결코 해낼 수도 없다. 그러나 하나님을 믿는 진실한 믿음의 마음으로는 해낼 수 있고 성경의 진리(眞理)대로만 순종하고 따르면 반드시 해낼 수 있는 일들이다.

19세기에 세계 최대의 선교사(宣敎師, Missionary)였고. “아프리카의 아버지”(The Father of Africans)로 통했던 리빙스톤 목사(牧師) (Rev. Livingston, David: 1813-1873)는 그가 어렸을 때 가정형편(家庭形便)이 너무도 가난하고 어려워서 남들처럼 돈으로 하나님께 드리지 못한 것이 마음아파 하다가 한번은 예배당(禮拜堂)의 단상(壇上)에 놓여있는 헌금(獻金) 주머니 속에 몸을 담고 “하나님께 이 몸을 바칩니다”고 하여 온 교회(敎會)를 감동(感動)시켰고 마침내 그의 일생(一生)을 아프리카의 식인종(食人種)들을 구원(救援)하기 위한 선교사(宣敎師)로 바쳤다는 거룩한 이야기들은 우리한국 교회에도 얼마든지 있다.

하나님께 드리고 싶어도 바칠 것이 없어서 몸으로 때우겠다고 땀방울의 노동력(勞動力)을 바친 사람, 전세(專貰) 돈을 뽑아내서 삭월세(朔月貰)로 내려앉고, 남은 돈을 털어다가 건축헌금(建築獻金)으로 드린 사람, 전답(田畓)을 팔고, 살고 있는 집을 팔아서 예배당(禮拜堂)을 짓자고 드려버린 앞서간 사람, 마지막으로 남은 목숨까지 바쳐서 하나님께 드리는 제물(祭物)로 삼겠다고 하여 더러는 칼에 맞아 죽고 더러는 총(銃)에 맞아 죽고 또 더러는 돌멩이에 맞아 죽어 가면서도 "예수를 믿으라" 고 외치면서 순교(殉敎)의 길을 가시던 거룩한 순교자(殉敎者) 들의 거룩한 이야기들이 우리 한국교회(韓國敎會)에는 얼마든지 있다.

그래서 우리 한국교회가 새롭게 태어나기만 하면 전세계(全世界)는 우리 안으로 오게 될 것이고 하나님께서는 우리 한국교회를 통해서 마지막 하나님의 뜻을 이루실 것이라고 믿 는다.

경건(敬虔)한 마음의 정성(精誠)을 드려서 하나님께 예배(禮拜)를 드리겠다고 떼 묻은 옷을 깨 끗하게 빨아 입고 시골길을 걸어서 예배당(禮拜堂)으로 향해 가던 우리 조상(祖上)들의 아름다 운 모습이 어찌 한 폭의 그림 같이 아름답게 생각되지 않는가?

일제(日帝)의 식민탄압(植民彈壓)을 이겨내는 것이 작은 일이 아니었다. 창씨개명(創氏改名)에 다 신사참배(神社參拜)의 강요(强要)같은 일제(日帝)의 박해(迫害)를 이겨낸다는 것은 쉬운 일이 아니었다.

그래서 앞서 가신 성도(聖徒)들은 오랏줄에 묶이고 쇠고랑을 차고 감옥(監獄)으로 끌려갔고 무차별적(無差別的)으로 가해오는 고문(拷問)과 학대(虐待)를 이기지 못하여 목숨을 드리고 가 신 거룩한 순교성도(殉敎聖徒)들의 경건(敬虔)한 모습들이 우리 한국교회를 지켜주셨고 살려 냈다면 우리는 그들의 후예(後裔)들이고 같은 그리스도인이기 때문에 우리도 할 수 있고 해 내자는 것이 곧 개혁(改革)이라고 생각한다.

두 아들을 죽인 살인마(殺人魔)를 총살장(銃殺場)에서 살려내어 자기의 양(養) 아들로 삼아서 키워냈고 마지막에는 자기의 목숨까지 순교(殉敎)의 제물(祭物)로 바친 손양원(孫良源) 목사(牧 師)의 이야기는 바로 우리 한국교회가 20세기 교회사(敎會史)를 장식(裝飾)한 아름다운 "사랑 의 원자탄(原子彈)"이라는 순교자(殉敎者)의 이야기로 세계인류(世界人類)의 가슴을 뜨겁게 울려 주었다.

우리 한국교회의 개혁(改革)은 시끄럽게 떠들어야 될 일도 아니고 싸워서 되는 것도 아니 고 조용히 아주 조용히 나 스스로가 성경(聖經)에서 말씀하고 있는 진리(眞理)에로의 귀환(歸 還)이면 되고 꿇어 엎드려서 하나님께 기도(祈禱)하고 회개(悔改)하면 될 일이다.

거룩한 믿음을 일만악(一萬惡)의 뿌리가 되는 돈으로 흥정하지 말고 거룩한 소명(召命)의 성직(聖職)을 생업(生業)의 수단(手段)으로 삼지 말고 하나님께로부터 부여받은 거룩한 직분(職分)을 자기의 권위(權威)나 명예(名譽)를 위해서 써먹지도 말고 한 마리의 길 잃은 양(羊)을 찾아서 해매이는 선(善)한 목자(牧者)가 되고 그 양(羊)들을 위해서 자기의 목숨을 내어놓을 수 있는 사랑의 목자(牧者)로 되돌아가자는 것이 우리 한국교회를 개혁(改革)시키는 원동력(原動力)이 될 것이라는 말이다.

사람 앞에 보이려는 믿음이나 사람 앞에 보이려는 기도(祈禱)나 사람 앞에서 나팔을 불어대는 행세(行勢)를 하지 말고 은밀(隱密)한 중에서 보시느 하나님 앞에서 행하는 마음의 믿음으로 나아갈 때에 우리 한국교회는 개혁(改革)되고 새로운 모습으로 태어날 수 있다는 것이다.

한국 교회의 갱신(更新) 한국 교회의 개혁(改革) 한국 교회의 새로 태어남이 어려운 것이 아니라 우리의 믿음이 바르지 못하다는데서 그 원인(原因)을 찾아야 하고 그것이 바로 남이 아닌 자기자신(自己自身)으로부터 시작(始作)되면 가능(可能)하다는 것이다.

"너희 중에 죄(罪) 없는 자가 먼저 돌을 들어 치라(He who is without sin among you, let him throw a stand at her first.요 8:7)."

우리 한국교회(韓國敎會)가 예수께서 하신 이 말씀을 따라서 행해야 할 것이다. 누구를 탓하고 누가 돌을 들어서 누구를 치는 것으로는 결코 새로 태어날 수도 없고 개혁(改革)을 할 수가 없다.

스스로가 날마다 하나님 앞에 꿇어 엎드려서 통렬(痛烈)하게 회개(悔改)하는 마음으로 기도(祈禱)하고 스스로가 모든 일에 성경(聖經) 말씀을 따라서 진실(眞實)하게 행하여 정직(正直)하게 살고 하나님의 말씀대로 믿고 순종(順從)하면 우리 한국교회(韓國敎會)는 반드시 개혁(改革) 될 수 있다.

지금 우리 한국에는 무분별(無分別)한 교파(敎派)가 너무도 많다.

부실신학교(不實神學校)가 너무도 많다. 가짜가 판을 치는 세상이 되어 버렸다.

기독교운동(基督敎運動)은 교파운동(敎派運動)이나 신학교(神學校)를 세우는 운동(運動)이 아니고 가짜를 가지고는 통할 수 없는 생명진리(生命眞理)의 종교(宗敎)이다.

예수 그리스도의 복음(福音)을 전하여 죽어가는 영혼(靈魂)들을 구원(救援)하고 믿고 회개(悔改)하는 하나님의 자녀(子女)들을 모아서 하나님의 교회(敎會)를 세우고 예수 그리스도의 육체적(肉體的)인 재림(再臨)이 이루어지는 날까지 이 운동(運動)을 계속(繼續)하여 영원(永遠)한 메시아 왕국(王國)의 건설(建設)을 준비(準備)하는 종교(宗敎)의 운동(運動)이요 신앙(信仰)의 운동(運動)이다.

하나님께서는 영원 전부터 영원 후까지 살아 계셔서 지금도 살아 계시고 나와 함께 하시고 나를 들어서 쓰시고 나를 통하여 하나님의 일을 하게 하시는 아버지 하나님이시다.

그러므로 우리 기독교운동(基督敎運動)은 곧 하나님의 일을 하는 종교(宗敎) 하나님의 뜻을 이루어 드리는 종교(宗敎)이다 (마6:10).

진실(眞實)로 예수 그리스도를 구주(救主)로 믿고 하나님을 "아버지"로 부르는 신실(信實)한 성도(聖徒)라면 나의 일이 아닌 하나님의 일을 하기 위해서 일해야 하고 살아야 한다.

진실(眞實)로 내가 하나님께로부터 부르심을 받고 세우심을 입은 목회자(牧會者)라면 나를 위해서 하는 일이 아니라 하나님의 뜻을 이루어 드리기 위해서 생명(生命)을 드려서 순종(順從)과 충성(忠誠)을 다 할 때에 한국교회는 되살아나고 개혁(改革)이 이루어 질 것이다.

한국교회를 신학적(神學的)인 학문(學問)의 이론(理論)이나 논리(論理)로 평가(評價)하여 개혁(改革)을 이루려고 하지 말고 성경(聖經)에서 말씀하고 있는 진리(眞理)에로의 회귀(回歸)가 곧 개혁(改革)이요 갱신(更新)이라는 것을 알아야 한다.

그래서 우리는 살아 생명력(生命力)을 발휘(發揮)하는 하나님의 말씀으로서의 성경(聖經)만이 정확무오(正確無誤) 한 유일(唯一)의 진리(眞理)요 생활(生活)의 법칙(法則)이라는 믿음으로 받아들이고 이에 순종(順從)하면 거기에서 하나님의 뜻이 나타날 것으로 믿는다.

우리가 예수를 믿는다는 것은 요식적(要式的)인 행위(行爲)가 아니고, 의전(儀典)이나 의식(儀式)이 아니라 하나님과의 믿음의 관계(關係)로서 하나님의 뜻을 이루어 드림에 있는 것이다.

바로 이렇게 하는 것이 우리 한국교회를 살리는 길이요 개혁(改革)하는 방법(方法)이라고 말한다. 우리 교회(敎會), 우리 목사(牧師), 우리 교인(敎人)이 아니라 하나님의 교회(敎會), 하나님의 종, 하나님의 자녀(子女)들이라는 하나님과의 관계(關係)로 빨리 되돌려 놓을 때에 교회(敎會)의 개혁(改革)은 속도조절이 당겨질 것이다.

대형교회(大形敎會)에 사람들이 구름 떼처럼 몰려오는 예배당(禮拜堂)에는 하나님이 계시고,

젊은 아들딸들을 기르고 가르쳐서 도시(都市)로 내어보낸 다음 시골 농촌(農村)의 텅 빈 예배당(禮拜堂)의 대청마루 바닥에 두 무릎을 꿇고 엎드려서 자녀(子女)들을 위하여, 나라를 위하여, 하나님의 교회(敎會)를 위하여, 목이 매이도록 울부짖는 촌노(村老)의 기도(祈禱)는 기도(祈禱)가 아니고 그 자리에는 하나님이 안 계신다는 부정적인 말은 신구약성경(新舊約聖經) 어느 곳에도 없고 언제 어디서 누구의 부르짖음도 들어주시고 그 자리에 함께 하시기로 약속(約束)하시는 하나님을 믿는다.

예수께서 "내 교회(敎會)를 세우리니…"(I will build My church)라고 하신 말씀의 뜻은(마16:18) 큰 교회운동(敎會運動)이 아니라 "하나님의 교회(敎會)"(The Church of God)를 세우라는 뜻이었다.

신학자(神學者)들을 향한 하나님의 뜻은 학문적(學問的)으로 신학적(神學的)인 이론(理論)의 개발(開發)이 아니라 진실(眞實)한 영적진리(靈的眞理)의 믿음을 학문(學問)으로 증거(證據)하고 입증(立證)하라는 것이다.

그래서 신학인(神學人)이기 이 전에 먼저 진실(眞實)한 신앙인(信仰人)이 되고 그 다음에 그것을 학문(學問)으로 논(論)하는 사명자(使命者)가 신학자(神學者)이다.

신앙(信仰)이 없는 이론(理論)만의 신학자(神學者)가 아니라 차라리 신학(神學)을 모르는 신앙인(信仰人)이 되라는 것이 하나님의 요구(要求)요 우리를 향하신 하나님의 뜻이라고 생각한다.

정녕코 우리 한국교회는 성경(聖經)에서 말씀하고 있는 대로 개혁(改革)되어야 하고 새롭게 태어나야 한다. 그러나 그 열쇠를 쥐고 있는 사람은 자기 자신 곧 내가 가지고 있다는 것을 알아야 한다.

하나님의 말씀(The Word of God) 하나님의 계시(啓示)(The Revelation of God) 하나님의 진리(眞理)(The Truth of god) 하나님의 언약(言約)(The Covenant of God)으로서의 신적권위(神的權威)를 가진 성경(聖經)의 진리(眞理)는 내 양심(良心)의 잣대(尺)요 또한 저울(衡)이다.

지금 우리 한국교회가 너무 지나칠 정도로 제도화(制度化)로 나가고 있다. 어떤 의미에서는 로마 카톨릭 교회(敎會)의 이상(以上)으로 제도화(制度化)되어가고 있다.

정치적(政治的)인 교권주의(敎權主義)가 지나칠 정도로 인본주의화(人本主義化)로 변질(變質)해 버렸다. 그 결과 예배당(禮拜堂)에 다니는 사람은 많으나 예수를 믿는 사람은 찾아보기가 어렵게 되어가고 있다.

"회개(悔改)하라. 천국(天國)이 가까웠느니라(Repent, for the kingdom of heaven is at hand! 마4:17)."

기독교(基督敎)는 하나님의 종교단체(宗敎團體)이지 사회단체(社會團體)가 아니라는데 유의(留意)해야 한다.

여기에서 말하는 종교단체(宗敎團體)라고 함은 그 종교(宗敎)가 지향(指向)하는 진리(眞理)에 따라서 모든 예배의식(禮拜儀式)과 신앙(信仰)하는 방법(方法)이 나온다.

종교자체(宗敎自體)가 하나님과의 관계(關係, Relationship)라는 뜻으로 해석(解釋)되며 하나님과의 관계(關係)는 자연종교(自然宗敎)에서처럼 인간(人間)이 하나님을 향해서 찾아가는 것이 아니라 하나님께서 인간(人間)을 향해서 찾아오심을 어떻게 수용(收用)하고 받아들이느냐 하는 데서 신앙(信仰)이라는 종교행위(宗敎行爲)가 나타난다. 계시종교(啓示宗敎)의 특징(特徵)이 여기에 있다.

피선교 2세기를 향해서 가는 한국교회는 신학적(神學的)인 지식(知識)이 상상(想像)이상으로 높아지고 다양해져서 기독교(基督敎)의 믿음이나 예배(禮拜)나 기도(祈禱)까지의 모든 종교의식(宗敎儀式)이나 제도(制度)가 모두 학문연구(學問硏究)의 대상(對相)으로 나타나서 영적(靈的)인 신앙(信仰)의 경험(經驗)이나 실상(實狀)이 아닌 학문적(學問的)인 검증(檢證)을 받아야 하는 시대가 되었다.

> "하나님은 영(靈)이시니, 예배(禮拜)하는 자가 신령(神靈)과 진정(眞正)으로 예배(禮拜)할지니라"(God is Spirit, and those who worship Him must worship in spirit and truth. 요4:24).

여기에서 말씀하고 있는 예배(禮拜)의 절대요소(絶對要素)가 신령(神靈)과 진리(眞理)이다.

예수께서 말씀하신 예배(禮拜)의 본질(本質)의 첫째가 신비(神秘)에 속한 것으로서 이는 학문적(學問的)인 이론(理論)을 추구(追求)하고 정의(定義)되어질 성질(性質)의 것이 아니라 신령(神靈)한 신앙(信仰)의 경험(經驗)과 실상(實狀)을 통해서 이해(理解)되고 답(答) 할 수 있다는 것이다.

그리고 그 다음에 따르는 요소(要素)가 진정(眞正)으로서 이것은 윤리적(倫理的)이고 도덕적(道德的)이고 자기양심(自己良心)을 기준(基準)으로 하는 것이어서 이는 이성적(理性的)인 이해(理解)나 추구(追求)가 가능(可能)한 학문적(學問的)인 분야(分野)라는데 다른 이의(異議)가 있을 수 없을 것이다.

현대신학자(現代神學者)들 사이에서는 이러한 예배(禮拜)의 의의(意義)와 개념(概念)에 대한 것 자체(自體)를 처음부터 끝까지 헬라어나 히브리어를 기준(基準)으로 해서 성의학적(釋義學的)인 의미(意味)에서만 추구(追求)하고 거기에서 얻어지는 답(答)으로 정의(定義)를 내리고 있는데 이는 한 번 더 재고(再考)해 보아야 할 필요(必要)가 있다고 본다.

하나님께 드리는 예배(禮拜)는 가인과 아벨의 제사(祭祀)를 중심(中心)으로 해서 시작(始作)되었다(창4:3-5).

두 사람이 각각 자기의 환경(環境)과 방식(方式)에 따라서 각각 다른 제사(祭祀)를 하나님께 드렸다. 그런데 그 제사(祭祀)를 받으시는 하나님의 태도(態度)는 전혀 다른 결과(結果)를 나타내셨다.

"여호와께서 아벨과 그 제물(祭物)은 열납(悅納) 하셨으나 가인과 그 제물(祭物)은 열납(悅納)지 아니 하신지라"(And the Lord respected Abel and his offering, but He did not respect Cain and his offering. 창 4:4-5).

위의 말씀을 중심으로 생각할 때에 하나님께 예배(禮拜)를 드리는 요식적(要式的)인 의전(儀典)이 중요한 것이 아니라 하나님께서 열납(悅納)하시느냐? 아니냐? 하는 것이 더 중요하다는 것을 우리로 하여금 알게 한다.

하나님께서는 아벨의 제사(祭祀)를 받으시고 가인의 제사(祭祀)는 받지 않으셨다는데 대하여 우리들이 이유(理由)를 만들어서 해석(解釋)을 해야 할 필요(必要)는 없다고 본다.

그것은 전적(全的)으로 하나님의 사의적(自意的)인 뜻이요 하나님의 행위(行爲)였기 때문이나.

더구나 하나님께서는 그들이 드린 제물(祭物)만이 아니라 그 제물(祭物)을 드리는 사람들까지를 받으셨다는데 대해서 유의(留意)해야 할 것이다.

특히 아브라함이 그의 아들 이삭을 모리아 산에서 제물(祭物)로 드리고자 할 때에 하나님께서는 그의 행위(行爲)를 막으셨다.

"사자(使者)가 가라사대 그 아이에게 네 손을 대지 말라. 아무 일도 그에게 하지 말라. 네가

네 아들, 네 독자(獨子)라도 내게 아끼지 아니 하였으니 내가 이제야 네가 하나님을 경외(敬

畏)하는 줄 을 아노라"(창22:12).

이 사건(事件)을 두고 생각할 때에 하나님께서는 이미 아브라함의 이 제사행위(祭祀行爲)를 그대로 열납(悅納)하셨다는 것으로 이해(理解)하는 것이 옳은 것으로 알고 있다.

하나님의 명령(命令)에 따라서 아브라함이 그의 아들 이삭을 죽이는 제사행위(祭祀行爲)를 중단(中斷)하고 그 대신(代身) 그로 하여금 양(羊)을 잡아서 드렸으나 하나님께서는 아브라함이 그의 아들 이삭을 잡아서 드리는 제사(祭祀)로 여기시고 이를 받아주셨다는 뜻으로 해석(解釋)하고 있다.

그리고 구약(舊約)에서의 제사(祭祀, Sacrifice)가 신약(新約)에서는 예배(禮拜, Worship)로 나타나는데 예배(禮拜)에서는 별도(別途)의 제물(祭物)이 없이 그저 "예수 이름으로…" 하나님께 나아가는 것으로 되어 있다.

바로 이것이 하나님께 드리는 참 제사(祭祀)요 참 예배(禮拜)인데 어떻게 이러한 예배(禮拜)를 어의학적(語義學的)으로만 정의(定義)를 내려서 시비(是非)할 수 있겠는가 하는 문제이다.

그리고 현대주의신학자(現代主義神學者)들은 기독교(基督教)라는 종교자체(宗教自體)가 시대적(時代的)인 상황(狀況)에 따라서 변화(變化)되기를 바라고 있다.

그 이유는 기독교(基督教)도 세계(世界)속의 한 집단(集團)이요 공동체(共同體)이기 때문에 시대적(時代的)인 상황(狀況)에 따라서 기독교(基督教) 자체도 세상(世上)과 같아져야 하고 세상(世上)의 변화(變化)와 함께 기독교(基督教)도 변화(變化)되어야 한다고 주장(主張)을 한다.

특히 정통개혁주의(正統改革主義)를 지향(指向)한다는 일부(一部)의 극소수(極少數)에 속한 신학자(神學者)들까지도 이러한 주장(主張)에 동의(同議)하고 있다는데 대해서는 참으로 안타까운 마음을 금할 길이 없다.

한국교회의 정통개혁주의(正統改革主義)를 향해서 시대(時代)에 맞지 않는 폐쇄성(閉鎖性)으로서 엘리트(Elite) 층으로부터 외면당할 것을 염려(念慮)하여 진보적(進步的)이기를 바라고 나선다.

그러나 기독교(基督教)의 진리(眞理)는 지성인(知性人)이나 엘리트 층의 학문적(學問的)인 사상(思想)에 근거(根據)를 두는 것이 아니라 하나님 닮음의 모양(模樣)과 형상(形像)을 따라서 영원히 죽지 않는 하나님 닮음의 생명력(生命力)을 가질 것과 만물(萬物)의 영장(靈長)으로서 모든 피조물(被造物)의 세계(世界)를 대표(代表)하여 하나님 앞에 당당하게 나아갈 수 있는 타락(墮落)하기 이 전의 이성(理性, Reason)에서 근거(根據)를 찾아야 한다.

하나님의 말씀으로서의 성경(聖經)은 하나님의 자녀(子女)가 되는 자격(資格)을 지성(知性)이나 학문적(學問的)인 엘리트에다 두지 아니하시고 간사(奸邪)함이나 죄악성(罪惡性)이 없는 순수(純粹)하고 깨끗한 신앙양심(信仰良心)의 사람에게 자격(資格)을 부여하셨다.

진정(眞正)으로 예수 그리스도의 십자가(十字架)의 속죄구원(贖罪救援)을 받고 하나님을 사랑하는 사람과 하나님만을 향하는 믿음과 하나님을 위하는 순종(順從)의 충성(忠誠)에서 하나님의 자녀(子女)가 되는 자격(資格)을 찾으신다.

교회(敎會)가 반사회적(反社會的)이어서는 안 된다는 논리(論理)로는 기독교(基督敎)의 바른 신앙(信仰)이나 신학(神學)을 논(論) 할 수가 없다. 그것은 사회(社會)가 교회(敎會)를 향하도록 인도(引導)해야 하는 것이지 교회(敎會)가 사회(社會)를 향해서 따라간다는 것은 하나님께 대하여 불경(不敬)이요 배신(背信)의 죄(罪)가 된다는 것을 알아야 한다.

현대주의신학자(現代主義神學者)들은 한결같이 세상(世上) 사람들이 자유(自由)를 사랑하고 진보적(進步的)이기 때문에 기독교(基督敎)도 지나치게 폐쇄적(閉鎖的)인 보수주의(保守主義)의 옷을 훨훨 벗어 던지고 진보적(進步的)이고 자유주의적(自由主義的)인 사상(思想)을 수용(收用)하여 젊은 세대(世代)를 끌어들이고 그들과 함께 하라고 권(勸)하고 있다.

그러나 기독교(基督敎)라는 종교(宗敎)의 종교운동(宗敎運動)은 사회운동(社會運動)의 개념(槪念)으로는 해석(解釋)할 수 없는 신비적(神秘的)이고 계시적(啓示的)인 의미(意味)를 갖기 때문에 세상(世上)에 끌려갈 수도 없고 그들과 같이 되어서는 안 된다는 진리(眞理)의 엄한 계율(戒律)을 가지고 있다.

그리고 현대주의자(現代主義者)들은 교회(敎會)가 현대인(現代人)들의 취향(趣向)에 따라서 그들의 취미(趣味)나 오락(娛樂)이나 유흥(遊興)이나 위락시설(慰樂施設)도 갖추어서 현대인(現代人)들을 위로(慰勞)하고 그들과 함께 하라고 권한다.

다시 말하면 교회(敎會)가 현대인(現代人)들에게 생명구원(生命救援)의 복음(福音)을 전하여 죽어가는 영혼(靈魂)을 구원(救援)하여 하나님의 자녀(子女)로 삼고 그들을 모아서 하나님의 교회

(敎會)를 세우고 천국운동(天國運動)을 할 것이 아니라 현대인(現代人)들의 취향(趣向)에 따라서 그들을 위해서 봉사(奉仕)하고 그들을 위로(慰勞)하고 그들의 요구(要求)와 뜻에 따르는 교회(敎會)가 되어 달라는 것이다.

이를 다시 바꾸어서 말하면 현대주의자(現代主義者)들이 바라는 교회(敎會)의 변혁(變革)은 교회(敎會)의 사회화(社會化)일뿐 사회(社會)의 교회화운동(敎會化運動)이 아니라는데 경고(警告)를 하지 않을 수 없게 한다.

거듭 말하거니와 현대주의신학자(現代主義神學者)들이 말하는 보수주의(保守主義)를 교회(敎會)의 폐쇄성(閉鎖性)이라고 정의(定義)하여 이 폐쇄성(閉鎖性)에서 벗어나지 않고서는 교회(敎會)의 부흥(復興)이나 성장(成長)은 고사하고 결국(結局)은 모든 사람 특히 젊은 세대(世代)들에게 외면(外面)을 당하고 소외(疏外)되어 자연히 무너지게 될 것이라는 극단적(極端的)인 표현(表現)까지 쓰고 있다.

그리하여 그들은 주장(主張)하기를 교회(敎會)가 사회(社會)에 대한 관심(關心)을 가져야 한다는 것인데 우리의 관심(關心)은 사회(社會)를 따라가기 위한 것이 아니라 사회(社會)가 회개(悔改)하고 하나님께로 돌아오기를 기다리고 바라는 것이어야 한다.

증대(增大)되는 교회(敎會)의 급진적(急進的)인 세속화(世俗化)의 경향(傾向)에다 진보주의적(進步主義的)인 신학(神學)의 난무(亂舞)로 인하여 보수주의신학(保守主義神學)을 지향(指向)하는 사람들에게는 책임(責任)과 사명(使命)이 더 막중(莫重)해졌다.

교회(敎會)의 개방화(開放化)라던가 세계화(世界化)는 사회적(社會的)인 인식(認識)이나 개념(概念)에서 논의(論議)될 문제(問題)가 아니라 성경(聖經)에서 말씀하고 있는 진리(眞理)대로 한다고 할지라도 얼마든지 시대(時代)의 환경(環境)이나 상황(狀況)을 이끌고 갈 수 있다는데 힘을 더해야 할 것이다.

왜냐하면 우리 기독교(基督敎)는 지금만이 아니라 처음부터 시작(始作)하여 오늘에 이르기까지 어느 한 때도 빼지 않고 사회적(社會的)인 현실(現實)의 유혹(誘惑)을 받으면서 성장(成長)했고 또한 발전(發展)을 거듭했다는 것을 알아야 한다.

우리가 성경(聖經)을 배우고 신학(神學)을 배우고 역사(歷史)를 배우고 교회사(敎會史)나 교리사(敎理史)를 공부(工夫)하는 것은 성경(聖經)에서 말씀하고 있는 진리(眞理)의 교리(敎理)가 어떻게 역사적(歷史的)인 과정(過程)을 통해서 자기(自己)의 정체성(正體性)을 지켜오면서 세상(世上)을 교회(敎會) 안으로 끌어들였던가 하는 것을 알게 해주고 있다.

솔직하게 말해서 현대주의신학사상(現代主義神學思想)에 대해서 좀 더 구체적(具體的)으로 말하고 싶으나 그래도 같은 개혁주의신학(改革主義神學)을 지향(指向)하는 신학자(神學者)들의 인격(人格)과 명예(名譽)를 위해서 더 구체적(具體的)인 실명(實名)의 제시(提示)나 비판(批判)을 회피(回避)하고는 있으나 그래도 기독교(基督敎)의 바른 전통(傳統)과 진리(眞理)의 정통성(正統性)을 지켜 나가기 위해서는 포괄적(包括的)으로라도 지적(指摘)되어야 한다는 고충을 느낀다

우리 한국 교회는 현대주의신학자(現代主義神學者)들의 주장(主張)처럼 그 지향(指向)하는 목적(目的)이나 내용(內容)이 현대(現代)라는 사회(社會)도 아니고 젊은 엘리트들의 세계(世界)도 아닌 하나님이고 하나님께서 우리에게 말씀하신 진리(眞理, Truth) 그대로가 내용(內容)이요 목적(目的)이라는 것을 분명하게 해 둔다.

이제 우리 한국교회(韓國敎會)의 갈 길은 어디며 어떻게 해야 할 것인가를 논의(論議)하지 않을 수 없는 시점에 와 있는 것 같다.

우선 우리 한국교회(韓國敎會)에서 실용주의적(實用主義的)인 교회 성장학파(成長學派)들에 의해서 주도(主導)되고 있는 위성교회운동(衛星敎會運動)은 더 이상 발전(發展)시켜서는 안 된다고 본다.

그리고 대형화교회운동(大型化敎會運動)도 더 이상 발전(發展)시키지 말고 여기에서 지양(止揚)되어야 한다는 것을 분명히 해 둔다.

우리들의 잔뼈를 굵게 키워준 농촌교회(農村敎會)를 총체적(總體的)으로 도시교회(都市敎會)들이 넌서 책임(責任)을 져야 한다.

진화론(進化論, Evolution)으로 세뇌(洗腦)되어 있는 젊은 세대(世代)들과 어린이들의 정신(精神)을 창조론(創造論)으로 되돌려 놓지 않고서는 우리 한국교회(韓國敎會)의 장래(將來)는 결코 밝지 못하다는 것을 알아야 한다.

청소년(靑少年)들을 위한 신앙운동(信仰運動)을 교회(敎會)와 가정(家庭)이 힘을 모아서 좀 더 효율적(效率的)으로 적극추진(積極推進)해 나아가야 한다.

청소년(靑少年)들을 위한 교회교육(敎會敎育)을 이론적(理論的)인 방법(方法)으로만 하지 말고

확실(確實)한 실상(實狀)과 증거(證據)를 보여주는 영적 신앙운동을 다시 일으켜야 한다.

길거리에서 떠들어대는 전도운동(傳道運動)이 아니라 교회(敎會)를 중심(中心)으로 좀 더 생활신앙(生活信仰)의 본(本)을 보여주는 운동(運動)을 적극적(積極的)으로 펼쳐 나가야 하며 교인(敎人)들이 진실(眞實)로 이 세상(世上)의 소금이요 빛이라는 것을 사실(事實)로 보여주는 운동(運動)을 새롭게 전개(展開)해 나가야 한다.

무분별(無分別)한 교단(敎團)의 분파작용(分派作用)을 지양(止揚)하고 최소화(最小化)시키기 위해서 모든 교단(敎團)의 책임자(責任者)들이 모여서 함께 의논(議論)하고 연구(硏究)하여 한국교회(韓國敎會)가 나아가야 할 공동(共同)목표(目標)를 설정(設定)하여 함께 협력(協力)하고 노력(勞力)해서 더 이상 군소교단(群小敎團)들이 태어난 것을 막아야 한다.

목회자(牧會者)들의 자질(資質)을 높이기 위해서 공동(共同)으로 목회자(牧會者)의 자격기준(資格基準)을 설정(設定)하고 교단(敎團)마다 자기교단(自己敎團)의 목회자(牧會者)들의 자질향상(資質向上)에 노력(勞力)하도록 하며 신분상(身分上)의 구분(區分)도 명확(明確)하게 해야 한다.

그러면서도 세계선교(世界宣敎)라는 공동목표(共同目標)를 달성(達成)하기 위해서는 반드시 단일기구(單一機構)안에 교단별(敎團別)로 그들의 특수성(特殊性)을 살려서 선교사(宣敎師)들이 마음 놓고 현지사정(現地事情)에 맞는 선교활동(宣敎活動)을 펴나갈 수 있도록 좀더 구체적(具體的)이고 적극적(積極的)인 선교정책(宣敎政策)을 수립(樹立)해서 현재활동중(現在活動中)에 있는 선교사(宣敎師)들의 활동내용(活動內容)과 상황(狀況)을 종합(綜合)하고 재분석(再分析)하여 보다 더 효율적(效率的)인 선교사역(宣敎事役)이 이루어지도록 대책(對策)을 수립(樹立)해 나가야 한다.

재정문제(財政問題)를 비롯하여 상호간(相互間)에 정보교환(情報交換)은 물론 선교사(宣敎師)들에게 주기적(週期的)인 휴식(休息)의 기회(機會)를 주고 선교사(宣敎師)들에게 따른 자녀(子女)들의 교육(敎育)에 대한 문제(問題)와 은퇴(隱退) 후의 노후대책(老後對策)을 공동(共同)으로 개발(開發)하고 수립(樹立)하여 한국교회(韓國敎會)의 선교사역(宣敎事役)이 끝까지 지속(持續)되어 나갈 수 있도록 하며 반드시 성공(成功)할 수 있도록 힘을 모으고 정신(精神)을 모아야 한다.

그리고 현직(現職)에 몸을 담고 있는 목회자(牧會者)들의 설교(說敎)가 하나님의 말씀 선포(宣布)와 진리(眞理)의 강론(講論)이라는 원칙(原則)으로 돌아가도록 공동노력(共同勞力)을 해야 한다.

가능(可能)한 제도(制度)나 의식(儀式)에 따르는 교회(敎會)의 모임의 횟수를 줄이고 교인(敎人)들이 교회(敎會)의 예배(禮拜)모임에 스스로 자발적(自發的)인 마음에서 참여(參與)하도록 교인(敎人)들을 바르게 인도(引導)해야 한다.

교회(敎會) 안에서 즐겨 부르는 찬송가(讚頌歌)와 복음성가(福音聖歌)의 부름이 구분(區分)되어야 한다. 찬송가(讚頌歌)는 예배중심(禮拜中心)으로 부르게 하고 복음성가(福音聖歌)는 전도집회(傳道集會)니 친앙예배(讚揚禮拜)때에 미음의 감동(感動)을 유도(誘導)하기 위해서 부르도록 길들여져야 한다.

그리고 하나님의 교회(敎會) 하나님의 자녀(子女) 하나님의 종 하나님의 사역(事役)이라는 공통적(共通的)인 목표(目標)가 어느 교회(敎會)에서나 바로 이루어지도록 하나님의 교회운동(敎會運動)이 바로 일어나도록 하나님 앞에서 스스로의 개혁운동(改革運動)부터 일어나야 한다.

분명히 우리 한국교회(韓國敎會)는 신학적(神學的)으로 반드시 성경적(聖經的)인 정통개혁주의(正統改革主義)의 입장(立場)에 투철(透徹)하게 서야 한다는 것은 기독교(基督敎)의 초대교회사(初代敎會史)가 잘 말해주고 있다.

그리고 지금 한참 불붙어 오르고 있는 성령(聖靈)의 뜨거운 열기(熱氣)를 모아서 성령운동(聖靈運動)이 가장 성경적(聖經的)으로 정립(定立)되어져야 한다.

성경적(聖經的)인 교리(敎理)와 성경적(聖經的)인 성령운동(聖靈運動)이 가장 유기적(有機的)으로 조화(調和)를 이룰 때에 우리 한국교회(韓國敎會)의 미래(未來)는 반드시 전세계(全世界)를 대표(代表)하고 책임(責任)질 수 있다는 확신(確信)을 갖는다.

한 사람 한 사람이 하나님 앞에서 진실(眞實)한 믿음과 충성(忠誠)스러운 사명감(使命感)에서 최선(最善)을 다 할 때에 하나님께서는 우리의 믿음과 충성(忠誠)을 반듯이 받아 주실 것이다.

"이것들을 증거(證據) 하신 이가 가라사대 내가 진실(眞實)로 속(速)히 오리라 하시거늘, 아멘,

주 예수여 오시옵소서"(계22:20, He who testifies to these things says, "Surely I am coming   quickly." Amen.

Even so, come, Lord Jesus.)

01. 한국교회의 전망에 대해서 자기의 소견을 간단히 말하라

02. 한국교회가 어떠한 자기의 신학을 정립했으면 하는가를 간단히 말하라

03. 한국교회가 어떻게 개혁을 했으면 좋겠는가를 간단히 말하라

04. 한국교회의 미래에 대하여 생각하는 바를 간단히 말하라

05. 한국교회의 신학을 어떻게 정립했으면 좋겠는가를 말하라

06. 한국 교회의 개혁에 대한 자기의 견해를 간단히 말하라.

07. 기독교를 성경의 종교라고 하는 말의 뜻을 간단히 말하라

08. 찬송가와 복음성가를 구분하여 말해보라

기독교 교리 사상사를 마치면서

글을 써서 책(冊)을 펴낸다는 것은 여러 가지의 의미에서 고려(考慮)되어야 한다고 생각한다.

분명히 책(冊)은 학문(學問)의 사상(思想)을 제공(提供)하는 것을 그 사명(使命)으로 하지만 보다 더 중요(重要)한 것은 바른 사상(思想)을 전달(傳達)해 주는 사상전달매체(思想傳達媒體)라는데 더 무게를 둔다. 특히 신학사상(神學思想)의 경우는 더 그렇다.

왜냐하면 신학(神學)이 끝없는 학문적(學問的)인 이론(理論)으로 펼쳐나가는 것은 하나의 철학(哲學)으로 전락(轉落)하여 신학(神學)에서 말하고 있는 진리(眞理)와 신앙(信仰)이 학문적(學問的)인 논리(論理)의 시비대상(是非對相)으로 떨어지게 되기 때문이다.

무려 2천년이 넘는 오랜 역사(歷史)를 두고 기독교(基督敎)가 부흥발전(復興發展)해 온 과정(過程)을 통해서 논의(論議)되고 토론(討論)되었던 교리사상(敎理思想)들을 들어서 자기의 주장(主張)을 정리(整理)하고 자기(自己)의 정체성(正體性)을 확립(確立)한다는 것은 참으로 중요(重要)한 것이다.

아무리 역사적(歷史的)인 주변환경(周邊環境)이 변(變)하고 바뀌어도 불변(不變)의 원칙(原則)과 기준(基準)을 세우고 진리(眞理)대로 순종(順從)하고 따른다는 것은 당연한 일이다.

기독교(基督敎)를 향하여 성경(聖經)의 종교(宗敎)(The Religion of the Bible)라고 할 만큼 기독교(基督敎)에 있어서 성경(聖經)은 절대적(絶對的)인 원리(原理)요 기준(基準)이다.

왜냐하면 기독교(基督敎)는 자연종교(自然宗敎, Natural Religion)와 달리 계시종교(啓示宗敎, Revelation Religion)라고 하는데 절대적(絶對的)인 뜻이 있기 때문이다.

성경(聖經) 그 자체(自體)가 제2위 하나님이신 예수 그리스도의 계시(啓示)(The Revelation of Jesus Christ)이시다 (계1:1).

왜 어떻게 예수 그리스도가 계시(啓示)의 실체(實體, Substance of Revelation)가 되느냐 하는 것은 모든 성경(聖經)의 사상(思想)이 그렇거니와 보다 더 구체적(具體的)으로는 성경말씀이 스스로 이에 대하여 증거(證據)하고 있기 때문이다.

> "본래 하나님을 본 사람이 없으되 아버지의 품속에 있는 독생(獨生)하신 하나님이 나타내셨 느니라"(No one has seen God at any time. The only begotten Son. Who is in the bosom of the Father. He has declared Him).(요1:18).

여기에서 하나님의 실재성(實在性, Existence, Being)과 함께 예수 그리스도의 하나님 되심과 또한 예수 그리스도의 성육신(成肉身, Incarnation)은 곧 하나님의 현현(顯現)이라는 것을 알게 한다. 이런 뜻에서 하나님의 계시(啓示, Revelation)는 크게 말해서 첫째는 천지만물의 창조(創造, Creation)에서 나타나셨고 두 번째는 예수 그리스도의 성육신(成肉身, Incarnation)에서 나타내셨으며 세 번째는 오순절(五旬節)의 성령강림(聖靈降臨)으로 인해서 하나님의 교회(敎會, Church)가 시작됨으로 나타내셨고 그 후에는 기독교운동(基督敎運動)을 통해서 나타내셨고 네 번째는 하나님의 말씀을 기록한 성경(聖經)을 통해서 나타내셨으며 다섯 번째는 지금도 하나님의 교회를 이루는 성도(聖徒, Saints)들 안에서 역사(役事)하시는 성령(聖靈)을 통해서 나타내시며 마지막으로는 지금 교회(敎會)를 통해서 계속(繼續)되고 있는 영원(永遠)한 메시아 왕국(王國)(Kingdom of Messiah)을 통해서 나타내실 것이다.

그러나 이러한 해석(解釋)은 사건(事件)을 통해서 해석(解釋)되는 뜻일 뿐이며 기독교(基督敎)의 근본원리(根本原理)가 다 계시적(啓示的)이라는 것에 더 큰 의의(意義)를 둔다.

기독교 교리 사상사를 마치면서

왜냐하면 기독교(基督敎)는 어떤 발달(發達)의 과정(過程)을 통해서 새롭게 발전(發展)해 나가는 종교(宗敎)가 아니라 처음부터 계시종교(啓示宗敎)였다는데서 그 뜻을 설명(說明)해야 하기 때문이다.

이렇게 기독교(基督敎)는 계시종교(啓示宗敎)로서 그 계시(啓示)의 중심(中心)이 바로 하나님 자신(自身) 이라는데 이유가 있다.

그럼에도 불구하고 지금까지 수많은 학자(學者)들이 다양(多樣)한 이유(理由)를 내세워서 기독교(基督敎)의 교리(敎理)를 비판(批判)하고 또 시비(是非)를 하고 나섰으며 더러는 부정(否定)하고 있는데 이는 참으로 안타까운 일이라고 할 수밖에 없다.

그리하여 여기에서는 너무도 복잡(複雜)하고 다양(多樣)했든 기독교(基督敎)의 교리사상(敎理思想)에 대한 시비(是非)와 논쟁(論爭)이 일어났을 때에 그것을 어떻게 변론(辯論)하고 증거(證據)하여 오늘에 이르기까지 사도적(使徒的)인 신앙(信仰)의 전통(傳統)과 교리신학(敎理神學)의 정통성(正統性)을 유지(維持)해 왔는가 하는 것을 정리(整理)해 본 것이다.

물론 글을 쓰는 사람 스스로도 다 쓰고 난 다음에는 아쉬움과 부족(不足)함을 느낀다는 것이 솔직(率直)한 고백(告白)이다.

어떤 교리문제(敎理問題)를 둘러싸고 시비논쟁(是非論爭)이 일어날 때마다 가장 성경(聖經)에 가까운 진리(眞理)에 따라서 바른 교리사상(敎理思想)을 들어서 자기변증(自己辨證)을 하고 진리(眞理)를 옹호(擁護)하며 기독교(基督敎)의 정체성(正體性)을 제시(提示)하여 상대(相對)를 설득(說得)시키고 마침내 그러한 사람도 하나님에게로 돌아오도록 하는데 신학(神學)의 목적(目的)이 있다는 것을 제시(提示)하고자 노력(勞力)했다.

그리고 기독교(基督敎)의 역사(歷史)속에서 유명(有名)했던 인물(人物)들이 내 세우고 주장(主張)했던 그들의 교리사상(敎理思想)이 어떤 점에서는 옳았으나 또 어떤 부분(部分)에서는 잘못되었다는 것을 들어서 정리(整理)해 보려고 했다.

또 어떤 것은 그 내용(內容)의 복잡성(複雜性)때문에 불가불 어떤 것은 의도적(意圖的)으로 배제(排除)해 버리고 넘어가야 할 경우가 없지 않았고 좀 더 자세한 설명(說明)이 필요(必要)하다고 생각하는데도 일부러 축소(縮小)할 수밖에 없었다는 고충(苦衷)도 고백(告白)하지 않을 수 없다.

더구나 솔직한 고백(告白)의 중요한 것 한 가지는 책(冊)을 쓸 때에는 반드시 각주(脚註)를 넣어서 다른 책(冊)에서 인용(引用)했다는 것을 밝히게 되어있다는 것을 알고 있으나 일부러 그러한 방법(方法)을 피하고 포괄적(包括的)으로 참고문헌(參考文獻)으로 묶어버렸다는 것을 고백한다.

그 이유는 내용의 방대(尨大)함과 내용의 복잡성(複雜性)도 문제지만 보다 더 중요한 것은 어떤 신학자(神學者)들이 그렇게 주장(主張) 했기 때문에 나도 그렇게 한다는 것이 아니라 이러한 문제(問題)에 대해서 성경(聖經)은 어떻게 말씀하고 있다는 답(쏨)을 구하려고 했다는 것을 말해 둔다.

솔직하게 말해서 나름대로 수만권(數萬卷)에 달하는 책(冊)을 읽으면서 여러 가지의 사상(思想)들을 살펴보았으니 어느 한권의 책(冊)만을 내세워서 '이것이다'라는 답(쏨)을 내리기보다는 수많은 책(冊)들을 읽으면서 자기의 사상(思想)으로 정립(定立)을 했기 때문에 각주(脚註)를 넣으므로 나의 생각을 더 이상 어지럽히고 싶지 않았다는 변명을 하고 싶다.

그러면서도 문장(文章)을 엮어 내려오는 동안 많은 책(冊)들에서 그대로 서술(敍述)을 한 것

기독교 교리 사상사를 마치면서

들이 많이 있다는 것을 고백한다.

다만 나의 신앙양심(信仰良心)은 살아계신 하나님 앞에서 내가 할 수 있는 최선(最善)을 다했다는 말밖에 다른 말을 할 수 없다. 이러한 나의 무능(無能)과 무식(無識)을 양해(諒解)해 주시라는 말뿐이다.

바라는 것은 신학교(神學校)에 몸을 담고 미래(未來)의 목회자(牧會者)가 되겠다고 진리탐구(眞理探究)에 몰두(沒頭)하고 있는 신학도(神學徒)들과 일선 목회(牧會)의 현장(現場)에서 사역(事役)에 임하고 있는 목회자(牧會者)들과 기독교(基督敎)의 진리탐구(眞理探究)를 위해서 깊은 관심(關心)을 가진 모든 분들에게 조그마한 참고재(參考材)가 되었으면 하는 간절한 바램이 있을 뿐이다.

하나님께서는 이 책(冊)을 써야하겠다고 마음을 먹게 된 집필자(執筆者)의 애절(哀切)한 심정(心情)을 받아주셨다는 확신(確信)을 가지고 하나님께 진심(眞心)에서 나오는 감사(感謝)를 드린다.

성경적(聖經的)인 신본주의신앙(神本主義信仰)과 신학(神學)으로 하나님의 절대주권(絶對主權)과 하나님의 절대영광(絶對榮光)과 예수 그리스도의 십자가속죄구원(十字架贖罪救援)이라는 절대진리(絶對眞理)를 바로 전하고 이를 보수(保守)해 나가기 위해서는 어떠한 어려움이나 시련(試鍊)이 있더라도 단호(斷乎)히 서서 성경(聖經)에서 말씀하고 있는 진리(眞理) 그대로를 지켜나가야 한다는 것이 하나님께로부터 부여(賦與)받은 사명(使命)이라는 것을 절감(切感)한다.

특히 지금 우리 한국교회(韓國敎會)는 전세계(全世界) 여러 나라의 교회(敎會)들이 주목(注目)하면서 지켜보고 있다는 것을 너무도 잘 알고 있다.

그것은 전 세계(世界)의 교회(敎會)들이 깜짝 놀랄 만큼 한국교회(韓國敎會)는 크게 부흥발전(復興發展)을 하고 있으며 또한 많은 선교사(宣敎師)들을 전세계(全世界)에 보내고 있기 때문에 모든 세계(世界)의 이목(耳目)들이 우리에게 집중(集中)되고 또한 많은 기대(期待)를 걸고 있는 것이 사실이다.

그러나 우리 한국교회(韓國敎會)가 양적(量的)으로 성장(成長)하고 부흥(復興)하여 비대(肥大)해 진만큼 또한 해결(解決)해야 할 점과 시정(是正)해야 할 점들도 많다는 것을 잘 알고 있다.

이런 의미에서 우리 한국교회(韓國敎會)의 개혁(改革)을 논하고 이를 위해서 힘쓰겠다는 것이며 동시에 기왕 시작한 세계선교운동(世界宣敎運動)의 열기(熱氣)를 식히지 말고 더 불을 붙이고 활성화(活性化) 시켜 나가면서 잘못한 것은 시정(是正)을 하고 부족(不足) 한 점은 보충(補充)해 나가면 된다는 것도 알고 있다.

역사(歷史)란 우리의 세대(世代)에서 끝나는 것이 아니라 예수 그리스도께서 재림(再臨)하시는 날까지 반복적(反復的)으로 계속(繼續)될 것이고 그 날까지는 우리의 진리운동(眞理運動)도 계속(繼續)해야 할 것이므로 그 날까지는 성경적(聖經的)인 신본주의정통보수신앙운동(神本主義正統保守信仰運動)과 신학운동(神學運動)이 계속(繼續)되어야 할 것이므로 만의 하나 도움이 되기 위해서 이를 쓰려고 했던 것이다.

또한 그렇게 하는 것이 앞으로 우리 한국교회(韓國敎會)가 해 나가야 할 일이요 또한 당연한 사명(使命)으로 알고 있다.

이러한 열망(熱望)과 기대(期待)를 여기에 모아서 엮어 보았으며 앞으로 계속해서 연구(研究)를 거듭해 나갈 것을 독자(讀者)들에게 약속(約束)한다.

이 글을 쓰기 시작할 때는 7백쪽 이내에서 끝내려고 했으나 너무도 짧고 아쉬운 마음에서 더 쓰다 보니 분량(分量)이 많은 것 같으나 이 것들의 몇 배(倍)를 더 쓴다고 할지라도 마음의 허전함과 부족은 더 할 것 같아서 이 정도로서 접으려고 한 것이다.

기독교 교리 사상사를 마치면서

현대(現代)를 살아가는 사람들은 너무도 책(冊)읽기를 싫어한다.

특히 안타까운 것은 교회의 목사(牧師)로서 성직(聖職)을 맡은 설교자(說敎者)들까지도 설교 준비를 함에 있어서 컴퓨터(Computer)를 통한 인터넷(Internet)을 이용(利用)하려고는 해도 책(冊)을 통한 연구(硏究)를 하는 것은 싫어한다.

그럴수록 다가오는 미래(未來)에는 이러한 책(冊)들이 더 소중(所重)하고 필요(必要)로 할 때가 올 것으로 알고 감히 이를 한 권의 책(冊)으로 정리(整理)해 보았다. 잘못은 거듭 용서(容恕)와 사과(謝過)의 말씀으로 기록(記錄)에 남긴다.

참고(參考)로 한 가지 더 양해(諒解)를 구할 것은 한자(漢字)를 너무 많이 썼다는 점이다. 그러나 외래어(外來語)나 한자(漢字)를 많이 쓴 것은 세계화시대(世界化時代)를 살아가는 우리에게 국제시대적(國際時代的)인 요청(要請)이라는 점과 이 책(冊)을 읽는 분들의 품위(品位)를 존중(尊重)해서라는 아쉬운 변명(辨明)을 한다.

그리고 이 책을 읽을 때에 참고로 알아둬야 할 것 몇 가지를 참고로 말해 두고자 한다.

1) 다시 생각해 볼 복습문제 가운데서 최소한 자기가 이해하기에 가장 쉬운 문제로서 두 개 이상의 문제에 대하여 답을 얻는 습관을 드려야 한다.

2) 자신이 꼭 알아두어야 할 사항에 대해서는 가나다 순의 색인을 통하여 쉽게 찾아보는 습관을 드려야 한다.

3) 가능한 난제에 대한 해답은 성경을 통해서 얻어내는 습관을 드려야 한다. 학자들의 학설을 중심으로 해답을 얻고자 하는 잘못된 습관에서 벗어나서 가능한 성경을 통해서 답을 얻고 그래도 어려운 문제가 있는 것이 교리사상이므로 겸손하게 하나님께 맡기고 기

　도하는 습관을 드려야 한다.

4) 근세시대의 교리사상에 대해서는 너무도 복잡해서 고의적으로 압축했다는 것을 말해
　둔다.

5) 의문이 난 것에 대해서는 또 다른 책들과 비교해서 참고 하기바란다.

　이 책(冊)을 쓰게 하신 하나님께 다시금 감사(感謝)와 영광(榮光)을 돌리며 이 책(冊)을 읽으신 모든 분들 위에 하나님의 은혜(恩惠)와 사랑이 넘치시기를 기원해 드린다.

　그리고 항상 기도(祈禱)와 마음의 사랑으로 격려(激勵)해 주시고 아껴주신 여러분들 위에 하나님의 가호(加護)와 은총(恩寵)이 더욱 넘치시기를 두 손 모아 기원(祈願)하는 바이다.

　특히 이 글을 쓸 수 있도록 많은 참고서를 써주신 훌륭한 분들께 이 지면을 통하여 감사하다는 인사와 찾아뵈옵고 양해를 구했어야 할 것을 알면서도 그렇게 못한 점들에 대해서는 백배 사과를 드린다.

　다만 함께 하나님께로부터 부르심을 받은 사명자(使命者)라는 마음에서 였다는 진심을 가지고 용서를 빌 뿐이다.

　또한 부록(附錄)으로 색인(索引)을 넣어서 가 나 다 순으로 정리를 한 것은 전적으로 독자(讀者)들의 편의를 위해서였다.

　신학(神學)에 대한 공부를 할 때는 물론 특히 설교(說敎)를 작성할 때에 어려운 교리(敎理)나 신학(神學)에 대한 것이나 역사적(歷史的)인 사건에 대한 것을 쉽게 인용(引用)하기에 편리하도록 해보려는 의도(意圖)였다.

　그러나 그 내용에 있어서 고유명사(固有名詞) 같은 것의 번역(飜譯)상 다르게 표기(表記)된 것

기독교 교리 사상사를 마치면서

들이 더러 있다는 점이다. 그러나 그것은 책을 쓴 여러 신학자(神學者)들이 자기들 나름대로의 번역방식을 썼기 때문에 그렇게 된 것이라는 아쉬운 변명(辨明)을 한다.

단 한 가지 분명한 것은 이 책을 자주 참고해 나가는 동안 자신의 설교(說敎)가 청중들에게 더 높은 수준(水準)으로 돋보여지게 될 것이라는 점에 대해서는 자신감(自信感)을 갖는다.

그 이유는 이 책(冊)의 제목(題目)이 말해 주듯이 기독교(基督敎)의 교리사상(敎理思想, Dogmatic thought)을 정리해본 것이기 때문에 자연히 설교(說敎)의 내용이 역사적(歷史的)이고 교리사상적(敎理思想的)이고 성경적(聖經的)일 것이라는 확신을 갖는다.

강단(講壇)의 설교(說敎)가 바른 성경적인 설교(說敎)가 되게 하기 위해서는 사람의 말보다는 성경적(聖經的)이어야 하고 교리적(敎理的)이어야 하고 신학적(神學的)이어야 하고 역사적(歷史的)이어야 할 것이기 때문이다.

그 위에 하나님의 성령(聖靈)에 의한 신비적(神秘的)인 영력(靈力)이 나타날 때에 목사(牧師)의 설교(說敎)를 듣는 청중(聽衆)들의 반영(反映)은 '어찌 할꼬?'로 나타날 것으로 믿는다.

더 좋은 양서(良書)들도 많이 있다는 것도 안다. 그러나 집필자(執筆者)가 할 수 있는 최선(最善)을 다했다는 말은 하나님 앞에서 나의 고백(告白)이라고 말하겠다. 좋은 참고서(參考書)가 되기 바란다.

모든 것은 하나님께 맡기고 주어진 일을 계속 그와 함께 해나갈 것이다. 나는 진심으로 그의 성의(誠意)에 고마워하며 하나님의 일을 해 나갈 것이다. 하나님께서 만남을 베풀어 주셨다면 또한 하나님의 또 다른 뜻도 있을 것으로 믿는다. 모든 영광 하나님께 돌리고 특히 만남을 주신 하나님께 더욱 감사함을 드린다.

오늘도 모든 것이 합력(合力)하여 선(善)을 이루고 하나님의 뜻을 이루어 나가기를 간절히 기원(祈願)한다.

나는 잠을 자는 꿈속에서도 나의 나 되게 해 주신 하나님의 은혜(恩惠)가 감사하여 찬송(讚頌)을 부르면서 일어나기도 한다. 또 어떤 때는 글을 쓰거나 참고서(參考書)를 찾기 위해서 서재실(書齋室)로 가다가도 발을 멈추고 두 손을 들어 하나님께 감사의 찬송(讚頌)을 부른다. 그럴 때는 얼굴이 달아오르고 눈시울이 뜨거워진다.

그리하여 내가 평소에 하나님 앞에서 즐겨 부르는 찬송가(讚頌歌)의 가사(歌詞)를 여기에 소개(紹介)하면서 붓을 멈추려한다.

1) 웬 말인가 날 위하여 주 돌아가셨나

   이 벌레 같은 날 위해 큰 해 받으셨나

2) 내 지은 죄 다 지시고 못 박히셨으니

   웬일인가 웬은혠가 그 사랑 크셔라

3) 주 십자가 못박힐 때 그 해도 빛 잃고

   그 밝은 빛 가리워서 캄캄케 되었네

4) 나 십자가 대할 때에 그 일이 고마워

   내 얼굴 감히 못 들고 눈물 흘리도다

5) 늘 울어도 눈물로서 못 갚을 줄 알아

   몸 밖에 드릴 것 없어 이 몸 바칩니다 아멘

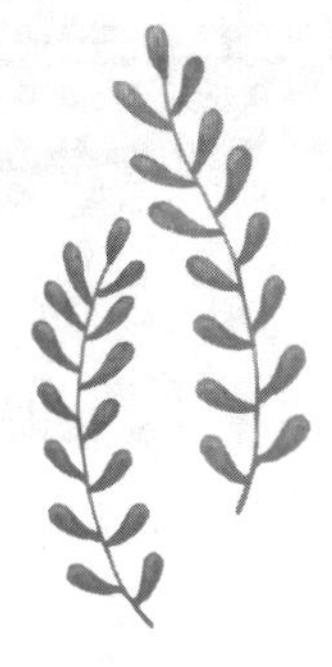

REFERENCE BOOK

참 고 문 헌
參 考 文 獻

참고문헌(參考文獻)

- 개혁주의 사회 윤리와 한국 교회, 양 낙흥 지음, 1999

- 改革主義 人名 事典, 鄭 聖久 편저, 2001

- 계약 신학과 그리스도, 팔머 로벗슨 저, 김 의원 번역, 2002

- 古代 基督敎 思想, 韓 哲河 著, 1993

- 교의 신학, 박 형룡 저, 1970

- 교회와 신앙 고백, 김 영재 지음, 2002

- 그랜드 종합 교리, (10권), 제자원, 2000

- 그리스도를 본받아, 토마스 아킴피스 지음, 박 명곤 옮김, 1984

- 그리스도의 십자가, 죤 스타트 지음, 지 상우 옮김, 2003

- 基督敎 綱要, 죤 칼빈, 한국 출판사, 1997

- 기독교 교리 신학사, 박 해경 지음, 2000

- 기독교 교리사, 루이스 벌콥 저, 신 복윤 옮김, 1979

- 기독교 교리사, 니이브 J. L. 저, 서 남동 역, 1965

- 基督敎大事典, 基督敎書會, 1963

- 기독교 신학사, 윌리암 C. 플레쳐 저, 박 경수 옮김, 2000

- 基督敎와 韓國 思想, 尹 聖範 著, 1964

- 기독교 변증학 개론, 버나드 램 저, 권 혁봉 역, 1994

- 기독교 변증학과 그 역사, 김 해연 지음, 1997

- 기독교와 과학, 이 양림 지음, 2001

- 기독교와 한국 사상, 윤 성범 저, 1983

- 기독교 신앙과 경제 문제, 채 일수 편, 1993

- 기독교 윤리 사상, 맹 용길 저, 1980

- 기독교 윤리 실천 방법론, 맹 용길 저, 1998

- 기독교 윤리학, 林 永沃 지음, 2002

- 기독교 윤리학, 노르만 L. 가이슬러 저, 위 거찬 역, 1980

- 기독교의 변증, 박 아론 저, 1996

- 기독교 변증학, 코넬리어스 반 틸 지음, 이 희숙 역, 1998

- 基督敎 傳來에 따른 韓國 社會의 開化, 李 萬烈 著, 1972

- 대중문화 최후의 유혹, 신 상언, 1999

- 挑戰받는 保守神學, 金 義煥 著, 1970

- 동양적 가치란 무엇인가 ? 송 복 저, 1999

- 로마 교황청과 국제정치, 페니 러녹스 지음, 안 규남 옮김, 1996

- 로마 교회에 전한 복음, 신 원삼, 2001

- 루터의 사상, 지 원용 저, 1971

- 목적이 이끄는 삶, 릭 워렌 저, 고 성삼 옮김, 2003

- 무디의 생애와 신학, 스텐리 군드리 지음, 이 희숙 역, 1997

- 무릎으로 사는 그리스도인, 무명의 그리스도 인 지음, 2003

- 변증학, 코넬리우스 반 틸 저, 신 국원 역, 1999

- 比較 宗敎學, 蔡 弼根 著, 1960

- 비교 종교학, 이 훈구 편저, 2002

- 비교 종교학, 林 永沃 지음, 2002

- 성경의 형성사, 박 창환 지음, 1999

참고문헌(參考文獻)

- 성경적 세계관, 제임스 조르단 지음, 이동수, 정인해 옮김, 2002

- 세계 종교의 이해, G. W. 브라스웰 저, 권혁봉 역, 1998

- 성령 신학, 박 정렬 저, 1993

- 성 어거스틴의 참회록, 김 종용 옮김, 2001

- 信仰의 두 潮流, 김 성진 목사 저, 1986

- 솔라 스크립투라, 프로테스탄트 성경 관, 손 맥아더 지음, 2000

- 순교자 전기, 김 요나 저, 1994

- 信仰 難題 大辭典, 이 성호 저, 1969

- 신조학, 필립 샤프 저, 박 일민 역, 1984

- 神學 難題 選集, 朴 亨龍 著, 1975

- 어거스틴 사상 연구, 양 명수 외, 1997

- 역사란 무엇인가 ? 로이 스완스트롱 지음, 홍 치모 옮김, 1993

- 영적 전쟁, 딘 셔먼 지음, 이 상신 옮김, 1997

- 옥스퍼드 원어 성경 대전, 제자원, 2002

- 웨슬레안 목회 강단, 최 건호 편, 1995

- 웨슬레와 신비주의, R. G. 터틀 저, 권 태형 옮김, 1984

- 異端과 現代의 批判과 우리의 生路, 申 四勳 著, 1957

- 이야기 교회사 (상, 하), 김 기홍 저, 1994

- 일제의 한국 기독교 탄압사, 구라타 마사히꼬 저, 1991

- 메시아와 민중, 김 용복 지음, 1984

- 민속 종교와 한국 문화, 유 동식 저, 1984

- 민중 신학, 문 희석 저, 1985

- 민중 신학의 탐구, 서 남동 저, 1983

- 일제의 한국 침략 정책 사, 강 동진 지음, 1980

- 福音의 土着化와 基督敎, 柳 東植 著, 1965

- 복음주의 실천 신학 개론, 복음주의 실천 신학회 편, 1999

- 세계사 작은 사전, 이 우열 엮음, 1999

- 세계 종교의 이해, G. W. 브라스웰 지음, 권 혁봉 역, 1998

- 선교학과 세계 선교, 임 도마 편저, 2003

- 聖句 大 辭典, 惠文社, 이 성호 저, 1979

- 聖書 大 事典, 이 성호 지음, 1982

- 신령과 진정으로 드리는 예배, 죤 프레임 저, 김 광열 역, 2001

- 신약 단권 주석, 강 태국 저, 惠文社 간, 1978

- 에라스무스, 슈테판 츠파이크 지음, 정 민영 옮김, 1997

- 영적 진단을 위한 지침, 죠지 피체트 지음, 유 영전 옮김, 2002

- 예배의 역사와 신학, 로버트 E. 웨버 지음, 정 장복 옮김, 1998

- 예수가 선택한 십자가, 멕스 루케이도 지음, 윤 종석 옮김, 2001

- 예수님처럼 삽시다, 레슬리 폴린 지음, 나침반, 1994

- 유태인, 그리고 이스라엘, 있는 그대로 보기, 손 혜신 지음, 2002

- 이스라엘 역사, 존 브라이트 저, 박 문재 옮김, 1981

- 이야기 한국 역사, 김 모세 엮음, 2001

- 제한 받지 아니하시는 하나님, 노만 그럽 지음, 채 영삼 옮김, 1995

참고문헌(參考文獻)

- 조직 신학 (1,2,3), 임 영옥 편저, 2002

- 轉換時代의 神學, 徐 南同 著, 1976

- 조직신학 (상,중,하), 루이스 벌코프 지음, 권 수경, 이 상원 옮김,

- 존 번연 천로 역정, 유 성석 옮김, 2003

- 종교 개혁과 칼빈의 영성, 정 승훈 지음, 2001

- 종교 개혁사, 손 두환 지음, 1999

- 종교 개혁 사상 선집, 박 건택 편역, 2001

- 종교 다원주의와 세계 종교, 하롤드 G. C. 저, 오 강남 역, 1993

- 中世 基督敎 神祕 神學思想 硏究, 노 종해 지음, 1991

- 차트로 본 조직 신학, 박 해경 저, 1991

- 참 된 목자, 리차드 백스터 저, 지 상우 옮김, 2002

- 청교도 사상, 林 永沃 지음, 2004

- 청교도 언약 사상, 개혁 운동의 힘, 원 종천 지음, 1998

- 초대 교회의 형성, 김 명혁 지음, 2000

- 청교도 사상, 제임스 페커 저, 박 영호 역, 1994

- 청교도 역사, 제임스 헤론 저, 박 영호 역, 1996

- 청교도 예배, 홀튼 데이비스 지음, 김 석환 역, 1999

- 청교도 정신, 알렌 카든 저, 박 영호 역, 1994

- 칼빈의 國家觀, 申 福潤 著, 1972

- 칼빈의 신학과 복음주의, 박 해경 저, 1998

- 하나님을 아는 지식, 제임스 페커 지음, 정 옥배 옮김, 2000

REFERENCE BOOK

- 하나님의 계획, 엘머 에이말텐스 저, 김 의원 역, 2002

- 어거스틴의, 하나님의 도성, 조 호언, 김 종흠 옮김, 2002

- 하나님의 주권, A. W. 핑크 지음, 김 진홍 옮김, 1999

- 한국과 일본, 왜곡과 콤플렉스의 역사, 자작나무, 1998

- 한국 교회 이대로 좋은가 ? 이 진우 지음, 2002

- 한국 기독교와 신사참배 문제, 김 승배 저, 1991

- 한국 기독교와 민족의식, 이 만열 저, 1991

- 한국 기독교의 역사, 한국 기독교사 연구회, 1989

- 한국사의 탐구, 류 영박 지음, 2002

- 한국의 현대사, 송 건호 저, 1986

- 해방자 예수, 안 병무 저, 1989

- 현대 신학은 어디로 ?, 박 아론 저, 1970

- 大韓 예수교 長老會 百年 史, 대한예수교 장로회 총회, 1984

- 長老敎會의 歷史, 손 병호 저, 2000

- 평양 대 부흥 운동, 박 용규 교수 지음, 2000

- 韓國 敎會史, 郭 安連 著, 1973

- 한국 교회사, 김 해연 지음, 1997

- 한국 교회의 갈길과 교회 문화, 여수룬, 1996

- 韓國 敎會와 神社參拜, 鴻 致模 著, 1973

- 韓國 基督敎 新敎 年鑑, 1954, 1970, 1976

- 한국 교회사 임 영옥 지음 2017

참고문헌(參考文獻)

- 韓國 神學大學報, 韓國神學大學, 1955

- 韓國 基督教 傳來史, 金 光洙 著, 1974

- 韓國 基督教史 研究, 金 良善 著, 1971

- 韓國 基督教와 浸禮教會 史, 金 容海 著, 1964

- 韓國 基督教會史, 閔 庚培 著, 1972

- 韓國 長老教 思想史, 朴 容奎 著, 1992

- 韓國 改新教史, 白 樂濬 著, 1973

- 韓國 教會 成長史, 서 명원 저, 1974

- 韓國 教會史, 金 英才 著, 1996

- 韓國 基督教史, 李 永獻 著, 1978

- 韓國 基督教 文化 運動史, 李 萬烈 著, 1987

- 韓國 基督 教會史, 蔡 基恩 著, 1977

- 韓國 民族運動과 基督教 受容 史考, 1982

- 韓國 神學의 現況과 課題, 安 炳茂 著, 1973

- 한국 장로교회는 어디로 가나 ? 朴 允善 著, 1950

- 한국 종교 문화 사전, 한국 종교사 연구회 편저, 1991

- 한민족 뿌리 사, 조 준상 지음, 2002

- 抗日 獨立運動 關係, 島山 安 昌浩 資料集, 國會圖書館, 1998

- 현대 교회와 설교, 존 스타트 저, 정 성구 옮김, 1987

- 현대 교회의 동향, 金 明爀 著, 1987

- 현대 사회와 기독교적 답변, 존 스타트 저, 박 영호 역, 1997

- 현대 사회와 종교, 최 재선 저, 1991

- 현대 신학과 설교 형성, 염 필형 저, 1991

- 現代 神學의 展望, 金 英漢 著, 1984

- 현대 신학과 보수 신학, 박 아론 지음, 2000

- 현대 신학 해설, 긴 히베 지음, 1973

- 韓國 宗敎와 基督敎, 柳 東植 著, 1965

- 現代 精神과 基督敎的 知性, 孫 鳳鎬 著, 1978

- 현대 종교 심리학, 웨인 E. 오츠 지음, 정 태기 옮김, 2001

- A Compend of Luther's Theology, Kerl, H. T., 1966

- A Christian Theory of Knowledge, Van Til C., 1963

- A History of Christian Thought, Gonzalez, Jr., 1970

- A History of Christianity, Latouretle, Kenneth Scott, 1953

- A Short of Christian Doctrine, Lohse, B., 1966

- A History of Christian Theology, Placher W., 1983

- A Theology of Liveration, Gutierrez, G., 1974

- A History of the Church in Korea, CLS, Clark Allen D., 1971

- An Outline of the History of Doctrines, Kloteche, 1927

- Augustinianism and Pelagianianism, Wigger, A., 1840

- Biblical and Theological Studies, Warfield B. B., 1968

- Biblical Doctrines, Warfield B. B., 1929

- Biblical Ethics and Social Change, Mott, Stephen C., 1982

참고문헌(參考文獻)

- Calvin and Augustine, Warfield, B. B., 1956

- Christianity and Liveralism, Machen J. Graham, 1923

- Christian Thought to the Reformation, Workman N., 1911

- Church Growth in Korea, Shearer, Roye, 1966

- Faith and Justification, Berkower G. C., 1954

- Foundation of the Christian Faith, Boice J. M., 1986

- History of Protestant Theology, Dorner E., 1871

- Human Spirit and Holy Spirit, Come A. B., 1966

- Introduction to Puritan Theology, Edward Hindson, 1989

- Introduction to the Reformed Tradition, Leith John H., 1981

- Knowing the Doctrines of the Bible, Pearlman Myer, 1937

- Korea and Christianity, Palmer Spencer, Jr., 1967

- Pioneer of the Reformation in England, Loane M. L., 1961

- Reformed Dogmatics, Berkohf L., 1938

- Reformation and Revolution, Shaw Duncan, 1967

- Revelation and the Holy Spirit, Camfield, 1934

- Letters of John Calvin, Bonnet Juliet, 1972

- Mission to Korea, Board of World Mission, Presbyterian

- Christians and Politics, Langford Norman F., 1972

- Churches Dogmatics, Barth Karl, 1980

- Manual of the History of Dogmas, Otten, 1922

REFERENCE BOOK

- Martin Luther, Hoffman Manfred, 1985

- One Word of Truth, Solzhenitsyn Qlexander, 1971

- Outline of the History of Dogma, Harnack, 1893

- Patriotism and Nationalism, Doob, Leonard, 1964

- Pioneer of Modern Korea, Fisher, J. Ernest, 1977

- Plan of Salvation, Warfield, B., 1942

- Protestant Thought before Kant, McGiffert, 1911

- Protestant Thought since Kant, Moor H., 1922

- Puritanism and Richard Boxter, Martin Hugh, 1954

- Puritanism in Old and New England, Simpson Allen, 1955

- Puritans and Calvinism, Toon Peter, 1972

- Religion and the Rise of Modern Science, Hooykaas, R., 1972

- Rome and Reformation Today, Atkinson, James, 1982

- Studies in Perfectionism, Warfield B., 1931

- Systematic Theology, Charfer, 1947

- Systematic Theology, Strong A., 1907

- The Apostolic Fathers, Lightfoot ,J. B., 1956

- The Biblical Doctrine of Heaven, Smith W. M., 1968

- The History of the Puritans, Neal Daniel, 1738

- The Foundation of Modern Political Thought, Skinner Q. 1978

- The Moody Handbook Theology, Enns, P., 1989

참고문헌(參考文獻)

- The Call of Korea, Underwood H. G., 1908

- The Christian Doctrine of God, Clarke, 1923

- The Christian Doctrine of Man, Robinson, 1920

- The Christian Faith, Schleirmacher, F., 1989

- The Cross in Christian Experience, Hodder & Sloughton, 1910

- The Doctrine of the Incarnation, Orchard, B., 1909

- The Doctrine of the Incarnation, Ottley, H., 1884

- The Doctrine of the Death of Christ, Ellot Stock, 1890

- The Christian Doctrine of Salvation, Steven N., 1905

- The City of God, St. Augustine, Tr. M. Dods, 1950

- The Continuity of Christian Thought, Allen H., 1885

- The Evangelical Faith, Thielcke, H., 1980

- The Doctrine of the Holy Spirit, Berkohf, Hendrikus, 1964

- The Doctrine of the Person of Jesus Christ, Mackintosh, 1912

- The Doctrine of the Atonement, Duckworth, 1915

- The Doctrine of the Trinity, Hodgson, L., 1944

- The History of Christian Doctrines, Berkohf L., 1983

- The History of the Early Puritans, Marsden J. B., 1850

- The Idea of Perfection in Christian Theology, Flew, 1934

- The Kingdom of God in American, Noll, Mark A., 1977

- The Knowledge of the Holy, Tozer, 1976

- The Prophetic Faith of Our Fathers, Froom Leroy E., 1948

- The Old Protestantism and the New, Green J. B., 1982

- The Teaching of Calvin, Hunter, A. M. 1950

- The Theology of Calvin, Niesel, W., 1956

- Theological Science, Tillich P., 1969

- Thine is the Kingdom, Marshall, Paul, 1984

- What is Christianity ?, Harnack A., 1957